UNION

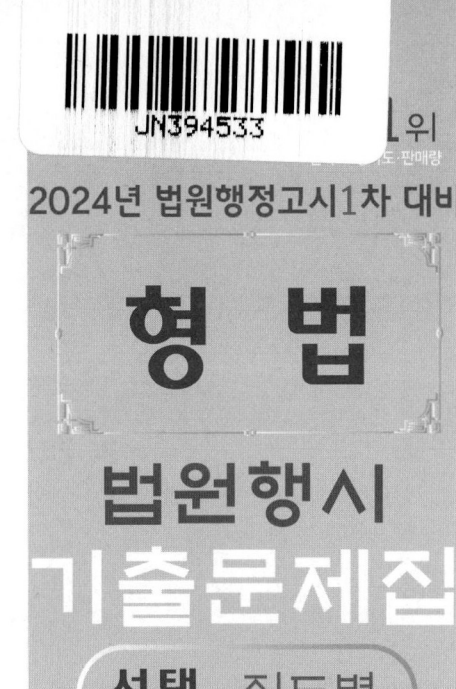

2024년 법원행정고시1차 대비

형 법

법원행시
기출문제집
선택 진도별

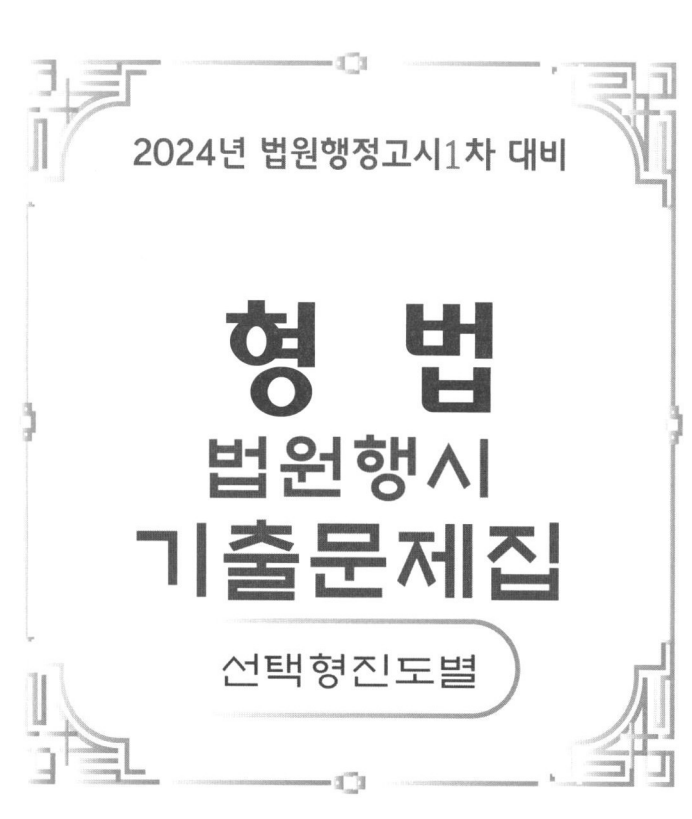

2024년 법원행정고시1차 대비

형법
법원행시 기출문제집
선택형진도별

PREFACE

『UNION 법원행시 기출문제집』은 가장 신뢰할 수 있는 법원행시 준비를 위한 수험서라고 생각합니다. 그 이유는 최근 실시된 기출문제에 대하여 단 하나의 지문도 빠짐없이 집단토론과 반복된 검수작업을 통하여 명쾌하고 신뢰성 있는 해설을 제시하고 있을 뿐만 아니라 기존 기출문제라 할지라도 제·개정된 법·조문을 꼼꼼하게 반영하고 전수검토를 통하여 업그레이드 하고 있기 때문입니다. 보다 구체적인 본 교재의 특징을 간단히 살펴보면 다음과 같습니다.

첫째, 최근 출제된 8년간 기출문제(2016~2023)를 수록하였습니다.

둘째, 제·개정된 법조문과 판례 변경사항(2023.11.) 등을 꼼꼼하게 반영하였습니다.

셋째, 논쟁의 여지가 있는 문제에 대해서는 집단토론과 숙의과정을 통하여 해설을 완성하였습니다.

넷째, MGI Point를 통하여 수험효과성이 극대화될 수 있도록 입체화하였습니다.

모쪼록 본 교재를 통하여 합격의 영광이 있기를 간절히 바랍니다. 도서출판인해 역시 수험생의 의견을 최우선시 하여 더 좋은 교재가 될 수 있도록 노력을 멈추지 않을 것임을 약속드립니다.

2023.11. 희망이 오는 길목에서
MGI 메가고시 연구소 일

CONTENTS

| 형법총론 | 9

| 제1편 형법의 일반이론 ◆ 11

제1장 | 형법의 기본개념 ◆ 12
제❶절 | 형법의 의의와 성격 ◆ 12
제❷절 | 형법의 기능 ◆ 12
제❸절 | 형법의 발전 ◆ 12

제2장 | 형법의 기본원리 ◆ 12
제❶절 | 죄형법정주의 ◆ 12
제❷절 | 형법이론 ◆ 28

제3장 | 형법의 적용범위 ◆ 29
제❶절 | 형법의 시간적 적용범위 ◆ 29
제❷절 | 형법의 장소적 적용범위 ◆ 36
제❸절 | 형법의 인적 적용범위 ◆ 39

| 제2편 범죄론 ◆ 43

제1장 | 범죄론 기초 ◆ 44
제❶절 | 범죄의 의의와 종류 ◆ 44
제❷절 | 행위론 ◆ 45
제❸절 | 범죄체계론 ◆ 45
제❹절 | 행위의 주체와 객체 ◆ 45

제2장 | 구성요건론 ◆ 55
제❶절 | 구성요건의 일반이론 ◆ 55
제❷절 | 결과반가치와 행위반가치 ◆ 55
제❸절 | 부작위범 ◆ 55
제❹절 | 인과관계와 객관적 귀속 ◆ 64
제❺절 | 구성요건적 고의 ◆ 69
제❻절 | 구성요건적 착오 ◆ 73
제❼절 | 과실범 ◆ 73
제❽절 | 결과적 가중범 ◆ 83

제3장 | 위법성론 ◆ 85
제❶절 | 위법성의 일반이론 ◆ 85
제❷절 | 정당방위 ◆ 87
제❸절 | 긴급피난 ◆ 87
제❹절 | 자구행위 ◆ 87
제❺절 | 피해자의 승낙 ◆ 87
제❻절 | 정당행위 ◆ 88

제4장 | 책임론 ◆ 97
제❶절 | 책임의 일반이론 ◆ 97
제❷절 | 책임능력 ◆ 97
제❸절 | 위법성의 인식과 금지착오 ◆ 100
제❹절 | 기대가능성 ◆ 106

제5장 | 미수론 ◆ 107
제❶절 | 미수범의 일반이론 ◆ 107
제❷절 | 장애미수 ◆ 112
제❸절 | 중지미수 ◆ 116
제❹절 | 불능미수 ◆ 117
제❺절 | 예비죄 ◆ 121

제6장 | 정범 및 공범론 ◆ 124
제❶절 | 정범·공범의 일반이론 ◆ 124
제❷절 | 간접정범 ◆ 128
제❸절 | 공동정범 ◆ 131
제❹절 | 교사범 ◆ 137
제❺절 | 종범 ◆ 141
제❻절 | 공범과 신분 ◆ 145

제7장 | 죄수론 ◆ 149
제❶절 | 죄수의 일반이론 ◆ 149
제❷절 | 일죄 ◆ 155
제❸절 | 수죄 ◆ 161

제3편 형벌론 ◆ 181

제❶절 ▮ 형벌의 종류 ◆ 182
제❷절 ▮ 형의 양정 ◆ 194
제❸절 ▮ 누범 ◆ 205
제❹절 ▮ 집행유예·선고유예·가석방 ◆ 213
제❺절 ▮ 형의 시효·소멸·기간 ◆ 222
제❻절 ▮ 보안처분 ◆ 226

형법각론 ▮ 232

제1편 개인적 법익에 대한 죄 ◆ 233

제1장 생명과 신체에 대한 죄 ◆ 234
제❶절 ▮ 살인의 죄 ◆ 234
제❷절 ▮ 상해와 폭행의 죄 ◆ 234
제❸절 ▮ 과실치사상의 죄 ◆ 238
제❹절 ▮ 낙태의 죄 ◆ 238
제❺절 ▮ 유기와 학대의 죄 ◆ 239

제2장 자유에 대한 죄 ◆ 241
제❶절 ▮ 협박의 죄 ◆ 241
제❷절 ▮ 강요의 죄 ◆ 241
제❸절 ▮ 체포와 감금의 죄 ◆ 241
제❹절 ▮ 약취와 유인의 죄 ◆ 241
제❺절 ▮ 강간과 추행의 죄 ◆ 246

제3장 명예와 신용에 대한 죄 ◆ 265
제❶절 ▮ 명예에 관한 죄 ◆ 265
제❷절 ▮ 신용·업무와 경매에 관한 죄 ◆ 277

제4장 사생활의 평온에 대한 죄 ◆ 286
제❶절 ▮ 비밀침해의 죄 ◆ 286
제❷절 ▮ 주거침입의 죄 ◆ 286

제5장 재산에 대한 죄 ◆ 296
제❶절 ▮ 재산죄의 기본개념 ◆ 296
제❷절 ▮ 절도의 죄 ◆ 305
제❸절 ▮ 강도의 죄 ◆ 313
제❹절 ▮ 사기의 죄 ◆ 322
제❺절 ▮ 공갈의 죄 ◆ 344
제❻절 ▮ 횡령의 죄 ◆ 349
제❼절 ▮ 배임의 죄 ◆ 367
제❽절 ▮ 장물의 죄 ◆ 396
제❾절 ▮ 손괴의 죄 ◆ 403
제❿절 ▮ 권리행사를 방해하는 죄 ◆ 407

제2편 사회적 법익에 대한 죄 ◆ 425

제1장 공공의 안전과 평온에 대한 죄 ◆ 426
제❶절 ▮ 공안을 해하는 죄 ◆ 426
제❷절 ▮ 폭발물에 관한 죄 ◆ 426
제❸절 ▮ 방화와 실화의 죄 ◆ 426
제❹절 ▮ 일수와 수리에 관한 죄 ◆ 429
제❺절 ▮ 교통방해의 죄 ◆ 429

제2장 공공의 신용에 대한 죄 ◆ 434
제❶절 ▮ 통화에 관한 죄 ◆ 434
제❷절 ▮ 유가증권·인지와 우표에 관한 죄 ◆ 434
제❸절 ▮ 문서에 관한 죄 ◆ 435
제❹절 ▮ 인장에 관한 죄 ◆ 456

제3장 공중의 건강에 대한 죄 ◆ 457
제❶절 ▮ 음용수에 관한 죄 ◆ 457
제❷절 ▮ 아편에 관한 죄 ◆ 457

제4장 사회의 도덕에 대한 죄 ◆ 457
제❶절 ▮ 성풍속에 관한 죄 ◆ 457
제❷절 ▮ 도박과 복표에 관한 죄 ◆ 461
제❸절 ▮ 신앙에 관한 죄 ◆ 464

CONTENTS

제3편 국가적 법익에 대한 죄 ◆ 467

제1장 국가의 존립과 권위에 대한 죄 ◆ 468

- 제❶절 ▮ 내란의 죄 ◆ 468
- 제❷절 ▮ 외환의 죄 ◆ 471
- 제❸절 ▮ 국기에 관한 죄 ◆ 471
- 제❹절 ▮ 국교에 관한 죄 ◆ 471

제2장 국가의 기능에 대한 죄 ◆ 473

- 제❶절 ▮ 공무원의 직무에 관한 죄 ◆ 473
- 제❷절 ▮ 공무방해에 관한 죄 ◆ 502
- 제❸절 ▮ 도주와 범인은닉의 죄 ◆ 515
- 제❹절 ▮ 위증과 증거인멸의 죄 ◆ 519
- 제❺절 ▮ 무고의 죄 ◆ 528

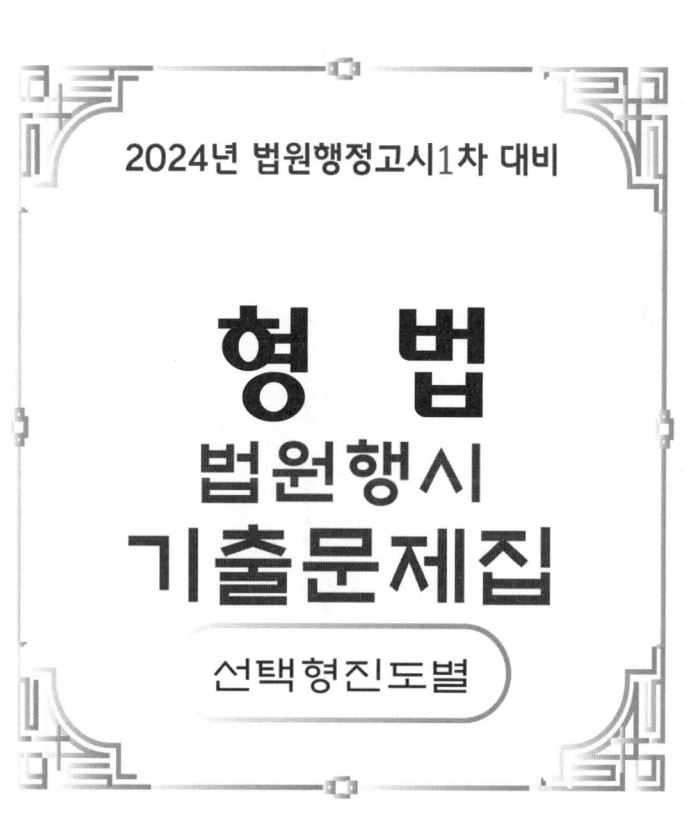

2024년 법원행정고시1차 대비

형 법
법원행시
기출문제집

선택형진도별

2024년 법원행정고시 1차 대비

형 법
법원행시
기출문제집

선택 형진도별

형법총론

제1편 형법의 일반이론

제1장 | 형법의 기본개념
제2장 | 형법의 기본원리
제3장 | 형법의 적용범위

제1장 형법의 기본개념

제❶절 ┃ 형법의 의의와 성격

제❷절 ┃ 형법의 기능

제❸절 ┃ 형법의 발전

제2장 형법의 기본원리

제❶절 ┃ 죄형법정주의

문 1

죄형법정주의에 관한 다음 설명 중 옳지 않은 것은 모두 몇 개인가?[2023년 31번]

ㄱ. 원인불명으로 재산상 이익인 가상자산을 이체받은 자가 가상자산을 사용·처분한 경우 이를 형사처벌하는 명문의 규정이 없는 현재의 상황에서 착오송금 시 횡령죄 성립을 긍정한 판례를 유추하여 신의칙을 근거로 피고인을 배임죄로 처벌하는 것은 죄형법정주의에 반한다.

ㄴ. 증거 자체에는 아무런 허위가 없으나 그 증거가 허위 주장과 결합하여 허위 사실을 증명하게 되는 경우가 있고, 이러한 행위는 국가의 형벌권 행사에 중대한 지장을 초래할 수 있는 행위로서 비난받아 마땅하다는 점은 부인하기 어려우므로, 위와 같은 행위를 처벌하는 구성요건을 신설하는 것 외에 형법 제155조 제1항이 규정한 '증거위조'의 의미를 확장해석하는 방법으로 그 목적을 달성하는 것도 죄형법정주의 원칙상 허용되지 아니한다고 볼 수 없다.

ㄷ. 법정소동죄 등을 규정한 형법 제138조에서의 '법원의 재판'에 '헌법재판소의 심판'을 포함시키는 해석은 피고인에게 불리한 확장해석이나 유추해석에 해당하지 않는다.

ㄹ. 반의사불벌죄에 있어서 피해자에게 의사능력이 있음에도 불구하고 그 처벌을 희망하지 않는다는 의사표시 또는 처벌희망 의사표시의 철회에 법정대리인의 동의가 있어야 한다고 해석하는 것은 죄형법정주의의 유추해석금지 원칙에 반한다.

ㅁ. 구 특정 범죄자에 대한 위치추적 전자장치 부착 등에 관한 법률 제5조 제1항 제3호는 '성폭력범죄를 2회 이상 범하여(유죄의 확정판결을 받은 경우를 포함한다) 그 습벽이 인정된 때'라고 규정하고 있는데, 피부착명령청구자가 2회 이상 성폭력범죄를 범하였는지를 판단할 때 위 법률의 목적과 위 규정의 취지에 비추어 소년보호처분을 받은 전력이 이에 해당한다고 보더라도 확장해석이나 유추해석에 해당하지 아니한다.

① 1개   ② 2개   ③ 3개   ④ 4개   ⑤ 5개

> **MGI Point** 죄형법정주의 ★★

- 가상자산을 이체받은 자가 가상자산을 사용·처분한 경우 ⇨ 횡령죄×
- 증거 자체에는 아무런 허위가 없으나 그 증거가 허위 주장과 결합하여 허위 사실을 증명하게 되는 경우 ⇨ 증거위조죄×
- 법정소동죄 등을 규정한 형법 제138조에서의 '법원의 재판'에 '헌법재판소의 심판'을 포함시키는 해석 ⇨ 죄형법정주의 위배×
- 처벌희망 의사표시의 철회에 법정대리인의 동의가 있어야 한다는 해석 ⇨ 죄형법정주의 위배
- 전자장치 피부착명령청구자가 2회 이상 성폭력범죄를 범하였는지를 판단할 때 소년보호처분을 받은 전력을 포함하는 것 ⇨ 죄형법정주의 위배

ㄱ. (○) 원인불명으로 재산상 이익인 가상자산을 이체받은 자가 가상자산을 사용·처분한 경우 이를 형사처벌하는 명문의 규정이 없는 현재의 상황에서 착오송금 시 횡령죄 성립을 긍정한 판례를 유추하여 신의칙을 근거로 피고인을 배임죄로 처벌하는 것은 죄형법정주의에 반한다(대법원 2021. 12. 16. 2020도9789).

ㄴ. (X) 증거 자체에는 아무런 허위가 없으나 그 증거가 허위 주장과 결합하여 허위 사실을 증명하게 되는 경우가 있고, 이러한 행위는 국가의 형벌권 행사에 중대한 지장을 초래할 수 있는 행위로서 비난받아 마땅하다는 점은 부인하기 어렵다. 그러나 위와 같은 행위를 처벌하는 구성요건을 신설하는 것은 별론으로 하고, 형법 제155조 제1항이 규정한 '증거위조'의 의미를 확장해석하는 방법으로 그 목적을 달성하는 것은 죄형법정주의 원칙상 허용되지 아니한다(대법원 2021. 1. 28. 2020도2642).

ㄷ. (○) 법정소동죄 등을 규정한 형법 제138조에서의 법원의 재판에 헌법재판소의 심판이 포함된다고 보는 해석론은 문언이 가지는 가능한 의미의 범위 안에서 그 입법 취지와 목적 등을 고려하여 문언의 논리적 의미를 분명히 밝히는 체계적 해석에 해당할 뿐, 피고인에게 불리한 확장해석이나 유추해석이 아니라고 볼 수 있다(대법원 2021. 8. 26. 2020도12017).

ㄹ. (○) 만약 반의사불벌죄에 있어서 피해자에게 의사능력이 있음에도 불구하고 그 처벌을 희망하지 않는다는 의사표시 또는 처벌희망 의사표시의 철회에 법정대리인의 동의가 있어야 하는 것으로 본다면, 이는 피고인 또는 피의자에 대한 처벌희망 여부를 결정할 수 있는 권한을 명문의 근거 없이 새롭게 창설하여 법정대리인에게 부여하는 셈이 되어 부당하며, 형사소송법 또는 청소년성보호법의 해석론을 넘어서는 입론이라고 할 것이다. 뿐만 아니라, 처벌을 희망하지 않는다는 의사표시 또는 처벌희망 의사표시의 철회는 이른바 소극적 소송조건에 해당하고, 소송조건에는 죄형법정주의의 파생원칙인 유추해석금지의 원칙이 적용된다고 할 것인데, 명문의 근거 없이 그 의사표시에 법정대리인의 동의가 필요하다고 보는 것은 유추해석에 의하여 소극적 소송조건의 요건을 제한하고 피고인 또는 피의자에 대한 처벌가능성의 범위를 확대하는 결과가 되어 죄형법정주의 내지 거기에서 파생된 유추해석금지의 원칙에도 반한다(대법원 2009. 11. 19. 2009도6058 전원합의체).

ㅁ. (X) '특정 범죄자에 대한 위치추적 전자장치 부착 등에 관한 법률'(이하 '전자장치부착법'이라 한다) 제5조 제1항 제3호는 검사가 전자장치 부착명령을 법원에 청구할 수 있는 경우 중의 하나로 '성폭력범죄를 2회 이상 범하여(유죄의 확정판결을 받은 경우를 포함한다) 그 습벽이 인정된 때'라고 규정하고 있는데, 이 규정 전단은 문언상 '유죄의 확정판결을 받은 전과사실을 포함하여 성폭력범죄를 2회 이상 범한 경우'를 의미한다고 해석된다. 따라서 피부착명령청구자가 소년법에 의한 보호처분(이하 '소년보호처분'이라고 한다)을 받은 전력이 있다고 하더라도, 이는 유죄의 확정판결을 받은 경우에 해당하지 아니함이 명백하므로, 피부착명령청구자가 2회 이상 성폭력범죄를 범하였는지를 판단할 때 소년보호처분을 받은 전력을 고려할 것이 아니다(대법원 2012. 3. 22. 2011도15057,2011전도249 전원합의체).

정답 ②

문 1

다음 설명 중 가장 옳지 않은 것은? [2022년 40번]

① 인터넷 신문 또는 인터넷 언론사를 운영하는 자는 공직선거법 제97조 제2항, 제3항에서 정한 방송·신문·통신·잡지 기타 간행물을 경영·관리하거나 편집·취재·집필·보도하는 자에 해당한다.
② 자동차관리법상 승인이 필요한 '자동차의 튜닝'은 '자동차의 안전운행에 필요한 성능과 기준이 설정되어 있는 자동차의 구조·장치가 일부 변경되거나 자동차에 부착물을 추가함으로써 그러한 자동차 구조장치의 일부 변경에 이르게 된 경우'를 의미한다.
③ 특정범죄 가중처벌 등에 관한 법률 제5조의4 제5항 제1호에서 정한 '징역형'에는 절도의 습벽이 인정되어 형법 제329조부터 제331조까지의 죄 또는 그 미수죄의 형보다 가중 처벌되는 형법 제332조의 상습절도죄로 처벌받은 전력도 포함된다.
④ 구 개인정보 보호법(2020. 2. 4. 법률 제16930호로 개정되기 전의 것)은 제2조 제5호, 제6호에서 공공기관 중 법인격이 없는 '중앙행정기관 및 그 소속 기관' 등을 개인정보처리자 중 하나로 규정하고 있으면서도, 양벌규정에 의하여 처벌되는 개인정보처리자로는 같은 법 제74조 제2항에서 '법인 또는 개인'만을 규정하고 있으나, 다른 법률과의 체계적 해석 및 처벌의 필요성 등에 비추어 볼 때 법인격 없는 공공기관이 법인에 포함된다고 해석하더라도 죄형법정주의의 원칙에 반한다고 볼 수 없다.
⑤ 피고인이 피해자를 '어용', '앞잡이' 등으로 표현한 현수막, 피켓 등을 장기간 반복하여 일반인의 왕래가 잦은 도로변 등에 게시한 행위는 피해자에 대한 모욕적 표현으로서 사회상규에 위배되지 않는 행위라고 보기 어렵다.

MGI Point **죄형법정주의** ★★

- 인터넷 신문 또는 인터넷 언론사를 운영하는 자 ⇨ 공직선거법 제97조 제2항, 제3항에서 정한 자에 해당함
- 자동차의 튜닝 ⇨ 자동차의 안전운행에 필요한 성능과 기준이 설정되어 있는 자동차의 구조·장치가 일부 변경, 자동차에 부착물을 추가함으로써 그러한 자동차 구조·장치의 일부 변경에 이르게 된 경우
- 특정범죄가중법 제5조의4 제5항 제1호에서 정한 '징역형' ⇨ 형법 제332조의 상습절도죄로 처벌받은 전력도 포함
- 법인격 없는 공공기관 ⇨ 개인정보 보호법상 양벌규정에 의하여 처벌되는 개인정보처리자 ×
- '어용', '앞잡이' 등으로 표현한 현수막, 피켓 등을 장기간 반복하여 왕래가 잦은 도로변 등에 게시 ⇨ 모욕적 표현 ○, 사회상규에 위배되지 않는 행위 ×

---

① (○) 원심은 그 판시와 같은 이유로, '인터넷 신문' 또는 '인터넷 언론사'인 'K'를 운영하던 피고인 C이 공직선거법 제97조 제2항, 제3항에서 정한 '방송·신문·통신·잡지 기타 간행물을 경영·관리하거나 편집·취재·집필·보도하는 자'에 해당한다고 보아 피고인들에 대한 공소사실을 유죄로 판단한 제1심판결을 그대로 유지하였다. 관련 법리와 적법하게 채택된 증거에 따라 살펴보면 원심의 판단은 정당하다(대판 2021.04.08. 2021도1177).
② (○) 자동차관리법상 승인이 필요한 '자동차의 튜닝'은 '자동차의 안전운행에 필요한 성능과 기준이 설정되어 있는 자동차의 구조·장치가 일부 변경되거나 자동차에 부착물을 추가함으로써 그러한 자동차 구조·장치의 일부 변경에 이르게 된 경우'를 의미한다고 해석함이 타당하다(대판 2021.06.24. 2019도110).
③ (○) 특정범죄가중법의 목적, 이 사건 처벌규정과 형법 제332조의 내용, 처벌의 불균형 등에 비추어 보면, 특정범죄 가중처벌 등에 관한 법률 제5조의4 제5항 제1호에서 정한 '징역형'에는 절도의 습벽이 인정되어 형법 제329조부터 제331조까지의 죄 또는 그 미수죄의 형보다 가중 처벌되는 형법 제332조의 상습절도죄로 처벌받은 전력도 포함되는 것으로 해석해야 한다(대판 2021.06.03. 2021도1349).

④ (X) 구 개인정보 보호법은 제2조 제5호, 제6호에서 공공기관 중 법인격이 없는 '중앙행정기관 및 그 소속 기관' 등을 개인정보처리자 중 하나로 규정하고 있으면서도, 양벌규정에 의하여 처벌되는 개인정보처리자로 는 같은 법 제74조 제2항에서 '법인 또는 개인'만을 규정하고 있을 뿐이고, 법인격 없는 공공기관에 대하여 도 위 양벌규정을 적용할 것인지 여부에 대하여는 명문의 규정을 두고 있지 않으므로, 죄형법정주의의 원칙 상 '법인격 없는 공공기관'을 위 양벌규정에 의하여 처벌할 수 없고, 그 경우 행위자 역시 위 양벌규정으로 처벌할 수 없다고 봄이 타당하다(대판 2021.10.28. 2020도1942).

⑤ (○) 피고인들이 소속 노동조합 위원장 갑을 '어용', '앞잡이' 등으로 지칭하여 표현한 현수막, 피켓 등을 장 기간 반복하여 일반인의 왕래가 잦은 도로변 등에 게시한 사안에서, '어용'이란 자신의 이익을 위하여 권력자 나 권력 기관에 영합하여 줏대 없이 행동하는 것을 낮잡아 이르는 말, '앞잡이'란 남의 사주를 받고 끄나풀 노릇을 하는 사람을 뜻하는 말로서 언제나 위 표현들이 지칭된 상대방에 대한 모욕에 해당한다거나 사회상 규에 비추어 허용되지 않는 것은 아니지만, 제반 사정에 비추어 피고인들의 위 행위는 갑에 대한 모욕적 표 현으로서 사회상규에 위배되지 않는 행위로 보기 어렵다고 한 사례(대판 2021.09.09. 2016도88).

정답 ④

문 2

형법 제273조의 학대 및 아동복지법의 학대행위에 관한 다음 설명 중 가장 옳지 않은 것은?
[2021년 34번]

① 형법 제273조 제1항에서 말하는 '학대'라 함은 육체적으로 고통을 주거나 정신적으로 차별대우 를 하는 행위를 가리키고, 이러한 학대행위는 형법의 규정체제상 학대와 유기의 죄가 같은 장에 위치하고 있는 점 등에 비추어 단순히 상대방의 인격에 대한 반인륜적 침해만으로는 부족하고 적 어도 유기에 준할 정도에 이르러야 한다.

② 구 아동복지법상 금지되는 '아동에게 음행을 시키는' 행위는 행위자가 아동으로 하여금 제3자를 상대방으로 하여 음행을 하게 하는 행위를 가리키는 것일 뿐 행위자 자신이 직접 그 아동의 음행 의 상대방이 되는 것까지를 포함하는 의미로 볼 것은 아니다.

③ 아동복지법상 금지되는 '성적 학대행위'는 아동에게 성적 수치심을 주는 성희롱 등의 행위로서 아동의 건강·복지를 해치거나 정상적 발달을 저해할 수 있는 성적 폭력 또는 가혹행위를 의미하 고, 이는 '음란한 행위를 시키는 행위'와는 별개의 행위로서, 성폭행의 정도에 이르지 아니한 성적 행위도 그것이 성적 도의관념에 어긋나고 아동의 건전한 성적 가치관의 형성 등 완전하고 조화로 운 인격발달을 현저하게 저해할 우려가 있는 행위이면 이에 포함된다.

④ 아동복지법상 금지되는 '아동을 매매하는 행위'는 '보수나 대가를 받고 아동을 다른 사람에게 넘 기거나 넘겨받음으로써 성립하는 범죄'로서 설령 위와 같은 행위에 대하여 아동이 명시적인 반대 의사를 표시하지 아니하거나 더 나아가 동의·승낙의 의사를 표시하였다 하더라도 이러한 사정은 아동매매죄의 성립에 아무런 영향을 미치지 아니한다.

⑤ 아동복지법 제17조(금지행위)는 "누구든지 다음 각호의 어느 하나에 해당하는 행위를 하여서는 아니 된다."라고 규정하고 있으나, 같은 법 제3조 제7호는 아동학대의 주체를 '보호자를 포함한 성인'으로 제한하고 있으므로, 아동복지법 제17조에서 금지하고 있는 행위 중 '아동학대'에 해당 하는 행위의 경우 성인이 아닌 자는 금지행위규정 및 처벌규정의 적용에서 배제된다.

MGI Point **아동복지법** ★★

- 형법 §273①에서의 '학대'
  - 육체적으로 고통을 주거나 정신적으로 차별대우를 하는 행위
  - 단순히 상대방의 인격에 대한 반인륜적 침해만으로는 부족하고 적어도 유기에 준할 정도에 이르러야 함
- 구 아동복지법상 금지되는 '아동에게 음행을 시킨다'는 것
  - 행위자가 아동으로 하여금 제3자를 상대방으로 하여 음행을 하게 하는 행위를 가리키는 것 ○
  - 행위자 자신이 직접 그 아동의 음행의 상대방이 되는 것까지를 포함하는 의미로 볼 것은 ×
- 아동복지법상 금지되는 '성적 학대행위'는 아동에게 성적 수치심을 주는 성희롱 등의 행위로서 아동의 건강·복지를 해치거나 정상적 발달을 저해할 수 있는 성적 폭력 또는 가혹행위를 의미하고, 이는 '음란한 행위를 시키는 행위'와는 별개의 행위로서, 성폭행의 정도에 이르지 아니한 성적 행위도 그것이 성적 도의관념에 어긋나고 아동의 건전한 성적 가치관의 형성 등 완전하고 조화로운 인격발달을 현저하게 저해할 우려가 있는 행위이면 이에 포함
- 아동복지법 §17 1호의 '아동을 매매하는 행위'에 대하여 아동이 명시적인 반대 의사를 표시하지 아니하거나 더 나아가 동의·승낙의 의사를 표시하였다 하더라도 이러한 사정은 아동매매죄의 성립에 아무런 영향 ×
- 누구든지 아동복지법 §17 2호에서 정한 금지행위를 한 경우 §71①에 따라 처벌되는 것이고, 성인이 아니라고 하여 위 금지행위규정 및 처벌규정의 적용에서 배제된다고 할 수 ×

① (○) 형법 제273조 제1항에서 말하는 '학대'라 함은 육체적으로 고통을 주거나 정신적으로 차별대우를 하는 행위를 가리키고, 이러한 학대행위는 형법의 규정체계상 학대와 유기의 죄가 같은 장에 위치하고 있는 점 등에 비추어 단순히 상대방의 인격에 대한 반인륜적 침해만으로는 부족하고 적어도 유기에 준할 정도에 이르러야 한다(대판 2000.04.25. 2000도223).

② (○) 구 아동복지법(2000. 1. 12. 법률 제6151호로 전문 개정되기 전의 것) 제18조 제5호는 '아동에게 음행을 시키는' 행위를 금지행위의 하나로 규정하고 있는바, 여기에서 '아동에게 음행을 시킨다'는 것은 행위자가 아동으로 하여금 제3자를 상대방으로 하여 음행을 하게 하는 행위를 가리키는 것일 뿐 행위자 자신이 직접 그 아동의 음행의 상대방이 되는 것까지를 포함하는 의미로 볼 것은 아니다(대판 2000.04.25. 2000도223).

③ (○) 아동복지법의 입법목적과 기본이념, '아동에게 음란한 행위를 시키는 행위'와 '성적 학대행위'를 금지하는 규정의 개정 경과 등을 종합하면, 아동복지법상 금지되는 '성적 학대행위'는 아동에게 성적 수치심을 주는 성희롱 등의 행위로서 아동의 건강·복지를 해치거나 정상적 발달을 저해할 수 있는 성적 폭력 또는 가혹행위를 의미하고, 이는 '음란한 행위를 시키는 행위'와는 별개의 행위로서, 성폭행의 정도에 이르지 아니한 성적 행위도 그것이 성적 도의관념에 어긋나고 아동의 건전한 성적 가치관의 형성 등 완전하고 조화로운 인격발달을 현저하게 저해할 우려가 있는 행위이면 이에 포함된다(대판 2017.06.15. 2017도3448).

④ (○) 아동복지법 제17조 제1호의 '아동을 매매하는 행위'는 '보수나 대가를 받고 아동을 다른 사람에게 넘기거나 넘겨받음으로써 성립하는 범죄'로서, '아동'은 같은 법 제3조 제1호에 의하면 18세 미만인 사람을 말한다. 아동은 아직 가치관과 판단능력이 충분히 형성되지 아니하여 자기결정권을 자발적이고 진지하게 행사할 것을 기대하기가 어렵고, 자신을 보호할 신체적·정신적 능력이 부족할 뿐 아니라, 보호자 없이는 사회적·경제적으로 매우 취약한 상태에 있으므로, 이러한 처지에 있는 아동을 마치 물건처럼 대가를 받고 신체를 인계·인수함으로써 아동매매죄가 성립하고, 설령 위와 같은 행위에 대하여 아동이 명시적 반대 의사를 표시하지 아니하거나 더 나아가 동의·승낙의 의사를 표시하였다 하더라도 이러한 사정은 아동매매죄의 성립에 아무런 영향을 미치지 아니한다(대판 2015.08.27. 2015도6480).

⑤ (X) 아동복지법은 제3조 제7호에서 '아동학대'를 '보호자를 포함한 성인이 아동의 건강 또는 복지를 해치거나 정상적 발달을 저해할 수 있는 신체적·정신적·성적 폭력이나 가혹행위를 하는 것과 아동의 보호자가 아동을 유기하거나 방임하는 것'이라고 정의하면서, 제3장 제2절에서 아동학대의 예방 및 방지에 관한 각종 규정을 두고 있다. 한편 아동복지법은 제17조에서 '누구든지 다음 각호의 어느 하나에 해당하는 행위를 하여서는 아니 된다'고 하면서, 제2호로 '아동에게 음란한 행위를 시키거나 이를 매개하는 행위 또는 아동에게 성적 수치심을 주는 성희롱 등의 성적 학대행위'를 금지행위로 규정하고, 제71조 제1항에서 '제17조를 위반한 자를

처벌한다'고 규정하고 있다. 이러한 아동복지법 규정의 각 문언과 조문의 체계 등을 종합하여 보면, 누구든지 제17조 제2호에서 정한 금지행위를 한 경우 제71조 제1항에 따라 처벌되는 것이고, 성인이 아니라고 하여 위 금지행위규정 및 처벌규정의 적용에서 배제된다고 할 수는 없다(대판 2020.10.15. 2020도6422).

정답 ⑤

문 3

의료법상 의료인의 직접진찰의무 및 의료기관 내 진료의무에 관한 다음 설명 중 가장 옳지 않은 것은?
[2021년 32번]

① 구 의료법(2016. 5. 29. 법률 제14220호로 개정되기 전의 것, 이하 같다) 제17조 제1항은 "의료업에 종사하고 직접 진찰한 의사가 아니면 처방전 등을 작성하여 환자에게 교부하지 못한다."고 규정하고 있다. 여기서 '직접'이란 '스스로'를 의미하므로 전화 통화 등을 이용하여 비대면으로 이루어진 경우에도 의사가 스스로 진찰을 하였다면 직접 진찰을 한 것으로 볼 수 있다.

② 다만, 현대 의학 측면에서 보아 신뢰할 만한 환자의 상태를 토대로 특정 진단이나 처방 등을 내릴 수 있을 정도의 행위가 있어야 '진찰'이 이루어졌다고 볼 수 있으므로, 그러한 행위가 전화 통화만으로 이루어지는 경우에는 최소한 그 이전에 의사가 환자를 대면하고 진찰하여 환자의 특성이나 상태 등에 대해 이미 알고 있다는 사정 등이 전제되어야 한다.

③ 위 구 의료법 제17조 제1항의 규정은 처방전 등이 의사가 환자를 직접 진찰하거나 검안한 결과를 바탕으로 의료인으로서의 판단을 표시하는 것으로서 사람의 건강상태 등을 증명하고 민·형사책임을 판단하는 증거가 되는 등 중요한 사회적 기능을 담당하고 있어 그 정확성과 신뢰성을 담보하기 위하여 직접 진찰한 의사만이 이를 작성·교부할 수 있도록 하는 데 그 취지가 있으므로, 처방전에 기재된 환자가 실제로 존재하지 않는 허무인인 경우에는 죄형법정주의의 원칙상 이를 처벌할 수는 없다고 보아야 한다.

④ 의료법 제33조 제1항은 "의료인은 이 법에 따른 의료기관을 개설하지 아니하고는 의료업을 할 수 없으며, 다음 각호의 어느 하나에 해당하는 경우 외에는 그 의료기관 내에서 의료업을 하여야 한다."라고 규정하고 있는데, 이 규정은 그렇지 않을 경우 의료의 질 저하와 적정 진료를 받을 환자의 권리 침해 등으로 인해 의료질서가 문란하게 되고 국민의 보건위생에 심각한 위험을 초래하게 되는 것을 사전에 방지하고자 하는 보건의료정책상의 필요성에 의한 것이다.

⑤ 의료인이 전화 등을 통해 원격지에 있는 환자에게 행하는 의료행위는 특별한 사정이 없는 한 의료법 제33조 제1항에 위반되는 행위로 봄이 타당하다. 이는 의료법 제33조 제1항 제2호에서 정한 '환자나 환자 보호자의 요청에 따라 진료하는 경우'에도 동일하게 적용된다.

> **MGI Point** 의료법상 의료인의 직접진찰의무 및 의료기관 내 진료의무 ★★
>
> - 구 의료법 §17①의 직접진찰의무의 '직접'이란 '스스로'를 의미하므로 전화 통화 등을 이용하여 비대면으로 이루어진 경우에도 의사가 스스로 진찰을 하였다면 직접 진찰을 한 것으로 볼 수 ○
> - 현대 의학 측면에서 보아 신뢰할 만한 환자의 상태를 토대로 특정 진단이나 처방 등을 내릴 수 있을 정도의 행위가 있어야 '진찰'이 이루어졌다고 볼 수 있고, 그러한 행위가 전화 통화만으로 이루어지는 경우에는 최소한 그 이전에 의사가 환자를 대면하고 진찰하여 환자의 특성이나 상태 등에 대해 이미 알고 있다는 사정 등이 전제되어야 함
> - 의사 등이 구 의료법 §17①에 따라 직접 진찰하여야 할 환자를 진찰하지 않은 채 그 환자를 대상자로 표시하여 진단서·증명서 또는 처방전을 작성·교부하였다면 구 의료법 §17①을 위반한 것 ⇨ 이는 환자가 실제 존재하지 않는 허무인(허무인)인 경우에도 마찬가지
> - 의료법이 의료인에 대하여 의료기관 내에서 의료업을 영위하도록 한 것은 그렇지 않을 경우 의료의 질 저하와 적정 진료를 받을 환자의 권리 침해 등으로 인해 의료질서가 문란하게 되고 국민의 보건위생에 심각한 위험을 초래하게 되는 것을 사전에 방지하고자 하는 보건의료정책상의 필요성에 의한 것
> - 의료인이 전화 등을 통해 원격지에 있는 환자에게 행하는 의료행위는 특별한 사정이 없는 한 의료법 §33①에 위반되는 행위로 봄이 타당 ⇨ 이는 의료법 §33①2호에서 정한 '환자나 환자 보호자의 요청에 따라 진료하는 경우'에도 동일하게 적용

① (○), ② (○) 구 의료법(2016. 5. 29. 법률 제14220호로 개정되기 전의 것, 이하 같다) 제17조 제1항은 의료업에 종사하고 직접 진찰한 의사가 아니면 처방전 등을 작성하여 환자에게 교부하지 못한다고 규정하고 있다. 여기서 '직접'이란 '스스로'를 의미하므로 전화 통화 등을 이용하여 비대면으로 이루어진 경우에도 의사가 스스로 진찰을 하였다면 직접 진찰을 한 것으로 볼 수는 있다. 한편 '진찰'이란 환자의 용태를 듣고 관찰하여 병상 및 병명을 규명하고 판단하는 것으로서, 진단방법으로는 문진, 시진, 청진, 타진, 촉진 기타 각종의 과학적 방법을 써서 검사하는 등 여러 가지가 있다. 이러한 진찰의 개념 및 진찰이 치료에 선행하는 행위인 점, 진단서와 처방전 등의 객관성과 정확성을 담보하고자 하는 구 의료법 제17조 제1항의 목적 등을 고려하면, 현대 의학 측면에서 보아 신뢰할 만한 환자의 상태를 토대로 특정 진단이나 처방 등을 내릴 수 있을 정도의 행위가 있어야 '진찰'이 이루어졌다고 볼 수 있고, 그러한 행위가 전화 통화만으로 이루어지는 경우에는 최소한 그 이전에 의사가 환자를 대면하고 진찰하여 환자의 특성이나 상태 등에 대해 이미 알고 있다는 사정 등이 전제되어야 한다(대판 2020.05.14. 2014도9607).

③ (X) 구 의료법(2016. 12. 20. 법률 제14438호로 개정되기 전의 것, 이하 같다) 제17조 제1항은 '의료업에 종사하고 직접 진찰하거나 검안한 의사, 치과의사, 한의사(이하 '의사 등'이라 한다)가 아니면 진단서·검안서·증명서 또는 처방전(전자처방전을 포함한다)을 작성하여 환자(환자가 사망한 경우에는 배우자, 직계존비속 또는 배우자의 직계존속을 말한다) 또는 형사소송법 제222조 제1항에 따라 검시를 하는 지방검찰청 검사(검안서에 한한다)에게 교부하거나 발송(전자처방전에 한한다)하지 못한다.'고 규정하고, 같은 법 제89조는 제17조 제1항을 위반한 자를 처벌하고 있다. 이는 진단서·검안서·증명서 또는 처방전이 의사 등이 환자를 직접 진찰하거나 검안한 결과를 바탕으로 의료인으로서의 판단을 표시하는 것으로서 사람의 건강상태 등을 증명하고 민형사책임을 판단하는 증거가 되는 등 중요한 사회적 기능을 담당하고 있어 그 정확성과 신뢰성을 담보하기 위하여 직접 진찰·검안한 의사 등만이 이를 작성·교부할 수 있도록 하는 데 그 취지가 있다. 따라서 의사 등이 구 의료법 제17조 제1항에 따라 직접 진찰하여야 할 환자를 진찰하지 않은 채 그 환자를 대상자로 표시하여 진단서·증명서 또는 처방전을 작성·교부하였다면 구 의료법 제17조 제1항을 위반한 것으로 보아야 하고, 이는 환자가 실제 존재하지 않는 허무인(허무인)인 경우에도 마찬가지이다(대판 2021.02.04. 2020도13899).

④ (○), ⑤ (○) 의료법 제33조 제1항은 "의료인은 이 법에 따른 의료기관을 개설하지 아니하고는 의료업을 할 수 없으며, 다음 각호의 어느 하나에 해당하는 경우 외에는 그 의료기관 내에서 의료업을 하여야 한다."라고 규정하고 있다. 의료법이 의료인에 대하여 의료기관 내에서 의료업을 영위하도록 한 것은 그렇지 않을 경우 의료의 질 저하와 적정 진료를 받을 환자의 권리 침해 등으로 인해 의료질서가 문란하게 되고 국민의 보건위생에 심각한 위험을 초래하게 되는 것을 사전에 방지하고자 하는 보건의료정책상의 필요성에 의한 것이다. 아울러 의료법 제34조 제1항은 "의료인은 제33조 제1항에도 불구하고 컴퓨터·화상통신 등 정보통신기술을

활용하여 먼 곳에 있는 의료인에게 의료지식이나 기술을 지원하는 원격의료를 할 수 있다."라고 규정하여 의료인이 원격지에서 행하는 의료행위를 의료법 제33조 제1항의 예외로 보는 한편, 이를 의료인 대 의료인의 행위로 제한적으로만 허용하고 있다. 또한 현재의 의료기술 수준 등을 고려할 때 의료인이 전화 등을 통해 원격지에 있는 환자에게 의료행위를 행할 경우, 환자에 근접하여 환자의 상태를 관찰해가며 행하는 일반적인 의료행위와 동일한 수준의 의료서비스를 기대하기 어려울 뿐만 아니라 환자에 대한 정보 부족 및 의료기관에 설치된 시설 내지 장비의 활용 제약 등으로 말미암아 부적정한 의료행위가 이루어질 가능성이 높고, 그 결과 국민의 보건위생에 심각한 위험을 초래할 수 있다. 이러한 의료행위는 의료법 제33조 제1항의 목적에 반하고 이는 의료법이 원격의료를 제한적으로만 허용하는 까닭이기도 하다. 이와 같은 사정 등을 종합하면, 의료인이 전화 등을 통해 원격지에 있는 환자에게 행하는 의료행위는 특별한 사정이 없는 한 의료법 제33조 제1항에 위반되는 행위로 봄이 타당하다. 이는 의료법 제33조 제1항 제2호에서 정한 '환자나 환자 보호자의 요청에 따라 진료하는 경우'에도 동일하게 적용된다(대판 2020.11.05. 2015도13830).

정답 ③

문 4

다음 설명 중 가장 옳지 않은 것은? [2021년 27번]

① 1999. 7. 1.부터 시행된 청소년보호법이 종래 처벌대상이 되었던 '청소년의 숙박업소 출입을 허용하는 행위'를 처벌대상에서 제외하고 있다고 하더라도, 이는 법률이념의 변경이 아니라 다른 사정의 변천에 따라 그때그때의 특수한 필요에 대처하기 위하여 법령이 개폐된 경우로서 그 이전에 이미 범하여진 위반행위에 대한 가벌성이 소멸되는 것은 아니다.
② 구 도시 및 주거환경정비법(2015. 9. 1. 법률 제13508호로 개정되기 전의 것) 제69조 제1항 제6호에서 정한 '관리처분계획의 수립'에는 경미한 사항이 아닌 관리처분계획의 주요 부분을 실질적으로 변경하는 것이 포함된다고 해석함이 타당하고, 이러한 해석이 죄형법정주의 내지 형벌법규 명확성의 원칙을 위반하였다고 보기는 어렵다.
③ 구 부정선거관련자처벌법 제5조 제4항에 동법 제5조 제1항의 예비음모는 이를 처벌한다고만 규정하면서 그 형에 관하여 따로 규정하고 있지 아니한 경우 죄형법정주의의 원칙상 위 예비음모를 처벌할 수는 없다.
④ 인터넷 사이트에 '소액대출 및 소액결제 현금화' 등의 문구를 적시한 광고글을 게시하여 이를 보고 접근한 의뢰인들에게 문화상품권을 소액결제를 하고 구매 후 인증되는 문화상품권의 핀(PIN) 번호를 자신에게 알려주게 하여 의뢰인들이 구매한 문화상품권 액면가의 22% 금액을 선이자 명목으로 공제하고 나머지 77.8% 금액을 대부해 준 것은 '금전의 대부'에 해당하지 않는다.
⑤ 내국인이 아닌 자가 중국 북경시에 소재한 대한민국 영사관 내에서 甲 명의의 여권발급신청서 1장을 위조한 경우에는 우리나라에 재판권이 없다.

MGI Point 형법의 적용범위, 죄형법정주의 ★★

- 1999. 7. 1.부터 시행된 청소년보호법에서 숙박업은 청소년유해업소 중 청소년의 출입은 가능하나 고용은 유해한 것으로 인정되는 업소에 해당하는 것으로 변경
  ⇨ 청소년의 숙박행위까지 처벌대상으로 삼은 종전의 조치가 부당하다는 데서 나온 반성적 조치 ○
  ⇨ 범죄 후 법률의 변경에 의하여 그 행위가 범죄를 구성하지 아니한 경우에 해당 ○
- 구 도정법 §69①6호에서 정한 "관리처분계획의 수립"에는 경미한 사항이 아닌 관리처분계획의 주요 부분을 실질적으로 변경하는 것이 포함된다고 해석함이 타당 ⇨ 이러한 해석은 죄형법정주의 내지 형벌법규 명확성의 원칙 위반 ×
- 부정선거관련자처벌법 §5④에 동법 §5①의 예비음모는 이를 처벌한다고만 규정하고 있을 뿐 그 형에 관하여 따로 규정하고 있지 아니한 이상 죄형법정주의의 원칙상 위 예비음모를 처벌 不可
- 피고인이 의뢰인들로부터 상품권을 할인 매입하면서 그 대금으로 금전을 교부한 것
  ⇨ 대부의 개념요소를 갖추었다고 보기 어려워 대부업법의 규율 대상이 되는 '금전의 대부'에 해당 ×
- 외국인이 중국 북경시에 소재한 대한민국 영사관 내에서 여권발급신청서를 위조한 경우
  ⇨ 외국인의 국외범에 해당하므로 우리나라에 재판권 無

① (X) 피고인이 운영한 여관은 구 청소년보호법(1999. 2. 5. 법률 제5817호로 개정되기 전의 것) 제2조 제5호 소정의 청소년유해업소에 해당하여 피고인의 청소년 숙박업소출입 허용행위도 범행 당시에는 같은 법 제51조 제7호 및 제24조 제2항에 해당되어 처벌받도록 규정되어 있으나, 종전부터 청소년의 숙박업소 출입을 전면적으로 금지하는 것이 과연 합리적이고 바람직스러운 것인지 문제되어 왔다고 보일 뿐만 아니라, 1999. 2. 5.자 제14125호 관보에 의하면 청소년보호를 강화하려는 사회적 분위기에 맞추어, 청소년을 각종 유해행위로부터 보호하기 위하여 청소년유해행위에 대한 처벌규정을 신설하고, 사회문제화되고 있는 청소년폭력과 학대 등으로부터 청소년의 보호를 강화하는 등 종합적이고 실효성 있게 청소년을 보호하려는 내용으로 같은 법이 법률 제5817호로 개정되었다는 것인데 구 청소년보호법(1999. 2. 5. 법률 제5817호로 개정되기 전의 것)과 달리 1999. 7. 1.부터 시행된 청소년보호법에서는 오히려, 숙박업은 청소년유해업소 중 청소년의 출입은 가능하나 고용은 유해한 것으로 인정되는 업소에 해당하는 것으로 변경된 점[청소년보호법 제2조 제5호 (나)목 (2) 참조] 및 같은 법 개정 당시 그 부칙 등에 같은 법 시행 전의 위와 같은 출입허용행위에 대한 벌칙의 적용에 있어서는 이에 대한 아무런 경과규정을 두지 아니한 점 등을 종합하여 보면, 그 변경은 청소년의 숙박행위까지 처벌대상으로 삼은 종전의 조치가 부당하다는 데서 나온 반성적 조치라고 보아야 할 것이므로 이는 범죄 후 법률의 변경에 의하여 그 행위가 범죄를 구성하지 아니한 경우에 해당한다(대판 2000.12.08. 2000도2626).

② (○) 구 도시 및 주거환경정비법(2015. 9. 1. 법률 제13508호로 개정되기 전의 것, 이하 '구 도정법'이라고만 한다) 제69조 제1항 제6호에서 정한 "관리처분계획의 수립"에는 경미한 사항이 아닌 관리처분계획의 주요 부분을 실질적으로 변경하는 것이 포함된다고 해석함이 타당하고, 이러한 해석이 죄형법정주의 내지 형벌법규 명확성의 원칙을 위반하였다고 보기 어렵다(대판 2019.09.25. 2016도1306).

③ (○) 부정선거관련자처벌법 제5조 제4항에 동법 제5조 제1항의 예비음모는 이를 처벌한다고만 규정하고 있을 뿐이고 그 형에 관하여 따로 규정하고 있지 아니한 이상 죄형법정주의의 원칙상 위 예비음모를 처벌할 수 없다(대판 1977.06.28. 77도251).

④ (○) 피고인이 인터넷 사이트에 '소액대출 및 소액결제 현금화' 등의 문구를 적시한 광고글을 게시하여 이를 보고 접근한 의뢰인들에게 문화상품권을 소액결제를 하고 구매 후 인증되는 문화상품권의 핀(PIN) 번호를 자신에게 알려주게 하여 의뢰인들이 구매한 문화상품권 액면가의 22% 금액을 선이자 명목으로 공제하고 나머지 77.8% 금액을 대부해 준 다음 위 핀 번호를 상품권업자에게 판매하는 방법으로 미등록 대부업을 영위하였다고 하여 대부업 등의 등록 및 금융이용자 보호에 관한 법률(이하 '대부업법'이라 한다) 위반으로 기소된 사안에서, 피고인이 의뢰인들에게 일정한 할인료를 공제한 금전을 교부하고 이와 상환하여 교부받은 상

품권은 소지자가 발행자 또는 발행자가 지정하는 일정한 자에게 이를 제시 또는 교부하는 등의 방법으로 사용함으로써 권면금액에 상응하는 물품 또는 용역을 제공받을 수 있는 청구권이 화체된 유가증권의 일종인 점, 피고인과 의뢰인들 간의 상품권 할인 매입은 매매에 해당하고, 피고인과 의뢰인들 간의 관계는 피고인이 의뢰인들로부터 상품권 핀 번호를 넘겨받고 상품권 할인 매입 대금을 지급함으로써 모두 종료되는 점 등의 여러 사정을 종합하면, 피고인이 의뢰인들로부터 상품권을 할인 매입하면서 그 대금으로 금전을 교부한 것은 대부의 개념요소를 갖추었다고 보기 어려워 대부업법의 규율 대상이 되는 '금전의 대부'에 해당하지 않는다는 이유로, 이와 다른 전제에서 공소사실을 유죄로 판단한 원심판결에 대부업법이 규정하는 금전의 대부의 해석에 관한 법리를 오해한 잘못이 있다고 한 사례(대판 2019.09.26. 2018도7682).

⑤ (○) 외국인이 중국 북경시에 소재한 대한민국 영사관 내에서 여권발급신청서를 위조하였다는 취지의 공소사실에 대하여, 외국인의 국외범에 해당한다는 이유로 피고인에 대한 재판권이 없다(대판 2006.09.22. 2006도5010).

문 5

죄형법정주의 원칙에 비추어 허용될 수 없는 해석에 해당하지 않는 것은? [2021년 17번]

① 구 도로교통법(2019. 12. 24. 개정되기 전의 것) 제154조 제2호는 '원동기장치자전거를 운전할 수 있는 운전면허를 받지 아니하고 원동기장치자전거를 운전한 사람'을 처벌하였는데, '운전면허를 받았으나 그 후 면허의 효력이 정지된 경우'를 '운전면허를 받지 아니한 것'에 포함된다고 해석하는 것

② 성폭력범죄의 처벌 등에 관한 특례법 제14조 제1항은 '카메라나 그 밖에 이와 유사한 기능을 갖춘 기계장치를 이용하여 성적 욕망 또는 수치심을 유발할 수 있는 사람의 신체를 촬영대상자의 의사에 반하여 촬영한 자'를 처벌하고 있는데, '다른 사람의 신체 이미지가 담긴 영상'을 촬영한 경우를 '사람의 신체'를 촬영한 것에 포함된다고 해석하는 것

③ 형법 제155조 제1항은 '타인의 형사사건 또는 징계사건에 관한 증거를 인멸, 은닉, 위조 또는 변조하거나 위조 또는 변조한 증거를 사용한 자'를 처벌하고 있는데, '증거 자체에는 아무런 허위가 없으나 그 증거가 허위 주장과 결합하여 허위 사실을 증명하게 되는 경우(돈을 송금하였다가 되돌려 받는 방법으로 송금자료를 만들어 피해 변제의 증거로 제출한 경우)'를 '증거위조'에 포함된다고 해석하는 것

④ 구 약사법(2007. 10. 17. 개정되기 전의 것) 제44조 제1항은 "약국 개설자가 아니면 의약품을 판매하거나 또는 판매 목적으로 취득할 수 없다."고 규정하고 있는데, '국내에 있는 불특정 또는 다수인에게 무상으로 의약품을 양도하는 수여행위'를 '판매'에 포함된다고 해석하는 것

⑤ 공직선거법 제250조 제1항 허위사실공표죄에서 '경력등'이란 후보자의 '경력·학력·학위·상벌'을 말하는데(같은 법 제64조 제5항), '어떤 단체가 특정 후보자를 지지·추천하는지 여부'를 '경력'에 포함된다고 해석하는 것

MGI Point 죄형법정주의 ★★

- '운전면허를 받지 아니하고'라는 법률문언의 통상적 의미
  ⇨ '운전면허를 받았으나 그 후 운전면허의 효력이 정지된 경우' 포함 ×
- 구 성폭력범죄의 처벌 등에 관한 특례법 §14②에서 규정한 '촬영물'
  ⇨ 다른 사람의 신체 이미지가 담긴 영상을 촬영한 촬영물은 해당 ×
- 증거 자체에는 아무런 허위가 없으나 그 증거가 허위 주장과 결합하여 허위의 사실을 증명하게 되는 경우
  - 형법 §155①의 증거위조에 해당 ×
  - 돈을 송금하였다가 되돌려 받는 방법으로 송금자료를 만들어 변제의 증거로 제출한 경우 ⇨ 증거위조 ×
- 국내에 있는 불특정 또는 다수인에게 무상으로 의약품을 양도하는 수여행위 ⇨ 구 약사법 §44①의 '판매'에 해당 ○
- 어떤 단체가 특정 후보자를 지지·추천하는지 여부 ⇨ 공직선거법상 허위사실공표죄에서의 '경력'에 포함 ×

① (○) 도로교통법 제43조는 무면허운전 등을 금지하면서 "누구든지 제80조의 규정에 의하여 지방경찰청장으로부터 운전면허를 받지 아니하거나 운전면허의 효력이 정지된 경우에는 자동차 등을 운전하여서는 아니된다"고 정하여, 운전자의 금지사항으로 운전면허를 받지 아니한 경우와 운전면허의 효력이 정지된 경우를 구별하여 대등하게 나열하고 있다. 그렇다면 '운전면허를 받지 아니하고'라는 법률문언의 통상적인 의미에 '운전면허를 받았으나 그 후 운전면허의 효력이 정지된 경우'가 당연히 포함된다고는 해석할 수 없다(대판 2011.08.25. 2011도7725).

② (○) 성폭력범죄의 처벌 등에 관한 특례법(이하 '성폭력처벌법'이라 한다) 제14조 제2항은 "제1항의 촬영이 촬영 당시에는 촬영대상자의 의사에 반하지 아니하는 경우에도 사후에 그 의사에 반하여 촬영물을 반포·판매·임대·제공 또는 공공연하게 전시·상영한 자는 3년 이하의 징역 또는 500만 원 이하의 벌금에 처한다."라고 규정하고 있다. 위 제2항은 촬영대상자의 의사에 반하지 아니하여 촬영한 촬영물을 사후에 그 의사에 반하여 반포하는 행위 등을 규율 대상으로 하면서 그 촬영의 대상과 관련해서는 '제1항의 촬영'이라고 규정하고 있다. 성폭력처벌법 제14조 제1항이 촬영의 대상을 '다른 사람의 신체'로 규정하고 있으므로, 위 제2항의 촬영물 또한 '다른 사람의 신체'를 촬영한 촬영물을 의미한다고 해석하여야 하는데, '다른 사람의 신체에 대한 촬영'의 의미를 해석할 때 위 제1항과 제2항의 경우를 달리 볼 근거가 없다. 따라서 다른 사람의 신체 그 자체를 직접 촬영한 촬영물만이 위 제2항에서 규정하고 있는 촬영물에 해당하고, 다른 사람의 신체 이미지가 담긴 영상을 촬영한 촬영물은 이에 해당하지 아니한다(대판 2018.08.30. 2017도3443).

③ (○) 물론 증거 자체에는 아무런 허위가 없으나 그 증거가 허위 주장과 결합하여 허위 사실을 증명하게 되는 경우가 있고, 이러한 행위는 국가의 형벌권 행사에 중대한 지장을 초래할 수 있는 행위로서 비난받아 마땅하다는 점은 부인하기 어렵다. 그러나 위와 같은 행위를 처벌하는 구성요건을 신설하는 것은 별론으로 하고, 형법 제155조 제1항이 규정한 '증거위조'의 의미를 확장해석하는 방법으로 그 목적을 달성하는 것은 죄형법정주의 원칙상 허용되지 아니한다. … 원심이 인정한 사실관계를 앞서 본 법리에 비추어 살펴보면, 비록 피고인이 공소외 4명의 □□은행 계좌에서 공소외 2 회사 명의 △△은행 계좌에 금원을 송금하고 다시 되돌려받는 행위를 반복한 후 그중 송금자료만을 발급받아 이를 3억 5,000만 원을 변제하였다는 허위 주장과 함께 법원에 제출한 행위는 형법상 증거위조죄의 보호법익인 사법기능을 저해할 위험성이 있다. 그러나 앞서 본 법리에 비추어 보면, 피고인이 제출한 입금확인증 등은 금융기관이 금융거래에 관한 사실을 증명하기 위해 작성한 문서로서 그 내용이나 작성명의 등에 아무런 허위가 없는 이상 이를 증거의 '위조'에 해당한다고 볼 수 없고, 나아가 '위조한 증거를 사용'한 행위에 해당한다고 볼 수도 없다(대법원 2021.01.28. 2020도2642).

④ (X) 구 약사법(2007. 10. 17. 법률 제8643호로 개정되기 전의 것, 이하 '구 약사법'이라 한다) 제2조 제1호가 약사법에서 사용되는 '약사(藥事)'의 개념에 대해 정의하면서 '판매(수여를 포함한다. 이하 같다)'라고 규정함으로써 구 약사법 제44조 제1항을 포함하여 위 정의규정 이하 조항의 '판매'에는 '수여'가 포함됨을 명문으로 밝히고 있는 점, 구 약사법은 약사(藥事)에 관한 일들이 원활하게 이루어질 수 있도록 필요한 사항을 규정하여 국민보건 향상에 기여하는 것을 목적으로 하고(제1조), 약사 또는 한약사가 아니면 약국을 개설할 수 없도

록 하며(제20조 제1항), 의약품은 국민의 보건과 직결되는 것인 만큼 엄격한 의약품 관리를 통하여 의약품이 남용 내지 오용되는 것을 막고 의약품이 비정상적으로 유통되는 것을 막고자 구 약사법 제44조 제1항에서 약국 개설자가 아니면 의약품을 판매하거나 또는 판매 목적으로 취득할 수 없다고 규정한 것인데, 국내에 있는 불특정 또는 다수인에게 무상으로 의약품을 양도하는 수여의 경우를 처벌대상에서 제외한다면 약사법의 위와 같은 입법목적을 달성하기 어려울 것이고, 따라서 이를 처벌대상에서 제외하려는 것이 입법자의 의도였다고 보기는 어려운 점 등을 종합하면, 결국 국내에 있는 불특정 또는 다수인에게 무상으로 의약품을 양도하는 수여행위도 구 약사법 제44조 제1항의 '판매'에 포함된다고 보는 것이 체계적이고 논리적인 해석이라 할 것이고, 그와 같은 해석이 죄형법정주의에 위배된다고 볼 수 없다(대판 2011.10.13. 2011도6287).

⑤ (○) 공직선거법 제250조 제1항에 규정한 허위사실공표죄에서 '경력등'이란 후보자의 '경력·학력·학위·상벌'을 말하고(같은 법 제64조 제5항), 그 중 '경력'은 후보자의 행동이나 사적(事跡) 등과 같이 후보자의 실적과 능력으로 인식되어 선거인의 공정한 판단에 영향을 미치는 사항을 말한다. 따라서 어떤 단체가 특정 후보자를 지지·추천하는지 여부는 후보자의 행동이나 사적 등에 관한 사항이라고 볼 수 없어 위에서 말하는 '경력'에 관한 사실에 포함되지 아니하고, 이와 달리 해석하는 것은 형벌법규를 지나치게 확장·유추해석하는 것으로서 죄형법정주의에 반하여 허용될 수 없다(대판 2011.03.10. 2010도16942).

정답 ④

문 6

형벌법규의 해석 등에 관한 다음 설명 중 가장 옳지 않은 것은? [2020년 16번]

① 위법성 및 책임의 조각사유나 소추조건 또는 처벌조각사유인 형면제 사유에 관하여도 그 범위를 제한적으로 유추적용하는 것은 죄형법정주의의 파생원칙인 유추해석금지의 원칙에 위반하여 허용될 수 없다.
② 형벌법규의 해석은 엄격하여야 하고, 명문의 형벌법규의 의미를 피고인에게 불리한 방향으로 지나치게 확장해석하거나 유추해석하는 것은 죄형법정주의의 원칙에 어긋나는 것으로서 허용되지 아니하나, 형벌법규의 해석에서도 법률문언의 통상적인 의미를 벗어나지 않는 한 그 법률의 입법취지와 목적, 입법연혁 등을 고려한 목적론적 해석이 배제되는 것은 아니다.
③ 도로교통법 제2조 제26호가 '술이 취한 상태에서의 운전' 등 일정한 경우에 한하여 예외적으로 도로 외의 곳에서 운전한 경우를 운전에 포함한다고 명시하고 있는 반면, 무면허운전에 관해서는 이러한 예외를 명시하고 있지 않지만, 무면허운전을 처벌하는 입법취지와 목적, 입법연혁 등을 고려하면, 도로가 아닌 곳에서 운전면허 없이 운전한 경우에도 무면허운전으로 처벌하는 것은 허용되는 목적론적 해석이다.
④ 형벌법규의 해석에서도 문언의 가능한 의미 안에서 입법 취지와 목적 등을 고려한 법률 규정의 체계적 연관성에 따라 문언의 논리적 의미를 분명히 밝히는 체계적·논리적 해석방법은 규정의 본질적 내용에 가장 접근한 해석을 위한 것으로서 죄형법정주의의 원칙에 부합한다.
⑤ 구 성폭력범죄의처벌및피해자보호등에관한법률(1997. 8. 22. 법률 제5343호로 개정되기 전의 것) 제8조는, 신체장애로 항거불능인 상태에 있음을 이용하여 여자를 간음하거나 사람에 대하여 추행한 자는 형법 제297조(강간) 또는 제298조(강제추행)에 정한 형으로 처벌한다고 규정하고 있는바, 관련 법률의 장애인에 관한 규정과 형법상의 유추해석 금지의 원칙에 비추어 볼 때, 이 규정에서 말하는 '신체장애'에 정신박약 등으로 인한 정신장애도 포함된다고 보아 그러한 정신장애로 인하여 항거불능 상태에 있는 여자를 간음한 경우에도 이 규정에 해당한다고 해석하기는 어렵다.

> **MGI Point**   **형벌법규의 해석** ★★
>
> - 위법성 및 책임의 조각사유나 소추조건 또는 처벌조각사유인 형면제 사유에 관하여 그 범위를 제한적으로 유추적용 ⇨ 불허
> - 법률문언의 통상적인 의미를 벗어나지 않는 목적론적 해석 ⇨ 허용
> - 도로가 아닌 곳에서 운전면허 없이 운전한 경우에도 무면허운전으로 처벌 ⇨ 허용되는 목적론적 해석 ×
> - 문언의 가능한 의미 안에서 체계적·논리적 해석 ⇨ 죄형법정주의의 원칙에 부합
> - 구 성폭력범죄의처벌및피해자보호등에관한법률(1997. 8. 22. 법률 제5343호로 개정되기 전의 것) 제8조는, 신체장애로 항거불능인 상태에 있음을 이용하여 여자를 간음하거나 사람에 대하여 추행한 자는 형법 제297조(강간) 또는 제298조(강제추행)에 정한 형으로 처벌한다고 규정 ⇨ '신체장애'에 정신박약 등으로 인한 정신장애는 포함 ×

① (○) 형벌법규의 해석에서 법규정 문언의 가능한 의미를 벗어나는 경우에는 유추해석으로서 죄형법정주의에 위반하게 되고, 이러한 유추해석금지의 원칙은 모든 형벌법규의 구성요건과 가벌성에 관한 규정에 준용되는데, 위법성 및 책임의 조각사유나 소추조건 또는 처벌조각사유인 형면제 사유에 관하여도 그 범위를 제한적으로 유추적용하게 되면 행위자의 가벌성의 범위는 확대되어 행위자에게 불리하게 되는바, 이는 가능한 문언의 의미를 넘어 범죄구성요건을 유추적용하는 것과 같은 결과가 초래되므로 죄형법정주의의 파생원칙인 유추해석금지의 원칙에 위반하여 허용될 수 없다(대판 2010.09.30. 2008도4762).

② (○) 형벌법규는 문언에 따라 엄격하게 해석·적용하여야 하고 피고인에게 불리한 방향으로 지나치게 확장해석하거나 유추해석하여서는 아니되지만, 형벌법규의 해석에서도 법률문언의 통상적인 의미를 벗어나지 않는 한 그 법률의 입법취지와 목적, 입법연혁 등을 고려한 목적론적 해석이 배제되는 것은 아니다(대판 2003.01.10. 2002도2363). ▶ 타인의 인적 사항을 도용하여 타인 명의로 발급받은 신용카드의 번호와 그 비밀번호를 인터넷사이트에 입력함으로써 재산상 이익을 취득한 행위가 구 형법 제347조의2 소정의 컴퓨터등사용사기죄에 해당하지 않는다고 무죄를 선고한 원심판결을 파기한 사례.

③ (X) 도로가 아닌 곳에서 운전면허 없이 운전한 경우에는 무면허운전에 해당하지 않는다. 도로에서 운전하지 않았는데도 무면허운전으로 처벌하는 것은 유추해석이나 확장해석에 해당하여 죄형법정주의에 비추어 허용되지 않는다. 따라서 운전면허 없이 자동차 등을 운전한 곳이 위와 같이 일반교통경찰권이 미치는 공공성이 있는 장소가 아니라 특정인이나 그와 관련된 용건이 있는 사람만 사용할 수 있고 자체적으로 관리되는 곳이라면 도로교통법에서 정한 '도로에서 운전'한 것이 아니므로 무면허운전으로 처벌할 수 없다(대판 2017.12.28. 2017도17762). ▶ 피고인이 자동차운전면허를 받지 않고 아파트 단지 안에 있는 지하주차장 약 50m 구간에서 승용차를 운전하여 도로교통법 위반(무면허운전)으로 기소된 사안에서, 위 주차장이 도로교통법 제2조 제1호에서 정한 '도로'에 해당하는지가 불분명하여 피고인의 자동차 운전행위가 도로교통법에서 금지하는 무면허운전에 해당하지 않는다고 볼 여지가 있는데도, 이와 달리 보아 유죄를 인정한 원심판결에 심리미진 및 법리오해의 잘못이 있다고 한 사례.

④ (○) [1] 형벌법규는 문언에 따라 엄격하게 해석·적용하여야 하고 피고인에게 불리한 방향으로 지나치게 확장해석하거나 유추해석하여서는 아니 되나, 형벌법규의 해석에 있어서도 가능한 문언의 의미 내에서 당해 규정의 입법 취지와 목적 등을 고려한 법률체계적 연관성에 따라 그 문언의 논리적 의미를 분명히 밝히는 체계적·논리적 해석방법은 그 규정의 본질적 내용에 가장 접근한 해석을 위한 것으로서 죄형법정주의의 원칙에 부합한다. [2] 정보통신망에 의하여 처리·보관 또는 전송되는 타인의 정보를 훼손하거나 타인의 비밀을 침해·도용 또는 누설하는 행위를 금지·처벌하는 규정인 정보통신망 이용촉진 및 정보보호 등에 관한 법률 제49조 및 제62조 제6호의 '타인'에는 생존하는 개인뿐만 아니라 이미 사망한 자도 포함된다(대판 2007.06.14. 2007도2162).

⑤ (○) 구 성폭력범죄의처벌및피해자보호등에관한법률(1997. 8. 22. 법률 제5343호로 개정되기 전의 것) 제8조는, 신체장애로 항거불능인 상태에 있음을 이용하여 여자를 간음하거나 사람에 대하여 추행한 자는 형법 제297조(강간) 또는 제298조(강제추행)에 정한 형으로 처벌한다고 규정하고 있는바, 관련 법률의 장애인에 관한 규정과 형법상의 유추해석 금지의 원칙에 비추어 볼 때, 이 규정에서 말하는 '신체장애'에 정신박약 등으로 인한 정신장애도 포함된다고 보아 그러한 정신장애로 인하여 항거불능 상태에 있는 여자를 간음한 경우에도 이 규정에 해당한다고 해석하기는 어렵다(대판 1998.04.10. 97도3392).

정답 ③

문 7

다음 설명 중 가장 옳지 않은 것은? [2019년 32번]

① 처벌법규의 입법목적이나 그 전체적 내용, 구조 등을 살펴보아 사물의 변별능력을 제대로 갖춘 일반인의 이해와 판단으로서 그의 구성요건 요소에 해당하는 행위유형을 정형화하거나 한정할 합리적 해석기준을 찾을 수 있다면 죄형법정 주의가 요구하는 형벌법규의 명확성의 원칙에 반하는 것이 아니다.

② 형법이 업무방해죄와는 별도로 공무집행방해죄를 규정하고 있는 것은 사적 업무와 공무를 구별하여 공무에 관해서는 공무원에 대한 폭행, 협박 또는 위계의 방법으로 그 집행을 방해하는 경우에 한하여 처벌하겠다는 취지라고 보아야 할 것이고, 따라서 폭행 또는 협박의 정도에 이르지 않는 위력을 가하여 공무원이 직무상 수행하는 공무를 방해하는 행위에 대해서는 업무방해죄로 의율할 수는 없다.

③ 구 공직선거및선거부정방지법 제262조의 "자수"를 '범행발각 전에 자수한 경우'로 한정하는 풀이는 '언어의 가능한 의미'를 넘어선 것이고, 이는 형법 제90조 제1항 단서, 제101조 제1항 단서 등으로부터의 유추를 통하여 "자수"의 범위를 그 문언보다 제한함으로써 구 공직선거및선거부정방지법 제230조 제1항 등의 처벌범위를 실정법 이상으로 확대한 것이다.

④ 친고죄에 관한 고소의 주관적 불가분원칙을 규정하고 있는 형사소송법 제233조가 공정거래위원회의 고발에도 유추적용 된다고 해석한다면 이는 공정거래위원회의 고발이 없는 행위자에 대해서까지 형사처벌의 범위를 확장하는 것으로서, 결국 피고인에게 불리하게 형벌법규의 문언을 유추해석한 경우에 해당하므로 죄형법정주의에 반하여 허용될 수 없다.

⑤ 가정폭력범죄의 처벌 등에 관한 특례법이 정한 보호처분 중 의 하나인 사회봉사명령은 가정폭력범죄를 범한 자에 대하여 환경의 조정과 성행의 교정을 목적으로 하는 것으로서 형벌 그 자체가 아니라 보안처분의 성격을 가지는 것이므로, 이에 대하여 원칙적으로 형벌불소급의 원칙이 적용되지 않는다.

MGI Point | 죄형법정주의 ★★

- 처벌법규의 입법목적, 전체적 내용, 구조 등을 고려하여 일반인의 이해와 판단으로 행위유형을 정형화하거나 한정할 합리적 해석기준을 찾을 수 있다면 명확성 원칙 위반 ×
- 공무원이 직무상 수행하는 공무를 방해하는 행위 ⇨ 업무방해죄 ×
- 공직선거법 제262조의 "자수"를 '범행발각 전에 자수한 경우'로 한정하는 풀이는 것 ⇨ 유추해석금지원칙 위반
- 친고죄의 주관적 불가분원칙을 공정거래위원회의 고발에 유추적용 ×
- 사회봉사명령 : 보안처분 but 실질적 신체의 자유 제한 ⇨ 소급금지원칙 적용 ○

① (○) 처벌법규의 입법목적이나 그 전체적 내용, 구조 등을 살펴보아 사물의 변별능력을 제대로 갖춘 일반인의 이해와 판단으로서 그의 구성요건요소에 해당하는 행위유형을 정형화하거나 한정할 합리적 해석기준을 찾을 수 있으면 죄형법정주의가 요구하는 형벌법규의 명확성의 원칙에 반하지 않는다(대판 2003.11.14. 2003도3600).

② (○) 형법이 업무방해죄와는 별도로 공무집행방해죄를 규정하고 있는 것은 사적 업무와 공무를 구별하여 공무에 관해서는 공무원에 대한 폭행, 협박 또는 위계의 방법으로 그 집행을 방해하는 경우에 한하여 처벌하겠다는 취지라고 보아야 한다. 따라서 공무원이 직무상 수행하는 공무를 방해하는 행위에 대해서는 업무방해죄로 의율할 수는 없다고 해석함이 상당하다(대판 2009.11.19. 2009도4166(전합)).

③ (○) 형벌법규의 해석에 있어서 법규정 문언의 가능한 의미를 벗어나는 경우에는 유추해석으로서 죄형법정주의에 위반하게 된다. 그리고 유추해석금지의 원칙은 모든 형벌법규의 구성요건과 가벌성에 관한 규정에 준용되는데, 위법성 및 책임의 조각사유나 소추조건, 또는 처벌조각사유인 형면제 사유에 관하여 그 범위를 제한적으로 유추적용하게 되면 행위자의 가벌성의 범위는 확대되어 행위자에게 불리하게 되는바, 이는 가능한 문언의 의미를 넘어 범죄구성요건을 유추적용하는 것과 같은 결과가 초래되므로 죄형법정주의의 파생원칙인 유추해석금지의 원칙에 위반하여 허용될 수 없다. 한편 형법 제52조나 국가보안법 제16조 제1호에서도 공직선거법 제262조에서와 같이 모두 '범행발각 전'이라는 제한 문언 없이 "자수"라는 단어를 사용하고 있는데 형법 제52조나 국가보안법 제16조 제1호의 "자수"에는 범행이 발각되고 지명수배된 후의 자진출두도 포함되는 것으로 판례가 해석하고 있으므로 이것이 "자수"라는 단어의 관용적 용례 라고 할 것인바, 공직선거법 제262조의 "자수"를 '범행발각 전에 자수한 경우'로 한정하는 풀이는 "자수"라는 단어가 통상 관용적으로 사용되는 용례에서 갖는 개념 외에 '범행발각 전'이라는 또다른 개념을 추가하는 것으로서 결국은 '언어의 가능한 의미'를 넘어 공직선거법 제262조 "자수"의 범위를 그 문언보다 제한함으로써 공직선거법 제230조 제1항 등의 처벌범위를 실정법 이상으로 확대한 것이 되고, 따라서 이는 단순한 목적론적 축소해석에 그치는 것이 아니라, 형면제 사유에 대한 제한적 유추를 통하여 처벌범위를 실정법 이상으로 확대한 것으로서 죄형법정주의의 파생원칙인 유추해석금지의 원칙에 위반된다(대판 1997.03.20. 96도1167(전합)).

④ (○) 독점규제 및 공정거래에 관한 법률 제71조 제1항은 "제66조 제1항 제9호 소정의 부당한 공동행위를 한 죄는 공정거래위원회의 고발이 있어야 공소를 제기할 수 있다."고 규정함으로써 그 소추조건을 명시하고 있다. 반면에 위 법은 공정거래위원회가 같은 법 위반행위자 중 일부에 대하여만 고발을 한 경우에 그 고발의 효력이 나머지 위반행위자에게도 미치는지 여부 즉, 고발의 주관적 불가분원칙의 적용 여부에 관하여는 명시적으로 규정하고 있지 아니하고, 형사소송법도 제233조에서 친고죄에 관한 고소의 주관적 불가분원칙을 규정하고 있을 뿐 고발에 대하여 그 주관적 불가분의 원칙에 관한 규정을 두고 있지 않고, 또한 형사소송법 제233조를 준용하고 있지도 아니하다. 이와 같이 명문의 근거 규정이 없을 뿐만 아니라 소추요건이라는 성질상의 공통점 외에 그 고소·고발의 주체와 제도적 취지 등이 상이함에도, 친고죄에 관한 고소의 주관적 불가분원칙을 규정하고 있는 형사소송법 제233조가 공정거래위원회의 고발에도 유추적용된다고 해석한다면 이는 공정거래위원회의 고발이 없는 행위자에 대해서까지 형사처벌의 범위를 확장하는 것으로서, 결국 피고인에게 불리하게 형벌법규의 문언을 유추해석한 경우에 해당하므로 죄형법정주의에 반하여 허용될 수 없다(대판 2010.09.30. 2008도4762).

⑤ (X) 가정폭력범죄의 처벌 등에 관한 특례법이 정한 보호처분 중의 하나인 사회봉사명령은 가정폭력범죄를 범한 자에 대하여 환경의 조정과 성행의 교정을 목적으로 하는 것으로서 형벌 그 자체가 아니라 보안처분의 성격을 가지는 것이 사실이다. 그러나 한편으로 이는 가정폭력범죄행위에 대하여 형사처벌 대신 부과되는 것으로서, 가정폭력범죄를 범한 자에게 의무적 노동을 부과하고 여가시간을 박탈하여 실질적으로는 신체적 자유를 제한하게 되므로, 이에 대하여는 원칙적으로 형벌불소급의 원칙에 따라 행위시법을 적용함이 상당하다(대결 2008.07.24. 2008어4).

정답 ⑤

문 8

다음 설명 중 옳은 것은 모두 몇 개인가? [2018년 31번]

> 가. 법률을 해석할 때 체계적·논리적 해석 방법을 사용할 수 있으나, 문언 자체가 비교적 명확한 개념으로 구성되어 있다면 원칙적으로 이러한 해석 방법은 활용할 필요가 없거나 제한될 수밖에 없다.
> 나. '약국 개설자가 아니면 의약품을 판매하거나 판매 목적으로 취득할 수 없다'고 규정한 구 약사법 제44조 제1항의 '판매'에는 무상으로 의약품을 양도하는 '수여'가 포함될 수 없다.
> 다. 성폭력범죄의 처벌 등에 관한 특례법 제13조에서 처벌의 대상으로 정한 '전화, 우편, 컴퓨터, 그 밖의 통신매체를 통하여 성적 수치심이나 혐오감을 일으키는 말 등을 도달하게 한 행위'에는 '직접 상대방에게 말 등을 도달하게 한 행위'는 포함되지 않는다.
> 라. 남녀가 사실상 동거한 관계가 있고 그 사이에 영아가 분만되어 그 남자와 영아와의 사이에 사실상 직계존속의 관계에 있다고 한다면 법률상 직계존속, 비속의 관계가 있다고 할 수 없다는 이유로 보통살인죄로 처벌할 수 없다.
> 마. 자동차관리법 제80조 제7호의2에서 처벌의 대상으로 정한 '자동차 이력 및 판매자정보를 허위로 제공한 자'의 '허위 제공'에는 '단순 누락'이 포함될 수 없다.

① 0개　　　　　　② 1개　　　　　　③ 2개
④ 3개　　　　　　⑤ 4개

해설 ★★

가. (○) 형벌법규의 해석은 엄격하여야 하고, 문언의 가능한 의미를 벗어나 피고인에게 불리한 방향으로 해석하는 것은 죄형법정주의의 내용인 확장해석금지에 따라 허용되지 아니한다. 법률을 해석할 때 입법 취지와 목적, 제·개정 연혁, 법질서 전체와의 조화, 다른 법령과의 관계 등을 고려하는 체계적·논리적 해석 방법을 사용할 수 있으나, 문언 자체가 비교적 명확한 개념으로 구성되어 있다면 원칙적으로 이러한 해석 방법은 활용할 필요가 없거나 제한될 수밖에 없다. 죄형법정주의 원칙이 적용되는 형벌법규의 해석에서는 더욱 그러하다(대판 2017.12.21. 2015도8335(전합)).

나. (X) 의약품은 국민의 보건과 직결되는 것인 만큼 엄격한 의약품 관리를 통하여 의약품이 남용 내지 오용되는 것을 막고 의약품이 비정상적으로 유통되는 것을 막고자 구 약사법 제44조 제1항에서 약국 개설자가 아니면 의약품을 판매하거나 또는 판매 목적으로 취득할 수 없다고 규정한 것인데, 국내에 있는 불특정 또는 다수인에게 무상으로 의약품을 양도하는 수여의 경우를 처벌대상에서 제외한다면 약사법의 위와 같은 입법 목적을 달성하기 어려울 것이고, 따라서 이를 처벌대상에서 제외하려는 것이 입법자의 의도였다고 보기는 어려운 점 등을 종합하면, 결국 국내에 있는 불특정 또는 다수인에게 무상으로 의약품을 양도하는 수여행위도 구 약사법 제44조 제1항의 '판매'에 포함된다고 보는 것이 체계적이고 논리적인 해석이라 할 것이고, 그와 같은 해석이 죄형법정주의에 위배된다고 볼 수 없다(대판 2011.10.13. 2011도6287).

다. (○) 성폭력범죄의 처벌 등에 관한 특례법 제13조는 "자기 또는 다른 사람의 성적 욕망을 유발하거나 만족시킬 목적으로 전화, 우편, 컴퓨터, 그 밖의 통신매체를 통하여 성적 수치심이나 혐오감을 일으키는 말, 음향, 글, 그림, 영상 또는 물건을 상대방에게 도달하게 한 사람은 2년 이하의 징역 또는 500만 원 이하의 벌금에 처한다."고 규정하고 있다. 위 규정 문언에 의하면, 위 규정은 자기 또는 다른 사람의 성적 욕망을 유발하는 등의 목적으로 '전화, 우편, 컴퓨터나 그 밖에 일반적으로 통신매체라고 인식되는 수단을 이용하여' 성적 수치심 등을 일으키는 말, 글, 물건 등을 상대방에게 전달하는 행위를 처벌하고자 하는 것임이 문언상 명백하므로, 위와 같은 통신매체를 이용하지 아니한 채 '직접' 상대방에게 말, 글, 물건 등을 도달하게 하는 행위까지 포함하여 위 규정으로 처벌할 수 있다고 보는 것은 법문의 가능한 의미의 범위를 벗어난 해석으로서 실정법 이상으로 처벌 범위를 확대하는 것이다(대판 2016.03.10. 2015도17847).

라. (X) 남녀가 사실상 동거한 관계가 있고 그 사이에 영아가 분만되었다 하여도 그 남자와 영아와의 사이에 법률상 직계존속, 비속의 관계가 있다 할 수 없으므로 그 남자가 영아를 살해한 경우에는 보통살인죄에 해당한다(대판 1970.03.10. 69도2285).

마. (○) 자동차관리법 제58조 제3항에서는 자동차 이력 및 판매자정보 등 국토교통부령으로 정하는 사항에 관한 일반적 게재의무를 규정하면서도, 벌칙조항인 자동차관리법 제80조 제7호의2에서는 벌칙의 적용대상을 단순히 '제58조 제3항을 위반한 자' 또는 '제58조 제3항에 따른 게재의무를 위반한 자'로 규정하지 아니하고, 보다 구체적·한정적으로 '자동차 이력 및 판매자정보를 허위로 제공한 자'만을 처벌하는 것으로 규정하고 있음은 문언상 명백하다. 이와 같은 자동차관리법령의 규정 형식 및 내용 등을 관련 법리에 비추어 보면, 자동차관리법 제80조 제7호의2의 '허위 제공'의 의미를 '단순 누락'의 경우도 포함하는 것으로 해석하는 것은 형벌법규의 의미를 피고인에게 불리한 방향으로 지나치게 확장하거나 유추하여 해석하는 것으로 죄형법정주의 원칙에 어긋나서 허용되지 않는다(대판 2017.11.14. 2017도13421).

정답 ④

제❷절 | 형법이론

제3장 형법의 적용범위

제❶절 | 형법의 시간적 적용범위

문 2

재판시법주의에 관한 다음 설명 중 옳은 것은 모두 몇 개인가?[2023년 11번]

> ㄱ. 대법원은 종래 형벌법규 제정의 이유가 된 법률이념의 변경에 따라 종래의 처벌 자체가 부당하였다거나 또는 과형이 과중하였다는 반성적 고려에서 법령을 변경하였을 경우가 아니라, 그때그때의 특수한 필요에 대처하기 위하여 법령을 변경한 것에 불과한 때에는 재판시법주의에 관한 형법 제1조 제2항을 적용하지 않는다는 태도를 취한 바 있다.
> ㄴ. 스스로 유효기간을 구체적인 일자나 기간으로 특정하여 효력의 상실을 예정하고 있던 법령이 그 유효기간을 경과함으로써 더 이상 효력을 갖지 않게 된 경우나 형사처벌에 관한 규범적 가치판단의 요소가 배제된 극히 기술적인 규율의 변경 등에 따라 간접적인 영향을 받는 것에 불과한 경우에는 형법 제1조 제2항이나 형사소송법 제326조 제4호에서 말하는 법령의 변경에 해당한다고 볼 수 없다.
> ㄷ. 피고인에게 유리하게 형벌법규를 개정하면서 부칙에서 신법 시행 전의 범죄에 대하여는 종전 형벌법규를 적용하도록 규정한다고 하여 헌법상의 형벌불소급의 원칙이나 신법우선주의에 반한다고 할 수 없으므로, 범죄 후 피고인에게 유리하게 법령이 변경된 경우라도 입법자는 경과규정을 둠으로써 재판시법의 적용을 배제하고 행위시법을 적용하도록 할 수 있다.
> ㄹ. 형법 제1조 제2항과 형사소송법 제326조 제4호에서 말하는 법령의 변경은 해당 형벌법규에 따른 범죄의 성립 및 처벌과 직접 관련된 것이어야 하고, 이는 결국 해당 형벌법규의 가벌성에 관한 형사법적 관점의 변화를 전제로 한 법령의 변경을 의미한다.

① 없음   ② 1개   ③ 2개   ④ 3개   ⑤ 4개

MGI Point 동기설의 폐기 ★★

- 형법 제1조 제2항 관련 변경 전 판례 ⇨ 처벌한 그 자체가 부당하였다거나 또는 과형이 과중하였다는 반성적 고려에서 법령을 개폐하였을 경우에만 적용
- 협의의 한시법에서 기간 경과된 경우 ⇨ 형법 제1조 제2항 적용× ⇨ 구법(행위시법) 적용
- 신법의 부칙에 의한 형법 제1조 제2항의 적용 배제 ⇨ 可
- 형법 제1조 제2항의 적용 요건(법령의 변경의 의미) ⇨ 형벌법규의 가벌성에 관한 형사법적 관점의 변화를 전제로 변경되었을 것

ㄱ. (○) 형법 제1조 제2항의 규정은 형벌법령 제정의 이유가 된 법률이념의 변천에 따라 과거에 범죄로 보던 행위에 대하여 그 평가가 달라져 이를 범죄로 인정하고 처벌한 그 자체가 부당하였다거나 또는 과형이 과중하였다는 반성적 고려에서 법령을 개폐하였을 경우에 적용하여야 할 것이고, 이와 같은 법률이념의 변경에 의한 것이 아닌 다른 사정의 변천에 따라 그때 그때의 특수한 필요에 대처하기 위하여 법령을 개폐하는 경우에는 이미 그 전에 성립한 위법행위를 현재에 관찰하여도 행위 당시의 행위로서는 가벌성이 있는 것이어서 그 법령이 개폐되었다 하더라도 그에 대한 형이 폐지된 것이라고는 할 수 없다(대법원 1997. 12. 9. 97도2682).

ㄴ. (○) 법령이 개정 내지 폐지된 경우가 아니라, 스스로 유효기간을 구체적인 일자나 기간으로 특정하여 효력의 상실을 예정하고 있던 법령이 그 유효기간을 경과함으로써 더 이상 효력을 갖지 않게 된 경우도 형법 제1조 제2항과 형사소송법 제326조 제4호에서 말하는 법령의 변경에 해당한다고 볼 수 없다(대법원 2022. 12. 22. 2020도16420 전원합의체).

ㄷ. (○) 형법 제1조 제2항 및 제8조에 의하면 범죄 후 법률의 변경에 의하여 형이 구법보다 경한 때에는 신법에 의한다고 규정하고 있으나 신법에 경과규정을 두어 이러한 신법의 적용을 배제하는 것도 허용되는 것으로서, 형을 종전보다 가볍게 형벌법규를 개정하면서 그 부칙으로 개정된 법의 시행 전의 범죄에 대하여 종전의 형벌법규를 적용하도록 규정한다 하여 헌법상의 형벌불소급의 원칙이나 신법우선주의에 반한다고 할 수 없다(대법원 1999. 7. 9. 99도1695).

ㄹ. (○) 해당 형벌법규 자체 또는 그로부터 수권 내지 위임을 받은 법령이 아닌 다른 법령이 변경된 경우 형법 제1조 제2항과 형사소송법 제326조 제4호를 적용하려면, 해당 형벌법규에 따른 범죄의 성립 및 처벌과 직접적으로 관련된 형사법적 관점의 변화를 주된 근거로 하는 법령의 변경에 해당하여야 하므로, 이와 관련이 없는 법령의 변경으로 인하여 해당 형벌법규의 가벌성에 영향을 미치게 되는 경우에는 형법 제1조 제2항과 형사소송법 제326조 제4호가 적용되지 않는다(대법원 2022. 12. 22. 2020도16420 전원합의체).

정답 ⑤

문 9

형법의 시간적 적용범위에 관한 다음 설명 중 옳지 않은 것은 모두 몇 개인가? [2022년 32번]

> ㄱ. 형법 제1조 제1항은 "범죄의 성립과 처벌은 행위 시의 법률에 따른다."라고 규정하고 있는데, 이는 헌법 제13조 제1항에 근거한 것으로 행위시법주의 원칙을 선언한 것이다.
> ㄴ. 포괄일죄에 관한 기존 처벌법규에 대하여 그 표현이나 형량과 관련한 개정을 하는 경우가 아니라 애초에 죄가 되지 아니하던 행위를 구성요건의 신설로 포괄일죄의 처벌대상으로 삼는 경우에는 신설된 포괄일죄 처벌법규가 시행되기 이전의 행위에 대하여는 신설된 법규를 적용하여 처벌할 수 없다. 이는 신설된 처벌법규가 상습범을 처벌하는 구성요건인 경우에도 마찬가지라고 할 것이므로, 구성요건이 신설된 상습강제추행죄가 시행되기 이전의 범행은 상습강제추행죄로는 처벌할 수 없고 행위시법에 기초하여 강제추행죄로 처벌할 수 있을 뿐이다.
> ㄷ. 포괄일죄로 되는 개개의 범죄행위가 법 개정의 전후에 걸쳐서 행하여진 경우에는 신법과 구법의 법정형에 대한 경중을 비교하여 볼 필요도 없이 범죄실행 종료 시의 법이라고 할 수 있는 신법을 적용하여 포괄일죄로 처단하여야 한다.
> ㄹ. 판례는 법률이 개정되면서 그 부칙에서 "개정된 법 시행 전의 행위에 대한 벌칙의 적용에 있어서는 종전의 규정에 의한다."는 경과규정을 두고 있더라도 계속범의 경우 실행행위가 종료되는 시점에서의 법률이 적용되어야 하므로 개정된 법률을 적용하여야 한다고 판단하였다.
> ㅁ. 형법 제324조 제1항이 2016. 1. 6. 개정되면서 강요죄의 법정형에 벌금형을 추가한 것은 행위의 형태와 동기가 다양함에도 죄질이 경미한 강요행위에 대하여 반드시 징역형으로 처벌하도록 한 종전의 조치가 과중하다는 데에서 나온 조치로서 형법 제1조 제2항에서 정한 '범죄 후 법률의 변경에 의하여 형이 구법보다 경한 때'에 해당하므로 위 규정에 따라 신법을 적용하여야 한다.

① 1개 ② 2개 ③ 3개 ④ 4개 ⑤ 5개

【 형법총론 】 제1편 형법의 일반이론

> **MGI Point** 　형법의 시간적 적용범위　　　　　　　　　　★★
>
> ■ 행위시법주의 원칙의 법적 근거 ⇨ 헌법 제13조 제1항, 형법 제1조 제1항
> ■ 신설된 상습강제추행죄로 처벌 ⇨ 시행되기 이전의 범행은 不可
> ■ 포괄일죄로 되는 개개의 범죄행위가 법 개정의 전후에 걸쳐서 이루어진 경우 ⇨ 신법을 적용
> ■ 부칙에서 개정법 시행 전의 행위는 종전 규정에 따른다는 경과규정을 두고 있는 경우에 계속범 ⇨ 시행되기 전의 행위는 종전 규정을, 시행 후의 행위는 개정된 규정을 각각 적용
> ■ 강요죄의 법정형에 벌금형을 추가한 것 ⇨ 반성적 조치, 형법 제1조 제2항 적용됨

ㄱ. (○) 헌법 제13조 제1항 전단과 형법 제1조 제1항은 형벌법규의 소급효금지 원칙을 밝히고 있고, 2008. 12. 31. 법률 제9325호로 개정된 전자금융거래법(부칙에 따라 공포후 3개월이 경과한 날인 2009. 4. 1.부터 시행되었다. 이하 '법'이라 하고, 위와 같이 개정되기 전의 구 전자금융거래법을 '구법'이라 한다) 제49조 제4항 제4호, 제6조 제3항 제4호에 의하면 위 법 시행일 이후 비로소 법 제6조 제3항 제1호 내지 제3호에 규정된 접근매체의 양도·양수행위 등을 알선하는 행위가 처벌되는 것이므로, 그 시행일 이전의 법 제6조 제3항 제1호에 규정된 접근매체 양도·양수의 알선행위를 처벌하는 것은 형벌법규의 소급효금지 원칙에 위배된다(대판 2010.06.10. 2010도4416).

ㄴ. (○) 포괄일죄에 관한 기존 처벌법규에 대하여 그 표현이나 형량과 관련한 개정을 하는 경우가 아니라 애초에 죄가 되지 아니하던 행위를 구성요건의 신설로 포괄일죄의 처벌대상으로 삼는 경우에는 신설된 포괄일죄 처벌법규가 시행되기 이전의 행위에 대하여는 신설된 법규를 적용하여 처벌할 수 없다(형법 제1조 제1항). 이는 신설된 처벌법규가 상습범을 처벌하는 구성요건인 경우에도 마찬가지라고 할 것이므로, 구성요건이 신설된 상습강제추행죄가 시행되기 이전의 범행은 상습강제추행죄로는 처벌할 수 없고 행위시법에 기초하여 강제추행죄로 처벌할 수 있을 뿐이며, 이 경우 그 소추요건도 상습강제추행죄에 관한 것이 아니라 강제추행죄에 관한 것이 구비되어야 한다(대판 2016.01.28. 2015도15669).

ㄷ. (○) 포괄일죄로 되는 개개의 범죄행위가 법 개정의 전후에 걸쳐서 행하여진 경우에는 신구법의 법정형에 대한 경중을 비교하여 볼 필요도 없이 범죄실행 종료시의 법이라고 할 수 있는 신법을 적용하여 포괄일죄로 처단하여야 할 것이다(대판 1994.10.28. 93도1166).

ㄹ. (×) 일반적으로 계속범의 경우 실행행위가 종료되는 시점에서의 법률이 적용되어야 할 것이나, 법률이 개정되면서 그 부칙에서 '개정된 법 시행 전의 행위에 대한 벌칙의 적용에 있어서는 종전의 규정에 의한다'는 경과규정을 두고 있는 경우 개정된 법이 시행되기 전의 행위에 대해서는 개정 전의 법을, 그 이후의 행위에 대해서는 개정된 법을 각각 적용하여야 한다(대판 2001.09.25. 2001도3990).

ㅁ. (○) 2016. 1. 6. 법률 제13719호로 개정·시행된 형법 제324조 제1항은 "폭행 또는 협박으로 사람의 권리행사를 방해하거나 의무 없는 일을 하게 한 자는 5년 이하의 징역 또는 3천만 원 이하의 벌금에 처한다."라고 규정하여, 구 형법 제324조와 달리 법정형에 벌금형을 추가하였다. 이는 행위의 형태와 동기가 다양함에도 죄질이 경미한 강요행위에 대하여도 반드시 징역형으로 처벌하도록 한 종전의 조치가 과중하다는 데에서 나온 조치로서, 형법 제1조 제2항에서 정한 '범죄 후 법률의 변경에 의하여 형이 구법보다 경한 때'에 해당하므로, 위 규정에 따라 신법을 적용하여야 한다(대판 2016.06.23. 2016도1473).

정답 ①

문 10

소급효에 관한 다음 설명 중 가장 옳지 않은 것은? [2020년 7번]

① 형법 제62조의2 제1항에 따른 보호관찰은 형벌이 아니라 보안처분의 성격을 갖는 것으로서, 과거의 불법에 대한 책임에 기초하고 있는 제재가 아니라 장래의 위험성으로부터 행위자를 보호하고 사회를 방위하기 위한 합목적인 조치이므로, 그에 관하여 반드시 행위 이전에 규정되어 있어야 하는 것은 아니며, 재판시의 규정에 의하여 보호관찰을 받을 것을 명할 수 있다고 보아야 할 것이고, 이와 같은 해석이 형벌불소급의 원칙 내지 죄형법정주의에 위배되는 것이라고 볼 수 없다.

② 형사처벌의 근거가 되는 것은 법률이지 판례가 아니고, 형법 조항에 관한 판례의 변경은 그 법률 조항의 내용을 확인하는 것에 지나지 아니하여 이로써 그 법률조항 자체가 변경된 것이라고 볼 수는 없으므로, 행위 당시의 판례에 의하면 처벌대상이 되지 아니하는 것으로 해석되었던 행위를 판례의 변경에 따라 확인된 내용의 형법 조항에 근거하여 처벌한다고 하여 그것이 헌법상 평등의 원칙과 형벌불소급의 원칙에 반한다고 할 수는 없다.

③ 특정 범죄자에 대한 보호관찰 및 전자장치 부착 등에 관한 법률상 전자장치 부착명령에 관하여 피고인에게 실질적인 불이익을 추가하는 내용의 법 개정이 있고, 그 규정의 소급적용에 관한 명확한 경과규정이 없는 한 그 규정의 소급적용은 이를 부정하는 것이 피고인의 권익 보장이나, 위 법 부칙에서 일부 조항을 특정하여 그 소급적용에 관한 경과규정을 둔 입법자의 의사에 부합한다고 할 것이다.

④ 아동학대범죄의 처벌 등에 관한 특례법(이하 '아동학대처벌법' 이라한다)의 입법 목적 및 같은 법 제34조(공소시효의 정지와 효력)의 취지를 공소시효를 정지하는 특례조항의 신설·소급에 관한 법리에 비추어 보면, 비록 아동학대처벌법이 제34조 제1항("아동학대범죄의 공소시효는 형사소송법 제252조에도 불구하고 아동학대범죄의 피해아동이 성년에 달한 날부터 진행한다")의 소급적용 등에 관하여 명시적인 경과규정을 두고 있지는 아니하나, 위 규정은 완성되지 아니한 공소시효의 진행을 일정한 요건 아래에서 장래를 향하여 정지시키는 것으로서, 시행일인 2014. 9. 29. 당시 범죄행위가 종료되었으나 아직 공소시효가 완성되지 아니한 아동학대범죄에 대하여도 적용된다.

⑤ 형법 제1조 제2항 및 제8조에 의하면 범죄 후 법률의 변경에 의하여 형이 구법보다 경한 때에는 신법에 의한다고 규정하고 있으므로, 신법에 경과규정을 두어 이러한 신법의 적용을 배제하는 것도 허용되지 않는다.

MGI Point 소급효금지 원칙 ★★

- 소급효가 허용되는 경우
  - 보호관찰
  - 판례의 변경
- 전자장치 부착명령에 관하여 피고인에게 실질적인 불이익을 추가하는 내용의 법 개정이 있고, 그 규정의 소급적용에 관한 명확한 경과규정이 없는 경우 ⇨ 소급적용 ×
- 공소시효정지에 관한 규정은 시행당시 범죄행위가 종료되었으나 아직 공소시효가 완성되지 아니한 사안에도 적용 ○
- 형을 종전보다 가볍게 형벌법규를 개정하면서 그 부칙으로 개정된 법의 시행 전의 범죄에 대하여 종전의 형벌법규를 적용하도록 규정 ⇨ 헌법상의 형벌불소급의 원칙이나 신법우선주의에 위반 ×

① (○) 개정 형법 제62조의2 제1항에 의하면 형의 집행을 유예를 하는 경우에는 보호관찰을 받을 것을 명할 수 있고, 같은 조 제2항에 의하면 제1항의 규정에 의한 보호관찰의 기간은 집행을 유예한 기간으로 하고, 다만 법원은 유예기간의 범위 내에서 보호관찰의 기간을 정할 수 있다고 규정되어 있는바, 위 조항에서 말하는 보호관찰은 형벌이 아니라 보안처분의 성격을 갖는 것으로서, 과거의 불법에 대한 책임에 기초하고 있는 제재가 아니라 장래의 위험성으로부터 행위자를 보호하고 사회를 방위하기 위한 합목적적인 조치이므로, 그에 관하여 반드시 행위 이전에 규정되어 있어야 하는 것은 아니며, 재판시의 규정에 의하여 보호관찰을 받을 것을 명할 수 있다고 보아야 할 것이고, 이와 같은 해석이 형벌불소급의 원칙 내지 죄형법정주의에 위배되는 것이라고 볼 수 없다(대판 1997.06.13. 97도703).

② (○) 형사처벌의 근거가 되는 것은 법률이지 판례가 아니고, 형법 조항에 관한 판례의 변경은 그 법률조항의 내용을 확인하는 것에 지나지 아니하여 이로써 그 법률조항 자체가 변경된 것이라고 볼 수는 없으므로, 행위 당시의 판례에 의하면 처벌대상이 되지 아니하는 것으로 해석되었던 행위를 판례의 변경에 따라 확인된 내용의 형법 조항에 근거하여 처벌한다고 하여 그것이 헌법상 평등의 원칙과 형벌불소급의 원칙에 반한다고 할 수는 없다(대판 1999.09.17. 97도3349).

③ (○) 특정 범죄자에 대한 보호관찰 및 전자장치 부착 등에 관한 법률(이하 '법'이라고 한다)은 제5조 제1항에서 '19세 미만의 사람에 대하여 성폭력범죄를 저지른 때'(제4호) 또는 '신체적 또는 정신적 장애가 있는 사람에 대하여 성폭력범죄를 저지른 때'(제5호)에 해당하고 성폭력범죄를 다시 범할 위험성이 있다고 인정되는 사람에 대하여 전자장치 부착명령을 청구할 수 있다고 규정하고, 제9조 제1항 단서에서 '19세 미만의 사람에 대하여 특정범죄를 저지른 경우에는 부착기간 하한을 같은 항 각 호에 따른 부착기간 하한의 2배로 한다'고 규정하여 구 특정 범죄자에 대한 위치추적 전자장치 부착 등에 관한 법률(2012. 12. 18. 법률 제11558호 특정 범죄자에 대한 보호관찰 및 전자장치 부착 등에 관한 법률로 개정되기 전의 것)보다 부착명령 청구 요건 및 부착기간 하한가중 요건을 완화·확대하고, 법 부칙(2012. 12. 18. 법률 제11558호)은 제2조 제2항에서 '제5조 제1항 제4호 및 제5호의 개정규정에 따른 부착명령청구는 이 법 시행 전에 저지른 성폭력범죄에 대하여도 적용한다'고 규정하여 피고인이 법 시행 전에 범한 이 사건 각 범죄에 법 제5조 제1항 제4호, 제5호를 적용할 수 있게 되었다. 그런데 법 부칙은 이와 달리 19세 미만의 사람에 대하여 특정범죄를 저지른 경우 부착기간 하한을 2배 가중하도록 한 법 제9조 제1항 단서에 대하여는 그 소급적용에 관한 명확한 경과규정을 두지 않았는바, 전자장치 부착명령에 관하여 피고인에게 실질적인 불이익을 추가하는 내용의 법 개정이 있고, 그 규정의 소급적용에 관한 명확한 경과규정이 없는 한 그 규정의 소급적용은 이를 부정하는 것이 피고인의 권익 보장이나, 법 부칙에서 일부 조항을 특정하여 그 소급적용에 관한 경과규정을 둔 입법자의 의사에 부합한다고 할 것이다(대판 2013.09.12. 2013도6424).

④ (○) 아동학대범죄의 처벌 등에 관한 특례법은 아동학대범죄의 처벌에 관한 특례 등을 규정함으로써 아동을 보호하여 아동이 건강한 사회 구성원으로 성장하도록 함을 목적으로 제정되었다. 아동학대처벌법 제2조 제4호 (타)목은 아동복지법 제71조 제1항 제2호, 제17조 제3호에서 정한 '아동의 신체에 손상을 주거나 신체의 건강 및 발달을 해치는 신체적 학대행위'[구 아동복지법(2011. 8. 4. 법률 제11002호로 전부 개정되기 전의 것) 제29조 제1호 '아동의 신체에 손상을 주는 학대행위'에 상응하는 규정이다]를 아동학대범죄의 하나로 규정하고, 나아가 제34조는 '공소시효의 정지와 효력'이라는 표제 밑에 제1항에서 "아동학대범죄의 공소시효는 형사소송법 제252조에도 불구하고 해당 아동학대범죄의 피해아동이 성년에 달한 날부터 진행한다."라고 규정하며, 부칙은 "이 법은 공포 후 8개월이 경과한 날부터 시행한다."라고 규정하고 있다. 이처럼 아동학대처벌법은 신체적 학대행위를 비롯한 아동학대범죄로부터 피해아동을 보호하기 위한 것으로서, 같은 법 제34조 역시 아동학대범죄가 피해아동의 성년에 이르기 전에 공소시효가 완성되어 처벌대상에서 벗어나지 못하도록 진행을 정지시킴으로써 보호자로부터 피해를 입은 18세 미만 아동을 실질적으로 보호하려는 취지이다. 이러한 아동학대처벌법의 입법 목적 및 같은 법 제34조의 취지를 공소시효를 정지하는 특례조항의 신설·소급에 관한 법리에 비추어 보면, 비록 아동학대처벌법이 제34조 제1항의 소급적용 등에 관하여 명시적인 경과규정을 두고 있지는 아니하나, 위 규정은 완성되지 아니한 공소시효의 진행을 일정한 요건 아래에서 장래를 향하여 정지시키는 것으로서, 시행일인 2014. 9. 29. 당시 범죄행위가 종료되었으나 아직 공소시효가 완성되지 아니한 아동학대범죄에 대하여도 적용된다(대판 2016.09.28. 2016도7273).

⑤ (X) 형법 제1조 제2항 및 제8조에 의하면 범죄 후 법률의 변경에 의하여 형이 구법보다 경한 때에는 신법에 의한다고 규정하고 있으나 신법에 경과규정을 두어 이러한 신법의 적용을 배제하는 것도 허용되는 것으로서, 형을 종전보다 가볍게 형벌법규를 개정하면서 그 부칙으로 개정된 법의 시행 전의 범죄에 대하여 종전의 형벌법규를 적용하도록 규정한다 하여 헌법상의 형벌불소급의 원칙이나 신법우선주의에 반한다고 할 수 없다 (대판 1999.07.09. 99도1695).

정답 ⑤

문 11

형법의 적용범위에 관한 다음 설명 중 가장 옳은 것은? [2019년 10번]

① 범죄행위 시와 재판 시 사이에 여러 차례 법령이 개정되어 형의 변경이 있는 경우에는 이 점에 관한 당사자의 주장이 있을때에 한하여 형법 제1조 제2항에 의하여 그 전부의 법령을 비교하여 그중 가장 형이 가벼운 법령을 적용하여야 한다.
② 개발제한구역의 지정 및 관리에 관한 특별조치법상 허가나 신고를 하여야만 할 수 있던 행위의 일부를 허가나 신고 없이 할 수 있도록 법령이 개정된 경우, 이는 사정의 변천에 따른 규제 범위의 합리적 조정의 필요에 따른 것이므로, 개정 법령이 시행되기 전에 이미 범하여진 위법한 공작물의 설치행위의 가벌성이 소멸되는 것은 아니다.
③ 형사사건으로 외국 법원에 기소되었다가 무죄판결을 받은 사람은, 그가 무죄판결을 받기까지 상당 기간 미결구금된 경우 그 미결구금 기간은 형법 제7조에 의한 산입의 대상이 될 수 있다.
④ 형법은 대한민국 영역 내에서 죄를 범한 내국인과 외국인에게 적용되는데, 여기서 대한민국 영역이란 영토·영해 및 영공을 포함하나, 북한은 대한민국의 영역에 속하지 않는다.
⑤ 형법 부칙 제4조 제1항은 범죄의 실행행위가 신·구 양법에 걸쳐서 행하여진 범죄의 행위시를 정한 것으로 형법의 적용범위, 범죄와 형벌등에 관한 것이어서 비록 그것이 부칙에 규정되어 있다고 하여 형법만의 경과규정에 불과한 것이 아니라 형법총칙규정 내지는 그 보완규정이라고 풀이할 것이어서 이는 형법과 다른 법률과의 사이 또는 다른 법률의 개정과정에서 그 양법에 걸쳐서 행하여진 범죄에 대하여 그 행위시를 정함에 있어 다같이 적용되는 조문이다.

MGI Point 형법의 적용범위 ★★

- 범죄행위 시와 재판 시 사이에 수차 법령 개정되어 형 변경 ⇨ 직권으로 형이 가장 가벼운 법령 적용 ○
- 사정의 변천에 따른 규제 범위의 합리적 조정의 필요에 따라 인허가 대상에서 제외 된 경우 종전 위반행위 ⇨ 가벌성 ○
- 외국 법원에 기소되었다가 무죄판결 ⇨ 미결구금기간은 형법 제7조에 의한 산입 대상 × ⇨ '외국에서 형의 전부 또는 일부가 집행된 사람'에 해당 ×
- 북한도 대한민국의 영역에 포함 ○
- 형법 부칙 제4조 제1항 : 1개의 죄가 본법 시행전후에 걸쳐서 행하여진 때에는 본법 시행 전에 범한 것으로 간주
  - i) 형법을 시행함에 즈음하여 구형법과의 관계에서 그 적용범위를 정한 경과규정
  - ii) "타법령에 정한 죄에도 적용하도록 규정한 본법 총칙"에 해당하지 않는 점 (형법 제8조 참조)
  - iii) "행위가 종료된 때 시행되는 법률의 적용"을 배제한 점 (형법 제1조 제1항 참조)
    ⇨ 신·구형법 사이의 관계가 아닌 다른 법률 사이의 관계에서는 위 법조항을 그대로 적용 ×, 유추적용 ×

① (X) 범죄행위 시와 재판 시 사이에 여러 차례 법령이 개정되어 형의 변경이 있는 경우에는 이 점에 관한 당사자의 주장이 없더라도 형법 제1조 제2항에 의하여 직권으로 그 전부의 법령을 비교하여 그 중 가장 형이 가벼운 법령을 적용하여야 한다(대판 2012.09.13. 2012도7760).

② (○) 2005. 1. 27. 법률 제7383호로 개정된 개발제한구역의 지정 및 관리에 관한 특별조치법에서 신설한 제11조 제3항은 "건설교통부령이 정하는 경미한 행위는 허가 또는 신고를 하지 아니하고 행할 수 있다"고 규정하고 있고 그 부칙에 의하여 공포 후 6개월이 경과한 날부터 시행되었으며, 2005. 8. 10. 건설교통부령 제464호에서 신설한 같은 법 시행규칙 제7조의2와 [별표 3의2]는 그러한 경미한 행위들을 열거하여 규정하고 있으나, 이와 같이 종전에 허가를 받거나 신고를 하여야만 할 수 있던 행위의 일부를 허가나 신고 없이 할 수 있도록 법령이 개정되었다 하더라도 이는 법률 이념의 변천으로 과거에 범죄로서 처벌하던 일부 행위에 대한 처벌 자체가 부당하다는 반성적 고려에서 비롯된 것이라기보다는 사정의 변천에 따른 규제 범위의 합리적 조정의 필요에 따른 것이라고 보이므로, 위 개발제한구역의 지정 및 관리에 관한 특별조치법과 같은 법 시행규칙의 신설 조항들이 시행되기 전에 이미 범하여진 개발제한구역 내 비닐하우스 설치행위에 대한 가벌성이 소멸하는 것은 아니다(대판 2007.09.06. 2007도4197).

③ (X) [다수의견] 형법 제7조는 "죄를 지어 외국에서 형의 전부 또는 일부가 집행된 사람에 대해서는 그 집행된 형의 전부 또는 일부를 선고하는 형에 산입한다."라고 규정하고 있다. 이 규정의 취지는, 형사판결은 국가주권의 일부분인 형벌권 행사에 기초한 것이어서 피고인이 외국에서 형사처벌을 과하는 확정판결을 받았더라도 그 외국 판결은 우리나라 법원을 기속할 수 없고 우리나라에서는 기판력도 없어 일사부재리의 원칙이 적용되지 않으므로, 피고인이 동일한 행위에 관하여 우리나라 형벌법규에 따라 다시 처벌받는 경우에 생길 수 있는 실질적인 불이익을 완화하려는 것이다. 그런데 여기서 '외국에서 형의 전부 또는 일부가 집행된 사람'이란 문언과 취지에 비추어 '외국 법원의 유죄판결에 의하여 자유형이나 벌금형 등 형의 전부 또는 일부가 실제로 집행된 사람'을 말한다고 해석하여야 한다. 따라서 형사사건으로 외국 법원에 기소되었다가 무죄판결을 받은 사람은, 설령 그가 무죄판결을 받기까지 상당 기간 미결구금되었더라도 이를 유죄판결에 의하여 형이 실제로 집행된 것으로 볼 수는 없으므로, '외국에서 형의 전부 또는 일부가 집행된 사람'에 해당한다고 볼 수 없고, 그 미결구금 기간은 형법 제7조에 의한 산입의 대상이 될 수 없다(대판 2017.08.24. 2017도5977(전합)).

④ (X) 대한민국 국민이 아닌 사람이 외국에 거주하다가 그곳을 떠나 반국가단체의 지배하에 있는 지역으로 들어가는 행위는, 대한민국의 영역에 대한 통치권이 실지로 미치는 지역을 떠나는 행위 또는 대한민국의 국민에 대한 통치권으로부터 벗어나는 행위 어디에도 해당하지 않으므로, 이는 국가보안법 제6조 제1항, 제2항의 탈출 개념에 포함되지 않는다(대판 2008.04.17. 2004도4899(전합)). ▶ 본 판례는 북한을 둘러싼 형법의 장소적 적용범위에 대해 기준을 제시하고 있다. 형법의 장소적 적용범위와 북한의 관계에 대해서는 통치권기준설과 영토주권기준설이 대립하고 있는데, 대법원은 우리나라 형벌법규의 장소적 적용범위를 헌법 제3조의 영토조항에 따라 형법의 장소적 적용범위를 파악하는 영토주권기준설의 입장을 취하고 있다. 이 견해에 따르면 북한도 대한민국영역 내에 포함된다.

⑤ (X) 형법 부칙 제4조 제1항은 형법을 시행함에 즈음하여 구형법과의 관계에서 그 적용범위를 정한 경과규정으로서, 형법 제8조가 타법령에 정한 죄에도 적용하도록 규정한 "본법 총칙"에 해당되지 않을 뿐만 아니라, 범죄의 성립과 처벌은 행위시의 법률에 의한다고 규정한 형법 제1조 제1항의 해석으로서도 행위가 종료된 때 시행되는 법률의 적용을 배제한 점에서 타당한 것이 아니므로, 신·구형법 사이의 관계가 아닌 다른 법률 사이의 관계에서는 위 법조항을 그대로 적용하거나 유추적용 할 것이 아니다(대판 1992.12.08. 92도407).
▶ 위 사건 당시 형법 부칙 제4조 (1개의 죄에 대한 신구법의 적용례) ① 1개의 죄가 본법 시행전후에 걸쳐서 행하여진 때에는 본법 시행전에 범한 것으로 간주한다.

정답 ②

제❷절 ▮ 형법의 장소적 적용범위

문 12

다음 설명 중 옳은 것은 모두 몇 개인가? [2020년 9번]

> 가. 형법 제3조는 '본법은 대한민국 영역 외에서 죄를 범한 내국인에게 적용한다.'고 하여 형법의 적용 범위에 관한 속인주의를 규정하고 있는바, 필리핀국에서 카지노의 외국인 출입이 허용되어 있다 하여도, 형법 제3조에 따라, 필리핀국에서 도박을 한 피고인에게 우리 나라 형법이 당연히 적용된다.
> 나. 형법 제5조, 제6조의 각 규정에 의하면, 외국인이 외국에서 죄를 범한 경우에는 형법 제5조 제1호 내지 제7호에 열거된 죄를 범한 때와 형법 제5조 제1호 내지 제7호에 열거된 죄 이외에 대한민국 또는 대한민국 국민에 대하여 죄를 범한 때에만 대한민국 형법이 적용되어 우리나라에 재판권이 있게 되고, 여기서 '대한민국 또는 대한민국 국민에 대하여 죄를 범한 때'란 대한민국 또는 대한민국 국민의 법익이 직접적으로 침해되는 결과를 야기하는 죄를 범한 경우를 의미한다.
> 다. 내국 법인의 대표자인 외국인이 내국 법인이 외국에 설립한 특수목적법인에 위탁해 둔 자금을 정해진 목적과 용도 외에 임의로 사용한 데 따른 횡령죄의 피해자는 당해 금전을 위탁한 내국 법인이다. 따라서 그 행위가 외국에서 이루어진 경우에도 행위지의 법률에 의하여 범죄를 구성하지 아니하거나 소추 또는 형의 집행을 면제할 경우가 아니라면 그 외국인에 대해서도 우리 형법이 적용되어(형법 제6조), 우리 법원에 재판권이 있다.
> 라. '본법은 대한민국영역내에서 죄를 범한 내국인과 외국인에게 적용한다.'고 규정한 형법 제2조를 적용함에 있어서 공모공동정범의 경우 공모지도 범죄지로 보아야 한다.
> 마. 형법 제1조 제2항의 규정은 형벌법령 제정의 이유가 된 법률이념의 변천에 따라 과거에 범죄로 보던 행위에 대하여 그 평가가 달라져 이를 범죄로 인정하고 처벌한 그 자체가 부당하였다거나 또는 과형이 과중하였다는 반성적 고려에서 법령을 개폐하였을 경우에 적용하여야 할 것이고, 이와 같은 법률이념의 변경에 의한 것이 아닌 다른 사정의 변천에 따라 그때 그때의 특수한 필요에 대처하기 위하여 법령을 개폐하는 경우에는 이미 그 전에 성립한 위법행위를 현재에 관찰하여도 행위 당시의 행위로서는 가벌성이 있는 것이어서 그 법령이 개폐되었다 하더라도 그에 대한 형이 폐지된 것이라고는 할 수 없다.

① 1개 ② 2개 ③ 3개
④ 4개 ⑤ 5개

MGI Point 형법의 적용범위 ★★

- 외국인 출입이 허용된 필리핀의 카지노에서 도박을 한 한국인 ⇨ 우리나라 형법 적용
- 형법 제6조에서 '대한민국 또는 대한민국 국민에 대하여 죄를 범한 때'란 대한민국 또는 대한민국 국민의 법익이 직접적으로 침해되는 결과를 야기하는 죄를 범한 경우를 의미
- 내국 법인의 대표자인 외국인이 내국 법인이 외국에 설립한 특수목적법인에 위탁해 둔 자금을 정해진 목적과 용도 외에 임의로 사용하여 횡령한 경우 횡령행위지가 외국인 경우 ⇨ 우리 형법 적용, 다만 행위지의 법률에 의하여 범죄를 구성하지 아니하거나 소추 또는 형의 집행을 면제할 경우가 아니어야
- 형법 제2조(국내범)를 적용함에 있어서 공모공동정범의 경우 ⇨ 공모지도 범죄지
- 사정의 변천에 따라 법령을 개폐한 경우 ⇨ 개정신법 적용 ✕

가. (○) 형법 제3조는 '본법은 대한민국 영역 외에서 죄를 범한 내국인에게 적용한다.'고 하여 형법의 적용 범위에 관한 속인주의를 규정하고 있는바, 필리핀국에서 카지노의 외국인 출입이 허용되어 있다 하여도, 형법 제3조에 따라, 필리핀국에서 도박을 한 피고인에게 우리 나라 형법이 당연히 적용된다(대판 2001.09.25. 99도3337).

나. (○) 형법 제5조, 제6조의 각 규정에 의하면, 외국인이 외국에서 죄를 범한 경우에는 형법 제5조 제1호 내지 제7호에 열거된 죄를 범한 때와 형법 제5조 제1호 내지 제7호에 열거된 죄 이외에 대한민국 또는 대한민국 국민에 대하여 죄를 범한 때에만 대한민국 형법이 적용되어 우리나라에 재판권이 있게 되고, 여기서 '대한민국 또는 대한민국 국민에 대하여 죄를 범한 때'란 대한민국 또는 대한민국 국민의 법익이 직접적으로 침해되는 결과를 야기하는 죄를 범한 경우를 의미한다(대판 2011.08.25. 2011도6507).

다. (○) 법인 소유의 자금에 대한 사실상 또는 법률상 지배·처분 권한을 가지고 있는 대표자 등은 법인에 대한 관계에서 자금의 보관자 지위에 있으므로, 법인이 특정 사업의 명목상의 주체로 특수목적법인을 설립하여 그 명의로 자금 집행 등 사업진행을 하면서도 자금의 관리·처분에 관하여는 실질적 사업주체인 법인이 의사결정권한을 행사하면서 특수목적법인 명의로 보유한 자금에 대하여 현실적 지배를 하고 있는 경우에는, 사업주체인 법인의 대표자 등이 특수목적법인의 보유 자금을 정해진 목적과 용도 외에 임의로 사용하면 위탁자인 법인에 대하여 횡령죄가 성립할 수 있다. 이는 법인의 대표자 등이 외국인인 경우에도 마찬가지이므로, 내국 법인의 대표자인 외국인이 내국 법인이 외국에 설립한 특수목적법인에 위탁해 둔 자금을 정해진 목적과 용도 외에 임의로 사용한 데 따른 횡령죄의 피해자는 당해 금전을 위탁한 내국 법인이다. 따라서 그 행위가 외국에서 이루어진 경우에도 행위지의 법률에 의하여 범죄를 구성하지 아니하거나 소추 또는 형의 집행을 면제할 경우가 아니라면 그 외국인에 대해서도 우리 형법이 적용되어(형법 제6조), 우리 법원에 재판권이 있다(대판 2017.03.22. 2016도17465).

라. (○) 형법 제2조를 적용함에 있어서 공모공동정범의 경우 공모지도 범죄지로 보아야 한다(대판 1998.11.27. 98도2734).
▶ 국외에서 국외로 운반중인 히로뽕이 경유지인 국내 공항에서 환적을 위하여 항공사측에 의하여 일시적으로 지상반출된 경우, 히로뽕의 오용 또는 남용으로 인한 보건위생상의 위해발생의 위험성이 이미 발생하였다는 이유로 향정신성의약품의 수입에 해당한다고 본 사례.

마. (○) 형법 제1조 제2항의 규정은 형벌법령 제정의 이유가 된 법률이념의 변천에 따라 과거에 범죄로 보던 행위에 대하여 그 평가가 달라져 이를 범죄로 인정하고 처벌한 그 자체가 부당하였다거나 또는 과형이 과중하였다는 반성적 고려에서 법령을 개폐하였을 경우에 적용하여야 할 것이고, 이와 같은 법률이념의 변경에 의한 것이 아닌 다른 사정의 변천에 따라 그때그때의 특수한 필요에 대처하기 위하여 법령을 개폐하는 경우에는 이미 그 전에 성립한 위법행위는 현재에 관찰하여서도 여전히 가벌성이 있는 것이어서 그 법령이 개폐되었다 하더라도 그에 대한 형이 폐지된 것이라고 할 수는 없다(대판 2005.12.23. 2005도747).

정답 ⑤

문 13

우리 형법에 대한 설명으로 가장 옳은 것은? [2017년 4번]

① 형법은 죄를 지어 외국에서 형의 전부 또는 일부의 집행을 받은 자에 대하여 형을 감경 또는 면제할 수 있도록 규정하고 있으므로, 반드시 감경 또는 면제하여야 하는 것은 아니다.
② 형법 제357조는 타인의 사무를 처리하는 자가 부정한 청탁을 받고 재물이나 재산상 이익을 취득한 경우 배임수재죄로 처벌하고 있으나, 재물이나 재산상 이익을 본인이 아닌 제3자에게 제공하도록 한 경우에는 처벌할 수 있는 근거가 없다.
③ 형법은 개정을 통해 500만 원 이하의 벌금형에 대해서도 집행을 유예할 수 있도록 벌금형에 대한 집행유예 제도를 도입하였고, 그 시행을 앞두고 있다.
④ 형법 제114조의 범죄단체조직죄는 법정형의 제한 없이 범죄를 목적으로 단체를 조직하기만 하면 구성요건에 해당하게 되어 그 처벌범위가 너무 넓다는 비판이 제기되고 있다.
⑤ 형법은 판결선고 전의 구금일수는 그 전부 또는 일부를 유기징역, 유기금고, 벌금이나 과료에 관한 유치 또는 구류에 산입할 수 있도록 하고 있다.

해설 ★★

① (X)

> 형법 제7조(외국에서 집행된 형의 산입) 죄를 지어 외국에서 형의 전부 또는 일부가 집행된 사람에 대해서는 그 집행된 형의 전부 또는 일부를 선고하는 형에 산입한다.

② (X)

> 형법 제357조(배임수증재) ① 타인의 사무를 처리하는 자가 그 임무에 관하여 부정한 청탁을 받고 재물 또는 재산상의 이익을 취득하거나 제3자로 하여금 이를 취득하게 한 때에는 5년 이하의 징역 또는 1천만원 이하의 벌금에 처한다.

③ (○)

> 형법 제62조(집행유예의 요건) ① 3년 이하의 징역이나 금고 또는 500만원 이하의 벌금의 형을 선고할 경우에 제51조의 사항을 참작하여 그 정상에 참작할 만한 사유가 있는 때에는 1년 이상 5년 이하의 기간 형의 집행을 유예할 수 있다. 다만, 금고 이상의 형을 선고한 판결이 확정된 때부터 그 집행을 종료하거나 면제된 후 3년까지의 기간에 범한 죄에 대하여 형을 선고하는 경우에는 그러하지 아니하다. 【개정 2016.1.6. 시행 2018.1.7.】

④ (X)

> 형법 제114조(범죄단체 등의 조직) 사형, 무기 또는 장기 4년 이상의 징역에 해당하는 범죄를 목적으로 하는 단체 또는 집단을 조직하거나 이에 가입 또는 그 구성원으로 활동한 사람은 그 목적한 죄에 정한 형으로 처벌한다. 다만, 형을 감경할 수 있다.

⑤ (X)

> 형법 제57조(판결선고전 구금일수의 통산) ① 판결선고전의 구금일수는 그 전부를 유기징역, 유기금고, 벌금이나 과료에 관한 유치 또는 구류에 산입한다.

정답 ③

제❸절 | 형법의 인적 적용범위

문 14

다음 설명 중 가장 옳지 않은 것은? [2018년 13번]

① 형법 제239조 제1항의 사인위조죄는 형법 제6조의 대한민국 또는 대한민국국민에 대하여 범한 죄에 해당하지 않으므로 중국 국적자가 중국에서 대한민국 국적 주식회사의 인장을 위조한 경우에는 외국인의 국외범으로서 그에 대하여 재판권이 없다.
② 형법 제2조(국내범)를 적용함에 있어서 공모공동정범의 경우 공모지도 범죄지로 보아야 한다.
③ 형법 제7조의 문언상 외국에서 유죄판결에 의하여 형의 전부 또는 일부가 집행된 사람이 아니라 단순히 미결구금되었다가 무죄판결을 받은 사람에 대하여 위 법조를 직접 적용할 수 없지만, 유추적용을 통하여 그 미결구금일수의 전부 또는 일부를 국내에서 선고하는 형에 산입하여야 한다.
④ 내국 법인의 대표자인 외국인이 그 내국 법인이 외국에 설립한 특수목적법인에 위탁해 둔 자금을 정해진 목적과 용도 외에 임의로 사용한 데 따른 횡령죄의 피해자는 당해 금전을 위탁한 내국 법인이라고 보아야 한다. 따라서 그 행위가 외국에서 이루어진 경우에도 행위지의 법률에 의하여 범죄를 구성하지 아니하거나 소추 또는 형의 집행을 면제할 경우가 아니라면 그 외국인에 대해서도 우리 형법이 적용되어(형법 제6조), 우리 법원에 재판권이 있다.
⑤ 형법은 대한민국 영역 외에서 국기에 관한 죄, 통화에 관한 죄를 범한 외국인에게도 적용된다.

> **해설** ★★

① (○) 형법 제239조 제1항의 사인위조죄는 형법 제6조의 대한민국 또는 대한민국국민에 대하여 범한 죄에 해당하지 아니하므로, 중국 국적의 피고인이 중국에서 대한민국 국적 주식회사의 인장을 위조하였다는 공소사실은 외국인의 국외범으로서 피고인에 대하여 재판권이 없다(대판 2002.11.26. 2002도4929).
② (○) 형법 제2조를 적용함에 있어서 공모공동정범의 경우 공모지도 범죄지로 보아야 한다(대판 1998.11.27. 98도2734).
③ (X) 형법 제7조 규정의 취지는, 형사판결은 국가주권의 일부분인 형벌권 행사에 기초한 것이어서 피고인이 외국에서 형사처벌을 과하는 확정판결을 받았더라도 그 외국 판결은 우리나라 법원을 기속할 수 없고 우리나라에서는 기판력도 없어 일사부재리의 원칙이 적용되지 않으므로, 피고인이 동일한 행위에 관하여 우리나라 형벌법규에 따라 다시 처벌받는 경우에 생길 수 있는 실질적인 불이익을 완화하려는 것이다. 그런데 여기서 '외국에서 형의 전부 또는 일부가 집행된 사람'이란 문언과 취지에 비추어 '외국 법원의 유죄판결에 의하여 자유형이나 벌금형 등 형의 전부 또는 일부가 실제로 집행된 사람'을 말한다고 해석하여야 한다. 따라서 형사사건으로 외국 법원에 기소되었다가 무죄판결을 받은 사람은, 설령 그가 무죄판결을 받기까지 상당 기간 미결구금되었더라도 이를 유죄판결에 의하여 형이 실제로 집행된 것으로 볼 수는 없으므로, '외국에서 형의 전부 또는 일부가 집행된 사람'에 해당한다고 볼 수 없고, 그 미결구금 기간은 형법 제7조에 의한 산입의 대상이 될 수 없다(대판 2017.08.24. 2017도5977(전합)).
④ (○) 내국 법인의 대표자인 외국인이 내국 법인이 외국에 설립한 특수목적법인에 위탁해 둔 자금을 정해진 목적과 용도 외에 임의로 사용한 데 따른 횡령죄의 피해자는 당해 금전을 위탁한 내국 법인이다. 따라서 그 행위가 외국에서 이루어진 경우에도 행위지의 법률에 의하여 범죄를 구성하지 아니하거나 소추 또는 형의 집행을 면제할 경우가 아니라면 그 외국인에 대해서도 우리 형법이 적용되어(형법 제6조), 우리 법원에 재판권이 있다(대판 2017.03.22. 2016도17465).

⑤ (○) 형법 제5조 참조.

> 형법 제5조(외국인의 국외범) 본법은 대한민국영역 외에서 다음에 기재한 죄를 범한 외국인에게 적용한다.
> 3. 국기에 관한 죄
> 4. 통화에 관한 죄

정답 ③

문 15

다음 설명 중 가장 옳지 않은 것은?(다툼이 있는 경우 판례에 의함) [2016년 14번]

① 영국에 모여 대한민국에 대한 내란죄를 음모·예비한 러시아인들에게 대한민국 형법이 적용될 수 있다.
② 재판확정 후 법률의 변경에 의하여 그 행위가 범죄를 구성하지 아니하는 때에는 형의 집행을 면제한다.
③ 범죄에 의하여 외국에서 형의 전부 또는 일부의 집행을 받은 자에 대하여 형의 임의적 감면을 규정한 형법 제7조는 이중처벌금지원칙, 과잉금지원칙에 위배되지 않는다는 이유로 합헌 결정을 받았다.
④ 대한민국에 체재(滯在)하는 외국의 원수에 대하여 폭행을 가한 자는 우리 형법으로 처벌할 수 있으나, 그 외국정부의 명시한 의사에 반하여 공소를 제기할 수는 없다.
⑤ 도박죄를 처벌하지 않는 외국 카지노에서 도박을 한 한국인에 대하여도 대한민국 형법이 적용되고, 한편 그와 같이 도박죄를 처벌하지 않는 국가에서 도박을 하였다는 사정만으로 위법성이 조각된다고 볼 수도 없다.

해설

① (○) 우리 형법은 내란죄에 대해서는 절대적 보호주의를 채택하여 대한민국 영역 외에서 내란죄를 범한 외국인에 대해서도 대한민국 형법이 적용됨을 규정하고 있다(형법 제5조 제1호). 따라서 영국에 모여 대한민국에 대한 내란죄를 음모·예비한 러시아인들에게 대한민국 형법이 적용될 수 있다.
② (○) 재판확정후 법률의 변경에 의하여 그 행위가 범죄를 구성하지 아니하는 때에는 형의 집행을 면제한다(형법 제1조 제3항).
③ (X) 헌법재판소는 범죄에 의하여 외국에서 형의 전부 또는 일부의 집행을 받은 자에 대하여 형의 임의적 감면을 규정한 형법 제7조에 대해 이중처벌금지원칙 위반은 아니지만, 과잉금지원칙에 위배되어 신체의 자유를 침해함을 이유로 헌법불합치결정을 하였다(헌재 2015.05.28. 2013헌바129, 헌법불합치).
④ (○) 대한민국에 체재하는 외국의 원수에 대하여 폭행 또는 협박을 가한 자는 7년 이하의 징역이나 금고에 처한다(형법 제107조 제1항). 제107조 내지 제109조의 죄는 그 외국정부의 명시한 의사에 반하여 공소를 제기할 수 없다(동법 제110조).
⑤ (○) 형법 제3조는 "본법은 대한민국 영역 외에서 죄를 범한 내국인에게 적용한다."고 하여 형법의 적용 범위에 관한 속인주의를 규정하고 있고, 또한 국가 정책적 견지에서 도박죄의 보호법익보다 좀더 높은 국가이익을 위하여 예외적으로 내국인의 출입을 허용하는 폐광지역개발지원에관한특별법 등에 따라 카지노에 출입하는 것은 법령에 의한 행위로 위법성이 조각된다고 할 것이나, 도박죄를 처벌하지 않는 외국 카지노에서의 도박이라는 사정만으로 그 위법성이 조각된다고 할 수 없다(대판 2004.04.23. 2002도2518).

정답 ③

MEMO

2024년 법원행정고시 1차 대비

형 법
법원행시
기출문제집

선택 형진도별

제2편 범죄론

제1장 | 범죄론 기초
제2장 | 구성요건론
제3장 | 위법성론
제4장 | 책임론
제5장 | 미수론
제6장 | 정범 및 공범론
제7장 | 죄수론

제1장 범죄론 기초

제❶절 ❘ 범죄의 의의와 종류

문 1

우리 형법에 대한 다음 설명 중 옳은 것은 모두 몇 개인가? [2017년 14번]

> 가. 간통죄, 혼인빙자간음죄, 국가모독죄 등은 현재 폐지되어 없다.
> 나. 추행 · 간음 목적의 약취 · 유인 · 수수 · 은닉죄 및 강간죄 등 성범죄에 관하여 과거 고소가 있어야 공소를 제기할 수 있도록 한 규정은 현재 삭제되어 없다.
> 다. 우리 형법은 인류에 대한 공통적인 범죄인 약취, 유인과 인신매매죄의 규정이 대한민국 영역 밖에서 죄를 범한 외국인에게도 적용될 수 있도록 세계주의 규정을 도입하였다.
> 라. 형법은 피고사건에 대하여 무죄의 판결을 선고하는 경우에는 의무적으로 무죄판결공시의 취지를 선고하도록 하고 있다. 다만 무죄판결을 받은 피고인이 무죄판결공시 취지의 선고에 동의하지 아니하거나 피고인의 동의를 받을 수 없는 경우에는 예외이다.
> 마. 형법은 도박죄의 객체에 "재물"뿐만 아니라 "재산상 이익"도 포함됨을 명확하게 하기 위하여 도박죄의 구성요건 중 "재물로써" 부분을 삭제하고, 도박하는 장소뿐만 아니라 인터넷상에서 도박하는 공간을 개설한 경우도 처벌할 수 있도록 '도박을 하는 장소나 공간을 개설한 사람'으로 도박개장죄의 주체를 명확히 하는 것으로 개정되었다.

① 5개 ② 4개 ③ 3개
④ 2개 ⑤ 1개

:: 해설

가. (○) 간통죄에 관한 형법 제241조는 2016.1.6.에 삭제되었고, 혼인빙자간음죄에 관한 형법 제304조는 2012.12.18.에 삭제되었으며, 국가모독죄에 관한 형법 제104조는 1988.12.31.에 삭제되어 현재 폐지되어 없다.

나. (○) 추행·간음 목적의 약취·유인·수수·은닉·죄에 관한 친고죄 규정인 형법 제296조는 2013.4.5.에 삭제되었고, 강간죄 등 성범죄에 관한 친고죄 규정인 형법 제306조는 2012.12.18.에 삭제되어 현재는 없다.

다. (○)

> 형법 제296조의2(세계주의) 제287조부터 제292조까지 및 제294조는 대한민국 영역 밖에서 죄를 범한 외국인에게도 적용한다.
> 형법 제287조(미성년자의 약취, 유인)
> 형법 제288조(추행 등 목적 약취, 유인 등)
> 형법 제289조(인신매매)
> 형법 제290조(약취, 유인, 매매, 이송 등 상해·치상)
> 형법 제291조(약취, 유인, 매매, 이송 등 살인·치사)
> 형법 제292조(약취, 유인, 매매, 이송된 사람의 수수·은닉 등)
> 형법 제294조(미수범)

라. (○)

> 형법 제58조 제2항(판결의 공시) ② 피고사건에 대하여 무죄의 판결을 선고하는 경우에는 무죄판결공시의 취지를 선고하여야 한다. 다만, 무죄판결을 받은 피고인이 무죄판결공시 취지의 선고에 동의하지 아니하거나 피고인의 동의를 받을 수 없는 경우에는 그러하지 아니하다.

마. (○)

> 형법 제246조(도박, 상습도박) ① 도박을 한 사람은 1천만원 이하의 벌금에 처한다. 다만, 일시오락 정도에 불과한 경우에는 예외로 한다.
> ② 상습으로 제1항의 죄를 범한 사람은 3년 이하의 징역 또는 2천만원 이하의 벌금에 처한다.
> 형법 제247조(도박장소 등 개설) 영리의 목적으로 도박을 하는 장소나 공간을 개설한 사람은 5년 이하의 징역 또는 3천만원 이하의 벌금에 처한다.

정답 ①

제❷절 | 행위론

제❸절 | 범죄체계론

제❹절 | 행위의 주체와 객체

문 2

다음 설명 중 가장 옳지 않은 것은? [2022년 36번]

① 구 건축법(1991. 5. 31. 법률 제4381호로 전문 개정되기 전의 것) 제54조 내지 제56조의 벌칙규정에서 그 적용대상자를 건축주, 공사감리자, 공사시공자 등 일정한 업무주로 한정한 경우에 있어서, 같은 법 제57조의 양벌규정은 그 위반행위의 이익귀속주체인 업무주에 대한 처벌규정이지 업무주가 아니면서 당해 업무를 실제로 집행하는 행위자의 처벌규정이 될 수 없다.

② 법인은 기관을 통하여 행위하므로 법인이 대표자를 선임한 이상 그의 행위로 인한 법률효과는 법인에게 귀속되어야 하고, 법인 대표자의 범죄행위에 대하여는 법인 자신이 책임을 져야 하는바, 법인 대표자의 법규위반행위에 대한 법인의 책임은 법인 자신의 법규위반행위로 평가될 수 있는 행위에 대한 법인의 직접책임으로서, 대표자의 고의에 의한 위반행위에 대하여는 법인 자신의 고의에 의한 책임을, 대표자의 과실에 의한 위반행위에 대하여는 법인 자신의 과실에 의한 책임을 지는 것이다.

③ 일반적으로 자연인이 법인의 기관으로서 범죄행위를 한 경우에도 행위자인 자연인이 그 범죄행위에 대한 형사책임을 지는 것이고, 다만 법률이 그 목적을 달성하기 위하여 특별히 규정하고 있는 경우에만 행위자를 벌하는 외에 법률효과가 귀속되는 법인에 대하여도 벌금형을 과할 수 있는 것인 만큼, 법인이 설립되기 이전에 어떤 자연인이 한 행위의 효과가 설립 후의 법인에게 당연히 귀속된다고 보기 어려울 뿐만 아니라, 양벌규정에 의하여 사용자인 법인을 처벌하는 것은 형벌의 자기책임원칙에 비추어 위반행위가 발생한 그 업무와 관련하여 사용자인 법인이 상당한 주의 또는 관리감독 의무를 게을리한 선임감독상의 과실을 이유로 하는 것인데, 법인이 설립되기 이전의 행위에 대하여는 법인에게 어떠한 선임감독상의 과실이 있다고 할 수 없으므로, 특별한 근거규정이 없는 한 법인이 설립되기 이전에 자연인이 한 행위에 대하여 양벌규정을 적용하여 법인을 처벌할 수는 없다.

④ 배임죄에 있어서 타인의 사무를 처리할 의무의 주체가 법인이 되는 경우라도 법인은 사법상의 권리의무의 주체가 될 수 있을 뿐 범죄능력은 없으며, 그 타인의 사무는 법인을 대표하는 자연인인 대표기관의 의사결정에 따른 대표행위에 의하여 실현될 수밖에 없어 그 대표기관은 마땅히 법인이 타인에 대하여 부담하고 있는 의무내용대로 사무를 처리할 임무가 있다 할 것이므로, 법인이 처리할 의무를 지는 타인의 사무에 관하여는 법인이 배임죄의 주체가 될 수 없고 그 법인을 대표하여 사무를 처리하는 자연인인 대표기관이 바로 타인의 사무를 처리하는 자, 즉 배임죄의 주체가 된다.
⑤ 국가가 본래 그의 사무의 일부를 지방자치단체의 장에게 위임하여 그 사무를 처리하게 하는 기관위임사무의 경우에는 지방자치단체는 국가기관의 일부로 볼 수 있는 것이지만, 지방자치단체가 그 고유의 자치사무를 처리하는 경우에는 지방자치단체는 국가기관의 일부가 아니라 국가기관과는 별도의 독립한 공법인이므로, 지방자치단체 소속 공무원이 지방자치단체 고유의 자치사무를 수행하던 중 구 도로법(2008. 3. 21. 법률 제8976호로 전문 개정되기 전의 것) 제81조 내지 제85조의 규정에 의한 위반행위를 한 경우에는 지방자치단체는 같은 법 제86조의 양벌규정에 따라 처벌대상이 되는 법인에 해당한다.

MGI Point 양벌규정 ★★

- 구 건축법상 양벌규정 ⇨ 업무주에 대한 처벌규정임과 동시에 실제로 집행한 행위자를 처벌하는 규정임
- 법인 대표자의 법규위반행위로 인한 법인의 책임 ⇨ 법인 자신의 직접책임
- 법인이 설립되기 이전에 자연인이 한 행위 ⇨ 양벌규정을 근거로 법인을 처벌 불가
- 배임죄의 주체 ⇨ 법인 ×, 자연인인 대표기관 ○
- 지방자치단체 소속 공무원이 지방자치단체 고유의 자치사무를 수행하던 중 위반행위를 한 경우 ⇨ 지방자치단체는 양벌규정에 의하여 처벌됨

① (X) 구 건축법(1991. 5. 31. 법률 제4381호로 전문 개정되기 전의 것) 제54조 내지 제56조의 벌칙규정에서 그 적용대상자를 건축주, 공사감리자, 공사시공자 등 일정한 업무주(業務主)로 한정한 경우에 있어서, 같은 법 제57조의 양벌규정은 업무주가 아니면서 당해 업무를 실제로 집행하는 자가 있을 때에 위 벌칙규정의 실효성을 확보하기 위하여 그 적용대상자를 당해 업무를 실제로 집행하는 자에게까지 확장함으로써 그러한 자가 당해 업무집행과 관련하여 위 벌칙규정의 위반행위를 한 경우 위 양벌규정에 의하여 처벌할 수 있도록 한 행위자의 처벌규정임과 동시에 그 위반행위의 이익귀속주체인 업무주에 대한 처벌규정이라고 할 것이다(대판 1999.07.15. 95도2870(전합)).
② (○) 법인은 기관을 통하여 행위하므로 법인이 대표자를 선임한 이상 그의 행위로 인한 법률효과는 법인에게 귀속되어야 하고, 법인 대표자의 범죄행위에 대하여는 법인 자신이 책임을 져야 하는바, 법인 대표자의 법규위반행위에 대한 법인의 책임은 법인 자신의 법규위반행위로 평가될 수 있는 행위에 대한 법인의 직접책임으로서, 대표자의 고의에 의한 위반행위에 대하여는 법인 자신의 고의에 의한 책임을, 대표자의 과실에 의한 위반행위에 대하여는 법인 자신의 과실에 의한 책임을 지는 것이다(대판 2010.09.30. 2009도3876).
③ (○) 일반적으로 자연인이 법인의 기관으로서 범죄행위를 한 경우에도 행위자인 자연인이 그 범죄행위에 대한 형사책임을 지는 것이고, 다만 법률이 그 목적을 달성하기 위하여 특별히 규정하고 있는 경우에만 행위자를 벌하는 외에 법률효과가 귀속되는 법인에 대하여도 벌금형을 과할 수 있는 것만큼, 법인이 설립되기 이전에 어떤 자연인이 한 행위의 효과가 설립 후의 법인에게 당연히 귀속된다고 보기 어려울 뿐만 아니라, 양벌규정에 의하여 사용자인 법인을 처벌하는 것은 형벌의 자기책임원칙에 비추어 위반행위가 발생한 그 업무와 관련하여 사용자인 법인이 상당한 주의 또는 관리감독 의무를 게을리한 선임감독상의 과실을 이유로

하는 것인데, 법인이 설립되기 이전의 행위에 대하여는 법인에게 어떠한 선임감독상의 과실이 있다고 할 수 없으므로, 특별한 근거규정이 없는 한 법인이 설립되기 이전에 자연인이 한 행위에 대하여 양벌규정을 적용하여 법인을 처벌할 수는 없다(대판 2018.08.01. 2015도10388).

④ (○) 배임죄에 있어서 타인의 사무를 처리할 의무의 주체가 법인이 되는 경우라도 법인은 다만 사법상의 의무주체가 될 뿐 범죄능력이 없는 것이며 그 타인의 사무는 법인을 대표하는 자연인인 대표기관의 의사결정에 따른 대표행위에 의하여 실현될 수 밖에 없어 그 대표기관은 마땅히 법인이 타인에 대하여 부담하고 있는 의무내용 대로 사무를 처리할 임무가 있다 할 것이므로 법인이 처리할 의무를 지는 타인의 사무에 관하여는 법인이 배임죄의 주체가 될 수 없고 그 법인을 대표하여 사무를 처리하는 자연인인 대표기관이 바로 타인의 사무를 처리하는 자 즉 배임죄의 주체가 된다(대판 1984.10.10. 82도2595(전합)).

⑤ (○) 국가가 본래 그의 사무의 일부를 지방자치단체의 장에게 위임하여 그 사무를 처리하게 하는 기관위임사무의 경우에는 지방자치단체는 국가기관의 일부로 볼 수 있는 것이지만, 지방자치단체가 그 고유의 자치사무를 처리하는 경우에는 지방자치단체는 국가기관의 일부가 아니라 국가기관과는 별도의 독립한 공법인이므로, 지방자치단체 소속 공무원이 지방자치단체 고유의 자치사무를 수행하던 중 도로법 제81조 내지 제85조의 규정에 의한 위반행위를 한 경우에는 지방자치단체는 도로법 제86조의 양벌규정에 따라 처벌대상이 되는 법인에 해당한다(대판 2005.11.10. 2004도2657).

정답 ①

문 3

다음 설명 중 가장 옳지 않은 것은? [2021년 40번]

① 객관적 외형상으로 영업주의 업무에 관한 행위이고 종업원이 그 영업주의 업무를 수행함에 있어서 위법행위를 한 것이라면 그 위법행위의 동기가 종업원 기타 제3자의 이익을 위한 것에 불과하고 영업주의 영업에 이로운 행위가 아니라 하여도 영업주는 그 감독해태에 대한 책임을 부담한다.

② 지입제 형식의 운송사업에 있어 지입차주가 고용한 운전자가 과적운행으로 구 도로법(2008. 3. 21. 법률 제8976호로 전부 개정되기 전의 것)을 위반한 경우, 지입회사가 지입차량의 운전자를 직접 고용하여 지휘·감독을 한 바 없다면, 지입회사가 구 도로법상 사용자로서의 형사책임을 부담한다고 볼 수는 없다.

③ 약국을 실질적으로 경영하는 약사가 다른 약사를 고용하여 그 고용된 약사를 명의상의 개설약사로 등록하게 해두고 실질적인 영업약사가 약사 아닌 종업원을 직접 고용하여 영업하던 중 그 종업원이 약사법위반 행위를 하였다면 구 약사법(2007. 4. 11. 법률 제8365호로 전부개정되기 전의 것) 제78조의 양벌규정상의 형사책임은 실질적 경영자가 지게 된다.

④ 건설산업기본법 제98조 제2항은 "법인의 대표자나 법인 또는 개인의 대리인, 사용인, 그 밖의 종업원이 그 법인 또는 개인의 업무에 관하여 제94조, 제95조, 제95조의2, 제96조 또는 제97조 제1호·제2호·제3호의 위반행위를 하면 그 행위자를 벌하는 외에 그 법인 또는 개인에게도 해당 조문의 벌금형을 과한다."라고 정하고 있다. 이러한 양벌규정은 같은 법 제96조 제5호 등 벌칙규정의 적용대상인 건설공사 시공자가 아니면서 그러한 업무를 실제로 집행하는 자가 있을 때 해당 업무를 실제로 집행한 자에 대한 처벌의 근거 규정이 된다.

⑤ 구 저작권법(2011. 12. 2. 법률 제11110호로 개정되기 전의 것) 제140조 본문에서는 저작재산권 침해로 인한 같은 법 제136조 제1항의 죄를 친고죄로 규정하면서, 같은 법 제140조 단서 제1호에서 영리를 위하여 상습적으로 위와 같은 범행을 한 경우에는 고소가 없어도 공소를 제기할 수 있다고 규정하고 있는데, 같은 법 제140조 단서 제1호가 규정한 '상습적으로'라고 함은 반복하여 저작권 침해행위를 하는 습벽으로서 행위자의 속성을 말하고, 이러한 습벽 유무를 판단할 때에는 동종 전과가 중요한 판단자료가 되나 범행의 횟수, 수단과 방법, 동기 등 제반 사정을 참작하여 저작권 침해행위를 하는 습벽이 인정되는 경우에는 상습성을 인정하여야 한다. 한편 같은 법 제141조의 양벌규정을 적용할 때에는 행위자인 법인의 대표자나 법인 또는 개인의 대리인·사용인 그 밖의 종업원의 위와 같은 습벽 유무에 따라 친고죄 해당 여부를 판단하여야 한다.

MGI Point 양벌규정 ★★

- 위법행위의 동기가 종업원 기타 제3자의 이익을 위한 것이고 영업주의 영업에 이로운 행위가 아니더라도 객관적· 외형상 영업주의 업무에 관한 행위이고 종업원이 그 영업주의 업무를 수행함에 있어서 위법행위를 한 경우
  ⇨ 영업주의 그 감독해태에 대한 책임 有
- 지입차량의 운전자를 직접 고용하여 지휘·감독을 한 바 없는 지입회사
  ⇨ 객관적으로 지입차량의 운전자를 지휘·감독할 관계에 있는 사용자로서 그 지휘·감독의 소홀에 따른 책임 有
- 고용된 약사를 명의상의 개설약사로 등록하게 해두고 실질적인 영업약사가 약사 아닌 종업원을 직접 고용하여 영업하던 중 그 종업원이 약사법위반 행위를 한 경우 약사법 제78조의 양벌규정상의 형사책임 귀속 주체 ⇨ 실질적 경영자 ○
- 건설산업기본법 §98②의 양벌규정
  ⇨ 건설시공자가 아닌 행위자에게도 업무주인 건설시공자에 대한 벌칙규정으로 적용 ○
- (구)저작권법
  - §140단서 1호의 '상습적으로' ⇨ 반복하여 저작권 침해행위를 하는 습벽으로서 행위자의 속성을 의미 ○
  - §141의 양벌규정 적용 ⇨ 행위자인 법인의 대표자나 법인 또는 개인의 대리인·사용인 그 밖의 종업원의 습벽 유무에 따라 친고죄 해당 여부를 판단

① (○) 객관적 외형상으로 영업주의 업무에 관한 행위이고 종업원이 그 영업주의 업무를 수행함에 있어서 위법행위를 한 것이라면 그 위법행위의 동기가 종업원 기타 제3자의 이익을 위한 것에 불과하고 영업주의 영업에 이로운 행위가 아니라 하여도 영업주는 그 감독해태에 대한 책임을 면할 수 없다(대판 1987.11.10. 87도1213).

② (X) … 한편, 그 사업장의 근로자와의 관계에 있어서도 지입차량의 소유자이자 대외적인 경영 주체에 해당하는 지입회사가 직접 근로관계에 대한 책임을 지는 사용자라고 보아야 하므로, 비록 지입회사가 지입차량의 운전자를 직접 고용하여 지휘·감독을 한 바 없다 하더라도, 객관적으로 지입차량의 운전자를 지휘·감독할 관계에 있는 사용자로서 그 지휘·감독의 소홀에 따른 책임을 진다. 지입차주가 고용한 운전자가 과적운행으로 구 도로법을 위반한 경우, 지입차주는 구 도로법(2008. 3. 21. 법률 제8976호로 전부 개정되기 전의 것) 제86조에 정한 '대리인·사용인 기타의 종업원'의 지위에 있을 뿐이고 지입차량의 소유자이자 대외적인 경영 주체는 지입회사이므로, 지입회사가 구 도로법상 사용자로서의 형사책임을 부담한다고 한 사례(대판 2009.09. 24. 2009도5302).

③ (○) 법인이 아닌 약국에서의 영업으로 인한 사법상의 권리의무는 그 약국을 개설한 약사에게 귀속되므로 대외적으로 그 약국의 영업주는 그 약국을 개설한 약사라고 할 것이지만, 그 약국을 실질적으로 경영하는 약사가 다른 약사를 고용하여 그 고용된 약사를 명의상의 개설약사로 등록하게 해두고 실질적인 영업약사가 약사 아닌 종업원을 직접 고용하여 영업하던 중 그 종업원이 약사법위반 행위를 하였다면 약사법 제78조의 양벌규정상의 형사책임은 그 실질적 경영자가 지게된다(대판 2000.10.27. 2000도3570).

④ (○) 건설산업기본법 제98조 제2항은 "법인의 대표자나 법인 또는 개인의 대리인, 사용인, 그 밖의 종업원이 그 법인 또는 개인의 업무에 관하여 제94조, 제95조, 제95조의2, 제96조 또는 제97조 제1호·제2호·제3호의

위반행위를 하면 그 행위자를 벌하는 외에 그 법인 또는 개인에게도 해당 조문의 벌금형을 과한다."라고 정하고 있다. 위 규정의 취지는 제96조 제5호 등 벌칙규정의 적용대상인 건설공사 시공자가 아니면서 그러한 업무를 실제로 집행하는 자가 있을 때 벌칙규정의 실효성을 확보하기 위하여 적용대상자를 해당 업무를 실제로 집행하는 자까지 확장하여 그 행위자도 아울러 처벌하려는 데 있다. 이러한 양벌규정은 해당 업무를 실제로 집행하는 자에 대한 처벌의 근거 규정이 된다. 결국 위 규정은 해당 법조의 위반행위를 건설시공자인 법인이나 개인이 직접 하지 않는 경우에 그 행위자나 건설시공자 쌍방을 모두 처벌하려는 것이므로, 이 양벌규정에 따라 건설시공자가 아닌 행위자도 업무주인 건설시공자에 대한 벌칙규정의 적용대상이 된다(대판 2017.12.05. 2017도11564).

⑤ (○) 저작권법 제140조 본문에서는 저작재산권 침해로 인한 같은 법 제136조 제1항의 죄를 친고죄로 규정하면서, 같은 법 제140조 단서 제1호에서 영리를 위하여 상습적으로 위와 같은 범행을 한 경우에는 고소가 없어도 공소를 제기할 수 있다고 규정하고 있는데, 같은 법 제140조 단서 제1호가 규정한 '상습적으로'라고 함은 반복하여 저작권 침해행위를 하는 습벽으로서 행위자의 속성을 말하고, 이러한 습벽 유무를 판단할 때에는 동종 전과가 중요한 판단자료가 되나 범행의 횟수, 수단과 방법, 동기 등 제반 사정을 참작하여 저작권 침해행위를 하는 습벽이 인정되는 경우에는 상습성을 인정하여야 한다. 한편 같은 법 제141조의 양벌규정을 적용할 때에는 행위자인 법인의 대표자나 법인 또는 개인의 대리인·사용인 그 밖의 종업원의 위와 같은 습벽 유무에 따라 친고죄 해당 여부를 판단하여야 한다(대판 2011.09.08. 2010도14475).

정답 ②

문 4

법인의 처벌 등에 관한 다음 설명 중 옳지 않은 것은 모두 몇 개인가? [2021년 4번]

가. 법인을 처벌하는 양벌규정이 있는 경우에 예외적으로 법인에게도 범죄능력을 인정할 수 있다.
나. 지방자치단체 소속 공무원이 기관위임사무를 수행하는 중 위반행위를 한 경우, 지방자치단체도 양벌규정에 따른 처벌대상이 된다.
다. 1인회사의 경우도 자본시장과 금융투자업에 관한 법률에 따른 양벌규정에 기한 책임을 부담한다.
라. 회사가 해산 및 청산등기 전에 재산형에 해당하는 사건으로 기소되었으나, 그 후 청산종결의 등기가 경료되었다면, 위 회사는 형사소송법상 당사자 능력을 상실하게 된다.
마. 조세범처벌법에 따른 고발의 구비여부는 양벌규정에 의하여 처벌받는 자연인인 행위자와 법인에 대하여 개별적으로 논하여야 한다.

① 없음   ② 1개   ③ 2개
④ 3개   ⑤ 4개

> **MGI Point** 법인의 처벌 ★★
>
> - 법인을 처벌하는 양벌규정이 있는 경우라도 법인의 범죄능력 부정
> - 지방자치단체가 양벌규정에 따른 처벌대상이 되는지 여부
>   - 지방자치단체 소속 공무원이 기관위임사무 수행하는 중 위반행위를 한 경우 ×
>   - 지방자치단체 소속 공무원이 고유의 자치사무 수행하는 중 위반행위를 한 경우 ○
> - 1인회사 ⇨ 자본시장과 금융투자업에 관한 법률에 따른 양벌규정에 기한 책임 부담 ○
> - 소추당한 후 청산종결 등기가 경료되었으나 청산사무는 종료되지 아니한 회사 ⇨ 형소법상 당사자 능력 존속 ○
> - 조세범처벌법에 따른 고발의 구비여부 ⇨ 양벌규정에 의해 처벌받는 자연인 행위자와 법인에 대하여 개별적으로 논하여야 ○

가. (X) 형법 제355조 제2항의 배임죄에 있어서 타인의 사무를 처리할 의무의 주체가 법인이 되는 경우라도 법인은 다만 사법상의 의무주체가 될 뿐 범죄능력이 없는 것이며 그 타인의 사무는 법인을 대표하는 자연인인 대표기관의 의사결정에 따른 대표행위에 의하여 실현될 수 밖에 없어 그 대표기관은 마땅히 법인이 타인에 대하여 부담하고 있는 의무내용대로 사무를 처리할 의무가 있다 할 것이므로 법인이 처리할 의무를 지는 타인의 사무에 관하여는 법인이 배임죄의 주체가 될 수 없고, 그 법인을 대표하여 사무를 처리하는 자연인인 대표기관이 바로 타인의 사무를 처리하는 자, 즉 배임죄의 주체가 되는 것이라고 새겨야 할 것이다(대판 1984.10.10. 82도2595(전합)). ▶ 학설은 법인의 범죄능력에 대해 긍정설, 부분적 긍정설(형사범·행정범의 구별을 전제로 하는 견해, 양벌규정이 있는 경우에만 긍정하는 견해), 부정설이 대립하고 있지만, 우리나라 대법원은 법인의 범죄능력을 부인하면서 범죄주체를 자연인에 국한하고 있다(김성돈, 형법총론 제6판 p154).

나. (X) 헌법 제117조, 지방자치법 제3조 제1항, 제9조, 제93조, 도로법 제54조, 제83조, 제86조의 각 규정을 종합하여 보면, 국가가 본래 그의 사무의 일부를 지방자치단체의 장에게 위임하여 그 사무를 처리하게 하는 기관위임사무의 경우에는 지방자치단체는 국가기관의 일부로 볼 수 있는 것이지만, 지방자치단체가 그 고유의 자치사무를 처리하는 경우에는 지방자치단체는 국가기관의 일부가 아니라 국가기관과는 별도의 독립한 공법인이므로, 지방자치단체 소속 공무원이 지방자치단체 고유의 자치사무를 수행하던 중 도로법 제81조 내지 제85조의 규정에 의한 위반행위를 한 경우에는 지방자치단체는 도로법 제86조의 양벌규정에 따라 처벌대상이 되는 법인에 해당한다고 할 것이다(대판 2005.11.10. 2004도2657). ▶ 지방자치단체가 그 고유의 자치사무를 처리하는 경우와는 달리 국가가 본래 그의 사무의 일부를 지방자치단체의 장에게 위임하여 그 사무를 처리하게 하는 기관위임사무의 경우에는 지방자치단체는 국가기관의 일부로 볼 수 있으므로 지방자치단체는 도로법 제86조의 양벌규정에 따라 처벌대상이 되는 법인에 해당하지 않는다.

다. (○) 자본시장과 금융투자업에 관한 법률 제448조는 법인의 대표자 등이 법인의 업무에 관하여 제443조부터 제446조까지의 어느 하나에 해당하는 위반행위를 하면 행위자를 벌하는 외에 법인에게도 해당 조문의 벌금을 과하는 양벌규정을 두고 있다. 자본시장과 금융투자업에 관한 법률에서 위와 같이 양벌규정을 따로 둔 취지는, 법인은 기관을 통하여 행위하므로, 법인이 대표자를 선임한 이상 그의 행위로 인한 법률효과와 이익은 법인에게 귀속되어야 하고, 법인 대표자의 범죄행위에 대하여는 법인 자신이 책임을 져야 하는데, 법인 대표자의 법규위반행위에 대한 법인의 책임은 법인 자신의 법규위반행위로 평가될 수 있는 행위에 대한 법인의 직접책임이기 때문이다. 주식회사의 주식이 사실상 1인의 주주에 귀속하는 1인회사의 경우에도 회사와 주주는 별개의 인격체로서, 1인회사의 재산이 곧바로 1인주주의 소유라고 할 수 없기 때문에, 양벌규정에 따른 책임에 관하여 달리 볼 수 없다(대판 2018.04.12. 2013도6962).

라. (X) 회사가 해산 및 청산등기 전에 재산형에 해당하는 사건으로 소추당한 후 청산종결의 등기가 경료되었다고 하여도 그 피고사건이 종결되기까지는 회사의 청산사무는 종료되지 아니하고 형사소송법상 당사자 능력도 존속한다고 할 것이다(대판 1982.03.23. 81도1450).

마. (○) 조세범처벌법 제6조는 조세에 관한 범칙행위에 대하여는 원칙적으로 국세청장 등의 고발을 기다려 논하도록 규정하고 있는바, 같은 법에 의하여 하는 고발에 있어서는 이른바 고소·고발 불가분의 원칙이 적용되지 아니하므로, 고발의 구비 여부는 양벌규정에 의하여 처벌받는 자연인인 행위자와 법인에 대하여 개별적으로 논하여야 한다(대판 2004.09.24. 2004도4066).

정답 ④

문 5

법인 등의 형사책임에 관한 다음 설명 중 가장 옳지 않은 것은? [2020년 35번]

① 법인에 대한 양벌규정이 법인격 없는 사단에 대하여서도 위 양벌규정을 적용할 것인가에 관하여 명문의 규정을 두고 있지 아니한 경우, 죄형법정주의의 원칙상 법인격 없는 사단에 대하여는 양벌규정으로 처벌할 수 없다.

② 배임죄에 있어서 법인이 처리할 의무를 지는 타인의 사무에 관하여 법인은 배임죄의 주체가 될 수 없고, 그 법인을 대표하여 사무를 처리하는 자연인인 대표기관이 바로 타인의 사무를 처리하는 자로서 배임죄의 주체가 된다.

③ 구 청소년보호법(2004. 1. 29. 법률 제7161호로 개정된 것) 제54조 중 "개인의 대리인·사용인 기타 종업원이 그 개인의 업무에 관하여 제51조 제8호의 위반행위를 한 때에는 그 개인에 대하여도 해당 조의 벌금형을 과한다."는 부분은 영업주가 고용한 종업원 등이 그 업무와 관련하여 위반행위를 한 경우에, 그와 같은 종업원 등의 범죄행위에 대해 영업주가 비난받을 만한 행위가 있었는지 여부와는 전혀 관계없이 종업원 등의 범죄행위가 있으면 자동적으로 영업주도 처벌하는 것으로서 형벌에 관한 책임주의에 반하므로 헌법에 위반된다.

④ 구 건축법(2015. 7. 24. 법률 제13433호로 개정되기 전의 것) 제108조 제1항은 같은 법 제11조 제1항에 의한 허가를 받지 아니하고 건축물을 건축한 건축주를 처벌한다고 규정하고, 같은 법 제112조 제4항은 양벌규정으로서 "개인의 대리인, 사용인, 그 밖의 종업원이 그 개인의 업무에 관하여 제107조부터 제111조까지의 규정에 따른 위반행위를 하면 행위자를 벌할 뿐만 아니라 그 개인에게도 해당 조문의 벌금형을 과한다."라고 규정하고 있다. 갑 교회의 총회 건설부장인 피고인이 관할시청의 허가 없이 건물 옥상층에 창고시설을 건축하는 방법으로 건물을 불법 증축한 경우, 갑 교회는 을을 대표자로 한 법인격 없는 사단이고, 피고인은 갑 교회에 고용된 사람이므로, 을을 구 건축법 제112조 제4항 양벌규정의 '개인'의 지위에 있다고 보아 피고인을 같은 조항에 의하여 처벌할 수 있다.

⑤ 구 산업기술보호법 제38조는 "법인의 대표자나 법인 또는 개인의 대리인, 사용인, 그 밖의 종업원이 그 법인 또는 개인의 업무에 관하여 제36조 제1항부터 제3항까지의 어느 하나에 해당하는 위반행위를 하면 그 행위자를 벌하는 외에 그 법인 또는 개인에게도 해당 조문의 벌금형을 과한다. 다만 법인 또는 개인이 그 위반행위를 방지하기 위하여 해당 업무에 관하여 상당한 주의와 감독을 게을리하지 아니한 경우에는 그러하지 아니하다."라고 규정하고 있다. 이러한 양벌규정에 따라 법인은 위반행위가 발생한 그 업무와 관련하여 법인이 상당한 주의 또는 관리·감독 의무를 게을리한 과실로 인하여 처벌된다.

MGI Point 법인 등의 형사책임 ★★

- 법인격 없는 사단에 대하여 양벌규정을 적용할 것인가에 관하여 명문의 규정을 두지 아니한 경우 ⇨ 법인격 없는 사단 처벌 ×
- 법인의 범죄능력 부정 ⇨ 배임죄에서 타인의 사무를 처리할 의무의 주체가 법인인 경우 대표기관이 배임죄의 주체가 됨
- 종업원 등이 저지른 행위의 결과에 대한 영업주 개인의 독자적인 책임에 관하여 전혀 규정하지 않은 채, 단순히 개인 영업주가 고용한 종업원 등이 업무에 관하여 범죄행위를 하였다는 이유만으로 영업주 개인에 대하여 형사처벌을 과하는 것 ⇨ 책임주의에 반하여 헌법 위반 ○
- 甲 교회의 총회 건설부장인 피고인이 관할시청 허가 없이 건물 옥상층에 창고시설을 건축하는 방법으로 건물을 불법 증축하여 건축법 위반으로 기소된 사안 ⇨ 甲 교회는 乙을 대표자로 한 법인격 없는 사단, 乙을 구 건축법 제112조 제4항 양벌규정의 '개인'의 지위에 있다고 보아 피고인을 처벌 ×
- 산업기술의 유출방지 및 보호에 관한 법률 제38조의 양벌규정 ⇨ 법인은 사용인 등에 의하여 위반행위가 발생한 그 업무와 관련하여 상당한 주의 또는 관리·감독 의무를 게을리한 과실로 인하여 처벌 ○

① (○) 법인격 없는 사단에 대하여서도 위 양벌규정을 적용할 것인가에 관하여는 아무런 명문의 규정을 두고 있지 아니하므로, 죄형법정주의의 원칙상 법인격 없는 사단에 대하여는 같은 법 제74조(양벌규정)에 의하여 처벌할 수 없다(대판 1995.07.28. 94도3325).

② (○) 형법 제355조 제2항의 배임죄에 있어서 타인의 사무를 처리할 의무의 주체가 법인이 되는 경우라도 법인은 다만 사법상의 의무주체가 될 뿐 범죄능력이 없는 것이며 그 타인의 사무는 법인을 대표하는 자연인인 대표기관의 의사결정에 따른 대표행위에 의하여 실현될 수밖에 없어 그 대표기관은 마땅히 법인이 타인에 대하여 부담하고 있는 의무내용 대로 사무를 처리할 임무가 있다 할 것이므로 법인이 처리할 의무를 지는 타인의 사무에 관하여는 법인이 배임죄의 주체가 될 수 없고 그 법인을 대표하여 사무를 처리하는 자연인인 대표기관이 바로 타인의 사무를 처리하는 자 즉 배임죄의 주체가 된다(대판 1984.10.10. 82도2595(전합)).

③ (○) 이 사건 심판대상법률조항들에 의할 경우, 개인 영업주가 종업원 등의 위반행위와 관련하여 선임·감독상의 주의의무를 다하여 아무런 잘못이 없는 경우까지에도 영업주에게 형벌을 부과할 수밖에 없게 된다. 이처럼 이 사건 심판대상법률조항들은 종업원 등의 범죄행위에 관하여 비난할 근거가 되는 개인 영업주의 의사결정 및 행위구조, 즉 종업원 등이 저지른 행위의 결과에 대한 영업주 개인의 독자적인 책임에 관하여 전혀 규정하지 않은 채, 단순히 개인 영업주가 고용한 종업원 등이 업무에 관하여 범죄행위를 하였다는 이유만으로 영업주 개인에 대하여 형사처벌을 과하고 있는바, 이 사건 심판대상법률조항들은 아무런 비난받을 만한 행위를 한 바 없는 자에 대해서까지, 다른 사람의 범죄행위를 이유로 처벌하는 것으로서 형벌에 관한 책임주의에 반하는 것이라 하지 않을 수 없다. … 청소년보호법(2004. 1. 29. 법률 제7161호로 개정된 것) 제54조 중 "개인의 대리인, 사용인 기타 종업원이 그 개인의 업무에 관하여 제50조 제2호, 제4호, 제51조 제7호의 죄를 범한 때에는 그 개인에 대하여도 해당 조의 벌금형을 과한다."는 부분은 헌법에 위반된다(헌재 2010.10.28. 2010헌가23).

④ (X) [1] 구 건축법(2015. 7. 24. 법률 제13433호로 개정되기 전의 것) 제108조 제1항은 같은 법 제11조 제1항에 의한 허가를 받지 아니하고 건축물을 건축한 건축주를 처벌한다고 규정하고, 같은 법 제112조 제4항은 양벌규정으로서 "개인의 대리인, 사용인, 그 밖의 종업원이 그 개인의 업무에 관하여 제107조부터 제111조까지의 규정에 따른 위반행위를 하면 행위자를 벌할 뿐만 아니라 그 개인에게도 해당 조문의 벌금형을 과한다."라고 규정하고 있다. 그러나 법인격 없는 사단에 고용된 사람이 위반행위를 하였더라도 법인격 없는 사단의 구성원 개개인이 위 법 제112조에서 정한 '개인'의 지위에 있다 하여 그를 처벌할 수는 없다. [2] 갑 교회의 총회 건설부장인 피고인이 관할시청의 허가 없이 건물 옥상층에 창고시설을 건축하는 방법으로 건물을 불법 증축하여 건축법 위반으로 기소된 사안에서, 갑 교회는 을을 대표자로 한 법인격 없는 사단이고, 피고인은 갑 교회에 고용된 사람이므로, 을을 구 건축법 제112조 제4항 양벌규정의 '개인'의 지위에 있다고 보아 피고인을 같은 조항에 의하여 처벌할 수는 없는데도, 이와 달리 피고인은 무허가 증축행위를 실제로 행한 사람으로서 구 건축법 제112조 제4항에서 정한 '같은 법 제108조 제1항에 따른 위반행위자'에 해당한다고 보아 유죄를 인정한 원심판단에 구 건축법 제112조의 양벌규정에 관한 법리오해의 위법이 있다고 한 사례(대판 2017.12.28. 2017도13982).

⑤ (○) 형벌의 자기책임원칙에 비추어 볼 때 산업기술의 유출방지 및 보호에 관한 법률 제38조의 양벌규정은 법인이 사용인 등에 의하여 위반행위가 발생한 그 업무와 관련하여 상당한 주의 또는 관리감독 의무를 게을리한 때에 한하여 적용된다. 이러한 양벌규정에 따라 법인은 위반행위가 발생한 그 업무와 관련하여 법인이 상당한 주의 또는 관리·감독 의무를 게을리한 과실로 인하여 처벌된다. 구체적인 사안에서 법인이 상당한 주의 또는 관리·감독을 게을리하였는지 여부는 당해 위반행위와 관련된 모든 사정 즉, 당해 법률의 입법 취지, 처벌조항 위반으로 예상되는 법익 침해의 정도, 위반행위에 관하여 양벌규정을 마련한 취지 등은 물론 위반행위의 구체적인 모습과 그로 인하여 실제 야기된 피해 또는 결과의 정도, 법인의 영업 규모 및 행위자에 대한 감독가능성이나 구체적인 지휘·감독 관계, 법인이 위반행위 방지를 위하여 실제 행한 조치 등을 전체적으로 종합하여 판단하여야 한다(대판 2018.07.12. 2015도464).

정답 ④

문 6

양벌규정에 관한 다음 설명 중 가장 옳지 않은 것은? [2019년 15번]

① 甲법인의 직원인 乙의 행위로 인하여 甲법인이 양벌규정에 따라 부담하던 형사책임은 甲법인이 丙법인으로 합병되어 소멸되는 경우 丙법인으로 승계되지 않는다.
② 甲법인의 직원인 乙이 구성요건상 자격이 없어 처벌받지 않는다고 하더라도 甲법인은 乙의 처벌과 무관하게 독립하여 乙의 행위에 관한 양벌규정으로 처벌받을 수 있다.
③ 甲법인의 직원인 乙이 甲법인이 설립되기 이전에 법 위반행위를 한 경우에는 특별한 근거규정이 없는 한 乙의 행위에 대하여 양벌규정을 적용하여 甲법인을 처벌할 수 없다.
④ 甲법인의 직원인 乙과 丙법인의 직원인 丁이 범죄행위를 공모하였다고 하더라도 乙은 실행행위에 직접 가담하지 않고 丁만 실행행위를 분담하였다면 甲법인까지 양벌규정에 따른 공동정범의 죄책을 지는 것은 아니다.
⑤ 甲법인의 직원인 乙의 범죄행위에 대하여 乙에게 부과되는 징역형의 형량을 작량감경하고 병과하는 벌금형에 대하여 선고유예를 하였더라도 양벌규정에 따라 처벌되는 甲법인에 대해서는 그와 같은 조치를 취하지 않아도 무방하다.

MGI Point   양벌규정   ★★

■ 합병으로 소멸한 법인이 부담하던 형사책임 : 합병 후 존속회사에 승계 ×
■ 양벌규정에 의한 영업주의 처벌 : 종업원의 범죄성립이나 처벌이 전제조건 ×
■ 법인이 설립되기 이전에 자연인이 한 행위 ⇨ 그 후 법인이 설립되면 양벌규정을 적용하여 법인을 처벌 ×
■ 공동정범의 법리는 양벌규정에도 적용 ○ ⇨ 공모만 하고 실행행위를 분담하지 않는 사용인이 소속된 법인도 양벌규정으로 처벌됨
■ 회사 대표자에게 징역형 작량감경, 벌금형 선고유예 ⇨ 양벌규정에 따라 회사에 같은 조치 취해야 할 필요 ×

① (○) 회사합병이 있는 경우 피합병회사의 권리·의무는 사법상의 관계나 공법상의 관계를 불문하고 모두 합병으로 인하여 존속하는 회사에 승계되는 것이 원칙이지만, 그 성질상 이전을 허용하지 않는 것은 승계의 대상에서 제외되어야 할 것인바, 양벌규정에 의한 법인의 처벌은 어디까지나 형벌의 일종으로서 행정적 제재처분이나 민사상 불법행위책임과는 성격을 달리하는 점, 형사소송법 제328조가 '피고인인 법인이 존속하지 아니하게 되었을 때'를 공소기각결정의 사유로 규정하고 있는 것은 형사책임이 승계되지 않음을 전제로 한 것이라고 볼 수 있는 점 등에 비추어 보면, 합병으로 인하여 소멸한 법인이 그 종업원 등의 위법행위에 대해 양벌규정에 따라 부담하던 형사책임은 그 성질상 이전을 허용하지 않는 것으로서 합병으로 인하여 존속하는 법인에 승계되지 않는다(대판 2007.08.23. 2005도4471).

② (○) 양벌규정에 의한 영업주의 처벌은 금지위반행위자인 종업원의 처벌에 종속하는 것이 아니라 독립하여 그 자신의 종업원에 대한 선임감독상의 과실로 인하여 처벌되는 것이므로 종업원의 범죄성립이나 처벌이 영업주 처벌의 전제조건이 될 필요는 없다(대판 2006.02.24. 2005도7673).

③ (○) 일반적으로 자연인이 법인의 기관으로서 범죄행위를 한 경우에도 행위자인 자연인이 그 범죄행위에 대한 형사책임을 지는 것이고, 다만 법률이 그 목적을 달성하기 위하여 특별히 규정하고 있는 경우에만 행위자를 벌하는 외에 법률효과가 귀속되는 법인에 대하여도 벌금형을 과할 수 있는 것인 만큼, 법인이 설립되기 이전에 어떤 자연인이 한 행위의 효과가 설립 후의 법인에게 당연히 귀속된다고 보기 어려울 뿐만 아니라, 양벌규정에 의하여 사용자인 법인을 처벌하는 것은 형벌의 자기책임원칙에 비추어 위반행위가 발생한 그 업무와 관련하여 사용자인 법인이 상당한 주의 또는 관리감독 의무를 게을리한 선임감독상의 과실을 이유로 하는 것인데, 법인이 설립되기 이전의 행위에 대하여는 법인에게 어떠한 선임감독상의 과실이 있다고 할 수 없으므로, 특별한 근거규정이 없는 한 법인이 설립되기 이전에 자연인이 한 행위에 대하여 양벌규정을 적용하여 법인을 처벌할 수는 없다고 봄이 타당하다(대판 2018.08.01. 2015도10388).

④ (X) 양벌규정에 의하여 법인이 처벌받는 경우에 법인의 사용인들이 범죄행위를 공모한 후 일방법인의 사용인이 그 실행행위에 직접 가담하지 아니하고 다른 공모자인 타법인의 사용인만이 분담실행한 경우에도 그 법인은 공동정범의 죄책을 면할 수 없다(대판 1983.03.22. 81도2545).

⑤ (○) 회사 대표자의 위반행위에 대하여 징역형의 형량을 작량감경하고 병과하는 벌금형에 대하여 선고유예를 한 이상 양벌규정에 따라 그 회사를 처단함에 있어서도 같은 조치를 취하여야 한다는 논지는 독자적인 견해에 지나지 아니하여 받아들일 수 없다(대판 1995.12.12. 95도1893).

정답 ④

제2장 구성요건론

제❶절 ┃ 구성요건의 일반이론
제❷절 ┃ 결과반가치와 행위반가치
제❸절 ┃ 부작위범

문 7

부작위범에 관한 다음 설명 중 가장 옳지 않은 것은? [2021년 39번]

① 형법은 부작위범의 성립 요건을 별도로 규정하지 않고 있으나, 판례는 형법이 금지하고 있는 법익침해의 결과 발생을 방지할 법적인 작위의무를 지고 있는 자가 그 의무를 이행함으로써 결과 발생을 쉽게 방지할 수 있었음에도 불구하고 그 결과의 발생을 용인하고 이를 방관한 채 그 의무를 이행하지 아니한 경우에, 그 부작위가 작위에 의한 법익침해와 동등한 형법적 가치가 있는 것이어서 그 범죄의 실행행위로 평가될 만한 것이라면, 작위에 의한 실행행위와 동일하게 부작위범으로 처벌할 수 있다고 하여 부진정부작위범의 성립을 인정하고 있다.

② 작위의무는 법적인 의무이어야 하므로 단순한 도덕상 또는 종교상의 의무는 포함되지 않으나, 작위의무가 법적인 의무인 한 성문법이건 불문법이건 상관이 없고, 또 공법이건 사법이건 불문하므로, 법령, 법률행위, 선행행위로 인한 경우는 물론이고, 기타 신의성실의 원칙이나 사회상규 혹은 조리상 작위의무가 기대되는 경우에도 법적인 작위의무는 있다.

③ 어떠한 범죄가 적극적 작위에 의하여 이루어질 수 있음은 물론 결과의 발생을 방지하지 아니하는 소극적 부작위에 의하여도 실현될 수 있는 경우에, 행위자가 자신의 신체적 활동이나 물리적·화학적 작용을 통하여 적극적으로 타인의 법익 상황을 악화시킴으로써 결국 그 타인의 법익을 침해하기에 이르렀다면, 이는 작위에 의한 범죄로 봄이 원칙이고, 작위에 의하여 악화된 법익 상황을 다시 되돌이키지 아니한 점에 주목하여 이를 부작위범으로 볼 것은 아니다.

④ 부작위범 사이의 공동정범은 다수의 부작위범에게 공통된 의무가 부여되어 있고 그 의무를 공통으로 이행할 수 있을 때에만 성립한다.

⑤ 형법상 방조행위는 정범의 실행을 용이하게 하는 직접, 간접의 모든 행위를 가리키는 것으로서 작위에 의한 경우뿐만 아니라 부작위에 의하여도 성립되는 것이다.

MGI Point   부작위범   ★★

- **부작위범의 성립 요건**
  - 형법 §18에 규정 有
  - 판례의 입장 : 형법이 금지하고 있는 법익침해의 결과발생을 방지할 법적인 작위의무를 지고 있는 자가 그 의무를 이행함으로써 결과발생을 쉽게 방지할 수 있었음에도 불구하고 그 결과의 발생을 용인하고 이를 방관한 채 그 의무를 이행하지 아니한 경우에 그 부작위가 작위에 의한 법익침해와 동등한 형법적 가치가 있는 것인 경우 작위에 의한 실행행위와 동일 처벌 可
- **부작위범의 작위의무** ⇨ 공·사법 불문하고 법적인 의무로서 법령, 법률행위, 선행행위로 인한 경우는 물론이고 기타 신의성실의 원칙이나 사회상규 혹은 조리상 작위의무가 기대되는 경우
- 어떠한 범죄가 적극적 작위에 의하여 이루어질 수 있음은 물론 결과의 발생을 방지하지 아니하는 소극적 부작위에 의하여도 실현될 수 있는 경우에, 행위자가 자신의 신체적 활동이나 물리적·화학적 작용을 통하여 적극적으로 타인의 법익 상황을 악화시킴으로써 결국 그 타인의 법익을 침해하기에 이르렀다면, 이는 작위에 의한 범죄로 봄이 원칙
- **부작위범 사이의 공동정범 성립요건** ⇨ 다수의 부작위범에게 공통된 의무 부여 + 그 의무를 공통으로 이행가능할 때
- **형법상 방조행위** ⇨ 정범의 실행행위를 용이하게 하는 직접·간접의 모든 행위로서 작위·부작위 불문하고 성립 ○

① (X) 형법 제18조에 의하면 위험의 발생을 방지할 의무가 있거나 자기의 행위로 인하여 위험발생의 원인을 야기한 자가 그 위험발생을 방지하지 아니한 때에는 그 발생된 결과에 의하여 처벌하도록 규정되어 있는바, 형법이 금지하고 있는 법익침해의 결과발생을 방지할 법적인 작위의무(作爲義務)를 지고 있는 자가, 그 의무를 이행함으로써 결과발생을 쉽게 방지할 수 있었음에도 불구하고 그 결과의 발생을 용인하고 이를 방관한 채 그 의무를 이행하지 아니한 경우에, 그 부작위(不作爲)가 작위에 의한 법익침해와 동등한 형법적 가치가 있는 것이어서 그 범죄의 실행행위로 평가될 만한 것이라면, 작위에 의한 실행행위와 동일하게 부작위범으로 처벌할 수 있다고 할 것이다(대판 1992.02.11. 91도2951).

> 형법 제18조 (부작위범) 위험의 발생을 방지할 의무가 있거나 자기의 행위로 인하여 위험발생의 원인을 야기한 자가 그 위험발생을 방지하지 아니한 때에는 그 발생된 결과에 의하여 처벌한다.

② (○) … 작위의무는 법적인 의무이어야 하므로 단순한 도덕상 또는 종교상의 의무는 포함되지 않으나 작위의무가 법적인 의무인 한 성문법이건 불문법이건 상관이 없고 또 공법이건 사법이건 불문하므로 법령, 법률행위, 선행행위로 인한 경우는 물론이고 기타 신의성실의 원칙이나 사회상규 혹은 조리상 작위의무가 기대되는 경우에도 법적인 작위의무는 있다고 할 것인바, 입찰사건에 관한 제반 업무를 주된 업무로 하는 피고인들이 자신이 맡고 있는 입찰사건의 입찰보증금이 계속적으로 횡령되고 있는 사실을 알았다면 담당 공무원으로서는 이를 제지하고 즉시 상관에게 보고하는 등의 방법으로 그러한 사무원의 횡령행위를 방지해야 할 법적인 작위의무를 지는 것이 당연하다고 할 것이고, 비록 피고인들의 그와 같은 행위가 배당불능이라는 최악의 사태를 막기 위한 동기에서 비롯된 것이라고 하더라도 자신의 작위의무를 이행함으로써 결과 발생을 쉽게 방지할 수 있는 피고인들이 위 원심 공동피고인의 새로운 횡령범행을 방조 용인한 것을 작위에 의한 법익 침해와 동등한 형법적 가치가 있는 것이 아니라고 볼 수는 없다. 논지 역시 이유 없다(대판 1996.09.06. 95도2551).

③ (○) 어떠한 범죄가 적극적 작위에 의하여 이루어질 수 있음은 물론 결과의 발생을 방지하지 아니하는 소극적 부작위에 의하여도 실현될 수 있는 경우에, 행위자가 자신의 신체적 활동이나 물리적·화학적 작용을 통하여 적극적으로 타인의 법익 상황을 악화시킴으로써 결국 그 타인의 법익을 침해하기에 이르렀다면, 이는 작위에 의한 범죄로 봄이 원칙이고, 작위에 의하여 악화된 법익 상황을 다시 되돌이키지 아니한 점에 주목하여 이를 부작위범으로 볼 것은 아니며, 나아가 악화되기 이전의 법익 상황이, 그 행위자가 과거에 행한 또 다른 작위의 결과에 의하여 유지되고 있었다 하여 이와 달리 볼 이유가 없다(대판 2004.06.24. 2002도995).

④ (○) 부작위범 사이의 공동정범은 다수의 부작위범에게 공통된 의무가 부여되어 있고 그 의무를 공통으로 이행할 수 있을 때에만 성립한다(대판 2008.03.27. 2008도89).

⑤ (○) 형법상 방조행위는 정범의 실행행위를 용이하게 하는 직접, 간접의 모든 행위를 가리키는 것으로서 작위에 의한 경우뿐만 아니라 부작위에 의하여도 성립된다(대판 1997.03.14. 96도1639).

정답 ①

문 8

부작위범에 관한 다음 설명 중 가장 옳지 않은 것은? [2019년 35번]

① 부진정 부작위범의 고의는 반드시 구성요건적 결과발생에 대한 목적이나 계획적인 범행 의도가 있어야 하는 것은 아니고 법익침해의 결과발생을 방지할 법적 작위의무를 가지고 있는 자가 그 의무를 이행함으로써 그 결과발생을 쉽게 방지할 수 있었음을 예견하고도 결과발생을 용인하고 이를 방관한 채 그 의무를 이행하지 아니한다는 인식을 하면 족하며, 이러한 작위의무자의 예견 또는 인식 등은 불확정적인 경우이더라도 미필적 고의로 인정될 수 있다.
② 모텔 방에 투숙하여 담배를 피운 후 재떨이에 담배를 끄면서 담뱃불이 완전히 꺼졌는지 여부를 확인하지 않은 채 불이 붙기 쉬운 휴지를 재떨이에 버리고 잠에 들어 담뱃불이 휴지와 침대시트에 옮겨 붙어 화재가 발생한 경우, 중대한 과실 있는 선행행위로 인하여 화재를 소화할 법률상 의무가 인정된다.
③ 매수인이 매도인에게 매매잔금을 지급할 때 착오에 빠져 지급해야 할 금액을 초과하는 돈을 교부한 경우, 매도인으로서는 특별한 사정이 없는 한 매수인에게 이러한 사실을 고지하여 매수인의 착오를 제거하여야 할 신의칙상 의무를 지므로 대금 수령을 마친 이후에 그러한 사실을 발견하고서도 이를 매수인에게 알리지 않은 경우는 부작위에 의한 사기죄를 구성한다.
④ 도로교통법 제54조 제1항, 제2항이 규정한 교통사고발생시의 구호조치의무 및 신고의무는 아무런 과실이나 책임 없이 교통사고를 발생시킨 사람에게도 부과된 의무이므로 당해 사고에 관하여 아무런 귀책사유도 없고 나아가 타인에게 신고를 부탁하고 현장을 이탈하였더라도 위 규정 위반에 따른 죄책을 진다.
⑤ 부작위범 사이의 공동정범은 다수의 부작위범에게 공통된 의무가 부여되어 있고 그 의무를 공통으로 이행할 수 있을 때에만 성립하므로, 피고인들에게 공통된 신고의무가 부여되어 있지 않은 이상 신고의무위반에 관한 공동정범은 성립할 수 없다.

MGI Point 부작위범 ★★

- **부진정 부작위범의 고의**
  - 반드시 결과발생 목적 or 계획적인 범행 의도가 있어야 하는 것 ×
  - 법익침해결과발생을 방지할 법적 작위의무 가진 사람이 결과발생을 쉽게 방지할 수 있었음을 예견, 결과발생 용인, 방관한 채 의무이행을 안한다는 인식이면 족함
  - 작위의무자의 예견 or 인식은 불확정적인 경우이더라도 미필적 고의로 인정
- 피고인이 모텔 방에 투숙하여 담배를 피운 후 재떨이에 담배를 끄게 되었으나 담뱃불이 완전히 꺼졌는지 여부를 확인하지 않은 채 불이 붙기 쉬운 휴지를 재떨이에 버리고 잠을 잔 과실로 담뱃불이 휴지와 옆에 있던 침대시트에 옮겨 붙게 함으로써 화재가 발생한 경우 ⇨ 선행행위에 의한 작위의무 ○ but 화재를 용이하게 소화하기 어려워 부작위에 의한 현주건조물방화치사상죄 ×
- **잔전사기의 죄책**
  - 잔금을 교부받기 전 또는 교부받던 중 그 사실을 알게 된 경우 ⇨ 사기죄 ○
  - 잔금을 받고 난 후에 비로소 알게 된 경우 ⇨ 점유이탈물횡령죄 ○(사기죄 ×)
- 작위의무가 발생하는 선행행위는 위법해야 하나 도로교통법 제54조의 구호조치의무 및 신고의무는 적법한 선행행위에 의해서도 인정됨 ∴ 귀책사유 없는 운전자에게도 인정
- **부작위범의 공동정범 성립요건** : ① 공통된 작위의무 有 ② 공동으로 이행가능성 有

① (○) 부진정 부작위범의 고의는 반드시 구성요건적 결과발생에 대한 목적이나 계획적인 범행 의도가 있어야 하는 것은 아니고 법익침해의 결과발생을 방지할 법적 작위의무를 가지고 있는 자가 그 의무를 이행함으로써 그 결과발생을 쉽게 방지할 수 있었음을 예견하고도 결과발생을 용인하고 이를 방관한 채 그 의무를 이행하지 아니한다는 인식을 하면 족하며, 이러한 작위의무자의 예견 또는 인식 등은 확정적인 경우는 물론 불확정적인 경우이더라도 미필적 고의로 인정될 수 있다. 이때 작위의무자에게 이러한 고의가 있었는지는 작위의무자의 진술에만 의존할 것이 아니라, 작위의무의 발생근거, 법익침해의 태양과 위험성, 작위의무자의 법익침해에 대한 사태지배의 정도, 요구되는 작위의무의 내용과 그 이행의 용이성, 부작위에 이르게 된 동기와 경위, 부작위의 형태와 결과발생 사이의 상관관계 등을 종합적으로 고려하여 작위의무자의 심리상태를 추인하여야 할 것이다(대판 2015.11.12. 2015도6809(전합)).

② (○) 모텔 방에 투숙하여 담배를 피운 후 재떨이에 담배를 끄게 되었으나 담뱃불이 완전히 꺼졌는지 여부를 확인하지 않은 채 불이 붙기 쉬운 휴지를 재떨이에 버리고 잠을 잔 과실로 담뱃불이 휴지와 침대시트에 옮겨 붙게 함으로써 화재가 발생한 경우, 위 화재가 중대한 과실 있는 선행행위로 발생한 이상 화재를 소화할 법률상 의무는 있다 할 것이나, 화재 발생 사실을 안 상태에서 모텔을 빠져나오면서도 모텔 주인이나 다른 투숙객들에게 이를 알리지 아니하였다는 사정만으로는 화재를 용이하게 소화할 수 있었다고 보기 어렵다. 따라서 부작위에 의한 현주건조물방화치사상죄가 성립하지 않는다(대판 2010.01.14. 2009도12109). ▶ 사안의 경우 피고인에게 선행행위로 인한 작위의무는 인정되지만 개별적 행위가능성이 없어 부작위에 의한 방화죄는 성립하지 않고 따라서 이를 전제로 하는 현주건조물방화치사상죄는 성립할 수 없다. 중실화, 중과실치사상의 상상적 경합이 된다.

③ (X) 사기죄의 요건으로서의 기망은 널리 재산상의 거래관계에 있어 서로 지켜야 할 신의와 성실의 의무를 저버리는 모든 적극적 또는 소극적 행위를 말하는 것이고, 그 중 소극적 행위로서의 부작위에 의한 기망은 법률상 고지의무 있는 자가 일정한 사실에 관하여 상대방이 착오에 빠져 있음을 알면서도 그 사실을 고지하지 아니함을 말하는 것으로서, 일반거래의 경험칙상 상대방이 그 사실을 알았더라면 당해 법률행위를 하지 않았을 것이 명백한 경우에는 신의칙에 비추어 그 사실을 고지할 법률상 의무가 인정된다 할 것인바, 매수인이 매도인에게 매매잔금을 지급함에 있어 착오에 빠져 지급해야 할 금액을 초과하는 돈을 교부하는 경우, 매도인이 사실대로 고지하였다면 매수인이 그와 같이 초과하여 교부하지 아니하였을 것임은 경험칙상 명백하므로, ㉠ 매도인이 매매잔금을 교부받기 전 또는 교부받던 중에 그 사실을 알게 되었을 경우에는 특별한 사정이 없는 한 매도인으로서는 매수인에게 사실대로 고지하여 매수인의 그 착오를 제거하여야 할 신의칙상 의무를 지므로 그 의무를 이행하지 아니하고 매수인이 건네주는 돈을 그대로 수령한 경우에는 사기죄에 해당될 것이지만, ㉡ 그 사실을 미리 알지 못하고 매매잔금을 건네주고 받는 행위를 끝마친 후에야 비로소 알게 되었을 경우에는 주고 받는 행위는 이미 종료되어 버린 후이므로 매수인의 착오 상태를 제거하기 위하여 그 사실을 고지하여야 할 법률상 의무의 불이행은 더 이상 그 초과된 금액 편취의 수단으로서의 의미는 없으므로, 교부하는 돈을 그대로 받은 그 행위는 점유이탈물횡령죄가 될 수 있음은 별론으로 하고 사기죄를 구성할 수는 없다(대판 2004.05.27. 2003도4531).

④ (○) 도로교통법 제50조(현행 제54조) 제1항, 제2항이 규정한 교통사고발생시의 구호조치의무 및 신고의무는 차의 교통으로 인하여 사람을 사상하거나 물건을 손괴한 때에 운전자 등으로 하여금 교통사고로 인한 사상자를 구호하는 등 필요한 조치를 신속히 취하게 하고, 또 속히 경찰관에게 교통사고의 발생을 알려서 피해자의 구호, 교통질서의 회복 등에 관하여 적절한 조치를 취하게 하기 위한 방법으로 부과된 것이므로 교통사고의 결과가 피해자의 구호 및 교통질서의 회복을 위한 조치가 필요한 상황인 이상 그 의무는 교통사고를 발생시킨 당해 차량의 운전자에게 그 사고발생에 있어서 고의·과실 혹은 유책·위법의 유무에 관계없이 부과된 의무라고 해석함이 상당할 것이므로, 당해 사고에 있어 귀책사유가 없는 경우에도 위 의무가 없다 할 수 없고, 또 위 의무는 신고의무에만 한정되는 것이 아니므로 타인에게 신고를 부탁하고 현장을 이탈하였다고 하여 위 의무를 다한 것이라고 말할 수는 없다(대판 2002.05.24. 2000도1731).

⑤ (○) [1] 공중위생관리법 제3조 제1항 전단은 "공중위생영업을 하고자 하는 자는 공중위생영업의 종류별로 보건복지부령이 정하는 시설 및 설비를 갖추고 시장·군수·구청장에게 신고하여야 한다"고 규정하고, 같은 법 제20조 제1항 제1호는 '제3조 제1항 전단의 규정에 의한 신고를 하지 아니한 자'를 처벌한다고 규정하고 있는바, 그 규정 형식 및 취지에 비추어 신고의무 위반으로 인한 공중위생관리법 위반죄는 구성요건이 부작위에 의하여서만 실현될 수 있는 진정부작위범에 해당한다. [2] 부작위범 사이의 공동정범은 다수의 부작위범에게 공통된 의무가 부여되어 있고 그 의무를 공통으로 이행할 수 있을 때에만 성립한다. [3] 공중위생영업의 신고의무는 '공중위생영업을 하고자 하는 자'에게 부여되어 있고, 여기서 '영업을 하는 자'란 영업으로 인한 권리의무의 귀속주체가 되는 자를 의미하므로, 영업자의 직원이나 보조자의 경우에는 영업을 하는 자에 포함되지 않는다(대판 2008.03.27. 2008도89)

정답 ③

문 9

부작위범 등에 관한 다음 설명 중 가장 옳지 않은 것은? [2018년 18번]

① 특정한 행위를 하지 아니하는 부작위가 형법적으로 부작위로서의 의미를 가지기 위해서는, 보호법익의 주체에게 해당 구성요건적 결과발생의 위험이 있는 상황에서 행위자가 구성요건의 실현을 회피하기 위하여 요구되는 행위를 현실적·물리적으로 행할 수 있었음에도 하지 아니하였다고 평가될 수 있어야 한다.
② 형법상 방조행위는 정범의 실행을 용이하게 하는 직접, 간접의 모든 행위를 가리키는 것으로서 작위에 의한 경우뿐만 아니라 부작위에 의하여도 성립된다.
③ 어떠한 범죄가 적극적 작위에 의하여 이루어질 수 있음은 물론 결과의 발생을 방지하지 아니하는 소극적 부작위에 의하여도 실현될 수 있는 경우에, 행위자가 자신의 신체적 활동이나 물리적·화학적 작용을 통하여 적극적으로 타인의 법익 상황을 악화시킴으로써 결국 그 타인의 법익을 침해하기에 이르렀다면, 이는 작위에 의한 범죄로 봄이 원칙이다.
④ 일반적으로 작위를 내용으로 하는 범죄를 부작위에 의하여 범하는 이른바 부진정부작위범을 인정하기 위하여는 부작위행위자에게 침해위협으로부터 법익을 보호해 주어야 할 법적 작위의무가 있어야 하는데, 여기서의 작위의무는 법령, 법률행위, 선행행위로 인한 경우에 인정될 뿐이고, 신의성실의 원칙이나 사회상규 혹은 조리상 작위의무가 기대되는 경우에는 인정되지 않는다.
⑤ 고지의무 위반은 보험사고가 이미 발생하였음에도 이를 묵비한 채 보험계약을 체결하거나 보험사고 발생의 개연성이 농후함을 인식하면서도 보험계약을 체결하는 경우 또는 보험사고를 임의로 조작하려는 의도를 가지고 보험계약을 체결하는 경우와 같이 '보험사고의 우연성'이라는 보험의 본질을 해할 정도에 이르러야 비로소 보험금 편취를 위한 고의의 기망행위에 해당한다.

:: 해설   ★★

① (○) 범죄는 보통 적극적인 행위에 의하여 실행되지만 때로는 결과의 발생을 방지하지 아니한 부작위에 의하여도 실현될 수 있다. 형법 제18조는 "위험의 발생을 방지할 의무가 있거나 자기의 행위로 인하여 위험발생의 원인을 야기한 자가 그 위험발생을 방지하지 아니한 때에는 그 발생된 결과에 의하여 처벌한다."라고 하여 부작위범의 성립 요건을 별도로 규정하고 있다. 자연적 의미에서의 부작위는 거동성이 있는 작위와 본질적으로 구별되는 무(無)에 지나지 아니하지만, 위 규정에서 말하는 부작위는 법적 기대라는 규범적 가치판단 요소에 의하여 사회적 중요성을 가지는 사람의 행태가 되어 법적 의미에서 작위와 함께 행위의 기본 형태를 이루게 되므로, 특정한 행위를 하지 아니하는 부작위가 형법적으로 부작위로서의 의미를 가지기 위해서는, 보호법익의 주체에게 해당 구성요건적 결과 발생의 위험이 있는 상황에서 행위자가 구성요건의 실현을 회피하기 위하여 요구되는 행위를 현실적·물리적으로 행할 수 있었음에도 하지 아니하였다고 평가될 수 있어야 한다(대판 2015.11.12. 2015도6809(전합)).

② (○) 형법상 방조행위는 정범의 실행행위를 용이하게 하는 직접, 간접의 모든 행위를 가리키는 것으로서 작위에 의한 경우뿐만 아니라 부작위에 의하여도 성립된다(대판 1997.03.14. 96도1639).

③ (○) 어떠한 범죄가 적극적 작위에 의하여 이루어질 수 있음은 물론 결과의 발생을 방지하지 아니하는 소극적 부작위에 의하여도 실현될 수 있는 경우에, 행위자가 자신의 신체적 활동이나 물리적·화학적 작용을 통하여 적극적으로 타인의 법익 상황을 악화시킴으로써 결국 그 타인의 법익을 침해하기에 이르렀다면, 이는 작위에 의한 범죄로 봄이 원칙이다(대판 2016.05.12. 2013도15616).

④ (X) 형법이 금지하고 있는 법익침해의 결과발생을 방지할 법적인 작위의무를 지고 있는 자가 그 의무를 이행함으로써 결과발생을 쉽게 방지할 수 있었음에도 불구하고 그 결과의 발생을 용인하고 이를 방관한 채 그 의무를 이행하지 아니한 경우에, 그 부작위가 작위에 의한 법익침해와 동등한 형법적 가치가 있는 것이어서 그 범죄의 실행행위로 평가될 만한 것이라면, 작위에 의한 실행행위와 동일하게 부작위범으로 처벌할 수 있고, 여기서 작위의무는 성문법과 불문법, 공법과 사법을 불문하고 법령, 법률행위, 선행행위로 인한 경우는 물론, 기타 신의성실의 원칙이나 사회상규 혹은 조리상 작위의무가 기대되는 경우에도 인정된다 할 것이다(대판 2005.07.22. 2005도3034).

⑤ (○) 부작위에 의한 기망은 보험계약자가 보험자와 보험계약을 체결하면서 상법상 고지의무를 위반한 경우에도 인정될 수 있다. 다만 보험계약자가 보험자와 보험계약을 체결하더라도 우연한 사고가 발생하여야만 보험금이 지급되는 것이므로, 고지의무 위반은 보험사고가 이미 발생하였음에도 이를 묵비한 채 보험계약을 체결하거나 보험사고 발생의 개연성이 농후함을 인식하면서도 보험계약을 체결하는 경우 또는 보험사고를 임의로 조작하려는 의도를 가지고 보험계약을 체결하는 경우와 같이 '보험사고의 우연성'이라는 보험의 본질을 해할 정도에 이르러야 비로소 보험금 편취를 위한 고의의 기망행위에 해당한다. 특히 상해·질병보험계약을 체결하는 보험계약자가 보험사고 발생의 개연성이 농후함을 인식하였는지는 보험계약 체결 전 기왕에 입은 상해의 부위 및 정도, 기존 질병의 종류와 증상 및 정도, 상해나 질병으로 치료받은 전력 및 시기와 횟수, 보험계약 체결 후 보험사고 발생 시까지의 기간과 더불어 이미 가입되어 있는 보험의 유무 및 종류와 내역, 보험계약 체결의 동기 내지 경과 등을 두루 살펴 판단하여야 한다(대판 2017.04.26. 2017도1405).

정답 ④

문 10

다음 설명 중 가장 옳지 않은 것은?(다툼이 있는 경우 판례에 따르고 전원합의체 판결의 경우 다수의견에 의함) [2017년 15번]

① 부진정부작위범의 고의는 법익침해의 결과발생을 방지할 법적 작위의무를 가지고 있는 사람이 의무를 이행함으로써 결과발생을 쉽게 방지할 수 있었음을 예견하고도 결과발생을 용인하고 이를 방관한 채 의무를 이행하지 아니한다는 인식을 하면 족하며, 이러한 작위의무자의 예견 또는 인식 등은 확정적인 경우는 물론 불확정적인 경우라도 인정될 수 있다.
② 기업의 경영자가 문제된 행위를 함에 있어 합리적으로 가능한 범위 내에서 수집한 정보를 근거로 하여 당해 기업이 처한 경제적 상황이나 그 행위로 인한 손실발생과 이익획득의 개연성 등의 제반 사정을 신중하게 검토하지 아니한 채, 당해 기업이나 경영자 개인이 정치적인 이유 등으로 곤란함을 겪고 있는 상황에서 벗어나기 위해서는 비록 경제적인 관점에서 기업에 재산상 손해를 가하는 결과가 초래되더라도 이를 용인할 수밖에 없다는 인식하에 의도적으로 그와 같은 행위를 하였다면 업무상배임죄의 고의는 있었다고 봄이 상당하다.
③ 유흥업소의 업주로서는 다른 공적 증명력 있는 증거를 확인해 봄이 없이 단순히 건강진단결과서상의 생년월일 기재만을 확인하는 것으로는 청소년보호를 위한 연령확인의무이행을 다한 것으로 볼 수 없고, 따라서 이러한 의무이행을 다하지 아니한 채 대상자가 성인이라는 말만 믿고 타인의 건강진단결과서만을 확인한 채 청소년을 청소년유해업소에 고용한 업주에게는 적어도 청소년 고용에 관한 미필적 고의가 있다.
④ 국가보안법 제7조 제5항에 규정된 이적표현물에 관한 죄는 목적범이고, 이적표현물임을 인식하면서 취득·소지 또는 제작·반포한 사실만으로 그 행위자에게 위 표현물의 내용과 같은 이적행위를 할 목적이 있는 것으로 추정해서는 아니 된다.
⑤ 미필적 고의는 범죄사실의 발생 가능성에 대한 인식이 있고 범죄사실이 발생할 위험을 용인하는 내심의 의사가 있어야 하는데, 범죄사실이 발생할 가능성을 용인하고 있었는지는 행위자의 진술에 의존하지 않고 외부에 나타난 행위의 형태와 행위의 상황 등 구체적인 사정을 기초로 일반인이라면 범죄사실이 발생할 가능성을 어떻게 평가할 것인지를 고려하면서 일반인의 입장에서 그 심리상태를 추인하여야 한다.

해설 ★★

① (○) 부진정 부작위범의 고의는 반드시 구성요건적 결과발생에 대한 목적이나 계획적인 범행 의도가 있어야 하는 것은 아니고 법익침해의 결과발생을 방지할 법적 작위의무를 가지고 있는 사람이 의무를 이행함으로써 결과발생을 쉽게 방지할 수 있었음을 예견하고도 결과발생을 용인하고 이를 방관한 채 의무를 이행하지 아니한다는 인식을 하면 족하며, 이러한 작위의무자의 예견 또는 인식 등은 확정적인 경우는 물론 불확정적인 경우이더라도 미필적 고의로 인정될 수 있다(대판 2015.11.12. 2015도6809).
② (○) 기업의 경영자가 문제된 행위를 함에 있어 합리적으로 가능한 범위 내에서 수집한 정보를 근거로 하여 당해 기업이 처한 경제적 상황이나 그 행위로 인한 손실발생과 이익획득의 개연성 등의 제반 사정을 신중하게 검토하지 아니한 채, 당해 기업이나 경영자 개인이 정치적인 이유 등으로 곤란함을 겪고 있는 상황에서 벗어나기 위해서는 비록 경제적인 관점에서 기업에 재산상 손해를 가하는 결과가 초래되더라도 이를 용인할 수밖에 없다는 인식하에 의도적으로 그와 같은 행위를 하였다면 업무상배임죄의 고의는 있었다고 봄이 상당하다(대판 2007.03.15. 2004도5742).

③ (○) 유흥업소의 업주로서는 다른 공적 증명력 있는 증거를 확인해 봄이 없이 단순히 건강진단결과서상의 생년월일 기재만을 확인하는 것으로는 청소년보호를 위한 연령확인의무이행을 다한 것으로 볼 수 없고, 따라서 이러한 의무이행을 다하지 아니한 채 대상자가 성인이라는 말만 믿고 타인의 건강진단결과서만을 확인한 채 청소년을 청소년유해업소에 고용한 업주에게는 적어도 청소년 고용에 관한 미필적 고의가 있음을 인정할 수 있다(대판 2002.06.28. 2002도2425).

④ (○) 국가보안법 제7조 제5항의 죄는 제1, 3, 4항에 규정된 이적행위를 할 목적으로 문서·도화 기타의 표현물을 제작·수입·복사·소지·운반·반포·판매 또는 취득하는 것으로서 이른바 목적범임이 명백하다. 목적범에서의 목적은 범죄 성립을 위한 초과주관적 위법요소로서 고의 외에 별도로 요구되는 것이므로, 행위자가 표현물의 이적성을 인식하고 제5항의 행위를 하였다고 하더라도 이적행위를 할 목적이 인정되지 아니하면 그 구성요건은 충족되지 아니한다. 그리고 형사재판에서 공소가 제기된 범죄의 구성요건을 이루는 사실에 대한 증명책임은 검사에게 있으므로 행위자에게 이적행위를 할 목적이 있었다는 점은 검사가 증명하여야 하며, 행위자가 이적표현물임을 인식하고 제5항의 행위를 하였다는 사실만으로 그에게 이적행위를 할 목적이 있었다고 추정해서는 아니된다(대판 2010.07.23. 2010도1189(전합)).

⑤ (X) 고의의 일종인 미필적 고의는 중대한 과실과는 달리 범죄사실의 발생 가능성에 대한 인식이 있고 나아가 범죄사실이 발생할 위험을 용인하는 내심의 의사가 있어야 한다. 행위자가 범죄사실이 발생할 가능성을 용인하고 있었는지는 행위자의 진술에 의존하지 않고 외부에 나타난 행위의 형태와 행위의 상황 등 구체적인 사정을 기초로 일반인이라면 범죄사실이 발생할 가능성을 어떻게 평가할 것인지를 고려하면서 행위자의 입장에서 그 심리상태를 추인하여야 한다(대판 2017.01.12. 2016도15470).

정답 ⑤

문 11

부작위범에 관한 다음 설명 중 가장 옳지 않은 것은?(다툼이 있는 경우 판례에 의함) [2016년 3번]

① 작위의무는 법령, 법률행위, 선행행위로 인한 경우는 물론, 기타 신의성실의 원칙이나 사회상규 혹은 조리상 작위의무가 기대되는 경우에도 인정된다.
② 부진정부작위범의 고의는 반드시 구성요건적 결과발생에 대한 목적이나 계획적인 범행 의도가 있어야 하고, 법익침해의 결과발생을 방지할 법적 작위의무를 가지고 있는 사람이 의무를 이행함으로써 결과발생을 쉽게 방지할 수 있었음을 예견하고도 결과발생을 용인하고 이를 방관한 채 의무를 이행하지 아니한다는 인식만으로 부족하다.
③ 부작위범 사이의 공동정범은 다수의 부작위범에게 공통된 의무가 부여되어 있고 그 의무를 공통으로 이행할 수 있을 때에만 성립한다.
④ 중환자실에서 인공호흡기를 부착하고 치료를 받던 환자의 보호자가 주치의에게 환자의 퇴원을 간청하여 주치의가 치료를 중단하고 퇴원조치를 하여 그 환자가 집에서 호흡곤란으로 사망한 경우, 주치의 행위는 작위에 의한 살인죄의 방조범이 성립한다.
⑤ 도로교통법이 규정한 교통사고 발생시의 구호조치의무 및 신고의무는 교통사고를 발생시킨 당해 차량의 운전자에게 그 사고발생에 있어서 고의·과실 혹은 유책·위법의 유무에 관계없이 부과된 의무이므로, 당해 사고에 있어 귀책사유가 없는 경우에도 위 의무가 있다.

:: 해설

① (○) 작위의무는 법적인 의무이어야 하므로 단순한 도덕상 또는 종교상의 의무는 포함되지 않으나 작위의무가 법적인 의무인 한 성문법이건 불문법이건 상관이 없고 또 공법이건 사법이건 불문하므로, 법령, 법률행위, 선행행위로 인한 경우는 물론이고 기타 신의성실의 원칙이나 사회상규 혹은 조리상 작위의무가 기대되는 경우에도 법적인 작위의무는 있다(대판 1996.09.06. 95도2551).

② (X) 부진정 부작위범의 고의는 반드시 구성요건적 결과발생에 대한 목적이나 계획적인 범행 의도가 있어야 하는 것은 아니고 법익침해의 결과발생을 방지할 법적 작위의무를 가지고 있는 사람이 의무를 이행함으로써 결과발생을 쉽게 방지할 수 있었음을 예견하고도 결과발생을 용인하고 이를 방관한 채 의무를 이행하지 아니한다는 인식을 하면 족하며, 이러한 작위의무자의 예견 또는 인식 등은 확정적인 경우는 물론 불확정적인 경우이더라도 미필적 고의로 인정될 수 있다(대판 2015.11.12. 2015도6809(전합)).

③ (○) 부작위범 사이의 공동정범은 다수의 부작위범에게 공통된 의무가 부여되어 있고 그 의무를 공통으로 이행할 수 있을 때에만 성립한다(대판 2008.03.27. 2008도89).

④ (○) 보호자가 의학적 권고에도 불구하고 치료를 요하는 환자의 퇴원을 간청하여 담당 전문의와 주치의가 치료중단 및 퇴원을 허용하는 조치를 취함으로써 환자를 사망에 이르게 한 행위에 대하여 보호자, 담당 전문의 및 주치의가 부작위에 의한 살인죄의 공동정범으로 기소된 사안에서, 담당 전문의와 주치의에게 환자의 사망이라는 결과 발생에 대한 정범의 고의는 인정되나 환자의 사망이라는 결과나 그에 이르는 사태의 핵심적 경과를 계획적으로 조종하거나 저지·촉진하는 등으로 지배하고 있었다고 보기는 어려워 공동정범의 객관적 요건인 이른바 기능적 행위지배가 흠결되어 있다는 이유로 작위에 의한 살인방조죄만 성립한다(대판 2004.06.24. 2002도995). ▶ 이 사례에서 판례는 피고인1(피해자의 처)에게 부작위에 의한 살인죄의 정범을 인정했고, 피고인2(신경외과 전담의사),피고인3(3년차 수련의)에게는 공동정범의 객관적 요건인 이른바 기능적 행위지배가 흠결되어 있다는 이유로 작위에 의한 살인방조죄를 인정했으며 피고인4(1년차 수련의)에게는 피해자의 퇴원결정에 관여한 바 없고 그가 회생가능성이 있는 피해자를 살해하려는 원심공동피고인(피해자의 처)의 의도까지 인식하였다고 보기는 어려우므로, 결국 살인죄의 정범으로서의 고의뿐만 아니라 방조범으로서의 고의도 인정할 수 없다고 하여 무죄를 선고한 제1심판결을 그대로 유지하였다.

⑤ (○) 도로교통법 제50조 제1항, 제2항이 규정한 교통사고발생시의 구호조치의무 및 신고의무는 차의 교통으로 인하여 사람을 사상하거나 물건을 손괴한 때에 운전자 등으로 하여금 교통사고로 인한 사상자를 구호하는 등 필요한 조치를 신속히 취하게 하고, 또 속히 경찰관에게 교통사고의 발생을 알려서 피해자의 구호, 교통질서의 회복 등에 관하여 적절한 조치를 취하게 하기 위한 방법으로 부과된 것이므로 교통사고의 결과가 피해자의 구호 및 교통질서의 회복을 위한 조치가 필요한 상황인 이상 그 의무는 교통사고를 발생시킨 당해 차량의 운전자에게 그 사고발생에 있어서 고의·과실 혹은 유책·위법의 유무에 관계없이 부과된 의무라고 해석함이 상당할 것이므로, 당해 사고에 있어 귀책사유가 없는 경우에도 위 의무가 없다 할 수 없고, 또 위 의무는 신고의무에만 한정되는 것이 아니므로 타인에게 신고를 부탁하고 현장을 이탈하였다고 하여 위 의무를 다한 것이라고 말할 수는 없다(대판 2002.05.24. 2000도1731).

정답 ②

제❹절 ┃ 인과관계와 객관적 귀속

문 3

인과관계에 관한 다음 설명 중 옳지 않은 것은 모두 몇 개인가?[2023년 33번]

> ㄱ. 의사가 설명의무를 위반한 채 의료행위를 하였다가 환자에게 상해 또는 사망의 결과가 발생한 경우 의사에게 업무상 과실로 인한 형사책임을 지우기 위해서는 의사의 설명의무 위반과 환자의 상해 또는 사망 사이에 상당인과관계가 존재하여야 한다.
> ㄴ. 안면 및 흉부에 대한 구타는 생리적 작용에 중대한 영향을 줄 뿐 아니라 신경에 강대한 자극을 줌으로써 정신의 흥분과 이에 따르는 혈압의 항진을 초래하여 뇌일혈을 야기케 할 수 있고 이는 누구든지 예견할 수 있으므로 구타와 뇌일혈 사이에 인과관계가 있다.
> ㄷ. 강간 피해자가 집에 돌아가 음독자살한 경우 강간행위와 자살 사이에 인과관계를 인정할 수 있다.
> ㄹ. 어로작업중인 항행유지선이라고 할지라도 피항선이 피항하지 않음으로써 충돌의 위험이 닥친 경우에 스스로 방향을 바꾸거나 감속 또는 정선함으로써 사고를 미연에 방지할 수 있다면 그 같은 조치를 취할 주의의무가 있으나, 만일 항행유지선 조선자가 견시의무를 다하여 미리 피항선의 근접을 발견하였더라도 충돌의 위험이 닥친 단계에서 스스로 방향변경 등의 방법으로 위험을 피할 도리가 없는 이상 항행유지선 조선자의 견시의무를 소홀히 한 과실은 사고발생과 상당인과관계가 있다고 볼 수 없다.
> ㅁ. 피고인이 주먹으로 피해자의 복부를 1회 강타하여 장파열로 인한 복막염으로 사망케 하였다면, 비록 의사의 수술지연 등 과실이 피해자의 사망의 공동원인이 되었다 하더라도 피고인의 행위가 사망의 결과에 대한 유력한 원인이 된 이상 그 폭력행위와 치사의 결과간에는 인과관계가 있다 할 것이어서 피고인은 피해자의 사망의 결과에 대해 폭행치사의 죄책을 면할 수 없다.

① 없음   ② 1개   ③ 2개   ④ 3개   ⑤ 4개

MGI Point 인과관계 ★★

- 의사의 설명의무 위반한 채 의료행위를 한 경우 ⇨ 의사에게 업무상 과실로 인한 형사책임을 지우기 위해서는 의사의 설명의무 위반과 환자의 상해 또는 사망 사이에 상당인과관계가 존재하여야
- 안면 및 흉부에 대한 구타와 뇌일혈 사이에 인과관계 ⇨ 인정
- 강간 피해자가 집에 돌아가 음독자살한 경우 강간행위와 자살 사이에 인과관계 ⇨ 인정×
- 항행유지선 조선자가 견시의무를 다하여 미리 피항선의 근접을 발견하였더라도 충돌의 위험이 닥친 단계에서 스스로 방향변경 등의 방법으로 위험을 피할 도리가 없는 경우 ⇨ 항행유지선 조선자의 견시의무를 소홀히 한 과실은 사고발생과 상당인과관계×
- 주먹으로 피해자의 복부를 1회 강타하여 장파열로 인한 복막염으로 사망케 한 경우 ⇨ 폭행치사죄

ㄱ. (○) 의사가 설명의무를 위반한 채 의료행위를 하였다가 환자에게 상해 또는 사망의 결과가 발생한 경우 의사에게 업무상 과실로 인한 형사책임을 지우기 위해서는 의사의 설명의무 위반과 환자의 상해 또는 사망 사이에 상당인과관계가 존재하여야 한다(대법원 2015. 6. 24. 2014도11315).

ㄴ. (○) 안면 및 흉부에 대한 구타는 생리적 작용에 중대한 영향을 줄 뿐 아니라 신경에 강대한 자극을 줌으로써 정신의 흥분과 이에 따르는 혈압의 항진을 초래하여 뇌일혈을 야기케 할 수 있고 이는 누구든지 예견할 수 있으므로 구타와 뇌일혈 사이에 인과관계가 있다 할 것이다(대법원 1955. 6. 7. 4288형상88).

ㄷ. (X) 강간을 당한 피해자가 집에 돌아가 음독자살하기에 이르른 원인이 강간을 당함으로 인하여 생긴 수치심과 장래에 대한 절망감 등에 있었다 하더라도 그 자살행위가 바로 강간행위로 인하여 생긴 당연의 결과라고 볼 수는 없으므로 강간행위와 피해자의 자살행위 사이에 인과관계를 인정할 수는 없다(대법원 1982. 11. 23. 82도1446).

ㄹ. (O) 어로작업중인 항행유지선이라고 할지라도 피항선이 피항하지 않음으로써 충돌의 위험이 닥친 경우에 스스로 방향을 바꾸거나 감속 또는 정선함으로써 사고를 미연에 방지할 수 있다면 그 같은 조치를 취할 주의의무가 있으나, 만일 항행유지선 조선자가 견시의무를 다하여 미리 피항선의 근접을 발견하였더라도 충돌의 위험이 닥친 단계에서 스스로 방향변경 등의 방법으로 위험을 피할 도리가 없는 이상 항행유지선 조선자의 견시의무를 소홀히 한 과실은 사고발생과 상당인과관계가 있다고 볼 수 없다(대법원 1984. 1. 17. 83도2746).

ㅁ. (O) 피고인이 주먹으로 피해자의 복부를 1회 강타하여 장파열로 인한 복막염으로 사망케 하였다면, 비록 의사의 수술지연 등 과실이 피해자의 사망의 공동원인이 되었다 하더라도 피고인의 행위가 사망의 결과에 대한 유력한 원인이 된 이상 그 폭력행위와 치사의 결과간에는 인과관계가 있다 할 것이어서 피고인은 피해자의 사망의 결과에 대해 폭행치사의 죄책을 면할 수 없다(대법원 1984. 6. 26. 84도831,84감도129).해자의 사망의 결과에 대해 폭행치사의 죄책을 면할 수 없다(대법원 1984. 6. 26. 84도831,84감도129).

정답 ②

문 12

인과관계에 관한 다음 설명 중 옳은 것을 모두 고른 것은?(다툼이 있는 경우 판례에 의하고, 전원합의체 판결의 경우 다수의견에 의함. 이하 같음) [2022년 1번]

ㄱ. 피고인이 피해자의 멱살을 잡아 흔들고 주먹으로 가슴과 얼굴을 1회씩 구타하고 멱살을 붙들고 넘어뜨리는 등 신체 여러 부위에 표피박탈, 피하출혈 등의 외상이 생길 정도로 심하게 폭행을 가함으로써 평소에 오른쪽 관상동맥폐쇄 및 심실의 허혈성심근섬유화증세 등의 심장질환을 앓고 있던 피해자의 심장에 더욱 부담을 주어 나쁜 영향을 초래하도록 하였다면, 비록 피해자가 관상동맥부전과 허혈성심근경색 등으로 사망하였더라도, 피고인의 폭행의 방법, 부위나 정도 등에 비추어 피고인의 폭행과 피해자의 사망과 간에 상당인과관계가 있었다고 볼 수 있다.

ㄴ. 피고인이 아파트 안방에서 안방 문에 못질을 하여 동거하던 피해자가 술집에 나갈 수 없게 감금하고, 피해자를 때리고 옷을 벗기는 등 가혹한 행위를 하여 피해자가 이를 피하기 위하여 창문을 통해 밖으로 뛰어 내리려 하자 피고인이 이를 제지한 후, 피고인이 거실로 나오는 사이에 피해자가 갑자기 안방 창문을 통하여 알몸으로 아파트 아래 잔디밭에 뛰어 내리다가 다발성 실질장기파열상 등을 입고 사망한 경우, 피고인의 중감금 행위와 피해자의 사망 사이에는 인과관계가 있어 피고인은 중감금치사죄의 죄책을 진다.

ㄷ. 피고인이 피해자를 2회에 걸쳐 두 손으로 힘껏 밀어 땅바닥에 넘어뜨려 피해자가 그 충격으로 인한 쇼크성 심장마비로 사망한 경우, 피해자에게 그 당시 심관성동맥경화 및 심근섬유화 증세 등의 심장질환의 지병이 있었고, 음주로 만취된 상태였으며 그것이 피해자의 사망에 영향을 주었다면 피고인의 폭행과 피해자의 사망 사이에 상당인과관계는 인정되지 않는다.

ㄹ. 피고인이 제왕절개수술 후 대량출혈이 있었던 피해자를 전원 조치하였으나 전원을 받은 병원 의료진의 조치가 다소 미흡하여 도착 후 약 1시간 20분이 지나 수혈이 시작되었으나 과다출혈 등으로 피해자가 사망한 사안에서, 비록 피고인에게 전원 조치를 지체한 과실이 있기는 하나 피고인의 위와 같은 과실과 피해자의 사망 사이에 인과관계가 있다고 할 수 없다.

ㅁ. 피고인의 택시가 차량 신호등이 적색 등화임에도 횡단보도 앞 정지선 직전에 정지하지 않고 상당한 속도로 정지선을 넘어 횡단보도에 진입하였고, 횡단보도에 들어선 이후 차량 신호등이 녹색 등화로 바뀌자 교차로로 계속 직진하여 교차로에 진입하자마자 교차로를 거의 통과하였던 피해자의 승용차 오른쪽 뒤 문짝을 피고인 택시 앞 범퍼 부분으로 충돌하여 피해자에게 상해를 입게 하였다면 피고인의 신호위반행위가 교통사고 발생의 직접적인 원인이라고 보아야 한다.

① ㄱ
② ㄱ, ㅁ
③ ㄱ, ㄴ, ㄷ
④ ㄱ, ㄴ, ㅁ
⑤ ㄱ, ㄴ, ㄷ, ㄹ

MGI Point 인과관계 ★★

- 멱살을 잡아 흔들고 주먹으로 가슴과 얼굴을 1회씩 구타하고 멱살을 붙들고 넘어뜨린 행위 & 사망 ⇨ 상당인과관계 ○
- 아파트 안방 문에 못질하여 감금, 가혹행위, 피해자가 안방 창문을 통하여 뛰어 내리다가 사망 ⇨ 상당인과관계 ○
- 2회에 걸쳐 두 손으로 힘껏 밀어 땅바닥에 넘어뜨린 행위 & 사망 ⇨ 상당인과관계 ○
- 제왕절개수술 후 대량출혈, 전원조치를 지체 & 사망 ⇨ 상당인과관계 ○
- 적색 등화에 횡단보도에 진입, 녹색 등화에 계속직진 & 차량사고 ⇨ 상당인과관계 ○

ㄱ. (○) 피고인이 피해자의 멱살을 잡아 흔들고 주먹으로 가슴과 얼굴을 1회씩 구타하고 멱살을 붙들고 넘어뜨리는 등 신체 여러 부위에 표피박탈, 피하출혈 등의 외상이 생길 정도로 심하게 폭행을 가함으로써 평소에 오른쪽 관상동맥폐쇄 및 심실의 허혈성심근섬유화증세 등의 심장질환을 앓고 있던 피해자의 심장에 더욱 부담을 주어 나쁜 영향을 초래하도록 하였다면, 비록 피해자가 관상동맥부전과 허혈성심근경색 등으로 사망하였더라도, 피고인의 폭행의 방법, 부위나 정도 등에 비추어 피고인의 폭행과 피해자의 사망과 간에 상당인과관계가 있었다고 볼 수 있다(대판 1989.10.13. 89도556).

ㄴ. (○) 피고인이 아파트 안방에서 안방문에 못질을 하여 동거하던 피해자가 술집에 나갈 수 없게 감금하고, 피해자를 때리고 옷을 벗기는 등 가혹한 행위를 하여 피해자가 이를 피하기 위하여 창문을 통해 밖으로 뛰어 내리려 하자 피고인이 이를 제지한 후, 피고인이 거실로 나오는 사이에 갑자기 안방 창문을 통하여 알몸으로 아파트 아래 잔디밭에 뛰어 내리다가 다발성 실질장기파열상 등을 입고 사망한 경우, 피고인의 중감금행위와 피해자의 사망 사이에는 인과관계가 있어 피고인은 중감금치사죄의 죄책을 진다고 본 사례(대판 1991.10.25. 91도2085).

ㄷ. (X) 피해자를 2회에 걸쳐 두 손으로 힘껏 밀어 땅바닥에 넘어뜨리는 폭행을 가함으로써 그 충격으로 인한 쇼크성 심장마비로 사망케 하였다면 비록 위 피해자에게 그 당시 심관성동맥경화 및 심근섬유화 증세등의 심장질환의 지병이 있었고 음주로 만취된 상태였으며 그것이 피해자가 사망함에 있어 영향을 주었다고 해서 피고인의 폭행과 피해자의 사망간에 상당인과 관계가 없다고 할 수 없다(대판 1986.09.09. 85도2433).

ㄹ. (X) 피고인이 제왕절개수술 후 대량출혈이 있었던 피해자를 전원(轉院) 조치하였으나 전원받는 병원 의료진의 조치가 다소 미흡하여 도착 후 약 1시간 20분이 지나 수혈이 시작된 사안에서, 피고인의 전원지체 등의 과실로 신속한 수혈 등의 조치가 지연된 이상 피해자의 사망과 피고인의 과실 사이에 인과관계가 인정된다고 한 사례(대판 2010.04.29. 2009도7070).

ㅁ. (○) 택시 운전자인 피고인이 교통신호를 위반하여 4거리 교차로를 진행한 과실로 교차로 내에서 甲이 운전하는 승용차와 충돌하여 甲 등으로 하여금 상해를 입게 하였다고 하여 교통사고처리 특례법 위반으로 기소된 사안에서, 피고인의 택시가 차량 신호등이 적색 등화임에도 횡단보도 앞 정지선 직전에 정지하지 않고 상당한 속도로 정지선을 넘어 횡단보도에 진입하였고, 횡단보도에 들어선 이후 차량 신호등이 녹색 등화로

바뀌자 교차로로 계속 직진하여 교차로에 진입하자마자 교차로를 거의 통과하였던 甲의 승용차 오른쪽 뒤 문짝 부분을 피고인 택시 앞 범퍼 부분으로 충돌한 점 등을 종합할 때, 피고인이 적색 등화에 따라 정지선 직전에 정지하였더라면 교통사고는 발생하지 않았을 것임이 분명하여 피고인의 신호위반행위가 교통사고 발생의 직접적인 원인이 되었다고 보아야 하는데도, 이와 달리 보아 공소를 기각한 원심판결에 신호위반과 교통사고의 인과관계에 관한 법리오해의 위법이 있다고 한 사례(대판 2012.03.15. 2011도17117).

정답 ④

문 13

상당인과관계 또는 예견가능성에 관한 다음 설명 중 가장 옳은 것은? [2019년 33번]

① 甲이 乙에게 반항을 억압할 정도의 폭행, 협박을 가한 후 乙이 재물 취거 사실을 알지 못하는 사이에 甲이 그 틈을 이용하여 우발적으로 乙의 재물을 취거한 경우, 위 폭행, 협박에 의한 반항억압의 상태가 전체적·실질적으로 단일한 재물 탈취 범의의 실현행위로 평가할 수 있는 경우가 아니라면 강도죄는 성립하지 않는다.
② 甲이 乙을 폭행하자 乙이 도망하였고, 甲이 乙을 쫓아와 乙에게 상해를 입히자 乙이 이를 피하여 도로를 건너 도망가려다 차에 치여 사망한 경우라면 甲의 상해행위와 乙의 사망 사이에는 상당인과관계가 인정되지 않는다.
③ 甲이 乙을 2회에 걸쳐 두 손으로 힘껏 밀어 땅바닥에 넘어뜨려 乙이 그 충격으로 인한 쇼크성 심장마비로 사망한 경우, 乙에게 그 당시 심관성동맥경화 및 심근섬유화 증세 등의 심장질환의 지병이 있었고 음주로 만취된 상태였으며 그것이 乙의 사망에 영향을 주었다면 甲의 폭행과 乙의 사망사이에 상당인과관계는 인정되지 않는다.
④ 甲이 고속도로 1차로에서 안전거리를 확보하지 않은 채 고속버스를 따라가다가 고속버스를 추월하기 위하여 2차로로 진로를 변경하여 제한속도를 20km 초과한 시속 120km의 과속으로 진행하던 중 우측 도로변에 서 있던 乙이 甲이 운전하는 차량 30~40m 전방에서 고속도로를 무단횡단하려 2차로로 갑자기 뛰어들었고, 甲의 차량이 이를 피하는 조치를 하기에는 이미 늦어 乙을 충격하여 乙이 사망한 경우, 甲의 잘못과 乙의 사망 사이에 상당인과관계가 인정된다.
⑤ 甲이 동료인 乙과 말다툼 도중 물건을 든 손으로 삿대질을 하며 폭행을 하였고 乙이 이를 피하기 위하여 두어 걸음 뒷걸음치다가 장애물에 걸려 넘어지며 머리를 바닥에 부딪쳐 두개골절로 사망하였다면 甲은 폭행치사의 죄책을 진다.

MGI Point 상당인과관계, 예견가능성 ★★

- 폭행이 재물탈취를 위한 반항억압의 수단이 아닌 경우 ⇨ 폭행행위와 재물탈취 사이 인과관계 × (강도죄 ×)
- 상해를 피하려 도로를 건너 도주하다 차량에 치여 사망 ⇨ 상해행위와 사망 사이 인과관계 ○ (상해치사죄 ○)
- 평소 심장 질환이 있고 만취 상태인 피해자를 2회에 걸쳐 두 손으로 힘껏 밀어 땅바닥에 넘어뜨리는 폭행을 가함으로써 그 충격으로 인한 쇼크성 심장마비로 피해자 사망 ⇨ 폭행과 사망 사이 인과관계 ○ (폭행치사 ○)
- 야간에 고속버스와 안전거리를 확보하지 않은 채 달리다 제한속도를 초과하며 추월하였는데 추월 직후 고속도로를 무단횡단하려고 갑자기 뛰어든 피해자를 치어 사망케 한 경우 ⇨ 과속과 사망 사이 인과관계 ×
- 피고인의 삿대질을 피하고자 피해자가 뒷걸음치다가 넘어져 두개골절로 사망 ⇨ 예견가능성 × (폭행치사 ×)

① (○) 주점 도우미인 피해자와의 윤락행위 도중 시비 끝에 피해자를 이불로 덮어씌우고 폭행한 후 이불 속에 들어 있는 피해자를 두고 나가다가 탁자 위의 피해자 손가방 안에서 현금을 가져간 경우, 피고인의 이 사건 재물 취거행위가 피해자가 이불 속에 들어가 있어 이를 전혀 인식하지 못한 가운데 이루어진데다가 그 원인이 되었던 피고인의 피해자에 대한 폭행행위도 그와는 전혀 무관한 윤락행위 도중의 시비끝에 발생하게 된 것이 사실이라면, 비록 위 재물의 취득이 피해자에 대한 폭행 직후에 이루어지긴 했지만 위 폭행이 피해자의 재물 탈취를 위한 피해자의 반항억압의 수단으로 이루어졌다고 단정할 수 없어 양자 사이에 인과관계가 존재한다고 보기 어렵다(대판 2009.01.30. 2008도10308).

② (X) 원심판결 이유에 의하면 원심은, 피고인이 이 사건 범행일시경 계속 교제하기를 원하는 자신의 제의를 피해자가 거절한다는 이유로 얼굴을 주먹으로 수회 때리자 피해자는 이에 대항하여 피고인의 손가락을 깨물고 목을 할퀴게 되었고, 이에 격분한 피고인이 다시 피해자의 얼굴을 수회 때리고 발로 배를 수회 차는 등 폭행을 하므로 피해자는 이를 모면하기 위하여 도로 건너편의 추어탕 집으로 도망가 도움을 요청하였으나, 피고인은 이를 뒤따라 도로를 건너간 다음 피해자의 머리카락을 잡아 흔들고 얼굴 등을 주먹으로 때리는 등 폭행을 가하였고, 이에 견디지 못한 피해자가 다시 도로를 건너 도망하자 피고인은 계속하여 쫓아가 주먹으로 피해자의 얼굴 등을 구타하는 등 폭행을 가하여 전치 10일간의 흉부피하출혈상 등을 가하였고, 피해자가 위와 같이 계속되는 피고인의 폭행을 피하려고 다시 도로를 건너 도주하다가 차량에 치여 사망한 사실을 인정한 다음, 위와 같은 사정에 비추어 보면 피고인의 위 상해행위와 피해자의 사망 사이에 상당인과관계가 있다고 하여 피고인을 상해치사죄로 처단한 제1심의 판단을 유지하고 있는바, 기록에 의하여 살펴보면, 원심의 사실인정과 피고인의 위 상해행위와 피해자의 사망 사이에 상당인과관계가 있다고 본 원심의 판단은 모두 정당한 것으로 수긍이 되고, 거기에 소론과 같이 필요한 심리를 다하지 아니하여 사실을 오인한 위법이나 상해치사죄의 법리를 오해한 위법이 있다고 할 수 없다(대판 1996.05.10. 96도529).

③ (X) 피해자를 2회에 걸쳐 두 손으로 힘껏 밀어 땅바닥에 넘어뜨리는 폭행을 가함으로써 그 충격으로 인한 쇼크성 심장마비로 사망케 하였다면 비록 위 피해자에게 그 당시 심관성동맥경화 및 심근섬유화 증세등의 심장질환의 지병이 있었고 음주로 만취된 상태였으며 그것이 피해자가 사망함에 있어 영향을 주었다고 해서 피고인의 폭행과 피해자의 사망 간에 상당인과관계가 없다고 할 수 없다(대판 1986.09.09. 85도2433).

④ (X) 피해자와 그 일행 한 사람은 함께 우측 도로변에 서 있다가 피고인이 1차로에서 2차로로 진로를 변경하여 고속버스를 추월한 직후에 피고인 운전의 자동차 30 내지 40m 전방에서 고속도로를 무단횡단하기 위하여 2차로로 갑자기 뛰어들었고, 피고인은 그제서야 위와 같이 무단횡단하는 피해자 등을 발견하였는데 충격을 피할 수 있는 조치를 하기에 이미 늦어 피고인 운전의 자동차로 피해자 등을 충격하게 된 것이므로, 피고인이 급제동 등의 조치로 피해자 등과의 충돌을 피할 수 있는 상당한 거리에서 피해자 등의 무단횡단을 미리 예상할 수 있었다고 할 수 없고(피고인이 상당한 거리에서 피해자 등이 도로변에 서 있는 것을 발견하였다고 하더라도 피해자 등이 갑자기 고속도로를 무단횡단한 이상 피고인으로서는 이를 예견하여 피해자 등과의 충돌사고를 예방하기 위하여 급정차 등의 조치를 취할 수 있도록 대비하면서 운전할 주의의무도 없다), 이 사건 사고 지점이 인터체인지의 진입로 부근이라 하여 달리 볼 수 없으며, 피고인에게 야간에 고속버스와의 안전거리를 확보하지 아니한 채 진행하다가 고속버스의 우측으로 제한최고속도를 시속 20km 초과하여 고속버스를 추월한 잘못이 있더라도, 이 사건 사고경위에 비추어 볼 때 피고인의 위와 같은 잘못과 이 사건 사고결과와의 사이에 상당인과관계가 있다고 할 수도 없다(대판 2000.09.05. 2000도2671). ▶ ⓘ 고속도로를 운행하는 자동차의 운전자로서는 일반적인 경우에 고속도로를 횡단하는 보행자가 있을 것까지 예견하여 보행자와의 충돌사고를 예방하기 위하여 급정차 등의 조치를 취할 수 있도록 대비하면서 운전할 주의의무가 없고, ⓛ 다만 고속도로를 무단횡단하는 보행자를 충격하여 사고를 발생시킨 경우라도 운전자가 상당한 거리에서 보행자의 무단횡단을 미리 예상할 수 있는 사정이 있었고, 그에 따라 즉시 감속하거나 급제동하는 등의 조치를 취하였다면 보행자와의 충돌을 피할 수 있었다는 등의 특별한 사정이 인정되는 경우에만 자동차 운전자의 과실이 인정될 수 있다.

⑤ (X) 폭행치사죄는 결과적 가중범으로서 폭행과 사망의 결과 사이에 인과관계가 있는 외에 사망의 결과에 대한 예견가능성 즉 과실이 있어야 하고 이러한 예견가능성의 유무는 폭행의 정도와 피해자의 대응상태 등 구체적 상황을 살펴서 엄격하게 가려야 하는 것인바, 피고인이 피해자에게 상당한 힘을 가하여 넘어뜨린 것이

아니라 단지 공장에서 동료 사이에 말다툼을 하던 중 피고인이 삿대질하는 것을 피하고자 피해자 자신이 두어걸음 뒷걸음치다가 회전 중이던 십자형 스빙기계 철받침대에 걸려 넘어진 정도라면, 당시 바닥에 위와 같은 장애물이 있어서 뒷걸음치면 장애물에 걸려 넘어질 수 있다는 것까지는 예견할 수 있었다고 하더라도 그 정도로 넘어지면서 머리를 바닥에 부딪쳐 두개골절로 사망한다는 것은 이례적인 일이어서 통상적으로 일반인이 예견하기 어려운 결과라고 하지 않을 수 없으므로 피고인에게 폭행치사죄의 책임을 물을 수 없다(대판 1990.09.25. 90도1596).

정답 ①

제❺절 ┃ 구성요건적 고의

문 4

다음 설명 중 옳지 않은 것은 모두 몇 개인가? [2023년 26번]

ㄱ. 무고죄의 범의는 반드시 확정적 고의일 필요가 없고 미필적 고의로도 충분하므로, 신고자가 허위라고 확신한 사실을 신고한 경우뿐만 아니라 진실하다는 확신 없는 사실을 신고하는 경우에도 그 범의를 인정할 수 있다.
ㄴ. 고의의 일종인 미필적 고의는 중대한 과실과는 달리 범죄사실의 발생 가능성에 대한 인식이 있고 나아가 범죄사실이 발생할 위험을 용인하는 내심의 의사가 있어야 한다.
ㄷ. 고의 외에 초과주관적 위법요소로서 "향정신성의약품을 제조할 목적"과 같은 목적에 대하여도 고의와 마찬가지로 적극적 의욕이나 확정적 인식임을 요하지 아니하고 미필적 인식이 있으면 족하다.
ㄹ. 방조행위는 정범이 범행을 한다는 정을 알면서 그 실행행위를 용이하게 하는 직접·간접의 행위를 말하므로, 방조범에서 요구되는 정범의 범행에 대한 고의는 방조행위에 대한 고의와 달리 미필적 인식이나 예견만으로는 부족하다.

① 없음   ② 1개   ③ 2개   ④ 3개   ⑤ 4개

MGI Point **고의** ★★

- 무고죄의 범의 ⇨ 진실하다는 확신 없는 사실을 신고하는 경우에도 인정
- 미필적 고의의 의의 ⇨ 범죄사실의 발생 가능성에 대한 인식이 있고 나아가 범죄사실이 발생할 위험을 용인하는 내심의 의사
- 고의 외에 초과주관적 위법요소로서 "향정신성의약품을 제조할 목적" ⇨ 적극적 의욕이나 확정적 인식임을 요하지 아니하고 미필적 인식이 있으면 족함
- 방조범에서 요구되는 정범의 범행에 대한 고의 ⇨ 미필적 인식이나 예견만으로도 족함

ㄱ. (○) 무고죄는 타인으로 하여금 형사처분이나 징계처분을 받게 할 목적으로 신고한 사실이 객관적 진실에 반하는 허위사실인 경우에 성립한다. 무고죄의 범의는 반드시 확정적 고의일 필요가 없고 미필적 고의로도 충분하므로, 신고자가 허위라고 확신한 사실을 신고한 경우뿐만 아니라 진실하다는 확신 없는 사실을 신고하는 경우에도 그 범의를 인정할 수 있다. 또한 무고죄에서 형사처분을 받게 할 목적은 허위신고를 하면서 다른 사람이 그로 인하여 형사처분을 받게 될 것이라는 인식이 있으면 충분하고 그 결과의 발생을 희망할 필요까지는 없으므로, 신고자가 허위 내용임을 알면서도 신고한 이상 그 목적이 필요한 조사를 해 달라는

데에 있다는 등의 이유로 무고의 범의가 없다고 할 수 없다. 또한 신고자가 알고 있는 객관적인 사실관계에 의하더라도 신고사실이 허위라거나 또는 허위일 가능성이 있다는 인식을 하지 못하였다면 무고의 고의를 부정할 수 있으나, 이는 알고 있는 객관적 사실관계에 의하여 신고사실이 허위라거나 허위일 가능성이 있다는 인식을 하면서도 그 인식을 무시한 채 무조건 자신의 주장이 옳다고 생각하는 경우까지 포함하는 것은 아니다(대법원 2022. 6. 30. 2022도3413).

ㄴ. (○) 고의의 일종인 미필적 고의는 중대한 과실과는 달리 범죄사실의 발생 가능성에 대한 인식이 있고, 나아가 범죄사실이 발생할 위험을 용인하는 내심의 의사가 있어야 한다. 행위자가 범죄사실이 발생할 가능성을 용인하고 있었는지 여부는, 행위자의 진술에 의존하지 않고, 외부에 나타난 행위의 형태와 행위의 상황 등 구체적인 사정을 기초로, 일반인이라면 해당 범죄사실이 발생할 가능성을 어떻게 평가할 것인지를 고려하면서, 행위자의 입장에서 그 심리상태를 추인하여야 한다(대법원 2018. 1. 25. 2017도12537).

ㄷ. (○) 향정신성의약품관리법 제40조 제2항, 제1항 제3호, 제3조 제3항 위반의 죄는 고의 외에 초과주관적 위법요소로서 "영리의 목적", "향정신성의약품을 제조할 목적"을 범죄성립요건으로 하는 목적범임이 그 법문상 명백한바, 영리의 목적이라 함은 널리 경제적인 이익을 취득할 목적을 말하는 것이고, 향정신성의약품을 제조할 목적에 대하여는 적극적 의욕이나 확정적 인식임을 요하지 아니하고 미필적 인식이 있으면 족하다고 할 것이며 그 목적이 있었는지 여부는 피고인의 직업, 경력, 행위의 동기 및 경위와 수단·방법 등 여러 사정을 종합하여 사회통념에 비추어 합리적으로 판단하여야 한다(대법원 1997. 12. 12. 97도2368).

ㄹ. (X) 형법상 방조행위는 정범이 범행을 한다는 정을 알면서 그 실행행위를 용이하게 하는 직접·간접의 행위를 말하므로, 방조범은 정범의 실행을 방조한다는 이른바 방조의 고의와 정범의 행위가 구성요건에 해당하는 행위인 점에 대한 정범의 고의가 있어야 하나, 방조범에서 정범의 고의는 정범에 의하여 실현되는 범죄의 구체적 내용을 인식할 것을 요하는 것은 아니고 미필적 인식 또는 예견으로 족하다(대법원 2022. 10. 27. 2020도12563).

 ②

문 14

영리의 목적에 관한 다음 설명 중 가장 옳지 않은 것은? [2021년 15번]

① 형법 제247조의 도박개장죄의 영리의 목적이란 도박개장의 대가로 불법한 재산상의 이익을 얻으려는 의사를 의미하고, 반드시 도박개장의 직접적 대가가 아니라 도박개장을 통하여 간접적으로 얻게 될 이익을 위한 경우에도 영리의 목적이 인정되나, 현실적으로 그 이익을 얻었을 것이 요구된다.

② 보건범죄 단속에 관한 특별조치법 제5조의 영리의 목적이란 널리 경제적인 이익을 취득할 목적을 말하는 것으로서 무면허 의료행위를 행하는 자가 반드시 그 경제적 이익의 귀속자나 경영의 주체와 일치하여야 할 필요는 없다.

③ 의료법 제27조 제3항은 "누구든지 국민건강보험법이나 의료급여법에 따른 본인부담금을 면제하거나 할인하는 행위, 금품 등을 제공하거나 불특정 다수인에게 교통편의를 제공하는 행위 등 영리를 목적으로 환자를 의료기관이나 의료인에게 소개·알선·유인하는 행위 및 이를 사주하는 행위를 하여서는 아니 된다"고 정하고 있다. 여기에서 '영리의 목적'은 널리 경제적인 이익을 취득할 목적을 말하는 것으로서 영리목적으로 환자를 유인하는 사람이 반드시 경제적인 이익의 귀속자나 경영의 주체와 일치하여야 할 필요는 없다.

④ 특정범죄 가중처벌 등에 관한 법률 제8조의2 제1항은 영리를 목적으로 허위의 세금계산서를 발급하거나 발급받은 행위 등을 가중처벌 하고 있는데, 여기서 영리의 목적은 널리 경제적인 이익

을 취득할 목적을 말하는 것으로서 허위 세금계산서를 이용하여 매출을 부풀림으로써 대기업이나 해외로부터 수주를 받기 위한 목적도 포함된다.

⑤ 아동·청소년의 성보호에 관한 법률 제11조 제2항은 영리를 목적으로 아동·청소년성착취물을 공연히 전시한 자를 처벌하는데, 여기서 영리의 목적이란 구체적 위반행위를 함에 있어서 재산적 이득을 얻으려는 의사 또는 이윤을 추구하는 의사를 말하며, 이는 널리 경제적인 이익을 취득할 목적을 말하는 것으로서 반드시 아동·청소년성착취물의 전시 등 위반행위의 직접적인 대가가 아니라 위반행위를 통하여 간접적으로 얻게 될 이익을 위한 경우에도 영리의 목적이 인정된다.

MGI Point **영리의 목적** ★★

- 형법 §247의 도박개장죄에서의 '영리의 목적'
  - 도박개장의 대가로 불법한 재산상의 이익을 얻으려는 의사
  - 도박개장을 통하여 간접적으로 얻게 될 이익을 위한 경우에도 영리의 목적이 인정 ○
  - 현실적으로 그 이익을 얻었을 것 不要
- 보건범죄단속에관한특별조치법 §5 소정의 영리의 목적
  - 널리 경제적인 이익을 취득할 목적을 말하는 것
  - 무면허 의료행위를 행하는 자가 반드시 그 경제적 이익의 귀속자나 경영의 주체와 일치하여야 할 필요 ×
- 의료법 §27③에서 '영리의 목적'
  - 널리 경제적인 이익을 취득할 목적을 의미
  - 영리목적으로 환자를 유인하는 사람이 반드시 경제적인 이익의 귀속자나 경영의 주체와 일치하여야 할 필요 ×
- 특가법 §8의2①은 영리를 목적으로 허위의 세금계산서를 발급하거나 발급받은 행위 등을 가중처벌
  - 여기서 영리의 목적은 널리 경제적인 이익을 취득할 목적을 말하는 것
  - 허위 세금계산서를 이용하여 매출을 부풀림으로써 대기업이나 해외로부터 수주를 받기 위한 목적도 포함
- 아동·청소년의 성보호에 관한 법률 §11②은 영리를 목적으로 아동·청소년성착취물을 공연히 전시한 자를 처벌
  - 여기서 영리의 목적이란 널리 경제적인 이익을 취득할 목적을 말하는 것
  - 반드시 아동·청소년성착취물의 전시 등 위반행위의 직접적인 대가가 아니라 위반행위를 통하여 간접적으로 얻게 될 이익을 위한 경우에도 영리의 목적 인정

---

① (X) 형법 제247조의 도박개장죄는 영리의 목적으로 스스로 주재자가 되어 그 지배하에 도박장소를 개설함으로써 성립하는 것으로서 도박죄와는 별개의 독립된 범죄이고, '도박'이라 함은 참여한 당사자가 재물을 걸고 우연한 승부에 의하여 재물의 득실을 다투는 것을 의미하며, '영리의 목적'이란 도박개장의 대가로 불법한 재산상의 이익을 얻으려는 의사를 의미하는 것으로, 반드시 도박개장의 직접적 대가가 아니라 도박개장을 통하여 간접적으로 얻게 될 이익을 위한 경우에도 영리의 목적이 인정되고, 또한 현실적으로 그 이익을 얻었을 것을 요하지는 않는다(대판 2002.04.12. 2001도5802).

② (○) [1] 의료행위라 함은 의학적 전문지식을 기초로 하는 경험과 기능으로 진찰, 검안, 처방, 투약 또는 외과적 시술을 시행하여 하는 질병의 예방 또는 치료행위 및 그 밖에 의료인이 행하지 아니하면 보건위생상 위해가 생길 우려가 있는 행위를 의미하는 것인데, 침술행위는 경우에 따라서 생리상 또는 보건위생상 위험이 있을 수 있는 행위임이 분명하므로 현행 의료법상 한의사의 의료행위(한방의료행위)에 포함된다. [2] 보건범죄단속에관한특별조치법 제5조 소정의 영리의 목적이란 널리 경제적인 이익을 취득할 목적을 말하는 것으로서 무면허 의료행위를 행하는 자가 반드시 그 경제적 이익의 귀속자나 경영의 주체와 일치하여야 할 필요는 없다(대판 1999.03.26. 98도2481).

③ (○) 구 「의료법」(2016. 12. 20. 법률 제14438호로 개정되기 전의 것) 제27조제3항 본문은 '누구든지 「국민건강보험법」이나 「의료급여법」에 따른 본인부담금을 면제하거나 할인하는 행위, 금품 등을 제공하거나 불특정 다수인에게 교통편의를 제공하는 행위 등 영리를 목적으로 환자를 의료기관이나 의료인에게 소개·알선·유인하는 행위 및 이를 사주하는 행위를 하여서는 아니 된다'고 정하고 있다(현행법도 표현만 다를 뿐 동일

하게 정하고 있다). 여기에서 '영리의 목적'은 널리 경제적인 이익을 취득할 목적을 말하는 것으로서 영리목적으로 환자를 유인하는 사람이 반드시 경제적인 이익의 귀속자나 경영의 주체와 일치하여야 할 필요는 없고, '불특정'은 행위 시에 상대방이 구체적으로 특정되어 있지 않다는 의미가 아니라 상대방이 특수한 관계로 한정된 범위에 속하는 사람이 아니라는 것을 의미한다(대판 2017.08.18. 2017도7134).

④ (○) 원심은, 피고인 1이 원심 공동피고인 등과 공모하여 공소사실 기재와 같이 매출처별세금계산서합계표 또는 매입처별세금계산서합계표를 허위로 작성하여 제출함에 있어 위 피고인에게는 주식회사 아이오셀(이하 '아이오셀'이라 한다)의 매출을 부풀려 엘지전자 등 대기업이나 해외로부터 수주를 유지하거나 받기 위한 주된 목적과 아이오셀을 코스닥에 상장시키는 데 도움이 되도록 하기 위한 부수적인 목적이 있었고, 이러한 목적은 널리 경제적인 이익을 취득하기 위한 것으로 볼 수 있으므로 구 특가법 제8조의2 제1항에서 정하고 있는 '영리의 목적'에 해당한다고 판단하였다. 위 법리와 기록에 비추어 살펴보면, 원심의 판단은 정당하고, 거기에 상고이유로 주장하는 바와 같은 구 특가법 제8조의2 제1항에 관한 법리오해 등의 위법이 없다(대판 2011.09.29. 2011도4397).

⑤ (○) 구 아동·청소년의 성보호에 관한 법률(2020. 6. 2. 법률 제17338호로 개정되기 전의 것) 제11조 제2항은 영리를 목적으로 아동·청소년이용음란물을 공연히 전시한 자는 10년 이하의 징역에 처한다고 규정한다. 위 조항에서 규정하는 '영리의 목적'이란 위 법률이 정한 구체적 위반행위를 함에 있어서 재산적 이득을 얻으려는 의사 또는 이윤을 추구하는 의사를 말하며, 이는 널리 경제적인 이익을 취득할 목적을 말하는 것으로서 반드시 아동·청소년이용음란물 배포 등 위반행위의 직접적인 대가가 아니라 위반행위를 통하여 간접적으로 얻게 될 이익을 위한 경우에도 영리의 목적이 인정된다. 따라서 사설 인터넷 도박사이트를 운영하는 사람이, 먼저 소셜 네트워크 서비스 앱에 오픈채팅방을 개설하여 아동·청소년이용음란 동영상을 게시하고 1:1 대화를 통해 불특정 다수를 위 오픈채팅방 회원으로 가입시킨 다음, 그 오픈채팅방에서 자신이 운영하는 도박사이트를 홍보하면서 회원들이 가입 시 입력한 이름, 전화번호 등을 이용하여 전화를 걸어 위 도박사이트 가입을 승인해주는 등의 방법으로 가입을 유도하고 그 도박사이트를 이용하여 도박을 하게 하였다면, 영리를 목적으로 도박공간을 개설한 행위가 인정됨은 물론, 나아가 영리를 목적으로 아동·청소년이용음란물을 공연히 전시한 행위도 인정된다(대판 2020.09.24. 2020도8978).

정답 ①

문 15

다음 설명 중 가장 옳지 않은 것은?(다툼이 있는 경우 판례에 의하고, 전원합의체 판결의 경우 다수의견에 의함. 이하 같음) [2018년 1번]

① 고의범에서 고의는 미필적 인식으로 충분하며, 목적범에서 목적 또한 확정적 인식을 요하지 않고 미필적 인식이 있으면 충분하다.
② 절도죄의 구성요건에서 재물의 타인성에 관하여 착오를 일으킨 경우, 이는 행위의 법질서에 대한 관련성에 관한 착오로서 법률의 착오에 해당하여 그 오인에 정당한 이유가 있는 때 벌하지 아니한다.
③ 방조범은 정범의 실행을 방조한다는 방조의 고의와 정범의 행위가 구성요건에 해당하는 행위인 점에 대한 정범의 고의가 있어야 하며, 정범의 고의는 정범에 의하여 실현되는 범죄의 구체적 내용을 인식할 것을 요하는 것은 아니고 미필적 인식 또는 예견으로 충분하다.
④ 구 건축법에서 정한 단열재시공 등에 대한 중간검사를 받아야 할 건물을 신축함에 있어서, 그러한 중간검사를 받아야 한다는 건축법 규정을 알지 못하였다고 하더라도, 이는 법률의 부지에 불과하여 범죄의 성립에 영향을 미칠 수 없다.
⑤ 청소년유해업소에 종업원을 고용하면서 주민등록증 제출을 요구하여 확인하였는데 주민등록상 사진과 실물이 다소 달라 보인다고 여겼다고 하더라도, 청소년보호법위반죄의 미필적 고의가 인정된다.

::: 해설   ★★

① (○) 고의 – 살인죄에 있어서의 고의는 반드시 살해의 목적이나 계획적인 살해의 의도가 있어야 하는 것은 아니고 자기의 행위로 인하여 타인의 사망의 결과를 발생시킬 만한 가능 또는 위험이 있음을 인식하거나 예견하면 족한 것이고 그 인식 또는 예견은 확정적인 것은 물론 불확정적인 것이더라도 소위 미필적 고의로서 살인의 범의가 인정된다(대판 2004.06.24. 2002도995).
  목적 – 내란선동죄에서 국헌문란의 목적은 범죄 성립을 위하여 고의 외에 요구되는 초과주관적 위법요소로서 엄격한 증명사항에 속하나, 확정적 인식임을 요하지 아니하며, 다만 미필적 인식이 있으면 족하다(대판 2015.01.22. 2014도10978).
② (X) 절도죄에 있어서 재물의 타인성을 오신하여 그 재물이 자기에게 취득(빌린 것)할 것이 허용된 동일한 물건으로 오인하고 가져온 경우에는 범죄사실에 대한 인식이 있다고 할 수 없으므로 범의가 조각되어 절도죄가 성립하지 아니한다(대판 1983.09.13. 83도1762).
③ (○) 방조범은 정범의 실행을 방조한다는 이른바 방조의 고의와 정범의 행위가 구성요건에 해당하는 행위인 점에 대한 정범의 고의가 있어야 하며, 이때 정범의 고의는 정범에 의하여 실현되는 범죄의 구체적 내용을 인식할 것을 요하는 것은 아니고 미필적 인식 또는 예견으로 충분하다(대판 2011.12.08. 2010도9500).
④ (○) 피고인은 단열재시공등에 대한 중간검사를 받아야 한다는 구건축법 제7조의 2의 규정을 알지 못하였다는 것이므로 이는 단순한 법률의 부지에 해당한다 할 것이고 피고인의 소위가 특히 법령에 의하여 허용된 행위로서 죄가 되지 않는다고 그릇 인식한 경우는 아니므로 범죄의 성립에 아무런 지장이 될 바 아니다(대판 1994.04.15. 94도365).
⑤ (○) 유흥주점의 업주가 당해 유흥업소에 종업원을 고용함에 있어서는 주민등록증이나 이에 유사한 정도로 연령에 관한 공적 증명력이 있는 증거에 의하여 대상자의 연령을 확인하여야 하고, 만일 대상자가 제시한 주민등록증상의 사진과 실물이 다르다는 의심이 들면 청소년이 자신의 신분과 연령을 감추고 유흥업소 취업을 감행하는 사례가 적지 않은 유흥업계의 취약한 고용실태 등에 비추어 볼 때, 업주로서는 주민등록증상의 사진과 실물을 자세히 대조하거나 주민등록증상의 주소 또는 주민등록번호를 외워보도록 하는 등 추가적인 연령확인조치를 취하여야 할 의무가 있다고 할 것이다(대판 2013.09.27. 2013도8385).

정답 ②

제❻절 | 구성요건적 착오

제❼절 | 과실범

문 5

과실범에 관한 다음 설명 중 옳지 않은 것은 모두 몇 개인가? [2023년 36번]

ㄱ. '당한 자'라는 문언은 타인이 어떠한 행위를 하여 그로부터 위해 등을 입는 것을 뜻하고 스스로 어떠한 행위를 한 자를 포함하는 개념이 아니다. 형사법은 고의범과 과실범을 구분하여 구성요건을 정하고 있는데, 위와 같은 문언은 과실범을 처벌하는 경우에 사용하는 것으로 볼 수 있다.

ㄴ. 업무상과실치사상죄에서의 업무는 허가받은 적법한 업무이어야 하므로 골재채취업무가 허가받은 적법한 업무가 아닐 경우에는 업무상과실치사상죄에 있어서의 업무에 해당하지 않는다.

ㄷ. 운전자가 차를 세워 시동을 끄고 1단 기어가 들어가 있는 상태에서 시동열쇠를 끼워놓은 채

11세 남짓한 어린이를 조수석에 남겨두고 차에서 내려온 동안 동인이 시동열쇠를 돌리며 악셀러레이터 페달을 밟아 차량이 진행하여 사고가 발생한 경우, 비록 동인의 행위가 사고의 직접적인 원인이었다 할지라도 그 경우 운전자로서는 위 어린이를 먼저 하차시키던가 운전기기를 만지지 않도록 주의를 주거나 손브레이크를 채운 뒤 시동열쇠를 빼는 등 사고를 미리 막을 수 있는 제반조치를 취할 업무상 주의의무가 있다 할 것이어서 이를 게을리 한 과실은 사고결과와 법률상의 인과관계가 있다.

ㄹ. 내과의사가 신경과 전문의에 대한 협의진료 결과 피해자의 증세와 관련하여 신경과 영역에서 이상이 없다는 회신을 받았고, 그 회신 전후의 진료 경과에 비추어 그 회신 내용에 의문을 품을 만한 사정이 있다고 보이지 않자 그 회신을 신뢰하여 뇌혈관계통 질환의 가능성을 염두에 두지 않고 내과 영역의 진료 행위를 계속하다가 피해자의 증세가 호전되기에 이르자 퇴원하도록 조치한 경우, 피해자의 지주막하출혈을 발견하지 못한 데 대하여 내과의사의 업무상과실을 인정할 수 없다.

ㅁ. 골프경기를 하던 중 골프공을 쳐서 아무도 예상하지 못한 자신의 등 뒤편으로 보내어 등 뒤에 있던 경기보조원(캐디)에게 상해를 입힌 경우에는 주의의무를 현저히 위반하여 사회적 상당성의 범위를 벗어난 행위로서 과실치상죄가 성립한다.

① 1개   ② 2개   ③ 3개   ④ 4개   ⑤ 5개

MGI Point 과실범 ★★

- 운전자가 차를 세워 시동을 끄고 1단 기어가 들어가 있는 상태에서 시동열쇠를 끼워놓은 채 11세 남짓한 어린이를 조수석에 남겨두고 차에서 내려온 동안 동인이 시동열쇠를 돌리며 악셀러레이터 페달을 밟아 차량이 진행하여 사고가 발생한 경우 ⇨ 업무상과실치사죄 성립
- 내과의사가 신경과 전문의에 대한 협의진료 결과 피해자를 퇴원하도록 조치하였지만 그 후에 피해자가 사망한 경우 ⇨ 업무상과실×
- 골프경기를 하던 중 골프공을 쳐서 아무도 예상하지 못한 자신의 등 뒤편으로 보내어 등 뒤에 있던 경기보조원(캐디)에게 상해를 입힌 경우 ⇨ 과실치사상죄

ㄱ. (O) '당한 자'라는 문언은 타인이 어떠한 행위를 하여 그로부터 위해 등을 입는 것을 뜻하고 스스로 어떠한 행위를 한 자를 포함하는 개념이 아니다. 형사법은 고의범과 과실범을 구분하여 구성요건을 정하고 있는데, 위와 같은 문언은 과실범을 처벌하는 경우에 사용하는 것으로 볼 수 있다(대법원 2022. 3. 17. 2019도9044).

ㄴ. (X) 골재채취허가여부는 골재채취업무가 업무상과실치사상죄에 있어서의 업무에 해당하는 사실에 아무런 소장이 없다(대법원 1985. 6. 11. 84도2527).

ㄷ. (O) 운전자가 차를 세워 시동을 끄고 1단 기어가 들어가 있는 상태에서 시동열쇠를 끼워놓은 채 11세 남짓한 어린이를 조수석에 남겨두고 차에서 내려온 동안 동인이 시동열쇠를 돌리며 악셀러레이터 페달을 밟아 차량이 진행하여 사고가 발생한 경우, 비록 동인의 행위가 사고의 직접적인 원인이었다 할지라도 그 경우 운전자로서는 위 어린이를 먼저 하차시키던가 운전기기를 만지지 않도록 주의를 주거나 손브레이크를 채운 뒤 시동열쇠를 빼는 등 사고를 미리 막을 수 있는 제반조치를 취할 업무상 주의의무가 있다 할 것이어서 이를 게을리 한 과실은 사고결과와 법률상의 인과관계가 있다고 봄이 상당하다(대법원 1986. 7. 8. 86도1048).

ㄹ. (O) 내과의사가 신경과 전문의에 대한 협의진료 결과 피해자의 증세와 관련하여 신경과 영역에서 이상이 없다는 회신을 받았고, 그 회신 전후의 진료 경과에 비추어 그 회신 내용에 의문을 품을 만한 사정이 있다고 보이지 않자 그 회신을 신뢰하여 뇌혈관계통 질환의 가능성을 염두에 두지 않고 내과 영역의 진료 행위를

계속하다가 피해자의 증세가 호전되기에 이르자 퇴원하도록 조치한 경우, 피해자의 지주막하출혈을 발견하지 못한 데 대하여 내과의사의 업무상과실을 부정한 사례(대법원 2003. 1. 10. 2001도3292).
ㅁ. (○) 운동경기에 참가하는 자가 경기규칙을 준수하는 중에 또는 그 경기의 성격상 당연히 예상되는 정도의 경미한 규칙위반 속에 제3자에게 상해의 결과를 발생시킨 것으로서, 사회적 상당성의 범위를 벗어나지 아니하는 행위라면 과실치상죄가 성립하지 않는다. 그러나 골프경기를 하던 중 골프공을 쳐서 아무도 예상하지 못한 자신의 등 뒤편으로 보내어 등 뒤에 있던 경기보조원(캐디)에게 상해를 입힌 경우에는 주의의무를 현저히 위반하여 사회적 상당성의 범위를 벗어난 행위로서 과실치상죄가 성립한다(대법원 2008. 10. 23. 2008도6940).

정답 ①

문 16

과실범에 관한 다음 설명 중 가장 옳지 않은 것은? [2020년 36번]

① 과실범에 있어서의 비난가능성의 지적 요소란 결과발생의 가능성에 대한 인식으로서 인식있는 과실에는 이와 같은 인식이 있고, 인식없는 과실에는 이에 대한 인식자체도 없는 경우나, 전자에 있어서 책임이 발생함은 물론, 후자에 있어서도 그 결과발생을 인식하지 못하였다는 데에 대한 부주의 즉 규범적 실재로서의 과실책임이 있다.
② 과실 유무는 같은 업무와 직무에 종사하는 일반적 보통인의 주의정도를 표준으로 판단하여야 한다.
③ 고속도로를 운행하는 자동차의 운전자로서는 일반적인 경우에 고속도로를 횡단하는 보행자가 있을 것까지 예견하여 보행자와의 충돌사고를 예방하기 위하여 급정차 등의 조치를 취할 수 있도록 대비하면서 운전할 주의의무가 없다.
④ 한의사인 피고인이 피해자에게 문진하여 과거 봉침을 맞고도 별다른 이상반응이 없었다는 답변을 듣고 알레르기 반응검사(skin test)를 생략한 채 환부인 목 부위에 봉침시술을 하였는데, 피해자가 위 시술 직후 아나필락시 쇼크반응을 나타내는 등 상해를 입은 경우, 피고인에게 피해자를 상대로 알레르기 반응검사를 실시할 주의의무 위반이 인정된다.
⑤ 병원 인턴인 피고인이 응급실로 이송되어 온 익수환자 甲을 담당의사 乙의 지시에 따라 구급차에 태워 다른 병원으로 이송하게 되었고, 피고인이 乙에게서 이송 도중 甲에 대한 앰부 배깅(ambu bagging)과 진정제 투여 업무만을 지시받았다면, 피고인에게 일반적으로 구급차 탑승 전 또는 이송 도중 구급차에 비치되어 있는 산소통의 산소잔량을 확인할 주의의무가 있다고 보기는 어렵다.

MGI Point 과실범 ★★

- 인식 없는 과실 : 결과발생의 가능성에 대한 인식 자체 없는 경우 ⇨ 규범적 실재로서의 과실책임 있음
- 과실의 유무 ⇨ 같은 업무와 직종에 종사하는 일반적 보통인의 주의정도를 표준으로 판단
- 고속도로를 운행하는 자동차 운전자에게 고속도로를 무단횡단하는 보행자가 있을 것을 예견하여 운전할 주의의무 ×
- 과거 봉침을 맞고도 이상반응이 없었다는 답변을 듣고 알레르기 반응검사를 생략한 채 봉침시술을 하였는데, 피해자가 시술 직후 아나필락시 쇼크반응을 나타내는 등 상해를 입은 경우 ⇨ 알레르기 반응검사를 실시할 의무 ×
- 병원 인턴인 피고인이, 응급실로 이송되어 온 익수환자 甲을 담당의사의 지시에 따라 구급차에 태워 다른 병원으로 이송한 경우 ⇨ 산소통의 산소잔량을 확인할 주의의무 ×

① (○) 소위 과실범에 있어서의 비난가능성의 지적 요소란 결과발생의 가능성에 대한 인식으로서 인식있는 과실에는 이와 같은 인식이 있고, 인식 없는 과실에는 이에 대한 인식자체도 없는 경우이나, 전자에 있어서 책임이 발생함은 물론, 후자에 있어서도 그 결과발생을 인식하지 못하였다는 데에 대한 부주의 즉 규범적 실재로서의 과실책임이 있다고 할 것이다(대판 1984.02.28. 83도3007).

② (○) 의료사고에 있어서 의사의 과실을 인정하기 위해서는 의사가 결과발생을 예견할 수 있었음에도 불구하고, 그 결과발생을 예견하지 못하였고 그 결과발생을 회피할 수 있었음에도 불구하고, 그 결과발생을 회피하지 못한 과실이 검토되어야 하고, 그 과실의 유무를 판단함에는 같은 업무와 직종에 종사하는 일반적 보통인의 주의정도를 표준으로 하여야 하며, 이에는 사고 당시의 일반적인 의학의 수준과 의료환경 및 조건, 의료행위의 특수성 등이 고려되어야 한다(대판 2006.12.07. 2006도1790).

③ (○) 고속도로를 운행하는 자동차의 운전자로서는 일반적인 경우에 고속도로를 횡단하는 보행자가 있을 것까지 예견하여 보행자와의 충돌사고를 예방하기 위하여 급정차 등의 조치를 취할 수 있도록 대비하면서 운전할 주의의무가 없고, 다만 고속도로를 무단횡단하는 보행자를 충격하여 사고를 발생시킨 경우라도 운전자가 상당한 거리에서 보행자의 무단횡단을 미리 예상할 수 있는 사정이 있었고, 그에 따라 즉시 감속하거나 급제동하는 등의 조치를 취하였다면 보행자와의 충돌을 피할 수 있었다는 등의 특별한 사정이 인정되는 경우에만 자동차 운전자의 과실이 인정될 수 있다(대판 2000.09.05. 2000도2671).

④ (X) 한의사인 피고인이 피해자에게 문진하여 과거 봉침을 맞고도 별다른 이상반응이 없었다는 답변을 듣고 알레르기 반응검사(skin test)를 생략한 채 환부인 목 부위에 봉침시술을 하였는데, 피해자가 위 시술 직후 아나필락시 쇼크반응을 나타내는 등 상해를 입은 경우, 피고인에게 과거 알레르기 반응검사 및 약 12일 전 봉침시술에서도 이상반응이 없었던 피해자를 상대로 다시 알레르기 반응검사를 실시할 의무가 있다고 보기는 어렵고, 설령 그러한 의무가 있다고 하더라도 제반 사정에 비추어 알레르기 반응검사를 하지 않은 과실과 피해자의 상해 사이에 상당인과관계를 인정하기 어렵다(대판 2011.04.14. 2010도10104).

⑤ (○) 병원 인턴인 피고인이, 응급실로 이송되어 온 익수(溺水)환자 甲을 담당의사 乙의 지시에 따라 구급차에 태워 다른 병원으로 이송하던 중 산소통의 산소잔량을 체크하지 않은 과실로 산소 공급이 중단된 결과 甲을 폐부종 등으로 사망에 이르게 하였다는 내용으로 기소된 사안에서, 乙에게서 이송 도중 甲에 대한 앰부배깅(ambu bagging)과 진정제 투여 업무만을 지시받은 피고인에게 일반적으로 구급차 탑승 전 또는 이송 도중 구급차에 비치되어 있는 산소통의 산소잔량을 확인할 주의의무가 있다고 보기는 어렵고, 다만 피고인이 甲에 대한 앰부 배깅 도중 산소 공급 이상을 발견하고도 구급차에 동승한 의료인에게 기대되는 적절한 조치를 취하지 아니하였다면 업무상 과실이 있다고 할 것이나, 피고인이 산소부족 상태를 안 후 취한 조치에 어떠한 업무상 주의의무 위반이 있었다고 볼 수 없는데도, 피고인에게 산소잔량을 확인할 주의의무가 있음을 전제로 업무상과실치사죄를 인정한 원심판단에 응급의료행위에서 인턴의 주의의무 범위에 관한 법리오해 또는 심리미진의 위법이 있다고 한 사례(대판 2011.09.08. 2009도13959).

정답 ①

문 17

과실에 관한 다음 설명 중 가장 옳은 것은? [2019년 28번]

① 甲이 乙을 살해할 의도로 乙로 하여금 독극물을 마시게 하였으나 乙이 사망하지 않은 상황에서, 甲은 乙이 사망한 것으로 착각하고 그 사체를 태워 결과적으로 乙이 불에 타서 사망하였다면 甲은 과실치사의 죄책을 진다.

② 건물의 소유자인 甲이 건물을 비정기적으로 수리하거나 건물의 일부분을 임대하다가 건물의 하자로 화재가 발생하여 피해자가 상해를 입었다고 하더라도, 甲이 안전배려 내지 안전관리 사무에 계속적으로 종사하여 그러한 지위를 계속 유지한 것이 아닌 이상 업무상과실치상의 죄책을 부담하지는 않는다.
③ 의사가 간호사에게 수혈을 지시하였으나 간호사가 실수로 다른 환자에게 수혈할 혈액을 잘못 수혈하여 환자가 사망한 경우 의사는 민사상 손해배상책임은 부담할 수 있으나 형사상 업무상과실치사의 죄책까지 부담하는 것은 아니다.
④ 의사가 설명의무를 위반하여 수술의 위험성을 고지하지 않은 채 수술을 진행하다가 그 위험성이 현실화되어 환자에게 상해가 발생하였다면, 설명의무의 취지에 비추어 환자가 자기결정권을 행사할 기회를 보장받지 못한 것이 분명한 이상 업무상과실치상죄가 성립한다.
⑤ 약사가 의약품을 판매하거나 조제할 때 비록 그 의약품 포장으로 약사법 소정의 검인 합격품이고 부패·변질·변색 되지 않고 유효기간이 경과하지 않은 제품임을 확인하였다고 하더라도, 관능시험이나 기기시험 없이 잘못 포장된 다른 성분을 사용하여 약을 조제한 경우 약사의 업무상과실을 인정할 수 있다.

정답 ④

MGI Point 과실 ★★

- 살해의 의도로 독극물을 마시게 한 행위에 의해서 사망한 것이 아니라 사체를 태울 목적으로 사체에 불을 붙인 행위에 의하여 사망한 경우 ⇨ 포괄하여 단일의 살인죄 인정
- 건물 소유자로서 건물을 비정기적으로 수리하거나 건물의 일부분을 임대하였다는 사정 ⇨ 업무상과실치상죄에서의 업무 ×
- 의사의 간호사에 대한 수혈 위임한 경우 ⇨ 신뢰의 원칙 적용 ×, 의사의 업무상 과실 인정
- 의사의 설명의무 위반 시 설명의무위반 내지 승낙취득 과정의 잘못 사이에 인과관계 필요
- 약사와 제약회사 사이 : 신뢰의 원칙 적용 ⇨ 약사는 약품의 표시를 신뢰하면 족하고 관능시험 및 기기시험까지 할 주의의무 ×

① (X) 甲이 살해할 의도로 乙로 하여금 독극물을 마시게 한 행위에 의하여 乙이 직접 사망한 것이 아니라 사체를 태울 목적에 의한 행위에 의하여 불에 타서 사망하였다 하더라도 전 과정을 개괄적으로 보면 乙의 살해라는 처음에 예견된 사실이 결국 실현된 것으로서 甲은 살인죄의 죄책을 면할 수 없다.

참조판례 피해자가 피고인의 살해의 의도로 행한 구타행위에 의하여 직접 사망한 것이 아니라 죄적을 인멸할 목적으로 행한 매장행위에 의하여 사망하게 되었다 하더라도 전 과정을 개괄적으로 보면 피해자의 살해라는 처음에 예견된 사실이 결국 실현된 것으로서 피고인은 살인죄의 죄책을 면할 수 없다(대판 1988.06.28. 88도650).

② (○) 업무상과실치상죄에 있어서의 '업무'란 사람의 사회생활면에서 하나의 지위로서 계속적으로 종사하는 사무를 말하고, 여기에는 수행하는 직무 자체가 위험성을 갖기 때문에 안전배려를 의무의 내용으로 하는 경우는 물론 사람의 생명·신체의 위험을 방지하는 것을 의무내용으로 하는 업무도 포함되는데, 안전배려 내지 안전관리 사무에 계속적으로 종사하여 위와 같은 지위로서의 계속성을 가지지 아니한 채 단지 건물의 소유자로서 건물을 비정기적으로 수리하거나 건물의 일부분을 임대하였다는 사정만으로는 업무상과실치상죄에 있어서의 '업무'로 보기 어렵다(대판 2009.05.28. 2009도1040).

③ (X) 수혈은 종종 그 과정에서 부작용을 수반하는 의료행위이므로, 수혈을 담당하는 의사는 혈액형의 일치 여부는 물론 수혈의 완성 여부를 확인하고, 수혈 도중에도 세심하게 환자의 반응을 주시하여 부작용이 있을 경우 필요한 조치를 취할 준비를 갖추는 등의 주의의무가 있다. 그리고 의사는 전문적 지식과 기능을 가지고

환자의 전적인 신뢰하에서 환자의 생명과 건강을 보호하는 것을 업으로 하는 자로서, 그 의료행위를 시술하는 기회에 환자에게 위해가 미치는 것을 방지하기 위하여 최선의 조치를 취할 의무를 지고 있고, 간호사로 하여금 의료행위에 관여하게 하는 경우에도 그 의료행위는 의사의 책임하에 이루어지는 것이고 간호사는 그 보조자에 불과하므로, 의사는 당해 의료행위가 환자에게 위해가 미칠 위험이 있는 이상 간호사가 과오를 범하지 않도록 충분히 지도·감독을 하여 사고의 발생을 미연에 방지하여야 할 주의의무가 있고, 이를 소홀히 한 채 만연히 간호사를 신뢰하여 간호사에게 당해 의료행위를 일임함으로써 간호사의 과오로 환자에게 위해가 발생하였다면 의사는 그에 대한 과실책임을 면할 수 없다(대판 1998.02.27. 97도2812).

④ (X) 의사가 설명의무를 위반한 채 수술 등을 하여 환자에게 사망 등의 중대한 결과가 발생한 경우에, 그 결과로 인한 모든 손해를 청구하는 때에는 그 중대한 결과와 의사의 설명의무 위반 내지 승낙 취득 과정에서의 잘못과의 사이에 상당인과관계가 존재하여야 하며, 그때의 의사의 설명의무 위반은 환자의 자기결정권 내지 치료행위에 대한 선택의 기회를 보호하기 위한 점에 비추어 환자의 생명, 신체에 대한 구체적 치료과정에서 요구되는 의사의 주의의무 위반과 동일시할 정도의 것이어야 한다(대판 2007.05.31. 2005다5867).

⑤ (X) 약사는 의약품을 판매하거나 조제함에 있어서 그 의약품이 그 표시 포장상에 있어서 약사법 소정의 검인 합격품이고 또한 부패 변질 변색되지 아니하고 유효기간이 경과되지 아니함을 확인하고 조제판매한 경우에는 특별한 사정이 없는 한 관능시험 및 기기시험까지 할 주의의무가 없으므로 그 약의 표시를 신뢰하고 이를 사용한 경우에는 과실이 없다고 볼 수 있다(대판 1976.02.10. 74도2046). ▶ 수평적 분업관계에 신뢰의 원칙이 적용된 사안이다.

정답 ②

문 18

다음 설명 중 옳은 것은 모두 몇 개인가? [2018년 34번]

> 가. 빗물로 노면이 미끄러운 고속도로에서 진행전방의 차량이 빗길에 미끄러져 비정상적으로 움직이고 있다면 앞으로의 진로를 예상할 수 없는 것이므로 그 후방에서 진행하고 있던 차량의 운전자로서는 교통사고 등에 대비하여 속도를 줄이고 안전거리를 확보해야 할 주의의무가 있다.
> 나. 교통이 빈번한 간선도로에서 횡단보도의 보행자 신호등이 적색으로 표시된 경우, 자동차운전자에게 보행자가 적색신호를 무시하고 갑자기 뛰어나오리라는 것까지 미리 예견하여 운전하여야 할 업무상의 주의의무까지는 없다.
> 다. 간호사가 의사의 처방에 의한 정맥주사를 의사의 입회 없이 간호실습생에게 실시하도록 하여 의료사고가 발생하였다면, 의사가 간호사의 진료보조행위에 대하여 현장에서 입회하여 지도감독해야 할 업무상 주의의무를 위반한 과실이 있다.
> 라. 도로교통법규정을 위반하여 앞지르기를 하였더라도, 반대방향에서 과속으로 오던 택시가 정차하고 있는 차량을 피하기 위해 급좌회전하여 제동조치 등을 취하지 못하고 사고가 발생하였다면, 앞지르기에 의한 위반행위가 사고의 발생원인이 되었다고 볼 수 없다.
> 마. 호텔을 경영하는 회사에 대표이사가 따로 있고 담당 업무에 대한 실무자 및 소방법상 방화관리자까지 선정되어 있다면, 회사의 업무에 전혀 관여하지 않는 소위 회장에게는 종업원의 부주의와 호텔구조상 결함으로 발생, 확대된 화재에 대한 구체적·직접적 주의의무가 없다.

① 0개　　　　　② 1개　　　　　③ 2개
④ 3개　　　　　⑤ 4개

:: 해설   ★★

가. (○) 빗물로 노면이 미끄러운 고속도로에서 진행전방의 차량이 빗길에 미끄러져 비정상적으로 움직이고 있다면 앞으로의 진로를 예상할 수 없는 것이므로 그 차가 일시 중앙선을 넘어 반대차선으로 진입되었더라도 노면의 상태나 다른 차량 등 장애물과의 충돌에 의하여 원래의 차선으로 다시 미끄러져 들어올 수 있으므로 그 후방에서 진행하고 있던 차량의 운전자로서는 이러한 사태에 대비하여 속도를 줄이고 안전거리를 확보해야 할 주의의무가 있다(대판 1990.02.27. 89도777).

나. (○) 교통이 빈번한 간선도로에서 횡단보도의 보행자 신호등이 적색으로 표시된 경우, 자동차운전자에게 보행자가 동 적색신호를 무시하고 갑자기 뛰어나오리라는 것까지 미리 예견하여 운전하여야 할 업무상의 주의의무까지는 없다(대판 1985.11.12. 85도1893).

다. (X) 간호사가 '진료의 보조'를 함에 있어서는 모든 행위 하나하나마다 항상 의사가 현장에 입회하여 일일이 지도·감독하여야 한다고 할 수는 없고, 경우에 따라서는 의사가 진료의 보조행위 현장에 입회할 필요 없이 일반적인 지도·감독을 하는 것으로 족한 경우도 있을 수 있다 할 것인데, 여기에 해당하는 보조행위인지 여부는 보조행위의 유형에 따라 일률적으로 결정할 수는 없고 구체적인 경우에 있어서 그 행위의 객관적인 특성상 위험이 따르거나 부작용 혹은 후유증이 있을 수 있는지, 당시의 환자 상태가 어떠한지, 간호사의 자질과 숙련도는 어느 정도인지 등의 여러 사정을 참작하여 개별적으로 결정하여야 한다. 간호사가 의사의 처방에 의한 정맥주사(Side Injection 방식)를 의사의 입회 없이 간호실습생(간호학과 대학생)에게 실시하도록 하여 발생한 의료사고에 대한 의사의 과실은 인정되지 아니한다(대판 2003.08.19. 2001도3667).

라. (○) 녹색등화에 따라 왕복 8차선의 간선도로를 직진하는 차량의 운전자는 특별한 사정이 없는 한 왕복 2차선의 접속도로에서 진행하여 오는 다른 차량들도 교통법규를 준수하여 함부로 금지된 좌회전을 시도하지는 아니할 것으로 믿고 운전하면 족하고, 접속도로에서 진행하여 오던 차량이 아예 허용되지 아니하는 좌회전을 감행하여 직진하는 자기 차량의 앞을 가로질러 진행하여 올 경우까지 예상하여 그에 따른 사고발생을 미리 방지하기 위하여 특별한 조치까지 강구할 주의의무는 없다 할 것이고, 또한 운전자가 제한속도를 지키며 진행하였더라면 피해자가 좌회전하여 진입하는 것을 발견한 후에 충돌을 피할 수 있었다는 등의 사정이 없는 한 운전자가 제한속도를 초과하여 과속으로 진행한 잘못이 있다 하더라도 그러한 잘못과 교통사고의 발생 사이에 상당인과관계가 있다고 볼 수는 없다(대판 1998.09.22. 98도1854).

마. (○) 호텔을 경영하는 주식회사에 대표이사가 따로 있고 동 회사의 실질적인 책임자로서 업무전반을 총괄하는 전무 밑에 상무, 지배인, 관리부장, 영업부장 등을 따로 두어 각 소관업무를 분담처리하도록 하는 한편, 소방법 소정의 방화관리자까지 선정, 당국에 신고하여 동인으로 하여금 소방훈련 및 화기사용 또는 취급에 관한 지도감독 등을 하도록 하고 있다면 위 회사의 업무에 전혀 관여하지 않고 있던 소위 회장에게는 위 회사의 직원들에 대한 일반적, 추상적 지휘감독의 책임은 있을지언정 동 호텔 종업원의 부주의와 호텔구조상의 결함으로 발생, 확대된 화재에 대한 구체적이고도 직접적인 주의의무는 없다고 할 수밖에 없다(대판 1986.07.22. 85도108).

정답 ⑤

문 19

형법상 과실 또는 주의의무 위반에 관한 다음 설명 중 옳지 않은 것은 모두 몇 개인가?(다툼이 있는 경우 판례에 의함) [2016년 37번]

㉮ 법령에 의하여 도급인에게 수급인의 업무에 관하여 구체적인 관리·감독의무가 부여되어 있거나 도급인이 공사의 시공이나 개별 작업에 관하여 구체적으로 지시·감독하였다는 등의 사정만으로는, 도급인에게 수급인의 업무와 관련하여 사고방지에 필요한 안전조치를 할 주의의무가 있다고 볼 수 없다.

㉯ 사기죄가 성립하기 위해서는 기망행위와 상대방의 착오 및 재물의 교부 또는 재산상의 이익의 공여와의 사이에 순차적인 인과관계가 있어야 하고, 착오에 빠진 원인 중에 피기망자 측에 과실이 있는 경우에는 특별한 사정이 없는 한 사기죄가 성립하지 않는다.

㉰ 행정상의 단속을 주안으로 하는 법규라 하더라도 명문규정이 있거나 해석상 과실범도 벌할 뜻이 명확한 경우를 제외하고는 형법의 원칙에 따라 고의가 있어야 벌할 수 있다.

㉱ 피고인이 운전자의 부탁으로 차량의 조수석에 동승한 후, 운전자의 차량운전행위를 살펴보고 잘못된 점이 있으면 이를 지적하여 교정해 주려 했던 것이라면 전문적인 운전교습자가 피교습자에 대하여 차량운행에 관해 모든 지시를 하는 경우와 같이 주도적 지위에서 동 차량을 운행할 의도가 있었다거나 실제로 그 같은 운행을 하였다고 보기 어렵다 하더라도 그 같은 운행중에 야기된 사고에 대하여 과실범의 공동정범의 책임을 물을 수 있다.

㉲ 환자의 명시적인 수혈 거부 의사가 존재하여 수혈하지 아니함을 전제로 환자의 승낙(동의)을 받아 수술하였는데 수술 과정에서 수혈을 하지 않으면 생명에 위험이 발생할 수 있는 응급상태에 이른 경우에, 환자의 생명을 보존하기 위해 불가피한 수혈 방법의 선택을 고려함이 원칙이라 할 수 있지만, 한편으로 환자의 생명 보호에 못지않게 환자의 자기결정권을 존중하여야 할 의무가 대등한 가치를 가지는 것으로 평가되는 때에는 이를 고려하여 진료행위를 하여야 한다. 다만 환자의 생명과 자기결정권을 비교형량하기 어려운 특별한 사정이 있다고 인정되는 경우에 의사가 자신의 직업적 양심에 따라 환자의 양립할 수 없는 두 개의 가치 중 어느 하나를 존중하는 방향으로 행위하였다면, 이러한 행위는 처벌할 수 없다.

㉳ 공동의 과실이 경합되어 화재가 발생한 경우에 적어도 각 과실이 화재의 발생에 대하여 하나의 조건이 된 이상은 그 공동적 원인을 제공한 각자에 대하여 실화죄의 죄책을 물어야 한다.

① 1개 ② 2개 ③ 3개
④ 4개 ⑤ 5개

:: 해설   ★★

㉮ (X) 원칙적으로 도급인에게는 수급인의 업무와 관련하여 사고방지에 필요한 안전조치를 취할 주의의무가 없으나, 법령에 의하여 도급인에게 수급인의 업무에 관하여 구체적인 관리·감독의무 등이 부여되어 있거나 도급인이 공사의 시공이나 개별 작업에 관하여 구체적으로 지시·감독하였다는 등의 특별한 사정이 있는 경우에는 도급인에게도 수급인의 업무와 관련하여 사고방지에 필요한 안전조치를 취할 주의의무가 있다(대판 2009.05.28. 2008도7030).

㉯ (X) 사기죄가 성립하기 위해서는 기망행위와 상대방의 착오 및 재물의 교부 또는 재산상의 이익의 공여와의 사이에 순차적인 인과관계가 있어야 하지만, 착오에 빠진 원인 중에 피기망자 측에 과실이 있는 경우에도 사기죄가 성립한다(대판 2009.06.23. 2008도1697).

㉰ (O) 행정상의 단속을 주안으로 하는 법규라 하더라도 명문규정이 있거나 해석상 과실범도 벌할 뜻이 명확한 경우를 제외하고는 형법의 원칙에 따라 고의가 있어야 벌할 수 있다(대판 2010.02.11. 2009도9807).
  ⇨ 피고인 1이 피해자를 처음 이 사건 찜질방에 들여보낼 당시 피해자가 술에 만취하여 목욕장의 정상적인 이용이 곤란한 상태였다고 단정하기 어려울 뿐만 아니라 그 이후 피해자가 이 사건 찜질방 후문으로 나가 술을 더 마신 다음 다시 후문으로 들어온 사실을 위 피고인은 전혀 모르고 있었던 점에 비추어 보면, 위 피고인에게 음주 등으로 목욕장의 정상적인 이용이 곤란하다고 인정되는 자를 출입시킨다는 점에 대한 고의가 있다고 할 수 없어 위 피고인에 대하여 이 사건 공소사실에 따른 형사책임을 물을 수 없을 뿐더러, 위 피고인에 대한 공소사실이 인정됨을 전제로 양벌조항에 따라 기소된 피고인 2에 대하여도 형사책임을 물을 수 없다고 판단한 사안.

㉱ (X) 피고인이 운전자의 부탁으로 차량의 조수석에 동승한 후, 운전자의 차량운전행위를 살펴보고 잘못된 점이 있으면 이를 지적하여 교정해 주려 했던 것에 그치고 전문적인 운전교습자가 피교습자에 대하여 차량운행에 관해 모든 지시를 하는 경우와 같이 주도적 지위에서 동 차량을 운행할 의도가 있었다거나 실제로 그 같은 운행을 하였다고 보기 어렵다면 그같은 운행중에 야기된 사고에 대하여 과실범의 공동정범의 책임을 물을 수 없다(대판 1984.03.13. 82도3136).

㉲ (O) 환자의 명시적인 수혈 거부 의사가 존재하여 수혈하지 아니함을 전제로 환자의 승낙(동의)을 받아 수술하였는데 수술 과정에서 수혈을 하지 않으면 생명에 위험이 발생할 수 있는 응급상태에 이른 경우에, 환자의 생명을 보존하기 위해 불가피한 수혈 방법의 선택을 고려함이 원칙이라 할 수 있지만, 한편으로 환자의 생명 보호에 못지않게 환자의 자기결정권을 존중하여야 할 의무가 대등한 가치를 가지는 것으로 평가되는 때에는 이를 고려하여 진료행위를 하여야 한다. 어느 경우에 수혈을 거부하는 환자의 자기결정권이 생명과 대등한 가치가 있다고 평가될 것인지는 환자의 나이, 지적 능력, 가족관계, 수혈 거부라는 자기결정권을 행사하게 된 배경과 경위 및 목적, 수혈 거부 의사가 일시적인 것인지 아니면 상당한 기간 동안 지속되어 온 확고한 종교적 또는 양심적 신념에 기초한 것인지, 환자가 수혈을 거부하는 것이 실질적으로 자살을 목적으로 하는 것으로 평가될 수 있는지 및 수혈을 거부하는 것이 다른 제3자의 이익을 침해할 여지는 없는 것인지 등 제반 사정을 종합적으로 고려하여 판단하여야 한다. 다만 환자의 생명과 자기결정권을 비교형량하기 어려운 특별한 사정이 있다고 인정되는 경우에 의사가 자신의 직업적 양심에 따라 환자의 양립할 수 없는 두 개의 가치 중 어느 하나를 존중하는 방향으로 행위하였다면, 이러한 행위는 처벌할 수 없다(대판 2014.06.26. 2009도14407).

㉳ (O) 공동의 과실이 경합되어 화재가 발생한 경우에 적어도 각 과실이 화재의 발생에 대하여 하나의 조건이 된 이상은 그 공동적 원인을 제공한 각자에 대하여 실화죄의 죄책을 물어야 한다(대판 1983.05.10. 82도2279).

정답 ③

문 20

과실에 관한 다음 설명 중 가장 옳지 않은 것은?(다툼이 있는 경우 판례 및 통설에 의함) [2016년 11번]

① 중과실은 중대한 주의의무위반을 뜻하는 바, 피고인 정도의 연령이나 경험·지식을 가진 사람으로서는 약간의 주의만 하더라도 쉽게 예견할 수 있음에도 그러한 결과에 대해 주의를 다하지 않은 것은 중대한 과실에 해당한다.
② 의료사고에 있어서 의사의 과실을 인정하기 위해서는 의사가 결과발생을 예견할 수 있었음에도 불구하고 그 결과발생을 예견하지 못하였고, 그 결과발생을 회피할 수 있었음에도 불구하고 그 결과발생을 회피하지 못한 과실이 검토되어야 하고, 그 과실의 유무를 판단함에는 같은 업무와 직무에 종사하는 일반적 보통인의 주의 정도를 표준으로 하여야 한다.
③ 임차인이 자신의 비용으로 설치·사용하던 가스설비의 휴즈콕크를 아무런 조치 없이 제거하고 이사를 간 후 가스공급을 개별적으로 차단할 수 있는 주밸브가 열려져 가스가 유입되어 폭발사고가 발생한 경우, 평균인의 관점에서 객관적으로 볼 때 충분히 예상할 수 있으므로 임차인의 과실과 가스폭발 사고 사이의 상당인과관계를 인정할 수 있다.
④ 신뢰의 원칙이란 과실범에서 주의의무규칙을 준수하는 사람은 다른 참여자들도 그렇게 하리라는 것을 신뢰한 행위결과로 구성요건결과가 발생하더라도 과실행위가 되지 않는다는 것이다.
⑤ 중앙선이 표시되어 있지 아니한 비포장도로에서는 승용차가 마주보고 진행할 수 있는 정도의 너비가 되는 도로라고 하더라도 마주 오는 차가 도로의 중앙이나 좌측부분으로 진행하여 올 것을 예상하여 필요한 조치를 강구하여야 할 업무상 주의의무가 있는 것이 원칙이다.

해설

① (○) 피고인이 84세 여자 노인과 11세의 여자 아이를 상대로 안수기도를 함에 있어서 그들을 바닥에 반드시 눕혀 놓고 기도를 한 후 "마귀야 물러가라", "왜 안 나가느냐"는 등 큰 소리를 치면서 한 손 또는 두 손으로 그들의 배와 가슴 부분을 세게 때리고 누르는 등의 행위를 여자 노인에게는 약 20분간, 여자아이에게는 약 30분간 반복하여 그들을 사망케 한 경우에, 고령의 여자 노인이나 나이 어린 연약한 여자아이들은 약간의 물리력을 가하더라도 골절이나 타박상을 당하기 쉽고, 더욱이 배나 가슴 등에 그와 같은 상처가 생기면 치명적 결과가 올 수 있다는 것은 피고인 정도의 연령이나 경험 지식을 가진 사람으로서는 약간의 주의만 하더라도 쉽게 예견할 수 있음에도 그러한 결과에 대하여 주의를 다하지 않아 사람을 죽음으로까지 이르게 한 행위는 중대한 과실이므로, 중과실치사죄에 해당한다(대판 1997.04.22. 97도538).
② (○) 의료사고에 있어서 의사의 과실을 인정하기 위해서는 의사가 결과발생을 예견할 수 있었음에도 불구하고, 그 결과발생을 예견하지 못하였고 그 결과발생을 회피할 수 있었음에도 불구하고, 그 결과발생을 회피하지 못한 과실이 검토되어야 하고, 그 과실의 유무를 판단함에는 같은 업무와 직종에 종사하는 일반적 보통인의 주의정도를 표준으로 하여야 하며, 이에는 사고 당시의 일반적인 의학의 수준과 의료환경 및 조건, 의료행위의 특수성 등이 고려되어야 한다(대판 2006.12.07. 2006도1790).
③ (○) 임차인이 자신의 비용으로 설치·사용하던 휴즈콕크를 아무런 조치 없이 제거하고 이사를 간 후 가스공급을 개별적으로 차단할 수 있는 주밸브가 열려져 가스가 유입되어 폭발사고가 발생한 경우, 그 휴즈콕크를 제거하면서 그 제거부분에 아무런 조치를 하지 않고 방치하면 주밸브가 열리는 경우 유입되는 가스를 막을 아무런 안전장치가 없어 가스 유출로 인한 대형사고의 가능성이 있다는 것은 평균인의 관점에서 객관적으로 볼 때 충분히 예견할 수 있으므로, 임차인의 과실과 가스폭발사고 사이에는 상당인과관계가 인정된다(대판 2001.06.01. 99도5086).

④ (○) 신뢰의 원칙은 주의의무규칙을 준수하는 사람은 다른 참여자들도 그렇게 하리라는 것을 신뢰할 수 있고, 이 신뢰의 결과로 구성요건결과가 발생하더라도 과실행위가 되지 않는다는 것이다. 즉 다른 참여자에 대한 '신뢰'가 행위자의 객관적 주의의무를 제한하는 기능을 한다.

⑤ (X) 중앙선이 표시되어 있지 아니한 비포장도로라고 하더라도 승용차가 넉넉히 서로 마주보고 진행할 수 있는 정도의 너비가 되는 도로를 정상적으로 진행하고 있는 자동차의 운전자로서는, 특별한 사정이 없는 한 마주 오는 차도 교통법규를 지켜 도로의 중앙으로부터 우측부분을 통행할 것으로 신뢰하는 것이 보통이므로, 마주 오는 차가 도로의 중앙이나 좌측부분으로 진행하여 올 것까지 예상하여 특별한 조치를 강구하여야 할 업무상 주의의무는 없는 것이 원칙이고, 다만 마주 오는 차가 이미 비정상적으로 도로의 중앙이나 좌측부분으로 진행하여 오고 있는 것을 목격한 경우에는, 자기의 차와 마주 오는 차와의 접촉충돌에 의한 위험의 발생을 미연에 방지할 수 있는 적절한 조치를 취하여야 할 업무상 주의의무가 있다고 할 것이지만, 그와 같은 경우에도 자동차의 운전자가 업무상 요구되는 적절한 조치를 취하였음에도 불구하고 마주 오는 차의 운전자의 중대한 과실로 인하여 충돌사고의 발생을 방지할 수 없었던 것으로 인정되는 때에는 자동차의 운전자에게 과실이 있다고 할 수 없다(대판 1992.07.28. 92도1137).

 정답 ⑤

제❽절 ▎결과적 가중범

문 21

다음 설명 중 옳지 않은 것은 모두 몇 개인가? [2018년 14번]

> 가. 공장에서 동료 사이에 말다툼을 하던 중 피고인의 삿대질을 피하려고 뒷걸음치던 피해자가 장애물인 철받침대에 걸려 넘어져 두개골절로 사망하였다면, 폭행치사죄가 성립하지 않는다.
> 나. 상해를 교사하였는데 피교사자가 이를 넘어 살인을 실행한 경우, 교사자에게 피해자의 사망이라는 결과에 대하여 과실 내지 예견가능성이 있는 때에는 상해치사죄의 교사범이 성립한다.
> 다. 친구를 살해할 의도로 친구가 살고 있는 집을 방화하여 그를 사망하게 하였다면, 현주건조물방화치사죄와 살인죄가 성립하고 상상적 경합 관계에 있다.
> 라. 상해 후 피해자가 졸도하자 죽은 것으로 오인하고 자살로 위장하기 위해서 베란다 아래로 떨어뜨림으로써 사망의 결과를 발생하게 한 경우 상해죄와 과실치사죄의 경합범이 성립한다.
> 마. 배우자가 경영하는 미장원에 고용된 부녀에게 성교 요구에 불응하면 해고한다고 위협하여 간음하고 이로 인하여 피해자의 처녀막이 파열되었다면, 업무상 위력에 의한 간음치상죄가 성립한다.

① 0개   ② 1개   ③ 2개
④ 3개   ⑤ 4개

:: 해설   ★★

가. (○) 피고인이 피해자에게 상당한 힘을 가하여 넘어뜨린 것이 아니라 단지 공장에서 동료 사이에 말다툼을 하던 중 피고인이 삿대질하는 것을 피하고자 피해자 자신이 두어걸음 뒷걸음치다가 회전 중이던 십자형 스빙기계 철받침대에 걸려 넘어진 정도라면, 당시 바닥에 위와 같은 장애물이 있어서 뒷걸음치면 장애물에 걸려 넘어질 수 있다는 것까지는 예견할 수 있었다고 하더라도 그 정도로 넘어지면서 머리를 바닥에 부딪혀 두개골절로 사망한다는 것은 이례적인 일이어서 통상적으로 일반인이 예견하기 어려운 결과라고 하지 않을 수 없으므로 피고인에게 폭행치사죄의 책임을 물을 수 없다(대판 1990.09.25. 90도1596).

나. (○) 교사자가 피교사자에 대하여 상해를 교사하였는데 피교사자가 이를 넘어 살인을 실행한 경우, 일반적으로 교사자는 상해죄에 대한 교사범이 되는 것이고, 다만 이 경우 교사자에게 피해자의 사망이라는 결과에 대하여 과실 내지 예견가능성이 있는 때에는 상해치사죄의 교사범으로서의 죄책을 지울 수 있다(대판 1997.06.24. 97도1075).

다. (X) 형법 제164조 후단이 규정하는 현주건조물방화치사상죄는 그 전단이 규정하는 죄에 대한 일종의 가중처벌 규정으로서 과실이 있는 경우뿐만 아니라, 고의가 있는 경우에도 포함된다고 볼 것이므로 사람을 살해할 목적으로 현주건조물에 방화하여 사망에 이르게 한 경우에는 현주건조물방화치사죄로 의율하여야 하고 이와 더불어 살인죄와의 상상적경합범으로 의율할 것은 아니며, 다만 존속살인죄와 현주건조물방화치사죄는 상상적경합범 관계에 있으므로, 법정형이 중한 존속살인죄로 의율함이 타당하다(대판 1996.04.26. 96도485).

라. (X) 피고인의 구타행위로 상해를 입은 피해자가 정신을 잃고 빈사상태에 빠지자 사망한 것으로 오인하고, 자신의 행위를 은폐하고 피해자가 자살한 것처럼 가장하기 위하여 피해자를 베란다 아래의 바닥으로 떨어뜨려 사망케 하였다면, 피고인의 행위는 포괄하여 단일의 상해치사죄에 해당한다(대판 1994.11.04. 94도2361).

마. (X) 피고인이 직접 피해자 甲을 미장원의 종업원으로 고용한 것은 아니라 하더라도 자기의 처가 경영하는 미장원에 매일같이 출입하면서 미장원 일을 돕고 있었다면 피고인은 甲에 대하여 사실상 자기의 보호 또는 감독을 받는 상황에 있는 부녀의 경우에 해당된다(대판 1985.09.10. 85도1273). ▶ 형법 제303조 제1항의 업무상 위력에 의한 간음죄가 성립한다. 업무상 위력에 의한 간음치상죄라는 구성요건은 우리 형법에 존재하지 아니한다.제303조 제1항의 업무상 위력에 의한 간음죄가 성립한다. 업무상 위력에 의한 간음치상죄라는 구성요건은 우리 형법에 존재하지 아니한다.

정답 ④

제3장 위법성론

제❶절 | 위법성의 일반이론

문 6

다음 설명 중 가장 옳지 않은 것은? [2023년 17번]

① 甲이 피해자에게 밍크 45마리에 관하여 자기에게 그 권리가 있다고 주장하면서 이를 가져간 데 대하여 피해자의 묵시적인 동의가 있었다면, 甲의 주장이 후에 허위임이 밝혀졌더라도 甲의 행위는 절도죄의 절취행위에 해당하지 않는다.

② 위법하지 않은 정당한 침해에 대한 정당방위는 인정되지 아니하고, 방위행위가 사회적으로 상당한 것인지 여부는 침해행위에 의해 침해되는 법익의 종류, 정도, 침해의 방법, 침해행위의 완급과 방위행위에 의해 침해될 법익의 종류, 정도 등 일체의 구체적 사정들을 참작하여 판단하여야 한다.

③ 선박의 이동에도 새로운 공유수면점용허가가 있어야 하고 휴지선을 이동하는데는 예인선이 따로 필요한 관계로 비용이 많이 들어 다른 해상으로 이동을 하지 못하고 있는 사이에 태풍을 만나게 되고 그와 같은 위급한 상황에서 선박과 선원들의 안전을 위하여 사회통념상 가장 적절하고 필요불가결하다고 인정되는 조치를 취하였다면 형법상 긴급피난으로서 위법성이 없어 범죄가 성립되지 아니한다.

④ 甲이 피해자와 공모하여 교통사고를 가장하여 보험금을 편취할 목적으로 피해자에게 상해를 가하였다면, 甲의 상해행위는 피해자의 승낙에 의하여 위법성이 조각된다.

⑤ 신문기자인 甲이 A에게 2회에 걸쳐 증여세 포탈에 대한 취재를 요구하면서 이에 응하지 않으면 자신이 취재한 내용대로 보도하겠다고 말한 경우, 위 행위가 해악의 고지에 해당하더라도 특별한 사정이 없는 한 기사 작성을 위한 자료를 수집하고 보도하기 위한 것으로 신문기자의 일상적 업무 범위에 속하여 사회상규에 반하지 아니하는 행위로서 위법성이 조각된다.

MGI Point   위법성 조각사유   ★★

- 피해자의 묵시적인 동의 하에 밍크 코트를 가져간 행위 ⇨ 양해 ⇨ 구성요건해당성 조각
- 정당방위에서 방위행위의 판단 기준 ⇨ 침해되는 법익의 종류, 정도, 침해의 방법, 침해행위의 완급 등 구체적 사정들을 참작하여 판단하여야
- 태풍에 대비한 선박의 안전을 위하여 선박의 닻줄을 7샤클로 늘여 놓아 피조개양식장에 피해를 준 사건 ⇨ 긴급피난 인정
- 피해자와 공모하여 교통사고를 가장하여 보험금을 편취할 목적으로 피해자에게 상해를 가한 경우 ⇨ 피해자의 승낙 성립×(위법성 조각×) ⇨ 폭행죄 성립
- 신문기자인 甲이 A에게 2회에 걸쳐 증여세 포탈에 대한 취재를 요구하면서 이에 응하지 않으면 자신이 취재한 내용대로 보도하겠다고 말한 경우 ⇨ 사회상규에 반하지 아니하는 행위 ⇨ 위법성 조각

---

① (○) 피고인이 피해자에게 이 사건 밍크 45마리에 관하여, 자기에게 그 권리가 있다고 주장하면서 이를 가져간 데 대하여 피해자의 묵시적인 동의가 있었다면 피고인의 주장이 후에 허위임이 밝혀졌더라도 피고인의 행위는 절도죄의 절취행위에는 해당하지 않는다(대법원 1990. 8. 10. 90도1211).

② (○) 어떠한 행위가 정당방위로 인정되려면 그 행위가 자기 또는 타인의 법익에 대한 현재의 부당한 침해를 방어하기 위한 것으로서 상당성이 있어야 하므로, 위법하지 않은 정당한 침해에 대한 정당방위는 인정되지 아니하고, 방위행위가 사회적으로 상당한 것인지 여부는 침해행위에 의해 침해되는 법익의 종류, 정도, 침해의 방법, 침해행위의 완급과 방위행위에 의해 침해될 법익의 종류, 정도 등 일체의 구체적 사정들을 참작하여 판단하여야 할 것…(대법원 2006. 4. 27. 2003도4735).

③ (○) 선박의 이동에도 새로운 공유수면점용허가가 있어야 하고 휴지선을 이동하는데는 예인선이 따로 필요한 관계로 비용이 많이 들어 다른 해상으로 이동을 하지 못하고 있는 사이에 태풍을 만나게 되고 그와 같은 위급한 상황에서 선박과 선원들의 안전을 위하여 사회통념상 가장 적절하고 필요불가결하다고 인정되는 조치를 취하였다면 형법상 긴급피난으로서 위법성이 없어서 범죄가 성립되지 아니한다고 보아야 하고 미리 선박을 이동시켜 놓아야 할 책임을 다하지 아니함으로써 위와 같은 긴급한 위난을 당하였다는 점만으로는 긴급피난을 인정하는데 아무런 방해가 되지 아니한다(대법원 1987. 1. 20. 85도221).

④ (X) 피고인이 피해자와 공모하여 교통사고를 가장하여 보험금을 편취할 목적으로 피해자에게 상해를 가하였다면 피해자의 승낙이 있었다고 하더라도 이는 위법한 목적에 이용하기 위한 것이므로 피고인의 행위가 피해자의 승낙에 의하여 위법성이 조각된다고 할 수 없다고 판단하였다. 앞서 본 법리 및 기록에 비추어 살펴보면, 원심의 위와 같은 판단은 정당하고, 거기에 상고이유의 주장과 같은 피해자 승낙에 관한 법리를 오해하였거나 죄형법정주의의 명확성 원칙에 위배되는 위법이 없다(대법원 2008. 12. 11. 2008도9606).

⑤ (○) 신문기자인 피고인이 고소인에게 2회에 걸쳐 증여세 포탈에 대한 취재를 요구하면서 이에 응하지 않으면 자신이 취재한 내용대로 보도하겠다고 말하여 협박하였다는 취지로 기소된 사안에서, 피고인이 취재와 보도를 빙자하여 고소인에게 부당한 요구를 하기 위한 취지는 아니었던 점, 당시 피고인이 고소인에게 취재를 요구하였다가 거절당하자 인터뷰 협조요청서와 서면질의 내용을 그 자리에 두고 나왔을 뿐 폭언을 하거나 보도하지 않는 데 대한 대가를 요구하지 않은 점, 관할 세무서가 피고인의 제보에 따라 탈세 여부를 조사한 후 증여세를 추징하였다고 피고인에게 통지한 점, 고소인에게 불리한 사실을 보도하는 경우 기자로서 보도에 앞서 정확한 사실 확인과 보도 여부 등을 결정하기 위해 취재 요청이 필요했으리라고 보이는 점 등 제반 사정에 비추어, 위 행위가 설령 협박죄에서 말하는 해악의 고지에 해당하더라도 특별한 사정이 없는 한 기사 작성을 위한 자료를 수집하고 보도하기 위한 것으로서 신문기자의 일상적 업무 범위에 속하여 사회상규에 반하지 아니하는 행위라고 보는 것이 타당한데도, 이와 달리 본 원심판단에 정당행위에 관한 법리오해의 위법이 있다고 한 사례(대법원 2011. 7. 14. 2011도639).

정답 ④

제❷절 ▎ 정당방위

제❸절 ▎ 긴급피난

제❹절 ▎ 자구행위

제❺절 ▎ 피해자의 승낙

문 22

다음 설명 중 옳지 않은 것은 모두 몇 개인가? [2018년 30번]

> 가. 공문서의 기안문서를 작성하고 이를 작성권한 있는 자에게 결재를 요청하였으나 작성권한 자가 서명을 거부하며 자기의 서명을 흉내내어 대신 서명하게 하였다면, 작성권한자의 지시 내지 승낙이 있다고 볼 수 없다.
> 나. 사자명의로 된 문서를 작성함에 있어 사망자의 처로부터 사망자의 인장을 교부받아 생존당 시 작성한 것처럼 문서의 작성일자를 그 명의자의 생존중의 일자로 소급하여 작성하였다면 작성명의인의 추정적 승낙이 있다고 볼 수 있다.
> 다. 피해자의 병명을 오진하고 이에 근거하여 피해자에게 수술의 불가피성만을 강조하였을 뿐 진단상의 과오가 없었으면 당연히 설명받았을 내용을 설명받지 못한 채로 수술승낙을 받았 다면 피해자의 승낙이 있다고 볼 수 없다.
> 라. 관련 민사소송에서 쟁점이 된 제3자로부터 급여를 받은 사실을 숨기기 위해 통장의 입금자 부분을 화이트테이프로 지우고 복사하였을 뿐 입금자를 다른 제3자로 변경하지 않았다면, 통장 명의인인 은행의 추정적 승낙이 있다고 볼 수 있다.
> 마. 피해자가 사용 중인 공중화장실의 용변칸에 노크하여 피해자가 남편으로 오인하고 용변칸 문을 열자 강간할 의도로 용변칸에 들어갔다면, 피해자가 명시적 또는 묵시적으로 승낙하였다고 볼 수 없다.

① 0개   ② 1개   ③ 2개
④ 3개   ⑤ 4개

해설 ★

가. (X) 문서의 위조라 함은 행사할 목적으로 공무원 또는 공무소의 문서를 정당한 작성권한 없는 자가 작성권한 있는 자의 명의로 작성하는 것을 말하므로, 공문서인 기안문서의 작성권한자가 직접 이에 서명하지 않고 피고인에게 지시하여 자기의 서명을 흉내내어 기안문서의 결재란에 대신 서명케 한 경우라면 피고인의 기 안문서 작성행위는 작성권자의 지시 또는 승낙에 의한 것으로서 공문서위조죄의 구성요건해당성이 조각된 다(대판 1983.05.24. 82도1426).

나. (X) 사자명의로 된 문서를 작성함에 있어 사망자의 처로부터 사망자의 인장을 교부받아 생존 당시 작성한 것처럼 문서의 작성일자를 그 명의자의 생존중의 일자로 소급하여 작성한 때에는 작성명의인의 승낙이 있 다고 볼 수 없다 할 것이니 사문서위조죄에 해당한다(대판 1983.10.25. 83도1520).

다. (○) 산부인과 전문의 수련과정 2년차인 의사가 자신의 시진, 촉진결과 등을 과신한 나머지 초음파검사 등 피해자의 병증이 자궁외 임신인지, 자궁근종인지를 판별하기 위한 정밀한 진단방법을 실시하지 아니한 채 피해자의 병명을 자궁근종으로 오진하고 이에 근거하여 의학에 대한 전문지식이 없는 피해자에게 자궁적출술의 불가피성만을 강조하였을 뿐 위와 같은 진단상의 과오가 없었으면 당연히 설명받았을 자궁외 임신에 관한 내용을 설명받지 못한 피해자로부터 수술승낙을 받았다면 위 승낙은 부정확 또는 불충분한 설명을 근거로 이루어진 것으로서 수술의 위법성을 조각할 유효한 승낙이라고 볼 수 없다(대판 1993.07.27. 92도2345).
라. (X) 피고인이 행사할 목적으로 권한 없이 甲 은행 발행의 피고인 명의 예금통장 기장내용 중 특정 일자에 乙 주식회사로부터 지급받은 월급여의 입금자 부분을 화이트테이프로 지우고 복사하여 통장 1매를 변조한 후 그 통장사본을 법원에 증거로 제출하여 행사하였다는 내용으로 기소된 사안에서, 관련 민사소송에서 피고인이 언제부터 乙 회사에서 급여를 받았는지가 중요한 사항이었는데 입금자 명의를 가리고 복사하여 이를 증거로 제출함으로써 새로운 증명력이 작출되었으므로 공공적 신용을 해할 위험성이 있었다고 볼 수 있고, 제반 사정을 종합할 때 통장 명의자인 甲 은행장이 행위 당시 그러한 사실을 알았다면 이를 당연히 승낙했을 것으로 추정된다고 볼 수 없으며, 피고인이 쟁점이 되는 부분을 가리고 복사함으로써 문서내용에 변경을 가하고 증거자료로 제출한 이상 사문서변조 및 동행사의 고의가 없었다고 할 수 없다(대판 2011.09.29. 2010도14587).
마. (○) 피고인이 피해자가 사용중인 공중화장실의 용변칸에 노크하여 남편으로 오인한 피해자가 용변칸 문을 열자 강간할 의도로 용변칸에 들어간 것이라면 피해자가 명시적 또는 묵시적으로 이를 승낙하였다고 볼 수 없어 주거침입죄에 해당한다(대판 2003.05.30. 2003도1256).

정답 ④

제❻절 ▎정당행위

문 23

위법성조각사유에 관한 다음 설명 중 가장 옳지 않은 것은? [2022년 4번]

① 위법성조각사유란 구성요건에 해당하는 행위의 위법성을 배제하는 특별한 사유를 말하는 것으로서 형법총칙상 위법성조각사유에는 정당행위, 정당방위, 긴급피난, 자구행위, 피해자의 승낙이 있다.
② 민사소송법 제335조에 따른 법원의 감정인 지정결정 또는 같은 법 제341조 제1항에 따른 법원의 감정촉탁을 받은 경우에는 감정평가업자가 아닌 사람이더라도 그 감정사항에 포함된 토지 등의 감정평가를 할 수 있고, 이러한 행위는 법령에 근거한 법원의 적법한 결정이나 촉탁에 따른 것으로 형법 제20조의 정당행위에 해당하여 위법성이 조각된다.
③ 차량통행문제를 둘러싸고 피고인의 부와 다툼이 있던 피해자가 그 소유의 차량에 올라타 문안으로 운전해 들어가려 하자 피고인의 부가 양팔을 벌리고 이를 제지하였으나 위 피해자가 이에 불응하고 그대로 그 차를 피고인의 부 앞쪽으로 약 3미터 가량 전진시키자 위 차의 운전석 부근 옆에 서 있던 피고인이 부가 위 차에 다치겠으므로 이에 당황하여 위 차를 정지시키기 위하여 운전석 옆 창문을 통하여 피해자의 머리털을 잡아당겨 그의 흉부가 위 차의 창문틀에 부딪혀 약간의 상처를 입게 한 행위는 부의 생명, 신체에 대한 현재의 부당한 침해를 방위하기 위한 행위로서 정당방위에 해당한다.
④ 피해자가 술에 만취하여 누나와 말다툼을 하다가 누나의 머리채를 잡고 때렸으며, 당시 누나의 남편이었던 피고인이 이를 목격하고 화가 나서 피해자와 싸우게 되었는데, 그 과정에서 몸무게가 85kg 이상이나 되는 피해자가 62kg의 피고인을 침대 위에 넘어뜨리고 피고인의 가슴 위에 올라타 목 부분을 누르자 호흡이 곤란하게 된 피고인이 안간힘을 쓰면서 허둥대다가 그 옆 침대 위

에 놓여있던 과도로 피해자에게 상해를 가한 경우 피고인의 행위는 자신의 신체에 대한 현재의 부당한 침해를 방위하기 위한 행위로서 정당방위에 해당한다.
⑤ 자동차 정보 관련 인터넷 신문사 소속 기자가 작성한 기사가 인터넷 포털 사이트의 자동차 뉴스 '핫이슈' 란에 게재되자 피고인이 "이런 걸 기레기라고 하죠?"라는 댓글을 게시하였더라도 '기레기'는 기사 및 기자의 행태를 비판하는 글에서 비교적 폭넓게 사용되는 단어이며, 위 기사에 대한 다른 댓글들의 논조 및 내용과 비교할 때 댓글의 표현이 지나치게 악의적이라고 하기도 어려운 경우 위와 같은 댓글을 작성한 행위는 사회상규에 위배되지 않는 행위로서 형법 제20조에 의하여 위법성이 조각된다.

> **MGI Point** 위법성조각사유 ★★★
>
> - 총칙상 위법성조각사유 ⇨ 정당행위, 정당방위, 긴급피난, 자구행위, 피해자의 승낙
> - 법원에 의한 감정인 지정의 경우 ⇨ 감정인 아닌자도 감정평가 可, 법령에 의한 행위로 위법성 조각
> - 차량통행문제, 피해자가 부(父) 앞쪽으로 약 3미터 가량 전진, 당황하여 위 차를 정지시키기 위하여 운전석 옆 창문을 통하여 피해자의 머리털을 잡아당긴 사건 ⇨ 정당방위
> - 누나의 남편(85kg 이상)이 피고인(62kg)을 침대 위에 넘어뜨리고 피고인의 가슴 위에 올라타 목 부분을 누르자 호흡이 곤란, 침대 위에 놓여있던 과도로 피해자에게 상해한 사건 ⇨ 싸움, 정당방위 ×
> - 기레기 사건 ⇨ 모욕의 구성요건 해당 ○ but 사회상규에 위배되지 않는 행위로서 위법성 조각(제20조)

① (○) 위법성조각사유에 대한 설명으로 옳다.

> 형법 제20조(정당행위) 법령에 의한 행위 또는 업무로 인한 행위 기타 사회상규에 위배되지 아니하는 행위는 벌하지 아니한다.
> 형법 제21조(정당방위) ① 현재의 부당한 침해로부터 자기 또는 타인의 법익(法益)을 방위하기 위하여 한 행위는 상당한 이유가 있는 경우에는 벌하지 아니한다.
> 형법 제22조(긴급피난) ① 자기 또는 타인의 법익에 대한 현재의 위난을 피하기 위한 행위는 상당한 이유가 있는 때에는 벌하지 아니한다.
> 형법 제23조(자구행위) ① 법률에서 정한 절차에 따라서는 청구권을 보전(保全)할 수 없는 경우에 그 청구권의 실행이 불가능해지거나 현저히 곤란해지는 상황을 피하기 위하여 한 행위는 상당한 이유가 있는 때에는 벌하지 아니한다.
> 형법 제24조(피해자의 승낙) 처분할 수 있는 자의 승낙에 의하여 그 법익을 훼손한 행위는 법률에 특별한 규정이 없는 한 벌하지 아니한다.

② (○) 민사소송법 제335조에 따른 법원의 감정인 지정결정 또는 같은 법 제341조 제1항에 따른 법원의 감정촉탁을 받은 경우에는 감정평가업자가 아닌 사람이더라도 그 감정사항에 포함된 토지 등의 감정평가를 할 수 있고, 이러한 행위는 법령에 근거한 법원의 적법한 결정이나 촉탁에 따른 것으로 형법 제20조의 정당행위에 해당하여 위법성이 조각된다고 보아야 한다(대판 2021.10.14. 2017도10634).

③ (○) 차량통행문제를 둘러싸고 피고인의 부와 다툼이 있던 피해자가 그 소유의 차량에 올라타 문안으로 운전해 들어가려 하자 피고인의 부가 양팔을 벌리고 이를 제지하였으나 위 피해자가 이에 불응하고 그대로 그 차를 피고인의 부 앞쪽으로 약 3미터 가량 전진시키자 위 차의 운전석 부근 옆에 서 있던 피고인이 부가 위 차에 다치겠으므로 이에 당황하여 위 차를 정지시키기 위하여 운전석 옆 창문을 통하여 피해자의 머리털을 잡아당겨 그의 흉부가 위 차의 창문틀에 부딪혀 약간의 상처를 입게 한 행위는 부의 생명, 신체에 대한 현재의 부당한 침해를 방위하기 위한 행위로서 정당방위에 해당한다(대판 1986.10.14. 86도1091).

④ (X) 피해자가 술에 만취하여 누나인 공소외인과 말다툼을 하다가 공소외인의 머리채를 잡고 때렸으며, 당시 공소외인의 남편이었던 피고인이 이를 목격하고 화가 나서 피해자와 싸우게 되었는데, 그 과정에서 몸무게가 85kg 이상이나 되는 피해자가 62kg의 피고인을 침대 위에 넘어뜨리고 피고인의 가슴 위에 올라타 목부분을 누르자 호흡이 곤란하게 된 피고인이 안간힘을 쓰면서 허둥대다가 그 곳 침대 위에 놓여있던 과도로 피해자에게 상해를 가한 사실 …중략… 피고인의 행위는 피해자의 부당한 공격을 방위하기 위한 것이라기 보다는 서로 공격할 의사로 싸우다가 먼저 공격을 받고 이에 대항하여 가해하게 된 것이라고 봄이 상당하고, 이와 같은 싸움의 경우 가해행위는 방어행위인 동시에 공격행위의 성격을 가지므로 정당방위 또는 과잉방위행위라고 볼 수 없다(대판 2000.03.28. 2000도228).

⑤ (○) 인터넷 신문사 소속 기자 갑이 작성한 기사가 인터넷 포털 사이트의 '핫이슈' 난에 게재되자, 피고인이 "이런걸 기레기라고 하죠?"라는 댓글을 게시함으로써 공연히 갑을 모욕하였다는 내용으로 기소된 사안에서, '기레기'는 모욕적 표현에 해당하나, 위 댓글의 내용, 작성 시기와 위치, 위 댓글 전후로 게시된 다른 댓글의 내용과 흐름 등을 종합하면, 위 댓글을 작성한 행위는 사회상규에 위배되지 않는 행위로서 형법 제20조에 의하여 위법성이 조각된다고 한 사례(대판 2021.03.25. 2017도17643).

정답 ④

문 24

위법성조각사유에 관한 다음 설명 중 가장 옳지 않은 것은? [2021년 8번]

① 어떠한 행위가 정당방위로 인정되려면 그 행위가 자기 또는 타인의 법익에 대한 현재의 부당한 침해를 방어하기 위한 것으로서 상당성이 있어야 하므로, 위법하지 않은 정당한 침해에 대한 정당방위는 인정되지 아니한다.

② 자기 또는 타인의 법익에 대한 현재의 위난을 피하기 위한 행위가 그 정도를 초과한 경우 그 행위가 야간 기타 불안스러운 상태하에서 공포, 경악, 흥분 또는 당황으로 인한 때에는 벌하지 아니한다.

③ 형법 제24조의 규정에 의하여 위법성이 조각되는 피해자의 승낙은 개인적 법익을 훼손하는 경우에 법률상 이를 처분할 수 있는 사람의 승낙을 말할 뿐만 아니라 그 승낙이 윤리적, 도덕적으로 사회상규에 반하는 것이 아니어야 하므로, 폭행치사죄에 대한 피해자의 승낙은 위법성을 조각하지 못한다.

④ 명의인이 문서의 작성일자 전에 이미 사망하였다 하더라도 그러한 문서 역시 공공의 신용을 해할 위험이 있는 경우에는 사문서위조죄가 성립하나, 그 문서에 관하여 사망한 명의자의 승낙이 추정되는 경우에는 피해자의 승낙에 따라 위법성이 조각된다.

⑤ 2인 이상이 하나의 공간에서 공동생활을 하고 있는 경우에는 각자 주거의 평온을 누릴 권리가 있으므로, 사용자가 제3자와 공동으로 관리·사용하는 공간을 사용자에 대한 쟁의행위를 이유로 관리자의 의사에 반하여 침입·점거한 경우, 비록 그 공간의 점거가 사용자에 대한 관계에서 정당한 쟁의행위로 평가될 여지가 있다 하여도 이를 공동으로 관리·사용하는 제3자의 명시적 또는 추정적인 승낙이 없는 이상 위 제3자에 대하여서까지 이를 정당행위라고 하여 주거침입의 위법성이 조각된다고 볼 수는 없다.

| MGI Point | **위법성조각사유** | ★★

- 위법하지 않은 정당한 침해에 대한 정당방위는 인정 ×
- 불가벌적 과잉방위(형법 §21③) : 과잉방위가 야간 기타 불안스러운 상태하에서 공포, 경악, 흥분 또는 당황으로 인한 때에는 벌하지 아니함
- 피해자 승낙(형법 §24)의 상당성 ⇨ 승낙이 윤리적, 도덕적으로 사회상규에 반하는 것이 아니할 것을 要
- 명의인이 문서의 작성일자 전에 이미 사망하였다 하더라도 그러한 문서 역시 공공의 신용을 해할 위험이 인정되는 경우 (문서의 내용에 관하여 사망한 명의자의 승낙이 추정되는 경우에도 동일) ⇨ 사문서위조죄 성립 ○
- 사용자가 제3자와 공동으로 관리·사용하는 공간을 사용자에 대한 쟁의행위를 이유로 관리자의 의사에 반해 침입·점거한 경우 ⇨ 공동으로 관리·사용하는 제3자의 명시적·추정적인 승낙이 없는 이상 제 3자에 대해서 주거침입의 위법성 조각 ×

① (○) 어떠한 행위가 정당방위로 인정되려면 그 행위가 자기 또는 타인의 법익에 대한 현재의 부당한 침해를 방어하기 위한 것으로서 상당성이 있어야 하므로, 위법하지 않은 정당한 침해에 대한 정당방위는 인정되지 않는다. 이때 방위행위가 사회적으로 상당한 것인지는 침해행위에 의해 침해되는 법익의 종류와 정도, 침해의 방법, 침해행위의 완급, 방위행위에 의해 침해될 법익의 종류와 정도 등 일체의 구체적 사정들을 참작하여 판단하여야 한다. 또한 자기의 법익뿐 아니라 타인의 법익에 대한 현재의 부당한 침해를 방위하기 위한 행위도 상당한 이유가 있으면 형법 제21조의 정당방위에 해당하여 위법성이 조각된다(대판 2017.03.15. 2013도2168).

② (○) 형법 제21조 제3항 참조.

> 형법 제21조(정당방위) ① 현재의 부당한 침해로부터 자기 또는 타인의 법익(法益)을 방위하기 위하여 한 행위는 상당한 이유가 있는 경우에는 벌하지 아니한다.
> ② 방위행위가 그 정도를 초과한 경우에는 정황(情況)에 따라 그 형을 감경하거나 면제할 수 있다.
> ③ 제2항의 경우에 야간이나 그 밖의 불안한 상태에서 공포를 느끼거나 경악(驚愕)하거나 흥분하거나 당황하였기 때문에 그 행위를 하였을 때에는 벌하지 아니한다. [전문개정 2020. 12. 8.]

③ (○) 형법 제24조의 규정에 의하여 위법성이 조각되는 소위 피해자의 승낙은 해석상 개인적 법익을 훼손하는 경우에 법률상 이를 처분할 수 있는 사람의 승낙을 말할 뿐만 아니라 그 승낙이 윤리적, 도덕적으로 사회상규에 반하는것이 아니어야 한다고 풀이하여야 할 것이다. 이 사건에 있어서와 같이 폭행에 의하여 사람을 사망에 이르게 하는 따위의 일에 있어서 피해자의 승낙은 범죄성립에 아무런 장애가 될 수 없는 윤리적, 도덕적으로 허용될 수 없는 즉 사회상규에 반하는 것이라고 할 것이므로 피고인등의 행위가 피해자의 승낙에 의하여 위법성이 조각된다는 상고논지는 받아들일 수가 없다(대판 1985.12.10. 85도1892).

④ (X) 문서위조죄는 문서의 진정에 대한 공공의 신용을 보호법익으로 하는 것이므로 행사할 목적으로 작성된 사문서가 일반인으로 하여금 당해 명의인의 권한 내에서 작성된 문서라고 믿게 할 수 있는 정도의 형식과 외관을 갖추고 있으면 사문서위조죄가 성립하고, 위와 같은 요건을 구비한 이상 명의인이 문서의 작성일자 전에 이미 사망하였더라도 그러한 문서 역시 공공의 신용을 해할 위험성이 있으므로 사문서위조죄가 성립한다. 위와 같이 사망한 사람 명의의 사문서에 대하여도 문서에 대한 공공의 신용을 보호할 필요가 있다는 점을 고려하면, 문서명의인이 이미 사망하였는데도 문서명의인이 생존하고 있다는 점이 문서의 중요한 내용을 이루거나 그 점을 전제로 문서가 작성되었다면 이미 문서에 관한 공공의 신용을 해할 위험이 발생하였다 할 것이므로, 그러한 내용의 문서에 관하여 사망한 명의자의 승낙이 추정된다는 이유로 사문서위조죄의 성립을 부정할 수는 없다(대판 2011.09.29. 2011도6223).

⑤ (○) 2인 이상이 하나의 공간에서 공동생활을 하고 있는 경우에는 각자 주거의 평온을 누릴 권리가 있으므로, 사용자가 제3자와 공동으로 관리·사용하는 공간을 사용자에 대한 쟁의행위를 이유로 관리자의 의사에 반하여 침입·점거한 경우, 비록 그 공간의 점거가 사용자에 대한 관계에서 정당한 쟁의행위로 평가될 여지가 있다 하여도 이를 공동으로 관리·사용하는 제3자의 명시적 또는 추정적인 승낙이 없는 이상 위 제3자에 대하여서까지 이를 정당행위라고 하여 주거침입의 위법성이 조각된다고 볼 수는 없다(대판 2010.03.11. 2009도5008).

정답 ④

문 25

다음 설명 중 가장 옳지 않은 것은? [2020년 40번]

① 정보통신망을 통한 명예훼손이나 허위사실적시 명예훼손 행위에는 위법성 조각에 관한 형법 제310조가 적용되지 않는다.
② 상관의 적법한 직무상 명령에 따른 행위는 정당행위로서 형법 제20조에 의하여 그 위법성이 조각된다고 할 것이나, 상관의 위법한 명령에 따라 범죄행위를 한 경우에는 상관의 명령에 따랐다고 하여 부하가 한 범죄행위의 위법성이 조각될 수는 없다.
③ 자신의 내면에 형성된 양심을 이유로 집총과 군사훈련을 수반하는 병역의무를 이행하지 않는 사람에게 형사처벌 등 제재를 해서는 안 된다. 따라서 진정한 양심에 따른 병역거부라면, 이는 병역법 제88조 제1항의 '정당한 사유'에 해당한다.
④ 공직선거법 제250조 제2항의 허위사실공표죄가 성립하는 경우에도 그 행위가 공공의 이익을 위한 것이라면 위법성이 조각된다.
⑤ 어떠한 행위가 위법성조각사유로서의 정당행위나 정당방위가 되는지의 여부는 구체적인 경우에 따라 합목적적, 합리적으로 가려야 하고, 또 행위의 적법 여부는 국가질서를 벗어나서 이를 가릴 수 없는 것이므로, 정당행위로 인정되려면 첫째 행위의 동기나 목적의 정당성, 둘째 행위의 수단이나 방법의 상당성, 셋째 보호법익과 침해법익과의 법익균형성, 넷째 긴급성, 다섯째 그 행위 이외의 다른 수단이나 방법이 없다는 보충성의 요건을 모두 갖추어야 하고, 정당방위로 인정되려면 그 행위가 자기 또는 타인의 보호법익에 대한 현재의 부당한 침해를 방어하기 위한 것으로서 상당성이 있어야 한다.

MGI Point **위법성조각사유** ★★

- 정보통신망을 통한 명예훼손이나 허위사실적시 명예훼손 ⇨ 형법 제310조 적용 ×
- 상관의 위법명령에 따른 행위 ⇨ 정당한 행위에 해당 ×
- 진정한 양심에 따른 병역거부 ⇨ 병역법 제88조 제1항의 '정당한 사유'에 해당 ○
- 공직선거법상 허위사실 공표행위가 공공의 이익을 위한 것인 경우 ⇨ 허위사실공표죄의 위법성 조각 ×
- 정당행위의 요건 ⇨ ① 행위의 동기나 목적의 정당성, ② 행위의 수단이나 방법의 상당성, ③ 보호법익과 침해법익의 균형성, ④ 긴급성, ⑤ 그 행위 이외의 다른 수단이나 방법이 없다는 보충성
- 정당방위 성립요건 ⇨ 방위행위의 상당성 要

---

① (○) 정보통신망을 통한 명예훼손이나 허위사실적시 명예훼손 행위에는 위법성 조각에 관한 형법 제310조가 적용될 수 없다(대판 2006.08.25. 2006도648).

② (○) 공무원이 그 직무를 수행함에 있어 상관은 하관에 대하여 범죄행위 등 위법한 행위를 하도록 명령할 직권이 없는 것이며, 또한 하관은 소속상관의 적법한 명령에 복종할 의무는 있으나 그 명령이 참고인으로 소환된 사람에게 가혹행위를 가하라는 등과 같이 명백한 위법 내지 불법한 명령인 때에는 이는 벌써 직무상의 지시명령이라 할 수 없으므로 이에 따라야 할 의무는 없다 할 것이고, 설령 치안본부 대공수사단 직원은 상관의 명령에 절대 복종하여야 한다는 것이 그 주장과 같이 불문율로 되어있다 할지라도, 국민의 기본권인 신체의 자유를 침해하는 고문행위 등이 금지되어 있는 우리의 국법질서에 비추어 볼 때 그와 같은 불문율이 있다는 점만으로는 이 사건 판시 범죄와 같이 중대하고도 명백한 위법명령에 따른 행위가 정당한 행위에 해당하거나 강요된 행위로서 적법행위에 대한 기대가능성이 없는 경우에 해당하게 되는 것이라고는 볼 수 없다(대판 1988.02.23. 87도2358).

③ (○) 자신의 내면에 형성된 양심을 이유로 집총과 군사훈련을 수반하는 병역의무를 이행하지 않는 사람에게 형사처벌 등 제재를 해서는 안 된다. 양심적 병역거부자에게 병역의무의 이행을 일률적으로 강제하고 그 불이행에 대하여 형사처벌 등 제재를 하는 것은 양심의 자유를 비롯한 헌법상 기본권 보장체계와 전체 법질서에 비추어 타당하지 않을 뿐만 아니라 소수자에 대한 관용과 포용이라는 자유민주주의 정신에도 위배된다. 따라서 진정한 양심에 따른 병역거부라면, 이는 병역법 제88조 제1항의 '정당한 사유'에 해당한다(대판 2018.11.01. 2016도10912(전합)).

④ (X) 공직선거법 제250조 제2항의 허위사실공표죄가 성립하는 경우에는 그 행위가 공공의 이익을 위한 것이라고 하여 위법성이 조각된다고 볼 수 없다(대판 2011.12.22. 2008도11847).

⑤ (○) 어떠한 행위가 위법성조각사유로서의 정당행위나 정당방위가 되는지의 여부는 구체적인 경우에 따라 합목적적, 합리적으로 가려야 하고 또 행위의 적법 여부는 국가질서를 벗어나서 이를 가릴 수 없는 것이므로, 정당행위로 인정되려면 첫째 행위의 동기나 목적의 정당성, 둘째 행위의 수단이나 방법의 상당성, 셋째 보호법익과 침해법익의 권형성, 넷째 긴급성, 다섯째 그 행위 이외의 다른 수단이나 방법이 없다는 보충성의 요건을 모두 갖추어야 하고, 정당방위로 인정되려면 그 행위가 자기 또는 타인의 법익에 대한 현재의 부당한 침해를 방어하기 위한 것으로서 상당성이 있어야 한다(대판 1992.09.25. 92도1520).

정답 ④

문 26

위법성조각사유에 대한 설명 중 옳지 않은 것은 모두 몇 개인가? [2020년 23번]

> 가. 내국인의 출입을 허용하는 폐광지역개발지원에관한특별법 등에 따라 카지노에 출입하는 것은 법령에 의한 행위로 위법성이 조각된다.
> 나. 검사가 참고인 조사를 받는 줄 알고 검찰청에 자진출석한 변호사사무실 사무장을 합리적 근거 없이 긴급체포하자 그 변호사가 이를 제지하는 과정에서 위 검사에게 상해를 가한 것은 정당방위에 해당한다.
> 다. 이혼소송중인 남편이 찾아와 가위로 폭행하고 변태적 성행위를 강요하는 데에 격분하여 처가 칼로 남편의 복부를 찔러 사망에 이르게 한 경우, 그 행위는 정당방위나 과잉방위에 해당하지 않는다.
> 라. 신문기자가 기사 작성을 위한 자료를 수집하기 위해 취재활동을 하면서 취재원에게 취재에 응해줄 것을 요청하고 취재한 내용을 관계 법령에 저촉되지 않는 범위 내에서 보도하는 것은 신문기자의 일상적 업무 범위에 속하는 것으로서, 특별한 사정이 없는 한 사회통념상 용인되는 행위라고 보아야 한다.

① 1개   ② 2개   ③ 3개
④ 4개   ⑤ 없음

MGI Point 위법성 조각사유 ★★

- 내국인의 출입을 허용하는 폐광지역개발지원에관한특별법 등에 따라 카지노에 출입 ⇨ 법령에 의한 정당행위
- 검사가 참고인 조사를 받는 줄 알고 검찰청에 자진출석한 변호사사무실 사무장을 합리적 근거 없이 긴급체포하자 그 변호사가 이를 제지하는 과정에서 위 검사에게 상해를 가한 경우 ⇨ 정당방위
- 이혼소송중인 남편이 찾아와 가위로 폭행하고 변태적 성행위를 강요하는 데에 격분하여 처가 칼로 남편의 복부를 찔러 사망에 이르게 한 경우 ⇨ 정당방위나 과잉방위 ×
- 신문기자가 기사 작성을 위한 자료를 수집하기 위해 취재활동을 하면서 취재원에게 취재에 응해줄 것을 요청하고 취재한 내용을 관계 법령에 저촉되지 않는 범위 내에서 보도한 경우 ⇨ 신문기자의 일상적 업무 범위에 속하는 것으로서, 특별한 사정이 없는 한 사회통념상 용인되는 행위

가. (○) 형법 제3조는 "본법은 대한민국 영역 외에서 죄를 범한 내국인에게 적용한다."고 하여 형법의 적용 범위에 관한 속인주의를 규정하고 있고, 또한 국가 정책적 견지에서 도박죄의 보호법익보다 좀더 높은 국가이익을 위하여 예외적으로 내국인의 출입을 허용하는 폐광지역개발지원에관한특별법 등에 따라 카지노에 출입하는 것은 법령에 의한 행위로 위법성이 조각된다고 할 것이나, 도박죄를 처벌하지 않는 외국 카지노에서의 도박이라는 사정만으로 그 위법성이 조각된다고 할 수 없다(대판 2004.04.23. 2002도2518).

나. (○) 검사가 참고인 조사를 받는 줄 알고 검찰청에 자진출석한 변호사사무실 사무장을 합리적 근거 없이 긴급체포하자 그 변호사가 이를 제지하는 과정에서 위 검사에게 상해를 가한 것이 정당방위에 해당한다(대판 2006.09.08. 2006도148).

다. (○) 이혼소송중인 남편이 찾아와 가위로 폭행하고 변태적 성행위를 강요하는 데에 격분하여 처가 칼로 남편의 복부를 찔러 사망에 이르게 한 경우, 그 행위는 방위행위로서의 한도를 넘어선 것으로 사회통념상 용인될 수 없다는 이유로 정당방위나 과잉방위에 해당하지 않는다고 본 사례(대판 2001.05.15. 2001도1089).

라. (○) 신문은 헌법상 보장되는 언론자유의 하나로서 정보원에 대하여 자유로이 접근할 권리와 취재한 정보를 자유로이 공표할 자유를 가지므로(신문 등의 진흥에 관한 법률 제3조 제2항 참조), 종사자인 신문기자가 기사 작성을 위한 자료를 수집하기 위해 취재활동을 하면서 취재원에게 취재에 응해줄 것을 요청하고 취재한 내용을 관계 법령에 저촉되지 않는 범위 내에서 보도하는 것은 신문기자의 일상적 업무 범위에 속하는 것으로서, 특별한 사정이 없는 한 사회통념상 용인되는 행위라고 보아야 한다(대판 2011.07.14. 2011도639).

정답 ⑤

문 27

다음 설명 중 옳지 않은 것은 모두 몇 개인가? [2018년 32번]

가. 쟁의행위로 사용자의 사무실 40평 중 임원회의 등에 사용되던 15평가량의 공간을 점거함으로써 사용자로 하여금 임원회의를 음식점 등에서 개최하게 하였다면, 정당행위에 해당하지 않는다.

나. 소유권의 귀속에 관한 분쟁이 있어 민사소송이 계속중인 건조물의 자물쇠를 쇠톱으로 절단하고 그 안에 들어갔다면, 자구행위에 해당하지 않는다.

다. 경찰관의 현행범 체포행위가 적법한 공무집행을 벗어나 불법하게 체포한 것으로 볼 수밖에 없다면, 현행범인이 그 체포를 면하려고 반항하는 과정에서 경찰관에게 상해를 가한 것은 정당방위에 해당하나, 현행범인을 불법하게 체포하는 것에 항의하면서 제3자가 경찰관에게 상해를 가하였다면, 정당방위에 해당하지 않는다.

라. 외국에서 침구사자격을 취득하였더라도 국내에서 침술행위를 할 수 있는 면허나 자격을 취득하지 못한 상태에서 단순히 수지침 정도의 수준에 그치지 아니하고 체침을 시술하였다면, 그 침술행위가 광범위하고 보편화된 민간요법이고 그 시술로 인한 위험성이 적다고 하더라도 정당행위에 해당하지 않는다.
마. 토지에 대하여 사실상 지배권을 가지고 소유자를 대신하여 실질적으로 관리하고 있던 자가 소유권에 대한 방해를 배제하기 위하여 토지에 철주를 세우고 철망을 설치하고 포장된 아스팔트를 걷어내는 방법으로 그 토지를 그에 인접한 상가건물의 통행로로 이용하지 못하게 하였다면, 자구행위에 해당하지 않는다.

① 0개 ② 1개 ③ 2개
④ 3개 ⑤ 4개

해설 ★★

가. (X) 피고인들의 이 사건 회의실 점거행위는, 협회의 사업장시설을 전면적, 배타적으로 점거한 것이라고 보기 어렵고, 오히려 그 점거의 범위가 협회의 사업장시설의 일부분이고 사용자측의 출입이나 관리지배를 배제하지 않는 부분적, 병존적인 점거에 지나지 않으며, 그 수단과 방법이 사용자의 재산권과 조화를 이루면서 폭력의 행사에 해당되지 아니하는 것으로 봄이 상당하다. 그리고 쟁의행위의 본질상 사용자의 정상업무가 일부 저해되는 경우가 있음은 부득이한 것으로서 이 사건의 경우 이 사건 회의실 점거행위로 인하여 위와 같이 1달에 1, 2회 정도 개최되는 임원회의를 이 사건 회의실이 아닌 음식점 등에서 개최하게 된 사정 정도는 사용자가 이를 수인하여야 할 범위 내라고 봄이 상당하고, 그 외에는 실질적으로 협회의 업무의 중단 또는 혼란을 초래한 바도 없어, 협회의 업무가 실제로 방해되었거나 또는 적어도 그 업무방해의 결과를 초래할 위험성이 발생하였다고 보이지도 아니한다(대판 2007.12.28. 2007도5204).
나. (O) 소유권의 귀속에 관한 분쟁이 있어 민사소송이 계속 중인 건조물에 관하여 현실적으로 관리인이 있음에도 위 건조물의 자물쇠를 쇠톱으로 절단하고 침입한 소위는 법정절차에 의하여 그 권리를 보전하기가 곤란하고 그 권리의 실행불능이나 현저한 실행곤란을 피하기 위해 상당한 이유가 있는 행위라고 할 수 없다(대판 1985.07.09. 85도707).
다. (X) 어떠한 행위가 정당방위로 인정되려면 그 행위가 자기 또는 타인의 법익에 대한 현재의 부당한 침해를 방어하기 위한 것으로서 상당성이 있어야 하므로, 위법하지 않은 정당한 침해에 대한 정당방위는 인정되지 않는다. 이때 방위행위가 사회적으로 상당한 것인지는 침해행위에 의해 침해되는 법익의 종류와 정도, 침해의 방법, 침해행위의 완급, 방위행위에 의해 침해될 법익의 종류와 정도 등 일체의 구체적 사정들을 참작하여 판단하여야 한다. 또한 자기의 법익뿐 아니라 타인의 법익에 대한 현재의 부당한 침해를 방위하기 위한 행위도 상당한 이유가 있으면 형법 제21조의 정당방위에 해당하여 위법성이 조각된다(대판 2017.03.15. 2013도2168).
라. (O) 외국에서 침구사자격을 취득하였으나 국내에서 침술행위를 할 수 있는 면허나 자격을 취득하지 못한 자가 단순한 수지침 정도의 수준을 넘어 체침을 시술한 경우, 사회상규에 위배되지 아니하는 무면허의료행위로 인정될 수 없다(대판 2002.12.26. 2002도5077).

> [관련판례] 피고인이 행한 부항 시술행위가 보건위생상 위해가 발행할 우려가 전혀 없다고 볼 수 없는 데다가, 피고인이 한의사 자격이나 이에 관한 어떠한 면허도 없이 영리를 목적으로 위와 같은 치료행위를 한 것이고, 단순히 수지침 정도의 수준에 그치지 아니하고 부항침과 부항을 이용하여 체내의 혈액을 밖으로 배출되도록 한 것이므로, 이러한 피고인의 시술행위는 의료법을 포함한 법질서 전체의 정신이나 사회통념에 비추어 용인될 수 있는 행위에 해당한다고 볼 수는 없고, 따라서 사회상규에 위배되지 아니하는 행위로서 위법성이 조각되는 경우에 해당한다고 할 수 없다(대판 2004.10.28. 2004도3405).

마. (○) 인근 상가의 통행로로 이용되고 있는 토지의 사실상의 지배권을 가지고 그 소유자를 대신하여 이 사건 토지를 실질적으로 관리하고 있던 피고인이 위 토지에 철주와 철망을 설치하고 포장된 아스팔트를 걷어냄으로써 통행로로 이용하지 못하게 한 경우, 이는 일반교통방해죄를 구성하고 자구행위에 해당하지 않는다(대판 2007.12.28. 2007도7717).

정답 ③

제4장 책임론

제❶절 │ 책임의 일반이론

제❷절 │ 책임능력

문 28

책임능력에 관한 다음 설명 중 옳은 것은 모두 몇 개인가? [2020년 11번]

> 가. 형법 제10조에 규정된 심신장애는 생물학적 요소로서 정신병, 정신박약 또는 비정상적 정신상태와 같은 정신적 장애가 있는 외에 심리학적 요소로서 이와 같은 정신적 장애로 말미암아 사물에 대한 판별능력과 그에 따른 행위통제능력이 결여되거나 감소되었음을 요하므로, 정신적 장애가 있는 자라고 하여도 범행 당시 정상적인 사물판별능력이나 행위통제능력이 있었다면 심신장애로 볼 수 없다.
> 나. 사춘기 이전의 소아들을 상대로 한 성행위를 중심으로 성적 흥분을 강하게 일으키는 공상, 성적 충동, 성적 행동이 반복되어 나타나는 소아기호증은 성적인 측면에서의 성격적 결함으로 인하여 나타나는 것으로서, 소아기호증과 같은 질환이 있다는 사정은 그 자체만으로는 형의 감면사유인 심신장애에 해당하지 아니한다고 봄이 상당하고, 다만 그 증상이 매우 심각하여 원래의 의미의 정신병이 있는 사람과 동등하다고 평가할 수 있거나, 다른 심신장애사유와 경합된 경우 등에는 심신장애를 인정할 여지도 있다.
> 다. 형법 제11조에서는 농아자의 행위는 형을 감경한다고 하고 있으므로, 청각장애인 또는 언어장애인은 위 제11조에 따라 형을 감경받는다.
> 라. 범행 당시 정신분열증으로 심신장애의 상태에 있었던 피고인이 피해자를 살해한다는 명확한 의식이 있었고 범행의 경위를 소상하게 기억하고 있다고 하더라도 이러한 사실의 인식능력이나 기억능력이 있다는 것만 가지고 범행당시 사물의 변별능력이나 의사결정능력이 결여된 정도가 아니라 미약한 상태에 있었다고 단정할 수 없다.
> 마. 원칙적으로 충동조절장애와 같은 성격적 결함은 형의 감면사유인 심신장애에 해당하지 아니한다고 봄이 상당하지만, 충동조절장애와 같은 성격적 결함이라 할지라도 그것이 매우 심각하여 원래의 의미의 정신병을 가진 사람과 동등하다고 평가할 수 있는 경우에는 그로 인한 범행은 심신장애로 인한 범행으로 보아야 한다.

① 1개 ② 2개 ③ 3개
④ 4개 ⑤ 없음

> MGI Point **책임능력** ★★
> - 정신적 장애가 있는 자라도 범행 당시 정상적인 사물판별능력이나 행위통제능력이 있는 경우 ⇨ 심신장애 ×
> - 소아기호증과 같은 질환
>   - 그 자체만으로는 형의 감면사유인 심신장애에 해당 ×
>   - 그 증상이 매우 심각하여 원래의 의미의 정신병이 있는 사람과 동등하다고 평가할 수 있거나, 다른 심신장애사유와 경합된 경우 등에는 심신장애를 인정할 여지 有
> - 청각장애인 또는 언어장애인 ⇨ 형법 제11조의 농아자 ×
> - 사실의 인식능력이나 기억능력 있음 ⇨ 이것만으로 심신상실 상태에 있지 않다고 단정 ×

가. (○) 나. (○) [1] 형법 제10조에 규정된 심신장애는 생물학적 요소로서 정신병 또는 비정상적 정신상태와 같은 정신적 장애가 있는 외에 심리학적 요소로서 이와 같은 정신적 장애로 말미암아 사물에 대한 변별능력과 그에 따른 행위통제능력이 결여되거나 감소되었음을 요하므로, 정신적 장애가 있는 자라고 하여도 범행 당시 정상적인 사물변별능력이나 행위통제능력이 있었다면 심신장애로 볼 수 없다. [2] 특단의 사정이 없는 한 성격적 결함을 가진 자에 대하여 자신의 충동을 억제하고 법을 준수하도록 요구하는 것이 기대할 수 없는 행위를 요구하는 것이라고는 할 수 없으므로, 사춘기 이전의 소아들을 상대로 한 성행위를 중심으로 성적 흥분을 강하게 일으키는 공상, 성적 충동, 성적 행동이 반복되어 나타나는 소아기호증은 성적인 측면에서의 성격적 결함으로 인하여 나타나는 것으로서, 소아기호증과 같은 질환이 있다는 사정은 그 자체만으로는 형의 감면사유인 심신장애에 해당하지 아니한다고 봄이 상당하고, 다만 그 증상이 매우 심각하여 원래의 의미의 정신병이 있는 사람과 동등하다고 평가할 수 있거나, 다른 심신장애사유와 경합된 경우 등에는 심신장애를 인정할 여지가 있으며, 이 경우 심신장애의 인정 여부는 소아기호증의 정도, 범행의 동기 및 원인, 범행의 경위 및 수단과 태양, 범행 전후의 피고인의 행동, 증거인멸 공작의 유무, 범행 및 그 전후의 상황에 관한 기억의 유무 및 정도, 반성의 빛의 유무, 수사 및 공판정에서의 방어 및 변소의 방법과 태도, 소아기호증 발병 전의 피고인의 성격과 그 범죄와의 관련성 유무 및 정도 등을 종합하여 법원이 독자적으로 판단할 수 있다(대판 2007.02.08. 2006도7900).

다. (×) 형법 제11조는 청각과 언어 장애를 모두 가진 농아자에게 적용되며, 농자나 아자에게는 적용되지 않는다.

라. (○) 범행당시 정신분열증으로 심신장애의 상태에 있었던 피고인이 피해자를 살해한다는 명확한 의식이 있었고 범행의 경위를 소상하게 기억하고 있다고 하여 범행당시 사물의 변별능력이나 의사결정능력이 결여된 정도가 아니라 미약한 상태에 있었다고 단정할 수는 없는 것인바, 피고인이 피해자를 살해할 만한 다른 동기가 전혀 없고, 오직 피해자를 "사탄"이라고 생각하고 피해자를 죽여야만 피고인 자신이 천당에 갈 수 있다고 믿어 살해하기에 이른 것이라면, 피고인은 범행당시 정신분열증에 의한 망상에 지배되어 사물의 선악과 시비를 구별할 만한 판단능력이 결여된 상태에 있었던 것으로 볼 여지가 없지 않다(대판 1990.08.14. 90도1328).

마. (○) 원칙적으로 충동조절장애와 같은 성격적 결함은 형의 감면사유인 심신장애에 해당하지 아니한다고 봄이 상당하지만, 그 이상으로 사물을 변별할 수 있는 능력에 장애를 가져오는 원래의 의미의 정신병이 도벽의 원인이라거나 혹은 도벽의 원인이 충동조절장애와 같은 성격적 결함이라 할지라도 그것이 매우 심각하여 원래의 의미의 정신병을 가진 사람과 동등하다고 평가할 수 있는 경우에는 그로 인한 절도 범행은 심신장애로 인한 범행으로 보아야 한다(대판 1999.04.27. 99도693).

정답 ④

문 29

다음 설명 중 가장 옳지 않은 것은?(다툼이 있는 경우 판례에 의함) [2017년 8번]

① 심신장애 유무는 법률문제로, 전문감정인의 정신감정 결과가 중요한 참고자료가 되기는 하나, 법원으로서는 반드시 그 의견에 기속을 받는 것은 아니고, 그러한 감정결과뿐만 아니라 범행의 경위, 수단,

범행 전후의 피고인의 행동 등 기록에 나타난 제반 자료 등을 종합하여 단독적으로 판단하여야 한다.
② 성장교육과정을 통하여 형성된 내재적인 관념 내지 확신으로 인하여 행위자 스스로의 의사결정이 사실상 강제되는 결과를 낳게 하는 경우는 형법 제12조에서 말하는 강요된 행위에 해당하지 아니한다.
③ 사춘기 이전의 소아들을 상대로 한 성행위를 중심으로 성적 흥분을 강하게 일으키는 공상, 성적 충동, 성적 행동이 반복되어 나타나는 소아기호증은 성적인 측면에서의 성격적 결함으로 인하여 나타나는 것으로, 소아기호증과 같은 질환이 있다는 사정은 특단의 사정이 없는 한 그 자체만으로 소아들을 상대로 한 성범죄에 대한 형의 감면사유인 심신장애에 해당한다.
④ 형법 제10조 제3항의 적용을 받는 원인에 있어서의 자유로운 행위는 고의뿐만 아니라 과실에 의한 경우도 해당한다.
⑤ 캐나다 국적인 사람이 캐나다에서 투자금을 교부받더라도 이를 선물시장에 투자하여 운용할 의사나 능력이 없음에도 대한민국 국민을 기망하여 투자금 명목의 돈을 편취한 경우 캐나다 법률에 의하여 범죄를 구성하고 그에 대한 소추나 형의 집행이 면제되지 않는 경우에만 형법을 적용할 수 있다.

해설 ★★

① (○) 형법 제10조 소정의 심신장애의 유무는 법원이 형벌제도의 목적 등에 비추어 판단하여야 할 법률문제로서, 그 판단에 있어서는 전문감정인의 정신감정 결과가 중요한 참고자료가 되기는 하나, 법원으로서는 반드시 그 의견에 기속을 받는 것은 아니고, 그러한 감정 결과뿐만 아니라 범행의 경위, 수단, 범행 전후의 피고인의 행동 등 기록에 나타난 제반 자료 등을 종합하여 <U>단독적으로 심신장애의 유무를 판단하여야 한다</U>(대판 1995.02.24. 94도3165).

② (○) 형법 제12조에서 말하는 <U>강요된 행위는 저항할 수 없는 폭력이나 생명, 신체에 위해를 가하겠다는 협박 등 다른 사람의 강요행위에 의하여 이루어진 행위를 의미하는 것이지 어떤 사람의 성장교육과정을 통하여 형성된 내재적인 관념 내지 확신으로 인하여 행위자 스스로의 의사결정이 사실상 강제되는 결과를 낳게 하는 경우까지 의미한다고 볼 수 없다</U>(대판 1990.03.27. 89도1670).

③ (×) 사춘기 이전의 소아들을 상대로 한 성행위를 중심으로 성적 흥분을 강하게 일으키는 공상, 성적 충동, 성적 행동이 반복되어 나타나는 소아기호증은 성적인 측면에서의 성격적 결함으로 인하여 나타나는 것으로서, <U>소아기호증과 같은 질환이 있다는 사정은 그 자체만으로는 형의 감면사유인 심신장애에 해당하지 아니한다</U>고 봄이 상당하고, 다만 그 증상이 매우 심각하여 원래의 의미의 정신병이 있는 사람과 동등하다고 평가할 수 있거나, 다른 심신장애사유와 경합된 경우 등에는 심신장애를 인정할 여지가 있으며, 이 경우 심신장애의 인정 여부는 소아기호증의 정도, 범행의 동기 및 원인, 범행의 경위 및 수단과 태양, 범행 전후의 피고인의 행동, 증거인멸 공작의 유무, 범행 및 그 전후의 상황에 관한 기억의 유무 및 정도, 반성의 빛의 유무, 수사 및 공판정에서의 방어 및 변소의 방법과 태도, 소아기호증 발병 전의 피고인의 성격과 그 범죄와의 관련성 유무 및 정도 등을 종합하여 법원이 독자적으로 판단할 수 있다(대판 2007.02.08. 2006도7900).

④ (○) 형법 제10조 제3항은 "위험의 발생을 예견하고 자의로 심신장애를 야기한 자의 행위에는 전2항의 규정을 적용하지 아니한다"고 규정하고 있는 바, 이 규정은 <U>고의에 의한 원인에 있어서의 자유로운 행위만이 아니라 과실에 의한 원인에 있어서의 자유로운 행위까지도 포함하는 것으로서</U> 위험의 발생을 예견할 수 있었는데도 자의로 심신장애를 야기한 경우도 그 적용 대상이 된다(대판 1992.07.28. 92도999).

⑤ (○) 캐나다 시민권자인 피고인이 투자금을 교부받더라도 선물시장에 투자하여 운용할 의사나 능력이 없음에도, 피해자들을 기망하여 투자금 명목의 돈을 편취하였다는 내용으로 기소된 사안에서, 공소사실 중 '피고인이 캐나다에 거주하는 대한민국 국민을 기망하여 캐나다에서 직접 또는 현지 은행계좌로 투자금을 수령한 부분'은 외국인이 대한민국 영역 외에서 대한민국 국민에 대하여 범죄를 저지른 경우에 해당하므로, <U>이 부분이 행위지인 캐나다 법률에 의하여 범죄를 구성하는지 및 소추 또는 형의 집행이 면제되는지를 심리하여 해당 부분이 행위지 법률에 의하여 범죄를 구성하고 그에 대한 소추나 형의 집행이 면제되지 않는 경우에 한하여 우리 형법을 적용할 수 있다</U>(대판 2011.08.25. 2011도6507).

정답 ③

제❸절 ▎위법성의 인식과 금지착오

문 30

형법 제16조에 관한 다음 설명 중 옳은 것은 모두 몇 개인가? [2022년 35번]

ㄱ. 형법 제16조에 "자기의 행위가 법령에 의하여 죄가 되지 아니하는 것으로 오인한 행위는 그 오인에 정당한 이유가 있는 때에 한하여 벌하지 아니한다."라고 규정하고 있는 것은 단순한 법률의 부지를 말하는 것이 아니고, 일반적으로 범죄가 되는 경우이지만 자기의 특수한 경우에는 법령에 의하여 허용된 행위로서 죄가 되지 아니한다고 그릇 인식하고, 그와 같이 그릇 인식함에 정당한 이유가 있는 경우에는 벌하지 않는다는 취지이다.

ㄴ. 형법 제16조의 죄가 되지 아니하는 것으로 오인한 데 정당한 이유가 있는지 여부는 행위자에게 자기 행위의 위법의 가능성에 대해 심사숙고하거나 조회할 수 있는 계기가 있어 자신의 지적능력을 다하여 이를 회피하기 위한 진지한 노력을 다하였더라면 스스로의 행위에 대하여 위법성을 인식할 수 있는 가능성이 있었음에도 이를 다하지 못한 결과 자기 행위의 위법성을 인식하지 못한 것인지 여부에 따라 판단하여야 할 것이고, 이러한 위법성의 인식에 필요한 노력의 정도는 구체적인 행위정황과 행위자 개인의 인식능력 그리고 행위자가 속한 사회집단에 따라 달리 평가되어야 한다.

ㄷ. 구 청소년보호법(2001. 5. 24. 법률 제6479호로 개정되기 전의 것)은 19세 미만자를 청소년으로 규정하고 비디오방 출입을 금지하고 있고, 구 음반비디오물 및 게임물에 관한 법률(2001. 5. 24. 법률 제6473호로 전문 개정되기 전, 이하 '구 음반등법'이라 한다)은 18세 미만자의 비디오방 출입을 금지하고 있는데, 비디오물감상실의 관할부서인 문화관광과가 업주들을 상대로 실시한 교육과정에서 구 음반등법 및 그 시행령의 연관해석을 통해 '만 18세 미만의 연소자 출입금지표시'를 업소출입구에 부착하라고 행정지도를 하였을 뿐, 구 청소년보호법에서 금지하고 있는 '만 18세 이상 19세 미만 청소년 출입' 문제에 관하여 특별한 언급을 하지 않았다면, 비디오방을 운영하는 피고인이 만 18세 미만 연소자의 출입만 금지되는 것으로 알고 만 18세 6개월 된 청소년을 비디오방에 출입시킨 행위는 피고인이 관련 법률에 의하여 허용된다고 믿었고, 그렇게 믿었던 것에 대하여 정당한 이유가 있는 경우에 해당한다.

ㄹ. 검사가 피고인들의 행위에 대하여 범죄혐의가 없다고 무혐의 처리하였다가 곧바로 고소인의 항고를 받아들여 재기수사명령에 의한 재수사 결과 기소에 이른 경우, 그 무혐의처분 이후 이루어진 피고인의 위반 행위는 죄가 되지 아니하는 것으로 오인한 데 정당한 이유가 있는 경우에 해당한다.

ㅁ. 부동산중개업자가 부동산중개업협회의 자문을 통하여 인원수의 제한 없이 중개보조원을 채용하는 것이 허용되는 것으로 믿고서 제한인원을 초과하여 중개보조원을 채용함으로써 부동산중개업법 위반행위에 이르게 되었다면 이는 자신의 행위가 법령에 저촉되지 않는 것으로 오인함에 정당한 이유가 있는 경우에 해당한다.

① 1개   ② 2개   ③ 3개   ④ 4개   ⑤ 5개

> **MGI Point** **형법 제16조** ★★
> - 형법 제16조의 취지 ⇨ 단순한 법률의 부지를 말하는 것 ×, 일반적으로 범죄가 되는 경우이지만 자기의 특수한 경우에는 법령에 의하여 허용된 행위로서 죄가 되지 아니한다고 그릇 인식, 그릇 인식함에 정당한 이유가 있는 경우에는 벌하지 않는다는 취지
> - 형법 제16조의 정당한 이유가 있는지에 대한 판단기준 ⇨ 자신의 지적능력을 기준으로
> - 업주들을 상대로 만 18세 미만의 연소자 출입금지표시를 업소출입구에 부착하라는 관할부서의 행정지도 이후, 피고인이 자신의 비디오물감상실에 18세 이상 19세 미만의 청소년을 출입시킨 행위 ⇨ 정당한 이유 ○
> - 검사가 피고인들의 행위에 대하여 범죄혐의가 없다고 무혐의 처리하였다가 곧바로 고소인의 항고를 받아들여 재기수사명령에 의한 재수사 결과 기소에 이른 경우 그 무혐의처분 이후 이루어진 피고인의 위반 행위 ⇨ 정당한 이유 ×
> - 부동산중개업협회의 자문을 통하여 인원수의 제한 없이 중개보조원을 채용한 사건 ⇨ 정당한 이유 ×

ㄱ. (○) 형법 제16조에 자기의 행위가 법령에 의하여 죄가 되지 아니하는 것으로 오인한 행위는 그 오인에 정당한 이유가 있는 때에 한하여 벌하지 아니한다고 규정하고 있는 것은 단순한 법률의 부지의 경우를 말하는 것이 아니고 일반적으로 범죄가 되는 경우이지만 자기의 특수한 경우에는 법령에 의하여 허용된 행위로서 죄가 되지 아니한다고 그릇 인식하고 그와 같이 그릇 인식함에 정당한 이유가 있는 경우에는 벌하지 아니한다는 취지이다(대판 1994.04.15. 94도365).

ㄴ. (○) 형법 제16조에서 "자기가 행한 행위가 법령에 의하여 죄가 되지 아니한 것으로 오인한 행위는 그 오인에 정당한 이유가 있는 때에 한하여 벌하지 아니한다."고 규정하고 있는 것은 일반적으로 범죄가 되는 경우이지만 자기의 특수한 경우에는 법령에 의하여 허용된 행위로서 죄가 되지 아니한다고 그릇 인식하고, 그와 같이 그릇 인식함에 정당한 이유가 있는 경우에는 벌하지 아니한다는 취지이고, 이러한 정당한 이유가 있는지 여부는 행위자에게 자기 행위의 위법의 가능성에 대해 심사숙고하거나 조회할 수 있는 계기가 있어 자신의 지적능력을 다하여 이를 회피하기 위한 진지한 노력을 다하였더라면 스스로의 행위에 대하여 위법성을 인식할 수 있는 가능성이 있었음에도 이를 다하지 못한 결과 자기 행위의 위법성을 인식하지 못한 것인지 여부에 따라 판단하여야 할 것이며, 이러한 위법성의 인식에 필요한 노력의 정도는 구체적인 행위정황과 행위자 개인의 인식능력, 그리고 행위자가 속한 사회집단에 따라 달리 평가되어야 한다(대판 2008.10.23. 2008도5526).

ㄷ. (○) 개정된 법이 시행된 후에도 이 사건 비디오물감상실의 관할부서(대구 중구청 문화관광과)는 업주들을 상대로 실시한 교육과정을 통하여 종전과 마찬가지로 음반등법 및 그 시행령에서 규정한 '만 18세 미만의 연소자' 출입금지표시를 업소출입구에 부착하라고 행정지도를 하였을 뿐 법에서 금지하고 있는 '만 18세 이상 19세 미만'의 청소년 출입문제에 관하여는 특별한 언급을 하지 않았고, 이로 인하여 피고인을 비롯한 비디오물감상실 업주들은 여전히 출입금지대상이 음반등법 및 그 시행령에서 규정하고 있는 '18세 미만의 연소자'에 한정되는 것으로 인식하였던 것으로 보여지는바, 사정이 위와 같다면, 피고인이 자신의 비디오물감상실에 18세 이상 19세 미만의 청소년을 출입시킨 행위가 관련 법률에 의하여 허용된다고 믿었고, 그렇게 믿었던 것에 대하여 정당한 이유가 있는 경우에 해당한다고 할 것이다(대판 2002.05.17. 2001도4077).

ㄹ. (X) 검사가 피고인들의 행위에 대하여 범죄혐의 없다고 무혐의 처리하였다가 고소인의 항고를 받아들여 재기수사명령에 의한 재수사 결과 기소에 이른 경우, 피고인들의 행위가 불기소처분 이전부터 저질러졌다면 그 무혐의 처분결정을 믿고 이에 근거하여 이루어진 것이 아님이 명백하고, 무혐의 처분일 이후에 이루어진 행위에 대하여도 그 무혐의 처분에 대하여 곧바로 고소인의 항고가 받아들여져 재기수사명령에 따라 재수사되어 기소에 이르게 된 이상, 피고인들이 자신들의 행위가 죄가 되지 않는다고 그릇 인식하는 데 정당한 이유가 있었다고 할 수 없다(대판 1995.06.16. 94도1793).

ㅁ. (X) 부동산중개업자가 부동산중개업협회의 자문을 통하여 인원수의 제한 없이 중개보조원을 채용하는 것이 허용되는 것으로 믿고서 제한인원을 초과하여 중개보조원을 채용함으로써 부동산중개업법 위반행위에 이르게 되었다고 하더라도 그러한 사정만으로 자신의 행위가 법령에 저촉되지 않는 것으로 오인함에 정당한 이유가 있는 경우에 해당한다거나 범의가 없었다고 볼 수는 없다(대판 2000.08.18. 2000도2943).

정답 ③

문 31

법률의 착오에 관한 다음 설명 중 옳지 않은 것은 모두 몇 개인가? [2020년 38번]

> 가. 형법 제16조에서 "자기가 행한 행위가 법령에 의하여 죄가 되지 아니한 것으로 오인한 행위는 그 오인에 정당한 이유가 있는 때에 한하여 벌하지 아니한다."라고 규정하고 있는 것은 단순한 법률의 부지를 말하는 것이 아니고, 일반적으로 범죄가 되는 경우이지만 자기의 특수한 경우에는 법령에 의하여 허용된 행위로서 죄가 되지 아니한다고 그릇 인식하고 그와 같이 그릇 인식함에 정당한 이유가 있는 경우에는 벌하지 않는다는 취지이다.
> 나. 형법 제16조의 정당한 이유가 있는지 여부는 행위자에게 자기 행위의 위법의 가능성에 대해 심사숙고하거나 조회할 수 있는 계기가 있어 일반인의 지적능력을 다하여 이를 회피하기 위한 진지한 노력을 다하였더라면 스스로의 행위에 대하여 위법성을 인식할 수 있는 가능성이 있었음에도 이를 다하지 못한 결과 자기 행위의 위법성을 인식하지 못한 것인지 여부에 따라 판단하여야 한다.
> 다. 형법 제16조의 정당한 이유와 관련한 위법성의 인식에 필요한 노력의 정도는 구체적인 행위정황과 행위자 개인의 인식능력 그리고 행위자가 속한 사회집단에 따라 달리 평가되어야 한다.
> 라. 행정청의 허가가 있어야 함에도 불구하고 허가를 받지 아니하여 처벌대상의 행위를 한 경우라도, 허가를 담당하는 공무원이 허가를 요하지 않는 것으로 잘못 알려 주어 이를 믿었기 때문에 허가를 받지 아니한 것이라면 허가를 받지 않더라도 죄가 되지 않는 것으로 착오를 일으킨데 대하여 정당한 이유가 있는 경우에 해당하여 처벌할 수 없다고 할 것이다.

① 1개 ② 2개 ③ 3개
④ 4개 ⑤ 없음

MGI Point 법률의 착오 ★★

- **형법 제16조의 규정취지**
  - 단순한 법률의 부지 ✕
  - 일반적으로 범죄가 되는 경우이지만 자기의 특수한 경우에는 법령에 의하여 허용된 행위로서 죄가 되지 아니한다고 그릇 인식하고 그와 같이 그릇 인식함에 정당한 이유가 있는 경우에는 벌하지 아니함
- **형법 제16조 법률의 착오에서 정당한 이유의 판단기준** : 행위자의 지적 인식능력
  ⇨ 위법성의 인식에 필요한 노력의 정도는 구체적인 행위정황과 행위자 개인의 인식능력 그리고 행위자가 속한 사회집단에 따라 달리 평가됨
- **허가를 담당하는 공무원이 허가를 요하지 않는다고 잘못 알려 준 것을 믿은 경우** ⇨ 정당한 이유 有

가. (○) 형법 제16조에 자기의 행위가 법령에 의하여 죄가 되지 아니하는 것으로 오인한 행위는 그 오인에 정당한 이유가 있는 때에 한하여 벌하지 아니한다고 규정하고 있는 것은 <u>단순한 법률의 부지의 경우를 말하는 것이 아니고 일반적으로 범죄가 되는 경우이지만 자기의 특수한 경우에는 법령에 의하여 허용된 행위로서 죄가 되지 아니한다고 그릇 인식하고 그와 같이 그릇 인식함에 정당한 이유가 있는 경우에는 벌하지 아니한다는 취지이다</u>(대판 1994.04.15. 94도365).

나. (✕), 다. (○) 형법 제16조에서 "자기가 행한 행위가 법령에 의하여 죄가 되지 아니한 것으로 오인한 행위는 그 오인에 정당한 이유가 있는 때에 한하여 벌하지 아니한다."고 규정하고 있는 것은 일반적으로 범죄가 되는 경우

이지만 자기의 특수한 경우에는 법령에 의하여 허용된 행위로서 죄가 되지 아니한다고 그릇 인식하고, 그와 같이 그릇 인식함에 정당한 이유가 있는 경우에는 벌하지 아니한다는 취지이고, 이러한 정당한 이유가 있는지 여부는 행위자에게 자기 행위의 위법의 가능성에 대해 심사숙고하거나 조회할 수 있는 계기가 있어 자신의 지적 능력을 다하여 이를 회피하기 위한 진지한 노력을 다하였더라면 스스로의 행위에 대하여 위법성을 인식할 수 있는 가능성이 있었음에도 이를 다하지 못한 결과 자기 행위의 위법성을 인식하지 못한 것인지 여부에 따라 판단하여야 할 것이며, 이러한 위법성의 인식에 필요한 노력의 정도는 구체적인 행위정황과 행위자 개인의 인식능력, 그리고 행위자가 속한 사회집단에 따라 달리 평가되어야 한다(대판 2008.10.23. 2008도5526).

라. (○) 행정청의 허가가 있어야 함에도 불구하고 허가를 받지 아니하여 처벌대상의 행위를 한 경우라도 허가를 담당하는 공무원이 허가를 요하지 않는 것으로 잘못 알려 주어 이를 믿었기 때문에 허가를 받지 아니한 것이라면 허가를 받지 않더라도 죄가 되지 않는 것으로 착오를 일으킨 데 대하여 정당한 이유가 있는 경우에 해당하여 처벌할 수 없다(대판 1993.09.14. 92도1560).

정답 ①

문 32

다음 설명 중 옳지 않은 것을 모두 고른 것은? [2019년 26번]

ㄱ. 사용자가 퇴직금 지급을 위하여 최선의 노력을 다하였으나 경영부진으로 인한 자금사정 등으로 지급기일 내에 퇴직금을 지급할 수 없었다는 등의 사정이 인정되는 경우 위법성이 조각된다.
ㄴ. 친족의 명예에 대한 위해를 내용으로 하는 협박 때문에 자유로운 의사결정을 하지 못한 경우라면 강요된 행위에 해당한다.
ㄷ. 검사가 피고인의 행위에 대하여 무혐의 처분을 하였다가 곧바로 고소인의 항고를 받아들여 재기수사명령에 의한 재수사 결과 기소에 이른 경우, 무혐의 처분일 이후에 이루어진 행위에 대하여 피고인이 자신의 행위가 죄가 되지 않는다고 그릇 인식하는 데 정당한 이유가 있었다고 할 수 없다.
ㄹ. 피고인이 일본 영주권을 가진 재일교포로서 국내법을 잘 몰라 국내에 입국하면서 관세신고를 하지 않아도 되는 것으로 착오하였다는 등의 사정은 법률의 착오에 해당하지 않는다.
ㅁ. 법률의 착오에 관한 형법 제16조는 단순한 법률의 부지 뿐 아니라 일반적으로 범죄가 되는 경우이지만 자기의 특수한 경우에는 법령에 의하여 허용된 행위로 그릇 인식한 경우에도 적용된다.

① ㄴ, ㅁ   ② ㄱ, ㄴ, ㅁ   ③ ㄴ, ㄹ, ㅁ
④ ㄱ, ㄴ   ⑤ ㄱ, ㄴ, ㄹ, ㅁ

> **MGI Point 책임조각사유** ★★
>
> ■ 적법행위의 기대불가능성은 책임조각사유 (ex. 경영부진으로 퇴직금 및 임금 등 미지급)
> ■ 형법 제12조 강요된 행위의 대상 : 자기 또는 친족의 생명, 신체에 대한 위해
>   ⇨ 친족의 명예에 대한 위해를 내용으로 하는 협박은 제12조의 강요된 행위 적용 ×
> ■ 형법 제16조의 정당한 이유를 인정하지 않은 판례
>   • 검사가 피고인들의 행위에 대하여 범죄혐의 없다고 무혐의 처리하였다가 고소인의 항고를 곧바로 받아들여 재기수사명령에 의한 재수사 결과 기소에 이른 경우, 무혐의처분 이전부터 저질러진 범죄였다면 그 이후 저질러진 범죄에 대해서도 정당한 이유 부정
>   • 단순한 법률의 부지는 법률의 착오에 해당 × ⇨ 일본 영주권을 가진 재일교포가 국내 입국시 관세신고를 하지 않아도 되는 것으로 착오한 경우

ㄱ. (X) 사용자가 임금의 체불이나 미불을 방지할 수 없었다는 것이 사회통념상 인정될 정도가 되어 사용자에게 더 이상의 적법행위를 기대할 수 없다거나 사용자가 퇴직금 및 임금의 지급을 위하여 최선의 노력을 다하였으나 경영부진으로 인한 자금사정 등으로 도저히 지급기일 내에 퇴직금 및 임금을 지급할 수 없었다는 등의 불가피한 사정이 인정되는 경우에는 그러한 사유는 이 사건 법률조항을 위반한 범죄의 책임조각사유가 될 수 있다(헌재 2005.09.29. 2002헌바11).

ㄴ. (X) 친족의 명예에 대한 위해를 내용으로 하는 협박은 친족의 생명·신체에 대한 것이 아니므로 형법 제12조의 강요된 행위에 해당하지 않고 기대불가능성에 의한 초법규적 책임조각을 검토할 수 있을 뿐이다.

> 형법 제12조(강요된 행위) 저항할 수 없는 폭력이나 자기 또는 친족의 생명·신체에 대한 위해를 방어할 방법이 없는 협박에 의하여 강요된 행위는 벌하지 아니한다.

ㄷ. (O) 검사가 피고인들의 행위에 대하여 범죄혐의 없다고 무혐의 처리하였다가 고소인의 항고를 받아들여 재기수사명령에 의한 재수사 결과 기소에 이른 경우, 피고인들의 행위가 불기소처분 이전부터 저질러졌다면 그 무혐의 처분결정을 믿고 이에 근거하여 이루어진 것이 아님이 명백하고, 무혐의 처분일 이후에 이루어진 행위에 대하여도 그 무혐의 처분에 대하여 곧바로 고소인의 항고가 받아들여져 재기수사명령에 따라 재수사되어 기소에 이르게 된 이상, 피고인들이 자신들의 행위가 죄가 되지 않는다고 그릇 인식하는 데 정당한 이유가 있었다고 할 수 없다(대판 1995.06.16. 94도1793).

ㄹ. (O), ㅁ. (X) 형법 제16조에 자기가 행한 행위가 법령에 의하여 죄가 되지 아니한 것으로 오인한 행위는 그 오인에 정당한 이유가 있는 때에 한하여 벌하지 아니한다고 규정하고 있는 것은 단순한 법률의 부지를 말하는 것이 아니고, 일반적으로 범죄가 되는 경우이지만 자기의 특수한 경우에는 법령에 의하여 허용된 행위로서 죄가 되지 아니한다고 그릇 인식하고, 그와 같이 그릇 인식함에 정당한 이유가 있는 경우에는 벌하지 않는다는 취지인바, 피고인이 일본 영주권을 가진 재일교포로서 영리를 목적으로 이 사건 관세물품을 구입한 것이 아니라거나 국내 입국시 관세신고를 하지 않아도 되는 것으로 착오하였다는 등의 사정만으로는 위에서 말한 형법 제16조의 법률의 착오에 해당한다고 할 수 없다(대판 2007.05.11. 2006도1993).

문 33

법률의 착오 또는 책임에 관한 다음 설명 중 가장 옳지 않은 것은? [2018년 24번]

① 형법 제16조(법률의 착오)에서 정당한 이유가 있는지 여부는 행위자가 위법한 행위를 하지 않으려는 진지한 노력을 했음에도 위법성을 인식하지 못한 것인지 여부를 기준으로 판단해야 하며, 위법성 인식에 필요한 노력의 정도는 행위자 개인의 인식능력 및 행위자가 속한 사회집단에 따라 달리 평가되어서는 안 된다.

② 직장의 상사가 범법행위를 하는데 가담한 부하에게 직무상 지휘·복종관계에 있다 하여 범법행위에 가담하지 않을 기대가능성이 없다고 할 수 없다.
③ 자신에 대한 유죄판결이 확정된 증인은 공범에 대한 피고사건에서 증언을 거부할 수 없고, 설령 증인이 자신에 대한 형사사건에서 시종일관 그 범행을 부인하였다 하더라도 그러한 사정만으로 증인이 진실대로 진술할 것을 기대할 수 있는 가능성이 없는 경우에 해당한다고 할 수 없으므로 허위의 진술에 대하여 위증죄의 성립을 부정할 수 없다.
④ 피고인이 음주운전을 할 의사를 가지고 음주만취한 후 운전을 결행하여 교통사고를 일으켰다면 피고인은 음주시에 교통사고를 일으킬 위험성을 예견하였는데도 자의로 심신장애를 야기한 경우에 해당하므로 형법 제10조 제3항에 의하여 심신장애로 인한 감경 등을 할 수 없다.
⑤ 사춘기 이전의 소아들을 상대로 한 성행위를 중심으로 성적 흥분을 강하게 일으키는 공상, 성적 충동, 성적 행동이 반복되어 나타나는 소아기호증은 성적인 측면에서의 성격적 결함으로 인하여 나타나는 것으로서, 소아기호증과 같은 질환이 있다는 사정은 그 자체만으로는 형의 감면사유인 심신장애에 해당하지 않고, 다만 그 증상이 매우 심각하여 원래의 의미의 정신병이 있는 사람과 동등하다고 평가할 수 있거나, 다른 심신장애사유와 경합된 경우 등에는 심신장애를 인정할 여지가 있다.

해설 ★★

① (X) 형법 제16조에서 "자기가 행한 행위가 법령에 의하여 죄가 되지 아니한 것으로 오인한 행위는 그 오인에 정당한 이유가 있는 때에 한하여 벌하지 아니한다."고 규정하고 있는 것은 일반적으로 범죄가 되는 경우이지만 자기의 특수한 경우에는 법령에 의하여 허용된 행위로서 죄가 되지 아니한다고 그릇 인식하고, 그와 같이 그릇 인식함에 정당한 이유가 있는 경우에는 벌하지 아니한다는 취지이고, 이러한 정당한 이유가 있는지 여부는 행위자에게 자기 행위의 위법의 가능성에 대해 심사숙고하거나 조회할 수 있는 계기가 있어 자신의 지적 능력을 다하여 이를 회피하기 위한 진지한 노력을 다하였더라면 스스로의 행위에 대하여 위법성을 인식할 수 있는 가능성이 있었음에도 이를 다하지 못한 결과 자기 행위의 위법성을 인식하지 못한 것인지 여부에 따라 판단하여야 할 것이며, 이러한 위법성의 인식에 필요한 노력의 정도는 구체적인 행위정황과 행위자 개인의 인식능력, 그리고 행위자가 속한 사회집단에 따라 달리 평가되어야 한다(대판 2008.10.23. 2008도5526).
② (O) 직장의 상사가 범법행위를 하는데 가담한 부하에게 직무상 지휘복종관계에 있다하여 범법행위에 가담하지 않을 기대가능성이 없다고 할 수 없다(대판 1986.05.27. 86도614).
③ (O) 자신에 대한 유죄판결이 확정된 증인이 공범에 대한 피고사건에서 증언할 당시 앞으로 재심을 청구할 예정이라고 하여도, 이를 이유로 증인에게 형사소송법 제148조에 의한 증언거부권이 인정되지는 않는다. 피고인이 마약류관리에 관한 법률 위반(향정)죄로 이미 유죄판결을 받아 확정된 후 별건으로 기소된 공범 甲에 대한 공판절차의 증인으로 출석하여 허위의 진술을 한 사안에서, 피고인에게 증언을 거부할 권리가 없으므로 증언에 앞서 증언거부권을 고지받지 못하였더라도 증인신문절차상 잘못이 없다(대판 2011.11.24. 2011도11994).
④ (O) 음주운전을 할 의사를 가지고 음주만취한 후 운전을 결행하다가 교통사고를 일으킨 경우에는 음주시에 교통사고를 일으킬 위험성을 예견하였는데도 자의로 심신장애를 야기한 경우에 해당하므로 형법 제10조 제3항에 의하여 심신장애로 인한 감경 등을 할 수 없다고 할 것이다(대판 2007.07.27. 2007도4484).
⑤ (O) 특단의 사정이 없는 한 성격적 결함을 가진 자에 대하여 자신의 충동을 억제하고 법을 준수하도록 요구하는 것이 기대할 수 없는 행위를 요구하는 것이라고는 할 수 없으므로, 사춘기 이전의 소아들을 상대로 한 성행위를 중심으로 성적 흥분을 강하게 일으키는 공상, 성적 충동, 성적 행동이 반복되어 나타나는 소아기호

증은 성적인 측면에서의 성격적 결함으로 인하여 나타나는 것으로서, 소아기호증과 같은 질환이 있다는 사정은 그 자체만으로는 형의 감면사유인 심신장애에 해당하지 아니한다고 봄이 상당하고, 다만 그 증상이 매우 심각하여 원래의 의미의 정신병이 있는 사람과 동등하다고 평가할 수 있거나, 다른 심신장애사유와 경합된 경우 등에는 심신장애를 인정할 여지가 있으며, 이 경우 심신장애의 인정 여부는 소아기호증의 정도, 범행의 동기 및 원인, 범행의 경위 및 수단과 태양, 범행 전후의 피고인의 행동, 증거인멸 공작의 유무, 범행 및 그 전후의 상황에 관한 기억의 유무 및 정도, 반성의 빛의 유무, 수사 및 공판정에서의 방어 및 변소의 방법과 태도, 소아기호증 발병 전의 피고인의 성격과 그 범죄와의 관련성 유무 및 정도 등을 종합하여 법원이 독자적으로 판단할 수 있다(대판 2007.02.08. 2006도7900).

정답 ①

제❹절 ▎ 기대가능성

제5장 미수론

제①절 | 미수범의 일반이론

문 34

실행의 착수에 관한 다음 설명 중 가장 옳지 않은 것은? [2022년 24번]

① 체포죄는 사람의 신체에 대하여 직접적이고 현실적인 구속을 가하여 신체활동의 자유를 박탈하는 죄로서 그 실행의 착수 시기는 체포의 고의로 타인의 신체적 활동의 자유를 현실적으로 침해하는 행위를 개시한 때이다.
② 필로폰을 매수하려는 자로부터 필로폰을 구해 달라는 부탁과 함께 금전을 지급받았다고 하더라도, 당시 피고인이 필로폰을 소지 또는 입수한 상태에 있었거나 그것이 가능하였다는 등 매매행위에 근접·밀착한 상태에서 그 대금을 지급받은 것이 아니라 단순히 필로폰을 구해 달라는 부탁과 함께 대금 명목으로 금전을 지급받은 것에 불과한 경우에는 필로폰 매매행위의 실행의 착수에 이른 것이라고 볼 수 없다.
③ 피고인의 팔이 피해자의 몸에 닿지는 않았다 하더라도 양팔을 높이 들어 갑자기 뒤에서 피해자를 껴안으려는 행위는 피해자의 의사에 반하는 유형력의 행사로서 폭행행위에 해당하고, 그 때에 이른바 '기습추행'에 관한 실행의 착수가 있다고 볼 수 있다.
④ 범인이 피해자를 촬영하기 위하여 육안 또는 캠코더의 줌 기능을 이용하여 피해자가 있는지 여부를 탐색하다가 피해자를 발견하지 못하고 촬영을 포기한 경우에는 촬영을 위한 준비행위에 불과하여 성폭력범죄의 처벌 등에 관한 특례법 위반(카메라등이용촬영)죄의 실행에 착수한 것으로 볼 수 없다.
⑤ 업무상배임죄는 부작위에 의해서도 성립할 수 있는데, 이때 행위자는 부작위 당시 자신에게 주어진 임무를 위반한다는 점만 인식하면 족하고, 그 부작위로 인해 손해가 발생할 위험이 있다는 점을 인식할 필요는 없다.

MGI Point 실행의 착수 ★★

- 체포죄의 실행의 착수시기 ⇨ 체포의 고의로써 타인의 신체적 활동의 자유를 현실적으로 침해하는 행위를 개시한 때
- 단순히 필로폰을 구해 달라는 부탁과 함께 대금 명목으로 돈을 지급받은 것에 불과 ⇨ 필로폰 매매행위의 실행의 착수 ×
- 양팔을 높이 들어 갑자기 뒤에서 껴안으려는 행위 ⇨ 기습추행에 관한 실행의 착수 ○
- 육안 또는 캠코더의 줌 기능을 이용하여 피해자가 있는지 여부를 탐색하다가 피해자를 발견하지 못하고 촬영을 포기 ⇨ 실행의 착수 ×
- 부작위에 의한 업무상배임죄 ⇨ 성립 可, 임무를 위반한다는 점과 부작위로 인해 손해가 발생할 위험이 있다는 점 인식하여야 함

---

① (○) 형법 제276조 제1항의 체포죄에서 말하는 '체포'는 사람의 신체에 대하여 직접적이고 현실적인 구속을 가하여 신체활동의 자유를 박탈하는 행위를 의미하는 것으로서 수단과 방법을 불문한다. 체포죄는 계속범으로서 체포의 행위에 확실히 사람의 신체의 자유를 구속한다고 인정할 수 있을 정도의 시간적 계속이 있어야 하나, 체포의 고의로써 타인의 신체적 활동의 자유를 현실적으로 침해하는 행위를 개시한 때 체포죄의 실행에 착수하였다고 볼 것이다(대판 2018.02.28. 2017도21249).

② (○) 필로폰을 매수하려는 자에게서 필로폰을 구해 달라는 부탁과 함께 돈을 지급받았다고 하더라도, 당시 필로폰을 소지 또는 입수한 상태에 있었거나 그것이 가능하였다는 등 매매행위에 근접·밀착한 상태에서 대금을 지급받은 것이 아니라 단순히 필로폰을 구해 달라는 부탁과 함께 대금 명목으로 돈을 지급받은 것에 불과한 경우에는 필로폰 매매행위의 실행의 착수에 이른 것이라고 볼 수 없다(대판 2015.03.20. 2014도16920).

③ (○) 피고인의 팔이 갑의 몸에 닿지 않았더라도 양팔을 높이 들어 갑자기 뒤에서 껴안으려는 행위는 갑의 의사에 반하는 유형력의 행사로서 폭행행위에 해당하며, 그때 '기습추행'에 관한 실행의 착수가 있는데, 마침 갑이 뒤돌아보면서 소리치는 바람에 몸을 껴안는 추행의 결과에 이르지 못하고 미수에 그쳤으므로, 피고인의 행위는 아동·청소년에 대한 강제추행미수죄에 해당한다고 한 사례(대판 2015.09.10. 2015도6980, 2015모2524(병합)).

④ (○) 범인이 피해자를 촬영하기 위하여 육안 또는 캠코더의 줌 기능을 이용하여 피해자가 있는지 여부를 탐색하다가 피해자를 발견하지 못하고 촬영을 포기한 경우에는 촬영을 위한 준비행위에 불과하여 성폭력처벌법위반(카메라등이용촬영)죄의 실행에 착수한 것으로 볼 수 없다(대판 2021.03.25. 2021도749).

⑤ (X) 업무상배임죄는 타인과의 신뢰관계에서 일정한 임무에 따라 사무를 처리할 법적 의무가 있는 자가 그 상황에서 당연히 할 것이 법적으로 요구되는 행위를 하지 않는 부작위에 의해서도 성립할 수 있다. 그러한 부작위를 실행의 착수로 볼 수 있기 위해서는 작위의무가 이행되지 않으면 사무처리의 임무를 부여한 사람이 재산권을 행사할 수 없으리라고 객관적으로 예견되는 등으로 구성요건적 결과 발생의 위험이 구체화한 상황에서 부작위가 이루어져야 한다. 그리고 행위자는 부작위 당시 자신에게 주어진 임무를 위반한다는 점과 그 부작위로 인해 손해가 발생할 위험이 있다는 점을 인식하였어야 한다(대판 2021.05.27. 2020도15529).

정답 ⑤

문 7

미수범에 관한 다음 설명 중 가장 옳지 않은 것은? [2023년 21번]

① 카메라 기타 이와 유사한 기능을 갖춘 기계장치 속에 들어 있는 필름이나 저장장치에 피사체에 대한 영상정보가 입력되었을 뿐 전자파일 등의 형태로 영구저장되지 않은 채 사용자에 의해 강제종료되었다면, 구 성폭력범죄의 처벌 및 피해자보호 등에 관한 법률 제14조의2 제1항에서 정한 '카메라 등 이용 촬영죄'는 미수에 그친 것으로 보아야 할 것이다.

② 甲이 강간할 목적으로 피해자의 집에 침입하였다 하더라도 안방에 들어가 누워 자고 있는 피해자의 가슴과 엉덩이를 만지면서 간음을 기도하였다는 사실만으로는 강간의 수단으로 피해자에게 폭행이나 협박을 개시하였다고 하기 어렵다.

③ 출입문이 열려 있으면 안으로 들어가겠다는 의사 아래 출입문을 당겨보는 행위는 그것으로 주거침입의 실행에 착수한 것으로 보아야 한다.

④ 甲이 제1차 매수인으로부터 계약금 및 중도금 명목의 금원을 교부받은 후 제2차 매수인에게 부동산을 매도하기로 하고 계약금만을 지급받은 뒤 더 이상의 계약 이행에 나아가지 않았다면 배임죄의 실행의 착수가 있었다고 볼 수 없다.

⑤ 구 외국환거래법 제28조 제1항 제3호는 신고를 하지 아니하거나 허위로 신고하고 지급수단·귀금속 또는 증권을 수출하는 행위를 처벌하고 있는데, 甲이 신고없이 일화 400만 엔을 휴대용 가방에 넣어 국외로 반출하려고 하는 경우, 甲이 휴대용 가방을 가지고 보안검색대에 나아가지 않은 채 공항 내에서 탑승을 기다리고 있던 중에 체포되었다면 실행의 착수가 있다고 볼 수 없다.

> **MGI Point** **미수범** ★★
>
> - 카메라 등 이용 촬영죄의 기수시기 ⇨ 카메라 등 기계장치를 이용하여 동영상 촬영이 이루어진 경우(영상정보가 전자파일 등의 형태로 영구저장 될 필요×)
> - 누워 자고 있는 피해자의 가슴과 엉덩이를 만지면서 간음을 기도한 경우 ⇨ 강간죄의 실행의 착수×
> - 출입문이 열려 있으면 안으로 들어가겠다는 의사 아래 출입문을 당겨보는 행위 ⇨ 주거침입죄의 실행의 착수
> - 이중매도인이 제2차 매수인으로부터 계약금만 지급받은 상태 ⇨ 배임죄의 실행의 착수×
> - 신고없이 일화 400만 엔을 국외로 반출하려던 자가 보안검색대에 나아가지 않은 채 공항 내에서 탑승을 기다리고 있던 중에 체포된 경우 ⇨ 구외국환거래법 위반죄의 실행의 착수×

① (X) 최근 기술문명의 발달로 등장한 디지털카메라나 동영상 기능이 탑재된 휴대전화 등의 기계장치는, 촬영된 영상정보가 사용자 등에 의해 전자파일 등의 형태로 저장되기 전이라도 일단 촬영이 시작되면 곧바로 촬영된 피사체의 영상정보가 기계장치 내 RAM(Random Access Memory) 등 주기억장치에 입력되어 임시저장되었다가 이후 저장명령이 내려지면 기계장치 내 보조기억장치 등에 저장되는 방식을 취하는 경우가 많고, 이러한 저장방식을 취하고 있는 카메라 등 기계장치를 이용하여 동영상 촬영이 이루어졌다면 범행은 촬영 후 일정한 시간이 경과하여 영상정보가 기계장치 내 주기억장치 등에 입력됨으로써 기수에 이르는 것이고, 촬영된 영상정보가 전자파일 등의 형태로 영구저장되지 않은 채 사용자에 의해 강제종료되었다고 하여 미수에 그쳤다고 볼 수는 없다(대법원 2011. 6. 9. 2010도10677).

② (O) 강간죄의 실행의 착수가 있었다고 하려면 강간의 수단으로서 폭행이나 협박을 한 사실이 있어야 할 터인데 피고인이 강간할 목적으로 피해자의 집에 침입하였다 하더라도 안방에 들어가 누워 자고 있는 피해자의 가슴과 엉덩이를 만지면서 간음을 기도하였다는 사실만으로는 강간의 수단으로 피해자에게 폭행이나 협박을 개시하였다고 하기는 어렵다(대법원 1990. 5. 25. 90도607).

③ (O) 주거침입죄의 실행의 착수는 주거자, 관리자, 점유자 등의 의사에 반하여 주거나 관리하는 건조물 등에 들어가는 행위, 즉 구성요건의 일부를 실현하는 행위까지 요구하는 것은 아니고 범죄구성요건의 실현에 이르는 현실적 위험성을 포함하는 행위를 개시하는 것으로 족하므로, 출입문이 열려 있으면 안으로 들어가겠다는 의사 아래 출입문을 당겨보는 행위는 바로 주거의 사실상의 평온을 침해할 객관적인 위험성을 포함하는 행위를 한 것으로 볼 수 있어 그것으로 주거침입의 실행에 착수한 것으로 보아야 한다(대법원 2006. 9. 14. 2006도2824).

④ (O) 피고인이 제1차 매수인으로부터 계약금 및 중도금 명목의 금원을 교부받은 후 제2차 매수인에게 부동산을 매도하기로 하고 계약금만을 지급받은 뒤 더 이상의 계약 이행에 나아가지 않았다면 배임죄의 실행의 착수가 있었다고 볼 수 없다고 한 사례(대법원 2003. 3. 25. 2002도7134).

⑤ (O) 외국환거래법 제28조 제1항 제3호에서 규정하는, 신고를 하지 아니하거나 허위로 신고하고 지급수단·귀금속 또는 증권을 수출하는 행위는 지급수단 등을 국외로 반출하기 위한 행위에 근접·밀착하는 행위가 행하여진 때에 그 실행의 착수가 있다고 할 것인데, 피고인이 일화 500만 ¥은 기탁화물로 부치고 일화 400만 ¥은 휴대용 가방에 넣어 국외로 반출하려고 하는 경우에, 500만 ¥에 대하여는 기탁화물로 부칠 때 이미 국외로 반출하기 위한 행위에 근접·밀착한 행위가 이루어졌다고 보아 실행의 착수가 있었다고 할 것이지만, 휴대용 가방에 넣어 비행기에 탑승하려고 한 나머지 400만 ¥에 대하여는 그 휴대용 가방을 보안검색대에 올려 놓거나 이를 휴대하고 통과하는 때에 비로소 실행의 착수가 있다고 볼 것이고, 피고인이 휴대용 가방을 가지고 보안검색대에 나아가지 않은 채 공항 내에서 탑승을 기다리고 있던 중에 체포되었다면 일화 400만 ¥에 대하여는 실행의 착수가 있다고 볼 수 없다(대법원 2001. 7. 27. 2000도4298).

정답 ①

문 35

실행의 착수시기에 관한 다음 설명 중 가장 옳은 것은? [2021년 19번]

① 주간에 절도의 목적으로 다른 사람의 주거에 침입한 경우 주거에 침입한 단계에서 이미 절도죄의 실행에 착수한 것으로 보아야 한다.
② 사기죄는 편취의 의사로 기망행위를 개시한 때에 실행에 착수한 것으로 보아야 하므로, 사기도박에 있어서는 사기적인 방법으로 도금을 편취하려고 하는 자가 상대방에게 도박에 참가할 것을 권유한 후 정상적인 도박행위를 한 단계에서는 실행의 착수가 있다고 보기 어렵고, 이후 사기적인 방법의 도박행위를 개시한 때에 사기죄의 실행의 착수가 있는 것으로 보아야 한다.
③ 주거침입죄의 실행의 착수는 주거자, 관리자, 점유자 등의 의사에 반하여 주거나 관리하는 건조물 등에 들어가는 행위, 즉 구성요건의 일부를 실현하는 행위까지 요구하는 것은 아니고 범죄구성요건의 실현에 이르는 현실적 위험성을 포함하는 행위를 개시하는 것으로 족하므로, 출입문이 열려 있으면 안으로 들어가겠다는 의사 아래 출입문을 당겨보는 행위는 바로 주거의 사실상의 평온을 침해할 객관적인 위험성을 포함하는 행위를 한 것으로 볼 수 있어 그것으로 주거침입의 실행에 착수한 것으로 보아야 한다.
④ 강간죄에 있어서 폭행 또는 협박은 피해자의 항거를 불능하게 하거나 현저히 곤란하게 할 정도의 것이어야 하므로, 그와 같은 폭행 또는 협박에 의하여 피해자의 항거가 불능하게 되거나 현저히 곤란하게 되는 때 실행의 착수가 있다고 볼 수 있다.
⑤ 타인의 사무를 처리하는 자가 배임의 범의로, 즉 임무에 위배하는 행위를 한다는 점과 이로 인하여 자기 또는 제3자가 이익을 취득하여 본인에게 손해를 가한다는 점에 대한 인식이나 의사를 가지고 임무에 위배한 행위를 개시한 때 배임죄의 실행에 착수한 것으로 볼 수 있으나, 그 임무위배행위가 사법상 무효인 경우에는 실해 발생의 위험이 없으므로 실행의 착수가 있다고 보기 어렵다.

> **MGI Point** 　**실행의 착수시기**　★★
>
> ■ 주간에 절도의 목적으로 타인의 주거에 침입하는 경우 절도죄의 실행의 착수 시기 ⇨ 물색행위시
> ■ 사기도박의 실행의 착수 시기 ⇨ 도박에 참가할 것을 권유하는 등 기망행위를 개시한 때
> ■ 출입문이 열려 있으면 안으로 들어가겠다는 의사 아래 출입문을 당겨보는 행위 ⇨ 주거침입의 실행에 착수한 것 ○
> ■ 강간죄의 실행의 착수 시기
> 　⇨ 간음하기 위하여 피해자의 항거를 불가능하게 하거나 현저히 곤란하게 할 정도의 폭행 또는 협박을 개시한 때 ○
> 　⇨ 폭행 또는 협박에 의하여 피해자의 항거가 불가능하게 되거나 현저히 곤란하게 되어야만 실행의 착수가 있는 것 ×
> ■ 타인의 사무를 처리하는 자가 배임의 범의로 배임행위를 개시하였으나 그 임무위배행위가 사법상 무효인 경우
> 　⇨ 배임죄의 실행의 착수 인정 ○

① (X) 절도죄의 실행의 착수시기는 재물에 대한 타인의 사실상의 지배를 침해하는 데에 밀접한 행위를 개시한 때라고 보아야 하므로, 야간이 아닌 주간에 절도의 목적으로 타인의 주거에 침입하였다고 하여도 아직 절취할 물건의 물색행위를 시작하기 전이라면 주거침입죄만 성립할뿐 절도죄의 실행에 착수한 것으로 볼 수 없는 것이어서 절도미수죄는 성립하지 않는다(대판 1992.09.08. 92도1650).
② (X) 사기죄는 편취의 의사로 기망행위를 개시한 때에 실행에 착수한 것으로 보아야 하므로, 사기도박에서도 사기적인 방법으로 도금을 편취하려고 하는 자가 상대방에게 도박에 참가할 것을 권유하는 등 기망행위를 개시한 때에 실행의 착수가 있는 것으로 보아야 한다(대판 2011.01.13. 2010도9330).

③ (○) 주거침입죄의 실행의 착수는 주거자, 관리자, 점유자 등의 의사에 반하여 주거나 관리하는 건조물 등에 들어가는 행위, 즉 구성요건의 일부를 실현하는 행위까지 요구하는 것은 아니고 범죄구성요건의 실현에 이르는 현실적 위험성을 포함하는 행위를 개시하는 것으로 족하므로, 출입문이 열려 있으면 안으로 들어가겠다는 의사 아래 출입문을 당겨보는 행위는 바로 주거의 사실상의 평온을 침해할 객관적인 위험성을 포함하는 행위를 한 것으로 볼 수 있어 그것으로 주거침입의 실행에 착수한 것으로 보아야 한다(대판 2006.09.14. 2006도2824).

④ (×) 강간죄는 부녀를 간음하기 위하여 피해자의 항거를 불능하게 하거나 현저히 곤란하게 할 정도의 폭행 또는 협박을 개시한 때에 그 실행의 착수가 있다고 보아야 할 것이고, 실제로 그와 같은 폭행 또는 협박에 의하여 피해자의 항거가 불능하게 되거나 현저히 곤란하게 되어야만 실행의 착수가 있다고 볼 것은 아니다(대판 2000.06.09. 2000도1253).

⑤ (×) 주식회사의 대표이사가 대표권을 남용하는 등 그 임무에 위배하여 회사 명의로 의무를 부담하는 행위를 하더라도 일단 회사의 행위로서 유효하고, 다만 상대방이 대표이사의 진의를 알았거나 알 수 있었을 때에는 회사에 대하여 무효가 된다. 따라서 상대방이 대표권남용 사실을 알았거나 알 수 있었던 경우 그 의무부담행위는 원칙적으로 회사에 대하여 효력이 없고, 경제적 관점에서 보아도 이러한 사실만으로는 회사에 현실적인 손해가 발생하였다거나 실해 발생의 위험이 초래되었다고 평가하기 어려우므로, 달리 그 의무부담행위로 인하여 실제로 채무의 이행이 이루어졌다거나 회사가 민법상 불법행위책임을 부담하게 되었다는 등의 사정이 없는 이상 배임죄의 기수에 이른 것은 아니다. 그러나 이 경우에도 대표이사로서는 배임의 범의로 임무위배행위를 함으로써 실행에 착수한 것이므로 배임죄의 미수범이 된다(대판 2017.07.20. 2014도1104(전합)).

정답 ③

문 36

형법에 관한 다음 설명 중 옳은 것은 모두 몇 개인가? [2016년 8번]

㉮ 저항할 수 없는 폭력이나 자기 또는 친족의 생명, 신체에 대한 위해를 방어할 방법이 없는 협박에 의하여 강요된 행위는 그 형을 감경하거나 또는 면제할 수 있다.
㉯ 위험의 발생을 방지할 의무가 있거나 자기의 행위로 인하여 위험발생의 원인을 야기한 자가 그 위험발생을 방지하지 아니한 때에는 그 발생된 결과에 의하여 처벌한다.
㉰ 형법 제21조 제2항의 과잉방위의 경우에 그 행위가 야간 기타 불안스러운 상태하에서 공포, 경악, 흥분 또는 당황으로 인한 때에는 벌하지 아니한다.
㉱ 미수범의 형은 기수범보다 감경하거나 또는 면제할 수 있다.
㉲ 실행의 수단 또는 대상의 착오로 인하여 결과의 발생이 불가능하더라도 위험성이 있는 때에는 처벌하고, 다만 형을 감경할 수 있을 뿐이다.

① 1개   ② 2개   ③ 3개
④ 4개   ⑤ 5개

해설 ★★

㉮ (X) 저항할 수 없는 폭력이나 자기 또는 친족의 생명, 신체에 대한 위해를 방어할 방법이 없는 협박에 의하여 강요된 행위는 벌하지 아니한다(형법 제12조).

㉯ (O) 위험의 발생을 방지할 의무가 있거나 자기의 행위로 인하여 위험발생의 원인을 야기한 자가 그 위험발생을 방지하지 아니한 때에는 그 발생된 결과에 의하여 처벌한다(형법 제18조).

㉰ (O) 형법 제21조 제2항 과잉방위의 경우에 그 행위가 야간 기타 불안스러운 상태하에서 공포, 경악, 흥분 또는 당황으로 인한 때에는 벌하지 아니한다(형법 제21조 제3항).

㉱ (X) 미수범의 형은 기수범보다 감경할 수 있다(형법 제25조 제2항).

㉲ (X) 실행의 수단 또는 대상의 착오로 인하여 결과의 발생이 불가능하더라도 위험성이 있는 때에는 처벌한다. 단, 형을 감경 또는 면제할 수 있다(형법 제27조).

정답 ②

제❷절 ❙ 장애미수

문 37

실행의 착수에 관한 다음 설명 중 가장 옳지 않은 것은? [2018년 21번]

① 피해자가 피고인으로부터 강간미수 피해를 입은 후 피고인의 집에서 나가려고 하였는데 피고인이 피해자가 나가지 못하도록 현관에서 거실 쪽으로 피해자를 세 번 밀쳤고, 피해자가 피고인을 뿌리치고 현관문을 열고 나와 엘리베이터를 누르고 기다리는데 피고인이 팬티 바람으로 쫓아 나왔으며, 피해자가 엘리베이터를 탔는데도 피해자의 팔을 잡고 끌어내리려고 해서 이를 뿌리쳤고, 피고인이 닫히는 엘리베이터 문을 손으로 막으며 엘리베이터로 들어오려고 하자 피해자가 버튼을 누르고 손으로 피고인의 가슴을 밀어낸 경우, 체포죄의 실행의 착수가 있다.

② 타인의 사무를 처리하는 자가 배임의 범의로, 즉 임무에 위배하는 행위를 한다는 점과 이로 인하여 자기 또는 제3자가 이익을 취득하여 본인에게 손해를 가한다는 점에 대한 인식이나 의사를 가지고 임무에 위배한 행위를 개시한 때 배임죄의 실행에 착수한 것이고, 이러한 행위로 인하여 자기 또는 제3자가 이익을 취득하여 본인에게 손해를 가한 때 배임죄는 기수가 된다.

③ 유치권에 의한 경매를 신청한 유치권자는 일반채권자와 마찬가지로 피담보채권액에 기초하여 배당을 받게 되는 결과 피담보채권인 공사대금 채권을 실제와 달리 허위로 크게 부풀려 유치권에 의한 경매를 신청할 경우, 소송사기죄의 실행의 착수에 해당한다.

④ 피고인이 주간에 피해자가 빨래를 걷으러 옥상으로 올라 간 사이에 피해자의 다세대주택에 절취할 재물을 찾으려고 신발을 신은 채 거실을 통하여 안방으로 들어가 여기저기를 둘러보고는 절취할 재물을 찾지 못하여 밖으로 나온 경우, 절도죄의 실행의 착수가 인정된다.

⑤ 피고인이 잠을 자고 있는 피해자의 옷을 벗긴 후 자신의 바지를 내린 상태에서 피해자의 음부 등을 만지고 자신의 성기를 피해자의 음부에 삽입하려고 하였으나 피해자가 몸을 뒤척이고 비트는 등 잠에서 깨어 거부하는 듯한 기색을 보이자 더 이상 간음행위에 나아가는 것을 포기한 경우, 준강간죄의 실행에 착수하였다고 보기 어렵다.

해설

① (○) 원심은, 증거에 의하여 피해자가 피고인으로부터 강간미수 피해를 입은 후 피고인의 집에서 나가려고 하였는데 피고인이 피해자가 나가지 못하도록 현관에서 거실 쪽으로 피해자를 세 번 밀쳤고, 피해자가 피고인을 뿌리치고 현관문을 열고 나와 엘리베이터를 누르고 기다리는데 피고인이 팬티 바람으로 쫓아 나왔으며, 피해자가 엘리베이터를 탔는데도 피해자의 팔을 잡고 끌어내리려고 해서 이를 뿌리쳤고, 피고인이 닫히는 엘리베이터 문을 손으로 막으며 엘리베이터로 들어오려고 하자 피해자가 버튼을 누르고 손으로 피고인의 가슴을 밀어낸 사실을 인정한 다음, 피고인은 피해자의 신체적 활동의 자유를 박탈하려는 고의를 가지고 피해자의 신체에 대한 유형력의 행사를 통해 일시적으로나마 피해자의 신체를 구속하였다고 판단하였다. 앞서 본 법리와 증거에 비추어 살펴보아도, 위와 같은 원심의 판단에 상고이유 주장과 같이 체포미수죄에서의 유형력 행사의 정도에 관한 법리를 오해한 잘못이 없다(대판 2018.02.28. 2017도21249).

② (○) 형법 제355조 제2항은 타인의 사무를 처리하는 자가 그 임무에 위배하는 행위로써 재산상 이익을 취득하거나 제3자로 하여금 이를 취득하게 하여 본인에게 손해를 가한 때에 배임죄가 성립한다고 규정하고 있고, 형법 제359조는 그 미수범은 처벌한다고 규정하고 있다. 이와 같이 형법은 타인의 사무를 처리하는 자가 그 임무에 위배하는 행위를 할 것과 그러한 행위로 인해 행위자나 제3자가 재산상 이익을 취득하여 본인에게 손해를 가할 것을 배임죄의 객관적 구성요건으로 정하고 있으므로, 타인의 사무를 처리하는 자가 배임의 범의로, 즉 임무에 위배하는 행위를 한다는 점과 이로 인하여 자기 또는 제3자가 이익을 취득하여 본인에게 손해를 가한다는 점에 대한 인식이나 의사를 가지고 임무에 위배한 행위를 개시한 때 배임죄의 실행에 착수한 것이고, 이러한 행위로 인하여 자기 또는 제3자가 이익을 취득하여 본인에게 손해를 가한 때 기수에 이른다(대판 2017.07.20. 2014도1104(전합)).

③ (○) 유치권에 의한 경매를 신청한 유치권자는 일반채권자와 마찬가지로 피담보채권액에 기초하여 배당을 받게 되는 결과 피담보채권인 공사대금 채권을 실제와 달리 허위로 크게 부풀려 유치권에 의한 경매를 신청할 경우 정당한 채권액에 의하여 경매를 신청한 경우보다 더 많은 배당금을 받을 수도 있으므로, 이는 법원을 기망하여 배당이라는 법원의 처분행위에 의하여 재산상 이익을 취득하려는 행위로서, 불능범에 해당한다고 볼 수 없고, 소송사기죄의 실행의 착수에 해당한다(대판 2012.11.15. 2012도9603).

④ (○) 이 사건에서 보면, 피고인은 범행 당일 피해자가 빨래를 걷으러 옥상으로 올라 간 사이에 피해자의 다세대주택에 절취할 재물을 찾으려고 신발을 신은 채 거실을 통하여 안방으로 들어가 여기저기를 둘러보고는 절취할 재물을 찾지 못하고 다시 거실로 나와서 두리번거리고 있다가 피해자가 현관문을 통하여 거실로 들어가다가 마주치게 된 사실을 인정할 수 있다. 이와 같이 피고인이 방 안으로 들어가다가 곧바로 피해자에게 발각되어 물색행위 등을 할 만한 시간적 여유가 없었던 경우가 아니고 피고인이 방 안까지 들어갔다가 절취할 재물을 찾지 못하고 거실로 돌아 나온 경우라면 피고인이 절도의 목적으로 침입한 이상 물색행위를 하는 등 재물에 대한 피해자의 사실상의 지배를 침해하는 데 밀접한 행위를 하였던 것으로 보아야 한다(대판 2003.06.24. 2003도1985).

⑤ (X) 피고인이 잠을 자고 있는 피해자의 옷을 벗긴 후 자신의 바지를 내린 상태에서 피해자의 음부 등을 만지고 자신의 성기를 피해자의 음부에 삽입하려고 하였으나 피해자가 몸을 뒤척이고 비트는 등 잠에서 깨어 거부하는 듯한 기색을 보이자 더 이상 간음행위에 나아가는 것을 포기한 경우, 준강간죄의 실행에 착수하였다고 보아야 할 것이다(대판 2000.01.14. 99도5187).

정답 ⑤

문 38

실행의 착수에 관한 다음 설명 중 가장 옳지 않은 것은?(다툼이 있는 경우 판례에 의함) [2017년 21번]

① 야간에 아파트에 침입하여 물건을 훔치려고 아파트 베란다 철제난간까지 올라가 창문을 열려고 시도하였다면 야간주거침입절도죄의 실행에 착수한 것이다.
② 양수인에게 무허가건물 인도의무를 부담하는 양도인이 중도금 또는 잔금까지 수령한 상태에서 양수인의 의사에 반하여 제3자에게 그 무허가건물을 이중으로 양도하고 중도금까지 수령하였더라도 양수인에 대한 관계에서 배임죄의 실행의 착수가 있었다고 볼 수 없다.
③ 2인이 합동하여 주간에 아파트 출입문 시정장치를 손괴하다가 발각되어 도주한 경우 형법 제331조 제2항 특수절도죄의 실행의 착수가 인정되지 않는다.
④ 사기도박에서 사기적인 방법으로 도금을 편취하려고 하는 자가 상대방에게 도박에 참가할 것을 권유하는 등 기망행위를 개시한 때에 실행의 착수가 있다.
⑤ 필로폰을 매수하려는 자에게서 필로폰을 구해 달라는 부탁과 함께 돈을 지급받았다고 하더라도, 당시 필로폰을 소지 또는 입수한 상태에 있었다는 등 매매행위에 근접·밀착한 상태에서 대금을 지급받은 것이 아니라 단순히 필로폰을 구해 달라는 부탁과 함께 대금 명목으로 돈을 지급받은 것에 불과한 경우에는 필로폰 매매행위의 실행의 착수에 이른 것이라고 볼 수 없다.

해설 ★★

① (○) 야간에 아파트에 침입하여 물건을 훔칠 의도하에 아파트의 베란다 철제난간까지 올라가 유리창문을 열려고 시도하였다면 야간주거침입절도죄의 실행에 착수한 것으로 보아야 한다(대판 2003.10.24. 2003도4417).
② (X) 양수인에게 무허가건물을 인도할 의무를 부담하는 양도인이 중도금 또는 잔금까지 수령한 상태에서 양수인의 의사에 반하여 제3자에게 그 무허가건물을 이중으로 양도하고 중도금까지 수령하였다면 이는 양수인에 대한 관계에서 임무위배행위로서 배임죄의 실행의 착수가 있었다고 할 것이고, 더 나아가 제3자로부터 잔금을 수령하고 무허가건물을 인도하였다면 이는 배임죄의 기수에 해당한다(대판 2005.10.28. 2005도5713).
③ (○) 형법 제331조 제2항의 특수절도에 있어서 주거침입은 그 구성요건이 아니므로, 절도범인이 그 범행수단으로 주거침입을 한 경우에 그 주거침입행위는 절도죄에 흡수되지 아니하고 별개로 주거침입죄를 구성하여 절도죄와는 실체적 경합의 관계에 있게 되고, 2인 이상이 합동하여 야간이 아닌 주간에 절도의 목적으로 타인의 주거에 침입하였다 하여도 아직 절취할 물건의 물색행위를 시작하기 전이라면 특수절도의 실행에는 착수한 것으로 볼 수 없는 것이어서 그 미수죄가 성립하지 않는다(대판 2009.12.24. 2009도9667).
④ (○) 사기죄는 편취의 의사로 기망행위를 개시한 때에 실행에 착수한 것으로 보아야 하므로, 사기도박에서도 사기적인 방법으로 도금을 편취하려고 하는 자가 상대방에게 도박에 참가할 것을 권유하는 등 기망행위를 개시한 때에 실행의 착수가 있는 것으로 보아야 한다(대판 2011.01.13. 2010도9330).
⑤ (○) 필로폰을 매수하려는 자에게서 필로폰을 구해 달라는 부탁과 함께 돈을 지급받았다고 하더라도, 당시 필로폰을 소지 또는 입수한 상태에 있었거나 그것이 가능하였다는 등 매매행위에 근접·밀착한 상태에서 대금을 지급받은 것이 아니라 단순히 필로폰을 구해 달라는 부탁과 함께 대금 명목으로 돈을 지급받은 것에 불과한 경우에는 필로폰 매매행위의 실행의 착수에 이른 것이라고 볼 수 없다(대판 2015.03.20. 2014도16920).

정답 ②

문 39

장애미수에 관한 다음 설명 중 가장 옳지 않은 것은?(다툼이 있는 경우 판례에 의함) [2016년 12번]

① 부동산 이중양도에 있어서 매도인이 제2차 매수인으로부터 계약금만을 지급받고 중도금을 수령한 바 없다면 배임죄의 실행의 착수가 있었다고 볼 수 없다.
② 출입문이 열려 있으면 안으로 들어가겠다는 의사 아래 출입문을 당겨보는 행위는 주거침입의 실행에 착수한 것으로 보아야 한다.
③ 진정한 임차권자가 아니면서 허위의 임대차계약서를 법원에 제출하여 임차권등기명령을 신청한 것만으로 소송사기의 실행행위에 착수한 것으로 볼 수 없고 나아가 그 임차보증금반환채권에 관하여 현실적으로 청구의 의사표시를 하여야 사기죄의 실행의 착수가 있다고 볼 것이다.
④ 노상에 세워놓은 자동차 안에 있는 물건을 훔칠 생각으로 자동차의 유리창을 통하여 그 내부를 손전등으로 비추어 본 것에 불과하다면 비록 유리창을 따기 위해 면장갑을 끼고 있었고 칼을 소지하고 있었다 하더라도 절취행위의 착수에 이른 것으로 볼 수 없다.
⑤ 위장결혼의 당사자 및 브로커와 공모한 피고인이 허위로 결혼사진을 찍고 혼인신고에 필요한 서류를 준비하여 위장결혼의 당사자에게 건네준 것만으로는 공전자기록등불실기재죄의 실행에 착수한 것으로 볼 수 없다.

해설 ★★★

① (O) 부동산의 이중양도에 있어서 매도인이 제2차 매수인으로부터 계약금만을 지급받고 중도금을 수령한 바 없다면 배임죄의 실행의 착수가 있었다고 볼 수 없다(대판 2003.03.25. 2002도7134).
② (O) 주거침입죄의 실행의 착수는 주거자, 관리자, 점유자 등의 의사에 반하여 주거나 관리하는 건조물 등에 들어가는 행위, 즉 구성요건의 일부를 실현하는 행위까지 요구하는 것은 아니고 범죄구성요건의 실현에 이르는 현실적 위험성을 포함하는 행위를 개시하는 것으로 족하므로, 출입문이 열려 있으면 안으로 들어가겠다는 의사 아래 출입문을 당겨보는 행위는 바로 주거의 사실상의 평온을 침해할 객관적인 위험성을 포함하는 행위를 한 것으로 볼 수 있어 그것으로 주거침입의 실행에 착수한 것으로 보아야 한다(대판 2006.09.14. 2006도2824).
③ (X) 진정한 임차권자가 아니면서 허위의 임대차계약서를 법원에 제출하여 임차권등기명령을 신청하면 그로써 소송사기의 실행행위에 착수한 것으로 보아야 하고, 나아가 그 임차보증금 반환채권에 관하여 현실적으로 청구의 의사표시를 하여야만 사기죄의 실행의 착수가 있다고 볼 것은 아니다(대판 2012.05.24. 2010도12732).
④ (O) 노상에 세워 놓은 자동차안에 있는 물건을 훔칠 생각으로 자동차의 유리창을 통하여 그 내부를 손전등으로 비추어 본 것에 불과하다면 비록 유리창을 따기 위해 면장갑을 끼고 있었고 칼을 소지하고 있었다 하더라도 절도의 예비행위로 볼 수는 있겠으나 타인의 재물에 대한 지배를 침해하는데 밀접한 행위를 한 것이라고는 볼 수 없어 절취행위의 착수에 이른 것이었다고 볼 수 없다(대판 1985.04.23. 85도464).
⑤ (O) 위장결혼의 당사자 및 브로커와 공모한 피고인이 허위로 결혼사진을 찍고 혼인신고에 필요한 서류를 준비하여 위장결혼의 당사자에게 건네준 것만으로는 공전자기록등불실기재죄의 실행에 착수한 것으로 볼 수 없다(대판 2009.09.24. 2009도4998).

정답 ③

제❸절 ┃ 중지미수

문 40

중지미수에 관한 다음 설명 중 가장 옳지 않은 것은?(다툼이 있는 경우 판례에 의함) [2017년 10번]

① 피고인이 장롱 안에 있는 옷가지에 불을 놓아 건물을 소훼하려 하였으나 불길이 치솟는 것을 보고 겁이 나서 물을 부어 불을 끈 것이라면, 위와 같은 경우 치솟는 불길에 놀라거나 자신의 신체안전에 대한 위해 또는 범행 발각시의 처벌 등에 두려움을 느끼는 것은 일반 사회통념상 범죄를 완수함에 장애가 되는 사정에 해당한다고 보아야 할 것이므로, 이를 자의에 의한 중지미수라고는 볼 수 없다.

② 피고인이 피해자를 강간하려다가 피해자의 다음 번에 만나 친해지면 응해 주겠다는 취지의 간곡한 부탁으로 인하여 그 목적을 이루지 못한 후 피해자를 자신의 차에 태워 집에까지 데려다 주었다면 피고인은 자의로 피해자에 대한 강간행위를 중지한 것이고 피해자의 다음에 만나 친해지면 응해 주겠다는 취지의 간곡한 부탁은 사회통념상 범죄실행에 대한 장애라고 여겨지지는 아니하므로 피고인의 행위는 중지미수에 해당하고, 따라서 형을 감경 또는 면제하여야 한다.

③ 다른 공범자의 범행을 중지케 한 바 없으면 범의를 철회하여도 중지미수가 될 수 없다.

④ 피고인 갑, 을, 병이 강도행위를 하던 중 피고인 갑, 을은 피해자를 강간하려고 작은 방으로 끌고 가 팬티를 강제로 벗기고 음부를 만지던 중 피해자가 수술한 지 얼마 안 되어 배가 아프다면서 애원하는 바람에 그 뜻을 이루지 못하였다면, 강도행위의 계속 중 이미 공포상태에 빠진 피해자를 강간하려고 한 이상 강간의 실행에 착수한 것이고, 피고인들이 간음행위를 중단한 것은 피해자를 불쌍히 여겨서가 아니라 피해자의 신체조건상 강간을 하기에 지장이 있다고 본 데에 기인한 것이므로, 이는 일반의 경험상 강간행위를 수행함에 장애가 되는 외부적 사정에 의하여 범행을 중지한 것에 지나지 않는 것으로서 중지범의 요건인 자의성을 결여하였다.

⑤ 피고인이 미성년자를 유인하여 금원을 취득할 마음을 먹고 갑으로 하여금 피해자 병을 유인토록 하였으나 동인의 거절로 미수에 그치고, 같은 달 2차에 걸쳐 다시 피해자 병을 유인하였으나 마음이 약해져 각 실행을 중지하여 미수에 그치고, 다음 달 드디어 피해자 병을 인치, 살해하고 금원을 요구하는 내용의 협박편지를 피해자 병의 부모에게 전달하여 그 부모로부터 재물을 취득하려 했다면, 결국 하나의 기수 범죄만이 성립하므로, 이를 각 미수죄와 기수죄의 경합범으로 처벌할 것은 아니다.

:: 해설   ★★

① (○) 피고인이 장롱 안에 있는 옷가지에 불을 놓아 건물을 소훼하려 하였으나 불길이 치솟는 것을 보고 겁이 나서 물을 부어 불을 끈 것이라면, 위와 같은 경우 치솟는 불길에 놀라거나 자신의 신체안전에 대한 위해 또는 범행 발각시의 처벌 등에 두려움을 느끼는 것은 일반 사회통념상 범죄를 완수함에 장애가 되는 사정에 해당한다고 보아야 할 것이므로, 이를 자의에 의한 중지미수라고는 볼 수 없다(대판 1997.06.13. 97도957).

② (○) 피고인이 피해자를 강간하려다가 피해자의 다음 번에 만나 친해지면 응해 주겠다는 취지의 간곡한 부탁으로 인하여 그 목적을 이루지 못한 후 피해자를 자신의 차에 태워 집에까지 데려다 주었다면 피고인은 자의로 피해자에 대한 강간행위를 중지한 것이고 피해자의 다음에 만나 친해지면 응해 주겠다는 취지의 간곡한 부탁은 사회통념상 범죄실행에 대한 장애라고 여겨지지는 아니하므로 피고인의 행위는 중지미수에 해당한다(대판 1993.10.12. 93도1851).

③ (○) 다른 공범의 범행을 중지하게 하지 아니한 이상 자기만의 범의를 철회, 포기하여도 중지미수로는 인정될 수 없다(대판 2005.02.25. 2004도8259).

④ (○) 피고인 갑, 을, 병이 강도행위를 하던 중 피고인 갑, 을은 피해자를 강간하려고 작은 방으로 끌고가 팬티를 강제로 벗기고 음부를 만지던 중 피해자가 수술한 지 얼마 안되어 배가 아프다면서 애원하는 바람에 그 뜻을 이루지 못하였다면, 강도행위의 계속 중 이미 공포상태에 빠진 피해자를 강간하려고 한 이상 강간의 실행에 착수한 것이고, 피고인들이 간음행위를 중단한 것은 피해자를 불쌍히 여겨서가 아니라 피해자의 신체조건상 강간을 하기에 지장이 있다고 본 데에 기인한 것이므로, 이는 일반의 경험상 강간행위를 수행함에 장애가 되는 외부적 사정에 의하여 범행을 중지한 것에 지나지 않는 것으로서 중지범의 요건인 자의성을 결여하였다(대판 1992.07.28. 92도917).

⑤ (×) 피고인이 미성년자를 유인하여 금원을 취득할 마음을 먹고 공소외 (갑)으로 하여금 피해자를 유인토록 하였으나 동인의 거절로 미수에 그치고, 같은 달 2차에 걸쳐 다시 피해자를 유인하였으나 마음이 약해져 각 실행을 중지하여 미수에 그치고, 다음 달 드디어 동 피해자를 인치, 살해하고 금원을 요구하는 내용의 협박편지를 피해자의 마루에 갖다 놓고 피해자의 안전을 염려하는 부모로부터 재물을 취득하려 했다면, 피고인은 당초의 범의를 철회 내지 방기하였다가 다시 범의를 일으켜 위 마지막의 약취유인 살해에 이른 것이라고 하지 않을 수 없으니, 그간에 범의의 갱신이 있어 그간의 범행이 단일한 의사발동에 인한 것이라고는 할 수 없으므로 위 각 미수죄와 기수죄를 경합범이 성립한다(대판 1983.01.18. 82도2761).

정답 ⑤

제④절 ▎불능미수

문 41

불능미수에 관한 다음 설명 중 가장 옳지 않은 것은? [2020년 14번]

① 피고인이 피해자가 심신상실 또는 항거불능의 상태에 있다고 인식하고 그러한 상태를 이용하여 간음할 의사로 피해자를 간음하였으나 피해자가 실제로는 심신상실 또는 항거불능의 상태에 있지 않은 경우에는, 실행의 수단 또는 대상의 착오로 인하여 준강간죄에서 규정하고 있는 구성요건적 결과의 발생이 처음부터 불가능하였고 실제로 그러한 결과가 발생하였다고 할 수 없다. 피고인이 준강간의 실행에 착수하였으나 범죄가 기수에 이르지 못하였으므로 준강간죄의 미수범이 성립한다. 피고인이 행위 당시에 인식한 사정을 놓고 일반인이 객관적으로 판단하여 보았을 때 준강간의 결과가 발생할 위험성이 있었으므로 준강간죄의 불능미수가 성립한다.

② 불능미수는 행위자가 실제로 존재하지 않는 사실을 존재한다고 오인하였다는 측면에서 존재하는 사실을 인식하지 못한 사실의 착오와 다르다.

③ 불능범의 판단 기준으로서 위험성 판단은 피고인이 행위 당시에 인식한 사정을 놓고 이것이 객관적으로 일반인의 판단으로 보아 결과 발생의 가능성이 있느냐를 따져야 한다.

④ 임대인과 임대차계약을 체결한 임차인이 임차건물에 거주하기는 하였으나 그의 처만이 전입신고를 마친 후에 경매절차에서 배당을 받기 위하여 임대차계약서상의 임차인 명의를 처로 변경하여 경매법원에 배당요구를 한 경우, 실제의 임차인이 임차인 명의 변경 없이 소액임대차보증금에 대한 우선변제권 행사로서 배당금을 수령할 권리가 있었다고 하더라도, 경매법원이 실제의 임차인을 처로 오인하여 처에게 배당결정을 한 이상 재물편취의 결과가 발생하였으므로, 임차인에게 사기죄가 성립한다.

⑤ 형법 제27조에서 정한 '실행의 수단 또는 대상의 착오'는 행위자가 시도한 행위방법 또는 행위객체로는 결과의 발생이 처음부터 불가능하다는 것을 의미한다. 그리고 '결과 발생의 불가능'은 실행의 수단 또는 대상의 원시적 불가능성으로 인하여 범죄가 기수에 이를 수 없는 것을 의미한다고 보아야 한다.

MGI Point 불능미수 ★★

- 피해자가 심신상실 또는 항거불능의 상태에 있다고 오인하고 간음 ⇨ 준강간불능미수
- 불능미수 ⇨ 행위자가 존재하지 않는 사실을 존재한다고 오인
- 불능범의 위험성 판단 ⇨ 피고인이 행위 당시에 인식한 사정을 놓고 이것이 일반인의 판단으로 보아 결과 발생의 가능성이 있느냐를 기준
- 임차인이 임차건물에 거주하기는 하였으나 그의 처만이 전입신고를 마친 후에 경매절차에서 임대차계약서상의 임차인 명의를 처로 변경하여 경매법원에 배당요구를 한 경우 ⇨ 사기죄 ×
- 형법 제27조에서 정한 '실행의 수단 또는 대상의 착오' ⇨ 행위자가 시도한 행위방법 또는 행위객체로는 결과의 발생이 처음부터 불가능하다는 것을 의미

---

① (○) 형법 제300조는 준강간죄의 미수범을 처벌한다. 또한 형법 제27조는 "실행의 수단 또는 대상의 착오로 인하여 결과의 발생이 불가능하더라도 위험성이 있는 때에는 처벌한다. 단, 형을 감경 또는 면제할 수 있다."라고 규정하여 불능미수범을 처벌하고 있다. 따라서 피고인이 피해자가 심신상실 또는 항거불능의 상태에 있다고 인식하고 그러한 상태를 이용하여 간음할 의사로 피해자를 간음하였으나 피해자가 실제로는 심신상실 또는 항거불능의 상태에 있지 않은 경우에는, 실행의 수단 또는 대상의 착오로 인하여 준강간죄에서 규정하고 있는 구성요건적 결과의 발생이 처음부터 불가능하였고 실제로 그러한 결과가 발생하였다고 할 수 없다. 피고인이 준강간의 실행에 착수하였으나 범죄가 기수에 이르지 못하였으므로 준강간죄의 미수범이 성립한다. 피고인이 행위 당시에 인식한 사정을 놓고 일반인이 객관적으로 판단하여 보았을 때 준강간의 결과가 발생할 위험성이 있었으므로 준강간죄의 불능미수가 성립한다. 구체적인 이유는 다음과 같다.

② (○) [1] 형법 제27조에서 규정하고 있는 불능미수는 행위자에게 범죄의사가 있고 실행의 착수라고 볼 수 있는 행위가 있지만 실행의 수단이나 대상의 착오로 처음부터 구성요건이 충족될 가능성이 없는 경우이다. 다만 결과적으로 구성요건의 충족은 불가능하지만, 그 행위의 위험성이 있으면 불능미수로 처벌한다. 불능미수는 행위자가 실제로 존재하지 않는 사실을 존재한다고 오인하였다는 측면에서 존재하는 사실을 인식하지 못한 사실의 착오와 다르다. [2] 형법은 제25조 제1항에서 "범죄의 실행에 착수하여 행위를 종료하지 못하였거나 결과가 발생하지 아니한 때에는 미수범으로 처벌한다."라고 하여 장애미수를 규정하고, 제26조에서 "범인이 자의로 실행에 착수한 행위를 중지하거나 그 행위로 인한 결과의 발생을 방지한 때에는 형을 감경 또는 면제한다."라고 하여 중지미수를 규정하고 있다. 장애미수 또는 중지미수는 범죄의 실행에 착수할 당시 실행행위를 놓고 판단하였을 때 행위자가 의도한 범죄의 기수가 성립할 가능성이 있었으므로 처음부터 기수가 될 가능성이 객관적으로 배제되는 불능미수와 구별된다.

③ (○) 한편 불능범과 구별되는 불능미수의 성립요건인 '위험성'은 피고인이 행위 당시에 인식한 사정을 놓고 일반인이 객관적으로 판단하여 결과 발생의 가능성이 있는지 여부를 따져야 한다(대판 2019.03.28. 2018도16002(전합)).

④ (×) 임대인과 임대차계약을 체결한 임차인이 임차건물에 거주하기는 하였으나 그의 처만이 전입신고를 마친 후에 경매절차에서 배당을 받기 위하여 임대차계약서상의 임차인 명의를 처로 변경하여 경매법원에 배당요구를 한 경우, 실제의 임차인이 전세계약서상의 임차인 명의를 처의 명의로 변경하지 아니하였다 하더라도 소액임대차보증금에 대한 우선변제권 행사로서 배당금을 수령할 권리가 있다 할 것이어서, 경매법원이 실제

의 임차인을 처로 오인하여 배당결정을 하였더라도 이로써 재물의 편취라는 결과의 발생은 불가능하다 할 것이고, 이러한 임차인의 행위를 객관적으로 결과발생의 가능성이 있는 행위라고 볼 수도 없으므로 형사소송법 제325조에 의하여 무죄를 선고하여야 한다(대판 2002.02.08. 2001도6669).

⑤ (○) [3] 형법 제27조에서 정한 '실행의 수단 또는 대상의 착오'는 행위자가 시도한 행위방법 또는 행위객체로는 결과의 발생이 처음부터 불가능하다는 것을 의미한다. 그리고 '결과 발생의 불가능'은 실행의 수단 또는 대상의 원시적 불가능성으로 인하여 범죄가 기수에 이를 수 없는 것을 의미한다고 보아야 한다.

정답 ④

문 42

다음 설명 중 가장 옳지 않은 것은? [2019년 36번]

① 소송비용을 편취할 의사로 소송비용의 지급을 구하는 손해배상청구의 소를 제기한 경우 사기죄의 불능범에 해당한다.
② 증인의 증언은 그 전부를 일체로 관찰 판단하는 것이므로 선서한 증인이 일단 기억에 반하는 허위의 진술을 하였더라도 그 신문이 끝나기 전에 그 진술을 취소 시정한 경우에는 위증이 되지 아니한다. 따라서 위증죄의 기수시기는 해당 증인신문이 열린 공판기일이 마쳐진 때로 보아야 한다.
③ 피고인이 피해자 甲(여, 17세)에게 가까이 접근하여 갑자기 뒤에서 껴안는 행위는 일반인에게 성적 수치심이나 혐오감을 일으키게 하고 선량한 성적 도덕관념에 반하는 행위로서 甲의 성적 자유를 침해하는 행위여서 그 자체로 이른바 '기습추행' 행위로 볼 수 있으므로, 피고인의 팔이 甲의 몸에 닿지 않았더라도 양팔을 높이 들어 갑자기 뒤에서 껴안으려는 행위는 甲의 의사에 반하는 유형력의 행사로서 폭력행위에 해당하고, 그때 '기습추행'에 관한 실행의 착수가 있는데, 마침 甲이 뒤돌아보면서 소리치는 바람에 몸을 껴안는 추행의 결과에 이르지 못하고 미수에 그쳤으므로, 피고인의 행위는 아동·청소년에 대한 강제추행미수죄에 해당한다.
④ 필로폰을 매수하려는 자에게서 필로폰을 구해달라는 부탁과 함께 돈을 지급받았더라도, 당시 필로폰을 소지 또는 입수한 상태에 있었거나 그것이 가능하였다는 등 매매행위에 근접·밀착한 상태에서 대금을 지급받은 것이 아니라 단순히 필로폰을 구해달라는 부탁과 함께 대금 명목으로 돈을 지급받은 것에 불과한 경우에는 필로폰 매매행위의 실행의 착수에 이른 것이라고 볼 수 없다.
⑤ 피고인이 다세대주택 2층의 불이 꺼져있는 것을 보고 물건을 절취하기 위하여 가스배관을 타고 올라가다가, 두 손을 1층과 2층 사이에 있는 가스배관을 잡고 발은 1층 방범창을 딛고 있는 상태에서 순찰 중이던 경찰관에게 발각되자 그대로 뛰어내린 경우, 이러한 피고인의 행위만으로는 야간주거 침입절도죄를 구성하지 않는다고 봄이 상당하다.

> **MGI Point** 미수 ★★
>
> - 소송비용 편취 의사로 손해배상청구의 소를 제기 ⇨ 사기죄의 불능범
> - 위증죄의 기수시기(신문절차가 종료하여 진술을 철회할 수 없을 때)
>   - 이후에 철회하여도 위증죄의 성립에 영향 × (이미 기수)
>   - 증인신문이 끝나기 전 진술 철회 시 위증죄 성립 ×
>   - 위증죄는 미수범 처벌 ×
> - 추행의 고의로 폭행행위를 하여 실행행위에 착수하였으나 추행의 결과에 이르지 못한 경우 ⇨ 강제추행미수죄
> - 필로폰을 구해 달라는 부탁과 함께 대금 명목으로 돈을 지급받은 경우 ⇨ 필로폰 매매행위의 실행 착수 ×
> - 담장이 없는 빌라 건물의 외벽 가스배관을 타고 이동하면서 침입할 범행대상을 물색한 경우
>   ⇨ 야간주거침입절도죄 실행의 착수 ×

① (○) 소송비용을 편취할 의사로 소송비용의 지급을 구하는 손해배상청구의 소를 제기한 경우, 사기죄의 불능범에 해당한다(대판 2005.12.08. 2005도8105).

② (X) 증인의 증언은 그 전부를 일체로 관찰 판단하는 것이므로 선서한 증인이 일단 기억에 반한 허위의 진술을 하였더라도 그 신문이 끝나기 전에 그 진술을 취소 시정한 경우에는 위증이 되지 아니한다고 봄이 상당하며 따라서 위증죄의 기수시기는 신문 진술이 종료한 때로 해석할 것이다. 진술 후에 선서를 명하는 경우는 선서종료한 때 기수가 될 것이다(대판 1974.06.25. 74도1231). ▶ 위증죄의 기수시기는 해당 증인신문이 열린 공판기일이 마쳐진 때가 아니라 증인신문절차가 종료하여 그 진술을 철회할 수 없는 단계에 이르렀을 때이다.

③ (○) 피고인이 가까이 접근하여 갑자기 뒤에서 껴안는 행위는 일반인에게 성적 수치심이나 혐오감을 일으키게 하고 선량한 성적 도덕관념에 반하는 행위로서 甲의 성적 자유를 침해하는 행위여서 그 자체로 이른바 '기습추행' 행위로 볼 수 있으므로, 피고인의 팔이 甲의 몸에 닿지 않았더라도 양팔을 높이 들어 갑자기 뒤에서 껴안으려는 행위는 甲의 의사에 반하는 유형력의 행사로서 폭행행위에 해당하며, 그때 '기습추행'에 관한 실행의 착수가 있는데, 마침 甲이 뒤돌아보면서 소리치는 바람에 몸을 껴안는 추행의 결과에 이르지 못하고 미수에 그쳤으므로, 피고인의 행위는 아동·청소년에 대한 강제추행미수죄에 해당한다(대판 2015.09.10. 2015도6980).

④ (○) 필로폰을 매수하려는 자에게서 필로폰을 구해 달라는 부탁과 함께 돈을 지급받았다고 하더라도, 당시 필로폰을 소지 또는 입수한 상태에 있었거나 그것이 가능하였다는 등 매매행위에 근접·밀착한 상태에서 대금을 지급받은 것이 아니라 단순히 필로폰을 구해 달라는 부탁과 함께 대금 명목으로 돈을 지급받은 것에 불과한 경우에는 필로폰 매매행위의 실행의 착수에 이른 것이라고 볼 수 없다(대판 2015.03.20. 2014도16920).

⑤ (○) 야간에 다세대주택에 침입하여 물건을 절취하기 위하여 가스배관을 타고 오르다가 순찰 중이던 경찰관에게 발각되어 그냥 뛰어내렸다면, 야간주거침입절도죄의 실행의 착수에 이르지 못했다(대판 2008.03.27. 2008도917).

정답 ②

문 43

다음 설명 중 가장 옳지 않은 것은? [2018년 23번]

① 피해자를 독살하려 하였으나 피해자가 토함으로써 그 목적을 이루지 못하였다고 하더라도, 사용한 독의 양이 치사량 미달이어서 결과발생이 불가능한 경우가 있을 수 있으므로 불능미수 해당 여부를 심리해야 한다.

② 행위자가 결과발생이 불가능하다는 것을 알면서 실행에 착수하였고, 결과는 발생하지 않았으나 위험성은 있다면, 불능미수에 해당한다.

③ 부작용으로 사망할 가능성을 배제할 수 없는 약초를 달인 물을 마시게 하여 살해하려 하였으나 미수에 그쳤다면, 불능범이 아닌 살인미수죄가 성립한다.

④ 메스암페타민 제조를 위해 그 원료에 약품들을 교반하였으나 약품배합미숙으로 완제품을 제조하지 못하였다면, 불능범이 아닌 메스암페타민 제조미수에 의한 마약류 관리에 관한 법률 위반죄가 성립한다.
⑤ 소송비용 명목의 돈을 편취하기 위해 소송비용 상당액의 지급을 구하는 손해배상금 청구의 소를 제기하였다가 담당 판사로부터 소송비용액 확정절차를 통하여 하라는 권유를 받고 소를 취하하였다면, 불능범에 해당하여 처벌할 수 없다.

:: 해설 ★★

① (O) 피고인이 피해자를 독살하려 하였으나 동인이 토함으로써 그 목적을 이루지 못한 경우에는 피고인이 사용한 독의 양이 치사량 미달이어서 결과발생이 불가능한 경우도 있을 것이고, 한편 형법은 장애미수와 불능미수를 구별하여 처벌하고 있으므로 원심으로서는 이 사건 독약의 치사량을 좀더 심리하여 피고인의 소위가 위 미수중 어느 경우에 해당하는지 가렸어야 할 것이다(대판 1984.02.14. 83도2967).
② (X) 불능미수가 성립하기 위해서는 장애미수와 마찬가지로 고의, 확정적 행위의사 및 특수한 주관적 구성요건요소가 필요하다. 따라서 행위자가 결과발생이 불가능하다는 것을 인식한 경우에는 고의가 조각되어 불능미수가 성립할 수 없다.
③ (O) 일정량 이상을 먹으면 사람이 죽을 수도 있는 '초오뿌리'나 '부자' 달인 물을 마시게 하여 피해자를 살해하려다 미수에 그친 행위가 불능범이 아닌 살인미수죄에 해당한다(대판 2007.07.26. 2007도3687).
④ (O) 불능범은 범죄행위의 성질상 결과발생의 위험이 절대로 불능한 경우를 말하는 것인바 향성신성의약품인 메스암페타민 속칭 "히로뽕" 제조를 위해 그 원료인 염산에 페트린 및 수종의 약품을 교반하여 "히로뽕" 제조를 시도하였으나 약품배합미숙으로 그 완제품을 제조하지 못하였다면 위 소위는 그 성질상 결과발생의 위험성이 있다고 할 것이므로 이를 습관성의약품제조미수범으로 처단한 것은 정당하다(대판 1985.03.26. 85도206).
⑤ (O) 소송비용을 편취할 의사로 소송비용의 지급을 구하는 손해배상청구의 소를 제기한 경우, 사기죄의 불능범에 해당한다(대판 2005.12.08. 2005도8105).

정답 ②

제❺절 | 예비죄

문 8

예비 · 음모에 관한 다음 설명 중 옳은 것은 모두 몇 개인가?[2023년 13번]

ㄱ. 강도예비·음모죄가 성립하기 위해서는 예비·음모 행위자에게 미필적으로라도 '강도'를 할 목적이 있음이 인정되어야 하고 그에 이르지 않고 단순히 '준강도'할 목적이 있음에 그치는 경우에는 강도예비·음모죄로 처벌할 수 없다.
ㄴ. 살인예비죄가 성립하기 위하여는 살인죄를 범할 목적 외에도 살인의 준비에 관한 고의가 있어야 하며, 나아가 실행의 착수까지에는 이르지 아니하는 살인죄의 실현을 위한 준비행위가 있어야 한다. 여기서의 준비행위는 단순히 범행의 의사 또는 계획만으로는 그것이 있다고 할 수 없고 객관적으로 보아서 살인죄의 실현에 실질적으로 기여할 수 있는 외적 행위를 필요로 한다.
ㄷ. 본범이 절취한 차량이라는 정을 알면서도 본범 등으로부터 그들이 위 차량을 이용하여 강도를 하려 함에 있어 차량을 운전해 달라는 부탁을 받고 위 차량을 운전해 준 경우, 강도예비죄 뿐만 아니라 장물운반죄도 함께 성립한다.

ㄹ. 예비죄의 실행행위는 무정형 무한정한 행위이고 종범의 행위도 무정형 무한정하며, 형법 제28조에 의하면 범죄의 음모 또는 예비행위가 실행의 착수에 이르지 아니한 때에는 법률에 특별한 규정이 없는 한 벌하지 아니한다고 규정하고 있으므로, 형법각칙의 예비죄를 처단하는 규정을 바로 독립된 구성요건 개념에 포함시킬 수 없다. 따라서 예비의 공동정범이 되는 경우를 제외하고는 이에 가공한 자를 종범으로 처벌할 수 없다.

① 없음   ② 1개   ③ 2개   ④ 3개   ⑤ 4개

MGI Point 예비·음모 ★★

- 강도예비·음모죄가 성립요건 ⇨ 미필적으로라도 '강도'를 할 목적이 있어야, '준강도'할 목적은 포함×
- 살인예비죄의 성립요건으로 준비행위 ⇨ 살인죄의 실현에 실질적으로 기여할 수 있는 외적 행위
- 본범이 절취한 차량이라는 정을 알면서도 위 차량을 이용하여 강도를 하려 함에 있어 차량을 운전해 달라는 부탁을 받고 위 차량을 운전해 준 경우 ⇨ 강도예비죄, 장물운반죄 성립
- 예비의 종범 ⇨ 인정×

ㄱ. (O) 강도예비·음모죄가 성립하기 위해서는 예비·음모 행위자에게 미필적으로라도 '강도'를 할 목적이 있음이 인정되어야 하고 그에 이르지 않고 단순히 '준강도'할 목적이 있음에 그치는 경우에는 강도예비·음모죄로 처벌할 수 없다(대법원 2006. 9. 14. 2004도6432).

ㄴ. (O) 형법 제255조, 제250조의 살인예비죄가 성립하기 위하여는 형법 제255조에서 명문으로 요구하는 살인죄를 범할 목적 외에도 살인의 준비에 관한 고의가 있어야 하며, 나아가 실행의 착수까지에는 이르지 아니하는 살인죄의 실현을 위한 준비행위가 있어야 한다. 여기서의 준비행위는 물적인 것에 한정되지 아니하며 특별한 정형이 있는 것도 아니지만, 단순히 범행의 의사 또는 계획만으로는 그것이 있다고 할 수 없고 객관적으로 보아서 살인죄의 실현에 실질적으로 기여할 수 있는 외적 행위를 필요로 한다(대법원 2009. 10. 29. 2009도7150).

ㄷ. (O) 본범자와 공동하여 장물을 운반한 경우에 본범자는 장물죄에 해당하지 않으나 그 외의 자의 행위는 장물운반죄를 구성하므로, 피고인이 본범이 절취한 차량이라는 정을 알면서도 본범 등으로부터 그들이 위 차량을 이용하여 강도를 하려 함에 있어 차량을 운전해 달라는 부탁을 받고 위 차량을 운전해 준 경우, 피고인은 강도예비와 아울러 장물운반의 고의를 가지고 위와 같은 행위를 하였다고 봄이 상당하다(대법원 1999. 3. 26. 98도3030).

ㄹ. (O) 범죄의 구성요건 개념상 예비죄의 실행행위는 무정형 무한정한 행위이고 종범의 행위도 무정형 무한정한 것이고 형법 제28조에 의하면 범죄의 음모 또는 예비행위가 실행의 착수에 이르지 아니한 때에는 법률에 특별한 규정이 없는 한 벌하지 아니한다고 규정하여 예비죄의 처벌이 가져올 범죄의 구성요건을 부당하게 유추 내지 확장해석하는 것을 금지하고 있기 때문에 형법각칙의 예비죄를 처단하는 규정을 바로 독립된 구성요건 개념에 포함시킬 수는 없다고 하는 것이 죄형법정주의의 원칙에도 합당하는 해석이라 할 것이기 때문이 다. 따라서 형법전체의 정신에 비추어 예비의 단계에 있어서는 그 종범의 성립을 부정하고 있다고 보는 것이 타당한 해석이라고 할 것이다(대법원 1976. 5. 25. 75도1549).

정답 ⑤

문 44

예비·음모에 관한 다음 설명 중 가장 옳지 않은 것은? [2018년 9번]

① 형법상 음모죄가 성립하는 경우의 음모란 2인 이상의 자 사이에 성립한 범죄실행의 합의를 말하는 것으로, 범죄실행의 합의가 있다고 하기 위하여는 단순히 범죄결심을 외부에 표시·전달하는 것만으로는 부족하고, 객관적으로 보아 특정한 범죄의 실행을 위한 준비행위라는 것이 명백히 인식되고, 그 합의에 실질적인 위험성이 인정될 때에 비로소 음모죄가 성립한다.

② 정범이 실행의 착수에 이르지 아니한 예비의 단계에 그친 경우에는 이에 가공한다 하더라도 예비의 공동정범이 되는 때를 제외하고는 종범으로 처벌할 수 없다.

③ 예비·음모 행위자에게 미필적으로라도 '강도'를 할 목적이 있다고 인정되지 않더라도, 단순히 '준강도'를 할 목적이 있다고 인정된다면 강도예비·음모죄로 처벌할 수 있다.

④ 중지범은 범죄의 실행에 착수한 후 자의로 그 행위를 중지한 때를 말하는 것이고, 실행의 착수가 있기 전인 예비·음모의 행위를 처벌하는 경우에 있어서 중지범의 관념은 이를 인정할 수 없다.

⑤ 범죄의 음모 또는 예비행위가 실행의 착수에 이르지 아니한 때에는 법률에 특별한 규정이 없는 한 벌하지 아니한다.

해설 ★★

① (○) 형법상 음모죄가 성립하는 경우의 음모란 2인 이상의 자 사이에 성립한 범죄실행의 합의를 말하는 것으로, 범죄실행의 합의가 있다고 하기 위하여는 단순히 범죄결심을 외부에 표시·전달하는 것만으로는 부족하고, 객관적으로 보아 특정한 범죄의 실행을 위한 준비행위라는 것이 명백히 인식되고, 그 합의에 실질적인 위험성이 인정될 때에 비로소 음모죄가 성립한다(대판 1999.11.12. 99도3801).

② (○) 형법 제32조 제1항 소정 타인의 범죄란 정범이 범죄의 실현에 착수한 경우를 말하는 것이므로 종범이 처벌되기 위하여는 정범의 실행의 착수가 있는 경우에만 가능하고 형법 전체의 정신에 비추어 정범이 실행의 착수에 이르지 아니한 예비의 단계에 그친 경우에는 이에 가공하는 행위가 예비의 공동정범이 되는 경우를 제외하고는 종범의 성립을 부정하고 있다고 보는 것이 타당하다(대판 1976.05.25. 75도1549).

③ (X) 강도예비·음모죄가 성립하기 위해서는 예비·음모 행위자에게 미필적으로라도 '강도'를 할 목적이 있음이 인정되어야 하고 그에 이르지 않고 단순히 '준강도'할 목적이 있음에 그치는 경우에는 강도예비·음모죄로 처벌할 수 없다(대판 2006.09.14. 2004도6432).

④ (○) 중지범은 범죄의 실행에 착수한 후 자의로 그 행위를 중지한 때를 말하는 것이고, 실행의 착수가 있기 전인 예비음모의 행위를 처벌하는 경우에 있어서는 중지범의 관념은 이를 인정할 수 없다(대판 1991.06.25. 91도436).

⑤ (○) 형법 제28조 참조.

> 형법 제28조(음모,예비) 범죄의 음모 또는 예비행위가 실행의 착수에 이르지 아니한 때에는 법률에 특별한 규정이 없는 한 벌하지 아니한다.

정답 ③

제6장 정범 및 공범론

제❶절 ▎ 정범·공범의 일반이론

문 45

공범에 관한 다음 설명 중 옳은 것을 모두 고른 것은? [2019년 6번]

> ㄱ. 공동정범 성립을 위하여 반드시 공범자간에 사전 모의가 있어야 하는 것은 아니고, 암묵적으로 서로 협력하여 공동의 범의를 실현하려는 의사가 있었다면 공모를 인정할 수 있으며 반드시 범행의 실행을 분담할 것을 요하지 아니하므로 공모가 있었다면 단순히 망을 보았어도 공범의 죄책을 진다.
> ㄴ. 매도, 매수와 같이 2인 이상의 서로 대향된 행위의 존재를 필요로 하는 관계에서는 공범이나 방조범에 관한 형법총칙 규정의 적용이 없으므로 매도인에게 따로 처벌규정이 없는 이상 매도인의 매도행위는 그와 대향적 행위의 존재를 필요로 하는 상대방의 매수범행에 대하여 공범이나 방조범관계가 성립하지 않는다.
> ㄷ. 포괄일죄의 범행 도중에 공동정범으로 범행에 가담한 자는 비록 그가 그 범행에 가담할 때에 이미 이루어진 종전의 범행을 알았다 하더라도 그 가담 이후의 범행에 대하여만 공동정범으로 책임을 진다.
> ㄹ. 甲이 乙에게 범행을 교사하였으나 乙이 이를 거부하며 승낙하지 아니하였다가 그 후 乙이 甲에게 알리지 않은 채 교사행위에 의하여 범행을 결의하고 실행에 착수한 경우 甲은 교사범의 책임을 진다.
> ㅁ. 甲이 죄를 지은 사실이 없음에도 자기 자신을 스스로 무고한 경우 무고죄가 성립하지 않으나 甲이 乙을 교사하여 乙로 하여금 甲자신을 무고하게 한 경우에는 무고죄의 교사범이 성립한다.

① ㄱ, ㄴ, ㅁ
② ㄱ, ㄷ, ㄹ
③ ㄴ, ㄷ, ㄹ, ㅁ
④ ㄱ, ㄴ, ㄷ, ㅁ
⑤ ㄱ, ㄴ, ㄷ, ㄹ, ㅁ

MGI Point 공범 ★★

- 강간을 모의한 공동피고인중의 1인이 강간하고 있는 중 다른 피고인이 강간피해자의 딸을 살해하고 다시 전자는 강간을 끝내고 망을 보고 있는 사이에 후자가 강간피해자를 묶고 집에 불을 놓아 피해자를 살해한 경우 ⇨ 전자는 강간 이후의 다른 피고인의 일련의 범행에 대하여 공동정범의 죄책 ○
- 매도, 매수와 같이 2인 이상의 서로 대향된 행위의 존재를 필요로 하는 관계에 있어서는 공범이나 방조범에 관한 형법총칙 규정의 적용이 있을 수 없음 ⇨ 판매목적의 의약품 취득범행과 대향범관계에 있는 정범에 대한 의약품 판매행위 ⇨ 형법 총칙상 공범 ×
- 포괄일죄의 범행 도중 공동정범으로 가담 ⇨ 가담이전 범행을 안 경우 전체범행에 대한 공동정범 ×
- 갑이 을에게 낙태를 교사하였으나 을이 거부 ⇨ 그 후 을이 갑에게 알리지 않은 채 갑의 교사행위에 의하여 낙태를 결의하고 실행착수 ⇨ 갑에게 낙태죄의 교사범 ○
- 피무고자의 교사·방조 하에 제3자가 피무고자에 대한 허위의 사실을 신고 ⇨ 피무고자는 교사·방조범 ○

ㄱ. (○) 공동정범이 성립하기 위하여는 반드시 공범자간에 사전 모의가 있어야 하는 것은 아니며, 암묵리에 서로 협력하여 공동의 범의를 실현하려는 의사가 상통하면 공모가 있다할 것이고 공모가 있는 이상 반드시 각 범행의 실행을 분담할 것을 요하지 아니하고, 단순히 망을 보았어도 공범의 책임을 면할 수 없다 할 것이므로, 강간을 모의한 공동피고인중의 1인이 강간하고 있는 중 다른 피고인이 강간피해자의 딸을 살해하고 다시 전자는 강간을 끝내고 망을 보고 있는 사이에 후자가 강간피해자를 묶고 집에 불을 놓아 피해자를 살해한 경우 전자는 강간 이후의 다른 피고인의 일련의 범행에 대하여 공동정범의 죄책을 면할 수 없다(대판 1982.10.26. 82도1818).

ㄴ. (○) 매도, 매수와 같이 2인 이상의 서로 대향된 행위의 존재를 필요로 하는 관계에 있어서는 공범이나 방조범에 관한 형법총칙 규정의 적용이 있을 수 없고, 따라서 매도인에게 따로 처벌규정이 없는 이상 매도인의 매도행위는 그와 대향적 행위의 존재를 필요로 하는 상대방의 매수범행에 대하여 공범이나 방조범관계가 성립되지 아니한다(대판 2001.12.28. 2001도5158).

ㄷ. (○) 포괄일죄의 범행 도중에 공동정범으로 범행에 가담한 자는 비록 그가 그 범행에 가담할 때에 이미 이루어진 종전의 범행을 알았다 하더라도 그 가담 이후의 범행에 대하여만 공동정범으로 책임을 진다(대판 1997.06.27. 97도163).

ㄹ. (○) 피고인이 결혼을 전제로 교제하던 여성 甲의 임신 사실을 알고 수회에 걸쳐 낙태를 권유하였다가 거부당하자, 甲에게 출산 여부는 알아서 하되 더 이상 결혼을 진행하지 않겠다고 통보하고, 이후에도 아이에 대한 친권을 행사할 의사가 없다고 하면서 낙태할 병원을 물색해 주기도 하였는데, 그 후 甲이 피고인에게 알리지 아니한 채 자신이 알아본 병원에서 낙태시술을 받은 사안에서, 피고인은 甲에게 직접 낙태를 권유할 당시뿐만 아니라 출산 여부는 알아서 하라고 통보한 이후에도 계속 낙태를 교사하였고, 甲은 이로 인하여 낙태를 결의·실행하게 되었다고 보는 것이 타당하며, 甲이 당초 아이를 낳을 것처럼 말한 사실이 있다는 사정만으로 피고인의 낙태교사행위와 甲의 낙태결의 사이에 인과관계가 단절되는 것은 아니라는 이유로, 피고인에게 낙태교사죄를 인정한 원심판단을 정당하다고 한 사례(대판 2013.09.12. 2012도2744).

ㅁ. (○) 형법 제156조의 무고죄는 국가의 형사사법권 또는 징계권의 적정한 행사를 주된 보호법익으로 하는 죄이나, 스스로 본인을 무고하는 자기무고는 무고죄의 구성요건에 해당하지 아니하여 무고죄를 구성하지 않는다. 그러나 피무고자의 교사·방조 하에 제3자가 피무고자에 대한 허위의 사실을 신고한 경우에는 제3자의 행위는 무고죄의 구성요건에 해당하여 무고죄를 구성하므로, 제3자를 교사·방조한 피무고자도 교사·방조범으로서의 죄책을 부담한다(대판 2008.10.23. 2008도4852).

정답 ⑤

문 9

공범에 관한 다음 설명 중 가장 옳지 않은 것은?[2023년 20번]

① 형법 제30조에 '공동하여 죄를 범한 때'의 '죄'라 함은 고의범, 과실범을 불문하므로 두 사람 이상이 어떠한 과실행위를 서로의 의사연락하에 이룩하여 범죄가 되는 결과를 발생케 한 것이라면 과실범의 공동정범이 성립된다.

② 업무상의 임무라는 신분관계가 없는 자가 그러한 신분관계 있는 자와 공모하여 업무상배임죄를 저질렀다면, 그러한 신분관계가 없는 공범에게도 형법 제33조 본문에 따라 일단 신분범인 업무상배임죄가 성립하고 다만 과형에서만 단순배임죄의 법정형이 적용된다.

③ 공동정범은 행위자 상호간에 범죄행위를 공동으로 한다는 공동가공의 의사를 가지고 범죄를 공동실행하는 경우에 성립하는 것으로서, 여기에서의 공동가공의 의사는 공동행위자 상호간에 있어야 하며 행위자 일방의 가공의사만으로는 공동정범관계가 성립할 수 없다.
④ 종범은 정범의 실행행위 중에 이를 방조하는 경우뿐만 아니라, 실행 착수 전에 장래의 실행행위를 예상하고 이를 용이하게 하는 행위를 하여 방조한 경우에도 정범이 실행행위를 한 경우에는 성립한다.
⑤ 변호사 사무실 직원인 甲이 법원공무원 乙에게 부탁하여 수사 중인 사건의 체포영장 발부자 53명의 명단을 누설받은 경우, 甲의 행위는 공범에 관한 형법총칙 규정이 적용되어 공무상비밀누설교사죄가 성립한다.

MGI Point 공범 ★★

- 과실범의 공동정범의 성립 가부 ⇨ 可
- 신분 없는 자가 신분 있는자와 공모하여 범행을 저지른 경우 ⇨ 신분 없는자에게는 신분범이 성립 BUT 단순범으로 처단
- 일방의 가공의사만으로 공동정범의 성립 가부 ⇨ 不可
- 종범의 성립요건으로 방조행위의 시기 ⇨ 정범의 실행행위 중 뿐만 아니라 실행 착수전에 방조한 경우에도 정범이 실행행위를 한 경우에는 충족
- 변호사 사무실 직원인 甲이 법원공무원 乙에게 부탁하여 수사 중인 사건의 체포영장 발부자 53명의 명단을 누설받은 경우 ⇨ 甲에게는 공무상비밀누설교사죄 성립×

① (○) 형법 제30조에 "공동하여 죄를 범한 때"의 "죄"라 함은 고의범이고 과실범이고를 불문하므로 두사람 이상이 어떠한 과실행위를 서로의 의사연락하에 이룩하여 범죄가 되는 결과를 발생케 한 것이라면 과실범의 공동정범이 성립된다(대법원 1979. 8. 21. 79도1249).
② (○) 업무상배임죄는 업무상 타인의 사무를 처리하는 지위에 있는 사람이 그 임무를 위반하는 행위로써 재산상의 이익을 취득하거나 제3자로 하여금 이를 취득하게 하여 본인에게 손해를 입힌 때에 성립한다. 이는 타인의 사무를 처리하는 지위라는 점에서 보면 단순배임죄에 대한 가중규정으로서 신분관계로 형의 경중이 있는 경우라고 할 것이다. 따라서 그와 같은 업무상의 임무라는 신분관계가 없는 자가 그러한 신분관계 있는 자와 공모하여 업무상배임죄를 저질렀다면, 그러한 신분관계가 없는 공범에 대하여는 형법 제33조 단서에 따라 단순배임죄에서 정한 형으로 처단하여야 한다(대법원 2018. 8. 30. 2018도10047).
③ (○) 공동정범은 행위자 상호간에 범죄행위를 공동으로 한다는 공동가공의 의사를 가지고 범죄를 공동실행하는 경우에 성립하는 것으로서, 여기에서의 공동가공의 의사는 공동행위자 상호간에 있어야 하며 행위자 일방의 가공의사만으로는 공동정범관계가 성립할 수 없다(대법원 1985. 5. 14. 84도2118).
④ (○) 종범은 정범의 실행행위 중에 이를 방조하는 경우뿐만 아니라, 실행 착수 전에 장래의 실행행위를 예상하고 이를 용이하게 하는 행위를 하여 방조한 경우에도 정범이 실행행위를 한 경우에 성립한다(대법원 1996. 9. 6. 95도2551).
⑤ (X) 변호사 사무실 직원인 피고인 甲이 법원공무원인 피고인 乙에게 부탁하여, 수사 중인 사건의 체포영장 발부자 53명의 명단을 누설받은 사안에서, 피고인 乙이 직무상 비밀을 누설한 행위와 피고인 甲이 이를 누설받은 행위는 대향범 관계에 있으므로 공범에 관한 형법총칙 규정이 적용될 수 없는데도, 피고인 甲의 행위가 공무상비밀누설교사죄에 해당한다고 본 원심판단에 법리오해의 위법이 있다고 한 사례(대법원 2011. 4. 28. 2009도3642).

정답 ⑤

문 46

공범에 관한 다음 설명 중 가장 옳지 않은 것은?(다툼이 있는 경우 판례에 의함) [2016년 9번]

① 금품 등을 공여한 자에게 따로 처벌규정이 없는 이상, 그 공여행위는 그와 대향적 행위의 존재를 필요로 하는 상대방의 범행에 대하여 공범관계가 성립되지 아니하고, 오로지 금품 등을 공여한 자의 행위에 대하여만 관여하여 그 공여행위를 교사하거나 방조한 행위도 상대방의 범행에 대하여 공범관계가 성립되지 아니한다.
② 필요적 공범이라는 것은 법률상 범죄의 실행이 다수인의 협력을 필요로 하는 것을 가리키는 것으로서 이러한 범죄의 성립에는 행위의 공동과 협력자 전부가 책임이 있음을 필요로 한다.
③ 형법상 방조행위는 정범의 실행행위를 용이하게 하는 직접·간접의 모든 행위를 가리키는 것으로서 그 방조는 유형적·물질적인 방조뿐만 아니라 정범에게 범행의 결의를 강화하도록 하는 것과 같은 무형적·정신적 방조행위까지도 이에 해당한다.
④ 종범은 정범이 실행행위에 착수하여 범행을 하는 과정에서 이를 방조한 경우뿐 아니라, 정범의 실행의 착수 이전에 장래의 실행행위를 미필적으로나마 예상하고 이를 용이하게 하기 위하여 방조한 경우에도 그 후 정범이 실행행위에 나아갔다면 성립할 수 있다.
⑤ 뇌물공여죄와 뇌물수수죄 사이와 같은 이른바 대향범 관계에 있는 자는 강학상으로는 필요적 공범이라고 불리고 있으나, 서로 대향된 행위의 존재를 필요로 할 뿐 각자 자신의 구성요건을 실현하고 별도의 형벌규정에 따라 처벌되는 것이어서, 2인 이상이 가공하여 공동의 구성요건을 실현하는 공범관계에 있는 자와는 본질적으로 다르며, 대향범 관계에 있는 자 사이에서는 각자 상대방의 범행에 대하여 형법 총칙의 공범규정이 적용되지 아니한다.

해설 ★★★

① (○) 금품 등의 수수와 같이 2인 이상의 서로 대향된 행위의 존재를 필요로 하는 관계에 있어서는 공범이나 방조범에 관한 형법총칙 규정의 적용이 있을 수 없다. 따라서 금품 등을 공여한 자에게 따로 처벌규정이 없는 이상, 그 공여행위는 그와 대향적 행위의 존재를 필요로 하는 상대방의 범행에 대하여 공범관계가 성립되지 아니하고, 오로지 금품 등을 공여한 자의 행위에 대하여만 관여하여 그 공여행위를 교사하거나 방조한 행위도 상대방의 범행에 대하여 공범관계가 성립되지 아니한다(대판 2014.01.16. 2013도6969).
② (X) 뇌물공여죄와 뇌물수수죄는 필요적 공범관계에 있다고 할 것이나, 필요적 공범이라는 것은 법률상 범죄의 실행이 다수인의 협력을 필요로 하는 것을 가리키는 것으로서 이러한 범죄의 성립에는 행위의 공동을 필요로 하는 것에 불과하고 반드시 협력자 전부가 책임이 있음을 필요로 하는 것은 아니므로, 오로지 공무원을 함정에 빠뜨릴 의사로 직무와 관련되었다는 형식을 빌려 그 공무원에게 금품을 공여한 경우에도 공무원이 그 금품을 직무와 관련하여 수수한다는 의사를 가지고 받아들이면 뇌물수수죄가 성립한다(대판 2008.03.13. 2007도10804).
③ (○) 형법상 방조행위는 정범이 범행을 한다는 정을 알면서 그 실행행위를 용이하게 하는 직접·간접의 모든 행위를 가리키는 것으로서 유형적·물질적인 방조뿐만 아니라 정범에게 범행의 결의를 강화하도록 하는 것과 같은 무형적·정신적 방조행위까지도 이에 해당한다(대판 2009.06.11. 2009도1518).
④ (○) 종범은 정범이 실행행위에 착수하여 범행을 하는 과정에서 이를 방조한 경우뿐 아니라 정범의 실행의 착수 이전에 장래의 실행행위를 미필적으로나마 예상하고 이를 용이하게 하기 위하여 방조한 경우에도 그 후 정범이 실행행위에 나아갔다면 성립할 수 있다(대판 1983.03.08. 82도2873).

⑤ (○) 뇌물공여죄와 뇌물수수죄 사이와 같은 이른바 대향범 관계에 있는 자는 강학상으로는 필요적 공범이라고 불리고 있으나, 서로 대향된 행위의 존재를 필요로 할 뿐 각자 자신의 구성요건을 실현하고 별도의 형벌규정에 따라 처벌되는 것이어서, 2인 이상이 가공하여 공동의 구성요건을 실현하는 공범관계에 있는 자와는 본질적으로 다르며, 대향범 관계에 있는 자 사이에서는 각자 상대방의 범행에 대하여 형법 총칙의 공범규정이 적용되지 아니한다(대판 2015.02.12. 2012도4842).

정답 ②

제❷절 ▌ 간접정범

문 47

간접추행죄에 관한 다음 설명 중 가장 옳지 않은 것은? [2018년 22번]

① 강제추행죄는 사람의 성적 자유 내지 성적 자기결정의 자유를 보호하기 위한 죄로서 정범 자신이 직접 범죄를 실행하여야 성립하는 자수범이라고 볼 수 없으므로, 처벌되지 아니하는 타인을 도구로 삼아 피해자를 강제로 추행하는 간접정범의 형태로도 범할 수 있다.
② 수표발행인 아닌 자는 부정수표단속법 제4조("수표금액의 지급 또는 거래정지처분을 면할 목적으로 금융기관에 거짓 신고를 한 자는 10년 이하의 징역 또는 20만원 이하의 벌금에 처한다")가 정한 허위신고죄의 주체가 될 수 없고, 허위신고의 고의 없는 발행인을 이용하여 간접정범의 형태로 허위신고죄를 범할 수도 없다.
③ 甲이 乙 명의 차용증을 가지고 있기는 하나 그 채권의 존재에 관하여 乙과 다툼이 있는 상황에서 당초에 없던 월 2푼의 약정이자에 관한 내용 등을 부가한 乙 명의 차용증을 새로 위조하여, 이를 바탕으로 자신의 처에 대한 채권자인 丙에게 차용원금 및 위조된 차용증에 기한 약정이자 2,500만 원을 양도하고, 이러한 사정을 모르는 丙으로 하여금 乙을 상대로 양수금 청구소송을 제기하도록 한 경우, 적어도 위 약정이자 2,500만 원 중 법정지연손해금 상당의 돈을 제외한 나머지 돈에 관한 甲의 행위는 丙을 도구로 이용한 간접정범 형태의 소송사기죄를 구성한다.
④ 공무원 아닌 자가 관공서에 허위 내용의 증명원을 제출하여 그 내용이 허위인 정을 모르는 담당공무원으로부터 그 증명원 내용과 같은 증명서를 발급받은 경우 공문서위조죄의 간접정범이 성립할 수 있다.
⑤ 감금죄는 간접정범의 형태로도 행하여질 수 있는 것이므로, 인신구속에 관한 직무를 행하는 자 또는 이를 보조하는 자가 피해자를 구속하기 위하여 진술조서 등을 허위로 작성한 후 이를 기록에 첨부하여 구속영장을 신청하고, 진술조서 등이 허위로 작성된 점을 모르는 검사와 영장전담판사를 기망하여 구속영장을 발부받은 후 그 영장에 의하여 피해자를 구금하였다면 직권남용감금죄가 성립한다.

:: 해설   ★★

① (○) 강제추행죄는 사람의 성적 자유 내지 성적 자기결정의 자유를 보호하기 위한 죄로서 정범 자신이 직접 범죄를 실행하여야 성립하는 자수범이라고 볼 수 없으므로, 처벌되지 아니하는 타인을 도구로 삼아 피해자를 강제로 추행하는 간접정범의 형태로도 범할 수 있다. 여기서 강제추행에 관한 간접정범의 의사를 실현하는 도구로서의 타인에는 피해자도 포함될 수 있으므로, 피해자를 도구로 삼아 피해자의 신체를 이용하여 추행행위를 한 경우에도 강제추행죄의 간접정범에 해당할 수 있다(대판 2018.02.08. 2016도17733).

② (○) 부정수표단속법 제4조가 '수표금액의 지급 또는 거래정지처분을 면할 목적'을 요건으로 하고, 수표금액의 지급책임을 부담하는 자 또는 거래정지처분을 당하는 자는 발행인에 국한되는 점에 비추어 볼 때 그와 같은 발행인이 아닌 자는 부정수표단속법 제4조가 정한 허위신고죄의 주체가 될 수 없고, 발행인이 아닌 자는 허위신고의 고의 없는 발행인을 이용하여 간접정범의 형태로 허위신고죄를 범할 수도 없다(대판 2007.03.15. 2006도7318).

③ (○) 자기에게 유리한 판결을 얻기 위하여 소송상의 주장이 사실과 다름이 객관적으로 명백하거나 증거가 조작되어 있다는 정을 인식하지 못하는 제3자를 이용하여 그로 하여금 소송의 당사자가 되게 하고 법원을 기망하여 소송 상대방의 재물 또는 재산상 이익을 취득하려 하였다면 간접정범의 형태에 의한 소송사기죄가 성립하게 된다. 甲이 乙 명의 차용증을 가지고 있기는 하나 그 채권의 존재에 관하여 乙과 다툼이 있는 상황에서 당초에 없던 월 2푼의 약정이자에 관한 내용 등을 부가한 乙 명의 차용증을 새로 위조하여, 이를 바탕으로 자신의 처에 대한 채권자인 丙에게 차용원금 및 위조된 차용증에 기한 약정이자 2,500만 원을 양도하고, 이러한 사정을 모르는 丙으로 하여금 乙을 상대로 양수금 청구소송을 제기하도록 한 사안에서, 적어도 위 약정이자 2,500만 원 중 법정지연손해금 상당의 돈을 제외한 나머지 돈에 관한 甲의 행위는 丙을 도구로 이용한 간접정범 형태의 소송사기죄를 구성한다(대판 2007.09.06. 2006도3591).

④ (X) 어느 문서의 작성권한을 갖는 공무원이 그 문서의 기재 사항을 인식하고 그 문서를 작성할 의사로써 이에 서명날인하였다면, 설령 그 서명날인이 타인의 기망으로 착오에 빠진 결과 그 문서의 기재사항이 진실에 반함을 알지 못한 데 기인한다고 하여도, 그 문서의 성립은 진정하며 여기에 하등 작성명의를 모용한 사실이 있다고 할 수는 없으므로, 공무원 아닌 자가 관공서에 허위 내용의 증명원을 제출하여 그 내용이 허위인 정을 모르는 담당공무원으로부터 그 증명원 내용과 같은 증명서를 발급받은 경우 공문서위조죄의 간접정범으로 의율할 수는 없다(대판 2001.03.09. 2000도938).

⑤ (○) 감금죄는 간접정범의 형태로도 행하여질 수 있는 것이므로, 인신구속에 관한 직무를 행하는 자 또는 이를 보조하는 자가 피해자를 구속하기 위하여 진술조서 등을 허위로 작성한 후 이를 기록에 첨부하여 구속영장을 신청하고, 진술조서 등이 허위로 작성된 정을 모르는 검사와 영장전담판사를 기망하여 구속영장을 발부받은 후 그 영장에 의하여 피해자를 구금하였다면 형법 제124조 제1항의 직권남용감금죄가 성립한다(대판 2006.05.25. 2003도3945).

정답 ④

문 48

간접정범에 관한 다음 설명 중 옳지 않은 것은 모두 몇 개인가?(다툼이 있는 경우 판례에 의함) [2016년 5번]

> ㉮ 부정수표단속법 제4조가 '수표금액의 지급 또는 거래정지처분을 면할 목적'을 요건으로 하고, 수표금액의 지급책임을 부담하는 자 또는 거래정지처분을 당하는 자이므로 명의차용인은 거짓 신고의 고의 없는 발행인을 이용하여 부정수표단속법 제4조가 정한 허위신고죄의 주체가 될 수 있다.
> ㉯ 간접정범을 통한 위조문서행사범행에 있어 도구로 이용된 자라고 하더라도 문서가 위조된 것임을 이미 알고 있는 공범자 등에게 행사하는 경우에는 위조문서행사죄가 성립한다.
> ㉰ 공문서의 작성권한이 있는 공무원의 직무를 보좌하는 사람이 그 직위를 이용하여 행사할 목적으로 허위의 내용이 기재된 문서 초안을 그 정을 모르는 상사에게 제출하여 결재하도록 하는 등의 방법으로 작성권한이 있는 공무원으로 하여금 허위의 공문서를 작성하게 한 경우에는 허위공문서작성죄의 간접정범이 성립한다.
> ㉱ 부동산소유권 이전등기 등에 관한 특별조치법 제13조 제1항 제3호에 정한 허위보증서작성죄의 주체는 작성명의인인 보증인에 한정되고, 보증인이 아닌 피고인은 허위 보증서 작성의 고의 없는 보증인들을 이용하여 간접정범의 형태로 허위 보증서 작성의 범행을 할 수 없다.
> ㉲ 허위사실 적시에 의한 명예훼손죄나 허위사실 유포에 의한 업무방해죄는 간접정범에 의하여 범하여질 수도 있다.
> ㉳ 범죄행위를 직접 실행하지 않은 자가 간접정범에 해당하지 아니하는 경우에는 정범으로 처벌될 수 없다.
> ㉴ 처벌되지 아니하는 타인의 행위를 적극적으로 유발하고 이를 이용하여 자신의 범죄를 실현한 자는 간접정범의 죄책을 지게 되고, 그 과정에서 타인의 의사를 부당하게 억압하여야만 간접정범에 해당하는 것은 아니다.

① 1개 ② 2개 ③ 3개
④ 4개 ⑤ 5개

해설 ★★★

㉮ (X) 부정수표단속법 제4조가 '수표금액의 지급 또는 거래정지처분을 면할 목적'을 요건으로 하고, 수표금액의 지급책임을 부담하는 자 또는 거래정지처분을 당하는 자는 발행인에 국한되는 점에 비추어 볼 때 그와 같은 발행인이 아닌 자는 부정수표단속법 제4조가 정한 허위신고죄의 주체가 될 수 없고, 발행인이 아닌 자는 허위신고의 고의 없는 발행인을 이용하여 간접정범의 형태로 허위신고죄를 범할 수도 없다 할 것인바, 타인으로부터 명의를 차용하여 수표를 발행하는 경우에 있어서도 수표가 제시됨으로써 당좌예금계좌에서 수표금액이 지출되거나 거래정지처분을 당하게 되는 자는 결국 수표의 지급인인 은행과 당좌예금계약을 체결한 자인 수표의 발행명의인이 되고, 수표가 제시된다고 하더라도 수표금액이 지출되거나 거래정지처분을 당하게 되는 자에 해당된다고 볼 수 없는 명의차용인은 부정수표단속법 제4조가 정한 허위신고죄의 주체가 될 수 없다(대판 2007.03.15. 2006도7318).

㉯ (X) 위조문서행사죄에 있어서 행사는 위조된 문서를 진정한 것으로 사용함으로써 문서에 대한 공공의 신용을 해칠 우려가 있는 행위를 말하므로 그 행사의 상대방에는 아무런 제한이 없고, 다만 문서가 위조된 것임

을 이미 알고 있는 공범자 등에게 행사하는 경우에는 위조문서행사죄가 성립할 수 없으나, 간접정범을 통한 위조문서행사범행에 있어 도구로 이용된 자라고 하더라도 문서가 위조된 것임을 알지 못하는 자에게 행사한 경우에는 위조문서행사죄가 성립한다(대판 2012.02.23. 2011도14441).

㉢ (O) 공문서의 작성권한이 있는 공무원의 직무를 보좌하는 자가 그 직위를 이용하여 행사할 목적으로 허위의 내용이 기재된 문서 초안을 그 정을 모르는 상사에게 제출하여 결재하도록 하는 등의 방법으로 작성권한이 있는 공무원으로 하여금 허위의 공문서를 작성하게 한 경우에는 간접정범이 성립되고 이와 공모한 자 역시 그 간접정범의 공범으로서의 죄책을 면할 수 없는 것이고, 여기서 말하는 공범은 반드시 공무원의 신분이 있는 자로 한정되는 것은 아니라고 할 것이다(대판 1992.01.17. 91도2837).

㉣ (X) 보증인이 아닌 자가 허위 보증서 작성의 고의 없는 보증인들을 이용하여 허위의 보증서를 작성하게 한 경우, 부동산소유권 이전등기 등에 관한 특별조치법 제13조 제1항 제3호에 정한 '허위보증서작성죄'의 간접정범이 성립한다(대판 2009.12.24. 2009도7815).

㉤ (O) 출판물에 의한 명예훼손죄는 간접정범에 의하여 범하여질 수도 있다(대판 2002.06.28. 2000도3045). 업무방해죄 역시 신분범이나 자수범이 아닌 일반범죄로서 간접정범에 의하여 범하여질 수도 있다.

㉥ (X) 2인 이상이 공동하여 죄를 범한 때에는 각자를 그 죄의 정범으로 처벌한다(형법 제30조). 범죄수행에 불가결한 행위라면 구성요건의 전부 또는 일부를 실행하는 경우뿐만 아니라 구성요건적 행위 이외의 행위일지라도 공동의 실행행위로 인정될 수 있다. ⇨ 범죄행위(구성요건적 행위)을 직접 실행하지 않아도 정범이 될 수 있는 경우는 간접정범에 한하지 않는다.

㉦ (O) 처벌되지 아니하는 타인의 행위를 적극적으로 유발하고 이를 이용하여 자신의 범죄를 실현한 자는 형법 제34조 제1항이 정하는 간접정범의 죄책을 지게 되고, 그 과정에서 타인의 의사를 부당하게 억압하여야만 간접정범에 해당하는 것은 아니다(대판 2008.09.11. 2007도7204).

 정답 ④

제❸절 | 공동정범

문 49

다음 설명 중 가장 옳지 않은 것은? [2022년 18번]

① 동시 또는 이시의 독립행위가 경합한 경우에 그 결과발생의 원인된 행위가 판명되지 아니한 때에는 각 행위를 미수범으로 처벌한다.
② 법률에서 정한 절차에 따라서는 청구권을 보전(保全)할 수 없는 경우에 그 청구권의 실행이 불가능해지거나 현저히 곤란해지는 상황을 피하기 위하여 한 행위는 상당한 이유가 있는 때에는 벌하지 아니한다.
③ 범인이 실행에 착수한 행위를 자의로 중지하거나 그 행위로 인한 결과의 발생을 자의로 방지한 경우에는 형을 감경 또는 면제할 수 있다.
④ 범죄의 음모 또는 예비행위가 실행의 착수에 이르지 아니한 때에는 법률에 특별한 규정이 없는 한 벌하지 아니한다.
⑤ 위험의 발생을 방지할 의무가 있거나 자기의 행위로 인하여 위험발생의 원인을 야기한 자가 그 위험발생을 방지하지 아니한 때에는 그 발생된 결과에 의하여 처벌한다.

> **MGI Point** 독립행위의 경합, 자구행위, 중지미수, 예비와 음모, 부작위범 ★★
>
> ■ 독립행위의 경합 ⇨ 동시 또는 이시의 독립행위가 경합한 경우에 그 결과발생의 원인된 행위가 판명되지 아니한 때에는 각 행위를 미수범으로 처벌
> ■ 자구행위 ⇨ 법률에서 정한 절차에 따라서는 청구권을 보전(保全)할 수 없는 경우에 그 청구권의 실행이 불가능해지거나 현저히 곤란해지는 상황을 피하기 위하여 한 행위는 상당한 이유가 있는 때에는 벌하지 아니한다
> ■ 중지미수 ⇨ 필요적 감면
> ■ 음모, 예비 ⇨ 범죄의 음모 또는 예비행위가 실행의 착수에 이르지 아니한 때에는 법률에 특별한 규정이 없는 한 벌하지 아니한다.
> ■ 부작위범 ⇨ 위험의 발생을 방지할 의무가 있거나 자기의 행위로 인하여 위험발생의 원인을 야기한 자가 그 위험발생을 방지하지 아니한 때에는 그 발생된 결과에 의하여 처벌한다.

① (○) 형법 제19조 참조.

> 형법 제19조(독립행위의 경합) 동시 또는 이시의 독립행위가 경합한 경우에 그 결과발생의 원인된 행위가 판명되지 아니한 때에는 각 행위를 미수범으로 처벌한다.

② (○) 형법 제23조 참조.

> 형법 제23조(자구행위) ① 법률에서 정한 절차에 따라서는 청구권을 보전(保全)할 수 없는 경우에 그 청구권의 실행이 불가능해지거나 현저히 곤란해지는 상황을 피하기 위하여 한 행위는 상당한 이유가 있는 때에는 벌하지 아니한다.
> ② 제1항의 행위가 그 정도를 초과한 경우에는 정황에 따라 그 형을 감경하거나 면제할 수 있다.
> [전문개정 2020. 12. 8.]

③ (X) 중지미수는 '필요적' 감면이다.

> 형법 제26조(중지범) 범인이 실행에 착수한 행위를 자의(自意)로 중지하거나 그 행위로 인한 결과의 발생을 자의로 방지한 경우에는 형을 감경하거나 면제한다.

④ (○) 형법 제28조 참조.

> 형법 제28조(음모, 예비) 범죄의 음모 또는 예비행위가 실행의 착수에 이르지 아니한 때에는 법률에 특별한 규정이 없는 한 벌하지 아니한다.

⑤ (○) 형법 제18조 참조.

> 형법 제18조(부작위범) 위험의 발생을 방지할 의무가 있거나 자기의 행위로 인하여 위험발생의 원인을 야기한 자가 그 위험발생을 방지하지 아니한 때에는 그 발생된 결과에 의하여 처벌한다.

 ③

문 50

공범에 관한 다음 설명 중 가장 옳지 않은 것은? [2020년 31번]

① 2인 이상이 상호의사의 연락이 없이 동시에 범죄구성요건에 해당하는 행위를 하였으나, 그 결과 발생의 원인이 된 행위가 분명하지 아니한 때에는 각 행위자를 미수범으로 처벌한다.
② 독립행위가 경합하여 상해의 결과가 발생하게 한 경우 원인된 행위가 판명되지 아니한 때에는 공동정범의 예에 의한다.

③ 공모자들이 공모한 범행을 수행하거나 목적을 달성하고자 나아가는 도중에 부수적인 다른 범죄가 파생되리라고 예상하거나 충분히 예상할 수 있는데도 그러한 가능성을 외면한 채 이를 방지하기에 충분한 합리적인 조치를 취하지 않고 공모한 범행에 나아갔다가 결국 그와 같이 예상되던 범행들이 발생하였으나, 그 파생적인 범행 하나하나에 대하여 개별적인 의사의 연락은 없었던 경우, 당초의 공모자들 사이에 그 범행 전부에 대하여 암묵적인 공모를 인정하는 것은 무죄추정의 원칙에 반하여 허용되지 않는다.
④ 집회 및 시위에 관한 법률에 따른 신고 없이 이루어진 집회에 참석한 참가자들이 차로 위를 행진하는 등으로 도로 교통을 방해함으로써 통행을 불가능하게 하거나 현저하게 곤란하게 하는 경우에 일반교통방해죄가 성립한다. 그러나 이 경우에도 실제로 참가자가 집회·시위에 가담하여 교통방해를 유발하는 직접적인 행위를 하였거나, 참가자의 참가 경위나 관여 정도 등에 비추어 참가자에게 공모공동정범의 죄책을 물을 수 있는 경우라야 일반교통방해죄가 성립한다.
⑤ 피고인이 다른 공범들과 특정 회사 주식의 시세조종 주문을 내기로 공모한 다음 시세조종행위의 일부를 실행한 후 공범관계로부터 이탈하였고, 다른 공범들이 그 이후의 나머지 시세조종행위를 계속하였다면, 피고인이 다른 공범들의 범죄실행을 저지하지 않은 이상 그 이후 나머지 공범들이 행한 시세조종행위에 대하여도 죄책을 부담한다.

MGI Point 공범 ★★

- 2인 이상이 상호의사의 연락이 없이 동시에 범죄구성요건에 해당하는 행위를 하였을 때
  - 그 결과발생의 원인이 된 행위가 분명하지 아니한 때 ⇨ 각 행위자를 미수범으로 처벌
  - 위 독립행위가 경합하여 특히 상해의 결과를 발생하게 한 경우 ⇨ 공동정범의 예에 따라 처단(동시범)
- 공모공동정범의 성립요건 : 공모와 기능적 행위지배
  - ⇨ 공모한 범행외에 부수적인 다른 범죄가 파생되리라고 예상하거나 충분히 예상할 수 있는데도 방지하기 위한 합리적인 조치를 취하지 아니하여 예상되던 범행들이 발생하였다면 파생범죄에도 공모공동정범 인정
- 집시법에 따른 신고 없이 이루어진 집회에 참석한 참가자들이 차로 위를 행진하는 등으로 도로 교통을 방해함으로써 통행을 불가능하게 하거나 현저하게 곤란하게 하는 경우 일반교통방해죄 성립 ⇨ 교통방해를 유발하는 직접적인 행위를 하였거나, 참가자의 참가 경위나 관여 정도 등에 비추어 참가자에게 공모공동정범의 죄책을 물을 수 있는 경우라야 일반교통방해죄가 성립
- 피고인이 다른 공범들과 특정 회사 주식의 시세조정 주문을 내기로 공모한 다음 시세조정행위의 일부를 실행한 후 공범관계로부터 이탈하였고, 다른 공범들이 그 이후의 나머지 시세조정행위를 계속한 경우 ⇨ 피고인이 다른 공범들의 범죄실행을 저지하지 않은 이상 그 이후 나머지 공범들이 행한 시세조정행위에 대하여도 공동정범으로서의 죄책을 부담

① (○), ② (○) 공동정범은 2인 이상이 공동하여 죄를 범하는 것으로 공동가공의 의사를 그 주관적 요건으로 하며 이 공동가공의 의사는 상호적임을 요하나 이는 상호 공동가공의 인식이 있으면 족하고 사전에 어떤 모의 과정이 있어야 하는 것은 아니다. 2인 이상이 상호의사의 연락없이 동시에 범죄구성요건에 해당하는 행위를 하였을 때에는 원칙적으로 각인에 대하여 그 죄를 논하여야 하나 그 결과 발생의 원인이 된 행위가 분명하지 아니한 때에는 각 행위자를 미수범으로 처벌하고(독립행위의 경합), 이 독립행위가 경합하여 특히 상해의 결과를 발생하게 하고 그 결과발생의 원인이 된 행위가 밝혀지지 아니한 경우에는 공동정범의 예에 따라 처단(동시범)하는 것이므로 공범관계에 있어 공동가공의 의사가 있었다면 이에는 동시범등의 문제는 제기될 여지가 없다(대판 1985.12.10. 85도189).

> 형법 제263조(동시범) 독립행위가 경합하여 상해의 결과를 발생하게 한 경우에 있어서 원인된 행위가 판명되지 아니한 때에는 공동정범의 예에 의한다.

③ (X) 형법 제30조의 공동정범은 공동가공의 의사와 그 공동의사에 기한 기능적 행위지배를 통한 범죄 실행이라는 주관적·객관적 요건을 충족함으로써 성립한다. 공모자 중 구성요건 행위 일부를 직접 분담하여 실행하지 아니한 사람이라도 경우에 따라 이른바 공모공동정범으로서의 죄책을 질 수도 있지만, 그러한 죄책을 지기 위하여는 전체 범죄에서 그가 차지하는 지위, 역할이나 범죄 경과에 대한 지배 내지 장악력 등을 종합해 볼 때 단순한 공모자에 그치는 것이 아니라 범죄에 대한 본질적 기여를 통한 기능적 행위지배가 존재하는 것으로 인정되어야 한다. 그리고 이때 범죄의 수단과 태양, 가담하는 인원과 그 성향, 범행 시간과 장소의 특성, 범행과정에서 타인과의 접촉 가능성과 예상되는 반응 등 제반 상황에 비추어, 공모자들이 그 공모한 범행을 수행하거나 목적 달성을 위하여 나아가는 도중에 부수적인 다른 범죄가 파생되리라고 예상하거나 충분히 예상할 수 있는데도 그러한 가능성을 외면한 채 이를 방지하기에 충분한 합리적인 조치를 취하지 아니하고 공모한 범행에 나아갔다가 결국 그와 같이 예상되던 범행들이 발생하였다면, 비록 그 파생적인 범행 하나하나에 대하여 개별적인 의사의 연락이 없었더라도 당초의 공모자들 사이에 그 범행 전부에 대하여 암묵적인 공모는 물론 그에 대한 기능적 행위지배가 존재한다고 보아야 할 것이다(대판 2013.09.12. 2013도6570).

④ (O) 집회 및 시위에 관한 법률(이하 '집시법'이라 한다)에 따른 신고 없이 이루어진 집회에 참석한 참가자들이 차로 위를 행진하는 등으로 도로 교통을 방해하거나, 집시법에 따라 적법한 신고를 마친 집회 또는 시위라고 하더라도 당초에 신고한 범위를 현저히 벗어나거나 집시법 제12조에 따른 조건을 중대하게 위반하여 도로 교통을 방해함으로써 통행을 불가능하게 하거나 현저하게 곤란하게 하는 경우에는 일반교통방해죄가 성립한다. 그러나 이 경우에도 참가자 모두에게 당연히 일반교통방해죄가 성립하는 것은 아니고, 실제로 참가자가 신고 없이 이루어진 집회·시위에 가담하거나, 위와 같이 신고 범위를 현저하게 벗어나거나 조건을 중대하게 위반하는 데 가담하여 교통방해를 유발하는 직접적인 행위를 하였거나, 참가자의 참가 경위나 관여 정도 등에 비추어 참가자에게 공모공동정범의 죄책을 물을 수 있는 경우라야 일반교통방해죄가 성립한다(대판 2019.04.23. 2017도1056).

⑤ (O) 피고인이 甲 투자금융회사에 입사하여 다른 공범들과 특정 회사 주식의 시세조정 주문을 내기로 공모한 다음 시세조정행위의 일부를 실행한 후 甲 회사로부터 해고를 당하여 공범관계로부터 이탈하였고, 다른 공범들이 그 이후의 나머지 시세조정행위를 계속한 사안에서, 피고인이 다른 공범들의 범죄실행을 저지하지 않은 이상 그 이후 나머지 공범들이 행한 시세조정행위에 대하여도 죄책을 부담함에도, 피고인이 해고되어 甲 회사를 퇴사함으로써 기존의 공모관계에서 이탈하였다는 사정만으로 피고인이 이미 실행한 시세조정행위에 대한 기능적 행위지배가 해소되었다고 보아 그 이후의 각 구 증권거래법(2007. 8. 3. 법률 제8635호 자본시장과 금융투자업에 관한 법률 부칙 제2조로 폐지) 위반의 공소사실에 대하여 무죄를 선고한 원심판결에 공모공동정범에 관한 법리오해의 위법이 있다고 한 사례(대판 2011.01.13. 2010도9927).

 ③

문 51

다음 설명 중 옳지 않은 것은 모두 몇 개인가? [2018년 10번]

> 가. 공모공동정범에 있어서 공모자 중의 1인이 다른 공모자가 실행행위에 이르기 전에 그 공모관계에서 이탈한 때에는 그 이후의 다른 공모자의 행위에 관하여는 공동정범으로서의 책임은 지지 않는다.
> 나. 해적들인 피고인들이 두목의 사전지시에 따라 해군의 구출작전에 대항하여 선원들을 윙브리지로 세워 해군의 위협사격을 받게 하여 '인간방패'로 사용한 부분에 대하여, 사전모의는 하였더라도 선원들을 윙브리지로 내몰았을 때, 당시 총을 버리고 도망갔다면 공모관계에서 이탈한 것에 해당한다.
> 다. 범죄단체조직의 조직원인 피고인이 다른 사람들과 함께 술을 마시고 있다가 같은 조직원으로부터 연락을 받고 집결지에 갔으나 반대파 조직에게 보복을 하러 간다는 말을 듣고 다른

조직원들이 여러 대의 차에 분승하여 출발하려고 할 때 사태의 심각성을 실감하고 범행에 휘말리기 싫어서 그곳에서 택시를 타고 귀가하였다면, 공모관계에서 이탈한 것에 해당한다.
라. 범죄의 실행을 공모하였다면 다른 공모자가 이미 실행행위에 착수한 이후에는 그 공모관계에서 이탈하였다고 하더라도 공동정범의 책임을 면할 수 없다.
마. 피고인이 포괄일죄의 관계에 있는 범행의 일부를 실행한 후 공범관계에서 이탈하였으나 다른 공범자에 의하여 나머지 범행이 이루어진 경우, 직접 관여하지 않은 부분에 대하여도 죄책을 부담한다.

① 0개　　　　　　② 1개　　　　　　③ 2개
④ 3개　　　　　　⑤ 4개

해설 ★★★

가. (○) 공모공동정범에 있어서 공모자 중의 1인이 다른 공모자가 실행행위에 이르기 전에 그 공모관계에서 이탈한 때에는 그 이후의 다른 공모자의 행위에 관하여는 공동정범으로서의 책임을 지지 않는다(대판 1995.07.11. 95도955).

나. (X) 해적들 두목은 모든 해적들에게 해군의 공격이 또다시 시작되면 인질로 억류하고 있는 선원들을 윙브리지로 내몰아 세우라고 지시한 사실, 이에 따라 해군의 제2차 구출작전이 시작되자 해적들 중 한 명이 피해자 공소외 甲등 선원들을 윙브리지로 내몰아 세웠고, 당시 윙브리지로는 해군의 위협사격에 의하여 총알이 빗발치는 상황이었던 사실 등이 인정되는바 이 사건 해적들 사이에는 해군이 다시 구출작전에 나설 경우 선원들을 '인간방패'로 사용하는 것에 관하여 사전 공모가 있었고, 해군의 총격이 있는 상황에서 선원들을 윙브리지로 내몰 경우 선원들이 사망할 수 있다는 점을 당연히 예견하고 나아가 이를 용인하였다고 할 것이므로 살인의 미필적 고의 또한 인정되며, 나아가 선원들을 윙브리지로 내몰았을 때 살해행위의 실행에 착수한 것으로 판단된다. 그리고 위와 같은 행위는 사전 공모에 따른 것으로서 피고인 2, 피고인 3 및 피고인 4가 당시 총을 버리고 도망갔다고 하더라도 그것만으로는 공모관계에서 이탈한 것으로 볼 수 없다(대판 2011.12.22. 2011도12927).

다. (○) 피고인은 공소외 1 등과 같이 술을 마시고 있다가 같은 조직원으로부터 연락을 받고 무심천 로울러스케이트장에 가서 '파라다이스'파에게 보복을 하러 간다는 말을 듣고 다른 조직원들이 여러 대의 차에 분승하여 출발하려고 할 때 사태의 심각성을 실감하고 범행에 휘말리기 싫어서 그곳에서 택시를 타고 집에 왔으므로 피해자 1에 대한 폭력행위등처벌에관한법률위반 및 피해자 2에 대한 살인의 점에 대하여 다른 조직원들과의 사이에 '파라다이스'파 조직원들을 공격하여 상해를 가하거나 살해하기로 하는 모의가 있었다고 보기 어렵고, 가사 피고인에게도 그 범행에 가담하려는 의사가 있어 공모 관계가 인정된다 하더라도 다른 조직원들이 각 이 사건 범행에 이르기 전에 그 공모 관계에서 이탈한 것이라 할 것이므로 피고인은 위 공모 관계에서 이탈한 이후의 행위에 대하여는 공동정범으로서의 책임을 지지 않는다고 할 것이고, 달리 피고인이 원심 공동피고인 1 등과 공모하여 이 사건 범행을 범하였다고 인정할 아무런 증거가 없다(대판 1996.01.26. 94도2654).

라. (○) 행위자 상호간에 범죄의 실행을 공모하였다면 다른 공모자가 이미 실행에 착수한 이후에는 그 공모관계에서 이탈하였다고 하더라도 공동정범의 책임을 면할 수 없는 것이므로 피고인 등이 금품을 강취할 것을 공모하고 피고인은 집 밖에서 망을 보기로 하였으나, 다른 공모자들이 피해자의 집에 침입한 후 담배를 사기 위해서 망을 보지 않았다고 하더라도, 피고인은 판시 강도상해죄의 공동정범의 죄책을 면할 수가 없다(대판 1984.01.31. 83도2941).

마. (○) 피고인이 포괄일죄의 관계에 있는 범행의 일부를 실행한 후 공범관계에서 이탈하였으나 다른 공범자에 의하여 나머지 범행이 이루어진 경우, 피고인이 관여하지 않은 부분에 대하여도 죄책을 부담한다(대판 2011.01.13. 2010도9927).

정답 ②

문 52

공동정범에 관한 다음 설명 중 옳은 것은 모두 몇 개인가?(다툼이 있는 경우 판례에 의함) [2017년 5번]

> 가. 자기 자신을 무고하기로 제3자와 공모하고 이에 따라 무고행위에 가담하였더라도 무고죄의 공동정범으로 처벌할 수 없다.
> 나. 업무상배임죄의 실행으로 이익을 얻게 되는 수익자는 실행행위자의 행위가 피해자 본인에 대한 배임행위에 해당한다는 점을 인식한 상태에서 배임의 의도가 전혀 없었던 실행행위자에게 배임행위를 교사하거나 또는 배임행위의 전 과정에 관여하는 등으로 배임행위에 적극 가담한 경우에 한하여 배임의 실행행위자에 대한 공동정범으로 인정할 수 있다.
> 다. 공범자가 공갈행위의 실행에 착수한 후 그 범행을 인식하면서 그와 공동의 범의를 가지고 그 후의 공갈행위를 계속하여 재물의 교부나 재산상 이익의 취득에 이른 때에는 공갈죄의 공동정범이 성립한다.
> 라. 세무사법은 세무사와 세무사였던 자 또는 그 사무직원과 사무직원이었던 자가 직무상 지득한 비밀을 누설하는 행위를 처벌하고 있을 뿐 비밀을 누설받는 상대방을 처벌하는 규정이 없으므로, 세무사의 사무직원으로부터 그가 직무상 지득한 비밀을 기재한 서면을 교부받은 행위는 세무사법상 직무상 비밀누설죄의 공동정범에 해당하지 않는다.
> 마. 공동가공의사는 타인의 범행을 인식하면서도 이를 제지하지 아니하고 용인하는 것만으로는 부족하고, 공동의 의사로 특정한 범죄행위를 하기 위해 일체가 되어 서로 다른 사람의 행위를 이용하여 자기의 의사를 실행에 옮기는 것을 내용으로 하는 것이어야 한다.

① 1개　　② 2개　　③ 3개
④ 4개　　⑤ 5개

해설 ★★★

가. (○) 자기 자신을 무고하기로 제3자와 공모하고 이에 따라 무고행위에 가담하였더라도 이는 자기 자신에게는 무고죄의 구성요건에 해당하지 않아 범죄가 성립할 수 없는 행위를 실현하고자 한 것에 지나지 않아 무고죄의 공동정범으로 처벌할 수 없다(대판 2017.04.26 2013도12592).

나. (○) 업무상 배임죄의 실행으로 인하여 이익을 얻게 되는 수익자는 배임죄의 공범이라고 볼 수 없는 것이 원칙이고, 실행행위자의 행위가 피해자 본인에 대한 배임행위에 해당한다는 점을 인식한 상태에서 배임의 의도가 전혀 없었던 실행행위자에게 배임행위를 교사하거나 또는 배임행위의 전 과정에 관여하는 등으로 배임행위에 적극 가담한 경우에 한하여 배임의 실행행위자에 대한 공동정범으로 인정할 수 있다(대판 2016.10.13. 2014도17211).

다. (○) 공범자가 공갈행위의 실행에 착수한 후 그 범행을 인식하면서 그와 공동의 범의를 가지고 그 후의 공갈행위를 계속하여 재물의 교부나 재산상 이익의 취득에 이른 때에는 공갈죄의 공동정범이 성립한다(대판 1997.02.14. 96도1959).

라. (○) 세무사법은 제22조 제1항 제2호, 제11조에서 세무사와 세무사였던 자 또는 그 사무직원과 사무직원이었던 자가 그 직무상 지득한 비밀을 누설하는 행위를 처벌하고 있을 뿐 비밀을 누설받는 상대방을 처벌하는 규정이 없고, 세무사의 사무직원이 직무상 지득한 비밀을 누설한 행위와 그로부터 그 비밀을 누설받은 행위는 대향범 관계에 있으므로 이에 공범에 관한 형법총칙 규정을 적용할 수 없다. 세무사의 사무직원으로부터 그가 직무상 보관하고 있던 임대사업자 등의 인적사항, 사업자소재지가 기재된 서면을 교부받은 행위가 세무사법상 직무상 비밀누설죄의 공동정범에 해당하지 않는다(대판 2007.10.25. 2007도6712).

마. (○) 공동정범이 성립하기 위하여는 주관적 요건으로서 공동가공의 의사와 객관적 요건으로서 공동의사에 의한 기능적 행위지배를 통한 범죄의 실행사실이 필요한바, 위 주관적 요건으로서 공동가공의 의사는 타인의 범행을 인식하면서도 이를 저지하지 아니하고 용인하는 것만으로는 부족하고 공동의 의사로 특정한 범죄행위를 하기 위하여 일체가 되어 서로 다른 사람의 행위를 이용하여 자기의 의사를 실행에 옮기는 것을 내용으로 하는 것이어야 한다(대판 1996.01.26. 95도2461).

정답 ⑤

제④절 | 교사범

문 10

교사범에 관한 다음 설명 중 가장 옳지 않은 것은? [2023년 5번]

① 교사범이란 정범인 피교사자로 하여금 범죄를 결의하게 하여 그 죄를 범하게 한 때에 성립하므로, 교사자의 교사행위에도 불구하고 피교사자가 범행을 승낙하지 아니하거나 피교사자의 범행결의가 교사자의 교사행위에 의하여 생긴 것으로 보기 어려운 경우에는 이른바 실패한 교사로서 형법 제31조 제3항에 의하여 교사자를 음모 또는 예비에 준하여 처벌할 수 있을 뿐이다.
② 피교사자가 교사자의 교사행위 당시에는 일응 범행을 승낙하지 아니한 것으로 보여진다 하더라도 이후 그 교사행위에 의하여 범행을 결의한 것으로 인정되는 이상 교사범의 성립에는 영향이 없다.
③ 교사자가 피교사자에 대하여 상해를 교사하였는데 피교사자가 이를 넘어 살인을 실행한 경우, 일반적으로 교사자는 상해죄에 대한 교사범이 되는 것이고, 다만 이 경우 교사자에게 피해자의 사망이라는 결과에 대하여 과실 내지 예견가능성이 있는 때에는 상해치사죄의 교사범으로서의 죄책을 질 수 있다.
④ 신분관계로 인하여 형의 경중이 있는 경우에 신분이 있는 자가 신분이 없는 자를 교사하여 죄를 범하게 한 때에는 형법 제33조 단서가 형법 제31조 제1항에 우선하여 적용됨으로써 신분이 있는 교사범이 신분이 없는 정범보다 중하게 처벌된다.
⑤ 교사범이란 정범으로 하여금 범죄를 결의하게 하여 그 죄를 범하게 한 때에 성립하는 것이고 피교사자는 교사범의 교사에 의하여 범죄실행을 결의하여야 하는 것이므로, 피교사자가 이미 범죄의 결의를 가지고 있거나, 범죄의 습벽이 있는 경우에는 교사범이 성립할 수 없다.

MGI Point 교사범 ★★

- 실패한 교사 ⇨ 교사자만 음모 또는 예비에 준하여 처벌
- 피교사자가 교사행위 당시에는 범행을 승낙하지 아니한 것으로 보여진다 하더라도 이후 그 교사행위에 의하여 범행을 결의한 것으로 인정되는 경우 ⇨ 교사범 성립
- 상해를 교사하였지만 정범이 살인을 행하였고 교사자에게 예견가능성이 있는 경우 ⇨ 상해치사죄의 교사범 성립
- 가중적 부진정 신분범에서 신분자가 비신분자를 교사한 경우 ⇨ 신분이 있는 교사범이 신분이 없는 정범보다 중하게 처벌됨
- 피교사자가 이미 범죄의 결의를 가지고 있는 경우 ⇨ 교사범 성립×
- 피교사자에게 범죄의 습벽이 있는 경우 ⇨ 교사범 성립

① (○) 교사범이란 정범인 피교사자로 하여금 범죄를 결의하게 하여 그 죄를 범하게 한 때에 성립하므로, 교사자의 교사행위에도 불구하고 피교사자가 범행을 승낙하지 아니하거나 피교사자의 범행결의가 교사자의 교사행위에 의하여 생긴 것으로 보기 어려운 경우에는 이른바 실패한 교사로서 형법 제31조 제3항에 의하여 교사자를 음모 또는 예비에 준하여 처벌할 수 있을 뿐이다(대법원 2013. 9. 12. 2012도2744).

② (○) 피교사자가 범죄의 실행에 착수한 경우 그 범행결의가 교사자의 교사행위에 의하여 생긴 것인지는 교사자와 피교사자의 관계, 교사행위의 내용 및 정도, 피교사자가 범행에 이르게 된 과정, 교사자의 교사행위가 없더라도 피교사자가 범행을 저지른 다른 원인의 존부 등 제반 사정을 종합적으로 고려하여 사건의 전체적 경과를 객관적으로 판단하는 방법에 의하여야 하고, 이러한 판단 방법에 의할 때 피교사자가 교사자의 교사행위 당시에는 일응 범행을 승낙하지 아니한 것으로 보여진다 하더라도 이후 그 교사행위에 의하여 범행을 결의한 것으로 인정되는 이상 교사범의 성립에는 영향이 없다(대법원 2013. 9. 12. 2012도2744).

③ (○) 교사자가 피교사자에 대하여 상해를 교사하였는데 피교사자가 이를 넘어 살인을 실행한 경우, 일반적으로 교사자는 상해죄에 대한 교사범이 되는 것이고, 다만 이 경우 교사자에게 피해자의 사망이라는 결과에 대하여 과실 내지 예견가능성이 있는 때에는 상해치사죄의 교사범으로서의 죄책을 지울 수 있다(대법원 1997. 6. 24. 97도1075).

④ (○) 형법 제31조 제1항은 협의의 공범의 일종인 교사범이 그 성립과 처벌에 있어서 정범에 종속한다는 일반적인 원칙을 선언한 것에 불과하고, 신분관계로 인하여 형의 경중이 있는 경우에 신분이 있는 자가 신분이 없는 자를 교사하여 죄를 범하게 한 때에는 형법 제33조 단서가 형법 제31조 제1항에 우선하여 적용됨으로써 신분이 있는 교사범이 신분이 없는 정범보다 중하게 처벌된다(대법원 1994. 12. 23. 93도1002).

⑤ (X) 교사범이란 타인(정범)으로 하여금 범죄를 결의하게 하여 그 죄를 범하게 한 때에 성립하는 것이고 피교사자는 교사범의 교사에 의하여 범죄실행을 결의하여야 하는 것이므로, 피교사자가 이미 범죄의 결의를 가지고 있을 때에는 교사범이 성립할 여지가 없다. … 교사범의 교사가 정범이 죄를 범한 유일한 조건일 필요는 없으므로, 교사행위에 의하여 정범이 실행을 결의하게 된 이상 비록 정범에게 범죄의 습벽이 있어 그 습벽과 함께 교사행위가 원인이 되어 정범이 범죄를 실행한 경우에도 교사범의 성립에 영향이 없다(대법원 1991. 5. 14. 91도542).

정답 ⑤

문 53

교사범 등에 관한 다음 설명 중 옳은 것은 모두 몇 개인가? [2021년 6번]

> 가. 구 관세법(1984. 8. 7. 법률 제3746호로 개정되기 전의 것) 제198조 제3항은 "몰수할 물품의 전부 또는 일부를 몰수할 수 없을 때에는 그 몰수할 수 없는 물품의 범칙당시의 국내 도매가격에 상당한 금액을 범인으로부터 추징한다."라고 규정하고 있는바 여기서 말하는 범인의 범위는 공동정범자 및 교사범을 포함하나 종범은 제외된다.
> 나. 방조의 대상이 되는 정범의 실행행위의 착수가 없는 이상 방조죄만이 독립하여 성립될 수 없다.
> 다. 형법 제98조 제1항에 따른 간첩방조죄를 저지른 경우, 형법상 간첩죄의 법정형에서 형법 제32조에 따른 종범감경을 하여 처단하여야 한다.
> 라. 종범에 대한 선고형이 정범보다 가볍지 않다 하더라도 위법이라 할 수 없다.
> 마. 범인이 자신을 위하여 타인으로 하여금 허위의 자백을 하게 하여 범인도피죄를 범하게 하는 행위는 범인도피교사죄에 해당한다.

① 1개   ② 2개   ③ 3개
④ 4개   ⑤ 5개

> **MGI Point** 공범 ★★
>
> ■ 관세법 §198 상 몰수할 물품의 전부 또는 일부를 몰수할 수 없을 때 그 몰수할 수 없는 물품의 범칙당시의 국내 도매가격에 상당한 금액을 추징당하는 범인의 범위 ⇨ 공동정범자·교사범·종범 전부 포함 ○
> ■ 방조의 대상이 되는 정범의 실행행위의 착수가 없는 경우
>   ⇨ 방조죄만이 독립하여 성립 不可(∵방조죄는 정범의 범죄에 종속하여 성립)
> ■ 간첩방조죄(형법 §98) ⇨ 법정형에서 종범 감경규정(형법 §32) 적용 ×
> ■ 종범에 대한 선고형 ⇨ 정범보다 가볍지 않다 하더라도 위법 ×
> ■ 범인이 자신을 위하여 타인으로 하여금 허위의 자백을 하게 하여 범인도피죄를 범하게 하는 행위
>   ⇨ 방어권의 남용으로 범인도피교사죄 성립 ○

가. (X) 관세법 제198조 제3항은 몰수할 물품의 전부 또는 일부를 몰수할 수 없을 때에는 그 몰수할 수 없는 물품의 범칙당시의 국내 도매가격에 상당한 금액을 범인으로부터 추징한다라고 규정하고 있는바 여기서 말하는 범인의 범위는 공동정범자 뿐만 아니라 종범 또는 교사범도 포함된다. …구 관세법 제180조 제1항 후단 또는 관세법 제198조 제2항에 의하여 이를 몰수할 것이나 이미 처분되어 몰수할 수 없으므로 구 관세법 제198조 제1항 또는 관세법 제198조 제3항에 의하여 위 물품의 범칙당시의 국내 도매가격에 상당한 합계금 15,650,314원을 피고인으로부터 추징한 제1심판결을 유지하였다. 관세법 제198조 제3항은 몰수할 물품의 전부 또는 일부를 몰수할 수 없을 때에는 그 몰수할 수 없는 물품의 범칙당시의 국내 도매가격에 상당한 금액을 범인으로부터 추징한다라고 규정하고 있는 바, 여기서 말하는 범인의 범위는 공동정범자 뿐만 아니라 종범 또 교사범도 포함되는 것으로 풀이하여야 할 것 이므로 같은 취지에서 관세포탈방조범인 이건 피고인으로부터 추징한 조치는 정당하고 거기에 소론과 같은 추징에 관한 법리오해의 위법이 없으므로 논지는 이유 없다(대판 1985.06.25. 85도652).

나. (○) 방조죄는 정범의 범죄에 종속하여 성립하는 것으로서 방조의 대상이 되는 정범의 실행행위의 착수가 없는 이상 방조죄만이 독립하여 성립될 수 없다(대판 1979.02.27. 78도3113).

다. (X) 형법 제98조 제1항의 간첩방조죄는 정범인 간첩죄와 대등한 독립죄로서 간첩죄와 동일한 법정형으로 처단하게 되어 있어 형법 총칙 제32조 소정의 감경대상이 되는 종범과는 그 실질이 달라 종범감경을 할 수 없는 것이므로 그 가중규정인 국가보안법 제4조 제1항 제2호의 반국가단체의 간첩방조죄에 대하여도 그 정범인 반국가단체의 간첩죄와 동일한 법정형으로 처단하여야 하고 종범감경을 할 수 없다(대판 1986.09.23. 86도1429).

라. (○) 형법 제32조 제2항은 "종범의 형은 정범의 형보다 감경한다."라고 규정하고 있다. 여기서 감경한다는 것은 법정형을 정범보다 감경한다는 것이지 선고형을 감경한다는 것이 아니므로, 종범에 대한 선고형이 정범보다 가볍지 않다 하더라도 위법이라 할 수 없다(대판 2002.12.24. 2002도5085).

마. (○) 범인이 자신을 위하여 타인으로 하여금 허위의 자백을 하게 하여 범인도피죄를 범하게 하는 행위는 방어권의 남용으로 범인도피교사죄에 해당하는 바, 이 경우 그 타인이 형법 제151조 제2항에 의하여 처벌을 받지 아니하는 친족, 호주 또는 동거 가족에 해당한다 하여 달리 볼 것은 아니다(대판 2006.12.07. 2005도3707).

정답 ③

문 54

교사범에 관한 다음 설명 중 옳지 않은 것은 모두 몇 개인가?(다툼이 있는 경우 판례에 의함) [2016년 7번]

> ㉮ 교사범이 성립하기 위해서는 교사자의 교사행위와 정범의 실행행위가 있어야 하는 것이므로, 정범의 성립은 교사범의 구성요건의 일부를 형성하고 교사범이 성립함에는 정범의 범죄행위가 인정되는 것이 그 전제요건이 된다.
> ㉯ 교사자의 교사행위에도 불구하고 피교사자가 범행을 승낙하지 아니하거나 피교사자의 범행결의가 교사자의 교사행위에 의하여 생긴 것으로 보기 어려운 경우에는 이른바 실패한 교사로서 형법 제31조 제3항에 의하여 교사자를 음모 또는 예비에 준하여 처벌할 수 있을 뿐이다.
> ㉰ 피교사자가 범죄의 실행에 착수한 경우 그 범행결의가 교사자의 교사행위에 의하여 생긴 것인지는 제반 사정을 종합적으로 고려하여 사건의 전체적 경과를 객관적으로 판단하는 방법에 의하여야 하고, 이러한 판단 방법에 의할 때 피교사자가 교사자의 교사행위 당시에는 일응 범행을 승낙하지 아니한 것으로 보여진다 하더라도 이후 그 교사행위에 의하여 범행을 결의한 것으로 인정되는 이상 교사범의 성립에는 영향이 없다.
> ㉱ 교사행위에 의하여 피교사자가 범죄 실행을 결의하게 되었다 하더라도 피교사자에게 다른 원인이 있어 범죄를 실행한 경우에는 교사범이 성립하지 않는다.
> ㉲ 자기의 형사사건에 관한 증거를 위조하기 위하여 타인을 교사하여 죄를 범하게 한 자에 대하여는 증거위조교사죄가 성립한다.
> ㉳ 범인이 자신을 위하여 형법 제151조 제2항에 의하여 처벌을 받지 아니하는 친족 또는 동거가족으로 하여금 허위의 자백을 하게 하여 범인도피죄를 범하게 하는 행위는 방어권의 남용으로 범인도피교사죄에 해당한다.

① 1개 ② 2개 ③ 3개
④ 4개 ⑤ 5개

해설

㉮ (○) 교사범이 성립하기 위해서는 교사자의 교사행위와 정범의 실행행위가 있어야 하는 것이므로, 정범의 성립은 교사범의 구성요건의 일부를 형성하고 교사범이 성립함에는 정범의 범죄행위가 인정되는 것이 그 전제요건이 된다(대판 2000.02.25. 99도1252).

㉯ (○) 교사범이란 정범인 피교사자로 하여금 범죄를 결의하게 하여 그 죄를 범하게 한 때에 성립하므로, 교사자의 교사행위에도 불구하고 피교사자가 범행을 승낙하지 아니하거나 피교사자의 범행결의가 교사자의 교사행위에 의하여 생긴 것으로 보기 어려운 경우에는 이른바 실패한 교사로서 형법 제31조 제3항에 의하여 교사자를 음모 또는 예비에 준하여 처벌할 수 있을 뿐이다(대판 2013.09.12. 2012도2744).

㉰ (○) 피교사자가 범죄의 실행에 착수한 경우 그 범행결의가 교사자의 교사행위에 의하여 생긴 것인지는 교사자와 피교사자의 관계, 교사행위의 내용 및 정도, 피교사자가 범행에 이르게 된 과정, 교사자의 교사행위가 없더라도 피교사자가 범행을 저지를 다른 원인의 존부 등 제반 사정을 종합적으로 고려하여 사건의 전체

적 경과를 객관적으로 판단하는 방법에 의하여야 하고, 이러한 판단 방법에 의할 때 피교사자가 교사자의 교사행위 당시에는 일응 범행을 승낙하지 아니한 것으로 보여진다 하더라도 이후 그 교사행위에 의하여 범행을 결의한 것으로 인정되는 이상 교사범의 성립에는 영향이 없다(대판 2013.09.12. 2012도2744).

㉣ (X) 교사범이 성립하기 위해 교사범의 교사가 정범의 범행에 대한 유일한 조건일 필요는 없으므로, 교사행위에 의하여 피교사자가 범죄 실행을 결의하게 된 이상 피교사자에게 다른 원인이 있어 범죄를 실행한 경우에도 교사범의 성립에는 영향이 없다(대판 2012.11.15. 2012도7407).

㉤ (○) 자기의 형사사건에 관한 증거를 위조하기 위하여 타인을 교사하여 죄를 범하게 한 자에 대하여는 증거위조교사죄가 성립한다(대판 2011.02.10. 2010도15986).

㉥ (○) 범인이 자신을 위하여 타인으로 하여금 허위의 자백을 하게 하여 범인도피죄를 범하게 하는 행위는 방어권의 남용으로 범인도피교사죄에 해당하는바, 이 경우 그 타인이 형법 제151조 제2항에 의하여 처벌을 받지 아니하는 친족, 호주 또는 동거 가족에 해당한다 하여 달리 볼 것은 아니다. 무면허 운전으로 사고를 낸 사람이 동생을 경찰서에 대신 출두시켜 피의자로 조사받도록 한 행위는 범인도피교사죄를 구성한다(대판 2006.12.07. 2005도3707).

정답 ①

제❺절 ┃ 종범

문 55

공동정범, 간접정범, 공범에 관한 다음 설명 중 가장 옳지 않은 것은? [2022년 19번]

① 부작위범 사이의 공동정범은 다수의 부작위범에게 공통된 의무가 부여되어 있고 그 의무를 공통으로 이행할 수 있을 때에만 성립한다.
② 형법상 방조행위는 정범의 실행을 용이하게 하는 직접, 간접의 모든 행위를 가리키는 것으로서 작위에 의한 경우뿐만 아니라 부작위에 의하여도 성립되는 것이다.
③ 강제추행에 관한 간접정범의 의사를 실현하는 도구로서의 타인에는 피해자도 포함될 수 있으므로, 피해자를 도구로 삼아 피해자의 신체를 이용하여 추행행위를 한 경우에도 강제추행죄의 간접정범에 해당할 수 있다.
④ 피고인 자신이 직접 형사처분을 받게 될 것을 두려워한 나머지 자기의 이익을 위하여 그 증거가 될 자료를 은닉하였다면 증거은닉죄에 해당하지 않으나, 제3자와 공동하여 그러한 행위를 하였다면 제3자와 증거은닉죄의 공동정범이 성립한다.
⑤ 처벌되지 아니하는 타인의 행위를 적극적으로 유발하고 이를 이용하여 자신의 범죄를 실현한 자는 형법 제34조 제1항이 정하는 간접정범의 죄책을 지게 되고, 그 과정에서 타인의 의사를 부당하게 억압하여야만 간접정범에 해당하는 것은 아니다.

> MGI Point **(넓은 의미의)공범** ★★
>
> - 부작위범의 공동정범 ⇨ 공통된 의무의 부여, 공통으로 이행 가능한 경우에 성립
> - 방조행위 ⇨ 부작위에 의하여도 성립 可
> - 강제추행죄의 간접정범 ⇨ 피해자를 도구 삼아서도 성립 可
> - 자신이 직접 형사처분을 받게 될 것을 두려워한 나머지 자기의 이익을 위하여 그 증거가 될 자료를 은닉 ⇨ 제3자와 공동으로 하였어도 증거은닉죄 불성립
> - 타인의 행위를 이용하여 자신의 범죄를 실현 ⇨ 그 과정에서 타인의 의사를 부당하게 업악하여야만 간접정범 성립하는 것 아님

① (○) 부작위범 사이의 공동정범은 다수의 부작위범에게 공통된 의무가 부여되어 있고 그 의무를 공통으로 이행할 수 있을 때에만 성립한다(대판 2008.03.27. 2008도89).

② (○) 형법상 방조행위는 정범의 실행행위를 용이하게 하는 직접, 간접의 모든 행위를 가리키는 것으로서 작위에 의한 경우뿐만 아니라 부작위에 의하여도 성립된다(대판 1997.03.14. 96도1639).

③ (○) 강제추행죄는 사람의 성적 자유 내지 성적 자기결정의 자유를 보호하기 위한 죄로서 정범 자신이 직접 범죄를 실행하여야 성립하는 자수범이라고 볼 수 없으므로, 처벌되지 아니하는 타인을 도구로 삼아 피해자를 강제로 추행하는 간접정범의 형태로도 범할 수 있다. 여기서 강제추행에 관한 간접정범의 의사를 실현하는 도구로서의 타인에는 피해자도 포함될 수 있으므로, 피해자를 도구로 삼아 피해자의 신체를 이용하여 추행행위를 한 경우에도 강제추행죄의 간접정범에 해당할 수 있다(대판 2018.02.08. 2016도17733).

④ (X) 증거은닉죄는 타인의 형사사건이나 징계사건에 관한 증거를 은닉할 때 성립하고, 범인 자신이 한 증거은닉 행위는 형사소송에 있어서 피고인의 방어권을 인정하는 취지와 상충하여 처벌의 대상이 되지 아니하므로 범인이 증거은닉을 위하여 타인에게 도움을 요청하는 행위 역시 원칙적으로 처벌되지 아니한다. 따라서 피고인 자신이 직접 형사처분을 받게 될 것을 두려워한 나머지 자기의 이익을 위하여 그 증거가 될자료를 은닉하였다면 증거은닉죄에 해당하지 않고, 제3자와 공동하여 그러한 행위를하였다고 하더라도 마찬가지이다(대판 2018.10.25. 2015도1000).

⑤ (○) 처벌되지 아니하는 타인의 행위를 적극적으로 유발하고 이를 이용하여 자신의 범죄를 실현한 자는 형법 제34조 제1항이 정하는 간접정범의 죄책을 지게 되고, 그 과정에서 타인의 의사를 부당하게 억압하여야만 간접정범에 해당하는 것은 아니다(대판 2008.09.11. 2007도7204).

정답 ④

문 56

공범에 관한 다음 설명 중 옳은 것은 모두 몇 개인가? [2021년 29번]

> 가. 특정범죄 가중처벌 등에 관한 법률 제8조의2 제1항은 영리를 목적으로 조세범 처벌법 제10조 제3항 및 제4항 전단의 죄를 범한 사람을 그 각 호의 구분에 따라 가중처벌하도록 규정하고 있고, 조세범 처벌법 제10조 제3항 제3호는 재화 또는 용역을 공급하지 아니하거나 공급받지 아니하고 부가가치세법에 따른 매출매입처별 세금계산서합계표를 거짓으로 기재하여 정부에 제출한 행위를 한 자를 처벌하도록 규정하고 있다. '재화 또는 용역을 공급하는 자가 허위의 매출처별 세금계산서합계표를 정부에 제출하는 행위'와 '재화 또는 용역을 공급

받는 자가 허위의 매입처별 세금계산서합계표를 정부에 제출하는 행위'는 서로 대항된 행위의 존재를 필요로 하는 대향범의 관계에 있다고 할 것이므로, 설령 재화 또는 용역을 공급받는 자가 이를 공급하는 자의 허위 매출처별 세금계산서합계표 제출행위에 가담하였다고 하더라도 그 범행의 공범으로 처벌할 수는 없다.

나. 甲이 제3자 소유이면서 乙 조합이 점유하는 창고 건물에서 乙 조합으로부터의 허락이 없었다는 정을 모르는 그 제3자로 하여금 그의 소유의 패널을 뜯어내어 甲이 지정하는 장소로 운반하도록 한 경우, 甲에게 제3자를 도구로 이용한 절도죄의 간접정범이 성립할 수 있다.

다. 공모공동정범에 있어서, 공모자 중 1인이 공모에 주도적으로 참여하여 다른 공모자의 실행에 영향을 미친 때에는 범행을 저지하기 위하여 적극적으로 노력하는 등 실행에 미친 영향력을 제거하지 아니하는 한 공모관계에서 이탈되었다고 할 수는 없다.

라. 甲과 乙이 丙을 강간하였고(각 의사연락 없는 독립행위임), 그로 인하여 丙이 회음부 찰과상을 입기는 하였으나 누구의 강간행위로 상해를 입게 된 것인지 밝혀지지 않은 경우, 甲과 乙을 강간치상죄로 처벌할 수는 없다.

마. 웨이터인 甲은 손님들을 단순히 출입구로 안내하였을 뿐 미성년자인 여부의 판단과 출입허용여부는 2층 출입구에서 주인이 결정하게 되어 있었다면, 甲의 위 안내행위를 미성년자를 클럽에 출입시킨 주인의 행위에 대한 방조로 보기는 어렵다.

① 1개 ② 2개 ③ 3개
④ 4개 ⑤ 5개

MGI Point 공범 ★★

- '재화 또는 용역을 공급하는 자가 허위의 매출처별 세금계산서합계표를 정부에 제출하는 행위'와 '재화 또는 용역을 공급받는 자가 허위의 매입처별 세금계산서합계표를 정부에 제출하는 행위'
  ⇨ 대향범의 관계 ×
  ⇨ 재화 또는 용역을 공급받는 자가 이를 공급하는 자의 허위 매출처별 세금계산서합계표 제출행위에 가담하였다면 그 범행의 공범으로 처벌 可
- 소유자를 도구로 이용한 절도죄의 간접정범 성립 可
- 공모공동정범에 있어서 공모자 중의 1인이 다른 공모자가 실행행위에 이르기 전에 그 공모관계에서 이탈한 때
  - 원칙 ⇨ 그 이후의 다른 공모자의 행위에 관하여는 공동정범으로서의 책임 ×
  - 주도적 참여자의 경우 ⇨ 다른 공모자의 실행에 미친 영향력을 제거하지 아니하는 한 공모관계에서 이탈 ×
- 형법 §263의 동시범은 상해와 폭행죄에 관한 특별규정 ⇨ 그 보호법익을 달리하는 강간치상죄에는 적용 不可
- 웨이터인 피고인들은 손님들을 단순히 출입구로 안내를 하였을 뿐 미성년자인 여부의 판단과 출입허용여부는 2층 출입구에서 주인이 결정하게 되어 있었던 경우 ⇨ 피고인들의 위 안내행위는 미성년자를 클럽에 출입시킨 행위 또는 그 방조행위로 볼 수 ×

가. (X) 특정범죄 가중처벌 등에 관한 법률 제8조의2 제1항은 영리를 목적으로 조세범 처벌법 제10조 제3항 및 제4항 전단의 죄를 범한 사람을 그 각 호의 구분에 따라 가중처벌하도록 규정하고 있고, 조세범 처벌법 제10조 제3항 제3호는 재화 또는 용역을 공급하지 아니하거나 공급받지 아니하고 부가가치세법에 따른 매출·매입처별 세금계산서합계표를 거짓으로 기재하여 정부에 제출한 행위를 한 자를 처벌하도록 규정하고 있다. 위와 같이 '재화 또는 용역을 공급하는 자가 허위의 매출처별 세금계산서합계표를 정부에 제출하는 행위'와 '재화 또는 용역을 공급받는 자가 허위의 매입처별 세금계산서합계표를 정부에 제출하는 행위'가 서로 대향

된 행위의 존재를 필요로 하는 대향범의 관계에 있다고 할 수는 없고, '재화 또는 용역을 공급하는 자가 허위의 매출처별 세금계산서합계표를 정부에 제출하는 행위'와 '재화 또는 용역을 공급받는 자가 허위의 매입처별 세금계산서합계표를 정부에 제출하는 행위'가 별도로 처벌된다고 하여 재화 또는 용역을 공급받는 자가 이를 공급하는 자의 허위 매출처별 세금계산서합계표 제출행위에 가담하는 경우에 공범에 관한 형법총칙의 규정이 적용될 수 없는 것은 아니므로, 재화 또는 용역을 공급받는 자가 이를 공급하는 자의 허위 매출처별 세금계산서합계표 제출행위에 가담하였다면 그 가담 정도에 따라 그 범행의 공동정범이나 교사범 또는 종범이 될 수 있다(대판 2014.12.11. 2014도11515).

나. (○) 피고인이 축산업협동 공소외 1 조합이 점유하는 타인 소유의 창고의 패널을 점유자인 공소외 1 조합으로부터 명시적인 허락을 받지 않은 채 소유자인 위 타인으로 하여금 취거하게 한 경우 소유자를 도구로 이용한 절도죄의 간접정범이 성립될 수 있지만, 여러 사정에 비추어 피고인에게 공소외 1 조합의 의사에 반하여 위 창고의 패널을 뜯어간다는 범의가 있었다고 단정하기는 어렵다고 한 사례(대판 2006.09.28. 2006도2963).

다. (○) 공모공동정범에 있어서 공모자 중의 1인이 다른 공모자가 실행행위에 이르기 전에 그 공모관계에서 이탈한 때에는 그 이후의 다른 공모자의 행위에 관하여는 공동정범으로서의 책임은 지지 않는다 할 것이나, 공모관계에서의 이탈은 공모자가 공모에 의하여 담당한 기능적 행위지배를 해소하는 것이 필요하므로 공모자가 공모에 주도적으로 참여하여 다른 공모자의 실행에 영향을 미친 때에는 범행을 저지르기 위하여 적극적으로 노력하는 등 실행에 미친 영향력을 제거하지 아니하는 한 공모관계에서 이탈하였다고 할 수 없다(대판 2008.04.10. 2008도1274).

라. (○) 피고인이 공소외 갑 및 그로부터 강간당한 피해인 을과 함께 이야기하던 중 을과 단 둘이 있게 되자 갑으로부터 당한 강간으로 항거불능의 상태에 있던 을을 다시 강간함으로써 을이 회음부 찰과상을 입게 되었다 하더라도 피고인과 갑이 강간을 공모 하였음을 인정할 만한 증거가 없고 위 상처가 누구의 강간행위로 인하여 생긴 것인지를 인정할 자료가 없다면 치상의 공소사실에 대하여는 그 증명이 없는 때에 해당하고 강간치상죄에 대하여는 상해죄의 동시범 처벌에 관한 특례를 인정한 형법 제263조가 적용되지 아니하는 것이므로 피고인은 단지 강간죄로 밖에 처벌할 수 없다(서울고법 1990.12.06. 90노3345).

판례 형법 제263조의 동시범은 상해와 폭행죄에 관한 특별규정으로서 동 규정은 그 보호법익을 달리하는 강간치상죄에는 적용할 수 없다(대판 1984.04.24. 84도372).

마. (○) 웨이타인 피고인들은 손님들을 단순히 출입구로 안내를 하였을 뿐 미성년자인 여부의 판단과 출입허용 여부는 2층 출입구에서 주인이 결정하게 되어 있었다면 피고인들의 위 안내행위가 곧 미성년자를 크렙에 출입시킨 행위 또는 그 방조행위로 볼 수 없다(대판 1984.08.21. 84도781).

정답 ④

제6절 | 공범과 신분

문 57
다음 설명 중 옳지 않은 것은 모두 몇 개인가? [2020년 8번]

가. 교사자가 피교사자에 대하여 상해 또는 중상해를 교사하였는데 피교사자가 이를 넘어 살인을 실행한 경우에, 일반적으로 교사자는 상해죄 또는 중상해죄의 죄책을 지게 되는 것이지만 이 경우에 교사자에게 피해자의 사망이라는 결과에 대하여 과실 내지 예견가능성이 있는 때에는 상해치사죄의 죄책을 지을 수 있다.

나. 신분관계가 없는 사람이 신분관계로 인하여 성립될 범죄에 가공한 경우에는 신분관계가 있는 사람과 공범이 성립한다. 이 경우 신분관계가 없는 사람에게 공동가공의 의사와 이에 기초한 기능적 행위지배를 통한 범죄의 실행이라는 주관적·객관적 요건이 충족되면 공동정범으로 처벌한다. 공동가공의 의사는 공동의 의사로 특정한 범죄행위를 하기 위하여 일체가 되어 서로 다른 사람의 행위를 이용하여 자기의 의사를 실행에 옮기는 것을 내용으로 한다. 따라서 공무원이 아닌 사람, 즉 비공무원이 공무원과 공동가공의 의사와 이를 기초로 한 기능적 행위지배를 통하여 공무원의 직무에 관하여 뇌물을 수수하는 범죄를 실행하였다면 공무원이 직접 뇌물을 받은 것과 동일하게 평가할 수 있으므로 공무원과 비공무원에게 형법 제129조 제1항에서 정한 뇌물수수죄의 공동정범이 성립한다.

다. 형법상 방조행위는 정범이 범행을 한다는 정을 알면서 그 실행행위를 용이하게 하는 직접·간접의 모든 행위를 가리키는 것으로서 유형적, 물질적인 방조뿐만 아니라 정범에게 범행의 결의를 강화하도록 하는 것과 같은 무형적, 정신적 방조행위까지도 이에 해당한다. 종범은 정범의 실행행위 중에 이를 방조하는 경우뿐만 아니라, 실행 착수 전에 장래의 실행행위를 예상하고 이를 용이하게 하는 행위를 하여 방조한 경우에도 성립한다.

라. 허위공문서작성의 주체는 직무상 그 문서를 작성할 권한이 있는 공무원에 한하고 작성권자를 보조하는 직무에 종사하는 공무원은 허위공문서작성죄의 주체가 되지 못한다. 다만 공문서의 작성권한이 있는 공무원의 직무를 보좌하는 사람이 그 직위를 이용하여 행사할 목적으로 허위의 내용이 기재된 문서 초안을 그 정을 모르는 상사에게 제출하여 결재하도록 하는 등의 방법으로 작성권한이 있는 공무원으로 하여금 허위의 공문서를 작성하게 한 경우에는 허위공문서작성죄의 간접정범이 성립한다.

마. 피교사자가 범죄의 실행에 착수한 경우에 있어서 그 범행결의가 교사자의 교사행위에 의하여 생긴 것인지 여부는 교사자와 피교사자의 관계, 교사행위의 내용 및 정도, 피교사자가 범행에 이르게 된 과정, 교사자의 교사행위가 없더라도 피교사자가 범행을 저지를 다른 원인의 존부 등 제반 사정을 종합적으로 고려하여 사건의 전체적 경과를 객관적으로 판단하는 방법에 의하여야 하고, 이러한 판단 방법에 의할 때 피교사자가 교사자의 교사행위 당시에는 일응 범행을 승낙하지 아니한 것으로 보인다면, 이후 그 교사행위에 의하여 범행을 결의한 것으로 인정된다고 하더라도 인과관계가 단절되어 교사범이 성립하지 않는다.

① 없음 ② 1개 ③ 2개
④ 3개 ⑤ 4개

> **MGI Point** 공범과 신분·간접정범 ★★
>
> - 피교사자에 대하여 상해 또는 중상해를 교사하였는데 피교사자가 살인을 실행한 경우 ⇨ 교사자에게 피해자의 사망에 대하여 예견가능성이 있는 때에는 상해치사죄의 죄책 ○
> - 비공무원이 공무원과 공동가공의 의사와 이를 기초로 한 기능적 행위지배를 통하여 공무원의 직무에 관하여 뇌물을 수수하는 범죄를 실행 ⇨ 공무원과 비공무원에게 뇌물수수죄의 공동정범 성립 ○
> - 방조행위 ⇨ 유형적, 물질적인 방조뿐만 아니라 무형적, 정신적 방조행위도 해당 ○
> - 공문서 작성권한이 있는 공무원의 직무를 보좌하는 사람이 그 직위를 이용하여 행사할 목적으로 허위의 내용이 기재된 문서 초안을 그 정을 모르는 상사에게 제출하여 결재하도록 한 경우 ⇨ 허위공문서작성죄의 간접정범 ○
> - 피교사자가 교사자의 교사행위 당시에는 일응 범행을 승낙하지 아니한 것으로 보여진다 하더라도, 이후 그 교사행위에 의하여 범행을 결의한 것으로 인정되는 경우 ⇨ 교사범 성립 ○

가. (○) 교사자가 피교사자에 대하여 상해 또는 중상해를 교사하였는데 피교사자가 이를 넘어 살인을 실행한 경우 일반적으로 교사자는 상해죄 또는 중상해죄의 교사범이 되지만 이 경우 교사자에게 피해자의 사망이라는 결과에 대하여 과실 내지 예견가능성이 있는 때에는 상해치사죄의 교사범으로서의 죄책을 지울 수 있다(대판 1993.10.08. 93도1873).

나. (○) 신분관계가 없는 사람이 신분관계로 인하여 성립될 범죄에 가공한 경우에는 신분관계가 있는 사람과 공범이 성립한다(형법 제33조 본문 참조). 이 경우 신분관계가 없는 사람에게 공동가공의 의사와 이에 기초한 기능적 행위지배를 통한 범죄의 실행이라는 주관적·객관적 요건이 충족되면 공동정범으로 처벌한다. 공동가공의 의사는 공동의 의사로 특정한 범죄행위를 하기 위하여 일체가 되어 서로 다른 사람의 행위를 이용하여 자기의 의사를 실행에 옮기는 것을 내용으로 한다. 따라서 공무원이 아닌 사람(이하 '비공무원'이라 한다)이 공무원과 공동가공의 의사와 이를 기초로 한 기능적 행위지배를 통하여 공무원의 직무에 관하여 뇌물을 수수하는 범죄를 실행하였다면 공무원이 직접 뇌물을 받은 것과 동일하게 평가할 수 있으므로 공무원과 비공무원에게 형법 제129조 제1항에서 정한 뇌물수수죄의 공동정범이 성립한다(대판 2019.08.29. 2018도2738).

다. (○) 형법상 방조행위는 정범이 범행을 한다는 정을 알면서 그 실행행위를 용이하게 하는 직접·간접의 모든 행위를 가리키는 것으로서 유형적, 물질적인 방조뿐만 아니라 정범에게 범행의 결의를 강화하도록 하는 것과 같은 무형적, 정신적 방조행위까지도 이에 해당한다. 종범은 정범의 실행행위 중에 이를 방조하는 경우뿐만 아니라, 실행 착수 전에 장래의 실행행위를 예상하고 이를 용이하게 하는 행위를 하여 방조한 경우에도 성립한다(대판 2018.09.13. 2018도7658).

라. (○) 허위공문서작성의 주체는 직무상 그 문서를 작성할 권한이 있는 공무원에 한하고 작성권자를 보좌하는 직무에 종사하는 공무원은 허위공문서작성죄의 주체가 되지 못한다. 다만 공문서의 작성권한이 있는 공무원의 직무를 보좌하는 사람이 그 직위를 이용하여 행사할 목적으로 허위의 내용이 기재된 문서 초안을 그 정을 모르는 상사에게 제출하여 결재하도록 하는 등의 방법으로 작성권한이 있는 공무원으로 하여금 허위의 공문서를 작성하게 한 경우에는 허위공문서작성죄의 간접정범이 성립한다(대판 2011.05.13. 2011도1415).

마. (X) 피교사자가 범죄의 실행에 착수한 경우 그 범행결의가 교사자의 교사행위에 의하여 생긴 것인지는 교사자와 피교사자의 관계, 교사행위의 내용 및 정도, 피교사자가 범행에 이르게 된 과정, 교사자의 교사행위가 없더라도 피교사자가 범행을 저지를 다른 원인의 존부 등 제반 사정을 종합적으로 고려하여 사건의 전체적 경과를 객관적으로 판단하는 방법에 의하여야 하고, 이러한 판단 방법에 의할 때 피교사자가 교사자의 교사행위 당시에는 일응 범행을 승낙하지 아니한 것으로 보여진다 하더라도 이후 그 교사행위에 의하여 범행을 결의한 것으로 인정되는 이상 교사범의 성립에는 영향이 없다(대판 2013.09.12. 2012도2744).

정답 ②

문 58

다음 설명 중 가장 옳은 것은? [2018년 17번]

① 신분관계로 인하여 형의 경중이 있는 경우에 신분이 있는 자가 신분이 없는 자를 교사하여 죄를 범하게 한 때에는 형법 제33조 단서가 형법 제31조 제1항에 우선하여 적용된다.
② 의료인이 의료인 자격이 없는 일반인의 의료기관 개설행위에 공모하여 가담하였더라도, 비의료인의 의료기관 개설행위에 의한 의료법위반죄의 공동정범이 성립할 수 없다.
③ 뇌물공여죄가 성립하기 위해서는 뇌물을 공여하는 일방의 행위와 그 뇌물을 받아들이는 상대방의 행위가 필요하고 나아가 상대방에게 뇌물수수죄가 성립해야 한다.
④ 종업원 소유 화물차를 자신의 가스배달업무에 제공하는 대가로 임금을 포함하여 매월 일정 금원을 지급하였다면, 자가용화물자동차를 유상으로 화물운송에 제공하는 행위를 처벌하는 구 화물자동차운수사업법위반죄의 공동정범이 성립한다.
⑤ 업무상 타인의 사무를 처리하는 자가 그러한 신분관계가 없는 자와 공모하여 업무상배임죄를 저질렀다면, 그러한 신분관계가 없는 자에 대하여는 형법 제33조 단서에 의하여 단순배임죄가 성립한다.

해설 ★★

① (○) 형법 제31조 제1항은 협의의 공범의 일종인 교사범이 그 성립과 처벌에 있어서 정범에 종속한다는 일반적인 원칙을 선언한 것에 불과하고, 신분관계로 인하여 형의 경중이 있는 경우에 신분이 있는 자가 신분이 없는 자를 교사하여 죄를 범하게 한 때에는 형법 제33조 단서가 형법 제31조 제1항에 우선하여 적용됨으로써 신분이 있는 교사범이 신분이 없는 정범보다 중하게 처벌된다(대판 1994.12.23. 93도1002).

② (X) 의료인이 의료인의 자격이 없는 일반인의 의료기관 개설행위에 공모하여 가공하면 구 의료법 제87조 제1항 제2호, 제33조 제2항 위반죄의 공동정범에 해당한다(대판 2017.04.07. 2017도378).

③ (X) 필요적 공범이라는 것은 법률상 범죄의 실행이 다수인의 협력을 필요로 하는 것을 가리키는 것으로서 이러한 범죄의 성립에는 행위의 공동을 필요로 하는 것에 불과하고 반드시 협력자 전부가 책임이 있음을 필요로 하는 것은 아니다. 뇌물공여죄가 성립되기 위하여서는 뇌물을 공여하는 행위와 상대방측에서 금전적으로 가치가 있는 그 물품 등을 받아들이는 행위(부작위 포함)가 필요할 뿐이지 반드시 상대방측에서 뇌물수수죄가 성립되어야만 한다는 것을 뜻하는 것은 아니다(대판 1987.12.22. 87도1699).

④ (X) 구 화물자동차 운수사업법 제48조 제4호, 제39조에 의하여 처벌되는 행위인, 자가용화물자동차의 소유자가 유상으로 화물을 운송하는 행위를 함에 있어서는, 자가용화물자동차의 소유자에게 대가를 지급하고 화물의 운송이라는 용역을 제공받는 상대방의 행위의 존재가 반드시 필요하고, 따라서 자가용화물자동차의 소유자에게 대가를 지급하고 의뢰하여 화물의 운송이라는 용역을 제공받는 상대방의 행위가 있을 것으로 당연히 예상되는바, 이와 같이 자가용화물자동차 소유자의 유상운송이라는 범죄가 성립하는 데 당연히 예상될 뿐만 아니라 위와 같은 범죄의 성립에 없어서는 아니 되는 상대방의 행위를 따로 처벌하는 규정이 없는 이상, 그 입법 취지에 비추어 볼 때, 자가용화물자동차의 소유자에게 대가를 지급하고 운송을 의뢰하여 화물운송이라는 용역을 제공받은 상대방의 행위가, 자가용화물자동차 소유자와의 관계에서, 일반적인 형법 총칙상의 공모, 교사 또는 방조에 해당된다고 하더라도 자가용화물자동차 소유자의 유상운송행위의 상대방을 자가용화물자동차 소유자의 유상운송행위의 공범으로 처벌할 수 없다(대판 2005.11.25. 2004도8819).

⑤ (X) 업무상배임죄는 업무상 타인의 사무를 처리하는 지위에 있는 사람이 그 임무에 위배되는 행위로써 재산상의 이익을 취득하거나 제3자로 하여금 이를 취득하게 하여 본인에게 손해를 가한 때에 성립하는 것으로서, 이는 타인의 사무를 처리하는 지위라는 점에서 보면 신분관계로 인하여 성립될 범죄이고, 업무상 타인의 사무를 처리하는 지위라는 점에서 보면 단순배임죄에 대한 가중규정으로서 신분관계로 인하여 형의 경중이 있는 경우라고 할 것이다. 그러므로 그와 같은 신분관계가 없는 자가 그러한 신분관계가 있는 자와 공모하여 업무상배임죄를 저질렀다면, 그러한 신분관계가 없는 자에 대하여는 형법 제33조 단서에 의하여 단순배임죄에 정한 형으로 처단하여야 할 것이다(대판 2012.11.15. 2012도6676).

정답 ①

제7장 죄수론

제❶절 ┃ 죄수의 일반이론

문 59

죄수에 관한 다음 설명 중 가장 옳지 않은 것은? [2020년 20번]

① 비의료인이 의료기관을 개설하여 운영하는 도중 개설자 명의를 다른 의료인 등으로 변경한 경우에는 개설자 명의별로 별개의 범죄가 성립하고 각 죄는 실체적 경합범의 관계에 있다.
② 회사에 대한 관계에서 타인의 사무를 처리하는 자가 임무에 위배하여 회사로 하여금 자신의 채무에 관하여 연대보증채무를 부담하게 한 다음, 회사의 금전을 보관하는 자의 지위에서 위와 같은 선행 임무위배행위로 인하여 회사가 부담하게 된 연대보증채무의 변제에 사용한 행위는 연대보증채무 부담으로 인한 배임행위의 불가벌적 사후행위에 해당한다.
③ 피해자 주식회사의 대표이사인 피고인이 자신의 채권자 乙에게 차용금에 대한 담보로 위 회사 명의 정기예금에 질권을 설정하여 주었는데, 그 후 乙이 차용금과 정기예금의 변제기가 모두 도래하자 피고인의 동의를 받아 정기예금 계좌에 입금되어 있던 甲 회사 자금을 전액 인출한 경우, 피고인의 예금인출동의행위는 질권설정행위로 인한 배임행위의 불가벌적 사후행위에 해당한다.
④ 피해자 주식회사의 대표이사가 위 피해자 회사의 상가분양 사업을 수행하면서 수분양자들을 기망하여 편취한 분양대금은 회사의 소유로 귀속되는 것이므로, 대표이사가 그 분양대금을 횡령하는 것은 사기 범행이 침해한 것과는 다른 법익을 침해하는 것이어서 회사를 피해자로 하는 별도의 횡령죄가 성립된다.
⑤ 회사직원이 영업비밀 등을 적법하게 반출하여 반출행위 자체는 업무상배임죄에 해당하지 않는 경우라도, 퇴사 시에 영업비밀 등을 회사에 반환하거나 폐기할 의무가 있음에도 경쟁업체에 유출하거나 스스로의 이익을 위하여 이용할 목적으로 이를 반환하거나 폐기하지 아니하였다면, 이러한 행위는 퇴사 시에 업무상배임죄가 성립한다. 이후 퇴사한 직원이 위와 같이 반환·폐기하지 아니한 영업비밀 등을 경쟁업체에 유출한 경우 이는 이미 성립한 업무상배임 행위의 실행행위에 지나지 않아 별도의 업무상배임죄를 구성하지 않는다.

> **MGI Point** 죄수 ★★

- 비의료인이 의료기관을 개설하여 운영하는 도중 개설자 명의를 다른 의료인 등으로 변경한 경우 ⇨ 개설자 명의별로 별개의 범죄가 성립하고 각 죄는 실체적 경합
- 회사에 대한 관계에서 타인의 사무를 처리하는 자가 임무에 위배하여 회사로 하여금 자신의 채무에 관하여 연대보증채무를 부담하게 한 다음, 횡령행위로 인출한 자금을 선행 임무위배행위로 인하여 회사가 부담하게 된 연대보증채무의 변제에 사용한 경우 ⇨ 배임행위의 불가벌적 사후행위 ×
- 주식회사의 대표이사인 피고인이 자신의 채권자 乙에게 차용금에 대한 담보로 위 회사 명의 정기예금에 질권을 설정하여 주었는데, 그 후 乙이 차용금과 정기예금의 변제기가 모두 도래하자 피고인의 동의를 받아 정기예금 계좌에 입금되어 있던 甲 회사 자금을 전액 인출한 경우 ⇨ 피고인의 예금인출동의행위는 불가벌적 사후행위
- 주식회사의 대표이사가 위 회사의 상가분양 사업을 수행하면서 수분양자들을 기망하여 편취한 분양대금을 횡령한 경우 ⇨ 횡령죄는 불가벌적사후행위 ×
- 회사직원이 영업비밀을 적법하게 반출한 후, 퇴사 시에 영업비밀 등을 회사에 반환하거나 폐기할 의무가 있음에도 경쟁업체에 유출하거나 스스로의 이익을 위하여 이용할 목적으로 이를 반환 또는 폐기하지 아니한 경우
  - 퇴사시 업무상배임죄 성립
  - 퇴사 후 영업비밀을 경쟁업체에 유출한 경우 별도의 업무상배임 ×

① (○) … 이렇듯 의료기관의 개설자는 공법상 법률관계에서 중요한 의미를 지닌다. 또한 의료서비스를 제공받는 일반인도 대체로 의료기관을 선택할 때 의료기관의 개설자가 누구인지를 중요한 판단 기준으로 삼는다. 이러한 사정들을 고려하면, 의료기관의 개설자 명의는 의료기관을 특정하고 동일성을 식별하는 데에 중요한 표지가 되는 것이므로, 비의료인이 의료기관을 개설하여 운영하는 도중 개설자 명의를 다른 의료인 등으로 변경한 경우에는 그 범의가 단일하다거나 범행방법이 종전과 동일하다고 보기 어렵다. 따라서 개설자 명의별로 별개의 범죄가 성립하고 각 죄는 실체적 경합범의 관계에 있다고 보아야 한다(대판 2018.11.29. 2018도10779).

② (×) 배임죄와 횡령죄의 구성요건적 차이에 비추어 보면, 회사에 대한 관계에서 타인의 사무를 처리하는 자가 임무에 위배하여 회사로 하여금 자신의 채무에 관하여 연대보증채무를 부담하게 한 다음, 회사의 금전을 보관하는 자의 지위에서 회사의 이익이 아닌 자신의 채무를 변제하려는 의사로 회사의 자금을 자기의 소유인 경우와 같이 임의로 인출한 후 개인채무의 변제에 사용한 행위는, 연대보증채무 부담으로 인한 배임죄와 다른 새로운 보호법익을 침해하는 것으로서 배임 범행의 불가벌적 사후행위가 되는 것이 아니라 별죄인 횡령죄를 구성한다고 보아야 하며, 횡령행위로 인출한 자금이 선행 임무위배행위로 인하여 회사가 부담하게 된 연대보증채무의 변제에 사용되었다 하더라도 달리 볼 것은 아니다(대판 2011.04.14. 2011도277). ▶ 甲 주식회사의 대표이사와 실질적 운영자인 피고인들이 공모하여, 자신들이 乙에 대해 부담하는 개인채무 지급을 위하여 甲 회사로 하여금 약속어음을 공동발행하게 하고 위 채무에 대하여 연대보증하게 한 후에 甲 회사를 위하여 보관 중인 돈을 임의로 인출하여 乙에게 지급하여 위 채무를 변제한 사안에서, 피고인들이 甲 회사의 돈을 보관하는 자의 지위에서 회사의 이익이 아니라 자신들의 채무를 변제하려는 의사로 회사 자금을 자기의 소유인 경우와 같이 임의로 인출한 후 개인채무의 변제에 사용한 행위는, 약속어음금채무와 연대보증채무 부담으로 인한 회사에 대한 배임죄와 다른 새로운 보호법익을 침해하는 것으로서 배임 범행의 불가벌적 사후행위가 되는 것이 아니라 별죄인 횡령죄를 구성한다는 이유로, 피고인들에게 배임죄와 별도로 횡령죄를 인정한 원심판단을 정당하다고 한 사례.

③ (○) 甲 주식회사 대표이사인 피고인이 자신의 채권자 乙에게 차용금에 대한 담보로 甲 회사 명의 정기예금에 질권을 설정하여 주었는데, 그 후 乙이 차용금과 정기예금의 변제기가 모두 도래한 이후 피고인의 동의하에 정기예금 계좌에 입금되어 있던 甲 회사 자금을 전액 인출하였다고 하여 구 특정경제범죄 가중처벌 등에 관한 법률(2012. 2. 10. 법률 제11304호로 개정되기 전의 것) 위반으로 기소된 사안에서, 민법 제353조에 의하면 질권자는 질권의 목적이 된 채권을 직접 청구할 수 있으므로, 피고인의 예금인출동의행위는 이미 배임행위로써 이루어진 질권설정행위의 사후조처에 불과하여 새로운 법익의 침해를 수반하지 않는 이른바 불가벌적 사후행위에 해당하고, 별도의 횡령죄를 구성하지 않는다(대판 2012.11.29. 2012도10980).

④ (○) 대표이사가 회사의 상가분양 사업을 수행하면서 수분양자들을 기망하여 편취한 분양대금은 회사의 소유로 귀속되는 것이므로, 대표이사가 그 분양대금을 횡령하는 것은 사기 범행이 침해한 것과는 다른 법익을 침해하는 것이어서 회사를 피해자로 하는 별도의 횡령죄가 성립되는 것이고,

주식회사는 주주와 독립된 별개의 권리주체로서 그 이해가 반드시 일치하는 것은 아니므로 회사의 자금을 회사의 업무와 무관하게 주주나 대표이사의 개인 채무 변제, 다른 업체 지분 취득 내지 투자, 개인적인 증여 내지 대여 등과 같은 사적인 용도로 임의 지출하였다면 그 지출에 관하여 주주총회나 이사회의 결의가 있었는지 여부와는 관계없이 횡령죄의 죄책을 면할 수는 없는 것이고, 이는 1인 회사인 경우에도 마찬가지이다(대판 2005.04.29. 2005도741).

⑤ (○) 업무상배임죄의 주체는 타인의 사무를 처리하는 지위에 있어야 한다. 따라서 회사직원이 재직 중에 영업비밀 또는 영업상 주요한 자산을 경쟁업체에 유출하거나 스스로의 이익을 위하여 이용할 목적으로 무단으로 반출하였다면 타인의 사무를 처리하는 자로서 업무상의 임무에 위배하여 유출 또는 반출한 것이어서 유출 또는 반출 시에 업무상배임죄의 기수가 된다. 또한 회사직원이 영업비밀 등을 적법하게 반출하여 반출행위가 업무상배임죄에 해당하지 않는 경우라도, 퇴사 시에 영업비밀 등을 회사에 반환하거나 폐기할 의무가 있음에도 경쟁업체에 유출하거나 스스로의 이익을 위하여 이용할 목적으로 이를 반환하거나 폐기하지 아니하였다면, 이러한 행위 역시 퇴사 시에 업무상배임죄의 기수가 된다. 그러나 회사직원이 퇴사한 후에는 특별한 사정이 없는 한 퇴사한 회사직원은 더 이상 업무상배임죄에서 타인의 사무를 처리하는 자의 지위에 있다고 볼 수 없고, 위와 같이 반환하거나 폐기하지 아니한 영업비밀 등을 경쟁업체에 유출하거나 스스로의 이익을 위하여 이용하더라도 이는 이미 성립한 업무상배임 행위의 실행행위에 지나지 아니하므로, 그 유출 내지 이용행위가 부정경쟁방지 및 영업비밀보호에 관한 법률 위반(영업비밀누설등)죄에 해당하는지는 별론으로 하더라도, 따로 업무상배임죄를 구성할 여지는 없다. 그리고 위와 같이 퇴사한 회사직원에 대하여 타인의 사무를 처리하는 자의 지위를 인정할 수 없는 이상 제3자가 위와 같은 유출 내지 이용행위에 공모·가담하였더라도 타인의 사무를 처리하는 자의 지위에 있다는 등의 사정이 없는 한 업무상배임죄의 공범 역시 성립할 수 없다(대판 2017.06.29. 2017도3808).

정답 ②

문 60

죄수에 관한 다음 설명 중 옳은 것은 모두 몇 개인가? [2019년 29번]

> ㄱ. 강도가 시간적으로 접착된 상황에서 가족을 이루는 수인에게 폭행·협박을 가하여 집안에 있는 재물을 탈취한 경우 그 재물은 가족의 공동점유 아래 있는 것으로서, 이를 탈취하는 행위는 그 소유자가 누구인지에 불구하고 단일한 강도죄의 죄책을 진다.
> ㄴ. 수인의 피해자에 대하여 각별로 기망행위를 하여 각각 재물을 편취한 경우에는 범의가 단일하고 범행방법이 동일하더라도 각 피해자의 피해법익은 독립한 것이므로 이를 포괄일죄로 파악할 수 없고 피해자별로 독립한 사기죄가 성립된다.
> ㄷ. 뇌물을 여러 차례에 걸쳐 수수함으로써 그 행위가 여러개이더라도 그것이 단일하고 계속적 범의에 의하여 이루어지고 동일법익을 침해한 때에는 포괄일죄로 처벌함이 상당하다.
> ㄹ. 미성년자의제강간죄 또는 미성년자의제강제추행죄는 행위시마다 1개의 범죄가 성립한다.
> ㅁ. 비의료인이 의료기관을 개설하여 운영하는 도중 의료시설과 의료진을 그 동일성을 상실할 정도로 변경하지 않은 채 단지 개설자 명의만을 다른 의료인 등으로 변경한 경우, 의료기관을 새로 개설하였다고 보기 어려우므로 개설자 명의변경 전후로 의료법위반죄의 포괄일죄로 보아야 한다.

① 1개   ② 2개   ③ 3개
④ 4개   ⑤ 5개

MGI Point 죄수 ★★★

- 강도가 시간적으로 접착된 상황에서 가족을 이루는 수인에게 폭행·협박을 가하여 집안에 있는 재물을 탈취
  ⇨ 단일한 강도죄 ○
- 사기죄에서 수인의 피해자에 대하여 각 피해자별로 기망행위를 하여 각각 재물을 편취한 경우
  ⇨ 피해자별로 1개씩의 죄가 성립
- 뇌물수수행위가 여러 개이더라도 그것이 단일하고 계속적 범의에 의하여 이루어지고 동일법익을 침해한 때
  ⇨ 포괄일죄로 처벌 ○
- 미성년자의제강제추행죄 ⇨ 행위시마다 1개의 범죄가 성립
- 비의료인이 의료기관을 개설하여 운영하는 도중 개설자 명의를 다른 의료인 등으로 변경
  ⇨ 개설자 명의별로 별개의 범죄가 성립하고 각 죄는 실체적 경합범의 관계

ㄱ. (○) 강도가 시간적으로 접착된 상황에서 가족을 이루는 수인에게 폭행·협박을 가하여 집안에 있는 재물을 탈취한 경우 그 재물은 가족의 공동점유 아래 있는 것으로서, 이를 탈취하는 행위는 그 소유자가 누구인지에 불구하고 단일한 강도죄의 죄책을 진다(대판 1996.07.30. 96도1285).

ㄴ. (○) 수인의 피해자에 대하여 각별로 기망행위를 하여 각각 재물을 편취한 경우에는 범의가 단일하고 범행방법이 동일하더라도 각 피해자의 피해법익은 독립한 것이므로 이를 포괄일죄로 파악할 수 없고 피해자별로 독립한 사기죄가 성립된다(대판 2001.12.28. 2001도6130).

ㄷ. (○) 뇌물을 여러차례에 걸쳐 수수함으로써 그 행위가 여러개이더라도 그것이 단일하고 계속적 범의에 의하여 이루어지고 동일법익을 침해한 때에는 포괄일죄로 처벌함이 상당하다(대판 1987.05.26. 86도1648).

ㄹ. (○) 성년자의제강간죄 또는 미성년자의제강제추행죄는 행위시마다 1개의 범죄가 성립하므로 이 사건 공소사실중 "피고인이 1980. 12. 일자불상경부터 1981. 9. 5 전일경까지 사이에 피해자를 협박하여 약 20여회 강간 또는 강제추행하였다"는 부분은 그 범행일시가 명시되지 아니하여 동 공소사실부분에 대한 공소는 기각을 면할 수 없다(대판 1982.12.14. 82도2442).

ㅁ. (X) 의료기관의 개설자 명의는 의료기관을 특정하고 동일성을 식별하는 데에 중요한 표지가 되는 것이므로, 비의료인이 의료기관을 개설하여 운영하는 도중 개설자 명의를 다른 의료인 등으로 변경한 경우에는 그 범의가 단일하다거나 범행방법이 종전과 동일하다고 보기 어렵다. 따라서 개설자 명의별로 별개의 범죄가 성립하고 각 죄는 실체적 경합범의 관계에 있다고 보아야 한다(대판 2018.11.29. 2018도10779).

정답 ④

문 61

다음 설명 중 가장 옳지 않은 것은? [2019년 8번]

① 절도 범인으로부터 장물보관 의뢰를 받은 자가 그 정을 알면서 이를 인도받아 보관하고 있다가 임의로 처분하였다 하더라도 장물보관죄가 성립하는 때에는 이미 그 소유자의 소유물 추구권을 침해하였으므로 그 후의 횡령행위는 불가벌적 사후행위에 불과하여 별도로 횡령죄가 성립하지 않는다.

② 강도가 재물강취의 뜻을 재물의 부재로 이루지 못한 채 미수에 그쳤으나 그 자리에 항거불능의 상태에 빠진 피해자를 간음할 것을 결의하고 실행에 착수하였으나 역시 미수에 그쳤더라도 반항을 억압하기 위한 폭행으로 피해자에게 상해를 입힌 경우에는 강도강간미수죄와 강도치상죄가 성립하고 이는 1개의 행위가 2개의 죄명에 해당되어 상상적 경합관계이다.

③ 자기가 점유하는 타인의 재물을 영득하기 위해 기망행위를 하였더라도 사기죄는 성립하지 않고 횡령죄만을 구성한다.

④ 상습범이란 상습성이라는 행위자적 속성을 갖추었다고 인정되는 경우에 이를 가중처벌하는 범죄유형을 가리키므로, 상습성이 있는 자가 같은 종류의 죄를 반복하여 저질렀다하더라도 상습범을 별도의 범죄유형으로 처벌하는 규정이 없는 한 각 죄는 원칙적으로 별개의 범죄로서 경합범으로 처단하여야 한다.
⑤ 건물제공행위와 성매매알선행위의 경우 성매매알선행위는 건물제공행위의 결과에 해당하고 반대로 건물제공행위는 성매매알선행위에 수반되는 수단이라고 볼 수 있다. 따라서 '영업으로 성매매를 알선한 행위'와 '영업으로 성매매에 제공되는 건물을 제공한 행위'는 각각 독립된 가벌적 행위로서 별개의 죄를 구성하는 것이 아니라, 위 각 행위를 통틀어 법정형이 더 무거운 성매매알선행위의 포괄일죄를 구성한다고 보아야 한다.

MGI Point 죄수 ★★★

- 절취장물임을 알고 보관하던 자가 임의처분 ⇨ 횡령 ×, 장물보관죄 ○
- 강도가 미수에 그치고 그 자리에서 항거불능의 상태에 빠진 피해자에 대한 간음도 미수에 그쳤더라도 반항을 억압하기 위한 폭행으로 피해자가 상해 입음 ⇨ 강도강간미수죄와 강도치상죄 상상적 경합
- 자기가 점유하는 타인의 재물을 횡령하기 위하여 기망 ⇨ 사기 ×, 횡령 ○
- 상습성을 갖춘 자가 여러 개의 죄를 반복하여 저지른 경우 ⇨ 경합범 ×
- 성매매알선행위와 건물제공행위 ⇨ 각 별개의 죄 ○

① (○) 절도범인으로부터 장물보관의뢰를 받은 자가 그 정을 알면서 이를 인도받아 보관하고 있다가 임의처분하였다 하여도 장물보관죄가 성립되는 때에는 이미 그 소유자의 소유물추구권을 침해하였으므로 그 후의 횡령행위는 불가벌적 사후행위에 불과하여 별도로 횡령죄가 성립하지 않는다(대판 1976.11.23. 76도3067).

② (○) 강도가 재물강취의 뜻을 재물의 부재로 이루지 못한 채 미수에 그쳤으나 그 자리에서 항거불능의 상태에 빠진 피해자를 간음할 것을 결의하고 실행에 착수했으나 역시 미수에 그쳤더라도 반항을 억압하기 위한 폭행으로 피해자에게 상해를 입힌 경우에는 강도강간미수죄와 강도치상죄가 성립되고 이는 1개의 행위가 2개의 죄명에 해당되어 상상적 경합관계가 성립된다(대판 1988.06.28. 88도820).

③ (○) 자기가 점유하는 타인의 재물을 횡령하기 위하여 기망수단을 쓴 경우에는 피기망자에 의한 재산처분행위가 없으므로 일반적으로 횡령죄만 성립되고 사기죄는 성립되지 아니한다(대판 1980.12.09. 80도1177).

④ (○) 상습성을 갖춘 자가 여러 개의 죄를 반복하여 저지른 경우에는 각 죄를 별 죄로 보아 경합범으로 처단할 것이 아니라 그 모두를 포괄하여 상습범이라고 하는 하나의 죄로 처단하는 것이 상습범의 본질 또는 상습범 가중처벌규정의 입법취지에 부합한다(대판 2004.09.16. 2001도3206(전합)).

⑤ (X) 성매매알선행위와 건물제공행위의 경우 비록 처벌규정은 동일하지만, 범행방법 등의 기본적 사실관계가 상이할 뿐 아니라 주체도 다르다고 보아야 한다. 또한 수개의 행위태양이 동일한 법익을 침해하는 일련의 행위로서 각 행위 간 필연적 관련성이 당연히 예상되는 경우에는 포괄일죄의 관계에 있다고 볼 수 있지만, 건물제공행위와 성매매알선행위의 경우 성매매알선행위가 건물제공행위의 필연적 결과라거나 반대로 건물제공행위가 성매매알선행위에 수반되는 필연적 수단이라고도 볼 수 없다. 따라서 '영업으로 성매매를 알선한 행위'와 '영업으로 성매매에 제공되는 건물을 제공하는 행위'는 당해 행위 사이에서 각각 포괄일죄를 구성할 뿐, 서로 독립된 가벌적 행위로서 별개의 죄를 구성한다고 보아야 한다(대판 2011.05.26. 2010도6090).

정답 ⑤

문 62

다음 설명 중 가장 옳지 않은 것은?(다툼이 있는 경우 판례에 따르고 전원합의체 판결의 경우 다수의견에 의함) [2017년 16번]

① 피해자 갑 종중으로부터 토지를 명의신탁받아 보관 중이던 피고인 을이 개인 채무 변제에 사용할 돈을 차용하기 위해 위 토지에 근저당권을 설정하였는데, 그 후 피고인 을, 병이 공모하여 위 토지를 정에게 매도한 사안에서, 피고인들의 토지 매도행위는 별도의 횡령죄를 구성한다.
② 갑 주식회사 대표이사인 피고인이 자신의 채권자 을에게 차용금에 대한 담보로 갑 회사 명의 정기예금에 질권을 설정하여 주었고, 그 후 을이 피고인의 동의하에 정기예금 계좌에 입금되어 있던 갑 회사 자금을 전액 인출하였다면, 위와 같은 예금인출동의행위는 이미 배임행위로써 이루어진 질권설정행위의 불가벌적 사후행위에 해당한다고 할 수 없으므로, 배임죄와 별도로 횡령죄까지 성립한다.
③ 형법 제41장의 장물에 관한 죄에 있어서의 '장물'이라 함은 재산범죄로 인하여 취득한 물건 그 자체를 말하므로, 재산범죄를 저지른 이후에 별도의 재산범죄의 구성요건에 해당하는 사후행위가 있었다면 비록 그 행위가 불가벌적 사후행위로서 처벌의 대상이 되지 않는다 할지라도 그 사후행위로 인하여 취득한 물건은 재산범죄로 인하여 취득한 물건으로서 장물이 될 수 있다.
④ 배임죄와 횡령죄의 구성요건적 차이에 비추어 보면, 회사에 대한 관계에서 타인의 사무를 처리하는 자가 임무에 위배하여 회사로 하여금 자신의 채무에 관하여 연대보증채무를 부담하게 한 다음, 회사의 금전을 보관하는 자의 지위에서 회사의 이익이 아닌 자신의 채무를 변제하려는 의사로 회사의 자금을 자기의 소유인 경우와 같이 임의로 인출한 후 개인채무의 변제에 사용한 행위는, 연대보증채무 부담으로 인한 배임죄와 다른 새로운 보호법익을 침해하는 것으로서 배임 범행의 불가벌적 사후행위가 되는 것이 아니라 별죄인 횡령죄를 구성한다고 보아야 하며, 횡령행위로 인출한 자금이 선행 임무위배행위로 인하여 회사가 부담하게 된 연대보증채무의 변제에 사용되었다 하더라도 달리 볼 것은 아니다.
⑤ 사람을 살해한 자가 그 사체를 다른 장소로 옮겨 유기하였을 때에는 별도로 사체유기죄가 성립하고, 이와 같은 사체유기를 불가벌적 사후행위로 볼 수는 없다.

해설

① (O) 피해자 甲 종중으로부터 토지를 명의신탁받아 보관 중이던 피고인 乙이 개인 채무 변제에 사용할 돈을 차용하기 위해 위 토지에 근저당권을 설정하였는데, 그 후 피고인 乙, 丙이 공모하여 위 토지를 丁에게 매도한 사안에서, 피고인들의 토지 매도행위가 별도의 횡령죄를 구성한다(대판 2013.02.21. 2010도10500(전합)).
② (X) 甲 주식회사 대표이사인 피고인이 자신의 채권자 乙에게 차용금에 대한 담보로 甲 회사 명의 정기예금에 질권을 설정하여 주었는데, 그 후 乙이 차용금과 정기예금의 변제기가 모두 도래한 이후 피고인의 동의하에 정기예금 계좌에 입금되어 있던 甲 회사 자금을 전액 인출하였다고 하여 구 특정경제범죄 가중처벌 등에 관한 법률 위반으로 기소된 사안에서, 민법 제353조에 의하면 질권자는 질권의 목적이 된 채권을 직접 청구할 수 있으므로, 피고인의 예금인출동의행위는 이미 배임행위로써 이루어진 질권설정행위의 사후조처에 불과하여 새로운 법익의 침해를 수반하지 않는 이른바 불가벌적 사후행위에 해당하고, 별도의 횡령죄를 구성하지 않는데도, 이와 달리 피고인에 대하여 질권설정으로 인한 배임죄와 별도로 예금인출로 인한 횡령죄까지 성립한다고 본 원심판결에 불가벌적 사후행위에 관한 법리오해의 위법이 있다(대판 2012.11.29. 2012도10980).
③ (O) 형법 제41장의 장물에 관한 죄에 있어서의 '장물'이라 함은 재산범죄로 인하여 취득한 물건 그 자체를 말하므로, 재산범죄를 저지른 이후에 별도의 재산범죄의 구성요건에 해당하는 사후행위가 있었다면 비록 그 행위가 불가벌적 사후행위로서 처벌의 대상이 되지 않는다 할지라도 그 사후행위로 인하여 취득한 물건은 재산범죄로 인하여 취득한 물건으로서 장물이 될 수 있다(대판 2004.04.16. 2004도353).

④ (○) 배임죄와 횡령죄의 구성요건적 차이에 비추어 보면, 회사에 대한 관계에서 타인의 사무를 처리하는 자가 임무에 위배하여 회사로 하여금 자신의 채무에 관하여 연대보증채무를 부담하게 한 다음, 회사의 금전을 보관하는 자의 지위에서 회사의 이익이 아닌 자신의 채무를 변제하려는 의사로 회사의 자금을 자기의 소유인 경우와 같이 임의로 인출한 후 개인채무의 변제에 사용한 행위는, 연대보증채무 부담으로 인한 배임죄와 다른 새로운 보호법익을 침해하는 것으로서 배임 범행의 불가벌적 사후행위가 되는 것이 아니라 별죄인 횡령죄를 구성한다고 보아야 하며, 횡령행위로 인출한 자금이 선행 임무위배행위로 인하여 회사가 부담하게 된 연대보증채무의 변제에 사용되었다 하더라도 달리 볼 것은 아니다(대판 2011.04.14. 2011도277).
⑤ (○) 사람을 살해한 자가 그 사체를 다른 장소로 옮겨 유기하였을 때에는 별도로 사체유기죄가 성립하고, 이와 같은 사체유기를 불가벌적 사후행위로 볼 수는 없다(대판 1997.07.25. 97도1142).

정답 ②

제❷절 | 일죄

문 63

죄수에 관한 다음 설명 중 옳지 않은 것은 모두 몇 개인가? [2022년 29번]

ㄱ. 강간범행의 수단으로 또는 그에 수반하여 저질러진 폭행·협박은 강간죄의 구성요소로서 그에 흡수되는 법조경합의 관계에 있는 만큼 이를 따로 떼어내어 폭행죄·협박죄 또는 폭력행위 등 처벌에 관한 법률 위반의 죄로 공소를 제기할 수 없다.
ㄴ. 피고인이 검사로부터 범인을 검거하라는 지시를 받고서도 그 직무상의 의무에 따른 적절한 조치를 취하지 아니하고 오히려 범인에게 전화로 도피하라고 권유하여 그를 도피케 하였다는 범죄사실만으로는 직무위배의 위법상태가 범인도피행위 속에 포함되어 있는 것으로 보아야 할 것이므로, 이와 같은 경우에는 작위범인 범인도피죄만이 성립하고 부작위범인 직무유기죄는 따로 성립하지 아니한다.
ㄷ. 수인이 각자 구입자금을 갹출하여 향정신성의약품을 매수한 다음 갹출한 금액에 상응하는 향정신성의약품을 분배하기로 공모하여 향정신성의약품을 매매하고 이를 자신이 갹출한 금액에 상응하여 분배한 경우 향정신성의약품매매죄 외에 별도로 향정신성의약품수수죄가 성립하고, 두 죄는 실체적 경합관계에 있다.
ㄹ. 신고 없이 물품을 수입한 본범이 그 물품에 대한 취득, 양여 등의 행위를 하는 경우 밀수입행위에 의하여 이미 침해되어 버린 것으로 평가되는 적정한 통관절차의 이행과 관세수입의 확보라는 보호법익 외에 새로운 법익의 침해를 수반한다고 보기 어려우므로, 이는 새로운 법익의 침해를 수반하지 않는 이른바 불가벌적 사후행위로서 별개의 범죄를 구성하지 않는다고 할 것이다.
ㅁ. 폭행죄의 상습성은 폭행 범행을 반복하여 저지르는 습벽을 말하는 것으로서, 단순폭행, 존속폭행의 범행이 동일한 폭행 습벽의 발현에 의한 것으로 인정되는 경우, 그중 법정형이 더 중한 상습존속폭행죄에 나머지 행위를 포괄하여 하나의 죄만이 성립한다.

① 없음   ② 1개   ③ 2개   ④ 3개   ⑤ 4개

> **MGI Point 죄수** ★★
>
> - 강간범행의 수단이 된 폭행·협박 ⇨ 따로 폭력행위 등 처벌에 관한 법률 위반의 죄로 공소를 제기 불가
> - 검사로부터 범인을 검거하라는 지시를 받고서도 오히려 범인에게 전화로 도피하라고 권유하여 그를 도피케 한 경우 ⇨ 작위범인 범인도피죄만 성립, 부작위범인 직무유기죄는 불성립
> - 향정신성의약품 매수한 후 갹출한 금액에 상응하여 분배하기로 공모 하는 등 수수행위와 매매행위가 불가분의 관계에 있는 경우 ⇨ 향정신성의약품 매매죄와 매수죄는 실·경 ×
> - 신고 없이 물품을 수입한 본범이 그 물품에 대한 취득, 양여 등의 행위를 한 경우 ⇨ 불가벌적 사후행위
> - 단순폭행, 존속폭행의 범행이 동일한 폭행 습벽의 발현에 의한 것인 경우 ⇨ 상습존속폭행죄 일죄만 성립

ㄱ. (○) 성폭력범죄의처벌및피해자보호등에관한법률이 시행된 이후에도 여전히 친고죄로 남아 있는 강간죄의 경우, 고소가 없거나 고소가 취소된 경우 또는 강간죄의 고소기간이 경과된 후에 고소가 있는 때에는 강간죄로 공소를 제기할 수 없음은 물론, 나아가 그 강간범행의 수단으로 또는 그에 수반하여 저질러진 폭행·협박의 점 또한 강간죄의 구성요소로서 그에 흡수되는 법조경합의 관계에 있는 만큼 이를 따로 떼어내어 폭행죄·협박죄 또는 폭력행위등처벌에관한법률위반의 죄로 공소제기할 수 없다(대판 2002.05.16. 2002도51 (전합)).

ㄴ. (○) 피고인이 검사로부터 범인을 검거하라는 지시를 받고서도 그 직무상의 의무에 따른 적절한 조치를 취하지 아니하고 오히려 범인에게 전화로 도피하라고 권유하여 그를 도피케 하였다는 범죄사실만으로는 직무위배의 위법상태가 범인도피행위 속에 포함되어 있는 것으로 보아야 할 것이므로, 이와 같은 경우에는 작위범인 범인도피죄만이 성립하고 부작위범인 직무유기죄는 따로 성립하지 아니한다(대판 1996.05.10. 96도51).

ㄷ. (X) 지문은 향정신성의약품 매매죄와 수수죄가 별개의 범죄를 구성하지 않는 예외적인 경우에 해당한다. 수인이 공모공동하여 향정신성의약품을 매수한 후 그 공범자 사이에 그 중 일부를 수수하는 경우에 있어서 그 매수의 범행 당시 공범들이 각자 그 구입자금을 갹출하여 그 금액에 상응하는 분량을 분배하기로 약정하고, 그 약정에 따라 이를 수수하는 경우와 같이 그 수수행위와 매매행위가 불가분의 관계에 있는 것이라거나 매매행위에 수반되는 필연적 결과로서 일시적으로 행하여진 것에 지나지 않는다고 평가되지 아니하는 한, 그 수수행위는 매매행위에 포괄 흡수되지 아니하고 향정신성의약품매매죄와는 별도로 향정신성의약품 수수죄가 성립하고, 두 죄는 실체적 경합관계에 있다(대판 1998.10.13. 98도2584).

ㄹ. (○) 신고 없이 물품을 수입한 본범이 그 물품에 대한 취득, 양여 등의 행위를 하는 경우 밀수입행위에 의하여 이미 침해되어 버린 것으로 평가되는 적정한 통관절차의 이행과 관세수입의 확보라는 보호법익 외에 새로운 법익의 침해를 수반한다고 보기 어려우므로, 이는 새로운 법익의 침해를 수반하지 않는 이른바 불가벌적 사후행위로서 별개의 범죄를 구성하지 않는다고 할 것이다(대판 2008.01.17. 2006도455).

ㅁ. (○) 폭행죄의 상습성은 폭행 범행을 반복하여 저지르는 습벽을 말하는 것으로서, 동종 전과의 유무와 그 사건 범행의 횟수, 기간, 동기 및 수단과 방법 등을 종합적으로 고려하여 상습성 유무를 결정하여야 하고, 단순폭행, 존속폭행의 범행이 동일한 폭행 습벽의 발현에 의한 것으로 인정되는 경우, 그중 법정형이 더 중한 상습존속폭행죄에 나머지 행위를 포괄하여 하나의 죄만이 성립한다고 봄이 타당하다(대판 2018.04.24. 2017도10956).

정답 ②

문 64

다음 중 실체법상 일죄가 아닌 것은? [2020년 10번]

① 하나의 사건에 관하여 한 번 선서한 증인이 같은 기일에 여러 가지 사실에 관하여 기억에 반하는 허위의 진술을 한 경우의 위증죄
② 불특정 다수의 피해자들을 상대로 동일한 방식으로 사기분양을 하여 그들로부터 분양대금을 편취한 경우의 사기죄

③ 혈중알콜농도 0.123%의 음주상태로 자동차를 운전하다가 제1차 사고를 내고 그대로 진행하여 제2차 사고를 낸 경우의 도로교통법 위반(음주운전)죄
④ 단일하고 계속된 범의 아래 동일한 뇌물공여자로부터 뇌물을 반복하여 수령하고 그 피해법익이 동일한 경우의 수뢰죄
⑤ 동일한 폭행·협박으로 피해자의 항거가 불능하거나 현저히 곤란한 상태가 계속되는 상태에서 피해자를 수회에 걸쳐 간음하였고, 피고인의 의사 및 범행 시각과 장소로 보아 수회의 간음행위를 하나의 계속된 행위로 볼 수 있는 경우의 강간죄

MGI Point 실체법상 일죄 ★★

- 일죄
  - 하나의 사건에 관하여 한 번 선서한 증인이 같은 기일에 여러 가지 사실에 관하여 기억에 반하는 허위의 진술을 한 경우 위증죄
  - 음주상태로 자동차를 운전하다가 제1차 사고를 내고 그대로 진행하여 제2차 사고를 낸 경우의 도로교통법 위반(음주운전)죄
  - 수뢰죄에서 단일하고도 계속된 범의 아래 동종의 범행을 일정기간 반복하여 행하고 피해법익도 동일한 경우
  - 동일한 폭행·협박으로 항거가 불능하거나 현저히 곤란한 상태가 계속되는 상태에서 수회에 걸쳐 간음한 경우
- 불특정 다수의 피해자들을 상대로 동일한 방식으로 사기분양을 하여 그들로부터 분양대금을 편취한 경우 ⇨ 수개 사기죄의 실체경합

① (○) 하나의 사건에 관하여 한 번 선서한 증인이 같은 기일에 여러 가지 사실에 관하여 기억에 반하는 허위의 진술을 한 경우 이는 하나의 범죄의사에 의하여 계속하여 허위의 진술을 한 것으로서 포괄하여 1개의 위증죄를 구성하는 것이고 각 진술마다 수 개의 위증죄를 구성하는 것이 아니므로, 당해 위증 사건의 허위진술 일자와 같은 날짜에 한 다른 허위진술로 인한 위증 사건에 관한 판결이 확정되었다면, 비록 종전 사건 공소사실에서 허위의 진술이라고 한 부분과 당해 사건 공소사실에서 허위의 진술이라고 한 부분이 다르다 하여도 종전 사건의 확정판결의 기판력은 당해 사건에도 미치게 되어 당해 위증죄 부분은 면소되어야 한다(대판 2007.03.15. 2006도9463).

② (X) 단일한 범의를 가지고 상대방을 기망하여 착오에 빠뜨림으로써 그로부터 동일한 방법에 의하여 여러 차례에 걸쳐 재물을 편취하면 그 전체가 포괄하여 일죄로 되지만, 여러 사람의 피해자에 대하여 따로 기망행위를 하여 각각 재물을 편취한 경우에는 비록 범의가 단일하고 범행방법이 동일하더라도 각 피해자의 피해법익은 독립한 것이므로 그 전체가 포괄일죄로 되지 아니하고 피해자별로 독립한 여러 개의 사기죄가 성립하고 그 사기죄 상호간은 실체적 경합범 관계에 있다고 할 것이다(대판 2010.04.29. 2010도2810).

③ (○) 음주운전으로 인한 도로교통법 위반죄의 보호법익과 처벌방법을 고려할 때, 혈중알콜농도 0.05% 이상의 음주상태로 동일한 차량을 일정기간 계속하여 운전하다가 1회 음주측정을 받았다면 이러한 음주운전행위는 동일 죄명에 해당하는 연속된 행위로서 단일하고 계속된 범의하에 일정기간 계속하여 행하고 그 피해법익도 동일한 경우이므로 포괄일죄에 해당한다(대판 2007.07.26. 2007도4404). ▶ 음주상태로 자동차를 운전하다가 제1차 사고를 내고 그대로 진행하여 제2차 사고를 낸 후 음주측정을 받아 도로교통법 위반(음주운전)죄로 약식명령을 받아 확정되었는데, 그 후 제1차 사고 당시의 음주운전으로 기소된 사안에서 위 공소사실이 약식명령이 확정된 도로교통법 위반(음주운전)죄와 포괄일죄 관계에 있다고 본 사례.

④ (○) 단일하고도 계속된 범의 아래 동종의 범행을 일정기간 반복하여 행하고 그 피해법익도 동일한 경우에는 각 범행을 통틀어 포괄일죄로 볼 것이고, 수뢰죄에 있어서 단일하고도 계속된 범의 아래 동종의 범행을 일정기간 반복하여 행하고 그 피해법익도 동일한 것이라면 돈을 받은 일자가 상당한 기간에 걸쳐 있고, 돈을 받은 일자 사이에 상당한 기간이 끼어 있다 하더라도 각 범행을 통틀어 포괄일죄로 볼 것이다(대판 2000.01.21. 99도4940).

⑤ (○) 동일한 폭행·협박으로 항거가 불능하거나 현저히 곤란한 상태가 계속되는 상태에서 수회에 걸쳐 간음한 경우 범인들의 의사 및 범행 시각과 장소로 보아 수회의 간음행위를 하나의 계속된 행위로 볼 수 있는 이상 이는 실체적 경합범이 아니라 단순일죄가 성립할 뿐이라고 할 것이다(대판 2002.09.03. 2002도2581).

정답 ②

문 65

다음 설명 중 옳은 것은 모두 몇 개인가? [2020년 2번]

> 가. 금품 등의 수수와 같이 2인 이상의 서로 대향된 행위의 존재를 필요로 하는 관계에 있어서는 공범이나 방조범에 관한 형법총칙 규정의 적용이 있을 수 없다. 따라서 금품 등을 공여한 자에게 따로 처벌규정이 없는 이상, 그 공여행위는 그와 대향적 행위의 존재를 필요로 하는 상대방의 범행에 대하여 공범관계가 성립되지 아니하고, 오로지 금품 등을 공여한 자의 행위에 대하여만 관여하여 그 공여행위를 교사하거나 방조한 행위도 상대방의 범행에 대하여 공범관계가 성립되지 아니한다.
> 나. 자기 자신으로 하여금 형사처분 또는 징계처분을 받게 할 목적으로 허위의 사실을 신고하는 행위, 즉 자기 자신을 무고하는 행위는 무고죄의 구성요건에 해당하지 않아 무고죄가 성립하지 않는다. 그러나 자기 자신을 무고하기로 제3자와 공모하고 이에 따라 무고행위에 가담하였다면 무고죄의 공동정범으로 처벌할 수 있다.
> 다. 사기죄 등 재산범죄에서 동일한 피해자에 대하여 단일하고 계속된 범의하에 동종의 범행을 일정기간 반복하여 행한 경우에는 각 범행은 통틀어 포괄일죄가 될 수 있다. 다만 각 범행이 포괄일죄가 되느냐 경합범이 되느냐는 그에 따라 피해액을 기준으로 가중처벌을 하도록 하는 특별법이 적용되는지 등이 달라질 뿐 아니라 양형 판단 및 공소시효와 기판력에 이르기까지 피고인에게 중대한 영향을 미치게 되므로 매우 신중하게 판단하여야 한다. 특히 범의의 단일성과 계속성은 개별 범행의 방법과 태양, 범행의 동기, 각 범행 사이의 시간적 간격, 그리고 동일한 기회 내지 관계를 이용하는 상황이 지속되는 가운데 후속 범행이 있었는지, 즉 범의의 단절이나 갱신이 있었다고 볼 만한 사정이 있는지 등을 세밀하게 살펴 논리와 경험칙에 근거하여 합리적으로 판단하여야 한다.
> 라. 피고인이 포괄일죄의 관계에 있는 범행의 일부를 실행한 후 공범관계에서 이탈하였으나 다른 공범자에 의하여 나머지 범행이 이루어진 경우, 피고인이 관여하지 않은 부분에 대하여도 죄책을 부담한다.
> 마. 거래상대방의 대향적 행위의 존재를 필요로 하는 유형의 배임죄에서 거래상대방은 기본적으로 배임행위의 실행행위자와 별개의 이해관계를 가지고 반대편에서 독자적으로 거래에 임한다는 점을 감안할 때, 거래상대방이 배임행위를 교사하거나 배임행위의 전 과정에 관여하는 등 배임행위에 적극 가담함으로써 실행행위자와의 계약이 반사회적 법률행위에 해당하여 무효로 되는 경우 배임죄의 교사범 또는 공동정범이 될 수 있음은 별론으로 하고, 관여 정도가 거기에까지 이르지 아니하여 법질서 전체적인 관점에서 살펴볼 때 사회적 상당성을 갖춘 경우에는 비록 정범의 행위가 배임행위에 해당한다는 점을 알고 거래에 임하였다는 사정이 있어 외견상 방조행위로 평가될 수 있는 행위가 있었다 할지라도 범죄를 구성할 정도의 위법성은 없다고 보는 것이 타당하다.

① 1개 ② 2개 ③ 3개
④ 4개 ⑤ 없음

> **MGI Point** **종합문제** ★★
>
> - 금품 등의 수수와 같이 2인 이상의 서로 대향된 행위의 존재를 필요로 하는 관계에 있어서 금품 등을 공여한 자에게 따로 처벌규정이 없는 이상, 오로지 금품 등을 공여한 자의 행위에 대하여만 관여하여 그 공여행위를 교사하거나 방조한 경우 상대방의 범행에 대하여 공범관계 성립 ×
> - 자기무고의 공동정범 ×
> - 사기죄 등 재산범죄에서 동일한 피해자에 대하여 단일하고 계속된 범의하에 동종의 범행을 일정기간 반복하여 행한 경우에는 각 범행은 통틀어 포괄일죄 可
> - 포괄일죄의 관계에 있는 범행의 일부를 실행한 후 공범관계에서 이탈한 자는 그가 관여하지 않은 부분에 대하여도 죄책을 부담할 수 ○
> - 거래상대방이 배임행위를 교사하거나 배임행위의 전 과정에 관여하는 등 배임행위에 적극 가담함으로써 실행행위자와의 계약이 반사회적 법률행위에 해당하여 무효로 되는 경우 배임죄의 교사범 또는 공동정범 可

가. (○) 금품 등의 수수와 같이 2인 이상의 서로 대향된 행위의 존재를 필요로 하는 관계에 있어서는 공범이나 방조범에 관한 형법총칙 규정의 적용이 있을 수 없다. 따라서 금품 등을 공여한 자에게 따로 처벌규정이 없는 이상, 그 공여행위는 그와 대향적 행위의 존재를 필요로 하는 상대방의 범행에 대하여 공범관계가 성립되지 아니하고, 오로지 금품 등을 공여한 자의 행위에 대하여만 관여하여 그 공여행위를 교사하거나 방조한 행위도 상대방의 범행에 대하여 공범관계가 성립되지 아니한다(대판 2014.01.16. 2013도6969).

나. (×) 형법 제156조에서 정한 무고죄는 타인으로 하여금 형사처분 또는 징계처분을 받게 할 목적으로 허위의 사실을 신고하는 것을 구성요건으로 하는 범죄이다. 자기 자신으로 하여금 형사처분 또는 징계처분을 받게 할 목적으로 허위의 사실을 신고하는 행위, 즉 자기 자신을 무고하는 행위는 무고죄의 구성요건에 해당하지 않아 무고죄가 성립하지 않는다. 따라서 자기 자신을 무고하기로 제3자와 공모하고 이에 따라 무고행위에 가담하였더라도 이는 자기 자신에게는 무고죄의 구성요건에 해당하지 않아 범죄가 성립할 수 없는 행위를 실현하고자 한 것에 지나지 않아 무고죄의 공동정범으로 처벌할 수 없다(대판 2017.04.26. 2013도12592).

다. (○) 사기죄 등 재산범죄에서 동일한 피해자에 대하여 단일하고 계속된 범의하에 동종의 범행을 일정기간 반복하여 행한 경우에는 각 범행은 통틀어 포괄일죄가 될 수 있다. 다만 각 범행이 포괄일죄가 되느냐 경합범이 되느냐는 그에 따라 피해액을 기준으로 가중처벌을 하도록 하는 특별법이 적용되는지 등이 달라질 뿐 아니라 양형 판단 및 공소시효와 기판력에 이르기까지 피고인에게 중대한 영향을 미치게 되므로 매우 신중하게 판단하여야 한다. 특히 범의의 단일성과 계속성은 개별 범행의 방법과 태양, 범행의 동기, 각 범행 사이의 시간적 간격, 그리고 동일한 기회 내지 관계를 이용하는 상황이 지속되는 가운데 후속 범행이 있었는지, 즉 범의의 단절이나 갱신이 있었다고 볼 만한 사정이 있는지 등을 세밀하게 살펴 논리와 경험칙에 근거하여 합리적으로 판단하여야 한다(대판 2016.10.27. 2016도11318).

라. (○) 피고인이 포괄일죄의 관계에 있는 범행의 일부를 실행한 후 공범관계에서 이탈하였으나 다른 공범자에 의하여 나머지 범행이 이루어진 경우, 피고인이 관여하지 않은 부분에 대하여도 죄책을 부담한다(대판 2011.01.13. 2010도9927). ▶ 피고인이 다른 공범들과 특정 회사 주식의 시세조종 주문을 내기로 공모한 다음 시세조종행위의 일부를 실행한 후 공범관계로부터 이탈하였고, 다른 공범들이 그 이후의 나머지 시세조종행위를 계속한 사안에서, 피고인이 다른 공범들의 범죄실행을 저지하지 않은 이상 그 이후 나머지 공범들이 행한 시세조종행위에 대하여도 공동정범으로서의 죄책을 부담한다고 한 사례.

마. (○) 거래상대방의 대향적 행위의 존재를 필요로 하는 유형의 배임죄에 있어서 거래상대방으로서는 기본적으로 배임행위의 실행행위자와는 별개의 이해관계를 가지고 반대편에서 독자적으로 거래에 임한다는 점을 감안할 때, 거래상대방이 배임행위를 교사하거나 그 배임행위의 전 과정에 관여하는 등으로 배임행위에 적극가담함으로써 그 실행행위자와의 계약이 반사회적 법률행위에 해당하여 무효로 되는 경우 배임죄의 교사범 또는 공동정범이 될 수 있음은 별론으로 하고, 관여의 정도가 거기에까지 이르지 아니하여 법질서 전체적인 관점에서 살펴볼 때 사회적 상당성을 갖춘 경우에 있어서는 비록 정범의 행위가 배임행위에 해당한다

는 점을 알고 거래에 임하였다는 사정이 있어 외견상 방조행위로 평가될 수 있는 행위가 있었다 할지라도 범죄를 구성할 정도의 위법성은 없다고 봄이 상당하다(대판 2005.10.28. 2005도4915).

정답 ④

문 66

다음 중 일죄가 성립하는 경우는?(다툼이 있는 경우 판례에 의함) [2016년 1번]

① 변호사가 아닌 피고인이 당사자와 내용을 달리하는 법률사건에 관한 법률사무를 다수 수임하여 이를 처리하는 대가로 수수료를 수취하여 변호사법위반죄를 범한 경우
② 피고인이 부동산 공유자인 피해자 3명을 상대로 부동산을 매수할 것처럼 행세하며 근저당권을 먼저 설정하여 주면 이를 담보로 매매대금을 마련하여 지급하겠다고 기망하여, 이에 속은 위 피해자들이 공유하는 부동산의 각 공유지분에 관하여 근저당권을 설정하게 함으로써 재산상 이익을 편취한 경우
③ 작가협회 회원인 피고인이 타인의 명의를 도용하여 작가협회 교육원장을 비방하는 내용의 호소문을 작성한 후 이를 작가협회 회원들에게 우편으로 송달한 경우
④ 은행장인 피고인이 甲으로부터 정식 이사가 될 수 있도록 도와달라는 부탁을 받고 1년 동안 12회에 걸쳐 그 사례금 명목으로 합계 1억 2,000만 원을 교부받은 경우
⑤ 컴퓨터로 음란 동영상을 제공한 행위를 하였다가 음란 동영상이 저장되어 있던 서버컴퓨터가 압수된 이후 다시 장비를 갖추어 동종의 범죄행위를 저지른 경우

해설 ★★★

① (X) 변호사가 아니면서 금품·향응 또는 그 밖의 이익을 받거나 받을 것을 약속하고 또는 제3자에게 이를 공여하게 하거나 공여하게 할 것을 약속하고 법률사건에 관하여 감정·대리·중재·화해·청탁·법률상담 또는 법률관계 문서 작성, 그 밖의 법률사무를 취급하거나 이러한 행위를 알선하는 변호사법 제109조 제1호 위반행위에서 당사자와 내용을 달리하는 법률사건에 관한 법률사무 취급은 각기 별개의 행위라고 할 것이므로, 변호사가 아닌 사람이 각기 다른 법률사건에 관한 법률사무를 취급하여 저지르는 위 변호사법위반의 각 범행은 특별한 사정이 없는 한 실체적 경합범이 되는 것이지 포괄일죄가 되는 것이 아니다(대판 2015.01.15. 2011도14198).
② (X) 수인의 피해자에 대하여 각별로 기망행위를 하여 각각 재물을 편취한 경우에는 범의가 단일하고 범행방법이 동일하더라도 각 피해자의 피해법익은 독립한 것이므로 이를 포괄일죄로 파악할 수 없고 피해자별로 독립한 사기죄가 성립된다(대판 2001.12.28. 2001도6130).

> 비교판례 피고인 등이 피해자들을 유인하여 사기도박으로 도금을 편취한 행위는 사회관념상 1개의 행위로 평가하는 것이 타당하므로, 피해자들에 대한 각 사기죄는 상상적 경합의 관계에 있다고 보아야 함에도, 위 각 죄가 실체적 경합의 관계에 있는 것으로 보고 경합범 가중을 한 원심판결에 사기죄의 죄수에 관한 법리오해의 위법이 있다(대판 2011.01.13. 2010도9330).

③ (X) ○○작가협회 회원이 타인의 명의를 도용하여 협회 교육원장을 비방하는 내용의 호소문을 작성한 후 이를 협회 회원들에게 우편으로 송달한 경우, 사문서위조죄와 명예훼손죄가 각 성립하고, 이는 실체적 경합관계에 있다(대판 2009.04.23. 2008도8527).

④ (○) 금융기관 임직원이 그 직무에 관하여 여러 차례 금품을 수수한 경우에 그것이 단일하고도 계속된 범의 아래 일정기간 반복하여 이루어진 것이고 그 피해법익도 동일한 경우에는 각 범행을 통틀어 포괄일죄로 볼 것이다(대판 2000.06.27. 2000도1155).
⑤ (X) 컴퓨터로 음란 동영상을 제공한 제1범죄행위로 서버컴퓨터가 압수된 이후 다시 장비를 갖추어 동종의 제2범죄행위를 하고 제2범죄행위로 인하여 약식명령을 받아 확정된 경우, 피고인에게 범의의 갱신이 있어 제1범죄행위는 약식명령이 확정된 제2범죄행위와 실체적 경합관계에 있다(대판 2005.09.30. 2005도4051)..

정답 ④

제❸절 ㅣ 수죄

문 11

죄수에 관한 다음 설명 중 가장 옳지 않은 것은?[2023년 16번]

① 강도가 재물강취의 뜻을 재물의 부재로 이루지 못한 채 미수에 그쳤으나 그 자리에서 항거불능의 상태에 빠진 피해자를 간음할 것을 결의하고 실행에 착수했으나 역시 미수에 그쳤더라도 반항을 억압하기 위한 폭행으로 피해자에게 상해를 입힌 경우에는 강도강간미수죄와 강간치상죄가 성립되고 이들은 상상적 경합관계에 있다.
② 상습절도 등의 범행을 한 자가 추가로 자동차등불법사용의 범행을 한 경우에 그것이 절도 습벽의 발현이라고 보이는 이상, 상습절도 등의 죄만 성립하고 이와 별개로 자동차등불법사용죄는 성립하지 않는다.
③ 강도가 한 개의 강도범행을 하는 기회에 수명의 피해자에게 각 폭행을 가하여 각 상해를 입힌 경우에는 각 피해자별로 수개의 강도상해죄가 성립하며 이들은 실체적 경합범의 관계에 있다.
④ 무면허운전으로 인한 도로교통법 위반죄는 운전한 날마다 무면허운전으로 인한 도로교통법 위반의 1죄가 성립한다고 할 것이지만, 같은 날 무면허운전 행위를 여러 차례 반복한 경우라도 그 범의의 단일성 내지 계속성이 인정되지 않거나 범행 방법 등이 동일하지 않은 경우 각 무면허운전 범행은 실체적 경합관계에 있다고 볼 수 있다.
⑤ 감금행위가 강간미수죄의 수단이 되었다 하여 감금행위는 강간미수죄에 흡수되어 범죄를 구성하지 않는다고 할 수는 없다.

> **MGI Point 죄수** ★★
> ■ 강도미수가 그 자리에서 간음행위의 실행에 착수하였으나 그 역시 미수에 그치고 피해자에게 상해를 입힌 경우 ⇨ 강도간강미수죄와 강도치상죄 상상적 경합
> ■ 상습절도범이 추가로 자동차등불법사용의 범행을 한 경우 ⇨ 상습절도죄만 성립
> ■ 강도가 한 개의 강도범행을 하는 기회에 수명의 피해자에게 각 폭행을 가하여 각 상해를 입힌 경우 ⇨ 강도상해 실체적 경합
> ■ 같은 날 이루어진 무면허 운전의 범의의 단일성 내지 계속성이 인정되지 않거나 범행 방법 등이 동일하지 않은 경우 ⇨ 실체적 경합
> ■ 감금행위가 강간미수죄의 수단이 된 경우 ⇨ 감금행위는 별도로 성립

① (X) 강도가 재물강취의 뜻을 재물의 부재로 이루지 못한 채 미수에 그쳤으나 그 자리에서 항거불능의 상태에 빠진 피해자를 간음할 것을 결의하고 실행에 착수했으나 역시 미수에 그쳤더라도 반항을 억압하기 위한 폭행으로 피해자에게 상해를 입힌 경우에는 강도강간미수죄와 강도치상죄가 성립되고 이는 1개의 행위가 2개의 죄명에 해당되어 상상적 경합관계가 성립된다(대법원 1988. 6. 28. 88도820).

② (○) 형법 제331조의2, 제332조 및 특정범죄가중처벌등에관한법률(이하 '특가법'이라 한다) 제5조의4 제1항 등의 규정 취지나 자동차등불법사용죄의 성질에 비추어 보면, 상습으로 절도, 야간주거침입절도, 특수절도 또는 그 미수 등의 범행을 저지른 자가 마찬가지로 절도 습벽의 발현으로 자동차등불법사용의 범행도 함께 저지른 경우에 검사가 형법상의 상습절도죄로 기소하는 때는 물론이고, 자동차등불법사용의 점을 제외한 나머지 범행에 대하여 특가법상의 상습절도 등의 죄로 기소하는 때에도 자동차등불법사용의 위법성에 대한 평가는 특가법상의 상습절도 등 죄의 구성요건적 평가 내지 위법성 평가에 포함되어 있다고 보는 것이 타당하고, 따라서 상습절도 등의 범행을 한 자가 추가로 자동차등불법사용의 범행을 한 경우에 그것이 절도 습벽의 발현이라고 보이는 이상 자동차등불법사용의 범행은 상습절도 등의 죄에 흡수되어 1죄만이 성립하고 이와 별개로 자동차등불법사용죄는 성립하지 않는다고 보아야 하고, 검사가 상습절도 등의 범행을 형법 제332조 대신에 특가법 제5조의4 제1항으로 의율하여 기소하였다 하더라도 그 공소제기의 효력은 동일한 습벽의 발현에 의한 자동차등불법사용의 범행에 대하여도 미친다고 보아야 한다(대법원 2002. 4. 26. 2002도429).
③ (○) 강도가 한 개의 강도범행을 하는 기회에 수명의 피해자에게 각 폭행을 가하여 각 상해를 입힌 경우에는 각 피해자별로 수개의 강도상해죄가 성립하며 이들은 실체적 경합범의 관계에 있다(대법원 1987. 5. 26. 87도527).
④ (○) 같은 날 무면허운전 행위를 여러 차례 반복한 경우라도 그 범의의 단일성 내지 계속성이 인정되지 않거나 범행 방법 등이 동일하지 않은 경우 각 무면허운전 범행은 실체적 경합 관계에 있다고 볼 수 있으나, 그와 같은 특별한 사정이 없다면 각 무면허운전 행위는 동일 죄명에 해당하는 수 개의 동종 행위가 동일한 의사에 의하여 반복되거나 접속·연속하여 행하여진 것으로 봄이 상당하고 그로 인한 피해법익도 동일한 이상, 각 무면허운전 행위를 통틀어 포괄일죄로 처단하여야 한다(대법원 2022. 10. 27. 2022도8806).
⑤ (○) 강간죄의 성립에 언제나 직접적으로 또 필요한 수단으로서 감금행위를 수반하는 것은 아니므로 감금행위가 강간미수죄의 수단이 되었다 하여 감금행위는 강간미수죄에 흡수되어 범죄를 구성하지 않는다고 할 수는 없는 것이고, 그때에는 감금죄와 강간미수죄는 일개의 행위에 의하여 실현된 경우로서 형법 제40조의 상상적 경합관계에 있다(대법원 1983. 4. 26. 83도323).

문 12

다음 설명 중 옳지 않은 것은 모두 몇 개인가? [2023년 35번]

> ㄱ. 형법 제40조에서 말하는 1개의 행위란 법적 평가를 떠나 사회관념상 행위가 사물자연의 상태로서 1개로 평가되는 것을 말하는 바, 무면허인데다가 술이 취한 상태에서 오토바이를 운전하였다는 것은 위의 관점에서 분명히 1개의 운전행위라 할 것이므로 무면허운전죄와 음주운전죄는 형법 제40조의 상상적 경합관계에 있다.
> ㄴ. 형법 제40조가 규정하는 1개의 행위가 수개의 죄에 해당하는 경우에 '가장 중한 죄에 정한 형으로 처벌한다'란, 수개의 죄명 중 가장 중한 형을 규정한 법조에 의하여 처단한다는 취지와 함께 다른 법조의 최하한의 형보다 가볍게 처단할 수 없다는 취지 즉, 각 법조의 상한과 하한을 모두 중한 형의 범위 내에서 처단한다는 것을 포함한다.
> ㄷ. 문서에 2인 이상의 작성명의인이 있을 때에는 각 명의자 마다 1개의 문서가 성립되므로 2인 이상의 연명으로 된 문서를 위조한 때에는 작성명의인의 수대로 수개의 문서위조죄가 성립하고 또 그 연명문서를 위조하는 행위는 자연적 관찰이나 사회통념상 하나의 행위라 할 것이어서 위 수개의 문서위조죄는 형법 제40조가 규정하는 상상적 경합범에 해당한다.

ㄹ. 업무방해죄와 폭행죄는 그 구성요건과 보호법익을 달리하고 있고, 업무방해죄의 성립에 일반적·전형적으로 사람에 대한 폭행행위를 수반하는 것은 아니며, 폭행행위가 업무방해에 비하여 별도로 고려되지 않을 만큼 경미한 것이라고 할 수도 없으므로, 설령 피해자에 대한 폭행행위가 동일한 피해자에 대한 업무방해죄의 수단이 되었다고 하더라도 그러한 폭행행위가 이른바 '불가벌적 수반행위'에 해당하여 업무방해죄에 대하여 흡수관계에 있다고 볼 수는 없다.

ㅁ. 수표금액의 지급 또는 거래정지처분을 면할 목적으로 금융기관에 거짓 신고를 한 자를 처벌하도록 규정하는 부정수표단속법위반죄와 타인으로 하여금 형사처분 또는 징계처분을 받게 할 목적으로 공무소 또는 공무원에 대하여 허위의 사실을 신고하는 때에 성립하는 무고죄는 서로 보호법익이 다르고, 사회관념상 행위가 사물자연의 상태로서 1개로 평가되는 것으로 보기도 어려워 상상적 경합 관계에 있다고 볼 수 없다.

① 없음 ② 1개 ③ 2개 ④ 3개 ⑤ 4개

MGI Point 죄수 ★★

- 무면허운전과 음주운전의 죄수 ⇨ 상상적 경합
- 상상적 경합의 처리 ⇨ 각 법조의 상한과 하한을 모두 중한 형의 범위 내에서 처단
- 2인 이상의 연명으로 된 문서를 위조한 경우 ⇨ 문서위조죄 상상적 경합
- 폭행으로 업무를 방해한 경우 폭행죄와 업무방해죄 죄수 ⇨ 흡수관계×, 상상적 경합
- 부정수표단속법상 허위신고죄와 무고죄의 죄수 ⇨ 실체적 경합

ㄱ. (○) 형법 제40조에서 말하는 1개의 행위란 법적 평가를 떠나 사회관념상 행위가 사물자연의 상태로서 1개로 평가되는 것을 말하는 바, 무면허인데다가 술이 취한 상태에서 오토바이를 운전하였다는 것은 위의 관점에서 분명히 1개의 운전행위라 할 것이고 이 행위에 의하여 도로교통법 제111조 제2호, 제40조와 제109조 제2호, 제41조 제1항의 각 죄에 동시에 해당하는 것이니 두 죄는 형법 제40조의 상상적 경합관계에 있다고 할 것이다(대법원 1987. 2. 24. 86도2731).

ㄴ. (○) 형법 제40조가 규정하는 1개의 행위가 수개의 죄에 해당하는 경우에 '가장 중한 죄에 정한 형으로 처벌한다'란, 수개의 죄명 중 가장 중한 형을 규정한 법조에 의하여 처단한다는 취지와 함께 다른 법조의 최하한의 형보다 가볍게 처단할 수 없다는 취지 즉, 각 법조의 상한과 하한을 모두 중한 형의 범위 내에서 처단한다는 것을 포함한다(대법원 2008. 12. 24. 2008도9169).

ㄷ. (○) 문서에 2인 이상의 작성명의인이 있을 때에는 각 명의자 마다 1개의 문서가 성립되므로 2인 이상의 연명으로 된 문서를 위조한 때에는 작성명의인의 수대로 수개의 문서위조죄가 성립하고 또 그 연명문서를 위조하는 행위는 자연적 관찰이나 사회통념상 하나의 행위라 할 것이어서 위 수개의 문서위조죄는 형법 제40조가 규정하는 상상적 경합범에 해당한다(대법원 1987. 7. 21. 87도564).

ㄹ. (○) 업무방해죄와 폭행죄는 구성요건과 보호법익을 달리하고 있고, 업무방해죄의 성립에 일반적·전형적으로 사람에 대한 폭행행위를 수반하는 것은 아니며, 폭행행위가 업무방해에 비하여 별도로 고려되지 않을 만큼 경미한 것이라고 할 수도 없으므로, 설령 피해자에 대한 폭행행위가 동일한 피해자에 대한 업무방해죄의 수단이 되었다고 하더라도 그러한 폭행행위가 이른바 '불가벌적 수반행위'에 해당하여 업무방해죄에 대하여 흡수관계에 있다고 볼 수는 없다(대법원 2012. 10. 11. 선고 2012도1895).

ㅁ. (○) 부정수표단속법 제4조는 수표금액의 지급 또는 거래정지처분을 면할 목적으로 금융기관에 거짓 신고를 한 자를 처벌하도록 규정하고 있는바, 위 허위신고죄는 타인으로 하여금 형사처분 또는 징계처분을 받게 할 목적으로 공무소 또는 공무원에 대하여 허위의 사실을 신고하는 때에 성립하는 무고죄와는 행위자의 목적, 신고의 상대방, 신고 내용, 범죄의 성립시기 등을 달리하는 별개의 범죄로서 서로 보호법익이 다르고, 법

률상 1개의 행위로 평가되는 경우에도 해당하지 않으므로, 두 죄는 상상적 경합관계가 아니라 실체적 경합관계로 보아야 한다(대법원 2014. 1. 23. 2013도12064)..

정답 ①

문 67

형법 제40조의 상상적 경합에 관한 다음 설명 중 가장 옳지 않은 것은? [2022년 11번]

① 형법 제40조가 규정하는 한 개의 행위가 여러 개의 죄에 해당하는 경우에는 '가장 무거운 죄에 대하여 정한 형'으로 처벌하여야 하므로, 상상적 경합의 관계에 있는 사기죄와 변호사법 위반죄에 대하여 형이 더 무거운 사기죄에 정한 형으로 처벌하는 이상, 필요적 몰수추징에 관한 구 변호사법 제116조, 제111조에 의하여 청탁 명목으로 받은 금품 상당액을 추징할 수 없다.
② 국회의원 선거에서 정당의 공천을 받게 하여 줄 의사나 능력이 없음에도 이를 해 줄 수 있는 것처럼 기망하여 공천과 관련하여 금품을 받은 경우 공직선거법상 공천 관련 금품수수죄와 사기죄의 상상적 경합관계에 있다.
③ 형법 제131조 제1항의 수뢰후부정처사죄에 있어서 공무원이 수뢰후 행한 부정행위가 공도화변조 및 동행사죄와 같이 보호법익을 달리하는 별개 범죄의 구성요건을 충족하는 경우에는 수뢰후부정처사죄 외에 별도로 공도화변조 및 동행사죄가 성립하고 이들 죄와 수뢰후부정처사죄는 각각 상상적 경합 관계에 있다고 할 것인바, 이와 같이 공도화변조죄와 동행사죄가 수뢰후부정처사죄와 각각 상상적 경합범 관계에 있을 때에는 공도화변조죄와 동행사죄 상호간은 실체적 경합범 관계에 있다고 할지라도 상상적 경합범 관계에 있는 수뢰후부정처사죄와 대비하여 가장 중한 죄에 정한 형으로 처단하면 족한 것이고 따로 경합범 가중을 할 필요가 없다.
④ 음주 또는 약물의 영향으로 정상적인 운전이 곤란한 상태에서 자동차를 운전하여 사람을 상해에 이르게 함과 동시에 다른 사람의 재물을 손괴한 때에는 특정범죄가중처벌 등에 관한 법률 위반(위험운전치사상)죄 외에 업무상과실 재물손괴로 인한 도로교통법 위반죄가 성립하고, 위 두 죄는 한 개의 운전행위로 인한 것으로서 상상적 경합관계에 있다.
⑤ 형법 제40조에서 말하는 한 개의 행위란 법적 평가를 떠나 사회관념상 행위가 사물자연의 상태로서 한 개로 평가되는 것을 의미하고, 상상적 경합 관계의 경우에는 그중 1죄에 대한 확정판결의 기판력은 다른 죄에 대하여도 미친다.

MGI Point 상상적 경합 ★★

- 사기죄와 변호사법 위반죄가 상상적 경합관계에 있는 경우 ⇨ 필요적 몰수·추징에 관한 변호사법에 따른 추징 可
- 기망하여 공천과 관련하여 금품을 받은 경우 ⇨ 상상적 경합
- 공도화변조죄와 동행사죄가 수뢰후부정처사죄와 각각 상상적 경합범 관계에 있는 경우 ⇨ 수뢰후부정처사죄와 대비하여 가장 중한 죄에 정한 형으로 처단하면 足
- 위험운전치사상죄와 업무상과실 재물손괴로 인한 도로교통법 위반죄 ⇨ 상상적 경합
- 상상적 경합 관계의 경우에는 그중 1죄에 대한 확정판결의 기판력 ⇨ 다른 죄에도 미침

① (X) 형법 제40조가 규정하는 1개의 행위가 수개의 죄에 해당하는 경우에는 '가장 중한 죄에 정한 형으로 처벌한다.'함은 그 수개의 죄명 중 가장 중한 형을 규정한 법조에 의하여 처단한다는 취지와 함께 다른 법조의 최하한의 형보다 가볍게 처단할 수는 없다는 취지 즉, 각 법조의 상한과 하한을 모두 중한 형의 범위 내에서 처단한다는 것을 포함하는 것으로 새겨야 할 것이다. 상상적 경합의 관계에 있는 사기죄와 변호사법 위반죄에 대하여 형이 더 무거운 사기죄에 정한 형으로 처벌하기로 하면서도, 필요적 몰수·추징에 관한 구 변호사법 제116조, 제111조에 의하여 청탁 명목으로 받은 금품 상당액을 추징한 원심의 조치를 수긍한 사례(대판 2006.01.27. 2005도8704).

② (○) 국회의원 선거에서 정당의 공천을 받게 하여 줄 의사나 능력이 없음에도 이를 해 줄 수 있는 것처럼 기망하여 공천과 관련하여 금품을 받은 경우, 공직선거법상 공천관련금품수수죄와 사기죄가 모두 성립하고 양자는 상상적 경합의 관계에 있다(대판 2009.04.23. 2009도834).

③ (○) 형법 제131조 제1항의 수뢰후부정처사죄에 있어서 공무원이 수뢰후 행한 부정행위가 공도화변조 및 동행사죄와 같이 보호법익을 달리하는 별개 범죄의 구성요건을 충족하는 경우에는 수뢰후부정처사죄 외에 별도로 공도화변조 및 동행사죄가 성립하고 이들 죄와 수뢰후부정처사죄는 각각 상상적 경합 관계에 있다고 할 것인바, 이와 같이 공도화변조죄와 동행사죄가 수뢰후부정처사죄와 각각 상상적 경합범 관계에 있을 때에는 공도화변조죄와 동행사죄 상호간은 실체적 경합범 관계에 있다고 할지라도 상상적 경합범 관계에 있는 수뢰후부정처사죄와 대비하여 가장 중한 죄에 정한 형으로 처단하면 족한 것이고 따로이 경합범 가중을 할 필요가 없다(대판 2001.02.09. 2000도1216).

④ (○) 음주 또는 약물의 영향으로 정상적인 운전이 곤란한 상태에서 자동차를 운전하여 사람을 상해에 이르게 힘과 동시에 다른 사람의 재물을 손괴한 때에는 특정범죄가중처벌 등에 관한 법률 위반(위험운전치사상)죄 외에 업무상과실 재물손괴로 인한 도로교통법 위반죄가 성립하고, 위 두 죄는 1개의 운전행위로 인한 것으로서 상상적 경합관계에 있다(대판 2010.01.14. 2009도10845).

⑤ (○) 상상적 경합은 1개의 행위가 수개의 죄에 해당하는 경우를 말한다(형법 제40조). 여기에서 1개의 행위란 법적 평가를 떠나 사회관념상 행위가 사물자연의 상태로서 1개로 평가되는 것을 의미한다. 그리고 상상적 경합 관계의 경우에는 그중 1죄에 대한 확정판결의 기판력은 다른 죄에 대하여도 미친다(대판 2017.09.21. 2017도11687).

정답 ①

문 68

경합범에 관한 다음 설명 중 가장 옳지 않은 것은? [2022년 10번]

① 경합범이란 판결이 확정되지 아니한 수개의 죄 또는 금고 이상의 형에 처한 판결이 확정된 죄와 그 판결확정 전에 범한 죄를 말한다.

② 아직 판결을 받지 않은 수 개의 죄가 판결 확정을 전후하여 저질러진 경우 판결 확정 전에 범한 죄를 이미 판결이 확정된 죄와 동시에 판결할 수 없었던 경우라고 하여 마치 확정된 판결이 존재하지 않는 것처럼 그 수 개의 죄 사이에 형법 제37조 전단의 경합범 관계가 성립하여 형법 제38조가 적용된다고 볼 수도 없으므로, 판결 확정을 전후한 각각의 범죄에 대하여 별도로 형을 정하여 선고할 수밖에 없다.

③ 형법 제37조 후단 경합범에 대하여 형법 제39조 제1항에 의하여 형을 감경할 때에도 법률상 감경에 관한 형법 제55조 제1항이 적용되어 유기징역을 감경할 때에는 그 형기의 2분의 1 미만으로는 감경할 수 없다.

④ 유죄의 확정판결을 받은 사람이 그 후 별개의 후행범죄를 저질렀는데 유죄의 확정판결에 대하여 재심이 개시된 경우, 후행범죄가 재심대상판결에 대한 재심판결 확정 전에 범하여졌다 하더라도

아직 판결을 받지 아니한 후행범죄와 재심판결이 확정된 선행범죄 사이에는 형법 제37조 후단에서 정한 경합범 관계가 성립하지 않는다.
⑤ 형법 제37조의 후단 경합범에 대하여 심판하는 법원은 판결이 확정된 죄와 후단 경합범의 죄를 동시에 판결할 경우와 형평을 고려하여 후단 경합범의 처단형의 범위 내에서 후단 경합범의 선고형을 정할 수 있으나, 다만 그 죄와 판결이 확정된 죄에 대한 선고형의 총합이 두 죄에 대하여 형법 제38조를 적용하여 산출한 처단형의 범위 내에 속하도록 후단 경합범에 대한 형을 정하여야 하는 제한을 받는다.

MGI Point 경합범 ★★

- 경합범 ⇨ 판결이 확정되지 아니한 수개의 죄, 판결이 확정된 죄와 그 판결확정 전에 범한 죄
- 판결 확정 전에 범한 죄를 이미 판결이 확정된 죄와 동시에 판결할 수 없었던 경우 ⇨ 각각의 범죄에 대하여 별도의 형을 선고하여야
- 형법 제37조 후단 경합범에 대한 감경 ⇨ 형법 제55조 제1항이 적용, 형기의 2분의 1 미만으로 불가
- 후행범죄가 재심대상판결에 대한 재심판결 확정 전에 범하여진 경우라도 ⇨ 사후적 경합범 관계 ×
- 확정된 판결의 선고형 + 제37조의 후단 경합범에 대한 선고형 ⇨ 두 죄에 대하여 형법 제38조를 적용하여 산출한 처단형의 범위 내로 제한 ×

① (○) 형법 제37조 참조.

> 형법 제37조(경합범) 판결이 확정되지 아니한 수개의 죄 또는 금고 이상의 형에 처한 판결이 확정된 죄와 그 판결확정전에 범한 죄를 경합범으로 한다.

② (○) 아직 판결을 받지 않은 수 개의 죄가 판결 확정을 전후하여 저질러진 경우 판결 확정 전에 범한 죄를 이미 판결이 확정된 죄와 동시에 판결할 수 없었던 경우라고 하여 마치 확정된 판결이 존재하지 않는 것처럼 그 수 개의 죄 사이에 형법 제37조 전단의 경합범 관계가 성립하여 형법 제38조가 적용된다고 볼 수도 없으므로, 판결 확정을 전후한 각각의 범죄에 대하여 별도로 형을 정하여 선고할 수밖에 없다(대판 2018.11.29. 2018도14863).

③ (○) 형법 제37조 후단 경합범(이하 '후단 경합범'이라 한다)에 대하여 형법 제39조 제1항에 의하여 형을 감경할 때에도 법률상 감경에 관한 형법 제55조 제1항이 적용되어 유기징역을 감경할 때에는 그 형기의 2분의 1 미만으로는 감경할 수 없다(대판 2019.04.18. 2017도14609(전합)).

④ (○) 유죄의 확정판결을 받은 사람이 그 후 별개의 후행범죄를 저질렀는데 유죄의 확정판결에 대하여 재심이 개시된 경우, 후행범죄가 재심대상판결에 대한 재심판결 확정 전에 범하여졌다 하더라도 아직 판결을 받지 아니한 후행범죄와 재심판결이 확정된 선행범죄 사이에는 형법 제37조 후단에서 정한 경합범 관계(이하 '후단 경합범'이라 한다)가 성립하지 않는다(대판 2019.06.20. 2018도20698(전합)).

⑤ (X) 형법 제37조의 후단 경합범에 대하여 심판하는 법원은 판결이 확정된 죄와 후단 경합범의 죄를 동시에 판결할 경우와 형평을 고려하여 후단 경합범의 처단형의 범위 내에서 후단 경합범의 선고형을 정할 수 있는 것이고, 그 죄와 판결이 확정된 죄에 대한 선고형의 총합이 두 죄에 대하여 형법 제38조를 적용하여 산출한 처단형의 범위 내에 속하도록 후단 경합범에 대한 형을 정하여야 하는 제한을 받는 것은 아니며, 후단 경합범에 대한 형을 감경 또는 면제할 것인지는 원칙적으로 그 죄에 대하여 심판하는 법원이 재량에 따라 판단할 수 있다(대판 2008.09.11. 2006도8376).

정답 ⑤

문 69

죄수관계에 관한 다음 설명 중 가장 옳지 않은 것은? [2022년 2번]

① '피고인이 성명불상자와 공모하여 2018. 12. 21.부터 2019. 1. 30.까지 피해자들에게 합동수사본부에서 사건을 접수하고 보이스피싱 범죄에 재산을 보호해 주겠으니 예금을 인출하여 보내달라는 취지로 거짓말하여 이에 속은 피해자들로부터 총 8회에 걸쳐 합계 2억 6,700만 원을 편취하였다'는 범죄사실과 '피고인이 2018. 8.경 보이스피싱 범죄를 목적으로 범죄단체를 조직하고, 甲, 乙은 2018. 8.경 위 범죄단체에 가입하였으며, 피고인과 甲, 乙은 범죄단체 조직 내 역할을 수행하면서 체크카드 등 접근매체를 편취하거나 대량 문자 발송 사이트를 개설하는 등의 방법으로 범죄단체 활동을 하였다'는 범죄사실은 상상적 경합범 관계에 있다.

② 사기의 수단으로 발행한 수표가 지급거절된 경우 부정수표단속법위반죄와 사기죄는 그 행위의 태양과 보호법익을 달리하므로 실체적 경합범의 관계에 있다.

③ 구 아동·청소년의 성보호에 관한 법률(2020. 6. 2. 법률 제17338호로 개정되기 전의 것)상 아동·청소년이용음란물을 제작한 자가 그 음란물을 소지하게 되는 경우 아동·청소년이용음란물소지죄는 아동·청소년이용음란물제작죄에 흡수되나, 아동·청소년이용음란물을 제작한 자가 제작에 수반된 소지행위를 벗어나 사회통념상 새로운 소지가 있었다고 평가할 수 있는 별도의 소지행위를 개시하였다면 이는 아동·청소년이용음란물제작죄와 별개의 아동·청소년이용음란물소지죄에 해당한다.

④ 형법상 직권남용권리행사방해죄는 국가기능의 공정한 행사라는 국가적 법익을 보호하는 데 주된 목적이 있고, 직권남용으로 인한 국가정보원법 위반죄도 마찬가지이다. 따라서 국가정보원 직원이 동일한 사안에 관한 일련의 직무집행 과정에서 단일하고 계속된 범의로 일정 기간 계속하여 저지른 직권남용행위에 대하여는 설령 그 상대방이 수인이라고 하더라도 포괄일죄가 성립할 수 있다.

⑤ 보건범죄 단속에 관한 특별조치법(이하 '보건범죄단속법'이라 한다) 제3조 제1항 제2호의 '연간'은 역법상의 한 해인 1. 1.부터 12. 31.까지의 1년간을 의미한다. 하지만 동일 죄명에 해당하는 수개의 행위를 단일하고 계속된 범의 하에 일정기간 계속하여 행하고 그 피해법익도 동일한 경우에는 이들 각 행위를 통틀어 포괄일죄로 처단하여야 한다. 여러 해 동안 수회에 걸쳐 이루어진 부정의약품 제조·판매행위 등을 포괄일죄에 해당한다고 보는 이상, 그 기간 중 어느 일정 연도의 연간 소매가격이 보건범죄단속법 제3조 제1항 제2호에서 정한 1천만 원을 넘은 경우에는 다른 연도의 연간 소매가격이 위 금액에 미달한다고 하더라도 그 전체를 보건범죄단속법 제3조 제1항 제2호 위반의 포괄일죄로 처단함이 타당하다. 이러한 법리는 여러 해 동안 수회에 걸쳐 이루어진 부정의약품 제조·판매행위 등의 연간 소매가격이 모두 1천만 원을 넘는 경우에도 마찬가지이다.

> **MGI Point 죄수관계**   ★★★
>
> - 범죄단체 조직·가입·활동죄와 목적 범죄의 실행 ⇨ 실체적 경합관계
> - 사기의 수단으로 발행한 수표가 지급거절 ⇨ 부정수표단속법위반죄와 사기죄는 실체적 경합관계
> - 아동·청소년이용음란물을 제작한 자 사회통념상 새로운 소지가 있었다고 평가할 수 있는 별도의 소지행위를 개시 ⇨ 별개의 소지죄도 성립
> - 국가정보원 직원이 동일한 사안, 단일하고 계속된 범의, 일정 기간 계속하여 수인을 상대로 저지른 직권남용행위 ⇨ 포괄일죄
> - 여러 해 동안 수회에 걸쳐 이루어진 부정의약품 제조·판매행위가 포괄일죄인 경우 ⇨ 어느 한 해의 연간 소매가격이 1천만 원 이하여도 여전히 포괄일죄 성립

① (X) 피고인 1은 성명불상자와 공모하여 2018. 12. 21.부터 2019. 1. 30.까지 피해자들에게 합동수사본부에서 사건을 접수하고 보이스피싱 범죄에 재산을 보호해 주겠으니 예금을 인출하여 보내달라는 취지로 거짓말하여 이에 속은 피해자들로부터 총 8회에 걸쳐 합계 2억 6,700만 원을 편취하였다는 범죄사실로, (이하 '이 사건 공소사실') '피고인 1은 2018. 8.경 보이스피싱 범죄를 목적으로 범죄단체를 조직하고, 피고인 2, 피고인 3은 2018. 8.경 위 범죄단체에 가입하였으며, 피고인들은 범죄단체 조직 내 역할을 수행하면서 체크카드 등 접근매체를 편취하거나 대량 문자 발송 사이트를 개설하는 등의 방법으로 범죄단체 활동을 하였다'는 공소사실을 추가(이하 '범죄단체 공소사실') …중략… 실체적 경합범 관계에 있는 이 사건 공소사실과 범죄단체 공소사실은 범행일시, 행위태양, 공모관계 등 범죄사실의 내용이 다르고, 그 죄질에도 현저한 차이가 있다. 따라서 위 두 공소사실은 동일성이 없으므로, 공소장변경절차에 의하여 이 사건 공소사실에 위 범죄단체 공소사실을 추가하는 취지의 공소장변경은 허가될 수 없다(대판 2020.12.24. 2020도10814).

② (O) 사기의 수단으로 발행한 수표가 지급거절된 경우 부정수표단속법위반죄와 사기죄는 그 행위의 태양과 보호법익을 달리하므로 실체적 경합범의 관계에 있다(대판 2004.06.25. 2004도1751).

③ (O) 아동·청소년이용음란물을 제작한 자가 그 음란물을 소지하게 되는 경우 청소년성보호법 위반(음란물소지)죄는 청소년성보호법 위반(음란물제작·배포등)죄에 흡수된다고 봄이 타당하다. 다만 아동·청소년이용음란물을 제작한 자가 제작에 수반된 소지행위를 벗어나 사회통념상 새로운 소지가 있었다고 평가할 수 있는 별도의 소지행위를 개시하였다면 이는 청소년성보호법 위반(음란물제작·배포등)죄와 별개의 청소년성보호법 위반(음란물소지)죄에 해당한다(대판 2021.07.08. 2021도2993).

④ (O) 형법상 직권남용권리행사방해죄는 국가기능의 공정한 행사라는 국가적 법익을 보호하는 데 주된 목적이 있고, 직권남용으로 인한 국가정보원법 위반죄도 마찬가지이다. 따라서 국가정보원 직원이 동일한 사안에 관한 일련의 직무집행 과정에서 단일하고 계속된 범의로 일정 기간 계속하여 저지른 직권남용행위에 대하여는 설령 그 상대방이 수인이라고 하더라도 포괄일죄가 성립할 수 있다고 봄이 타당하다(대판 2021.03.11. 2020도12583).

⑤ (O) 보건범죄 단속에 관한 특별조치법(이하 '보건범죄단속법'이라고 한다) 제3조 제1항 제2호의 '연간'은 역법상의 한 해인 1. 1.부터 12. 31.까지의 1년간을 의미한다. 하지만 동일 죄명에 해당하는 수 개의 행위를 단일하고 계속된 범의하에 일정기간 계속하여 행하고 그 피해법익도 동일한 경우에는 이들 각 행위를 통틀어 포괄일죄로 처단하여야 할 것이다. 여러 해 동안 수회에 걸쳐 이루어진 부정의약품 제조·판매행위 등을 포괄일죄에 해당한다고 보는 이상, 그 기간 중 어느 일정 연도의 연간 소매가격이 보건범죄단속법 제3조 제1항 제2호에서 정한 1천만 원을 넘은 경우에는 다른 연도의 연간 소매가격이 위 금액에 미달한다고 하더라도 그 전체를 보건범죄단속법 제3조 제1항 제2호 위반의 포괄일죄로 처단함이 타당하다. 이러한 법리는 여러 해 동안 수회에 걸쳐 이루어진 부정의약품 제조·판매행위 등의 연간 소매가격이 모두 1천만 원을 넘는 경우에도 마찬가지이다(대판 2021.01.14. 2020도10979).

정답 ①

문 70

죄수에 관한 다음 설명 중 옳은 것은 모두 몇 개인가? [2021년 28번]

> 가. 단일하고 계속된 범의아래 같은 장소에서 반복하여 여러 사람으로부터 계불입금을 편취한 행위는 피해자별로 포괄하여 1개의 사기죄가 성립하고 이들 포괄일죄 상호간은 실체적 경합관계에 있다고 볼 것이다.
> 나. 운전면허 없이 운전을 하다가 두 사람을 한꺼번에 치어 사상케 한 경우, 각 업무상 과실치사상죄는 상상적 경합관계에 있고, 이와 무면허운전에 의한 도로교통법위반죄와는 실체적 경합관계에 있다.
> 다. 자동차운전자가 타차량을 들이받아 그 차량을 손괴하고 동시에 동 차량에 타고 있던 승객에게 상해를 입힌 경우, 이는 동일한 업무상과실로 발생한 수개의 결과로서 형법 제40조 소정의 상상적 경합관계에 있다.
> 라. 강도범인이 체포를 면탈할 목적으로 경찰관에게 폭행을 가한 때에는 강도죄와 공무집행방해죄는 상상적 경합관계에 있다.
> 마. 위조사문서행사죄와 이로 인한 사기죄와는 상상적 경합관계에 있다.
> 바. 형법 제332조에 규정된 상습절도죄를 범한 범인이 그 범행 외에 상습적인 절도의 목적으로 주간에 주거침입을 하였다가 절도에 이르지 아니하고 주거침입에 그친 경우, 위 주간 주거침입행위는 상습절도죄와 별개로 주거침입죄를 구성한다.

① 1개 ② 2개 ③ 3개
④ 4개 ⑤ 5개

MGI Point 죄수 ★★

- 단일하고 계속된 범의아래 같은 장소에서 반복하여 여러 사람으로부터 계불입금을 편취한 행위
  ⇨ 소위는 피해자별로 포괄하여 1개의 사기죄가 성립하고 이들 포괄일죄 상호간은 상상적 경합관계
- 운전면허 없이 운전을 하다가 두 사람을 한꺼번에 치어 사상케 한 경우
  ⇨ 업무상 과실치사상의 소위는 상상적 경합죄에 해당하고 이와 무면허운전에 대한 본법위반죄와는 실체적 경합관계
- 자동차운전자가 타차량을 들이받아 그 차량을 손괴하고 동시에 동 차량에 타고 있던 승객에게 상해를 입힌 경우
  ⇨ 양 죄는 상상적 경합관계
- 강도범인이 체포를 면탈할 목적으로 경찰관에게 폭행을 가한 때 ⇨ 강도죄와 공무집행방해죄는 실체적 경합관계
- 위조사문서행사죄와 이로 인한 사기죄 ⇨ 상상적 경합관계 ×
- 형법 §332에 규정된 상습절도죄를 범한 범인이 그 범행 외에 상습적인 절도의 목적으로 주간에 주거침입을 하였다가 절도에 이르지 아니하고 주거침입에 그친 경우 ⇨ 주간 주거침입행위는 상습절도죄와 별개로 주거침입죄를 구성

가. (X) 단일하고 계속된 범의아래 같은 장소에서 반복하여 여러 사람으로부터 계불입금을 편취한 소위는 피해자별로 포괄하여 1개의 사기죄가 성립하고 이들 포괄일죄 상호간은 상상적 경합관계에 있다고 볼 것이므로 그중 일부 피해자들로부터 계불입금을 편취하였다는 공소사실에 대하여 확정판결이 있었다면 나머지 피해자들에 대한 이 사건 공소사실에 대하여도 위 판결의 기판력이 미치게 된다고 할 것이다(대판 1990.01.25. 89도252).

나. (O) 운전면허 없이 운전을 하다가 두 사람을 한꺼번에 치어 사상케 한 경우에 이 업무상 과실치사상의 소위는 상상적 경합죄에 해당하고 이와 무면허운전에 대한 본법위반죄와는 실체적 경합관계에 있다(대판 1972.10.31 72도2001).

다. (○) 자동차운전자가 타차량을 들이받아 그 차량을 손괴하고 동시에 동 차량에 타고 있던 승객에게 상해를 입힌 경우, 이는 동일한 업무상과실로 발생한 수개의 결과로서 형법 제40조 소정의 상상적 경합관계에 있다(대판 1986.02.11. 85도2658).

라. (X) 절도범인이 체포를 면탈할 목적으로 경찰관에게 폭행 협박을 가한 때에는 준강도죄와 공무집행방해죄를 구성하고 양죄는 상상적 경합관계에 있으나, 강도범인이 체포를 면탈할 목적으로 경찰관에게 폭행을 가한 때에는 강도죄와 공무집행방해죄는 실체적 경합관계에 있고 상상적 경합관계에 있는 것이 아니다(대판 1992.07.28. 92도917).

마. (X) 위조사문서행사죄와 이로 인한 사기죄와는 상상적 경합관계에 있다고 볼 수 없다(대판 1981.07.28. 81도529).

바. (○) 형법 제330조에 규정된 야간주거침입절도죄 및 형법 제331조 제1항에 규정된 특수절도(야간손괴침입절도)죄를 제외하고 일반적으로 주거침입은 절도죄의 구성요건이 아니므로 절도범인이 범행수단으로 주거침입을 한 경우에 주거침입행위는 절도죄에 흡수되지 아니하고 별개로 주거침입죄를 구성하여 절도죄와는 실체적 경합의 관계에 서는 것이 원칙이다. 또 형법 제332조는 상습으로 단순절도(형법 제329조), 야간주거침입절도(형법 제330조)와 특수절도(형법 제331조) 및 자동차 등 불법사용(형법 제331조의2)의 죄를 범한 자는 그 죄에 정한 각 형의 2분의 1을 가중하여 처벌하도록 규정하고 있으므로, 위 규정은 주거침입을 구성요건으로 하지 않는 상습단순절도와 주거침입을 구성요건으로 하고 있는 상습야간주거침입절도 또는 상습특수절도(야간손괴침입절도)에 대한 취급을 달리하여, 주거침입을 구성요건으로 하고 있는 상습야간주거침입절도 또는 상습특수절도(야간손괴침입절도)를 더 무거운 법정형을 기준으로 가중처벌하고 있다. 따라서 상습으로 단순절도를 범한 범인이 상습적인 절도범행의 수단으로 주간(낮)에 주거침입을 한 경우에 주간 주거침입행위의 위법성에 대한 평가가 형법 제332조, 제329조의 구성요건적 평가에 포함되어 있다고 볼 수 없다. 그러므로 형법 제332조에 규정된 상습절도죄를 범한 범인이 범행의 수단으로 주간에 주거침입을 한 경우 주간 주거침입행위는 상습절도죄와 별개로 주거침입죄를 구성한다. 또 형법 제332조에 규정된 상습절도죄를 범한 범인이 그 범행 외에 상습적인 절도의 목적으로 주간에 주거침입을 하였다가 절도에 이르지 아니하고 주거침입에 그친 경우에도 주간 주거침입행위는 상습절도죄와 별개로 주거침입죄를 구성한다(대판 2015.10.15. 2015도8169).

 ③

문 71

경합관계 등에 관한 다음 설명 중 옳지 않은 것은 모두 몇 개인가? [2020년 30번]

가. 반복적인 절도 범행 등에 대한 누범가중 처벌규정인 특정범죄 가중처벌 등에 관한 법률 제5조의4 제5항 제1호 중 '세 번 이상 징역형을 받은 사람'은 그 문언대로 형법 제329조 등의 죄로 세 번 이상 징역형을 받은 사실이 인정되는 사람을 의미하나, 전범 중 일부가 나머지 전범과 사이에 형법 제37조 후단 경합범의 관계에 있는 경우 이를 처벌조항에 규정된 처벌받은 형의 수를 산정할 때 제외하여야 한다.

나. 신용협동조합의 전무인 피고인이 조합의 담당직원을 기망하여 예금인출금 명목으로 금원을 교부받은 행위로 인한 사기죄와 업무상배임죄는 실체적 경합관계가 아닌 상상적 경합관계에 있다.

다. 유사수신행위 금지규정에 위반한 유사수신행위가 별도로 사기죄의 구성요건도 충족하는 경우 유사수신행위의 규제에 관한 법률 위반죄와 사기죄는 별개의 범죄로 성립하고, 양 죄는 실체적 경합관계에 있다.

라. 공무원이 취급하는 사건에 관하여 청탁 또는 알선을 할 의사와 능력이 없음에도 청탁 또는 알선을 한다고 기망하고 이에 속은 피해자로부터 로비자금 명목으로 금원을 송금받은 행위는 사기죄와 변호사법 위반죄를 구성하고, 양 죄는 상상적 경합관계에 있다.

마. 유죄의 확정판결을 받은 사람이 그 후 별개의 후행범죄를 저질렀는데 유죄의 확정판결에 대하여 재심이 개시된 경우, 후행범죄가 재심대상판결에 대한 재심판결 확정 전에 범하여졌다 하더라도 아직 판결을 받지 아니한 후행범죄와 재심판결이 확정된 선행범죄 사이에는 형법 제37조 후단에서 정한 경합범 관계가 성립하지 않는다.

① 1개   ② 2개   ③ 3개
④ 4개   ⑤ 없음

MGI Point   죄수론   ★★★

- 형법 제37조 후단과 제39조 제1항의 규정 ⇨ 양형에 관한 규정일 뿐, 판결이 확정된 죄에 대한 형의 선고와 그 판결확정 전에 범한 죄에 대한 형의 선고를 하나의 형의 선고와 동일하게 취급하라는 것 X
  - 특정범죄 가중처벌 등에 관한 법률 제5조의4 제5항 중 '세 번 이상 징역형을 받은 사람' ⇨ 전범 중 일부가 나머지 전범과 사이에 후단 경합범의 관계에 있다고 하여 이를 처벌조항에 규정된 처벌받은 형의 수를 산정할 때 제외할 것 X
- 1개의 행위에 관하여 사기죄와 업무상배임죄의 각 구성요건이 모두 구비된 때 ⇨ 상상적 경합관계
- 공무원이 취급하는 사건에 관하여 청탁 또는 알선을 할 의사와 능력이 없음에도 청탁 또는 알선을 한다고 기망하고 금품을 교부받은 경우 ⇨ 사기죄와 변호사법 위반죄 상상적 경합관계
- 유사수신행위가 별도로 사기죄의 구성요건도 충족하는 경우 ⇨ 유사수신행위의 규제에 관한 법률 위반죄와 사기죄는 실체적 경합관계
- 유죄의 확정판결을 받은 사람이 그 후 별개의 후행범죄를 저질렀는데 유죄의 확정판결에 대하여 재심이 개시된 경우 ⇨ 후행범죄가 재심대상판결에 대한 재심판결 확정 전에 범하여졌다 하더라도 아직 판결을 받지 아니한 후행범죄와 재심판결이 확정된 선행범죄 사이에는 형법 제37조 후단에서 정한 경합범 관계 X

가. (X) 특정범죄 가중처벌 등에 관한 법률 제5조의4 제5항 제1호(이하 '처벌조항'이라 한다)의 문언 내용 및 입법 취지, 형법 제37조 후단과 제39조 제1항의 규정은 법원이 형법 제37조 후단 경합범(이하 '후단 경합범'이라고 한다)인 판결을 받지 아니한 죄에 대한 판결을 선고할 경우 판결이 확정된 죄와 동시에 판결할 경우와의 형평을 고려하여야 한다는 형의 양정(형법 제51조)에 관한 추가적인 고려사항과 형평에 맞지 않는다고 판단되는 경우에는 형의 임의적 감면을 할 수 있음을 제시한 것일 뿐 판결이 확정된 죄에 대한 형의 선고와 그 판결확정 전에 범한 죄에 대한 형의 선고를 하나의 형의 선고와 동일하게 취급하라는 것이 아닌 점 등을 고려하면, 처벌조항 중 '세 번 이상 징역형을 받은 사람'은 그 문언대로 형법 제329조 등의 죄로 세 번 이상 징역형을 받은 사실이 인정되는 사람으로 해석하면 충분하고, 전범 중 일부가 나머지 전범과 사이에 후단 경합범의 관계에 있다고 하여 이를 처벌조항에 규정된 처벌받은 형의 수를 산정할 때 제외할 것은 아니다(대판 2020.03.12. 2019도17381).

나. (○) 사기죄는 사람을 기망하여 재물의 교부를 받거나 재산상의 이익을 취득하는 것을 구성요건으로 하는 범죄로서 임무위배를 그 구성요소로 하지 아니하고 사기죄의 관념에 임무위배 행위가 당연히 포함된다고 할 수도 없으며, 업무상배임죄는 업무상 타인의 사무를 처리하는 자가 그 업무상의 임무에 위배하는 행위로써 재산상의 이익을 취득하거나 제3자로 하여금 이를 취득하게 하여 본인에게 손해를 가하는 것을 구성요건으로 하는 범죄로서 기망적 요소를 구성요건의 일부로 하는 것이 아니어서 양 죄는 그 구성요건을 달리하는 별개의 범죄이고 형법상으로도 각각 별개의 장(章)에 규정되어 있어, 1개의 행위에 관하여 사기죄와 업무상배임죄의 각 구성요건이 모두 구비된 때에는 양 죄를 법조경합 관계로 볼 것이 아니라 상상적 경합관계로 봄이 상당하다 할 것이고, 나아가 업무상배임죄가 아닌 단순배임죄라고 하여 양 죄의 관계를 달리 보아야 할 이유도 없다(대판 2002.07.18. 2002도669(전합)).

다. (○) 유사수신행위의 규제에 관한 법률 제3조에서 금지하고 있는 유사수신행위 그 자체에는 기망행위가 포함되어 있지 않고, 이러한 위 법률 위반죄와 특정경제범죄 가중처벌 등에 관한 법률 위반(사기)죄는 각 그 구성요건을 달리하는 별개의 범죄로서, 서로 행위의 태양이나 보호법익을 달리하고 있어 양 죄는 상상적 경합관계가 아니라 실체적 경합관계로 봄이 상당할 뿐만 아니라, 그 기본적 사실관계에 있어서도 동일하다고 볼 수 없다(대판 2008.02.29. 2007도10414).

라. (○) 공무원이 취급하는 사건에 관하여 청탁 또는 알선을 할 의사와 능력이 없음에도 청탁 또는 알선을 한다고 기망하고 금품을 교부받은 경우, 사기죄와 변호사법 위반죄가 상상적 경합의 관계에 있다(대판 2006.01.27. 2005도8704).

마. (○) 유죄의 확정판결을 받은 사람이 그 후 별개의 후행범죄를 저질렀는데 유죄의 확정판결에 대하여 재심이 개시된 경우, 후행범죄가 재심대상판결에 대한 재심판결 확정 전에 범하여졌다 하더라도 아직 판결을 받지 아니한 후행범죄와 재심판결이 확정된 선행범죄 사이에는 형법 제37조 후단에서 정한 경합범 관계(이하 '후단 경합범'이라 한다)가 성립하지 않는다(대판 2019.06.20. 2018도20698(전합)).

정답 ①

문 72

다음 설명 중 가장 옳은 것은? [2019년 39번]

① 부진정결과적가중범에 있어서, 고의로 중한 결과를 발생하게 한 행위를 더 무겁게 처벌하는 규정이 있는 경우에 그 고의범과 결과적가중범은 상상적 경합관계에 있으므로, 직무를 집행하는 공무원에 대하여 위험한 물건을 휴대하여 고의로 상해를 가한 경우 특수공무집행방해치상죄와 특수상해죄(형법 제258조의2)는 상상적 경합관계에 있다.

② 형법 제37조 후단 경합범에 대하여 형법 제39조 제1항에 의하여 형을 감경할 때에 법률상 감경에 관한 형법 제55조 제1항이 적용되지 않으므로 법률상 감경한 형의 하한인 '그 형기의 2분의 1'보다 낮은 형으로도 감경할 수 있다.

③ 특정범죄 가중처벌 등에 관한 법률 제5조의4 제6항에 규정된 상습절도 등 죄를 범한 범인이 그 범행 외에 상습적인 절도의 목적으로 주거침입을 하였다가 절도에 이르지 아니하고 주거침입에 그친 경우에도 그것이 절도 상습성의 발현이라고 보이는 이상 주거침입행위는 다른 상습절도 등 죄에 흡수되어 위 법조에 규정된 상습절도 등의 1죄만을 구성하고 이 상습절도 등 죄와 별개로 주거침입죄를 구성하지 않는다.

④ 형법 제39조 제1항의 규정에 의하여 형법 제37조의 후단 경합범에 대하여 형을 감경 또는 면제할 것인지는 원칙적으로 그 죄에 대하여 심판하는 법원이 재량에 따라 판단할 수 있으므로, 후단 경합범에 해당하는 경우에는 특별히 형평을 고려하여야 할 사정이 존재하지 않는 경우에도 형법 제39조 제1항 후문을 적용하여 형을 감경 또는 면제할 수 있다.

⑤ 피고인의 금지된 야간시위 참가로 인하여 교통이 방해된 경우, 집회 및 시위에 관한 법률위반죄와 일반교통방해죄는 구성요건과 보호법익을 달리하고 집회 및 시위에 관한 법률 위반죄의 성립에 교통방해행위가 일반적, 전형적으로 수반 되는 것도 아니므로, 양죄는 실체적 경합관계에 있다.

> **MGI Point** 죄수, 형의 가중·감경·면제 ★★★
>
> - 직무집행 중인 공무원에 대하여 위험한 물건을 휴대하여 고의로 상해를 가한 경우 ⇨ 특수공무집행방해치상죄만 성립
> - 형법 제37조 후단 경합범에 대하여 형법 제39조 제1항에 의하여 형을 감경할 때에도 법률상 감경에 관한 형법 제55조 제1항이 적용되어 유기징역을 감경할 때에는 그 형기의 2분의 1 미만으로는 감경 불가
> - 특정범죄 가중처벌 등에 관한 법률 제5조의4 제6항에 규정된 상습절도 등 죄를 범한 경우
>   - 그 범행의 수단으로 주거침입 ⇨ 상습절도 등 죄의 1죄만이 성립
>   - 그 범행 외에 상습적인 절도의 목적으로 주거침입 ⇨ 상습절도 등 죄의 1죄만을 구성
> - 형법 제37조 후단 경합범에 해당한다는 이유만으로 특별히 형평을 고려하여야 할 사정이 존재하지 아니함에도 형법 제39조 제1항 후문을 적용하여 형을 감경 또는 면제하는 것 ⇨ 허용 ×
> - 피고인의 금지된 야간시위 참가로 인하여 교통이 방해된 경우 ⇨ 집회 및 시위에 관한 법률 위반죄와 일반교통방해죄의 상상적 경합관계

① (X) 기본범죄를 통하여 고의로 중한 결과를 발생하게 한 경우에 가중 처벌하는 부진정결과적가중범에 있어서, 고의로 중한 결과를 발생하게 한 행위가 별도의 구성요건에 해당하고 그 고의범에 대하여 결과적가중범에 정한 형보다 더 무겁게 처벌하는 규정이 있는 경우에는 그 고의범과 결과적가중범이 상상적 경합관계에 있다고 보아야 할 것이지만, 위와 같이 고의범에 대하여 더 무겁게 처벌하는 규정이 없는 경우에는 결과적가중범이 고의범에 대하여 특별관계에 있다고 해석되므로 결과적가중범만 성립하고 이와 법조경합의 관계에 있는 고의범에 대하여는 별도로 죄를 구성한다고 볼 수 없다. 따라서 직무를 집행하는 공무원에 대하여 위험한 물건을 휴대하여 고의로 상해를 가한 경우에는 특수공무집행방해치상죄만 성립할 뿐, 이와는 별도로 폭력행위 등 처벌에 관한 법률 위반(집단·흉기 등 상해)죄를 구성한다고 볼 수 없다(대판 2008.11.27. 2008도7311).

② (X) 형법 제37조 후단 경합범(이하 '후단 경합범'이라 한다)에 대하여 형법 제39조 제1항에 의하여 형을 감경할 때에도 법률상 감경에 관한 형법 제55조 제1항이 적용되어 유기징역을 감경할 때에는 그 형기의 2분의 1 미만으로는 감경할 수 없다(대판 2019.04.18. 2017도14609(전합)).

③ (O) 특정범죄 가중처벌 등에 관한 법률 제5조의4 제6항에 규정된 상습절도 등 죄를 범한 범인이 그 범행의 수단으로 주거침입을 한 경우에 주거침입행위는 상습절도 등 죄에 흡수되어 위 조문에 규정된 상습절도 등 죄의 1죄만이 성립하고 별개로 주거침입죄를 구성하지 않으며, 또 위 상습절도 등 죄를 범한 범인이 그 범행 외에 상습적인 절도의 목적으로 주거침입을 하였다가 절도에 이르지 아니하고 주거침입에 그친 경우에도 그것이 절도상습성의 발현이라고 보이는 이상 주거침입행위는 다른 상습절도 등 죄에 흡수되어 위 조문에 규정된 상습절도 등 죄의 1죄만을 구성하고 상습절도 등 죄와 별개로 주거침입죄를 구성하지 않는다(대판 2017.07.11. 2017도4044).

④ (X) 판결이 확정된 죄와 형법 제37조 후단 경합범(이하 '후단 경합범'이라 한다)을 동시에 판결할 경우와의 형평을 고려하라는 형법 제39조 제1항 취지에 비추어 볼 때 후단 경합범에 대하여 심판하는 법원의 재량이 무제한이라 할 수는 없으므로, 후단 경합범에 해당한다는 이유만으로 특별히 형평을 고려하여야 할 사정이 존재하지 아니함에도 형법 제39조 제1항 후문을 적용하여 형을 감경 또는 면제하는 것은 오히려 판결이 확정된 죄와 후단 경합범을 동시에 판결할 경우와 형평에 맞지 아니할 뿐만 아니라 책임에 상응하는 합리적이고 적절한 선고형이 될 수 없어 허용될 수 없다. 따라서 형법 제39조 제1항 후문의 '감경' 또는 '면제'는 판결이 확정된 죄의 선고형에 비추어 후단 경합범에 대하여 처단형을 낮추거나 형을 추가로 선고하지 않는 것이 형평을 실현하는 것으로 인정되는 경우에만 적용할 수 있다고 보는 것이 타당하다. 이때 형법 제39조 제1항 후문을 적용하여 후단 경합범 자체에 대한 처단형을 낮추어 선고형을 정하는 경우, 그러한 조치가 판결이 확정된 죄와 후단 경합범을 동시에 판결할 경우와 형평에 맞는 정당한 것인지는 판결이 확정된 죄의 선고형과 후단 경합범에 대하여 선고할 형의 각 본형을 기준으로 판단하되, 후단 경합범에 대한 형의 집행을 유예하는 등 다른 처분을 부과할 경우에는 그 처분을 비롯한 관련 제반 사정을 종합하여 전체적, 실질적으로 판단하여야 한다(대판 2011.09.29. 2008도9109).

⑤ (X) [1] 헌법재판소는 "집회 및 시위에 관한 법률(2007. 5. 11. 법률 제8424호로 전부 개정된 것) 제10조 중 '옥외집회' 부분 및 제23조 제1호 중 '제10조 본문의 옥외집회' 부분은 헌법에 합치되지 아니한다. 위 조항들은 2010. 6. 30.을 시한으로 입법자가 개정할 때까지 계속 적용된다."는 주문의 헌법불합치결정을 선고하였고, 국회는 2010. 6. 30.까지 헌법불합치결정된 집회 및 시위에 관한 법률(이하 '집시법'이라 한다)의 위 조항들을 개정하지 아니하였다. 집시법 제23조는 헌법불합치결정의 핵심인 집시법 제10조 본문의 옥외집회 부분을 공통의 처벌근거로 삼고 있고, 다만 야간옥외집회를 주최한 자(제1호)인지 단순참가자(제3호)인지에 따라 법정형을 달리하고 있는데, 위 헌법불합치결정은 비록 집시법 제23조 중 제1호에 규정된 '주최자'에 대한 것이지만 집시법 제10조 본문의 옥외집회 부분에 대하여 헌법불합치를 선언한 것이므로, 야간옥외집회금지 위반으로 기소된 '단순참가자'에 대하여도 헌법불합치결정의 효력이 미친다고 보아야 한다. [2] 피고인이 야간옥외집회에 참가하였다는 취지의 공소사실에 대하여 원심이 집회 및 시위에 관한 법률(이하 '집시법'이라 한다) 제23조 제3호, 제10조 본문을 적용하여 유죄를 인정하였는데, 원심판결 선고 후 헌법재판소가 집시법 제23조 제1호, 제10조 본문에 대해 헌법불합치결정을 선고하면서 일정 시한을 정하여 잠정적용 및 입법개선을 촉구하였는데도 시한까지 법률 개정이 이루어지지 않은 사안에서, 위 헌법불합치결정은 비록 집시법 제23조 중 제1호에 규정된 '주최자'에 대한 것이지만 제3호의 '단순참가자'에 대하여도 그 효력이 미친다고 보아야 하고, 따라서 헌법불합치결정에 의하여 집시법 제10조 중 '옥외집회' 부분 및 제23조 중 '제10조 본문의 옥외집회' 부분은 소급하여 효력을 상실하므로, 집시법 제23조 제3호, 제10조 본문을 적용하여 공소제기된 야간옥외집회 참가의 피고사건에 대하여 형사소송법 제325조 전단에 따라 무죄를 선고하여야 한다고 한 사례. [3] 피고인이 야간옥외집회에 참가하여 교통을 방해하였다는 취지로 공소제기된 사안에서, 집회 및 시위와 그로 인하여 성립하는 일반교통방해는 상상적 경합관계에 있다고 보는 것이 타당하므로, 이와 달리 피고인에 대한 '집회 및 시위에 관한 법률 위반죄'와 '일반교통방해죄'가 실체적 경합관계에 있다는 전제에서 각 별개의 형을 정한 원심판결에 죄수에 관한 법리오해의 위법이 있다고 한 사례(대판 2011.08.25. 2008도10960).

정답 ③

문 73

죄수에 관한 다음 설명 중 가장 옳지 않은 것은? [2018년 35번]

① 부정한 이익을 얻거나 기업에 손해를 가할 목적으로 그 기업에 유용한 영업비밀이 담겨 있는 타인의 재물을 절취한 후 그 영업비밀을 사용하는 경우, 영업비밀의 부정사용행위는 새로운 법익의 침해로 보아야 하므로 위와 같은 부정사용행위가 절도범행의 불가벌적 사후행위가 되는 것은 아니다.
② 식회사의 대표이사가 타인을 기망하여 회사가 발행하는 신주를 인수하게 한 다음 그로부터 납입받은 신주인수대금을 보관하던 중 횡령한 행위는 사기죄와는 전혀 다른 새로운 보호법익을 침해하는 행위로서 별죄를 구성한다.
③ 형법 제233조 소정의 허위진단서작성죄의 대상은 공무원이 아닌 의사가 사문서로서 진단서를 작성한 경우에 한정되고, 공무원인 의사가 공무소의 명의로 허위진단서를 작성한 경우에는 허위공문서작성죄만이 성립하고 허위진단서작성죄는 별도로 성립하지 않는다.
④ 계속적으로 무면허운전을 할 의사를 가지고 여러 날에 걸쳐 무면허운전행위를 반복하였다면, 이를 포괄하여 무면허운전으로 인한 도로교통법위반죄의 일죄로 보아야 한다.
⑤ 범죄단체를 구성하거나 이에 가입한 자가 더 나아가 구성원으로 활동하는 경우 이는 포괄일죄의 관계에 있다.

해설

① (○) 부정한 이익을 얻거나 기업에 손해를 가할 목적으로 그 기업에 유용한 영업비밀이 담겨 있는 타인의 재물을 절취한 후 그 영업비밀을 사용하는 경우, 영업비밀의 부정사용행위는 새로운 법익의 침해로 보아야 하므로 위와 같은 부정사용행위가 절도범행의 불가벌적 사후행위가 되는 것은 아니다(대판 2008.09.11. 2008도5364).

② (○) 주식회사의 대표이사가 타인을 기망하여 회사가 발행하는 신주를 인수하게 한 다음 그로부터 납입받은 신주인수대금을 보관하던 중 횡령한 행위는 사기죄와는 전혀 다른 새로운 보호법익을 침해하는 행위로서 별죄를 구성한다(대판 2006.10.27. 2004도6503).

③ (○) 형법이 제225조 내지 제230조에서 공문서에 관한 범죄를 규정하고, 이어 제231조 내지 제236조에서 사문서에 관한 범죄를 규정하고 있는 점 등에 비추어 볼 때 형법 제233조 소정의 허위진단서작성죄의 대상은 공무원이 아닌 의사가 사문서로서 진단서를 작성한 경우에 한정되고, 공무원인 의사가 공무소의 명의로 허위진단서를 작성한 경우에는 허위공문서작성죄만이 성립하고 허위진단서작성죄는 별도로 성립하지 않는다(대판 2004.04.09. 2003도7762).

④ (X) 무면허운전으로 인한 도로교통법위반죄에 있어서는 어느 날에 운전을 시작하여 다음날까지 동일한 기회에 일련의 과정에서 계속 운전을 한 경우 등 특별한 경우를 제외하고는 사회통념상 운전한 날을 기준으로 운전한 날마다 1개의 운전행위가 있다고 보는 것이 상당하므로 운전한 날마다 무면허운전으로 인한 도로교통법위반의 1죄가 성립한다고 보아야 할 것이고, 비록 계속적으로 무면허운전을 할 의사를 가지고 여러 날에 걸쳐 무면허운전행위를 반복하였다 하더라도 이를 포괄하여 일죄로 볼 수는 없다(대판 2002.07.23. 2001도6281).

⑤ (○) 범죄단체의 구성이나 가입은 범죄행위의 실행 여부와 관계없이 범죄단체 구성원으로서의 활동을 예정하는 것이고, 범죄단체 구성원으로서의 활동은 범죄단체의 구성이나 가입을 당연히 전제로 하는 것이므로, 양자는 모두 범죄단체의 생성 및 존속·유지를 노모하는, 범죄행위에 대한 일련의 예비·음모 과정에 해당한다는 점에서 범의 단일성과 계속성을 인정할 수 있을 뿐만 아니라 피해법익도 다르지 않다. 따라서 범죄단체를 구성하거나 이에 가입한 자가 더 나아가 구성원으로 활동하는 경우, 이는 포괄일죄의 관계에 있다(대판 2015.09.10. 2015도7081).

문 74

다음 설명 중 가장 옳지 않은 것은?(다툼이 있는 경우 판례에 의함) [2017년 13번]

① 채권자들에 의한 복수의 강제집행이 예상되는 경우 재산을 은닉 또는 허위양도함으로써 채권자들을 해하였다면 채권자별로 각각 강제집행면탈죄가 성립하고, 상호 상상적 경합범의 관계에 있다.

② 금융회사 등의 임직원의 직무에 속하는 사항에 관하여 알선할 의사와 능력이 없음에도 알선을 한다고 기망하고 이에 속은 상대방으로부터 알선을 한다는 명목으로 금품 등을 수수한 경우, 사기죄와 특정경제범죄 가중처벌 등에 관한 법률 제7조 위반죄가 모두 성립하고 위 두 죄는 상상적 경합의 관계에 있다.

③ 범죄 피해 신고를 받고 출동하여 신고 처리 및 수사 업무 집행 중이던 경찰관 甲, 乙에게 같은 장소에서 욕설을 하면서 먼저 경찰관 甲을 폭행하고 곧이어 이를 제지하는 경찰관 乙을 폭행한 경우 甲, 乙에 대한 공무집행방해죄가 모두 성립하고 위 두 죄는 상상적 경합의 관계에 있다.

④ 신용협동조합의 전무가 조합의 담당직원을 기망하여 예금인출금 또는 대출금 명목으로 금원을 교부받은 경우, 사기죄와 업무상배임죄가 모두 성립하고 위 두 죄는 상상적 경합 관계에 있다.

⑤ 타인 명의의 등기서류를 위조하여 등기관에게 제출함으로써 자신의 명의로 소유권이전등기를 마친 경우, 사문서위조죄, 위조사문서행사죄, 사기죄가 모두 성립하고, 그 중 위조사문서행사죄와 사기죄는 상상적 경합 관계에 있다.

:: 해설 ★★

① (○) 채권자들에 의한 복수의 강제집행이 예상되는 경우 재산을 은닉 또는 허위양도함으로써 채권자들을 해하였다면 채권자별로 각각 강제집행면탈죄가 성립하고, 상호 상상적 경합범의 관계에 있다(대판 2011.12.08. 2010도4129).

② (○) 금융회사 등의 임직원의 직무에 속하는 사항의 알선에 관하여 금품이나 그 밖의 이익을 수수한 때에는 위와 같은 금품 등을 수수하는 것으로써 특정경제범죄 가중처벌 등에 관한 법률 위반(알선수재)죄가 성립되고, 위와 같은 금품 등을 수수한 자가 실제로 알선할 생각이 없었다 하더라도 금품 등을 수수하는 것이 자기의 이득을 취하기 위한 것이라면 위 죄의 성립에는 영향이 없다. 따라서 피고인이 금융회사 등의 임직원의 직무에 속하는 사항에 관하여 알선할 의사와 능력이 없음에도 알선을 한다고 기망하고 이에 속은 피해자로부터 알선을 한다는 명목으로 금품 등을 수수하였다면, 이러한 피고인의 행위는 형법 제347조 제1항의 사기죄와 특정경제범죄 가중처벌 등에 관한 법률 제7조 위반죄에 각 해당하고 위 두 죄는 상상적 경합의 관계에 있다(대판 2012.06.28. 2012도3927).

③ (○) 범죄 피해 신고를 받고 출동한 두 명의 경찰관에게 욕설을 하면서 차례로 폭행을 하여 신고 처리 및 수사 업무에 관한 정당한 직무집행을 방해한 사안에서, 동일한 장소에서 동일한 기회에 이루어진 폭행 행위는 사회관념상 1개의 행위로 평가하는 것이 상당하다는 이유로, 위 공무집행방해죄는 형법 제40조에 정한 상상적 경합의 관계에 있다(대판 2009.06.25. 2009도3505).

④ (○) 업무상배임행위에 사기행위가 수반된 때의 죄수 관계에 관하여 보면, 사기죄는 사람을 기망하여 재물의 교부를 받거나 재산상의 이익을 취득하는 것을 구성요건으로 하는 범죄로서 임무위배를 그 구성요소로 하지 아니하고 사기죄의 관념에 임무위배 행위가 당연히 포함된다고 할 수도 없으며, 업무상배임죄는 업무상 타인의 사무를 처리하는 자가 그 업무상의 임무에 위배하는 행위로써 재산상의 이익을 취득하거나 제3자로 하여금 이를 취득하게 하여 본인에게 손해를 가하는 것을 구성요건으로 하는 범죄로서 기망적 요소를 구성요건의 일부로 하는 것이 아니어서 양 죄는 그 구성요건을 달리하는 별개의 범죄이고 형법상으로도 각각 별개의 장(章)에 규정되어 있어, 1개의 행위에 관하여 사기죄와 업무상배임죄의 각 구성요건이 모두 구비된 때에는 양 죄를 법조경합 관계로 볼 것이 아니라 상상적 경합관계로 봄이 상당하다 할 것이고, 나아가 업무상배임죄가 아닌 단순배임죄라고 하여 양 죄의 관계를 달리 보아야 할 이유도 없다(대판 2002.07.18. 2002도669).

⑤ (X) 타인 명의의 등기서류를 위조하여 등기공무원에게 제출함으로써 피고인 명의로 소유권이전등기를 마쳤다고 하여도 피해자의 처분행위가 없을 뿐 아니라 등기공무원에게는 위 부동산의 처분권한이 있다고 볼 수 없어 사기죄가 성립하지 않는다. 위조사문서행사죄와 이로 인한 사기죄와는 상상적 경합관계에 있다고 볼 수 없다(대판 1981.07.28. 81도529). 이 경우 사문서위조 및 동행사죄, 공정증서원본부실기재 및 동행사죄가 성립하고 이들은 실체적 경합범의 관계에 있다.

정답 ⑤

문 75

경합범에 관한 다음 설명 중 가장 옳지 않은 것은?(다툼이 있는 경우 판례에 의함) [2016년 36번]

① 상습범이란 어느 기본적 구성요건에 해당하는 행위를 한 자가 범죄행위를 반복하여 저지르는 습벽, 즉 상습성이라는 행위자적 속성을 갖추었다고 인정되는 경우에 이를 가중처벌 사유로 삼고 있는 범죄유형을 가리키므로, 상습성이 있는 자가 같은 종류의 죄를 반복하여 저질렀다 하더라도 상습범을 별도의 범죄유형으로 처벌하는 규정이 없는 한 각 죄는 원칙적으로 별개의 범죄로서 경합범으로 처단할 것이다.

② 포괄일죄로 되는 개개의 범죄행위가 다른 종류의 죄의 확정판결의 전후에 걸쳐서 행하여진 경우에는 그 죄는 2죄로 분리되지 않고 확정판결 후인 최종의 범죄행위시에 완성되는 것이다.
③ 무기징역에 처하는 판결이 확정된 죄와 형법 제37조의 후단 경합범의 관계에 있는 죄에 대하여 공소가 제기된 경우, 법원은 두 죄를 동시에 판결할 경우와 형평을 고려하여 후단 경합범에 대한 처단형의 범위 내에서 후단 경합범에 대한 선고형을 정할 수 있고, 형법 제38조 제1항 제1호가 형법 제37조의 전단 경합범 중 가장 중한 죄에 정한 처단형이 무기징역인 때에는 흡수주의를 취하였다고 하여 뒤에 공소제기된 후단 경합범에 대한 형을 필요적으로 면제하여야 하는 것은 아니다.
④ 아직 판결을 받지 아니한 죄가 이미 판결이 확정된 죄와 동시에 판결할 수 없었던 경우에는 형법 제37조 후단의 경합범 관계가 성립할 수 없고, 다만 형법 제39조 제1항에 따라 동시에 판결할 경우와 형평을 고려하여 형을 선고하거나 그 형을 감경 또는 면제할 수 있다고 해석함이 상당하다.
⑤ 아직 판결을 받지 아니한 수개의 죄가 판결 확정을 전후하여 저질러진 경우 판결 확정 전에 범한 죄를 이미 판결이 확정된 죄와 동시에 판결할 수 없었던 경우라고 하여 마치 확정된 판결이 존재하지 않는 것처럼 그 수개의 죄 사이에 형법 제37조 전단의 경합범 관계가 인정되어 형법 제38조가 적용된다고 볼 수도 없으므로, 판결 확정을 전후한 각각의 범죄에 대하여 별도로 형을 정하여 선고할 수밖에 없다.

해설 ★★

① (○) 상습범이란 어느 기본적 구성요건에 해당하는 행위를 한 자가 범죄행위를 반복하여 저지르는 습벽, 즉 상습성이라는 행위자적 속성을 갖추었다고 인정되는 경우에 이를 가중처벌 사유로 삼고 있는 범죄유형을 가리키므로, 상습성이 있는 자가 같은 종류의 죄를 반복하여 저질렀다 하더라도 상습범을 별도의 범죄유형으로 처벌하는 규정이 없는 한 각 죄는 원칙적으로 별개의 범죄로서 경합범으로 처단할 것이다. 저작권법은 제140조 본문에서 저작재산권 침해로 인한 제136조 제1항의 죄를 친고죄로 규정하면서, 제140조 단서 제1호에서 영리를 위하여 상습적으로 위와 같은 범행을 한 경우에는 고소가 없어도 공소를 제기할 수 있다고 규정하고 있으나, 상습으로 제136조 제1항의 죄를 저지른 경우를 가중처벌한다는 규정은 따로 두고 있지 않다. 따라서 수회에 걸쳐 저작권법 제136조 제1항의 죄를 범한 것이 상습성의 발현에 따른 것이라고 하더라도, 이는 원칙적으로 경합범으로 보아야 하는 것이지 하나의 죄로 처단되는 상습범으로 볼 것은 아니다. 그것이 법규정의 표현에 부합하고, 상습범을 포괄일죄로 처단하는 것은 그것을 가중처벌하는 규정이 있기 때문이라는 법리적 구조에도 맞다(대판 2012.05.10. 2011도12131).
② (○) 포괄일죄로 되는 개개의 범죄행위가 다른 종류의 죄의 확정판결의 전후에 걸쳐서 행하여진 경우에는 그 죄는 2죄로 분리되지 않고 확정판결 후인 최종의 범죄행위시에 완성되는 것이다(대판 2003.08.22. 2002도5341).
③ (○) [1] 형법 제37조의 후단 경합범에 대하여 심판하는 법원은 판결이 확정된 죄와 후단 경합범의 죄를 동시에 판결할 경우와 형평을 고려하여 후단 경합범의 처단형의 범위 내에서 후단 경합범의 선고형을 정할 수 있는 것이고, 그 죄와 판결이 확정된 죄에 대한 선고형의 총합이 두 죄에 대하여 형법 제38조를 적용하여 산출한 처단형의 범위 내에 속하도록 후단 경합범에 대한 형을 정하여야 하는 제한을 받는 것은 아니며, 후단 경합범에 대한 형을 감경 또는 면제할 것인지는 원칙적으로 그 죄에 대하여 심판하는 법원이 재량에 따라 판단할 수 있다. [2] 무기징역에 처하는 판결이 확정된 죄와 형법 제37조의 후단 경합범의 관계에 있는 죄에 대하여 공소가 제기된 경우, 법원은 두 죄를 동시에 판결할 경우와 형평을 고려하여 후단 경합범에 대한 처

단형의 범위 내에서 후단 경합범에 대한 선고형을 정할 수 있고, 형법 제38조 제1항 제1호가 형법 제37조의 전단 경합범 중 가장 중한 죄에 정한 처단형이 무기징역인 때에는 흡수주의를 취하였다고 하여 뒤에 공소제기된 후단 경합범에 대한 형을 필요적으로 면제하여야 하는 것은 아니다(대판 2008.09.11. 2006도8376).

④ (X), ⑤ (○) [1] 형법 제37조 후단 및 제39조 제1항의 문언, 입법 취지 등에 비추어 보면, 아직 판결을 받지 아니한 죄가 이미 판결이 확정된 죄와 동시에 판결할 수 없었던 경우에는 형법 제37조 후단의 경합범 관계가 성립할 수 없고 형법 제39조 제1항에 따라 동시에 판결할 경우와 형평을 고려하여 형을 선고하거나 그 형을 감경 또는 면제할 수도 없다고 해석함이 타당하다. [2] 아직 판결을 받지 아니한 수개의 죄가 판결 확정을 전후하여 저질러진 경우 판결 확정 전에 범한 죄를 이미 판결이 확정된 죄와 동시에 판결할 수 없었던 경우라고 하여 마치 확정된 판결이 존재하지 않는 것처럼 그 수개의 죄 사이에 형법 제37조 전단의 경합범 관계가 인정되어 형법 제38조가 적용된다고 볼 수도 없으므로, 판결 확정을 전후한 각각의 범죄에 대하여 별도로 형을 정하여 선고할 수밖에 없다(대판 2014.03.27. 2014도469).

정답 ④

MEMO

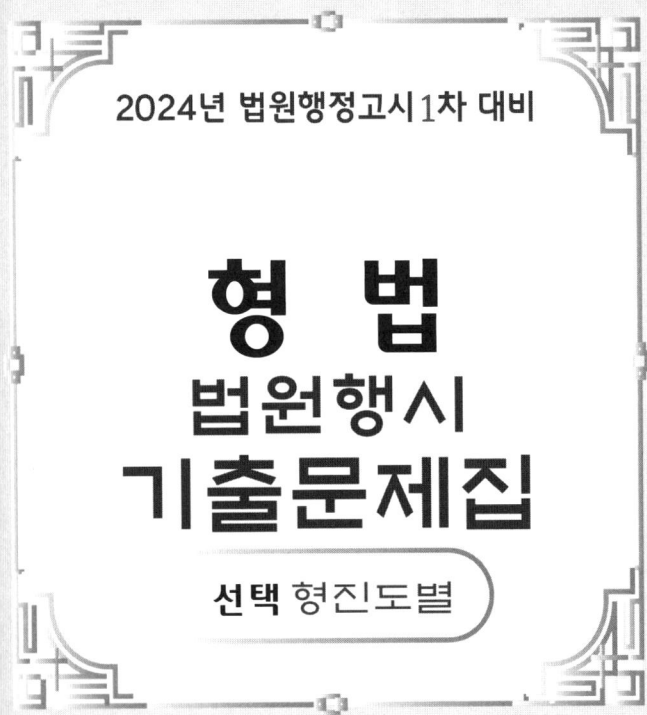

제3편 형벌론

제1장 | 형법의 종류
제2장 | 형법의 양정
제3장 | 형법의 누범
제4장 | 형법의 집행유예·선고유예·가석방
제5장 | 시효·선고유예·기간
제6장 | 형법의 보안처분

제①절 | 형벌의 종류

문 13

몰수 및 추징에 관한 다음 설명 중 가장 옳은 것은?[2023년 30번]

① 형법 제49조 단서는 "행위자에게 유죄의 재판을 아니할 때에도 몰수의 요건이 있는 때에는 몰수만을 선고할 수 있다."라고 규정하고 있으므로, 공소가 제기되지 않은 별개의 범죄사실을 법원이 인정하여 그에 관하여 몰수나 추징을 선고할 수 있다.

② 부패재산의 몰수 및 회복에 관한 특례법 제6조 제1항, 제3조 제1항, 제2조 제3호에서 정한 몰수추징의 원인이 되는 범죄사실은 공소제기된 범죄사실에 한정되고, '범죄피해재산'은 그 공소제기된 범죄사실 피해자로부터 취득한 재산 또는 그 재산의 보유·처분에 의하여 얻은 재산에 한정되며, 그 피해자의 피해회복이 심히 곤란하다고 인정되는 경우에만 몰수추징이 허용된다.

③ 피고인이 개설한 웹사이트에 음란 사이트 링크 배너와 도박 사이트 홍보배너를 게시하는 등의 방식으로 운영하다가 성명불상자에게 이 사건 웹사이트를 50,000,000원에 매각하고 현금으로 위 돈을 지급받은 경우, 이 사건 웹사이트는 각 범죄행위에 제공된 무형의 재산에 해당할 뿐만 아니라 형법 제48조 제1항 제2호에서 정한 '범죄행위로 인하여 생(生)하였거나 이로 인하여 취득한 물건'에 해당한다.

④ 특별법에서 해당 법률의 입법 목적과 취지 등을 고려하여 몰수추징의 성격이나 그 범위 등에 관하여 형법과 달리 정한 경우에는 특별법 우선의 원칙상 특별법 규정이 적용되는 한도에서 형법 제48조의 적용이 배제되므로, 특별법에 따른 몰수추징 요건이 구비되지 않고 형법 제48조의 요건만 충족되는 경우에는 이에 따른 몰수추징이 가능하지 않다.

⑤ 동영상과 같은 전자기록은 일정한 저장매체에 전자방식이나 자기방식에 의하여 저장된 기록에 불과하므로 형법 제48조 제1항 제2호가 정하는 '범죄행위로 인하여 생긴 물건'에 해당하지 않는다.

MGI Point 몰수 및 추징 ★★★

- 공소가 제기되지 않은 별개의 범죄사실에 관한 몰수나 추징 ⇨ 不可(∵'불고불리의원칙' 위반)
- 웹사이트 ⇨ 형법 제48조 제1항 제2호에서 정한 '범죄행위로 인하여 생(생)하였거나 이로 인하여 취득한 물건' ×
- 특별법에 따른 몰수·추징 요건이 구비되지 않고 형법 제48조의 요건만 충족되는 경우 ⇨ 몰수·추징 可
- 동영상과 같은 전자기록 ⇨ 형법 제48조 제1항 제2호가 정하는 '범죄행위로 인하여 생긴 물건'

① (X) 형법 제49조 단서는 "행위자에게 유죄의 재판을 아니할 때에도 몰수의 요건이 있는 때에는 몰수만을 선고할 수 있다."라고 규정하고 있으나, 우리 법제상 공소의 제기 없이 별도로 몰수만을 선고할 수 있는 제도가 마련되어 있지 않으므로, 위 규정에 근거하여 몰수를 선고하기 위해서는 몰수의 요건이 공소가 제기된 공소사실과 관련되어 있어야 하고, 공소가 제기되지 않은 별개의 범죄사실을 법원이 인정하여 그에 관하여 몰수나 추징을 선고하는 것은 불고불리의 원칙에 위반되어 허용되지 않는다(대법원 2022. 11. 17. 2022도8662).

② (○) 피해재산에 대한 몰수·추징의 원칙과 부패재산몰수법의 입법 목적, 범죄피해재산에 대한 몰수·추징을 허용하는 범죄를 특정범죄로 한정하면서 피해자 등에 대한 환부절차를 두고 있는 취지 등을 종합적으로 고려하면, 부패재산몰수법 제6조 제1항, 제3조 제1항, 제2조 제3호에서 정한 몰수·추징의 원인이 되는 범죄사실은 공소제기된 범죄사실에 한정되고, '범죄피해재산'은 그 공소제기된 범죄사실 피해자로부터 취득한 재산 또는 그 재산의 보유·처분에 의하여 얻은 재산에 한정되며, 그 피해자의 피해회복이 심히 곤란하다고 인정되는 경우에만 몰수·추징이 허용된다고 보아야 한다(대법원 2022. 11. 17. 2022도8662).

③ (X) 피고인이 갑, 을과 공모하여 정보통신망을 통하여 음란한 화상 또는 영상을 배포하고, 도박 사이트를 홍보하였다는 공소사실로 기소되었는데, 원심이 공소사실을 유죄로 인정하면서 피고인이 범죄행위에 이용한 웹사이트 매각을 통해 취득한 대가를 형법 제48조에 따라 추징한 사안에서, 위 웹사이트는 범죄행위에 제공된 무형의 재산에 해당할 뿐 형법 제48조 제1항 제2호에서 정한 '범죄행위로 인하여 생(생)하였거나 이로 인하여 취득한 물건'에 해당하지 않으므로, 피고인이 위 웹사이트 매각을 통해 취득한 대가는 형법 제48조 제1항 제2호, 제2항이 규정한 추징의 대상에 해당하지 않는다는 이유로, 이와 달리 보아 위 웹사이트 매각대금을 추징한 원심판결에 형법 제48조에서 정한 몰수·추징에 관한 법리오해의 잘못이 있다고 한 사례(대법원 2021. 10. 14. 2021도7168).

④ (X) 특별법에서 해당 법률의 입법 목적과 취지 등을 고려하여 몰수·추징의 성격이나 그 범위 등에 관하여 형법과 달리 정한 경우에는 특별법 우선의 원칙상 특별법 규정이 적용되는 한도에서 형법 제48조의 적용이 배제된다. 그러나 특별법에 따른 몰수·추징 요건이 구비되지 않고 형법 제48조의 요건이 충족되는 경우에는 이에 따른 몰수·추징이 가능하다. 다만 형법 제48조 제1항에 따른 몰수는 임의적인 것이므로 그 몰수의 요건에 해당하는 물건이라도 이를 몰수할 것인지는 법원의 재량에 맡겨져 있다(대법원 2018. 7. 26. 2018도8194).

⑤ (X) 이 사건 휴대전화기는 형법 제48조 제1항 제1호가 정하는 '범죄행위에 제공된 물건'에, 이 사건 동영상은 이 사건 휴대전화기에 저장된 전자기록으로서 형법 제48조 제1항 제2호가 정하는 '범죄행위로 인하여 생긴 물건'에 각각 해당하고, 이러한 경우 이 사건 휴대전화기와 이 사건 동영상의 몰수 여부는 법원의 재량이므로, 법원이 이 사건 휴대전화기를 몰수하지 않고 이 사건 휴대전화기 중 이 사건 동영상만을 몰수하였다고 하여 이를 위법하다고까지 할 수는 없다(대법원 2017. 10. 23. 2017노5905).

정답 ②

문 1

다음 중 몰수 또는 추징할 수 없는 것은 모두 몇 개인가? [2022년 13번]

ㄱ. 피고인이 음란물유포 인터넷사이트를 운영하면서 정보통신망 이용촉진 및 정보보호 등에 관한 법률 위반(음란물유포)죄와 도박개장방조죄에 의하여 비트코인(Bitcoin)을 취득한 사안에서 비트코인

ㄴ. 甲 주식회사 대표이사인 피고인이 금융기관에 청탁하여 乙 주식회사가 대출을 받을 수 있도록 알선행위를 하고 그 대가로 용역대금 명목의 수수료를 甲 회사 계좌를 통해 송금받아 특정경제범죄 가중처벌 등에 관한 법률 위반(알선수재)죄가 인정된 사안에서 甲 회사 계좌를 통해 받은 수수료

ㄷ. 압수한 밀수품이 멸실, 파손 또는 부패의 염려가 있어 형사소송법 제132조에 따라 이를 매각하고 취득한 대가

ㄹ. 피고인이 신고없이 외국환을 해외 계좌로 송금한 사실로 체포될 당시 미처 송금하지 못하고 소지하고 있던 각 자기앞수표 또는 현금

ㅁ. 오락실업자, 상품권업자 및 환전소 운영자가 공모하여 사행성 전자식 유기기구에서 경품으로 배출된 상품권을 현금으로 환전하면서 그 수수료를 일정한 비율로 나누어 가지는 방식으로 영업을 한 경우 환전소 운영자가 환전소에 보관하던 현금 전부

① 1개   ② 2개   ③ 3개   ④ 4개   ⑤ 5개

MGI Point 몰수·추징 ★★

- 음란물유포 인터넷사이트를 운영함으로써 범한 음란물유포죄와 도박개장죄에 의하여 취득한 비트코인 ⇨ 몰수 可
- 회사의 대표이사가 알선수재행위로 인한 대가를 회사 계좌로 받은 경우 ⇨ 대표이사로부터 몰수·추징 可
- 멸실, 파손 또는 부패의 염려가 있는 압수물을 매각하고 취득한 대가 ⇨ 그 대가보관금을 몰수 可
- 체포될 당시에 미처 송금하지 못하고 소지하고 있던 자기앞수표나 현금 ⇨ 몰수 不可
- 불법 환전소 운영자가 환전소에 보관하던 현금 전부 ⇨ 몰수 可

ㄱ. (○) 피고인이 음란물유포 인터넷사이트를 운영하면서 정보통신망 이용촉진 및 정보보호 등에 관한 법률 위반(음란물유포)죄와 도박개장방조죄에 의하여 비트코인(Bitcoin)을 취득한 사안에서, 피고인의 정보통신망 이용촉진 및 정보보호 등에 관한 법률 위반(음란물유포)죄와 도박개장방조죄는 범죄수익은닉의 규제 및 처벌 등에 관한 법률에 정한 중대범죄에 해당하며, 비트코인은 재산적 가치가 있는 무형의 재산이라고 보아야 하고, 몰수의 대상인 비트코인이 특정되어 있다는 이유로, 피고인이 취득한 비트코인을 몰수할 수 있다고 본 원심판단이 정당하다고 한 사례(대판 2018.05.30. 2018도3619).

ㄴ. (○) 甲 주식회사 대표이사인 피고인이 금융기관에 청탁하여 乙 주식회사가 대출을 받을 수 있도록 알선행위를 하고 그 대가로 용역대금 명목의 수수료를 甲 회사 계좌를 통해 송금받아 특정경제범죄 가중처벌 등에 관한 법률 위반(알선수재)죄가 인정된 사안에서, 피고인이 甲 회사의 대표이사로서 같은 법 제7조에 해당하는 행위를 하고 당해 행위로 인한 대가로 수수료를 받았다면, 수수료에 대한 권리가 甲 회사에 귀속된다 하더라도 행위자인 피고인으로부터 수수료로 받은 금품을 몰수 또는 그 가액을 추징할 수 있으므로, 피고인이 개인적으로 실제 사용한 금품이 없더라도 마찬가지라고 본 원심판단을 정당하다고 한 사례(대판 2015.01.15. 2012도7571).

ㄷ. (○) 형사소송법 제132조에 의하여 압수물을 매각한 경우, 그 대가보관금에 대한 몰수를 할 수 있다. 관세법 제198조 제2항에 따라 몰수하여야 할 압수물이 멸실, 파손 또는 부패의 염려가 있거나 보관하기에 불편하여 이를 형사소송법 제132조의 규정에 따라 매각하여 그 대가를 보관하는 경우에는, 몰수와의 관계에서는 그 대가보관금을 몰수 대상인 압수물과 동일시할 수 있다(대판 1996.11.12. 96도2477).

ㄹ. (X) 체포될 당시에 미처 송금하지 못하고 소지하고 있던 자기앞수표나 현금은 장차 실행하려고 한 외국환거래법 위반의 범행에 제공하려는 물건일 뿐, 그 이전에 범해진 외국환거래법 위반의 '범죄행위에 제공하려고 한 물건'으로는 볼 수 없으므로 몰수할 수 없다(대판 2008.02.14. 2007도10034).

ㅁ. (○) 오락실업자, 상품권업자 및 환전소 운영자가 공모하여 사행성 전자식 유기기구에서 경품으로 배출된 상품권을 현금으로 환전하면서 그 수수료를 일정한 비율로 나누어 가지는 방식으로 영업을 한 경우, 환전소 운영자가 환전소에 보관하던 현금 전부가 위와 같은 상품권의 환전을 통한 범죄행위에 제공하려 하였거나 그 범행으로 인하여 취득한 물건에 해당하여 형법 제48조 제1항 제1호 또는 제2호의 규정에 의하여 몰수의 대상이 되고, 환전소 운영자가 위 환전소 내에 보관하고 있던 현금 중 일부를 생활비 등의 용도로 소비하였다고 하여 달리 볼 것이 아니다(대판 2006.10.13. 2006도3302).

정답 ①

문 2

추징에 관한 다음 설명 중 가장 옳지 않은 것은? [2021년 36번]

① 국민체육진흥법에 따라 처벌받는 자가 유사행위를 통하여 얻은 재물은 같은 법에 의하여 추징의 대상이 되고, 위 추징은 부정한 이익을 박탈하여 이를 보유하지 못하게 함에 목적이 있으므로, 수인이 공동으로 유사행위를 하여 이익을 얻은 경우에는 분배받은 금원, 즉 실질적으로 귀속된 이익금을 개별적으로 추징하여야 한다. 피고인이 총책인 甲 등이 불법 인터넷 도박 사이트를 개설하여 운영하는 데 이용될 대포통장을 제공함으로써 甲 등 도박 사이트 운영자들과 공모하여 국민

체육진흥법 위반 범행을 저질렀다는 내용으로 기소되어 유죄로 인정된 사안에서, 피고인이 대포통장 제공의 대가로 얻은 수익은 국민체육진흥법 위반 범행을 저지르며 분배받은 이익에 해당하므로 이를 피고인으로부터 국민체육진흥법에 따라 추징할 수 있다.
② 마약류관리에 관한 법률 제67조에 의한 몰수나 추징은 범죄행위로 인한 이득의 박탈을 목적으로 하는 것이 아니라 징벌적 성질의 처분이므로, 그 범행으로 인하여 이득을 취득한 바 없다 하더라도 법원은 그 가액의 추징을 명하여야 하고, 그 추징의 범위에 관하여는 죄를 범한 자가 여러 사람일 때에는 각자에 대하여 그가 취급한 범위 내에서 의약품 가액 전액의 추징을 명하여야 한다.
③ 마약류 불법거래 방지에 관한 특례법 제6조를 위반하여 마약류를 수출입·제조·매매하는 행위 등을 업으로 하는 범죄행위의 정범이 그 범죄행위로 얻은 수익은 몰수·추징의 대상이 된다. 그러나 정범으로부터 대가를 받고 판매할 마약을 공급하는 방법으로 범행을 용이하게 한 방조범은 정범의 범죄행위로 인한 수익을 정범과 공동으로 취득하였다고 평가할 수 없다면 정범과 같이 추징할 수는 없고, 그 방조범으로부터는 방조행위로 얻은 재산 등에 한하여 몰수, 추징할 수 있다고 보아야 한다.
④ 여러 사람이 공동으로 뇌물을 수수한 경우 그 가액을 추징하려면 실제로 분배받은 금품만을 개별적으로 추징하여야 하고 수수금품을 개별적으로 알 수 없을 때에는 평등하게 추징하여야 한다. 뇌물을 수수한 자가 공동수수자가 아닌 교사범 또는 종범에게 뇌물 중 일부를 사례금 등의 명목으로 교부하였다면 이는 뇌물을 수수하는 데 따르는 부수적 비용의 지출 또는 뇌물의 소비행위에 지나지 아니하므로, 뇌물수수자에게서 수뢰액 전부를 추징하여야 한다.
⑤ 몰수의 취지가 범죄에 의한 이득의 박탈을 목적으로 하는 것이고 추징도 이러한 몰수의 취지를 관철하기 위한 것이라는 점을 고려하면 몰수하기 불능한 때에 추징하여야 할 가액은 범인이 그 물건을 보유하고 있다가 몰수의 선고를 받았더라면 잃게 될 이득상당액을 의미하므로, 추징하여야 할 가액이 몰수의 선고를 받았더라면 잃게 될 이득상당액을 초과하여서는 아니 된다.

MGI Point 추징 ★★

- 국민체육진흥법 §47 2호에 따라 처벌받는 경우 국민체육진흥법 §51③,①에 따른 추징
  - 수인이 공동으로 유사행위를 통하여 얻은 재물 ⇨ 개별적으로 추징 ○
  - 국민체육진흥법 위반(도박개장등) 등의 범행인 불법 인터넷 도박 사이트를 개설하여 운영하는 데 이용될 대포통장을 제공의 대가로 얻은 수익 ⇨ 추징 허용 ×
- 마약류관리에 관한 법률 §67에 의한 몰수나 추징 : 징벌적 성질의 처분
  - 범행으로 인하여 이득을 취득한 바 없다 하더라도 법원은 추징 명하여야 ○
  - 죄를 범한 자가 여러 사람일 경우 각자에 대하여 그가 취급한 범위 내에서 의약품 가액 전액의 추징을 명하여야 ○
- 마약류 불법거래 방지에 관한 특례법 §6를 위반하여 마약류를 수출입·제조·매매하는 행위 등을 업으로 하는 범죄행위의 정범이 그 범죄행위로 얻은 수익은 몰수·추징의 대상 but 정범으로부터 대가를 받고 범행을 용이하게 한 방조범은 정범의 범죄행위로 인한 수익을 정범과 공동으로 취득하였다고 평가할 수 없다면 그 방조행위로 얻은 재산 등에 한하여 몰수, 추징 可
- 여러 사람이 공동으로 뇌물을 수수한 경우 가액 추징
  ⇨ 실제로 분배받은 금품만을 개별적 추징 / 수수금품을 개별적으로 알 수 없을 때에는 평등 추징
- 뇌물 수수자가 공동수수자가 아닌 교사범 또는 종범에게 뇌물 중 일부를 사례금 등의 명목으로 교부한 경우
  ⇨ 뇌물수수자에게서 수뢰액 전부를 추징
- 추징하여야 할 가액 ⇨ 몰수의 선고를 받았더라면 잃게 될 이득상당액을 초과 불가

① (X) 국민체육진흥법 제47조 제2호에 따라 처벌받는 자가 유사행위를 통하여 얻은 재물은 같은 법 제51조 제1항 및 제3항에 의하여 추징의 대상이 되고, 위 추징은 부정한 이익을 박탈하여 이를 보유하지 못하게 함에 목적이 있으므로, 수인이 공동으로 유사행위를 하여 이익을 얻은 경우에는 분배받은 금원, 즉 실질적으로 귀속된 이익금을 개별적으로 추징하여야 한다. 한편 범죄수익을 얻기 위해 범인이 지출한 비용은 그것이 범죄수익으로부터 지출되었더라도 범죄수익을 소비하는 방법에 지나지 않으므로 추징할 범죄수익에서 공제할 것은 아니다. 갑 등과 도박 사이트의 운영에 필요한 대포통장을 제공하는 역할을 하는 피고인이, 소위 총책인 을과 병 등이 불법 인터넷 도박 사이트를 개설하여 운영하는 데 이용될 대포통장을 제공하였는데, 이로써 피고인이 갑 및 위 도박 사이트 운영자들과 공모하여 국민체육진흥법 위반(도박개장등) 등의 범행을 저질렀다는 내용으로 기소되어 유죄로 인정된 사안에서, 제반 사정에 비추어 갑이 대포통장 제공의 대가로 얻은 수익은 피고인 등이 도박 사이트 운영자들과 공동으로 국민체육진흥법 위반(도박개장등) 범행을 저지른 뒤 이익을 분배받은 것으로 보기는 어려우므로, 피고인으로부터 국민체육진흥법 제51조 제3항, 제1항에 따른 추징은 허용되지 않는다(대판 2020.05.28. 2020도2074).

② (○) 마약류관리에 관한 법률 제67조에 의한 몰수나 추징은 범죄행위로 인한 이득의 박탈을 목적으로 하는 것이 아니라 징벌적 성질의 처분이므로, 그 범행으로 인하여 이득을 취득한 바 없다 하더라도 법원은 그 가액의 추징을 명하여야 하고, 그 추징의 범위에 관하여는 죄를 범한 자가 여러 사람일 때에는 각자에 대하여 그가 취급한 범위 내에서 의약품 가액 전액의 추징을 명하여야 한다(대판 2010.08.26. 2010도7251).

③ (○) 마약류 불법거래 방지에 관한 특례법(이하 '마약거래방지법'이라고 한다) 제6조를 위반하여 마약류를 수출입·제조·매매하는 행위 등을 업으로 하는 범죄행위의 정범이 그 범죄행위로 얻은 수익은 마약거래방지법 제13조부터 제16조까지의 규정에 따라 몰수·추징의 대상이 된다. 그러나 위 정범으로부터 대가를 받고 판매할 마약을 공급하는 방법으로 위 범행을 용이하게 한 방조범은 정범의 위 범죄행위로 인한 수익을 정범과 공동으로 취득하였다고 평가할 수 없다면 위 몰수·추징 규정에 의하여 정범과 같이 추징할 수는 없고, 그 방조범으로부터는 방조행위로 얻은 재산 등에 한하여 몰수, 추징할 수 있다고 보아야 한다.(대판 2021.04.29. 2020도16369).

④ (○) 여러 사람이 공동으로 뇌물을 수수한 경우 그 가액을 추징하려면 실제로 분배받은 금품만을 개별적으로 추징하여야 하고 수수금품을 개별적으로 알 수 없을 때에는 평등하게 추징하여야 하며 공동정범뿐 아니라 교사범 또는 종범도 뇌물의 공동수수자에 해당할 수 있으나, 공동정범이 아닌 교사범 또는 종범의 경우에는 정범과의 관계, 범행 가담 경위 및 정도, 뇌물 분배에 관한 사전약정의 존재 여부, 뇌물공여자의 의사, 종범 또는 교사범이 취득한 금품이 전체 뇌물수수액에서 차지하는 비중 등을 고려하여 공동수수자에 해당하는지를 판단하여야 한다. 그리고 뇌물을 수수한 자가 공동수수자가 아닌 교사범 또는 종범에게 뇌물 중 일부를 사례금 등의 명목으로 교부하였다면 이는 뇌물을 수수하는 데 따르는 부수적 비용의 지출 또는 뇌물의 소비행위에 지나지 아니하므로, 뇌물수수자에게서 수뢰액 전부를 추징하여야 한다(대판 2011.11.24. 2011도9585).

⑤ (○) … 그리고 몰수의 취지가 범죄에 의한 이득의 박탈을 목적으로 하는 것이고 추징도 이러한 몰수의 취지를 관철하기 위한 것이라는 점을 고려하면 몰수하기 불능한 때에 추징하여야 할 가액은 범인이 그 물건을 보유하고 있다가 몰수의 선고를 받았더라면 잃게 될 이득상당액을 의미하므로, 추징하여야 할 가액이 몰수의 선고를 받았더라면 잃게 될 이득상당액을 초과하여서는 아니 된다(대판 2017.09.21. 2017도8611).

정답 ①

문 3

다음 중 몰수할 수 있는 것은 모두 몇 개인가? [2021년 2번]

> 가. '물품에 대한 수입신고를 함에 있어 주요사항을 허위로 신고' 하여 구 관세법을 위반한 경우, 허위신고의 대상물
> 나. 범죄행위로 인하여 취득한 물건이기는 하나, 판결선고 전 검찰에 의하여 압수된 후 피고인에게 환부된 것
> 다. 관세법 소정의 공소시효가 완성된 밀반입 바이올린
> 라. 범행에 제공하려고 한 물건이기는 하나, 효력을 상실한 압수수색 영장에 의하여 압수한 것
> 마. 부동산의 소유권을 이전받을 것을 내용으로 하는 계약(1차 계약)을 체결한 자가 그 부동산에 대하여 다시 제3자와 소유권이전을 내용으로 하는 계약(전매계약)을 체결한 것이 부동산등기 특별조치법 제8조 제1호 위반행위에 해당하는 경우, 전매계약에 의하여 제3자로부터 받은 대금

① 없음 ② 1개 ③ 2개
④ 3개 ⑤ 4개

MGI Point 몰수 ★★

- **몰수 불가능한 경우**
  - 물품에 대한 수입신고를 함에 있어 주요사항을 허위로 신고하여 구 관세법을 위반한 경우 허위신고의 대상물
  - 관세법 소정의 공소시효가 완성된 밀반입 바이올린
  - 부동산등기 특별조치법 제8조 제1호 위반한 전매계약에 의하여 제3자로부터 받은 대금
- **몰수 가능한 경우**
  - 판결선고 전 검찰에 의하여 압수된 후 피고인에게 환부된 물건
  - 효력을 상실한 압수·수색 영장에 의하여 압수한 물건

가. (불가능) 관세법 제188조 1호 소정의 물품에 대한 수입신고를 함에 있어서 주요사항을 허위로 신고한 경우에 위 물건은 신고의 대상물에 지나지 않아 신고로서 이루어지는 허위신고죄의 범죄행위 자체에 제공되는 물건이라고 할 수 없으므로 형법 48조 1항 소정의 몰수요건에 해당한다고 볼 수 없다(대법 1974.06.11. 74도352).

나. (가능) 몰수는 압수되어 있는 물건에 대해서만 하는것이 아니므로 판결선고 전 검찰에 의하여 압수된 후 피고인에게 환부된 물건에 대하여도 피고인으로 부터 몰수할 수 있다(대판 1977.05.24. 76도4001).

다. (불가능) 형법 제49조 단서는 행위자에게 유죄의 재판을 하지 아니할 때에도 몰수의 요건이 있는 때에는 몰수만을 선고할 수 있다고 규정하고 있으므로 몰수뿐만 아니라 몰수에 갈음하는 추징도 위 규정에 근거하여 선고할 수 있다고 할 것이나 우리 법제상 공소의 제기 없이 별도로 몰수나 추징만을 선고할 수 있는 제도가 마련되어 있지 아니하므로 위 규정에 근거하여 몰수나 추징을 선고하기 위하여서는 몰수나 추징의 요건이 공소가 제기된 공소사실과 관련되어 있어야 하고, 공소사실이 인정되지 않는 경우에 이와 별개의 공소가 제기되지 아니한 범죄사실을 법원이 인정하여 그에 관하여 몰수나 추징을 선고하는 것은 불고불리의 원칙에 위반되어 불가능하며, 몰수나 추징이 공소사실과 관련이 있다 하더라도 그 공소사실에 관하여 이미 공소시효가 완성되어 유죄의 선고를 할 수 없는 경우에는 몰수나 추징도 할 수 없다(대판 1992.07.28. 92도700).

▶ 원심이 공소도 제기되지 아니하였을 뿐만 아니라 이미 공소시효가 완성된 위 1983. 1. 30.의 바이올린 밀반입의 사실을 인정하여 그 바이올린의 시가를 추징한 것은 추징의 법리를 오해하여 판결에 영향을 미친 위법을 범한 것이라고 판시한 사례.

라. (가능) 범죄행위에 제공하려고 한 물건은 범인 이외의 자의 소유에 속하지 아니하거나 범죄 후 범인 이외의 자가 정을 알면서 취득한 경우 이를 몰수할 수 있고, 한편 법원이나 수사기관은 필요한 때에는 증거물 또는 몰수할 것으로 사료하는 물건을 압수할 수 있으나, 몰수는 반드시 압수되어 있는 물건에 대하여서만 하는 것이 아니므로, 몰수대상물건이 압수되어 있는가 하는 점 및 적법한 절차에 의하여 압수되었는가 하는 점은 몰수의 요건이 아니다(대판 2003.05.30. 2003도705). ▶ 이미 그 집행을 종료함으로써 효력을 상실한 압수·수색영장에 기하여 다시 압수·수색을 실시하면서 몰수대상물건을 압수한 경우, 압수 자체가 위법하게 됨은 별론으로 하더라도 그것이 위 물건의 몰수의 효력에는 영향을 미칠 수 없다고 한 사례.

마. (불가능) 부동산의 소유권을 이전받을 것을 내용으로 하는 계약(1차 계약)을 체결한 자가 그 부동산에 대하여 다시 제3자와 소유권이전을 내용으로 하는 계약(전매계약)을 체결한 것이 부동산등기 특별조치법 제8조 제1호 위반행위에 해당하는 경우, 전매계약에 의하여 제3자로부터 받은 대금은 위 조항의 처벌대상인 '1차 계약에 따른 소유권이전등기를 하지 않은 행위'로 취득한 것이 아니므로 형법 제48조에 의한 몰수나 추징의 대상이 될 수 없다(대판 2007.12.14. 2007도7353).

정답 ③

문 4

형의 종류와 경중에 관한 다음 설명 중 가장 옳지 않은 것은? [2020년 39번]

① 징역이 금고보다 무거운 형이나, 유기금고의 장기가 유기징역의 장기를 초과하는 때에는 금고를 중한 것으로 한다.
② 유기징역 또는 유기금고의 판결을 받은 자는 그 형의 집행이 종료하거나 면제될 때까지 공무원이 되는 자격이 정지된다. 다만, 다른 법률에 특별한 규정이 있는 경우에는 그 법률에 따른다.
③ 유기징역은 1개월 이상 30년 이하로 하고, 자격정지는 1개월 이상 15년 이하로 한다.
④ 구류는 1일 이상 30일 미만으로 한다.
⑤ 벌금은 5만원 이상으로 한다. 다만, 감경하는 경우에는 5만원 미만으로 할 수 있다.

> **MGI Point** 형의 종류와 경중 ★★
>
> ■ 유기금고의 장기가 유기징역의 장기를 초과하는 때 ⇨ 금고를 중한 것으로 함
> ■ 유기징역 또는 유기금고의 판결을 받은 자 ⇨ 그 형의 집행이 종료하거나 면제될 때까지 공무원이 되는 자격이 정지됨 / 다만, 다른 법률에 특별한 규정이 있는 경우 그 법률에 따름
> ■ 유기징역 ⇨ 1개월 이상 30년 이하 / 단, 형을 가중하는 때에는 50년까지
> ■ 자격정지 ⇨ 1년 이상 15년 이하
> ■ 구류 ⇨ 1일 이상 30일 미만
> ■ 벌금 ⇨ 5만원 이상 / 다만, 감경하는 경우에는 5만원 미만 可

① (○) 형법 제41조, 제50조 참조.

> 형법 제41조(형의 종류) 형의 종류는 다음과 같다.
> 1. 사형
> 2. 징역
> 3. 금고
> 4. 자격상실
> 5. 자격정지
> 6. 벌금
> 7. 구류
> 8. 과료
> 9. 몰수
>
> 형법 제50조(형의 경중) ① 형의 경중은 제41조 각 호의 순서에 따른다. 다만, 무기금고와 유기징역은 무기금고를 무거운 것으로 하고 유기금고의 장기가 유기징역의 장기를 초과하는 때에는 유기금고를 무거운 것으로 한다.
> ② 같은 종류의 형은 장기가 긴 것과 다액이 많은 것을 무거운 것으로 하고 장기 또는 다액이 같은 경우에는 단기가 긴 것과 소액이 많은 것을 무거운 것으로 한다.
> ③ 제1항 및 제2항을 제외하고는 죄질과 범정(犯情)을 고려하여 경중을 정한다.
> [전문개정 2020. 12. 8.]

② (○) 형법 제43조 참조.

> 형법 제43조(형의 선고와 자격상실, 자격정지) ① 사형, 무기징역 또는 무기금고의 판결을 받은 자는 다음에 기재한 자격을 상실한다.
> 1. 공무원이 되는 자격
> 2. 공법상의 선거권과 피선거권
> 3. 법률로 요건을 정한 공법상의 업무에 관한 자격
> 4. 법인의 이사, 감사 또는 지배인 기타 법인의 업무에 관한 검사역이나 재산관리인이 되는 자격
> ② 유기징역 또는 유기금고의 판결을 받은 자는 그 형의 집행이 종료하거나 면제될 때까지 전항 제1호 내지 제3호에 기재된 자격이 정지된다. 다만, 다른 법률에 특별한 규정이 있는 경우에는 그 법률에 따른다.

③ (X) 형법 제42조, 제44조 참조.

> 형법 제42조(징역 또는 금고의 기간) 징역 또는 금고는 무기 또는 유기로 하고 유기는 1개월 이상 30년 이하로 한다. 단, 유기징역 또는 유기금고에 대하여 형을 가중하는 때에는 50년까지로 한다.
> 형법 제44조(자격정지) ① 전조에 기재한 자격의 전부 또는 일부에 대한 정지는 1년 이상 15년 이하로 한다.
> ② 유기징역 또는 유기금고에 자격정지를 병과한 때에는 징역 또는 금고의 집행을 종료하거나 면제된 날로부터 정지기간을 기산한다.

④ (○) 형법 제46조 참조.

> 형법 제46조(구류) 구류는 1일 이상 30일 미만으로 한다.

⑤ (○) 형법 제45조 참조.

> 형법 제45조(벌금) 벌금은 5만원 이상으로 한다. 다만, 감경하는 경우에는 5만원 미만으로 할 수 있다.

정답 ③

문 5

다음 설명 중 가장 옳지 않은 것은? [2019년 12번]

① 외국환관리법상의 몰수와 추징은 일반 형사법의 경우와 달리 범죄사실에 대한 징벌적 제재의 성격을 띠고 있다. 따라서 여러 사람이 공모하여 범칙행위를 한 경우 몰수대상인 외국환 등을 몰수할 수 없을 때에는 각 범칙자 전원에 대하여 그 취득한 외국환 등의 가액 전부의 추징을 명하여야 하고, 그중 한 사람이 추징금 전액을 납부하였을 때에는 다른 사람은 추징의 집행을 면한다. 그러나 그 일부라도 납부되지 아니하였을 때에는 각 범칙자는 추징금 전액의 집행을 면하지 못한다.

② 공무원이 뇌물을 받음에 있어 그 취득을 위하여 상대방에게 뇌물의 가액에 상당하는 금원의 일부를 비용의 명목으로 출연하거나 그 밖에 경제적 이익을 제공하였다 하더라도, 그 공무원으로부터 뇌물죄로 얻은 이익을 몰수·추징함에 있어서는 그 받은 뇌물 자체를 몰수하여야 하고, 그 뇌물의 가액에서 위와 같은 지출을 공제한 나머지 가액에 상당한 이익만을 몰수·추징할 것은 아니다.

③ 벌금의 형을 선고할 경우 선고를 유예할 수 있고, 형법의 개정으로 500만 원 이하의 벌금의 형을 선고할 경우 집행을 유예할 수 있다.

④ 폭력행위 등 처벌에 관한 법률(이하 '폭력행위처벌법'이라 한다) 제2조 제3항은 "이 법(형법 각 해당조항 및 각 해당조항의 상습범, 특수범, 상습특수범, 각 해당 조항의 상습범의 미수범, 특수범의 미수범, 상습특수범의 미수범을 포함한다)을 위반하여 2회 이상 징역형을 받은 사람이 다시 제2항 각 호에 규정된 죄를 범하여 누범으로 처벌할 경우에는 다음 각 호의 구분에 따라 가중처벌한다."라고 규정하고 있다. 그런데 형의 실효 등에 관한 법률에 따라 형이 실효된 경우에는 형의 선고에 의한 법적 효과가 장래를 향하여 소멸하므로 형이 실효된 후에는 그 전과를 폭력행위처벌법 제2조 제3항에서 말하는 '징역형을 받은 경우'라고 할 수 없다.

⑤ 피해자로 하여금 사기도박에 참여하도록 유인하기 위하여 고액의 수표를 제시해 보인 경우, 위 수표는 피해자로 하여금 사기도박에 참여하도록 만들기 위한 수단으로 사용되었으므로 이를 몰수할 수 있다.

MGI Point 몰수와 추징, 집행유예, 선고유예 ★★

- 외국환관리법상의 몰수와 추징 : 징벌적 추징 (범칙자 전원에 대하여 취득한 가액 전부추징 + 연대추징)
  - 각 범칙자 전원에 대하여 그 취득한 외국환 등의 가액 전부의 추징을 명하여야 함
  - 그 중 한 사람이 추징금 전액을 납부 ⇨ 다른 사람은 추징의 집행을 면함
  - 그 일부라도 납부되지 아니하였을 때 ⇨ 그 범위 내에서 각 범칙자는 추징의 집행을 면할 수 ×
- 뇌물의 취득을 위하여 상대방에게 뇌물의 가액에 상당하는 금원의 일부를 비용의 명목으로 출연한 경우
  ⇨ 받은 뇌물 자체를 몰수해야 하며 비용의 명목으로 출연한 지출을 공제 ×
- 벌금형을 선고할 경우 ⇨ 선고유예 可 (형법 제59조)
  500만원 이하의 벌금형을 선고할 경우 ⇨ 집행유예 可 (형법 제62조)
- 형법 제65조에 따라 형의 선고가 효력을 잃는 경우에 그 전과는 폭력행위 등 처벌에 관한 법률 제2조 제3항에서 말하는 징역형을 받은 경우 ×
- 사기도박에 참여하도록 유인하기 위하여 고액의 수표를 제시 ⇨ 수표 몰수 可

① (X) [다수의견] 외국환관리법상의 몰수와 추징은 일반 형사법의 경우와 달리 범죄사실에 대한 징벌적 제재의 성격을 띠고 있다고 할 것이므로, 여러 사람이 공모하여 범칙행위를 한 경우 몰수대상인 외국환 등을 몰수할

수 없을 때에는 각 범칙자 전원에 대하여 그 취득한 외국환 등의 가액 전부의 추징을 명하여야 하고, 그 중 한 사람이 추징금 전액을 납부하였을 때에는 다른 사람은 추징의 집행을 면할 것이나, 그 일부라도 납부되지 아니하였을 때에는 그 범위 내에서 각 범칙자는 추징의 집행을 면할 수 없다(대판 1998.05.21. 95도2002(전합)).

② (○) 공무원이 뇌물을 받음에 있어서 그 취득을 위하여 상대방에게 뇌물의 가액에 상당하는 금원의 일부를 비용의 명목으로 출연하거나 그 밖에 경제적 이익을 제공하였다 하더라도, 이는 뇌물을 받는 데 지출한 부수적 비용에 불과하다고 보아야 할 것이지, 이로 인하여 공무원이 받은 뇌물이 그 뇌물의 가액에서 위와 같은 지출액을 공제한 나머지 가액에 상당한 이익에 한정되는 것이라고 볼 수는 없으므로, 그 공무원으로부터 뇌물죄로 얻은 이익을 몰수·추징함에 있어서는 그 받은 뇌물 자체를 몰수하여야 하고, 그 뇌물의 가액에서 위와 같은 지출을 공제한 나머지 가액에 상당한 이익만을 몰수·추징할 것은 아니다(대판 1999.10.08. 99도1638).

③ (○) 형법 제59조, 제62조 참조.

> 형법 제59조(선고유예의 요건) ① 1년 이하의 징역이나 금고, 자격정지 또는 벌금의 형을 선고할 경우에 제51조의 사항을 고려하여 뉘우치는 정상이 뚜렷할 때에는 그 형의 선고를 유예할 수 있다. 다만, 자격정지 이상의 형을 받은 전과가 있는 사람에 대해서는 예외로 한다.
> ② 형을 병과할 경우에도 형의 전부 또는 일부에 대하여 선고를 유예할 수 있다.
> [전문개정 2020. 12. 8.]
> 형법 제62조(집행유예의 요건) ① 3년 이하의 징역이나 금고 또는 500만원 이하의 벌금의 형을 선고할 경우에 제51조의 사항을 참작하여 그 정상에 참작할 만한 사유가 있는 때에는 1년 이상 5년 이하의 기간 형의 집행을 유예할 수 있다. 다만, 금고 이상의 형을 선고한 판결이 확정된 때부터 그 집행을 종료하거나 면제된 후 3년까지의 기간에 범한 죄에 대하여 형을 선고하는 경우에는 그러하지 아니하다.
> ② 형을 병과할 경우에는 그 형의 일부에 대하여 집행을 유예할 수 있다.

④ (○) 폭력행위 등 처벌에 관한 법률(이하 '폭력행위처벌법'이라 한다) 제2조 제3항은 "이 법(형법 각 해당 조항 및 각 해당 조항의 상습범, 특수범, 상습특수범, 각 해당 조항의 상습범의 미수범, 특수범의 미수범, 상습특수범의 미수범을 포함한다)을 위반하여 2회 이상 징역형을 받은 사람이 다시 제2항 각 호에 규정된 죄를 범하여 누범으로 처벌할 경우에는 다음 각 호의 구분에 따라 가중처벌한다."라고 규정하고 있다. 그런데 형의 실효 등에 관한 법률에 따라 형이 실효된 경우에는 형의 선고에 의한 법적 효과가 장래를 향하여 소멸하므로 형이 실효된 후에는 그 전과를 폭력행위처벌법 제2조 제3항에서 말하는 '징역형을 받은 경우'라고 할 수 없다(대판 2016.06.23. 2016도5032).

⑤ (○) 피해자로 하여금 사기도박에 참여하도록 유인하기 위하여 고액의 수표를 제시해 보인 경우, 형법 제48조 소정의 몰수가 임의적 몰수에 불과하여 법관의 자유재량에 맡겨져 있고, 위 수표가 직접적으로 도박자금으로 사용되지 아니하였다 할지라도, 위 수표가 피해자로 하여금 사기도박에 참여하도록 만들기 위한 수단으로 사용된 이상, 이를 몰수할 수 있고, 그렇다고 하여 피고인에게 극히 가혹한 결과가 된다고 볼 수는 없다(대판 2002.09.24. 2002도3589)

정답 ①

문 6

몰수·추징에 관한 다음 설명 중 가장 옳지 않은 것은? [2018년 26번]

① 마약류 관리에 관한 법률 제67조의 몰수나 추징을 선고하기 위하여는 몰수나 추징의 요건이 공소가 제기된 범죄사실과 관련되어 있어야 하므로, 법원으로서는 범죄사실에서 인정되지 아니한 사실에 관하여는 몰수나 추징을 선고할 수 없다.

② 배임수재죄에 있어 수재자가 증재자로부터 받은 재물을 그대로 가지고 있다가 증재자에게 반환하였다면 증재자로부터 이를 몰수하거나 그 가액을 추징하여야 한다.
③ 甲 주식회사 대표이사인 피고인이 금융기관에 청탁하여 乙 주식회사가 대출을 받을 수 있도록 알선행위를 하고 그 대가로 용역대금 명목의 수수료를 甲 회사 계좌를 통해 송금받아 특정경제범죄 가중처벌 등에 관한 법률 위반(알선수재)죄가 인정된 사안에서, 피고인이 甲 회사의 대표이사로서 같은 법 제7조에 해당하는 행위를 하고 당해 행위로 인한 대가로 수수료를 받았다면, 수수료에 대한 권리가 甲 회사에 귀속된다 하더라도 행위자인 피고인으로부터 수수료로 받은 금품을 몰수 또는 그 가액을 추징할 수 있다.
④ 특정경제범죄 가중처벌 등에 관한 법률 위반(알선수재)죄에 있어서 알선의뢰인이 알선수재자에게 공무원이나 금융기관 임직원의 직무에 속한 사항에 관한 알선의 대가를 형식적으로 체결한 고용계약에 터잡아 급여의 형식으로 지급한 경우에, 원천징수된 근로소득세 등을 포함한 명목상 급여액을 알선수재자로부터 추징하여야 한다.
⑤ 마약류관리에 관한 법률 제67조에 의한 몰수나 추징은 범죄행위로 인한 이득의 박탈을 목적으로 하는 것이 아니라 징벌적 성질의 처분이므로, 그 범행으로 인하여 이득을 취득한 바 없다 하더라도 법원은 그 가액의 추징을 명하여야 하고, 그 추징의 범위에 관하여는 죄를 범한 자가 여러 사람일 때에는 각자에 대하여 그가 취급한 범위 내에서 의약품 가액 전액의 추징을 명하여야 한다.

해설 ★★★

① (O) 마약류 관리에 관한 법률 제67조의 몰수나 추징을 선고하기 위하여는 몰수나 추징의 요건이 공소가 제기된 범죄사실과 관련되어 있어야 하므로, 법원으로서는 범죄사실에서 인정되지 아니한 사실에 관하여는 몰수나 추징을 선고할 수 없다고 보아야 한다(대판 2016.12.15. 2016도16170).

② (O) 형법은 제357조 제1항에서 배임수재죄를, 제2항에서 배임증재죄를 규정하고, 이어 제3항에서 "범인이 취득한 제1항의 재물은 몰수한다. 그 재물을 몰수하기 불능하거나 재산상의 이익을 취득한 때에는 그 가액을 추징한다."라고 규정하고 있다. 배임수재죄와 배임증재죄는 이른바 대향범으로서 위 제3항에서 필요적 몰수 또는 추징을 규정한 것은 범행에 제공된 재물과 재산상 이익을 박탈하여 부정한 이익을 보유하지 못하게 하기 위한 것이므로, 제3항에서 몰수의 대상으로 규정한 '범인이 취득한 제1항의 재물'은 배임수재죄의 범인이 취득한 목적물이자 배임증재죄의 범인이 공여한 목적물을 가리키는 것이지 배임수재죄의 목적물만으로 한정하여 가리키는 것이 아니다. 그러므로 수재자가 증재자로부터 받은 재물을 그대로 가지고 있다가 증재자에게 반환하였다면 증재자로부터 이를 몰수하거나 그 가액을 추징하여야 한다(대판 2017.04.07. 2016도18104).

③ (O) 甲 주식회사 대표이사인 피고인이 금융기관에 청탁하여 乙 주식회사가 대출을 받을 수 있도록 알선행위를 하고 그 대가로 용역대금 명목의 수수료를 甲 회사 계좌를 통해 송금받아 특정경제범죄 가중처벌 등에 관한 법률 위반(알선수재)죄가 인정된 사안에서, 피고인이 甲 회사의 대표이사로서 같은 법 제7조에 해당하는 행위를 하고 당해 행위로 인한 대가로 수수료를 받았다면, 수수료에 대한 권리가 甲 회사에 귀속된다 하더라도 행위자인 피고인으로부터 수수료로 받은 금품을 몰수 또는 그 가액을 추징할 수 있으므로, 피고인이 개인적으로 실제 사용한 금품이 없더라도 마찬가지라고 본 원심판단을 정당하다(대판 2015.01.15. 2012도7571).

④ (X) 특정범죄 가중처벌 등에 관한 법률(이하 '특가법'이라 한다) 제3조, 제13조 및 특정경제범죄 가중처벌 등에 관한 법률(이하 '특경법'이라 한다) 제7조, 제10조 제2항, 제3항의 내용과 입법 취지를 종합하면, 알선의뢰인이 알선수재자에게 공무원이나 금융기관 임직원의 직무에 속한 사항에 관한 알선의 대가를 형식적으로 체결한 고용계약에 터잡아 급여의 형식으로 지급한 경우에, 알선수재자가 수수한 알선수재액은 명목상 급여액이 아니라 원천

징수된 근로소득세 등을 제외하고 알선수재자가 실제 지급받은 금액으로 보아야 하고, 또한 위 금액만을 특가법 제13조에서 정한 '제3조의 죄를 범하여 범인이 취득한 해당 재산' 또는 특경법 제10조 제2항에서 정한 '제7조의 경우 범인이 받은 금품이나 그 밖의 이익'으로서 몰수·추징하여야 한다(대판 2012.06.14. 2012도534).

⑤ (O) 마약류관리에 관한 법률 제67조에 의한 몰수나 추징은 범죄행위로 인한 이득의 박탈을 목적으로 하는 것이 아니라 징벌적 성질의 처분이므로, 그 범행으로 인하여 이득을 취득한 바 없다 하더라도 법원은 그 가액의 추징을 명하여야 하고, 그 추징의 범위에 관하여는 죄를 범한 자가 여러 사람일 때에는 각자에 대하여 그가 취급한 범위 내에서 의약품 가액 전액의 추징을 명하여야 한다(대판 2010.08.26. 2010도7251).

정답 ④

문 7

몰수·추징에 관한 다음 설명 중 가장 옳지 않은 것은?(다툼이 있는 경우 판례에 의함) [2016년 25번]

① 형법 제48조 제1항의 '범인' 속에는 '공범자'도 포함되므로 범인 자신의 소유물은 물론 공범자의 소유물도 그 공범자의 소추 여부를 불문하고 몰수할 수 있다.
② 몰수는 반드시 압수되어 있는 물건에 대하여서만 하는 것이 아니므로, 몰수대상물건이 압수되어 있는가 하는 점 및 적법한 절차에 의하여 압수되었는가 하는 점은 몰수의 요건이 아니다.
③ 형법 제48조 제1항 제1호에 의한 몰수는 임의적인 것이므로 그 몰수의 요건에 해당하는 물건이라도 이를 몰수할 것인지의 여부는 형벌 일반에 적용되는 비례의 원칙에 의한 제한을 받는 외에는 법원의 재량에 맡겨져 있다.
④ 몰수하기 불능한 때에 추징하여야 할 가액은 범인이 그 물건을 보유하고 있다가 몰수의 선고를 받았더라면 잃었을 이득상당액을 의미하는 것이므로, 외국에서 입수한 마약을 몰수하기 불능한 때에는 취득가액에 의하여 추징금을 산정하여야 한다.
⑤ 관세법이 규정하고 있는 추징은 징벌적 성격을 띠고 있어 여러 사람이 공모하여 밀수출행위를 한 경우에는 범죄자의 1인이 그 물품을 소유하거나 점유하였다면 그 물품의 범칙 당시의 국내도매가격 상당의 가액 전액을 그 물품의 소유 또는 점유사실의 유무를 불문하고 범칙자 전원으로부터 각각 추징할 수 있다.

:: 해설 ★★★

① (O) 형법 제48조 제1항은 '범인 이외의 자의 소유에 속하지 아니하는' 물건을 몰수대상물의 하나로 규정하고 있는 바, 형법 제48조 제1항의 '범인' 속에는 '공범자'도 포함되므로 범인 자신의 소유물은 물론 공범자의 소유물도 그 공범자의 소추 여부를 불문하고 몰수할 수 있다(대판 2013.05.23. 2012도11586).
② (O) 범죄행위에 제공하려고 한 물건은 범인 이외의 자의 소유에 속하지 아니하거나 범죄 후 범인 이외의 자가 정을 알면서 취득한 경우 이를 몰수할 수 있고, 한편 법원이나 수사기관은 필요한 때에는 증거물 또는 몰수할 것으로 사료하는 물건을 압수할 수 있으나, 몰수는 반드시 압수되어 있는 물건에 대하여서만 하는 것이 아니므로, 몰수대상물건이 압수되어 있는가 하는 점 및 적법한 절차에 의하여 압수되었는가 하는 점은 몰수의 요건이 아니다(대판 2003.05.30. 2003도705).
③ (O) 형법 제48조 제1항 제1호에 의한 몰수는 임의적인 것이므로 그 몰수의 요건에 해당되는 물건이라도 이를 몰수할 것인지의 여부는 일응 법원의 재량에 맡겨져 있다 할 것이나, 형벌 일반에 적용되는 비례의 원칙에 의한 제한을 받는다(대판 2013.05.23. 2012도11586).

④ (X) 몰수의 취지가 범죄에 의한 이득의 박탈을 그 목적으로 하는 것이고 추징도 이러한 몰수의 취지를 관철하기 위한 것이라는 점을 고려하면 몰수하기 불능한 때에 추징하여야 할 가액은 범인이 그 물건을 보유하고 있다가 몰수의 선고를 받았더라면 잃었을 이득상당액을 의미한다고 보아야 할 것이므로 그 가액산정은 재판선고시의 가격을 기준으로 하여야 할 것이다(대판 1991.05.28. 91도352).

⑤ (○) 관세법이 규정하고 있는 추징은 일반 형사법상의 추징과는 달리 징벌적 성격을 띠고 있어 여러 사람이 공모하여 밀수입행위를 하거나 그 밀수품을 취득, 양여, 감정한 경우에는 범칙자의 1인이 그 물품을 소유하거나 점유하였다면 그 물품의 범칙 당시의 국내도매가격 상당의 가액 전액을 그 물품의 소유 또는 점유사실의 유무를 불문하고 범칙자 전원으로부터 각각 추징할 수 있다고 할 것이고, 다만 그 공범자 또는 범칙자 중 어떤 자가 그 가액의 전액을 납부한 때에는 다른 공범자에 대하여 그 추징의 집행이 면제될 뿐이다(대판 2008.01.17. 2006도455).

정답 ④

제❷절 ▎형의 양정

문 14

다음 설명 중 옳지 않은 것은 모두 몇 개인가?[2023년 34번]

> ㄱ. 형법 제55조 제1항은 형벌의 종류에 따라 법률상 감경의 방법을 규정하고 있는데, 형법 제55조 제1항 제3호는 "유기징역 또는 유기금고를 감경할 때에는 그 형기의 2분의 1로 한다."라고 규정하고 있다. 이와 같이 유기징역형을 감경할 경우에는 '단기'나 '장기'의 어느 하나만 2분의 1로 감경하는 것이 아니라 '형기' 즉 법정형의 장기와 단기를 모두 2분의 1로 감경함을 의미한다는 것은 법문상 명확하다.
> ㄴ. 처단형은 선고형의 최종적인 기준이 되므로 그 범위는 법률에 따라서 엄격하게 정하여야 하고, 별도의 명시적인 규정이 없는 이상 형법 제56조에서 열거하고 있는 가중·감경할 사유에 해당하지 않는 다른 성질의 감경사유를 인정할 수는 없다.
> ㄷ. 유기징역형에 대한 법률상 감경을 하면서 형법 제55조 제1항 제3호에서 정한 것과 같이 장기와 단기를 모두 2분의 1로 감경하는 것이 아닌 장기 또는 단기 중 어느 하나만을 2분의 1로 감경하는 방식이나 2분의 1보다 넓은 범위의 감경을 하는 방식 등은 죄형법정주의 원칙상 허용될 수 없다.
> ㄹ. 죄를 범한 후 수사책임이 있는 관서에 자수한 때에는 그 형을 감경 또는 면제할 수 있으나 이는 임의적 감면사유일 뿐더러(형법 제52조 제1항), '자수'는 범인이 스스로 수사책임이 있는 관서에 자기의 범행을 자발적으로 신고하고 그 처분을 구하는 의사표시를 말하고, 수사기관의 직무상의 질문 또는 조사에 응하여 범죄사실을 진술하는 것은 자백일 뿐 자수로는 되지 않는다.
> ㅁ. 형법 제37조 후단 경합범에 대해서는 그 죄와 판결이 확정된 죄를 동시에 판결할 경우와 형평을 고려하여 형을 정해야 하고, 이 경우 그 형을 감경 또는 면제할 수 있다.

① 없음 ② 1개 ③ 2개 ④ 3개 ⑤ 4개

> **MGI Point** 양형 ★★

- 법률상 감경의 방법 ⇨ 장기와 단기를 모두 2분의 1로 감경
- 감경사유 ⇨ 형법 제56조에서 열거하는 사유
- 장기 또는 단기 중 어느 하나만을 2분의 1로 감경하는 방식이나 2분의 1보다 넓은 범위의 감경을 하는 방식 ⇨ 죄형법정주의원칙상 허용×
- 자수 ⇨ 자기의 범행을 자발적으로 신고하고 그 처분을 구하는 의사표시, 임의적 감면사유
- 형법 제37조 후단 경합범 ⇨ 그 죄와 판결이 확정된 죄를 동시에 판결할 경우와 형평을 고려하여 형을 정해야임의적 감면사유

ㄱ. (○) 형법 제55조 제1항은 형벌의 종류에 따라 법률상 감경의 방법을 규정하고 있는데, 형법 제55조 제1항 제3호는 "유기징역 또는 유기금고를 감경할 때에는 그 형기의 2분의 1로 한다."라고 규정하고 있다. 이와 같이 유기징역형을 감경할 경우에는 '단기'나 '장기'의 어느 하나만 2분의 1로 감경하는 것이 아니라 '형기' 즉 법정형의 장기와 단기를 모두 2분의 1로 감경함을 의미한다는 것은 법문상 명확하다(ㄱ). 처단형은 선고형의 최종적인 기준이 되므로 그 범위는 법률에 따라서 엄격하게 정하여야 하고, 별도의 명시적인 규정이 없는 이상 형법 제56조에서 열거하고 있는 가중·감경할 사유에 해당하지 않는 다른 성질의 감경사유를 인정할 수는 없다(ㄴ). 따라서 유기징역형에 대한 법률상 감경을 하면서 형법 제55조 제1항 제3호에서 정한 것과 같이 장기와 단기를 모두 2분의 1로 감경하는 것이 아닌 장기 또는 단기 중 어느 하나만을 2분의 1로 감경하는 방식이나 2분의 1보다 넓은 범위의 감경을 하는 방식 등은 죄형법정주의 원칙상 허용될 수 없다(대법원 2021. 1. 21. 2018도5475 전원합의체).

ㄹ. (○) 형법 제52조 제1항에서 말하는 '자수'란 범인이 스스로 수사책임이 있는 관서에 자기의 범행을 자발적으로 신고하고 그 처분을 구하는 의사표시이므로, 수사기관의 직무상의 질문 또는 조사에 응하여 범죄사실을 진술하는 것은 자백일 뿐 자수로는 되지 아니하고, 나아가 자수는 범인이 수사기관에 의사표시를 함으로써 성립하는 것이므로 내심적 의사만으로는 부족하고 외부로 표시되어야 이를 인정할 수 있는 것이다. 또한 피고인이 자수하였다 하더라도 자수한 이에 대하여는 법원이 임의로 형을 감경할 수 있음에 불과한 것으로서 원심이 자수감경을 하지 아니하였다거나 자수감경 주장에 대하여 판단을 하지 아니하였다 하여 위법하다고 할 수 없다(대법원 2011. 12. 22. 2011도12041).

ㅁ. (○) 「형법」제37조는 후단에서 '금고 이상의 형에 처한 판결이 확정된 죄와 그 판결 확정 전에 범한 죄'를 경합범으로 한다고 규정하고, 「형법」 제39조 제1항은 경합범 중 판결을 받지 아니한 죄가 있는 때에는 그 죄와 판결이 확정된 죄를 동시에 판결할 경우와 형평을 고려하여 그 죄에 대하여 형을 선고하며 이 경우 그 형을 감경 또는 면제할 수 있다고 규정하고 있다. 위 각 조항의 문언, 입법취지 등에 비추어 보면, 아직 판결을 받지 아니한 죄가 이미 판결이 확정된 죄와 동시에 판결할 수 없었던 경우에는 「형법」 제39조 제1항에 따라 동시에 판결할 경우와 형평을 고려하여 형을 선고하거나 그 형을 감경 또는 면제할 수 없다고 해석함이 상당하다 (대판 2019.04.18. 2017도14609(전합)).

정답 ①

문 8

아래 공소사실에 관한 다음 설명 중 가장 옳지 않은 것은? [2021년 30번]

> [이 사건 공소사실] 피고인은 절도죄로 3차례에 걸쳐 징역형을 선고받고 2018. 8. 14. 그 형의 집행을 종료한 후, 2019. 5. 16.경 타인의 재물을 1회 절취하였다.
>
> [적용법조] 특정범죄 가중처벌 등에 관한 법률 제5조의4 제5항 제1호(이하 '이 사건 조항'이라 한다) 형법 제329조부터 제331조까지, 제333조부터 제336조까지 및 제340조·제362조의 죄 또는 그 미수죄로 세 번 이상 징역형을 받은 사람이 다시 이들 죄를 범하여 누범으로 처벌하는 경우에는 다음 각 호의 구분에 따라 가중처벌한다.
> 1. 형법 제329조부터 제331조까지의 죄(미수범을 포함한다)를 범한 경우에는 2년 이상 20년 이하의 징역에 처한다.

① 이 사건 조항은 형법 제35조 규정과는 별개로 '형법 제329조부터 제331조까지의 죄(미수범 포함)를 범하여 세 번 이상 징역형을 받은 사람이 그 누범 기간 중에 다시 해당 범죄를 저지른 경우에 형법보다 무거운 법정형으로 처벌한다'는 내용의 새로운 구성요건을 창설한 것으로 해석해야 한다.
② 형이 실효된 후에는 그 전과를 이 사건 조항에서 정한 징역형의 선고를 받은 경우로 볼 수 없다.
③ 피고인이 절도죄로 3차례 징역형을 선고받은 것이 아니라 그 중 2차례만 절도죄로 징역형을 선고받고 나머지 1차례는 특수강도죄로 징역형을 선고받은 것이라면 이 사건 조항은 적용되지 않는다.
④ 전범 중 일부가 나머지 전범과 사이에 형법 제37조 후단 경합범의 관계에 있는 경우에는 이를 이 사건 조항에서 정한 처벌받은 형의 수를 산정할 때 제외해야 한다.
⑤ 이 사건 공소사실에 대하여는 법원조직법상 원칙적으로 지방법원과 그 지원의 단독재판부에 심판권이 있다.

MGI Point 특가법 §5의4⑤ ★★

- 특가법 §5의4⑤는 형법 §35의 누범 규정과는 별개의 새로운 구성요건 창설한 것
- 형이 실효된 경우, 그 전과를 특가법 §5의4⑤에서 정한 '징역형의 선고를 받은 경우'로 볼 수 ×
- 특가법 §5의4⑤의 규정 취지는 같은 항 각호에서 정한 죄 가운데 동일한 호에서 정한 죄를 3회 이상 반복 범행하고, 다시 그 반복 범행한 죄와 동일한 호에서 정한 죄를 범하여 누범에 해당하는 경우에는 동일한 호에서 정한 법정형으로 처벌한다는 뜻
- 전범 중 일부가 나머지 전범과 사이에 형법 §37후단 경합범의 관계에 있는 경우에도 이를 특가법 §5의4⑤에서 정한 처벌받은 형의 수를 산정할 때 제외 ×
- 특가법 §5의4⑤1호의 공소사실에 대한 법원조직법상 심판권 ⇨ 원칙적으로 지방법원과 그 지원 단독재판부

① (○) 2016. 1. 6. 법률 제13717호로 개정·시행된 특정범죄 가중처벌 등에 관한 법률 제5조의4 제5항은 "형법 제329조부터 제331조까지, 제333조부터 제336조까지 및 제340조·제362조의 죄 또는 그 미수죄로 세 번 이상 징역형을 받은 사람이 다시 이들 죄를 범하여 누범으로 처벌하는 경우에는 다음 각호의 구분에 따라 가중처벌한다."라고 규정하면서, 같은 항 제1호(이하 '처벌 규정'이라고 한다)는 '형법 제329조부터 제331조까지의 죄(미수범을 포함한다)를 범한 경우에는 2년 이상 20년 이하의 징역에 처한다'고 규정하고 있다. 처벌 규정은 입법 취지가 반복적으로 범행을 저지르는 절도 사범에 관한 법정형을 강화하기 위한 데 있고, 조문의 체계가 일정한 구성요건을 규정하는 형식으로 되어 있으며, 적용요건이나 효과도 형법 제35조와 달리 규정되

어 있다. 이러한 처벌 규정의 입법 취지, 형식 및 형법 제35조와의 차이점 등에 비추어 보면, 처벌 규정은 형법 제35조(누범) 규정과는 별개로 '형법 제329조부터 제331조까지의 죄(미수범 포함)를 범하여 세 번 이상 징역형을 받은 사람이 그 누범 기간 중에 다시 해당 범죄를 저지른 경우에 형법보다 무거운 법정형으로 처벌한다'는 내용의 새로운 구성요건을 창설한 것으로 해석해야 한다. 따라서 처벌 규정에 정한 형에 다시 형법 제35조의 누범가중한 형기범위 내에서 처단형을 정하여야 한다(대판 2020.05.14. 2019도18947).

② (○) 형이 실효된 경우, 그 전과를 특정범죄 가중처벌 등에 관한 법률 제5조의4 제5항에서 정한 '징역형의 선고를 받은 경우'로 볼 수 없다(대판 2014.09.04. 2014도7088).

③ (○) 특정범죄 가중처벌 등에 관한 법률(이하 '특정범죄가중법'이라고 한다) 제5조의4 제5항의 규정 취지는 같은 항 각호에서 정한 죄 가운데 동일한 호에서 정한 죄를 3회 이상 반복 범행하고, 다시 그 반복 범행한 죄와 동일한 호에서 정한 죄를 범하여 누범에 해당하는 경우에는 동일한 호에서 정한 법정형으로 처벌한다는 뜻으로 보아야 한다. 그러므로 특정범죄가중법 제5조의4 제5항 제1호 중 '이들 죄를 범하여 누범으로 처벌하는 경우' 부분에서 '이들 죄'란, 앞의 범행과 동일한 범죄일 필요는 없으나, 특정범죄가중법 제5조의4 제5항 각호에 열거된 모든 죄가 아니라 앞의 범죄와 동종의 범죄, 즉 형법 제329조 내지 제331조의 죄 또는 그 미수죄를 의미한다(대판 2020.02.27. 2019도18891).

> 특정범죄 가중처벌 등에 관한 법률 제5조의4(상습 강도·절도죄 등의 가중처벌) ⑤「형법」제329조부터 제331조까지, 제333조부터 제336조까지 및 제340조·제362조의 죄 또는 그 미수죄로 세 번 이상 징역형을 받은 사람이 다시 이들 죄를 범하여 누범(累犯)으로 처벌하는 경우에는 다음 각 호의 구분에 따라 가중처벌한다. <개정 2016. 1. 6.>
> 1. 「형법」제329조부터 제331조까지의 죄(미수범을 포함한다)를 범한 경우에는 2년 이상 20년 이하의 징역에 처한다.
> 2. 「형법」제333조부터 제336조까지의 죄 및 제340조제1항의 죄(미수범을 포함한다)를 범한 경우에는 무기 또는 10년 이상의 징역에 처한다.
> 3. 「형법」제362조의 죄를 범한 경우에는 2년 이상 20년 이하의 징역에 처한다.
> [전문개정 2010. 3. 31.]

④ (X) 특정범죄 가중처벌 등에 관한 법률 제5조의4 제5항 제1호 (이하 '처벌조항'이라 한다)의 문언 내용 및 입법 취지, 형법 제37조 후단과 제39조 제1항 의 규정은 법원이 형법 제37조 후단 경합범(이하 '후단 경합범'이라고 한다)인 판결을 받지 아니한 죄에 대한 판결을 선고할 경우 판결이 확정된 죄와 동시에 판결할 경우와의 형평을 고려하여야 한다는 형의 양정(형법 제51조)에 관한 추가적인 고려사항과 형평에 맞지 않는다고 판단되는 경우에는 형의 임의적 감면을 할 수 있음을 제시한 것일 뿐 판결이 확정된 죄에 대한 형의 선고와 그 판결확정 전에 범한 죄에 대한 형의 선고를 하나의 형의 선고와 동일하게 취급하라는 것이 아닌 점 등을 고려하면, 처벌조항 중 '세 번 이상 징역형을 받은 사람'은 그 문언대로 형법 제329조 등의 죄로 세 번 이상 징역형을 받은 사실이 인정되는 사람으로 해석하면 충분하고, 전범 중 일부가 나머지 전범과 사이에 후단 경합범의 관계에 있다고 하여 이를 처벌조항에 규정된 처벌받은 형의 수를 산정할 때 제외할 것은 아니다(대판 2020.03.12. 2019도17381).

⑤ (○) 법원조직법 제32조 제1항 제3호 라목 참조.

> 법원조직법 제32조(합의부의 심판권) ① 지방법원과 그 지원의 합의부는 다음의 사건을 제1심으로 심판한다. <개정 2016. 1. 6., 2018. 12. 24., 2021. 1. 26.>
> 3. 사형, 무기 또는 단기 1년 이상의 징역 또는 금고에 해당하는 사건. 다만, 다음 각 목의 사건은 제외한다.
>   라.「특정범죄 가중처벌 등에 관한 법률」제5조의3제1항, 제5조의4제5항제1호·제3호 및 제5조의11에 해당하는 사건

정답 ④

문 9

다음 설명 중 옳지 않은 것은 모두 몇 개인가? [2021년 24번]

가. 하나의 죄에 대하여 징역형과 벌금형을 병과하는 경우, 특별한 규정이 없는 한 징역형에만 작량감경을 하고 벌금형에는 작량감경을 하지 않는 것은 위법하다.
나. 구 공직선거 및 선거부정방지법 제262조의 '자수'를 '범행발각 전에 자수한 경우'로 한정하는 것은 제한적 유추해석이 아니라 목적론적 축소해석에 불과하므로 죄형법정주의의 파생원칙인 유추해석금지의 원칙에 위반되지 않는다.
다. 수개의 범죄사실 중 일부에 관하여만 자수한 경우에는 그 부분 범죄사실에 대하여만 자수의 효력이 있다.
라. 형법 제65조에 따라 형의 선고가 효력을 잃게 되었다고 하더라도, 형의 선고가 있었다는 기왕의 사실 자체까지 없어지는 것은 아니므로, 그 전과는 폭력행위 등 처벌에 관한 법률 제2조 제3항에서 말하는 '징역형을 받은 경우'에서 제외된다고 볼 수는 없다.
마. 특정범죄 가중처벌 등에 관한 법률 제5조의4 제5항을 적용하기 위한 요건으로서 요구되는 과거 전과로서의 징역형에는 소년으로서 처벌받은 징역형은 포함되지 않는다.

① 없음　　　　　　② 1개　　　　　　③ 2개
④ 3개　　　　　　⑤ 4개

MGI Point | 형의 가중·감면, 유추해석금지원칙, 자수, 누범　　★★

- 하나의 죄에 대하여 징역형과 벌금형을 병과하여야 할 경우에 특별한 규정이 없는 한 징역형에만 작량감경을 하고 벌금형에는 작량감경을 하지 않는 것은 위법
- 구 공직선거 및 선거부정방지법 §262의 '자수'를 '범행발각 전에 자수한 경우'로 한정 ⇨ 유추해석금지원칙 위반
- 수개의 범죄사실 중 일부에 관하여만 자수한 경우 ⇨ 그 부분 범죄사실에 대하여만 자수의 효력 有
- 형법 §65에 따라 형의 선고가 효력을 잃는 경우
  ⇨ 그 전과는 폭처법 §2③에서 말하는 '징역형을 받은 경우'에 해당 × ∴ 누범 가중 처벌 ×
- 소년으로서 처벌받은 징역형
  ⇨ 특가법 §5의4⑤을 적용하기 위한 요건으로서 요구되는 과거 전과로서의 징역형에 포함 ○ ∴ 누범 가중 처벌 ○

가. (○) 하나의 죄에 대하여 징역형과 벌금형을 병과하는 경우, 특별한 규정이 없는 한 징역형에만 작량감경을 하고 벌금형에는 작량감경을 하지 않는 것은 위법하다(대판 1997.08.26. 96도3466).
나. (X) 형벌법규의 해석에 있어서 법규정 문언의 가능한 의미를 벗어나는 경우에는 유추해석으로서 죄형법정주의에 위반하게 된다. 그리고 유추해석금지의 원칙은 모든 형벌법규의 구성요건과 가벌성에 관한 규정에 준용되는데, 위법성 및 책임의 조각사유나 소추조건, 또는 처벌조각사유인 형면제 사유에 관하여 그 범위를 제한적으로 유추적용하게 되면 행위자의 가벌성의 범위는 확대되어 행위자에게 불리하게 되는바, 이는 가능한 문언의 의미를 넘어 범죄구성요건을 유추적용하는 것과 같은 결과가 초래되므로 죄형법정주의의 파생원칙인 유추해석금지의 원칙에 위반하여 허용될 수 없다. 한편 형법 제52조나 국가보안법 제16조 제1호에서도 공직선거법 제262조에서와 같이 모두 '범행발각 전'이라는 제한 문언 없이 "자수"라는 단어를 사용하고 있는데 형법 제52조나 국가보안법 제16조 제1호의 "자수"에는 범행이 발각되고 지명수배된 후의 자진출두도 포함되는 것으로 판례가 해석하고 있으므로 이것이 "자수"라는 단어의 관용적 용례라고 할 것인바, 공직선거법 제262조의 "자수"를 '범행발각 전에 자수한 경우'로 한정하는 풀이는 "자수"라는 단어가 통상 관용적

으로 사용되는 용례에서 갖는 개념 외에 '범행발각 전'이라는 또다른 개념을 추가하는 것으로서 결국은 '언어의 가능한 의미'를 넘어 공직선거법 제262조의 "자수"의 범위를 그 문언보다 제한함으로써 공직선거법 제230조 제1항 등의 처벌범위를 실정법 이상으로 확대한 것이 되고, 따라서 이는 단순한 목적론적 축소해석에 그치는 것이 아니라, 형면제 사유에 대한 제한적 유추를 통하여 처벌범위를 실정법 이상으로 확대한 것으로서 죄형법정주의의 파생원칙인 유추해석금지의 원칙에 위반된다(대판 1997.03.20. 96도1167(전합)).

다. (○) 수개의 범죄사실 중 일부에 관하여만 자수한 경우에는 그 부분 범죄사실에 대하여만 자수의 효력이 있다(대판 1994.10.14. 94도2130).

라. (X) 형법 제65조는 "집행유예의 선고를 받은 후 그 선고의 실효 또는 취소됨이 없이 유예기간을 경과한 때에는 형의 선고는 효력을 잃는다."라고 규정하고 있다. 여기서 '형의 선고가 효력을 잃는다'는 의미는 형의 실효와 마찬가지로 형의 선고에 의한 법적 효과가 장래를 향하여 소멸한다는 취지이다. 따라서 형법 제65조에 따라 형의 선고가 효력을 잃는 경우에도 그 전과는 폭력행위 등 처벌에 관한 법률 제2조 제3항에서 말하는 '징역형을 받은 경우'라고 할 수 없다(대판 2016.06.23. 2016도5032).

> 형법 제65조(집행유예의 효과) 집행유예의 선고를 받은 후 그 선고의 실효 또는 취소됨이 없이 유예기간을 경과한 때에는 형의 선고는 효력을 잃는다.
> 폭력행위 등 처벌에 관한 법률 제2조(폭행 등) ③ 이 법(「형법」 각 해당 조항 및 각 해당 조항의 상습범, 특수범, 상습특수범, 각 해당 조항의 상습범의 미수범, 특수범의 미수범, 상습특수범의 미수범을 포함한다)을 위반하여 2회 이상 징역형을 받은 사람이 다시 제2항 각 호에 규정된 죄를 범하여 누범(累犯)으로 처벌할 경우에는 다음 각 호의 구분에 따라 가중처벌한다. <개정 2016. 1. 6.>

마. (X) 소년법 제67조는 "소년이었을 때 범한 죄에 의하여 형을 선고받은 자가 그 집행을 종료하거나 면제받은 경우 자격에 관한 법령을 적용할 때에는 장래에 향하여 형의 선고를 받지 아니한 것으로 본다"라고 규정하고 있는바, 위 규정은 「사람의 자격」에 관한 법령의 적용에 있어 장래에 향하여 형의 선고를 받지 아니한 것으로 본다는 취지에 불과할 뿐 전과까지 소멸한다는 것은 아니다. 따라서 특정범죄 가중처벌 등에 관한 법률 제5조의4 제5항을 적용하기 위한 요건으로서 요구되는 과거 전과로서의 징역형에는 소년으로서 처벌받은 징역형도 포함된다고 보아야 한다(대판 2010.04.29. 2010도973,).

> 특정범죄 가중처벌 등에 관한 법률 제5조의4(상습 강도·절도죄 등의 가중처벌) ⑤ 「형법」 제329조부터 제331조까지, 제333조부터 제336조까지 및 제340조·제362조의 죄 또는 그 미수죄로 세 번 이상 징역형을 받은 사람이 다시 이들 죄를 범하여 누범(累犯)으로 처벌하는 경우에는 다음 각 호의 구분에 따라 가중처벌한다. <개정 2016. 1. 6.>

정답 ④

문 10

다음 설명 중 옳지 않은 것은 모두 몇 개인가? [2021년 16번]

> ㄱ. 심신장애로 인하여 사물을 변별하거나 의사를 결정할 능력이 미약한 자의 행위는 형을 감경한다.
> ㄴ. 형법 제114조는 사형, 무기 또는 단기 4년 이상의 징역에 해당하는 범죄를 목적으로 하는 단체 또는 집단을 조직하거나 이에 가입 또는 그 구성원으로 활동한 사람을 그 목적한 죄에 정한 형으로 처벌한다.
> ㄷ. 군인이 군사기지 및 군사시설 보호법 제2조 제1호의 군사기지에서 군인을 폭행 또는 협박한 경우에는 피해자의 명시한 의사에 반하여 공소를 제기할 수 없다.
> ㄹ. 형법 제37조 후단 경합범에 대하여 형법 제39조 제1항에 의하여 형을 감경할 때에도 법률상 감경에 관한 형법 제55조 제1항이 적용되어 유기징역을 감경할 때에는 그 형기의 2분의 1 미만으로는 감경할 수 없다.
> ㅁ. 임의적 감경사유의 존재가 인정되고 법관이 그에 따라 징역형에 대해 법률상 감경을 하는 경우 법정형의 하한만 2분의 1로 감경한다.

① 없음 ② 1개 ③ 2개
④ 3개 ⑤ 4개

MGI Point | 형의 가중·감경 ★★

- 심신장애로 인하여 전항의 능력이 미약한 자의 행위 ⇨ 임의적 감경
- 사형, 무기 또는 장기 4년 이상의 징역에 해당하는 범죄를 목적으로 하는 단체 또는 집단을 조직하거나 이에 가입 또는 그 구성원으로 활동한 사람은 그 목적한 죄에 정한 형으로 처벌 ○
- 군인이 군사기지 및 군사시설 보호법 §2 1호의 군사기지에서 군인을 폭행 또는 협박한 경우 ⇨ 반의사불벌죄 ×
- 형법 §37후단 경합범에 대하여 형법 §39①항에 의하여 형을 감경할 때 ⇨ 법률상 감경에 관한 형법 §55①이 적용되어 유기징역을 감경할 때에는 그 형기의 2분의 1 미만으로는 감경 불가
- 임의적 감경사유의 존재가 인정되고 법관이 그에 따라 징역형에 대해 법률상 감경을 하는 경우
  ⇨ 형법 §55①3호에 따라 상한과 하한을 모두 2분의 1로 감경

ㄱ. (X) 형법 제10조 제2항 참조.

> 형법 제10조(심신장애인) ② 심신장애로 인하여 전항의 능력이 미약한 자의 행위는 형을 감경할 수 있다. <개정 2018. 12. 18.>

ㄴ. (X) 형법 제114조 참조.

> 형법 제114조(범죄단체 등의 조직) 사형, 무기 또는 장기 4년 이상의 징역에 해당하는 범죄를 목적으로 하는 단체 또는 집단을 조직하거나 이에 가입 또는 그 구성원으로 활동한 사람은 그 목적한 죄에 정한 형으로 처벌한다. 다만, 형을 감경할 수 있다. [전문개정 2013. 4. 5.]

ㄷ. (X) 군형법 제60조 제1호 및 형법 제260조 제3항 참조.

> 군형법 제60조의6(군인등에 대한 폭행죄, 협박죄의 특례) 군인등이 다음 각 호의 어느 하나에 해당하는 장소에서 군인등을 폭행 또는 협박한 경우에는 「형법」제260조제3항 및 제283조제3항을 적용하지 아니한다.
> 1. 「군사기지 및 군사시설 보호법」제2조제1호의 군사기지
> 2. 「군사기지 및 군사시설 보호법」제2조제2호의 군사시설
> 3. 「군사기지 및 군사시설 보호법」제2조제5호의 군용항공기
> 4. 군용에 공하는 함선
> [본조신설 2016.5.29.]
> 형법 제260조(폭행, 존속폭행) ③ 제1항 및 제2항의 죄는 피해자의 명시한 의사에 반하여 공소를 제기할 수 없다. <개정 1995. 12. 29.>

ㄹ. (O) 형법 제37조 후단 경합범(이하 '후단 경합범'이라 한다)에 대하여 형법 제39조 제1항에 의하여 형을 감경할 때에도 법률상 감경에 관한 형법 제55조 제1항이 적용되어 유기징역을 감경할 때에는 그 형기의 2분의 1 미만으로는 감경할 수 없다(대판 2019.04.18. 2017도14609(전합)).

ㅁ. (X) 필요적 감경의 경우에는 감경사유의 존재가 인정되면 반드시 형법 제55조 제1항에 따른 법률상 감경을 하여야 함에 반해, 임의적 감경의 경우에는 감경사유의 존재가 인정되더라도 법관이 형법 제55조 제1항에 따른 법률상 감경을 할 수도 있고 하지 않을 수도 있다. 나아가 임의적 감경사유의 존재가 인정되고 법관이 그에 따라 징역형에 대해 법률상 감경을 하는 이상 형법 제55조 제1항 제3호에 따라 상한과 하한을 모두 2분의 1로 감경한다(대판 2021.01.21. 2018도5475(전합)).

정답 ⑤

문 11

다음 설명 중 옳지 않은 것은 모두 몇 개인가? [2020년 37번]

> 가. 형의 양정은 법정형 확인, 처단형 확정, 선고형 결정 등 단계로 구분된다. 법관은 형의 양정을 할 때 법정형에서 형의 가중·감경 등을 거쳐 형성된 처단형의 범위 내에서만 양형의 조건을 참작하여 선고형을 결정하여야 하고, 이는 형법 제37조 후단 경합범의 경우에도 마찬가지이다.
> 나. 형법 제56조는 형을 가중·감경할 사유가 경합된 경우 가중·감경의 순서를 '1. 각칙 본조에 의한 가중, 2. 제34조 제2항의 가중, 3. 누범가중, 4. 법률상감경, 5. 경합범가중, 6. 작량감경' 순으로 하도록 정하고 있다.
> 다. 형의 감경에는 법률상 감경과 재판상 감경인 작량감경이 있다. 작량감경 외에 법률의 여러 조항에서 정하고 있는 감경은 모두 법률상 감경이라는 하나의 틀 안에 놓여 있다. 따라서 형법 제39조 제1항 후문에서 정한 감경도 당연히 법률상 감경에 해당한다.
> 라. 형법 제37조 후단 경합범에 대하여 형법 제39조 제1항에 의하여 형을 감경할 때에도 법률상 감경에 관한 형법 제55조 제1항이 적용되어 유기징역을 감경할 때에는 그 형기의 2분의 1 미만으로는 감경할 수 없다.
> 마. 어떠한 행위가 위법성조각사유로서 정당행위나 정당방위가 되는지 여부는 구체적인 경우에 따라 합목적적·합리적으로 가려야 하고, 또 행위의 적법 여부는 국가질서를 벗어나서 이를 가릴 수 없는 것이다.

① 1개 ② 2개 ③ 3개
④ 4개 ⑤ 없음

> **MGI Point** 형의 양정 등 ★★
>
> - 법관이 형의 양정을 할 때 ⇨ 법정형에서 형의 가중·감경 등을 거쳐 형성된 처단형의 범위 내에서만 양형의 조건을 참작하여 선고형을 결정, 제37조 후단 경합범의 경우도 동일
> - 형을 가중감경할 사유가 경합된 때의 순서 ⇨ 1. 각칙 본조에 의한 가중 2. 제34조 제2항의 가중 3. 누범가중 4. 법률상감경 5. 경합범가중 6. 작량감경
> - 형법 제39조 제1항 후문에서 정한 감경 ⇨ 법률상 감경 ○
> - 형법 제37조 후단 경합범에 대하여 형법 제39조 제1항에 의하여 형을 감경할 때 ⇨ 법률상 감경에 관한 형법 제55조 제1항이 적용, 유기징역을 감경할 때에는 그 형기의 2분의 1 미만으로는 감경할 수 없음
> - 정당한 행위로서 위법성이 조각되는 것인가는 구체적 경우에 따라 합목적적, 합리적으로 가려져야 할 것, 행위의 적법 여부는 국가질서를 벗어나서 가릴 수는 없는 것

가. (○) 형의 양정은 법정형 확인, 처단형 확정, 선고형 결정 등 단계로 구분된다. 법관은 형의 양정을 할 때 법정형에서 형의 가중·감경 등을 거쳐 형성된 처단형의 범위 내에서만 양형의 조건을 참작하여 선고형을 결정하여야 하고, 이는 후단 경합범(형법 제37조 후단 경합범)의 경우에도 마찬가지이다(대판 2019.04.18. 2017도14609(전합)).

나. (○) 형법 제56조 참조.

> 형법 제56조(가중감경의 순서) 형을 가중·감경할 사유가 경합하는 경우에는 다음 각 호의 순서에 따른다.
> 1. 각칙 조문에 따른 가중
> 2. 제34조제2항에 따른 가중
> 3. 누범 가중
> 4. 법률상 감경
> 5. 경합범 가중
> 6. 정상참작감경
> [전문개정 2020. 12. 8.]

다. (○), 라. (○) 형법 제37조 후단 경합범(이하 '후단 경합범'이라 한다)에 대하여 형법 제39조 제1항에 의하여 형을 감경할 때에도 법률상 감경에 관한 형법 제55조 제1항이 적용되어 유기징역을 감경할 때에는 그 형기의 2분의 1 미만으로는 감경할 수 없다. 그 이유는 다음과 같다. ① 처단형은 선고형의 최종적인 기준이 되므로 그 범위는 법률에 따라서 엄격하게 정하여야 하고, 별도의 명시적인 규정이 없는 이상 형법 제56조에서 열거하고 있는 가중·감경할 사유에 해당하지 않는 다른 성질의 감경 사유를 인정할 수는 없다. 형의 감경에는 법률상 감경과 재판상 감경인 작량감경이 있다. 작량감경 외에 법률의 여러 조항에서 정하고 있는 감경은 모두 법률상 감경이라는 하나의 틀 안에 놓여 있다. 따라서 형법 제39조 제1항 후문에서 정한 감경도 당연히 법률상 감경에 해당한다. 형법 제39조 제1항 후문의 "그 형을 감경 또는 면제할 수 있다."라는 규정 형식도 다른 법률상의 감경 사유들과 다르지 않다. 이와 달리 형법 제39조 제1항이 새로운 감경을 설정하였다고 하려면 그에 대하여 일반적인 법률상의 감경과 다른, 감경의 폭이나 방식이 제시되어야 하고 감경의 순서 또한 따로 정했어야 할 것인데 이에 대하여는 아무런 정함이 없다. 감경의 폭이나 방식, 순서에 관해 달리 정하고 있지 않은 이상 후단 경합범에 대하여도 법률상 감경 방식에 관한 총칙규정인 형법 제55조, 제56조가 적용된다고 보는 것이 지극히 자연스럽다. ② 후단 경합범에 따른 감경을 새로운 유형의 감경이 아니라 일반 법률상 감경의 하나로 보고, 후단 경합범에 대한 감경에 있어 형법 제55조 제1항에 따라야 한다고 보는 것은 문언적·체계적 해석에 합치될 뿐 아니라 입법자의 의사와 입법연혁 등을 고려한 목적론적 해석에도 부합한다(대판 2019.04.18. 2017도14609(전합)).

마. (○) 어떠한 행위가 정당한 행위로서 위법성이 조각되는 것인가는 구체적 경우에 따라 합목적적, 합리적으로 가려져야 할 것이며 또 행위의 적법여부는 국가질서를 벗어나서 이를 가릴 수는 없는 것인 바, 정당행위를 인정하려면 첫째, 그 행위의 동기나 목적의 정당성 둘째, 행위의 수단이나 방법의 상당성 세째, 보호이익과 침해이익과의 법익권형성 네째, 긴급성 다섯째로, 그 행위외에 다른 수단이나 방법이 없다는 보충성 등의 요건을 갖추어야 한다(대판 1987.01.20. 86도1809).

정답 ⑤

문 12
자수에 관한 다음 설명 중 옳지 않은 것은 모두 몇 개인가? [2018년 8번]

> ㉠ '자수'란 범인이 스스로 수사책임이 있는 관서에 자기의 범행을 자발적으로 신고하고 그 처분을 구하는 의사표시이므로, 수사기관의 직무상의 질문 또는 조사에 응하여 범죄사실을 진술하는 것은 자백일 뿐 자수로는 되지 아니하고, 나아가 자수는 범인이 수사기관에 의사표시를 함으로써 성립하는 것이므로 내심적 의사만으로는 부족하고 외부로 표시되어야 이를 인정할 수 있는 것이다.
> ㉡ 피고인들이 검찰에 조사 일정을 문의한 다음 지정된 일시에 검찰에 출두하는 등의 방법으로 자진 출석하여 범행을 사실대로 진술하였다면 자수가 성립되었다고 할 것이고, 그 후 법정에서 범행 사실을 부인한다고 하여 뉘우침이 없는 자수라거나, 이미 발생한 자수의 효력이 없어진다고 볼 수 없다.
> ㉢ 자수한 자에 대하여 법원이 임의로 형을 감경할 수 있다고 하여도 피고인의 자수감경 주장에 대하여 판단을 하지 아니하면 위법하다.
> ㉣ 어느 죄에 관한 자수의 요건과 효과가 어떠한가 하는 문제는 논리필연적으로 도출되는 문제로, 그 입법 취지가 자수의 두 가지 측면 즉, 범죄를 스스로 뉘우치고 개전의 정을 표시하는 것으로 보아 비난가능성이 약하다는 점과 자수를 하면 수사를 하는 데 용이할 뿐 아니라 형벌권을 정확하게 행사할 수 있어 죄 없는 자에 대한 처벌을 방지할 수 있다는 점 중 어느 한쪽을 얼마만큼 중시하는지 또는 양자를 모두 동등하게 고려하는지에 따라 입법정책적으로 결정되는 것은 아니다.
> ㉤ 법률상의 형의 감경사유가 되는 자수를 위하여는, 범인이 자기의 범행으로서 범죄성립요건을 갖춘 객관적 사실을 자발적으로 수사관서에 신고하여 그 처분에 맡기고, 법적으로 그 요건을 완전히 갖춘 범죄행위라고 적극적으로 인식하고 있어야 한다.

① 1개 ② 2개 ③ 3개
④ 4개 ⑤ 5개.

해설

㉠ (O), ㉢ (X) 형법 제52조 제1항에서 말하는 '자수'란 범인이 스스로 수사책임이 있는 관서에 자기의 범행을 자발적으로 신고하고 그 처분을 구하는 의사표시이므로, 수사기관의 직무상의 질문 또는 조사에 응하여 범죄사실을 진술하는 것은 자백일 뿐 자수로는 되지 아니하고, 나아가 자수는 범인이 수사기관에 의사표시를 함으로써 성립하는 것이므로 내심적 의사만으로는 부족하고 외부로 표시되어야 이를 인정할 수 있는 것이다. 또한 피고인이 자수하였다 하더라도 자수한 이에 대하여는 법원이 임의로 형을 감경할 수 있음에 불과한 것으로서 원심이 자수감경을 하지 아니하였다거나 자수감경 주장에 대하여 판단을 하지 아니하였다 하여 위법하다고 할 수 없다(대판 2011.12.22. 2011도12041).

㉡ (O) 피고인들이 검찰에 조사 일정을 문의한 다음 지정된 일시에 검찰에 출두하는 등의 방법으로 자진 출석하여 범행을 사실대로 진술하였다면 자수가 성립되었다고 할 것이고, 그 후 법정에서 범행 사실을 부인한다고 하여 뉘우침이 없는 자수라거나, 이미 발생한 자수의 효력이 없어진다고 볼 수 없다(대판 2005.04.29. 2002도7262).

㉣ (X) 형법이나 국가보안법 등이 자수에 대하여 형을 감면하는 정도를 그 입법 취지에 따라 달리 정하고 자수의 요건인 자수시기에 관하여도 각각 달리 정하고 있는 점으로 미루어 보면, 어느 죄에 관한 자수의 요건과 효과가 어떠한가 하는 문제는 논리필연적으로 도출되는 문제가 아니라, 그 입법 취지가 자수의 두 가지 측면 즉 범죄를 스스로 뉘우치고 개전

의 정을 표시하는 것으로 보아 비난가능성이 약하다는 점과 자수를 하면 수사를 하는 데 용이할 뿐 아니라 형벌권을 정확하게 행사할 수 있어 죄 없는 자에 대한 처벌을 방지할 수 있다는 점 중 어느 한쪽을 얼마만큼 중시하는지 또는 양자를 모두 동등하게 고려하는지에 따라 입법정책적으로 결정되는 것이다(대판 1997.03.20. 96도1167(전합)).

ⓜ (X) 법률상의 형의 감경사유가 되는 자수를 위하여는, 범인이 자기의 범행으로서 범죄성립요건을 갖춘 객관적 사실을 자발적으로 수사서에 신고하여 그 처분에 맡기는 것으로 족하고, 더 나아가 법적으로 그 요건을 완전히 갖춘 범죄행위라고 적극적으로 인식하고 있을 필요까지는 없다(대판 1995.06.30. 94도1017).

정답 ③

문 13

다음 중 자수에 해당하는 것은 모두 몇 개인가?(다툼이 있는 경우 판례에 의함) [2016년 35번]

㉮ A가 수사기관에 자진 출석하여 처음 조사를 받으면서는 돈을 차용하였을 뿐이라며 범죄사실을 부인하다가 제2회 조사를 받으면서 업무와 관련하여 돈을 수수하였다고 자백한 경우

㉯ B가 강도치상 범행 후 범행 현장을 이탈하여 도주하다가 마음을 바꾸어 공중전화로 경찰에게 자신의 위치를 알려주었고, 당시 범죄신고를 받고 출동한 경찰은 범행 현장으로부터 상당히 떨어진 곳에 위치한 공중전화 앞에서 B를 발견하고 B에게 범행 여부를 묻자 B는 그 범행사실을 순순히 시인하였으며, B가 피의자신문과정에서 위 강도치상 범행을 자백한 경우

㉰ C가 경찰관에게 전화통화로 자수의사를 표시하고 함께 만날 시간을 정하였으나 자신이 어디에 있는지는 밝히지 아니하였는데, 자신의 소재를 파악하고 찾아온 경찰관이 약속시간보다 일찍 경찰서를 가자는 요청에 순순히 응하여 검거되었고 뒤이어 피의자신문과정에서도 범행을 자백한 경우

㉱ D가 수사기관에서 조사를 받는 과정에서 뇌물수수의 범죄사실은 수사대상이 아니었고 수사관이 이에 대하여 전혀 인식하지 못하여 이를 추궁하지도 않는 상황에서, D가 뇌물수수 사실을 자발적으로 진술하여 수사기관의 소추를 구한 경우

㉲ E가 검찰의 소환에 따라 자진 출석하여 검사에게 직무관련성을 포함한 금품 수수 사실에 관하여 자백하였으나, 그 후에 검찰이나 법정에서 범죄사실을 일부 부인한 경우

㉳ F가 대마초를 은박지에 포장하여 운동화 1켤레의 각 안창 밑에 넣은 다음 이를 신은 채 세관 문형 검색장치를 통과하려고 할 때 금속탐지음이 울리자, 세관 소속 공무원이 휴대용 금속탐지기로 F의 몸을 검색하였는데, 그래도 계속 금속탐지음이 나므로, 위 세관 소속 공무원이 F에게 무엇이냐고 묻자 F가 담배라고 대답하였다가, 이에 대마초인 것을 직감한 위 세관 소속 공무원이 다시 대마초냐고 되묻자, F가 그 때서야 대마초를 은닉 소지한 사실을 시인한 경우

① 1개 ② 2개 ③ 3개
④ 4개 ⑤ 5개

∷ 해설   ★★

㉮ (X) [1] 형법 제52조 제1항에서 말하는 '자수'란 범인이 스스로 수사책임이 있는 관서에 자기의 범행을 자발적으로 신고하고 그 처분을 구하는 의사표시이므로, 수사기관의 직무상의 질문 또는 조사에 응하여 범죄사실을 진술하는 것은 자백일 뿐 자수로는 되지 아니하고, 나아가 자수는 범인이 수사기관에 의사표시를 함

으로써 성립하는 것이므로 내심적 의사만으로는 부족하고 외부로 표시되어야 이를 인정할 수 있는 것이다. 또한 피고인이 자수하였다 하더라도 자수한 이에 대하여는 법원이 임의로 형을 감경할 수 있음에 불과한 것으로서 원심이 자수감경을 하지 아니하였다거나 자수감경 주장에 대하여 판단을 하지 아니하였다 하여 위법하다고 할 수 없다. [2] 피고인이 금융기관 직원인 자신의 업무와 관련하여 금품을 수수하였다고 하여 특정경제범죄 가중처벌 등에 관한 법률 위반(수재)죄로 기소된 사안에서, 피고인이 수사기관에 자진 출석하여 처음 조사를 받으면서는 돈을 차용하였을 뿐이며 범죄사실을 부인하다가 제2회 조사를 받으면서 비로소 업무와 관련하여 돈을 수수하였다고 자백한 행위를 자수라고 할 수 없고, 설령 자수하였다고 하더라도 자수한 이에 대하여는 법원이 임의로 형을 감경할 수 있음에 불과한 것으로서 원심이 자수의 착오 주장에 대하여 판단하지 아니하였다 하여 위법하다고 할 수 없다 (대판 2011.12.22. 2011도12041).

㉯ (O) B가 강도치상 범행 후 공중전화로 경찰에 자신의 위치를 알리고 범행사실을 순순히 시인했고, 피의자 신문과정에서도 강도치상 범행을 자백했으므로 자수에 해당한다.

㉰ (O) C가 자발적으로 자신의 범죄사실을 수사기관에 신고하였으므로 자수에 해당한다.

㉱ (O) 수사관이 뇌물수수의 범죄사실에 대하여 전혀 인식하지 못하여 이를 추궁하지도 않는 상황에서 D가 뇌물수수 사실을 자발적으로 진술하여 수사기관의 소추를 구하였는 바 자수에 해당한다.

㉲ (O) 형법 제52조 제1항 소정의 자수란 범인이 자발적으로 자신의 범죄사실을 수사기관에 신고하여 그 소추를 구하는 의사표시를 함으로써 성립하는 것으로서, 일단 자수가 성립한 이상 자수의 효력은 확정적으로 발생하고 그 후에 범인이 번복하여 수사기관이나 법정에서 범행을 부인한다고 하더라도 일단 발생한 자수의 효력이 소멸하는 것은 아니라고 할 것이다(대판 1994.10.14. 94도2130).

㉳ (X) 형법 제52조 제1항 소정의 자수라 함은 범인이 자발적으로 자신의 범죄사실을 수사기관에 신고하여 그 소추를 구하는 의사표시를 말한다. 세관 검색시 금속탐지기에 의해 대마 휴대 사실이 발각될 상황에서 세관 검색원의 추궁에 의하여 대마 수입 범행을 시인한 경우, 자발성이 결여되어 자수에 해당하지 않는다(대판 1999.04.13. 98도4560).

 ④

제❸절 ┃ 누범

문 15

사면, 복권에 관한 다음 설명 중 옳지 않은 것은 모두 몇 개인가?[2023년 24번]

> ㄱ. 여러 개의 형이 병과된 사람에 대하여 그 병과형 중 일부의 집행을 면제하거나 그에 대한 형의 선고의 효력을 상실케 하는 특별사면이 있은 경우, 그 특별사면의 효력이 병과된 나머지 형에까지 미치는 것은 아니다.
> ㄴ. 형의 선고를 받은 자가 특별사면을 받아 형의 집행을 면제받고, 또 후에 복권이 되었다 하더라도 형의 선고의 효력이 상실되는 것은 아니지만, 복권이 된 이상 누범의 기초가 되는 전과에는 포함되지 아니한다.
> ㄷ. 확정판결의 죄에 대하여 일반사면이 있다 하더라도 일사부재리의 효력 등은 여전히 계속 존속하는 것이고, 확정판결이 있었던 사실에 의하여 그 전의 죄와 후의 죄 등이 형법 제37조 후단의 경합범관계에 있었다고 하는 효과에도 영향이 있다고 할 수 없다.
> ㄹ. 일반사면은 죄의 종류를 정하여 행해지는 것으로, 대통령령의 방식으로 실시하며, 형 선고의 효력이 상실되고, 형을 선고받지 아니한 자에 대하여는 공소권(公訴權)이 상실된다.

① 없음 ② 1개 ③ 2개 ④ 3개 ⑤ 4개

> MGI Point **사면, 복권** ★★★
>
> - 병과형 중 일부에 대한 특별사면이 있는 경우 ⇨ 특별사면의 효력이 병과된 나머지 형에까지 미치지 않음
> - 특별사면을 받아 형의 집행을 면제받고, 또 후에 복권된 경우 ⇨ 누범 전과에 포함
> - 일반사면과 형법 제37조 후단의 경합범관계 ⇨ 연관×
> - 일반사면의 방식과 효력 ⇨ 대통령령으로, 형 선고의 효력이 상실 또는 공소권 상실

ㄱ. (○) 형법 제41조, 사면법 제5조 제1항 제2호, 제7조 등의 규정의 내용 및 취지에 비추어 보면, 여러 개의 형이 병과된 사람에 대하여 그 병과형 중 일부의 집행을 면제하거나 그에 대한 형의 선고의 효력을 상실케 하는 특별사면이 있는 경우, 그 특별사면의 효력이 병과된 나머지 형에까지 미치는 것은 아니므로 징역형의 집행유예와 벌금형이 병과된 신청인에 대하여 징역형의 집행유예의 효력을 상실케 하는 내용의 특별사면이 그 벌금형의 선고의 효력까지 상실케 하는 것은 아니다(대법원 1997. 10. 13. 96모33 결정).

ㄴ. (×) 형의 선고를 받은 자가 특별사면을 받아 형의 집행을 면제받고 또 후에 복권이 되었다 하더라도 형의 선고의 효력이 상실되는 것은 아니므로 실형을 선고받아 복역타가 특별사면으로 출소한 후 3년 이내에 다시 범죄를 저지른 자에 대한 누범가중은 정당하다(대법원 1986. 11. 11. 86도2004).

ㄷ. (○) 확정판결의 죄에 대하여 일반사면이 있다 하더라도 일사부재리의 효력 등은 여전히 계속 존속하는 것이고, 확정판결이 있었던 사실에 의하여 그 전의 죄와 후의 죄 등이 형법 제37조 후단의 경합범관계에 있었다고 하는 효과도 일반사면에 의하여 좌우되는 것은 아니다(대법원 1995. 12. 22. 95도2446).

ㄹ. (○)

> 사면법
> 제5조(사면 등의 효과) ① 사면, 감형 및 복권의 효과는 다음 각 호와 같다.
> 1. 일반사면: 형 선고의 효력이 상실되며, 형을 선고받지 아니한 자에 대하여는 공소권(公訴權)이 상실된다. 다만, 특별한 규정이 있을 때에는 예외로 한다.
> 제8조(일반사면 등의 실시) 일반사면, 죄 또는 형의 종류를 정하여 하는 감형 및 일반에 대한 복권은 대통령령으로 한다. 이 경우 일반사면은 죄의 종류를 정하여 한다.

문 14

다음 설명 중 옳은 것은 모두 몇 개인가? [2022년 21번]

> ㄱ. 피고인이 2016. 6. 2. 사기죄 등으로 징역 1년 및 징역 3년을 각 선고받고 2016. 9. 20. 위 판결이 확정되어 2018. 5. 27. 위 징역 3년 형의 집행을 종료하고 연이어 징역 1년 형을 복역하던 중 공무집행방해 범행을 저질렀다면, 형의 집행을 종료하거나 면제를 받은 후 3년이 경과하지 않아 누범으로 처벌할 수 없다.
> ㄴ. 피고인이 2014. 10. 30. 특수절도죄 등으로 징역 1년을 선고받고 2015. 9. 17. 안동교도소에서 그 형의 집행을 종료하였고, 2018. 9. 17. 01:10경 이 사건 범행을 저지른 경우, 누범기간은 특수절도죄 등에 대한 형의 집행을 종료한 날인 2015. 9. 17.부터 역수상 3년이 되는 2018. 9. 16.까지이므로, 이 사건 범행은 누범에 해당하지 않는다.

ㄷ. 상습범 중 일부 범행이 누범기간 내에 이루어진 이상 나머지 범행이 누범기간 경과 후에 행하여 졌더라도 그 행위 전부는 누범관계에 있다.
ㄹ. 형법 제35조 소정의 누범이 되려면 금고 이상의 형을 선고받아 그 집행이 종료되거나 면제된 후 3년 내에 다시 금고 이상에 해당하는 죄를 지어야 하고, 이 경우 다시 금고 이상에 해당하는 죄를 지었는지 여부는 그 범죄의 실행행위를 하였는지 여부를 기준으로 결정하여야 하므로 3년의 기간 내에 실행의 착수가 있으면 족하고, 그 기간 내에 기수에까지 이르러야 되는 것은 아니다.

① 없음 ② 1개 ③ 2개 ④ 3개 ⑤ 4개

MGI Point 누범 ★★★

- 형법 제37조 후단의 경합범에 대하여 두 개의 형이 선고되었는데, 하나의 형의 집행을 완료하고 다른 형의 집행 중 범행 ⇨ 집행을 마친 형에 대한 관계에 있어서는 누범에 해당
- 누범기간의 기산점 ⇨ 징역형의 집행이 종료된 바로 다음날
- 상습범 중 일부 범행은 누범기간 내에, 일부는 경과 후에 이루어진 경우 ⇨ 행위 전부가 누범
- 누범기간 내의 범죄행위 ⇨ 실행의 착수가 있으면 足, 기수까지 이르러야 되는 것 ✕

ㄱ. (X) 형법 제35조 제1항은 "금고 이상의 형을 받아 그 집행을 종료하거나 면세를 받은 후 3년 내에 금고 이상에 해당하는 죄를 범한 자는 누범으로 처벌한다."라고 규정하고 있다. 따라서 집행유예가 실효되는 등의 사유로 인하여 두 개 이상의 금고형 내지 징역형을 선고받아 각 형을 연이어 집행받음에 있어 하나의 형의 집행을 마치고 또 다른형의 집행을 받던 중 먼저 집행된 형의 집행 종료일로부터 3년 내에 금고 이상에 해당하는 죄를 저지른 경우에, 집행 중인 형에 대한 관계에 있어서는 누범에 해당하지 않지만 앞서 집행을 마친 형에 대한 관계에 있어서는 누범에 해당한다. 이는 형법 제37조 후단 경합범에 해당하여 두 개 이상의 금고형 내지 징역형을 선고받아 각 형을 연이어 집행받은 경우에도 마찬가지이다(대판 2021.09.16. 2021도8764).

ㄴ. (X) 피고인에 대한 누범기간은 특수절도죄 등에 대한 징역형의 집행을 종료한 날의 다음 날인 2015. 9. 18.부터 역수상 3년이 되는 2018. 9. 17. 24:00까지이고, 이 사건 범행은 누범기간 내인 2018. 9. 17. 01:10경 이루어졌으므로, 누범에 해당한다고 봄이 타당하다(대판 2021.02.25 2020도8728).

ㄷ. (O) 상습범 중 일부 소위가 누범기간내에 이루어진 이상 나머지 소위가 누범기간 경과후에 행하여 졌더라도 그 행위 전부가 누범관계에 있는 것이다(대판 1982.05.25. 82도600,82감도115).

ㄹ. (O) 형법 제35조 소정의 누범이 되려면 금고 이상의 형을 받아 그 집행을 종료하거나 면제를 받은 후 3년 내에 다시 금고 이상에 해당하는 죄를 범하여야 하는바, 이 경우 다시 금고 이상에 해당하는 죄를 범하였는지 여부는 그 범죄의 실행행위를 하였는지 여부를 기준으로 결정하여야 하므로 3년의 기간 내에 실행의 착수가 있으면 족하고, 그 기간 내에 기수에까지 이르러야 되는 것은 아니다(대판 2006.04.07. 2005도9858 (전합)).

정답 ③

문 15

누범에 관한 다음 설명 중 옳지 않은 것은 모두 몇 개인가? [2021년 18번]

> ㄱ. 형법상 누범의 형은 그 죄에 정한 형의 단기 및 장기의 2배까지 가중한다.
> ㄴ. 헌법재판소는 누범을 가중처벌하는 것은 전범에 대한 형벌의 경고적 기능을 무시하고 다시 범죄를 저질렀다는 점에서 비난가능성이 많고, 누범이 증가하고 있다는 현실에서 사회방위, 범죄의 특별예방 및 일반예방이라는 형벌목적에 비추어 보아, 헌법상의 평등의 원칙에 위배되지 아니한다고 보았다.
> ㄷ. 특별사면으로 출소한 후 3년 이내에 다시 범죄를 저지른 경우에는 누범으로 처벌되지 않는다.
> ㄹ. 형법 제35조 제1항에 규정된 '금고이상에 해당하는 죄'라 함은 법정형이 유기금고형이나 유기징역형에 해당하는 죄를 가리키는 것이다.
> ㅁ. 형법 제35조 제1항에서 말하는 '형집행 종료 후'라 함은 '형집행 종료일 후'를 의미한다고 해석되므로, 형집행 종료일에 출소하여 같은 날 다시 죄를 범하였다고 하더라도 위 조항의 누범으로 볼 수 없고, 누범기간의 기산점도 형집행 종료일의 다음날이다.

① 1개 ② 2개 ③ 3개
④ 4개 ⑤ 5개

MGI Point 누범 ★★★

- 누범의 형은 그 죄에 대하여 정한 형의 장기의 2배까지 가중
- 누범 가중처벌 ⇨ 평등원칙 위반 ✕
- 특별사면으로 출소 후 3년 내에 다시 범죄를 저지른 경우 ⇨ 누범 가중 可
- 형법 §35①에 규정된 '금고이상에 해당하는 죄'의 의미 ⇨ 유기금고형이나 유기징역형으로 처단할 경우에 해당하는 죄
- 형법 §35①에서 '형집행 종료 후'의 의미 ⇨ '형집행 종료일 후'를 의미 ○, 누범기간의 기산점도 형집행 종료일의 다음날 ○

ㄱ. (X) 형법 제35조 제2항 참조.

> 형법 제35조(누범) ① 금고(禁錮) 이상의 형을 선고받아 그 집행이 종료되거나 면제된 후 3년 내에 금고 이상에 해당하는 죄를 지은 사람은 누범(累犯)으로 처벌한다.
> ② 누범의 형은 그 죄에 대하여 정한 형의 장기(長期)의 2배까지 가중한다.
> [전문개정 2020. 12. 8.] [시행일 : 2021. 12. 9.]

ㄴ. (○) 누범을 가중처벌하는 것은 전범에 대한 형벌의 경고적 기능을 무시하고 다시 범죄를 저질렀다는 점에서 비난가능성이 많고, 누범이 증가하고 있다는 현실에서 사회방위, 범죄의 특별예방 및 일반예방이라는 형벌목적에 비추어 보아, 형법 제35조가 누범에 대하여 형을 가중한다고 해서 그것이 인간(人間)의 존엄성(尊嚴性) 존중이라는 헌법의 이념에 반하는 것도 아니며, 누범을 가중하여 처벌하는 것은 사회방위, 범죄의 특별예방 및 일반예방, 더 나아가 사회의 질서유지의 목적을 달성하기 위한 하나의 수단이기도 하는 것이므로 이는 합리적 근거 있는 차별이어서 헌법상의 평등(平等)의 원칙(原則)에 위배되지 아니한다(헌재 1995.02.23. 93헌바43).

ㄷ. (X) 형의 선고를 받은 자가 특별사면을 받아 형의 집행을 면제받고 또 후에 복권이 되었다 하더라도 형의 선고의 효력이 상실되는 것은 아니므로 실형을 선고받아 복역타가 특별사면으로 출소한 후 3년 이내에 다시 범죄를 저지른 자에 대한 누범가중은 정당하다(대판 1986.11.11. 86도2004).

ㄹ. (X) 형법 제35조 제1항에 규정된 "금고 이상에 해당하는 죄" 라 함은 유기금고형이나 유기징역형으로 처단할 경우에 해당하는 죄를 의미하는 것으로서 법정형 중 벌금형을 선택한 경우에는 누범가중을 할 수 없다(대판 1982.09.14. 82도1702).

ㅁ. (O) 형법 제35조 제1항은 "금고 이상의 형을 받아 그 집행을 종료하거나 면제를 받은 후 3년 내에 금고 이상에 해당하는 죄를 범한 자는 누범으로 처벌한다."고 규정하고 있다. 여기서 '형집행 종료 후'라 함은 '형집행 종료일 후'를 의미한다고 해석되므로, 형집행 종료일에 출소하여 같은 날 다시 죄를 범하였다고 하더라도 위 조항의 누범으로 볼 수 없고, 누범기간의 기산점도 형집행 종료일의 다음날이라고 봄이 타당하다(대판 2021.02.25. 2020도8728).

정답 ③

문 16

누범에 관한 다음 설명 중 가장 옳은 것은?(다툼이 있는 경우 판례에 의하고, 전원합의체 판결의 경우 다수의견에 의함. 이하 같음) [2019년 1번]

① 누범전과인 금고 이상의 형의 선고는 유효하여야 하므로, 일반사면에 의하여 형의 선고의 효력이 상실되거나 특별사면을 받아 형의 집행을 면제받은 때에는 그 범죄는 누범전과가 될 수 없으나, 복권은 사면의 경우와 같이 형의 언도의 효력을 상실시키는 것은 아니므로 그 전과사실은 누범가중 사유에 해당한다.

② 누범가중에 있어서 후범(後犯)은 전범(前犯)과 같은 죄명이거나 죄질을 같이하는 동종의 범죄일 것을 요하지는 않으나, 후범은 고의범으로 제한하는 것이 타당하다.

③ 누범가중의 사유가 되는 전과사실은 범죄사실이 아니므로 불고불리(不告不理)의 원칙이 적용되지 아니하며, 따라서 전과사실이 공소장에 기재되어 있을 것을 요하지 않으나, 전과사실은 피고인의 자백만으로 인정할 수 없고 이에 대한 보강증거가 있어야 한다.

④ 상해죄 등으로 기소된 피고인이 누범전과인 확정판결에 대해 재심을 청구하여 재심대상판결 전부에 대하여 재심개시 결정이 이루어졌고, 상해죄 등 범행 이후 진행된 재심심판 절차에서 징역형을 선고한 재심판결이 확정됨으로써 확정 판결이 당연히 효력을 상실한 경우, 상해죄 등 범행은 확정 판결에 의한 형의 집행이 끝난 후 3년 내에 이루어졌다고 할 수 없다.

⑤ 금고 이상의 형을 받고 그 형의 집행유예기간 중에 금고 이상에 해당하는 죄를 범하였다 하더라도 이는 누범가중의 요건을 충족시킨 것은 아니나, 잔형기(殘刑期) 경과 전인 가석방기간 중에 다시 죄를 범한 경우에는 형집행종료 후에 죄를 범한 경우에 해당한다.

MGI Point 누범 ★★

- 특별사면을 받더라도 형의 선고의 효력이 상실되는 것은 아니므로 특별사면으로 출소한 후 3년 이내에 다시 범죄 저지른 경우 누범가중은 정당
- 누범의 요건인 금고 이상의 형에는 고의범이고 과실범이고 불문 ○
- 누범가중의 사유가 되는 전과사실
  - 공소장에 기재되지 않아도 누범가중 가능
  - 피고인의 자백만으로도 인정 가능
  - 보강증거가 불요
- 징역형의 확정판결로 집행을 종료한 후 3년 내에 상해죄 등을 범하였다는 이유로 제1심 및 원심에서 누범으로 가중처벌 ⇨ 그 후 누범전과인 확정판결에 대해 징역형을 선고한 재심판결이 확정됨 ⇨ 이로써 확정판결은 당연히 효력을 상실 ⇨ 상해죄는 누범 ×
- 집행유예기간 중이거나 가석방 중인 때 범한 죄는 누범 ×

① (X) 형의 선고를 받은 자가 특별사면을 받아 형의 집행을 면제받고 또 후에 복권이 되었다 하더라도 형의 선고의 효력이 상실되는 것은 아니므로 실형을 선고받아 복역타가 특별사면으로 출소한 후 3년 이내에 다시 범죄를 저지른 자에 대한 누범가중은 정당하다(대판 1986.11.11. 86도2004).

② (X) 누범의 요건으로 금고 이상의 형을 규정하고 있을 뿐이므로 고의범이고 과실범이고 불문한다.

③ (X) 누범가중의 사유가 되는 피고인의 전과사실은 범죄사실에 해당하는 것이 아니라 양형사유에 불과한 것이므로, 원판결이 검사의 이 사건 피고인에 대한 공소장에 기재되어 있지 아니한 누범가중의 사유가 되는 전과사실을 인정하고 피고인을 누범으로 처벌하였다 하여도 거기에 어떤 위법 사유가 있다고 할 수 없는 것이다(대판 1971.12.21. 71도2004). 전과에 관한 사실은 엄격한 의미에서의 범죄사실과는 구별되는 것으로서 피고인의 자백만으로도 이를 인정할 수 있다. 따라서 전과사실의 자백에 대하여 보강증거가 필요하지 않다(대판 1979.08.21. 79도1528).

④ (○) 피고인이 폭력행위등처벌에관한법률위반(집단·흉기등재물손괴등)죄 등으로 징역형을 선고받아 판결이 확정되었는데, 그 집행을 종료한 후 3년 내에 상해죄 등을 범하였다는 이유로 제1심 및 원심에서 누범으로 가중처벌된 사안에서, 피고인이 누범전과인 확정판결에 대해 재심을 청구하여 재심대상판결 전부에 대하여 재심개시결정이 이루어졌고, 상해죄 등 범행 이후 진행된 재심심판절차에서 징역형을 선고한 재심판결이 확정됨으로써 확정판결은 당연히 효력을 상실하였으므로, 더 이상 상해죄 등 범행이 확정판결에 의한 형의 집행이 끝난 후 3년 내에 이루어진 것이 아니다(대판 2017.09.21. 2017도4019).

⑤ (X) 집행유예기간 중이거나 가석방기간 중인 때에는 형의집행이 종료하거나 면제된 것이 아니므로 그 기간 중에 범한 죄에 대해서는 누범가중사유가 되지 않는다.

정답 ④

문 17

다음 설명 중 옳지 않은 것은 모두 몇 개인가? [2018년 7번]

> 가. 누범이 경합범인 경우에는 먼저 경합범 가중을 한 후에 누범 가중을 해야 한다.
> 나. 집행유예의 선고를 받은 후 그 선고의 실효 또는 취소됨이 없이 유예기간을 경과한 경우 그 전과사실은 누범가중의 사유가 되지 않는다.
> 다. 형면제 판결을 선고받은 전과 및 일반사면된 전과는 누범전과가 될 수 없으나, 특별사면된 전과 및 복권된 전과는 예외 없이 누범전과에 해당한다.
> 라. 잔형기 경과 전인 가석방기간 중에 범한 죄에 대하여는 형 집행 종료 후에 죄를 범한 경우에 해당한다고 볼 수 없으므로 누범가중을 할 수 없다.
> 마. 형법상 누범의 형은 그 죄에 정한 형의 장기의 2배까지 가중하므로, 징역 50년은 초과할 수 있으나 단기는 가중하지 않는다.

① 0개　　② 1개　　③ 2개
④ 3개　　⑤ 4개

해설 ★★★

가. (X) 형법 제56조 참조.

> 형법 제56조(가중감경의 순서) 형을 가중·감경할 사유가 경합하는 경우에는 다음 각 호의 순서에 따른다.
> 1. 각칙 조문에 따른 가중
> 2. 제34조제2항에 따른 가중
> 3. 누범 가중
> 4. 법률상 감경
> 5. 경합범 가중
> 6. 정상참작감경
> [전문개정 2020. 12. 8.]

나. (O) 집행유예가 실효 또는 취소됨이 없이 유예기간을 경과한 때에는, 형의 선고가 이미 그 효력을 잃게 되어 '금고 이상의 형을 선고'한 경우에 해당한다고 보기 어려울 뿐 아니라, 집행의 가능성이 더 이상 존재하지 아니하여 집행종료나 집행면제의 개념도 상정하기 어려우므로(대판 2007.02.08. 2006도6196) 누범에서 가중요건인 '금고 이상의 형을 받아야' 한다는 전범의 요건을 충족할 수 없다.

다. (X) 일반사면령에 의하여 형의 선고의 효력이 상실된 범죄를 누범가중 사유로 하여 처벌하였음은 위법이다(대판 1964.03.31. 64도34). 또한 형면제 판결은 '금고 이상의 형선고'에 해당하지 않으므로 누범전과에 해당하지 아니한다. 특별사면은 형의 집행이 면제될 뿐이므로 누범가중사유에 해당하나 특별한 사정이 있어 형 선고의 효력이 상실된 경우에는 누범가중사유에 해당하지 아니한다. 복권은 사면의 경우와 같이 형의 언도의 효력을 상실시키는 것이 아니고, 다만 형의 언도의 효력으로 인하여 상실 또는 정지된 자격을 회복시킴에 지나지 아니하는 것이므로 복권이 있었다고 하더라도 그 전과사실은 누범가중사유에 해당한다(대판 1981.04.14. 81도543).

사면법 제5조(사면 등의 효과) ① 사면, 감형 및 복권의 효과는 다음 각 호와 같다.
1. 일반사면: 형 선고의 효력이 상실되며, 형을 선고받지 아니한 자에 대하여는 공소권이 상실된다. 다만, 특별한 규정이 있을 때에는 예외로 한다.
2. 특별사면: 형의 집행이 면제된다. 다만, 특별한 사정이 있을 때에는 이후 형 선고의 효력을 상실하게 할 수 있다.
5. 복권: 형 선고의 효력으로 인하여 상실되거나 정지된 자격을 회복한다.
② 형의 선고에 따른 기성의 효과는 사면, 감형 및 복권으로 인하여 변경되지 아니한다.

라. (○) 잔형기간경과전인 가석방기간중에 본건 범행을 저질렀다면 이를 형법 제35조에서 말하는 형 집행종료후에 죄를 범한 경우에 해당한다고 볼 수 없으므로 여기에 누범가중을 할 수 없는 이치라 할 것이다(대판 1976.09.14. 76도2071).

마. (X) 유기징역·금고에 대해 형을 가중하는 경우는 50년을 초과할 수 없다.

형법 제42조(징역 또는 금고의 기간) 징역 또는 금고는 무기 또는 유기로 하고 유기는 1개월 이상 30년 이하로 한다. 단, 유기징역 또는 유기금고에 대하여 형을 가중하는 때에는 50년까지로 한다.

정답 ④

문 18

누범에 관한 다음 설명 중 옳은 것은 모두 몇 개인가?(다툼이 있는 경우 판례에 따르고 전원합의체 판결의 경우 다수의견에 의함) [2017년 34번]

가. 금고 이상의 형을 받고 그 형의 집행유예기간 중에 금고 이상에 해당하는 죄를 범하였다 하더라도 누범에 해당하지 아니한다.
나. 법정형 중 벌금형을 선택한 경우에는 누범가중을 할 수 없다.
다. 상습범 중 일부 행위가 누범기간 내에 이루어지고 나머지 행위가 누범기간 경과 후에 이루어진 경우 행위 전부가 누범관계에 있다고 할 수 없다.
라. 다시 금고 이상에 해당하는 죄를 범하였는지 여부는 그 범죄의 실행행위를 하였는지 여부를 기준으로 결정하여야 하므로 3년의 기간 내에 실행의 착수가 있으면 족하고, 그 기간 내에 기수에까지 이르러야 되는 것은 아니다.
마. 형법 제35조가 누범에 해당하는 전과사실과 새로이 범한 범죄 사이에 일정한 상관관계가 있다고 인정되는 경우에 한하여 적용되는 것으로 제한하여 해석하여야 할 아무런 이유나 근거가 없다.

① 1개   ② 2개   ③ 3개
④ 4개   ⑤ 5개

:: 해설

가. (○) 금고이상의 형을 받고 그 형의 집행유예기간 중에 금고 이상에 해당하는 죄를 범하였다 하더라도 이는 누범가중의 요건을 충족시킨 것이라 할 수 없다(대판 1983.08.23. 83도1600).

나. (○) 형법 제35조 제1항에 규정된 "금고 이상에 해당하는 죄"라 함은 유기금고형이나 유기징역형으로 처단할 경우에 해당하는 죄를 의미하는 것으로서 법정형 중 벌금형을 선택한 경우에는 누범가중을 할 수 없다(대판 1982.09.14. 82도1702).

다. (X) 상습범 중 일부 소위가 누범기간 내에 이루어진 이상 나머지 소위가 누범기간 경과 후에 행하여졌더라도 그 행위 전부가 누범관계에 있는 것이다(대판 1982.05.25. 82도600).

라. (○) 형법 제35조 소정의 누범이 되려면 금고 이상의 형을 받아 그 집행을 종료하거나 면제를 받은 후 3년 내에 다시 금고 이상에 해당하는 죄를 범하여야 하는바, 이 경우 다시 금고 이상에 해당하는 죄를 범하였는지 여부는 그 범죄의 실행행위를 하였는지 여부를 기준으로 결정하여야 하므로 3년의 기간 내에 실행의 착수가 있으면 족하고, 그 기간 내에 기수에까지 이르러야 되는 것은 아니다(대판 2006.04.07. 2005도9858(전합)).

마. (○) 형법 제35조가 누범에 해당하는 전과사실과 새로이 범한 범죄 사이에 일정한 상관관계가 있다고 인정되는 경우에 한하여 적용되는 것으로 제한하여 해석하여야 할 아무런 이유나 근거가 없고, 위 규정이 헌법상의 평등원칙 등에 위배되는 것도 아니다(대판 2008.12.24. 2006도1427).

정답 ④

제❹절 │ 집행유예 · 선고유예 · 가석방

문 19

다음 설명 중 옳지 않은 것을 모두 고른 것은? [2022년 38번]

ㄱ. 문서, 도화, 전자기록 등 특수매체기록 또는 유가증권의 일부가 몰수의 대상이 된 경우에는 그 부분을 폐기할 수 있다.
ㄴ. 집행유예의 선고를 받은 후 형법 제62조 단행의 사유가 발각된 때에는 집행유예의 선고를 취소할 수 있다.
ㄷ. 사형은 교정시설 안에서 교수하여 집행할 수 있다.
ㄹ. 징역이나 금고의 집행 중에 있는 사람이 행상이 양호하여 뉘우침이 뚜렷한 때에는 무기형은 20년, 유기형은 형기의 4분의 1이 지난 후 행정처분으로 가석방을 할 수 있다.
ㅁ. 가석방 기간 중 고의로 지은 죄로 금고 이상의 형을 선고받아 그 판결이 확정된 경우에 가석방 처분은 효력을 잃는다.

① ㄱ, ㄴ, ㄷ, ㄹ
② ㄱ, ㄴ, ㄷ, ㄹ, ㅁ
③ ㄱ, ㄴ, ㄷ
④ ㄱ, ㄴ
⑤ ㄹ, ㅁ

> **MGI Point** 형의 종류, 집행유예, 가석방 ★★
> - 문서, 도화, 전자기록 등 특수매체기록 또는 유가증권의 일부가 몰수의 대상이 된 경우 ⇨ 필요적 폐기
> - 집행유예의 선고를 받은 후 형법 제62조 단행의 사유가 발각된 때 ⇨ 집행유예를 필요적으로 취소
> - 사형 ⇨ 교정시설 안에서 교수하여 집행'한다'
> - 가석방의 요건 ⇨ 무기형은 20년, 유기형은 형의 3분의 1이 지난 후에 可
> - 가석방의 실효 ⇨ 가석방 기간 중 고의로 지은 죄로 금고 이상의 형을 선고받아 그 판결이 확정된 경우

ㄱ. (X) 형법 제48조 제3항 참조.

> 형법 제48조(몰수의 대상과 추징) ③ 문서, 도화(圖畵), 전자기록(電磁記錄) 등 특수매체기록 또는 유가증권의 일부가 몰수의 대상이 된 경우에는 그 부분을 폐기한다. [전문개정 2020. 12. 8.]

ㄴ. (X) 형법 제64조 제1항 참조.

> 형법 제64조(집행유예의 취소) ① 집행유예의 선고를 받은 후 제62조 단행의 사유가 발각된 때에는 집행유예의 선고를 취소한다.

ㄷ. (X) 형법 제66조 참조.

> 형법 제66조(사형) 사형은 교정시설 안에서 교수(絞首)하여 집행한다. [전문개정 2020. 12. 8.]

ㄹ. (X) 형법 제72조 제1항 참조.

> 형법 제72조(가석방의 요건) ① 징역이나 금고의 집행 중에 있는 사람이 행상(行狀)이 양호하여 뉘우침이 뚜렷한 때에는 무기형은 20년, 유기형은 형기의 3분의 1이 지난 후 행정처분으로 가석방을 할 수 있다. [전문개정 2020. 12. 8.]

ㅁ. (O) 형법 제74조 참조.

> 형법 제74조(가석방의 실효) 가석방 기간 중 고의로 지은 죄로 금고 이상의 형을 선고받아 그 판결이 확정된 경우에 가석방 처분은 효력을 잃는다. [전문개정 2020. 12. 8.]

정답 ①

문 20

형법에 관한 다음 설명 중 가장 옳지 않은 것은? [2020년 12번]

① 형법은 범죄를 목적으로 하는 단체 또는 집단을 조직하거나 이에 가입 또는 그 구성원으로 활동한 사람은 그 목적한 죄에 정한 형으로 처벌하고, 다만 형을 감경할 수 있다는 조항을 두고 있다.
② 인신매매 범죄에 대한 형법 규정은 대한민국 영역 밖에서 죄를 범한 외국인에게도 적용하는 규정을 두고 있다.
③ 3년 이하의 징역이나 금고 또는 500만 원 이하의 벌금형을 선고할 경우에만 1년 이상 5년 이하의 기간 형의 집행을 유예할 수 있다.
④ 가석방의 기간은 무기형에 있어서는 10년으로 하고, 유기형에 있어서는 남은 형기로 하되, 그 기간은 10년을 초과할 수 없다.
⑤ 형법은 공무원이 직권을 이용하여 제7장 공무원의 직무에 관한 죄 이외의 죄를 범한 때에는 그 죄에 정한 형의 2분의 1까지 가중하도록 하는 규정을 두고 있다.

> **MGI Point** **종합문제** ★★
>
> - 범죄단체조직죄 ⇨ 사형, 무기 또는 장기 4년 이상의 징역에 해당하는 범죄를 목적으로 하는 목적범
> - 인신매매 범죄 ⇨ 세계주의 적용하는 형법 규정 有
> - 3년 이하의 징역이나 금고 또는 500만 원 이하의 벌금형 ⇨ 집행유예 可
> - 가석방의 기간은 무기형에 있어서는 10년, 유기형에 있어서는 남은 형기로 하되, 그 기간은 10년 초과 ×
> - 공무원이 직권을 이용하여 제7장 공무원의 직무에 관한 죄 이외의 죄를 범한 때 ⇨ 그 죄에 정한 형의 2분의 1까지 가중

① (X) 형법 제114조 참조

> 형법 제114조(범죄단체 등의 조직) 사형, 무기 또는 장기 4년 이상의 징역에 해당하는 범죄를 목적으로 하는 단체 또는 집단을 조직하거나 이에 가입 또는 그 구성원으로 활동한 사람은 그 목적한 죄에 정한 형으로 처벌한다. 다만, 형을 감경할 수 있다.

② (O) 형법 제31장 참조

> 형법 제31장 약취(약취), 유인(유인) 및 인신매매의 죄
> 제287조(미성년자의 약취, 유인)
> 제288조(추행 등 목적 약취, 유인 등)
> 제289조(인신매매)
> 제290조(약취, 유인, 매매, 이송 등 상해·치상)
> 제291조(약취, 유인, 매매, 이송 등 살인·치사)
> 제292조(약취, 유인, 매매, 이송된 사람의 수수·은닉 등)
> 제296조의2(세계주의)
> 제287조부터 제292조까지 및 제294조는 대한민국 영역 밖에서 죄를 범한 외국인에게도 적용한다.

③ (O) 형법 제62조 참조

> 제62조(집행유예의 요건) ① 3년 이하의 징역이나 금고 또는 500만원 이하의 벌금의 형을 선고할 경우에 제51조의 사항을 참작하여 그 정상에 참작할 만한 사유가 있는 때에는 1년 이상 5년 이하의 기간 형의 집행을 유예할 수 있다. 다만, 금고 이상의 형을 선고한 판결이 확정된 때부터 그 집행을 종료하거나 면제된 후 3년까지의 기간에 범한 죄에 대하여 형을 선고하는 경우에는 그러하지 아니하다.

④ (O) 형법 제73조의2 참조

> 제73조의2(가석방의 기간 및 보호관찰) ① 가석방의 기간은 무기형에 있어서는 10년으로 하고, 유기형에 있어서는 남은 형기로 하되, 그 기간은 10년을 초과할 수 없다.

⑤ (O) 형법 제35조 참조

> 제135조(공무원의 직무상 범죄에 대한 형의 가중) 공무원이 직권을 이용하여 본장 이외의 죄를 범한 때에는 그 죄에 정한 형의 2분의 1까지 가중한다. 단 공무원의 신분에 의하여 특별히 형이 규정된 때에는 예외로 한다.

정답 ①

문 21

다음 설명 중 가장 옳지 않은 것은? [2019년 3번]

① 형법 제37조 후단의 경합범 관계에 있는 두 개의 범죄에 대하여 하나의 판결로 두 개의 자유형을 선고하는 경우 그 두개의 자유형은 각각 별개의 형이므로 형법 제62조 제1항에 정한 집행유예의 요건에 해당하면 그 각 자유형에 대하여 각각 집행유예를 선고할 수 있다. 또 그 두 개의 징역형 중 하나의 징역형에 대하여는 실형을 선고하면서 다른 징역형에 대하여 집행유예를 선고하는 것도 허용된다고 보아야 한다.
② 집행유예기간 중에 범한 범죄라고 할지라도 집행유예가 실효 또는 취소됨이 없이 그 유예기간이 경과한 경우에는 이에 대해 다시 집행유예의 선고가 가능하다.
③ 집행유예기간의 시기는 집행유예를 선고한 판결 확정일로 하여야 하고 법원이 판결 확정일 이후의 시점을 임의로 선택할 수 없다.
④ 법률상 감경사유가 있을 때에는 작량감경보다 나중에 하여야 할 것이고, 작량감경은 이와 같은 법률상 감경을 하기 이전에 그 처단형의 범위를 완화하여 그보다 낮은 형을 선고하고자 할 때에 하는 것이 옳다.
⑤ 형의 집행유예를 선고받은 자는 형법 제65조에 의하여 그 선고가 실효 또는 취소됨이 없이 정해진 유예기간을 무사히 경과하여 형의 선고가 효력을 잃게 되었다고 하더라도 형의 선고의 법률적 효과가 없어진다는 것일 뿐, 형의 선고가 있었다는 기왕의 사실까지 없어지는 것은 아니다. 따라서 형법 제59조 제1항 단서에서 정한 선고유예 결격사유인 "자격정지 이상의 형을 받은 전과가 있는 자"에 해당한다고 보아야 한다.

MGI Point 집행유예, 형의 가중·감경 ★★

- 형법 제37조 후단의 경합범 관계 ⇨ 따로 형을 선고해야 ⇨ 각 자유형 중 하나에 대해서만 집행유예 가능
- 집행유예 기간 중에 범한 죄라도 집행유예가 실효 취소됨이 없이 그 유예기간이 경과한 경우에는 이에 대해 다시 집행유예의 선고가 가능
- 집행유예기간의 시기 ⇨ 집행유예를 선고한 판결 확정일
- 가중감경의 순서 : 법률상 감경 ⇨ 작량감경
- 집행유예기간을 무사히 경과 ⇨ 선고유예 결격사유인 "자격정지 이상의 형을 받은 전과가 있는 자"에 해당 ○

---

① (○) 형법 제37조 후단의 경합범 관계에 있는 죄에 대하여 형법 제39조 제1항에 의하여 따로 형을 선고하여야 하기 때문에 하나의 판결로 두 개의 자유형을 선고하는 경우 그 두 개의 자유형은 각각 별개의 형이므로 형법 제62조 제1항에 정한 집행유예의 요건에 해당하면 그 각 자유형에 대하여 각각 집행유예를 선고할 수 있는 것이고, 또 그 두 개의 자유형 중 하나의 자유형에 대하여 실형을 선고하면서 다른 자유형에 대하여 집행유예를 선고하는 것도 우리 형법상 이러한 조치를 금하는 명문의 규정이 없는 이상 허용되는 것으로 보아야 한다(대판 2002.02.26. 2000도4637).
② (○) 집행유예 기간 중에 범한 죄에 대하여 공소가 제기된 후 그 재판 도중에 집행유예가 실효 또는 취소됨이 없이 유예기간을 경과한 때에는 집행유예 기간 중에 범한 죄에 대하여 다시 집행유예를 선고할 수 있다(대판 2007.02.08. 2006도6196).

③ (○) 우리 형법이 집행유예기간의 시기(始期)에 관하여 명문의 규정을 두고 있지는 않지만 형사소송법 제459조가 "재판은 이 법률에 특별한 규정이 없으면 확정한 후에 집행한다."고 규정한 취지나 집행유예 제도의 본질 등에 비추어 보면 집행유예를 함에 있어 그 집행유예기간의 시기는 집행유예를 선고한 판결 확정일로 하여야 하고 법원이 판결 확정일 이후의 시점을 임의로 선택할 수는 없다(대판 2002.02.26. 2000도4637).

④ (X) 형법 제56조 참조

> 형법 제56조(가중감경의 순서) 형을 가중·감경할 사유가 경합하는 경우에는 다음 각 호의 순서에 따른다.
> 1. 각칙 조문에 따른 가중
> 2. 제34조제2항에 따른 가중
> 3. 누범 가중
> 4. 법률상 감경
> 5. 경합범 가중
> 6. 정상참작감경
> [전문개정 2020. 12. 8.]

⑤ (○) 형법 제59조 제1항 단행에서 정한 "자격정지 이상의 형을 받은 전과"라 함은 자격정지 이상의 형을 선고받은 범죄경력 자체를 의미하는 것이고, 그 형의 효력이 상실된 여부는 묻지 않는 것으로 해석함이 상당하다고 할 것이고, 따라서 형의 집행유예를 선고받은 자는 형법 제65조에 의하여 그 선고가 실효 또는 취소됨이 없이 정해진 유예기간을 무사히 경과하여 형의 선고가 효력을 잃게 되었다고 하더라도 형의 선고의 법률적 효과가 없어진다는 것일 뿐, 형의 선고가 있었다는 기왕의 사실 자체까지 없어지는 것은 아니므로, 형법 제59조 제1항 단행에서 정한 선고유예 결격사유인 "자격정지 이상의 형을 받은 전과가 있는 자"에 해당한다고 보아야 한다(대판 2003.12.26. 2003도3768).

정답 ④

문 22

집행유예 또는 선고유예에 관한 다음 설명 중 가장 옳지 않은 것은? [2018년 27번]

① 법원이 형법 제62조의2의 규정에 의한 사회봉사명령으로 피고인에게 일정한 금원을 출연하거나 이와 동일시할 수 있는 행위를 명하는 것은 허용될 수 없다.

② 법원이 피고인에게 유죄로 인정된 범죄행위를 뉘우치거나 그 범죄행위를 공개하는 취지의 말이나 글을 발표하도록 하는 내용의 사회봉사를 명하고 이를 위반할 경우 형법 제64조 제2항에 의하여 집행유예의 선고를 취소할 수 있도록 함으로써 그 이행을 강제하는 것은 허용될 수 없다.

③ 선고유예의 요건 중 '개전의 정상이 현저한 때'라고 함은 피고인이 죄를 깊이 뉘우치는 경우만을 뜻하는 것이고, 피고인이 범죄사실을 자백하지 않고 부인할 경우에는 선고유예를 할 수 없다.

④ 형법 제37조 후단의 경합범 관계에 있는 두 개의 범죄에 대하여 하나의 판결로 두 개의 자유형을 선고하는 경우 그 두 개의 징역형 중 하나의 징역형에 대하여는 실형을 선고하면서 다른 징역형에 대하여 집행유예를 선고하는 것도 허용된다.

⑤ 형법 제62조에 의하여 집행유예를 선고할 경우에는 같은 법 제62조의2 제1항에 규정된 보호관찰과 사회봉사를 동시에 명할 수 있다.

해설

① (○) 형법과 보호관찰 등에 관한 법률의 관계 규정을 종합하면, 사회봉사는 형의 집행을 유예하면서 부가적으로 명하는 것이고 집행유예 되는 형은 자유형에 한정되고 있는 점 등에 비추어, 법원이 형의 집행을 유예하는 경우 명할 수 있는 사회봉사는 자유형의 집행을 대체하기 위한 것으로서 500시간 내에서 시간 단위로 부과될 수 있는 일 또는 근로활동을 의미하는 것으로 해석되므로, 법원이 형법 제62조의2의 규정에 의한 사회봉사명령으로 피고인에게 일정한 금원을 출연하거나 이와 동일시할 수 있는 행위를 명하는 것은 허용될 수 없다(대판 2008.04.11. 2007도8373).

② (○) 법원이 피고인에게 유죄로 인정된 범죄행위를 뉘우치거나 그 범죄행위를 공개하는 취지의 말이나 글을 발표하도록 하는 내용의 사회봉사를 명하고 이를 위반할 경우 형법 제64조 제2항에 의하여 집행유예의 선고를 취소할 수 있도록 함으로써 그 이행을 강제하는 것은, 헌법이 보호하는 피고인의 양심의 자유, 명예 및 인격에 대한 심각하고 중대한 침해에 해당하므로 허용될 수 없고, 또 법원이 명하는 사회봉사의 의미나 내용은 피고인이나 집행 담당 기관이 쉽게 이해할 수 있어 집행 과정에서 그 의미나 내용에 관한 다툼이 발생하지 않을 정도로 특정되어야 하므로, 피고인으로 하여금 자신의 범죄행위와 관련하여 어떤 말이나 글을 공개적으로 발표하라는 사회봉사를 명하는 것은 경우에 따라 피고인의 명예나 인격에 대한 심각하고 중대한 침해를 초래할 수 있고, 그 말이나 글이 어떤 의미나 내용이어야 하는 것인지 쉽게 이해할 수 없어 집행 과정에서 그 의미나 내용에 관한 다툼이 발생할 가능성이 적지 않으며, 유죄로 인정된 범죄행위를 뉘우치거나 그 범죄행위를 공개하는 취지의 말이나 글을 발표하도록 하는 취지의 것으로도 해석될 가능성이 적지 않으므로 이러한 사회봉사명령은 위법하다(대판 2008.04.11. 2007도8373).

③ (X) 선고유예의 요건 중 '개전의 정상이 현저한 때'라고 함은, 반성의 정도를 포함하여 널리 형법 제51조가 규정하는 양형의 조건을 종합적으로 참작하여 볼 때 형을 선고하지 않더라도 피고인이 다시 범행을 저지르지 않으리라는 사정이 현저하게 기대되는 경우를 가리킨다고 해석할 것이고, 이와 달리 여기서의 '개전의 정상이 현저한 때'가 반드시 피고인이 죄를 깊이 뉘우치는 경우만을 뜻하는 것으로 제한하여 해석하거나, 피고인이 범죄사실을 자백하지 않고 부인할 경우에는 언제나 선고유예를 할 수 없다고 해석할 것은 아니며, 또한 형법 제51조의 사항과 개전의 정상이 현저한지 여부에 관한 사항은 널리 형의 양정에 관한 법원의 재량사항에 속한다고 해석되므로, 상고심으로서는 형사소송법 제383조 제4호에 의하여 사형·무기 또는 10년 이상의 징역·금고가 선고된 사건에서 형의 양정의 당부에 관한 상고이유를 심판하는 경우가 아닌 이상, 선고유예에 관하여 형법 제51조의 사항과 개전의 정상이 현저한지 여부에 대한 원심 판단의 당부를 심판할 수 없고, 그 원심 판단이 현저하게 잘못되었다고 하더라도 달리 볼 것이 아니다(대판 2003.02.20. 2001도6138(전합)).

> 참고판례 자수는 법률상 필요적 감경사유가 아니다. 뿐만 아니라 자수를 형의 감경사유로 하는 첫째 이유는, 범인이 그 죄를 뉘우치고 있음에 있는 것이므로 죄를 뉘우침이 없는 자수는 그 외형은 자수일지라도 법률상 형의 감경사유가 되는 진정한 자수라고 할 수 없는 것이다(대판 1983.03.08. 82도3248).

④ (○) 형법 제37조 후단의 경합범 관계에 있는 죄에 대하여 형법 제39조 제1항에 의하여 따로 형을 선고하여야 하기 때문에 하나의 판결로 두 개의 자유형을 선고하는 경우 그 두 개의 자유형은 각각 별개의 형이므로 형법 제62조 제1항에 정한 집행유예의 요건에 해당하면 그 각 자유형에 대하여 각각 집행유예를 선고할 수 있는 것이고, 또 그 두 개의 자유형 중 하나의 자유형에 대하여 실형을 선고하면서 다른 자유형에 대하여 집행유예를 선고하는 것도 우리 형법상 이러한 조치를 금하는 명문의 규정이 없는 이상 허용되는 것으로 보아야 한다(대판 2002.02.26. 2000도4637).

⑤ (○) 형의 집행을 유예하는 경우에는 보호관찰을 받을 것을 명하거나 사회봉사 또는 수강을 명할 수 있다(형법 제62조의2 제1항).

정답 ③

문 23

다음 설명 중 가장 옳은 것은? [2018년 25번]

① 우리 형법은 집행유예기간의 시기에 관하여 명문의 규정을 두고 있지 않으므로, 법원이 집행유예기간의 시기로서 판결 확정일 이후의 시점을 선택할 수 있다.
② 집행유예의 선고를 받은 후에 그 선고가 실효 또는 취소됨이 없이 유예기간이 경과한 때에는 형의 선고의 법률적 효과가 없어지므로 선고유예를 할 수 있다.
③ 선고하는 벌금이 1억 원 이상 5억 원 미만인 경우에는 300일 이상, 5억 원 이상 50억 원 미만인 경우에는 500일 이상, 50억 원 이상인 경우에는 1,000일 이상의 유치기간을 정하여야 한다.
④ 주형을 선고유예하면서 몰수나 추징도 함께 선고유예를 할 수 있고, 주형의 선고를 유예하지 아니하면서 몰수나 추징의 선고만을 유예할 수도 있다.
⑤ 형법은 '벌금을 감경할 때에는 그 다액의 2분의 1로 한다'라고 규정하고 있으므로, 그 의미가 명확한 '다액'을 '금액'으로 해석하여 벌금의 하한까지 감경할 수는 없다.

해설 ★★

① (X) 우리 형법이 집행유예기간의 시기에 관하여 명문의 규정을 두고 있지는 않지만 형사소송법 제459조가 "재판은 이 법률에 특별한 규정이 없으면 확정한 후에 집행한다."고 규정한 취지나 집행유예 제도의 본질 등에 비추어 보면 집행유예를 함에 있어 그 집행유예기간의 시기는 집행유예를 선고한 판결 확정일로 하여야 하고 법원이 판결 확정일 이후의 시점을 임의로 선택할 수는 없다(대판 2002.02.26. 2000도4637).

② (X) 형법 제59조 제1항은 "1년 이하의 징역이나 금고, 자격정지 또는 벌금의 형을 선고할 경우 제51조의 사항을 참작하여 개전의 정상이 현저한 때에는 그 선고를 유예할 수 있다. 단, 자격정지 이상의 형을 받은 전과가 있는 자에 대하여는 예외로 한다."고 규정하고 있는바, 위 단서에서 정한 "자격정지 이상의 형을 받은 전과"라 함은 자격정지 이상의 형을 선고받은 범죄경력 자체를 의미하는 것이고, 그 형의 효력이 상실된 여부는 묻지 않는 것으로 해석함이 상당하다. 따라서 형의 집행유예를 선고받은 자는 형법 제65조에 의하여 그 선고가 실효 또는 취소됨이 없이 정해진 유예기간을 무사히 경과하여 형의 선고가 효력을 잃게 되었다고 하더라도 형의 선고의 법률적 효과가 없어진다는 것일 뿐, 형의 선고가 있었다는 기왕의 사실 자체까지 없어지는 것은 아니므로, 형법 제59조 제1항 단서에서 정한 선고유예 결격사유인 "자격정지 이상의 형을 받은 전과가 있는 자"에 해당한다고 보아야 한다(대판 2007.05.11. 2005도5756).

③ (O) 선고하는 벌금이 1억 원 이상 5억 원 미만인 경우에는 300일 이상, 5억 원 이상 50억 원 미만인 경우에는 500일 이상, 50억 원 이상인 경우에는 1,000일 이상의 유치기간을 정하여야 한다(형법 제70조 제2항).

④ (X) 몰수에 갈음하는 추징은 부가형적 성질을 띠고 있어 그 주형에 대하여 선고를 유예하는 경우에는 그 부가할 추징에 대하여도 선고를 유예할 수 있으나, 그 주형에 대하여 선고를 유예하지 아니하면서 이에 부가할 추징에 대하여서만 선고를 유예할 수는 없다(대판 1979.04.10. 78도3098).

⑤ (X) 형법 제55조 제1항 제6호의 벌금을 감경할 때의 「다액」의 2분의 1이라는 문구는 「금액」의 2분의 1이라고 해석하여 그 상한과 함께 하한도 2분의 1로 내려가는 것으로 해석하여야 한다(대판 1978.04.25. 78도246(전합)).

정답 ③

문 24

다음 설명 중 옳은 것은 모두 몇 개인가?(다툼이 있는 경우 판례에 의함) [2017년 19번]

가. 절도죄로 집행유예 판결을 선고받은 A가 그 집행유예기간이 경과한 후 저지른 업무방해죄에 대하여 법원은 선고를 유예하는 판결을 선고할 수 있다.
나. 병역법위반으로 집행유예를 선고받은 B가 그 집행유예기간 중에 다시 병역법위반죄를 저질러 공소가 제기되어 재판 중 집행유예기간이 도과되었다면 법원은 B에 대하여 다시 집행유예를 선고할 수 있다.
다. 상해죄로 집행유예를 선고받은 C가 그 집행유예기간 중에 범한 업무상과실치사죄에 대하여 법원에서 집행유예기간 중에 금고형의 실형을 선고받아 확정되었다면 C가 상해죄로 선고받은 집행유예 선고는 그 효력을 잃는다.
라. 상해죄를 범한 D에 대하여 법원은 징역 1년 6월을 선고하면서 위 1년 6월의 형 중 일부인 징역 6월만 실형을 선고하고 나머지 징역 1년에 대하여는 집행유예를 선고할 수 없다.
마. 강간죄로 징역 3년을 선고받고 교도소에서 출소한 다음날 또다시 강제추행죄를 범한 D에 대하여 법원은 집행유예를 선고할 수 없다.

① 1개 ② 2개 ③ 3개
④ 4개 ⑤ 5개

:: 해설 ★★

가. (X) 형의 집행유예를 선고받은 사람이 형법 제65조에 의하여 그 선고가 실효 또는 취소됨이 없이 정해진 유예기간을 무사히 경과하여 형의 선고가 효력을 잃게 되었더라도, 이는 형의 선고의 법적 효과가 없어질 뿐이고 형의 선고가 있었다는 기왕의 사실 자체까지 없어지는 것은 아니므로, 그는 형법 제59조 제1항 단서에서 정한 선고유예 결격사유인 "자격정지 이상의 형을 받은 전과가 있는 자"에 해당한다고 보아야 한다(대판 2012.06.28. 2011도10570). 따라서 법원은 업무방해죄에 대하여 선고유예판결을 선고할 수 없다.
나. (○) 집행유예기간 중에 범한 죄에 대하여 형을 선고할 때에, 집행유예의 결격사유를 정하는 현행 형법 제62조 제1항 단서 소정의 요건에 해당하는 경우란, 이미 집행유예가 실효 또는 취소된 경우와 그 선고 시점에 미처 유예기간이 경과하지 아니하여 형 선고의 효력이 실효되지 아니한 채로 남아 있는 경우로 국한되고, 집행유예가 실효 또는 취소됨이 없이 유예기간을 경과한 때에는 위 단서 소정의 요건에 해당하지 않으므로, 집행유예기간 중에 범한 범죄라고 할지라도 집행유예가 실효 또는 취소됨이 없이 그 유예기간이 경과한 경우에는 이에 대해 다시 집행유예의 선고가 가능하다(대판 2007.07.27. 2007도768). 따라서 법원은 다시 범한 병역법위반죄에 대하여 집행유예판결을 선고할 수 있다.
다. (X) 고의범이 아닌 업무상과실치사죄로 금고형의 실형을 선고받아 확정되더라도 상해죄로 선고받은 집행유예의 선고는 그 효력을 잃지 아니한다(형법 제63조).

> 형법 제63조(집행유예의 실효) 집행유예의 선고를 받은 자가 유예기간 중 고의로 범한 죄로 금고 이상의 실형을 선고받아 그 판결이 확정된 때에는 집행유예의 선고는 효력을 잃는다.

라. (○) 집행유예의 요건에 관한 형법 제62조 제1항이 '형'의 집행을 유예할 수 있다고만 규정하고 있다고 하더라도, 이는 같은 조 제2항이 그 형의 '일부'에 대하여 집행을 유예할 수 있는 때를 형을 '병과'할 경우로 한정하고 있는 점에 비추어 보면, 조문의 체계적 해석상 하나의 형의 전부에 대한 집행유예에 관한 규정이라 할 것이고, 또한 하나의 자유형에 대한 일부집행유예에 관하여는 그 요건, 효력 및 일부 실형에 대한 집행의 시기와 절차, 방법 등을 입법에 의해 명확하게 할 필요가 있어, 그 인정을 위해서는 별도의 근거 규정이 필요하므로 하나의 자유형 중 일부에 대해서는 실형을, 나머지에 대해서는 집행유예를 선고하는 것은 허용되지 않는다(대판 2007.02.22. 2006도8555). 따라서 법원은 징역 1년 6월을 선고하면서 1년 6월의 형 중 일부인 징역 6월만 실형을 선고하고 나머지 징역 1년에 대하여는 집행유예를 선고할 수 없다.

마. (○) D는 강간죄로 징역 3년을 선고받고 교도소에서 출소한 다음날 또 다시 강제추행죄를 범했으므로 강제추행죄에 대하여 집행유예 판결을 선고할 수 없다(형법 제62조 제1항).

> 형법 제62조(집행유예의 요건) ① 3년 이하의 징역이나 금고 또는 500만원 이하의 벌금의 형을 선고할 경우에 제51조의 사항을 참작하여 그 정상에 참작할 만한 사유가 있는 때에는 1년 이상 5년 이하의 기간 형의 집행을 유예할 수 있다. 다만, 금고 이상의 형을 선고한 판결이 확정된 때부터 그 집행을 종료하거나 면제된 후 3년까지의 기간에 범한 죄에 대하여 형을 선고하는 경우에는 그러하지 아니하다.

정답 ③

문 25

다음 설명 중 옳은 것은 모두 몇 개인가? [2016년 28번]

> ㉮ 3년 이하의 징역 또는 금고의 형을 선고할 경우에 형법 제51조의 사항을 참작하여 그 정상에 참작할 만한 사유가 있는 때에는 1년 이상 7년 이하의 기간 형의 집행을 유예할 수 있음이 원칙이다.
> ㉯ 죄를 범한 후 수사책임이 있는 관서에 자수한 때에는 그 형을 감경 또는 면제하여야 한다.
> ㉰ 우리 형법은 무죄판결의 공시제도는 있으나, 면소판결의 공시제도는 없다.
> ㉱ 징역 또는 금고는 무기 또는 유기로 하되, 유기는 1개월 이상 30년 이하로 한다. 단, 유기징역 또는 유기금고에 대하여 형을 가중하는 때에는 50년까지로 한다.
> ㉲ 행위자에게 유죄의 재판을 아니할 때에도 몰수의 요건이 있는 때에는 몰수만을 선고할 수 있다.

① 1개 ② 2개 ③ 3개
④ 4개 ⑤ 없음

:: 해설 ★

㉮ (X) 3년 이하의 징역이나 금고 또는 500만원 이하의 벌금의 형을 선고할 경우에 제51조의 사항을 참작하여 그 정상에 참작할 만한 사유가 있는 때에는 1년 이상 5년 이하의 기간 형의 집행을 유예할 수 있다. 다만, 금고 이상의 형을 선고한 판결이 확정된 때부터 그 집행을 종료하거나 면제된 후 3년까지의 기간에 범한 죄에 대하여 형을 선고하는 경우에는 그러하지 아니하다(형법 제62조 제1항).

㉯ (X) 죄를 범한 후 수사책임이 있는 관서에 자수한 때에는 그 형을 감경 또는 면제할 수 있다(형법 제52조 제1항).
㉰ (X) 피고사건에 대하여 무죄의 판결을 선고하는 경우에는 무죄판결공시의 취지를 선고하여야 한다. 다만, 무죄판결을 받은 피고인이 무죄판결공시 취지의 선고에 동의하지 아니하거나 피고인의 동의를 받을 수 없는 경우에는 그러하지 아니하다(형법 제58조 제2항). 피고사건에 대하여 면소의 판결을 선고하는 경우에는 면소판결공시의 취지를 선고할 수 있다(동조 제3항).
㉱ (O) 징역 또는 금고는 무기 또는 유기로 하고 유기는 1개월 이상 30년 이하로 한다. 단, 유기징역 또는 유기금고에 대하여 형을 가중하는 때에는 50년까지로 한다(형법 제42조).
㉲ (O) 몰수는 타형에 부가하여 과한다. 단, 행위자에게 유죄의 재판을 아니할 때에도 몰수의 요건이 있는 때에는 몰수만을 선고할 수 있다(형법 제49조).

정답 ②

제❺절 ▎ 형의 시효·소멸·기간

문 26

다음 설명 중 옳지 않은 것을 모두 고른 것은? [2021년 25번]

ㄱ. 범죄단체를 구성하거나 이에 가입한 자가 더 나아가 구성원으로 활동하는 경우 이는 포괄일죄의 관계에 있다고 봄이 타당하므로, 피고인의 범죄단체 가입의 점에 대한 공소시효는 이와 포괄일죄의 관계에 있는 후행 범죄단체 활동의 범죄행위가 종료한 때로부터 진행한다.
ㄴ. 형법 제127조는 공무원 또는 공무원이었던 자가 법령에 의한 직무상 비밀을 누설하는 행위만을 처벌하고 있을 뿐 직무상 비밀을 누설받은 상대방을 처벌하는 규정이 없는 점에 비추어, 직무상 비밀을 누설받은 자에 대하여는 공범에 관한 형법총칙 규정이 적용될 수 없다.
ㄷ. 상해죄에 있어서의 동시범은 두 사람 이상이 가해행위를 하여 상해의 결과를 가져올 경우에 그 상해가 어느 사람의 가해행위로 인한 것인지가 분명치 않다면 가해자 모두를 공동정범으로 본다는 것이므로 가해행위를 한 것 자체가 분명치 않은 사람에 대하여는 동시범으로 다스릴 수 없다.
ㄹ. 형법 제7조는 "죄를 지어 외국에서 형의 전부 또는 일부가 집행된 사람에 대해서는 그 집행된 형의 전부 또는 일부를 선고하는 형에 산입한다."라고 규정하고 있으므로, 피고인이 미국에서 국내 송환을 위하여 미결구금된 일수는 원심의 형에 산입된다.
ㅁ. 공무원이 직무관련자에게 제3자와 계약을 체결하도록 요구하여 계약 체결을 하게 한 행위가 제3자뇌물수수죄의 구성요건과 직권남용권리행사방해죄의 구성요건에 모두 해당하는 경우, 제3자뇌물수수죄와 직권남용권리행사방해죄는 실체적 경합범관계에 있다.

① ㄴ, ㄷ ② ㄱ, ㄴ, ㄷ ③ ㄱ, ㅁ
④ ㄱ, ㄹ ⑤ ㄹ, ㅁ

| MGI Point | 공소시효, 공무상비밀누설죄, 상해죄의 동시범, 미결구금일수, 죄수 ★★ |

- 범죄단체를 구성하거나 이에 가입한 자가 더 나아가 구성원으로 활동하는 경우 이는 포괄일죄의 관계 ⇨ 포괄일죄의 공소시효는 최종의 범죄행위가 종료한 때로부터 진행
- 형법 §127의 공무상비밀누설죄에서 누설 받은 상대방에 대한 처벌규정 無 ⇨ 공범에 관한 형법총칙 규정 적용 不可
- 가해행위를 한 것 자체가 분명치 않은 사람에 대하여는 동시범으로 다스릴 수 ×
- 피고인이 미국에서 국내 송환을 위하여 미결구금된 일수는 원심의 형에 산입 ×
- 공무원이 직무관련자에게 제3자와 계약을 체결하도록 요구하여 계약 체결을 하게 한 행위
  ⇨ 제3자뇌물수수죄와 직권남용권리행사방해죄가 각각 성립, 양 죄는 상상적 경합관계

ㄱ. (○) 범죄단체를 구성하거나 이에 가입한 자가 더 나아가 구성원으로 활동하는 경우 이는 포괄일죄의 관계에 있다고 봄이 타당하다. 한편 포괄일죄의 공소시효는 최종의 범죄행위가 종료한 때로부터 진행하고(대판 2002.10.11. 2002도2939 참조), 포괄일죄로 되는 개개의 범죄행위가 다른 종류인 죄의 확정판결 전후에 걸쳐 행하여진 때에는 그 죄는 두 죄로 분리되지 않고 확정판결 후인 최종 범죄행위 시점에 완성되는 것이다(대판 2003.08.22. 2002도5341 참조)(대판 2015.09.10. 2015도7081).

ㄴ. (○) 2인 이상 서로 대향된 행위의 존재를 필요로 하는 대향범에 대하여는 공범에 관한 형법총칙 규정이 적용될 수 없는데, 형법 제127조는 공무원 또는 공무원이었던 자가 법령에 의한 직무상 비밀을 누설하는 행위만을 처벌하고 있을 뿐 직무상 비밀을 누설받은 상대방을 처벌하는 규정이 없는 점에 비추어, 직무상 비밀을 누설받은 자에 대하여는 공범에 관한 형법총칙 규정이 적용될 수 없다고 보는 것이 타당하다(대판 2011.04.28. 2009도3642).

ㄷ. (○) 상해죄에 있어서의 동시범은 두사람 이상이 가해행위를 하여 상해의 결과를 가져올 경우에 그 상해가 어느 사람의 가해행위로 인한 것인지 분명치 않다면 가해자 모두를 공동정범으로 본다는 것이므로 가해행위를 한것 자체가 분명치 않은 사람에 대하여는 동시범으로 다스릴 수 없다(대판 1984.05.15. 84도488).

ㄹ. (×) 형법 제7조는 "죄를 지어 외국에서 형의 전부 또는 일부가 집행된 사람에 대해서는 그 집행된 형의 전부 또는 일부를 선고하는 형에 산입한다."라고 규정하고 있다. … 여기서 '외국에서 형의 전부 또는 일부가 집행된 사람'이란 문언과 취지에 비추어 '외국 법원의 유죄판결에 의하여 자유형이나 벌금형 등 형의 전부 또는 일부가 실제로 집행된 사람'을 말한다고 해석하여야 한다. 따라서 형사사건으로 외국 법원에 기소되었다가 무죄판결을 받은 사람은, 설령 그가 무죄판결을 받기까지 상당 기간 미결구금되었더라도 이를 유죄판결에 의하여 형이 실제로 집행된 것으로 볼 수는 없으므로, '외국에서 형의 전부 또는 일부가 집행된 사람'에 해당한다고 볼 수 없고, 그 미결구금 기간은 형법 제7조에 의한 산입의 대상이 될 수 없다(대판 2017.08.24. 2017도5977(전합)).

ㅁ. (×) 공무원이 직무관련자에게 제3자와 계약을 체결하도록 요구하여 계약 체결을 하게 한 행위가 제3자뇌물수수죄의 구성요건과 직권남용권리행사방해죄의 구성요건에 모두 해당하는 경우에는, 제3자뇌물수수죄와 직권남용권리행사방해죄가 각각 성립하되, 이는 사회 관념상 하나의 행위가 수 개의 죄에 해당하는 경우이므로 두 죄는 형법 제40조의 상상적 경합관계에 있다(대판 2017.03.15. 2016도19659).

정답 ⑤

문 27

형의 실효 등에 관한 다음 설명 중 옳지 않은 것은 모두 몇 개인가? [2021년 20번]

> 가. 형의 집행종료 후 7년 이내에 집행유예의 판결을 받고 그 기간을 무사히 경과한 경우 형법 제65조에 따라 위 집행유예 형의 선고는 효력을 잃게 되므로, 형법 제81조의 '형을 받음이 없이 7년을 경과'하는 때에 해당하여 형의 실효를 선고할 수 있다.
> 나. 복권이 있었다고 하더라도 그 전과사실은 누범가중사유에 해당한다.
> 다. 유체동산 경매의 방법으로 추징형을 집행하는 경우에는 구 검찰징수사무규칙 제17조에 의한 검사의 징수명령서를 집행관이 수령하는 때에 강제처분의 개시가 있는 것으로 보아야 하고, 다만 집행관이 그 후에 집행에 착수하지 못하면 시효중단의 효력이 없어진다.
> 라. 벌금에 있어서의 시효는 강제처분을 개시함으로 인하여 중단되고, 여기서 채권에 대한 강제집행의 방법으로 벌금형을 집행하는 경우에는 검사의 징수명령서에 기하여 '법원에 채권압류명령을 신청하는 때'에 강제처분인 집행행위의 개시가 있는 것으로 보아 특별한 사정이 없는 한 그때 시효중단의 효력이 발생하게 되나, 그 후 수형자에게 집행행위의 개시사실을 통지하지 아니하면 시효중단 효력은 소멸된다.
> 마. 선고유예 판결에서도 그 판결 이유에서는 선고형을 정해 놓아야 하고 그 형이 벌금형일 경우에는 벌금액뿐만 아니라 환형유치처분까지 해 두어야 한다.
> 바. 선고유예 실효 결정에 대한 즉시항고 또는 재항고로 인하여 아직 선고유예 실효 결정의 효력이 발생하기 전 상태에서 상소심 절차 진행 중에 선고유예 기간이 그대로 경과하였다면, 그 뒤에는 선고유예 실효의 결정을 할 수 없다.
> 사. 징역형과 벌금형을 병과하면서 징역형에 대하여는 집행을 유예하고 벌금형에 대하여 선고를 유예하는 것은 허용되지 않는다.
> 아. 주형에 대하여 선고를 유예하지 아니하면서 이에 부가할 몰수추징에 대하여서만 선고를 유예할 수는 없다.

① 없음 ② 1개 ③ 2개
④ 3개 ⑤ 4개

MGI Point 형의 실효 ★★★

- 형의 집행종료 후 7년 이내에 집행유예의 판결을 받고 그 기간을 무사히 경과한 경우에도 형의 실효 선고 불가
- 복권이 있었다고 하더라도 그 전과사실은 누범가중사유에 해당 ○
- 유체동산 경매의 방법으로 추징형을 집행하는 경우
  ⇨ 검찰징수사무규칙 §17에 의한 검사의 징수명령서를 집행관이 수령하는 때에 강제처분의 개시가 있는 것 ○
  ⇨ 다만 집행관이 그 후에 집행에 착수하지 못하면 시효중단의 효력이 없어짐
- 채권에 대한 강제집행의 방법으로 벌금형을 집행하는 경우 시효 중단
  - 검사의 징수명령서에 기하여 '법원에 채권압류명령을 신청하는 때'에 시효중단의 효력 발생
  - 한편 그 시효중단의 효력이 발생하기 위하여 집행행위가 종료되거나 성공하였음을 요하지 아니하고, 수형자에게 집행행위의 개시사실을 통지할 것을 요하지 아니함
- 선고유예 판결에서도 그 판결이유에서는 선고할 형의 종류와 량 즉 선고형을 정해 놓아야 하고 그 선고를 유예하는 형이 벌금형일 경우에는 그 벌금액 뿐만 아니라 환형유치처분까지 해 두어야 함
- 선고유예 실효 결정에 대한 즉시항고 또는 재항고로 인하여 아직 선고유예 실효 결정의 효력이 발생하기 전 상태에서

상소심 절차 진행 중에 선고유예 기간이 그대로 경과한 경우 ⇨ 그 뒤에는 선고유예 실효 결정 불가
- 징역형과 벌금형을 병과하면서 그 징역형에 대하여 집행을 유예하고 그 벌금형에 대하여 선고를 유예하였음은 정당
- 주형에 대하여 선고를 유예하지 아니하면서 이에 부가할 추징에 대하여서만 선고 유예 불가

가. (X) [가] 형법 제65조 소정의 "형의 선고는 효력을 잃는다"는 취의는 형의 선고의 법률적 효과가 없어진다는 것일 뿐 형의 선고가 있었다는 기왕의 사실 자체까지 없어진다는 뜻이 아니다. [나] 형의 집행종료 후 7년 이내에 집행유예의 판결을 받고 그 기간을 무사히 경과하여 7년을 채우더라도 형법 제81조의 "형을 받음이 없이 7년을 경과"하는 때에 해당하지 아니하여 형의 실효를 선고할 수 없다(대결 1983.04.02. 83모8).

나. (O) 복권은 사면의 경우와 같이 형의 언도의 효력을 상실시키는 것이 아니고, 다만 형의 언도의 효력으로 인하여 상실 또는 정지된 자격을 회복시킴에 지나지 아니하는 것이므로 복권이 있었다고 하더라도 그 전과사실은 누범가중사유에 해당한다(대판 1981.04.14. 81도543).

다. (O) 형법 제80조에서 추징에 있어서의 시효는 강제처분을 개시함으로 인하여 중단된다고 규정하고 있는바, 여기에서 유체동산 경매의 방법으로 추징형을 집행하는 경우에는 검찰징수사무규칙 제17조에 의한 검사의 징수명령서를 집행관이 수령하는 때에 강제처분의 개시가 있는 것으로 보아야 하고, 다만 집행관이 그 후에 집행에 착수하지 못하면 시효중단의 효력이 없어진다(대결 2006.01.17. 2004모524).

라. (X) 벌금에 있어서의 시효는 강제처분을 개시함으로 인하여 중단되고(형법 제80조), 여기서 채권에 대한 강제집행의 방법으로 벌금형을 집행하는 경우에는 검사의 징수명령서에 기하여 '법원에 채권압류명령을 신청하는 때'에 강제처분인 집행행위의 개시가 있는 것으로 보아 특별한 사정이 없는 한 그때 시효중단의 효력이 발생하며, 한편 그 시효중단의 효력이 발생하기 위하여 집행행위가 종료되거나 성공하였음을 요하지 아니하고, 수형자에게 집행행위의 개시사실을 통지할 것을 요하지 아니한다. 따라서 일응 수형자의 재산이라고 추정되는 채권에 대하여 압류신청을 한 이상 피압류채권이 존재하지 아니하거나 압류채권을 환가하여도 집행비용 외에 잉여가 없다는 이유로 집행불능이 되었다고 하더라도 이미 발생한 시효중단의 효력이 소멸하지는 않는다(대결 2009.06.25. 2008모1396).

마. (O) 형법 제59조에 의하여 형의 선고를 유예하는 판결을 할 경우에도 선고가 유예된 형에 대한 판단을 하여야 하는 것이므로 선고유예 판결에서도 그 판결이유에서는 선고할 형의 종류와 량 즉 선고형을 정해 놓아야 하고 그 선고를 유예하는 형이 벌금형일 경우에는 그 벌금액 뿐만 아니라 환형유치처분까지 해 두어야 한다(대판 1988.01.19. 86도2654).

바. (O) 형법 제60조, 제61조 제1항, 형사소송법 제335조, 제336조 제1항의 각 규정에 의하면, 형의 선고유예를 받은 자가 유예기간 중 자격정지 이상의 형에 처한 판결이 확정되더라도 검사의 청구에 의한 선고유예 실효의 결정에 의하여 비로소 선고유예가 실효되는 것이고, 또한 형의 선고유예의 판결이 확정된 후 2년을 경과한 때에는 형법 제60조가 정하는 바에 따라 면소된 것으로 간주되고, 그와 같이 유예기간이 경과함으로써 면소된 것으로 간주된 후에는 실효시킬 선고유예의 판결이 존재하지 아니하므로 선고유예 실효의 결정(선고유예된 형을 선고하는 결정)을 할 수 없으며, 이는 원결정에 대한 집행정지의 효력이 있는 즉시항고 또는 재항고로 인하여 아직 그 선고유예 실효 결정의 효력이 발생하기 전 상태에서 상소심에서 절차 진행 중에 그 유예기간이 그대로 경과한 경우에도 마찬가지이다(대결 2007.06.28. 2007모348).

사. (X) 징역형과 벌금형을 병과하면서 그 징역형에 대하여 집행을 유예하고 그 벌금형에 대하여 선고를 유예하였음은 정당하다(대판 1976.06.08. 74도1266).

아. (O) 몰수에 갈음하는 추징은 부가형적 성질을 띠고 있어 그 주형에 대하여 선고를 유예하는 경우에는 그 부가할 추징에 대하여도 선고를 유예할 수 있으나, 그 주형에 대하여 선고를 유예하지 아니하면서 이에 부가할 추징에 대하여서만 선고를 유예할 수는 없다(대판 1979.04.10. 78도3098).

정답 ④

제 ❻ 절 | 보안처분

문 28

형법 제62조의2 규정에 의한 보호관찰 및 사회봉사명령에 관한 다음 설명 중 가장 옳지 않은 것은?
[2021년 12번]

① 법원이 형의 집행을 유예하는 경우 명할 수 있는 사회봉사는 자유형의 집행을 대체하기 위한 것으로서 500시간 내에서 시간 단위로 부과될 수 있는 일 또는 근로활동을 의미하는 것으로 해석되므로, 법원이 사회봉사명령으로 피고인에게 일정한 금원을 출연하거나 이와 동일시할 수 있는 행위를 명하는 것은 허용될 수 없다.

② 법원이 피고인에게 유죄로 인정된 범죄행위를 뉘우치거나 그 범죄행위를 공개하는 취지의 말이나 글을 발표하도록 하는 내용의 사회봉사를 명하는 것은, 헌법이 보호하는 피고인의 양심의 자유, 명예 및 인격에 대한 심각하고 중대한 침해에 해당하므로 허용될 수 없다.

③ 보호관찰은 형사정책적 견지에서 때로는 본래 개인의 자유에 맡겨진 영역이거나 또는 타인의 이익을 침해하는 법상 금지된 행위가 아니더라도 보호관찰 대상자의 특성, 그가 저지른 범죄의 내용과 종류 등을 구체적·개별적으로 고려하여 일정기간 동안 보호관찰 대상자의 자유를 제한하는 내용의 준수사항을 부과함으로써 대상자의 교화·개선을 통해 범죄를 예방하고 재범을 방지하려는 데에 그 제도적 의의가 있다.

④ 버스회사 노동조합 지부장인 피고인이 운전기사 신규 채용 내지 정년 도과 후 촉탁직 근로계약의 체결과 관련하여 취업을 원하거나 정년 후 계속 근로를 원하는 운전기사들로부터 청탁의 대가로 돈을 받아 이익을 취득하여 근로기준법 위반죄를 범한 사안에서, 피고인에 대하여 보호관찰을 받을 것을 명하면서 '보호관찰기간 중 노조지부장 선거에 후보로 출마하거나 피고인을 지지하는 다른 조합원의 출마를 후원하거나 하는 등의 방법으로 선거에 개입하지 말 것'이라는 내용의 특별준수사항을 부과한 것은 피고인의 재범을 방지하고 개선·자립에 도움이 되는 것으로 정당하다.

⑤ 보호관찰 등에 관한 법률 제32조 제3항은 법원 및 보호관찰 심사위원회가 판결의 선고 또는 결정의 고지를 할 때 보호관찰 대상자에게 '범죄행위로 인한 손해를 회복하기 위하여 노력할 것' 등을 특별준수사항으로 따로 과할 수 있다고 규정하고 있다. 사회봉사는 보호관찰과 마찬가지로 형법 제62조의2 제1항에 따른 것으로, 법원이 사회봉사를 명하는 경우 보호관찰을 명하는 경우와 마찬가지로 '손해를 회복하기 위하여 노력할 것'이라는 취지의 특별준수사항을 부과할 수 있다.

> **MGI Point** 보호관찰 및 사회봉사명령 ★★

- 법원이 형법 §62의2의 규정에 의한 사회봉사명령으로 피고인에게 일정한 금원을 출연하거나 이와 동일시할 수 있는 행위를 명하는 것은 허용 不可
- 법원이 피고인에게 유죄로 인정된 범죄행위를 뉘우치거나 그 범죄행위를 공개하는 취지의 말이나 글을 발표하도록 하는 내용의 사회봉사를 명하고 이를 위반할 경우 형법 §64②에 의하여 집행유예의 선고를 취소할 수 있도록 함으로써 그 이행을 강제하는 것은 허용 不可
- 보호관찰의 제도적 의의 ⇨ 형사정책적 견지에서 때로는 본래 개인의 자유에 맡겨진 영역이거나 또는 타인의 이익을 침해하는 법상 금지된 행위가 아니더라도 보호관찰 대상자의 특성, 그가 저지른 범죄의 내용과 종류 등을 구체적·개별적으로 고려하여 일정기간 동안 보호관찰 대상자의 자유를 제한하는 내용의 준수사항을 부과함으로써 대상자의 교화·개선을 통해 범죄를 예방하고 재범을 방지하는 것
- 집행유예기간 동안 보호관찰을 받을 것을 명하면서 "보호관찰기간 중 노조지부장 선거에 후보로 출마하거나 피고인을 지지하는 다른 조합원의 출마를 후원하거나 하는 등의 방법으로 선거에 개입하지 말 것"이라는 내용의 특별준수사항을 부과 可
- 보호관찰법 §32③이 보호관찰 대상자에게 과할 수 있는 특별준수사항으로 정한 "범죄행위로 인한 손해를 회복하기 위하여 노력할 것(4호)" 등 같은 항 1호부터 9호까지의 사항은 보호관찰 대상자에 한해 부과할 수 있을 뿐, 사회봉사명령·수강명령 대상자에 대해서는 부과 不可

① (○) 형법과 보호관찰 등에 관한 법률의 관계 규정을 종합하면, 사회봉사는 형의 집행을 유예하면서 부가적으로 명하는 것이고 집행유예 되는 형은 자유형에 한정되고 있는 점 등에 비추어, 법원이 형의 집행을 유예하는 경우 명할 수 있는 사회봉사는 자유형의 집행을 대체하기 위한 것으로서 500시간 내에서 시간 단위로 부과될 수 있는 일 또는 근로활동을 의미하는 것으로 해석되므로, 법원이 형법 제62조의2의 규정에 의한 사회봉사명령으로 피고인에게 일정한 금원을 출연하거나 이와 동일시할 수 있는 행위를 명하는 것은 허용될 수 없다(대판 2008.04.11. 2007도8373).

② (○) 법원이 피고인에게 유죄로 인정된 범죄행위를 뉘우치거나 그 범죄행위를 공개하는 취지의 말이나 글을 발표하도록 하는 내용의 사회봉사를 명하고 이를 위반할 경우 형법 제64조 제2항에 의하여 집행유예의 선고를 취소할 수 있도록 함으로써 그 이행을 강제하는 것은, 헌법이 보호하는 피고인의 양심의 자유, 명예 및 인격에 대한 심각하고 중대한 침해에 해당하므로 허용될 수 없고, 또 법원이 명하는 사회봉사의 의미나 내용은 피고인이나 집행 담당 기관이 쉽게 이해할 수 있어 집행 과정에서 그 의미나 내용에 관한 다툼이 발생하지 않을 정도로 특정되어야 하므로, 피고인으로 하여금 자신의 범죄행위와 관련하여 어떤 말이나 글을 공개적으로 발표하라는 사회봉사를 명하는 것은 경우에 따라 피고인의 명예나 인격에 대한 심각하고 중대한 침해를 초래할 수 있고, 그 말이나 글이 어떤 의미나 내용이어야 하는 것인지 쉽게 이해할 수 없어 집행 과정에서 그 의미나 내용에 관한 다툼이 발생할 가능성이 적지 않으며, 유죄로 인정된 범죄행위를 뉘우치거나 그 범죄행위를 공개하는 취지의 말이나 글을 발표하도록 하는 취지의 것으로도 해석될 가능성이 적지 않으므로 이러한 사회봉사명령은 위법하다(대판 2008.04.11. 2007도8373).

③ (○) 형법 제62조의2 제1항에서 말하는 보호관찰은 형벌이 아닌 보안처분의 성격을 갖는 것으로서, 과거의 불법에 대한 책임에 기초하고 있는 제재가 아니라 장래의 위험성으로부터 행위자를 보호하고 사회를 방위하기 위한 합목적인 조치이다. 보호관찰은 위와 같은 형사정책적 견지에서 때로는 본래 개인의 자유에 맡겨진 영역이거나 또는 타인의 이익을 침해하는 법상 금지된 행위가 아니더라도 보호관찰 대상자의 특성, 그가 저지른 범죄의 내용과 종류 등을 구체적·개별적으로 고려하여 일정기간 동안 보호관찰 대상자의 자유를 제한하는 내용의 준수사항을 부과함으로써 대상자의 교화·개선을 통해 범죄를 예방하고 재범을 방지하려는 데에 그 제도적 의의가 있다. 다만 법치주의와 기본권 보장의 원칙 아래에서 보호관찰 역시 자의적·무제한적으로 허용될 수 없음은 물론이다. 보호관찰은 필요하고도 적절한 한도 내에서 이루어져야 하며, 가장 적합한 방법으로 실시되어야 하므로(보호관찰 등에 관한 법률 제4조 참조), 대상자가 준수할 수 있고 그 자유를 부당하게 제한하지 아니하는 범위 내에서 구체적으로 부과되어야 한다(보호관찰 등에 관한 법률 시행령 제19조 제8호 참조)(대판 2010.09.30. 2010도6403).

④ (○) 버스회사 노동조합 지부장인 피고인이 운전기사 신규 채용 내지 정년 도과 후 촉탁직 근로계약의 체결과 관련하여 취업을 원하거나, 정년 후 계속 근로를 원하는 운전기사들로부터 청탁의 대가로 돈을 받아 이익을 취득하였고, 원심이 위 행위에 대해 근로기준법 위반죄의 성립을 인정한 뒤, 피고인에 대하여 형의 집행을 유예함과 동시에 집행유예기간 동안 보호관찰을 받을 것을 명하면서 "보호관찰기간 중 노조지부장 선거에 후보로 출마하거나 피고인을 지지하는 다른 조합원의 출마를 후원하거나 하는 등의 방법으로 선거에 개입하지 말 것"이라는 내용의 특별준수사항을 부과한 사안에서, 범행에 이르게 된 동기와 내용, 피고인의 지위, 업무 환경, 생활상태, 기타 개별적·구체적 특성들을 종합할 때, 원심이 피고인의 재범을 방지하고 개선·자립에 도움이 된다고 판단하여 위와 같은 특별준수사항을 부과한 것은 정당하다(대판 2010.09.30. 2010도6403).

⑤ (X) 보호관찰법 제32조 제3항은 법원 및 보호관찰 심사위원회가 판결의 선고 또는 결정의 고지를 할 때 보호관찰 대상자에게 "범죄행위로 인한 손해를 회복하기 위하여 노력할 것(제4호)" 등 같은 항 제1호부터 제9호까지 정한 사항과 "그 밖에 보호관찰 대상자의 재범 방지를 위하여 필요하다고 인정되어 대통령령으로 정하는 사항(제10호)"을 특별준수사항으로 따로 과할 수 있다고 규정하고 있다. 이에 따라 보호관찰법 시행령 제19조는 보호관찰 대상자에게 과할 수 있는 특별준수사항을 제1호부터 제7호까지 규정한 데 이어, 제8호에서 "그 밖에 보호관찰 대상자의 생활상태, 심신의 상태, 범죄 또는 비행의 동기, 거주지의 환경 등으로 보아 보호관찰 대상자가 준수할 수 있고 자유를 부당하게 제한하지 아니하는 범위에서 개선·자립에 도움이 된다고 인정되는 구체적인 사항"을 규정하고 있다. 나아가 보호관찰법 제62조는 제2항에서 사회봉사명령·수강명령 대상자가 일반적으로 준수하여야 할 사항을 규정하는 한편, 제3항에서 "법원은 판결의 선고를 할 때 제2항의 준수사항 외에 대통령령으로 정하는 범위에서 본인의 특성 등을 고려하여 특별히 지켜야 할 사항을 따로 과할 수 있다."라고 규정하고 있다. 이에 따라 보호관찰법 시행령 제39조 제1항은 사회봉사명령·수강명령 대상자에 대한 특별준수사항으로 위 보호관찰법 시행령 제19조를 준용하고 있다. 위 각 규정을 종합하면, 보호관찰법 제32조 제3항이 보호관찰 대상자에게 과할 수 있는 특별준수사항으로 정한 "범죄행위로 인한 손해를 회복하기 위하여 노력할 것(제4호)" 등 같은 항 제1호부터 제9호까지의 사항은 보호관찰 대상자에 한해 부과할 수 있을 뿐, 사회봉사명령·수강명령 대상자에 대해서는 부과할 수 없다(대판 2020.11.05. 2017도18291).

정답 ⑤

MEMO

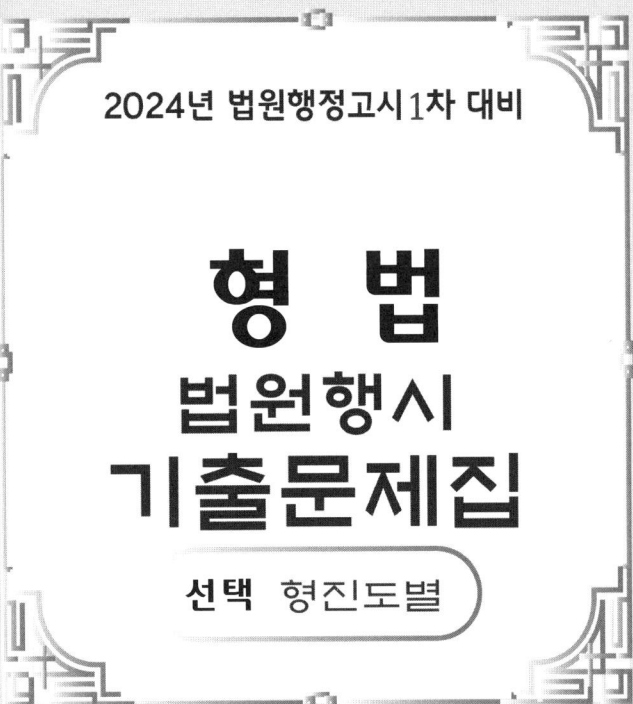

형법각론

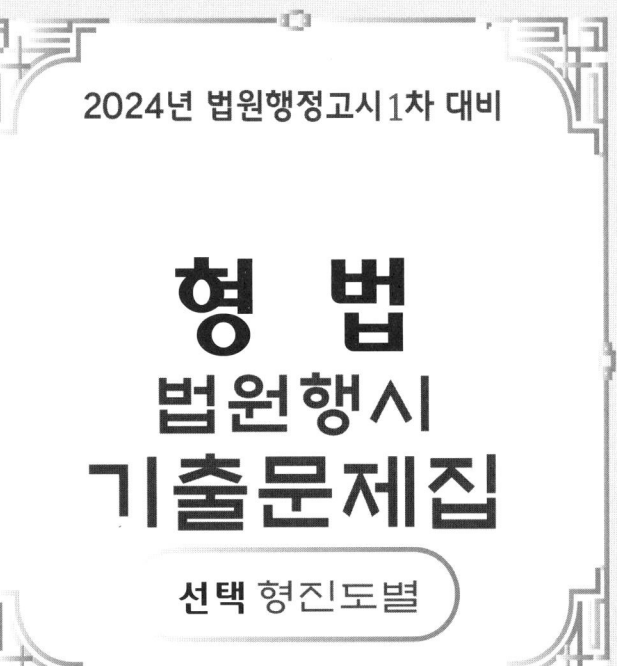

제1편 개인적 법익에 대한 죄

제1장 | 생명과 신체에 대한 죄
제2장 | 자유에 대한 죄
제3장 | 명예와 신용에 대한 죄
제4장 | 사생활의 평온에 대한 죄
제5장 | 재산에 대한 죄

제1장 생명과 신체에 대한 죄

제❶절 ▮ 살인의 죄

제❷절 ▮ 상해와 폭행의 죄

문 1

형법 제114조 및 폭력행위 등 처벌에 관한 법률 제4조의 범죄단체조직 등 죄 등에 관한 다음 설명 중 가장 옳지 않은 것은? [2022년 34번]

① 형법 제114조에서 정한 '범죄를 목적으로 하는 단체'란 특정 다수인이 일정한 범죄를 수행한다는 공동목적 아래 구성한 계속적인 결합체로서 그 단체를 주도하거나 내부의 질서를 유지하는 최소한의 통솔체계를 갖춘 것을 의미한다.
② 불특정 다수의 피해자들에게 전화하여 금융기관 등을 사칭하면서 신용등급을 올려 낮은 이자로 대출을 해주겠다고 속여 신용관리비용 명목의 돈을 송금받아 편취할 목적으로 다수의 사람들을 모아 총책, 간부급 조직원, 상담원, 현금인출책 등으로 구성되어 내부의 위계질서가 유지되고 조직원의 역할 분담이 이루어지는 최소한의 통솔체계를 갖춘 보이스피싱 사기 조직을 구성한 경우 이는 형법상의 '범죄단체'에 해당한다.
③ 피고인이 무등록 중고차 매매상사를 운영하면서 피해자들을 기망하여 중고차량을 불법으로 판매해 금원을 편취할 목적으로 다수인을 모집하여 대표, 팀장, 팀원으로 직책이나 역할을 분담하여 사기범행을 반복적으로 실행한 경우 이는 형법 제114조의 '범죄를 목적으로 하는 집단'에 해당한다.
④ 범죄단체의 구성이나 가입은 범죄행위의 실행 여부와 관계없이 범죄단체 구성원으로서의 활동을 예정하는 것이고, 범죄단체 구성원으로서의 활동은 범죄단체의 구성이나 가입을 전제로 하는 것이므로, 양자는 모두 범죄단체의 생성 및 존속유지를 도모하는 일련의 예비·음모 과정에 해당한다는 점에서 그 범의의 단일성과 계속성을 인정할 수 있을 뿐만 아니라 피해법익도 다르지 않으므로, 범죄단체를 구성하거나 이에 가입한 자가 더 나아가 구성원으로 활동하는 경우 이는 포괄일죄의 관계에 있다.
⑤ 형법 제114조에서 정한 '범죄를 목적으로 하는 집단'이란 '범죄단체'에서 요구되는 것과 같이 최소한의 통솔체계를 갖춘 것을 의미하지만, 구성원들이 정해진 역할분담에 따라 행동함으로써 범죄를 반복적으로 실행할 수 있는 조직체계까지 갖출 필요는 없다.

MGI Point 범죄단체조직 등 죄 ★★

- 범죄를 목적으로 하는 단체 ⇨ 최소한의 통솔체계를 갖춘 것을 의미
- 최소한의 통솔체계를 갖춘 보이스피싱 사기 조직 ⇨ 형법상의 범죄'단체'에 해당
- 무등록 중고차 매매상사를 운영하면서 피해자들을 기망하여 중고차량을 불법으로 판매해 금원을 편취할 목적으로 다수인을 모집, 반복적으로 사기 범행을 실행 ⇨ 범죄를 목적으로 하는 '집단'에 해당
- 범죄단체를 구성하거나 이에 가입한 자가 더 나아가 구성원으로 활동하는 경우 ⇨ 포괄일죄
- 범죄를 목적으로 하는 '집단' ⇨ 최소한의 통솔체계 不要, 조직적 구조(체계) 要

① (○) 형법 제114조에서 정한 '범죄를 목적으로 하는 단체'란 특정 다수인이 일정한 범죄를 수행한다는 공동목적 아래 구성한 계속적인 결합체로서 그 단체를 주도하거나 내부의 질서를 유지하는 최소한의 통솔체계를 갖춘 것을 의미한다(대판 2020.08.20. 2019도16263).

② (○) 피고인들이 불특정 다수의 피해자들에게 전화하여 금융기관 등을 사칭하면서 신용등급을 올려 낮은 이자로 대출을 해주겠다고 속여 신용관리비용 명목의 돈을 송금받아 편취할 목적으로 보이스피싱 사기 조직을 구성하고 이에 가담하여 조직원으로 활동함으로써 범죄단체를 조직하거나 이에 가입·활동하였다는 내용으로 기소된 사안에서, 위 보이스피싱 조직은 형법상의 범죄단체에 해당한다(대판 2017.10.26. 2017도8600).

③ (○) 무등록 중고차 매매상사(이하 '외부사무실'이라 한다)를 운영하면서 피해자들을 기망하여 중고차량을 불법으로 판매해 금원을 편취할 목적으로 외부사무실 등에서 범죄집단을 조직·활동하고, 피고인 갑, 을을 제외한 나머지 피고인들은 범죄집단에 가입·활동하였다는 내용으로 기소된 사안에서, …중략… 외부사무실은 특정 다수인이 사기범행을 수행한다는 공동목적 아래 구성원들이 대표, 팀장, 출동조, 전화상담원 등 정해진 역할분담에 따라 행동함으로써 사기범행을 반복적으로 실행하는 체계를 갖춘 결합체, 즉 형법 제114조의 '범죄를 목적으로 하는 집단'에 해당한다(대판 2020.08.20. 2019도16263).

④ (○) 범죄단체의 구성이나 가입은 범죄행위의 실행 여부와 관계없이 범죄단체 구성원으로서의 활동을 예정하는 것이고, 범죄단체 구성원으로서의 활동은 범죄단체의 구성이나 가입을 당연히 전제로 하는 것이므로, 양자는 모두 범죄단체의 생성 및 존속·유지를 도모하는, 범죄행위에 대한 일련의 예비·음모 과정에 해당한다는 점에서 범의의 단일성과 계속성을 인정할 수 있을 뿐만 아니라 피해법익도 다르지 않다. 따라서 범죄단체를 구성하거나 이에 가입한 자가 더 나아가 구성원으로 활동하는 경우, 이는 포괄일죄의 관계에 있다(대판 2015.09.10. 2015도7081).

⑤ (X) 형법 제114조에서 정한 '범죄를 목적으로 하는 집단'이란 특정 다수인이 사형, 무기 또는 장기 4년 이상의 범죄를 수행한다는 공동목적 아래 구성원들이 정해진 역할분담에 따라 행동함으로써 범죄를 반복적으로 실행할 수 있는 조직체계를 갖춘 계속적인 결합체를 의미한다. '범죄단체'에서 요구되는 '최소한의 통솔체계'를 갖출 필요는 없지만, 범죄의 계획과 실행을 용이하게 할 정도의 조직적 구조를 갖추어야 한다(대판 2020.08.20. 2019도16263).

정답 ⑤

문 2

다음 설명 중 옳지 않은 것은 모두 몇 개인가? [2021년 10번]

> 가. 마약사범이 비닐봉지에 담아 버리려고 했던 칼을 소지해 집을 나서다가 체포된 경우, 폭력행위 등 처벌에 관한 법률 제7조(우범자)에서 말하는 '위험한 물건의 휴대'에 해당한다고 보기 어렵다.
> 나. 폭력 행위 당시 과도를 호주머니 속에 지니고 있었던 것에 불과한 이상, 이는 위험한 물건을 휴대한 경우에 해당한다고 보기 어렵다.
> 다. 직계존속인 피해자를 폭행하고, 상해를 가한 것이 존속에 대한 동일한 폭력습벽의 발현에 의한 것으로 인정되는 경우, 상습존속상해죄와 상습존속폭행죄가 각 성립하고, 위 두 죄는 실체적 경합범 관계에 있다.
> 라. 만나주지 않는다는 이유로 시정된 탁구장문과 주방문을 부수고 주방으로 들어가 방문을 열어주지 않으면 모두 죽여버린다고 폭언하면서 시정된 방문을 수회 발로 찬 행위는 피해자들 신체에 대한 유형력의 행사로는 볼 수 없어 폭행죄에 해당한다고 보기 어렵다.
> 마. 피해자를 부딪칠 듯이 차를 조금씩 전진시키는 것을 반복하는 행위는 폭행죄에 해당한다고 할 수 없다.

① 없음　　② 1개　　③ 2개
④ 3개　　⑤ 4개

> **MGI Point** 위험한 물건의 휴대, 상습존속상해, 폭행 ★★
>
> ■ 폭처법 상 '위험한 물건의 휴대'에 해당 여부
>   - (폭처법 §7) : 마약사범이 비닐봉지에 담아 버리려고 했던 칼을 소지해 집을 나서다가 체포된 경우 ×
>   - (폭처법 §3) : 폭력 행위 당시 과도를 호주머니 속에 지니고 있었던 경우 ○
> ■ 직계존속인 피해자를 폭행·상해를 가한 것이 존속에 대한 동일한 폭력습벽의 발현에 의한 경우
>   ⇨ 상습존속상해죄의 포괄일죄 성립 ○
> ■ 폭행죄에서의 '폭행'(피해자의 신체에 대한 유형력의 행사를 의미)에 해당 여부
>   - 방문을 열어주지 않으면 모두 죽여버린다고 폭언하면서 시정된 방문을 수회 발로 찬 행위 ×
>   - 피해자를 부딪칠 듯이 차를 조금씩 전진시키는 것을 반복하는 행위 ○

가. (○) 마약사범이 범행 현장에서 버리려고 비닐봉지에 담아 둔 칼을 들고 있다가 체포된 사안에서, 폭력행위 등 처벌에 관한 법률 제7조(우범자)에 정한 위험한 물건의 '휴대'로 볼 수 없다(대판 2008.07.24. 2008도2794).

나. (X) 피고인이 이 사건 폭력행위 당시 판시 과도를 범행현장에서 호주머니 속에 지니고 있었던 이상 이는 위험한 물건을 휴대한 경우로서 폭력행위등처벌에 관한 법률 제3조 제1항 소정의 죄에 해당한다(대판 1984.04.10. 84도353).

다. (X) 직계존속인 피해자를 폭행하고, 상해를 가한 것이 존속에 대한 동일한 폭력습벽의 발현에 의한 것으로 인정되는 경우, 그 중 법정형이 더 중한 상습존속상해죄에 나머지 행위들을 포괄시켜 하나의 죄만이 성립한다(대판 2003.02.28. 2002도7335).

라. (○) 공소외인이 피고인을 만나주지 않는다는 이유로 시정된 탁구장문과 주방문을 부수고 주방으로 들어가 방문을 열어주지 않으면 모두 죽여버린다고 폭언하면서 시정된 방문을 수회 발로 찬 피고인의 행위는 재물손괴죄 또는 숙소안의 자에게 해악을 고지하여 외포케 하는 단순 협박죄에 해당함은 별론으로 하고, 단순히 방문을 발로 몇번 찼다고 하여 그것이 피해자들의 신체에 대한 유형력의 행사로는 볼 수 없어 폭행죄에 해당한다 할 수 없다(대판 1984.02.14. 83도3186).

마. (X) 폭행죄에서 말하는 폭행이란 사람의 신체에 대하여 육체적·정신적으로 고통을 주는 유형력을 행사함을 뜻하는 것으로서 반드시 피해자의 신체에 접촉함을 필요로 하는 것은 아니고, 그 불법성은 행위의 목적과 의도, 행위 당시의 정황, 행위의 태양과 종류, 피해자에게 주는 고통의 유무와 정도 등을 종합하여 판단하여야 한다. 따라서 자신의 차를 가로막는 피해자를 부딪친 것은 아니라고 하더라도, 피해자를 부딪칠 듯이 차를 조금씩 전진시키는 것을 반복하는 행위 역시 피해자에 대해 위법한 유형력을 행사한 것이라고 보아야 한다(대판 2016.10.27. 2016도9302).

정답 ④

문 3

상해와 폭행의 죄에 관한 다음 설명 중 옳은 것은 모두 몇 개인가? [2019년 30번]

> ㄱ. 결과적 가중범인 상해치사죄의 공동정범은 폭행 기타의 신체침해 행위를 공동으로 할 의사가 있으면 성립되고 결과를 공동으로 할 의사는 필요 없으며, 여러 사람이 상해의 범의로 범행 중 한 사람이 중한 상해를 가하여 피해자가 사망에 이르게 된 경우 나머지 사람들은 사망의 결과를 예견할 수 없는 때가 아닌 한 상해치사의 죄책을 면할 수 없다.
>
> ㄴ. 형법 제260조에 규정된 폭행죄는 사람의 신체에 대한 유형력의 행사를 가리키며, 그 유형력의 행사는 신체적 고통을 주는 물리력의 작용을 의미하므로 반드시 피해자의 신체에 접촉함을 필요로 한다.
>
> ㄷ. 형법은 제264조에서 상습으로 제258조의2의 죄를 범한 때에는 그 죄에 정한 형의 2분의 1까지 가중한다고 규정하고 있으므로, 형법 제258조의2 제1항에서 정한 법정형의 단기와 장기를 모두 가중하여 1년 6개월 이상 15년 이하의 징역에 처하여야 한다.

ㄹ. 낙태로 인하여 그 태아를 양육, 출산하는 임산부의 생리적 기능이 침해되므로, 태아를 사망에 이르게 하는 행위는 임산부에 대한 상해가 된다.
ㅁ. 시간적 차이가 있는 독립된 상해행위나 폭행행위가 경합하여 사망의 결과가 일어나고 그 사망의 원인된 행위가 판명되지 않은 경우에는 공동정범의 예에 의하여 처벌할 수 있다.

① 1개　　　　　　② 2개　　　　　　③ 3개
④ 4개　　　　　　⑤ 5개

MGI Point 상해와 폭행의 죄 ★★

- 결과적 가중범의 공동정범 : 判例는 긍정 ↔ 통설은 부정(동시범)
  ⇨ 성립요건 : 기본범죄 공동의사 + 중한 결과에 대하여 예견가능성 (결과공동의사 ×)
- 폭행죄 : 사람의 신체에 대한 유형력 행사 (직접 피해자의 신체에 접촉하지 아니한 유형력 행사도 포함)
- 형법 제264조의 상습특수상해죄에서 '그 죄에 정한 형의 2분의 1까지 가중' ⇨ 형법 제258조의2 제1항에서 정한 법정형의 단기와 장기를 모두 가중하여 1년 6개월 이상 15년 이하의 징역에 처한다는 의미
- 낙태는 임부에 대한 상해 ×
- 시간적 차이가 있는 독립된 상해행위나 폭행행위가 경합하여 사망의 결과 발생 ○ + 원인판명 × ⇨ 공동정범의 예에 의함

ㄱ. (○) 결과적 가중범인 상해치사죄의 공동정범은 폭행 기타의 신체침해 행위를 공동으로 할 의사가 있으면 성립되고 결과를 공동으로 할 의사는 필요 없으며, 여러 사람이 상해의 범의로 범행 중 한 사람이 중한 상해를 가하여 피해자가 사망에 이르게 된 경우 나머지 사람들은 사망의 결과를 예견할 수 없는 때가 아닌 한 상해치사의 죄책을 면할 수 없다(대판 2000.05.12. 2000도745).

ㄴ. (X) [1] 형법 제260조에 규정된 폭행죄는 사람의 신체에 대한 유형력의 행사를 가리키며, 그 유형력의 행사는 신체적 고통을 주는 물리력의 작용을 의미하므로 신체의 청각기관을 직접적으로 자극하는 음향도 경우에 따라서는 유형력에 포함될 수 있다. [2] 피해자의 신체에 공간적으로 근접하여 고성으로 폭언이나 욕설을 하거나 동시에 손발이나 물건을 휘두르거나 던지는 행위는 직접 피해자의 신체에 접촉하지 아니하였다 하더라도 피해자에 대한 불법한 유형력의 행사로서 폭행에 해당될 수 있는 것이지만, 거리상 멀리 떨어져 있는 사람에게 전화기를 이용하여 전화하면서 고성을 내거나 그 전화 대화를 녹음 후 듣게 하는 경우에는 특수한 방법으로 수화자의 청각기관을 자극하여 그 수화자로 하여금 고통스럽게 느끼게 할 정도의 음향을 이용하였다는 등의 특별한 사정이 없는 한 신체에 대한 유형력의 행사를 한 것으로 보기 어렵다(대판 2003.01.10. 2000도5716).

ㄷ. (○) 형법은 제264조에서 상습으로 제258조의2의 죄를 범한 때에는 그 죄에 정한 형의 2분의 1까지 가중한다고 규정하고, 제258조의2 제1항에서 위험한 물건을 휴대하여 상해죄를 범한 때에는 1년 이상 10년 이하의 징역에 처한다고 규정하고 있다. 위와 같은 형법 각 규정의 문언, 형의 장기만을 가중하는 형법 규정에서 그 죄에 정한 형의 장기를 가중한다고 명시하고 있는 점, 형법 제264조에서 상습범을 가중처벌하는 입법 취지 등을 종합하면, 형법 제264조는 상습특수상해죄를 범한 때에 형법 제258조의2 제1항에서 정한 법정형의 단기와 장기를 모두 가중하여 1년 6개월 이상 15년 이하의 징역에 처한다는 의미로 새겨야 한다(대판 2017.06.29. 2016도18194).

ㄹ. (X) 우리 형법은 태아를 임산부 신체의 일부로 보거나, 낙태행위가 임산부의 태아양육, 출산 기능의 침해라는 측면에서 낙태죄와는 별개로 임산부에 대한 상해죄를 구성하는 것으로 보지는 않는다고 해석되고, 따라서 태아를 사망에 이르게 하는 행위가 임산부 신체의 일부를 훼손하는 것이라거나 태아의 사망으로 인하여 그 태아를 양육, 출산하는 임산부의 생리적 기능이 침해되어 임산부에 대한 상해가 된다고 볼 수는 없다(대판

2009.07.09. 2009도1025). ▶ 따라서 업무상과실치상죄가 성립하지 않는다. 또한 고의에 의한 낙태가 아니므로 낙태죄(형법 제269조 제1항)도 성립하지 않으며, 과실에 의한 낙태는 처벌 규정이 없으므로 과실범(형법 제14조)으로 처벌할 수도 없다.

ㅁ. (○) 시간적 차이가 있는 독립된 상해행위나 폭행행위가 경합하여 사망의 결과가 일어나고 그 사망의 원인된 행위가 판명되지 않은 경우에는 공동정범의 예에 의하여 처벌할 것이므로, 2시간 남짓한 시간적 간격을 두고 피고인이 두번째의 가해행위인 이 사건 범행을 한 후, 피해자가 사망하였고 그 사망의 원인을 알 수 없다고 보아 피고인을 폭행치사죄의 동시범으로 처벌한 원심판단은 옳고 거기에 동시범의 법리나 상당인과 관계에 관한 법리를 오해한 위법도 없다(대판 2000.07.28. 2000도2466).

> 형법 제19조(독립행위의 경합) 동시 또는 이시의 독립행위가 경합한 경우에 그 결과발생의 원인된 행위가 판명되지 아니한 때에는 각 행위를 미수범으로 처벌한다.
> 형법 제263조(동시범) 독립행위가 경합하여 상해의 결과를 발생하게 한 경우에 있어서 원인된 행위가 판명되지 아니한 때에는 공동정범의 예에 의한다.

정답 ③

제❸절 | 과실치사상의 죄

제❹절 | 낙태의 죄

문 4

다음 설명 중 가장 옳은 것은?(다툼이 있는 경우 판례에 의함) [2016년 18번]

① 독립행위가 경합하여 상해의 결과를 발생하게 한 경우에 있어서 원인된 행위가 판명되지 아니한 때에는 미수범으로 처벌한다.
② 피해자가 피고인과 말다툼을 하다가 '죽고 싶다' 또는 '같이 죽자'고 하며 피고인에게 기름을 사오라고 하자 피고인이 휘발유 1병을 사다주었는데 피해자가 몸에 휘발유를 뿌리고 불을 붙여 자살한 것이라면 피고인에게 자살방조죄가 성립할 수 없다.
③ 자살방조죄는 자살하려는 사람의 자살행위를 도와주어 용이하게 실행하도록 함으로써 성립되는 것으로서, 그 방법에는 자살도구인 총, 칼 등을 빌려주거나 독약을 만들어 주거나 조언 또는 격려를 한다거나 기타 적극적, 소극적, 물질적, 정신적 방법이 모두 포함될 수 있다.
④ 甲이 乙을 살해하기 위하여 丙, 丁 등을 고용하면서 그들에게 대가의 지급을 약속한 것만으로는 甲에게 살인예비죄가 성립한다고 할 수 없다.
⑤ 낙태죄는 태아를 자연분만기에 앞서서 인위적으로 모체 밖으로 배출하거나 모체 안에서 살해함으로써 성립하지만, 그 결과 태아가 사망하지 않았다면 낙태죄로 처벌할 수 없다.

:: 해설   ★

① (X) 독립행위가 경합하여 상해의 결과를 발생하게 한 경우에 있어서 원인된 행위가 판명되지 아니한 때에는 공동정범의 예에 의한다(형법 제263조).
② (X) 피해자가 피고인과 말다툼을 하다가 '죽고 싶다' 또는 '같이 죽자'고 하며 피고인에게 기름을 사오라고

하자 피고인이 휘발유 1병을 사다주었는데 피해자가 몸에 휘발유를 뿌리고 불을 붙여 자살한 경우, 자살방조죄가 성립한다(대판 2010.04.29. 2010도2328). ⇨ 형법 제252조 제2항의 자살방조죄는 자살하려는 사람의 자살행위를 도와주어 용이하게 실행하도록 함으로써 성립되는 것으로서, 이러한 자살방조죄가 성립하기 위해서는 그 방조 상대방의 구체적 자살의 실행을 원조하여 이를 용이하게 하는 행위의 존재와 그 점에 대한 행위자의 인식이 요구된다. 원심은 피고인이 이 사건 당시 피해자에게 휘발유를 사다주면 이를 이용하여 자살할 수도 있다는 것을 충분히 예상할 수 있었음에도 피해자에게 휘발유를 사다주어 피해자가 자살하도록 방조한 것이라고 판단하였는바, 제반 사정에 비추어 보면 원심판단은 정당하다.

③ (○) 형법 제252조 제2항의 자살방조죄는 자살하려는 사람의 자살행위를 도와주어 용이하게 실행하도록 함으로써 성립되는 것으로서, 그 방법에는 자살도구인 총, 칼 등을 빌려주거나 독약을 만들어 주거나 조언 또는 격려를 한다거나 기타 적극적, 소극적, 물질적, 정신적 방법이 모두 포함된다 할 것이나, 이러한 자살방조죄가 성립하기 위해서는 그 방조 상대방의 구체적 자살의 실행을 원조하여 이를 용이하게 하는 행위의 존재 및 그 점에 대한 행위자의 인식이 요구된다(대판 2005.06.10. 2005도1373).

④ (X) 甲이 乙을 살해하기 위하여 丙과 丁을 고용하면서 그들에게 대가의 지급을 약속한 경우, 甲에게는 살인죄를 범할 목적 및 살인의 준비에 관한 고의뿐만 아니라 살인죄의 실현을 위한 준비행위를 하였음을 인정할 수 있으므로 살인예비죄의 성립이 인정된다(대판 2009.10.29. 2009도7150).

⑤ (X) 낙태죄는 태아를 자연 분만기에 앞서서 인위적으로 모체 밖으로 배출하거나 모체 안에서 살해함으로써 성립하고, 그 결과 태아가 사망하였는지 여부는 낙태죄의 성립에 영향이 없다(대판 2005.04.15. 2003도2780).

정답 ③

제❺절 ㅣ 유기와 학대의 죄

문 5

유기죄에 관한 다음 설명 중 가장 옳지 않은 것은?(다툼이 있는 경우 판례에 의함) [2017년 31번]

① 경찰관은 경찰관직무집행법 등에 의하여 머리를 심하게 다친 상태로 경찰서에 누워 있는 사람을 구조할 법률상 의무가 있기 때문에 유기죄의 주체가 될 수 있다.

② 우연히 길에서 만나 동행하던 사람이 절벽에서 추락한 것을 구조하지 아니하였다고 하여 유기죄가 성립하는 것은 아니다.

③ A가 운전하는 승용차에 동승하고 있던 B가 차량문을 열고 차에서 뛰어내렸음에도 A가 그대로 차량을 진행함으로써 도로상에 정신을 잃고 쓰러져 있던 B가 그 직후 후행차량에 역과되어 사망한 경우 A에게는 도로교통법상 구호조치의무가 있기 때문에 유기치사죄가 성립할 수 있다.

④ 병원에 입원한 11세의 딸에 대하여 종교적인 이유로 수혈을 거부하여 딸이 사망한 경우 수혈을 거부한 부모에 대하여 유기치사죄가 성립할 수 있다.

⑤ 강간치상의 범행을 저지른 자가 그 범행으로 인하여 실신상태에 있는 피해자를 구호하지 아니하고 방치한 경우 강간치상죄와 유기죄가 성립한다.

:: 해설   ★★

① (○), ② (○), ③ (○) 형법 제271조에 규정된 유기죄는 노유, 질병 기타 사정으로 인하여 부조를 요하는 자를 보호할 법률상 또는 계약상 의무 있는 자가 유기한 때에 성립하는 것으로 지문에 경찰관이나 운전자 A는 요부조자를 보호할 법률상 의무가 있다고 판단되므로 유기죄의 주체가 될 수 있다. 그러나 우연히 길에서 만나 동행하던 사람은 유기죄의 주체가 될 수 없다.

④ (○) 생모가 사망의 위험이 예견되는 그 딸에 대하여는 수혈이 최선의 치료방법이라는 의사의 권유를 자신의 종교적 신념이나 후유증 발생의 염려만을 이유로 완강하게 거부하고 방해하였다면 이는 결과적으로 요부조자를 위험한 장소에 두고 떠난 경우나 다름이 없다고 할 것이고 그때 사리를 변식할 지능이 없다고 보아야 마땅한 11세 남짓의 환자본인 역시 수혈을 거부하였다고 하더라도 생모의 수혈거부 행위가 위법한 점에 영향을 미치는 것이 아니다(대판 1980.09.24. 79도1387).

⑤ (X) 강간치상의 범행을 저지른 자가 그 범행으로 인하여 실신상태에 있는 피해자를 구호하지 아니하고 방치하였다고 하더라도 그 행위는 포괄적으로 단일의 강간치상죄만을 구성한다(대판 1980.06.24. 80도726).

정답 ⑤

제2장 자유에 대한 죄

제**❶**절 ▎협박의 죄

제**❷**절 ▎강요의 죄

제**❸**절 ▎체포와 감금의 죄

제**❹**절 ▎약취와 유인의 죄

문 6

약취 · 유인죄에 관한 다음 설명 중 옳은 것은 모두 몇 개인가? [2021년 7번]

> 가. 미성년자의 아버지의 부탁으로 그 아이들을 보호하고 있는 자는 위 아이를 인도하라는 어머니의 요구를 거부하였다고 하더라도 미성년자약취죄의 죄책을 진다고 보기는 어렵다.
> 나. 미성년자를 보호·감독하고 있던 그 아버지의 의사에 반하여 미성년자를 자신들의 사실상 지배로 옮긴 이상 미성년자약취죄가 성립한다 할 것이고, 설령 미성년자의 동의가 있었다 하더라도 마찬가지이다.
> 다. 미성년의 자녀를 부모가 함께 동거하면서 보호·양육하여 오던 중 공동친권자인 부모의 일방이 상대방의 동의나 가정법원의 결정이 없는 상태에서 유아를 데리고 공동양육의 장소를 이탈함으로써 상대방의 친권행사가 미칠 수 없도록 하였다면, 비록 그 과정에서 협박이나 불법적인 사실상의 힘을 행사한 사실이 없다고 하더라도 미성년자에 대한 약취죄가 성립한다고 보아야 한다.
> 라. 강도 범행을 하는 과정에서 미성년자와 그의 부모를 함께 체포·감금, 또는 폭행·협박을 가하는 경우 특별한 사정이 없는 한 미성년자약취죄는 성립하지 않는다.
> 마. 미성년자유인죄 범의를 인정하기 위해서는 피해자가 미성년자임을 알면서 유인한다는 인식 및 나아가 유인하는 행위가 피해자의 의사에 반한다는 인식도 필요하다.

① 1개   ② 2개   ③ 3개
④ 4개   ⑤ 5개

MGI Point 약취·유인죄 ★★

- ■ 미성년자약취죄 성립 ✕
  - 미성년자의 아버지의 부탁으로 그 아이들을 보호하고 있는 자가 미성년자를 인도하라는 어머니의 요구를 거부한 경우
  - 미성년의 자녀를 부모가 함께 동거하며 보호·양육하여 오던 중 공동친권자인 부모의 일방이 상대방의 동의나 가정법원의 결정이 없는 상태에서 유아를 데리고 공동양육의 장소를 이탈하여 상대방의 친권행사가 미칠 수 없도록 한 경우
  - 강도 범행을 하는 과정에서 미성년자와 그의 부모를 함께 체포·감금, 또는 폭행·협박을 가하는 경우
- ■ 미성년자약취죄 성립 ○
  - 미성년자의 동의가 있었더라도 미성년자를 보호·감독하고 있던 그 아버지의 의사에 반하여 미성년자를 자신들의 사실상 지배로 옮긴 경우
- ■ 미성년자유인죄의 범의 ⇨ 피해자가 미성년자임을 알면서 유인행위에 대한 인식이 있으면 족하고 유인하는 행위가 피해자의 의사에 반하는 것까지 인식할 필요는 없음

가. (○) 미성년자의 아버지의 부탁으로 그 아이들을 보호하고 있는 자는 위 아이를 인도하라는 어머니의 요구를 거부하였다 하여 미성년자약취죄의 죄책을 진다고 볼 수 없다(대판 1974.05.28. 74도840).

나. (○) 형법 제287조에 규정된 미성년자약취죄의 입법 취지는 심신의 발육이 불충분하고 지려와 경험이 풍부하지 못한 미성년자를 특별히 보호하기 위하여 그를 약취하는 행위를 처벌하려는 데 그 입법의 취지가 있으며, 미성년자의 자유 외에 보호감독자의 감호권도 그 보호법익으로 하고 있다는 점을 고려하면, 피고인과 공범들이 미성년자를 보호·감독하고 있던 그 아버지의 감호권을 침해하여 그녀를 자신들의 사실상 지배로 옮긴 이상 미성년자약취죄가 성립한다 할 것이고, 약취행위에 미성년자의 동의가 있었다 하더라도 본죄의 성립에는 변함이 없다(대판 2003.02.11. 2002도7115).

다. (✕) … 부모가 이혼하였거나 별거하는 상황에서 미성년의 자녀를 부모의 일방이 평온하게 보호·양육하고 있는데, 상대방 부모가 폭행, 협박 또는 불법적인 사실상의 힘을 행사하여 그 보호·양육 상태를 깨뜨리고 자녀를 탈취하여 자기 또는 제3자의 사실상 지배하에 옮긴 경우, 그와 같은 행위는 특별한 사정이 없는 한 미성년자에 대한 약취죄를 구성한다고 볼 수 있다. 그러나 이와 달리 미성년의 자녀를 부모가 함께 동거하면서 보호·양육하여 오던 중 부모의 일방이 상대방 부모나 그 자녀에게 어떠한 폭행, 협박이나 불법적인 사실상의 힘을 행사함이 없이 그 자녀를 데리고 종전의 거소를 벗어나 다른 곳으로 옮겨 자녀에 대한 보호·양육을 계속하였다면, 그 행위가 보호·양육권의 남용에 해당한다는 등 특별한 사정이 없는 한 설령 이에 관하여 법원의 결정이나 상대방 부모의 동의를 얻지 아니하였다고 하더라도 그러한 행위에 대하여 곧바로 형법상 미성년자에 대한 약취죄의 성립을 인정할 수는 없다(대판 2013.06.20. 2010도14328(전합)).

라. (○) 미성년자 혼자 머무는 주거에 침입하여 강도 범행을 하는 과정에서 미성년자와 그 부모에게 폭행·협박을 가하여 일시적으로 부모와의 보호관계가 사실상 침해·배제되었더라도, 미성년자가 기존의 생활관계로부터 완전히 이탈되었다거나 새로운 생활관계가 형성되었다고 볼 수 없고 범인의 의도도 위와 같은 생활관계의 이탈이 아니라 단지 금품 강취를 위한 반항 억압에 있었으므로, 형법 제287조의 미성년자약취죄가 성립하지 않는다(대판 2008.01.17. 2007도8485).

마. (✕) 미성년자유인죄라 함은 기망 유혹과 같은 달콤한 말을 수단으로 하여 미성년자를 꾀어 현재의 보호상태로부터 이탈케 하여 자기 또는 제3자의 사실적 지배하에 옮기는 것으로서 사려없고 나이어린 피해자의 하자있는 의사를 이용하는데 있는 것이며 본죄의 범의는 피해자가 미성년자임을 알면서 유인행위에 대한 인식이 있으면 족하고 유인하는 행위가 피해자의 의사에 반하는 것까지 인식할 필요는 없으며 또 피해자가 하자있는 의사로 자유롭게 승락하였다 하더라도 본죄의 성립에 소장이 없다(대판 1976.09.14. 76도2072).

정답 ③

문 7

약취·유인 및 인신매매의 죄에 관한 다음 설명 중 가장 옳은 것은? [2019년 4번]

① 미성년자가 유인에 의하여 스스로 가출한 경우, 가출에 관한 미성년자의 동의가 하자 있는 의사에 의하여 이루어진 경우에는 미성년자유인죄가 성립하나, 진의에 의한 동의가 있는 경우에는 보호자의 동의가 없더라도 미성년자유인죄가 성립하지 않는다.
② 미성년 자녀를 부모가 함께 동거하면서 보호·양육하여 오던 중 부모의 일방이 상대방 부모나 그 자녀에게 어떠한 폭행, 협박이나 불법적인 사실상의 힘을 행사함이 없이 그 자녀를 데리고 종전의 거소를 벗어나 다른 곳으로 옮겨 자녀에 대한 보호·양육을 계속한 경우, 이에 관하여 법원의 결정이나 상대방 부모의 동의를 얻지 아니하였다면 미성년자약취죄가 성립한다.
③ 미성년자가 혼자 머무는 주거에 침입하여 그를 감금한 뒤 폭행 또는 협박에 의하여 부모의 출입을 봉쇄하거나, 미성년자와 부모가 거주하는 주거에 침입하여 부모만을 강제로 퇴거시키고 독자적인 생활관계를 형성하기에 이르렀다면 비록 장소적 이전이 없었다 할지라도 미성년자약취죄에 해당한다.
④ 형법 제289조 제1항의 인신매매죄를 범한 사람이 매매된 사람을 안전한 장소로 풀어준 때에는 그 형을 감경하여야 한다.
⑤ 약취·유인 및 인신매매의 죄에 대하여는 속인주의가 적용되므로 대한민국 영역 내에서 위 죄를 범한 외국인에게는 우리나라 형법이 적용되나 대한민국 영역 밖에서 위 죄를 범한 외국인에게는 적용되지 않는다.

> **MGI Point** 약취, 유인 및 인신매매의 죄 ★★
>
> - 미성년자약취죄 ⇨ 미성년자의 자유 외에 보호감독자의 감호권도 보호법익 ⇨ 미성년자의 동의 있어도 죄 ○
> - 미성년의 자녀를 부모가 함께 동거하면서 보호·양육하여 오던 중 부모의 일방이 상대방 부모나 그 자녀에게 어떠한 폭행, 협박이나 불법적인 사실상의 힘을 행사함이 없이 그 자녀를 데리고 종전의 거소를 벗어나 다른 곳으로 옮겨 자녀에 대한 보호·양육을 계속 ⇨ 미성년자 약취죄 ✕
> - 미성년자에 대한 장소적 이전이 없어도 미성년자약취죄 가능 ○
> - 약취 유인한 사람을 안전한 장소에 풀어 준 경우 ⇨ 형의 임의적 감경
> - 약취, 유인 및 인신매매의 죄 ⇨ 세계주의 적용

① (X) 형법 제287조에 규정된 미성년자약취죄의 입법 취지는 심신의 발육이 불충분하고 지려와 경험이 풍부하지 못한 미성년자를 특별히 보호하기 위하여 그를 약취하는 행위를 처벌하려는 데 그 입법의 취지가 있으며, 미성년자의 자유 외에 보호감독자의 감호권도 그 보호법익으로 하고 있다는 점을 고려하면, 피고인과 공범들이 미성년자를 보호·감독하고 있던 그 아버지의 감호권을 침해하여 그녀를 자신들의 사실상 지배하로 옮긴 이상 미성년자약취죄가 성립한다 할 것이고, 약취행위에 미성년자의 동의가 있었다 하더라도 본죄의 성립에는 변함이 없다(대판 2003.02.11. 2002도7115).

② (X) 형법 제287조의 미성년자약취죄, 제288조 제3항 전단[구 형법(2013. 4. 5. 법률 제11731호로 개정되기 전의 것을 말한다. 이하 같다) 제289조 제1항에 해당한다]의 국외이송약취죄 등의 구성요건요소로서 약취란 폭행, 협박 또는 불법적인 사실상의 힘을 수단으로 사용하여 피해자를 그 의사에 반하여 자유로운 생활관계 또는 보호관계로부터 이탈시켜 자기 또는 제3자의 사실상 지배하에 옮기는 행위를 의미하고, 구체적 사건에서 어떤 행위가 약취에 해당하는지 여부는 행위의 목적과 의도, 행위 당시의 정황, 행위의 태양과 종류, 수단

과 방법, 피해자의 상태 등 관련 사정을 종합하여 판단하여야 한다. 한편 미성년자를 보호·감독하는 사람이라고 하더라도 다른 보호감독자의 보호·양육권을 침해하거나 자신의 보호·양육권을 남용하여 미성년자 본인의 이익을 침해하는 때에는 미성년자에 대한 약취죄의 주체가 될 수 있는데, 그 경우에도 해당 보호감독자에 대하여 약취죄의 성립을 인정할 수 있으려면 그 행위가 위와 같은 의미의 약취에 해당하여야 한다. 그렇지 아니하고 폭행, 협박 또는 불법적인 사실상의 힘을 사용하여 그 미성년자를 평온하던 종전의 보호·양육 상태로부터 이탈시켰다고 볼 수 없는 행위에 대하여까지 다른 보호감독자의 보호·양육권을 침해하였다는 이유로 미성년자에 대한 약취죄의 성립을 긍정하는 것은 형벌법규의 문언 범위를 벗어나는 해석으로서 죄형법정주의의 원칙에 비추어 허용될 수 없다. 따라서 부모가 이혼하였거나 별거하는 상황에서 미성년의 자녀를 부모의 일방이 평온하게 보호·양육하고 있는데, 상대방 부모가 폭행, 협박 또는 불법적인 사실상의 힘을 행사하여 그 보호·양육 상태를 깨뜨리고 자녀를 탈취하여 자기 또는 제3자의 사실상 지배하에 옮긴 경우, 그와 같은 행위는 특별한 사정이 없는 한 미성년자에 대한 약취죄를 구성한다고 볼 수 있다. 그러나 이와 달리 미성년의 자녀를 부모가 함께 동거하면서 보호·양육하여 오던 중 부모의 일방이 상대방 부모나 그 자녀에게 어떠한 폭행, 협박이나 불법적인 사실상의 힘을 행사함이 없이 그 자녀를 데리고 종전의 거소를 벗어나 다른 곳으로 옮겨 자녀에 대한 보호·양육을 계속하였다면, 그 행위가 보호·양육권의 남용에 해당한다는 등 특별한 사정이 없는 한 설령 이에 관하여 법원의 결정이나 상대방 부모의 동의를 얻지 아니하였다고 하더라도 그러한 행위에 대하여 곧바로 형법상 미성년자에 대한 약취죄의 성립을 인정할 수는 없다(대판 2013.06.20. 2010도14328(전합)).

③ (○) 미성년자가 혼자 머무는 주거에 침입하여 그를 감금한 뒤 폭행 또는 협박에 의하여 부모의 출입을 봉쇄하거나, 미성년자와 부모가 거주하는 주거에 침입하여 부모만을 강제로 퇴거시키고 독자적인 생활관계를 형성하기에 이르렀다면 비록 장소적 이전이 없었다 할지라도 형법 제287조의 미성년자약취죄에 해당한다(대판 2008.01.17. 2007도8485).

④ (X) 형법 제295조의2 참조

> 형법 제295조의2(형의 감경) 제287조부터 제290조까지, 제292조와 제294조의 죄를 범한 사람이 약취, 유인, 매매 또는 이송된 사람을 안전한 장소로 풀어준 때에는 그 형을 감경할 수 있다.

⑤ (X) 약취, 유인 및 인신매매의 죄에는 세계주의가 적용된다.

> 형법 제296조의2(세계주의) 제287조부터 제292조까지 및 제294조는 대한민국 영역 밖에서 죄를 범한 외국인에게도 적용한다.

 ③

문8

다음 설명 중 가장 옳지 않은 것은?(다툼이 있는 경우 판례에 따르고 전원합의체 판결의 경우 다수의견에 의함) [2017년 1번]

① 아내가 교통사고로 사망한 후 장인에게 미성년인 아들의 양육을 맡겨 왔으나, 교통사고 배상금 등을 둘러싸고 장인과 분쟁이 발생하자 자신이 직접 아들을 양육하기로 마음먹고 하교하는 아들을 본인의 의사에 반하여 강제로 차에 태우고 외할아버지에게 간다는 등의 거짓말로 속인 후 사실상 자신의 지배 하에 옮긴 경우 미성년자약취·유인죄가 성립한다.

② 미성년 자녀를 부모가 함께 동거하면서 보호·양육하여 오던 중 부모의 일방이 상대방 부모나 그 자녀에게 어떠한 폭행, 협박이나 불법적인 사실상의 힘을 행사함이 없이 그 자녀를 데리고 종전의 거소를 벗어나 다른 곳으로 옮겨 자녀에 대한 보호·양육을 계속하였다면, 그 행위가 보호·양육권의 남용에 해당한다는 등 특별한 사정이 없는 한 설령 이에 관하여 법원의 결정이나 상대방 부모의 동의를 얻지 아니하였다고 하더라도 그러한 행위에 대하여 곧바로 형법상 미성년자약취죄의 성립을 인정할 수는 없다.
③ 미성년자가 혼자 머무는 주거에 침입하여 그를 감금한 뒤 폭행 또는 협박에 의하여 부모의 출입을 봉쇄하거나, 미성년자와 부모가 거주하는 주거에 침입하여 부모만을 강제로 퇴거시키고 독자적인 생활관계를 형성하기에 이르렀다면 미성년자약취죄에 해당한다.
④ 미성년자를 보호·감독하고 있던 그 아버지의 감호권을 침해하여 미성년자를 피고인의 사실상 지배 아래 옮긴 경우 미성년자약취죄가 성립하고, 다만 약취행위에 미성년자의 동의가 있었던 경우에는 미성년자약취죄가 성립하지 아니한다.
⑤ 미성년자 약취행위에서 폭행 또는 협박의 정도는 상대방을 실력적 지배하에 둘 수 있을 정도면 족하고 반드시 상대방의 반항을 억압할 정도의 것임을 요하지 않는다.

해설 ★★★

① (○) 미성년자를 보호감독하는 자라 하더라도 다른 보호감독자의 감호권을 침해하거나 자신의 감호권을 남용하여 미성년자 본인의 이익을 침해하는 경우에는 미성년자 약취·유인죄의 주체가 될 수 있다. 외조부가 맡아서 양육해 오던 미성년인 자(子)를 자의 의사에 반하여 사실상 자신의 지배하에 옮긴 친권자에 대하여 미성년자 약취·유인죄를 인정했다(대판 2008.01.31. 2007도8011).

② (○) 미성년의 자녀를 부모가 함께 동거하면서 보호·양육하여 오던 중 부모의 일방이 상대방 부모나 그 자녀에게 어떠한 폭행, 협박이나 불법적인 사실상의 힘을 행사함이 없이 그 자녀를 데리고 종전의 거소를 벗어나 다른 곳으로 옮겨 자녀에 대한 보호·양육을 계속하였다면, 그 행위가 보호·양육권의 남용에 해당한다는 등 특별한 사정이 없는 한 설령 이에 관하여 법원의 결정이나 상대방 부모의 동의를 얻지 아니하였다고 하더라도 그러한 행위에 대하여 곧바로 형법상 미성년자에 대한 약취죄의 성립을 인정할 수는 없다(대판 2013.06.20. 2010도14328).

③ (○) 미성년자가 혼자 머무는 주거에 침입하여 그를 감금한 뒤 폭행 또는 협박에 의하여 부모의 출입을 봉쇄하거나, 미성년자와 부모가 거주하는 주거에 침입하여 부모만을 강제로 퇴거시키고 독자적인 생활관계를 형성하기에 이르렀다면 비록 장소적 이전이 없었다 할지라도 형법 제287조의 미성년자약취죄에 해당함이 명백하다(대판 2008.01.17. 2007도8485).

④ (✕) 형법 제287조에 규정된 미성년자약취죄의 입법 취지는 심신의 발육이 불충분하고 지려와 경험이 풍부하지 못한 미성년자를 특별히 보호하기 위하여 그를 약취하는 행위를 처벌하려는 데 그 입법의 취지가 있으며, 미성년자의 자유 외에 보호감독자의 감호권도 그 보호법익으로 하고 있다는 점을 고려하면, 피고인과 공범들이 미성년자를 보호·감독하고 있던 그 아버지의 감호권을 침해하여 그녀를 자신들의 사실상 지배하로 옮긴 이상 미성년자약취죄가 성립한다 할 것이고, 약취행위에 미성년자의 동의가 있었다 하더라도 본죄의 성립에는 변함이 없다(대판 2003.02.11. 2002도7115).

⑤ (○) 형법 제288조에 규정된 약취행위는 피해자를 그 의사에 반하여 자유로운 생활관계 또는 보호관계로부터 범인이나 제3자의 사실상 지배하에 옮기는 행위를 말하는 것으로서, 폭행 또는 협박을 수단으로 사용하는 경우에 그 폭행 또는 협박의 정도는 상대방을 실력적 지배하에 둘 수 있을 정도이면 족하고 반드시 상대방의 반항을 억압할 정도의 것임을 요하지 아니한다(대판 2009.07.09. 2009도3816).

정답 ④

제❺절 ▎강간과 추행의 죄

문 16

강제추행죄에 관한 다음 설명 중 가장 옳지 않은 것은?[2023년 19번]

① 강제추행죄는 처벌되지 아니하는 타인을 도구로 삼아 피해자를 강제로 추행하는 간접정범의 형태로도 범할 수 있고, 피해자를 도구로 삼아 피해자의 신체를 이용하여 추행행위를 한 경우도 강제추행죄의 간접정범에 해당할 수 있다.
② 甲은, 알고 지내던 여성인 피해자 A가 머리채를 잡아 폭행을 가하자 보복의 의미에서 A의 입술, 귀, 유두, 가슴 등을 입으로 깨무는 등의 행위를 하였는데, 위와 같은 甲의 행위는 강제추행죄의 추행에 해당한다.
③ 초등학교 기간제 교사가 다른 학생들이 지켜보는 가운데 건강검진을 받으러 온 학생의 옷 속으로 손을 넣어 배와 가슴 등의 신체 부위를 만진 행위는, 설사 성욕을 자극·흥분·만족시키려는 주관적 동기나 목적이 없었더라도 구 성폭력범죄의 처벌 및 피해자보호 등에 관한 법률 제8조의2 제5항에서 말하는 '추행'에 해당한다.
④ 甲이 밤에 술을 마시고 배회하던 중 버스에서 내려 혼자 걸어가는 피해자 A(여, 17세)를 발견하고 마스크를 착용한 채 뒤따라가다가 인적이 없고 외진 곳에서 가까이 접근하여 껴안으려 하였으나, A가 뒤돌아보면서 소리치자 그 상태로 몇 초 동안 쳐다보다가 다시 오던 길로 되돌아간 경우, 甲의 행위는 아동·청소년에 대한 강제추행미수죄에 해당하지 아니한다.
⑤ 甲이 피해자 A(여, 48세)에게 욕설을 하면서 자신의 바지를 벗어 성기를 보여주었더라도 A에 대하여 어떠한 신체 접촉도 없었고, 행위장소가 사람 및 차량의 왕래가 빈번한 도로로서 공중에게 공개된 곳이었으며, 甲이 한 욕설이 성적인 성질을 가지지 아니하는 것으로서 추행과 관련이 없었던 경우에는 甲이 폭행 또는 협박으로 추행을 했다고 볼 수 없다.

MGI Point 강제추행죄 ★★

- 피해자를 도구로 삼아 피해자의 신체를 이용하여 추행행위를 한 경우 ⇨ 강제추행죄의 간접정범
- 알고 지내던 여성의 폭행에 대한 보복의 의미에서 입술, 귀, 유두, 가슴 등을 입으로 깨무는 등의 행위 ⇨ 강제추행죄
- 교사가 다른 학생들이 지켜보는 가운데 건강검진을 받으러 온 학생의 옷 속으로 손을 넣어 배와 가슴 등의 신체 부위를 만진 행위 ⇨ 구 성폭력범죄의 처벌 및 피해자보호 등에 관한 법률상 추행에 해당
- 가까이 접근하여 껴안으려 하였으나, 피해자가 뒤돌아보면서 소리치자 그 상태로 몇 초 동안 쳐다보다가 다시 오던 길로 되돌아간 경우 ⇨ 강제추행미수죄
- 도로에서 욕설을 하면서 자신의 바지를 벗어 성기를 보여준 경우 ⇨ 강제추행죄×

---

① (○) 강제추행죄는 사람의 성적 자유 내지 성적 자기결정의 자유를 보호하기 위한 죄로서 정범 자신이 직접 범죄를 실행하여야 성립하는 자수범이라고 볼 수 없으므로, 처벌되지 아니하는 타인을 도구로 삼아 피해자를 강제로 추행하는 간접정범의 형태로도 범할 수 있다. 여기서 강제추행에 관한 간접정범의 의사를 실현하는 도구로서의 타인에는 피해자도 포함될 수 있으므로, 피해자를 도구로 삼아 피해자의 신체를 이용하여 추행행위를 한 경우에도 강제추행죄의 간접정범에 해당할 수 있다(대법원 2018. 2. 8. 2016도17733).
② (○) 피고인이, 알고 지내던 여성인 피해자 甲이 자신의 머리채를 잡아 폭행을 가하자 보복의 의미에서 甲의 입술, 귀, 유두, 가슴 등을 입으로 깨무는 등의 행위를 한 사안에서, 객관적으로 여성인 피해자의 입술, 귀,

유두, 가슴을 입으로 깨무는 행위는 일반적이고 평균적인 사람으로 하여금 성적 수치심이나 혐오감을 일으키게 하고 선량한 성적 도덕관념에 반하는 행위로서, 甲의 성적 자유를 침해하였다고 보는 것이 타당하다는 이유로, 피고인의 행위가 강제추행죄의 '추행'에 해당한다고 한 사례(대법원 2013. 9. 26. 2013도5856).

③ (○) 초등학교 기간제 교사가 다른 학생들이 지켜보는 가운데 건강검진을 받으러 온 학생의 옷 속으로 손을 넣어 배와 가슴 등의 신체 부위를 만진 행위는, 설사 성욕을 자극·흥분·만족시키려는 주관적 동기나 목적이 없었더라도 객관적으로 일반인에게 성적 수치심이나 혐오감을 불러일으키고 선량한 성적 도덕관념에 반하는 행위라고 평가할 수 있고 그로 인하여 피해 학생의 심리적 성장 및 성적 정체성의 형성에 부정적 영향을 미쳤다고 판단되므로, 성폭력범죄의 처벌 및 피해자보호 등에 관한 법률 제8조의2 제5항에서 말하는 '추행'에 해당한다고 한 사례(대법원 2009. 9. 24. 2009도2576).

④ (X) 피고인이 밤에 술을 마시고 배회하던 중 버스에서 내려 혼자 걸어가는 피해자 갑(여, 17세)을 발견하고 마스크를 착용한 채 뒤따라가다가 인적이 없고 외진 곳에서 가까이 접근하여 껴안으려 하였으나, 갑이 뒤돌아보면서 소리치자 그 상태로 몇 초 동안 쳐다보다가 다시 오던 길로 되돌아갔다고 하여 아동·청소년의 성보호에 관한 법률 위반으로 기소된 사안에서, 피고인과 갑의 관계, 갑의 연령과 의사, 행위에 이르게 된 경위와 당시 상황, 행위 후 갑의 반응 및 행위가 갑에게 미친 영향 등을 고려하여 보면, 피고인은 갑을 추행하기 위해 뒤따라간 것으로 추행의 고의를 인정할 수 있고, 피고인이 가까이 접근하여 갑자기 뒤에서 껴안는 행위는 일반인에게 성적 수치심이나 혐오감을 일으키게 하고 선량한 성적 도덕관념에 반하는 행위로서 갑의 성적 자유를 침해하는 행위여서 그 자체로 이른바 '기습추행' 행위로 볼 수 있으므로, 피고인의 팔이 갑의 몸에 닿지 않았더라도 양팔을 높이 들어 갑자기 뒤에서 껴안으려는 행위는 갑의 의사에 반하는 유형력의 행사로서 폭행행위에 해당하며, 그때 '기습추행'에 관한 실행의 착수가 있는데, 마침 갑이 뒤돌아보면서 소리치는 바람에 몸을 껴안는 추행의 결과에 이르지 못하고 미수에 그쳤으므로, 피고인의 행위는 아동·청소년에 대한 강제추행미수죄에 해당한다고 한 사례(대법원 2015. 9. 10. 2015도6980, 2015모2524(병합)).

⑤ (○) 피고인이 피해자 甲(여, 48세)에게 욕설을 하면서 자신의 바지를 벗어 성기를 보여주는 방법으로 강제추행하였다는 내용으로 기소된 사안에서, 甲의 성별·연령, 행위에 이르게 된 경위, 甲에 대하여 어떠한 신체 접촉도 없었던 점, 행위장소가 사람 및 차량의 왕래가 빈번한 도로로서 공중에게 공개된 곳인 점, 피고인이 한 욕설은 성적인 성질을 가지지 아니하는 것으로서 '추행'과 관련이 없는 점, 甲이 자신의 성적 결정의 자유를 침해당하였다고 볼 만한 사정이 없는 점 등 제반 사정을 고려할 때, 단순히 피고인이 바지를 벗어 자신의 성기를 보여준 것만으로는 폭행 또는 협박으로 '추행'을 하였다고 볼 수 없는데도, 이와 달리 보아 유죄를 인정한 원심판결에 강제추행죄의 추행에 관한 법리오해의 위법이 있다고 한 사례(대법원 2012. 7. 26. 2011도8805).

정답 ④

문 9

강제추행죄에 관한 다음 설명 중 옳지 않은 것은 모두 몇 개인가? [2022년 25번]

ㄱ. 피고인이 처음 보는 여성인 피해자의 뒤로 몰래 접근하여 성기를 드러내고 피해자를 향한 자세에서 피해자의 등 쪽에 소변을 본 행위는 피해자의 성적 자기결정권을 침해하는 추행행위에 해당한다고 볼 여지가 있으나, 행위 당시에 피해자가 이를 인식하지 못하였다면 추행에 해당하지 않는다.

ㄴ. 피해자의 옷 위로 엉덩이나 가슴을 쓰다듬는 행위, 피해자의 의사에 반하여 그 어깨를 주무르는 행위, 교사가 여중생의 얼굴에 자신의 얼굴을 들이밀면서 비비는 행위나 여중생의 귀를 쓸어 만지는 행위는 피해자의 의사에 반하는 유형력의 행사가 이루어져 기습추행에 해당한다.

ㄷ. 성인에 대한 강제추행죄와 업무방해죄의 경합범에 대하여 벌금형을 선고하는 경우에는 이를 분리하여 선고하여야 한다.

ㄹ. 성폭력범죄의 처벌 등에 관한 특례법 제6조에서 처벌하는 '신체적인 장애가 있는 사람에 대한 강제추행죄'가 성립하려면 행위자가 범행 당시 피해자에게 이러한 신체적인 장애가 있음을 인식하여야 한다.

ㅁ. 음모는 성적 성숙함을 나타내거나 치부를 가려주는 등의 시각적·감각적인 기능 이외에 특별한 생리적 기능이 없는 것이므로, 피해자의 음모의 모근 부분을 남기고 모간 부분만을 일부 잘라냄으로써 음모의 전체적인 외관에 변형만이 생겼다면, 이로 인하여 피해자에게 수치심을 야기하기는 하겠지만, 병리적으로 보아 피해자의 신체의 건강상태가 불량하게 변경되거나 생활기능에 장애가 초래되었다고 할 수는 없을 것이므로, 그것이 폭행에 해당할 수 있음은 별론으로 하고 강제추행치상죄의 상해에 해당한다고 할 수는 없다.

① 1개　② 2개　③ 3개　④ 4개　⑤ 5개

MGI Point 　강제추행죄　★★

- 피해자가 인식하지 못한 사이에 피해자 등 쪽에 소변을 본 경우 ⇨ 추행행위에 해당함
- 옷 위로 엉덩이나 가슴을 쓰다듬는 행위, 어깨를 주무르는 행위, 여중생 얼굴에 자신의 얼굴을 비비는 행위 ⇨ 기습추행에 해당함
- 성인에 대한 강제추행죄와 업무방해죄의 경합범에 대하여 벌금형을 선고하는 경우 ⇨ 분리하여 선고 要
- 성폭력처벌법상 신체적 장애가 있는 사람에 대한 죄의 성립 ⇨ 신체적인 장애가 있음을 인식하여야 함
- 음모의 모간 부분을 잘라낸 행위 ⇨ 강제추행치상죄에서 상해 ×

ㄱ. (X) 피고인은 처음 보는 여성인 피해자의 뒤로 몰래 접근하여 성기를 드러내고 피해자를 향한 자세에서 피해자의 등 쪽에 소변을 보았다고 할 것인바, 그 행위를 앞서 본 법리에 비추어 평가하면 객관적으로 일반인에게 국가공무원법 성적 수치심이나 혐오감을 일으키게 하고 선량한 성적 도덕관념에 반하는 행위로서 피해자의 성적 자기결정권을 침해하는 추행행위에 해당한다고 볼 여지가 있다. 피고인의 행위가 객관적으로 추행행위에 해당한다면 그로써 행위의 대상이 된 피해자의 성적 자기결정권은 침해되었다고 보아야 할 것이고, 행위 당시에 피해자가 이를 인식하지 못하였다고 하여 추행에 해당하지 않는다고 볼 것은 아니다(대판 2021.10.28. 2021도7538).

ㄴ. (○) 강제추행죄는 상대방에 대하여 폭행 또는 협박을 가하여 항거를 곤란하게 한 뒤에 추행행위를 하는 경우뿐만 아니라 폭행행위 자체가 추행행위라고 인정되는 이른바 기습추행의 경우도 포함된다. 특히 기습추행의 경우 추행행위와 동시에 저질러지는 폭행행위는 반드시 상대방의 의사를 억압할 정도의 것임을 요하지 않고 상대방의 의사에 반하는 유형력의 행사가 있기만 하면 그 힘의 대소강약을 불문한다는 것이 일관된 판례의 입장이다. 이에 따라 대법원은, 피해자의 옷 위로 엉덩이나 가슴을 쓰다듬는 행위, 피해자의 의사에 반하여 그 어깨를 주무르는 행위, 교사가 여중생의 얼굴에 자신의 얼굴을 들이밀면서 비비는 행위나 여중생의 귀를 쓸어 만지는 행위 등에 대하여 피해자의 의사에 반하는 유형력의 행사가 이루어져 기습추행에 해당한다고 판단한 바 있다(대판 2020.03.26. 2019도15994).

ㄷ. (○) 제33조 제6호의3, 제33조의2 참조. 국가공무원의 결격사유에 대하여 규정하면서 결과적으로 강제추행죄에서 벌금형이 선고되는 경우 일반의 경우에 분리 선고를 하게끔 규정되게 하였다.

> 국가공무원법 제33조(결격사유) 다음 각 호의 어느 하나에 해당하는 자는 공무원으로 임용될 수 없다.
> 6의3. 「성폭력범죄의 처벌 등에 관한 특례법」 제2조에 규정된 죄를 범한 사람으로서 100만원 이상의 벌금형을 선고받고 그 형이 확정된 후 3년이 지나지 아니한 사람
> 성폭력범죄의 처벌 등에 관한 특례법 제2조(정의) ① 이 법에서 "성폭력범죄"란 다음 각 호의 어느 하나에 해당하는 죄를 말한다.
>   3. 「형법」 제2편제32장 강간과 추행의 죄 중 제297조(강간), 제297조의2(유사강간), 제298조(강제추행), 제299조(준강간, 준강제추행), 제300조(미수범), 제301조(강간등 상해·치상), 제301조의2(강간등 살인·치사), 제302조(미성년자등에 대한 간음), 제303조(업무상위력등에 의한 간음) 및 제305조(미성년자에 대한 간음, 추행)의 죄
> 국가공무원법 제33조의2(벌금형의 분리 선고) 「형법」 제38조에도 불구하고 제33조제6호의2 또는 제6호의3에 규정된 죄와 다른 죄의 경합범(競合犯)에 대하여 벌금형을 선고하는 경우에는 이를 분리 선고하여야 한다.

ㄹ. (○) 성폭력범죄의 처벌 등에 관한 특례법 제6조에서 규정에서 처벌하는 '신체적인 장애가 있는 사람에 대한 강간·강제추행 등의 죄'가 성립하려면 행위자가 범행 당시 피해자에게 이러한 신체적인 장애가 있음을 인식하여야 한다(대판 2021.02.25. 2016도4404, 2016전도49(병합)).

ㅁ. (○) 음모는 성적 성숙함을 나타내거나 치부를 가려주는 등의 시각적·감각적인 기능 이외에 특별한 생리적 기능이 없는 것이므로, 피해자의 음모의 모근(毛根) 부분을 남기고 모간(毛幹) 부분만을 일부 잘라냄으로써 음모의 전체적인 외관에 변형만이 생겼다면, 이로 인하여 피해자에게 수치심을 야기하기는 하겠지만, 병리적으로 보아 피해자의 신체의 건강상태가 불량하게 변경되거나 생활기능에 장애가 초래되었다고 할 수는 없을 것이므로, 그것이 폭행에 해당할 수 있음은 별론으로 하고 강제추행치상죄의 상해에 해당한다고 할 수는 없다(대판 2000.03.23. 99도3099).

정답 ①

문 10

다음 설명 중 옳지 않은 것은 모두 몇 개인가? [2021년 21번]

가. 피해자를 위협하여 항거불능케 한 후 1회 간음하고 2백미터쯤 오다가 다시 1회 간음한 경우, 두번째의 간음행위는 처음 한 행위의 계속으로 볼 수 있으므로 단순일죄가 성립한다.

나. 甲이 술에 취하여 안방에서 잠을 자고 있던 피해자를 발견하고 갑자기 욕정을 일으켜 피해자의 옆에 누워 피해자의 몸을 더듬다가 피해자의 바지를 벗기려는 순간 피해자가 어렴풋이 잠에서 깨어났으나 피해자는 잠결에 자신의 바지를 벗기려는 甲을 자신의 애인으로 착각하여 반항하지 않고 응함에 따라 피해자를 1회 간음한 경우, 피해자의 위와 같은 의식상태를 심신상실의 상태에 이르렀다고 보기는 어렵다.

다. 甲이 스마트폰 채팅 애플리케이션을 통하여 알게 된 14세의 피해자에게 자신을 '고등학교 2학년인 乙'이라고 거짓으로 소개하고 채팅을 통해 교제하던 중 자신을 스토킹하는 여성 때문에 힘들다며 그 여성을 떼어내려면 자신의 선배와 성관계를 하여야 한다는 취지로 피해자에게 이야기하고, 甲과 헤어지는 것이 두려워 甲의 제안을 승낙한 피해자를 마치 자신이 乙의 선배인 것처럼 행세하여 간음한 경우, 피해자가 간음행위 자체에 대한 착오에 빠졌다거나 이를 알지 못하였다고 할 수는 없다고 할 것이므로, 甲의 위 행위는 아동·청소년의 성보호에 관한 법률 제7조 제5항에서의 위계에 해당하지 않는다.

라. 강제추행죄는 사람의 성적 자유 내지 성적 자기결정의 자유를 보호하기 위한 죄로서 정범 자신이 직접 범죄를 실행하여야 성립하는 자수범이므로, 처벌되지 아니하는 타인을 도구로 삼아 피해자를 강제로 추행하는 간접정범의 형태로는 범할 수 없다.

마. 음주 후 준강간 또는 준강제추행을 당하였음을 호소한 피해자의 경우, 범행 당시 알코올이 기억형성의 실패만을 야기한 알코올 블랙아웃 상태였다면 피해자는 기억장애 외에 인지기능이나 의식 상태의 장애에 이르렀다고 인정하기 어렵다.

① 없음 ② 1개 ③ 2개
④ 3개 ⑤ 4개

MGI Point 죄수, 준강간죄, 위계에 의한 간음죄, 강제추행죄 ★★★

- 피해자를 위협하여 항거불능케 한 후 1회 간음하고 2백미터쯤 오다가 다시 1회 간음한 경우 죄수 ⇨ 단순일죄
- 술에 취해 자고 있던 중 피고인을 자신의 애인으로 잘못 알고 간음 허락 ⇨ 피해자 심신상실상태 ×
- 행위자가 간음의 목적으로 피해자에게 오인, 착각, 부지를 일으키고 피해자의 그러한 심적 상태를 이용하여 간음의 목적을 달성한 경우
  - 위계와 간음행위 사이의 인과관계를 인정 可 (위계에 의한 간음죄가 성립 可)
  - 피해자가 오인, 착각, 부지에 빠지게 되는 대상은 간음행위 자체일 수도 있고, 간음행위에 이르게 된 동기이거나 간음행위와 결부된 금전적·비금전적 대가와 같은 요소일 수도 있음
- 강제추행죄 ⇨ 자수범 ×, 간접정범의 형태로 범할 수 있음
- 음주 후 준강간 또는 준강제추행을 당하였음을 호소한 피해자
  - 알코올 블랙아웃 상태였던 경우 ⇨ 기억장애 외에 인지기능이나 의식 상태의 장애에 이르렀다고 인정하기 어려움
  - 패싱아웃 상태였던 경우 ⇨ 심신상실의 상태에 있었음을 인정 가능

가. (○) 피해자를 위협하여 항거불능케 한 후 1회 간음하고 2백미터쯤 오다가 다시 1회 간음한 경우에 있어 피고인의 의사 및 그 범행시각과 장소로 보아 두번째의 간음행위는 처음 한 행위의 계속으로 볼 수 있어 이를 단순일죄로 처단한 것은 정당하다(대판 1970.09.29. 70도1516).

나. (○) 피해자는 안방에서 잠을 자고 있던 중 피고인이 안방에 들어오자 피고인을 자신의 애인으로 잘못 알고 불을 끄라고 말하였고, 피고인이 자신을 애무할 때 누구냐고 물었으며, 피고인이 여관으로 가자고 제의하자 그냥 빨리 하라고 말한 사실을 알 수 있으므로, 피고인의 이 사건 간음행위 당시 피해자가 심신상실상태에 있었다고 볼 수 없다(대판 2000.02.25. 98도4355).

다. (×) … 피해자가 오인, 착각, 부지에 빠지게 되는 대상은 간음행위 자체일 수도 있고, 간음행위에 이르게 된 동기이거나 간음행위와 결부된 금전적·비금전적 대가와 같은 요소일 수도 있다. … 한편 위계에 의한 간음죄가 보호대상으로 삼는 아동·청소년, 미성년자, 심신미약자, 피보호자·피감독자, 장애인 등의 성적 자기결정능력은 그 나이, 성장과정, 환경, 지능 내지 정신기능 장애의 정도 등에 따라 개인별로 차이가 있으므로 간음행위와 인과관계가 있는 위계에 해당하는지 여부를 판단할 때에는 구체적인 범행 상황에 놓인 피해자의 입장과 관점이 충분히 고려되어야 하고, 일반적·평균적 판단능력을 갖춘 성인 또는 충분한 보호와 교육을 받은 또래의 시각에서 인과관계를 쉽사리 부정하여서는 안 된다. … 피고인이 스마트폰 채팅 애플리케이션을 통하여 알게 된 14세의 피해자에게 자신을 '고등학교 2학년인 갑'이라고 거짓으로 소개하고 채팅을 통해 교제하던 중 자신을 스토킹하는 여성 때문에 힘들다며 그 여성을 떼어내려면 자신의 선배와 성관계를 하여야 한다는 취지로 피해자에게 이야기하고, 피고인과 헤어지는 것이 두려워 피고인의 제안을 승낙한 피해자를 마치 자신이 갑의 선배인 것처럼 행세하여 간음한 사안에서, 14세에 불과한 아동·청소년인 피해자는 36세 피고인에게 속아 자신이 갑의 선배와 성관계를 하는 것만이 갑을 스토킹하는 여성을 떼어내고 갑과 연인관계를 지속할 수 있는 방법이라고 오인하여 갑의 선배로 가장한 피고인과 성관계를 하였고, 피해자가 위와 같은 오인에 빠지지 않았다면 피고인과의 성행위에 응하지 않았을 것인데, 피해자가 오인한 상황은 피해자가 피고인과의 성행위를 결심하게 된 중요한 동기가 된 것으로 보이고, 이를 자발적이고 진지한 성적 자기결정권의 행사에 따른 것이라고 보기 어렵다는 이유로, 피고인은 간음의 목적으로 피해자에게 오인, 착각, 부지를 일으키고 피해자의 그러한 심적 상태를 이용하여 피해자를 간음한 것이므로 이러한 피고인의 간음행위는 위계에 의한 것이라고 평가할 수 있음에도 이와 달리 본 원심판결에 위계에 의한 간음죄에 관한 법리오해의 위법이 있다고 한 사례(대판 2020.08.27. 2015도9436(전합)).

라. (×) 강제추행죄는 사람의 성적 자유 내지 성적 자기결정의 자유를 보호하기 위한 죄로서 정범 자신이 직접 범죄를 실행하여야 성립하는 자수범이라고 볼 수 없으므로, 처벌되지 아니하는 타인을 도구로 삼아 피해자를 강제로 추행하는 간접정범의 형태로도 범할 수 있다. 여기서 강제추행에 관한 간접정범의 의사를 실현하는 도구로서의 타인에는 피해자도 포함될 수 있으므로, 피해자를 도구로 삼아 피해자의 신체를 이용하여 추행행위를 한 경우에도 강제추행죄의 간접정범에 해당할 수 있다(대판 2018.02.08. 2016도17733).

마. (○) 음주 후 준강간 또는 준강제추행을 당하였음을 호소한 피해자의 경우, 범행 당시 알코올이 위의 기억형성의 실패만을 야기한 알코올 블랙아웃 상태였다면 피해자는 기억장애 외에 인지기능이나 의식 상태의 장애에 이르렀다고 인정하기 어렵지만, 이에 비하여 피해자가 술에 취해 수면상태에 빠지는 등 의식을 상실한 패싱아웃 상태였다면 심신상실의 상태에 있었음을 인정할 수 있다(대판 2021.02.04. 2018도9781).

정답 ③

문 11

강간 및 준강간죄에 관한 다음 설명 중 가장 옳지 않은 것은? [2021년 11번]

① 강간죄가 성립하려면 가해자의 폭행·협박은 피해자의 항거를 불가능하게 하거나 현저히 곤란하게 할 정도의 것이어야 하는데, 폭행·협박이 피해자의 항거를 불가능하게 하거나 현저히 곤란하게 할 정도의 것이었는지 여부는 폭행·협박의 내용과 정도는 물론, 유형력을 행사하게 된 경위, 피해자와의 관계, 성교 당시와 그 후의 정황 등 모든 사정을 종합하여 판단하여야 하고, 강간죄에서의 폭행·협박과 간음 사이에는 인과관계가 있어야 하나, 폭행·협박이 반드시 간음행위보다 선행되어야 하는 것은 아니다.

② 구 형법 제297조가 정한 강간죄의 객체인 '부녀'에는 법률상 처가 포함되고, 혼인관계가 파탄된 경우뿐만 아니라 혼인관계가 실질적으로 유지되고 있는 경우에도 남편이 반항을 불가능하게 하거나 현저히 곤란하게 할 정도의 폭행이나 협박을 가하여 아내를 간음한 경우에는 강간죄가 성립한다고 보아야 한다. 다만 남편의 아내에 대한 폭행 또는 협박이 피해자의 반항을 불가능하게 하거나 현저히 곤란하게 할 정도에 이른 것인지 여부는, 부부 사이의 성생활에 대한 국가의 개입은 가정의 유지라는 관점에서 최대한 자제하여야 한다는 전제에서, 그 폭행 또는 협박의 내용과 정도가 아내의 성적 자기결정권을 본질적으로 침해하는 정도에 이른 것인지 여부, 남편이 유형력을 행사하게 된 경위, 혼인생활의 형태와 부부의 평소 성행, 성교 당시와 그 후의 상황 등 모든 사정을 종합하여 신중하게 판단하여야 한다.

③ 준강간죄에서 '심신상실'이란 정신기능의 장애로 인하여 성적 행위에 대한 정상적인 판단능력이 없는 상태를 의미하고, '항거불능'의 상태란 심신상실 이외의 원인으로 심리적 또는 물리적으로 반항이 절대적으로 불가능하거나 현저히 곤란한 경우를 의미한다. 피해자가 깊은 잠에 빠져 있거나 술약물 등에 의해 일시적으로 의식을 잃은 상태 또는 완전히 의식을 잃지는 않았더라도 그와 같은 사유로 정상적인 판단능력과 대응·조절능력을 행사할 수 없는 상태에 있었다면 준강간죄 또는 준강제추행죄에서의 심신상실 또는 항거불능 상태에 해당한다.

④ 피고인이 피해자가 심신상실 또는 항거불능의 상태에 있다고 인식하고 그러한 상태를 이용하여 간음할 의사로 피해자를 간음하였으나 피해자가 실제로는 심신상실 또는 항거불능의 상태에 있지 않은 경우에는, 실행의 수단 또는 대상의 착오로 인하여 준강간죄에서 규정하고 있는 구성요건적 결과의 발생이 처음부터 불가능하였고 실제로 그러한 결과가 발생하였다고 할 수 없다. 이때는 준강간죄의 불능미수가 성립한다.

⑤ 성폭력범죄의 처벌 등에 관한 특례법 제6조는 신체적인 장애가 있는 사람에 대하여 강간의 죄를 범한 사람을 처벌하고 있다. 여기서 규정하는 '신체적인 장애'라 함은 객관적으로 보아 피해자의 인지능력, 항거능력 또는 대처능력 등이 비장애인보다 상대적으로 낮아서 피해자의 성적 자기결정권 행사를 특별히 보호해야 할 필요가 있을 정도의 신체적인 장애를 의미한다.

| MGI Point | **강간 및 준강간죄**　　　　　　　　　　　　　　　　　　　　　　　　　　★★

- 강간죄에서의 폭행·협박과 간음 사이에는 인과관계 要, 폭행·협박이 반드시 간음행위보다 선행되어야 하는 것은 ×
- 강간죄의 객체
  - 법률상의 처도 포함
  - 혼인관계가 파탄된 경우뿐만 아니라 혼인관계가 실질적으로 유지되고 있는 경우에도 남편이 반항을 불가능하게 하거나 현저히 곤란하게 할 정도의 폭행이나 협박을 가하여 아내를 간음한 경우 ⇨ 강간죄 성립 ○
- 피해자가 깊은 잠에 빠져 있거나 술·약물 등에 의해 일시적으로 의식을 잃은 상태 또는 완전히 의식을 잃지는 않았더라도 그와 같은 사유로 정상적인 판단능력과 대응·조절능력을 행사할 수 없는 상태에 있었다면 준강간죄 또는 준강제추행죄에서의 심신상실 또는 항거불능 상태에 해당 ○
- 피고인이 피해자가 심신상실 또는 항거불능의 상태에 있다고 인식하고 그러한 상태를 이용하여 간음할 의사로 피해자를 간음하였으나 피해자가 실제로는 심신상실 또는 항거불능의 상태에 있지 않은 경우 ⇨ 준강간죄의 불능미수 성립 ○
- 신체적인 장애를 판단함에 있어서는 해당 피해자의 상태가 충분히 고려되어야 하고 비장애인의 시각과 기준에서 피해자의 상태를 판단하여 장애가 없다고 쉽게 단정해서는 ×

① (○) 강간죄가 성립하려면 가해자의 폭행·협박은 피해자의 항거를 불가능하게 하거나 현저히 곤란하게 할 정도의 것이어야 한다. 폭행·협박이 피해자의 항거를 불가능하게 하거나 현저히 곤란하게 할 정도의 것이었는지 여부는 폭행·협박의 내용과 정도는 물론, 유형력을 행사하게 된 경위, 피해자와의 관계, 성교 당시와 그 후의 정황 등 모든 사정을 종합하여 판단하여야 한다. 또한 강간죄에서의 폭행·협박과 간음 사이에는 인과관계가 있어야 하나, 폭행·협박이 반드시 간음행위보다 선행되어야 하는 것은 아니다(대판 2017.10.12. 2016도16948).

② (○) 헌법이 보장하는 혼인과 가족생활의 내용, 가정에서의 성폭력에 대한 인식의 변화, 형법의 체계와 그 개정 경과, 강간죄의 보호법익과 부부의 동거의무의 내용 등에 비추어 보면, 형법 제297조가 정한 강간죄의 객체인 '부녀'에는 법률상 처가 포함되고, 혼인관계가 파탄된 경우뿐만 아니라 혼인관계가 실질적으로 유지되고 있는 경우에도 남편이 반항을 불가능하게 하거나 현저히 곤란하게 할 정도의 폭행이나 협박을 가하여 아내를 간음한 경우에는 강간죄가 성립한다고 보아야 한다. 다만 남편의 아내에 대한 폭행 또는 협박이 피해자의 반항을 불가능하게 하거나 현저히 곤란하게 할 정도에 이른 것인지 여부는, 부부 사이의 성생활에 대한 국가의 개입은 가정의 유지라는 관점에서 최대한 자제하여야 한다는 전제에서, 그 폭행 또는 협박의 내용과 정도가 아내의 성적 자기결정권을 본질적으로 침해하는 정도에 이른 것인지 여부, 남편이 유형력을 행사하게 된 경위, 혼인생활의 형태와 부부의 평소 성향, 성교 당시와 그 후의 상황 등 모든 사정을 종합하여 신중하게 판단하여야 한다(대판 2013.05.16. 2012도14788(전합)).

③ (○) 준강간죄에서 '심신상실'이란 정신기능의 장애로 인하여 성적 행위에 대한 정상적인 판단능력이 없는 상태를 의미하고, '항거불능'의 상태란 심신상실 이외의 원인으로 심리적 또는 물리적으로 반항이 절대적으로 불가능하거나 현저히 곤란한 경우를 의미한다. 이는 준강제추행죄의 경우에도 마찬가지이다. 피해자가 깊은 잠에 빠져 있거나 술·약물 등에 의해 일시적으로 의식을 잃은 상태 또는 완전히 의식을 잃지는 않았더라도 그와 같은 사유로 정상적인 판단능력과 대응·조절능력을 행사할 수 없는 상태에 있었다면 준강간죄 또는 준강제추행죄에서의 심신상실 또는 항거불능 상태에 해당한다(대판 2021.02.04. 2018도9781).

④ (○) 피고인이 피해자가 심신상실 또는 항거불능의 상태에 있다고 인식하고 그러한 상태를 이용하여 간음할 의사로 피해자를 간음하였으나 피해자가 실제로는 심신상실 또는 항거불능의 상태에 있지 않은 경우에는, 실행의 수단 또는 대상의 착오로 인하여 준강간죄에서 규정하고 있는 구성요건적 결과의 발생이 처음부터 불가능하였고 실제로 그러한 결과가 발생하였다고 할 수 없다. 피고인이 준강간의 실행에 착수하였으나 범죄가 기수에 이르지 못하였으므로 준강간죄의 미수범이 성립한다. 피고인이 행위 당시에 인식한 사정을 놓고 일반인이 객관적으로 판단하여 보았을 때 준강간의 결과가 발생할 위험성이 있었으므로 준강간죄의 불능미수가 성립한다(대판 2019.03.28. 2018도16002(전합)).

⑤ (×) 성폭력범죄의 처벌 등에 관한 특례법(이하 '성폭력처벌법'이라고 한다) 제6조는 신체적인 장애가 있는 사람에 대하여 강간의 죄 또는 강제추행의 죄를 범하거나 위계 또는 위력으로써 그러한 사람을 간음한 사람을 처벌하고 있다. 2010. 4. 15. 제정된 당초의 성폭력처벌법 제6조는 '신체적인 장애 등으로 항거불능인 상태에 있는 여자 내지 사람'을 객체로 하는 간음, 추행만을 처벌하였으나, 2011. 11. 17.자 개정 이후 '신체적

인 장애가 있는 여자 내지 사람'을 객체로 하는 강간, 강제추행 등도 처벌대상으로 삼고 있다. 이러한 개정 취지는 성폭력에 대한 인지능력, 항거능력, 대처능력 등이 비장애인보다 낮은 장애인을 보호하기 위하여 장애인에 대한 성폭력범죄를 가중처벌하는 데 있다. 장애인복지법 제2조는 장애인을 '신체적·정신적 장애로 오랫동안 일상생활이나 사회생활에서 상당한 제약을 받는 자'라고 규정하고 있고, 성폭력처벌법과 유사하게 장애인에 대한 성폭력범행의 특칙을 두고 있는 아동·청소년의 성보호에 관한 법률 제8조는 장애인복지법상 장애인 개념을 그대로 가져와 장애 아동·청소년의 의미를 밝히고 있다. 장애인차별금지 및 권리구제 등에 관한 법률 제2조는 장애를 '신체적·정신적 손상 또는 기능상실이 장기간에 걸쳐 개인의 일상 또는 사회생활에 상당한 제약을 초래하는 상태'라고 규정하면서, 그러한 장애가 있는 사람을 장애인이라고 규정하고 있다. 이와 같은 관련 규정의 내용을 종합하면, 성폭력처벌법 제6조에서 규정하는 '신체적인 장애가 있는 사람'이란 '신체적 기능이나 구조 등의 문제로 일상생활이나 사회생활에서 상당한 제약을 받는 사람'을 의미한다고 해석할 수 있다. 한편 장애와 관련된 피해자의 상태는 개인별로 그 모습과 정도에 차이가 있는데 그러한 모습과 정도가 성폭력처벌법 제6조에서 정한 신체적인 장애를 판단하는 본질적인 요소가 되므로, 신체적인 장애를 판단함에 있어서는 해당 피해자의 상태가 충분히 고려되어야 하고 비장애인의 시각과 기준에서 피해자의 상태를 판단하여 장애가 없다고 쉽게 단정해서는 안 된다. 아울러 본 죄가 성립하려면 행위자도 범행 당시 피해자에게 이러한 신체적인 장애가 있음을 인식하여야 한다(대판 2021.02.25. 2016도4404).

정답 ⑤

문 12

추행행위에 관한 다음 설명 중 가장 옳지 않은 것은?(아래 답항에서 A는 남성, B는 여성임) [2020년 13번]

① 강제추행죄는 상대방에 대하여 폭행 또는 협박을 가하여 항거를 곤란하게 한 뒤에 추행행위를 하는 경우뿐만 아니라 폭행행위 자체가 추행행위라고 인정되는 이른바 기습추행의 경우도 포함된다. 특히 기습추행의 경우 추행행위와 동시에 저질러지는 폭행행위는 반드시 상대방의 의사를 억압할 정도의 것임을 요하지 않고 상대방의 의사에 반하는 유형력의 행사가 있기만 하면 그 힘의 대소강약을 불문한다.

② 프랜차이즈 회사를 운영하는 A가 그 가맹점에서 근무하는 B를 비롯한 직원들과 회식을 하던 중 B를 자신의 옆자리에 앉힌 후 B에게 귓속말로 '일하는 것 어렵지 않냐. 힘든 것 있으면 말하라'고 하면서 갑자기 B의 볼에 입을 맞추고, 이에 놀란 B가 '하지 마세요'라고 하였음에도, 계속하여 '괜찮다. 힘든 것 있으면 말해라. 무슨 일이든 해결해 줄 수 있다'고 하면서 오른손으로 B의 오른쪽 허벅지를 쓰다듬은 행위는 강제추행에 해당한다.

③ A가 B 등을 협박하여 겁을 먹은 B 등으로 하여금 어쩔 수 없이 나체나 속옷만 입은 상태가 되게 하여 스스로를 촬영하게 하거나, 성기에 이물질을 삽입하거나 자위를 하는 등의 행위를 하게 하였다면, 이러한 행위는 B 등을 도구로 삼아 B 등의 신체를 이용하여 그 성적 자유를 침해한 행위로서, A가 직접 위와 같은 행위들을 하지 않았다거나 B 등의 신체에 대한 직접적인 접촉이 없었다고 하더라도 강제추행의 범죄를 실현한 것으로 평가할 수 있다.

④ 교사 A가 제자인 중학생 B의 얼굴에 자신의 얼굴을 들이밀면서 비비는 행위나 B의 귀를 쓸어 만지는 행위는 B의 성적 자유를 침해할 뿐만 아니라 일반인에게도 성적 수치심이나 혐오감을 일으키게 하는 추행행위에 해당한다.

⑤ A가 자신의 집무실에서 아침 보고를 하는 자신의 비서 B에게 '이쁘다'고 칭찬하며 B의 허리를 손으로 껴안는 방법으로 포옹하고, 같은 날 퇴근 보고를 하는 B에게 '학원에 태워줄까'라고 하면서 양손으로 B를 포옹하였더라도, 성적 수치심이나 혐오감을 일으키게 하는 추행행위에 해당한다고 보기 어렵다.

| MGI Point | **강제추행죄** | ★★ |

- 폭행행위 자체가 추행행위라고 인정되는 기습추행 ⇨ 강제추행죄
- 추행행위
  - 옷 위로 엉덩이나 가슴을 쓰다듬는 행위, 허벅지를 쓰다듬는 행위, 피해자의 의사에 반하여 그 어깨를 주무르는 행위, 교사가 여중생의 얼굴에 자신의 얼굴을 들이밀면서 비비는 행위나 여중생의 귀를 쓸어 만지는 행위
- 상대방을 도구로 삼아 그의 신체에 대한 직접적인 접촉이 없이 강제추행 可

① (○), ② (○), ④ (○) 강제추행죄는 상대방에 대하여 폭행 또는 협박을 가하여 항거를 곤란하게 한 뒤에 추행행위를 하는 경우뿐만 아니라 폭행행위 자체가 추행행위라고 인정되는 이른바 기습추행의 경우도 포함된다. 특히 기습추행의 경우 추행행위와 동시에 저질러지는 폭행행위는 반드시 상대방의 의사를 억압할 정도의 것임을 요하지 않고 상대방의 의사에 반하는 유형력의 행사가 있기만 하면 그 힘의 대소강약을 불문한다는 것이 일관된 판례의 입장이다. 이에 따라 대법원은, 피해자의 옷 위로 엉덩이나 가슴을 쓰다듬는 행위, 피해자의 의사에 반하여 그 어깨를 주무르는 행위, 교사가 여중생의 얼굴에 자신의 얼굴을 들이밀면서 비비는 행위나 여중생의 귀를 쓸어 만지는 행위 등에 대하여 피해자의 의사에 반하는 유형력의 행사가 이루어져 기습추행에 해당한다고 판단한 바 있다. 나아가 추행은 객관적으로 일반인에게 성적 수치심이나 혐오감을 일으키게 하고 선량한 성적 도덕관념에 반하는 행위로서 피해자의 성적 자유를 침해하는 것으로, 이에 해당하는지 여부는 피해자의 의사, 성별, 연령, 행위자와 피해자의 이전부터의 관계, 그 행위에 이르게 된 경위, 구체적 행위태양, 주위의 객관적 상황과 그 시대의 성적 도덕관념 등을 종합적으로 고려하여 신중히 결정되어야 한다. 미용업체인 갑 주식회사를 운영하는 피고인이 갑 회사의 가맹점에서 근무하는 을(여, 27세)을 비롯한 직원들과 노래방에서 회식을 하던 중 을을 자신의 옆자리에 앉힌 후 귓속말로 '일하는 것 어렵지 않냐. 힘든 것 있으면 말하라'고 하면서 갑자기 을의 볼에 입을 맞추고, 이에 을이 '하지 마세요'라고 하였음에도 계속하여 '괜찮다. 힘든 것 있으면 말해라. 무슨 일이든 해결해 줄 수 있다'고 하면서 오른손으로 을의 오른쪽 허벅지를 쓰다듬어 강제로 추행하였다는 내용으로 기소되었는데, 원심이 공소사실 전부를 무죄로 판단한 사안에서, 공소사실 중 피고인이 을의 허벅지를 쓰다듬은 행위로 인한 강제추행 부분에 대하여는, 을은 본인의 의사에 반하여 피고인이 자신의 허벅지를 쓰다듬었다는 취지로 일관되게 진술하였고, 당시 현장에 있었던 증인들의 진술 역시 피고인이 을의 허벅지를 쓰다듬는 장면을 목격하였다는 취지로서 을의 진술에 부합하는 점, 여성인 을이 성적 수치심이나 혐오감을 느낄 수 있는 부위인 허벅지를 쓰다듬은 행위는 을의 의사에 반하여 이루어진 것인 한 을의 성적 자유를 침해하는 유형력의 행사에 해당할 뿐 아니라 일반인에게도 성적 수치심이나 혐오감을 일으키게 하는 추행행위라고 보아야 하는 점, 원심은 무죄의 근거로서 피고인이 을의 허벅지를 쓰다듬던 당시 을이 즉시 피고인에게 항의하거나 반발하는 등의 거부의사를 밝히는 대신 그 자리에 가만히 있었다는 점을 중시한 것으로 보이나, 성범죄 피해자의 대처 양상은 피해자의 성정이나 가해자와의 관계 및 구체적인 상황에 따라 다르게 나타날 수밖에 없다는 점에서 위 사정만으로는 강제추행죄의 성립이 부정된다고 보기 어려운 점 등을 종합할 때 기습추행으로 인한 강제추행죄의 성립을 부정적으로 볼 수 없을 뿐 아니라, 피고인이 저지른 행위가 자신의 의사에 반하였다는 을 진술의 신빙성에 대하여 합리적인 의심을 가질 만한 사정도 없다는 이유로, 이와 달리 보아 이 부분에 대하여도 범죄의 증명이 없다고 본 원심의 판단에 기습추행 내지 강제추행죄의 성립에 관한 법리를 오해한 잘못이 있다고 한 사례(대판 2020.03.26. 2019도15994).

③ (○) 피고인이 피해자들을 협박하여 겁을 먹은 피해자들로 하여금 어쩔 수 없이 나체나 속옷만 입은 상태가 되게 하여 스스로를 촬영하게 하거나, 성기에 이물질을 삽입하거나 자위를 하는 등의 행위를 하게 하였다면, 이러한 행위는 피해자들을 도구로 삼아 피해자들의 신체를 이용하여 그 성적 자유를 침해한 행위로서, 그 행위의 내용과 경위에 비추어 일반적이고도 평균적인 사람으로 하여금 성적 수치심이나 혐오감을 일으키게 하고 선량한 성적 도덕관념에 반하는 행위라고 볼 여지가 충분하다. 따라서 원심이 확정한 사실관계에 의하더라도, 피고인의 행위 중 위와 같은 행위들은 피해자들을 이용하여 강제추행의 범죄를 실현한 것으로 평가할 수 있고, 피고인이 직접 위와 같은 행위들을 하지 않았다거나 피해자들의 신체에 대한 직접적인 접촉이 없었다고 하더라도 달리 볼 것은 아니다(대판 2018.02.08. 2016도17733).

⑤ (X) 대법원은, 피해자의 옷 위로 엉덩이나 가슴을 쓰다듬는 행위, 피해자의 의사에 반하여 그 어깨를 주무르는 행위, 교사가 여중생의 얼굴에 자신의 얼굴을 들이밀면서 비비는 행위나 여중생의 귀를 쓸어 만지는 행위 등에 대하여 피해자의 의사에 반하는 유형력의 행사가 이루어져 기습추행에 해당한다고 판단한 바 있다(대판 2020.03.26. 2019도15994). 포옹도 상대방의 의사에 반하여 이루어지는 한 추행행위에 해당한다.

정답 ⑤

문 13

준강간죄에 관한 다음 설명 중 가장 옳지 않은 것은? [2019년 40번]

① 준강간죄는 사람의 심신상실 또는 항거불능의 상태를 이용하여 간음함으로써 성립하는 범죄로서, 정신적·신체적 사정으로 인하여 성적인 자기방어를 할 수 없는 사람의 성적자기결정권을 보호법익으로 한다.
② 준강간죄에서의 항거불능의 상태라 함은 강간죄와의 균형상 심신상실 이외의 원인때문에 심리적 또는 물리적으로 반항이 절대적으로 불가능하거나 현저히 곤란한 경우를 의미한다.
③ 잠을 자고 있는 피해자의 옷을 벗긴 후 자신의 바지를 내린 상태에서 피해자의 음부 등을 만지고 자신의 성기를 피해자의 음부에 삽입하려고 하였으나 피해자가 몸을 뒤척이고 비트는 등 잠에서 깨어 거부하는 듯한 기색을 보이자 더 이상 간음행위에 나아가는 것을 포기한 경우, 준강간죄의 실행에 착수를 인정할 수 있다.
④ 피고인이 피해자가 심신상실 또는 항거불능의 상태에 있다고 인식하고 그러한 상태를 이용하여 간음할 의사로 피해자를 간음하였으나 피해자가 실제로는 심신상실 또는 항거불능의 상태에 있지 않은 경우에는, 실행의 수단 또는 대상의 착오로 인하여 준강간죄에서 규정하고 있는 구성요건적 결과의 발생이 처음부터 불가능하였고 실제로 그러한 결과가 발생하였다고 할 수 없으므로 피고인을 처벌할 수 없다.
⑤ 구 성폭력범죄의 처벌 등에 관한 특례법 제6조의 '신체적인 또는 정신적인 장애로 항거불능인 상태에 있음'은 신체장애 또는 정신장애 그 자체로 항거불능의 상태에 있는 경우뿐 아니라 신체장애 또는 정신장애가 주된 원인이 되어 심리적 또는 물리적으로 반항이 불가능하거나 현저히 곤란한 상태에 이른 경우를 포함한다.

MGI Point 준강간 ★★★

- 준강간죄의 보호법익 ⇨ 정신적·신체적 사정으로 인해 성적인 자기방어를 할 수 없는 사람의 성적 자기결정권
- 준강간의 항거불능 상태 ⇨ 심신상실 이외의 원인 때문에 심리적 또는 물리적으로 반항이 절대적으로 불가능하거나 현저히 곤란한 경우
- 수면 중인 피해자의 옷을 벗긴 후 자신의 바지를 내린 상태에서 피해자의 음부 등을 만지고 자신의 성기를 피해자의 음부에 삽입하려다 피해자가 거부하는 듯한 기색을 보이자 포기한 경우 ⇨ 준강간죄 실행의 착수 ○
- 피고인이 피해자가 심신상실 또는 항거불능의 상태에 있다고 인식하고 그러한 상태를 이용하여 간음할 의사로 피해자를 간음하였으나 실제로는 심신상실 또는 항거불능의 상태에 있지 않은 경우 ⇨ 준강간죄의 불능미수
- 성폭력범죄의 처벌 및 피해자보호 등에 관한 법률 제8조 "신체장애 또는 정신상의 장애로 항거불능인 상태에 있음"의 의미
  - 신체장애 또는 정신상의 장애 그 자체로 항거불능의 상태에 있는 경우
  - 신체장애 또는 정신상의 장애가 주된 원인이 되어 심리적 또는 물리적으로 반항이 불가능하거나 현저히 곤란한 상태에 이른 경우 포함

① (O) 형법 제299조에서 정한 준강간죄는 사람의 심신상실 또는 항거불능의 상태를 이용하여 간음함으로써 성립하는 범죄로서, 정신적·신체적 사정으로 인하여 성적인 자기방어를 할 수 없는 사람의 성적 자기결정권을 보호법익으로 한다(대판 2019.03.28. 2018도16002(전합)).

② (O) 형법 제299조에서의 항거불능의 상태라 함은 같은 법 제297조, 제298조와의 균형상 심신상실 이외의 원인때문에 심리적 또는 물리적으로 반항이 절대적으로 불가능하거나 현저히 곤란한 경우를 의미한다(대판 2000.05.26. 98도3257).

③ (O) 피고인이 잠을 자고 있는 피해자의 옷을 벗긴 후 자신의 바지를 내린 상태에서 피해자의 음부 등을 만지고 자신의 성기를 피해자의 음부에 삽입하려고 하였으나 피해자가 몸을 뒤척이고 비트는 등 잠에서 깨어 거부하는 듯한 기색을 보이자 더 이상 간음행위에 나아가는 것을 포기한 경우, 준강간죄의 실행에 착수하였다고 본 사례(대판 2000.01.14. 99도5187).

④ (X) [1] 형법 제297조는 "폭행 또는 협박으로 사람을 강간한 자는 3년 이상의 유기징역에 처한다."라고 규정하고, 제299조는 "사람의 심신상실 또는 항거불능의 상태를 이용하여 간음 또는 추행을 한 자는 제297조, 제297조의2 및 제298조의 예에 의한다."라고 규정하고 있다. 형법은 폭행 또는 협박의 방법이 아닌 심신상실 또는 항거불능의 상태를 이용하여 간음한 행위를 강간죄에 준하여 처벌하고 있으므로, 준강간의 고의는 피해자가 심신상실 또는 항거불능의 상태에 있다는 것과 그러한 상태를 이용하여 간음한다는 구성요건적 결과 발생의 가능성을 인식하고 그러한 위험을 용인하는 내심의 의사를 말한다. [2] [다수의견] 형법 제300조는 준강간죄의 미수범을 처벌한다. 또한 형법 제27조는 "실행의 수단 또는 대상의 착오로 인하여 결과의 발생이 불가능하더라도 위험성이 있는 때에는 처벌한다. 단, 형을 감경 또는 면제할 수 있다."라고 규정하여 불능미수범을 처벌하고 있다. 따라서 피고인이 피해자가 심신상실 또는 항거불능의 상태에 있다고 인식하고 그러한 상태를 이용하여 간음할 의사로 피해자를 간음하였으나 피해자가 실제로는 심신상실 또는 항거불능의 상태에 있지 않은 경우에는, 실행의 수단 또는 대상의 착오로 인하여 준강간죄에서 규정하고 있는 구성요건적 결과의 발생이 처음부터 불가능하였고 실제로 그러한 결과가 발생하였다고 할 수 없다. 피고인이 준강간의 실행에 착수하였으나 범죄가 기수에 이르지 못하였으므로 준강간죄의 미수범이 성립한다. 피고인이 행위 당시에 인식한 사정을 놓고 일반인이 객관적으로 판단하여 보았을 때 준강간의 결과가 발생할 위험성이 있었으므로 준강간죄의 불능미수가 성립한다(대판 2019.03.28. 2018도16002(전합)).

⑤ (O) 성폭력범죄의 처벌 및 피해자보호 등에 관한 법률 제8조는 "신체장애 또는 정신상의 장애로 항거불능인 상태에 있음을 이용하여 여자를 간음하거나 사람에 대하여 추행한 자는 형법 제297조(강간) 또는 제298조(강제추행)에 정한 형으로 처벌한다."라고 규정하고 있다. 이는 장애인의 성적 자기결정권을 보호법익으로 하는 것으로서, 원래 1994. 1. 5. 법률 제4702호로 제정될 당시에는 단순히 "신체장애로 항거불능인 상태에 있음을 이용하여…"라고 규정하고 있던 것을 1997. 8. 22. 법률 제5343호로 개정하여 위와 같이 규정하기에 이른 것인데, 위와 같은 법률 개정은 장애인복지법에 명시된 신체장애 내지 정신장애 등을 가진 장애인을 망라함으로써 장애인의 범위를 확대하는 데에 개정 취지가 있다. 이러한 점을 고려할 때, 위 규정의 "신체장애 또는 정신상의 장애로 항거불능인 상태에 있음"이라 함은, 신체장애 또는 정신상의 장애 그 자체로 항거불능의 상태에 있는 경우뿐 아니라 신체장애 또는 정신상의 장애가 주된 원인이 되어 심리적 또는 물리적으로 반항이 불가능하거나 현저히 곤란한 상태에 이른 경우를 포함하는 것으로 보아야 하고, 그 중 정신상의 장애가 주된 원인이 되어 항거불능인 상태에 있었는지 여부를 판단함에 있어서는 피해자의 정신상 장애의 정도뿐 아니라 피해자와 가해자의 신분을 비롯한 관계, 주변의 상황 내지 환경, 가해자의 행위 내용과 방법, 피해자의 인식과 반응의 내용 등을 종합적으로 검토해야 한다(대판 2007.07.27. 2005도2994).

> 사실관계 피고인이 별다른 강제력을 행사하지 않고서 지적 능력이 4-8세에 불과한 정신지체 장애여성을 간음하였고 장애여성도 이에 대하여 별다른 저항행위를 하지 아니한 사안에서, 피해자가 정신장애를 주된 원인으로 항거불능상태에 있었음을 이용하여 간음행위를 한 것으로서 성폭력범죄의 처벌 및 피해자보호 등에 관한 법률 제8조의 '항거불능인 상태'에 해당한다고 본 사례.

정답 ④

문 14

다음 설명 중 옳은 것은 모두 몇 개인가? [2018년 11번]

> 가. 버스에서 내려 혼자 걸어가는 피해자(여, 17세)를 발견하고 마스크를 착용한 채 뒤따라가다가 접근하여 껴안으려 하였으나, 피해자가 뒤돌아보면서 소리치자 그 상태로 몇 초 동안 쳐다보다가 다시 오던 길로 되돌아갔다고 하더라도, 강제추행미수죄는 성립할 수 없다.
> 나. 피해자를 강간하려다가 미수에 그치고 그 과정에서 피해자의 왼쪽 손바닥에 약 2cm 정도의 긁힌 가벼운 상처가 발생하였더라도, 강간치상죄가 성립한다.
> 다. 혼인관계가 파탄된 경우뿐만 아니라 혼인관계가 실질적으로 유지되고 있는 경우에도 남편이 반항을 불가능하게 하거나 현저히 곤란하게 할 정도의 폭행이나 협박을 가하여 아내를 간음한 경우에는 강간죄가 성립한다.
> 라. 목사가 신도들의 믿음과 신뢰를 이용하여 가족의 병을 고친다는 명분으로 추행하였다면, 강제추행죄가 성립한다.
> 마. 술에 취해 잠을 자고 있던 피해자를 간음하기 위해 바지를 벗기려는 순간 피해자가 잠에서 깨어 자신의 애인으로 잘못 알고 불을 끄라고 말하였고, 자신을 애무할 때 누구냐고 물었으며, 여관으로 가자고 제의하자 그냥 빨리 하라고 말하였다면, 준강간죄는 성립하지 않는다.

① 1개　　② 2개　　③ 3개
④ 4개　　⑤ 5개

해설 ★★

가. (X) 피고인이 밤에 술을 마시고 배회하던 중 버스에서 내려 혼자 걸어가는 피해자 갑(여, 17세)을 발견하고 마스크를 착용한 채 뒤따라가다가 인적이 없고 외진 곳에서 가까이 접근하여 껴안으려 하였으나, 갑이 뒤돌아보면서 소리치자 그 상태로 몇 초 동안 쳐다보다가 다시 오던 길로 되돌아갔다고 하여 아동·청소년의 성보호에 관한 법률 위반으로 기소된 사안에서, 피고인은 갑을 추행하기 위해 뒤따라간 것으로 추행의 고의를 인정할 수 있고, 피고인이 가까이 접근하여 갑자기 뒤에서 껴안는 행위는 일반인에게 성적 수치심이나 혐오감을 일으키게 하고 선량한 성적 도덕관념에 반하는 행위로서 갑의 성적 자유를 침해하는 행위여서 그 자체로 이른바 '기습추행' 행위로 볼 수 있으므로, 피고인의 팔이 갑의 몸에 닿지 않았더라도 양팔을 높이 들어 갑자기 뒤에서 껴안으려는 행위는 갑의 의사로 반하는 유형력의 행사로서 폭행행위에 해당하며, 그때 '기습추행'에 관한 실행의 착수가 있는데, 마침 갑이 뒤돌아보면서 소리치는 바람에 몸을 껴안는 추행의 결과에 이르지 못하고 미수에 그쳤으므로, 피고인의 행위는 아동·청소년에 대한 강제추행미수죄에 해당한다(대판 2015.09.10. 2015도6980).

나. (X) 피고인이 피해자를 강간하려다가 미수에 그치고 그 과정에서 위 피해자의 왼쪽 손바닥에 약 2센티미터 정도의 긁힌 가벼운 상처가 발생한 경우라면 그 정도의 상처(소상)는 일상생활에서 얼마든지 생길 수 있는 극히 경미한 상처로서 굳이 치료할 필요도 없는 것이어서 그로 인하여 인체의 완전성을 해하거나 건강상태를 불량하게 변경하였다고 보기 어려우므로 피해자가 입은 위 소상을 가지고서 강간치상죄의 상해에 해당된다고는 할 수 없다(대판 1987.10.26. 87도1880).

다. (O) 형법 제297조가 정한 강간죄의 객체인 '부녀'에는 법률상 처가 포함되고, 혼인관계가 파탄된 경우뿐만 아니라 혼인관계가 실질적으로 유지되고 있는 경우에도 남편이 반항을 불가능하게 하거나 현저히 곤란하게 할 정도의 폭행이나 협박을 가하여 아내를 간음한 경우에는 강간죄가 성립한다고 보아야 한다(대판 2013.05.16. 2012도14788(전합)).

라. (X) 강제추행죄가 성립하기 위해서는 구성요건의 태양이 '폭행 또는 협박으로' 사람에 대하여 추행을 행하여야 하나 사안의 경우 '신도들의 믿음과 신뢰를 이용하여' 라고 되어있으므로 강제추행죄는 성립하지 않는다.

마. (○) 피고인이 술에 취하여 안방에서 잠을 자고 있던 피해자를 발견하고 갑자기 욕정을 일으켜 피해자의 옆에 누워 피해자의 몸을 더듬다가 피해자의 바지를 벗기려는 순간 피해자가 어렴풋이 잠에서 깨어났으나 피해자는 잠결에 자신의 바지를 벗기려는 피고인을 자신의 애인으로 착각하여 반항하지 않고 응함에 따라 피해자를 1회 간음한 사실이외에도 피해자는 안방에서 잠을 자고 있던 중 피고인이 안방에 들어오자 피고인을 자신의 애인으로 잘못 알고 불을 끄라고 말하였고, 피고인이 자신을 애무할 때 누구냐고 물었으며, 피고인이 여관으로 가자고 제의하자 그냥 빨리 하라고 말한 사실을 알 수 있으므로, 피고인의 이 사건 간음행위 당시 피해자가 심신상실상태에 있었다고 볼 수 없다(대판 2000.02.25. 98도4355). ▶ 준강간죄의 구성요건은 '사람의 심신상실 또는 항거불능의 상태를 이용하여'이므로 지문의 경우 피해자의 심신상실상태가 인정되지 아니하여 준강간죄는 성립하지 아니 한다.

정답 ②

문 15

강간과 추행의 죄에 관한 다음 설명 중 가장 옳지 않은 것은? [2018년 4번]

① 추행의 고의로 상대방의 의사에 반하는 유형력의 행사, 즉 폭행행위를 하여 그 실행행위에 착수하였으나 추행의 결과에 이르지 못한 때에는 강제추행미수죄가 성립하나, 이러한 법리는 폭행행위 자체가 추행행위라고 인정되는 이른바 '기습추행'의 경우에는 적용되지 않는다.
② 강간죄에서의 폭행·협박과 간음 사이에는 인과관계가 있어야 하나, 폭행·협박이 반드시 간음행위보다 선행되어야 하는 것은 아니다.
③ 가해자가 폭행을 수반함이 없이 오직 협박만을 수단으로 피해자를 간음 또는 추행한 경우에도 그 협박의 정도가 피해자의 항거를 불가능하게 하거나 현저히 곤란하게 할 정도의 것(강간죄)이거나 또는 피해자의 항거를 곤란하게 할 정도의 것(강제추행죄)이면 강간죄 또는 강제추행죄가 성립하고, 협박과 간음 또는 추행 사이에 시간적 간격이 있더라도 협박에 의하여 간음 또는 추행이 이루어진 것으로 인정될 수 있다면 달리 볼 것은 아니다.
④ 강간이 미수에 그친 경우라도 그 수단이 된 폭행에 의하여 피해자가 상해를 입었으면 강간치상죄가 성립하고, 미수에 그친 것이 피고인이 자의로 실행에 착수한 행위를 중지한 경우이든 실행에 착수하여 행위를 종료하지 못한 경우이든 가리지 않는다.
⑤ 강간죄는 부녀를 간음하기 위하여 피해자의 항거를 불능하게 하거나 현저히 곤란하게 할 정도의 폭행 또는 협박을 개시한 때에 그 실행의 착수가 있다고 보아야 하고, 실제로 그와 같은 폭행 또는 협박에 의하여 피해자의 항거가 불능하게 되거나 현저히 곤란하게 되어야만 실행의 착수가 있다고 볼 것은 아니다.

해설 ★★★

① (X) 강제추행죄는 상대방에 대하여 폭행 또는 협박을 가하여 항거를 곤란하게 한 뒤에 추행행위를 하는 경우뿐만 아니라 폭행행위 자체가 추행행위라고 인정되는 경우도 포함되며, 이 경우의 폭행은 반드시 상대방의 의사를 억압할 정도의 것일 필요는 없다. 추행은 객관적으로 일반인에게 성적 수치심이나 혐오감을 일으

키게 하고 선량한 성적 도덕관념에 반하는 행위로서 피해자의 성적 자유를 침해하는 것을 말하며, 이에 해당하는지는 피해자의 의사, 성별, 연령, 행위자와 피해자의 이전부터의 관계, 행위에 이르게 된 경위, 구체적 행위태양, 주위의 객관적 상황과 그 시대의 성적 도덕관념 등을 종합적으로 고려하여 신중히 결정되어야 한다. 그리고 추행의 고의로 상대방의 의사에 반하는 유형력의 행사, 즉 폭행행위를 하여 실행행위에 착수하였으나 추행의 결과에 이르지 못한 때에는 강제추행미수죄가 성립하며, 이러한 법리는 폭행행위 자체가 추행행위라고 인정되는 이른바 '기습추행'의 경우에도 마찬가지로 적용된다(대판 2015.09.10. 2015도6980).

② (○) 강간죄가 성립하려면 가해자의 폭행·협박은 피해자의 항거를 불가능하게 하거나 현저히 곤란하게 할 정도의 것이어야 한다. 폭행·협박이 피해자의 항거를 불가능하게 하거나 현저히 곤란하게 할 정도의 것이었는지 여부는 폭행·협박의 내용과 정도는 물론, 유형력을 행사하게 된 경위, 피해자와의 관계, 성교 당시와 그 후의 정황 등 모든 사정을 종합하여 판단하여야 한다. 또한 강간죄에서의 폭행·협박과 간음 사이에는 인과관계가 있어야 하나, 폭행·협박이 반드시 간음행위보다 선행되어야 하는 것은 아니다(대판 2017.10.12. 2016도16948).

③ (○) 가해자가 폭행을 수반함이 없이 오직 협박만을 수단으로 피해자를 간음 또는 추행한 경우에도 그 협박의 정도가 피해자의 항거를 불가능하게 하거나 현저히 곤란하게 할 정도의 것(강간죄)이거나 또는 피해자의 항거를 곤란하게 할 정도의 것(강제추행죄)이면 강간죄 또는 강제추행죄가 성립하고, 협박과 간음 또는 추행 사이에 시간적 간격이 있더라도 협박에 의하여 간음 또는 추행이 이루어진 것으로 인정될 수 있다면 달리 볼 것은 아니다(대판 2007.01.25. 2006도5979).

④ (○) 강간이 미수에 그친 경우라도 그 수단이 된 폭행에 의하여 피해자가 상해를 입었으면 강간치상죄가 성립하는 것이며, 미수에 그친 것이 피고인이 자의로 실행에 착수한 행위를 중지한 경우이든 실행에 착수하여 행위를 종료하지 못한 경우이든 가리지 않는다(대판 1988.11.08. 88도1628).

⑤ (○) 강간죄는 부녀를 간음하기 위하여 피해자의 항거를 불가능하게 하거나 현저히 곤란하게 할 정도의 폭행 또는 협박을 개시한 때에 그 실행의 착수가 있다고 보아야 할 것이고, 실제로 그와 같은 폭행 또는 협박에 의하여 피해자의 항거가 불능하게 되거나 현저히 곤란하게 되어야만 실행의 착수가 있다고 볼 것은 아니다(대판 2000.06.09. 2000도1253).

정답 ①

문 16

다음 설명 중 가장 옳지 않은 것은?(다툼이 있는 경우 판례에 따르고 전원합의체 판결의 경우 다수의견에 의함) [2017년 25번]

① 강제추행죄가 성립하기 위한 주관적 구성요건으로는 고의만으로 충분하고, 성욕을 자극·흥분·만족시키려는 주관적 동기나 목적이 있어야 하는 것은 아니다.
② 혼인관계가 실질적으로 유지되고 있는 경우에도 남편이 반항을 불가능하게 하거나 현저히 곤란하게 할 정도의 폭행이나 협박을 가하여 아내를 간음한 경우에는 강간죄가 성립한다.
③ 여성으로 성전환을 한 사람에 대하여도 강간죄가 성립할 수 있다.
④ 채팅으로 만난 16세의 여자청소년에게 "성교를 해 주면 그 대가로 돈을 주겠다"고 거짓말하고 성교한 경우 형법 제302조의 미성년자위계간음죄가 성립한다.
⑤ 알고 지내던 여성인 C로부터 폭행을 당하자 보복의 의미에서 C의 입술, 귀, 유두, 가슴 등을 입으로 깨물었다면 강제추행죄가 성립한다.

:: 해설   ★★

① (○) 형법 제305조의 미성년자의제강제추행죄는 '13세 미만의 아동이 외부로부터의 부적절한 성적 자극이나 물리력의 행사가 없는 상태에서 심리적 장애 없이 성적 정체성 및 가치관을 형성할 권익'을 보호법익으로 하는 것으로서, 그 성립에 필요한 주관적 구성요건요소는 고의만으로 충분하고, 그 외에 성욕을 자극·흥분·만족시키려는 주관적 동기나 목적까지 있어야 하는 것은 아니다(대판 2006.01.13. 2005도6791).

② (○) 형법 제297조가 정한 강간죄의 객체인 '부녀'에는 법률상 처가 포함되고, 혼인관계가 파탄된 경우뿐만 아니라 혼인관계가 실질적으로 유지되고 있는 경우에도 남편이 반항을 불가능하게 하거나 현저히 곤란하게 할 정도의 폭행이나 협박을 가하여 아내를 간음한 경우에는 강간죄가 성립한다고 보아야 한다(대판 2013.05.16. 2012도14788(전합)).

③ (○) 형법 제297조에 의하면 폭행 또는 협박으로 사람을 강간한 자는 3년 이상의 유기징역에 처한다고 규정하고 있으므로 여성으로 성전환을 한 '사람'에 대해서도 강간죄가 성립한다.

④ (○) [가] '위계'라 함은 행위자의 행위목적을 달성하기 위하여 피해자에게 오인, 착각, 부지를 일으키게 하여 이를 이용하는 것을 말한다. 이러한 위계의 개념 및 앞서 본 바와 같이 성폭력범행에 특히 취약한 사람을 보호하고 행위자를 강력하게 처벌하려는 입법태도, 피해자의 인지적·심리적·관계적 특성으로 온전한 성적 자기결정권 행사를 기대하기 어려운 사정 등을 종합하면, 행위자가 간음의 목적으로 피해자에게 오인, 착각, 부지를 일으키고 피해자의 그러한 심적 상태를 이용하여 간음의 목적을 달성하였다면 위계와 간음행위 사이의 인과관계를 인정할 수 있고, 따라서 위계에 의한 간음죄가 성립한다. 왜곡된 성적 결정에 기초하여 성행위를 하였다면 왜곡이 발생한 지점이 성행위 그 자체인지 성행위에 이르게 된 동기인지는 성적 자기결정권에 대한 침해가 발생한 것은 마찬가지라는 점에서 핵심적인 부분이라고 하기 어렵다. 피해자가 오인, 착각, 부지에 빠지게 되는 대상은 간음행위 자체일 수도 있고, 간음행위에 이르게 된 동기이거나 간음행위와 결부된 금전적·비금전적 대가와 같은 요소일 수도 있다. [나] 다만 행위자의 위계적 언동이 존재하였다는 사정만으로 위계에 의한 간음죄가 성립하는 것은 아니므로 위계적 언동의 내용 중에 피해자가 성행위를 결심하게 된 중요한 동기를 이룰 만한 사정이 포함되어 있어 피해자의 자발적인 성적 자기결정권의 행사가 없었다고 평가할 수 있어야 한다. 이와 같은 인과관계를 판단함에 있어서는 피해자의 연령 및 행위자와의 관계, 범행에 이르게 된 경위, 범행 당시와 전후의 상황 등 여러 사정을 종합적으로 고려하여야 한다. [다] 한편 위계에 의한 간음죄가 보호대상으로 삼는 아동·청소년, 미성년자, 심신미약자, 피보호자·피감독자, 장애인 등의 성적 자기결정 능력은 그 나이, 성장과정, 환경, 지능 내지 정신기능 장애의 정도 등에 따라 개인별로 차이가 있으므로 간음행위와 인과관계가 있는 위계에 해당하는지 여부를 판단함에 있어서는 구체적인 범행 상황에 놓인 피해자의 입장과 관점이 충분히 고려되어야 하고, 일반적·평균적 판단능력을 갖춘 성인 또는 충분한 보호와 교육을 받은 또래의 시각에서 인과관계를 쉽사리 부정하여서는 안 된다. [라] 이와 달리 위계에 의한 간음죄에서 행위자가 간음의 목적으로 상대방에게 일으킨 오인, 착각, 부지는 간음행위 자체에 대한 오인, 착각, 부지를 말하는 것이지 간음행위와 불가분적 관련성이 인정되지 않는 다른 조건에 관한 오인, 착각, 부지를 가리키는 것은 아니라는 취지의 종전 판례인 대법원 2001. 12. 24. 선고 2001도5074 판결, 대법원 2002. 7. 12. 선고 2002도2029 판결, 대법원 2007. 9. 21. 선고 2007도6190 판결, 대법원 2012. 9. 27. 선고 2012도9119 판결, 대법원 2014. 9. 4. 선고 2014도8423, 2014전도151 판결 등은 이 판결과 배치되는 부분이 있으므로 그 범위에서 이를 변경하기로 한다(대판 2020.08.27. 2015도9436(전합)).

> **종전판례** 피고인이 청소년에게 성교의 대가로 돈을 주겠다고 거짓말하고 청소년이 이에 속아 피고인과 성교행위를 하였다고 하더라도, 사리판단력이 있는 청소년에 관하여는 그러한 금품의 제공과 성교행위 사이에 불가분의 관련성이 인정되지 아니하는 만큼 이로 인하여 청소년이 간음행위 자체에 대한 착오에 빠졌다거나 이를 알지 못하였다고 할 수 없다는 이유로 피고인의 행위가 청소년의성보호에관한법률 제10조 제4항 소정의 위계에 해당하지 아니한다(대판 2001.12.24. 2001도5074).

⑤ (○) 피고인이, 알고 지내던 여성인 피해자 甲이 자신의 머리채를 잡아 폭행을 가하자 보복의 의미에서 甲의 입술, 귀, 유두, 가슴 등을 입으로 깨무는 등의 행위를 한 사안에서, 객관적으로 여성인 피해자의 입술, 귀, 유두, 가슴을 입으로 깨무는 행위는 일반적이고 평균적인 사람으로 하여금 성적 수치심이나 혐오감을 일으키게 하고 선량한 성적 도덕관념에 반하는 행위로서, 甲의 성적 자유를 침해하였다고 보는 것이 타당하다는 이유로, 피고인의 행위가 강제추행죄의 '추행'에 해당한다(대판 2013.09.26. 2013도5856).

정답 정답없음(출제당시 ④)

문 17

다음 설명 중 가장 옳지 않은 것은?(다툼이 있는 경우 판례에 의함) [2016년 30번]

① 강간죄가 성립하기 위한 가해자의 폭행·협박이 있었는지 여부는 모든 사정을 종합하여 피해자가 성교 당시 처하였던 구체적인 상황을 기준으로 판단하여야 하며, 사후적으로 보아 피해자가 성교 전에 범행 현장을 벗어날 수 있었다거나 피해자가 사력을 다하여 반항하지 않았다는 사정만으로 가해자의 폭행·협박이 피해자의 항거를 현저히 곤란하게 할 정도에 이르지 않았다고 섣불리 단정하여서는 안 된다.

② 강간범이 강간행위의 종료 전 즉 그 실행행위의 계속 중에 강도의 행위를 할 경우에는 이때에 바로 강도의 신분을 취득하는 것이므로 이후에 그 자리에서 강간행위를 계속하는 때에는 강도가 부녀를 강간한 때에 해당하여 강도강간죄를 구성한다.

③ 강간범인이 부녀를 강간할 목적으로 폭행·협박에 의하여 반항을 억압한 후 반항억압 상태가 계속 중임을 이용하여 재물을 탈취하는 경우에는 재물탈취를 위한 새로운 폭행·협박이 없더라도 강도죄가 성립한다.

④ 피해자가 소형승용차 안에서 강간범행을 모면하려고 저항하는 과정에서 피고인과의 물리적 충돌로 인하여 입은 '우측 슬관절 부위 찰과상' 등은 강간치상죄의 상해에 해당한다.

⑤ 강도가 강간하려고 하였으나 잠자던 피해자의 어린 딸이 잠에서 깨어 우는 바람에 도주한 경우는 중지범의 요건인 자의성을 인정할 수 없는 반면에, 피해자가 시장에 간 남편이 곧 돌아온다고 하면서 임신 중이라고 말하자 도주한 경우에는 자의성을 인정할 수 있다.

해설 ★★

① (O) 강간죄가 성립하기 위한 가해자의 폭행·협박이 있었는지 여부는 그 폭행·협박의 내용과 정도는 물론 유형력을 행사하게 된 경위, 피해자와의 관계, 성교 당시와 그 후의 정황 등 모든 사정을 종합하여 피해자가 성교 당시 처하였던 구체적인 상황을 기준으로 판단하여야 하며, 사후적으로 보아 피해자가 성교 이전에 범행 현장을 벗어날 수 있었다거나 피해자가 사력을 다하여 반항하지 않았다는 사정만으로 가해자의 폭행·협박이 피해자의 항거를 현저히 곤란하게 할 정도에 이르지 않았다고 섣불리 단정하여서는 안 된다(대판 2005.07.28. 2005도3071).

② (O), ③ (O) [1] 강간범이 강간행위 후에 강도의 범의를 일으켜 그 부녀의 재물을 강취하는 경우에는 강도강간죄가 아니라 강간죄와 강도죄의 경합범이 성립될 수 있을 뿐이지만, 강간행위의 종료 전 즉 그 실행행위의 계속 중에 강도의 행위를 할 경우에는 이때에 바로 강도의 신분을 취득하는 것이므로 이후에 그 자리에서 강간행위를 계속하는 때에는 강도가 부녀를 강간한 때에 해당하여 형법 제339조에 정한 강도강간죄를 구성한다. [2] 강도죄는 재물탈취의 방법으로 폭행, 협박을 사용하는 행위를 처벌하는 것이므로 폭행, 협박으로 타인의 재물을 탈취한 이상 피해자가 우연히 재물탈취 사실을 알지 못하였다고 하더라도 강도죄는 성립하고, 폭행, 협박당한 자가 탈취당한 재물의 소유자 또는 점유자일 것을 요하지도 아니하며, 강간범인이 부녀를 강간할 목적으로 폭행, 협박에 의하여 반항을 억압한 후 반항억압 상태가 계속 중임을 이용하여 재물을 탈취하는 경우에는 재물탈취를 위한 새로운 폭행, 협박이 없더라도 강도죄가 성립한다(대판 2010.12.09. 2010도9630).

④ (O) 피해자의 건강상태가 나쁘게 변경되고 생활기능에 장애가 초래된 것인지는 객관적, 일률적으로 판단될 것이 아니라 피해자의 연령, 성별, 체격 등 신체, 정신상의 구체적 상태를 기준으로 판단되어야 한다. 피해자가 소형승용차 안에서 강간범행을 모면하려고 저항하는 과정에서 피고인과의 물리적 충돌로 인하여 입은 '우측 슬관절 부위 찰과상' 등이 강간치상죄의 상해에 해당한다(대판 2005.05.26. 2005도1039).

⑤ (X) 강도가 강간하려고 하였으나 잠자던 피해자의 어린 딸이 잠에서 깨어 우는 바람에 도주하였고, 또 피해자가 시장에 간 남편이 곧 돌아온다고 하면서 임신중이라고 말하자 도주한 경우에는 자의로 강간행위를 중지하였다고 볼 수 없다(대판 1993.04.13. 93도347).

정답 ⑤

문 18

다음 설명 중 가장 옳지 않은 것은?(다툼이 있는 경우 판례에 의함) [2016년 10번]

① 판례는 피고인이 엘리베이터 안에서 피해자를 칼로 위협하는 등의 방법으로 꼼짝하지 못하도록 하여 자신의 실력적인 지배하에 둔 다음 자위행위 모습을 보여준 행위가 강제추행죄의 추행에 해당한다고 한다.
② 판례는 피고인이 피해자 여성(48세)에게 욕설을 하면서 자신의 바지를 벗어 성기를 보여준 것만으로는 강제추행죄의 성립을 인정하기 어렵다고 한다.
③ 피고인이 밤에 술을 마시고 배회하던 중 버스에서 내려 혼자 걸어가는 피해자 성인 여성을 발견하고 마스크를 착용한 채 뒤따라가다가 인적이 없고 외진 곳에서 가까이 접근하여 껴안으려 하였으나, 피해자가 뒤돌아보면서 소리치자 그 상태로 몇 초 동안 쳐다보다가 다시 오던 길로 되돌아갔다면 강제추행미수가 성립한다.
④ 판례는 피고인이, 알고 지내던 여성인 피해자 甲이 자신의 머리채를 잡아 폭행을 가하자 보복의 의미에서 甲의 입술, 귀 등을 입으로 깨무는 등의 행위를 한 사안에서, 피고인의 행위가 강제추행죄의 추행에 해당하지 않는다고 하였다.
⑤ 판례는 혼인 외 성관계 사실을 폭로하겠다는 등의 내용으로 유부녀인 피해자를 협박하여 간음 또는 추행한 사안에서 강간죄 및 강제추행죄가 성립한다고 한다.

:: 해설 ★★

① (○) 피고인이 엘리베이터라는 폐쇄된 공간에서 피해자들을 칼로 위협하는 등으로 꼼짝하지 못하도록 자신의 실력적인 지배하에 둔 다음 피해자들에게 성적 수치심과 혐오감을 일으키는 자신의 자위행위 모습을 보여 주고 피해자들로 하여금 이를 외면하거나 피할 수 없게 한 행위는 강제추행죄의 추행에 해당한다(대판 2010.02.25. 2009도13716).

② (○) 피고인이 피해자 갑(여, 48세)에게 욕설을 하면서 자신의 바지를 벗어 성기를 보여준 경우에, 갑의 성별·연령, 행위에 이르게 된 경위, 갑에 대하여 어떠한 신체 접촉도 없었던 점, 행위장소가 사람 및 차량의 왕래가 빈번한 도로로서 공중에게 공개된 곳인 점, 피고인이 한 욕설은 성적인 성질을 가지지 아니하는 것으로서 '추행'과 관련이 없는 점, 갑이 자신의 성적 결정의 자유를 침해당하였다고 볼 만한 사정이 없는 점 등 제반 사정을 고려할 때, 단순히 피고인이 바지를 벗어 자신의 성기를 보여준 것만으로는 폭행 또는 협박으로 '추행'을 하였다고 볼 수 없다(대판 2012.07.26. 2011도8805).

③ (○) 피고인이 밤에 술을 마시고 배회하던 중 버스에서 내려 혼자 걸어가는 피해자 갑(여, 17세)을 발견하고 마스크를 착용한 채 뒤따라가다가 인적이 없고 외진 곳에서 가까이 접근하여 껴안으려 하였으나, 갑이 뒤돌아보면서 소리치자 그 상태로 몇 초 동안 쳐다보다가 다시 오던 길로 되돌아간 경우에, 피고인은 갑을 추행하기 위해 뒤따라간 것으로 추행의 고의를 인정할 수 있고, 피고인이 가까이 접근하여 갑자기 뒤에서 껴안는 행위는 일반인에게 성적 수치심이나 혐오감을 일으키게 하고 선량한 성적 도덕관념에 반하는 행위로서 갑의 성적 자유를 침해하는 행위여서 그 자체로 이른바 '기습추행' 행위로 볼 수 있으므로, 피고인의 팔이 갑의 몸에 닿지 않았더라도 양팔을 높이 들어 갑자기 뒤에서 껴안으려는 행위는 갑의 의사에 반하는 유형력의 행사로서 폭행행위에 해당하며, 그때 '기습추행'에 관한 실행의 착수가 있는데, 마침 갑이 뒤돌아보면서 소리치는 바람에 몸을 껴안는 추행의 결과에 이르지 못하고 미수에 그쳤으므로, 피고인의 행위는 아동·청소년에 대한 강제추행미수죄에 해당한다(대판 2015.09.10. 2015도6980).

④ (X) 피고인이, 알고 지내던 여성인 피해자 갑이 자신의 머리채를 잡아 폭행을 가하자 보복의 의미에서 갑의 입술, 귀, 유두, 가슴 등을 입으로 깨무는 등의 행위를 한 경우에, 객관적으로 여성인 피해자의 입술, 귀, 유두, 가슴을 입으로 깨무는 행위는 일반적이고 평균적인 사람으로 하여금 성적 수치심이나 혐오감을 일으키게 하고 선량한 성적 도덕관념에 반하는 행위로서, 갑의 성적 자유를 침해하였으므로, 피고인의 행위가 강제추행죄의 '추행'에 해당한다(대판 2013.09.26. 2013도5856).

⑤ (○) 유부녀인 피해자에 대하여 혼인 외 성관계 사실을 폭로하겠다는 등의 내용으로 협박하여 피해자를 간음 또는 추행한 경우에 위와 같은 협박은 피해자를 단순히 외포시킨 정도를 넘어 적어도 피해자의 항거를 현저히 곤란하게 할 정도의 것이었다고 보기에 충분하므로 강간죄 및 강제추행죄가 성립한다(대판 2007.01.25. 2006도5979).

정답 ④

제3장 명예와 신용에 대한 죄

제❶절 ▎명예에 관한 죄

문 17

모욕죄에 관한 다음 설명 중 가장 옳지 않은 것은?[2023년 25번]

① 자동차 정보 관련 인터넷 신문사 소속 기자 A가 작성한 기사가 인터넷 포털 사이트의 자동차 뉴스 '핫이슈' 난에 게재되자, 甲이 "이런걸 기레기라고 하죠?"라는 댓글을 게시한 경우, '기레기'는 기자인 A의 사회적 평가를 저하시킬 만한 추상적 판단이나 경멸적 감정을 표현한 모욕적 표현에 해당한다.

② A 주식회사 해고자 신분으로 노동조합 사무장직을 맡아 노조활동을 하는 甲이 노사 관계자 140여 명이 있는 가운데 큰 소리로 甲보다 15세 연장자로서 A 주식회사 부사장인 B를 향해 "야 ○○아, ○○이 여기 있네, 니 이름이 ○○이잖아, ○○아 나오니까 좋지?" 등으로 여러 차례 B의 이름을 부른 것은 객관적으로 B의 인격적 가치에 대한 사회적 평가를 저하시킬 만한 모욕적 언사에 해당하지 않는다.

③ 사업소 소장인 甲이 직원들에게 A가 관리하는 다른 사업소의 문제를 지적하는 내용의 카카오톡 문자메시지를 발송하면서 "A는 정말 야비한 사람인 것 같습니다."라고 표현하였더라도 이를 A의 외부적 명예를 침해할 만한 표현이라고 단정하기 어렵다.

④ 아파트 입주자대표회의 감사인 甲이 관리소장 A의 외부특별감사에 관한 업무처리에 항의하기 위해 관리소장실을 방문한 자리에서, A와 언쟁을 하다가 "야, 이따위로 일할래.", "나이 처먹은 게 무슨 자랑이냐."라고 말한 경우, 甲의 발언은 객관적으로 A의 인격적 가치에 대한 사회적 평가를 저하시킬 만한 모욕적 언사에 해당하지 않는다.

⑤ 甲이 방송국 시사프로그램을 시청한 후 방송국 홈페이지의 시청자 의견란에 출연자 A에 대해 "그렇게 소중한 자식을 범법행위의 변명의 방패로 쓰시다니 정말 대단하십니다."는 등의 글을 작성·게시한 경우, 甲의 표현은 그 출연자인 A의 사회적 평가를 훼손할 만한 모욕적 언사에 해당하지 않는다.

MGI Point 모욕죄 ★★★

- 기레기라는 표현 ⇨ 모욕적 표현○(구성요건 해당성○)
- 15세 연장자로서 A 주식회사 부사장인 B를 향해 "야 ○○아, ○○이 여기 있네, 니 이름이 ○○이잖아, ○○아 나오니까 좋지?"라고 한 경우 ⇨ 모욕적 표현×
- 다른 사업소의 문제를 지적하는 내용의 카카오톡 문자메시지를 발송하면서 "A는 정말 야비한 사람인 것 같습니다."라고 표현한 경우 ⇨ 모욕적 표현×
- 관리소장인 A와 언쟁을 하다가 "야, 이따위로 일할래.", "나이 처먹은 게 무슨 자랑이냐."라고 말한 경우 ⇨ 모욕적 표현×
- 방송국 홈페이지의 시청자 의견란에 출연자 A에 대해 "그렇게 소중한 자식을 범법행위의 변명의 방패로 쓰시다니 정말 대단하십니다."라고 한 경우 ⇨ 모욕적 표현○

① (○) 자동차 정보 관련 인터넷 신문사 소속 기자 갑이 작성한 기사가 인터넷 포털 사이트의 자동차 뉴스 '핫이슈' 난에 게재되자, 피고인이 "이런걸 기레기라고 하죠?"라는 댓글을 게시함으로써 공연히 갑을 모욕하였다는 내용으로 기소된 사안에서, '기레기'는 기자인 갑의 사회적 평가를 저하시킬 만한 추상적 판단이나 경멸적 감정을 표현한, 모욕적 표현에 해당하나, … 위 댓글을 작성한 행위는 사회상규에 위배되지 않는 행위로서 형법 제20조에 의하여 위법성이 조각된다고 한 사례(대법원 2021. 3. 25. 2017도17643).

② (○) 갑 주식회사 해고자 신분으로 노동조합 사무장직을 맡아 노조활동을 하는 피고인이 노사 관계자 140여 명이 있는 가운데 큰 소리로 피고인보다 15세 연장자로서 갑 회사 부사장인 을을 향해 "야 ○○아, ○○이 여기 있네, 니 이름이 ○○이잖아, ○○아 나오니까 좋지?" 등으로 여러 차례 을의 이름을 불러 을을 모욕하였다는 내용으로 기소된 사안에서, 제반 사정을 종합하면, 피고인의 위 발언은 상대방을 불쾌하게 할 수 있는 무례하고 예의에 벗어난 표현이기는 하지만 객관적으로 을의 인격적 가치에 대한 사회적 평가를 저하시킬 만한 모욕적 언사에 해당하지 않는다(대법원 2018. 11. 29. 2017도2661).

③ (○) 사업소 소장인 피고인이 직원들에게 갑이 관리하는 다른 사업소의 문제를 지적하는 내용의 카카오톡 문자메시지를 발송하면서 "갑은 정말 야비한 사람인 것 같습니다."라고 표현하여 갑을 모욕하였다는 내용으로 기소된 사안에서, 피고인과 갑의 관계, 문자메시지의 전체적 맥락 안에서 위 표현의 의미와 정도, 표현이 이루어진 공간 및 전후의 정황, 갑의 인격권으로서의 명예와 피고인의 표현의 자유의 조화로운 보호 등 제반 사정에 비추어 볼 때, 위 표현은 피고인의 갑에 대한 부정적·비판적 의견이나 감정이 담긴 경미한 수준의 추상적 표현에 불과할 뿐 갑의 외부적 명예를 침해할 만한 표현이라고 단정하기 어렵다(대법원 2022. 8. 31. 2019도7370).

④ (○) 아파트 입주자대표회의 감사인 피고인이 관리소장 갑의 업무처리에 항의하기 위해 관리소장실을 방문한 자리에서 갑과 언쟁을 하다가 "야, 이따위로 일할래.", "나이 처먹은 게 무슨 자랑이냐."라고 말한 사안에서, 피고인의 발언은 상대방을 불쾌하게 할 수 있는 무례하고 저속한 표현이기는 하지만 객관적으로 갑의 인격적 가치에 대한 사회적 평가를 저하시킬 만한 모욕적 언사에 해당하지 않는다(대법원 2015. 9. 10. 2015도2229).

⑤ (X) 피고인이 방송국 시사프로그램을 시청한 후 방송국 홈페이지의 시청자 의견란에 작성·게시한 글 중 특히, "그렇게 소중한 자식을 범법행위의 변명의 방패로 쓰시다니 정말 대단하십니다."는 등의 표현은 그 게시글 전체를 두고 보더라도, 그 출연자인 피해자에 대한 사회적 평가를 훼손할 만한 모욕적 언사라고 한 사례(대법원 2003. 11. 28. 2003도3972).

정답 ⑤

문 18

명예훼손죄의 '사실의 적시'와 관련한 다음 설명 중 옳지 않은 것은 모두 몇 개인가?[2023년 39번]

ㄱ. 명예훼손죄에 있어서의 '사실의 적시'란 가치판단이나 평가를 내용으로 하는 의견표현에 대치되는 개념으로서 시간과 공간적으로 구체적인 과거 또는 현재의 사실관계에 관한 보고 내지 진술을 의미하는 것이며, 그 표현내용이 증거에 의한 입증이 가능한 것을 말하고, 이와 구분되는 의견은 가치 판단적이어서 단순한 사실과 구별되어 사실관계나 사람에 대하여 어떤 인식 또는 견해를 갖거나 평가하거나 판단하거나 태도를 결정하는 등의 정신적인 활동의 표현을 뜻한다.

ㄴ. 사실을 적시하는 것인지, 의견 또는 논평을 표명하는 것인지, 논평을 표명함과 동시에 묵시적으로라도 그의 전제가 되는 사실을 적시하고 있는 것인지는 구별되어야 하고 그를 위해서는 그 표현의 객관적 내용과 아울러 일반의 독자가 보통의 주의로 기사를 접하는 방법을 전제로 사용된 어휘의 통상적 의미, 기사의 전체적 흐름, 문구의 연결방법 등을 기준으로 판단해야 할 것이며 당해 기사가 게재된 보다 넓은 의미의 문맥이나 그 표현의 배경이 되는 사회적 흐름 등도 함께 고려해야 할 것이다.

ㄷ. 어느 표현이 주체와 행위를 지적하여 일견 의견 또는 논평을 표명함과 동시에 그의 전제가 되는 사실을 적시한 것으로 보이는 경우라도 그 표현의 전후 문맥과 그 표현이 이루어진 당시의 상황을 종합하여 볼 때, 그 표현이 비유적, 상상적이어서 다의적이고 구체적 내용, 일시, 장소, 목적, 방법 등이 불특정되어 일반적으로 수용될 핵심적 의미를 파악하기 어려우며 독자에 따라 달리 볼 여지가 있는 등으로 입장표명이라는 요소가 결정적이라면 그 표현은 사실의 적시라고 볼 수는 없다.

ㄹ. 겉으로 보기에 증거에 의해 입증 가능한 구체적인 사실관계를 서술하는 형태를 취하고 있더라도, 글의 집필의도, 논리적 흐름, 서술체계 및 전개방식, 해당 글과 비평의 대상이 된 말 또는 글의 전체적인 내용 등을 종합하여 볼 때, 평균적인 독자의 관점에서 문제된 부분이 실제로는 비평자의 주관적 의견에 해당하고, 다만 비평자가 자신의 의견을 강조하기 위한 수단으로 그와 같은 표현을 사용한 것이라고 이해된다면 명예훼손죄에서 말하는 사실의 적시에 해당한다고 볼 수 없다.

① 없음　② 1개　③ 2개　④ 3개　⑤ 4개

MGI Point　명예훼손죄(사실의 적시)　★★

- 사실의 적시의 의의 ▷ 가치판단이나 평가를 내용으로 하는 의견표현에 대치되는 개념으로서 시간과 공간적으로 구체적인 과거 또는 현재의 사실관계에 관한 보고 내지 진술
- 의견 또는 논평과 사실의 적시의 구별 ▷ 당해 기사가 게재된 보다 넓은 의미의 문맥이나 그 표현의 배경이 되는 사회적 흐름 등도 함께 고려해야
- 의견 또는 논평과 사실의 적시의 구별 ▷ 입장표명이라는 요소가 결정적이라면 그 표현은 사실의 적시 ×
- 겉으로 보기에 증거에 의해 입증 가능한 구체적인 사실관계를 서술하는 형태를 취하고 있는 경우 ▷ 평균적인 독자의 관점에서 문제된 부분이 실제로는 비평자의 주관적 의견에 불과하다고 이해된다면 사실의 적시 ×

ㄱ. (○) 명예훼손죄에서의 사실의 적시란 가치판단이나 평가를 내용으로 하는 의견표현에 대치되는 개념으로서 시간과 공간적으로 구체적인 과거 또는 현재의 사실관계에 관한 보고 내지 진술을 의미하며, 그 표현내용이 증거에 의한 입증이 가능한 것을 말하고, 판단할 진술이 사실인가 또는 의견인가를 구별할 때에는 언어의 통상적 의미와 용법, 입증가능성, 문제된 말이 사용된 문맥, 그 표현이 행하여진 사회적 상황 등 전체적 정황을 고려하여 판단하여야 한다(대법원 2017. 5. 11. 2016도19255).

ㄴ. (○) 신문 등 언론매체의 어떠한 표현행위가 명예훼손과 관련하여 문제가 되는 경우 그 표현이 사실을 적시하는 것인가, 아니면 단순히 의견 또는 논평을 표명하는 것인가, 또는 의견 또는 논평을 표명하는 것이라면 그와 동시에 묵시적으로라도 그 전제가 되는 사실을 적시하고 있는 것인가 그렇지 아니한가의 구별은, 당해 기사의 객관적인 내용과 아울러 일반의 독자가 보통의 주의로 기사를 접하는 방법을 전제로 기사에 사용된 어휘의 통상적인 의미, 기사의 전체적인 흐름, 문구의 연결 방법 등을 기준으로 판단하여야 하고, 여기에다가 당해 기사가 게재된 보다 넓은 문맥이나 배경이 되는 사회적 흐름 등도 함께 고려하여야 한다(대법원 2000. 2. 25. 98도2188).

ㄷ. (○) 명예훼손죄의 구성요건인 '사실의 적시'는 가치판단이나 평가를 내용으로 하는 의견표현에 대치되는 개념으로서 사실의 적시행위는 시간, 공간적으로 구체적인 과거 또는 현재의 사실관계에 관한 보고 내지 진술을 의미하는 것이며, 그의 표현내용이 증거에 의해 증명 가능한 것을 가리킨다. 어느 표현이 주채와 행위를 지적하여 일견 의견 또는 논평을 표명함과 동시에 그의 전제가 되는 사실을 적시한 것으로 보이는 경우라도 그 표현의 전후 문맥과 그 표현이 이루어진 당시의 상황을 종합하여 볼 때, 그 표현이 비유적, 상상적이어서 다의적이고 구체적 내용, 일시, 장소, 목적, 방법 등이 불특정되어 일반적으로 수용될 핵심적 의미를 파악하기

어려우며 독자에 따라 달리 볼 여지가 있는 등으로 입장표명이라는 요소가 결정적이라면 그 표현은 사실의 적시라고 볼 수는 없고 의견 또는 평가의 표명이라 할 것이다(대법원 2021. 9. 16. 2020도12861).

ㄹ. (○) 다른 사람의 말이나 글을 비평하면서 사용한 표현이 겉으로 보기에 증거에 의해 입증 가능한 구체적인 사실관계를 서술하는 형태를 취하고 있더라도, 글의 집필의도, 논리적 흐름, 서술체계 및 전개방식, 해당 글과 비평의 대상이 된 말 또는 글의 전체적인 내용 등을 종합하여 볼 때, 평균적인 독자의 관점에서 문제 된 부분이 실제로는 비평자의 주관적 의견에 해당하고, 다만 비평자가 자신의 의견을 강조하기 위한 수단으로 그와 같은 표현을 사용한 것이라고 이해된다면 명예훼손죄에서 말하는 사실의 적시에 해당한다고 볼 수 없다. 그리고 이러한 법리는 어떠한 의견을 주장하기 위해 다른 사람의 견해나 그 근거를 비판하면서 사용한 표현의 경우에도 다를 바 없다(대법원 2017. 12. 5. 2017도15628).

정답 ①

문 19

명예훼손 범죄에 관한 다음 설명 중 옳은 것은 모두 몇 개인가? [2022년 33번]

ㄱ. 대법원은 명예훼손죄의 공연성에 관하여 개별적으로 소수의 사람에게 사실을 적시하였더라도 그 상대방이 불특정 또는 다수인에게 적시된 사실을 전파할 가능성이 있는 때에는 공연성이 인정된다고 일관되게 판시하여, 이른바 전파가능성 이론은 공연성에 관한 확립된 법리로 정착되었다.

ㄴ. 다만 이러한 법리는 정보통신망 이용촉진 및 정보보호 등에 관한 법률상 정보통신망을 이용한 명예훼손이나 공직선거법상 후보자비방죄 등의 공연성 판단에도 동일하게 적용된다고 볼 수는 없다.

ㄷ. 특정의 개인이나 소수인에게 개인적 또는 사적으로 정보를 전달하는 것과 같은 행위는 공연하다고 할 수 없고, 다만 특정의 개인 또는 소수인이라고 하더라도 불특정 또는 다수인에게 전파 또는 유포될 가능성이 있는 경우라면 공연하다고 할 수 있는 것이며, 불특정 또는 다수인에게 전파 또는 유포될 개연성까지 요구하는 것은 아니다.

ㄹ. 발언 이후 실제 전파되었는지 여부는 전파가능성 유무를 판단하는 고려요소가 될 수 있으나, 발언 후 실제 전파 여부라는 우연한 사정은 공연성 인정 여부를 판단함에 있어 소극적 사정으로만 고려되어야 한다.

ㅁ. 정보통신망을 이용한 명예훼손 행위에 대하여, 특정 소수에게 전달한 경우에도 그로부터 불특정 또는 다수인에 대한 전파가능성 여부를 가려 개인의 사회적 평가가 침해될 일반적 위험성이 발생하였는지를 검토하는 것이 실질적인 공연성 판단에 부합되고, 공연성의 범위를 제한하는 구체적인 기준이 될 수 있다. 다만 이러한 공연성의 의미는 형법과 정보통신망법 등의 특별법에서 동일하게 적용되어야 한다고 볼 수 없다.

ㅂ. 사실적시의 내용이 사회 일반의 일부 이익에만 관련된 사항이라면 다른 일반인과의 공동생활에 관계된 사항이라도 공익성을 지닌다고 할 수 없고, 이에 나아가 개인에 관한 사항이라면 그것이 공공의 이익과 관련되어 있고 사회적인 관심을 획득한 경우라도 직접적으로 국가·사회 일반의 이익이나 특정한 사회집단에 관한 것이 아니라는 점에서 형법 제310조의 적용을 긍정할 것은 아니다.

① 1개 ② 2개 ③ 3개 ④ 4개 ⑤ 5개

> **MGI Point 명예훼손** ★★
> - 개별적으로 소수의 사람에게 사실을 적시한 경우 공연성 인정여부
>   - 전파가능성이 있는 때에는 공연성 인정(확립된 법리)
>   - 정통법상 명예훼손이나 공선법상 후보자비방죄 등의 공연성 판단에도 동일하게 적용
> - 특정의 개인이나 소수인에게 개인적 또는 사적으로 정보를 전달하는 것과 같은 행위 ⇨ 전파 또는 유포될 개연성이 있는 경우라면 공연성 有
> - 발언 이후 실제 전파되었는지 여부 ⇨ 전파가능성 유무를 판단하는 고려요소 ○ but 소극적 사정으로만 고려되어야 함
> - 공연성의 의미는 형법과 정보통신망법 등의 특별법에서 동일하게 적용됨
> - 개인에 관한 사항이라도 그것이 공공의 이익과 관련되어 있고 사회적인 관심을 획득한 경우 ⇨ 형법 제310조 적용 可

ㄱ. (○), ㄴ. (X) 대법원은 명예훼손죄의 공연성에 관하여 개별적으로 소수의 사람에게 사실을 적시하였더라도 그 상대방이 불특정 또는 다수인에게 적시된 사실을 전파할 가능성이 있는 때에는 공연성이 인정된다고 일관되게 판시하여, 이른바 전파가능성 이론은 공연성에 관한 확립된 법리로 정착되었다. 이러한 법리는 정보통신망 이용촉진 및 정보보호 등에 관한 법률(이하 '정보통신망법'이라 한다)상 정보통신망을 이용한 명예훼손이나 공직선거법상 후보자비방죄 등의 공연성 판단에도 동일하게 적용되어, 적시한 사실이 허위인지 여부나 특별법상 명예훼손 행위인지 여부에 관계없이 명예훼손 범죄의 공연성에 관한 대법원 판례의 기본적 법리로 적용되어 왔다(대판 2020.11.19. 2020도5813(전합)).

ㄷ. (X) 대법원은 '특정의 개인이나 소수인에게 개인적 또는 사적으로 정보를 전달하는 것과 같은 행위는 공연하다고 할 수 없고, 다만 특정의 개인 또는 소수인이라고 하더라도 불특정 또는 다수인에게 전파 또는 유포될 개연성이 있는 경우라면 공연하다고 할 수 있다'고 판시하여 전파될 가능성에 대한 증명의 정도로 단순히 '가능성'이 아닌 '개연성'을 요구하였다(대판 2020.11.19. 2020도5813(전합)).

ㄹ. (○) 발언 이후 실제 전파되었는지 여부는 전파가능성 유무를 판단하는 고려요소가 될 수 있으나, 발언 후 실제 전파 여부라는 우연한 사정은 공연성 인정 여부를 판단함에 있어 소극적 사정으로만 고려되어야 한다(대판 2020.11.19. 2020도5813(전합)).

ㅁ. (X) 정보통신망을 이용한 명예훼손 행위에 대하여, 상대방이 직접 인식하여야 한다거나, 특정된 소수의 상대방으로는 공연성을 충족하지 못한다는 법리를 내세운다면 해결 기준으로 기능하기 어렵게 된다. 오히려 특정 소수에게 전달한 경우에도 그로부터 불특정 또는 다수인에 대한 전파가능성 여부를 가려 개인의 사회적 평가가 침해될 일반적 위험성이 발생하였는지를 검토하는 것이 실질적인 공연성 판단에 부합되고, 공연성의 범위를 제한하는 구체적인 기준이 될 수 있다. 이러한 공연성의 의미는 형법과 정보통신망법 등의 특별법에서 동일하게 적용되어야 한다(대판 2020.11.19. 2020도5813(전합)).

ㅂ. (X) 사실적시의 내용이 사회 일반의 일부 이익에만 관련된 사항이라도 다른 일반인과의 공동생활에 관계된 사항이라면 공익성을 지닌다고 할 것이고, 이에 나아가 개인에 관한 사항이더라도 그것이 공공의 이익과 관련되어 있고 사회적인 관심을 획득한 경우라면 직접적으로 국가사회 일반의 이익이나 특정한 사회집단에 관한 것이 아니라는 이유만으로 형법 제310조의 적용을 배제할 것은 아니다(대판 2020.11.19. 2020도5813(전합)).

정답 ②

문 20

명예훼손죄에 관한 다음 설명 중 가장 옳지 않은 것은?(다툼이 있는 경우 판례에 의하고, 전원합의체 판결의 경우 다수의견에 의함. 이하 같음) [2021년 1번]

① 명예훼손죄에서 '사실의 적시'란 가치판단이나 평가를 내용으로 하는 '의견표현'에 대치되는 개념으로서 시간적으로나 공간적으로 구체적인 과거 또는 현재의 사실관계에 관한 보고나 진술을 뜻하고, 표현 내용을 증거로 증명할 수 있는 것을 말한다.

② 형법 제307조 제1항의 '사실'은 제2항의 '허위의 사실'과 반대되는 '진실한 사실'을 말하는 것이므로, 적시된 사실이 허위라는 입증이 없는 경우에는 형법 제307조 제1항의 명예훼손죄가 성립하지만, 적시된 사실이 허위인 경우 행위자에게 허위성에 대한 인식이 없다는 이유만으로 형법 제307조 제1항의 명예훼손죄가 성립될 수는 없다.

③ 객관적으로 피해자의 사회적 평가를 저하시키는 사실에 관한 발언이 보도, 소문이나 제3자의 말을 인용하는 방법으로 단정적인 표현이 아닌 전문 또는 추측의 형태로 표현되었더라도, 표현 전체의 취지로 보아 사실이 존재할 수 있다는 것을 암시하는 방식으로 이루어진 경우에는 사실을 적시한 것으로 보아야 한다.

④ 공론의 장에 나선 전면적 공적 인물의 경우에는 비판과 의혹의 제기를 감수해야 하고 그러한 비판과 의혹에 대해서는 해명과 재반박을 통해서 이를 극복해야 하며 공적 관심사에 대한 표현의 자유는 중요한 헌법상 권리로서 최대한 보장되어야 한다. 따라서 공적 인물과 관련된 공적 관심사에 관하여 의혹을 제기하는 형태의 표현행위에 대해서는 일반인에 대한 경우와 달리 암시에 의한 사실의 적시로 평가하는 데 신중해야 한다.

⑤ 명예훼손죄가 성립하기 위해서는 주관적 구성요소로서 타인의 명예를 훼손한다는 고의를 가지고 사람의 사회적 평가를 저하시키는 데 충분한 구체적 사실을 적시하는 행위를 할 것이 요구된다. 따라서 불미스러운 소문의 진위를 확인하고자 질문을 하는 과정에서 타인의 명예를 훼손하는 발언을 하였다면 이러한 경우에는 그 동기에 비추어 명예훼손의 고의를 인정하기 어렵다.

MGI Point 명예훼손죄 ★★

- 명예훼손죄 구성요건인 '사실의 적시': 의견표현에 대치되는 개념으로서 시간적, 공간적으로 구체적인 과거 또는 현재의 사실관계에 관한 보고나 진술을 뜻하고 표현 내용을 증거로 증명가능 한 것을 의미
    ⇨ 객관적으로 피해자의 사회적 평가를 저하시키는 사실에 관한 발언 전문 또는 추측의 형태의 표현이 표현 전체의 취지로 보아 사실이 존재할 수 있다는 것을 암시하는 방식인 경우에는 사실의 적시에 해당 ○
- 형법 §307①의 '사실'은 제2항의 '허위의 사실'과 반대되는 '진실한 사실'을 말하는 것이 아니라 가치판단이나 평가를 내용으로 하는 '의견'에 대치되는 개념
- 공적 인물과 관련된 공적 관심사에 관하여 의혹을 제기하는 형태의 표현행위 ⇨ 일반인에 대한 경우와 달리 암시에 의한 사실의 적시로 평가하는 데 신중 要
- 불미스러운 소문의 진위를 확인하고자 질문을 하는 과정에서 타인의 명예를 훼손하는 발언을 한 경우
    ⇨ 명예훼손의 고의 인정 ×

---

① (○), ③ (○) 명예훼손죄에서 '사실의 적시'란 가치판단이나 평가를 내용으로 하는 '의견표현'에 대치되는 개념으로서 시간적으로나 공간적으로 구체적인 과거 또는 현재의 사실관계에 관한 보고나 진술을 뜻하고, 표현 내용을 증거로 증명할 수 있는 것을 말한다. 보고나 진술이 사실인지 의견인지를 구별할 때에는 언어의 통상적 의미와 용법, 증명가능성, 문제 된 표현이 사용된 문맥, 표현이 이루어진 사회적 상황 등 전체적 정황

을 고려하여 판단하여야 한다. 객관적으로 피해자의 사회적 평가를 저하시키는 사실에 관한 발언이 보도, 소문이나 제3자의 말을 인용하는 방법으로 단정적인 표현이 아닌 전문 또는 추측의 형태로 표현되었더라도, 표현 전체의 취지로 보아 사실이 존재할 수 있다는 것을 암시하는 방식으로 이루어진 경우에는 사실을 적시한 것으로 보아야 한다(대판 2021.03.25. 2016도14995).

② (X) 형법 제307조 제1항, 제2항, 제310조의 체계와 문언 및 내용에 의하면, 제307조 제1항의 '사실'은 제2항의 '허위의 사실'과 반대되는 '진실한 사실'을 말하는 것이 아니라 가치판단이나 평가를 내용으로 하는 '의견'에 대치되는 개념이다. 따라서 제307조 제1항의 명예훼손죄는 적시된 사실이 진실한 사실인 경우이든 허위의 사실인 경우이든 모두 성립될 수 있고, 특히 적시된 사실이 허위의 사실이라고 하더라도 행위자에게 허위성에 대한 인식이 없는 경우에는 제307조 제2항의 명예훼손죄가 아니라 제307조 제1항의 명예훼손죄가 성립될 수 있다(대판 2017.04.26. 2016도18024).

④ (○) … 공론의 장에 나선 전면적 공적 인물의 경우에는 비판과 의혹의 제기를 감수해야 하고 그러한 비판과 의혹에 대해서는 해명과 재반박을 통해서 이를 극복해야 하며 공적 관심사에 대한 표현의 자유는 중요한 헌법상 권리로서 최대한 보장되어야 한다. 따라서 공적 인물과 관련된 공적 관심사에 관하여 의혹을 제기하는 형태의 표현행위에 대해서는 일반인에 대한 경우와 달리 암시에 의한 사실의 적시로 평가하는 데 신중해야 한다(대판 2021.03.25. 2016도14995).

⑤ (○) 명예훼손죄가 성립하기 위해서는 주관적 구성요소로서 타인의 명예를 훼손한다는 고의를 가지고 사람의 사회적 평가를 저하시키는 데 충분한 구체적 사실을 적시하는 행위를 할 것이 요구된다. 따라서 불미스러운 소문의 진위를 확인하고자 질문을 하는 과정에서 타인의 명예를 훼손하는 발언을 하였다면 이러한 경우에는 그 동기에 비추어 명예훼손의 고의를 인정하기 어렵다(대판 2018.06.15. 2018도4200).

 ②

문 21

다음 설명 중 옳지 않은 것은 모두 몇 개인가? [2020년 4번]

> 가. 국가나 지방자치단체는 국민에 대한 관계에서 형벌의 수단을 통해 보호되는 외부적 명예의 주체가 될 수는 없고, 따라서 명예훼손죄나 모욕죄의 피해자가 될 수 없다.
> 나. 형법 제307조 제2항의 허위사실 적시에 의한 명예훼손죄에서 적시된 사실이 허위인지 여부를 판단함에 있어서는 적시된 사실의 내용 전체의 취지를 살펴볼 때 세부적인 내용에서 진실과 약간 차이가 나거나 다소 과장된 표현이 있는 정도에 불과하다면 이를 허위라고 볼 수 없으나, 중요한 부분이 객관적 사실과 합치하지 않는다면 이를 허위라고 보아야 한다.
> 다. 이른바 집단표시에 의한 모욕은, 모욕의 내용이 집단에 속한 특정인에 대한 것이라고는 해석되기 힘들고, 집단표시에 의한 비난이 개별구성원에 이르러서는 비난의 정도가 희석되어 구성원 개개인의 사회적 평가에 영향을 미칠 정도에 이르지 아니한 경우에는 구성원 개개인에 대한 모욕이 성립되지 않는다고 봄이 원칙이고, 비난의 정도가 희석되지 않아 구성원 개개인의 사회적 평가를 저하시킬 만한 것으로 평가될 경우에는 예외적으로 구성원 개개인에 대한 모욕이 성립할 수 있다.
> 라. 과거의 역사적 사실관계 등에 대하여 민사판결을 통하여 어떠한 사실인정이 있었다면, 특별한 사정이 없는 한 그와 반대되는 사실의 주장이나 견해의 개진 등은 형법상 명예훼손죄 등에 있어서 '허위의 사실 적시'에 해당한다고 봄이 원칙이다.

마. 형법 제311조의 모욕죄는 사람의 가치에 대한 사회적 평가를 의미하는 외부적 명예를 보호법익으로 하는 범죄로서, 모욕죄에서 말하는 모욕이란 사실을 적시하지 아니하고 사람의 사회적 평가를 저하시킬 만한 추상적 판단이나 경멸적 감정을 표현하는 것을 의미한다. 따라서 어떠한 표현이 상대방의 인격적 가치에 대한 사회적 평가를 저하시킬 만한 것이 아니라면 설령 그 표현이 다소 무례한 방법으로 표시되었다 하더라도 이를 두고 모욕죄의 구성요건에 해당한다고 볼 수 없다.

① 없음 ② 1개 ③ 2개
④ 3개 ⑤ 4개

MGI Point 명예훼손죄·모욕죄 ★★

- 국가나 지방자치단체 ⇨ 외부적 명예의 주체 ×, 명예훼손죄나 모욕죄의 피해자 ×
- 적시된 사실이 세부적인 내용에서 진실과 약간 차이가 나거나 다소 과장 ⇨ 허위사실 ×
- 집단표시에 의한 모욕 ⇨ 구성원 개개인의 사회적 평가에 영향을 미칠 정도에 이르지 아니한 경우에는 구성원 개개인에 대한 모욕이 성립되지 않는다고 봄이 원칙 ○
- 민사판결을 통하여 어떠한 사실인정이 있었다면, 특별한 사정이 없는 한 그와 반대되는 사실의 주장이나 견해의 개진 등은 형법상 명예훼손죄 등에 있어서 '허위의 사실 적시'에 해당한다고 봄이 원칙 ×
- 상대방의 인격적 가치에 대한 사회적 평가를 저하시킬 만한 것이 아니나 그 표현이 다소 무례한 방법으로 표시된 경우 ⇨ 모욕죄 ×

가. (○) 형법이 명예훼손죄 또는 모욕죄를 처벌함으로써 보호하고자 하는 사람의 가치에 대한 평가인 외부적 명예는 개인적 법익으로서, 국민의 기본권을 보호 내지 실현해야 할 책임과 의무를 지고 있는 공권력의 행사자인 국가나 지방자치단체는 기본권의 수범자일 뿐 기본권의 주체가 아니고, 정책결정이나 업무수행과 관련된 사항은 항상 국민의 광범위한 감시와 비판의 대상이 되어야 하며 이러한 감시와 비판은 그에 대한 표현의 자유가 충분히 보장될 때에 비로소 정상적으로 수행될 수 있으므로, 국가나 지방자치단체는 국민에 대한 관계에서 형벌의 수단을 통해 보호되는 외부적 명예의 주체가 될 수는 없고, 따라서 명예훼손죄나 모욕죄의 피해자가 될 수 없다(대판 2016.12.27. 2014도15290).

나. (○) 형법 제307조 제2항의 허위사실 적시에 의한 명예훼손죄에서 적시된 사실이 허위인지 여부를 판단함에 있어서는 적시된 사실의 내용 전체의 취지를 살펴볼 때 세부적인 내용에서 진실과 약간 차이가 나거나 다소 과장된 표현이 있는 정도에 불과하다면 이를 허위라고 볼 수 없으나, 중요한 부분이 객관적 사실과 합치하지 않는다면 이를 허위라고 보아야 한다. 나아가 행위자가 그 사항이 허위라는 것을 인식하였는지 여부는 성질상 외부에서 이를 알거나 증명하기 어려우므로, 공표된 사실의 내용과 구체성, 소명자료의 존재 및 내용, 피고인이 밝히는 사실의 출처 및 인지 경위 등을 토대로 피고인의 학력, 경력, 사회적 지위, 공표 경위, 시점 및 그로 말미암아 예상되는 파급효과 등의 여러 객관적 사정을 종합하여 판단할 수밖에 없으며, 범죄의 고의는 확정적 고의뿐만 아니라 결과 발생에 대한 인식이 있고 그를 용인하는 의사인 이른바 미필적 고의도 포함하므로 허위사실 적시에 의한 명예훼손죄 역시 미필적 고의에 의하여도 성립하고, 위와 같은 법리는 형법 제308조의 사자명예훼손죄의 판단에서도 마찬가지로 적용된다(대판 1999.10.22. 99도3213).

다. (○) 모욕죄는 특정한 사람 또는 인격을 보유하는 단체에 대하여 사회적 평가를 저하시킬 만한 경멸적 감정을 표현함으로써 성립하므로 그 피해자는 특정되어야 한다. 그리고 이른바 집단표시에 의한 모욕은, 모욕의 내용이 집단에 속한 특정인에 대한 것이라고는 해석되기 힘들고, 집단표시에 의한 비난이 개별구성원에 이르러서는 비난의 정도가 희석되어 구성원 개개인의 사회적 평가에 영향을 미칠 정도에 이르지 아니한 경우에는 구성원 개개인에 대한 모욕이 성립되지 않는다고 봄이 원칙이고, 비난의 정도가 희석되지 않아 구성원 개개인의 사회적 평가를 저하시킬 만한 것으로 평가될 경우에는 예외적으로 구성원 개개인에 대한 모욕이 성립할 수 있다. 한편 구성원 개개인에 대한 것으로 여겨질 정도로 구성원 수가 적거나 당시의 주위 정황 등으로 보아 집단 내 개별구성원을 지칭하는 것으로 여겨질 수 있는 때에는 집단 내 개별구성원이 피해자로서 특정된다고 보아야 할 것인데, 구체적인 기준으로는 집단의 크기, 집단의 성격과 집단 내에서의 피해자의 지위 등을 들 수 있다(대판 2014.03.27. 2011도15631).

라. (X) [1] 명예훼손죄가 성립하기 위해서는 사실의 적시가 있어야 하고, 적시된 사실은 이로써 특정인의 사회적 가치 내지 평가가 침해될 가능성이 있을 정도로 구체성을 띠어야 한다. 이때 사실의 적시란 가치판단이나 평가를 내용으로 하는 의견표현에 대치되는 개념으로서 시간과 공간적으로 구체적인 과거 또는 현재의 사실관계에 관한 보고 내지 진술을 의미하며, 그 표현내용이 증거에 의한 입증이 가능한 것을 말하고, 판단할 진술이 사실인가 또는 의견인가를 구별할 때에는 언어의 통상적 의미와 용법, 입증가능성, 문제 된 말이 사용된 문맥, 그 표현이 행하여진 사회적 상황 등 전체적 정황을 고려하여 판단하여야 한다. 다른 사람의 말이나 글을 비평하면서 사용한 표현이 겉으로 보기에 증거에 의해 입증 가능한 구체적인 사실관계를 서술하는 형태를 취하고 있더라도, 글의 집필의도, 논리적 흐름, 서술체계 및 전개방식, 해당 글과 비평의 대상이 된 말 또는 글의 전체적인 내용 등을 종합하여 볼 때, 평균적인 독자의 관점에서 문제 된 부분이 실제로는 비평자의 주관적 의견에 해당하고, 다만 비평자가 자신의 의견을 강조하기 위한 수단으로 그와 같은 표현을 사용한 것이라고 이해된다면 명예훼손죄에서 말하는 사실의 적시에 해당한다고 볼 수 없다. 그리고 이러한 법리는 어떠한 의견을 주장하기 위해 다른 사람의 견해나 그 근거를 비판하면서 사용한 표현의 경우에도 다를 바 없다. [2] 민사재판에서 법원은 당사자 사이에 다툼이 있는 사실관계에 대하여 처분권주의와 변론주의, 그리고 자유심증주의의 원칙에 따라 신빙성이 있다고 보이는 당사자의 주장과 증거를 받아들여 사실을 인정하는 것이어서, 민사판결의 사실인정이 항상 진실한 사실에 해당한다고 단정할 수는 없다. 따라서 다른 특별한 사정이 없는 한, 그 진실이 무엇인지 확인할 수 없는 과거의 역사적 사실관계 등에 대하여 민사판결을 통하여 어떠한 사실인정이 있었다는 이유만으로, 이후 그와 반대되는 사실의 주장이나 견해의 개진 등을 형법상 명예훼손죄 등에 있어서 '허위의 사실 적시'라는 구성요건에 해당한다고 쉽게 단정하여서는 아니 된다. 판결에 대한 자유로운 견해 개진과 비판, 토론 등 헌법이 보장한 표현의 자유를 침해하는 위헌적인 법률해석이 되어 허용될 수 없기 때문이다(대판 2017.12.05. 2017도15628).

마. (○) 형법 제311조의 모욕죄는 사람의 가치에 대한 사회적 평가를 의미하는 외부적 명예를 보호법익으로 하는 범죄로서, 모욕죄에서 말하는 모욕이란 사실을 적시하지 아니하고 사람의 사회적 평가를 저하시킬 만한 추상적 판단이나 경멸적 감정을 표현하는 것을 의미한다. 따라서 어떠한 표현이 상대방의 인격적 가치에 대한 사회적 평가를 저하시킬 만한 것이 아니라면 표현이 다소 무례한 방법으로 표시되었다 하더라도 모욕죄의 구성요건에 해당한다고 볼 수 없다(대판 2015.09.10. 2015도2229). ▶ 아파트 입주자대표회의 감사인 피고인이 관리소장 갑의 외부특별감사에 관한 업무처리에 항의하기 위해 관리소장실을 방문한 자리에서 갑과 언쟁을 하다가 "야, 이따위로 일할래.", "나이 처먹은 게 무슨 자랑이냐."라고 말한 사안에서, 피고인과 갑의 관계, 피고인이 발언을 하게 된 경위와 발언의 횟수, 발언의 의미와 전체적인 맥락, 발언을 한 장소와 발언 전후의 상황 등에 비추어 볼 때, 피고인의 발언은 상대방을 불쾌하게 할 수 있는 무례하고 저속한 표현이기는 하지만 객관적으로 갑의 인격적 가치에 대한 사회적 평가를 저하시킬 만한 모욕적 언사에 해당하지 않는다고 한 사례

정답 ②

문 22

명예훼손죄에 관한 다음 설명 중 가장 옳지 않은 것은? [2019년 7번]

① 불미스러운 소문의 진위를 확인하고자 질문을 하는 과정에서 타인의 명예를 훼손하는 발언을 하였다면 이러한 경우에는 그 동기에 비추어 명예훼손의 고의를 인정하기 어렵다.
② 명예훼손죄에 있어서의 '사실의 적시'란 가치판단이나 평가를 내용으로 하는 의견표현에 대치되는 개념으로서 시간과 공간적으로 구체적인 과거 또는 현재의 사실관계에 관한 보고 내지 진술을 의미하는 것이며, 그 표현내용이 증거에 의한 증명이 가능한 것을 말한다.
③ 전파가능성을 이유로 명예훼손죄의 공연성을 인정하는 경우에는 적어도 범죄구성요건의 주관적 요소로서 미필적 고의가 필요하므로 전파가능성에 대한 인식이 있음은 물론 나아가 그 위험을 용인하는 내심의 의사가 있어야 한다. 그 행위자가 전파가능성을 용인하고 있었는지 여부는 외부에 나타난 행위의 형태와 상황 등 구체적인 사정을 기초로 일반인이라면 그 전파가능성을 어떻게 평가할 것인가를 고려하면서 행위자의 입장에서 그 심리상태를 추인하여야 한다.
④ 정보통신망을 통한 명예훼손이나 허위사실 적시 명예훼손 행위에는 위법성조각에 관한 형법 제310조가 적용될 수 없다.
⑤ 사실을 적시할 경우에는 그 자체로서 적시된 사실이 외부에 공표되는 것이므로 그 때부터 곧 전파가능성을 따져 공연성 여부를 판단하여야 한다. 이와 같은 법리는 기자를 통해 사실을 적시하는 경우에도 마찬가지로 적용되므로 기자에게 사실이 적시된 이상 기자가 취재를 마치고 아직 보도하기 전이라도 전파가능성을 인정할 수 있다.

MGI Point 명예훼손죄 ★★

- 불미스러운 소문의 진위를 확인하고자 질문 ⇨ 명예훼손의 고의 ×
- 명예훼손죄에서 '사실의 적시' ⇨ 구체적인 과거 또는 현재의 사실관계에 관한 보고 내지 진술 ○
- 전파가능성 ⇨ 고의의 인식대상 ○ ⇨ 평균인의 입장에서 그 심리상태를 추인 ×
- 정보통신망을 통한 명예훼손이나 허위사실적시 명예훼손 ⇨ 형법 제310조 적용 ×
- 기자가 취재를 한 상태에서 아직 기사화하여 보도하지 아니한 경우 ⇨ 전파가능성 ×

---

① (○) 명예훼손죄가 성립하기 위해서는 주관적 구성요소로서 타인의 명예를 훼손한다는 고의를 가지고 사람의 사회적 평가를 저하시키는 데 충분한 구체적 사실을 적시하는 행위를 할 것이 요구된다. 따라서 불미스러운 소문의 진위를 확인하고자 질문을 하는 과정에서 타인의 명예를 훼손하는 발언을 하였다면 이러한 경우에는 그 동기에 비추어 명예훼손의 고의를 인정하기 어렵다(대판 2018.06.15. 2018도4200).

② (○) 명예훼손죄에서 '사실의 적시'란 가치판단이나 평가를 내용으로 하는 '의견표현'에 대치되는 개념으로서 시간과 공간적으로 구체적인 과거 또는 현재의 사실관계에 관한 보고 내지 진술을 의미하며, 표현내용이 증거에 의해 증명이 가능한 것을 말한다(대판 2011.09.02. 2010도17237).

③ (○) 전파가능성을 이유로 명예훼손죄의 공연성을 인정하는 경우에는 적어도 범죄구성요건의 주관적 요소로서 미필적 고의가 필요하므로 전파가능성에 대한 인식이 있음은 물론 나아가 그 위험을 용인하는 내심의 의사가 있어야 하고, 그 행위자가 전파가능성을 용인하고 있었는지의 여부는 외부에 나타난 행위의 형태와 행위의 상황 등 구체적인 사정을 기초로 하여 일반인이라면 그 전파가능성을 어떻게 평가할 것인가를 고려하면서 행위자의 입장에서 그 심리상태를 추인하여야 한다(대판 2004.04.09. 2004도340).

④ (○) 정보통신망을 통한 명예훼손이나 허위사실적시 명예훼손 행위에는 위법성 조각에 관한 형법 제310조가 적용될 수 없다(대판 2006.08.25. 2006도648).

⑤ (X) 통상 기자가 아닌 보통 사람에게 사실을 적시할 경우에는 그 자체로서 적시된 사실이 외부에 공표되는 것이므로 그 때부터 곧 전파가능성을 따져 공연성 여부를 판단하여야 할 것이지만, 그와는 달리 기자를 통해 사실을 적시하는 경우에는 기사화되어 보도되어야만 적시된 사실이 외부에 공표된다고 보아야 할 것이므로 기자가 취재를 한 상태에서 아직 기사화하여 보도하지 아니한 경우에는 전파가능성이 없다고 할 것이어서 공연성이 없다고 봄이 상당하다(대판 2000.05.16. 99도5622).

정답 ⑤

문 23

명예훼손죄에 있어서의 '공연성'에 관한 다음 설명 중 옳지 않은 것은 모두 몇 개인가? [2018년 40번]

㉠ 명예훼손죄에서 '공연성'은 불특정 또는 다수인이 인식할 수 있는 상태를 의미하므로 비록 개별적으로 한 사람에 대하여 사실을 유포하더라도 이로부터 불특정 또는 다수인에게 전파될 가능성이 있다면 공연성의 요건을 충족하지만, 이와 달리 전파될 가능성이 없다면 특정한 한 사람에 대한 사실의 유포는 공연성이 없다.

㉡ 개인 블로그의 비공개 대화방에서 상대방으로부터 비밀을 지키겠다는 말을 듣고 일대일로 대화하였다고 하더라도, 그 사정만으로 대화 상대방이 대화내용을 불특정 또는 다수인에게 전파할 가능성이 없다고 할 수 없으므로, 명예훼손죄의 요건인 공연성을 인정할 여지가 있다.

㉢ 어느 사람에게 귀엣말 등 그 사람만 들을 수 있는 방법으로 그 사람 본인의 사회적 가치 내지 평가를 떨어뜨릴 만한 사실을 이야기하였다면, 위와 같은 이야기가 불특정 또는 다수인에게 전파될 가능성이 있다고 볼 수 없어 명예훼손의 구성요건인 공연성을 충족하지 못하는 것이며, 그 사람이 들은 말을 스스로 다른 사람들에게 전파하였더라도 위와 같은 결론에는 영향이 없다.

㉣ 직업의 특성을 감안할 때 통상 기자에게 사실을 적시할 경우, 기자가 취재를 한 상태에서 아직 기사화하여 보도하지 아니하였더라도 명예훼손죄의 공연성이 있다고 봄이 상당하다.

㉤ 장차 피해자가 피고인을 명예훼손죄로 고소할 수 있도록 그 증거자료를 미리 은밀하게 수집, 확보하기 위하여 피고인의 발언을 유도하였다고 의심되는 사람들에게 한 피해자의 여자 문제 등 사생활에 관한 피고인의 발언은 이들이 수사기관 이외의 다른 사람들에게 피고인의 발언을 전파할 가능성이 있다고 단정하기는 어려울 뿐만 아니라 피고인에게 당시 공연성에 대한 인식이 없었다고 봄이 상당하므로 명예훼손죄의 공연성을 인정할 수 없다.

① 1개　　　　　② 2개　　　　　③ 3개
④ 4개　　　　　⑤ 5개

:: 해설   ★★

㉠ (○) 피고인이 자신의 아들 등에게 폭행을 당하여 입원한 피해자의 병실로 찾아가 그의 모(母) 甲과 대화하던 중 甲의 이웃 乙 및 피고인의 일행 丙 등이 있는 자리에서 "학교에 알아보니 피해자에게 원래 정신병이 있었다고 하더라."라고 허위사실을 말하여 피해자의 명예를 훼손하였다는 내용으로 기소된 사안에서, 피고인이 丙과 함께 피해자의 병문안을 가서 피고인·甲·乙·丙 4명이 있는 자리에서 피해자에 대한 폭행사건에 관하여 대화를 나누던 중 위 발언을 한 것이라면 불특정 또는 다수인이 인식할 수 있는 상태라고 할 수 없고, 또 그 자리에 있던 사람들의 관계 등 여러 사정에 비추어 피고인의 발언이 불특정 또는 다수인에게 전파될 가능성이 있다고 보기도 어려워 공연성이 없다(대판 2011.09.08. 2010도7497).

㉡ (○) 명예훼손죄의 구성요건인 공연성은 불특정 또는 다수인이 인식할 수 있는 상태를 의미하므로, 비록 개별적으로 한 사람에 대하여 사실을 유포하였다 하더라도 그로부터 불특정 또는 다수인에게 전파될 가능성이 있다면 공연성의 요건을 충족한다. 개인 블로그의 비공개 대화방에서 상대방으로부터 비밀을 지키겠다는 말을 듣고 일대일로 대화하였다고 하더라도, 그 사정만으로 대화 상대방이 대화내용을 불특정 또는 다수에게 전파할 가능성이 없다고 할 수 없으므로, 명예훼손죄의 요건인 공연성을 인정할 여지가 있다(대판 2008.02.14. 2007도8155).

㉢ (○) 명예훼손죄의 구성요건인 공연성은 불특정 또는 다수인이 인식할 수 있는 상태를 말하는 것으로서, 비록 개별적으로 한 사람에 대하여 사실을 적시하더라도 그로부터 불특정 또는 다수인에게 전파될 가능성이 있다면 공연성의 요건을 충족하는 것이나, 어느 사람에게 귓속말 등 그 사람만 들을 수 있는 방법으로 그 사람 본인의 사회적 가치 내지 평가를 떨어뜨릴 만한 사실을 이야기하였다면, 위와 같은 이야기가 불특정 또는 다수인에게 전파될 가능성이 있다고 볼 수 없어 명예훼손의 구성요건인 공연성을 충족하지 못하는 것이며, 그 사람이 들은 말을 스스로 다른 사람들에게 전파하였더라도 위와 같은 결론에는 영향이 없다(대판 2005.12.09. 2004도2880).

㉣ (X) 통상 기자가 아닌 보통 사람에게 사실을 적시할 경우에는 그 자체로서 적시된 사실이 외부에 공표되는 것이므로 그 때부터 곧 전파가능성을 따져 공연성 여부를 판단하여야 할 것이지만, 그와는 달리 기자를 통해 사실을 적시하는 경우에는 기사화되어 보도되어야만 적시된 사실이 외부에 공표된다고 보아야 할 것이므로 기자가 취재를 한 상태에서 아직 기사화하여 보도하지 아니한 경우에는 전파가능성이 없다고 할 것이어서 공연성이 없다고 봄이 상당하다(대판 2000.05.16. 99도5622).

㉤ (○) 피고인을 명예훼손죄로 고소할 수 있도록 그 증거자료를 미리 은밀하게 수집, 확보하기 위하여 피고인의 발언을 유도하였다고 의심되는 사람들에게 한 피해자의 여자 문제 등 사생활에 관한 피고인의 발언은 이들이 수사기관 이외의 다른 사람들에게 전파할 가능성이 있다고 단정하기는 어렵다고 보아 공연성에 대한 인식을 부정한 사례(대판 1996.04.12. 94도3309).

정답 ①

문 24

다음 설명 중 모욕죄의 성립을 인정한 것을 모두 고른 것은?(다툼이 있는 경우 판례에 의함) [2016년 24번]

㉠ 피고인이 택시 기사와 요금 문제로 시비가 벌어져 112 신고를 한 후, 신고를 받고 출동한 경찰관 甲에게 늦게 도착한 데 대하여 항의하는 과정에서 '아이 씨발!'이라고 말한 사안

㉡ 아파트 입주자대표회의 감사인 피고인이 관리소장 甲의 업무처리에 항의하기 위해 관리소장실을 방문한 자리에서 甲과 언쟁을 하다가 '야, 이따위로 일할래', '나이 처먹은 게 무슨 자랑이냐'라고 말한 사안

㉢ 임대아파트의 분양전환과 관련하여 임차인인 피고인이 아파트 관리사무소의 방송시설을 이

용하여 임차인대표회의의 전임회장을 비판하며 '전 회장의 개인적인 의사에 의하여 주택공사의 일방적인 견해에 놀아나고 있기 때문에'라고 한 사안
② 골프클럽 경기보조원들의 구직편의를 위해 제작된 인터넷 사이트 내 회원 게시판에 특정 골프클럽의 운영상 불합리성을 비난하는 글을 게시하면서 위 클럽담당자에 대하여 '한심하고 불쌍한 인간'이라는 등의 표현을 한 사안

① ㉠
② ㉠, ㉡
③ ㉢
④ ㉢, ㉣
⑤ 없음

해설 ★★

㉠ (X) 피고인이 택시 기사와 요금 문제로 시비가 벌어져 112 신고를 한 후, 신고를 받고 출동한 경찰관 갑에게 늦게 도착한 데 대하여 항의하는 과정에서 "아이 씨발!"이라고 말한 사안에서, 제반 사정에 비추어 피고인의 발언은 직접적으로 피해자를 특정하여 그의 인격적 가치에 대한 사회적 평가를 저하시킬 만한 경멸적 감정을 표현한 모욕적 언사에 해당한다고 단정하기 어렵다(대판 2015.12.24. 2015도6622).

㉡ (X) 아파트 입주자대표회의 감사인 피고인이 관리소장 갑의 외부특별감사에 관한 업무처리에 항의하기 위해 관리소장실을 방문한 자리에서 갑과 언쟁을 하다가 "야, 이따위로 일할래.", "나이 처먹은 게 무슨 자랑이냐."라고 말한 사안에서, 피고인과 갑의 관계, 피고인이 발언을 하게 된 경위와 발언의 횟수, 발언의 의미와 전체적인 맥락, 발언을 한 장소와 발언 전후의 정황 등에 비추어 볼 때, 피고인의 발언은 상대방을 불쾌하게 할 수 있는 무례하고 저속한 표현이기는 하지만 객관적으로 갑의 인격적 가치에 대한 사회적 평가를 저하시킬 만한 모욕적 언사에 해당하지 않는다(대판 2015.09.10. 2015도2229).

㉢ (X) 임대아파트의 분양전환과 관련하여 임차인이 아파트 관리사무소의 방송시설을 이용하여 임차인대표회의의 전임회장을 비판하며 "전 회장의 개인적인 의사에 의하여 주택공사의 일방적인 견해에 놀아나고 있기 때문에"라고 한 표현은 전체 문언상 모욕죄의 '모욕'에 해당하지 않는다(대판 2008.12.11. 2008도8917).

㉣ (X) 골프클럽 경기보조원들의 구직편의를 위해 제작된 인터넷 사이트 내 회원 게시판에 특정 골프클럽의 운영상 불합리성을 비난하는 글을 게시하면서 위 클럽담당자에 대하여 한심하고 불쌍한 인간이라는 등 경멸적 표현을 한 사안에서, 게시의 동기와 경위, 모욕적 표현의 정도와 비중 등에 비추어 사회상규에 위배되지 않는다고 보아 모욕죄가 성립되지 않는다(2008.07.10. 2008도1433).

정답 ⑤

제❷절 | 신용·업무와 경매에 관한 죄

문 19

업무방해죄에 관한 다음 설명 중 가장 옳지 않은 것은?[2023년 14번]

① 甲이 자신의 명의로 등록되어 있는 피해자 운영의 학원에 대하여 피해자의 승낙을 받지 아니하고 폐원신고를 하였다고 하더라도 피해자에게 사전에 통고를 한 뒤 폐원신고를 하였다면, 피해자의 업무를 위계로 방해한 것으로 보기 어렵고, 오히려 위력으로 방해한 것이다.
② 신규직원 채용권한을 가지고 있는 지방공사 사장이 시험업무 담당자들에게 지시하여 상호 공모 내지 양해하에 시험성적조작 등의 부정한 행위를 한 경우, 위계에 의한 업무방해죄에 해당하지 않는다.

③ 甲이 초등학교 교실에서 수업 중인 선생님 A에게 심한 욕설을 하여 수업을 할 수 없도록 한 경우라 하더라도, 초등학교 학생들에 대한 위력에 의한 업무방해죄가 성립하지 않는다.
④ 법원의 직무집행정지 가처분결정에 의하여 그 직무집행이 정지된 자가 법원의 결정에 반하여 직무를 수행함으로써 업무를 계속 행하는 경우, 그 업무는 업무방해죄에서 말하는 업무에 해당하지 않는다.
⑤ 甲이 마을주민들과 함께 지방자치단체 시장 A의 '지역 내 조선소 유치에 관한 기자회견'을 저지하기 위하여 시청 1층의 브리핑 룸과 지하 1층 중회의실 출입구를 봉쇄한 경우에는 시장 A의 기자회견 업무를 위력으로 방해한 것이므로 업무방해죄가 성립한다.

MGI Point 업무방해죄 ★★

- 피해자가 운영하고 있는 학원이 자신의 명의로 등록되어 있는 지위를 이용하여 임의로 폐원신고를 한 경우 ⇨ '위력'에 의한 업무방해죄
- 신규직원 채용권한을 가지고 있는 지방공사 사장이 시험업무 담당자들과 상호 공모 내지 양해하에 시험성적조작 등의 부정한 행위를 한 경우 ⇨ '위계'에 의한 업무방해죄 ×
- 초등학생들이 학교에 등교하여 교실에서 수업을 듣는 것 ⇨ 업무방해죄의 보호대상이 되는 업무 ×
- 법원의 직무집행정지 가처분결정에 수행하는 업무 ⇨ 업무방해죄의 보호대상이 되는 업무 ×
- 공무원이 직무상 수행하는 공무를 방해하는 행위 ⇨ 업무방해죄 ×(∵공무집행방해죄로 규율)

① (○) 피고인이 자신의 명의로 등록되어 있는 피해자 운영의 학원에 대하여 피해자의 승낙을 받지 아니하고 폐원신고를 하였다고 하더라도 피해자에게 사전에 통고를 한 뒤 폐원신고를 하였다면 피해자에게 오인·착각 또는 부지를 일으켜 이를 이용하여 피해자의 업무를 방해한 것으로 보기는 어렵고, 오히려 피해자가 운영하고 있는 학원이 자신의 명의로 등록되어 있는 지위를 이용하여 임의로 폐원신고를 함으로써 피해자의 업무를 위력으로써 방해한 것이라고 한 사례(대법원 2005. 3. 25. 2003도5004).
② (○) 신규직원 채용권한을 가지고 있는 지방공사 사장이 시험업무 담당자들에게 지시하여 상호 공모 내지 양해하에 시험성적조작 등의 부정한 행위를 한 경우, 법인인 공사에게 신규직원 채용업무와 관련하여 오인·착각 또는 부지를 일으키게 한 것이 아니므로, '위계'에 의한 업무방해죄에 해당하지 않는다고 한 사례(대법원 2007. 12. 27. 2005도6404).
③ (○) 형법상 업무방해죄의 보호대상이 되는 '업무'라 함은 직업 기타 사회생활상의 지위에 기하여 계속적으로 종사하는 사무 또는 사업을 말하는 것인데, 초등학생들이 학교에 등교하여 교실에서 수업을 듣는 것은 헌법 제31조가 정하고 있는 무상으로 초등교육을 받을 권리 및 초·중등교육법 제12, 13조가 정하고 있는 국가의 의무교육 실시의무와 부모들의 취학의무 등에 기하여 학생들 본인의 권리를 행사하는 것이거나 국가 내지 부모들의 의무를 이행하는 것에 불과할 뿐 그것이 '직업 기타 사회생활상의 지위에 기하여 계속적으로 종사하는 사무 또는 사업'에 해당한다고 할 수 없다(대법원 2013. 6. 14. 2013도3829).
④ (○) 법원의 직무집행정지 가처분결정에 의하여 그 직무집행이 정지된 자가 법원의 결정에 반하여 직무를 수행함으로써 업무를 계속 행하는 경우 그 업무는 국법질서와 재판의 존엄성을 무시하는 것으로서 사실상 평온하게 이루어지는 사회적 활동의 기반이 되는 것이라 할 수 없고, 비록 그 업무가 반사회성을 띠는 경우라고까지는 할 수 없다고 하더라도 법적 보호라는 측면에서는 그와 동등한 평가를 받을 수밖에 없으므로, 그 업무자체는 법의 보호를 받을 가치를 상실하였다고 하지 않을 수 없어 업무방해죄에서 말하는 업무에 해당하지 않는다고 한 사례(대법원 2002. 8. 23. 2001도5592).
⑤ (X) 형법이 업무방해죄와는 별도로 공무집행방해죄를 규정하고 있는 것은 사적 업무와 공무를 구별하여 공무에 관해서는 공무원에 대한 폭행, 협박 또는 위계의 방법으로 그 집행을 방해하는 경우에 한하여 처벌하겠다는 취지라고 보아야 할 것이고, 따라서 공무원이 직무상 수행하는 공무를 방해하는 행위에 대해서는 업무방해죄로 의율할 수는 없다(대법원 2011. 7. 28. 2009도11104).

정답 ⑤

문 25

업무방해죄에 관한 다음 설명 중 가장 옳지 않은 것은? [2022년 31번]

① 단체행동권은 헌법 제33조 제1항에서 보장하는 기본권으로서 최대한 보장되어야 하지만 헌법 제37조 제2항에 의하여 국가안전보장·질서유지 또는 공공복리 등의 공익상의 이유로 제한될 수 있고 그 권리의 행사가 정당한 것이어야 한다는 내재적인 한계가 있다.

② 쟁의행위가 정당행위로 위법성이 조각되는 것은 사용자에 대한 관계에서 인정되는 것이므로, 제3자의 법익을 침해한 경우에는 원칙적으로 정당성이 인정되지 않는다. 다만 도급인은 원칙적으로 수급인 소속 근로자의 사용자가 아니나, 수급인 소속 근로자의 쟁의행위가 도급인의 사업장에서 일어나 도급인의 형법상 보호되는 법익을 침해한 경우에도 사용자인 수급인에 대한 관계에서 쟁의행위의 정당성을 갖추었다면 사용자가 아닌 도급인에 대한 관계에서도 법령에 의한 정당한 행위로서 법익 침해의 위법성이 조각된다고 볼 수 있다.

③ 도급인은 비록 수급인 소속 근로자와 직접적인 근로계약관계를 맺고 있지는 않지만, 수급인 소속 근로자가 제공하는 근로에 의하여 일정한 이익을 누리고, 그러한 이익을 향수하기 위하여 수급인 소속 근로자에게 사업장을 근로의 장소로 제공하였으므로 그 사업장에서 발생하는 쟁의행위로 인하여 일정 부분 법익이 침해되더라도 사회통념상 이를 용인하여야 하는 경우가 있을 수 있다.

④ 사용자인 수급인에 대한 정당성을 갖춘 쟁의행위가 도급인의 사업장에서 이루어져 형법상 보호되는 도급인의 법익을 침해한 경우, 그것이 항상 위법하다고 볼 것은 아니고, 법질서 전체의 정신이나 그 배후에 놓여있는 사회윤리 내지 사회통념에 비추어 용인될 수 있는 행위에 해당하는 경우에는 형법 제20조의 '사회상규에 위배되지 아니하는 행위'로서 위법성이 조각된다.

⑤ 형법 제20조의 '사회상규에 위배되지 아니하는 행위'에 해당하는지 여부는 쟁의행위의 목적과 경위, 쟁의행위의 방식·기간과 행위 태양, 해당 사업장에서 수행되는 업무의 성격과 사업장의 규모, 쟁의행위에 참여하는 근로자의 수와 이들이 쟁의행위를 행한 장소 또는 시설의 규모·특성과 종래 이용관계, 쟁의행위로 인해 도급인의 시설관리나 업무수행이 제한되는 정도, 도급인 사업장 내에서의 노동조합 활동 관행 등 여러 사정을 종합적으로 고려하여 판단하여야 한다.

MGI Point 업무방해죄 ★★

- 근로자의 단체행동권 ⇨ 권리의 행사가 정당한 것이어야 한다는 내재적인 한계 有
- 사용자인 수급인에 대한 관계에서 쟁의행위의 정당성을 갖추었다는 사정만으로 도급인에 대한 관계에서 법령에 의한 행위로 위법성 조각 ×
- 사용자인 수급인에 대한 정당성을 갖춘 쟁의행위가 도급인의 사업장에서 이루진 경우 ⇨ 도급인에 대하여는 형법 제20조의 '사회상규에 위배되지 아니하는 행위'로서 위법성 조각
- 위 경우에 해당하는지 여부의 판단은 쟁의행위로 인해 도급인의 시설관리나 업무수행이 제한되는 정도, 도급인 사업장 내에서의 노동조합 활동 관행 등을 종합적으로 고려하여 판단

① (O) ② (X) 단체행동권은 헌법 제33조 제1항에서 보장하는 기본권으로서 최대한 보장되어야 하지만 헌법 제37조 제2항에 의하여 국가안전보장·질서유지 또는 공공복리 등의 공익상의 이유로 제한될 수 있고 그 권리의 행사가 정당한 것이어야 한다는 내재적인 한계가 있다. 쟁의행위가 정당행위로 위법성이 조각되는 것은 사용자에 대한 관계에서 인정되는 것이므로, 제3자의 법익을 침해한 경우에는 원칙적으로 정당성이 인정되지 않는다. 그런데 도급인은 원칙적으로 수급인 소속 근로자의 사용자가 아니므로, 수급인 소속 근로자의 쟁의

행위가 도급인의 사업장에서 일어나 도급인의 형법상 보호되는 법익을 침해한 경우에는 사용자인 수급인에 대한 관계에서 쟁의행위의 정당성을 갖추었다는 사정만으로 사용자가 아닌 도급인에 대한 관계에서까지 법령에 의한 정당한 행위로서 법익 침해의 위법성이 조각된다고 볼 수는 없다(대판 2020.09.03. 2015도1927).

③ (○) ④ (○) 도급인은 비록 수급인 소속 근로자와 직접적인 근로계약관계를 맺고 있지는 않지만, 수급인 소속 근로자가 제공하는 근로에 의하여 일정한 이익을 누리고, 그러한 이익을 향수하기 위하여 수급인 소속 근로자에게 사업장을 근로의 장소로 제공하였으므로 그 사업장에서 발생하는 쟁의행위로 인하여 일정 부분 법익이 침해되더라도 사회통념상 이를 용인하여야 하는 경우가 있을 수 있다. 따라서 사용자인 수급인에 대한 정당성을 갖춘 쟁의행위가 도급인의 사업장에서 이루어져 형법상 보호되는 도급인의 법익을 침해한 경우, 그것이 항상 위법하다고 볼 것은 아니고, 법질서 전체의 정신이나 그 배후에 놓여있는 사회윤리 내지 사회통념에 비추어 용인될 수 있는 행위에 해당하는 경우에는 형법 제20조의 '사회상규에 위배되지 아니하는 행위'로서 위법성이 조각된다(대판 2020.09.03. 2015도1927).

⑤ (○) 형법 제20조의 '사회상규에 위배되지 아니하는 행위'로서 위법성이 조각되는 경우에 해당하는지 여부는 쟁의행위의 목적과 경위, 쟁의행위의 방식·기간과 행위 태양, 해당 사업장에서 수행되는 업무의 성격과 사업장의 규모, 쟁의행위에 참여하는 근로자의 수와 이들이 쟁의행위를 행한 장소 또는 시설의 규모·특성과 종래 이용관계, 쟁의행위로 인해 도급인의 시설관리나 업무수행이 제한되는 정도, 도급인 사업장 내에서의 노동조합 활동 관행 등 여러 사정을 종합적으로 고려하여 판단하여야 한다(대판 2020.09.03. 2015도1927).

정답 ②

문 26

업무방해죄에 관한 다음 설명 중 옳은 것은 모두 몇 개인가? [2021년 38번]

가. 甲이 자신의 명의로 등록되어 있는 乙 운영의 학원에 대하여 乙의 승낙을 받지 아니하고 폐원신고를 하였다면, 乙에게 사전 통고를 하였다고 하더라도 乙의 업무를 위력으로 방해하였다고 보아야 한다.

나. 甲이 乙과 사이에 토지 지상에 창고를 신축하는 데 필요한 형틀공사 계약을 체결한 후 그 공사를 완료하였는데, 乙이 공사대금을 주지 않자 甲이 공사대금을 받을 목적으로 위 토지에 쌓아 둔 건축자재를 치우지 않았다면, 甲에게 부작위에 의한 업무방해죄가 성립한다.

다. 甲이 자신이 경영하던 공장을 乙에게 양도하면서 미수 외상대금 채권의 수금권을 포기하기로 약정하고도 이를 외상채무자들에게 고지하지 아니하고 외상대금을 수령하였다고 하더라도, 위계로 乙의 공장경영업무를 방해한 것이라고 할 수는 없다.

라. A 회사의 상무이사인 甲이 A 회사의 신규 직원 채용 과정에서, 면접위원인 乙이 면접이 끝난 후 인사 담당 직원에게 채점표를 작성하여 제출하고 면접장소에서 이탈하자, 남은 면접위원들과 협의하여 甲이 지정한 응시자를 최종합격자로 선정한 경우, 甲은 乙의 공정하고 객관적인 직원채용에 관한 업무를 위계로써 방해하였다고 보아야 한다.

마. 한국도로공사가 고속도로 통행료 자동징수시스템을 도입하기로 결정하고 제조구매 입찰을 실시하면서 업체 선정을 위한 현장성능시험을 시행하였는데, 당시 입찰에 참가한 회사의 하이패스 시스템이 시험에 관한 기본가정 내지 도로공사의 제안요청서상 요구되는 기술적 조건을 충족하지 못하였고 입찰참여조건을 위반하여 성능시험 자체가 부적합한 것으로 드러

났다면, 도로공사의 위 성능시험 업무는 업무방해죄의 보호대상이 된다고 보기 어렵다.
바. 주주로서 주주총회에서 의결권 등을 행사하는 것은 형법상 업무방해죄의 보호대상이 되는 '업무'에 해당한다고 보기 어렵다.

① 1개 ② 2개 ③ 3개
④ 4개 ⑤ 5개

MGI Point 업무방해죄 ★★

- 위력에 의한 업무방해 성립 ○ ⇨ 자신의 명의로 등록되어 있는 피해자 운영의 학원에 대하여 피해자의 승낙을 받지 아니하고 사전에 통고를 한 뒤 폐원신고를 한 경우
- 위계에 의한 업무방해죄 성립 ✕
  - 자신이 경영하던 공장을 타인에게 양도하면서 미수 외상대금 채권의 수금권을 포기하기로 약정하고도 이를 외상채무자들에게 고지하지 아니하고 외상대금을 수령한 경우
  - 주식회사의 상무이사가 회사의 신규 직원 채용 과정에서 면접위원이 면접이 끝난 후 인사 담당 직원에게 채점표를 작성·제출하고 면접장소에서 먼저 퇴장하자 남은 면접위원들과 협의하여 피고인이 지정한 응시자를 최종합격자로 선정한 경우
- 부작위에 의한 업무방해죄 성립 ✕ ⇨ 타인과 토지 지상에 창고를 신축하는 데 필요한 형틀공사 계약을 체결한 후 그 공사를 완료하였는데, 타인이 공사대금을 주지 않는다는 이유로 위 토지에 쌓아 둔 건축자재를 치우지 않은 경우
- 업무방해죄의 보호대상인 '업무'에 해당여부
  - 국도로공사가 고속도로 통행료 자동징수시스템을 도입하기로 결정·제조구매 입찰을 실시하면서 업체 선정을 위한 현장성능시험을 시행한 사안에서 당시 입찰에 참가한 회사의 하이패스 시스템이 시험에 관한 기본가정 내지 도로공사의 제안요청서상 요구되는 기술적 조건을 충족하지 못하였고 입찰참여조건을 위반하여 성능시험 자체가 부적합한 것으로 드러난 경우 ○
  - 주주로서 주주총회에서 의결권 등을 행사하는 것 ✕

가. (○) 형법 제314조 제1항의 업무방해죄는 위계 또는 위력으로서 사람의 업무를 방해한 경우에 성립하는 것이고, 여기서의 '위계'라 함은 행위자의 행위목적을 달성하기 위하여 상대방에게 오인·착각 또는 부지를 일으키게 하여 이를 이용하는 것을 말하고, '위력'이라 함은 사람의 자유의사를 제압·혼란케 할 만한 일체의 세력으로, 유형적이든 무형적이든 묻지 아니하므로 폭행·협박은 물론, 사회적, 경제적, 정치적 지위와 권세에 의한 압박 등도 이에 포함된다. 피고인이 자신의 명의로 등록되어 있는 피해자 운영의 학원에 대하여 피해자의 승낙을 받지 아니하고 폐원신고를 하였다고 하더라도 피해자에게 사전에 통고를 한 뒤 폐원신고를 하였다면 피해자에게 오인·착각 또는 부지를 일으켜 이를 이용하여 피해자의 업무를 방해한 것으로 보기는 어렵고, 오히려 피해자가 운영하고 있는 학원이 자신의 명의로 등록되어 있는 지위를 이용하여 임의로 폐원신고를 함으로써 피해자의 업무를 위력으로써 방해한 것이라고 한 사례(대판 2005.03.25. 2003도5004).

나. (✕) 업무방해죄와 같이 작위를 내용으로 하는 범죄를 부작위에 의하여 범하는 부진정 부작위범이 성립하기 위해서는 부작위를 실행행위로서의 작위와 동일시할 수 있어야 한다. 피고인이 甲과 토지 지상에 창고를 신축하는 데 필요한 형틀공사 계약을 체결한 후 그 공사를 완료하였는데, 甲이 공사대금을 주지 않는다는 이유로 위 토지에 쌓아 둔 건축자재를 치우지 않고 공사현장을 막는 방법으로 위력으로써 甲의 창고 신축 공사 업무를 방해하였다는 내용으로 기소된 사안에서, 공소사실을 유죄로 인정한 원심판결에 부작위에 의한 업무방해죄의 성립에 관한 법리오해의 잘못이 있다고 한 사례(대판 2017.12.22. 2017도13211).

다. (○) 피고인이 그가 경영하던 공장을 공소외 (갑)에게 양도하면서 미수 외상대금 채권의 수금권을 포기하기로 약정하고도 이를 외상채무자들에게 고지하지 아니하고 외상대금을 수령하였다 하여 이로써 위계로 위 공소외인의 공장경영의무를 방해한 것이라 할 수 없다(대판 1984.05.09. 83도2270).

라. (✕) 형법 제314조 제1항에 규정된 업무방해죄에서 행위의 객체는 타인의 업무이고, 여기서 말하는 타인은 범인 이외의 자연인·법인 또는 법인격 없는 단체를 가리킨다. 또한, 위계에 의한 업무방해죄에서 '위계'란 행

위자가 행위의 목적을 달성하기 위하여 상대방에게 오인·착각 또는 부지를 일으키게 하여 이를 이용하는 것을 말한다. 甲 주식회사의 상무이사인 피고인이 甲 회사의 신규 직원 채용 과정에서, 면접위원인 乙이 면접이 끝난 후 인사 담당 직원에게 채점표를 작성하여 제출하고 면접장소에서 먼저 퇴장하자, 남은 면접위원들과 협의하여 피고인이 지정한 응시자를 최종합격자로 선정함으로써 피해자 乙의 공정하고 객관적인 직원채용에 관한 업무를 위계로써 방해하였다는 내용으로 기소된 사안에서, 乙에 대한 업무방해의 점을 유죄로 인정한 원심판단에 법리오해의 잘못이 있다고 한 사례(대판 2017.05.30. 2016도18858).

마. (X) 한국도로공사가 고속도로 통행료 자동징수시스템을 도입하기로 결정하고 제조구매 입찰을 실시하면서 업체 선정을 위한 현장성능시험을 시행한 사안에서, 당시 입찰에 참가한 회사의 하이패스 시스템이 시험에 관한 기본가정 내지 도로공사의 제안요청서상 요구되는 기술적 조건을 충족하지 못하였고 입찰참여조건을 위반하여 성능시험 자체가 부적합한 것으로 드러났다고 하더라도, 위 시험의 개시나 수행과정에서의 하자 정도가 반사회성을 띠는 데까지 이르렀다고 볼 수 없다는 이유로, 도로공사의 위 성능시험 업무는

정답 ③

문 27

다음 설명 중 옳은 것은 모두 몇 개인가? [2018년 6번]

가. 한국토지공사 지역본부가 중고자동차매매단지를 분양하기 위하여 유자격 신청자들을 대상으로 무작위 공개추첨하여 1인의 수분양자를 선정하는 절차를 진행하는데, 신청자격이 없는 자가 다른 신청자의 자격과 명의를 빌려 당첨확률을 약 75%까지 인위적으로 높여 분양을 신청하였다면, 입찰절차 해당 여부와 무관하게 입찰방해죄가 성립한다.

나. 경품용 상품권 발행업체 지정 여부를 결정하는 업무담당자가 가맹점 내역에 관한 공인회계사 명의의 확인서를 받았고, 가맹점에 가맹점계약의 체결 여부를 확인하였으며, 공인회계사 등 전문적인 지식을 갖춘 자들을 실사위원으로 지정하여 현장실사하게 하는 등의 방법으로 그 요건의 존부에 관하여 나름대로 충분히 심사를 하였으나, 신청사유 및 소명자료가 허위임을 밝히지 못하여 경품용 상품권 발행업체로 지정하였다면, 업무방해죄가 성립한다.

다. 신규직원 채용권한을 가지고 있는 지방공사 사장이 시험업무 담당자들에게 지시하여 상호 공모 내지 양해하에 시험성적조작 등의 부정한 행위를 한 경우, 법인인 공사에게 신규직원 채용업무와 관련하여 오인·착각 또는 부지를 일으키게 한 것이 아니므로, 업무방해죄에 해당하지 않는다.

라. 사립대학교 시간강사 임용과 관련하여 허위 학력이 기재된 이력서를 제출하였으나 임용심사 업무담당자가 학력관련 서류의 제출을 요구하여 이력서와 대조심사할 경우 쉽게 허위사실을 인지할 수 있었다면, 업무방해죄에 해당하지 않는다.

마. 다른 사람이 작성한 논문을 피고인 단독 혹은 공동으로 작성한 논문인 것처럼 학술지에 제출하여 발표한 논문연구실적을 부교수 승진심사 서류에 포함하여 제출하였더라도, 당해 논문을 제외한 다른 논문만으로도 부교수 승진 요건을 월등히 충족하고 있었다는 등의 사정이 있다면, 업무방해죄에 해당하지 않는다.

① 1개　　　　　　　　② 2개　　　　　　　　③ 3개
④ 4개　　　　　　　　⑤ 5개

:: 해설   ★★

가. (X) 한국토지공사 지역본부가 중고자동차매매단지를 분양하기 위하여 유자격 신청자들을 대상으로 무작위 공개추첨하여 1인의 수분양자를 선정하는 절차를 진행하는데, 신청자격이 없는 피고인이 총 12인의 신청자 중 9인의 신청자의 자격과 명의를 빌려 그 당첨확률을 약 75%까지 인위적으로 높여 분양을 신청한 사안에서, 위 분양절차는 공정한 자유경쟁을 통한 적정한 가격형성을 목적으로 하는 입찰절차에 해당하지 않고, 피고인이 분양절차에 참가한 것은 9인의 신청자와 맺은 합작투자의 약정에 따른 것으로서 위 분양업무의 주체인 한국토지공사가 예정하고 있던 범위 내의 행위이므로, 위 추첨방식의 분양업무의 적정성과 공정성 등을 방해하는 행위라고 볼 수 없어 입찰방해죄나 업무방해죄가 성립하지 않는다(대판 2008.05.29. 2007도5037).

나. (O) 경품용 상품권 발행업체 지정 여부를 결정하는 한국게임산업개발원의 업무담당자는 관계 규정이 정한 바에 따라 가맹점 내역에 관한 공인회계사 명의의 확인서를 받았고, 가맹점에 가맹점계약의 체결 여부를 확인하였으며, 공인회계사 등 전문적인 지식을 갖춘 자들을 실사위원으로 지정하여 현장실사하게 하는 등의 방법으로 그 요건의 존부에 관하여 나름대로 충분히 심사를 하였으나, 신청사유 및 소명자료가 허위임을 발견하지 못하고 결국 그 신청을 받아들여 공소외 1 주식회사를 경품용 상품권 발행업체로 지정하게 된 것이므로, 이는 한국게임산업개발원 업무담당자의 불충분한 심사가 아니라 피고인들의 위계행위에 의하여 한국게임산업개발원의 경품용 상품권 발행업체 지정업무가 방해될 위험성이 발생되었다고 할 것이다(대판 2010.03.25. 2008도4228).

다. (O) 신규직원 채용권한을 가지고 있는 지방공사 사장이 시험업무 담당자들에게 지시하여 상호 공모 내지 양해하에 시험성적조작 등의 부정한 행위를 한 경우, 법인인 공사에게 신규직원 채용업무와 관련하여 오인·착각 또는 부지를 일으키게 한 것이 아니므로, '위계'에 의한 업무방해죄에 해당하지 않는다(대판 2007.12.27. 2005도6404).

라. (O) 대학교 시간강사 임용과 관련하여 허위의 학력이 기재된 이력서만을 제출한 사안에서, 임용심사업무 담당자로서는 피고인에게 학력 관련 서류의 제출을 요구하여 이력서와 대조 심사하였더라면 문제를 충분히 인지할 수 있었음에도 불구하고, 업무담당자의 불충분한 심사로 인하여 허위 학력이 기재된 이력서를 믿은 것이므로 피고인의 위계행위에 의하여 업무방해의 위험성이 발생하였다고 할 수 없다. 따라서 위계에 의한 업무방해죄를 구성하지 않는다(대판 2009.01.30. 2008도6950).

마. (X) 다른 사람이 작성한 논문을 피고인 단독 혹은 공동으로 작성한 논문인 것처럼 학술지에 제출하여 발표한 논문연구실적을 부교수 승진심사 서류에 포함하여 제출한 사안에서, 당해 논문을 제외한 다른 논문만으로도 부교수 승진 요건을 월등히 충족하고 있었다는 등의 사정만으로는 승진심사 업무의 적정성이나 공정성을 해할 위험성이 없었다고 단정할 수 없으므로, 위계에 의한 업무방해죄를 구성한다(대판 2009.09.10. 2009도4772).

정답 ③

문 28

업무방해죄 또는 신용훼손죄에 관한 다음 설명 중 가장 옳지 않은 것은? [2018년 3번]

① 법원의 직무집행정지 가처분결정에 의하여 그 직무집행이 정지된 자가 법원의 결정에 반하여 직무를 수행함으로써 업무를 계속 행하는 경우, 그 업무는 업무방해죄에서 보호대상이 되는 '업무'에 해당하지 않는다.
② 형법 제313조에 정한 신용훼손죄에서의 '신용'은 경제적 신용, 즉 사람의 지불능력 또는 지불의사에 대한 사회적 신뢰를 의미한다.

③ 위계에 의한 업무방해죄에 있어서 '위계'란 행위자의 행위목적을 달성하기 위하여 상대방에게 오인, 착각 또는 부지를 일으키게 하여 이를 이용하는 것을 말하고, 업무방해죄의 성립에는 업무방해의 결과가 실제로 발생함을 요하지 않고 업무방해의 결과를 초래할 위험이 발생하는 것이면 족하며, 업무수행 자체가 아니라 업무의 적정성 내지 공정성이 방해된 경우에도 업무방해죄가 성립한다.
④ 업무방해죄의 '업무방해'는 널리 그 경영을 저해하는 경우에도 성립하는데, 업무로서 행해져 온 회사의 경영행위에는 그 목적 사업의 직접적인 수행뿐만 아니라 그 확장, 축소, 전환, 폐지 등의 행위도 정당한 경영권 행사의 일환으로서 이에 포함된다.
⑤ 형법상 업무방해죄의 보호대상이 되는 '업무'라 함은 직업 또는 계속적으로 종사하는 사무나 사업을 말하는 것으로서 타인의 위법한 행위에 의한 침해로부터 보호할 가치가 있어야 하므로, 그 업무의 기초가 된 계약 또는 행정행위는 반드시 적법하여야 한다.

해설 ★★

① (○) 법원의 직무집행정지 가처분결정에 의하여 그 직무집행이 정지된 자가 법원의 결정에 반하여 직무를 수행함으로써 업무를 계속 행하는 경우 그 업무는 국법질서와 재판의 존엄성을 무시하는 것으로서 사실상 평온하게 이루어지는 사회적 활동의 기반이 되는 것이라 할 수 없고, 비록 그 업무가 반사회성을 띠는 경우라고까지는 할 수 없다고 하더라도 법적 보호라는 측면에서는 그와 동등한 평가를 받을 수밖에 없으므로, 그 업무자체는 법의 보호를 받을 가치를 상실하였다고 하지 않을 수 없어 업무방해죄에서 말하는 업무에 해당하지 않는다(대판 2002.08.23. 2001도5592).
② (○) 형법 제313조에 정한 신용훼손죄에서의 '신용'은 경제적 신용, 즉 사람의 지불능력 또는 지불의사에 대한 사회적 신뢰를 말하는 것이다(대판 2006.05.25. 2004도1313).
③ (○) 위계에 의한 업무방해죄에서 '위계'란 행위자가 행위목적을 달성하기 위하여 상대방에게 오인, 착각 또는 부지를 일으키게 하여 이를 이용하는 것을 말하고, 업무방해죄의 성립에는 업무방해의 결과가 실제로 발생함을 요하지 않고 업무방해의 결과를 초래할 위험이 발생하면 족하며, 업무수행 자체가 아니라 업무의 적정성 내지 공정성이 방해된 경우에도 업무방해죄가 성립한다고 할 것이다(대판 2013.11.28. 2013도4178).
④ (○) 업무방해죄의 업무방해는 널리 그 경영을 저해하는 경우에도 성립하는데, 업무로서 행해져 온 회사의 경영행위에는 그 목적 사업의 직접적인 수행뿐만 아니라 그 확장, 축소, 전환, 폐지 등의 행위도 정당한 경영권 행사의 일환으로서 이에 포함된다(대판 2005.04.15. 2004도8701).
⑤ (X) 업무방해죄에 있어서 그 보호대상이 되는 '업무'라 함은 직업 또는 계속적으로 종사하는 사무나 사업을 말하는 것으로서 타인의 위법한 행위에 의한 침해로부터 보호할 가치가 있는 것이면 되고, 그 업무의 기초가 된 계약 또는 행정행위 등이 반드시 적법하여야 하는 것은 아니다(대판 2008.03.14. 2007도11181).

문 29

신용훼손죄와 입찰방해죄에 관한 다음 설명 중 가장 옳지 않은 것은?(다툼이 있는 경우 판례에 의함) [2017년 2번]

① 퀵서비스 운영자인 피고인이 배달업무를 하면서, 손님의 불만이 예상되는 경우에는 평소 경쟁관계에 있는 피해자 운영의 퀵서비스 명의로 된 영수증을 작성·교부함으로

써 손님들로 하여금 불친절하고 배달을 지연시킨 사업체가 피해자 운영의 퀵서비스인 것처럼 인식하게 하였다면 신용훼손행위에 해당한다.
② 이른바 담합행위가 입찰방해죄로 되기 위하여 반드시 입찰참가자 전원과의 사이에 담합이 이루어져야 하는 것은 아니고, 입찰참가자들 중 일부와의 사이에만 담합이 이루어진 경우라고 하더라도 그것이 입찰의 공정을 해하는 것으로 평가되는 이상 입찰방해죄는 성립한다.
③ 입찰방해죄에서 위력이란 사람의 자유의사를 제압, 혼란케 할 만한 일체의 유형적 또는 무형적 세력을 말하는 것으로서 폭행, 협박은 물론 사회적, 경제적, 정치적 지위와 권세에 의한 압력 등을 포함하는 것이다.
④ 입찰방해죄는 결과의 불공정이 현실적으로 나타나는 것을 요하지 아니한다.
⑤ 공적·사적 경제주체의 임의선택에 따른 계약체결의 과정에 공정한 경쟁을 해하는 행위가 개재되었다 하여도 입찰방해죄로 처벌할 수는 없다.

해설 ★★

① (X) 퀵서비스 운영자인 피고인이 배달업무를 하면서, 손님의 불만이 예상되는 경우에는 평소 경쟁관계에 있는 피해자 운영의 퀵서비스 명의로 된 영수증을 작성·교부함으로써 손님들로 하여금 불친절하고 배달을 지연시킨 사업체가 피해자 운영의 퀵서비스인 것처럼 인식하게 한 사안에서, 퀵서비스의 주된 계약내용이 신속하고 친절한 배달이라 하더라도, 그와 같은 사정만으로 위 행위가 피해자의 경제적 신용, 즉 지급능력이나 지급의사에 대한 사회적 신뢰를 저해하는 행위에 해당한다고 보기는 어렵다는 이유로, 피고인에 대한 신용훼손의 주위적 공소사실을 무죄로 인정하였다(대판 2011.05.13. 2009도5549).

② (○) 입찰참가자들 사이의 담합행위가 입찰방해죄로 되기 위하여는 반드시 입찰참가자 전원 사이에 담합이 이루어져야 하는 것은 아니고, 입찰참가자들 중 일부 사이에만 담합이 이루어진 경우라고 하더라도 그것이 입찰의 공정을 해하는 것으로 평가되는 이상 입찰방해죄는 성립한다(대판 2009.05.14. 2008도11361).

③ (○) 형법 제315조 소정의 입찰방해죄에 있어 '위력'이란 사람의 자유의사를 제압, 혼란케 할 만한 일체의 유형적 또는 무형적 세력을 말하는 것으로서 폭행, 협박은 물론 사회적, 경제적, 정치적 지위와 권세에 의한 압력 등을 포함하는 것이다(대판 2000.07.06. 99도4079).

④ (○) 입찰방해죄는 위태범으로서 결과의 불공정이 현실적으로 나타나는 것을 요하는 것이 아니고, 그 행위에는 가격을 결정하는 데 있어서 뿐 아니라, 적법하고 공정한 경쟁방법을 해하는 행위도 포함된다(대판 2010.10.14. 2010도4940).

⑤ (○) 공정한 자유경쟁을 통한 적정한 가격형성을 목적으로 하는 입찰절차가 아니라 공적·사적 경제주체의 임의의 선택에 따른 계약체결의 과정에 공정한 경쟁을 해하는 행위가 개재되었다 하여 입찰방해죄로 처벌할 수는 없다(대판 2008.12.24. 2007도9287).

정답 ①

제4장 사생활의 평온에 대한 죄

제❶절 ▎ 비밀침해의 죄

제❷절 ▎ 주거침입의 죄

문 30

다음 중 가장 옳지 않게 설명한 사람은? [2022년 30번]

- (영준) 약사가 아닌 사람이 이미 개설된 약국의 시설과 인력을 인수하고 그 운영을 지배·관리하는 등 종전 개설자의 약국 개설·운영행위와 단절되는 새로운 개설·운영행위를 한 것으로 볼 수 있는 경우라면 약사법에서 금지하는 약사가 아닌 사람의 약국 개설행위에 해당해!
- (미영) 성폭력범죄의 처벌 등에 관한 특례법 제6조에서 정하는 '정신적인 장애가 있는 사람'이란 '정신적인 기능이나 손상 등의 문제로 일상생활이나 사회생활에서 상당한 제약을 받는 사람'을 가리켜. 따라서 장애인복지법에 따른 장애인 등록을 하지 않았다거나 그 등록기준을 충족하지 못하더라도 여기에 해당할 수 있어!
- (수정) 피고인이 甲의 부재중에 甲의 처 乙과 혼외 성관계를 가질 목적으로 乙이 열어 준 현관 출입문을 통하여 甲과 乙이 공동으로 거주하는 아파트에 들어갔다면, 피고인이 乙로부터 현실적인 승낙을 받아 통상적인 출입방법에 따라 주거에 들어갔으므로 주거의 사실상 평온상태를 해치는 행위태양으로 주거에 들어간 것이 아니어서 주거에 침입한 것으로 볼 수 없어 주거침입죄는 성립하지 않아!
- (학식) 주거침입강제추행죄 및 주거침입강간죄 등은 사람의 주거 등을 침입한 자가 피해자를 간음, 강제추행 등 성폭력을 행사한 경우에 성립하는 것으로서, 주거침입죄를 범한 후에 사람을 강간하는 등의 행위를 하여야 하는 일종의 신분범이야. 따라서 그 실행의 착수시기는 주거침입 행위를 한 때야!
- (철호) 골프시설의 운영자가 골프회원에게 불리하게 변경된 내용의 회칙에 대하여 동의한다는 내용의 등록신청서를 제출하지 아니하면 회원으로 대우하지 아니하겠다고 통지한 것은 강요죄에 해당해!

① 영준 ② 미영 ③ 수정
④ 학식 ⑤ 철호

MGI Point **형사법상 범죄 종합** ★★

- 약사가 아닌 사람이 이미 개설된 약국과 단절되는 새로운 개설·운영행위를 한 경우 ⇨ 약사가 아닌 사람의 약국 개설행위에 해당
- 성폭력범죄의 처벌 등에 관한 특례법 제6조에서 정하는 '정신적인 장애가 있는 사람' ⇨ 장애인 등록을 하지 않았다거나 그 등록기준을 충족하지 못하더라도 해당 可
- 혼외 성관계를 목적으로 처가 열어준 현관출입문을 통하여 주거에 들어간 경우 ⇨ 주거의 사실상 평온상태를 해치는 행위태양으로 주거에 들어간 것 ×, 주거침입행위 불인정
- 주거침입강제추행죄 및 주거침입강간죄 등의 실행의 착수시기 ⇨ 주거침입 행위 후 강간죄 등의 실행행위에 나아간 때
- 골프시설의 운영자가 불리하게 변경된 내용의 회칙에 대하여 동의한다는 내용의 등록신청서를 제출하지 아니하면 회원으로 대우하지 아니하겠다고 통지한 행위 ⇨ 강요죄에 해당

① (○) 약사 등이 아닌 사람이 이미 개설된 약국의 시설과 인력을 인수하고 그 운영을 지배·관리하는 등 종전 개설자의 약국 개설·운영행위와 단절되는 새로운 개설·운영행위를 한 것으로 볼 수 있는 경우에도 약사법에서 금지하는 약사 등이 아닌 사람의 약국 개설행위에 해당한다(대판 2021.07.29. 2021도6092).

② (○) 「성폭력범죄의 처벌 등에 관한 특례법」(이하 '성폭력처벌법'이라 한다) 제6조에서 정하는 '정신적인 장애가 있는 사람'이란 '정신적인 기능이나 손상 등의 문제로 일상생활이나 사회생활에서 상당한 제약을 받는 사람'을 가리킨다. 장애인복지법에 따른 장애인 등록을 하지 않았다거나 그 등록기준을 충족하지 못하더라도 여기에 해당할 수 있다(대판 2021.10.28. 2021도9051).

③ (○) 피고인이 갑의 부재중에 갑의 처(妻) 을과 혼외 성관계를 가질 목적으로 을이 열어 준 현관 출입문을 통하여 갑과 을이 공동으로 거주하는 아파트에 들어간 사안에서, 피고인이 을로부터 현실적인 승낙을 받아 통상적인 출입방법에 따라 주거에 들어갔으므로 주거의 사실상 평온상태를 해치는 행위태양으로 주거에 들어간 것이 아니어서 주거에 침입한 것으로 볼 수 없고, 피고인의 주거 출입이 부재중인 갑의 의사에 반하는 것으로 추정되더라도 주거침입죄의 성립 여부에 영향을 미치지 않는다(대판 2021.09.09. 2020도12630(전합)).

④ (×) 주거침입강제추행죄 및 주거침입강간죄 등은 사람의 주거 등을 침입한 자가 피해자를 간음, 강제추행 등 성폭력을 행사한 경우에 성립하는 것으로서, 주거침입죄를 범한 후에 사람을 강간하는 등의 행위를 하여야 하는 일종의 신분범이고, 선후가 바뀌어 강간죄 등을 범한 자가 그 피해자의 주거에 침입한 경우에는 이에 해당하지 않고 강간죄 등과 주거침입죄 등의 실체적 경합범이 된다. 그 실행의 착수시기는 주거침입 행위 후 강간죄 등의 실행행위에 나아간 때이다(대판 2021.08.12. 2020도17796).

⑤ (○) 골프시설의 운영자가 골프회원에게 불리하게 변경된 내용의 회칙에 대하여 동의한다는 내용의 등록신청서를 제출하지 아니하면 회원으로 대우하지 아니하겠다고 통지한 것이 강요죄에 해당한다고 한 사례(대판 2003.09.26. 2003도763).

정답 ④

문 31

다음 설명 중 옳지 않은 것은 모두 몇 개인가? [2020년 18번]

가. 주거침입죄에서 침입행위의 객체인 '건조물'은 주거침입죄가 사실상 주거의 평온을 보호법익으로 하는 점에 비추어 엄격한 의미에서의 건조물 그 자체뿐만 아니라 그에 부속하는 위요지를 포함한다고 할 것이나, 여기서 위요지라고 함은 건조물에 인접한 그 주변의 토지로서 외부와의 경계에 담 등이 설치되어 그 토지가 건조물의 이용에 제공되고 또 외부인이 함부로 출입할 수 없다는 점이 객관적으로 명확하게 드러나야 한다. 따라서 건조물의 이용

에 기여하는 인접의 부속 토지라고 하더라도 인적 또는 물적 설비 등에 의한 구획 내지 통제가 없어 통상의 보행으로 그 경계를 쉽사리 넘을 수 있는 정도라고 한다면 일반적으로 외부인의 출입이 제한된다는 사정이 객관적으로 명확하게 드러났다고 보기 어려우므로, 이는 다른 특별한 사정이 없는 한 주거침입죄의 객체에 속하지 아니한다고 봄이 상당하다.

나. 이미 수일 전에 2차례에 걸쳐 피해자를 강간하였던 피고인이 대문을 몰래 열고 들어와 담장과 피해자가 거주하던 방 사이의 좁은 통로에서 창문을 통하여 방안을 엿본 경우, 주거침입죄에 해당한다.

다. 다가구용 단독주택이나 다세대주택·연립주택·아파트 등 공동주택 안에서 공용으로 사용하는 엘리베이터, 계단과 복도는 주거로 사용하는 각 가구 또는 세대의 전용 부분에 필수적으로 부속하는 부분으로서 그 거주자들에 의하여 일상생활에서 감시·관리가 예정되어 있고 사실상의 주거의 평온을 보호할 필요성이 있는 부분이므로, 다가구용 단독주택이나 다세대주택·연립주택·아파트 등 공동주택의 내부에 있는 엘리베이터, 공용 계단과 복도는 특별한 사정이 없는 한 주거침입죄의 객체인 '사람의 주거'에 해당하고, 위 장소에 거주자의 명시적, 묵시적 의사에 반하여 침입하는 행위는 주거침입죄를 구성한다.

라. 다가구용 단독주택인 빌라의 잠기지 않은 대문을 열고 들어가 공용 계단으로 빌라 3층까지 올라갔다가 1층으로 내려온 것에 불과하다면, 주거침입죄가 성립하지 않는다.

마. 주택의 매수인이 계약금과 중도금을 지급하고서 그 주택을 명도받아 점유하고 있던 중 위 매매계약을 해제하고 중도금반환청구소송을 제기하여 얻은 그 승소판결에 기하여 강제집행에 착수한 이후라고 하더라도, 매도인이 매수인이 잠그어 놓은 위 주택의 출입문을 열고 들어간 경우라면 주거침입죄를 구성한다.

① 1개   ② 2개   ③ 3개
④ 4개   ⑤ 없음

MGI Point 주거침입죄 ★★

- 건조물의 이용에 기여하는 인접의 부속 토지라고 하더라도 인적 또는 물적 설비 등에 의한 구획 내지 통제가 없어 통상의 보행으로 그 경계를 쉽사리 넘을 수 있는 정도 ⇨ 주거침입죄의 객체 ×
- 이미 수일 전에 2차례에 걸쳐 피해자를 강간하였던 피고인이 피해자가 거주하던 방 사이의 좁은 통로에서 창문을 통하여 방안을 엿본 경우 ⇨ 주거침입죄
- 공동주택 내부에 있는 엘리베이터, 공용 계단과 복도 ⇨ 주거침입죄의 객체인 '사람의 주거'에 해당
- 다가구용 단독주택인 빌라의 잠기지 않은 대문을 열고 들어가 공용 계단으로 빌라 3층까지 올라갔다가 1층으로 내려온 경우 ⇨ 주거침입죄
- 주택의 매수인이 계약금과 중도금을 지급하고서 그 주택을 명도받아 점유하고 있던 중 위 매매계약을 해제하고 중도금반환청구소송을 제기하여 얻은 그 승소판결에 기하여 강제집행에 착수한 이후라고 하더라도, 매도인이 매수인이 잠그어 놓은 위 주택의 출입문을 열고 들어간 경우라면 주거침입죄를 구성한다.
- 주택의 매수인이 계약금과 중도금을 지급하고서 그 주택을 명도받아 점유하고 있던 중 위 매매계약을 해제하고 중도금반환청구소송을 제기하여 얻은 그 승소판결에 기하여 강제집행에 착수한 이후 ⇨ 매도인이 매수인이 잠그어 놓은 위 주택의 출입문을 열고 들어간 경우 주거침입죄 ×

가. (○) 주거침입죄에서 침입행위의 객체인 '건조물'은 주거침입죄가 사실상 주거의 평온을 보호법익으로 하는 점에 비추어 엄격한 의미에서의 건조물 그 자체뿐만이 아니라 그에 부속하는 위요지를 포함한다고 할 것이나, 여기서 위요지라고 함은 건조물에 인접한 그 주변의 토지로서 외부와의 경계에 담 등이 설치되어 그 토지가 건조물의 이용에 제공되고 또 외부인이 함부로 출입할 수 없다는 점이 객관적으로 명확하게 드러나야 한다. 따라서 건조물의 이용에 기여하는 인접의 부속 토지라고 하더라도 인적 또는 물적 설비 등에 의한 구획 내지 통제가 없어 통상의 보행으로 그 경계를 쉽사리 넘을 수 있는 정도라고 한다면 일반적으로 외부인의 출입이 제한된다는 사정이 객관적으로 명확하게 드러났다고 보기 어려우므로, 이는 다른 특별한 사정이 없는 한 주거침입죄의 객체에 속하지 아니한다고 봄이 상당하다(대판 2010.04.29. 2009도14643). ▶ 차량통행이 빈번한 도로에 바로 접하여 있고, 도로에서 주거용 건물, 축사 4동 및 비닐하우스 2동으로 이루어진 시설로 들어가는 입구 등에 그 출입을 통제하는 문이나 담 기타 인적·물적 설비가 전혀 없고 노폭 5m 정도의 통로를 통하여 누구나 축사 앞 공터에 이르기까지 자유롭게 드나들 수 있는 사실 등을 이유로, 차를 몰고 위 통로로 진입하여 축사 앞 공터까지 들어간 행위가 주거침입에 해당한다고 본 원심판단에 법리오해 등의 위법이 있다고 한 사례.

나. (○) 주거침입죄는 사실상의 주거의 평온을 보호법익으로 하는 것으로 거주자가 누리는 사실상의 주거의 평온을 해할 수 있는 정도에 이르렀다면 범죄구성요건을 충족하는 것이라고 보아야 하고, 주거침입죄에 있어서 주거라 함은 단순히 가옥 자체만을 말하는 것이 아니라 그 위요지를 포함한다 할 것이므로 이미 수일 전에 2차례에 걸쳐 피해자를 강간하였던 피고인이 대문을 몰래 열고 들어와 담장과 피해자가 거주하던 방 사이의 좁은 통로에서 창문을 통하여 방안을 엿보던 상황이라면 피해자의 주거에 대한 사실상 평온상태가 침해된 것으로, 원심이 같은 취지에서 피고인의 위와 같은 행위를 주거침입죄에 해당한다(대판 2001.04.24. 2001도1092).

다. (○) 주거침입죄에서 주거란 단순히 가옥 자체만을 말하는 것이 아니라 그 정원 등 위요지를 포함한다. 따라서 다가구용 단독주택이나 다세대주택·연립주택·아파트 등 공동주택 안에서 공용으로 사용하는 계단과 복도는, 주거로 사용하는 각 가구 또는 세대의 전용 부분에 필수적으로 부속하는 부분으로서 그 거주자들에 의하여 일상생활에서 감시·관리가 예정되어 있고 사실상의 주거의 평온을 보호할 필요성이 있는 부분이므로, 특별한 사정이 없는 한 주거침입죄의 객체인 '사람의 주거'에 해당한다(대판 2009.08.20. 2009도3452). ▶ 다가구용 단독주택인 빌라의 잠기지 않은 대문을 열고 들어가 공용 계단으로 빌라 3층까지 올라갔다가 1층으로 내려온 사안에서, 주거인 공용 계단에 들어간 행위가 거주자의 의사에 반한 것이라면 주거에 침입한 것이라고 보아야 한다는 이유로, 주거침입죄를 구성하지 않는다고 본 원심판결을 파기한 사례.

라. (X) 주거침입죄에서 주거란 단순히 가옥 자체만을 말하는 것이 아니라 그 정원 등 위요지를 포함한다. 따라서 다가구용 단독주택이나 다세대주택·연립주택·아파트 등 공동주택 안에서 공용으로 사용하는 계단과 복도는, 주거로 사용하는 각 가구 또는 세대의 전용 부분에 필수적으로 부속하는 부분으로서 그 거주자들에 의하여 일상생활에서 감시·관리가 예정되어 있고 사실상의 주거의 평온을 보호할 필요성이 있는 부분이므로, 특별한 사정이 없는 한 주거침입죄의 객체인 '사람의 주거'에 해당한다(대판 2009.08.20. 2009도3452). ▶ 다가구용 단독주택인 빌라의 잠기지 않은 대문을 열고 들어가 공용 계단으로 빌라 3층까지 올라갔다가 1층으로 내려온 사안에서, 주거인 공용 계단에 들어간 행위가 거주자의 의사에 반한 것이라면 주거에 침입한 것이라고 보아야 한다는 이유로, 주거침입죄를 구성하지 않는다고 본 원심판결을 파기한 사례.

마. (X) 주택의 매수인이 계약금과 중도금을 지급하고서 그 주택을 명도받아 점유하고 있던 중 위 매매계약을 해제하고 중도금반환청구소송을 제기하여 얻은 그 승소판결에 기하여 강제집행에 착수한 이후에, 매도인이 매수인이 잠그어 놓은 위 주택의 출입문을 열고 들어간 경우라면 매도인으로서는 매수인이 그 주택에 대한 모든 권리를 포기한 것으로 알고 그 주택에 들어간 것이라고 할 수 있을 뿐만 아니라 또한 그 주택에 대하여 보호받아야 할 피해자의 주거에 대한 평온상태는 소멸되었다고 볼 수 있으므로 매도인의 위 소위는 주거침입죄를 구성하지 아니한다(대판 1987.05.12. 87도3). 본 원심판결을 파기한 사례.

라. (X) 주거침입죄에서 주거란 단순히 가옥 자체만을 말하는 것이 아니라 그 정원 등 위요지를 포함한다. 따라서 다가구용 단독주택이나 다세대주택·연립주택·아파트 등 공동주택 안에서 공용으로 사용하는 계단과 복도는, 주거로 사용하는 각 가구 또는 세대의 전용 부분에 필수적으로 부속하는 부분으로서 그 거주자들에 의하여 일상생활에서 감시·관리가 예정되어 있고 사실상의 주거의 평온을 보호할 필요성이 있는 부분이므로, 특별한 사정이 없는 한 주거침입죄의 객체인 '사람의 주거'에 해당한다(대판 2009.08.20. 2009도3452). ▶다가구용 단독주택인 빌라의 잠기지 않은 대문을 열고 들어가 공용 계단으로 빌라 3층까지 올라갔다가 1층으로 내려온 사안에서, 주거인 공용 계단에 들어간 행위가 거주자의 의사에 반한 것이라면 주거에 침입한 것이라고 보아야 한다는 이유로, 주거침입죄를 구성하지 않는다고 본 원심판결을 파기한 사례.

마. (X) 주택의 매수인이 계약금과 중도금을 지급하고서 그 주택을 명도받아 점유하고 있던 중 위 매매계약을 해제하고 중도금반환청구소송을 제기하여 얻은 그 승소판결에 기하여 강제집행에 착수한 이후에, 매도인이 매수인이 잠그어 놓은 위 주택의 출입문을 열고 들어간 경우라면 매도인으로서는 매수인이 그 주택에 대한 모든 권리를 포기한 것으로 알고 그 주택에 들어간 것이라고 할 수 있을 뿐만 아니라 또한 그 주택에 대하여 보호받아야 할 피해자의 주거에 대한 평온상태는 소멸되었다고 볼 수 있으므로 매도인의 위 소위는 주거침입죄를 구성하지 아니한다(대판 1987.05.12. 87도3).

정답 ②

문 32

다음 설명 중 가장 옳지 않은 것은? [2019년 17번]

① 법원의 직무집행정지 가처분결정에 의하여 그 직무집행이 정지된 자가 법원의 결정에 반하여 직무를 수행함으로써 업무를 계속하는 경우 그 업무는 업무방해죄에서 말하는 업무에 해당하지 않는다.
② 사용자가 제3자와 공동으로 관리·사용하는 공간을 사용자에 대한 쟁의행위를 이유로 관리자의 의사에 반하여 침입·점거하는 경우, 비록 그 공간의 점거가 사용자에 대한 관계에서 정당한 쟁의행위가 된다 하여도 이를 공동으로 관리·사용하는 제3자에 대하여까지 이를 정당행위라고 하여 주거침입의 위법성이 조각된다고 볼 수는 없다.
③ 피고인들이 건물신축 공사현장에 무단으로 들어간 뒤 타워크레인에 올라가 이를 점거한 경우, 타워크레인의 운전실은 기계를 운전하기 위한 작업공간으로서 건조물침입죄의 객체인 건조물에 해당하므로, 피고인이 타워크레인의 운전실에 들어간 행위는 건조물에 침입하는 행위라고 볼 수 있다.
④ 야간에 타인의 집의 창문을 열고 집 안으로 얼굴을 들이미는 등의 행위를 하였다면, 피고인이 자신의 신체의 일부가 집 안으로 들어간다는 인식 하에 하였더라도 주거침입죄의 범의는 인정되고, 비록 신체의 일부만이 집 안으로 들어갔다고 하더라도 사실상 주거의 평온을 해하였다면 주거침입죄는 기수에 이른다.
⑤ 다른 사람의 주택에 무단 침입한 범죄사실로 이미 유죄판결을 받은 사람이 그 판결이 확정된 후에도 퇴거하지 않은 채 계속하여 해당 주택에 거주하는 경우, 위 판결 확정 이후의 행위는 별도의 주거침입죄를 구성한다.

> **MGI Point** 업무방해죄, 주거침입죄 ★★
>
> - 법원의 직무집행정지 가처분결정에 의하여 직무집행 정지된 자가 결정에 반하여 업무를 계속 행하는 경우
>   ⇨ 업무방해죄에 의하여 보호되는 업무 ×
> - 사용자가 제3자와 공동으로 관리·사용하는 공간을 사용자에 대한 쟁의행위를 이유로 관리자의 의사에 반하여 침입·점거
>   ⇨ 위 제3자의 명시적 또는 추정적 승낙이 없는 이상 위 제3자에 대한 주거침입죄의 위법성 조각 ×
> - 타워크레인에 올라가 이를 점거한 경우 : 타워크레인은 건조물침입죄의 객체 × ⇨ 건조물침입죄 ×
>   cf. 골리앗크레인 : 건조물침입죄의 객체 ○
> - 타인의 집 창문을 열고 집 안으로 얼굴을 들이미는 행위
>   - 신체의 일부가 들어간다는 인식이 있으면 주거침입죄의 고의 인정
>   - 신체의 일부만이 집 안으로 들어갔다고 하더라도 사실상 주거의 평온을 해하였다면 주거침입죄는 기수
> - 주거침입죄 유죄판결 후 계속 거주 ⇨ 별도의 주거침입죄 성립

① (○) [1] 형법상 업무방해죄의 보호대상이 되는 '업무'라 함은 직업 또는 계속적으로 종사하는 사무나 사업을 말하는 것으로서 타인의 위법한 행위에 의한 침해로부터 보호할 가치가 있는 것이면 되고, 그 업무의 기초가 된 계약 또는 행정행위 등이 반드시 적법하여야 하는 것은 아니며, 다만 어떤 사무나 활동 자체가 위법의 정도가 중하여 사회생활상 도저히 용인될 수 없는 정도로 반사회성을 띠는 경우에는 업무방해죄의 보호대상이 되는 '업무'에 해당한다고 볼 수 없다. [2] 법원의 직무집행정지 가처분결정에 의하여 그 직무집행이 정지된 자가 법원의 결정에 반하여 직무를 수행함으로써 업무를 계속 행하는 경우 그 업무는 국법질서와 재판의 존엄성을 부시하는 것으로서 사실상 평온하게 이루어지는 사회적 활동의 기반이 되는 것이라 할 수 없고, 비록 그 업무가 반사회성을 띠는 경우라고까지는 할 수 없다고 하더라도 법적 보호라는 측면에서는 그와 동등한 평가를 받을 수밖에 없으므로, 그 업무자체는 법의 보호를 받을 가치를 상실하였다고 하지 않을 수 없어 업무방해죄에서 말하는 업무에 해당하지 않는다고 한 사례(대판 2002.08.23. 2001도5592).

② (○) 2인 이상이 하나의 공간에서 공동생활을 하고 있는 경우에는 각자 주거의 평온을 누릴 권리가 있으므로, 사용자가 제3자와 공동으로 관리·사용하는 공간을 사용자에 대한 쟁의행위를 이유로 관리자의 의사에 반하여 침입·점거한 경우, 비록 그 공간의 점거가 사용자에 대한 관계에서 정당한 쟁의행위로 평가될 여지가 있다 하여도 이를 공동으로 관리·사용하는 제3자의 명시적 또는 추정적인 승낙이 없는 이상 위 제3자에 대하여서까지 이를 정당행위라고 하여 주거침입의 위법성이 조각된다고 볼 수는 없다(대판 2010.03.11. 2009도5008).

> **사실관계** 근로자들이 사용자인 (주)코스콤 이외에도 (주)한국증권선물거래소가 병존적으로 관리·사용하는 빌딩 로비에 쟁의행위를 이유로 침입하여, 그 중 일부를 점거하며 10여 일간 숙식하면서 선전전, 강연, 토론 등의 방법으로 농성한 사안에서, 위 행위가 제3자인 (주)한국증권선물거래소에 대한 관계에서도 정당하다고 하여 무죄로 인정한 원심판결에 쟁의행위의 위법성 조각 등에 관한 법리오해 또는 심리미진의 위법이 있다는 이유로 파기한 사례

③ (X) [1] 주거침입죄에 있어서 침입행위의 객체인 건조물은 주위벽 또는 기둥과 지붕 또는 천정으로 구성된 구조물로서 사람이 기거하거나 출입할 수 있는 장소를 말하며, 또한 단순히 건조물 그 자체만을 말하는 것이 아니고 위요지를 포함한다고 할 것이나 위요지가 되기 위하여는 건조물에 인접한 그 주변 토지로서 관리자가 외부와의 경계에 문과 담 등을 설치하여 그 토지가 건조물의 이용을 위하여 제공되었다는 것이 명확히 드러나야 한다. [2] 피고인들이 건물신축 공사현장에 무단으로 들어간 뒤 타워크레인에 올라가 이를 점거한 사안에서, 타워크레인은 건설기계의 일종으로서 작업을 위하여 토지에 고정되었을 뿐이고 운전실은 기계를 운전하기 위한 작업공간 그 자체이지 건조물침입죄의 객체인 건조물에 해당하지 아니하고, 피고인들이 위 공사현장에 컨테이너 박스 등으로 가설된 현장사무실 또는 경비실 자체에 들어가지 아니하였다면, 피고인들이 위 공사현장의 구내에 들어간 행위를 위 공사현장 구내에 있는 건조물인 위 각 현장사무실 또는 경비실에 침입한 행위로 보거나, 위 공사현장 구내에 있는 건축 중인 건물에 침입한 행위로 볼 수 없다고 한 원심의 판단을 수긍한 사례(대판 2005.10.07. 2005도5351).

④ (○) 주거침입죄는 사실상의 주거의 평온을 보호법익으로 하는 것이므로, 반드시 행위자의 신체의 전부가 범행의 목적인 타인의 주거 안으로 들어가야만 성립하는 것이 아니라 신체의 일부만 타인의 주거 안으로 들어갔다고 하더라도 거주자가 누리는 사실상의 주거의 평온을 해할 수 있는 정도에 이르렀다면 범죄구성요건을 충족하는 것이라고 보아야 하고, 따라서 주거침입죄의 범의는 반드시 신체의 전부가 타인의 주거 안으로 들어간다는 인식이 있어야만 하는 것이 아니라 신체의 일부라도 타인의 주거 안으로 들어간다는 인식이 있으면 족하다(대판 1995.09.15. 94도2561).

⑤ (○) [1] 주거침입죄는 사실상의 주거의 평온을 보호법익으로 하는 것이므로, 그 주거자 또는 간수자가 건조물 등에 거주 또는 간수할 권리를 가지고 있는가의 여부는 범죄의 성립을 좌우하는 것이 아니며, 점유할 권리 없는 자의 점유라 하더라도 그 주거의 평온은 보호되어야 할 것이므로, 권리자가 그 권리를 실행함에 있어 법에 정하여진 절차에 의하지 아니하고 그 건조물 등에 침입한 경우에는 주거침입죄가 성립한다. [2] 다른 사람의 주택에 무단 침입한 범죄사실로 이미 유죄판결을 받은 사람이 그 판결이 확정된 후에도 퇴거하지 않은 채 계속하여 당해 주택에 거주한 사안에서, 위 판결 확정 이후의 행위는 별도의 주거침입죄를 구성한다고 한 사례(대판 2008.05.08. 2007도11322).

정답 ③

문 33

다음 설명 중 가장 옳지 않은 것은? [2018년 37번]

① 선박건조자재운반용으로 도크에 고정되어 82m 높이에 설치되어 있는 기계장치에 10평가량 규모의 방실 등이 있고 평소 그 운전을 위해 1, 2명의 직원이 근무하고 있었다면, 건조물침입죄의 건조물에 해당한다.

② 회사의 이익을 빼돌린다는 소문을 확인할 목적으로 피해자가 사용하면서 비밀번호를 설정하여 비밀장치를 한 전자기록인 개인용 컴퓨터의 하드디스크를 검색하였다면, 회사의 무형자산이나 거래처를 빼돌리고 있는지 긴급히 확인하고 이에 대처할 필요가 있었다고 하더라도 비밀침해죄가 성립한다.

③ 피고인 소유 건물이 하자 있는 임의경매절차에 의하여 경락되고 그에 기한 인도명령에 의한 집행으로 건물의 점유가 이전되었다면, 자력구제의 수단으로 건물에 들어갔더라도 주거침입죄가 성립한다.

④ 사인(私人)이 현행범을 추적하던 중 범인의 부(父)의 집까지 쫓아 들어가 시비 끝에 부에게 상해를 입게 하였다면, 비록 목적이 정당하다고 하더라도 주거침입죄가 성립할 수 있다.

⑤ 문서 자체에 비밀장치가 되어 있지 않더라도, 외부 포장을 만들어서 그 안의 내용을 알 수 없게 만드는 잠금장치가 있는 용기나 서랍 등에 문서를 보관하였다면 비밀침해죄의 객체가 될 수 있다.

:: 해설 ★★

① (○) 선박건조자재운반용으로 도크에 고정되어 82m 높이에 설치되어 있으며 약 10평 정도되는 방실 등이 있고 평소 그 운전을 위해 1, 2명의 직원이 근무하며 인가자 이외의 출입이 금지되는 "골리앗크레인"에 출입통제를 위해 출입문이 잠긴 채 간수인이 없었다 하여도 피고인 등 70명 정도의 근로자가 함께 위 "골리앗크레인"에 들어가서 농성을 하였다면, 피고인 등이 다중의 위력을 보여 간수하는 건조물에 침입한 것에 해당한다(대판 1991.06.11. 91도753).

② (×) '회사의 직원이 회사의 이익을 빼돌린다'는 소문을 확인할 목적으로, 비밀번호를 설정함으로써 비밀장치를 한 전자기록인 피해자가 사용하던 '개인용 컴퓨터의 하드디스크'를 떼어내어 다른 컴퓨터에 연결한 다음 의심이 드는 단어로 파일을 검색하여 메신저 대화 내용, 이메일 등을 출력한 사안에서, 피해자의 범죄 혐의를 구체적이고 합리적으로 의심할 수 있는 상황에서 피고인이 긴급히 확인하고 대처할 필요가 있었고, 그 열람의 범위를 범죄 혐의와 관련된 범위로 제한하였으며, 피해자가 입사시 회사 소유의 컴퓨터를 무단 사용하지 않고 업무 관련 결과물을 모두 회사에 귀속시키겠다고 약정하였고, 검색 결과 범죄행위를 확인할 수 있는 여러 자료가 발견된 사정 등에 비추어, 피고인의 그러한 행위는 사회통념상 허용될 수 있는 상당성이 있는 행위로서 형법 제20조의 '정당행위'에 해당한다(대판 2009.12.24. 2007도6243).

③ (○) 공소외 박노선의 피고인 소유의 부동산에 대한 임의 경매신청에 의하여, 그 근저당권이 설정되지 아니한 이 사건 건물에 대한 경락허가 결정이 무효라고 하더라도 이에 기한 인도명령에 의한 집행으로서 일단 이 사건 건물의 점유가 위 박노선에게 이전된 이상 함부로 다시 이 사건 건물에 들어간 피고인의 소위는 주거침입죄에 해당한다고 할 것이라 하여 피고인을 유죄로 인정한 원심의 조치는 정당하고 거기에 소론과 같은 위법이 있다고는 할 수 없다(대판 1985.03.26. 85도122).

④ (○) 피고인이 소론에서 주장하는 바와 같이 자기 소유 임야에 심어둔 률목을 손괴한 현행범인 피해자 김○○의 아들을 추적하여 피해자의 집에 이르렀던 것이라 할지라도 피해자의 간수하에 있는 그 집에 무단이 들어가서 현행범이 아닌 피해자와 시비 하던 끝에 동인에게 1심판결이 판시한 바와 같은 상해를 입힌 이상 피고인이 피해자의 집에 들어간 소위를 주거침입죄를 구성하는 행위라고 단정한 위 판결에 잘못이 있었다고 할 수 없으니 본 논지도 이유없다(대판 1965.12.21. 65도899).

⑤ (○) 형법 제316조 제1항의 비밀침해죄는 봉함 기타 비밀장치한 사람의 편지, 문서 또는 도화를 개봉하는 행위를 처벌하는 죄이고, 이때 '봉함 기타 비밀장치가 되어 있는 문서'란 '기타 비밀장치'라는 일반 조항을 사용하여 널리 비밀을 보호하고자 하는 위 규정의 취지에 비추어 볼 때, 반드시 문서 자체에 비밀장치가 되어 있는 것만을 의미하는 것은 아니고, 봉함 이외의 방법으로 외부 포장을 만들어서 그 안의 내용을 알 수 없게 만드는 일체의 장치를 가리키는 것으로, 잠금장치 있는 용기나 서랍 등도 포함한다고 할 것인바, 이 사건과 같이 서랍이 2단으로 되어 있어 그 중 아랫칸의 윗부분이 막혀 있지 않아 윗칸을 밖으로 빼내면 아랫칸의 내용물을 쉽게 볼 수 있는 구조로 되어 있는 서랍이라고 하더라도, 피해자가 아랫칸에 잠금장치를 하였고 통상적으로 서랍의 윗칸을 빼어 잠금장치 된 아랫칸 내용물을 볼 수 있는 구조라거나 그와 같은 방법으로 볼 수 있다는 것을 예상할 수 없어 객관적으로 그 내용물을 쉽게 볼 수 없도록 외부에 의사를 표시하였다면, 형법 제316조 제1항의 규정 취지에 비추어 아랫칸은 윗칸에 잠금장치가 되어 있는지 여부에 관계없이 그 자체로서 형법 제316조 제1항에 규정하고 있는 비밀장치에 해당한다고 할 것이고, 이 사건 기록에 나타난 증거들에 의하면, 봉함 기타 비밀장치의 효과를 제거하여 아랫칸 내용물들을 개봉한다는 피고인의 인식을 충분히 인정할 수 있다(대판 2008.11.27. 2008도9071).

정답 ②

문 34

다음 설명 중 옳지 않은 것은 모두 몇 개인가?(다툼이 있는 경우 판례에 의함) [2016년 34번]

> ㉮ 판례는 다가구용 단독주택인 빌라의 잠기지 않은 대문을 열고 들어가 공용 계단으로 빌라 3층까지 올라갔다가 1층으로 내려온 사안에서 주거침입죄를 구성한다고 한다.
> ㉯ 판례는 피고인이 피해자가 사용중인 공중화장실의 용변 칸에 노크하여 남편으로 오인한 피해자가 용변 칸 문을 열자 강간할 의도로 용변 칸에 들어간 것이라면 주거침입죄의 침입에 해당한다고 판시한 바 있다.
> ㉰ 주거침입죄에서 침입행위의 객체인 '건조물'은 엄격한 의미에서의 건조물 그 자체뿐만이 아니라 그에 부속하는 위요지를 포함한다고 할 것이나, 여기서 위요지라고 함은 건조물에 인접한 그 주변의 토지로서 외부와의 경계에 담 등이 설치되어 그 토지가 건조물의 이용에 제공되고 또 외부인이 함부로 출입할 수 없다는 점이 객관적으로 명확하게 드러나야 한다.
> ㉱ 사용자가 제3자와 공동으로 관리·사용하는 공간을 사용자에 대한 쟁의행위를 이유로 관리자의 의사에 반하여 침입·점거한 경우, 사용자에 대한 관계에서 정당한 쟁의행위로 평가된다 하더라도, 제3자에 대하여서까지 이를 정당행위라고 하여 주거침입의 위법성이 조각된다고 볼 수는 없다.
> ㉲ 권리자가 그 권리를 실행함에 있어 법에 정하여진 절차에 의하지 아니하고 그 건조물 등에 침입한 경우에는 주거침입죄가 성립한다.

① 1개 ② 2개 ③ 3개
④ 4개 ⑤ 없음

해설 ★★

㉮ (○) 다가구용 단독주택인 빌라의 잠기지 않은 대문을 열고 들어가 공용 계단으로 빌라 3층까지 올라갔다가 1층으로 내려온 사안에서, 주거인 공용 계단에 들어간 행위가 거주자의 의사에 반한 것이라면 주거에 침입한 것이라고 보아야 하므로 주거침입죄를 구성한다(대판 2009.08.20. 2009도3452).

㉯ (○) 피고인이 피해자가 사용중인 공중화장실의 용변 칸에 노크하여 남편으로 오인한 피해자가 용변 칸 문을 열자 강간할 의도로 용변 칸에 들어간 것이라면 피해자가 명시적 또는 묵시적으로 이를 승낙하였다고 볼 수 없어 주거침입죄에 해당한다(대판 2003.05.30. 2003도1256).

㉰ (○) 주거침입죄에서 침입행위의 객체인 '건조물'은 주거침입죄가 사실상 주거의 평온을 보호법익으로 하는 점에 비추어 엄격한 의미에서의 건조물 그 자체뿐만이 아니라 그에 부속하는 위요지를 포함한다고 할 것이나, 여기서 위요지라고 함은 건조물에 인접한 그 주변의 토지로서 외부와의 경계에 담 등이 설치되어 그 토지가 건조물의 이용에 제공되고 또 외부인이 함부로 출입할 수 없다는 점이 객관적으로 명확하게 드러나야 한다. 따라서 건조물의 이용에 기여하는 인접의 부속 토지라고 하더라도 인적 또는 물적 설비 등에 의한 구획 내지 통제가 없어 통상의 보행으로 그 경계를 쉽사리 넘을 수 있는 정도라고 한다면 일반적으로 외부인의 출입이 제한된다는 사정이 객관적으로 명확하게 드러났다고 보기 어려우므로, 이는 다른 특별한 사정이 없는 한 주거침입죄의 객체에 속하지 아니한다고 봄이 상당하다(대판 2010.04.29. 2009도14643).

㉔ (○) 2인 이상이 하나의 공간에서 공동생활을 하고 있는 경우에는 각자 주거의 평온을 누릴 권리가 있으므로, 사용자가 제3자와 공동으로 관리·사용하는 공간을 사용자에 대한 쟁의행위를 이유로 관리자의 의사에 반하여 침입·점거한 경우, 비록 그 공간의 점거가 사용자에 대한 관계에서 정당한 쟁의행위로 평가될 여지가 있다 하여도 이를 공동으로 관리·사용하는 제3자의 명시적 또는 추정적인 승낙이 없는 이상 위 제3자에 대하여서까지 이를 정당행위라고 하여 주거침입의 위법성이 조각된다고 볼 수는 없다(대판 2010.03.11. 2009도5008).

㉕ (○) 주거침입죄는 사실상의 주거의 평온을 보호법익으로 하는 것이므로, 그 주거자 또는 간수자가 건조물 등에 거주 또는 간수할 권리를 가지고 있는가의 여부는 범죄의 성립을 좌우하는 것이 아니며, 점유할 권리 없는 자의 점유라 하더라도 그 주거의 평온은 보호되어야 할 것이므로, 권리자가 그 권리를 실행함에 있어 법에 정하여진 절차에 의하지 아니하고 그 건조물 등에 침입한 경우에는 주거침입죄가 성립한다(대판 2008.05.08. 2007도11322).

정답 ⑤

제5장 재산에 대한 죄

제❶절 ㅣ 재산죄의 기본개념

문 35

친족상도례에 관한 다음 설명 중 옳지 않은 것은 모두 몇 개인가? [2022년 14번]

> ㄱ. 형법 제361조, 제328조의 규정에 의하면, 직계혈족, 배우자, 동거친족, 동거가족 또는 그 배우자 간의 횡령죄는 그 형을 면제하여야 하고 그 외의 친족 간에는 고소가 있어야 공소를 제기할 수 있는바, 형법상 횡령죄의 성질은 특정경제범죄 가중처벌 등에 관한 법률(이하 '특정경제범죄법'이라 한다) 제3조 제1항에 의해 가중 처벌되는 경우에도 그대로 유지되므로, 형법 제361조는 특정경제범죄법 제3조 제1항 위반죄에도 그대로 적용된다.
> ㄴ. 사기죄를 범하는 자가 금원을 편취하기 위한 수단으로 피해자와 혼인신고를 한 경우라 하더라도 친족상도례가 적용된다.
> ㄷ. 형법 제344조, 제328조 제1항 소정의 친족간의 범행에 관한 규정이 적용되기 위한 친족관계는 원칙적으로 범행 당시에 존재하여야 하는 것이므로, 부가 혼인 외의 출생자를 인지하는 경우 민법 제860조에 의하여 그 자의 출생 시에 소급하여 인지의 효력이 생긴다고 하더라도 이와 같은 인지의 소급효는 친족상도례에 관한 위 규정의 적용에는 미치지 아니한다.
> ㄹ. 법원을 기망하여 제3자로부터 재물을 편취한 경우 피해자인 제3자와 사기죄를 범한 자가 직계혈족의 관계에 있더라도 피기망자가 법원인 이상 그 범인에 대하여 친족상도례가 적용되지 아니한다.
> ㅁ. 절도죄의 보호법익은 소유권이므로, 형법 제344조에 의하여 준용되는 형법 제328조 제1항의 친족간의 범행에 관한 규정은 절도범인과 피해물건의 소유자간에 친족관계가 있으면 절도범인과 피해물건의 점유자간에 친족관계가 없는 경우에도 적용된다.

① 1개   ② 2개   ③ 3개   ④ 4개   ⑤ 5개

MGI Point 친족상도례 ★★

- 친족상도례 규정 ➡ 횡령죄가 특경법 제3조 제1항에 의해 가중처벌되는 경우에도 적용
- 편취의 수단으로 혼인신고를 한 경우 ➡ 친족상도례 규정 적용 ×
- 인지가 범행 후에 이루어진 경우 ➡ 인지의 소급효로 인하여 친족상도례 규정 적용 ○
- 법원을 기망하여 제3자로부터 재물을 편취한 경우 ➡ 제3자와 친족관계면 친족상도례 규정 적용
- 절도죄에 친족상도례 규정이 적용되기 위하여 ➡ 소유자, 점유자 둘 다와 친족관계 要

ㄱ. (○) 형법 제361조, 제328조의 규정에 의하면, 직계혈족, 배우자, 동거친족, 동거가족 또는 그 배우자 간의 횡령죄는 그 형을 면제하여야 하고 그 외의 친족 간에는 고소가 있어야 공소를 제기할 수 있는바, 형법상 횡령죄의 성질은 '특정경제범죄 가중처벌 등에 관한 법률'(이하 '특정법'이라고 한다) 제3조 제1항에 의해 가중 처벌되는 경우에도 그대로 유지되고, 특정법에 친족상도례에 관한 형법 제361조, 제328조의 적용을

배제한다는 명시적인 규정이 없으므로, 형법 제361조는 특경법 제3조 제1항 위반죄에도 그대로 적용된다(대판 2013.09.13. 2013도7754).

ㄴ. (X) 형법 제354조, 제328조 제1항에 의하면 배우자 사이의 사기죄는 이른바 친족상도례에 의하여 형을 면제하도록 되어 있으나, 사기죄를 범하는 자가 금원을 편취하기 위한 수단으로 피해자와 혼인신고를 한 것이어서 그 혼인이 무효인 경우라면, 그러한 피해자에 대한 사기죄에서는 친족상도례를 적용할 수 없다고 할 것이다(대판 2015.12.10. 2014도11533).

ㄷ. (X) 형법 제344조, 제328조 제1항 소정의 친족간의 범행에 관한 규정이 적용되기 위한 친족관계는 원칙적으로 범행 당시에 존재하여야 하는 것이지만, 부가 혼인 외의 출생자를 인지하는 경우에 있어서는 민법 제860조에 의하여 그 자의 출생시에 소급하여 인지의 효력이 생기는 것이며, 이와 같은 인지의 소급효는 친족상도례에 관한 규정의 적용에도 미친다고 보아야 할 것이므로, 인지가 범행 후에 이루어진 경우라고 하더라도 그 소급효에 따라 형성되는 친족관계를 기초로 하여 친족상도례의 규정이 적용된다(대판 1997.01.24. 96도1731).

ㄹ. (X) 법원을 기망하여 제3자로부터 재물을 편취한 경우에 피기망자인 법원은 피해자가 될 수 없고 재물을 편취당한 제3자가 피해자라고 할 것이므로 피해자인 제3자와 사기죄를 범한 자가 직계혈족의 관계에 있을 때에는 그 범인에 대하여 형법 328조 1항을 준용하여 형을 면제하여야 한다(대판 1976.04.13. 75도781).

ㅁ. (X) 형법 제344조에 의하여 준용되는 형법 제328조 제1항에 정한 친족간의 범행에 관한 규정은 범인과 피해물건의 소유자 및 점유자 쌍방간에 같은 규정에 정한 친족관계가 있는 경우에만 적용되는 것이며, 단지 절도범인과 피해물건의 소유자간에만 친족관계가 있거나 절도범인과 피해물건의 점유자간에만 친족관계가 있는 경우에는 그 적용이 없다고 보아야 한다(대판 2014.09.25. 2014도8984).

정답 ④

문 36

친족상도례에 관한 다음 설명 중 가장 옳지 않은 것은? [2021년 13번]

① 횡령범인이 위탁자가 소유자를 위해 보관하고 있는 물건을 위탁자로부터 보관받아 이를 횡령한 경우, 범인과 피해물건의 소유자 및 위탁자 쌍방 사이에 친족관계가 있는 경우에만 친족상도례 규정이 적용되고, 단지 횡령범인과 피해물건의 소유자간에만 친족관계가 있거나 횡령범인과 피해물건의 위탁자간에만 친족관계가 있는 경우에는 적용되지 않는다.

② 손자가 할아버지 소유 농업협동조합 예금통장을 몰래 가지고 나와 이를 현금자동지급기에 넣고 조작하는 방법으로 예금 잔고를 자신의 거래 은행 계좌로 이체한 경우, 손자에게는 컴퓨터 등 사용사기죄가 성립하고, 이 경우 친족상도례 규정을 적용하여 형면제를 할 수는 없다(단, 예금통장 절취 부분은 고려하지 말 것).

③ 甲이 자신의 배우자 乙 소유 자동차를 丙에게 매도한 후, 丙으로부터 매매대금을 모두 지급받고 자동차를 丙에게 인도하였는데, 그 후 甲이 위 자동차를 임의로 취거한 경우, 비록 甲과 乙이 형법 제328조에서 정한 친족관계에 있다고 하더라도, 甲과 丙 사이에 위 규정에서 정한 친족관계가 존재하지 않는 이상, 친족상도례 규정이 적용된다고 볼 수는 없다.

④ 형법 제354조에 의하여 준용되는 형법 제328조 제1항은 "직계혈족, 배우자, 동거친족, 동거가족 또는 그 배우자 간의 제323조의 죄는 그 형을 면제한다."고 규정하고 있는데, 여기서 '그 배우자'는 동거가족의 배우자만을 의미하는 것이 아니라, 직계혈족, 동거친족, 동거가족 모두의 배우자를 의미하는 것이다.

⑤ 甲이 친족관계에 있지 않은 타인 소유의 물건을 甲의 아버지 乙의 소유인 것으로 오신하여 이를 절취한 경우, 친족상도례 규정을 적용하여 甲에 대하여 형면제 판결을 선고함이 타당하다.

> **MGI Point** 친족상도례 ★★
>
> - 피고인이 위탁자가 소유자를 위해 보관하고 있는 물건을 위탁자로부터 보관 받아 이를 횡령한 경우 ⇨ 위탁자와 소유자 모두와의 사이에 친족관계 要
> - 절취한 타인의 신용카드를 이용, 현금지급기에서 자신의 예금계좌로 돈을 이체시킨 후 현금을 인출한 행위 ⇨ 컴퓨터 등사용사기죄 ○, 절도죄 × (친족상도례 적용 ×)
> - 절도범인이 피해물건의 소유자와 점유자 중 어느 한쪽과만 친족관계가 있는 경우 ⇨ 친족상도례에 관한 규정 적용 ×
> - 친족상도례에서 '그 배우자'의 의미
>   동거가족의 배우자만을 의미하는 것이 아니라, 직계혈족, 동거친족, 동거가족 모두의 배우자를 의미
> - 甲이 절취한 물건이 자신의 아버지 소유인 줄 오신한 경우 ⇨ 절도죄의 성립이나 처벌에 영향 無

① (○) 횡령범인이 위탁자가 소유자를 위해 보관하고 있는 물건을 위탁자로부터 보관받아 이를 횡령한 경우에 형법 제361조에 의하여 준용되는 제328조 제2항의 친족간의 범행에 관한 조문은 범인과 피해물건의 소유자 및 위탁자 쌍방 사이에 같은 조문에 정한 친족관계가 있는 경우에만 적용되고, 단지 횡령범인과 피해물건의 소유자간에만 친족관계가 있거나 횡령범인과 피해물건이 위탁자간에만 친족관계가 있는 경우에는 적용되지 않는다(대판 2008.07.24. 2008도3438).

② (○) 손자가 할아버지 소유 농업협동조합 예금통장을 절취하여 이를 현금자동지급기에 넣고 조작하는 방법으로 예금 잔고를 자신의 거래 은행 계좌로 이체한 사안에서, 위 농업협동조합이 컴퓨터 등 사용사기 범행 부분의 피해자라는 이유로 친족상도례를 적용할 수 없다(대판 2007.03.15. 2006도2704).

③ (○) 당사자 사이에 자동차의 소유권을 그 등록명의자 아닌 자가 보유하기로 약정한 경우, 그 약정 당사자 사이의 내부관계에서는 등록명의자 아닌 자가 소유권을 보유하게 된다고 하더라도 제3자에 대한 관계에서는 어디까지나 그 등록명의자가 자동차의 소유자라고 할 것이다(대판 2007.01.11. 2006도4498, 대판 2012.04.26. 2010도11771 등 참조). 한편 형법상 절취란 타인이 점유하고 있는 자기 이외의 자의 소유물을 점유자의 의사에 반하여 그 점유를 배제하고 자기 또는 제3자의 점유로 옮기는 것을 말하고(대판 2010.02.25. 2009도5064 등 참조), 형법 제344조에 의하여 준용되는 형법 제328조 제1항에 정한 친족간의 범행에 관한 규정은 범인과 피해물건의 소유자 및 점유자 쌍방간에 같은 규정에 정한 친족관계가 있는 경우에만 적용되는 것이며, 단지 절도범인과 피해물건의 소유자간에만 친족관계가 있거나 절도범인과 피해물건의 점유자간에만 친족관계가 있는 경우에는 그 적용이 없다고 보아야 한다(대판 1980.11.11. 80도131 참조). 원심이 유지한 제1심이 적법하게 채택한 증거들을 종합하면, 피고인과 피고인의 처 공소외 1은 그녀 명의로 등록된 (차량 번호 생략) 봉고 화물자동차(이하 '이 사건 자동차'라 한다)를 피고인이 소유하기로 약정한 사실, 공소외 1은 자동차매매업자인 공소외 2를 통하여 피해자에게 이 사건 자동차를 매도한 사실, 피해자는 공소외 2에게 매매대금을 모두 지급하고 이 사건 자동차를 인도받아 이를 부산 수영구 망미동 소재 노상에 주차해 둔 사실, 피고인은 피해자가 주차해 둔 이 사건 자동차를 발견하고 임의로 운전하여 간 사실을 알 수 있다. 이러한 사실관계를 앞서 본 법리에 비추어 살펴보면, 제3자인 피해자에 대한 관계에서는 이 사건 자동차의 등록명의자인 공소외 1이 그 소유자이고, 피해자가 매수하여 점유하던 이 사건 자동차를 피고인이 임의로 가져간 이상 절도죄가 성립하며, 피고인은 이 사건 자동차의 소유자인 공소외 1과 친족관계가 있을 뿐 그 점유자인 피해자와는 친족관계가 없으므로 피고인의 절도죄에는 친족간의 범행에 관한 형법 제328조 제1항이 적용되지 아니한다고 할 것이다(대판 2014.09.25. 2014도8984).

④ (○) 형법 제354조에 의하여 준용되는 제328조 제1항에서 "직계혈족, 배우자, 동거친족, 동거가족 또는 그 배우자 간의 제323조의 죄는 그 형을 면제한다."고 규정하고 있는바, 여기서 '그 배우자'는 동거가족의 배우자만을 의미하는 것이 아니라, 직계혈족, 동거친족, 동거가족 모두의 배우자를 의미하는 것으로 볼 것이다(대판 2011.05.13. 2011도1765).

⑤ (X) 인적처벌조각사유에 대한 착오는 범죄의 성립에 영향이 없다. ▶ 구성요건착오는 객관적 구성요건요소에 대한 착오를 말하는 것이다.

> 판례 피고인이 그 본가(本家)의 소유물로 오신하여 이를 절취하였다 할지라도 그 오신은 형의 면제사유에 관한 것으로서 이에 범죄의 구성요건 사실에 관한 제15조 제1항은 적용되지 않는 것이므로 그 오신은 본건 범죄의 성립이나 처벌에 아무런 영향도 미치지 아니한다(대판 1996.06.28. 66도104).

정답 ⑤

문 37

다음 중 甲에게 불법영득의사가 인정되는 사례를 모두 고른 것은? [2020년 33번]

> 가. 甲이 길가에 세워져 있는 오토바이를 소유자 乙의 승낙없이 타고가서 용무를 마친 약 1시간 30분 후 본래 있던 곳에서 약 8미터 되는 장소에 놓아두었다(오토바이에 대한 불법영득의사).
> 나. 甲은 乙의 승낙 없이 혼인신고서를 작성하기 위하여 乙의 도장을 몰래 꺼내어 사용한 후 곧바로 제자리에 갖다 놓았다(도장에 대한 불법영득의사).
> 다. 甲은 乙의 핸드백에서 몰래 꺼낸 乙의 직불카드를 사용하여 乙의 예금계좌에서 자기의 예금계좌로 돈을 이체시켰다가, 乙과 헤어진 때로부터 3시간 뒤에 乙에게 전화하여 사실대로 말한 후 직불카드를 乙에게 반환하였다(직불카드에 대한 불법영득의사).
> 라. 甲은 乙이 운영하는 가게에 있던 乙의 휴대전화를 가지고 나와 승용차를 운전하고 가다가 동승한 자신의 친구에게 이를 사용하게 하였고, 가게를 나온 약 2시간 후 乙 몰래 위 가게 정문 옆 화분에 乙의 휴대전화를 놓아두고 갔다(휴대전화에 대한 불법영득의사).
> 마. 甲이 사채업자로부터 돈을 빌리면서 자신이 리스하여 사용하던 乙캐피탈 소유의 승용차를 담보로 맡겼으나, 차용금채무를 변제하지 못해 위 승용차는 丙에게 매각되었다. 甲은 승용차를 회수하여 乙캐피탈에게 반환할 생각으로 丙 몰래 위 승용차를 운전하여 가져갔다(승용차에 대한 불법영득의사).

① 가, 다
② 나, 라
③ 다, 마
④ 가, 라, 마
⑤ 다, 라, 마

MGI Point 불법영득의사 ★★

- **불법영득의사** : 권리자를 배제하고 타인의 물건을 자기 소유물과 같이 그 경제적 용법에 따라 이용·처분할 의사
  - 길가에 세워져 있는 오토바이를 승낙 없이 타고 가서 약 1시간 30분 후 7, 8미터 떨어진 곳에 방치한 경우
    ⇨ 불법영득의사 ○
- **불법영득의사의 대상** : 물체 또는 특수한 기능가치
  - 특수한 기능가치를 침해한 경우 : 불법영득의사 ○
    타인의 예금통장을 무단사용하여 예금인출 후 반환 ⇨ 절도죄 ○
  - 단순한 사용가치를 침해한 경우 : 불법영득의사
    ① 타인의 직불카드로 자기의 예금계좌에 돈을 이체시키고 반환 ⇨ 직불카드에 대한 불법영득의사 ×
    ② 혼인신고서를 작성하기 위해 피해자 몰래 도장을 꺼내 사용한 후 반환 ⇨ 도장에 대한 불법영득의사 ×
- 영업점 내에 있던 타인의 휴대전화를 허락 없이 가져와 통화를 하고 약 1~2시간 후 영업점 정문 옆 화분에 놓아두고 간 경우 ⇨ 불법영득의사 ○
- 어떠한 물건을 점유자의 의사에 반하여 취거하는 행위가 결과적으로 소유자의 이익으로 된다는 사정이 있는 경우
  ⇨ 다른 특별한 사정이 없는 한 불법영득의사 ○

가. (○) 절도죄에 있어서의 불법영득의 의사는 영구적으로 그 물건의 경제적 이익을 보유할 의사가 필요치 아니하여도 소유권 또는 이에 준하는 본권을 침해하는 의사, 즉 목적물의 물질을 영득할 의사나 물질의 가치만을 영득할 의사라도 영득의 의사가 있다고 할 것인바, 피고인이 길가에 세워져 있는 오토바이를 소유자의 승낙 없이 타고 가서 용무를 마친 약1시간 30분 후 본래 있던 곳에서 약 7, 8미터 되는 장소에 방치하였다면 불법영득의 의사가 있었다고 할 것이다(대판 1981.10.13. 81도2394).

나. (X) 피해자의 승낙 없이 혼인신고서를 작성하기 위하여 피해자의 도장을 몰래 꺼내어 사용한 후 곧바로 제자리에 갖다 놓은 경우, 도장에 대한 불법영득의 의사가 있었다고 볼 수 없다(대판 2000.03.28. 2000도493).

다. (X) 은행이 발급한 직불카드를 사용하여 타인의 예금계좌에서 자기의 예금계좌로 돈을 이체시켰다 하더라도 직불카드 자체가 가지는 경제적 가치가 계좌이체된 금액만큼 소모되었다고 할 수는 없으므로, 이를 일시 사용하고 곧 반환한 경우에는 그 직불카드에 대한 불법영득의 의사는 없다(대판 2006.03.09. 2005도7819).

라. (○) 피고인이 갑의 영업점 내에 있는 갑 소유의 휴대전화를 허락 없이 가지고 나와 이를 이용하여 통화를 하고 문자메시지를 주고받은 다음 약 1∼2시간 후 갑에게 아무런 말을 하지 않고 위 영업점 정문 옆 화분에 놓아두고 간 경우, 피고인이 갑의 휴대전화를 자신의 소유물과 같이 경제적 용법에 따라 이용하다가 본래의 장소와 다른 곳에 유기한 것이므로 피고인에게 불법영득의사가 있었다고 할 것이므로 절도죄가 성립한다(대판 2012.07.12. 2012도1132).

마. (○) 형법상 절취란 타인이 점유하고 있는 자기 이외의 자의 소유물을 점유자의 의사에 반하여 그 점유를 배제하고 자기 또는 제3자의 점유로 옮기는 것을 말한다. 그리고 절도죄의 성립에 필요한 불법영득의 의사란 타인의 물건을 그 권리자를 배제하고 자기의 소유물과 같이 그 경제적 용법에 따라 이용·처분하고자 하는 의사를 말하는 것으로서, 단순히 타인의 점유만을 침해하였다고 하여 그로써 곧 절도죄가 성립하는 것은 아니나, 재물의 소유권 또는 이에 준하는 본권을 침해하는 의사가 있으면 되고 반드시 영구적으로 보유할 의사가 필요한 것은 아니며, 그것이 물건 그 자체를 영득할 의사인지 물건의 가치만을 영득할 의사인지를 불문한다. 따라서 어떠한 물건을 점유자의 의사에 반하여 취거하는 행위가 결과적으로 소유자의 이익으로 된다는 사정 또는 소유자의 추정적 승낙이 있다고 볼 만한 사정이 있다고 하더라도, 다른 특별한 사정이 없는 한 그러한 사유만으로 불법영득의 의사가 없다고 할 수는 없다(대판 2014.02.21. 2013도14139). ▶ 원심판결 이유와 제1심이 적법하게 채택한 증거들에 의하면, ① 피고인은 2011년 9월경 이 사건 승용차의 소유인 ○○캐피탈로부터 공소외인 명의로 위 승용차를 리스하여 운행하던 중, 사채업자로부터 1,300만 원을 빌리면서 위 승용차를 인도한 사실, ② 위 사채업자는 피고인이 차용금을 변제하지 못하자 위 승용차를 매도하였고 최종적으로 피해자가 위 승용차를 매수하여 점유하게 된 사실, ③ 피고인은 위 승용차를 회수하기 위해서 피해자와 만나기로 약속을 한 다음 2012. 10. 22.경 약속장소에 주차되어 있던 위 승용차를 미리 가지고 있던 보조열쇠를 이용하여 임의로 가져간 사실, ④ 이후 위 승용차는 공소외인을 통하여 약 한 달 뒤인 2012. 11. 23.경 ○○캐피탈에 반납된 사실 등을 알 수 있다. 위와 같은 사실관계를 앞서 본 법리에 비추어 살펴보면, 우선 피고인이 자기 이외의 자의 소유물인 이 사건 승용차를 점유자인 피해자의 의사에 반하여 그 점유를 배제하고 자기의 점유로 옮긴 이상 그러한 행위가 '절취'에 해당함은 분명하다. 또한 피고인이 이 사건 승용차를 임의로 가져간 것이 소유자인 ○○캐피탈의 의사에 반하는 것이라고는 보기 어렵고 실제로 위 승용차가 ○○캐피탈에 반납된 사정을 감안한다고 하더라도, 그러한 사정만으로는 피고인에게 불법영득의 의사가 없다고 할 수도 없다.

정답 ④

문 38

친족상도례에 관한 다음 설명 중 가장 옳지 않은 것은? [2020년 15번]

① 피고인이 위탁자가 소유자를 위해 보관하고 있는 물건을 위탁자로부터 보관받아 이를 횡령한 경우에 횡령범인 피고인과 피해물건의 소유자간에 친족관계가 인정되면 친족상도례에 관한 형법 규정이 적용된다.
② 친족상도례에 관한 형법 규정은 특정경제범죄 가중처벌 등에 관한 법률 제3조 제1항 위반죄에도 적용된다.
③ 피고인이 법원을 기망하여 제3자로부터 재물을 편취한 경우에 피고인이 피해자인 제3자와 직계혈족의 관계에 있을 때에는 그 피고인의 형을 면제하여야 한다.
④ 피고인이 甲, 乙 등을 기망하여 甲, 乙, 丙의 합유물인 부동산에 관한 매매계약을 체결하고 소유권을 이전받았으나 잔금을 지급하지 않은 경우에 피고인이 피해자 甲, 乙, 丙 중 甲, 乙과 사이에 친족관계가 인정되더라도, 형법상 친족상도례 규정이 적용되지 않는다.
⑤ 2015년에 발생한 사기죄와 관련하여 사기범인인 피고인과 피해자가 사돈지간인 경우 친족상도례가 적용되지 않는다.

> **MGI Point** 친족상도례 ★★
>
> - 피고인이 위탁자가 소유자를 위해 보관하고 있는 물건을 위탁자로부터 보관받아 이를 횡령한 경우 ⇨ 위탁자와 소유자 모두와의 사이에 친족관계 要
> - 특정경제범죄 가중처벌 등에 관한 법률이 적용되는 경우에도 형법상의 친족상도례 규정 적용
> - 법원을 기망하여 제3자로부터 재물을 편취한 경우에 피고인이 제3자와 직계혈족의 관계에 있는 경우 ⇨ 형 면제
> - 피고인이 甲, 乙 등을 기망하여 甲, 乙, 丙의 합유물인 부동산을 편취 ⇨ 甲, 乙과 사이에 친족관계 있어도 친족상도례 규정 적용 ×
> - 사기범인인 피고인과 피해자가 사돈지간인 경우 ⇨ 친족상도례 적용 ×

① (X) 횡령범인이 위탁자가 소유자를 위해 보관하고 있는 물건을 위탁자로부터 보관받아 이를 횡령한 경우에 형법 제361조에 의하여 준용되는 제328조 제2항의 친족간의 범행에 관한 조문은 범인과 피해물건의 소유자 및 위탁자 쌍방 사이에 같은 조문에 정한 친족관계가 있는 경우에만 적용되고, 단지 횡령범인과 피해물건의 소유자간에만 친족관계가 있거나 횡령범인과 피해물건의 위탁자간에만 친족관계가 있는 경우에는 적용되지 않는다(대판 2008.07.24. 2008도3438).

② (O) 형법 제361조, 제328조의 규정에 의하면, 직계혈족, 배우자, 동거친족, 동거가족 또는 그 배우자 간의 횡령죄는 그 형을 면제하여야 하고 그 외의 친족 간에는 고소가 있어야 공소를 제기할 수 있는바, 형법상 횡령죄의 성질은 '특정경제범죄 가중처벌 등에 관한 법률'(이하 '특경법'이라고 한다) 제3조 제1항에 의해 가중 처벌되는 경우에도 그대로 유지되고, 특경법에 친족상도례에 관한 형법 제361조, 제328조의 적용을 배제한다는 명시적인 규정이 없으므로, 형법 제361조는 특경법 제3조 제1항 위반죄에도 그대로 적용된다(대판 2013.09.13. 2013도7754).

③ (O) 사기죄의 보호법익은 재산권이라고 할 것이므로 사기죄에 있어서는 재산상의 권리를 가지는 자가 아니면 피해자가 될 수 없는 것이다. 그러므로 법원을 기망하여 제3자로부터 재물을 편취한 경우에 피기망자인 법원은 피해자가 될 수 없고 재물을 편취당한 제3자가 피해자라고 할 것이므로 피해자인 제3자와 사기죄를 범한 자가 직계혈족의 관계에 있을 때에는 그 범인에 대하여는 사기죄에 준용되는 형법 제328조 제1항에 의하여 그 형을 면제하여야 할 것이다(대판 1976.04.13. 75도781).

④ (O) 피고인 등이 공모하여, 피해자 甲, 乙 등을 기망하여 甲, 乙 및 丙과 부동산 매매계약을 체결하고 소유권을 이전받은 다음 잔금을 지급하지 않아 같은 금액 상당의 재산상 이익을 편취하였다는 내용으로 기소된 사안에서, 甲은 피고인의 8촌 혈족, 丙은 피고인의 부친이나, 피고인에게 형법상 친족상도례 규정이 적용되지 않는다(대판 2015.06.11. 2015도3160).

⑤ (O) 친족상도례가 적용되는 친족의 범위는 민법의 규정에 의하여야 하는데, 민법 제767조는 배우자, 혈족 및 인척을 친족으로 한다고 규정하고 있고, 민법 제769조는 혈족의 배우자, 배우자의 혈족, 배우자의 혈족의 배우자만을 인척으로 규정하고 있을 뿐, 구 민법(1990. 1. 13. 법률 제4199호로 개정되기 전의 것) 제769조에서 인척으로 규정하였던 '혈족의 배우자의 혈족'을 인척에 포함시키지 않고 있다. 따라서 사기죄의 피고인과 피해자가 사돈지간이라고 하더라도 이를 민법상 친족으로 볼 수 없다(대판 2011.04.28. 2011도2170).
  ▶ 피고인이 백화점 내 점포에 입점시켜 주겠다고 속여 피해자로부터 입점비 명목으로 돈을 편취하였다며 사기로 기소된 사안에서, 피고인의 딸과 피해자의 아들이 혼인하여 피고인과 피해자가 사돈지간이라고 하더라도 민법상 친족으로 볼 수 없는데도, 2촌의 인척인 친족이라는 이유로 위 범죄를 친족상도례가 적용되는 친고죄라고 판단한 후 피해자의 고소가 고소기간을 경과하여 부적법하다고 보아 공소를 기각한 원심판결 및 제1심판결에 친족의 범위에 관한 법리오해의 위법이 있다고 하여 모두 파기한 사례.

정답 ①

문 39

다음 설명 중 가장 옳지 않은 것은? [2020년 5번]

① 경합범 가중 시 징역과 금고는 동종의 형으로 간주하여 징역형으로 처벌한다.
② 형의 선고유예를 받은 날로부터 1년을 경과한 때에는 면소된 것으로 간주한다.
③ 벌금 또는 과료에 관한 유치기간에 산입된 판결선고 전 구금일수는 형법 제72조 제2항(가석방의 경우에 벌금 또는 과료의 병과가 있는 때에는 그 금액을 완납하여야 한다)의 경우에 있어서 그에 해당하는 금액이 납입된 것으로 간주한다.
④ 자기의 소유에 속하는 물건이라도 압류 기타 강제처분을 받거나 타인의 권리 또는 보험의 목적물이 된 때에는 형법 제13장(방화와 실화의 죄)의 규정의 적용에 있어서 타인의 물건으로 간주한다.
⑤ 형법 제38장(절도와 강도의 죄)의 죄에 있어서 관리할 수 있는 동력은 재물로 간주한다.

MGI Point 종합문제 ★★

- 경합범 가중 시 징역과 금고 ⇨ 동종의 형으로 간주하여 징역형으로 처벌 ○
- 형의 선고유예를 받은 날로부터 2년 경과 ⇨ 면소된 것으로 간주 ○
- 벌금 또는 과료에 관한 유치기간에 산입된 판결선고 전 구금일수 ⇨ 형법 제72조 제2항(가석방의 경우에 벌금 또는 과료의 병과가 있는 때에는 그 금액을 완납하여야)의 경우에 있어서 그에 해당하는 금액이 납입된 것으로 간주
- 방화와 실화의 죄에서 자기의 소유에 속하는 물건 ⇨ 압류 기타 강제처분을 받거나 타인의 권리 또는 보험의 목적물이 된 때에는 타인의 물건으로 간주
- 절도와 강도의 죄에 있어서 관리할 수 있는 동력 ⇨ 재물로 간주

---

① (O) 형법 제38조 제2항 참조.

> 형법 제38조(경합범과 처벌례) ① 경합범을 동시에 판결할 때에는 다음의 구별에 의하여 처벌한다.
> 1. 가장 중한 죄에 정한 형이 사형 또는 무기징역이나 무기금고인 때에는 가장 중한 죄에 정한 형으로 처벌한다.
> 2. 각 죄에 정한 형이 사형 또는 무기징역이나 무기금고 이외의 동종의 형인 때에는 가장 중한 죄에 정한 장기 또는 다액에 그 2분의 1까지 가중하되 각 죄에 정한 형의 장기 또는 다액을 합산한 형기 또는 액수를 초과할 수 없다. 단 과료와 과료, 몰수와 몰수는 병과할 수 있다.
> 3. 각 죄에 정한 형이 무기징역이나 무기금고 이외의 이종의 형인 때에는 병과한다.
> ② 전항 각호의 경우에 있어서 징역과 금고는 동종의 형으로 간주하여 징역형으로 처벌한다.

② (X) 형법 제60조 참조.

> 형법 제60조(선고유예의 효과) 형의 선고유예를 받은 날로부터 2년을 경과한 때에는 면소된 것으로 간주한다.

③ (O) 형법 제72조 제2항, 제73조 제2항 참조.

> 제72조(가석방의 요건) ① 징역 또는 금고의 집행 중에 있는 자가 그 행상이 양호하여 개전의 정이 현저한 때에는 무기에 있어서는 20년, 유기에 있어서는 형기의 3분의 1을 경과한 후 행정처분으로 가석방을 할 수 있다.
> ② 전항의 경우에 벌금 또는 과료의 병과가 있는 때에는 그 금액을 완납하여야 한다.
> 제73조(판결선고전 구금과 가석방) ① 형기에 산입된 판결선고전 구금의 일수는 가석방에 있어서 집행을 경과한 기간에 산입한다.
> ② 벌금 또는 과료에 관한 유치기간에 산입된 판결선고전 구금일수는 전조제2항의 경우에 있어서 그에 해당하는 금액이 납입된 것으로 간주한다.

④ (○) 형법 제176조 참조.

> 형법 제176조(타인의 권리대상이 된 자기의 물건) 자기의 소유에 속하는 물건이라도 압류 기타 강제처분을 받거나 타인의 권리 또는 보험의 목적물이 된 때에는 본장(형법 제13장 방화와 실화의 죄))의 규정의 적용에 있어서 타인의 물건으로 간주한다.

⑤ (○) 형법 제346조 참조.

> 형법 제346조(동력) 본장(형법 제38장 절도와 강도의 죄)의 죄에 있어서 관리할 수 있는 동력은 재물로 간주한다.

정답 ②

문 40

친족상도례에 관한 다음 설명 중 가장 옳은 것은?(다툼이 있는 경우 판례에 의함) [2017년 17번]

① 사실혼 관계에 있는 배우자도 친족상도례의 적용을 받는다.
② 절도범인이 피해물건의 소유자와 점유자 모두와 친족관계에 있지 않더라도 친족상도례의 적용을 받는다.
③ 사기죄로 인하여 취득한 재물의 가액이 5억 원 이상일 경우에는 특정경제범죄 가중처벌 등에 관한 법률 제3조에 의하여 가중처벌되는데, 이 경우 친족상도례에 관한 형법 규정은 적용되지 아니한다.
④ 친족상도례가 적용되기 위해서는 친족관계가 객관적으로 존재하여야 하고, 행위자가 이를 인식하여야만 한다.
⑤ 사기죄 피고인의 딸과 피해자의 아들이 혼인하여 사돈지간이라고 하더라도 이를 민법상 친족으로 볼 수 없으므로 친족상도례를 적용할 수 없다.

해설 ★

① (X) 친족상도례에 있어서 배우자는 법률상의 배우자를 의미하며, 사실상의 배우자는 포함되지 아니한다(다수설).
② (X) 형법 제344조에 의하여 준용되는 형법 제328조 제1항에 정한 친족간의 범행에 관한 규정은 범인과 피해물건의 소유자 및 점유자 쌍방간에 같은 규정에 정한 친족관계가 있는 경우에만 적용되는 것이며, 단지 절도범인과 피해물건의 소유자간에만 친족관계가 있거나 절도범인과 피해물건의 점유자간에만 친족관계가 있는 경우에는 그 적용이 없다고 보아야 한다(대판 2014.09.25. 2014도8984).
③ (X) 형법 제354조, 제328조의 규정에 의하면, 직계혈족, 배우자, 동거친족, 동거가족 또는 그 배우자 간의 사기죄는 그 형을 면제하여야 하고 그 외의 친족 간에는 고소가 있어야 공소를 제기할 수 있는바, 형법상 사기죄의 성질은 특정경제범죄 가중처벌 등에 관한 법률 제3조 제1항에 의해 가중처벌되는 경우에도 그대로 유지되고 같은 법률에 친족상도례의 적용을 배제한다는 명시적인 규정이 없으므로, 형법 제354조는 같은 법률 제3조 제1항 위반죄에도 그대로 적용된다(대판 2010.02.11. 2009도12627).
④ (X) 친족상도례는 객관적으로 친족관계가 인정되면 행위자가 범행당시에 객관적인 친족관계의 존부를 알고 있었는가 여부를 불문하고 적용된다(대판 1966.05.28. 66도104).
⑤ (○) 친족상도례가 적용되는 친족의 범위는 민법의 규정에 의하여야 하는데, 민법 제767조는 배우자, 혈족 및 인척을 친족으로 한다고 규정하고 있고, 민법 제769조는 혈족의 배우자, 배우자의 혈족, 배우자의 혈족의 배우자만을 인척으로 규정하고 있을 뿐, 구 민법(1990. 1. 13. 법률 제4199호로 개정되기 전의 것) 제769조에서 인척으로 규정하였던 '혈족의 배우자의 혈족'을 인척에 포함시키지 않고 있다. 따라서 사기죄의 피고인과 피해자가 사돈지간이라고 하더라도 이를 민법상 친족으로 볼 수 없다(대판 2011.04.28. 2011도2170).

정답 ⑤

문 41

다음 중 피고인에 대하여 친족상도례 규정이 적용되지 않는 사안은 모두 몇 개인가?(다툼이 있는 경우 판례에 의함) [2016년 2번]

> ㉮ 피고인이 피해자로부터 금원을 편취하기 위한 수단으로 피해자와 혼인신고를 한 것이어서 그 혼인이 무효인 사안 (사기죄)
> ㉯ 피고인이 피해자 甲과 피고인의 8촌 혈족인 乙, 피고인의 부친인 丙을 기망하여 甲, 乙, 丙의 합유로 등기되어 있는 부동산에 관하여 매매계약을 체결하고 소유권을 이전받은 다음 잔금을 지급하지 않아 재산상의 이익을 편취한 사안 (사기죄)
> ㉰ 피해자의 딸인 피고인이 법원에 피해자를 상대로 대여금 청구의 소를 제기하며 위조한 차용증을 소장과 함께 제출하여 금원을 편취하려고 하였으나 패소한 사안 (사기미수죄)
> ㉱ 피고인의 딸과 피해자의 아들이 혼인하였고, 피고인이 백화점 내 점포에 입점시켜 주겠다고 속여 피해자로부터 입점비 명목으로 돈을 편취한 사안 (사기죄)
> ㉲ 乙은 피고인의 삼촌인 甲으로부터 丙에게 전달해 달라는 부탁과 함께 2,000,000원을 교부받았고, 피고인은 乙로부터 丙에게 전달해 주겠다며 위 돈을 받아 보관하던 중 위 돈을 임의 사용하여 이를 횡령한 사안 (횡령죄)
> ㉳ 혼인 외의 출생자인 피고인이 피해자 甲 소유의 물건을 절취하였고, 제1심 재판 중 피고인이 피해자 甲을 상대로 재판상 인지의 확정판결을 받은 사안 (절도죄)

① 1개 ② 2개 ③ 3개
④ 4개 ⑤ 5개

해설 ★★

㉮ (적용 X) 사기죄를 범하는 사람이 금원을 편취하기 위한 수단으로 피해자와 혼인신고를 한 것이어서 혼인이 무효인 경우, 피해자에 대한 사기죄에서 친족상도례를 적용할 수 없다(대판 2015.12.10. 2014도11533).

㉯ (적용 X) 피고인 등이 공모하여, 피해자 갑, 을 등을 기망하여 갑, 을 및 병과 부동산 매매계약을 체결하고 소유권을 이전받은 다음 잔금을 지급하지 않아 같은 금액 상당의 재산상 이익을 편취하였다는 내용으로 기소된 사안에서, 갑은 피고인의 8촌 혈족, 병은 피고인의 부친이나, 위 부동산이 갑, 을, 병의 합유로 등기되어 있어 피고인에게 형법상 친족상도례 규정이 적용되지 않는다(대판 2015.06.11. 2015도3160).

㉰ (적용 O) 사기죄의 보호법익은 재산권이라고 할 것이므로 사기죄에 있어서는 재산상의 권리를 가지는 자가 아니면 피해자가 될 수 없다. 그러므로 법원을 기망하여 제3자로부터 재물을 편취한 경우에 피기망자인 법원은 피해자가 될 수 없고 재물을 편취당한 제3자가 피해자라고 할 것이므로 피해자인 제3자와 사기죄를 범한 자가 직계혈족의 관계에 있을 때에는 그 범인에 대하여는 형법 제354조에 의하여 준용되는 형법 제328조 제1항에 의하여 그 형을 면제하여야 할 것이다(대판 2014.09.26. 2014도8076).

> 형법 제328조(친족간의 범행과 고소) ① 직계혈족, 배우자, 동거친족, 동거가족 또는 그 배우자간의 제323조의 죄는 그 형을 면제한다.
> ② 제1항이외의 친족간에 제323조의 죄를 범한 때에는 고소가 있어야 공소를 제기할 수 있다.
> ③ 전 2항의 신분관계가 없는 공범에 대하여는 전 이항을 적용하지 아니한다.

* 친족상도례는 권리행사방해죄(형법 제328조)에 규정이 있으며 절도죄(형법 제344조), 사기죄(형법 제354조), 공갈죄(형법 제354조), 횡령죄(형법 제361조), 배임죄(형법 제361조), 장물죄(형법 제365조)에 적용된다. 강도죄와 손괴죄 및 강제집행면탈죄, 점유강취죄, 준점유강취죄 등에 대하여는 준용규정이 없다.
* 두문자 : 강 손 제외

㉣ (적용 X) 피고인이 백화점 내 점포에 입점시켜 주겠다고 속여 피해자로부터 입점비 명목으로 돈을 편취하였다며 사기로 기소된 사안에서, 피고인의 딸과 피해자의 아들이 혼인하여 피고인과 피해자가 사돈지간이라고 하더라도 민법상 친족으로 볼 수 없다(대판 2011.04.28. 2011도2170).

㉤ (적용 X) 횡령범인이 위탁자가 소유자를 위해 보관하고 있는 물건을 위탁자로부터 보관받아 이를 횡령한 경우에 형법 제361조에 의하여 준용되는 제328조 제2항의 친족간의 범행에 관한 조문은 범인과 피해물건의 소유자 및 위탁자 쌍방 사이에 같은 조문에 정한 친족관계가 있는 경우에만 적용되고, 단지 횡령범인과 피해물건의 소유자간에만 친족관계가 있거나 횡령범인과 피해물건의 위탁자간에만 친족관계가 있는 경우에는 적용되지 않는다(대판 2008.07.24. 2008도3438).

㉥ (적용 O) 형법 제344조, 제328조 제1항 소정의 친족간의 범행에 관한 규정이 적용되기 위한 친족관계는 원칙적으로 범행 당시에 존재하여야 하는 것이지만, 부가 혼인 외의 출생자를 인지하는 경우에 있어서는 민법 제860조에 의하여 그 자의 출생시에 소급하여 인지의 효력이 생기는 것이며, 이와 같은 인지의 소급효는 친족상도례에 관한 규정의 적용에도 미친다고 보아야 할 것이므로, 인지가 범행 후에 이루어진 경우라고 하더라도 그 소급효에 따라 형성되는 친족관계를 기초로 하여 친족상도례의 규정이 적용된다(대판 1997.01.24. 96도1731).

정답 ④

제❷절 | 절도의 죄

문 12

다음 설명 중 가장 옳지 않은 것은?[2023년 22번]

① 피고인이 강도상해 등의 범행을 저지르고 도주하기 위하여 피고인이 근무하던 중국집 앞에 세워져 있는 오토바이를 소유자의 승낙 없이 타고 간 뒤 오토바이를 버리고 간 경우 피고인에게 위 오토바이를 불법영득할 의사가 없었다고 할 수 없어, 형법 제331조의2의 자동차등불법사용죄가 아닌 절도죄가 성립한다.
② 형법 제332조에 규정된 상습절도죄를 범한 범인이 그 범행 외에 상습적인 절도의 목적으로 주간에 주거침입을 하였다가 절도에 이르지 아니하고 주거침입에 그친 경우에 그 주간 주거침입행위는 상습절도죄와 별개로 주거침입죄를 구성하지 않는다.
③ 불법영득의 의사 없이 타인의 자동차를 일시 사용한 경우, 이에 따른 유류소비행위는 위 자동차의 일시사용에 필연적으로 부수되어 생긴 결과로서 절도죄를 구성하지 않는 위 자동차의 일시사용행위에 포함된 것이라 할 것이므로 자동차 자체의 일시사용과 독립하여 별개의 절도죄를 구성하지 않는다.
④ 피고인이 A의 집에 침입하여 그 집의 방안에서 A 소유의 재물을 절취하고 그 무렵 그 집에 세들어 사는 B의 방에 침입하여 재물을 절취하려다 미수에 그쳤다면 위 두 범죄는 그 범행장소와 물품의 관리자를 달리하고 있어서 별개의 범죄를 구성한다.
⑤ 야간에 타인의 재물을 절취할 목적으로 사람의 주거에 침입한 경우에는 주거에 침입한 단계에서 이미 형법 제330조에서 규정한 야간주거침입절도죄라는 범죄행위의 실행에 착수한 것이라고 보아야 한다.

> MGI Point **절도죄** ★★
>
> - 오토바이를 소유자의 승낙 없이 타고 간 뒤 오토바이를 버리고 간 경우 ⇨ 절도죄 성립(자동차불법사용죄×)
> - 형법 제332조에 규정된 상습절도죄와 주거침입죄의 관계 ⇨ 주거침입죄는 형법상 상습절도죄에 흡수×, 각 성립
> - 불법영득의 의사 없이 타인의 자동차를 일시 사용한 경우, 이에 따른 유류소비행위 ⇨ 별도로 절도죄 구성×
> - A의 집에 침입하여 A의 재물을 절취한 행위와 그 집 세입자의 방에서 재물을 절취하려다 미수에 그친 행위 ⇨ 각 범죄 성립
> - 야간주거침입절도죄의 실행의 착수시기 ⇨ 주거에 침입한 때

① (○) [1] 형법 제331조의2에서 규정하고 있는 자동차등불법사용죄는 타인의 자동차 등의 교통수단을 불법영득의 의사 없이 일시 사용하는 경우에 적용되는 것으로서 불법영득의사가 인정되는 경우에는 절도죄로 처벌할 수 있을 뿐 본죄로 처벌할 수 없다 할 것이며, 절도죄의 성립에 필요한 불법영득의 의사라 함은 권리자를 배제하고 타인의 물건을 자기의 소유물과 같이 이용, 처분할 의사를 말하고 영구적으로 그 물건의 경제적 이익을 보유할 의사임은 요치 않으며 일시사용의 목적으로 타인의 점유를 침탈한 경우에도 이를 반환할 의사 없이 상당한 장시간 점유하고 있거나 본래의 장소와 다른 곳에 유기하는 경우에는 이를 일시 사용하는 경우라고는 볼 수 없으므로 영득의 의사가 없다고 할 수 없다. [2] 소유자의 승낙 없이 오토바이를 타고 가서 다른 장소에 버린 경우, 자동차등불법사용죄가 아닌 절도죄가 성립한다고 한 사례(대법원 2002. 9. 6. 2002도3465).

② (×) 상습으로 단순절도를 범한 범인이 상습적인 절도범행의 수단으로 주간(낮)에 주거침입을 한 경우에 주간 주거침입행위의 위법성에 대한 평가가 형법 제332조, 제329조의 구성요건적 평가에 포함되어 있다고 볼 수 없다. 그러므로 형법 제332조에 규정된 상습절도죄를 범한 범인이 범행의 수단으로 주간에 주거침입을 한 경우 주간 주거침입행위는 상습절도죄와 별개로 주거침입죄를 구성한다. 또 형법 제332조에 규정된 상습절도죄를 범한 범인이 그 범행 외에 상습적인 절도의 목적으로 주간에 주거침입을 하였다가 절도에 이르지 아니하고 주거침입에 그친 경우에도 주간 주거침입행위는 상습절도죄와 별개로 주거침입죄를 구성한다(대법원 2015. 10. 15. 2015도8169).

③ (○) 불법영득의 의사없이 타인의 자동차를 일시사용한 경우, 이에 따른 유류소비행위는 위 자동차의 일시사용에 필연적으로 부수되어 생긴 결과로서 절도죄를 구성하지 않는 위 자동차의 일시사용행위에 포함된 것이라 할 것이므로 자동차 자체의 일시사용과 독립하여 별개의 절도죄를 구성하지 않는다(대법원 1985. 3. 26. 84도1613).

④ (○) 절도범이 갑의 집에 침입하여 그 집의 방안에서 그 소유의 재물을 절취하고 그 무렵 그 집에 세들어 사는 을의 방에 침입하여 재물을 절취하려다 미수에 그쳤다면 위 두 범죄는 그 범행장소와 물품의 관리자를 달리하고 있어서 별개의 범죄를 구성한다(대법원 1989. 8. 8. 89도664).

⑤ (○) 야간에 타인의 재물을 절취할 목적으로 사람의 주거에 침입한 경우에는 주거에 침입한 단계에서 이미 형법 제330조에서 규정한 야간주거침입절도죄라는 범죄행위의 실행에 착수한 것이라고 보아야 한다(대법원 2006. 9. 14. 2006도2824).

정답 ②

문 42

절도죄의 객체가 되는 '타인의 재물'에 관한 다음 설명 중 가장 옳지 않은 것은? [2021년 9번]

① 절도죄의 객체는 타인이 점유하는 타인의 재물인데, 여기서 '점유'라고 함은 현실적으로 어떠한 재물을 지배하는 순수한 사실상의 관계를 말하는 것으로서, 민법상 점유와 반드시 일치하는 것이 아니다.
② 종전 점유자의 점유가 그의 사망으로 인한 상속에 의하여 당연히 그 상속인에게 이전된다는 민법 제193조는 절도죄의 요건으로서의 '타인의 점유'와 관련하여서는 적용의 여지가 없고, 재물을 점유하는 소유자로부터 이를 상속받아 그 소유권을 취득하였다고 하더라도 상속인이 그 재물에 관하여 사실상의 지배를 가지게 되어야만 이를 점유하는 것으로서 그때부터 비로소 상속인에 대한 절도죄가 성립할 수 있다.
③ 컴퓨터에 저장되어 있는 '정보' 그 자체는 유체물이라고 볼 수도 없고, 물질성을 가진 동력도 아니므로 재물이 될 수 없다 할 것이나, 피고인이 피해자 회사의 컴퓨터에 저장되어 있는 설계도면을 출력하여 생성한 문서는 타인의 재물에 해당하므로, 피고인이 설계도면을 훔칠 목적으로 이를 출력하여 가지고 간 경우 설계도면 자체에 대한 절도죄가 성립한다.
④ 타인의 재물인지는 민법, 상법, 기타의 실체법에 의하여 결정되는데, 금전을 도난당한 경우 절도범이 절취한 금전만 소지하고 있는 때 등과 같이 구체적으로 절취된 금전을 특정할 수 있어 객관적으로 다른 금전 등과 구분됨이 명백한 예외적인 경우에는 절도 피해자에 대한 관계에서 그 금전이 절도범인 타인의 재물이라고 할 수 없다.
⑤ 관리할 수 있는 동력은 절도죄의 객체인 재물이 될 수 있다.

MGI Point 절도죄의 객체가 되는 타인의 재물 ★★

- 절도죄의 객체인 타인이 점유하는 타인의 재물에서의 '점유': 실적으로 어떠한 재물을 지배하는 순수한 사실상의 관계를 의미 (민법상 점유와 반드시 일치 ×)
  - 재물을 점유하는 소유자로부터 이를 상속받아 그 소유권을 취득한 경우 ⇨ 상속인이 그 재물에 관하여 사실상의 지배를 가지게 되어야만 상속인에 대한 절도죄 성립 可
- 절도죄의 객체가 되는 타인의 '재물'을 부정한 사례
  - 컴퓨터에 저장되어 있는 '정보' 그 자체
  - 피해자 회사의 컴퓨터에 저장되어 있는 설계도면을 출력하여 생성한 문서
- 구체적으로 절취된 금전을 특정할 수 있어 객관적으로 다른 금전 등과 구분됨이 명백한 경우 ⇨ 절도 피해자에 대한 관계에서 그 금전이 절도범인 타인의 재물 ×

---

① (○), ② (○) 절도죄란 재물에 대한 타인의 점유를 침해함으로써 성립하는 것이다. 여기서의 '점유'라고 함은 현실적으로 어떠한 재물을 지배하는 순수한 사실상의 관계를 말하는 것으로서, 민법상의 점유와 반드시 일치하는 것이 아니다. 물론 이러한 현실적 지배라고 하여도 점유자가 반드시 직접 소지하거나 항상 감수(監守)하여야 하는 것은 아니고, 재물을 위와 같은 의미에서 사실상으로 지배하는지 여부는 재물의 크기·형상, 그 개성의 유무, 점유자와 재물과의 시간적·장소적 관계 등을 종합하여 사회통념에 비추어 결정되어야 한다. 그렇게 보면 종전 점유자의 점유가 그의 사망으로 인한 상속에 의하여 당연히 그 상속인에게 이전된다는 민법 제193조는 절도죄의 요건으로서의 '타인의 점유'와 관련하여서는 적용의 여지가 없고, 재물을 점유하는 소유자로부터 이를 상속받아 그 소유권을 취득하였다고 하더라도 상속인이 그 재물에 관하여 위에서 본 의미에서의 사실상의 지배를 가지게 되어야만 이를 점유하는 것으로서 그때부터 비로소 상속인에 대한 절도죄가 성립할 수 있다(대판 2012.04.26. 2010도6334).

③ (X), ⑤ (O) 절도죄의 객체는 관리가능한 동력을 포함한 '재물'에 한한다 할 것이고, 또 절도죄가 성립하기 위해서는 그 재물의 소유자 기타 점유자의 점유 내지 이용가능성을 배제하고 이를 자신의 점유하에 배타적으로 이전하는 행위가 있어야만 할 것인바, 컴퓨터에 저장되어 있는 '정보' 그 자체는 유체물이라고 볼 수도 없고, 물질성을 가진 동력도 아니므로 재물이 될 수 없다 할 것이며, 또 이를 복사하거나 출력하였다 할지라도 그 정보 자체가 감소하거나 피해자의 점유 및 이용가능성을 감소시키는 것이 아니므로 그 복사나 출력 행위를 가지고 절도죄를 구성한다고 볼 수도 없다. 피고인이 컴퓨터에 저장된 정보를 출력하여 생성한 문서는 피해 회사의 업무를 위하여 생성되어 피해 회사에 의하여 보관되고 있던 문서가 아니라, 피고인이 가지고 갈 목적으로 피해 회사의 업무와 관계없이 새로 생성시킨 문서라 할 것이므로, 이는 피해 회사 소유의 문서라고 볼 수는 없다 할 것이어서, 이를 가지고 간 행위를 들어 피해 회사 소유의 문서를 절취한 것으로 볼 수는 없다(대판 2002.07.12. 2002도745).

> 형법 제329조 (절도) 타인의 재물을 절취한 자는 6년 이하의 징역 또는 1천만원 이하의 벌금에 처한다.
> 형법 제346조 (동력) 본장의 죄에 있어서 관리할 수 있는 동력은 재물로 간주한다.

④ (O) … 그리고 타인의 재물인지는 민법, 상법, 기타의 실체법에 의하여 결정되는데, 금전을 도난당한 경우 절도범이 절취한 금전만 소지하고 있는 때 등과 같이 구체적으로 절취된 금전을 특정할 수 있어 객관적으로 다른 금전 등과 구분됨이 명백한 예외적인 경우에는 절도 피해자에 대한 관계에서 그 금전이 절도범인 타인의 재물이라고 할 수 없다(대판 2012.08.30. 2012도6157).

정답 ③

문 43

다음 설명 중 옳은 것은 모두 몇 개인가? [2021년 3번]

> 가. 甲이 乙 캐피탈 소유의 승용차를 리스하여 운행하던 중, 사채업자로부터 금원을 차용하면서 위 승용차를 인도하였고, 甲이 차용금을 변제하지 못하자 사채업자는 위 승용차를 丙에게 매도하였는데, 그 후 甲이 자신이 가지고 있던 보조열쇠를 이용하여 위 승용차를 丙 몰래 임의로 가져가 소유자인 乙 캐피탈에 반납한 경우, 결국 소유자인 乙 캐피탈에게 이익이 되거나, 乙 캐피탈의 추정적 승낙에 반한다고 보기 어려우므로, 특별한 사정이 없는 한 甲에게 불법영득의사가 인정된다고 보기는 어렵다.
> 나. 甲 소유 토지 지상에 乙이 권원 없이 감나무를 식재한 경우, 乙이 감나무에서 감을 수확할 때 甲에 대한 절도죄가 성립하는 것은 아니다.
> 다. 양도담보권자인 甲은 양도담보 설정자 乙이 점유하고 있는 양도담보물(동산)을 목적물반환청구권 양도 방식으로 丙에게 처분하였는데, 그 후 甲이 丙으로 하여금 乙이 점유하고 있는 위 양도담보물을 취거하게 하였다고 하더라도, 甲에게 절도죄가 성립하는 것은 아니다.
> 라. 甲이 구입하여 실질적으로 甲의 소유인 자동차에 관하여, 장애인에 대한 면세 혜택 등을 적용받기 위해 乙의 어머니 丙의 명의를 빌려 등록을 하였는데, 乙이 丙으로부터 승용차를 가져가 매도할 것을 허락받고 丙으로부터 인감증명 등을 교부받아 위 승용차를 甲 몰래 가져갔다면, 乙과 丙은 절도죄의 공모공동정범으로 처벌받을 수 있다.
> 마. 甲 회사 현장소장으로 근무하던 乙이 월급을 제대로 지급받지 못할 것을 염려하여 甲 회사 사무실에서 甲 명의의 농협 통장을 몰래 가지고 나와 예금 1,000만 원을 인출한 후 다시 위

통장을 제자리에 가져다 놓은 경우, 예금 통장 자체가 가지는 경제적 가치가 인출된 금액만큼 소모되었다고 할 수는 없으므로 이를 일시 사용하고 곧 반환한 이상 예금통장에 대한 불법영득의사가 인정된다고 보기 어렵다.

① 1개 ② 2개 ③ 3개
④ 4개 ⑤ 5개

> **MGI Point 불법영득의사·절도죄** ★★
>
> - 어떠한 물건을 점유자의 의사에 반하여 취거하는 행위가 결과적으로 소유자의 이익으로 된다는 사정 또는 소유자의 추정적 승낙이 있다고 볼 만한 사정이 있다고 하더라도, 다른 특별한 사정이 없는 경우 ⇨ 불법영득의 의사 인정 ○
> - 타인 소유 토지 지상에 있는 감나무를 권원 없이 식재한 경우 ⇨ 절도죄 성립 ○
> - 양도담보권자가 양도담보 설정자가 점유하고 있는 양도담보물인 동산을 목적물반환청구권 양도 방식으로 제3자에게 처분한 후 양도담보권자가 제3자로 하여금 양도담보 설정자가 점유하고 있는 위 양도담보물을 취거하게 한 경우 ⇨ 절도죄 성립 ×
> - 제3자가 명의수탁자로부터 승용차를 가져가 매도할 것을 허락받고 인감증명 등을 교부받아 위 승용차를 명의신탁자 몰래 가져간 경우 ⇨ 제3자와 명의수탁자의 절도죄의 공모공동정범 성립 ○
> - 예금통장을 무단사용하여 예금을 인출한 후 바로 예금통장을 반환였더라도 예금 통장 자체가 가지는 경제적 가치가 인출된 금액만큼 소모가 인정되는 경우 ⇨ 불법영득의 의사 인정 ○

가. (X) 형법상 절취란 타인이 점유하고 있는 자기 이외의 자의 소유물을 점유자의 의사에 반하여 점유를 배제하고 자기 또는 제3자의 점유로 옮기는 것을 말한다. 그리고 절도죄의 성립에 필요한 불법영득의 의사란 타인의 물건을 그 권리자를 배제하고 자기의 소유물과 같이 그 경제적 용법에 따라 이용·처분하고자 하는 의사를 말하는 것으로서, 단순히 타인의 점유만을 침해하였다고 하여 그로써 곧 절도죄가 성립하는 것은 아니나, 재물의 소유권 또는 이에 준하는 본권을 침해하는 의사가 있으면 되고 반드시 영구적으로 보유할 의사가 필요한 것은 아니며, 그것이 물건 자체를 영득할 의사인지 물건의 가치만을 영득할 의사인지를 불문한다. 따라서 어떠한 물건을 점유자의 의사에 반하여 취거하는 행위가 결과적으로 소유자의 이익으로 된다는 사정 또는 소유자의 추정적 승낙이 있다고 볼 만한 사정이 있다고 하더라도, 다른 특별한 사정이 없는 한 그러한 사유만으로 불법영득의 의사가 없다고 할 수는 없다(대판 2006.03.24. 2005도8081). ▶ ① 피고인은 2011년 9월경 이 사건 승용차의 소유인 ○○캐피탈로부터 공소외인 명의로 위 승용차를 리스하여 운행하던 중, 사채업자로부터 1,300만 원을 빌리면서 위 승용차를 인도한 사실, ② 위 사채업자는 피고인이 차용금을 변제하지 못하자 위 승용차를 매도하였고 최종적으로 피해자가 위 승용차를 매수하여 점유하게 된 사실, ③ 피고인은 위 승용차를 회수하기 위해서 피해자와 만나기로 약속을 한 다음 2012. 10. 22.경 약속장소에 주차되어 있던 위 승용차를 미리 가지고 있던 보조열쇠를 이용하여 임의로 가져간 사실, ④ 이후 위 승용차는 공소외인을 통하여 약 한 달 뒤인 2012. 11. 23.경 ○○캐피탈에 반납된 사실 등을 알 수 있다. 위와 같은 사실관계를 앞서 본 법리에 비추어 살펴보면, 우선 피고인이 자기 이외의 자의 소유물인 이 사건 승용차를 점유자인 피해자의 의사에 반하여 그 점유를 배제하고 자기의 점유로 옮긴 이상 그러한 행위가 '절취'에 해당함은 분명하다. 또한 피고인이 이 사건 승용차를 임의로 가져간 것이 소유자인 ○○캐피탈의 의사에 반하는 것이라고는 보기 어렵고 실제로 위 승용차가 ○○캐피탈에 반납된 사정을 감안한다고 하더라도, 그러한 사정만으로는 피고인에게 불법영득의 의사가 없다고 할 수도 없다고 판시한 사례.

나. (X) 타인의 토지상에 권원 없이 식재한 수목의 소유권은 토지소유자에게 귀속하고 권원에 의하여 식재한 경우에는 그 소유권이 식재한 자에게 있으므로, 권원 없이 식재한 감나무에서 감을 수확한 것은 절도죄에 해당한다(대판 1998.04.24. 97도3425).

다. (○) 양도담보권자인 채권자가 제3자에게 담보목적물인 동산을 매각한 경우, 제3자는 채권자와 채무자 사이의 정산절차 종결 여부와 관계없이 양도담보 목적물을 인도받음으로써 소유권을 취득하게 되고, 양도담보의 설정자가 담보목적물을 점유하고 있는 경우에는 그 목적물의 인도는 채권자로부터 목적물반환청구권을 양도받는 방법으로도 가능하다. 채권자가 양도담보 목적물을 위와 같은 방법으로 제3자에게 처분하여 그 목적물의 소유권을 취득하게 한 다음 그 제3자로 하여금 그 목적물을 취거하게 한 경우, 그 제3자로서는 자기의 소유물을 취거한 것에 불과하므로, 채권자의 이 같은 행위는 절도죄를 구성하지 않는다(대판 2008.11.27. 2006도4263).

라. (○) 자동차 명의신탁관계에서 제3자가 명의수탁자로부터 승용차를 가져가 매도할 것을 허락받고 인감증명 등을 교부받아 위 승용차를 명의신탁자 몰래 가져간 경우, 위 제3자와 명의수탁자의 공모·가공에 의한 절도죄의 공모공동정범이 성립한다(대판 2007.01.11. 2006도4498). ▶ 이 사건 승용차는 피해자 공소외 1이 구입한 것으로 위 피해자의 실질적인 소유이고, 다만 장애인에 대한 면세 혜택 등의 적용을 받기 위해 피고인의 어머니인 공소외 2의 명의를 빌려 등록한 것이고, 나아가 원심 판시와 같이 피고인이 이 사건 당시 공소외 2로부터 위 승용차를 가져가 매도할 것을 허락받고 그녀의 인감증명 등을 교부받은 뒤에 피고인이 이 사건 승용차를 위 피해자 몰래 가져갔다면, 피고인과 공소외 2의 공모·가공에 의한 절도죄의 공모공동정범이 성립된다고 한 사례.

마. (X) 예금통장은 예금채권을 표창하는 유가증권이 아니고 그 자체에 예금액 상당의 경제적 가치가 화체되어 있는 것도 아니지만, 이를 소지함으로써 예금채권의 행사자격을 증명할 수 있는 자격증권으로서 예금계약사실 뿐 아니라 예금액에 대한 증명기능이 있고 이러한 증명기능은 예금통장 자체가 가지는 경제적 가치라고 보아야 하므로, 예금통장을 사용하여 예금을 인출하게 되면 그 인출된 예금액에 대하여는 예금통장 자체의 예금액 증명기능이 상실되고 이에 따라 그 상실된 기능에 상응한 경제적 가치도 소모된다. 그렇다면 타인의 예금통장을 무단사용하여 예금을 인출한 후 바로 예금통장을 반환하였다 하더라도 그 사용으로 인한 위와 같은 경제적 가치의 소모가 무시할 수 있을 정도로 경미한 경우가 아닌 이상, 예금통장 자체가 가지는 예금액 증명기능의 경제적 가치에 대한 불법영득의 의사를 인정할 수 있으므로 절도죄가 성립한다(대판 2010.05.27. 2009도9008). ▶ 공소사실 중 '피고인이 2007. 12. 11. 피해자 공소외 주식회사(이하 '피해자라 한다)의 사무실에서 피해자 명의의 농협 통장(이하 '이 사건 통장'이라 한다)을 몰래 가지고 나와 예금 1,000만 원을 인출한 후 다시 이 사건 통장을 제자리에 갖다 놓는 방법으로 이를 절취하였다는 절도의 점에 대하여, 그 판시와 같이 피고인이 피해자의 현장소장으로 근무하던 중 월급 등을 제대로 지급받지 못할 것을 염려하여 위 공소사실과 같은 행위에 이른 사실을 인정한 다음, 피고인의 그러한 행위로 인하여 이 사건 통장 자체가 가지는 경제적 가치가 그 인출된 예금액만큼 소모되었다고 할 수 없고 피고인이 위와 같이 이 사건 통장을 사용하고 곧 반환한 이상 피고인에게 이 사건 통장에 대한 불법영득의 의사는 없었다고 보아야 한다는 이유로, 이 부분 공소사실을 무죄로 판단한 원심판결을 파기·환송한 사례.

정답 ②

문 44

다음 설명 중 가장 옳지 않은 것은? [2018년 20번]

① 금은방에서 순금목걸이를 구입할 것처럼 기망하여 건네받은 다음 화장실에 다녀오겠다고 거짓말하고 도주하였다면 절도죄가 성립한다.
② 산지기로서 종중 소유의 분묘를 간수하고 있는 자는 그 분묘에 설치된 석등이나 문관석 등을 점유하고 있다고는 할 수 없으므로 이러한 물건 등을 반출하였다면 절도죄가 성립한다.
③ 섬에서 광산개발을 위해 발전기 등을 반입하였으나 광업권 설정의 취소로 인해 사업을 철수한 후 10년 동안 관리하지 않고 있었다면 위 반입된 물건은 절도죄의 객체가 될 수 없다.
④ 고속버스에서 승객이 두고 내린 물건을 버스기사가 현실적으로 발견하지 못한 상태에서 다른 승객이 그 물건을 가져갔다면 절도죄가 성립할 수 없다.
⑤ 피해자 소유의 나무를 캐내었으나 혼자 운반할 수 없어 제3자에게 전화를 걸어 현장으로 와 달라고 부탁하여 제3자와 함께 자동차까지 운반하였다면 특수절도죄가 성립한다.

:: 해설   ★★

① (O) 피고인이 피해자 경영의 금방에서 마치 귀금속을 구입할 것처럼 가장하여 피해자로부터 순금목걸이 등을 건네받은 다음 화장실에 갔다 오겠다는 핑계를 대고 도주한 것이라면 위 순금목걸이 등은 도주하기 전까지는 아직 피해자의 점유하에 있었다고 할 것이므로 이를 절도죄로 의율 처단한 것은 정당하다(대판 1994.08.12. 94도1487).

② (O) 산지기로서 종중 소유의 분묘를 간수하고 있는 자는 그 분묘에 설치된 석등이나 문관석 등을 점유하고 있다고는 할 수 없으므로 이러한 물건 등을 반출하여 가는 행위는 횡령죄가 아니고 절도죄를 구성한다(대판 1985.03.26. 84도3024).

③ (O) 육지로부터 멀리 떨어진 섬에서 광산을 개발하기 위하여 발전기, 경운기 엔진을 섬으로 반입하였다가 광업권 설정이 취소됨으로써 광산개발이 불가능하게 되자 육지로 그 물건들을 반출하는 것을 포기하고 그대로 유기하여 둔 채 섬을 떠난 후 10년 동안 그 물건들을 관리하지 않고 있었다면, 그 섬에 거주하는 피고인이 그 소유자가 섬을 떠난 지 7년이 경과한 뒤 노후 된 물건들을 피고인 집 가까이에 옮겨 놓았다 하더라도, 그 물건들의 반입 경위, 그 소유자가 섬을 떠나게 된 경위, 그 물건들을 옮긴 시점과 그간의 관리상황 등에 비추어 볼 때 피고인이 그 물건들을 옮겨 갈 당시 원소유자나 그 상속인이 그 물건들을 점유할 의사로 사실상 지배하고 있었다고는 볼 수 없으므로, 그 물건들을 절도죄의 객체인 타인이 점유하는 물건으로 볼 수 없다(대판 1994.10.11. 94도1481).

④ (O) 고속버스 운전사는 고속버스의 관수자로서 차내에 있는 승객의 물건을 점유하는 것이 아니고 승객이 잊고 내린 유실물을 교부받을 권능을 가진 뿐이므로 유실물을 현실적으로 발견하지 않는 한 이에 대한 점유를 개시하였다고 할 수 없고, 그 사이에 다른 승객이 유실물을 발견하고 이를 가져갔다면 절도에 해당하지 아니하고 점유이탈물횡령에 해당한다(대판 1993.03.16. 92도3170).

⑤ (X) 입목을 절취하기 위하여 캐낸 때에 소유자의 입목에 대한 점유가 침해되어 범인의 사실적 지배하에 놓이게 되므로 범인이 그 점유를 취득하고 절도죄는 기수에 이른다. 이를 운반하거나 반출하는 등의 행위는 필요하지 않다. 절도범인이 혼자 입목을 땅에서 완전히 캐낸 후에 비로소 제3자가 가담하여 함께 입목을 운반한 사안에서, 특수절도죄의 성립을 부정한 사례(대판 2008.10.23. 2008도6080).

정답 ⑤

문 45

다음 설명 중 옳지 않은 것은 모두 몇 개인가?(다툼이 있는 경우 판례에 의함) [2016년 23번]

㉮ 피고인이 자신의 어머니 甲의 명의로 구입·등록하여 甲에게 명의신탁한 자동차를 乙에게 담보로 제공한 후 乙 몰래 가져간 경우 절도죄가 성립한다.

㉯ 종전 점유자의 점유가 그의 사망으로 인한 상속에 의하여 당연히 그 상속인에게 이전된다는 민법 제193조는 절도죄의 요건으로서의 '타인의 점유'와 관련하여서는 적용의 여지가 없고, 재물을 점유하는 소유자로부터 이를 상속받아 그 소유권을 취득하였다고 하더라도 상속인이 그 재물에 관하여 사실상의 지배를 가지게 되어야만 이를 점유하는 것으로서 그때부터 비로소 상속인에 대한 절도죄가 성립할 수 있다.

㉰ 어떠한 물건을 점유자의 의사에 반하여 취거하는 행위가 결과적으로 소유자의 이익으로 된다는 사정 또는 소유자의 추정적 승낙이 있다고 볼 만한 사정이 있다고 하더라도, 다른 특별한 사정이 없는 한 그러한 사유만으로 불법영득의 의사가 없다고 할 수는 없다.

㉔ 甲이 乙의 돈을 절취한 다음 다른 금전과 섞거나 교환하지 않고 쇼핑백 등에 넣어 자신의 집에 숨겨두었는데, 乙이 甲에게 겁을 주어 쇼핑백 등에 들어 있던 절취된 돈을 교부받았다면, 乙에게 공갈죄가 성립된다고 볼 수 없다.
㉕ 피고인이 甲의 영업점 내에 있는 甲 소유의 휴대전화를 허락 없이 가지고 나와 사용한 다음 약 1~2시간 후 위 영업점 정문 옆 화분에 놓아두고 갔다면 불법영득의사가 인정된다.

① 1개 ② 2개 ③ 3개
④ 4개 ⑤ 없음

해설 ★★★

㉠ (○) [1] 당사자 사이에 자동차의 소유권을 등록명의자 아닌 자가 보유하기로 약정한 경우, 약정 당사자 사이의 내부관계에서는 등록명의자 아닌 자가 소유권을 보유하게 된다고 하더라도 제3자에 대한 관계에서는 어디까지나 등록명의자가 자동차의 소유자라고 할 것이다. [2] 피고인이 자신의 모 갑 명의로 구입·등록하여 갑에게 명의신탁한 자동차를 을에게 담보로 제공한 후 을 몰래 가져가 절취하였다는 내용으로 기소된 사안에서, 을에 대한 관계에서 자동차의 소유자는 갑이고 피고인은 소유자가 아니므로 을이 점유하고 있는 자동차를 임의로 가져간 이상 절도죄가 성립한다(대판 2012.04.26. 2010도11771).

> 참고판례 [1] 자동차나 중기(또는 건설기계)의 소유권의 득실변경은 등록을 함으로써 그 효력이 생기고 그와 같은 등록이 없는 한 대외적 관계에서는 물론 당사자의 대내적 관계에 있어서도 그 소유권을 취득할 수 없는 것이 원칙이지만, 당사자 사이에 그 소유권을 그 등록 명의자 아닌 자가 보유하기로 약정하였다는 등의 특별한 사정이 있는 경우에는 그 내부관계에 있어서는 그 등록 명의자 아닌 자가 소유권을 보유하게 된다.
> [2] 자동차 명의신탁관계에서 제3자가 명의수탁자로부터 승용차를 가져가 매도할 것을 허락받고 인감증명 등을 교부받아 위 승용차를 명의신탁자 몰래 가져간 경우, 위 제3자와 명의수탁자의 공모·가공에 의한 절도죄의 공모공동정범이 성립한다(대판 2007.01.11. 2006도4498).

㉡ (○) 절도죄란 재물에 대한 타인의 점유를 침해함으로써 성립하는 것이다. 여기서의 '점유'라고 함은 현실적으로 어떠한 재물을 지배하는 순수한 사실상의 관계를 말하는 것으로서, 민법상의 점유와 반드시 일치하는 것이 아니다. 물론 이러한 현실적 지배라고 하여도 점유자가 반드시 직접 소지하거나 항상 감수하여야 하는 것은 아니고, 재물을 위와 같은 의미에서 사실상으로 지배하는지 여부는 재물의 크기·형상, 그 개성의 유무, 점유자와 재물과의 시간적·장소적 관계 등을 종합하여 사회통념에 비추어 결정되어야 한다. 그렇게 보면 종전 점유자의 점유가 그의 사망으로 인한 상속에 의하여 당연히 그 상속인에게 이전된다는 민법 제193조는 절도죄의 요건으로서의 '타인의 점유'와 관련하여서는 적용의 여지가 없고, 재물을 점유하는 소유자로부터 이를 상속받아 그 소유권을 취득하였다고 하더라도 상속인이 그 재물에 관하여 위에서 본 의미에서의 사실상의 지배를 가지게 되어야만 이를 점유하는 것으로서 그때부터 비로소 상속인에 대한 절도죄가 성립할 수 있다(대판 2012.04.26. 2010도6334).

㉢ (○) 형법상 절취란 타인이 점유하고 있는 자기 이외의 자의 소유물을 점유자의 의사에 반하여 점유를 배제하고 자기 또는 제3자의 점유로 옮기는 것을 말한다. 그리고 절도죄의 성립에 필요한 불법영득의 의사란 타인의 물건을 그 권리자를 배제하고 자기의 소유물과 같이 그 경제적 용법에 따라 이용·처분하고자 하는 의사를 말하는 것으로서, 단순히 타인의 점유만을 침해하였다고 하여 그로써 곧 절도죄가 성립하는 것은 아니나, 재물의 소유권 또는 이에 준하는 본권을 침해하는 의사가 있으면 되고 반드시 영구적으로 보유할 의사가 필요한 것은 아니며, 그것이 물건 자체를 영득할 의사인지 물건의 가치만을 영득할 의사인지를 불문한다. 따

라서 어떠한 물건을 점유자의 의사에 반하여 취거하는 행위가 결과적으로 소유자의 이익으로 된다는 사정 또는 소유자의 추정적 승낙이 있다고 볼 만한 사정이 있다고 하더라도, 다른 특별한 사정이 없는 한 그러한 사유만으로 불법영득의 의사가 없다고 할 수는 없다(대판 2014.02.21. 2013도14139).

㉣ (○) 갑이 을의 돈을 절취한 다음 다른 금전과 섞거나 교환하지 않고 쇼핑백 등에 넣어 자신의 집에 숨겨두었는데, 피고인이 을의 지시로 폭력조직원 병과 함께 갑에게 겁을 주어 쇼핑백 등에 들어 있던 절취된 돈을 교부받아 갈취하였다고 하여 폭력행위 등 처벌에 관한 법률 위반(공동공갈)으로 기소된 사안에서, 피고인 등이 갑에게서 되찾은 돈은 절취 대상인 당해 금전이라고 구체적으로 특정할 수 있어 객관적으로 갑의 다른 재산과 구분됨이 명백하므로 이를 타인인 갑의 재물이라고 볼 수 없고, 따라서 비록 피고인 등이 갑을 공갈하여 돈을 교부받았더라도 타인의 재물을 갈취한 행위로서 공갈죄가 성립된다고 볼 수 없다(대판 2012.08.30. 2012도6157).

㉤ (○) 피고인이 갑의 영업점 내에 있는 갑 소유의 휴대전화를 허락 없이 가지고 나와 이를 이용하여 통화를 하고 문자메시지를 주고받은 다음 약 1~2시간 후 갑에게 아무런 말을 하지 않고 위 영업점 정문 옆 화분에 놓아두고 감으로써 이를 절취하였다는 내용으로 기소된 사안에서, 피고인이 갑의 휴대전화를 자신의 소유물과 같이 경제적 용법에 따라 이용하다가 본래의 장소와 다른 곳에 유기한 것이므로 피고인에게 절도죄의 불법영득의사가 있었다고 할 것이다(대판 2012.07.12. 2012도1132).

정답 ⑤.

제❸절 ▎강도의 죄

문 46

강도의 죄에 관한 다음 설명 중 옳지 않은 것은 모두 몇 개인가? [2022년 26번]

> ㄱ. 강도죄의 객체인 재산상 이익은 재물 이외의 재산상의 이익을 말하는 것으로서 적극적 이익이든 소극적 이익이든 모두 포함하는 것이나 그 이익이 사법상 무효로서 법률상 정당하게 그 이행을 청구할 수 없는 경우에는 강도죄에 있어서 재산상 이익에 해당한다고 보기 어렵다.
> ㄴ. 감금행위가 강도죄의 수단이 된 경우에는 감금죄는 강도죄에 흡수되어 별도의 죄를 구성하지 아니한다.
> ㄷ. 피고인이 여관에 들어가 1층 안내실에 있던 여관의 관리인을 칼로 찔러 상해를 가하고 그로부터 금품을 강취한 다음, 각 객실에 들어가 각 투숙객들로부터 금품을 강취하였다면, 피고인의 위와 같은 행위는 시간적으로 근접한 단일한 강도의 기회에 이루어진 것으로서 포괄하여 1개의 강도상해죄가 성립한다.
> ㄹ. 강도예비·음모죄가 성립하기 위해서는 예비·음모 행위자에게 미필적으로라도 '강도'를 할 목적이 있음이 인정되어야 하고 그에 이르지 않고 단순히 '준강도'할 목적이 있음에 그치는 경우에는 강도예비·음모죄로 처벌할 수 없다.
> ㅁ. 피고인이 절도행위가 발각되어 도주하다가 곧바로 뒤쫓아 온 보안요원에게 붙잡혀 보안사무실로 인도되어 피해자로부터 그 경위를 확인받던 중 체포된 상태를 벗어나기 위해서 피해자에게 폭행을 가하여 상해를 가한 경우, 피고인의 폭행은 절도의 기회에 이루어진 것이라고 볼 수 없으므로 강도상해죄가 성립하지 아니한다.

① 1개 ② 2개 ③ 3개 ④ 4개 ⑤ 5개

MGI Point 강도의 죄 ★★

- 강도죄의 객체인 재산상 이익 ⇨ 이익이 사법상 무효로서 법률상 정당하게 그 이행을 청구할 수 없는 경우에도 인정
- 감금행위가 강도죄의 수단이 된 경우 ⇨ 감금죄는 강도죄에 흡수 ×, 별죄를 구성
- 1층 안내실에 있던 여관의 관리인을 칼로 찔러 상해를 가하고 그로부터 금품을 강취한 다음, 각 객실에 들어가 각 투숙객들로부터 금품을 강취 ⇨ 실체적 경합의 관계
- '준강도'할 목적이 있음에 그치는 경우 ⇨ 강도예비·음모죄로 처벌 불가
- 보안요원에게 붙잡혀 보안사무실로 인도된 상태에서 피해자에게 상해를 가한 경우 ⇨ 강도상해죄 성립

ㄱ. (X) 형법 제333조 후단의 강도죄, 이른바 강제이득죄에서 말하는 '재산상의 이익'이란 재물 이외의 재산상의 이익을 말하는 것으로서 적극적 이익(재산의 증가)과 소극적 이익(부채의 감소)을 모두 포함한다. 강제이득죄를 처벌하는 취지는 권리의무관계가 외형상으로라도 불법적으로 변동되는 것을 막고자 함에 있고, 강도죄는 항거불능이나 반항을 억압할 정도의 폭행·협박을 그 요건으로 한다. 따라서 법률상 정당하게 그 이행을 청구할 수 있는 것이 아니어도 강도죄에서의 재산상의 이익에 해당할 수 있고, 그 재산상의 이익은 반드시 사법상 유효한 재산상의 이득만을 의미하는 것이 아니며, 외견상 재산상의 이득을 얻을 것이라고 인정할 수 있는 사실관계만 있으면 여기에 해당된다(대판 2020.10.15. 2020도7218).

ㄴ. (X) 감금행위가 강간죄나 강도죄의 수단이 된 경우에도 감금죄는 강간죄나 강도죄에 흡수되지 아니하고 별죄를 구성한다(대판 1997.01.21. 96도2715).

ㄷ. (X) 강도가 서로 다른 시기에 다른 장소에서 수인의 피해자들에게 각기 폭행 또는 협박을 하여 각 그 피해자들의 재물을 강취하고, 그 피해자들 중 1인을 상해한 경우에는, 각기 별도로 강도죄와 강도상해죄가 성립하는 것임은 물론, 법률상 1개의 행위로 평가되는 것도 아닌 바, 피고인이 여관에 들어가 1층 안내실에 있던 여관의 관리인을 칼로 찔러 상해를 가하고, 그로부터 금품을 강취한 다음, 각 객실에 들어가 각 투숙객들로부터 금품을 강취하였다면, 피고인의 위와 같은 각 행위는 비록 시간적으로 접착된 상황에서 동일한 방법으로 이루어지기는 하였으나, 포괄하여 1개의 강도상해죄만을 구성하는 것이 아니라 실체적경합범의 관계에 있는 것이라고 할 것이다(대판 1991.06.25. 91도643).

ㄹ. (O) 강도예비·음모죄가 성립하기 위해서는 예비·음모 행위자에게 미필적으로라도 '강도'를 할 목적이 있음이 인정되어야 하고 그에 이르지 않고 단순히 '준강도'할 목적이 있음에 그치는 경우에는 강도예비·음모죄로 처벌할 수 없다(대판 2006.09.14. 2004도6432).

ㅁ. (X) 피고인은 절도행위가 발각되어 도주하다가 곧바로 뒤쫓아 온 보안요원 이대철에게 붙잡혀 보안사무실로 인도되어 피해자로부터 그 경위를 확인받던 중 체포된 상태를 벗어나기 위해서 위 피해자에게 폭행을 가하여 상해를 가한 사실이 인정되고, 사실관계가 이러하다면 피고인은 일단 체포되었다고는 하지만 아직 신병 확보가 확실하다고 할 수 없는 단계에서 체포된 상태를 면하기 위해서 피해자를 폭행하여 상해를 가한 것이므로 이러한 피고인의 행위는 절도의 기회에 체포를 면탈할 목적으로 폭행하여 상해를 가한 것으로서 강도상해죄에 해당한다(대판 2001.10.23. 2001도4142,2001감도100).

정답 ④

문 47

다음 설명 중 옳지 않은 것은 모두 몇 개인가? [2020년 6번]

- 가. 형법 제337조의 강도상해죄는 강도범인이 강도의 기회에 상해행위를 함으로써 성립하므로 강도범행의 실행 중이거나 실행 직후 또는 실행의 범의를 포기한 직후로서 사회통념상 범죄행위가 완료되지 아니하였다고 볼 수 있는 단계에서 상해가 행하여짐을 요건으로 한다. 그러나 반드시 강도범행의 수단으로 한 폭행에 의하여 상해를 입힐 것을 요하는 것은 아니고 상해행위가 강도가 기수에 이르기 전에 행하여져야만 하는 것은 아니므로, 강도범행 이후에도 피해자를 계속 끌고 다니거나 차량에 태우고 함께 이동하는 등으로 강도범행으로 인한 피해자의 심리적 저항불능 상태가 해소되지 않은 상태에서 강도범인의 상해행위가 있었다면 강취행위와 상해행위 사이에 다소의 시간적·공간적 간격이 있었다는 것만으로는 강도상해죄의 성립에 영향이 없다.
- 나. 형법 제335조(준강도)는 재물의 탈환을 항거하거나 체포를 면탈하거나 죄적을 인멸한 목적으로 폭행 또는 협박을 가한 때에 준강도가 성립한다고 규정하고 있으므로, 준강도죄의 주체는 절도범인이고, 절도죄의 객체는 재물이다.
- 다. 형법 제335조에서 절도가 재물의 탈환을 항거하거나 체포를 면탈하거나 죄적을 인멸할 목적으로 폭행 또는 협박을 가한 때에 준강도로서 강도죄의 예에 따라 처벌하는 취지는, 강도죄와 준강도죄의 구성요건인 재물탈취와 폭행·협박 사이에 시간적 순서상 전후의 차이가 있을 뿐 실질적으로 위법성이 같다고 보기 때문인바, 이와 같은 준강도죄의 입법 취지, 강도죄와의 균형 등을 종합적으로 고려해 보면, 준강도죄의 기수 여부는 폭행·협박행위의 종료 여부를 기준으로 하여 판단하여야 한다.
- 라. 강도살인죄가 성립하려면 먼저 강도죄의 성립이 인정되어야 하고, 강도죄가 성립하려면 불법영득(또는 불법이득)의 의사가 있어야 하며, 형법 제333조 후단 소정의 이른바 강제이득죄의 성립요건인 '재산상 이익의 취득'을 인정하기 위하여서는 재산상 이익이 사실상 피해자에 대하여 불이익하게 범인 또는 제3자 앞으로 이전되었다고 볼 만한 상태가 이루어져야 하는데, 채무의 존재가 명백할 뿐만 아니라 채권자의 상속인이 존재하고 그 상속인에게 채권의 존재를 확인할 방법이 확보되어 있는 경우에는 비록 그 채무를 면탈할 의사로 채권자를 살해하더라도 일시적으로 채권자 측의 추급을 면한 것에 불과하여 재산상 이익의 지배가 채권자 측으로부터 범인 앞으로 이전되었다고 보기는 어려우므로, 이러한 경우에는 강도살인죄가 성립할 수 없다
- 마. 형법 제335조의 준강도죄의 구성요건인 폭행은 같은법 제333조의 폭행의 정도와의 균형상 상대방의 반항(항쟁)을 억압할 정도 즉 반항을 억압하는 수단으로서 일반적, 객관적으로 가능하다고 인정하는 정도면 족하다 할 것이고 이는 체포되려는 구체적 상황에 비추어 체포의 공격력을 억압함에 족한 정도의 것인 여부에 따라 결정되어야 할 것이므로 피고인이 옷을 잡히자 체포를 면하려고 충동적으로 저항을 시도하여 잡은 손을 뿌리친 정도의 폭행을 준강도죄로 의율할 수는 없다.

① 1개   ② 2개   ③ 3개
④ 4개   ⑤ 없음

| MGI Point | **강도상해·강도살인·준강도** ★★

- 강도범행 이후에도 강도범행으로 인한 피해자의 심리적 저항불능 상태가 해소되지 않은 상태에서 강도범인의 상해행위가 있는 경우 ⇨ 강도상해죄 ○
- 준강도죄의 주체는 절도범인이고, 절도죄의 객체는 재물 ○
- 준강도죄의 기수 시기 ⇨ 폭행·협박행위의 종료 여부를 기준으로 하여 판단 ×
- 채무의 존재가 명백할 뿐만 아니라 채권자의 상속인이 존재하고 그 상속인에게 채권의 존재를 확인할 방법이 확보되어 있는 경우 ⇨ 채무를 면탈할 의사로 채권자를 살해하더라도 강도살인죄 ×
- 절도범이 옷을 잡히자 체포를 면하려고 잡은 손을 뿌리친 경우 ⇨ 준강도죄 ×

가. (○) 형법 제337조의 강도상해죄는 강도범인이 강도의 기회에 상해행위를 함으로써 성립하므로 강도범행의 실행 중이거나 실행 직후 또는 실행의 범의를 포기한 직후로서 사회통념상 범죄행위가 완료되지 아니하였다고 볼 수 있는 단계에서 상해가 행하여짐을 요건으로 한다. 그러나 반드시 강도범행의 수단으로 한 폭행에 의하여 상해를 입힐 것을 요하는 것은 아니고 상해행위가 강도가 기수에 이르기 전에 행하여져야만 하는 것은 아니므로, 강도범행 이후에도 피해자를 계속 끌고 다니거나 차량에 태우고 함께 이동하는 등으로 강도범행으로 인한 피해자의 심리적 저항불능 상태가 해소되지 않은 상태에서 강도범인의 상해행위가 있었다면 강취행위와 상해행위 사이에 다소의 시간적·공간적 간격이 있었다는 것만으로는 강도상해죄의 성립에 영향이 없다(대판 2014.09.26. 2014도9567).

나. (○) 형법 제335조는 '절도'가 재물의 탈환을 항거하거나 체포를 면탈하거나 죄적을 인멸한 목적으로 폭행 또는 협박을 가한 때에 준강도가 성립한다고 규정하고 있으므로, 준강도죄의 주체는 절도범인이고, 절도죄의 객체는 재물이다(대판 2014.05.16. 2014도2521). ▶ 피고인이 술집 운영자 甲으로부터 술값의 지급을 요구받자 甲을 유인·폭행하고 도주함으로써 술값의 지급을 면하여 재산상 이익을 취득하고 상해를 가하였다고 하여 강도상해로 기소되었는데, 원심이 위 공소사실을 '피고인이 甲에게 지급해야 할 술값의 지급을 면하여 재산상 이익을 취득하고 甲을 폭행하였다'는 범죄사실로 인정하여 준강도죄를 적용한 사안에서, 원심이 인정한 범죄사실에는 그 자체로 절도의 실행에 착수하였다는 내용이 포함되어 있지 않음에도 준강도죄를 적용하여 유죄로 인정한 원심판결에 준강도죄의 주체에 관한 법리오해의 잘못이 있다고 한 사례.

다. (×) 형법 제335조에서 절도가 재물의 탈환을 항거하거나 체포를 면탈하거나 죄적을 인멸할 목적으로 폭행 또는 협박을 가한 때에 준강도로서 강도죄의 예에 따라 처벌하는 취지는, 강도죄와 준강도죄의 구성요건인 재물탈취와 폭행·협박 사이에 시간적 순서상 전후의 차이가 있을 뿐 실질적으로 위법성이 같다고 보기 때문인바, 이와 같은 준강도죄의 입법 취지, 강도죄와의 균형 등을 종합적으로 고려해 보면, 준강도죄의 기수 여부는 절도행위의 기수 여부를 기준으로 하여 판단하여야 한다(대판 2004.11.18. 2004도5074(전합)). ▶ 피고인이 공소외인과 합동하여 양주를 절취할 목적으로 장소를 물색하던 중, 2003. 12. 9. 06:30경 부산 부산진구 부전2동 522-24 소재 5층 건물 중 2층 피해자 1이 운영하는 주점에 이르러, 공소외인은 1층과 2층 계단 사이에서 피고인과 무전기로 연락을 취하면서 망을 보고, 피고인은 위 주점의 잠금장치를 뜯고 침입하여 위 주점 내 진열장에 있던 양주 45병 시가 1,622,000원 상당을 미리 준비한 바구니 3개에 담고 있던 중, 계단에서 서성거리고 있던 공소외인을 수상히 여기고 위 주점 종업원 피해자 2, 이윤룡이 주점으로 돌아오려는 소리를 듣고서 양주를 그대로 둔 채 출입문을 열고 나오다가 피해자 2 등이 피고인을 붙잡자, 체포를 면탈할 목적으로 피고인의 목을 잡고 있던 피해자의 오른손을 깨무는 등 폭행한 사실을 인정한 다음 절도미수범이 체포를 면탈할 목적으로 폭행한 행위에 대하여 준강도미수죄로 의율한 원심판결을 수긍한 사례.

라. (○) 강도살인죄가 성립하려면 먼저 강도죄의 성립이 인정되어야 하고, 강도죄가 성립하려면 불법영득(또는 불법이득)의 의사가 있어야 하며, 형법 제333조 후단 소정의 이른바 강제이득죄의 성립요건인 '재산상 이익의 취득'을 인정하기 위하여는 재산상 이익이 사실상 피해자에 대하여 불이익하게 범인 또는 제3자 앞으로 이전되었다고 볼 만한 상태가 이루어져야 하는데, 채무의 존재가 명백할 뿐만 아니라 채권자의 상속인이 존재하고 그 상속인에게 채권의 존재를 확인할 방법이 확보되어 있는 경우에는 비록 그 채무를 면탈할 의사로 채권자를 살해하더라도 일시적으로 채권자측의 추급을 면한 것에 불과하여 재산상 이익의 지배가 채권자측으로부터 범인 앞으로 이전되었다고 보기는 어려우므로, 이러한 경우에는 강도살인죄가 성립할 수 없다(대판 2004.06.24. 2004도1098).

마. (○) 형법 제335조의 준강도죄의 구성요건인 폭행은 같은법 제333조의 폭행의 정도와의 균형상 상대방의 반항(항쟁)을 억압할 정도 즉 반항을 억압하는 수단으로서 일반적, 객관적으로 가능하다고 인정하는 정도면

족하다 할 것이고 이는 체포되려는 구체적 상황에 비추어 체포의 공격력을 억압함에 족한 정도의 것인 여부에 따라 결정되어야 할 것이므로 피고인이 옷을 잡히자 체포를 면하려고 충동적으로 저항을 시도하여 잡은 손을 뿌리친 정도의 폭행을 준강도죄로 의율할 수는 없다(대판 1985.05.14. 85도619).

정답 ①

문 48

강도의 죄에 관한 다음 설명 중 가장 옳은 것은? [2019년 9번]

① 강도범행 이후에도 피해자를 계속 끌고 다니거나 차량에 태우고 함께 이동하는 등으로 강도범행으로 인한 피해자의 심리적 저항불능 상태가 해소되지 않은 상태에서 강도범인이 상해를 가한 경우, 강취행위와 상해행위 사이에 시간적·공간적 간격이 있으므로 강도상해죄가 성립하지 않는다.
② 강도예비·음모죄가 성립하기 위해서는 예비·음모 행위자에게 미필적으로라도 '강도'를 할 목적이 있음이 인정되어야 하고, 여기의 강도에는 '준강도'도 포함되므로 단순히 준강도할 목적이 있는 경우에도 강도예비·음모죄로 처벌할 수 있다.
③ 준강도죄의 주체는 절도이고 여기에는 기수는 물론 형법상처벌규정이 있는 미수도 포함되는 것이지만, 준강도죄의 기수·미수의 구별은 구성요건적 행위인 폭행 또는 협박이 종료되었는가 하는 점에 따라 결정된다고 해석하는 것이 법규정의 문언 및 미수론의 법리에 부합하는 것이다.
④ 피고인이 여관에 들어가 1층 안내실에 있던 여관의 관리인을 칼로 찔러 상해를 가하고, 그로부터 금품을 강취한 다음, 각 객실에 들어가 각 투숙객들로부터 금품을 강취하였다면, 피고인의 위와 같은 각 행위는 포괄하여 1개의 강도상해죄만을 구성한다.
⑤ 채무의 존재가 명백할 뿐만 아니라 채권자의 상속인이 존재하고 그 상속인에게 채권의 존재를 확인할 방법이 확보되어 있는 경우에는 비록 그 채무를 면탈할 의사로 채권자를 살해하더라도 강도살인죄가 성립할 수 없다.

MGI Point   강도죄   ★★★

- 강도범행 이후에도 피해자를 계속 끌고 다니거나 차량에 태우고 함께 이동하는 등으로 강도범행으로 인한 피해자의 심리적 저항불능 상태가 해소되지 않은 상태에서 강도범인의 상해행위 ⇨ 강취행위와 상해행위사이에 시간적 공간적 간격 있다는 것만으로 강도상해 성립에 영향 ×
- 강도예비·음모죄의 "강도할 목적"에는 준강도할 목적 포함 ×
- 준강도죄의 기수 여부 ⇨ 절취행위의 기수 여부를 기준으로 판단
- 여관에 들어가 1층 안내실에 있던 여관의 관리인을 칼로 찔러 상해를 가해 금품을 강취한 다음, 각 객실에 들어가 각 투숙객들로부터 금품을 강취 ⇨ 포괄하여 강도상해죄 1죄 ×, 실체적 경합 ○
- 채무를 면탈할 의사로 채권자를 살해하였으나 채권자측의 추급을 면한 것에 불과 ⇨ 채무의 존재가 명백할 뿐만 아니라 채권자의 상속인이 존재하고 그 상속인에게 채권의 존재를 확인할 방법이 확보되어 있는 경우임 ⇨ 강도살인죄 ×, 살인죄 ○

① (X) 형법 제337조의 강도상해죄는 강도범인이 강도의 기회에 상해행위를 함으로써 성립하므로 강도범행의 실행 중이거나 실행 직후 또는 실행의 범의를 포기한 직후로서 사회통념상 범죄행위가 완료되지 아니하였다고 볼 수 있는 단계에서 상해가 행하여짐을 요건으로 한다. 그러나 반드시 강도범행의 수단으로 한 폭행에 의하여 상해를 입힐 것을 요하는 것은 아니고 상해행위가 강도가 기수에 이르기 전에 행하여져야만 하는 것

은 아니므로, 강도범행 이후에도 피해자를 계속 끌고 다니거나 차량에 태우고 함께 이동하는 등으로 강도범행으로 인한 피해자의 심리적 저항불능 상태가 해소되지 않은 상태에서 강도범인의 상해행위가 있었다면 강취행위와 상해행위 사이에 다소의 시간적·공간적 간격이 있었다는 것만으로는 강도상해죄의 성립에 영향이 없다(대판 2014.09.26. 2014도9567).

② (X) 강도예비·음모죄에 관한 형법 제343조는 "강도할 목적으로 예비 또는 음모한 자는 7년 이하의 징역에 처한다."고 규정하고 있는바, 그 법정형이 단순 절도죄의 법정형을 초과하는 등 상당히 무겁게 정해져 있고, 원래 예비·음모는 법률에 특별한 규정이 있는 경우에 한하여 예외적으로 처벌의 대상이 된다는 점(형법 제28조)을 고려하면, 강도예비·음모죄가 인정되는 경우는 위 법정형에 상당한 정도의 위법성이 나타나는 유형의 행위로 한정함이 바람직하다 할 것이다. 강도를 할 목적에 이르지 않고 준강도할 목적이 있음에 그치는 경우에 강도예비·음모죄가 성립하지 않는다(대판 2006.09.14. 2004도6432).

③ (X) [다수의견] 형법 제335조에서 절도가 재물의 탈환을 항거하거나 체포를 면탈하거나 죄적을 인멸할 목적으로 폭행 또는 협박을 가한 때에 준강도로서 강도죄의 예에 따라 처벌하는 취지는, 강도죄와 준강도죄의 구성요건인 재물탈취와 폭행·협박 사이에 시간적 순서상 전후의 차이가 있을 뿐 실질적으로 위법성이 같다고 보기 때문인바, 이와 같은 준강도죄의 입법 취지, 강도죄와의 균형 등을 종합적으로 고려해 보면, 준강도죄의 기수 여부는 절도행위의 기수 여부를 기준으로 하여 판단하여야 한다. [반대의견] 강도죄와 준강도죄는 그 취지와 본질을 달리한다고 보아야 하며, 준강도죄의 주체는 절도이고 여기에는 기수는 물론 형법상 처벌규정이 있는 미수도 포함되는 것이지만, 준강도죄의 기수·미수의 구별은 구성요건적 행위인 폭행 또는 협박이 종료되었는가 하는 점에 따라 결정된다고 해석하는 것이 법규정의 문언 및 미수론의 법리에 부합한다(대판 2004.11.18. 2004도5074(전합)).
사실관계 절도미수범이 체포를 면탈할 목적으로 폭행한 행위에 대하여 준강도미수죄로 의율한 원심판결을 수긍한 사례

④ (X) 피고인이 여관에 들어가 1층 안내실에 있던 여관의 관리인을 칼로 찔러 상해를 가하고, 그로부터 금품을 강취한 다음, 각 객실에 들어가 각 투숙객들로부터 금품을 강취하였다면, 피고인의 위와 같은 각 행위는 비록 시간적으로 접착된 상황에서 동일한 방법으로 이루어지기는 하였으나, 포괄하여 1개의 강도상해죄만을 구성하는 것이 아니라 실체적 경합범의 관계에 있는 것이라고 할 것이다(대판 1991.06.25. 91도643).

⑤ (○) 강도살인죄가 성립하려면 먼저 강도죄의 성립이 인정되어야 하고, 강도죄가 성립하려면 불법영득(또는 불법이득)의 의사가 있어야 하며, 형법 제333조 후단 소정의 이른바 강제이득죄의 성립요건인 '재산상 이익의 취득'을 인정하기 위하여서는 재산상 이익이 사실상 피해자에 대하여 불이익하게 범인 또는 제3자 앞으로 이전되었다고 볼 만한 상태가 이루어져야 하는데, 채무의 존재가 명백할 뿐만 아니라 채권자의 상속인이 존재하고 그 상속인에게 채권의 존재를 확인할 방법이 확보되어 있는 경우에는 비록 그 채무를 면탈할 의사로 채권자를 살해하더라도 일시적으로 채권자측의 추급을 면한 것에 불과하여 재산상 이익의 지배가 채권자측으로부터 범인 앞으로 이전되었다고

정답 ⑤

문 49

다음 설명 중 가장 옳지 않은 것은?(다툼이 있는 경우 판례에 의함) [2017년 39번]

① 강도죄에 있어서의 폭행, 협박은 반드시 재물의 소유자 또는 점유자에 대하여 가해져야 하는 것은 아니다.
② 소위 '날치기'와 같이 강제력을 사용하여 재물을 절취하는 행위가 때로는 피해자를 넘어뜨리는 경우가 있고, 그러한 결과가 피해자의 반항 억압을 목적으로 함이 없이 점유탈취의 과정에서 우연히 가해진 경우라면 강도죄가 성립하지 아니한다.
③ 강간범이 강간행위 후에 강도의 범의를 일으켜 그 부녀의 재물을 강취하는 경우에는 형법상 강도강간죄가 아니라 강간죄와 강도죄의 경합범이 성립한다.

④ 강도범행에 의하여 피해자로 하여금 채무면제의 의사표시를 하게 한 경우, 이러한 피해자의 의사표시는 사법상 무효 또는 취소사유에 해당하지만 강도죄에 있어서의 재산상 이익에는 해당한다.
⑤ 채무자가 채무를 면탈할 목적으로 채권자를 살해한 경우, 채권자의 상속인인 처가 채권의 존재를 알고 있었다고 하더라도 강도살인죄가 성립한다.

해설 ★★★

① (O) 강도죄는 재물탈취의 방법으로 폭행, 협박을 사용하는 행위를 처벌하는 것이므로 폭행, 협박으로 타인의 재물을 탈취한 이상 피해자가 우연히 재물탈취 사실을 알지 못하였다고 하더라도 강도죄는 성립하고, 폭행, 협박당한 자가 탈취당한 재물의 소유자 또는 점유자일 것을 요하지도 아니하며, 강간범인이 부녀를 강간할 목적으로 폭행, 협박에 의하여 반항을 억압한 후 반항억압 상태가 계속 중임을 이용하여 재물을 탈취하는 경우에는 재물탈취를 위한 새로운 폭행, 협박이 없더라도 강도죄가 성립한다(대판 2010.12.09. 2010도9630).

② (O) 소위 '날치기'와 같이 강제력을 사용하여 재물을 절취하는 행위가 때로는 피해자를 넘어뜨리거나 상해를 입게 하는 경우가 있고, 그러한 결과가 피해자의 반항 억압을 목적으로 함이 없이 점유탈취의 과정에서 우연히 가해진 경우라면 이는 강도가 아니라 절도에 불과하지만, 그 강제력의 행사가 사회통념상 객관적으로 상대방의 반항을 억압하거나 항거 불능케 할 정도의 것이라면 이는 강도죄의 폭행에 해당한다. 그러므로 날치기 수법의 점유탈취 과정에서 이를 알아채고 재물을 뺏기지 않으려는 상대방의 반항에 부딪혔음에도 계속하여 피해자를 끌고 가면서 억지로 재물을 빼앗은 행위는 피해자의 반항을 억압한 후 재물을 강취한 것으로서 강도에 해당한다(대판 2007.12.13. 2007도7601).

③ (O) 강간범이 강간행위 후에 강도의 범의를 일으켜 그 부녀의 재물을 강취하는 경우에는 강도강간죄가 아니라 강간죄와 강도죄의 경합범이 성립한다(대판 2010.12.09. 2010도9630).

④ (O) 피고인들이 폭행·협박으로 피해자로 하여금 매출전표에 서명을 하게 한 다음 이를 교부받아 소지함으로써 이미 외관상 각 매출전표를 제출하여 신용카드회사들로부터 그 금액을 지급받을 수 있는 상태가 되었는바, 피해자가 각 매출전표에 허위 서명한 탓으로 피고인들이 신용카드회사들에게 각 매출전표를 제출하여도 신용카드회사들이 신용카드 가맹점 규약 또는 약관의 규정을 들어 그 금액의 지급을 거절할 가능성이 있다 하더라도, 그로 인하여 피고인들이 각 매출전표 상의 금액을 지급받을 가능성이 완전히 없어져 버린 것이 아니고 외견상 여전히 그 금액을 지급받을 가능성이 있는 상태이므로, 결국 피고인들이 '재산상 이익'을 취득하였다고 볼 수 있다(대판 1997.02.25. 96도3411).

⑤ (X) 강도살인죄가 성립하려면 먼저 강도죄의 성립이 인정되어야 하고, 강도죄가 성립하려면 불법영득(또는 불법이득)의 의사가 있어야 하며, 형법 제333조 후단 소정의 이른바 강제이득죄의 성립요건인 '재산상 이익의 취득'을 인정하기 위하여서는 재산상 이익이 사실상 피해자에 대하여 불이익하게 범인 또는 제3자 앞으로 이전되었다고 볼 만한 상태가 이루어져야 하는데, 채무의 존재가 명백할 뿐만 아니라 채권자의 상속인이 존재하고 그 상속인에게 채권의 존재를 확인할 방법이 확보되어 있는 경우에는 비록 그 채무를 면탈할 의사로 채권자를 살해하더라도 일시적으로 채권자측의 추급을 면한 것에 불과하여 재산상 이익의 지배가 채권자측으로부터 범인 앞으로 이전되었다고 보기는 어려우므로, 이러한 경우에는 강도살인죄가 성립할 수 없다(대판 2010.09.30. 2010도7405).

정답 ⑤

문 50

다음 설명 중 가장 옳지 않은 것은?(다툼이 있는 경우 판례에 따르고 전원합의체 판결의 경우 다수의견에 의함) [2017년 29번]

① 피해자가 운영하는 가게의 시정되어 있지 않은 출입문을 열고 침입한 다음 훔칠 물건을 물색하던 중 가게로 나온 피해자에게 붙잡히자 체포를 면탈할 목적으로 피해자를 밀어 넘어뜨린 경우 준강도죄가 성립한다.
② 절도범인이 처음에는 흉기를 휴대하지 아니하였으나, 체포를 면탈할 목적으로 폭행 또는 협박을 가할 때에 비로소 흉기를 휴대하여 사용하게 된 경우에는 형법 제334조의 예에 의한 특수강도의 준강도가 된다.
③ 甲이 乙과 공모하여 타인의 재물을 절취하려다 미수에 그친 이상 乙이 체포를 면탈하려고 경찰관에게 상해를 가할 때 甲이 비록 거기에는 가담하지 아니하였다고 하더라도 乙의 행위를 예견하지 못한 것으로 볼 수 없는 한 준강도상해의 죄책을 면할 수 없다.
④ 준강도죄에 있어서의 폭행이나 협박은 반드시 현실적으로 반항을 억압하였음을 필요로 하는 것은 아니다.
⑤ 절도피해자가 잠을 자다가 이마를 맞고 잠이 깨어 비로소 맞은 것을 알았다고 진술할 뿐이라면 준강도상해의 죄책을 지울 수 없다.

해설 ★★

① (X) 형법 제335조에서 절도가 재물의 탈환을 항거하거나 체포를 면탈하거나 죄적을 인멸할 목적으로 폭행 또는 협박을 가한 때에 준강도로서 강도죄의 예에 따라 처벌하는 취지는, 강도죄와 준강도죄의 구성요건인 재물탈취와 폭행·협박 사이에 시간적 순서상 전후의 차이가 있을 뿐 실질적으로 위법성이 같다고 보기 때문인바, 이와 같은 준강도죄의 입법 취지, 강도죄와의 균형 등을 종합적으로 고려해 보면, 준강도죄의 기수 여부는 절도행위의 기수 여부를 기준으로 하여 판단하여야 한다(대판 2004.11.18. 2004도5074(전합)).
② (○) 절도범인이 처음에는 흉기를 휴대하지 아니하였으나, 체포를 면탈할 목적으로 폭행 또는 협박을 가할 때에 비로소 흉기를 휴대 사용하게 된 경우에는 형법 제334조의 예에 의한 준강도(특수강도의 준강도)가 된다(대판 1973.11.13. 73도1553(전합)).
③ (○) 2인 이상이 합동하여 절도를 한 경우 범인 중의 1인이 체포를 면탈할 목적으로 폭행을 하여 상해를 가한 때에는 나머지 범인도 이를 예기하지 못한 것으로 볼 수 없으면 강도상해죄의 죄책을 면할 수 없다(대판 1988.02.09. 87도2460).
④ (○) 준강도죄에 있어서의 폭행이나 협박은 상대방의 반항을 억압하는 수단으로서 일반적 객관적으로 가능하다고 인정하는 정도의 것이면 되고 반드시 현실적으로 반항을 억압하였음을 필요로 하는 것은 아니다(대판 1981.03.24. 81도409).
⑤ (○) 절도 피해자가 잠을 자다가 이마를 맞고 잠이 깨어 비로소 맞은 것을 알았다고 진술할 뿐, 피해자가 소리를 지르므로 피고인이 체포를 면탈하기 위하여 피해자를 때린 것이라고 인정할 수 없다면 피고인에게는 준강도 상해의 죄책을 지울 수 없다(대판 1984.06.05. 84도460).

정답 ①

문 51

다음 설명 중 가장 옳지 않은 것은?(다툼이 있는 경우 판례에 의함) [2016년 20번]

① 준강도죄의 주체는 절도범인이고, 절도죄의 객체는 재물이므로, '피고인이 甲에게 지급해야 할 술값의 지급을 면하여 재산상 이익을 취득하고 甲을 폭행하였다'는 범죄사실로는 준강도죄를 인정할 수 없다.

② 절도범인이 일단 체포되었으나 아직 신병확보가 확실하지 않은 단계에서 체포 상태를 면하기 위해 폭행하여 상해를 가한 경우, 그 행위는 절도의 기회에 체포를 면탈할 목적으로 폭행하여 상해를 가한 것으로서 강도상해죄에 해당한다.

③ 강도예비·음모죄가 성립하기 위해서는 예비·음모 행위자에게 미필적으로라도 '강도'를 할 목적이 있음이 인정되어야 하는데, 판례는 '준강도'할 목적이 있음에 그치는 경우에도 강도예비·음모죄로 처벌할 수 있다고 본다.

④ 준강도죄의 기수 여부는 절도행위의 기수 여부를 기준으로 하여 판단하여야 한다.

⑤ 절도범이 체포를 면탈할 목적으로 체포하려는 여러 명의 피해자에게 같은 기회에 폭행을 가하여 그 중 1인에게만 상해를 가하였다면 이러한 행위는 포괄하여 하나의 강도상해죄만 성립한다.

해설 ★★

① (○) [1] 형법 제335조는 '절도'가 재물의 탈환을 항거하거나 체포를 면탈하거나 죄적을 인멸한 목적으로 폭행 또는 협박을 가한 때에 준강도가 성립한다고 규정하고 있으므로, 준강도죄의 주체는 절도범인이고, 절도죄의 객체는 재물이다. [2] 피고인이 술집 운영자 갑으로부터 술값의 지급을 요구받자 갑을 유인·폭행하고 도주함으로써 술값의 지급을 면하여 재산상 이익을 취득하고 상해를 가하였다고 하여 강도상해로 기소되었는데, 원심이 위 공소사실을 '피고인이 갑에게 지급해야 할 술값의 지급을 면하여 재산상 이익을 취득하고 갑을 폭행하였다'는 범죄사실로 인정하여 준강도죄를 적용한 사안에서, 원심이 인정한 범죄사실에는 그 자체로 절도의 실행에 착수하였다는 내용이 포함되어 있지 않음에도 준강도죄를 적용하여 유죄로 인정한 원심판결에 준강도죄의 주체에 관한 법리오해의 잘못이 있다(대판 2014.05.16. 2014도2521).

② (○) [1] 준강도는 절도범인이 절도의 기회에 재물탈환의 항거 등의 목적으로 폭행 또는 협박을 가함으로써 성립되는 것으로서, 여기서 절도의 기회라고 함은 절도범인과 피해자측이 절도의 현장에 있는 경우와 절도에 잇달아 또는 절도의 시간·장소에 접착하여 피해자측이 범인을 체포할 수 있는 상황, 범인이 죄적인멸에 나올 가능성이 높은 상황에 있는 경우를 말하고, 그러한 의미에서 피해자측이 추적태세에 있는 경우나 범인이 일단 체포되어 아직 신병확보가 확실하다고 할 수 없는 경우에는 절도의 기회에 해당한다. [2] <u>절도범인이 일단 체포되었으나 아직 신병확보가 확실하지 않은 단계에서 체포 상태를 면하기 위해 폭행하여 상해를 가한 경우, 그 행위는 절도의 기회에 체포를 면탈할 목적으로 폭행하여 상해를 가한 것으로서 강도상해죄에 해당한다</u>(대판 2001.10.23. 2001도4142).

③ (X) 강도예비·음모죄가 성립하기 위해서는 예비·음모 행위자에게 미필적으로라도 '강도'를 할 목적이 있음이 인정되어야 하고 그에 이르지 않고 단순히 '준강도'할 목적이 있음에 그치는 경우에는 강도예비·음모죄로 처벌할 수 없다(대판 2006.09.14. 2004도6432).

④ (○) [1] [다수의견] 형법 제335조에서 절도가 재물의 탈환을 항거하거나 체포를 면탈하거나 죄적을 인멸할 목적으로 폭행 또는 협박을 가한 때에 준강도로서 강도죄의 예에 따라 처벌하는 취지는, 강도죄와 준강도죄의 구

성요건인 재물탈취와 폭행·협박 사이에 시간적 순서상 전후의 차이가 있을 뿐 실질적으로 위법성이 같다고 보기 때문인바, 이와 같은 준강도죄의 입법 취지, 강도죄와의 균형 등을 종합적으로 고려해 보면, 준강도죄의 기수 여부는 절도행위의 기수 여부를 기준으로 하여 판단하여야 한다. [별개의견] 폭행·협박행위를 기준으로 하여 준강도죄의 미수범을 인정하는 외에 절취행위가 미수에 그친 경우에도 이를 준강도죄의 미수범이라고 보아 강도죄의 미수범과 사이의 균형을 유지함이 상당하다. [반대의견] 강도죄와 준강도죄는 그 취지와 본질을 달리한다고 보아야 하며, 준강도죄의 주체는 절도이고 여기에는 기수는 물론 형법상 처벌규정이 있는 미수도 포함되는 것이지만, 준강도죄의 기수·미수의 구별은 구성요건적 행위인 폭행 또는 협박이 종료되었는가 하는 점에 따라 결정된다고 해석하는 것이 법규정의 문언 및 미수론의 법리에 부합한다. [2] 절도미수범이 체포를 면탈할 목적으로 폭행한 행위에 대하여 준강도미수죄가 성립한다(대판 2004.11.18. 2004도5074(전합)).
⑤ (○) 절도범이 체포를 면탈할 목적으로 체포하려는 여러 명의 피해자에게 같은 기회에 폭행을 가하여 그 중 1인에게만 상해를 가하였다면 이러한 행위는 포괄하여 하나의 강도상해죄만 성립한다(대판 2001.08.21. 2001도3447).

정답 ③

제❹절 | 사기의 죄

문 13

다음 설명 중 가장 옳지 않은 것은? [2023년 6번]

① 컴퓨터등사용사기죄에서 행위자나 제3자의 '재산상 이익 취득'은 사람의 처분행위가 개재됨이 없이 컴퓨터 등에 의한 정보처리 과정에서 이루어져야 한다.
② 친척 소유 예금통장을 절취한 피고인이 그 친척 거래 금융기관에 설치된 현금자동지급기에 예금통장을 넣고 조작하는 방법으로 친척 명의 계좌의 예금 잔고를 피고인이 거래하는 다른 금융기관에 개설된 피고인 명의 계좌로 이체한 경우, 그 범행으로 인한 피해자는 친척 거래 금융기관으로 보아야 한다.
③ 타인의 명의를 모용하여 발급받은 신용카드를 이용하여 현금자동지급기에서 현금서비스 방법으로 현금을 인출하고, 인터넷을 통하여 신용대출을 받았다면 포괄하여 1개의 컴퓨터등사용사기죄를 구성하고, 그 피해자는 카드회사가 된다.
④ 금융기관 직원이 전산단말기를 이용하여 공범이 지정한 특정계좌에 돈이 입금된 것처럼 허위의 정보를 입력하는 방법으로 위 계좌로 입금되도록 한 경우, 입금절차 완료와 동시에 컴퓨터등사용사기죄가 성립하고, 그 후 입금이 취소된 경우에도 컴퓨터등사용사기죄의 성립에는 영향이 없다.
⑤ 현금카드를 건네받은 사람이 위임을 받은 금액을 초과하여 현금을 인출하는 방법으로 그 차액 상당을 위법하게 이득할 의사로 현금자동지급기에 그 초과된 금액이 인출되도록 입력하여 그 초과된 금액의 현금을 인출한 경우, 인출 위임금액을 넘는 부분에 한하여 컴퓨터등사용사기죄가 성립한다.

| MGI Point | **컴퓨터등사용사기죄** | ★★ |

- 컴퓨터등사용사기죄의 구성요건 중 재산상 이익 취득 ⇨ 사람의 처분행위가 개재됨이 없이 컴퓨터 등에 의한 정보처리 과정에서 이루어져야
- 예금통장을 절취하여 이를 현금자동지급기에 넣고 조작하는 방법으로 예금 잔고를 자신의 거래 은행 계좌로 이체한 경우에 피해자 ⇨ 해당 거래 은행
- 타인 명의를 모용하여 발급받은 카드로 현금서비스 인출을 하고 신용대출을 받은 경우 ⇨ 절도죄와 컴퓨터등사용사기죄 실체적 경합
- 위임을 받은 금액을 초과하여 현금을 인출한 경우 ⇨ 위임 받은 금액 초과하는 부분에 대하여 컴퓨터등사용사기죄 성립

① (○) 형법 제347조의2는 컴퓨터 등 정보처리장치에 허위의 정보 또는 부정한 명령을 입력하거나 권한 없이 정보를 입력·변경하여 정보처리를 하게 함으로써 재산상의 이익을 취득하거나 제3자로 하여금 취득하게 하는 행위를 처벌하고 있다. 이는 재산변동에 관한 사무가 사람의 개입 없이 컴퓨터 등에 의하여 기계적·자동적으로 처리되는 경우가 증가함에 따라 이를 악용하여 불법적인 이익을 취하는 행위도 증가하였으나 이들 새로운 유형의 행위는 사람에 대한 기망행위나 상대방의 처분행위 등을 수반하지 않아 기존 사기죄로는 처벌할 수 없다는 점 등을 고려하여 신설한 규정이다. 여기서 '정보처리'는 사기죄에서 피해자의 처분행위에 상응하므로 입력된 허위의 정보 등에 의하여 계산이나 데이터의 처리가 이루어짐으로써 직접적으로 재산처분의 결과를 초래하여야 하고, 행위자나 제3자의 '재산상 이익 취득'은 사람의 처분행위가 개재됨이 없이 컴퓨터 등에 의한 정보처리 과정에서 이루어져야 한다(대법원 2014. 3. 13. 2013도16099).

② (○) 손자가 할아비지 소유 농업협동조합 예금통장을 절취하여 이를 현금자동지급기에 넣고 조작하는 방법으로 예금 잔고를 자신의 거래 은행 계좌로 이체한 사안에서, 위 농업협동조합이 컴퓨터 등 사용사기 범행 부분의 피해자라는 이유로 친족상도례를 적용할 수 없다고 한 사례(대법원 2007. 3. 15. 2006도2704).

③ (×) [1] 피고인이 타인의 명의를 모용하여 신용카드를 발급받은 경우, 비록 카드회사가 피고인으로부터 기망을 당한 나머지 피고인에게 피모용자 명의로 발급된 신용카드를 교부하고, 사실상 피고인이 지정한 비밀번호를 입력하여 현금자동지급기에 의한 현금대출(현금서비스)을 받을 수 있도록 하였다 할지라도, 카드회사의 내심의 의사는 물론 표시된 의사도 어디까지나 카드명의인인 피모용자에게 이를 허용하는 데 있을 뿐 피고인에게 이를 허용한 것은 아니라는 점에서, 피고인이 타인의 명의를 모용하여 발급받은 신용카드를 사용하여 현금자동지급기에서 현금대출을 받는 행위는 카드회사에 의하여 미리 포괄적으로 허용된 행위가 아니라, 현금자동지급기의 관리자의 의사에 반하여 그의 지배를 배제한 채 그 현금을 자기의 지배하에 옮겨 놓는 행위로서 절도죄에 해당한다. [2] 타인의 명의를 모용하여 발급받은 신용카드의 번호와 그 비밀번호를 이용하여 ARS 전화서비스나 인터넷 등을 통하여 신용대출을 받는 방법으로 재산상 이익을 취득하는 행위 역시 미리 포괄적으로 허용된 행위가 아닌 이상, 컴퓨터 등 정보처리장치에 권한 없이 정보를 입력하여 정보처리를 하게 함으로써 재산상 이익을 취득하는 행위로서 컴퓨터 등 사용사기죄에 해당한다. [3] 타인의 명의를 모용하여 발급받은 신용카드를 이용하여 현금자동지급기에서 현금을 인출한 행위와 ARS 전화서비스 등으로 신용대출을 받은 행위를 포괄적으로 카드회사에 대한 사기죄가 된다고 판단한 원심판결을 파기한 사례(대법원 2006. 7. 27. 2006도3126).

④ (○) 금융기관 직원이 전산단말기를 이용하여 다른 공범들이 지정한 특정계좌에 돈이 입금된 것처럼 허위의 정보를 입력하는 방법으로 위 계좌로 입금되도록 한 경우, 이러한 입금절차를 완료함으로써 장차 그 계좌에서 이를 인출하여 갈 수 있는 재산상 이익을 취득하였으므로 형법 제347조의2에서 정하는 컴퓨터 등 사용사기죄는 기수에 이르렀고, 그 후 그러한 입금이 취소되어 현실적으로 인출되지 못하였다고 하더라도 이미 성립한 컴퓨터 등 사용사기죄에 어떤 영향이 있다고 할 수는 없다(대법원 2006. 9. 14. 2006도4127).

⑤ (○) 예금주인 현금카드 소유자로부터 일정한 금액의 현금을 인출해 오라는 부탁을 받으면서 이와 함께 현금카드를 건네받은 것을 기화로 그 위임을 받은 금액을 초과하여 현금을 인출하는 방법으로 그 차액 상당을 위법하게 이득할 의사로 현금자동지급기에 그 초과된 금액이 인출되도록 입력하여 그 초과된 금액의 현금을

인출한 경우에는 그 인출된 현금에 대한 점유를 취득함으로써 이 때에 그 인출한 현금 총액 중 인출을 위임받은 금액을 넘는 부분의 비율에 상당하는 재산상 이익을 취득한 것으로 볼 수 있으므로 이러한 행위는 그 차액 상당액에 관하여 형법 제347조의2(컴퓨터등사용사기)에 규정된 '컴퓨터 등 정보처리장치에 권한 없이 정보를 입력하여 정보처리를 하게 함으로써 재산상의 이익을 취득'하는 행위로서 컴퓨터 등 사용사기죄에 해당된다(대법원 2006. 3. 24. 2005도3516).

정답 ③

문 52

다음 설명 중 가장 옳지 않은 것은? [2022년 22번]

① 폭력행위 등 처벌에 관한 법률 제2조 제3항 제1호에서 정한 '징역형'에는 보복의 목적으로 형법 제257조 제1항, 제260조 제1항, 제276조 제1항, 제283조 제1항의 죄를 저질러 가중처벌 되는 특정범죄 가중처벌 등에 관한 법률 제5조의9 제2항을 위반한 죄로 처벌받은 전력도 포함된다.
② 올림픽대로에 "10t 이상 화물차량 통행제한"이라고 표시한 알림판은 그 내용만으로 건설기계에 대한 통행 제한 내용이 충분히 공고되었다고 볼 수 없다.
③ 비트코인은 경제적인 가치를 디지털로 표상하여 전자적으로 이전, 저장과 거래가 가능하도록 한 가상자산의 일종으로 사기죄의 객체인 재산상 이익에 해당한다.
④ 피고인 乙 회사의 대표인 피고인 甲이 피고인 乙 회사가 운영하는 식당과 별도의 장소에 일정한 시설을 갖추어 식품을 만든 다음 피고인 乙 회사가 각지에서 직영하는 음식점들에 배송하는 방법으로 일괄 공급함으로써 그 음식점들을 거쳐서 최종소비자가 취식할 수 있게 한 행위는 무등록 식품제조·가공업을 한 것에 해당한다.
⑤ 형법 제138조(법정 또는 국회회의장모욕)에서 정한 '법원의 재판'에는 헌법재판소의 심판이 포함된다.

MGI Point 형사특별법상 범죄 종합 ★★

- 폭력행위처벌법 제2조 제3항 제1호에서 정한 '징역형' ⇨ 특정범죄가중법 제5조의9 제2항을 위반한 죄로 처벌받은 전력 포함
- 올림픽대로에 "10t 이상 화물차량 통행제한"이라고 표시한 알림판 ⇨ 통행 제한의 내용이 충분히 공고된 것
- 비트코인 ⇨ 사기죄의 객체인 재산상 이익에 해당
- 식당과 별도의 장소에 일정한 시설을 갖추어 식품을 만든 다음 각지에서 직영하는 음식점들을 거쳐서 최종소비자가 취식할 수 있게 한 행위 ⇨ 무등록 식품제조·가공업을 한 것에 해당
- 법정 또는 국회회의장모욕에서 정한 '법원의 재판' ⇨ 헌법재판소의 심판도 포함

① (○) 명시적인 판례는 보이지 않으나 조문 해석상 포함되는 것으로 보는 것이 맞을 것이다.

> 폭력행위처벌법 2조(폭행 등) ① 삭제
> ② 2명 이상이 공동하여 다음 각 호의 죄를 범한 사람은 「형법」 각 해당 조항에서 정한 형의 2분의 1까지 가중한다.
> 1. 「형법」 제260조제1항(폭행), 제283조제1항(협박), 제319조(주거침입, 퇴거불응) 또는 제366조(재물손괴 등)의 죄
> 2. 「형법」 제260조제2항(존속폭행), 제276조제1항(체포, 감금), 제283조제2항(존속협박) 또는 제324조제1항(강요)의 죄

3. 「형법」 제257조제1항(상해)·제2항(존속상해), 제276조제2항(존속체포, 존속감금) 또는 제350조(공갈)의 죄

③ 이 법(「형법」 각 해당 조항 및 각 해당 조항의 상습범, 특수범, 상습특수범, 각 해당 조항의 상습범의 미수범, 특수범의 미수범, 상습특수범의 미수범을 포함한다)을 위반하여 2회 이상 징역형을 받은 사람이 다시 제2항 각 호에 규정된 죄를 범하여 누범(累犯)으로 처벌할 경우에는 다음 각 호의 구분에 따라 가중처벌한다.
 1. 제2항제1호에 규정된 죄를 범한 사람: 7년 이하의 징역

특정범죄가중법 제5조의9(보복범죄의 가중처벌 등) ① 자기 또는 타인의 형사사건의 수사 또는 재판과 관련하여 고소·고발 등 수사단서의 제공, 진술, 증언 또는 자료제출에 대한 보복의 목적으로 「형법」 제250조제1항의 죄를 범한 사람은 사형, 무기 또는 10년 이상의 징역에 처한다. 고소·고발 등 수사단서의 제공, 진술, 증언 또는 자료제출을 하지 못하게 하거나 고소·고발을 취소하게 하거나 거짓으로 진술·증언·자료제출을 하게 할 목적인 경우에도 또한 같다.
② 제1항과 같은 목적으로 「형법」 제257조제1항·제260조제1항·제276조제1항 또는 제283조제1항의 죄를 범한 사람은 1년 이상의 유기징역에 처한다.

② (X) "10t 이상 화물차량 통행제한"이라고 표시한 이 사건 알림판은 이 사건 도로구간의 통행 제한 내용을 정한 이 사건 고시 제2조 및 별표 1에서 정한 "10t 이상 화물자동차, 건설기계 및 특수자동차 통행제한"의 내용을 충분히 공고하였다고 보아야 하고, 일반인의 관점에서 이 사건 트럭과 같은 건설기계가 '화물차량에 포함되지 않는다고 인식될 가능성이 있다고 보이지도 않는다. 따라서 이 사건 공소사실 기재 일시, 장소에서 이 사건 트럭을 운전한 피고인은 구 도로교통법 제6조 제1항을 위반하였다고 보아야 한다(대판 2021.10.28. 2021도9629).

③ (O) 비트코인은 경제적인 가치를 디지털로 표상하여 전자적으로 이전, 저장과 거래가 가능하도록 한 가상자산의 일종으로 사기죄의 객체인 재산상 이익에 해당한다(대판 2021.11.11. 2021도9855).

④ (O) 5곳의 음식점을 직영하는 피고인 갑 주식회사의 대표인 피고인 을이 회사 명의로 상가를 임차하여 그곳에 냉장고 등을 설치하고 시래기 등 나물류 4종을 만든 다음 이를 회사가 각 직영하는 음식점에 공급하여 손님에게 주문한 음식의 반찬으로 제공함으로써 무등록 식품제조·가공업을 하였다는 공소사실로 기소된 사안에서, 피고인 을이 피고인 갑 회사가 운영하는 식당과 별도의 장소에 일정한 시설을 갖추어 식품을 만든 다음 피고인 갑 회사가 각지에서 직영하는 음식점들에 배송하는 방법으로 일괄 공급함으로써 그 음식점들을 거쳐서 최종 소비자가 취식할 수 있게 한 행위는 무등록 식품제조·가공업을 한 것에 해당한다(대판 2021.07.15. 2020도13815).

⑤ (O) 형법 제138조에서의 법원의 재판에 헌법재판소의 심판이 포함된다고 보는 해석론은 문언이 가지는 가능한 의미의 범위 안에서 그 입법 취지와 목적 등을 고려하여 문언의 논리적 의미를 분명히 밝히는 체계적 해석에 해당할 뿐, 피고인에게 불리한 확장해석이나 유추해석이 아니라고 볼 수 있다(대판 2021.08.26. 2020도12017).

정답 ②

문 53

다음 설명 중 옳은 것은 모두 몇 개인가? [2022년 15번]

ㄱ. 게임물 자체의 내용뿐만 아니라 게임물의 내용 구현과 밀접한 관련이 있는 게임물의 운영방식을 등급분류신청서나 그에 첨부된 게임물내용설명서에 기재된 내용과 다르게 변경하여 이용에 제공하는 행위도 게임산업진흥에 관한 법률 제32조 제1항 제2호에서 정한 '등급을 받은 내용과 다른 내용의 게임물을 이용에 제공하는 행위'에 해당한다.

ㄴ. 사기도박과 같이 도박당사자의 일방이 사기의 수단으로써 승패의 수를 지배하는 경우에는 도박죄와 사기죄에 해당하고 두 죄는 상상적 경합범관계에 있다.
ㄷ. 피고인이 피해자의 아들과 성관계 목적으로 피해자의 주거지에 들어갔더라도 출입문을 통하여 통상적인 출입방법에 따라 피해자의 주거지에 들어갔고, 피해자의 사실상 평온상태를 해치는 행위태양으로 피해자의 주거지에 들어간 것이 아니라면 주거침입죄는 성립하지 않는다.
ㄹ. 피고인이 甲과 공모하여 甲 소유의 차량을 피해자 소유 주택 대문 바로 앞부분에 주차하는 방법으로 피해자가 차량을 피해자 소유 주택 내부의 주차장에 출입시키지 못하게 하였더라도, 피해자는 차량을 용법에 따라 정상적으로 사용할 수 있었으므로, 주차 당시 피고인과 피해자 사이에 물리적 접촉이 있거나 피고인이 피해자에게 어떠한 유형력을 행사했다고 볼만한 사정이 없다면, 강요죄는 성립하지 않는다.
ㅁ. 수인의 피해자에 대하여 각별로 기망행위를 하여 각각 재물을 편취한 경우에 범의가 단일하고 범행방법이 동일하면 피해자별로 이득액을 합산하여 이득액이 5억 원 이상이면 특정경제범죄 가중처벌 등에 관한 법률 제3조 제1항을 적용하여야 한다.

① 1개 ② 2개 ③ 3개 ④ 4개 ⑤ 5개

MGI Point 사기죄, 주거침입죄, 강요죄 ★★

- 게임물의 내용 구현과 밀접한 관련이 있는 게임물의 운영방식을 등급분류신청서나 게임물내용설명서에 기재된 내용과 다르게 변경하여 이용에 제공하는 행위 ⇨ 등급을 받은 내용과 다른 내용의 게임물을 이용에 제공하는 행위에 해당
- 사기도박 ⇨ 사기죄만 성립
- 공동거주인의 현실적인 승낙을 받아 통상적인 출입방법에 따라 주거에 들어간 경우 ⇨ 주거침입죄 불성립
- 차량을 피해자 소유 주택 대문 바로 앞부분에 주차하는 방법으로 피해자의 차량이 주택에 출입시키지 못하게 한 경우 ⇨ 강요죄 불성립
- 수인의 피해자에 대하여 각별로 기망행위를 하여 각각 재물을 편취 ⇨ 실체적 경합범, 합산액이 5억 원 이상이여도 특경법 제3조 제1항 적용 ×

ㄱ. (○) 게임물 자체의 내용뿐만 아니라 게임물의 내용 구현과 밀접한 관련이 있는 게임물의 운영방식을 등급분류신청서나 그에 첨부된 게임물내용설명서에 기재된 내용과 다르게 변경하여 이용에 제공하는 행위도 게임산업법 제32조 제1항 제2호에서 정한 '등급을 받은 내용과 다른 내용의 게임물을 이용에 제공하는 행위'에 해당한다고 보아야 한다(대판 2021.07.21. 2021도4785).

ㄴ. (X) 도박이란 2인 이상의 자가 상호간에 재물을 도(賭)하여 우연한 승패에 의하여 그 재물의 득실을 결정하는 것이므로, 이른바 사기도박과 같이 도박당사자의 일방이 사기의 수단으로써 승패의 수를 지배하는 경우에는 도박에서의 우연성이 결여되어 사기죄만 성립하고 도박죄는 성립하지 아니한다(대판 2011.01.13. 2010도9330).

ㄷ. (○) 피고인이 갑의 부재중에 갑의 처(妻) 을과 혼외 성관계를 가질 목적으로 을이 열어 준 현관 출입문을 통하여 갑과 을이 공동으로 거주하는 아파트에 들어간 사안에서, 피고인이 을로부터 현실적인 승낙을 받아 통상적인 출입방법에 따라 주거에 들어갔으므로 주거의 사실상 평온상태를 해치는 행위태양으로 주거에 들어간 것이 아니어서 주거에 침입한 것으로 볼 수 없고, 피고인의 주거 출입이 부재중인 갑의 의사에 반하는 것으로 추정되더라도 주거침입죄의 성립 여부에 영향을 미치지 않는다(대판 2021.09.09. 2020도12630(전합)).

ㄹ. (○) 피고인이 갑과 공모하여 갑 소유의 차량을 을 소유 주택 대문 바로 앞부분에 주차하는 방법으로 을이 차량을 주택 내부의 주차장에 출입시키지 못하게 함으로써 을의 차량 운행에 관한 권리행사를 방해하였다

는 내용으로 기소된 사안에서, 피고인은 을로 하여금 주차장을 이용하지 못하게 할 의도로 갑 차량을 을 주택 대문 앞에 주차하였으나, 주차 당시 피고인과 을 사이에 물리적 접촉이 있거나 피고인이 을에게 어떠한 유형력을 행사했다고 볼만한 사정이 없는 점, 피고인의 행위로 을에게 주택 외부에 있던 을 차량을 주택 내부의 주차장에 출입시키지 못하는 불편이 발생하였으나, 을은 차량을 용법에 따라 정상적으로 사용할 수 있었던 점을 종합하면, 피고인이 을을 폭행하여 차량 운행에 관한 권리행사를 방해하였다고 평가하기 어렵다는 이유로, 이와 달리 본 원심판단에 강요죄에서 폭행과 권리행사방해에 관한 법리오해의 잘못이 있다고 한 사례(대판 2021.11.25. 2018도1346).

ㅁ. (X) 특정경제범죄가중처벌등에관한법률 제3조에서 말하는 이득액은 단순일죄의 이득액이나 혹은 포괄일죄가 성립하는 경우의 이득액의 합산액을 의미하는 것이고, 경합범으로 처벌될 수 죄의 각 이득액을 합한 금액을 의미하는 것은 아니며, 수인의 피해자에 대하여 각별로 기망행위를 하여 각각 재물을 편취한 경우에는 범의가 단일하고 범행방법이 동일하더라도 각 피해자의 피해법익은 독립한 것이므로 이를 포괄일죄로 파악할 수 없고 피해자별로 독립한 사기죄가 성립된다(대판 2000.07.07. 2000도1899).

정답 ③

문 54

다음 설명 중 옳은 것은 모두 몇 개인가? [2020년 34번]

가. 피고인이 피해자에게 자동차를 매도하겠다고 거짓말하고 자동차를 양도하면서 매매대금을 편취한 다음, 자동차에 미리 부착해 놓은 지피에스(GPS)로 위치를 추적하여 자동차를 절취한 경우, 피고인이 피해자에게 자동차를 인도하고 소유권이전등록에 필요한 일체의 서류를 교부함으로써 피해자가 언제든지 자동차의 소유권이전등록을 마칠 수 있게 된 이상 피고인이 자동차를 양도한 후 다시 절취할 의사를 가지고 있었더라도 자동차의 소유권을 이전하여 줄 의사가 없었다고 볼 수 없고, 피고인이 자동차를 매도할 당시 곧바로 다시 절취할 의사를 가지고 있으면서도 이를 숨긴 것을 사기죄의 기망이라고 할 수 없다.

나. 소비대차 거래에서, 대주와 차주 사이의 친척·친지와 같은 인적 관계 및 계속적인 거래 관계 등에 의하여 대주가 차주의 신용 상태를 인식하고 있어 장래의 변제 지체 또는 변제불능에 대한 위험을 예상하고 있었거나 충분히 예상할 수 있는 경우에는, 차주가 차용 당시 구체적인 변제의사, 변제능력, 차용 조건 등과 관련하여 소비대차 여부를 결정지을 수 있는 중요한 사항에 관하여 허위 사실을 말하였다는 등의 다른 사정이 없다면, 차주가 그 후 제대로 변제하지 못하였다는 사실만을 가지고 변제능력에 관하여 대주를 기망하였다거나 차주에게 편취의 범의가 있었다고 단정할 수 없다.

다. 보험계약자가 보험자와 보험계약을 체결하더라도 우연한 사고가 발생하여야만 보험금이 지급되는 것이므로, 고지의무 위반은 보험사고가 이미 발생하였음에도 이를 묵비한 채 보험계약을 체결하거나 보험사고 발생의 개연성이 농후함을 인식하면서도 보험계약을 체결하는 경우 또는 보험사고를 임의로 조작하려는 의도를 가지고 보험계약을 체결하는 경우와 같이 '보험사고의 우연성'이라는 보험의 본질을 해할 정도에 이르러야 비로소 보험금 편취를 위한 고의의 기망행위에 해당한다.

라. 사기죄의 피해자가 법인이나 단체인 경우에 기망행위가 있었는지는 법인이나 단체의 대표 등 최종 의사결정권자 또는 내부적인 권한 위임 등에 따라 실질적으로 법인의 의사를 결정

하고 처분을 할 권한을 가지고 있는 사람을 기준으로 판단하여야 한다. 피해자 법인이나 단체의 대표자 또는 실질적으로 의사결정을 하는 최종결재권자 등 기망의 상대방이 기망행위자와 동일인이거나 기망행위자와 공모하는 등 기망행위를 알고 있었던 경우에는 기망의 상대방에게 기망행위로 인한 착오가 있다고 볼 수 없고, 기망의 상대방이 재물을 교부하는 등의 처분을 했더라도 기망행위와 인과관계가 있다고 보기 어렵다. 이러한 경우에는 사안에 따라 업무상횡령죄 또는 업무상배임죄 등이 성립하는 것은 별론으로 하고 사기죄가 성립한다고 보기 어렵다. 반면에 피해자 법인이나 단체의 업무를 처리하는 실무자인 일반 직원이나 구성원 등이 기망행위임을 알고 있었더라도, 피해자 법인이나 단체의 대표자 또는 실질적으로 의사결정을 하는 최종결재권자 등이 기망행위임을 알지 못한 채 착오에 빠져 처분행위에 이른 경우라면, 피해자 법인에 대한 사기죄의 성립에 영향이 없다.

마. 피고인이 피해자에게 불행을 고지하거나 길흉화복에 관한 어떠한 결과를 약속하고 기도비 등의 명목으로 대가를 교부받은 경우에 전통적인 관습 또는 종교행위로서 허용될 수 있는 한계를 벗어났다면 사기죄에 해당한다.

① 1개 ② 2개 ③ 3개
④ 4개 ⑤ 5개

MGI Point 사기죄 ★★

- 피고인 등이 피해자에게 자동차를 매도하겠다고 거짓말하고 소유권이전등록에 필요한 서류와 함께 자동차를 양도하면서 매매대금을 받은 다음, 자동차에 미리 부착해 놓은 지피에스(GPS)로 위치를 추적하여 자동차를 절취한 경우 ⇨ 특수절도죄 ○, 매매대금 사기죄 ×
- 대주가 장래의 변제 지체 또는 변제불능에 대한 위험을 예상하고 있었거나 충분히 예상할 수 있는 경우 ⇨ 차주가 그 후 제대로 변제하지 못하였다는 사실만으로 변제능력에 관하여 대주를 기망하였다거나 차주에게 편취의 범의가 있었다고 단정할 수 ×
- 보험계약자가 보험자와 보험계약을 체결하면서 상법상 고지의무를 위반한 경우 ⇨ '보험사고의 우연성'이라는 보험의 본질을 해할 정도에 이르러야 보험금 편취를 위한 고의의 기망행위에 해당 ○
- 사기죄의 피해자가 법인인 경우
  - 법인의 대표자가 공모주체인 경우 사기 ×
  - 일반직원이나 구성원이 기망행위 알고 있어도 대표자나 최종결재권자가 알지 못한 경우 사기 ○
- 전통적 관습 또는 종교행위로서의 허용 범위를 벗어나 기도비 등의 명목으로 대가 수령한 경우 ⇨ 사기죄 ○

가. (○) 피고인 등이 피해자 갑 등에게 자동차를 매도하겠다고 거짓말하고 자동차를 양도하면서 매매대금을 편취한 다음, 자동차에 미리 부착해 놓은 지피에스(GPS)로 위치를 추적하여 자동차를 절취하였다고 하여 사기 및 특수절도로 기소된 사안에서, 피고인이 갑 등에게 자동차를 인도하고 소유권이전등록에 필요한 일체의 서류를 교부함으로써 갑 등이 언제든지 자동차의 소유권이전등록을 마칠 수 있게 된 이상, 피고인이 자동차를 양도한 후 다시 절취할 의사를 가지고 있었더라도 자동차의 소유권을 이전하여 줄 의사가 없었다고 볼 수 없고, 피고인이 자동차를 매도할 당시 곧바로 다시 절취의 의사를 가지고 있으면서도 이를 숨긴 것을 기망이라고 할 수 없어, 결국 피고인이 자동차를 매도할 당시 기망행위가 없었으므로, 피고인에게 사기죄를 인정한 원심판결에 법리오해의 잘못이 있다고 한 사례(대판 2016.03.24. 2015도17452).

나. (○) 사기죄가 성립하는지는 행위 당시를 기준으로 판단하여야 하므로, 소비대차 거래에서 차주가 돈을 빌릴 당시에는 변제할 의사와 능력을 가지고 있었다면 비록 그 후에 변제하지 않고 있더라도 이는 민사상 채무불이행에 불과하며 형사상 사기죄가 성립하지는 아니한다. 따라서 소비대차 거래에서, 대주와 차주 사이의 친척·친지와 같은 인적 관계 및 계속적인 거래 관계 등에 의하여 대주가 차주의 신용 상태를 인식하고 있어 장래의 변제 지체 또는 변제불능에 대한 위험을 예상하고 있었거나 충분히 예상할 수 있는 경우에는, 차주

가 차용 당시 구체적인 변제의사, 변제능력, 차용 조건 등과 관련하여 소비대차 여부를 결정지을 수 있는 중요한 사항에 관하여 허위 사실을 말하였다는 등의 다른 사정이 없다면, 차주가 그 후 제대로 변제하지 못하였다는 사실만을 가지고 변제능력에 관하여 대주를 기망하였다거나 차주에게 편취의 범의가 있었다고 단정할 수 없다(대판 2016.04.28. 2012도14516).

다. (○) 부작위에 의한 기망은 보험계약자가 보험자와 보험계약을 체결하면서 상법상 고지의무를 위반한 경우에도 인정될 수 있다. 다만 보험계약자가 보험자와 보험계약을 체결하더라도 우연한 사고가 발생하여야만 보험금이 지급되는 것이므로, 고지의무 위반은 보험사고가 이미 발생하였음에도 이를 묵비한 채 보험계약을 체결하거나 보험사고 발생의 개연성이 농후함을 인식하면서도 보험계약을 체결하는 경우 또는 보험사고를 임의로 조작하려는 의도를 가지고 보험계약을 체결하는 경우와 같이 '보험사고의 우연성'이라는 보험의 본질을 해할 정도에 이르러야 비로소 보험금 편취를 위한 고의의 기망행위에 해당한다(대판 2017.04.26. 2017도1405).

라. (○) 사기죄의 피해자가 법인이나 단체인 경우에 기망행위로 인한 착오, 인과관계 등이 있었는지 여부는 법인이나 단체의 대표 등 최종 의사결정권자 또는 내부적인 권한 위임 등에 따라 실질적으로 법인의 의사를 결정하고 처분을 할 권한을 가지고 있는 사람을 기준으로 판단하여야 한다. 따라서 피해자 법인이나 단체의 대표자 또는 실질적으로 의사결정을 하는 최종결재권자 등이 기망행위자와 동일인이거나 기망행위자와 공모하는 등 기망행위임을 알고 있었던 경우에는 기망행위로 인한 착오가 있다고 볼 수 없고, 재물 교부 등의 처분행위가 있었다고 하더라도 기망행위와 인과관계가 있다고 보기 어렵다. 이러한 경우에는 사안에 따라 업무상횡령죄 또는 업무상배임죄 등이 성립하는 것은 별론으로 하고 사기죄가 성립한다고 볼 수 없다. 반면에 피해자 법인이나 단체의 업무를 처리하는 실무자인 일반 직원이나 구성원 등이 기망행위임을 알고 있었다고 하더라도, 피해자 법인이나 단체의 대표자 또는 실질적으로 의사결정을 하는 최종결재권자 등이 기망행위임을 알지 못한 채 착오에 빠져 처분행위에 이른 경우라면, 피해자 법인에 대한 사기죄의 성립에 영향이 없다(대판 2017.08.29. 2016도18986).

마. (○) 사기죄의 구성요건인 편취의 범의는 피고인이 자백하지 아니하는 이상 범행 전후의 피고인의 재력, 환경, 범행의 내용, 기망 대상 행위의 이행가능성 및 이행과정 등과 같은 객관적인 사정 등을 종합하여 판단할 수밖에 없다. 그리고 피고인이 피해자에게 불행을 고지하거나 길흉화복에 관한 어떠한 결과를 약속하고 기도비 등의 명목으로 대가를 교부받은 경우에 전통적인 관습 또는 종교행위로서 허용될 수 있는 한계를 벗어났다면 사기죄에 해당한다(대판 2017.11.09. 2016도12460).

정답 ⑤

문 55

다음 설명 중 가장 옳지 않은 것은? [2019년 37번]

① 예금주인 현금카드 소유자로부터 일정한 금액의 현금을 인출해 오라는 부탁과 함께 현금카드를 건네받은 자가 위임받은 금액을 초과하여 현금을 인출하는 방법으로 그 차액 상당을 위법하게 이득할 의사로 현금자동지급기에 그 초과된 금액이 인출되도록 입력하여 그 초과된 금액의 현금을 인출 한 경우에는 그 차액 상당액에 관하여 컴퓨터등사용사기죄가 성립한다.
② 甲이 乙의 가방에서 몰래 은행이 발급한 乙의 직불카드를 꺼내고 이를 사용하여 乙의 예금계좌에서 甲의 예금계좌로 돈을 이체시킨 후 乙에게 이러한 사실을 말하고 위 직불카드를 반환하였다면, 위 직불카드에 대해서는 절도죄가 성립하지 않는다.
③ 친족상도례에 관한 규정은 범인과 피해물건의 소유자 및 점유자 모두 사이에 형법 제328조에 따른 친족관계가 있는 경우에만 적용되고, 단지 절도범인과 피해물건의 소유자 사이 또는 절도범인과 피해물건의 점유자 사이에만 친족관계가 있는 경우에는 적용이 없다.

④ 재물손괴죄에서 손괴 또는 은닉 기타 방법으로 타인의 재물 등의 효용을 해하는 경우란 물질적인 파괴행위로 물건 등을 본래의 목적에 사용할 수 없는 상태로 만드는 것을 뜻하므로, 피고인의 행위로 출입구 자동문이 일시적으로 자동으로 작동하지 않고 수동으로만 개폐가 가능하게 되었더라도 출입문으로서의 본질적 기능을 해한 것은 아니므로 재물손괴죄에는 해당하지 않는다.

⑤ 피고인이 영리의 목적으로 인터넷 도박게임 사이트를 개설·운영하기 위해 가맹점을 모집하고 실제 인터넷 도박게임 및 게임이용자들과 게임회사 사이에 재물이 오고갈 수 있는 시설 등을 설치하고 도박게임 프로그램을 가동하였다면, 게임이용자가 위 도박게임 사이트에 접속하여 실제 게임을 하지 않았다고 하더라도 도박개장죄는 기수에 이른 것으로 보아야 한다.

MGI Point 컴퓨터등사용사기, 절도, 친족상도례, 손괴, 도박개장 ★★

- 위임받은 금액보다 초과 인출한 경우 ⇨ 초과인출금액에 대해 컴퓨터등사용사기죄 성립
- 타인의 직불카드로 자기의 예금계좌에 돈을 이체 후 카드 반환 ⇨ 직불카드에 대한 절도죄 ×
- 절도죄에서 친족상도례 규정 적용 ⇨ 범인과 피해물건의 소유자 및 점유자 모두 사이에 친족관계 필요
- 자동문을 수동으로만 개폐가 가능하게 하여 자동잠금장치로서 역할을 할 수 없도록 한 경우 ⇨ 재물손괴죄 ○
- 도박개장죄의 기수시기 : 도박을 개장함과 동시에 기수(실제 도박행위 불문)

---

① (○) 예금주인 현금카드 소유자로부터 일정한 금액의 현금을 인출해 오라는 부탁을 받으면서 이와 함께 현금카드를 건네받은 것을 기화로 그 위임을 받은 금액을 초과하여 현금을 인출하는 방법으로 그 차액 상당을 위법하게 이득할 의사로 현금자동지급기에 그 초과된 금액이 인출되도록 입력하여 그 초과된 금액의 현금을 인출한 경우에는 그 인출된 현금에 대한 점유를 취득함으로써 이 때에 그 인출한 현금 총액 중 인출을 위임받은 금액을 넘는 부분의 비율에 상당하는 재산상 이익을 취득한 것으로 볼 수 있으므로 이러한 행위는 그 차액 상당액에 관하여 형법 제347조의2(컴퓨터등사용사기)에 규정된 '컴퓨터 등 정보처리장치에 권한 없이 정보를 입력하여 정보처리를 하게 함으로써 재산상의 이익을 취득'하는 행위로서 컴퓨터 등 사용사기죄에 해당된다(대판 2006.03.24. 2005도3516).

② (○) 은행이 발급한 직불카드를 사용하여 타인의 예금계좌에서 자기의 예금계좌로 돈을 이체시켰다 하더라도 직불카드 자체가 가지는 경제적 가치가 계좌이체된 금액만큼 소모되었다고 할 수는 없으므로, 이를 일시 사용하고 곧 반환한 경우에는 그 직불카드에 대한 불법영득의 의사는 없다(대판 2006.03.09. 2005도7819).

③ (○) 친족상도례에 관한 규정은 범인과 피해물건의 소유자 및 점유자 모두 사이에 친족관계가 있는 경우에만 적용되는 것이고 절도범인이 피해물건의 소유자나 점유자의 어느 일방과 사이에서만 친족관계가 있는 경우에는 그 적용이 없다(대판 1980.11.11. 80도131).

④ (X) 자동문을 자동으로 작동하지 않고 수동으로만 개폐가 가능하게 하여 자동잠금장치로서 역할을 할 수 없도록 한 경우에도 재물손괴죄가 성립한다(대판 2016.11.25. 2016도9219).

⑤ (○) 형법 제247조의 도박개장죄는 영리의 목적으로 도박을 개장하면 기수에 이르고, 현실로 도박이 행하여졌음은 묻지 않는바, 영리의 목적으로 속칭 포커나 바둑이, 고스톱 등의 인터넷 도박게임 사이트를 개설하여 운영하는 경우, 현실적으로 게임이용자들로부터 돈을 받고 게임머니를 제공하고 게임이용자들이 위 도박게임 사이트에 접속하여 도박을 하여, 위 게임으로 획득한 게임머니를 현금으로 환전해 주는 방법 등으로 게임이용자들과 게임회사 사이에 있어서 재물이 오고갈 수 있는 상태에 있으면 게임이용자가 위 도박게임 사이트에 접속하여 실제 게임을 하였는지 여부와 관계없이 도박개장죄의 기수에 이른다고 할 것이다(대판 2009.12.10. 2008도5282).

정답 ④

문 56

다음 설명 중 가장 옳지 않은 것은? [2019년 23번]

① 피고인이 甲을 모해할 목적으로 乙에게 위증을 교사한 경우, 설령 정범인 乙에게 모해의 목적이 없었다고 하더라도 형법 제33조 단서의 규정에 의하여 피고인을 모해위증교사죄로 처단할 수 있다.
② 은행원이 아닌 자가 은행원들과 공모하여 업무상 배임죄를 저질렀다 하더라도, 이는 업무상 타인의 사무를 처리하는 신분관계로 인하여 형의 경중이 있는 경우이므로, 그러한 신분관계가 없는 자에 대하여서는 형법 제33조 단서에 의하여 형법 제355조 제2항(배임죄)에 따라 처단하여야 한다.
③ 포괄일죄인 뇌물수수 범행이 특정범죄 가중처벌 등에 관한 법률 제2조 제2항(종전에 없던 벌금형을 필요적으로 병과하도록 규정)의 시행 전후에 걸쳐 행하여진 경우 특정범죄 가중처벌 등에 관한 법률 제2조 제2항에 규정된 벌금형 산정기준이 되는 수뢰액은 위 규정이 신설된 2008. 12. 26. 이후에 수수한 금액으로 한정된다.
④ 전기통신금융사기(이른바 보이스피싱)의 범인이 피해자를 기망하여 피해자의 자금을 사기이용계좌로 송금·이체받으면 사기죄는 기수에 이르고, 그 후 범인이 사기이용계좌에서 현금을 인출하였다 하더라도 이는 사기 피해자에 대하여 별도의 횡령죄를 구성하지 아니한다.
⑤ 이미 확정판결을 받은 바 있는 피고인의 특수절도 범행과 이번에 기소된 야간주거침입절도 범행이 다같이 피고인의 절도습벽에서 이루어졌다고 한다면 위 확정판결을 받은 범죄사실과 이 사건 공소사실은 실체법상 일죄인 상습특수절도의 포괄일죄의 관계에 있다 할 것이고, 따라서 위 특수절도죄에 대한 확정판결의 기판력은 그와 포괄일죄의 관계에 있으나 단순야간주거침입죄로 기소된 본건 공소사실에 대하여도 미치게 된다 할 것이므로 본건 범죄사실에 대하여는 면소의 판결을 하여야 한다.

MGI Point 모해위증, 공범과 신분, 수뢰액 산정, 보이스피싱사기, 상습범과 기판력 ★★★

- 모해할 목적으로 위증을 교사하였다면 정범에게 모해의 목적이 없다 하더라도 모해위증교사죄 ○
- 신분 없는 자가 신분 있는 자와 공모하여 업무상배임죄를 범하게 한 경우
  ⇨ 업무상 배임죄 성립 / 단순배임죄로 처벌(判例)
- 포괄일죄인 뇌물수수 범행이 벌금 병과 규정의 시행 전후에 걸쳐 행하여진 경우 벌금형 산정 기준이 되는 수뢰액
  ⇨ 규정 신설 이후에 수수한 금액으로 한정됨
- 보이스피싱 범인이 피해자를 기망하여 피해자의 자금을 사기이용계좌로 송금·이체 받은 후 사기이용계좌에서 현금을 인출
  ⇨ 사기의 피해자에 대하여 별도의 횡령죄 ✕
- 상습범으로서 포괄일죄의 관계에 있는 여러 개의 범죄사실 중 일부에 대하여 유죄판결이 확정된 경우, 그 확정판결의 사실심판결 선고 전 저질러진 나머지 범죄에 대하여 공소가 제기되었다면 면소판결 ⇨ 단, 이러한 법리가 적용되기 위해서는 전의 확정판결에서 당해 피고인이 상습범으로 기소되어 처단되었을 것 要

① (○) 피고인이 甲을 모해할 목적으로 乙에게 위증을 교사한 이상, 가사 정범인 乙에게 모해의 목적이 없었다고 하더라도, 형법 제33조 단서의 규정에 의하여 피고인을 모해위증교사죄로 처단할 수 있다(대판 1994.12.23. 93도1002).
② (○) 은행원이 아닌 자가 은행원들과 공모하여 업무상 배임죄를 저질렀다 하여도, 이는 업무상 타인의 사무를 처리하는 신분관계로 인하여 형의 경중이 있는 경우이므로, 그러한 신분관계가 없는 자에 대하여서는 형법 제33조 단서에 의하여 형법 제355조 제2항(배임죄)에 따라 처단하여야 한다(대판 1986.10.28. 86도1517). ▶ 판례의 태도에 따른다면 업무상배임죄, 업무상횡령죄는 이중적 신분범으로써 우선 타인사무처리자 또는 보관자의 지위를 가진 신분범에 비신분자가 가담한 경우 형법 제33조 본문에 의해 횡령죄 또는 배임죄가 성립하고 이에 더해 부진정신분범인 업무상 배임죄, 업무상 횡령죄도 성립하게 된다. 다만, 부진정신분범의 과형은 형법 제33조 단서가 적용되기 때문에 단순 횡령죄 또는 단순 배임죄로 처단하게 된다.

③ (○) 포괄일죄인 뇌물수수 범행이 특정범죄 가중처벌 등에 관한 법률 제2조 제2항(종전에 없던 벌금형을 필요적으로 병과하도록 규정)의 시행 전후에 걸쳐 행하여진 경우 특가법 제2조 제2항에 규정된 벌금형 산정 기준이 되는 수뢰액은 위 규정이 신설된 2008. 12. 26. 이후에 수수한 금액으로 한정된다(대판 2011.06.10. 2011도4260).

④ (○) 전기통신금융사기(이른바 보이스피싱 범죄)의 범인이 피해자를 기망하여 피해자의 자금을 사기이용계좌로 송금·이체받으면 사기죄는 기수에 이르고, 범인이 피해자의 자금을 점유하고 있다고 하여 피해자와의 어떠한 위탁관계나 신임관계가 존재한다고 볼 수 없을 뿐만 아니라, 그 후 범인이 사기이용계좌에서 현금을 인출하였더라도 이는 이미 성립한 사기범행이 예정하고 있던 행위에 지나지 아니하여 새로운 법익을 침해한다고 보기도 어려우므로, 위와 같은 인출행위는 사기의 피해자에 대하여 별도의 횡령죄를 구성하지 아니한다(대판 2017.05.31. 2017도3894).

⑤ (X) 상습범으로서 포괄적 일죄의 관계에 있는 여러 개의 범죄사실 중 일부에 대하여 유죄판결이 확정된 경우에, 그 확정판결의 사실심판결 선고 전에 저질러진 나머지 범죄에 대하여 새로이 공소가 제기되었다면 그 새로운 공소는 확정판결이 있었던 사건과 동일한 사건에 대하여 다시 제기된 데 해당하므로 이에 대하여는 판결로써 면소의 선고를 하여야 하는 것인바(형사소송법 제326조 제1호), 다만 이러한 법리가 적용되기 위해서는 전의 확정판결에서 당해 피고인이 상습범으로 기소되어 처단되었을 것을 필요로 하는 것이고, 상습범 아닌 기본 구성요건의 범죄로 처단되는 데 그친 경우에는, 가사 뒤에 기소된 사건에서 비로소 드러났거나 새로 저질러진 범죄사실과 전의 판결에서 이미 유죄로 확정된 범죄사실 등을 종합하여 비로소 그 모두가 상습범으로서의 포괄적 일죄에 해당하는 것으로 판단된다 하더라도 뒤늦게 앞서의 확정판결을 상습범의 일부에 대한 확정판결이라고 보아 그 기판력이 그 사실심판결 선고 전의 나머지 범죄에 미친다고 보아서는 아니된다(대판 2004.09.16. 2001도3206(전합)).

정답 ⑤

문 57

다음 설명 중 옳지 않은 것은 모두 몇 개인가? [2019년 14번]

ㄱ. 피고인이 甲에게 사업자등록 명의를 빌려주면 세금이나 채무는 모두 자신이 변제하겠다고 속여 그로부터 명의를 대여받아 호텔을 운영하면서 甲으로 하여금 호텔에 관한 각종 세금 및 채무 등을 부담하게 한 경우, 甲이 명의를 대여함으로써 피고인이 원래 부담하였어야 할 각종 채무를 면하는 재산상 이익을 취득하는 결과가 필수적으로 수반되었으므로, 위와 같은 피고인의 행위는 사기죄에 해당한다.

ㄴ. 사기죄의 피기망자와 피해자가 다를 경우, 피고인이 피해자와의 사이에서만 친족관계가 있으면 친족상도례를 적용받을 수 있다. 따라서 법원을 기망하여 제3자로부터 재물을 편취한 경우 피해자인 제3자와 사기죄를 범한 자가 직계혈족의 관계에 있을 때에는 그 범인에 대하여 형법 제328조 제1항을 준용하여 형을 면제하여야 한다.

ㄷ. 컴퓨터등사용사기죄에서 '부정한 명령의 입력'이란, 해당 사무처리시스템에 예정되어 있는 사무처리의 목적에 비추어 정당하지 아니한 사무처리를 하게 하는 것까지를 포함한다. 따라서 절취한 휴대전화기를 사용하여 무선인터넷서비스를 제공받은 경우, 휴대전화기의 인터넷 접속버튼을 누름으로써 사용자에 의한 정보 또는 명령의 입력이 행하여졌다고 보아야 하고, 이로써 이동통신회사에 의하여 입력된 정보 또는 명령에 따른 정보처리가 이루어진 것으로 볼 수 있으므로, 형법 제347조의 2에 의한 컴퓨터등사용사기죄가 성립한다.

ㄹ. 진정한 임차권자가 아님에도 허위의 임대차계약서를 법원에 제출하여 임차권등기명령을 얻었더라도, 이것만 으로는 신청인이 임차보증금 반환채권 상당액에 관하여 구체적인 재산상 이익을 얻었다고 볼 수 없으므로, 소송사기죄가 성립하지 않는다.

ㅁ. 절취한 타인의 신용카드로 현금자동지급기에서 현금을 인출하더라도 이는 절도죄에 해당할 수 있을 뿐 컴퓨터 등사용사기죄로 처벌할 수는 없다.

① 1개 ② 2개 ③ 3개
④ 4개 ⑤ 5개

MGI Point 사기죄, 컴퓨터등사용사기죄, 절도죄, 친족상도례 ★★★

- 사업자등록 명의를 빌려주면 세금이나 채무는 모두 자신이 변제하겠다고 속여 명의를 대여받아 호텔을 운영하면서 피해자로 하여금 호텔에 관한 각종 세금 및 채무 등을 부담하게 한 경우 ⇨ 사기죄 × (처분행위 ×)
- 친족상도례 : 사기죄는 피해자에게만 친족관계 요구 / 소송사기의 경우 편취당한 자와 친족관계로 족함
- 절취한 휴대전화기를 사용하여 전화통화를 하거나 무선인터넷서비스 등을 제공받은 경우 ⇨ 사용자에 의한 정보 혹은 명령의 입력이 행하여졌다고 보기 어려워 컴퓨터등사용사기죄 ×
- 허위의 임대차계약서를 법원에 제출하여 임차권등기명령을 얻은 경우 ⇨ 소송사기죄 ○
- 절취한 신용카드로 현금서비스(현금대출) ⇨ 절도죄 ○ (컴퓨터등사용사기죄 ×)

ㄱ. (X) 피고인이 甲에게 사업자등록 명의를 빌려주면 세금이나 채무는 모두 자신이 변제하겠다고 속여 그로부터 명의를 대여받아 호텔을 운영하면서 甲으로 하여금 호텔에 관한 각종 세금 및 채무 등을 부담하게 함으로써 재산상 이익을 편취하였다는 내용으로 기소된 사안에서, 甲이 명의를 대여하였다는 것만으로 피고인이 위와 같은 채무를 면하는 재산상 이익을 취득하는 甲의 재산적 처분행위가 있었다고 보기 어렵다는 이유로, 이와 달리 보아 사기죄를 인정한 원심판결에 법리오해의 위법이 있다고 한 사례(대판 2012.06.28. 2012도4773).

ㄴ. (○) 법원을 기망하여 제3자로부터 재물을 편취한 경우에 피기망자인 법원은 피해자가 될 수 없고 재물을 편취당한 제3자가 피해자라고 할 것이므로 피해자인 제3자와 사기죄를 범한 자가 직계혈족의 관계에 있을 때에는 그 범인에 대하여 형법 328조 제1항을 준용하여 형을 면제하여야 한다(대판 1976.04.13. 75도781).

ㄷ. (X) 형법 제347조의2는 컴퓨터등 정보처리장치에 허위의 정보 또는 부정한 명령을 입력하거나 권한 없이 정보를 입력·변경하여 정보처리를 하게 함으로써 재산상의 이익을 취득하거나 제3자로 하여금 취득하게 하는 행위를 처벌하고 있다. 여기서 '부정한 명령의 입력'은 당해 사무처리시스템에 예정되어 있는 사무처리의 목적에 비추어 지시해서는 안 될 명령, 즉 권한 없는 명령이나 허위의 명령을 입력하는 것을 의미하고, '권한 없는 정보의 입력'은 타인의 진정한 정보를 권한 없는 자가 그 타인의 승낙 없이 사용하는 것을 의미한다. 그리고 "정보를 처리하게 한다"는 것은 정보 혹은 명령의 입력 등에 따라 진실에 반하거나 정당하지 아니한 기록을 만드는 것 또는 정당하지 아니한 사무처리를 하게 하는 것을 의미한다. 휴대전화의 경우 그 사용시마다 사용자가 정당한 사용권자인지에 관한 정보를 입력하는 절차가 없고, 이동통신회사가 서비스를 제공하는 과정에서 휴대전화를 통하여 입력된 신호에 대하여 신원확인절차를 거치지는 않는 점 등에 비추어 보면 휴대전화의 통화 또는 인터넷접속 버튼을 누르는 경우 기계적 또는 전자적 작동 과정에 따라 그대로 일정한 서비스가 제공되는 것이므로, 휴대전화기의 통화버튼이나 인터넷접속버튼을 누르는 것만으로 사용자에 의한 정보 혹은 명령의 입력이 행하여졌다고 보기 어렵고, 따라서 휴대전화 또는 이동통신회사에 의하여 그 입력된 정보 혹은 명령에 따른 정보처리가 이루어진 것으로 보기도 어렵다는 이유로 컴퓨터사용사기

에 대해 무죄를 선고한 원심판단은 정당하다(대판 2010.09.09. 2008도128).

ㄹ. (X) 형법 제347조에서 말하는 재산상 이익 취득은 그 재산상의 이익을 법률상 유효하게 취득함을 필요로 하지 아니하고 그 이익 취득이 법률상 무효라 하여도 외형상 취득한 것이면 족한 것이다(대판 1975.05.27. 75도760). 상가건물 임대차보호법 제6조에 의한 임차권등기명령이 임대인에게 고지되어 효력이 발생하면 법원사무관 등은 지체 없이 촉탁서에 재판서 등본을 첨부하여 등기관에게 임차권등기의 기입을 촉탁하도록 되어 있고(임차권등기명령 절차에 관한 규칙 제5조), 상가건물 임대차보호법 제6조 제5항에 의하면, 위와 같이 임차권등기명령의 집행에 의한 임차권등기가 경료되면 임차인은 제3조 제1항의 규정에 의한 대항력 및 제5조 제2항의 규정에 의한 우선변제권을 취득하고(임차인이 임차권등기 이전에 이미 대항력 또는 우선변제권을 취득한 경우에는 그 대항력 또는 우선변제권이 그대로 유지된다), 임차권등기 이후에는 제3조 제1항의 대항요건을 상실하더라도 이미 취득한 대항력 또는 우선변제권을 상실하지 아니하는 효력이 있으므로, 그 임차권등기의 기초가 되는 임대차계약이 통정허위표시로서 무효라 하더라도, 장차 피신청인의 이의신청 또는 취소신청에 의한 법원의 재판을 거쳐 그 임차권등기가 말소될 때까지는 신청인은 외형상으로 우선변제권 있는 임차인으로서 부동산 담보권에 유사한 권리를 취득하게 된다 할 것이니, 이러한 이익은 재산적 가치가 있는 구체적 이익으로서 사기죄의 객체인 재산상 이익에 해당한다고 봄이 상당하다. 또한 소송사기에 있어서 피기망자인 법원의 재판은 피해자의 처분행위에 갈음하는 내용과 효력이 있는 것이어야 하고, 그렇지 아니하는 경우에는 착오에 의한 재물의 교부행위가 있다고 할 수 없어서 사기죄는 성립되지 아니하는바(대판 2002.01.11. 2000도1881), 위에서 본 바와 같은 임차권등기명령의 절차 및 그 집행에 의한 임차권등기의 법적 효력을 고려하면, 다른 특별한 사정이 없는 한, 법원의 임차권등기명령은 피신청인의 재산상의 지위 또는 상태에 영향을 미칠 수 있는 행위로서 피신청인의 처분행위에 갈음하는 내용과 효력이 있다고 보아야 하고, 따라서 이러한 법원의 임차권등기명령을 이용한 소송사기의 경우 피해자인 피신청인이 직접 처분행위를 하였는지 여부는 사기죄의 성부에 아무런 영향을 주지 못한다. 위와 같이 법원의 임차권등기명령을 피해자의 재산적 처분행위에 갈음하는 내용과 효력이 있는 것으로 보고 그 집행에 의한 임차권등기가 마쳐짐으로써 신청인이 재산상 이익을 취득하였다고 보는 이상, 진정한 임차권자가 아니면서 허위의 임대차계약서를 법원에 제출하여 임차권등기명령을 신청하면 그로써 소송사기의 실행행위에 착수한 것으로 보아야 하고, 나아가 그 임차보증금 반환채권에 관하여 현실적으로 청구의 의사표시를 하여야만 사기죄의 실행의 착수가 있다고 볼 것은 아니다(대판 2012.05.24. 2010도12732).

ㅁ. (○) 피해자 명의의 신용카드를 부정사용하여 현금자동인출기에서 현금을 인출하고 그 현금을 취득까지 한 행위는 신용카드업법 제25조 제1항의 부정사용죄에 해당할 뿐 아니라 그 현금을 취득함으로써 현금자동인출기 관리자의 의사에 반하여 그의 지배를 배제하고 그 현금을 자기의 지배하에 옮겨 놓는 것이 되므로 별도로 절도죄를 구성하고, 위 양 죄의 관계는 그 보호법익이나 행위태양이 전혀 달라 실체적 경합관계에 있는 것으로 보아야 한다(대판 1995.07.28. 95도997). 우리 형법은 재산범죄의 객체가 재물인지 재산상의 이익인지에 따라 이를 재물죄와 이득죄로 명시하여 규정하고 있는데, 형법 제347조가 일반 사기죄를 재물죄 겸 이득죄로 규정한 것과 달리 형법 제347조의2는 컴퓨터등사용사기죄의 객체를 재물이 아닌 재산상의 이익으로만 한정하여 규정하고 있으므로, 절취한 타인의 신용카드로 현금자동지급기에서 현금을 인출하는 행위가 재물에 관한 범죄임이 분명한 이상 이를 위 컴퓨터등사용사기죄로 처벌할 수는 없다고 할 것이다(대판 2003.05.13. 2003도1178).

정답 ③

문 58

다음 설명 중 가장 옳지 않은 것은? [2018년 29번]

① 채권자에게 채권을 추심하여 줄 것 같이 속여 채권의 추심승낙을 받아 그 채권을 추심하여 이를 취득하였다면 사기죄가 성립한다.
② 편취한 약속어음을 그와 같은 사실을 모르는 제3자에게 편취사실을 숨기고 할인받았다면, 어음 편취와 별개의 사기죄가 성립한다.
③ 사업자등록 명의를 빌려주면 세금이나 채무는 모두 자신이 변제하겠다고 속여 명의를 대여받아 호텔을 운영하면서 호텔에 관한 각종 세금 및 채무 등을 부담하게 하였다면, 명의대여행위를 처분행위로 볼 수 있어 사기죄가 성립한다.
④ 환자들로 하여금 장기간의 입원을 유도하여 국민건강보험공단에 과다한 요양급여비를 청구함으로써 요양급여비 상당액을 편취하였다면, 실제 입원치료가 필요하였던 부분에 대하여도 사기죄가 성립한다.
⑤ 토지거래허가 등에 필요한 서류라고 매도인을 속여 근저당권설정계약서 등에 서명·날인하게 하고 인감증명서를 교부받아 근저당권을 타인에게 설정하여 돈을 차용·취득하였다면, 매도인이 근저당권설정계약서 등에 서명·날인한 행위를 처분행위로 볼 수 있고 처분의사 역시 인정되므로 사기죄가 성립한다.

:: 해설   ★★

① (○) 채권자에게 채권을 추심하여 줄 것 같이 속여 채권의 추심승낙을 받아 그 채권을 추심하여 이를 취득하였다면 이는 채권자의 착오에 기한 재산처분행위라고 할 것이므로 이는 사기죄를 구성한다 할 것이다(대판 1983.10.25. 83도1520).

② (○) 편취한 약속어음을 그와 같은 사실을 모르는 제3자에게 편취사실을 숨기고 할인받는 행위는 당초의 어음 편취와는 별개의 새로운 법익을 침해하는 행위로서 기망행위와 할인금의 교부행위 사이에 상당인과관계가 있어 새로운 사기죄를 구성한다 할 것이고, 설령 그 약속어음을 취득한 제3자가 선의이고 약속어음의 발행인이나 배서인이 어음금을 지급할 의사와 능력이 있었다 하더라도 이러한 사정은 사기죄의 성립에 영향이 없다(대판 2005.09.30. 2005도5236).

③ (X) 피고인이 甲에게 사업자등록 명의를 빌려주면 세금이나 채무는 모두 자신이 변제하겠다고 속여 그로부터 명의를 대여받아 호텔을 운영하면서 甲으로 하여금 호텔에 관한 각종 세금 및 채무 등을 부담하게 함으로써 재산상 이익을 편취하였다는 내용으로 기소된 사안에서, 甲이 명의를 대여하였다는 것만으로 피고인이 위와 같은 채무를 면하는 재산상 이익을 취득하는 甲의 재산적 처분행위가 있었다고 보기 어렵다(대판 2012.06.28. 2012도4773).

④ (○) 환자들의 건강상태에 맞게 적정한 진료행위를 하지 않은 채 입원의 필요성이 적은 환자들에게까지 입원을 권유하고 퇴원을 만류하는 등으로 장기간의 입원을 유도하여 국민건강보험공단에 과다한 요양급여비를 청구한 행위는 사회통념상 권리행사의 수단으로 용인할 수 없는 것이어서, 비록 그 중 일부 기간에 대하여 실제 입원치료가 필요하였다고 하더라도 그 부분을 포함한 당해 입원기간의 요양급여비 전체에 대하여 사기죄가 성립한다(대판 2009.05.28. 2008도4665).

⑤ (○) 피고인 등이 토지의 소유자이자 매도인인 피해자 갑 등에게 토지거래허가 등에 필요한 서류라고 속여 근저당권설정계약서 등에 서명·날인하게 하고 인감증명서를 교부받은 다음, 이를 이용하여 갑 등의 소유 토지에

피고인을 채무자로 한 근저당권을 을 등에게 설정하여 주고 돈을 차용하는 방법으로 재산상 이익을 취득하였다고 하여 특정경제범죄 가중처벌 등에 관한 법률 위반(사기) 및 사기로 기소된 사안에서, 갑 등의 행위는 사기죄에서 말하는 처분행위에 해당하고 갑 등의 처분의사가 인정된다(대판 2017.02.16. 2016도13362(전합)).

정답 ③

문 59

사기죄에 관한 다음 설명 중 옳지 않은 것은 모두 몇 개인가? [2018년 5번]

㉠ 사기죄의 피해자가 법인이나 단체인 경우에 법인이나 단체의 대표자 또는 실질적으로 의사결정을 하는 최종결재권자 등이 기망행위자와 동일인이거나 기망행위자와 공모하는 등 기망행위임을 알고 있었던 경우, 법인이나 단체에 대한 사기죄가 성립한다.

㉡ 사기죄의 본질 및 구조에 비추어 사기죄에서 말하는 처분행위란 어디까지나 처분의사에 지배된 행위이어야 하고, 이러한 처분의사는 자신의 행위로 인한 결과에 대한 인식을 당연히 전제한다. 그 결과 피기망자가 기망행위로 인하여 문서의 내용을 오신한 채 내심의 의사와는 다른 효과를 발생시키는 문서에 서명·날인하여 행위자 등에게 교부함으로써 행위자 등이 문서의 내용에 따른 재산상의 이익을 취득하게 되는 이른바 서명사취 사안의 경우에는, 비록 피기망자에게 문서에 서명 또는 날인한다는 인식이 있었더라도, 처분결과에 대해 아무런 인식이 없었으므로 처분의사와 처분행위를 인정할 수 없음이 명백하다.

㉢ 사기죄는 타인을 기망하여 착오에 빠뜨리고 처분행위를 유발하여 재물을 교부받거나 재산상 이익을 얻음으로써 성립하는 것으로서, 기망, 착오, 재산적 처분행위 사이에 인과관계가 있어야 하고, 한편 어떠한 행위가 타인을 착오에 빠지게 한 기망행위에 해당하는지 및 그러한 기망행위와 재산적 처분행위 사이에 인과관계가 있는지는 거래의 상황, 상대방의 지식, 성격, 경험, 직업 등 행위 당시의 구체적 사정을 고려하여 일반적·객관적으로 판단하여야 한다. 따라서 피해자의 재산적 처분행위나 이러한 재산적 처분행위를 유발한 피고인의 행위가 피고인이 도모하는 어떠한 사업의 성패 내지 성과와 밀접한 관련 아래 이루어진 경우에도, 피고인의 재력이나 신용상태 등을 토대로 기망행위나 인과관계 존부를 판단하여야 한다.

㉣ 사기죄에서 '재산상의 이익'이란 채권을 취득하거나 담보를 제공받는 등의 적극적 이익뿐만 아니라 채무를 면제받는 등의 소극적 이익까지 포함하며, 채무자의 기망행위로 인하여 채권자가 채무를 확정적으로 소멸 내지 면제시키는 특약 등 처분행위를 한 경우에는 채무의 면제라고 하는 재산상 이익에 관한 사기죄가 성립하고, 후에 재산적 처분행위가 사기를 이유로 민법에 따라 취소될 수 있다고 하여 달리 볼 것은 아니다.

㉤ 근저당권자의 대리인인 피고인이 채무자 겸 소유자인 피해자를 대리하여 경매개시결정 정본을 받을 권한이 없음에도, 경매개시결정 정본 등 서류의 수령을 피고인에게 위임한다는 내용의 피해자 명의의 위임장을 위조하여 법원에 제출하는 방법으로 경매개시결정 정본을 교부받은 경우, 근저당권이 유효하다면 위와 같은 행위는 사기죄의 기망행위에 해당하지 않는다.

① 1개　　　　　　　② 2개　　　　　　　③ 3개
④ 4개　　　　　　　⑤ 5개

:: 해설   ★★★

㉠ (X) 사기죄의 피해자가 법인이나 단체인 경우에 기망행위로 인한 착오, 인과관계 등이 있었는지는 법인이나 단체의 대표 등 최종 의사결정권자 또는 내부적인 권한 위임 등에 따라 실질적으로 법인의 의사를 결정하고 처분을 할 권한을 가지고 있는 사람을 기준으로 판단하여야 한다. 따라서 피해자 법인이나 단체의 대표자 또는 실질적으로 의사결정을 하는 최종결재권자 등이 기망행위자와 동일인이거나 기망행위자와 공모하는 등 기망행위임을 알고 있었던 경우에는 기망행위로 인한 착오가 있다고 볼 수 없고, 재물 교부 등의 처분행위가 있었더라도 기망행위와 인과관계가 있다고 보기 어렵다. 이러한 경우에는 사안에 따라 업무상횡령죄 또는 업무상배임죄 등이 성립하는 것은 별론으로 하고 사기죄가 성립한다고 볼 수 없다(대판 2017.09.26. 2017도8449).

㉡ (X) 사기죄의 본질과 구조, 처분행위와 그 의사적 요소로서 처분의사의 기능과 역할, 기망행위와 착오의 의미 등에 비추어 보면, 비록 피기망자가 처분행위의 의미나 내용을 인식하지 못하였더라도, 피기망자의 작위 또는 부작위가 직접 재산상 손해를 초래하는 재산적 처분행위로 평가되고, 이러한 작위 또는 부작위를 피기망자가 인식하고 한 것이라면 처분행위에 상응하는 처분의사는 인정된다. 다시 말하면 피기망자가 자신의 작위 또는 부작위에 따른 결과까지 인식하여야 처분의사를 인정할 수 있는 것은 아니다. 서명사취 사안의 경우 피기망자는 착오에 빠져 처분문서에 대한 자신의 서명 또는 날인행위가 초래하는 결과를 인식하지 못하는 특수성이 있다. 피기망자의 하자 있는 처분행위를 이용하는 것이 사기죄의 본질인데, 서명사취 사안에서는 그 하자가 의사표시 자체의 성립과정에 존재한다. 피기망자가 행위자의 기망행위로 인하여 착오에 빠진 결과 내심의 의사와 다른 효과를 발생시키는 내용의 처분문서에 서명 또는 날인함으로써 처분문서의 내용에 따른 재산상 손해가 초래되었다면 그와 같은 처분문서에 서명 또는 날인을 한 피기망자의 행위는 사기죄에서 말하는 처분행위에 해당한다. 아울러 비록 피기망자가 처분결과, 즉 문서의 구체적 내용과 법적 효과를 미처 인식하지 못하였더라도, 어떤 문서에 스스로 서명 또는 날인함으로써 처분문서에 서명 또는 날인하는 행위에 관한 인식이 있었던 이상 피기망자의 처분의사 역시 인정된다(대판 2017.02.16. 2016도13362(전합)).

㉢ (X) 사기죄는 타인을 기망하여 착오에 빠뜨리고 처분행위를 유발하여 재물을 교부받거나 재산상 이익을 얻음으로써 성립하는 것으로서, 기망, 착오, 재산적 처분행위 사이에 인과관계가 있어야 하고, 한편 어떠한 행위가 타인을 착오에 빠지게 한 기망행위에 해당하는지 및 그러한 기망행위와 재산적 처분행위 사이에 인과관계가 있는지는 거래의 상황, 상대방의 지식, 성격, 경험, 직업 등 행위 당시의 구체적 사정을 고려하여 일반적·객관적으로 판단하여야 한다. 따라서 피해자의 재산적 처분행위나 이러한 재산적 처분행위를 유발한 피고인의 행위가 피고인이 도모하는 어떠한 사업의 성패 내지 성과와 밀접한 관련 아래 이루어진 경우에는, 단순히 피고인의 재력이나 신용상태 등을 토대로 기망행위나 인과관계 존부를 판단할 수는 없고, 피해자와 피고인의 관계, 당해 사업에 대한 피해자의 인식 및 관여 정도, 피해자가 당해 사업과 관련하여 재산적 처분행위를 하게 된 구체적 경위, 당해 사업의 성공가능성, 피해자의 경험과 직업 등의 사정을 모두 종합하여 일반적·객관적으로 판단하여야 한다(대판 2011.10.13. 2011도8829).

㉣ (O) 사기죄에서 '재산상의 이익'이란 채권을 취득하거나 담보를 제공받는 등의 적극적 이익뿐만 아니라 채무를 면제받는 등의 소극적 이익까지 포함하며, 채무자의 기망행위로 인하여 채권자가 채무를 확정적으로 소멸 내지 면제시키는 특약 등 처분행위를 한 경우에는 채무의 면제라고 하는 재산상 이익에 관한 사기죄가 성립하고, 후에 재산적 처분행위가 사기를 이유로 민법에 따라 취소될 수 있다고 하여 달리 볼 것은 아니다(대판 2012.04.13. 2012도1101).

㉤ (X) 근저당권자의 대리인인 피고인이 채무자 겸 소유자인 피해자를 대리하여 경매개시결정 정본을 받을 권한이 없음에도, 경매개시결정 정본 등 서류의 수령을 피고인에게 위임한다는 내용의 피해자 명의의 위임장을 위조하여 법원에 제출하는 방법으로 경매개시결정 정본을 교부받은 사안에서, 위 행위는 사회통념상 도저히 용인될 수 없으므로 비록 근저당권이 유효하다고 하더라도 사기죄의 기망행위에 해당한다(대판 2009.07.09. 2009도295).

정답 ④

문 60

다음 설명 중 가장 옳지 않은 것은?(다툼이 있는 경우 판례에 의함) [2017년 40번]

① 피고인 등이 피해자 갑 등에게 자동차를 매도하겠다고 거짓말하고 자동차를 양도하면서 매매대금을 편취한 다음, 자동차에 미리 부착해 놓은 지피에스(GPS)로 위치를 추적하여 자동차를 절취하였다고 하더라도, 피고인이 갑 등에게 자동차를 인도하고 소유권이전등록에 필요한 일체의 서류를 교부함으로써 갑 등이 언제든지 자동차의 소유권이전등록을 마칠 수 있게 된 이상, 피고인이 자동차를 양도한 후 다시 절취할 의사를 가지고 있었더라도 자동차의 소유권을 이전하여 줄 의사가 없었다고 볼 수 없고, 피고인이 자동차를 매도할 당시 곧바로 다시 절취할 의사를 가지고 있으면서도 이를 숨긴 것을 기망이라고 할 수 없어, 특수절도 외에 사기죄까지 성립한다고 할 수 없다.

② 어떠한 행위가 정당방위로 인정되려면 그 행위가 자기 또는 타인의 법익에 대한 현재의 부당한 침해를 방어하기 위한 것으로서 상당성이 있어야 하므로, 위법하지 않은 정당한 침해에 대한 정당방위는 인정되지 않는다.

③ 등기신청은 단순한 '신고'가 아니라 신청에 따른 등기관의 심사 및 처분을 예정하고 있으므로, 등기신청인이 제출한 허위의 소명자료 등에 대하여 등기관이 나름대로 충분히 심사를 하였음에도 이를 발견하지 못하여 등기가 마쳐지게 되었다면 위계에 의한 공무집행방해죄가 성립할 수 있다. 등기관이 등기신청에 대하여 부동산등기법상 등기신청에 필요한 서면이 제출되었는지 및 제출된 서면이 형식적으로 진정한 것인지를 심사할 권한은 갖고 있으나 등기신청이 실체법상의 권리관계와 일치하는지를 심사할 실질적인 심사권한은 없다고 하여 달리 보아야 하는 것은 아니다.

④ 소유자의 의사에 따라 어느 장소에 게시 중인 문서를 소유자의 의사에 반하여 떼어내는 것과 같이 소유자의 의사에 따라 형성된 종래의 이용 상태를 변경시켜 종래의 상태에 따른 이용을 일시적으로 불가능하게 하는 경우에도 문서손괴죄가 성립할 수 있다. 어느 문서에 대한 종래의 사용상태가 문서 소유자의 의사에 반하여 또는 문서 소유자의 의사와 무관하게 이루어진 경우에 단순히 종래의 사용상태를 제거하거나 변경시키는 것에 불과하고 손괴, 은닉하는 등으로 새로이 문서 소유자의 문서 사용에 지장을 초래하지 않는 경우라고 하여 달리 보아야 하는 것은 아니다.

⑤ 전환사채의 발행업무를 담당하는 사람과 전환사채 인수인이 사전 공모하여 제3자에게서 전환사채 인수대금에 해당하는 금액을 차용하여 전환사채 인수대금을 납입하고 전환사채 발행절차를 마친 직후 인출하여 차용금채무의 변제에 사용하는 등 실질적으로 전환사채 인수대금이 납입되지 않았음에도 전환사채를 발행한 경우에, 특별한 사정이 없는 한 전환사채의 발행업무를 담당하는 사람은 회사에 대하여 전환사채 인수대금이 모두 납입되어 실질적으로 회사에 귀속되도록 조치할 업무상의 임무를 위반하여, 전환사채 인수인이 인수대금을 납입하지 않고서도 전환사채를 취득하게 하여 인수대금 상당의 이득을 얻게 하고, 회사가 사채상환의무를 부담하면서도 그에 상응하여 취득하여야 할 인수대금 상당의 금전을 취득하지 못하게 하여 같은 금액 상당의 손해를

입게 하였으므로, 업무상배임죄의 죄책을 진다. 그리고 그 후 전환사채의 인수인이 전환사채를 처분하여 대금 중 일부를 회사에 입금하였거나 또는 사채로 보유하는 이익과 주식으로 전환할 경우의 이익을 비교하여 전환권을 행사함으로써 전환사채를 주식으로 전환하였더라도, 이러한 사후적인 사정은 이미 성립된 업무상배임죄에 영향을 주지 못한다.

해설 ★★★

① (○) 피고인 등이 피해자 갑 등에게 자동차를 매도하겠다고 거짓말하고 자동차를 양도하면서 매매대금을 편취한 다음, 자동차에 미리 부착해 놓은 지피에스(GPS)로 위치를 추적하여 자동차를 절취하였다고 하여 사기 및 특수절도로 기소된 사안에서, 피고인이 갑 등에게 자동차를 인도하고 소유권이전등록에 필요한 일체의 서류를 교부함으로써 갑 등이 언제든지 자동차의 소유권이전등록을 마칠 수 있게 된 이상, 피고인이 자동차를 양도한 후 다시 절취할 의사를 가지고 있었더라도 자동차의 소유권을 이전하여 줄 의사가 없었다고 볼 수 없고, 피고인이 자동차를 매도할 당시 곧바로 다시 절취할 의사를 가지고 있으면서도 이를 숨긴 것을 기망이라고 할 수 없어, 결국 피고인이 자동차를 매도할 당시 기망행위가 없었으므로, 피고인에게 사기죄를 인정한 원심판결에 법리오해의 잘못이 있다(대판 2016.03.24. 2015도17452).

② (○) 어떠한 행위가 정당방위로 인정되려면 그 행위가 자기 또는 타인의 법익에 대한 현재의 부당한 침해를 방어하기 위한 것으로서 상당성이 있어야 하므로, 위법하지 않은 정당한 침해에 대한 정당방위는 인정되지 않는다. 이때 방위행위가 사회적으로 상당한 것인지는 침해행위에 의해 침해되는 법익의 종류와 정도, 침해의 방법, 침해행위의 완급, 방위행위에 의해 침해될 법익의 종류와 정도 등 일체의 구체적 사정들을 참작하여 판단하여야 한다. 또한 자기의 법익뿐 아니라 타인의 법익에 대한 현재의 부당한 침해를 방위하기 위한 행위도 상당한 이유가 있으면 형법 제21조의 정당방위에 해당하여 위법성이 조각된다(대판 2017.03.15. 2013도2168).

③ (○) 등기신청은 단순한 '신고'가 아니라 신청에 따른 등기관의 심사 및 처분을 예정하고 있으므로, 등기신청인이 제출한 허위의 소명자료 등에 대하여 등기관이 나름대로 충분히 심사를 하였음에도 이를 발견하지 못하여 등기가 마쳐지게 되었다면 위계에 의한 공무집행방해죄가 성립할 수 있다. 등기관이 등기신청에 대하여 부동산등기법상 등기신청에 필요한 서면이 제출되었는지 및 제출된 서면이 형식적으로 진정한 것인지를 심사할 권한은 갖고 있으나 등기신청이 실체법상의 권리관계와 일치하는지를 심사할 실질적인 심사권한은 없다고 하여 달리 보아야 하는 것은 아니다(대판 2016.01.28. 2015도17297).

④ (X) 문서손괴죄는 타인 소유의 문서를 손괴 또는 은닉 기타 방법으로 효용을 해함으로써 성립하고, 문서의 효용을 해한다는 것은 문서를 본래의 사용목적에 제공할 수 없게 하는 상태로 만드는 것은 물론 일시적으로 그것을 이용할 수 없는 상태로 만드는 것도 포함한다. 따라서 소유자의 의사에 따라 어느 장소에 게시 중인 문서를 소유자의 의사에 반하여 떼어내는 것과 같이 소유자의 의사에 따라 형성된 종래의 이용상태를 변경시켜 종래의 상태에 따른 이용을 일시적으로 불가능하게 하는 경우에도 문서손괴죄가 성립할 수 있다. 그러나 문서손괴죄는 문서의 소유자가 문서를 소유하면서 사용하는 것을 보호하려는 것이므로, 어느 문서에 대한 종래의 사용상태가 문서 소유자의 의사에 반하여 또는 문서 소유자의 의사와 무관하게 이루어진 경우에 단순히 종래의 사용상태를 제거하거나 변경시키는 것에 불과하고 손괴, 은닉하는 등으로 새로이 문서 소유자의 문서 사용에 지장을 초래하지 않는 경우에는 문서의 효용, 즉 문서 소유자의 문서에 대한 사용가치를 일시적으로도 해하였다고 할 수 없어서 문서손괴죄가 성립하지 아니한다(대판 2015.11.27. 2014도13083).

⑤ (○) 전환사채의 발행업무를 담당하는 사람은 회사에 대하여 전환사채 인수대금이 모두 납입되어 실질적으로 회사에 귀속되도록 조치할 업무상의 임무를 위반하여, 전환사채 인수인으로 하여금 인수대금을 납입하지 않고서도 전환사채를 취득하게 하여 인수대금 상당의 이득을 얻게 하고, 회사로 하여금 사채상환의무를 부담하면서도 그에 상응하여 취득하여야 할 인수대금 상당의 금전을 취득하지 못하게 하여 같

은 금액 상당의 손해를 입게 하였으므로, 이로써 업무상 배임죄의 죄책을 진다. 그리고 그 후 전환사채의 인수인이 전환사채를 처분하여 그 대금 중 일부를 회사에 입금하였거나 또는 사채로 보유하는 이익과 주식으로 전환할 경우의 이익을 비교하여 전환권을 행사함으로써 전환사채를 주식으로 전환하였더라도, 이러한 사후적인 사정은 이미 성립된 업무상 배임죄에 영향을 주지 못한다(대판 2015.12.10. 2012도235).

정답 ④

문 61

다음 중 사기죄에 있어 부작위에 의한 기망행위와 관련하여 법률상 고지의무가 인정되는 것은 모두 몇 개인가?(다툼이 있는 경우 판례에 의함) [2017년 30번]

> 가. 부동산의 이중매매에 있어서 제2의 매수인에게 제1의 매매계약을 일방적으로 해제할 수 없는 처지에 있다는 사실을 고지할 의무
> 나. 매매목적물에 관하여 매수인에게 이미 제3자의 신청에 의하여 처분금지가처분결정이 된 사실을 고지할 의무
> 다. 임대인이 임대차계약을 체결하면서 임차인에게 임대목적물이 경매진행중인 사실을 고지할 의무
> 라. 매각 토지에 대하여 도시계획이 입안되어 있어 장차 협의매수되거나 수용될 것이라는 사정을 이를 잘 알지 못하는 매수인에게 고지할 의무

① 없음　　② 1개　　③ 2개
④ 3개　　⑤ 4개

해설

가. (X) 부동산의 이중매매에 있어서 매도인이 제1의 매매계약을 일방적으로 해제할 수 없는 처지에 있었다는 사정만으로는, 바로 제2의 매매계약의 효력이나 그 매매계약에 따르는 채무의 이행에 장애를 가져오는 것이라고 할 수 없음은 물론, 제2의 매수인의 매매목적물에 대한 권리의 실현에 장애가 된다고 볼 수도 없는 것이므로 매도인이 제2의 매수인에게 그와 같은 사정을 고지하지 아니하였다고 하여 제2의 매수인을 기망한 것이라고 평가할 수는 없을 것이다(대판 2012.01.26. 2011도15179).

나. (O) 매매에 있어서 매수인이 알았다면 매수하지 아니할 것이 거래의 경험칙상 명백한 사실에 대하여는 매도인은 신의성실의 원칙에 따라 이를 상대방에게 고지할 법률상 의무가 있다고 보아야 할 것이므로 제3자가 매도인을 상대로 대지 및 지상건물에 대한 명도소송을 제기하여 계속 중이고 점유이전금지가처분까지 되어 있는 사실을 매수인이 알았다면 거래의 경험칙상 위 대지를 매수하지 아니하였을 것이 분명하므로 신의성실의 원칙에 따라 매도인은 위와 같은 소송관계를 매수인에게 고지할 법률상 의무가 있다(대판 1985.03.26. 84도301).

다. (O) 임대인이 임대차계약을 체결하면서 임차인에게 임대목적물이 경매진행중인 사실을 알리지 아니한 경우, 임차인이 등기부를 확인 또는 열람하는 것이 가능하더라도 사기죄가 성립한다(대판 1998.12.08. 98도3263).

라. (O) 토지에 대하여 도시계획이 입안되어 있어 장차 협의매수되거나 수용될 것이라는 사정을 매수인에게 고지하지 아니한 행위가 부작위에 의한 사기죄를 구성한다(대판 1993.07.13. 93도14).

정답 ④

문 62

다음 설명 중 옳은 것은 모두 몇 개인가?(다툼이 있는 경우 판례에 따르고 전원합의체 판결의 경우 다수의견에 의함) [2017년 9번]

> 가. 사기죄에서 말하는 처분행위가 인정되려면 처분의사가 있어야 하는데, 그러한 처분의사는 착오에 빠진 피기망자가 어떤 행위를 한다는 인식이 있으면 충분하고, 그 행위가 가져오는 결과에 대한 인식까지 필요하다고 볼 것은 아니다.
> 나. 전기통신금융사기(이른바 보이스피싱 범죄)의 범인이 피해자를 기망하여 피해자의 돈을 사기이용계좌로 송금·이체받았다면 이로써 편취행위는 기수에 이른다. 따라서 범인이 피해자의 돈을 보유하게 되었더라도 이로 인하여 피해자와 사이에 어떠한 위탁 또는 신임관계가 존재한다고 할 수 없는 이상 피해자의 돈을 보관하는 지위에 있다고 볼 수 없으며, 나아가 그 후에 범인이 사기이용계좌에서 현금을 인출하였더라도 이는 이미 성립한 사기범행의 실행행위에 지나지 아니하여 새로운 법익을 침해한다고 보기도 어려우므로, 위와 같은 인출행위는 사기의 피해자에 대하여 따로 횡령죄를 구성하지 아니한다. 그리고 이러한 법리는 사기범행에 이용되리라는 사정을 알고서도 자신 명의 계좌의 접근매체를 양도함으로써 사기범행을 방조한 종범이 사기이용계좌로 송금된 피해자의 돈을 임의로 인출한 경우에도 마찬가지로 적용된다.
> 다. 사기죄에 있어서 수인의 피해자에 대하여 각 피해자별로 기망행위를 하여 각각 재물을 편취한 경우에 그 범의가 단일하고 범행방법이 동일하다고 하더라도 포괄일죄가 성립하는 것이 아니라 피해자별로 1개씩의 죄가 성립하는 것으로 보아야 한다.
> 라. 피고인 등이 사기도박에 필요한 준비를 갖추고 그러한 의도로 피해자들에게 도박에 참가하도록 권유한 때 또는 늦어도 그 정을 알지 못하는 피해자들이 도박에 참가한 때에는 이미 사기죄의 실행에 착수하였다고 할 것이므로, 피고인 등이 그 후에 사기도박을 숨기기 위하여 얼마간 정상적인 도박을 하였더라도 이는 사기죄의 실행행위에 포함되는 것이어서 피고인에 대하여는 피해자들에 대한 사기죄만이 성립하고 도박죄는 따로 성립하지 아니한다.
> 마. 공동의 사기 범행으로 인하여 얻은 돈을 공범자끼리 수수한 행위가 공동정범들 사이의 그 범행에 의하여 취득한 돈이나 재산상 이익의 내부적인 분배행위에 지나지 않는 것이라면 그 돈의 수수행위가 따로 배임수증재죄를 구성한다고 볼 수는 없다.

① 2개　　② 3개　　③ 4개
④ 5개　　⑤ 없음

해설　★★★

가. (○) 처분행위가 갖는 역할과 기능을 고려하면, 피기망자의 의사에 기초한 어떤 행위를 통해 행위자 등이 재물 또는 재산상의 이익을 취득하였다고 평가할 수 있는 경우라면 사기죄에서 말하는 처분행위가 인정된다. 처분의사는 착오에 빠진 피기망자가 어떤 행위를 한다는 인식이 있으면 충분하고, 그 행위가 가져오는 결과에 대한 인식까지 필요하다고 볼 것은 아니다(대판 2017.02.16. 2016도13362(전합)).

나. (○) 전기통신금융사기(이른바 보이스피싱 범죄)의 범인이 피해자를 기망하여 피해자의 자금을 사기이용계좌로 송금·이체받으면 사기죄는 기수에 이르고, 범인이 피해자의 자금을 점유하고 있다고 하여 피해자와의 어떠한 위탁관계나 신임관계가 존재한다고 볼 수 없을 뿐만 아니라, 그 후 범인이 사기이용계좌에서 현금을

인출하였더라도 이는 이미 성립한 사기범행이 예정하고 있던 행위에 지나지 아니하여 새로운 법익을 침해한다고 보기도 어려우므로, 위와 같은 인출행위는 사기의 피해자에 대하여 별도의 횡령죄를 구성하지 아니한다. 이러한 법리는 사기범행에 이용되리라는 사정을 알고서 자신 명의 계좌의 접근매체를 양도함으로써 사기범행을 방조한 종범이 사기이용계좌로 송금된 피해자의 자금을 임의로 인출한 경우에도 마찬가지로 적용된다(대판 2017.05.31. 2017도3894).

> 관련판례 송금의뢰인이 다른 사람의 예금계좌에 자금을 송금·이체한 경우 특별한 사정이 없는 한 송금의뢰인과 계좌명의인 사이에 그 원인이 되는 법률관계가 존재하는지 여부에 관계없이 계좌명의인(수취인)과 수취은행 사이에는 그 자금에 대하여 예금계약이 성립하고, 계좌명의인은 수취은행에 대하여 그 금액 상당의 예금채권을 취득한다. 이때 송금의뢰인과 계좌명의인 사이에 송금·이체의 원인이 된 법률관계가 존재하지 않음에도 송금·이체에 의하여 계좌명의인이 그 금액 상당의 예금채권을 취득한 경우 계좌명의인은 송금의뢰인에게 그 금액 상당의 돈을 반환하여야 한다. 이와 같이 계좌명의인이 송금·이체의 원인이 되는 법률관계가 존재하지 않음에도 계좌이체에 의하여 취득한 예금채권 상당의 돈은 송금의뢰인에게 반환하여야 할 성격의 것이므로, 계좌명의인은 그와 같이 송금·이체된 돈에 대하여 송금의뢰인을 위하여 보관하는 지위에 있다고 보아야 한다. 따라서 계좌명의인이 그와 같이 송금·이체된 돈을 그대로 보관하지 않고 영득할 의사로 인출하면 횡령죄가 성립한다. 이러한 법리는 계좌명의인이 개설한 예금계좌가 전기통신금융사기 범행에 이용되어 그 계좌에 피해자가 사기피해금을 송금·이체한 경우에도 마찬가지로 적용된다. 계좌명의인은 피해자와 사이에 아무런 법률관계 없이 송금·이체된 사기피해금 상당의 돈을 피해자에게 반환하여야 하므로, 피해자를 위하여 사기피해금을 보관하는 지위에 있다고 보아야 하고, 만약 계좌명의인이 그 돈을 영득할 의사로 인출하면 피해자에 대한 횡령죄가 성립한다. 이때 계좌명의인이 사기의 공범이라면 자신이 가담한 범행의 결과 피해금을 보관하게 된 것일 뿐이어서 피해자와 사이에 위탁관계가 없고, 그가 송금·이체된 돈을 인출하더라도 이는 자신이 저지른 사기범행의 실행행위에 지나지 아니하여 새로운 법익을 침해한다고 볼 수 없으므로 사기죄 외에 별도로 횡령죄를 구성하지 않는다. 한편 계좌명의인의 인출행위는 전기통신금융사기의 범인에 대한 관계에서는 횡령죄가 되지 않는다(대판 2018.07.19. 2017도17494(전합)).

다. (○) 사기죄에 있어서 수인의 피해자에 대하여 각별로 기망행위를 하여 각각 재물을 편취한 경우, 그 범의가 단일하고 범행 방법이 동일하다고 하더라도 포괄1죄가 되는 것이 아니라 피해자별로 1개씩의 죄가 성립하는 것으로 보아야 한다(대판 1995.08.22. 95도594).

라. (○) 피고인 등이 사기도박에 필요한 준비를 갖추고 그러한 의도로 피해자들에게 도박에 참가하도록 권유한 때 또는 늦어도 그 정을 알지 못하는 피해자들이 도박에 참가한 때에는 이미 사기죄의 실행에 착수하였다고 할 것이므로, 피고인 등이 그 후에 사기도박을 숨기기 위하여 얼마간 정상적인 도박을 하였더라도 이는 사기죄의 실행행위에 포함되는 것이어서 피고인에 대하여는 피해자들에 대한 사기죄만이 성립하고 도박죄는 따로 성립하지 아니한다(대판 2011.01.13. 2010도9330).

마. (○) 공동의 사기 범행으로 인하여 얻은 돈을 공범자끼리 수수한 행위가 공동정범들 사이의 범행에 의하여 취득한 돈이나 재산상 이익의 내부적인 분배행위에 지나지 않는다면 돈의 수수행위가 따로 배임수증재죄를 구성한다고 볼 수는 없다(대판 2016.05.24. 2015도18795).

문 63

사기죄에 관한 다음 설명 중 가장 옳지 않은 것은?(다툼이 있는 경우 판례에 의함) [2016년 26번]

① 토지를 매도함에 있어서 채무담보를 위한 가등기와 근저당권설정등기가 경료되어 있는 사실을 숨기고 이를 고지하지 아니하여 매수인이 이를 알지 못한 탓에 그 토지를 매수하였다면 사기죄가 성립한다.

② 부동산매매에 있어서 매매목적물에 관하여 유언으로 재단법인에 출연되었는지의 여부가 문제되고 다른 부동산에 관하여는 이미 위 유언이 유효하다는 판결까지 있었다면 이러한 사정들은 특별

한 사정이 없는 한 매수인으로서는 매매계약의 체결 여부를 결정짓는 매우 중요한 요소이므로, 매도인은 거래의 신의성실의 원칙상 매수인에게 이를 고지할 법률상의 의무가 있고 매도인이 매수인에게 위와 같은 사실을 숨기고 매도하여 대금을 교부받았다면 이는 사기죄를 구성한다.
③ 토지에 대하여 도시계획이 입안되어 있어 장차 협의매수되거나 수용될 것이라는 사정을 매수인에게 고지하지 아니한 행위는 부작위에 의한 사기죄를 구성한다.
④ 중고 자동차 매매에 있어서 매도인의 할부금융회사 또는 보증보험에 대한 할부금 채무가 매수인에게 당연히 승계되는 것이 아니므로 그 할부금 채무의 존재를 매수인에게 고지하지 아니한 것은 부작위에 의한 기망에 해당하지 아니한다.
⑤ 부동산의 명의수탁자가 부동산을 제3자에게 매도하고 매매를 원인으로 한 소유권이전등기까지 마쳐 주었으나 명의신탁 사실을 알리지 아니한 경우 그 제3자에 대한 사기죄가 성립한다.

해설 ★★

① (O) 토지를 매도함에 있어서 채무담보를 위한 가등기와 근저당권설정등기가 경료되어 있는 사실을 숨기고 이를 고지하지 아니하여 매수인이 이를 알지 못한 탓으로 그 토지를 매수하였다면 이는 사기죄를 구성한다(대판 1981.08.20. 81도1638).

② (O) 부동산매매에 있어서 매매목적물에 관하여 유언으로 재단법인에 출연되었는지의 여부가 문제되고 다른 부동산에 관하여는 이미 위 유언이 유효하다는 판결까지 있었다면 이러한 사정들은 특별한 사정이 없는 한 매수인으로서는 매매계약의 체결 여부를 결정짓는 매우 중요한 요소이므로, 매도인은 거래의 신의성실의 원칙상 매수인에게 이를 고지할 법률상의 의무가 있고 매도인이 매수인에게 위와 같은 사실을 숨기고 매도하여 대금을 교부받았다면 이는 사기죄를 구성한다(대판 1992.08.14. 91도2202).

③ (O) 토지에 대하여 도시계획이 입안되어 있어 장차 협의매수되거나 수용될 것이라는 사정을 매수인에게 고지하지 아니한 행위는 부작위에 의한 사기죄를 구성한다(대판 1993.07.13. 93도14).

④ (O) [1] 재산권에 관한 거래관계에 있어서 일방이 상대방에게 그 거래에 관련된 어떠한 사항에 대하여 고지하지 아니함으로써 장차 계약상의 목적물에 대한 권리를 확보하지 못할 위험이 생길 수 있음을 알면서도 이를 상대방에게 고지하지 아니하고 거래관계를 맺어 상대방으로부터 재물의 교부를 받거나 재산상의 이익을 받고, 상대방은 그와 같은 사정에 관한 고지를 받았더라면 당해 거래관계를 맺지 아니하였을 것임이 경험칙상 명백한 경우에는 그 재물의 수취인은 신의성실의 원칙상 상대방에게 그와 같은 사정에 대한 고지의무가 있다 할 것이고, 재물의 수취인이 이를 고지하지 아니한 것은 고지할 사실을 묵비함으로써 상대방을 기망한 것이 되어 사기죄를 구성한다. [2] 중고 자동차 매매에 있어서 매도인의 할부금융회사 또는 보증보험에 대한 할부금 채무가 매수인에게 당연히 승계되는 것이 아니라는 이유로 그 할부금 채무의 존재를 매수인에게 고지하지 아니한 것이 부작위에 의한 기망에 해당하지 아니한다(대판 1998.04.14. 98도231).

⑤ (X) 부동산의 명의수탁자가 부동산을 제3자에게 매도하고 매매를 원인으로 한 소유권이전등기까지 마쳐 준 경우, 명의신탁의 법리상 대외적으로 수탁자에게 그 부동산의 처분권한이 있는 것임이 분명하고, 제3자로서도 자기 명의의 소유권이전등기가 마쳐진 이상 무슨 실질적인 재산상의 손해가 있을 리 없으므로 그 명의신탁 사실과 관련하여 신의칙상 고지의무가 있다거나 기망행위가 있었다고 볼 수도 없어서 그 제3자에 대한 사기죄가 성립될 여지가 없고, 나아가 그 처분시 매도인(명의수탁자)의 소유라는 말을 하였다고 하더라도 역시 사기죄가 성립하지 않으며, 이는 자동차의 명의수탁자가 처분한 경우에도 마찬가지이다(대판 2007.01.11. 2006도4498).

정답 ⑤

제❺절 ┃ 공갈의 죄

문 14

형법 제350조 및 폭력행위 등 처벌에 관한 법률 제2조의 공갈죄에 관한 다음 설명 중 옳은 것은 모두 몇 개인가?[2023년 40번]

ㄱ. 피고인의 도박행위가 폭력행위 등 처벌에 관한 법률의 공동공갈 범행을 위한 수단적 역할에 불과한 경우 따로 도박죄를 구성하지 않는다.

ㄴ. A가 B의 돈을 절취한 다음 다른 금전과 섞거나 교환하지 않고 쇼핑백 등에 넣어 자신의 집에 숨겨두었는데, 피고인이 B의 지시로 폭력조직원 C와 함께 A에게 겁을 주어 쇼핑백 등에 들어 있던 절취된 돈을 교부받아 갈취하였다고 하여 폭력행위 등 처벌에 관한 법률 위반(공동공갈)으로 기소된 사안에서, 피고인 등이 A에게서 되찾은 돈은 절취 대상인 당해 금전이라고 구체적으로 특정할 수 있어 객관적으로 A의 다른 재산과 구분됨이 명백하므로 이를 타인인 A의 재물이라고 볼 수 없고, 따라서 비록 피고인 등이 A를 공갈하여 돈을 교부받았더라도 타인의 재물을 갈취한 행위로서 공갈죄가 성립된다고 볼 수 없다.

ㄷ. 피고인이 교통사고로 상해를 당하여 그로 인한 손해배상청구권이 있음을 기화로 하여 사고차의 운전사가 바뀐 것을 알고서 그 운전사의 사용자에게 과다한 금원을 요구하면서 만약 이에 응하지 않으면 수사기관에 신고할 것 같은 태도를 보여 동인을 외포하게 하고 이에 겁을 먹은 동인으로부터 금 3,500,000원을 교부받은 것이라면 이는 손해배상을 받기 위한 수단으로서 사회통념상 허용되는 범위를 넘어서 그 권리행사를 빙자하여 상대방을 외포하게 하여 재물을 교부받은 경우에 해당하므로 공갈죄가 성립한다고 할 것이다.

ㄹ. 피고인이 장시간에 걸쳐 피해자의 건물건축공사 현장사무실에서 일행 3인과 합세하여 과격한 언사와 함께 집기를 손괴하고 건물 창문에 피해자의 신용을 해치는 불온한 내용을 기재하거나, 같은 취지의 현수막을 건물 외벽에 게시할 듯한 태도를 보인 것은 점포임대차 계약의 해제에 따른 원상회복 및 손해배상청구권이라는 권리를 실현할 목적으로 이루어졌더라도 사회통념상 허용될 수 있는 범위를 넘어서 공갈죄를 구성한다.

ㅁ. 재산상 이익의 취득으로 인한 공갈죄가 성립하려면 폭행 또는 협박과 같은 공갈행위로 인하여 피공갈자가 재산상 이익을 공여하는 처분행위가 있어야 한다. 물론 그러한 처분행위는 반드시 작위에 한하지 아니하고 부작위로도 족하여서, 피공갈자가 외포심을 일으켜 묵인하고 있는 동안에 공갈자가 직접 재산상의 이익을 탈취한 경우에도 공갈죄가 성립할 수 있다.

① 없음   ② 1개   ③ 2개   ④ 3개   ⑤ 4개

MGI Point 공갈죄 ★★

- 도박행위가 공갈죄의 수단이 된 경우 ⇨ 도박죄 별도로 성립(흡수관계×)
- 타인 점유, 자기소유의 재물을 갈취한 경우 ⇨ 공갈죄 성립×(구성요건 해당성×)
- 교통사고로 손해배상청구권이 있음을 기화로 상대방을 외포하게 함으로써 재물을 교부받은 경우 ⇨ 공갈죄 성립
- 권리실현의 목적으로 이루어진 것이라고 하더라도 행사된 수단방법이 구체적인 태양에 있어 사회통념상 허용될 수 있는 범위를 훨씬 넘는 경우 ⇨ 공갈죄 성립
- 피공갈자가 외포심을 일으켜 묵인하고 있는 동안에 공갈자가 직접 재산상의 이익을 탈취한 경우 ⇨ 공갈죄 성립

ㄱ. (X) 공갈죄와 도박죄는 그 구성요건과 보호법익을 달리하고 있고, 공갈죄의 성립에 일반적·전형적으로 도박행위를 수반하는 것은 아니며, 도박행위가 공갈죄에 비하여 별도로 고려되지 않을 만큼 경미한 것이라고 할 수도 없으므로, 도박행위가 공갈죄의 수단이 되었다 하여 그 도박행위가 공갈죄에 흡수되어 별도의 범죄를 구성하지 않는다고 할 수 없다(대법원 2014. 3. 13. 2014도212).

ㄴ. (O) 甲이 乙의 돈을 절취한 다음 다른 금전과 섞거나 교환하지 않고 쇼핑백 등에 넣어 자신의 집에 숨겨두었는데, 피고인이 乙의 지시로 폭력조직원 丙과 함께 甲에게 겁을 주어 쇼핑백 등에 들어 있던 절취된 돈을 교부받아 갈취하였다고 하여 폭력행위 등 처벌에 관한 법률 위반(공동공갈)으로 기소된 사안에서, 피고인 등이 甲에게서 되찾은 돈은 절취 대상인 당해 금전이라고 구체적으로 특정할 수 있어 객관적으로 甲의 다른 재산과 구분됨이 명백하므로 이를 타인인 甲의 재물이라고 볼 수 없고, 따라서 비록 피고인 등이 甲을 공갈하여 돈을 교부받았더라도 타인의 재물을 갈취한 행위로서 공갈죄가 성립된다고 볼 수 없는데도, 이와 달리 보아 유죄를 인정한 원심판결에 공갈죄의 대상인 타인의 재물 등에 관한 법리오해의 위법이 있다고 한 사례(대법원 2012. 8. 30. 2012도6157).

ㄷ. (O) 피고인이 교통사고로 2주일간의 치료를 요하는 상해를 당하여 그로 인한 손해배상청구권이 있음을 기화로 사고차량의 운전사가 바뀐 것을 알고서 그 운전사의 사용자에게 과다한 금원을 요구하면서 이에 응하지 않으면 수사기관에 신고할듯한 태도를 보여 이에 겁을 먹은 동인으로부터 금 3,500,000원을 교부받은 것이라면 이는 손해배상을 받기 위한 수단으로서 사회통념상 허용되는 범위를 넘어서 그 권리행사를 빙자하여 상대방을 외포하게 함으로써 재물을 교부받은 경우에 해당하므로 공갈죄가 성립한다고 할 것이다(대법원 1990. 3. 27. 89도2036).

ㄹ. (O) 이 사건의 경우, 위에서 본 바와 같이 피고인이 장시간에 걸쳐 피해자 김승광의 건물건축공사 현장사무실 내에서 다른 일행 3인과 합세하여 과격한 언사와 함께 집기를 손괴하고 건물 창문에 위 피해자의 신용을 해치는 불온한 내용을 기재하거나 같은 취지를 담은 현수막을 건물 외벽에 게시할 듯한 태도를 보이는 등의 행위를 취하였다면, 이는 위 피해자가 피고인의 금전지급요구에 응하지 아니하는 경우 자신의 신체나 재산 등에 부당한 이익을 받을 위험이 있다는 위구심을 일으키게 한 것으로서 위 피해자로 하여금 겁을 먹게 하기에 족한 해악의 고지에 해당한다고 볼 것이고, 그것이 비록 피고인의 주장과 같이 위 피해자에 대하여 가지는 이 사건 점포임대차계약의 해제에 따른 원상회복 및 손해배상청구권의 범위 내에서 그 권리실현의 목적으로 이루어진 것이라고 하더라도, 그 행사된 수단방법이 구체적인 태양에 있어 사회통념상 허용될 수 있는 범위를 훨씬 넘는 것이어서 피고인의 위 행위는 공갈죄를 구성한다고 보아야 옳을 것이다(대법원 1995. 3. 10. 94도2422).

ㅁ. (O) 재산상 이익의 취득으로 인한 공갈죄가 성립하려면 폭행 또는 협박과 같은 공갈행위로 인하여 피공갈자가 재산상 이익을 공여하는 처분행위가 있어야 한다. 물론 그러한 처분행위는 반드시 작위에 한하지 아니하고 부작위로도 족하여서, 피공갈자가 외포심을 일으켜 묵인하고 있는 동안에 공갈자가 직접 재산상의 이익을 탈취한 경우에도 공갈죄가 성립할 수 있다. 그러나 폭행의 상대방이 위와 같은 의미에서의 처분행위를 한 바 없고, 단지 행위자가 법적으로 의무 있는 재산상 이익의 공여를 면하기 위하여 상대방을 폭행하고 현장에서 도주함으로써 상대방이 행위자로부터 원래라면 얻을 수 있었던 재산상 이익의 실현에 장애가 발생한 것에 불과하다면, 그 행위자에게 공갈죄의 죄책을 물을 수 없다(대법원 2012. 1. 27. 2011도16044).

정답 ⑤

문 64

공갈죄에 관한 다음 설명 중 옳은 것은 모두 몇 개인가? [2022년 12번]

> ㄱ. 공갈죄의 수단인 협박은 사람의 의사결정의 자유를 제한하거나 의사실행의 자유를 방해할 정도로 겁을 먹게 할 만한 해악을 고지하는 것을 말하는데, 해악의 고지는 반드시 명시적인 방법이 아니더라도 말이나 행동을 통해서 상대방으로 하여금 어떠한 해악에 이르게 할 것이라는 인식을 갖게 하는 것이면 족하고, 피공갈자 이외의 제3자를 통해서 간접적으로 할 수도 있다.
> ㄴ. 공갈죄는 다른 사람을 공갈하여 그로 인한 하자 있는 의사에 기하여 자기 또는 제3자에게 재물을 교부하게 하거나 재산상 이익을 취득하게 함으로써 성립되는 범죄로서, 공갈의 상대방이 재산상의 피해자와 같아야 할 필요는 없고, 공갈의 목적이 된 재물 기타 재산상의 이익을 처분할 수 있는 권한을 갖거나 그 지위에 있을 필요도 없다.
> ㄷ. 피공갈자의 하자 있는 의사에 기하여 이루어지는 재물의 교부 자체가 공갈죄에서의 재산상 손해에 해당하므로, 반드시 피해자의 전체 재산의 감소가 요구되는 것은 아니다.
> ㄹ. 대상 기업에 특정한 요구를 하면서 이에 응하지 않을 경우 불매운동의 실행 등 대상 기업에 불이익이 되는 조치를 취하겠다고 고지하거나 공표하는 것과 같이 소비자불매운동의 일환으로 이루어지는 것으로 볼 수 있는 표현이나 행동이라고 하더라도 정치적 표현의 자유나 일반적 행동의 자유 등의 관점에서 전체 법질서상 용인될 수 없을 정도로 사회적 상당성을 갖추지 못한 때에는 그 행위 자체가 강요죄나 공갈죄에서 말하는 협박의 개념에 포섭될 수 있다.
> ㅁ. 공갈범행으로 인하여 취득한 이득액은 불법영득의 대상이 된 재물이나 재산상의 이익의 가액이 기준이 되어야 하고, 범죄의 기수시기를 기준으로 하여 산정할 것이며 그 후의 사정변경을 고려할 것이 아니고 그와 같은 사정변경의 가능성이 공갈행위 시 예견 가능한 것이라고 하여도 마찬가지이다.

① 1개 ② 2개 ③ 3개 ④ 4개 ⑤ 5개

MGI Point 공갈죄 ★★

- 공갈죄에서의 협박 ⇨ 묵시적으로도 가능, 피공갈자 이외의 제3자를 통해서 간접적으로도 可
- 공갈의 상대방이 재산상의 피해자와 같아야 할 필요 × but 처분할 권한 있어야 함
- 하자 있는 의사에 기한 재물의 교부가 있는 이상 공갈 피해자 전체 재산의 감소 不要
- 소비자불매운동의 일환으로 이루어진 표현·행동이라도 공갈죄에서의 협박에 포섭되는 경우 有
- 공갈범행으로 인하여 취득한 이득액의 산정시기 ⇨ 범죄의 기수시기, 그 이후의 예견 가능한 사정변경이라고 하더라도 고려 ×

ㄱ. (○) 공갈죄의 수단으로서 협박은 사람의 의사결정의 자유를 제한하거나 의사실행의 자유를 방해할 정도로 겁을 먹게 할 만한 해악을 고지하는 것을 말하고, 해악의 고지는 반드시 명시의 방법에 의할 것을 요하지 아니하며 언어나 거동에 의하여 상대방으로 하여금 어떠한 해악에 이르게 할 것이라는 인식을 갖게 하는 것이면 족한 것이고, 또한 직접적이 아니더라도 피공갈자 이외의 제3자를 통해서 간접적으로 할 수도 있다.(대판 2003.05.13. 2003도709).

ㄴ. (×), ㄷ. (○) 공갈죄는 다른 사람을 공갈하여 그로 인한 하자 있는 의사에 기하여 자기 또는 제3자에게 재물을 교부하게 하거나 재산상 이익을 취득하게 함으로써 성립되는 범죄로서, 공갈의 상대방이 재산상의 피

해자와 같아야 할 필요는 없고, 피공갈자의 하자 있는 의사에 기하여 이루어지는 재물의 교부 자체가 공갈죄에서의 재산상 손해에 해당하므로, 반드시 피해자의 전체 재산의 감소가 요구되는 것도 아니다(대판 2013.04.11. 2010도13774). 그리고 공갈죄에 있어서 공갈의 상대방은 재산상의 피해자와 동일함을 요하지는 아니하나, 공갈의 목적이 된 재물 기타 재산상의 이익을 처분할 수 있는 사실상 또는 법률상의 권한을 갖거나 그러한 지위에 있음을 요한다고 할 것이다(대판 2005.09.29. 2005도4738).

ㄹ. (○) 대상 기업에 특정한 요구를 하면서 이에 응하지 않을 경우 불매운동의 실행 등 대상 기업에 불이익이 되는 조치를 취하겠다고 고지하거나 공표하는 것과 같이 소비자불매운동의 일환으로 이루어지는 것으로 볼 수 있는 표현이나 행동이 정치적 표현의 자유나 일반적 행동의 자유 등의 관점에서도 전체 법질서상 용인될 수 없을 정도로 사회적 상당성을 갖추지 못한 때에는 그 행위 자체가 강요죄나 공갈죄에서 말하는 협박의 개념에 포섭될 수 있다(대판 2013.04.11. 2010도13774).

ㅁ. (○) 공갈폭행으로 인하여 취득한 이득액은 공갈범행으로 인하여 취득하기로 약정된 즉 불법영득의 대상이 된 재물이나 재산상의 이익의 가액이 기준이 되어야 하고, 범죄의 기수시기를 기준으로 하여 산정할 것이며 그 후의 사정변경을 고려할 것이 아니고 그와 같은 사정변경의 가능성이 공갈 행위시 예견 가능한 것이라고 하여도 마찬가지이다(대판 1990.10.16. 90도1815).

 정답 ④

문 65

공갈죄에 관한 다음 설명 중 가장 옳지 않은 것은?(다툼이 있는 경우 판례에 의함) [2016년 21번]

① 공갈죄는 다른 사람을 공갈하여 그로 인한 하자 있는 의사에 기하여 자기 또는 제3자에게 재물을 교부하게 하거나 재산상 이익을 취득하게 함으로써 성립되는 범죄로서, 공갈의 상대방이 재산상의 피해자와 같아야 할 필요는 없고, 반드시 피해자의 전체 재산의 감소가 요구되는 것도 아니다.
② 공갈죄의 대상이 되는 재물은 타인의 재물을 의미하므로, 사람을 공갈하여 자기의 재물을 교부받는 경우에는 공갈죄가 성립하지 아니한다.
③ 폭행의 상대방이 재산상 이익을 공여하는 처분행위를 한 바 없고, 단지 행위자가 법적으로 의무 있는 재산상 이익의 공여를 면하기 위하여 상대방을 폭행하고 현장에서 도주함으로써 상대방이 행위자로부터 원래라면 얻을 수 있었던 재산상 이익의 실현에 장애가 발생한 것에 불과하다면, 그 행위자에게 공갈죄의 죄책을 물을 수 없다.
④ 공갈죄의 수단으로서의 협박은 사람의 의사결정의 자유를 제한하거나 의사실행의 자유를 방해할 정도로 겁을 먹게 할 만한 해악을 고지하는 것을 말하고, 해악의 고지가 권리실현의 수단으로 사용된 경우에는 공갈죄가 성립하지 아니한다.
⑤ 예금주인 현금카드 소유자를 협박하여 그 카드를 갈취한 다음 피해자의 승낙에 의하여 현금카드를 사용할 권한을 부여받아 이를 이용하여 현금자동지급기에서 현금을 인출한 행위는 포괄하여 하나의 공갈죄를 구성하고, 현금자동지급기에서 피해자의 예금을 인출한 행위를 현금카드 갈취 행위와 분리하여 따로 절도죄로 처단할 수는 없다.

해설 ★★

① (○) 공갈죄는 다른 사람을 공갈하여 그로 인한 하자 있는 의사에 기하여 자기 또는 제3자에게 재물을 교부하게 하거나 재산상 이익을 취득하게 함으로써 성립되는 범죄로서, 공갈의 상대방이 재산상의 피해자와 같아야 할 필요는 없고, 피공갈자의 하자 있는 의사에 기하여 이루어지는 재물의 교부 자체가 공갈죄에서의 재산상 손해에 해당하므로, 반드시 피해자의 전체 재산의 감소가 요구되는 것도 아니다(대판 2013.04.11. 2010도13774).

② (○) 공갈죄의 대상이 되는 재물은 타인의 재물을 의미하므로, 사람을 공갈하여 자기의 재물을 교부받는 경우에는 공갈죄가 성립하지 아니한다. 그리고 타인의 재물인지는 민법, 상법, 기타의 실체법에 의하여 결정되는데, 금전을 도난당한 경우 절도범이 절취한 금전만 소지하고 있는 때 등과 같이 구체적으로 절취된 금전을 특정할 수 있어 객관적으로 다른 금전 등과 구분됨이 명백한 예외적인 경우에는 절도 피해자에 대한 관계에서 그 금전이 절도범인 타인의 재물이라고 할 수 없다(대판 2012.08.30. 2012도6157).

③ (○) [1] 재산상 이익의 취득으로 인한 공갈죄가 성립하려면 폭행 또는 협박과 같은 공갈행위로 인하여 피공갈자가 재산상 이익을 공여하는 처분행위가 있어야 한다. 물론 그러한 처분행위는 반드시 작위에 한하지 아니하고 부작위로도 족하여서, 피공갈자가 외포심을 일으켜 묵인하고 있는 동안에 공갈자가 직접 재산상의 이익을 탈취한 경우에도 공갈죄가 성립할 수 있다. 그러나 폭행의 상대방이 위와 같은 의미에서의 처분행위를 한 바 없고, 단지 행위자가 법적으로 의무 있는 재산상 이익의 공여를 면하기 위하여 상대방을 폭행하고 현장에서 도주함으로써 상대방이 행위자로부터 원래라면 얻을 수 있었던 재산상 이익의 실현에 장애가 발생한 것에 불과하다면, 그 행위자에게 공갈죄의 죄책을 물을 수 없다. [2] 피고인이 피해자가 운전하는 택시를 타고 간 후 최초의 장소에 이르러 택시요금의 지급을 면할 목적으로 다른 장소에 가자고 하였다면서 택시에서 내린 다음 택시요금 지급을 요구하는 피해자를 때리고 달아나자, 피해자가 피고인이 말한 다른 장소까지 쫓아가 기다리다 그곳에서 피고인을 발견하고 택시요금 지급을 요구하였는데 피고인이 다시 피해자의 얼굴 등을 주먹으로 때리고 달아난 사안에서, 피해자가 피고인에게 계속해서 택시요금의 지급을 요구하였으나 피고인이 이를 면하고자 피해자를 폭행하고 달아났을 뿐, 피해자가 폭행을 당하여 외포심을 일으켜 수동적·소극적으로라도 피고인이 택시요금 지급을 면하는 것을 용인하여 이익을 공여하는 처분행위를 하였다고 할 수 없으므로 공갈죄를 인정할 수 없다(대판 2012.01.27. 2011도16044).

④ (X) 공갈죄의 수단으로서의 협박은 사람의 의사결정의 자유를 제한하거나 의사실행의 자유를 방해할 정도로 겁을 먹게 할 만한 해악을 고지하는 것을 말하고, 해악의 고지가 권리실현의 수단으로 사용된 경우라도 그것이 권리행사를 빙자하여 협박을 수단으로 상대방을 겁을 먹게 하였고, 그 권리실행의 수단 방법이 사회통념상 허용되는 정도나 범위를 넘는다면 공갈죄의 실행에 착수한 것으로 보아야 한다(대판 1993.09.14. 93도915).

⑤ (○) 예금주인 현금카드 소유자를 협박하여 그 카드를 갈취하였고, 하자 있는 의사표시이기는 하지만 피해자의 승낙에 의하여 현금카드를 사용할 권한을 부여받아 이를 이용하여 현금을 인출한 이상, 피해자가 그 승낙의 의사표시를 취소하기까지는 현금카드를 적법, 유효하게 사용할 수 있고, 은행의 경우에도 피해자의 지급정지 신청이 없는 한 피해자의 의사에 따라 그의 계산으로 적법하게 예금을 지급할 수밖에 없는 것이므로, 피고인이 피해자로부터 현금카드를 사용한 예금인출의 승낙을 받고 현금카드를 교부받은 행위와 이를 사용하여 현금자동지급기에서 예금을 여러 번 인출한 행위들은 모두 피해자의 예금을 갈취하고자 하는 피고인의 단일하고 계속된 범의 아래에서 이루어진 일련의 행위로서 포괄하여 하나의 공갈죄를 구성한다고 볼 것이지, 현금지급기에서 피해자의 예금을 취득한 행위를 현금지급기 관리자의 의사에 반하여 그가 점유하고 있는 현금을 절취한 것이라 하여 이를 현금카드 갈취행위와 분리하여 따로 절도죄로 처단할 수는 없다(대판 1996.09.20. 95도1728).

정답 ④

제6절 ┃ 횡령의 죄

문 23
횡령죄에 관한 다음 설명 중 옳은 것은 모두 몇 개인가? [2023년 18번]

> ㄱ. A와 甲이 당구장을 동업하기로 약정하였다가 공동으로 운영하지 못한채 A가 동업조건에 불만을 갖고 약정투자금의 일부만을 지급한 후 동업계약을 해지하고 탈퇴해버린 경우, 甲이 위 당구장을 단독처분하였다 하더라도 횡령죄를 구성하지 아니한다.
> ㄴ. 채무의 담보로 하기 위하여 매매의 형식을 취하여 동산을 담보로 제공하고 이를 계속 사용하고 있다가 채권자의 승낙을 받고 이를 매각한 후 그 매각대금을 채무자가 소비하였다 하더라도 횡령죄는 성립하지 아니한다.
> ㄷ. 부동산 입찰절차에서 수인이 대금을 분담하되 그 중 1인 명의로 낙찰받기로 약정하고 그에 따라 낙찰이 이루어진 경우, 이후 명의인이 이를 임의로 처분하였다면 횡령죄를 구성한다.
> ㄹ. 소개인인 甲이 매매잔대금조로 교부받아 보관하던 약속어음을 현금으로 할인한 자체가 불법영득의사의 실현인 경우, 횡령액은 횡령한 약속어음의 액면금 상당액이 아니라 어음을 할인한 현금액이다.
> ㅁ. 부동산 매수인이 매매대금의 완납 전에 그 매매목적물을 담보로 하여 금전을 차용함에 있어 매도인의 승낙을 받는 한편 매도인과 사이에 그 차용금액의 일부는 매도인에게 매매대금으로 우선 교부하여 주기로 약정한 다음, 금전을 차용하여 이를 전부 임의로 소비한 경우라 하더라도 횡령죄는 성립하지 아니한다.

① 1개　② 2개　③ 3개　④ 4개　⑤ 5개

MGI Point ┃ 횡령죄 ★★

- 동업자 중 1인이 탈퇴한 후 잔존자가 조합재산을 단독으로 처분한 경우 ⇨ 횡령죄 ×
- 부동산 양도담보권설정자가 채권자의 승낙을 받아 부동산을 매각한 후 그 대금을 소비한 경우 ⇨ 횡령죄 ×
- 대금을 공동으로 부담한 자 중 1인인 부동산 입찰명의자가 낙찰받은 부동산을 임의로 처분한 경우 ⇨ 횡령죄 ×
- 타인의 어음을 보관하는 자가 이를 현금으로 할인 받은 경우에 횡령액 ⇨ 횡령한 약속어음의 액면금 상당액
- 부동산 매수인이 매매목적물 담보로 금전을 차용한 후에 약정과 달리 이를 매매대금조로 매도인에게 교부하지 않은 경우 ⇨ 횡령죄 ×

ㄱ. (○) 2인의 조합관계에 있어서 1인의 조합원이 탈퇴의 의사를 표시하였을 경우 조합관계는 그 성질상 종료되나 특별한 사정이 없는 한 조합은 해산되지 아니하며 따라서 청산도 개시되지 아니하고 조합원의 합유에 속하였던 조합재산은 탈퇴하지 않은 남은 조합원의 단독소유에 속하게 되어 탈퇴한 사람과 남은 사람사이에는 탈퇴에 따른 투자금의 환급등 계산만이 남는다고 할 것이므로, (갑)과 (을)이 당구장을 동업하기로 약정하였다가 공동으로 운영하지도 못한채 (갑)이 동업조건에 불만을 갖고 약정투자금의 일부만을 지급한 후 동업계약을 해지하고 탈퇴해버린 경우에 (을)이 동 당구장을 단독처분하였다 해도 <u>횡령죄를 구성하지 아니한다</u>(대법원 1983. 2. 22. 82도3236).

ㄴ. (○) 채무의 담보로 하기 위하여 매매의 형식을 취하여 동산을 담보로 제공하고 이를 계속 사용하고 있다가 채권자의 승낙을 받고 이를 매각하였다면 그 매각대금은 채무자의 소유이므로 이를 채무자가 소비하였다 하더라도 <u>횡령죄가 성립하지 아니한다</u>(대법원 1977. 11. 8. 77도1715).

ㄷ. (X) 부동산 입찰절차에서 수인이 대금을 분담하되 그 중 1인 명의로 낙찰받기로 약정하여 그에 따라 낙찰이 이루어진 경우, 그 입찰절차에서 낙찰인의 지위에 서게 되는 사람은 어디까지나 그 명의인이므로 입찰목적부동산의 소유권은 경락대금을 실질적으로 부담한 자가 누구인가와 상관없이 그 명의인이 취득한다 할 것이므로 그 부동산은 횡령죄의 객체인 타인의 재물이라고 볼 수 없어 명의인이 이를 임의로 처분하더라도 횡령죄를 구성하지 않는다(대법원 2000. 9. 8. 2000도258).

ㄹ. (X) 소개인인 피고인이 매매잔대금조로 교부받아 보관하던 약속어음을 현금으로 할인한 자체가 불법영득의사의 실현인 경우, 횡령액은 어음을 할인한 현금액이 아니라 횡령한 약속어음의 액면금 상당액인 것이다(대법원 1983. 11. 8. 83도2346).

ㅁ. (○) 부동산 매수인이 매매대금의 완납 전에 그 매매목적물을 담보로 하여 금전을 차용함에 있어 매도인의 승낙을 받는 한편 매도인과 사이에 그 차용금액의 일부는 매도인에게 매매대금으로 우선 교부하여 주기로 약정한 다음 금전을 차용하여 이를 전부 임의로 소비한 경우에 매도인과 매수인 사이의 위의 약정은 매매잔대금의 지급방법의 하나를 정한 것에 불과한 것이므로, 이로써 매수인이 대금완납 시까지 매도인을 위하여 위 매매목적물을 관리하거나 담보 제공하여 차용한 금전을 보관하여야 하는 지위에 있다고 볼 수 없고, 매수인이 차용금액의 일부를 매도인에게 지급하지 아니하였다고 하더라도 이는 단순한 민사상의 채무불이행에 지나지 아니할 뿐 횡령죄는 성립하지 아니한다(대법원 2005. 9. 29. 2005도4809).

정답 ③

문 66

횡령죄의 불법영득의사에 관한 다음 설명 중 가장 옳지 않은 것은? [2022년 20번]

① 피고인이 자신이 위탁받아 보관하고 있던 돈이 모두 없어졌는데도 그 행방이나 사용처를 제대로 설명하지 못한다면 일응 피고인이 이를 임의소비하여 횡령한 것이라고 추단할 수 있다.

② 아파트의 입주자대표회의 회장인 피고인이 일반 관리비와 별도로 적립·관리되는 특별수선충당금을 아파트 구조진단 견적비 및 시공사에 대한 손해배상청구소송의 변호사 선임료로 사용함으로써 아파트 관리규약에 의하여 정하여진 용도 외에 사용한 경우, 피고인이 특별수선충당금을 위와 같이 지출한 것이 위탁 취지에 반하여 자기 또는 제3자의 이익을 위하여 자기의 소유인 것처럼 처분하였다고 단정하기 어렵다.

③ 횡령죄가 성립하기 위해서는 우선 타인의 재물을 보관하는 자의 지위에 있어야 하고, 부동산에 대한 보관자의 지위는 부동산에 대한 점유가 아니라 부동산을 제3자에게 유효하게 처분할 수 있는 권능의 유무를 기준으로 결정해야 한다.

④ 타인 소유의 토지에 관하여 허위의 보증서와 확인서를 발급받아 부동산소유권 이전등기 등에 관한 특별조치법에 따른 소유권이전등기를 임의로 마친 사람은 그 원인무효 등기에 따라 토지에 대한 처분권능이 새로이 발생하는 것이 아니므로 토지에 대한 '보관자의 지위'에 있다고 할 수 없다.

⑤ 단체의 비용으로 지출할 수 있는 변호사 선임료는 단체 자체가 소송당사자가 된 경우에 한하므로, 단체의 대표자 개인이 당사자가 된 민·형사사건의 변호사 비용은 단체의 비용으로 지출할 수 없다. 따라서 비록 분쟁에 대한 실질적인 이해관계는 단체에 있으나 법적인 이유로 그 대표자의 지위에 있는 개인이 소송 기타 법적 절차의 당사자가 된 경우에는 단체의 비용으로 변호사 선임료를 지출할 수는 없다.

| MGI Point | **횡령죄의 불법영득의사** | ★★★ |

- 자신이 보관 중인 돈이 모두 없어졌는데 그 행방이나 사용처를 제대로 설명하지 못하는 경우 ⇨ 횡령한 것이라고 추단 可
- 아파트 입주자대표회의 회장이 특별수선충당금을 시공사에 대한 손해배상구소송에서 변호사 선임료로 사용 ⇨ 불법영득의사 단정 ×
- 부동산에 대한 보관자의 지위 ⇨ 제3자에 대한 처분권능 유무를 기준으로 결정
- 허위의 보증서·확인서를 발급받아 토지소유권이전등기 경료를 받은 자 ⇨ 보관자의 지위 ×
- 분쟁에 대한 실질적인 이해관계는 단체에 있으나 법적인 이유로 그 대표자의 지위에 있는 개인이 소송의 당사자가 된 경우 ⇨ 단체의 비용으로 변호사 선임료 지출 可

① (○) 불법영득의사를 실현하는 행위로서의 횡령행위가 있다는 점은 검사가 입증하여야 하는 것으로서, 그 입증은 법관으로 하여금 합리적인 의심을 할 여지가 없을 정도의 확신을 생기게 하는 증명력을 가진 엄격한 증거에 의하여야 하는 것이고 이와 같은 증거가 없다면 설령 피고인에게 유죄의 의심이 간다고 하더라도 피고인의 이익으로 판단할 수밖에 없지만, 피고인이 자신이 위탁받아 보관하고 있던 돈이 없어졌는데도 그 행방이나 사용처를 제대로 설명하지 못한다면 일단 피고인이 이를 임의소비하여 횡령한 것이라고 추단할 수 있다(대판 2001.09.04. 2000도1743).

② (○) 갑 아파트의 입주자대표회의 회장인 피고인이, 일반 관리비와 별도로 입주자대표회의 명의 계좌에 적립·관리되는 특별수선충당금을 아파트 구조진단 견적비 및 시공사인 을 주식회사에 대한 손해배상구소송의 변호사 선임료로 사용함으로써 아파트 관리규약에 의하여 정하여진 용도 외에 사용하였다고 하여 업무상횡령으로 기소된 사안에서, 특별수선충당금은 갑 아파트의 주요시설 교체 및 보수를 위하여 별도로 적립한 자금으로 원칙적으로 그 범위 내에서 사용하도록 용도가 제한된 자금이나, 당시에는 특별수선충당금의 용도 외 사용이 관리규약에 의해서만 제한되고 있었던 점, 피고인이 구분소유자들 또는 입주민들로부터 포괄적인 동의를 얻어 특별수선충당금을 위탁의 취지에 부합하는 용도에 사용한 것으로 볼 여지가 있는 점 등 제반 사정을 종합하면, 피고인이 특별수선충당금을 위와 같이 지출한 것이 위탁의 취지에 반하여 자기 또는 제3자의 이익을 위하여 자기의 소유인 것처럼 처분하였다고 단정하기 어렵다(대판 2017.02.15. 2013도14777).

③ (○), ④ (○) 횡령죄가 성립하기 위해서는 우선 타인의 재물을 보관하는 자의 지위에 있어야 하고, 부동산에 대한 보관자의 지위는 부동산에 대한 점유가 아니라 부동산을 제3자에게 유효하게 처분할 수 있는 권능의 유무를 기준으로 결정해야 한다. 타인 소유의 토지에 관하여 허위의 보증서와 확인서를 발급받아 「부동산소유권이전등기 등에 관한 특별조치법」에 따른 소유권이전등기를 임의로 마친 사람은 그와 같은 원인무효 등기에 따라 토지에 대한 처분권능이 새로이 발생하는 것이 아니므로 토지에 대한 보관자의 지위에 있다고 할 수 없다. 타인 소유의 토지에 대한 보관자의 지위에 있지 않은 사람이 그 앞으로 원인무효의 소유권이전등기가 되어 있음을 이용하여 토지소유자에게 지급될 보상금을 수령하였더라도 보상금에 대한 점유 취득은 진정한 토지소유자의 위임에 따른 것이 아니므로 보상금에 대하여 어떠한 보관관계가 성립하지 않는다(대판 2021.06.30. 2018도18010).

⑤ (X) 원칙적으로 단체의 비용으로 지출할 수 있는 변호사 선임료는 단체 자체가 소송당사자가 된 경우에 한하므로 단체의 대표자 개인이 당사자가 된 민·형사사건의 변호사 비용은 단체의 비용으로 지출할 수 없고, 예외적으로 분쟁에 대한 실질적인 이해관계는 단체에게 있으나 법적인 이유로 그 대표자의 지위에 있는 개인이 소송 기타 법적 절차의 당사자가 되었다거나 대표자로서 단체를 위해 적법하게 행한 직무행위 또는 대표자의 지위에 있음으로 말미암아 의무적으로 행한 행위 등과 관련하여 분쟁이 발생한 경우와 같이, 당해 법적 분쟁이 단체와 업무적인 관련이 깊고 당시의 제반 사정에 비추어 단체의 이익을 위하여 소송을 수행하거나 고소에 대응하여야 할 특별한 필요성이 있는 경우에 한하여 단체의 비용으로 변호사 선임료를 지출할 수 있다(대판 2006.10.26. 2004도6280).

정답 ⑤

문 67

횡령죄의 불법영득의사에 관한 다음 설명 중 옳은 것은 모두 몇 개인가? [2021년 35번]

가. 횡령죄에서 불법영득의사는 타인의 재물을 보관하는 자가 자기 또는 제3자의 이익을 꾀할 목적으로 위탁의 취지에 반하여 타인의 재물을 자기의 소유인 것처럼 권한 없이 스스로 처분하는 의사를 의미한다. 따라서 보관자가 자기 또는 제3자의 이익을 위하여 소유자의 이익에 반하여 재물을 처분한 경우에는 재물에 대한 불법영득의사를 인정할 수 있으나, 그와 달리 소유자의 이익을 위하여 재물을 처분한 경우에는 특별한 사정이 없는 한 그 재물에 대하여는 불법영득의사를 인정할 수 없다.

나. 불법영득의사를 실현하는 행위로서의 횡령행위가 있다는 점은 검사가 입증하여야 하는 것으로서, 그 입증은 법관으로 하여금 합리적인 의심을 할 여지가 없을 정도의 확신을 생기게 하는 증명력을 가진 엄격한 증거에 의하여야 하는 것이고 이와 같은 증거가 없다면 설령 피고인에게 유죄의 의심이 간다 하더라도 피고인의 이익으로 판단할 수밖에 없으므로, 피고인이 자신이 위탁받아 보관하고 있던 용도가 특정된 돈이 없어졌을 때 그 행방이나 사용처를 제대로 설명하지 못한다고 하더라도 피고인이 이를 임의소비 하여 횡령한 것이라고 추단할 수는 없다.

다. 법인의 운영자 또는 관리자가 법인의 자금을 이용하여 비자금을 조성하였다고 하더라도 그것이 당해 비자금의 소유자인 법인 이외의 제3자가 이를 발견하기 곤란하게 하기 위한 장부상의 분식에 불과하거나 법인의 운영에 필요한 자금을 조달하는 수단으로 인정되는 경우에는 불법영득의 의사를 인정하기 어렵다. 다만 법인의 운영자 또는 관리자가 법인을 위한 목적이 아니라 법인과는 아무런 관련이 없거나 개인적인 용도로 착복할 목적으로 법인의 자금을 빼내어 별도로 비자금을 조성하였다면 그 조성행위 자체로써 불법영득의 의사가 실현된 것으로 볼 수 있다.

라. 회사가 기업활동을 하면서 형사상의 범죄를 수단으로 하여서는 안 되므로 뇌물공여를 금지하는 법률 규정은 회사가 기업활동을 할 때 준수하여야 한다. 따라서 회사의 이사 등이 업무상의 임무에 위배하여 보관 중인 회사의 자금으로 뇌물을 공여하였다면 이는 오로지 회사의 이익을 도모할 목적이라기보다는 뇌물공여 상대방의 이익을 도모할 목적이나 기타 다른 목적으로 행하여진 것이라고 보아야 하므로, 그 이사 등은 회사에 대하여 업무상횡령죄의 죄책을 면하지 못한다.

마. 아파트의 입주자대표회의 회장인 피고인이 일반 관리비와 별도로 적립·관리되는 특별수선충당금을 아파트 구조진단 견적비 및 시공사에 대한 손해배상청구소송의 변호사 선임료로 사용함으로써 아파트 관리규약에 의하여 정하여진 용도 외에 사용한 경우, 특별수선충당금은 아파트의 주요시설 교체 및 보수를 위하여 별도로 적립한 자금으로 원칙적으로 그 범위 내에서 사용하도록 용도가 제한된 자금이므로, 특별수선충당금의 용도 외 사용이 관리규약에 의해서만 제한되고 있었던 점, 피고인이 구분소유자들 또는 입주민들로부터 포괄적인 동의를 얻어 특별수선충당금을 위탁의 취지에 부합하는 용도에 사용한 것으로 볼 여지가 있는 점 등 제반 사정을 고려하더라도, 불법영득의사가 있다고 보아야 한다.

① 1개 ② 2개 ③ 3개
④ 4개 ⑤ 5개

> **MGI Point** 　**횡령죄의 불법영득의사** ★★
>
> ■ 횡령죄에서 불법영득의사 ⇨ 타인의 재물을 보관하는 자가 자기 또는 제3자의 이익을 꾀할 목적으로 위탁의 취지에 반하여 타인의 재물을 자기의 소유인 것처럼 권한 없이 스스로 처분하는 의사를 의미
> ■ 불법영득의사 인정 ○
>   ▪ 보관자가 자기 또는 제3자의 이익을 위하여 소유자의 이익에 반하여 재물을 처분한 경우
>   ▪ 위탁받아 보관하고 있던 돈이 모두 없어졌는데도 그 행방이나 사용처를 제대로 설명하지 못한 경우
>   ▪ 법인의 운영자 또는 관리자가 법인과는 아무런 관련이 없거나 개인적인 용도로 착복할 목적으로 법인의 자금을 빼내어 별도로 비자금을 조성한 경우
>   ▪ 회사의 이사 등이 업무상의 임무에 위배하여 보관 중인 회사의 자금으로 뇌물을 공여한 경우
> ■ 불법영득의사 인정 ×
>   ▪ 보관자가 소유자의 이익을 위하여 재물을 처분한 경우
>   ▪ 법인의 운영자 또는 관리자가 비자금의 소유자인 법인 이외의 제3자가 이를 발견하기 곤란하게 하기 위한 장부상의 분식에 불과하거나 법인의 운영에 필요한 자금을 조달하는 수단으로 인정되는 경우
>   ▪ 아파트의 입주자대표회의 회장이 일반 관리비와 별도로 입주자대표회의 명의 계좌에 적립·관리되는 특별수선충당금을 아파트 구조진단 견적비 및 시공사인 주식회사에 대한 손해배상청구소송의 변호사 선임료로 사용한 경우

가. (○) 횡령죄에서 불법영득의사는 타인의 재물을 보관하는 자가 자기 또는 제3자의 이익을 꾀할 목적으로 위탁의 취지에 반하여 타인의 재물을 자기의 소유인 것처럼 권한 없이 스스로 처분하는 의사를 의미한다. 따라서 보관자가 자기 또는 제3자의 이익을 위하여 소유자의 이익에 반하여 재물을 처분한 경우에는 재물에 대한 불법영득의사를 인정할 수 있으나, 그와 달리 소유자의 이익을 위하여 재물을 처분한 경우에는 특별한 사정이 없는 한 그 재물에 대하여는 불법영득의사를 인정할 수 없다(대판 2016.08.30. 2013도658).

나. (X) 불법영득의사를 실현하는 행위로서의 횡령행위가 있다는 점은 검사가 입증하여야 하는 것으로서, 그 입증은 법관으로 하여금 합리적인 의심을 할 여지가 없을 정도의 확신을 생기게 하는 증명력을 가진 엄격한 증거에 의하여야 하는 것이고 이와 같은 증거가 없다면 설령 피고인에게 유죄의 의심이 간다 하더라도 피고인의 이익으로 판단할 수밖에 없다 할 것인바, 피고인이 자신이 위탁받아 보관하고 있던 돈이 모두 없어졌는데도 그 행방이나 사용처를 제대로 설명하지 못한다면 일응 피고인이 이를 임의소비하여 횡령한 것이라고 추단할 수 있겠지만, 그렇지 아니하고 피고인이 불법영득의사의 존재를 인정하기 어려운 사유를 들어 돈의 행방이나 사용처에 대한 설명을 하고 있고 이에 부합하는 자료도 있다면 피고인이 위탁받은 돈을 일단 타용도로 소비한 다음 그만한 돈을 별도로 입금 또는 반환한 것이라는 등의 사정이 인정되지 아니하는 한 함부로 위탁받은 돈을 불법영득의사로 인출하여 횡령하였다고 인정할 수는 없다(대판 1994.09.09. 94도998).

다. (○) 업무상횡령죄가 성립하기 위하여는 자기 또는 제3자의 이익을 꾀할 목적으로 업무상 임무에 위배하여 자신이 보관하는 타인의 재물을 자기의 소유인 것 같이 사실상 또는 법률상 처분하는 의사를 의미하는 불법영득의 의사가 있어야 한다. 법인의 운영자 또는 관리자가 법인의 자금을 이용하여 비자금을 조성하였다고 하더라도 그것이 당해 비자금의 소유자인 법인 이외의 제3자가 이를 발견하기 곤란하게 하기 위한 장부상의 분식에 불과하거나 법인의 운영에 필요한 자금을 조달하는 수단으로 인정되는 경우에는 불법영득의 의사를 인정하기 어렵다. 다만 법인의 운영자 또는 관리자가 법인을 위한 목적이 아니라 법인과는 아무런 관련이 없거나 개인적인 용도로 착복할 목적으로 법인의 자금을 빼내어 별도로 비자금을 조성하였다면 그 조성행위 자체로써 불법영득의 의사가 실현된 것으로 볼 수 있을 것인바, 이때 그 행위자에게 법인의 자금을 빼내어 착복할 목적이 있었는지 여부는 그 법인의 성격과 비자금의 조성 동기, 방법, 규모, 기간, 비자금의 보관방법 및 실제 사용용도 등 제반 사정을 종합적으로 고려하여 판단하여야 한다(대판 2010.12.09. 2010도11015).

라. (○) 회사가 기업활동을 하면서 형사상의 범죄를 수단으로 하여서는 안 되므로 뇌물공여를 금지하는 법률 규정은 회사가 기업활동을 할 때 준수하여야 하고, 따라서 회사의 이사 등이 업무상의 임무에 위배하여 보관 중인 회사의 자금으로 뇌물을 공여하였다면 이는 오로지 회사의 이익을 도모할 목적이라기보다는 뇌물공여 상대방의 이익을 도모할 목적이나 기타 다른 목적으로 행하여진 것이라고 보아야 하므로, 그 이사 등은 회사에 대하여 업무상횡령죄의 죄책을 면하지 못한다. 그리고 특별한 사정이 없는 한 이러한 법리는 회사의 이사 등이 회사의 자금으로 부정한 청탁을 하고 배임증재를 한 경우에도 마찬가지로 적용된다(대판 2013.04.25. 2011도9238).

마. (X) 갑 아파트의 입주자대표회의 회장인 피고인이, 일반 관리비와 별도로 입주자대표회의 명의 계좌에 적립·관리되는 특별수선충당금을 아파트 구조진단 견적비 및 시공사인 을 주식회사에 대한 손해배상청구소송의 변호사 선임료로 사용함으로써 아파트 관리규약에 의하여 정하여진 용도 외에 사용하였다고 하여 업무상횡령으로 기소된 사안에서, 특별수선충당금은 갑 아파트의 주요시설 교체 및 보수를 위하여 별도로 적립한 자금으로 원칙적으로 그 범위 내에서 사용하도록 용도가 제한된 자금이나, 당시에는 특별수선충당금의 용도 외 사용이 관리규약에 의해서만 제한되고 있었던 점, 피고인이 구분소유자들 또는 입주민들로부터 포괄적인 동의를 얻어 특별수선충당금을 위탁의 취지에 부합하는 용도에 사용한 것으로 볼 여지가 있는 점 등 제반 사정을 종합하면, 피고인이 특별수선충당금을 위와 같이 지출한 것이 위탁의 취지에 반하여 자기 또는 제3자의 이익을 위하여 자기의 소유인 것처럼 처분하였다고 단정하기 어려우므로, 피고인의 불법영득의사를 인정한 원심판결에 업무상횡령죄의 불법영득의사에 관한 법리오해의 잘못이 있다고 한 사례(대판 2017.02.15. 2013도14777).

문 68

다음 중 괄호 안 행위자에 대하여 횡령죄가 성립하는 경우는 모두 몇 개인가? [2021년 5번]

가. 구분소유자 전원의 공유에 속하는 공용부분인 지하주차장 일부를 그 중 1인이 독점 임대하고 수령한 임차료를 임의로 소비한 경우(구분소유자 1인)
나. 부동산 매수인이 매매대금의 완납 전에 그 매매목적물을 담보로 하여 금전을 차용함에 있어 매도인의 승낙을 받는 한편 매도인과 사이에 그 차용금액의 일부는 매도인에게 매매대금으로 우선 교부하여 주기로 약정한 다음 금전을 차용하여 이를 전부 임의로 소비한 경우(부동산 매수인)
다. 분할 전 토지 중 A부분은 甲이, B 부분은 乙이 구분소유하면서 편의상 공유지분등기를 해두고 있었고, 그 후 위 분할 전 토지가 A, B 부분으로 분할되면서 분할 전 토지의 공유지분등기가 A, B 토지에 그대로 전사되었음. 그런데 甲은 타인으로부터 금원을 차용하면서 A토지만으로는 담보가치가 충분하지 않자 B 토지에 전사되어 있는 지분에 관하여도 타인에게 근저당권을 설정해 준 경우(甲)
라. 甲이 다른 공유자 乙과 공동으로 임대목적물을 임대하면서 지급받은 임대차보증금 잔금을 임차인으로부터 지급받은 후, 乙의 승낙 없이 임의로 처분한 경우(甲)
마. 甲이 乙에 대하여 부담하고 있던 채무를 변제하기 위하여(담보목적이 아님) 丙 소유 주택에 대한 甲의 임차보증금 2,500만 원 중 1,150만 원을 乙에게 양도하고도 丙에게 그 채권양도 통지를 하지 않았는데, 그 후 甲이 丙으로부터 임차보증금 2,500만 원 전액을 반환받았으나 위 1,150만 원을 乙에게 주지 않은 채 자신의 동생 丁에게 빌려준 경우(甲)

① 1개　　② 2개　　③ 3개
④ 4개　　⑤ 5개

| MGI Point | **횡령죄** ★★

■ 횡령죄 성립 ×
- 구분소유의 공용부분인 지하주차장 일부를 독점 임대하고 수령한 임차료를 임의로 소비한 구분소유자 1인의 죄책
- 매도인의 승낙을 받아 매도인과 사이에 그 차용금액의 일부는 매도인에게 매매대금으로 우선 교부하여 주기로 약정한 다음 차용한 금전전부를 임의로 소비한 부동산 매수인의 죄책
- 채권양도 통지를 하기 전에 채무자로부터 채권 추심하여 금전 수령한 후 채권 채권양수인에게 주지 않은 채 제3자에게 빌려준 채권양도인의 죄책

■ 횡령죄 성립 ○
- 상호명의신탁관계 있는 특정 구분부분별로 독립한 필지로 분할되는 경우 특정 구분부분이 아닌 나머지 각 필지에 전사된 공유자 명의의 공유지분을 타인에게 근저당권을 설정해 준 특정 구분부분 등기 명의인의 죄책
- 다른 공유자와 공동으로 임대목적물을 임대하면서 지급받은 임대차보증금 잔금을 임차인으로부터 지급받은 후 다른 공유자의 승낙 없이 임의로 처분한 공유자의 죄책

가. (불성립) 부동산에 관한 횡령죄에 있어서 타인의 재물을 보관하는 자의 지위는 동산의 경우와는 달리 부동산에 대한 점유의 여부가 아니라 부동산을 제3자에게 유효하게 처분할 수 있는 권능의 유무에 따라 결정하여야 하므로, 부동산의 공유자 중 1인이 다른 공유자의 지분을 임의로 처분하거나 임대하여도 그에게는 그 처분권능이 없어 횡령죄가 성립하지 아니한다(대판 2000.04.11. 2000도565). ▶ 원심이 구분소유자 전원의 공유에 속하는 공용부분인 지하주차장 일부를 피고인 2가 독점 임대하였더라도 그 피고인이 그 공용부분을 다른 구분소유자들을 위하여 보관하는 지위에 있는 것은 아니므로 위 공용부분을 임대하고 수령한 임차료 역시 다른 구분소유자들을 위하여 보관하는 것은 아니라고 할 것이어서 그 돈을 임의로 소비하였어도 횡령죄가 성립하지 아니한다고 판단한 것은 위 법리에 따른 것으로서 정당하고, 거기에 상고이유의 주장과 같은 법리오해의 위법이 없다고 판시한 사례.

나. (불성립) 부동산 매수인이 매매대금의 완납전에 그 매매목적물을 담보로 하여 금전을 차용함에 있어 매도인의 승낙을 받는 한편 매도인과 사이에 그 차용금액의 일부는 매도인에게 매매대금으로 우선 교부하여 주기로 약정한 다음 금전을 차용하여 이를 전부 임의로 소비한 경우에 매도인과 매수인 사이의 위의 약정은 매매잔대금의 지급방법의 하나를 정한 것에 불과한 것이므로 이로써 매수인이 대금완납시까지 매도인을 위하여 위 매매목적물을 관리하거나 담보제공하여 차용한 금전을 보관하여야 하는 지위에 있다고 볼 수 없으므로 매수인이 차용금액의 일부를 매도인에게 지급하지 아니하였다고 하더라도 이는 단순한 민사상의 채무불이행에 지나지 아니할 뿐 횡령죄는 성립하지 아니한다(대판 1987.03.24. 83도1420).

다. (성립) 구분소유적 공유관계에서 각 공유자 상호 간에는 각자의 특정 구분부분을 자유롭게 처분함에 서로 동의하고 있다고 볼 수 있으므로, 공유자 각자는 자신의 특정 구분부분을 단독으로 처분하고 이에 해당하는 공유지분등기를 자유로이 이전할 수 있는데, 이는 공유지분등기가 내부적으로 공유자 각자의 특정 구분부분을 표상하기 때문이다. 그러나 구분소유하고 있는 특정 구분부분별로 독립한 필지로 분할되는 경우에는 특별한 사정이 없는 한 각자의 특정 구분부분에 해당하는 필지가 아닌 나머지 각 필지에 전사된 공유자 명의의 공유지분등기는 더 이상 당해 공유자의 특정 구분부분에 해당하는 필지를 표상하는 등기라고 볼 수 없고, 각 공유자 상호 간에 상호명의신탁관계만이 존속하므로, 각 공유자는 나머지 각 필지 위에 전사된 자신 명의의 공유지분에 관하여 다른 공유자에 대한 관계에서 그 공유지분을 보관하는 자의 지위에 있다. … 위 법리에 비추어 볼 때, 공소외 1과 피해자들이 구분소유하던 분할 전 남양주시 (주소 1 생략) 임야 49,488㎡ 토지가 공소외 1의 구분소유부분인 분할 후 (주소 1 생략) 토지와 피해자들의 구분소유부분인 분할 후 (주소 2 생략) 토지로 분할된 것이라면, 분할 후 (주소 2 생략) 토지의 공소외 1 지분 등기는 더 이상 분할 후 (주소 1 생략) 토지의 공소외 1 소유 토지를 표상하는 등기가 될 수 없고, 분할 후 (주소 2 생략) 토지 중 공소외 1 명의의 지분에 관하여 공소외 1은 보관자의 지위에 있을 뿐이므로 위 지분에 근저당권을 설정하는 행위는 횡령죄를 구성한다(대판 2014.12.24. 2011도11084).

라. (성립) 피고인 甲과 乙이 임대목적물을 공동으로 임대한 것이라면 그 보증금반환채무는 성질상 불가분채무에 해당하므로, 위 임대보증금 잔금은 이를 정산하기까지는 피고인 甲과 乙의 공동소유에 귀속한다고 할 것이고, 공동소유자 1인에 불과한 피고인 甲이 乙의 승낙 없이 위 임대보증금 잔금을 임의로 처분하였다면 횡령죄가 성립한다(대판 2001.10.30. 2001도2095).

마. (불성립) 건물의 임차인 피고인이 임대인 갑에 대한 임대차보증금반환채권을 을에게 양도하였는데도 갑에게 채권양도 통지를 하지 않고 갑으로부터 남아 있던 임대차보증금을 반환받아 보관하던 중 개인적인 용도로 사용하여 이를 횡령하였다는 내용으로 기소된 사안에서, 임대차보증금으로 받은 금전의 소유권은 피고인에게 귀속하고, 피고인이 을을 위한 보관자 지위가 인정될 수 있는 신임관계에 있다고 볼 수 없어 횡령죄가 성립하지 않는다는 이유로, 이와 달리 보아 공소사실을 유죄로 인정한 원심판결에 채권양도에서 횡령죄의 성립 등에 관한 법리오해의 잘못이 있다고 한 사례(대판 2022.06.23. 2017도3829(전합)). ▶ 채권양도인이 채무자에게 채권양도 통지를 하는 등으로 채권양도의 대항요건을 갖추어 주지 않은 채 채무자로부터 양도한 채권을 추심하여 수령한 금전에 관하여 채권양수인을 위해 보관하는 자의 지위에 있는지 여부(소극) 및 채권양도인이 위 금전을 임의로 처분한 경우 횡령죄가 성립하는지 여부(소극)

정답 ②(출제당시 ③)

문 69

다음 설명 중 옳지 않은 것은 모두 몇 개인가? [2019년 34번]

> ㄱ. 공갈죄는 다른 사람을 공갈하여 그로 인한 하자 있는 의사에 기하여 자기 또는 제3자에게 재물을 교부하게 하거나 재산상 이익을 취득하게 함으로써 성립되는 범죄로서, 공갈의 상대방이 재산상의 피해자와 반드시 같아야 할 필요는 없으나, 피공갈자의 하자 있는 의사에 기하여 교부된 재물의 가액 상당만큼 피해자가 전체 재산이 감소하는 손해를 입을 것을 요한다.
> ㄴ. 택시기사인 피해자가 승객인 피고인에게 계속하여 택시요금의 지급을 요구하였으나, 피고인이 이를 면하고자 피해자를 폭행하고 달아났을 뿐 피해자가 폭행을 당한 상태에서도 피고인의 택시요금 지급을 면하는 것을 용인하는 처분행위를 하지 않았다면 공갈죄는 성립하지 않는다.
> ㄷ. 포주가 윤락녀로부터 화대를 받아 보관하였다가 절반씩 분배하기로 약정하고도 이를 임의로 소비한 경우, 포주가 윤락녀로부터 받은 금원은 민법 제746조 소정의 불법원인급여에 해당하므로, 화대의 소유권이 여전히 윤락녀의 소유에 속함을 전제로 하는 횡령죄는 성립하지 아니한다.
> ㄹ. 부동산 실권리자명의 등기에 관한 법률에 위반하여 중간생략등기형 명의신탁이 이루어진 경우, 명의수탁자의 신탁부동산 임의처분행위는 명의신탁자에 대하여 횡령죄를 구성하지 않는다.
> ㅁ. 송금의뢰인이 다른 사람의 예금계좌에 자금을 송금·이체한 경우 계좌명의인(수취인)과 수취은행 사이에는 그 자금에 대하여 예금계약이 성립하고, 계좌명의인은 수취은행에 대하여 그 금액 상당의 예금채권을 취득한다. 이때 계좌명의인은 송금의뢰인에게 그 금액 상당의 돈을 반환하여야 할 의무를 짊으로써 위과 같이 송금·이체된 돈에 대하여 송금의뢰인을 위하여 보관하는 지위에 있다고 보아야 한다. 따라서 계좌명의인이 그와 같이 송금·이체된 돈을 그대로 보관하지 않고 영득할 의사로 인출하면 횡령죄가 성립한다.

① 1개 ② 2개 ③ 3개
④ 4개 ⑤ 5개

> **MGI Point** 공갈죄, 횡령죄 ★★
> - 공갈의 상대방이 재산상의 피해자와 같아야 할 필요는 없으며(삼각공갈), 반드시 피해자의 전체 재산의 감소가 요구되는 것도 아님
> - 공갈죄의 성립에는 처분행위 필요
>   ⇨ 甲이 택시비를 지불하지 않고 B의 얼굴을 때리고 도주한 경우, 처분행위가 없어 공갈죄 성립 ×
> - 포주가 윤락녀의 화대를 보관하다 임의로 소비 ⇨ 횡령죄 ○
> - 중간생략등기형 명의신탁의 명의신탁자와 명의수탁자 사이 ⇨ 위탁관계 ×, 명의수탁자가 부동산 처분해도 횡령죄 성립 × (전원합의체 판결로 판례 변경된 사건)
> - 송금의뢰인이 다른 사람의 예금계좌에 자금을 송금·이체했는데, 계좌명의인이 그 돈을 영득할 의사로 인출한 경우
>   ⇨ 송금의뢰인에 대한 횡령죄 ○

ㄱ. (X) 공갈죄는 다른 사람을 공갈하여 그로 인한 하자 있는 의사에 기하여 자기 또는 제3자에게 재물을 교부하게 하거나 재산상 이익을 취득하게 함으로써 성립되는 범죄로서, 공갈의 상대방이 재산상의 피해자와 같아야 할 필요는 없고, 피공갈자의 하자 있는 의사에 기하여 이루어지는 재물의 교부 자체가 공갈죄에서의 재산상 손해에 해당하므로, <u>반드시 피해자의 전체 재산의 감소가 요구되는 것도 아니다</u>(대판 2013.04.11. 2010도13774).

ㄴ. (○) 피고인이 피해자가 운전하는 택시를 타고 간 후 최초의 장소에 이르러 택시요금의 지급을 면할 목적으로 다른 장소에 가자고 하였다면서 택시에서 내린 다음 택시요금 지급을 요구하는 피해자를 때리고 달아나자, 피해자가 피고인이 말한 다른 장소까지 쫓아가 기다리다 그곳에서 피고인을 발견하고 택시요금 지급을 요구하였는데 피고인이 다시 피해자의 얼굴 등을 주먹으로 때리고 달아난 경우, <u>피해자가 피고인에게 계속해서 택시요금의 지급을 요구하였으나 피고인이 이를 면하고자 피해자를 폭행하고 달아났을 뿐, 피해자가 폭행을 당하여 외포심을 일으켜 수동적·소극적으로라도 피고인이 택시요금 지급을 면하는 것을 용인하여 이익을 공여하는 처분행위를 하였다고 할 수 없으므로 공갈죄는 성립하지 않는다</u>(대판 2012.01.27. 2011도16044).

ㄷ. (X) 포주가 윤락녀와 사이에 윤락녀가 받은 화대를 포주가 보관하였다가 절반씩 분배하기로 약정하고도 보관중인 화대를 임의로 소비한 경우, 포주와 윤락녀의 사회적 지위, 약정에 이르게 된 경위와 약정의 구체적 내용, 급여의 성격 등을 종합해 볼 때 <u>포주의 불법성이 윤락녀의 불법성보다 현저히 크므로 화대의 소유권이 여전히 윤락녀에게 속한다는 이유로 횡령죄를 구성한다</u>(대판 1999.09.17. 98도2036).

ㄹ. (○) 명의신탁자가 매수한 부동산에 관하여 부동산실명법을 위반하여 명의수탁자와 맺은 명의신탁약정에 따라 매도인에게서 바로 명의수탁자 명의로 소유권이전등기를 마친 이른바 중간생략등기형 명의신탁을 한 경우, 명의신탁자는 신탁부동산의 소유권을 가지지 아니하고, 명의신탁자와 명의수탁자 사이에 위탁신임관계를 인정할 수도 없다. 따라서 명의수탁자가 명의신탁자의 재물을 보관하는 자라고 할 수 없으므로, <u>명의수탁자가 신탁받은 부동산을 임의로 처분하여도 명의신탁자에 대한 관계에서 횡령죄가 성립하지 아니한다</u>(대판 2016.05.19. 2014도6992(전합)).

ㅁ. (○) 송금의뢰인이 다른 사람의 예금계좌에 자금을 송금·이체한 경우 특별한 사정이 없는 한 송금의뢰인과 계좌명의인 사이에 그 원인이 되는 법률관계가 존재하는지 여부에 관계없이 계좌명의인(수취인)과 수취은행 사이에는 그 자금에 대하여 예금계약이 성립하고, 계좌명의인은 수취은행에 대하여 그 금액 상당의 예금채권을 취득한다. 이때 송금의뢰인과 계좌명의인 사이에 송금·이체의 원인이 된 법률관계가 존재하지 않음에도 송금·이체에 의하여 계좌명의인이 그 금액 상당의 예금채권을 취득한 경우 계좌명의인은 송금의뢰인에게 그 금액 상당의 돈을 반환하여야 한다. 이와 같이 계좌명의인이 송금·이체의 원인이 되는 법률관계가 존재하지 않음에도 계좌이체에 의하여 취득한 예금채권 상당의 돈은 송금의뢰인에게 <u>반환하여야 할 성격의 것이므로, 계좌명의인은 그와 같이 송금·이체된 돈에 대하여 송금의뢰인을 위하여 보관하는 지위에 있다고</u>

보아야 한다. 따라서 계좌명의인이 그와 같이 송금·이체된 돈을 그대로 보관하지 않고 영득할 의사로 인출하면 횡령죄가 성립한다. 이러한 법리는 계좌명의인이 개설한 예금계좌가 전기통신금융사기 범행에 이용되어 그 계좌에 피해자가 사기피해금을 송금·이체한 경우에도 마찬가지로 적용된다. 계좌명의인은 피해자와 사이에 아무런 법률관계 없이 송금·이체된 사기피해금 상당의 돈을 피해자에게 반환하여야 하므로, 피해자를 위하여 사기피해금을 보관하는 지위에 있다고 보아야 하고, 만약 계좌명의인이 그 돈을 영득할 의사로 인출하면 피해자에 대한 횡령죄가 성립한다(대판 2018.07.19. 2017도17494(전합)).

정답 ②

문 70
다음 설명 중 옳지 않은 것은 모두 몇 개인가? [2019년 18번]

ㄱ. 피고인이 가맹점주로서 본사와 맺은 가맹점계약에 따라 영업을 하는 경우 피고인이 판매하여 보관 중인 물품판매 대금은 피고인과 본사에게 합유적으로 귀속된다 할 것이어서 피고인이 이를 임의로 소비한 행위는 횡령죄를 구성한다.
ㄴ. 타인에게 매도담보로 제공한 동산을 그대로 계속하여 점유하고 있는 경우에 그 동산을 임의로 처분하였다면 횡령죄가 되는 것이고 권리행사방해죄는 성립하지 않는다.
ㄷ. 대표이사가 회사를 위하여 보관하고 있는 회사 소유의 금전으로 자신의 회사에 대한 채권의 변제에 충당하는 행위는 회사와 이사의 이해가 충돌하는 자기거래행위에 해당하므로, 대표이사가 이사회의 승인 등의 절차를 거치지 않고 그와 같이 자신의 회사에 대한 채권을 변제한 행위는 대표이사의 권한 내에 속한다고 볼 수 없음이 명백하여 횡령죄를 구성한다.
ㄹ. 채권 양도인이 채권양도의 통지를 하기 전에 채무자로부터 채권을 추심하여 금전을 수령하고서 이를 소비한 경우 양수인을 피해자로 하는 횡령죄가 성립한다.
ㅁ. 주식회사는 주주와 독립된 별개의 권리주체로서 이해가 반드시 일치하는 것은 아니므로, 주주나 대표이사 또는 그에 준하여 회사 자금의 보관이나 운용에 관한 사실상의 사무를 처리하는 자가 회사 소유 재산을 제3자의 자금 조달을 위하여 담보로 제공하는 등 사적인용도로 임의 처분하였다면 그 처분에 관하여 주주총회나 이사회의 결의가 있었는지 여부와는 관계없이 횡령죄의 죄책을 면할 수 없다.

① 1개 ② 2개 ③ 3개
④ 4개 ⑤ 5개

| MGI Point | **횡령죄** | ★★★ |

- 프렌차이즈계약에서 가맹점주가 물품판매 대금을 임의소비 ⇨ 횡령죄 × (물품판매대금은 가맹점주 소유, 임의소비행위는 채무불이행에 불과)
- 타인에게 매도담보로 제공한 동산을 채무자가 계속 점유하다가 임의 처분 ⇨ 횡령죄 ○ (타인 소유)
- 대표이사가 회사 소유의 금전으로 자신의 회사에 대한 채권의 변제에 충당 ⇨ 횡령죄 × (불법영득의사 부정)
- 지명채권양도의 양도인이 양도통지 전 추심한 금전을 소비한 경우 ⇨ 횡령죄 ×
- 주식회사 소유 재산을 주주나 대표이사 등이 사적인 용도로 임의 처분한 경우 ⇨ 주주총회나 이사회의 동의가 있었더라도 횡령죄 ○

ㄱ. (X) 이른바 '프랜차이즈 계약'의 기본적인 성격은 각각 독립된 상인으로서의 본사 및 가맹점주 간의 계약기간 동안의 계속적인 물품공급계약이고, 본사의 경우 실제로는 가맹점의 영업활동에 관여함이 없이 경영기술지도, 상품대여의 대가로 결과적으로 매출액의 일정비율을 보장받는 것에 지나지 아니하여 본사와 가맹점이 독립하여 공동경영하고 그 사이에서 손익분배가 공동으로 이루어진다고 할 수 없으므로 가맹점 계약을 동업계약 관계로는 볼 수 없고, 따라서 가맹점주들이 판매하여 보관 중인 물품판매 대금은 그들의 소유라 할 것이어서 이를 임의 소비한 행위는 프랜차이즈 계약상의 채무불이행에 지나지 아니하므로, 결국 횡령죄는 성립하지 아니한다(대판 1996.02.23. 95도2608).

ㄴ. (O) 타인에게 매도담보로 제공한 동산을 그대로 계속하여 점유하고 있는 경우에 그 동산을 임의로 처분하였다면 횡령죄가 되는 것이고 권리행사방해죄는 성립되지 않는 것이다(대판 1962.02.08. 4294형상470).

ㄷ. (X) 회사에 대하여 개인적인 채권을 가지고 있는 대표이사가 회사를 위하여 보관하고 있는 회사 소유의 금전으로 자신의 채권의 변제에 충당하는 행위는 회사와 이사의 이해가 충돌하는 자기거래행위에 해당하지 않는다고 할 것이므로, 대표이사가 이사회의 승인 등의 절차 없이 그와 같이 자신의 회사에 대한 채권을 변제하였더라도 이는 대표이사의 권한 내에서 한 회사채무의 이행행위로서 유효하며, 따라서 그에게는 불법영득의 의사가 인정되지 아니하여 횡령죄의 죄책을 물을 수 없다(대판 1999.02.23. 98도2296).

ㄹ. (X) 채권양도인이 채무자에게 채권양도 통지를 하는 등으로 채권양도의 대항요건을 갖추어 주지 않은 채 채무자로부터 채권을 추심하여 금전을 수령한 경우, 특별한 사정이 없는 한 금전의 소유권은 채권양수인이 아니라 채권양도인에게 귀속하고 채권양도인이 채권양수인을 위하여 양도 채권의 보전에 관한 사무를 처리하는 신임관계가 존재한다고 볼 수 없다. 따라서 채권양도인이 위와 같이 양도한 채권을 추심하여 수령한 금전에 관하여 채권양수인을 위해 보관하는 자의 지위에 있다고 볼 수 없으므로, 채권양도인이 위 금전을 임의로 처분하더라도 횡령죄는 성립하지 않는다(대판 2022.06.23. 2017도3829(전합)).

ㅁ. (O) 주식회사는 주주와 독립된 별개의 권리주체로서 이해가 반드시 일치하는 것은 아니므로, 주주나 대표이사 또는 그에 준하여 회사 자금의 보관이나 운용에 관한 사실상의 사무를 처리하는 자가 회사 소유 재산을 제3자의 자금 조달을 위하여 담보로 제공하는 등 사적인 용도로 임의 처분하였다면 그 처분에 관하여 주주총회나 이사회의 결의가 있었는지 여부와는 관계없이 횡령죄의 죄책을 면할 수는 없다(대판 2011.03.24. 2010도17396).

사실관계 피고인이 甲 주식회사의 경영권을 인수한 후 甲 회사 소유의 예금을 인출하여 피고인의 甲 회사 인수를 위한 대출금 변제에 사용하는 방법으로 횡령하였다는 내용으로 기소된 사안에서, 피고인이, 위 예금이 인출되기 직전에 있었던 주주총회에서 피고인 측 이사 3명이 선출됨으로써 甲 회사의 실질적 운영자의 지위를 취득하였던 점 등에 비추어 위 예금을 보관하는 자의 지위에 있었다는 이유로, 이를 유죄로 인정한 원심판단을 수긍한 사례

정답 ③(출제당시 ②)

문 71

다음 설명 중 가장 옳지 않은 것은? [2019년 2번]

① 채권자가 그 채권의 지급을 담보하기 위하여 채무자로부터 수표를 발행·교부받아 이를 소지한 경우, 그 수표상의 권리가 채권자에게 유효하게 귀속되므로 채권자는 횡령죄의 주체인 타인의 재물을 보관하는 지위에 있다고 볼 수 없다.
② 법인의 구성원이 업무수행에 있어 관계법령을 위반함으로써 형사재판을 받게 되었다 하더라도 그의 개인적인 변호사 비용을 법인자금으로 지급하는 것은 횡령죄에 해당한다.
③ 계약명의신탁의 방식으로 명의수탁자가 당사자가 되어 명의신탁 약정이 있음을 알고 있는 소유자와 부동산에 관한 매매계약을 체결하고 그 명의로 소유권이전등기를 마친 경우, 명의수탁자가 명의신탁자나 매도인에 대한 관계에서 '타인의 재물을 보관하는 자' 또는 '타인의 사무를 처리하는 자'의 지위에 있다고 볼 수 없다.
④ 조합재산은 조합원의 합유에 속하는 것이므로 조합원 중 한 사람이 조합재산의 처분으로 얻은 대금을 임의로 소비하였다면 횡령죄의 죄책을 면할 수 없고, 이러한 법리는 내부적으로는 조합관계에 있지만 대외적으로는 조합관계가 드러나지 않는 이른바 내적 조합의 경우나 익명조합의 경우에도 마찬가지이다.
⑤ 부동산을 공동으로 상속한 자들 중 1인이 부동산을 혼자 점유하다가 다른 공동상속인의 상속지분까지 임의로 처분하더라도 횡령죄는 성립하지 아니한다.

MGI Point 횡령죄 ★★★

- 채권자가 그 채권의 지급을 담보하기 위하여 채무자로부터 수표를 발행·교부받아 이를 소지 ⇨ 횡령죄 주체 ×
- 회사를 위한 탈세행위로 형사재판을 받는 대표이사의 변호사비용과 벌금을 회사자금으로 지급 ⇨ 주주총회의 결의에 관계없이 횡령죄 ○
- 계약명의신탁에서 명의수탁자는 명의신탁자나 매도인에 대한 관계에 있어 타인의 재물을 보관하는 자 또는 타인의 사무를 처리하는 자의 지위 × ⇨ 횡령죄 ×
- 익명조합 ⇨ 조합원이 영업을 위하여 출자한 금전 기타의 재산은 영업자의 재산 ○ ⇨ 영업자는 타인의 재물을 보관하는 자의 지위 × ⇨ 영업자가 영업이익금 등을 임의로 소비하였더라도 횡령죄 ×
- 조합재산은 조합원의 합유 ⇨ 조합원 중 한 사람이 조합재산 처분으로 얻은 대금을 임의로 소비하였다면 횡령죄
- 부동산을 공동으로 상속한 자들 중 1인이 부동산을 혼자 점유하던 중 다른 공동상속인의 상속지분을 임의로 처분 ⇨ 횡령죄 ×

① (○) 채권자가 그 채권의 지급을 담보하기 위하여 채무자로부터 수표를 발행·교부받아 이를 소지한 경우에는, 단순히 보관의 위탁관계에 따라 수표를 소지하고 있는 경우와 달리 그 수표상의 권리가 채권자에게 유효하게 귀속되고, 채권자와 채무자 사이의 수표 반환에 관한 약정은 원인관계상의 인적 항변사유에 불과하므로, 채권자는 횡령죄의 주체인 타인의 재물을 보관하는 자의 지위에 있다고 볼 수 없다(대판 2000.02.11. 99도49790).

② (○) 주식회사는 그 구성분자인 주주와 독립된 별개의 권리주체로서 그 이해가 반드시 일치하는 것은 아니므로 주주총회의 의결권에는 스스로 한계가 있고 그 한계를 벗어나는 사항에 대하여서는 비록 그 의결이 있었다 해도 범죄를 구성할 수 있는 것인 바, 회사를 위한 탈세행위로 형사재판을 받는 대표이사의 변호사비용과 벌금을 회사자금으로 지급하였다면 이는 주식회사제도의 목적에 비추어 볼 때 주주총회의 결의에 관계없이 횡령에 해당한다(대판 1990.02.23. 89도2466).

③ (○) 명의신탁자와 명의수탁자가 이른바 계약명의신탁 약정을 맺고 명의수탁자가 당사자가 되어 명의신탁약정이 있다는 사실을 알고 있는 소유자와 부동산에 관한 매매계약을 체결한 후 매매계약에 따라 부동산의 소유권이전등기를 명의수탁자 명의로 마친 경우에는 부동산 실권리자명의 등기에 관한 법률(이하 '부동산실명법'이라 한다) 제4조 제2항 본문에 의하여 수탁자 명의의 소유권이전등기는 무효이고 부동산의 소유권은 매도인이 그대로 보유하게 되므로, 명의수탁자는 부동산 취득을 위한 계약의 당사자도 아닌 명의신탁자에 대한 관계에서 횡령죄에서 '타인의 재물을 보관하는 자'의 지위에 있다고 볼 수 없고, 또한 명의수탁자가 명의신탁자에 대하여 매매대금 등을 부당이득으로 반환할 의무를 부담한다고 하더라도 이를 두고 배임죄에서 '타인의 사무를 처리하는 자'의 지위에 있다고 보기도 어렵다. 한편 위 경우 명의수탁자는 매도인에 대하여 소유권이전등기말소의무를 부담하게 되나, 위 소유권이전등기는 처음부터 원인무효여서 명의수탁자는 매도인이 소유권에 기한 방해배제청구로 말소를 구하는 것에 대하여 상대방으로서 응할 처지에 있음에 불과하고, 그가 제3자와 한 처분행위가 부동산실명법 제4조 제3항에 따라 유효하게 될 가능성이 있다고 하더라도 이는 거래 상대방인 제3자를 보호하기 위하여 명의신탁 약정의 무효에 대한 예외를 설정한 취지일 뿐 매도인과 명의수탁자 사이에 위 처분행위를 유효하게 만드는 어떠한 신임관계가 존재함을 전제한 것이라고는 볼 수 없으므로, 말소등기의무의 존재나 명의수탁자에 의한 유효한 처분가능성을 들어 명의수탁자가 매도인에 대한 관계에서 횡령죄에서 '타인의 재물을 보관하는 자' 또는 배임죄에서 '타인의 사무를 처리하는 자'의 지위에 있다고 볼 수도 없다(대판 2012.11.29. 2011도7361).

④ (X) [1] 조합재산은 조합원의 합유에 속하므로 조합원 중 한 사람이 조합재산 처분으로 얻은 대금을 임의로 소비하였다면 횡령죄의 죄책을 면할 수 없고, 이러한 법리는 내부적으로는 조합관계에 있지만 대외적으로는 조합관계가 드러나지 않는 이른바 내적 조합의 경우에도 마찬가지이다. [2] 조합 또는 내적 조합과 달리 익명조합의 경우에는 익명조합원이 영업을 위하여 출자한 금전 기타의 재산은 상대편인 영업자의 재산이 되므로 영업자는 타인의 재물을 보관하는 자의 지위에 있지 않고, 따라서 영업자가 영업이익금 등을 임의로 소비하였더라도 횡령죄가 성립할 수는 없다. [3] 어떠한 법률관계가 내적 조합에 해당하는지 아니면 익명조합에 해당하는지는, 당사자들의 내부관계에 공동사업이 있는지, 조합원이 업무검사권 등을 가지고 조합의 업무에 관여하였는지, 재산의 처분 또는 변경에 전원의 동의가 필요한지 등을 모두 종합하여 판단하여야 한다(대판 2011.11.24. 2010도5014).

> **사실관계** 피고인이 甲과 특정 토지를 매수하여 전매한 후 전매이익금을 정산하기로 약정한 다음 甲이 조달한 돈 등을 합하여 토지를 매수하고 소유권이전등기는 피고인 등의 명의로 마쳐 두었는데, 위 토지를 제3자에게 임의로 매도한 후 甲에게 전매이익금 반환을 거부함으로써 이를 횡령하였다는 내용으로 기소된 사안에서, 甲이 토지의 매수 및 전매를 피고인에게 전적으로 일임하고 그 과정에 전혀 관여하지 아니한 사정 등에 비추어, 비록 甲이 토지의 전매차익을 얻을 목적으로 일정 금원을 출자하였더라도 이후 업무감시권 등에 근거하여 업무집행에 관여한 적이 전혀 없을 뿐만 아니라 피고인이 아무런 제한 없이 재산을 처분할 수 있었음이 분명하므로 피고인과 甲의 약정은 조합 또는 내적 조합에 해당하는 것이 아니라 '익명조합과 유사한 무명계약'에 해당한다고 보아야 한다는 이유로, 피고인이 타인의 재물을 보관하는 자의 지위에 있지 않다고 보아 횡령죄 성립을 부정한 사례

⑤ (○) 부동산에 관한 횡령죄에 있어서 타인의 재물을 보관하는 자의 지위는 동산의 경우와는 달리 부동산에 대한 점유의 여부가 아니라 부동산을 제3자에게 유효하게 처분할 수 있는 권능의 유무에 따라 결정하여야 하므로, 부동산을 공동으로 상속한 자들 중 1인이 부동산을 혼자 점유하던 중 다른 공동상속인의 상속지분을 임의로 처분하여도 그에게는 그 처분권능이 없어 횡령죄가 성립하지 아니한다(대판 2000.04.11. 2000도565).

정답 ④

문 72

다음 중 횡령죄 또는 업무상횡령죄에 해당하는 것은 모두 몇 개인가? [2018년 28번]

> ㉠ 전기통신금융사기(이른바 보이스피싱 범죄)의 범인이 피해자를 기망하여 피해자의 자금을 사기이용계좌로 송금·이체받은 후 사기이용계좌에서 현금을 인출하여 사용한 경우
> ㉡ 피고인이 甲으로부터 수표를 현금으로 교환해 주면 대가를 주겠다는 제안을 받고 위 수표가 乙 등이 불법 금융다단계 유사수신행위에 의한 사기범행을 통해 취득한 범죄수익이거나 이러한 범죄수익에서 유래한 재산이라는 사실을 잘 알면서도 교부받아 그 일부를 현금으로 교환한 후 아직 교환되지 못한 수표 및 교환된 현금을 임의로 사용한 경우
> ㉢ 지입회사에 소유권이 있는 차량에 대하여 지입회사에서 운행관리권을 위임받은 지입차주가 지입회사의 승낙 없이 보관 중인 차량을 사실상 처분한 경우
> ㉣ 회사의 대표이사 혹은 그에 준하여 회사 자금의 보관이나 운용에 관한 사실상의 사무를 처리하여 온 자가 회사를 위한 지출 이외의 용도로 거액의 회사 자금을 가지급금 등의 명목으로 인출, 사용함에 있어서 이자나 변제기의 약정이 없음은 물론 이사회 결의 등 적법한 절차를 거치지 아니한 경우
> ㉤ 주식회사의 설립업무 또는 증자업무를 담당한 자와 주식인수인이 사전공모하여 주금납입취급은행 이외의 제3자로부터 납입금에 해당하는 금액을 차입하여 주금을 납입하고 납입취급은행으로부터 납입금보관증명서를 교부받아 회사의 설립등기절차 또는 증자등기절차를 마친 직후 이를 인출하여 위 차용금채무의 변제에 사용하는 경우

① 1개 ② 2개 ③ 3개
④ 4개 ⑤ 5개

해설 ★★★

㉠ (X) 전기통신금융사기(이른바 보이스피싱 범죄)의 범인이 피해자를 기망하여 피해자의 자금을 사기이용계좌로 송금·이체받으면 사기죄는 기수에 이르고, 범인이 피해자의 자금을 점유하고 있다고 하여 피해자와의 어떠한 위탁관계나 신임관계가 존재한다고 볼 수 없을 뿐만 아니라, 그 후 범인이 사기이용계좌에서 현금을 인출하였더라도 이는 이미 성립한 사기범행이 예정하고 있던 행위에 지나지 아니하여 새로운 법익을 침해한다고 보기도 어려우므로, 위와 같은 인출행위는 사기의 피해자에 대하여 별도의 횡령죄를 구성하지 아니한다(대판 2017.05.31. 2017도3894).

㉡ (X) 피고인이 갑으로부터 수표를 현금으로 교환해 주면 대가를 주겠다는 제안을 받고 위 수표가 을 등이 사기범행을 통해 취득한 범죄수익 등이라는 사실을 잘 알면서도 교부받아 그 일부를 현금으로 교환한 후 병, 정과 공모하여 아직 교환되지 못한 수표 및 교환된 현금을 임의로 사용하여 횡령하였다고 하여 특정경제범죄 가중처벌 등에 관한 법률 위반으로 기소된 사안에서, 피고인이 갑으로부터 범죄수익 등의 은닉범행 등을 위해 교부받은 수표는 불법의 원인으로 급여한 물건에 해당하여 소유권이 피고인에게 귀속되므로 횡령죄가 성립하지 않는다(대판 2017.04.26. 2016도18035).

㉢ (O) 소유권의 취득에 등록이 필요한 타인 소유의 차량을 인도받아 보관하고 있는 사람이 이를 사실상 처분하면 횡령죄가 성립하며, 보관 위임자나 보관자가 차량의 등록명의자일 필요는 없다. 그리고 이와 같은 법리는 지입회사에 소유권이 있는 차량에 대하여 지입회사에서 운행관리권을 위임받은 지입차주가 지입회사의 승낙 없이 보관 중인 차량을 사실상 처분하거나 지입차주에게서 차량 보관을 위임받은 사람이 지입차주의 승낙 없이 보관 중인 차량을 사실상 처분한 경우에도 마찬가지로 적용된다(대판 2015.06.25. 2015도1944(전합)).

㉣ (○) 회사의 대표이사 혹은 그에 준하여 회사 자금의 보관이나 운용에 관한 사실상의 사무를 처리하여 온 자가 회사를 위한 지출 이외의 용도로 거액의 회사 자금을 가지급금 등의 명목으로 인출, 사용함에 있어서 이자나 변제기의 약정이 없음은 물론 이사회 결의 등 적법한 절차도 거치지 아니하는 것은 통상 용인될 수 있는 범위를 벗어나 대표이사 등의 지위를 이용하여 회사 자금을 사적인 용도로 임의로 대여, 처분하는 것과 다름없어 횡령죄를 구성한다(대판 2017.04.13. 2017도953).

㉤ (X) 주식회사의 설립업무 또는 증자업무를 담당한 사람과 주식인수인이 사전 공모하여 주금납입취급은행 이외의 제3자로부터 납입금에 해당하는 금액을 차입하여 주금을 납입하고 납입취급은행으로부터 납입금보관증명서를 교부받아 회사의 설립등기절차 또는 증자등기절차를 마친 직후 이를 인출하여 위 차용금채무의 변제에 사용하는 경우, 위와 같은 행위는 실질적으로 회사의 자본을 증가시키는 것이 아니고 등기를 위하여 납입을 가장하는 편법에 불과하여 주금의 납입 및 인출의 전 과정에서 회사의 자본금에는 실제 아무런 변동이 없다고 보아야 할 것이므로 그들에게 회사의 돈을 임의로 유용한다는 불법영득의 의사가 있다고 보기 어렵다 할 것이고, 따라서 회사 자본이 실질적으로 증가함을 전제로 한 업무상횡령죄가 성립한다고 할 수 없다(대판 2013.04.11. 2012도15585).

정답 ②

문 73

횡령죄에 관한 다음 설명 중 가장 옳은 것은?(다툼이 있는 경우 판례에 따르고 전원합의체 판결의 경우 다수의견에 의함) [2017년 6번]

① A가 B로부터 금전을 보관해 달라는 부탁과 함께 A명의로 된 은행계좌로 송금받은 경우, A는 현금이라는 실물을 점유하지 않고 은행에 대한 예금청구권만을 갖기 때문에 위 금전에 대한 보관자의 지위에 있다고 할 수 없다.
② C가 D명의 계좌에 착오로 잘못 송금한 돈의 경우, C의 위탁행위가 없기 때문에 D는 위 돈에 대한 보관자의 지위에 있다고 할 수 없다.
③ 소유권의 취득에 등록이 필요한 타인 소유의 차량을 인도받아 보관하고 있는 자가 이를 사실상 처분한 경우에 그 보관자가 차량의 등록명의자가 아니라고 하더라도 횡령죄가 성립한다.
④ 명의신탁자가 매수한 부동산에 관하여 부동산 실권리자명의 등기에 관한 법률을 위반하여 명의수탁자와 맺은 명의신탁약정에 따라 매도인에게서 바로 명의수탁자 명의로 소유권이전등기를 마친 이른바 중간생략등기형 명의신탁을 한 경우, 명의수탁자가 위 부동산을 임의로 처분하면 횡령죄가 성립한다.
⑤ 부동산을 공동으로 상속한 상속인들이 공동으로 상속등기를 경료한 후, 상속인 중 1인이 부동산을 단독으로 점유하던 중 다른 공동상속인들의 승낙없이 위 부동산 전체를 임의로 처분하였을 경우, 횡령죄가 성립한다.

해설 ★★

① (X) 횡령죄에서 보관이라 함은 재물이 사실상 지배하에 있는 경우뿐만 아니라 법률상의 지배·처분이 가능한 상태에 있는 경우를 포함한다. 그 보관은 반드시 사용대차, 임대차, 위임 등의 계약에 의하여 설정되어야 하는 것은 아니고, 사무관리, 관습, 조리, 신의칙에 의해서도 성립하며, 타인의 금전을 위탁받아 보관하는 자가 보관방법으로 이를 은행 등의 금융기관에 예치한 경우에도 보관자의 지위를 가진다(대판 2015.02.12. 2014도11244).

② (X) 어떤 예금계좌에 돈이 착오로 잘못 송금되어 입금된 경우에는 그 예금주와 송금인 사이에 신의칙상 보관관계가 성립한다고 할 것이므로, 피고인이 송금 절차의 착오로 인하여 피고인 명의의 은행 계좌에 입금된 돈을 임의로 인출하여 소비한 행위는 횡령죄에 해당하고, 이는 송금인과 피고인 사이에 별다른 거래관계가 없다고 하더라도 마찬가지이다(대판 2010.12.09. 2010도891).

③ (○) 소유권의 취득에 등록이 필요한 타인 소유의 차량을 인도받아 보관하고 있는 사람이 이를 사실상 처분하면 횡령죄가 성립하며, 보관 위임자나 보관자가 차량의 등록명의자일 필요는 없다(대판 2015.06.25. 2015도1944(전합)).

④ (X) 명의신탁자가 매수한 부동산에 관하여 부동산실명법을 위반하여 명의수탁자와 맺은 명의신탁약정에 따라 매도인으로부터 바로 명의수탁자 명의로 소유권이전등기를 마친 이른바 중간생략등기형 명의신탁을 한 경우, 명의신탁자는 신탁부동산의 소유권을 가지지 아니하고, 명의신탁자와 명의수탁자 사이에 위탁신임관계를 인정할 수도 없다. 따라서 명의수탁자가 명의신탁자의 재물을 보관하는 자라고 할 수 없으므로, 명의수탁자가 신탁받은 부동산을 임의로 처분하여도 명의신탁자에 대한 관계에서 횡령죄가 성립하지 아니한다(대판 2016.05.19. 2014도6992(전합)).

⑤ (X) 부동산에 관한 횡령죄에 있어서 타인의 재물을 보관하는 자의 지위는 동산의 경우와는 달리 부동산에 대한 점유의 여부가 아니라 부동산을 제3자에게 유효하게 처분할 수 있는 권능의 유무에 따라 결정하여야 하므로 부동산을 공동으로 상속한 자들 중 1인이 부동산을 혼자 점유하던 중 다른 공동상속인의 상속지분을 임의로 처분하여도 그에게는 그 처분권능이 없어 횡령죄가 성립하지 아니한다(대판 2000.04.11. 2000도565).

> **비교판례** 공동상속인 중 1인이 상속재산인 임야를 보관 중 다른 상속인들로부터, 매도 후 분배 또는 소유권이전등기를 요구받고도 그 반환을 거부한 경우 이때 이미 횡령죄가 성립하고, 그 후 그 임야에 관하여 다시 제3자 앞으로 근저당권설정등기를 경료해 준 행위는 불가벌적 사후행위로서 별도의 횡령죄를 구성하지 않는다(대판 2010.02.25. 2010도93).

정답 ③

문 74

다음 설명 중 가장 옳지 않은 것은?(다툼이 있는 경우 판례에 의함) [2017년 7번]

① 공로에 출입할 수 있는 다른 도로가 있는 상태에서 토지 소유자로부터 일시적인 사용승낙을 받아 통행하거나 토지 소유자가 개인적으로 사용하면서 부수적으로 타인의 통행을 묵인한 장소에 불과한 도로에 가드레일을 설치하는 행위는 일반교통방해죄로는 처벌되지 아니한다.

② 감금된 기간 동안 피해자에게 감금된 특정구역 내부에서 일정한 생활의 자유가 허용되어 있었다고 하더라도 감금죄는 성립한다.

③ 공문서 작성권자를 보조하는 직무에 종사하는 공무원이 허위공문서를 기안한 후, 작성권자의 결재를 받지 않고 직인 등을 보관하는 담당자를 기망하여 작성권자의 직인을 날인하도록 하여 공문서를 완성한 경우, 허위공문서작성죄가 성립한다.

④ 신고 당시에는 신고범죄사실이 형사처벌의 대상이었으나 그 후 대법원 판례의 변경으로 형사처벌의 대상이 되지 않았다고 하더라도 특별한 사정이 없는 한 이미 성립한 무고죄에는 영향을 미치지 아니한다.

⑤ 법인이 특정 사업의 명목상의 주체로 특수목적법인을 설립하여 그 명의로 자금집행 등 사업진행을 하면서도 자금의 관리·처분에 관하여는 실질 사업주체인 법인이 의사결정권한을 행사하면서 특수목적법인 명의로 보유한 자금에 대하여 현실적 지배를 하고 있는 경우에는, 사업주체인 법인의 대표자 등이 특수목적법인의 보유 자금에 대하여 횡령죄에 있어서의 '보관자'의 지위를 갖는다.

:: 해설   ★★★

① (○) 공로에 출입할 수 있는 다른 도로가 있는 상태에서 토지 소유자로부터 일시적인 사용승낙을 받아 통행하거나 토지 소유자가 개인적으로 사용하면서 부수적으로 타인의 통행을 묵인한 장소에 불과한 도로는 위 규정에서 말하는 육로에 해당하지 않는다(대판 2017.04.07. 2016도12563).
② (○) 감금에 있어서의 사람의 행동의 자유의 박탈은 반드시 전면적이어야 할 필요가 없으므로 감금된 특정구역 내부에서 일정한 생활의 자유가 허용되어 있었다고 하더라도 감금죄의 성립한다(대판 2011.09.29. 2010도5962).
③ (X) 작성권자의 직인 등을 보관하는 담당자는 일반적으로 작성권자의 결재가 있는 때에 한하여 보관 중인 직인 등을 날인할 수 있을 뿐이다. 이러한 경우 다른 공무원 등이 작성권자의 결재를 받지 않고 직인 등을 보관하는 담당자를 기망하여 작성권자의 직인을 날인하도록 하여 공문서를 완성한 때에도 공문서위조죄가 성립한다(대판 2017.05.17. 2016도13912).
④ (○) 허위로 신고한 사실이 무고행위 당시 형사처분의 대상이 될 수 있었던 경우에는 국가의 형사사법권의 적정한 행사를 그르치게 할 위험과 부당하게 처벌받지 않을 개인의 법적 안정성이 침해될 위험이 이미 발생하였으므로 무고죄는 기수에 이르고, 이후 그러한 사실이 형사범죄가 되지 않는 것으로 판례가 변경되었다고 하더라도 특별한 사정이 없는 한 이미 성립한 무고죄에는 영향을 미치지 않는다(대판 2017.05.30. 2015도15398).
⑤ (○) 법인 소유의 자금에 대한 사실상 또는 법률상 지배·처분 권한을 가지고 있는 대표자 등은 법인에 대한 관계에서 자금의 보관자 지위에 있으므로, 법인이 특정 사업의 명목상의 주체로 특수목적법인을 설립하여 그 명의로 자금 집행 등 사업진행을 하면서도 자금의 관리·처분에 관하여는 실질적 사업주체인 법인이 의사결정권한을 행사하면서 특수목적법인 명의로 보유한 자금에 대하여 현실적 지배를 하고 있는 경우에는, 사업주체인 법인의 대표자 등이 특수목적법인의 보유 자금을 정해진 목적과 용도 외에 임의로 사용하면 위탁자인 법인에 대하여 횡령죄가 성립할 수 있다(대판 2017.03.22. 2016도17465).

정답 ③

문 75

다음 설명 중 가장 옳지 않은 것은?(다툼이 있는 경우 판례에 의함) [2016년 27번]

① 타인의 금전을 위탁받아 보관하는 자가 보관방법으로 금융기관에 자신의 명의로 예치한 경우, 수탁자가 이를 함부로 인출하여 소비하거나 또는 위탁자로부터 반환요구를 받았음에도 이를 영득할 의사로 반환을 거부하는 경우에는 횡령죄가 성립한다.
② 회사의 이사 등이 회사의 자금으로 뇌물을 공여하였다면 회사에 대하여 업무상횡령죄의 죄책을 면하지 못한다.
③ 명의신탁자가 매수한 부동산에 관하여 부동산실명법을 위반하여 명의수탁자와 맺은 명의신탁약정에 따라 매도인에게서 바로 명의수탁자 명의로 소유권이전등기를 마친 이른바 중간생략등기형 명의신탁을 한 경우, 명의수탁자가 신탁받은 부동산을 임의로 처분하여도 명의신탁자에 대한 관계에서 횡령죄가 성립하지 아니한다.
④ 타인의 부동산을 보관 중인 자가 불법영득의사를 가지고 그 부동산에 근저당권설정등기를 경료함으로써 일단 횡령행위가 기수에 이르렀다면, 그 후 같은 부동산에 별개의 근저당권을 설정하여 새로운 법익침해의 위험을 추가하였다 하더라도, 이는 불가벌적 사후행위로서 별도의 횡령죄를 구성하지 않는다.
⑤ 이른바 계약명의신탁 방식으로 명의수탁자가 당사자가 되어 명의신탁약정이 있다는 사실을 알고 있는 소유자로부터 부동산을 매수하는 계약을 체결한 후 명의수탁자 앞으로 소유권이전등기가 행하여진 경우, 명의수탁자가 명의신탁자에 대한 관계에서 횡령죄의 '타인의 재물을 보관하는 자'에 해당하지 않는다.

해설 ★★

① (○) 타인의 금전을 위탁받아 보관하는 자가 보관방법으로 금융기관에 자신의 명의로 예치한 후 이를 함부로 인출하여 소비하거나 위탁자에게서 반환요구를 받았음에도 영득의 의사로 반환을 거부하는 경우 횡령죄가 성립한다(대판 2015.02.12. 2014도11244).

② (○) 회사가 기업활동을 하면서 형사상의 범죄를 수단으로 하여서는 안 되므로 뇌물공여를 금지하는 법률 규정은 회사가 기업활동을 할 때 준수하여야 하고, 따라서 회사의 이사 등이 업무상의 임무에 위배하여 보관 중인 회사의 자금으로 뇌물을 공여하였다면 이는 오로지 회사의 이익을 도모할 목적이라기보다는 뇌물공여 상대방의 이익을 도모할 목적이나 기타 다른 목적으로 행하여진 것이라고 보아야 하므로, 그 이사 등은 회사에 대하여 업무상횡령죄의 죄책을 면하지 못한다. 그리고 특별한 사정이 없는 한 이러한 법리는 회사의 이사 등이 회사의 자금으로 부정한 청탁을 하고 배임증재를 한 경우에도 마찬가지로 적용된다(대판 2013.04.25. 2011도9238).

③ (○) 명의신탁자가 매수한 부동산에 관하여 부동산 실권리자명의 등기에 관한 법률을 위반하여 명의수탁자와 맺은 명의신탁약정에 따라 매도인에게서 바로 명의수탁자 명의로 소유권이전등기를 마친 이른바 중간생략등기형 명의신탁을 한 경우, 명의수탁자가 명의신탁자의 재물을 보관하는 자라고 할 수 없으므로, 명의수탁자가 신탁받은 부동산을 임의로 처분하여도 명의신탁자에 대한 관계에서 횡령죄가 성립하지 아니한다(대판 2016.05.19. 2014도6992(전합)).

④ (X) [1] (가) 횡령죄는 다른 사람의 재물에 관한 소유권 등 본권을 보호법익으로 하고 법익침해의 위험이 있으면 침해의 결과가 발생되지 아니하더라도 성립하는 위험범이다. 그리고 일단 특정한 처분행위(이를 '선행 처분행위'라 한다)로 인하여 법익침해의 위험이 발생함으로써 횡령죄가 기수에 이른 후 종국적인 법익침해의 결과가 발생하기 전에 새로운 처분행위(이를 '후행 처분행위'라 한다)가 이루어졌을 때, 후행 처분행위가 선행 처분행위에 의하여 발생한 위험을 현실적인 법익침해로 완성하는 수단에 불과하거나 그 과정에서 당연히 예상될 수 있는 것으로서 새로운 위험을 추가하는 것이 아니라면 후행 처분행위에 의해 발생한 위험은 선행 처분행위에 의하여 이미 성립된 횡령죄에 의해 평가된 위험에 포함되는 것이므로 후행 처분행위는 이른바 불가벌적 사후행위에 해당한다. 그러나 후행 처분행위가 이를 넘어서서, 선행 처분행위로 예상할 수 없는 새로운 위험을 추가함으로써 법익침해에 대한 위험을 증가시키거나 선행 처분행위와는 무관한 방법으로 법익침해의 결과를 발생시키는 경우라면, 이는 선행 처분행위에 의하여 이미 성립된 횡령죄에 의해 평가된 위험의 범위를 벗어나는 것이므로 특별한 사정이 없는 한 별도로 횡령죄를 구성한다고 보아야 한다. (나) 따라서 타인의 부동산을 보관 중인 자가 불법영득의사를 가지고 그 부동산에 근저당권설정등기를 경료함으로써 일단 횡령행위가 기수에 이르렀다 하더라도 그 후 같은 부동산에 별개의 근저당권을 설정하여 새로운 법익침해의 위험을 추가함으로써 법익침해의 위험을 증가시키거나 해당 부동산을 매각함으로써 기존의 근저당권과 관계없이 법익침해의 결과를 발생시켰다면, 이는 당초의 근저당권 실행을 위한 임의경매에 의한 매각 등 그 근저당권으로 인해 당연히 예상될 수 있는 범위를 넘어 새로운 법익침해의 위험을 추가시키거나 법익침해의 결과를 발생시킨 것이므로 특별한 사정이 없는 한 불가벌적 사후행위로 볼 수 없고, 별도로 횡령죄를 구성한다. [2] 피해자 갑 종중으로부터 종중 소유의 토지를 명의신탁받아 보관 중이던 피고인 을이 자신의 개인 채무 변제에 사용할 돈을 차용하기 위해 위 토지에 근저당권을 설정하였는데, 그 후 피고인 을, 병이 공모하여 위 토지를 정에게 매도한 경우, 피고인들이 토지를 매도한 행위는 별도의 횡령죄를 구성한다(대판 2013.02.21. 2010도10500(전합)).

⑤ (○) 계약명의신탁의 명의수탁자는 매도인에 대하여 소유권이전등기말소의무를 부담하게 되나, 위 소유권이전등기는 처음부터 원인무효여서 명의수탁자는 매도인이 소유권에 기한 방해배제청구로 말소를 구하는 것에 대하여 상대방으로서 응할 처지에 있음에 불과하고, 그가 제3자와 한 처분행위가 부동산실명법 제4조 제3항에 따라 유효하게 될 가능성이 있다고 하더라도 이는 거래 상대방인 제3자를 보호하기 위하여 명의신탁 약정

의 무효에 대한 예외를 설정한 취지일 뿐 매도인과 명의수탁자 사이에 위 처분행위를 유효하게 만드는 어떠한 신임관계가 존재함을 전제한 것이라고는 볼 수 없으므로, 말소등기의무의 존재나 명의수탁자에 의한 유효한 처분가능성을 들어 명의수탁자가 매도인에 대한 관계에서 횡령죄에서 '타인의 재물을 보관하는 자' 또는 배임죄에서 '타인의 사무를 처리하는 자'의 지위에 있다고 볼 수도 없다(대판 2012.11.29. 2011도7361).

정답 ④

제❼절 | 배임의 죄

문 24

배임죄에 관한 다음 설명 중 옳은 것은 모두 몇 개인가?[2023년 15번]

ㄱ. 1인 회사의 주주가 자신의 개인채무를 담보하기 위하여 회사 소유의 부동산에 대하여 근저당권설정등기를 마쳐 주어 배임죄가 성립한 이후에 그 부동산에 대하여 새로운 담보권을 설정해 주는 행위는, 선순위 근저당권의 담보가치를 공제한 나머지 담보가치 상당의 재산상 이익을 침해하는 행위로서 별도의 배임죄가 성립한다.
ㄴ. 법률적 판단에 의하여 당해 배임행위가 무효라면 경제적 관점에서 파악하여 배임행위로 인하여 본인에게 현실적인 손해를 가하였거나 재산상 실해발생의 위험을 초래한 경우에도 재산상의 손해를 가한 때에 해당되지 아니하여 배임죄를 구성하지 아니한다.
ㄷ. 채권 담보를 위한 대물변제예약을 한 경우, 채무자가 대물로 변제하기로 한 부동산을 제3자에게 처분하였다고 하더라도 형법상 배임죄가 성립하는 것은 아니다.
ㄹ. 금융기관이 금원을 대출함에 있어 대출금 중 선이자를 공제한 나머지만 교부한 경우, 배임행위로 인하여 금융기관이 입는 손해는 선이자를 공제한 금액으로 보아야 하고, 이와 달리 선이자로 공제한 금원을 포함한 대출금 전액으로 볼 것은 아니다.
ㅁ. 타인을 위하여 도급계약을 체결할 임무가 있는 자가 부당하게 높은 가격으로 도급계약을 체결하여 타인에게 부당하게 많은 채무를 부담하게 하였다면 그로써 곧바로 업무상배임죄가 성립하고, 그 경우 배임액은 도급계약의 도급금액 전액에서 정당한 도급금액을 공제한 금액으로 보아야 한다.

① 1개 ② 2개 ③ 3개 ④ 4개 ⑤ 5개

> MGI Point **배임죄** ★★
>
> ■ 1인 회사의 주주가 자신의 개인채무를 담보하기 위하여 회사 소유의 부동산에 대하여 근저당권설정등기를 마쳐 준 이후에 그 부동산에 대하여 새로운 담보권을 설정해 주는 행위 ⇨ 별도의 배임죄 성립
> ■ 법률적 판단에 의하여 당해 배임행위가 무효인 경우 ⇨ 배임죄에서 말하는 손해 인정可
> ■ 대물변제예약을 한 채무자가 그 부동산을 제3자에게 처분한 경우 ⇨ 배임죄 ×
> ■ 금융기관(은행장 등)이 금원을 대출함에 있어 대출금 중 선이자를 공제한 나머지만 교부한 경우에 금융기관의 손해액 ⇨ 선이자로 공제한 금원을 포함한 대출금 전액
> ■ 타인을 위하여 도급계약을 체결할 임무가 있는 자가 부당하게 높은 가격으로 도급계약을 체결한 경우 ⇨ 곧바로 업무상배임죄 성립

ㄱ. (○) 배임죄는 재산상 이익을 객체로 하는 범죄이므로, 1인 회사의 주주가 자신의 개인채무를 담보하기 위하여 회사 소유의 부동산에 대하여 근저당권설정등기를 마쳐 주어 배임죄가 성립한 이후에 그 부동산에 대하여 새로운 담보권을 설정해 주는 행위는 선순위 근저당권의 담보가치를 공제한 나머지 담보가치 상당의 재산상 이익을 침해하는 행위로서 별도의 배임죄가 성립한다(대법원 2005. 10. 28. 2005도4915).

ㄴ. (×) 배임죄는 타인의 사무를 처리하는 자가 그 임무에 위배하는 행위로써 재산상 이익을 취득하거나 제3자로 하여금 이를 취득하게 하여 본인에게 손해를 가함으로써 성립하는 범죄로서, 여기에서 '재산상의 손해를 가한 때'에는 현실적인 손해를 가한 경우뿐만 아니라 재산상 실해 발생의 위험을 초래한 경우도 포함된다. 재산상 손해의 유무에 대한 판단은 본인의 전 재산 상태와의 관계에서 법률적 판단에 의하지 아니하고 경제적 관점에서 파악하여야 하므로, 법률적 판단에 의하여 당해 배임행위가 무효라 하더라도 경제적 관점에서 파악하여 배임행위로 인하여 본인에게 현실적인 손해를 가하였거나 재산상 실해 발생의 위험을 초래한 경우에는 재산상의 손해를 가한 때에 해당되어 배임죄를 구성한다. 이러한 법리는 최초 배임행위가 법률적 관점에서 무효라고 하더라도 그 후 타인의 사무를 처리하는 자가 계속적으로 배임행위에 관여하여 본인에게 현실적인 손해를 가한 경우에도 마찬가지이다(대법원 2013. 4. 11. 2012도15890).

ㄷ. (○) 대물변제예약의 궁극적 목적은 차용금반환채무의 이행 확보에 있고, 채무자가 대물변제예약에 따라 부동산에 관한 소유권이전등기절차를 이행할 의무는 궁극적 목적을 달성하기 위해 채무자에게 요구되는 부수적 내용이어서 이를 가지고 배임죄에서 말하는 신임관계에 기초하여 채권자의 재산을 보호 또는 관리하여야 하는 '타인의 사무'에 해당한다고 볼 수는 없다. 그러므로 채권 담보를 위한 대물변제예약 사안에서 채무자가 대물로 변제하기로 한 부동산을 제3자에게 처분하였다고 하더라도 형법상 배임죄가 성립하는 것은 아니다(대법원 2014. 8. 21. 2014도3363 전원합의체).

ㄹ. (×) 업무상배임죄에 있어서 본인에게 손해를 가하다 함은 총체적으로 보아 본인의 재산상태에 손해를 가하는 경우를 말하고, 위와 같은 손해에는 장차 취득할 것이 기대되는 이익을 얻지 못하는 경우도 포함된다 할 것인바, 금융기관이 금원을 대출함에 있어 대출금 중 선이자를 공제한 나머지만 교부하거나 약속어음을 할인함에 있어 만기까지의 선이자를 공제한 경우 금융기관으로서는 대출금채무의 변제기나 약속어음의 만기에 선이자로 공제한 금원을 포함한 대출금 전액이나 약속어음 액면금 상당액을 취득할 것이 기대된다 할 것이므로 배임행위로 인하여 금융기관이 입는 손해는 선이자를 공제한 금액이 아니라 선이자로 공제한 금원을 포함한 대출금 전액이나 약속어음 액면금 상당액으로 보아야 한다(대법원 2003. 10. 10. 2003도3516).

ㅁ. (○) 업무상배임죄는 위태범으로서 그 성립을 위하여 현실로 본인에게 재산상 손해가 발생할 것까지 요하는 것은 아니므로, 타인을 위하여 도급계약을 체결할 임무가 있는 자가 부당하게 높은 가격으로 도급계약을 체결하여 타인에게 부당하게 많은 채무를 부담하게 하였다면 그로써 곧바로 업무상배임죄가 성립하고, 그 이후에 타인이 현실로 채무를 이행하였는지 여부는 업무상배임죄의 성립과는 관계가 없다 할 것이고, 그 경우 배임액은 도급계약의 도급금액 전액에서 정당한 도급금액을 공제한 금액으로 보아야 한다(대법원 1999. 4. 27. 99도883).

정답 ③

문 25

배임수증재죄에 관한 다음 설명 중 가장 옳지 않은 것은? [2023년 3번]

① 甲이 A로부터 골프장 회원권 제공의 의사표시를 받고 이를 승낙한 후 골프장 회원권의 입회신청서를 제출한 경우, 그 골프장 회원권에 관하여 甲 명의로 명의변경이 이루어지지 아니하였더라도 甲에게 배임수재죄가 성립한다.
② 주택조합아파트 시공회사 직원인 甲이 조합장으로부터 조합의 이중분양에 관한 민원을 회사에 보고하지 않고 묵인하거나 이중분양에 대한 조치를 강구할 때 조합의 입장을 배려하여 달라는 청탁을 받고 위 아파트 분양권을 취득한 경우, 甲에게 배임수재죄가 성립한다.
③ 배임수재죄는 타인의 사무를 처리하는 자가 그 임무에 관하여 부정한 청탁을 받고 재물 또는 재산상의 이익을 취득하거나 제3자로 하여금 이를 취득하게 한 때에 성립하는 것이고 그 취득 후에 청탁의 취지에 따른 배임행위를 하였음을 요하지 않는다.
④ 甲이 자기소유로 믿고 있는 부동산을 제3자에게 처분하기 위하여 매매계약을 하였는데 종중에서 그 부동산에 대한 권리를 주장하면서 처분금지가처분결정까지 받아 이를 집행하자, 甲이 종중의 대표자에게 가처분의 부당성을 지적하면서 가처분 비용을 지급하고 그 신청을 취하하도록 하였다면, 설사 종중대표자에게 부정한 점이 있다고 하더라도 甲을 배임증재죄로 처벌할 수 없다.
⑤ 학교법인의 이사장이 학교법인 운영권을 양도하고 양수인으로부터 양수인 측을 학교법인의 임원으로 선임해 주는 대가로 양도대금을 받기로 하는 내용의 청탁을 받았다 하더라도, 그 청탁의 내용이 학교법인의 존립에 중대한 위협을 초래할 것임이 명백하다는 등의 특별한 사정이 없는 한, 이를 배임수재죄의 부정한 청탁에 해당한다고 할 수 없다.

MGI Point 배임수증재죄 ★★★

- 甲이 A로부터 골프장 회원권 제공의 의사표시를 받고 이를 승낙한 후 골프장 회원권의 입회신청서를 제출하였지만 그 골프장 회원권에 관하여 甲 앞으로 명의변경이 이루어지지 아니한 경우 ⇨ 재산상 이익 취득× ⇨ 배임수재죄 성립×
- 주택조합아파트 시공회사 직원이 조합의 이중분양에 관한 민원을 회사에 보고하지 않고 묵인하거나 이중분양에 대한 조치를 강구할 때 조합의 입장을 배려하여 달라는 청탁을 받고 위 아파트 분양권을 취득한 경우 ⇨ 배임수재죄 성립
- 배임수재죄의 성립요건 ⇨ 배임행위에 이를 것까지 요구되지는 않음
- 자기소유로 믿고 있는 부동산을 제3자에게 처분하기 위하여 매매계약을 하였는데 종중에서 그 부동산에 대한 권리를 주장하면서 처분금지가처분결정까지 받아 이를 집행하자, 甲이 종중의 대표자에게 가처분의 부당성을 지적하면서 가처분 비용을 지급하고 그 신청을 취하하도록 한 경우 ⇨ 부정한 청탁× ⇨ 배임수재죄 성립×
- 학교법인의 이사장이 학교법인 운영권을 양도하고 양수인으로부터 양수인 측을 학교법인의 임원으로 선임해 주는 대가로 양도대금을 받기로 하는 내용의 청탁을 받은 경우 ⇨ 부정한 청탁× ⇨ 배임수재죄 성립×

① (X) [1] 형법 제357조 제1항의 배임수재죄로 처벌하기 위하여는 타인의 사무를 처리하는 자가 부정한 청탁을 받아들이고 이에 대한 대가로서 재물 또는 재산상의 이익을 받은 데에 대한 범의가 있어야 할 것이고, 또 배임수재죄에서 말하는 '재산상의 이익의 취득'이라 함은 현실적인 취득만을 의미하므로 단순한 요구 또는 약속만을 한 경우에는 이에 포함되지 아니한다. [2] 골프장 회원권에 관하여 피고인 명의로 명의변경이 이루어지지 아니한 이상 피고인이 현실적으로 재산상 이익을 취득하지 않았다는 이유로 배임수재죄의 성립을 부정한 사례(대법원 1999. 1. 29. 98도4182).

② (○) 주택조합아파트 시공회사 직원인 피고인들이 조합장으로부터 조합의 이중분양에 관한 민원을 회사에 보고하지 않고 묵인하거나 이중분양에 대한 조치를 강구할 때 조합의 입장을 배려하여 달라는 청탁을 받고 위 아파트 분양권을 취득한 사안에서, 피고인들에게 배임수재죄를 인정한 원심판단을 수긍한 사례(대법원 2011. 2. 24. 2010도11784).

③ (○) 배임수재죄는 타인의 사무를 처리하는 자가 그 임무에 관하여 부정한 청탁을 받고 재물 또는 재산상의 이익을 취득함으로써 성립하는 것이고 그 취득 후에 청탁의 취지에 따른 배임행위를 하였음을 요하지 않는다(대법원 1982. 7. 13. 82도925).

④ (○) 피고인이 자기소유로 믿고 있는 부동산을 제3자에게 처분하기 위하여 매매계약을 하였는데 피고인이 종중에서 그 부동산에 대한 권리를 주장하면서 처분금지가처분결정까지 받아 이를 집행하자 피고인이 계약위반으로 인한 손해배상문제를 염려하여 종중의 대표자에게 가처분의 부당성을 지적하면서 가처분 비용을 지급하고 그 신청을 취하하도록 하였다면 이는 피고인이 자기의 권리를 확보하기 위한 행위로서 사회상규나 신의성실의 원칙상 부정한 청탁을 한것이 아니므로 가사 종중대표자에게 부정한 점이 있다고 하더라도 피고인을 배임증여죄로 처벌할 수 없다(대법원 1980. 8. 26. 80도19).

⑤ (○) 학교법인의 이사장 또는 사립학교경영자가 학교법인 운영권을 양도하고 양수인으로부터 양수인 측을 학교법인의 임원으로 선임해 주는 대가로 양도대금을 받기로 하는 내용의 '청탁'을 받았다 하더라도, 그 청탁의 내용이 당해 학교법인의 설립 목적과 다른 목적으로 기본재산을 매수하여 사용하려는 것으로서 학교법인의 존립에 중대한 위험을 초래할 것임이 명백하다는 등의 특별한 사정이 없는 한, 그 청탁이 사회상규 또는 신의성실의 원칙에 반하는 것을 내용으로 하는 것이라고 할 수 없으므로 이를 배임수재죄의 구성요건인 '부정한 청탁'에 해당한다고 할 수 없고, 나아가 학교법인의 이사장 또는 사립학교경영자가 자신들이 출연한 재산을 회수하기 위하여 양도대금을 받았다거나 당해 학교법인이 국가 또는 지방자치단체로부터 일정한 보조금을 지원받아 왔다는 등의 사정은 위와 같은 결론에 영향을 미칠 수 없다(대법원 2014. 1. 23. 2013도11735).

정답 ①

문 26

배임죄에 관한 다음 설명 중 가장 옳지 않은 것은? [2023년 4번]

① 甲이 인쇄기를 A에게 양도하기로 하고 계약금 및 중도금을 수령하였음에도 이를 자신의 채권자 B에게 기존 채무 변제에 갈음하여 양도하더라도 A에 대한 배임죄가 성립하지 아니한다.

② 금융기관 임직원이 임의로 예금주의 예금계좌에서 5,000만 원을 인출한 경우, 예금주에 대한 업무상배임죄는 성립하지 않는다.

③ 회사 직원이 영업비밀이나 영업상 주요자산인 자료를 적법하게 반출하여 그 반출행위가 업무상배임죄에 해당하지 않는 경우라도, 퇴사 시에 그 영업비밀 등을 회사에 반환하거나 폐기할 의무가 있음에도 경쟁업체에 유출하거나 스스로의 이익을 위하여 이용할 목적으로 이를 반환하거나 폐기하지 아니하였다면, 이러한 행위는 업무상배임죄에 해당한다.

④ 부실대출에 의한 업무상배임죄가 성립하는 경우에는 담보물의 가치를 초과하여 대출한 금액이나 실제로 회수가 불가능하게 된 금액만을 손해액으로 볼 것은 아니고, 재산상 권리의 실행이 불가능하게 될 염려가 있거나 손해발생의 위험이 있는 대출금 전액을 손해액으로 보아야 한다.

⑤ 음식점 임대차계약에 의한 임차인의 지위를 양도한 자는 양도사실을 임대인에게 통지하고 양수인이 갖는 임차인의 지위를 상실하지 않게 할 의무가 있고, 이러한 임무는 자기의 사무임과 동시에 양수인의 권리취득을 위한 사무의 일부를 이룬다고 할 것이다.

> **MGI Point 배임죄** ★★
>
> - 동산의 이중매매 ⇨ 매도인은 타인의 사무를 처리하는 지위× ⇨ 배임죄×
> - 금융기관 임직원의 보통예금 횡령 ⇨ 금융기관의 임직원은 예금주의 사무를 처리하는 지위× ⇨ 업무상배임죄×
> - 영업비밀 등을 반출시에는 적법하였으나 퇴사시 반환하거나 폐기하지 않은 경우 ⇨ 업무상배임죄
> - 부실대출에 의한 업무상배임죄가 성립하는 경우 손해액 ⇨ 대출금 전액
> - 음식점 임대차계약에 의한 임차인의 지위를 양도한 자가 그 사실을 임대인에게 통지하는 등 양수인이 갖는 임차인의 지위를 상실하지 않게 할 의무 ⇨ 자신의 사무 ⇨ 불이행시 배임죄×

① (○) 매매의 목적물이 동산일 경우, 매도인은 매수인에게 계약에 정한 바에 따라 그 목적물인 동산을 인도함으로써 계약의 이행을 완료하게 되고 그때 매수인은 매매목적물에 대한 권리를 취득하게 되는 것이므로, 매도인에게 자기의 사무인 동산인도채무 외에 별도로 매수인의 재산의 보호 내지 관리 행위에 협력할 의무가 있다고 할 수 없다. 동산매매계약에서의 매도인은 매수인에 대하여 그의 사무를 처리하는 지위에 있지 아니하므로, 매도인이 목적물을 매수인에게 인도하지 아니하고 이를 타에 처분하였다 하더라도 형법상 배임죄가 성립하는 것은 아니다(대법원 2011. 1. 20. 2008도10479 전원합의체).

② (○) [1] 이른바 보통예금은 은행 등 법률이 정하는 금융기관을 수치인으로 하는 금전의 소비임치 계약으로서, 그 예금계좌에 입금된 금전의 소유권은 금융기관에 이전되고, 예금주는 그 예금계좌를 통한 예금반환채권을 취득하는 것이므로, 금융기관의 임직원은 예금주로부터 예금계좌를 통한 적법한 예금반환 청구가 있으면 이에 응할 의무가 있을 뿐 예금주와의 사이에서 그의 재산관리에 관한 사무를 처리하는 자의 지위에 있다고 할 수 없다. [2] 임의로 예금주의 예금계좌에서 5,000만 원을 인출한 금융기관의 임직원에게 업무상배임죄가 성립하지 않는다고 한 사례(대법원 2008. 4. 24. 2008도1408).

③ (○) 회사 임직원이 영업비밀을 경쟁업체에 유출하거나 스스로의 이익을 위하여 이용할 목적으로 무단으로 반출하였다면 그 반출 시에 업무상배임죄의 기수가 되고, 영업비밀이 아니더라도 그 자료가 불특정 다수의 사람에게 공개되지 아니하였고 사용자가 상당한 시간, 노력 및 비용을 들여 제작한 영업상 주요한 자산인 경우에도 그 자료의 반출행위는 업무상배임죄를 구성한다. 한편 회사 임직원이 영업비밀이나 영업상 주요한 자산인 자료를 적법하게 반출하여 그 반출행위가 업무상배임죄에 해당하지 않는 경우에도 퇴사 시에 그 영업비밀 등을 회사에 반환하거나 폐기할 의무가 있음에도 경쟁업체에 유출하거나 스스로의 이익을 위하여 이용할 목적으로 이를 반환하거나 폐기하지 아니하였다면, 이러한 행위는 업무상배임죄에 해당한다(대법원 2016. 6. 23. 2014도11876).

④ (○) 부실대출에 의한 업무상배임죄가 성립하는 경우에는 담보물의 가치를 초과하여 대출한 금액이나 실제로 회수가 불가능하게 된 금액만을 손해액으로 볼 것이 아니고, 재산상 권리의 실행이 불가능하게 될 염려가 있거나 손해발생의 위험이 있는 대출금 전액을 손해액으로 보아야 하며, 그것을 제3자가 취득한 경우에는 그 전액을 특정경제범죄가중처벌등에관한법률 제3조에서 규정한 제3자로 하여금 취득하게 한 재산상의 가액에 해당하는 것으로 보아야 한다(대법원 2000. 3. 24. 2000도28).

⑤ (X) 음식점 임대차계약에 의한 임차인의 지위를 양도한 자는 양도사실을 임대인에게 통지하고 양수인이 갖는 임차인의 지위를 상실하지 않게 할 의무가 있다고 하여도, 이러한 임무는 임차권 양도인으로서 부담하는 채무로서 양도인 자신의 의무일 뿐이지 자기의 사무임과 동시에 양수인의 권리취득을 위한 사무의 일부를 이룬다고 볼 수 없으므로 양도인을 배임죄의 주체인 타인의 사무를 처리하는 자로 볼 수 없다(대법원 1991. 12. 10. 91도2184).

정답 ⑤

문 76

배임죄에 관한 다음 설명 중 옳은 것은 모두 몇 개인가? [2021년 37번]

> 가. 타인에 대한 채무의 담보로 제3채무자에 대한 채권에 대하여 권리질권을 설정하고, 질권설정자가 제3채무자에게 질권설정의 사실을 통지하거나 제3채무자가 이를 승낙한 상태에서, 질권설정자가 질권자의 동의 없이 제3채무자에게서 질권의 목적인 채권의 변제를 받은 경우, 질권자에 대한 관계에서 배임죄가 성립한다.
> 나. A은행 지점장인 甲이 A은행을 대리하여 乙이 丙에 대하여 장래 부담하게 될 물품대금 채무에 대하여 지급보증을 하였다고 하더라도, 乙과 丙이 거래를 개시하지 않아 지급보증의 대상인 물품대금 지급채무가 현실적으로 발생하지 않았다면, 甲에게 배임죄가 성립하는지 여부를 검토함에 있어, A은행에게 경제적인 관점에서 손해가 발생한 것과 같은 정도의 구체적인 위험이 발생하였다고 평가하기는 어렵다고 보아야 한다.
> 다. 주식회사의 대표이사가 대표권을 남용하여 약속어음을 발행하였고, 그 어음발행이 무효라고 하더라도, 그 어음이 제3자에게 유통되었다면 그 어음채무가 실제로 이행되기 전이라도 배임죄의 기수범이 성립한다.
> 라. 주권발행 전 주식에 대한 양도계약에서 양도인이 양수인으로 하여금 회사 이외의 제3자에게 대항할 수 있도록 확정일자 있는 증서에 의한 양도통지 또는 승낙을 갖추어 주지 아니하고 위 주식을 다른 사람에게 처분한 경우, 배임죄가 성립한다.
> 마. 업무상배임죄의 실행으로 이익을 얻게 되는 수익자는 배임죄의 공범이라고 볼 수 없는 것이 원칙이고, 실행행위자에게 배임행위를 교사하거나 또는 배임행위의 전 과정에 관여하는 등으로 배임행위에 적극 가담한 경우에 한하여 배임의 실행행위자에 대한 공동정범으로 인정할 수 있다.

① 없음 ② 1개 ③ 2개
④ 3개 ⑤ 4개

가. (X) 타인에 대한 채무의 담보로 제3채무자에 대한 채권에 대하여 권리질권을 설정한 경우 질권설정자는 질권자의 동의 없이 질권의 목적된 권리를 소멸하게 하거나 질권자의 이익을 해하는 변경을 할 수 없다(민법 제352조). 또한 질권설정자가 제3채무자에게 질권설정의 사실을 통지하거나 제3채무자가 이를 승낙한 때에는 제3채무자가 질권자의 동의 없이 질권의 목적인 채무를 변제하더라도 이로써 질권자에게 대항할 수 없고, 질권자는 여전히 제3채무자에 대하여 직접 채무의 변제를 청구하거나 변제할 금액의 공탁을 청구할 수 있다(민법 제353조 제2항, 제3항). 그러므로 이러한 경우 질권설정자가 질권의 목적인 채권의 변제를 받았다고 하여 질권자에 대한 관계에서 타인의 사무를 처리하는 자로서 임무에 위배하는 행위를 하여 질권자에게 손해를 가하거나 손해 발생의 위험을 초래하였다고 할 수 없고, 배임죄가 성립하지도 않는다(대판 2016.04.29. 2015도5665).

나. (O) 업무상배임죄는 업무상 타인의 사무를 처리하는 자가 임무에 위배하는 행위를 하고 그러한 임무위배행위로 인하여 재산상의 이익을 취득하거나 제3자로 하여금 이를 취득하게 하여 본인에게 재산상의 손해를 가한 때 성립하는데, 여기서 재산상의 손해에는 현실적인 손해가 발생한 경우뿐만 아니라 재산상 실해 발생의 위험을 초래한 경우도 포함되고, 재산상 손해의 유무에 대한 판단은 법률적 판단에 의하지 않고 경제적 관점에서 파악하여야 한다. 그런데 재산상 손해가 발생하였다고 평가될 수 있는 재산상 실해 발생의 위험이란 본인에게 손해가 발생할 막연한 위험이 있는 것만으로는 부족하고 경제적인 관점에서 보아 본인에게 손해가 발생한 것과 같은 정도로 구체적인 위험이 있는 경우를 의미한다. 따라서 재산상 실해 발생의 위험은 구체적·현실적인 위험이 야기된 정도에 이르러야 하고 단지 막연한 가능성이 있다는 정도로는 부족하다. 甲 은행 지점장인 피고인이 업무상 임무에 위배하여 물품대금지급보증서를 발급한 후 乙 주식회사의 거래처인 丙 주식회사에 건네줌으로써 甲 은행에 손해를 가하였다고 하여 특정경제범죄 가중처벌 등에 관한 법률 위반(배임)으로 기소된 사안에서, 丙 회사는 지급보증서가 정상적으로 발급된 것이 아님을 확인하고 乙 회사를 통하여 물품을 주문하였던 사람들에게 물품을 공급하지 않음으로써 乙 회사가 丙 회사에 대하여 아무런 물품대금 채무를 부담하지 않게 된 사정 등에 비추어, 피고인이 甲 은행을 대리하여 乙 회사가 丙 회사에 대해 장래 부담하게 될 물품대금 채무에 대하여 지급보증을 하였더라도, 丙 회사가 乙 회사와 거래를 개시하지 않아 지급보증 대상인 물품대금 지급채무 자체가 현실적으로 발생하지 않은 이상, 보증인인 甲 은행에 경제적인 관점에서 손해가 발생한 것과 같은 정도로 구체적인 위험이 발생하였다고 평가할 수 없는데도, 이와 달리 甲 은행에 구체적인 실해 발생의 위험이 초래되었음을 전제로 피고인에게 유죄를 인정한 원심판결에 법리를 오해한 잘못이 있다고 한 사례(대판 2015.09.10. 2015도6745).

다. (O) 주식회사의 대표이사가 대표권을 남용하는 등 그 임무에 위배하여 약속어음 발행을 한 행위가 배임죄에 해당하는지도 원칙적으로 위에서 살펴본 의무부담행위와 마찬가지로 보아야 한다. 다만 약속어음 발행의 경우 어음법상 발행인은 종전의 소지인에 대한 인적 관계로 인한 항변으로써 소지인에게 대항하지 못하므로(어음법 제17조, 제77조), 어음발행이 무효라 하더라도 그 어음이 실제로 제3자에게 유통되었다면 회사로서는 어음채무를 부담할 위험이 구체적·현실적으로 발생하였다고 보아야 하고, 따라서 그 어음채무가 실제로 이행되기 전이라도 배임죄의 기수범이 된다(대판 2017.07.20. 2014도1104(전합)).

라. (X) 주권발행 전 주식의 양도계약에서 양도인이 양수인으로 하여금 회사 이외의 제3자에게 대항할 수 있도록 확정일자 있는 증서에 의한 양도통지 또는 승낙을 갖추어 주지 아니하고 위 주식을 다른 사람에게 처분한 경우 배임죄가 성립하지 않는다(대판 2020.10.15. 2020도9688).

마. (O) 거래상대방의 대향적 행위의 존재를 필요로 하는 유형의 배임죄에서 거래상대방은 기본적으로 배임행위의 실행행위자와 별개의 이해관계를 가지고 반대편에서 독자적으로 거래에 임한다는 점을 고려하면, 업무상 배임죄의 실행으로 이익을 얻게 되는 수익자는 배임죄의 공범이라고 볼 수 없는 것이 원칙이고, 실행행위자의 행위가 피해자 본인에 대한 배임행위에 해당한다는 점을 인식한 상태에서 배임의 의도가 전혀 없었던 실행행위자에게 배임행위를 교사하거나 또는 배임행위의 전 과정에 관여하는 등으로 배임행위에 적극 가담한 경우에 한하여 배임의 실행행위자에 대한 공동정범으로 인정할 수 있다(대판 2016.10.13. 2014도17211).

정답 ④

문 77

다음 설명 중 옳지 않은 것은 모두 몇 개인가? [2021년 23번]

> 가. 수분양권 매도인이 수분양권 매매계약에 따라 매수인에게 수분양권을 이전할 의무를 이행하지 아니하고 수분양권 또는 이에 근거하여 향후 소유권을 취득하게 될 목적물을 미리 제3자에게 처분하더라도 형법상 배임죄가 성립하지 않는다.
> 나. 지입차주가 자신이 실질적으로 소유하거나 처분권한을 가지는 자동차에 관하여 지입회사와 지입계약을 체결함으로써 지입회사에게 그 자동차의 소유권등록 명의를 신탁하고 운송사업용 자동차로서 등록 및 그 유지 관련 사무의 대행을 위임한 경우에 지입회사 운영자는 지입차주와의 관계에서 '타인의 사무를 처리하는 자'의 지위에 있다.
> 다. 특정범죄 가중처벌 등에 관한 법률 제5조의4 제5항 제1호에서 정한 '징역형'에는 절도의 습벽이 인정되어 형법 제329조부터 제331조까지의 죄 또는 그 미수죄의 형보다 가중 처벌되는 형법 제332조의 상습절도죄로 처벌받은 전력이 포함된다.
> 라. 타인의 토지소유권을 편취할 목적으로 하는 사기소송의 제1심판결이 형식적으로 확정되었다면 사기죄는 이미 기수에 이르렀고, 비록 그 후에 제기된 피해자의 추완항소에 따라 위 사기소송의 항소심에서 파기되어 피고인의 청구가 기각되었다고 하더라도 이미 기수에 이른 소송사기죄의 성립에는 어떠한 영향이 없다.
> 마. 분대장은 분대원에 대한 관계에서 군형법상 상관모욕죄에서의 상관에 해당하고, 이는 분대장과 분대원이 모두 병(兵)이어도 마찬가지이다.

① 1개 ② 2개 ③ 3개
④ 4개 ⑤ 없음

MGI Point 배임죄, 형의 가중·감면, 사기죄, 상관모욕죄 ★★★

- 수분양권 매도인이 매수인에게 수분양권을 이전할 의무는 자신의 사무에 해당 ⇨ 의무 불이행 해도 배임죄 ×
- 지입회사 운영자는 지입차주와의 관계에서 '타인의 사무를 처리하는 자'의 지위에 있음
- 특가법 §5의4⑤1호에서 정한 '징역형'에는 절도의 습벽이 인정되어 형법 §329부터 §331까지의 죄 또는 그 미수죄의 형보다 가중 처벌 되는 형법 §332의 상습절도죄로 처벌받은 전력 포함
- 타인의 토지소유권을 편취할 목적으로 하는 사기소송의 제1심판결이 형식적으로 확정되었다면 사기죄는 이미 기수
  ⇨ 그 후 제기된 추완항소로 항소심에서 피고인의 청구가 기각되어도 이미 기수에 이른 소송사기죄 성립에 영향 ×
- 분대장은 분대원에 대한 관계에서 군형법상 상관모욕죄의 상관에 해당 ○
  ⇨ 분대장과 분대원이 모두 병(兵)이어도 마찬가지 ○

가. (○) 수분양권 매매계약의 내용과 그 이행의 정도, 그에 따른 계약의 구속력의 정도, 거래의 관행, 신임관계의 유형과 내용, 신뢰위반의 정도 등을 종합적으로 고려해 보면, 수분양권 매매계약에 따른 당사자 관계의 전형적·본질적 내용이 통상의 계약에서의 이익대립관계를 넘어서 그들 사이의 신임관계에 기초하여 타인의 재산을 보호 또는 관리하는 데에 있다고 할 수 없다. 따라서 특별한 사정이 없는 한 수분양권 매도인이 수분양권 매매계약에 따라 매수인에게 수분양권을 이전할 의무는 자신의 사무에 해당할 뿐이므로, 매수인에 대한 관계에서 '타인의 사무를 처리하는 자'라고 할 수 없다. 그러므로 수분양권 매도인이 위와 같은 의무를

이행하지 아니하고 수분양권 또는 이에 근거하여 향후 소유권을 취득하게 될 목적물을 미리 제3자에게 처분하였더라도 형법상 배임죄가 성립하는 것은 아니다(대법원 2021.07.08. 2014도12104).

나. (○) 지입차주가 자신이 실질적으로 소유하거나 처분권한을 가지는 자동차에 관하여 지입회사와 지입계약을 체결함으로써 지입회사에 자동차의 소유권등록 명의를 신탁하고 운송사업용 자동차로서 등록 및 그 유지 관련 사무의 대행을 위임한 경우에는, 특별한 사정이 없는 한 지입회사 측이 지입차주의 실질적 재산인 지입차량에 관한 재산상 사무를 일정한 권한을 가지고 맡아 처리하는 것으로서 당사자 관계의 전형적·본질적 내용이 그들 사이의 신임관계에 기초하여 타인의 재산을 보호 또는 관리하는 데에 있으므로, 지입회사 운영자는 지입차주와의 관계에서 '타인의 사무를 처리하는 자'의 지위에 있다(대판 2021.06.30. 2015도19696).

다. (○) 특정범죄가중법은 형법에 규정된 특정범죄에 대한 가중처벌 등을 규정함으로써 건전한 사회질서의 유지와 국민경제의 발전에 이바지함을 그 목적으로 한다(제1조 참조). 이 사건 처벌규정은 '형법 제329조부터 제331조까지의 죄 또는 그 미수죄로 세 번 이상 징역형을 받은 사람이 다시 이들 죄를 범하여 누범으로 처벌하는 경우에는 2년 이상 20년 이하의 징역에 처한다'고 규정하고 있는데, 형법 제332조(상습범)는 '상습으로 제329조 내지 제331조의2의 죄를 범한 자는 그 죄에 정한 형의 2분의 1까지 가중한다'고 규정하고 있는 등 상습절도죄의 구성요건에 '형법 제329조부터 제331조까지의 죄'를 포함하고 있다. 그리고 상습절도죄의 전과를 이 사건 처벌규정에서 정한 '징역형'에 포함하지 않을 경우 단순 절도죄의 전력이 세 번인 자가 절도를 저지른 경우에는 이 사건 조항으로 가중처벌 받는 반면, 세 번의 절도 전력 중 상습절도의 전력이 있는 자가 절도를 저지른 경우에는 단순 절도죄로 처벌받게 되는 데에 그치는 처벌의 불균형이 발생한다. 이러한 특정범죄가중법의 목적, 이 사건 처벌규정과 형법 제332조의 내용, 처벌의 불균형 등에 비추어 보면, 이 사건 처벌규정에서 정한 '징역형'에는 절도의 습벽이 인정되어 형법 제329조부터 제331조까지의 죄 또는 그 미수죄의 형보다 가중 처벌되는 형법 제332조의 상습절도죄로 처벌받은 전력도 포함되는 것으로 해석해야 한다(대판 2021.06.03. 2021도1349).

라. (○) 타인의 토지소유권을 편취할 목적으로 하는 사기소송은 목적토지에 대한 소유권이전등기 절차이행에 관한 승소의 확정판결을 받으면 이때 불법한 이익을 취득한 사기죄가 성립된다(대법 1980.04.22. 80도533).

마. (○) 군형법 제2조 제1호, 제64조 제1항, 국방부 부대관리훈령 제2조 제5호, 제4조, 제9조 제2항, 제17조 제1호, 제2호, 제18조 제1항, 육군규정 120 병영생활규정 제20조 제2항, 제43조 제1항, 제43조의2 등 제반 규정의 취지, 내용 등을 종합하면, 부대지휘 및 관리, 병영생활에 있어 분대장과 분대원은 명령복종 관계로서 분대장은 분대원에 대해 명령권을 가진 사람 즉 상관에 해당하고, 이는 분대장과 분대원이 모두 병(兵)이라 하더라도 달리 볼 수 없다(대판 2021.03.11. 2018도12270).

정답 ⑤

문 78

다음 설명 중 옳지 않은 것을 모두 고른 것은? [2020년 28번]

ㄱ. 주권발행 전 주식 양도인은 양수인으로 하여금 회사 이외의 제3자에게 대항할 수 있도록 확정일자 있는 증서에 의한 양도통지 또는 승낙을 갖추어 주어야 할 채무를 부담하므로 이는 타인의 사무라고 보아야 한다. 따라서 주권발행 전 주식에 대한 양도계약에서의 양도인이 위와 같은 제3자에 대한 대항요건을 갖추어 주지 아니하고 이를 타에 처분하였다면 형법상 배임죄가 성립한다.
ㄴ. 문서의 내용 중 권한 없는 자에 의하여 이미 변조된 부분을 다시 권한 없이 변경하였다고 하더라도 사문서변조죄는 성립하지 않는다.
ㄷ. 부동산 매매계약에서 중도금이 지급되는 등 계약이 본격적으로 이행되었더라도, 매도인이 매수인에게 순위보전의 효력이 있는 가등기를 마쳐주었다면 매도인으로서는 소유권을 이전하여 줄 의무에서 벗어날 수 있으므로 배임죄가 성립하지 않는다.
ㄹ. 이익대립관계에 있는 통상의 계약관계에서 채무자의 성실한 급부이행에 의해 상대방이 계약상 권리의 만족 내지 채권의 실현이라는 이익을 얻게 되는 관계에 있다거나, 계약을 이행함에 있어 상대방을 보호하거나 배려할 부수적인 의무가 있다는 것만으로는 채무자를 타인의 사무를 처리하는 자라고 할 수 없다.
ㅁ. 발기인 등이 회사를 설립할 당시 회사를 실제로 운영할 의사 없이 회사를 이용한 범죄 의도나 목적이 있었다거나 회사로서의 인적·물적 조직 등 영업의 실질을 갖추지 않았다는 이유만으로는 부실의 사실을 법인등기부에 기록하게 한 것으로 볼 수 없다.

① ㄱ, ㄷ
② ㄱ, ㄷ, ㅁ
③ ㄱ, ㄴ, ㄷ, ㄹ
④ ㄷ, ㄹ, ㅁ
⑤ ㄱ, ㄴ, ㄷ, ㄹ, ㅁ

MGI Point 배임죄, 문서에 관한 죄 ★★★

- 배임죄 주체 ⇨ 타인의 사무를 처리하는 자
  - 부동산 매매계약에서 중도금이 지급된 후 매도인의 부동산소유권 이전 의무 ⇨ 타인의 사무
  - 주권발행 전 주식양도인이 양수인으로 하여금 회사 이외의 제3자에게 대항할 수 있도록 확정일자 있는 증서에 의한 양도통지 또는 승낙을 갖추어 주어야 할 채무 ⇨ 자기의 사무
  - 동산을 양도담보에 제공한 채무자가 담보권 실행에 지장을 초래하는 행위를 하지 않을 의무 ⇨ 자기의 사무
- 사문서변조죄에서 '변조' ⇨ 진정하게 성립된 문서의 내용에 권한 없는 자가 문서의 동일성을 해하지 않는 한도에서 변경을 가하여 새로운 증명력을 작출하는 것
  - 권한 없는 자에 의하여 이미 변조된 부분을 다시 권한 없이 변경 ⇨ 사문서변조죄 성립 ×
- 주식회사의 발기인 등이 상법 등 법령에 정한 회사설립의 요건과 절차에 따라 회사설립등기를 함으로써 회사가 성립하였다고 볼 수 있는 경우 ⇨ 특별한 사정이 없는 한 '불실의 사실' ×
  - 발기인 등이 회사를 설립할 당시 회사를 실제로 운영할 의사 없이 회사를 이용한 범죄 의도나 목적이 있었다거나, 회사로서의 인적·물적 조직 등 영업의 실질을 갖추지 않았다는 이유 ⇨ 불실의 사실을 법인등기부에 기록하게 한 것으로 볼 수 ×

ㄱ. (X) 주권발행 전 주식의 양도는 양도인과 양수인의 의사표시만으로 그 효력이 발생한다. 그 주식양수인은 특별한 사정이 없는 한 양도인의 협력을 받을 필요 없이 단독으로 자신이 주식을 양수한 사실을 증명함으로써 회사에 대하여 그 명의개서를 청구할 수 있다. 따라서 양도인이 양수인으로 하여금 회사 이외의 제3자에게 대항할 수 있도록 확정일자 있는 증서에 의한 양도통지 또는 승낙을 갖추어 주어야 할 채무를 부담한다 하더라도 이는 자기의 사무라고 보아야 하고, 이를 양수인과의 신임관계에 기초하여 양수인의 사무를 맡아 처리하는 것으로 볼 수 없다. 그러므로 주권발행 전 주식에 대한 양도계약에서의 양도인은 양수인에 대하여 그의 사무를 처리하는 지위에 있지 아니하여, 양도인이 위와 같은 제3자에 대한 대항요건을 갖추어 주지 아니하고 이를 타에 처분하였다 하더라도 형법상 배임죄가 성립하는 것은 아니다(대판 2020.06.04. 2015도6057).

ㄴ. (O) 사문서변조죄에서 '변조'는 진정하게 성립된 문서의 내용에 권한 없는 자가 문서의 동일성을 해치지 않는 한도에서 변경을 가하여 새로운 증명력을 작출하는 것을 의미하고, 이와 같이 권한 없는 자에 의해 변조된 부분은 진정하게 성립된 부분이라 할 수 없다. 따라서 문서의 내용 중 권한 없는 자에 의하여 이미 변조된 부분을 다시 권한 없이 변경하였다고 하더라도 사문서변조죄는 성립하지 않는다(대판 2020.06.04. 2020도3809).

ㄷ. (X) 부동산 매매계약에서 계약금만 지급된 단계에서는 어느 당사자나 계약금을 포기하거나 그 배액을 상환함으로써 자유롭게 계약의 구속력에서 벗어날 수 있다. 그러나 중도금이 지급되는 등 계약이 본격적으로 이행되는 단계에 이른 때에는 계약이 취소되거나 해제되지 않는 한 매도인은 매수인에게 부동산의 소유권을 이전해 줄 의무에서 벗어날 수 없다. 따라서 이러한 단계에 이른 때에 매도인은 매수인에 대하여 매수인의 재산보전에 협력하여 재산적 이익을 보호·관리할 신임관계에 있게 된다. 그때부터 매도인은 배임죄에서 말하는 '타인의 사무를 처리하는 자'에 해당한다고 보아야 한다. 그러한 지위에 있는 매도인이 매수인에게 계약 내용에 따라 부동산의 소유권을 이전해 주기 전에 그 부동산을 제3자에게 처분하고 제3자 앞으로 그 처분에 따른 등기를 마쳐 준 행위는 매수인의 부동산 취득 또는 보전에 지장을 초래하는 행위이다. 이는 매수인과의 신임관계를 저버리는 행위로서 배임죄가 성립한다(대판 2018.05.17. 2017도4027(전합)).

ㄹ. (O) 배임죄는 타인의 사무를 처리하는 자가 그 임무에 위배하는 행위로써 재산상의 이익을 취득하거나 제3자로 하여금 이를 취득하게 하여 사무의 주체인 타인에게 손해를 가할 때 성립하는 것이므로 그 범죄의 주체는 타인의 사무를 처리하는 지위에 있어야 한다. 여기에서 '타인의 사무를 처리하는 자'라고 하려면, 타인의 재산관리에 관한 사무의 전부 또는 일부를 타인을 위하여 대행하는 경우와 같이 당사자 관계의 전형적·본질적 내용이 통상의 계약에서의 이익대립관계를 넘어서 그들 사이의 신임관계에 기초하여 타인의 재산을 보호 또는 관리하는 데에 있어야 한다. 이익대립관계에 있는 통상의 계약관계에서 채무자의 성실한 급부이행에 의해 상대방이 계약상 권리의 만족 내지 채권의 실현이라는 이익을 얻게 되는 관계에 있다거나, 계약을 이행함에 있어 상대방을 보호하거나 배려할 부수적인 의무가 있다는 것만으로는 채무자를 타인의 사무를 처리하는 자라고 할 수 없고, 위임 등과 같이 계약의 전형적·본질적인 급부의 내용이 상대방의 재산상 사무를 일정한 권한을 가지고 맡아 처리하는 경우에 해당하여야 한다(대판 2020.02.20. 2019도9756).

ㅁ. (O) 주식회사의 발기인 등이 상법 등 법령에 정한 회사설립의 요건과 절차에 따라 회사설립등기를 함으로써 회사가 성립하였다고 볼 수 있는 경우 회사설립등기와 그 기재 내용은 특별한 사정이 없는 한 공정증서원본 불실기재죄나 공전자기록 등 불실기재죄에서 말하는 불실의 사실에 해당하지 않는다. 발기인 등이 회사를 설립할 당시 회사를 실제로 운영할 의사 없이 회사를 이용한 범죄 의도나 목적이 있었다거나, 회사로서의 인적·물적 조직 등 영업의 실질을 갖추지 않았다는 이유만으로는 불실의 사실을 법인등기부에 기록하게 한 것으로 볼 수 없다(대판 2020.02.27. 2019도9293).

정답 ①

문 79

배임죄에 관한 다음 설명 중 옳지 않은 것은 모두 몇 개인가?(다툼이 있는 경우 판례에 의하고, 전원합의체 판결의 경우 다수의견에 의함. 이하 같음) [2020년 1번]

가. 금전채무를 담보하기 위하여 그 소유의 동산을 채권자에게 양도담보로 제공한 채무자는 배임죄의 주체인 '타인의 사무를 처리하는 자'에 해당한다고 할 수 없다.
나. A가 B 새마을금고로부터 특정 토지 위에 건물을 신축하는 데 필요한 공사자금 10억 원을 대출받으면서 이를 담보하기 위하여 C 신탁회사를 수탁자, B 금고를 우선수익자, A를 위탁자 겸 수익자로 한 담보신탁계약 및 자금관리대리사무계약을 체결하였고 계약 내용에 따라 건물이 준공된 후 C 회사에 신탁등기를 이행하여 B 금고의 우선수익권을 보장할 의무가 있었음에도 임의로 D 앞으로 건물의 소유권보존등기를 마쳐준 경우라고 하더라도, A는 통상의 계약에서의 이익대립관계를 넘어서 B 금고와의 신임관계에 기초하여 B 금고의 우선수익권을 보호 또는 관리하는 등 그의 사무를 처리하는 자의 지위에 있다고 보기 어려우므로, A에게는 배임죄가 성립하지 않는다.
다. 부동산 매매계약에서 계약금 외에 중도금이 지급되는 등 계약이 본격적으로 이행되는 단계에 이른 때에는 계약이 취소되거나 해제되지 않는 한 매도인은 매수인에게 부동산의 소유권을 이전해 줄 의무에서 벗어날 수 없으므로, 이러한 단계에 이른 때에 매도인은 매수인에 대하여 매수인의 재산보전에 협력하여 재산적 이익을 보호·관리할 신임관계에 있게 된다. 그때부터 매도인은 배임죄에서 말하는 '타인의 사무를 처리하는 자'에 해당한다고 보아야 한다.
라. 서면으로 부동산 증여의 의사를 표시한 증여자는 계약이 취소되거나 해제되지 않는 한 수증자에게 목적부동산의 소유권을 이전할 의무에서 벗어날 수 없다. 그러한 증여자는 '타인의 사무를 처리하는 자'에 해당하고, 그가 수증자에게 증여계약에 따라 부동산의 소유권을 이전하지 않고 부동산을 제3자에게 처분하여 등기를 하는 행위는 수증자와의 신임관계를 저버리는 행위로서 배임죄가 성립한다.
마. 채무자가 투자금반환채무의 변제를 위하여 담보로 제공한 임차권 등의 권리를 그대로 유지할 계약상 의무가 있다고 하더라도, 이는 기본적으로 투자금반환채무의 변제의 방법에 관한 것이고, 성실한 이행에 의하여 채권자가 계약상 권리의 만족이라는 이익을 얻는다고 하여도 이를 가지고 통상의 계약에서의 이익대립관계를 넘어서 배임죄에서 말하는 신임관계에 기초하여 채권자의 재산을 보호 또는 관리하여야 하는 '타인의 사무'에 해당한다고 볼 수 없다.

① 1개 ② 2개 ③ 3개
④ 4개 ⑤ 없음

> **MGI Point** **배임죄** ★★
>
> ■ 배임죄 不可
>   - 금전채무를 담보하기 위하여 그 소유의 동산을 채권자에게 양도담보로 제공한 채무자
>   - 특정 토지 위에 건물을 신축하는 데 필요한 공사자금을 대출받으면서 이를 담보하기 담보신탁계약 및 자금관리대리사무계약을 체결하였음에도 임의로 제3자 앞으로 건물의 소유권보존등기를 마쳐준 경우
>   - 투자금반환채무의 변제를 위하여 담보로 제공한 임차권 등의 권리를 그대로 유지할 의무 있는 채무자
> ■ 배임죄 可
>   - 부동산매매계약에서 중도금을 지급받은 자
>   - 서면으로 부동산 증여의 의사를 표시한 증여자

가. (○) 채무자가 금전채무를 담보하기 위하여 그 소유의 동산을 채권자에게 동산·채권 등의 담보에 관한 법률(이하 '동산채권담보법'이라 한다)에 따른 동산담보로 제공함으로써 채권자인 동산담보권자에 대하여 담보물의 담보가치를 유지·보전할 의무 또는 담보물을 타에 처분하거나 멸실, 훼손하는 등으로 담보권 실행에 지장을 초래하는 행위를 하지 않을 의무를 부담하게 되었더라도, 이를 들어 채무자가 통상의 계약에서의 이익대립관계를 넘어서 채권자와의 신임관계에 기초하여 채권자의 사무를 맡아 처리하는 것으로 볼 수 없다. 따라서 이러한 경우 채무자를 배임죄의 주체인 '타인의 사무를 처리하는 자'에 해당한다고 할 수 없고, 그가 담보물을 제3자에게 처분하는 등으로 담보가치를 감소 또는 상실시켜 채권자의 담보권 실행이나 이를 통한 채권실현에 위험을 초래하더라도 배임죄가 성립하지 아니한다(대판 2020.08.27. 2019도14770(전합)).

나. (○) 배임죄는 타인의 사무를 처리하는 자가 그 임무에 위배하는 행위로써 재산상의 이익을 취득하거나 제3자로 하여금 이를 취득하게 하여 사무의 주체인 타인에게 손해를 가할 때 성립하므로 범죄의 주체는 타인의 사무를 처리하는 지위에 있어야 한다. 여기에서 '타인의 사무를 처리하는 자'라고 하려면, 타인의 재산관리에 관한 사무의 전부 또는 일부를 타인을 위하여 대행하는 경우와 같이 당사자 관계의 전형적·본질적 내용이 통상의 계약에서의 이익대립관계를 넘어서 그들 사이의 신임관계에 기초하여 타인의 재산을 보호 또는 관리하는 데에 있어야 한다. 이익대립관계에 있는 통상의 계약관계에서 채무자의 성실한 급부이행에 의해 상대방이 계약상 권리의 만족 내지 채권의 실현이라는 이익을 얻게 되는 관계에 있다거나, 계약을 이행함에 있어 상대방을 보호하거나 배려할 부수적인 의무가 있다는 것만으로는 채무자를 타인의 사무를 처리하는 자라고 할 수 없다(대판 2020.04.29. 2014도9907). ▶피고인이 甲 새마을금고로부터 특정 토지 위에 건물을 신축하는 데 필요한 공사자금 10억 원을 대출받으면서 이를 담보하기 위하여 乙 신탁회사를 수탁자, 甲 금고를 우선수익자, 피고인을 위탁자 겸 수익자로 한 담보신탁계약 및 자금관리대리사무계약을 체결하였고 계약 내용에 따라 건물이 준공된 후 乙 회사에 신탁등기를 이행하여 甲 금고의 우선수익권을 보장할 임무가 있음에도 이에 위배하여 丙 앞으로 건물의 소유권보존등기를 마쳐줌으로써 甲 금고에 재산상 손해를 가하였다고 하여 특정경제범죄 가중처벌 등에 관한 법률 위반(배임)으로 기소된 사안에서, 피고인이 乙 회사, 甲 금고와 체결한 담보신탁계약의 신탁 대상 부동산은 토지이고, 건물에 대해서는 위 계약에 따라 신탁등기가 이루어지는 것이 아니라 향후 건물이 준공되어 소유권보존등기까지 마친 후 乙 회사를 수탁자로, 甲 금고를 우선수익자로 한 담보신탁계약 등을 체결하고 그에 따른 등기절차 등을 이행하기로 약정한 것에 불과한 점, 건물에 관하여 추가 담보신탁하기로 약정한 것은 甲 금고가 피고인에 대한 대출금 채권의 변제를 확보하기 위함이고, 甲 금고의 주된 관심은 건물에 대한 신탁등기 이행 여부가 아닌, 대출금 채권의 회수에 있다고 봄이 타당한 점, 피고인은 甲 금고와의 관계에서 향후 건물이 준공되면 乙 회사와 건물에 대한 담보신탁계약, 자금관리대리사무계약 등을 체결하고, 그에 따라 신탁등기절차를 이행하여 甲 금고에 우선수익권을 보장할 민사상 의무를 부담함에 불과하고, '甲 금고의 우선수익권'은 계약 당사자인 피고인, 甲 금고, 乙 회사 등이 약정한 바에 따라 각자의 의무를 성실히 이행하면 그 결과로서 보장될 뿐이 점을 종합하면, 결국 피고인이 통상의 계약에서의 이익대립관계를 넘어서 甲 금고와의 신임관계에 기초하여 甲 금고의 우선수익권을 보호 또는 관리하는 등 그의 사무를 처리하는 자의 지위에 있다고 보기 어려우므로 배임죄에서의 '타인의 사무를 처리하는 자에 해당하지 않는다는 이유로, 이와 달리 보아 피고인에게 유죄를 인정한 원심판결에 배임죄에서 '타인의 사무를 처리하는 자'의 의미에 관한 법리를 오해한 잘못이 있다고 한 사례.

다. (○) 부동산 매매계약에서 계약금만 지급된 단계에서는 어느 당사자나 계약금을 포기하거나 그 배액을 상환함으로써 자유롭게 계약의 구속력에서 벗어날 수 있다. 그러나 중도금이 지급되는 등 계약이 본격적으로 이행되는 단계에 이른 때에는 계약이 취소되거나 해제되지 않는 한 매도인은 매수인에게 부동산의 소유권을 이전해 줄 의무에서 벗어날 수 없다. 따라서 이러한 단계에 이른 때에 매도인은 매수인에 대하여 매수인의 재산보전에 협력하여 재산적 이익을 보호·관리할 신임관계에 있게 된다. 그때부터 매도인은 배임죄에서 말하는 '타인의 사무를 처리하는 자'에 해당한다고 보아야 한다. 그러한 지위에 있는 매도인이 매수인에게 계약 내용에 따라 부동산의 소유권을 이전해 주기 전에 그 부동산을 제3자에게 처분하고 제3자 앞으로 그 처

분에 따른 등기를 마쳐 준 행위는 매수인의 부동산 취득 또는 보전에 지장을 초래하는 행위이다. 이는 매수인과의 신임관계를 저버리는 행위로서 배임죄가 성립한다(대판 2018.05.17. 2017도4027(전합)).
라. (○) 부동산 매매계약에서 중도금이 지급되는 등 계약이 본격적으로 이행되는 단계에 이른 때에는 계약이 취소되거나 해제되지 않는 한 매도인은 매수인에게 부동산의 소유권을 이전할 의무에서 벗어날 수 없다. 이러한 단계에 이른 때에 매도인은 매수인에게 매수인의 재산보전에 협력하여 재산적 이익을 보호·관리할 신임관계에 있게 되고, 그때부터 배임죄에서 말하는 '타인의 사무를 처리하는 자'에 해당한다고 보아야 한다. 그러한 지위에 있는 매도인이 매수인에게 계약 내용에 따라 부동산의 소유권을 이전해 주기 전에 부동산을 제3자에게 처분하여 등기를 하는 행위는 매수인의 부동산 취득이나 보전에 지장을 초래하는 행위로서 배임죄가 성립한다. 이러한 법리는 서면에 의한 부동산 증여계약에도 마찬가지로 적용된다. 서면으로 부동산 증여의 의사를 표시한 증여자는 계약이 취소되거나 해제되지 않는 한 수증자에게 목적부동산의 소유권을 이전할 의무에서 벗어날 수 없다. 그러한 증여자는 '타인의 사무를 처리하는 자'에 해당하고, 그가 수증자에게 증여계약에 따라 부동산의 소유권을 이전하지 않고 부동산을 제3자에게 처분하여 등기를 하는 행위는 수증자와의 신임관계를 저버리는 행위로서 배임죄가 성립한다(대판 2018.12.13. 2016도19308).
마. (○) 채무자가 투자금반환채무의 변제를 위하여 담보로 제공한 임차권 등의 권리를 그대로 유지할 계약상 의무가 있다고 하더라도, 이는 기본적으로 투자금반환채무의 변제의 방법에 관한 것이고, 성실한 이행에 의하여 채권자가 계약상 권리의 만족이라는 이익을 얻는다고 하여도 이를 가지고 통상의 계약에서의 이익대립관계를 넘어서 배임죄에서 말하는 신임관계에 기초하여 채권자의 재산을 보호 또는 관리하여야 하는 '타인의 사무'에 해당한다고 볼 수 없다(대판 2015.03.26. 2015도1301).

정답 ⑤

문 80

다음 설명 중 가장 옳지 않은 것은? [2019년 13번]

① 배임죄에서의 배임행위는 본인과의 신임관계를 저버리는 일체의 행위를 포함하고 그러한 행위가 법률상 유효한지 여부는 따져볼 필요가 없다.
② 부실대출에 의한 업무상배임죄가 성립하는 경우에는 담보물의 가치를 초과하여 대출한 금액 또는 실제로 회수가 불가능하게 된 금액만을 손해액으로 볼 것이 아니라, 재산상 권리의 실행이 불가능하게 될 염려가 있거나 손해발생의 위험이 있는 대출금 전액을 손해액으로 보아야 한다.
③ 자동차에 대하여 저당권이 설정되는 경우 저당권설정자가 그 저당권의 목적인 자동차를 다른 사람에게 매도하더라도 원칙적으로 배임죄가 성립하지 않는다.
④ 채무의 담보로 근저당권설정등기를 마쳐주어야 할 임무가 있는 상태에서 이를 이행하지 않고 임의로 제3자 앞으로 근저당권설정등기를 마쳐주는 경우, 배임죄에 해당한다.
⑤ 채무자가 채권자에게 동산(기계)을 양도담보로 제공하고 점유개정의 방법으로 점유하고 있는 상태(이른바 약한 의미의 양도담보)에서 그 기계를 은행에 공장근저당권의 목적으로 제공한 경우, 배임죄가 성립한다.

| MGI Point | **배임죄** | ★★★ |

- 배임죄에서 임무에 위배되는 행위의 의미 ⇨ 처리하는 사무의 내용, 성질 등 구체적 상황에 비추어 법률의 규정, 계약의 내용 혹은 신의칙상 당연히 할 것으로 기대되는 행위를 하지 않거나 당연히 하지 않아야 할 것으로 기대하는 행위를 함으로써 본인과 사이의 신임관계를 저버리는 일체의 행위를 포함 (그러한 행위가 법률상 유효한가 여부는 따져볼 필요 ×)
- 부실대출에 의한 업무상배임죄가 성립하는 경우 손해액
  ⇨ 재산상 권리의 실행이 불가능하게 될 염려가 있거나 손해발생의 위험이 있는 대출금 전액
  cf. 담보물의 가치를 초과하여 대출한 금액이나 실제로 회수가 불가능하게 된 금액만을 손해액 ×
- 채무자가 저당권이 설정된 자동차를 제3자에게 처분하는 경우 ⇨ 배임죄 ×
- 채무의 담보로 근저당권설정등기를 마쳐주어야 할 임무가 있는 상태에서 이를 이행하지 않고 임의로 제3자 앞으로 근저당권설정등기를 마쳐주는 경우 ⇨ 배임죄 ×
- 채무자가 채권자에게 동산을 양도담보로 제공하고 점유개정의 방법으로 점유하고 있는 상태에서 그 기계를 은행에 공장근저당권의 목적으로 제공한 경우 ⇨ 배임죄 ×

① (○) 배임죄는 타인의 사무를 처리하는 자가 그 임무에 위배하는 행위로써 재산상의 이익을 취득하거나 제3자로 하여금 이를 취득하게 하여 본인에게 손해를 가함으로써 성립하는바, 이 경우 그 임무에 위배하는 행위라 함은 처리하는 사무의 내용, 성질 등 구체적 상황에 비추어 법률의 규정, 계약의 내용 혹은 신의칙상 당연히 할 것으로 기대되는 행위를 하지 않거나 당연히 하지 않아야 할 것으로 기대하는 행위를 함으로써 본인과 사이의 신임관계를 저버리는 일체의 행위를 포함하고 그러한 행위가 법률상 유효한가 여부는 따져볼 필요가 없다(대판 2001.09.28. 99도2639).

② (○) 금융기관의 직원들이 대출을 하면서 대출채권의 회수를 확실하게 하기 위하여 충분한 담보를 제공받는 등 상당하고도 합리적인 조치를 강구함이 없이 만연히 대출을 해 주었다면, 업무위배행위로 제3자로 하여금 재산상 이득을 취득하게 하고 금융기관에 손해를 가한다는 인식이 없었다고 볼 수 없다(대판 2003.02.11. 2002도5679). 그리고 부실대출에 의한 업무상배임죄가 성립하는 경우에는 담보물의 가치를 초과하여 대출한 금액이나 실제로 회수가 불가능하게 된 금액만을 손해액으로 볼 것이 아니라, 재산상 권리의 실행이 불가능하게 될 염려가 있거나 손해발생의 위험이 있는 대출금 전액을 손해액으로 보아야 할 것이다(대판 2006.04.27. 2004도1130).

③ (○) 금전채권채무 관계에서 채권자가 채무자의 급부이행에 대한 신뢰를 바탕으로 금전을 대여하고 채무자의 성실한 급부이행에 의해 채권의 만족이라는 이익을 얻게 된다 하더라도, 채권자가 채무자에 대한 신임을 기초로 그의 재산을 보호 또는 관리하는 임무를 부여하였다고 할 수 없고, 금전채무의 이행은 어디까지나 채무자가 자신의 급부의무의 이행으로서 행하는 것이므로 이를 두고 채권자의 사무를 맡아 처리하는 것으로 볼 수 없다. 따라서 채무자를 채권자에 대한 관계에서 '타인의 사무를 처리하는 자'에 해당한다고 할 수 없다. 채무자가 금전채무를 담보하기 위하여 '자동차 등 특정동산 저당법' 등에 따라 그 소유의 동산에 관하여 채권자에게 저당권을 설정해 주기로 약정하거나 저당권을 설정한 경우에도 마찬가지이다. 채무자가 저당권설정계약에 따라 부담하는 의무, 즉 동산을 담보로 제공할 의무, 담보물의 담보가치를 유지·보전하거나 담보물을 손상, 감소 또는 멸실시키지 않을 소극적 의무, 담보권 실행 시 채권자나 그가 지정하는 자에게 담보물을 현실로 인도할 의무와 같이 채권자의 담보권 실행에 협조할 의무 등은 모두 저당권설정계약에 따라 부담하게 된 채무자 자신의 급부의무이다. 또한 저당권설정계약은 피담보채권의 발생을 위한 계약에 종된 계약으로, 피담보채무가 소멸하면 저당권설정계약상의 권리의무도 소멸하게 된다. 저당권설정계약에 따라 채무자가 부담하는 의무는 담보목적의 달성, 즉 채무불이행 시 담보권 실행을 통한 채권의 실현을 위한 것이므로 저당권설정계약의 체결이나 저당권 설정 전후를 불문하고 당사자 관계의 전형적·본질적 내용은 여전히 금전채권의 실현 내지 피담보채무의 변제에 있다. 따라서 채무자가 위와 같은 급부의무를 이행하는 것은 채무자 자신의 사무에 해당할 뿐이고, 채무자가 통상의 계약에서의 이익대립관계를 넘어서 채권자와의 신임관계에 기초하여 채권자의 사무를 맡아 처리한다고 볼 수 없으므로 채무자를 채권자에 대한 관계에서 배임죄의 주

채인 '타인의 사무를 처리하는 자'에 해당한다고 할 수 없다. 그러므로 채무자가 담보물을 제3자에게 처분하는 등으로 담보가치를 감소 또는 상실시켜 채권자의 담보권 실행이나 이를 통한 채권실현에 위험을 초래하더라도 배임죄가 성립하지 아니한다. 위와 같은 법리는, 금전채무를 담보하기 위하여 '공장 및 광업재단 저당법'에 따라 저당권이 설정된 동산을 채무자가 제3자에게 임의로 처분한 사안에도 마찬가지로 적용된다(대판 2020.10.22. 2020도6258(전합)).

④ (X) 채무자가 금전채무를 담보하기 위한 저당권설정계약에 따라 채권자에게 그 소유의 부동산에 관하여 저당권을 설정할 의무를 부담하게 되었다고 하더라도, 이를 들어 채무자가 통상의 계약에서 이루어지는 이익대립관계를 넘어서 채권자와의 신임관계에 기초하여 채권자의 사무를 맡아 처리하는 것으로 볼 수 없다. 채무자가 저당권설정계약에 따라 채권자에 대하여 부담하는 저당권을 설정할 의무는 계약에 따라 부담하게 된 채무자 자신의 의무이다. 채무자가 위와 같은 의무를 이행하는 것은 채무자 자신의 사무에 해당할 뿐이므로, 채무자를 채권자에 대한 관계에서 '타인의 사무를 처리하는 자'라고 할 수 없다. 따라서 채무자가 제3자에게 먼저 담보물에 관한 저당권을 설정하거나 담보물을 양도하는 등으로 담보가치를 감소 또는 상실시켜 채권자의 채권실현에 위험을 초래하더라도 배임죄가 성립한다고 할 수 없다. 위와 같은 법리는, 채무자가 금전채무에 대한 담보로 부동산에 관하여 양도담보설정계약을 체결하고 이에 따라 채권자에게 소유권이전등기를 해 줄 의무가 있음에도 제3자에게 그 부동산을 처분한 경우에도 적용된다(대판 2020.06.18. 2019도14340(전합)). ▶ 배임죄가 성립하지 않는 이유는 '타인의 사무를 처리하는 자'라는 배임죄의 구성요건 해당성을 결해서일 뿐 사후행위가 주된 범죄에 의하여 완전히 평가되었다는 이유로 별개의 범죄를 구성하지 않는 것이 아님에 유의(불가벌적 사후행위 ×)

<u>종전판례</u> [1] 채무의 담보로 근저당권설정등기를 하여 줄 임무가 있음에도 불구하고 이를 이행하지 않고 임의로 제3자 명의로 근저당권설정등기를 마치는 행위는 배임죄를 구성한다. [2] 부동산에 피해자 명의의 근저당권을 설정하여 줄 의사가 없음에도 피해자를 속이고 근저당권설정을 약정하여 금원을 편취한 경우라 할지라도, 이러한 약정은 사기 등을 이유로 취소되지 않는 한 여전히 유효하여 피해자 명의의 근저당권설정등기를 하여 줄 임무가 발생하는 것이고, 그럼에도 불구하고 임무에 위배하여 그 부동산에 관하여 제3자 명의로 근저당권설정등기를 마친 경우, 이러한 배임행위는 금원을 편취한 사기죄와는 전혀 다른 새로운 보호법익을 침해하는 행위로서 사기 범행의 불가벌적 사후행위가 되는 것이 아니라 별죄를 구성한다(대판 2008.03.27. 2007도9328).

⑤ (X) 피고인과 피해자 주식회사는 대물변제의 형식을 빌려 실질적으로 이 사건 기계들 중 순번 2, 3, 4, 기계들에 관하여 양도담보권을 설정한 것으로 봄이 상당하다. 따라서 이 사건 기계들 중 순번 2, 3, 4 기계들에 관한 소유권은 여전히 피고인에게 유보되어 있는 것이어서, 피고인이 위 기계들을 부산은행에 공장근저당권의 목적으로 제공하였다고 하더라도 피고인을 횡령죄로 처벌할 수는 없다고 할 것이다. 나아가 양도담보로 제공된 동산에 관하여 공장근저당권이 설정된다고 하더라도 공장저당법에 의한 저당권의 효력이 미칠 수는 없으므로(대판 2003.01.10. 2002다33663), 양도담보권자인 피해자 주식회사에게 담보권의 상실이나 담보가치의 감소 등 손해가 발생할 수도 없으니, 피고인을 배임죄로도 처벌할 수 없다고 할 것이다(대판 2009.02.12. 2008도10971).

정답 ④, ⑤(출제당시 ⑤)

문 81

다음 설명 중 가장 옳지 않은 것은? [2019년 5번]

① 부동산 이중양도에 있어서 매도인이 제2차 매수인으로부터 계약금을 지급받고 중도금을 수령하지 않았다면 배임죄의 실행의 착수가 있었다고 볼 수 없다. 피고인이 제1차 매수인으로부터 계약금 및 중도금 명목의 돈을 지급받은 후 제2차 매수인에게 부동산을 매도하기로 하고 계약금만을 지급받은 뒤 더 이상의 계약이행으로 나아가지 않았다면 배임죄의 실행의 착수가 있었다고 볼 수 없다.

② 강제집행절차를 통한 소송사기는 집행절차의 개시신청을 한 때 또는 진행 중인 집행절차에 배당신청을 한 때에 실행에 착수하였다고 볼 것이다. 민사집행법 제244조에서 규정하는 부동산에 관한 권리이전청구권에 대한 강제집행은 그 자체를 처분하여 대금으로 채권에 만족을 기하는 것이 아니고, 부동산에 관한 권리이전청구권을 압류하여 청구권의 내용을 실현시키고 부동산을 채무자의 책임재산으로 귀속시킨 다음 다시 부동산에 대한 경매를 실시하여 매각대금으로 채권의 만족을 기하는 것이다. 이러한 경우 부동산소유권이 전등기청구권에 대한 압류는 전체로서의 강제집행절차를 위한 일련의 시작행위라고 할 수 있으므로, 허위 채권에 기한 공정증서를 집행권원으로 하여 채무자의 소유권이전등 기청구권에 대하여 압류신청을 한 시점에 소송사기의 실행에 착수하였다고 볼 것이다.

③ 중지범은 범죄의 실행에 착수한 후 자의로 그 행위를 중지한 때를 말하는 것이고 실행의 착수가 있기 전인 예비·음모의 행위를 처벌하는 경우 중지범의 관념은 이를 인정할 수 없다.

④ 구 폭력행위 등 처벌에 관한 법률 제2조 제2항의 "2인 이상이 공동하여 전항 게기의 죄를 범한 때"라고 함은 그 수인간에 소위 공범관계가 존재하는 것을 요건으로 하는 것이고, 수인이 동일 장소에서 동일 기회에 상호 다른 자의 범행을 인식하고 이를 이용하여 범행을 한 경우임을 요한다고 할 것이므로 폭행의 실행범과의 공모사실은 인정되나 그와 공동하여 범행에 가담하였거나 범행장소에 있었다고 인정되지 아니하는 경우에는 "공동하여" 죄를 범한 때에 해당하지 아니한다.

⑤ 뇌물공여죄와 뇌물수수죄는 필요적 공범관계에 있고, 필요적 공범이라는 것은 법률상 범죄의 성립이 다수인의 협력을 필요로 하는 것을 가리키는 것으로서 이러한 범죄의 성립에는 행위의 공동을 필요로 하고 반드시 협력자 전부가 책임을 질 것을 필요로 하는 것은 아니므로, 오로지 공무원을 함정에 빠뜨릴 의사로 직무와 관련된 형식을 빌려 그 공무원에게 금품을 공여하였다면 설령 공무원이 그 금품을 직무와 관련하여 수수한다는 의사를 가지고 받아들였다 하더라도 뇌물수수죄가 성립하지 않는다.

MGI Point 배임죄, 사기죄, 미수, 공범, 수뢰죄 ★★

- 2차 매수인에게 부동산을 매도하기로 하고 계약금만 받은 상태 ⇨ 배임죄 실행착수 ×
- 강제집행절차를 통한 소송사기 실행착수 ⇨ 집행절차의 개시신청을 한 때 또는 배당신청을 한 때 ○
- 예비음모 단계에서 중지미수 ×
- 폭력행위등처벌에관한법률에서 "2인 이상의 공동" ⇨ 동일 장소에서 동일 기회에 상호 다른 자의 범행을 인식하고 이를 이용하여 범행을 한 경우를 의미 ○
- 오로지 공무원을 함정에 빠뜨릴 의사로 직무와 관련되었다는 형식을 빌려 공무원에게 금품을 공여한 경우
  - 공무원이 그 금품을 직무와 관련하여 수수한다는 의사를 가지고 받아들이면 뇌물수수죄가 성립 ○
  - 필요적 공범관계에 있는 협력자 전부가 책임이 있음을 필요로 하는 것은 아님

① (○) 피고인이 제1차 매수인으로부터 계약금 및 중도금 명목의 금원을 교부받은 후 제2차 매수인에게 부동산을 매도하기로 하고 계약금만을 지급받은 뒤 더 이상의 계약 이행에 나아가지 않았다면 배임죄의 실행의 착수가 있었다고 볼 수 없다(대판 2003.03.25. 2002도7134).

② (○) 강제집행절차를 통한 소송사기는 집행절차의 개시신청을 한 때 또는 진행 중인 집행절차에 배당신청을 한 때에 실행에 착수하였다고 볼 것이다. 민사집행법 제244조에서 규정하는 부동산에 관한 권리이전청구권에 대한 강제집행은 그 자체를 처분하여 대금으로 채권에 만족을 기하는 것이 아니고, 부동산에 관한 권리이전청구권을 압류하여 청구권의 내용을 실현시키고 부동산을 채무자의 책임재산으로 귀속시킨 다음 다시 부동산에 대한 경매를 실시하여 매각대금으로 채권에 만족을 기하는 것이다. 이러한 경우 소유권이전등기청구권에 대한 압류는 당해 부동산에 대한 경매의 실시를 위한 사전 단계로서의 의미를 가지나, 전체로서의 강제집행절차를 위한 일련의 시작행위라고 할 수 있으므로, 허위 채권에 기한 공정증서를 집행권원으로 하여 채무자의 소유권이전등기청구권에 대하여 압류신청을 한 시점에 소송사기의 실행에 착수하였다고 볼 것이다(대판 2015.02.12. 2014도10086).

③ (○) 중지범은 범죄의 실행에 착수한 후 자의로 그 행위를 중지한 때를 말하는 것이고, 실행의 착수가 있기 전인 예비음모의 행위를 처벌하는 경우에 있어서는 중지범의 관념은 이를 인정할 수 없다(대판 1991.06.25. 91도436).

④ (○) 폭력행위등처벌에관한법률 제2조 제2항의 "2인 이상이 공동하여 전항 게기의 죄를 범한 때"라고 함은 그 수인간에 소위 공범관계가 존재하는 것을 요건으로 하는 것이고 수인이 동일 장소에서 동일 기회에 상호 다른자의 범행을 인식하고 이를 이용하여 범행을 한 경우임을 요한다고 할 것이므로 폭행의 실행범과의 공모사실은 인정되나 그와 공동하여 범행에 가담하였거나 범행장소에 있었다고 인정되지 아니하는 경우에는 "공동하여" 죄를 범한 때에 해당하지 아니한다(대판 1990.10.30. 90도2022).

⑤ (X) 뇌물공여죄와 뇌물수수죄는 필요적 공범관계에 있다고 할 것이나, 필요적 공범이라는 것은 법률상 범죄의 실행이 다수인의 협력을 필요로 하는 것을 가리키는 것으로서 이러한 범죄의 성립에는 행위의 공동을 필요로 하는 것에 불과하고 반드시 협력자 전부가 책임이 있음을 필요로 하는 것은 아니므로, 오로지 공무원을 함정에 빠뜨릴 의사로 직무와 관련되었다는 형식을 빌려 그 공무원에게 금품을 공여한 경우에도 공무원이 그 금품을 직무와 관련하여 수수한다는 의사를 가지고 받아들이면 뇌물수수죄가 성립한다(대판 2008.03.13. 2007도10804).

정답 ⑤

문 82

다음 사례 중 배임수재죄에 해당하는 것은 모두 몇 개인가? [2018년 36번]

㉠ 백화점 및 면세점의 입점업체 선정 업무를 총괄하는 피고인이 입점업체들로부터 추가 입점이나 매장 이동 등 입점 관련 편의를 제공해 달라는 청탁을 받고 그 대가로 매장 수익금 등을 지급받는 방법으로 돈을 수수한 경우

㉡ 甲 주식회사를 사실상 관리하는 乙이 甲 회사가 사업용 부지로 매수한 토지에 관하여 처분금지가처분등기를 마쳐두었는데, 위 토지를 매수하려는 丙에게서 가처분을 취하해 달라는 취지의 청탁을 받고 돈을 수수한 경우

㉢ 시·도 화물자동차운송사업협회 대표자인 피고인들이 甲으로부터 전국화물자동차운송사업연합회 회장 선거에서 자신을 지지해달라는 취지의 청탁을 받고 돈을 수수한 경우

㉣ 조합 이사장이 조합이 주관하는 도자기 축제의 대행기획사를 선정하는 과정에서 최종 기획사로 선정된 회사로부터 조합운영비 지급을 약속받고 위 축제가 끝난 후 조합운영비 명목으로 현금 3,000만 원을 교부받아 조합운영비로 사용한 경우
㉤ 회원제 골프장의 예약업무 담당자가 부킹대행업자의 청탁에 따라 회원에게 제공해야 하는 주말부킹권을 부킹대행업자에게 판매하고 그 대금 명목의 금품을 받은 경우

① 1개 ② 2개 ③ 3개
④ 4개 ⑤ 5개

:: 해설   ★★★

㉠ (○) 구 형법 제357조 제1항의 배임수재죄는 타인의 사무를 처리하는 자가 그 임무에 관하여 부정한 청탁을 받고 재물 또는 재산상 이익을 취득한 때에 성립한다. 타인의 사무를 처리하는 자가 그 임무에 관하여 부정한 청탁을 받고 자신이 아니라 다른 사람으로 하여금 재물 또는 재산상 이익을 취득하게 한 경우에 그 다른 사람이 부정한 청탁을 받은 자의 사자 또는 대리인으로서 재물 또는 재산상 이익을 취득한 경우 등의 사정이 있어 사회통념상 그 다른 사람이 재물 또는 재산상 이익을 받은 것을 부정한 청탁을 받은 자가 직접 받은 것과 같이 평가할 수 있는 관계가 있다면 위 죄가 성립할 수 있다.
백화점 및 면세점의 입점업체 선정 업무를 총괄하는 피고인이 입점업체들로부터 추가 입점이나 매장 이동 등 입점 관련 편의를 제공해 달라는 청탁을 받고 그 대가로 매장 수익금 등을 지급받는 방법으로 돈을 수수하였다고 하여 구 형법상 배임수재로 기소된 사안에서, 피고인의 지시에 따라 그 딸이 건네받은 수익금과 피고인이 지배하는 회사 계좌로 입금된 돈은 사회통념상 피고인이 직접 받은 것과 동일하게 보아야 한다(대판 2017.12.07. 2017도12129).

㉡ (○) 甲 주식회사를 사실상 관리하는 乙이 甲 회사가 사업용 부지로 매수한 토지에 관하여 처분금지가처분 등기를 마쳐두었는데, 토지를 매수하려는 丙에게서 가처분을 취하해 달라는 청탁을 받고 돈을 수수하였다는 내용으로 기소된 경우, 乙에게는 배임수재죄가 성립하나, 丙이 돈을 교부한 행위는 사회상규에 위배되지 아니하여 배임증재죄를 구성할 정도의 위법성이 없다(대판 2011.10.27. 2010도7624).

㉢ (○) 시·도 화물자동차운송사업협회 대표자인 피고인들이 甲으로부터 전국화물자동차운송사업연합회 회장 선거에서 자신을 지지해달라는 취지의 부정한 청탁을 받고 돈을 수수하였다고 하여 배임수재죄로 기소된 사안에서, 구 화물자동차 운수사업법 제33조 제1항, 제2항, 제9항, 제35조 제1항 및 연합회와 지역협회 각 정관규정 등에 의하면, 각 지역협회 대표자가 연합회 총회에서 총회의 구성원이 되어 회장 선출에 관한 선거권 내지 의결권을 행사하는 것은 연합회 회원인 각 지역협회 업무집행기관으로서 권한을 행사하는 것에 불과하므로, 이러한 대표자의 권한행사는 자기의 사무를 처리하는 것이 아니라 타인인 '지역협회'의 사무를 처리하는 것으로 보아야 한다(대판 2011.08.25. 2009도5618).

㉣ (X) 조합 이사장이 조합이 주관하는 도자기 축제의 대행기획사를 선정하는 과정에서 최종 기획사로 선정된 회사로부터 조합운영비 지급을 약속받고 위 축제가 끝난 후 조합운영비 명목으로 현금 3,000만 원을 교부받아 조합운영비로 사용한 사안에서, 이사장이 개인적인 이익을 위해서가 아니라 조합의 이사장으로서 위 금원을 받아 조합의 운영경비로 사용한 것이므로 배임수재죄는 성립하지 않는다(대판 2008.04.24. 2006도1202).

㉤ (○) 이 사건 부킹권 판매대금은 회원들에게 우선적으로 제공하여야 할 부킹권을 빼돌려 특정 부킹대행업자에게 제공한 대가로 수수한 금품에 불과하여 성질상 그 대금이 회사의 정상적인 수입이 될 수 없고, 공소외 1이나 피고인 1 등이 이 사건 부킹권의 판매대금을 회사로 하여금 취득하게 한 것으로 볼 수도 없는 점 등을 종합

하여 보면, 이 사건 주말부킹권을 특정 부킹대행업체에 판매하여 달라는 부탁은 코리아골프&아트빌리지 그룹 및 계열사들인 뉴경기관광, 기흥관광개발의 사무인 골프장 예약업무에 관한 부정한 청탁에 해당하고, 그 판매대금 명목으로 교부된 금품은 위와 같은 부정한 청탁의 대가에 해당한다(대판 2008.12.11. 2008도6987).

정답 ④

문 83

다음 설명 중 옳지 않은 것은 모두 몇 개인가? [2018년 16번]

> 가. 배임행위가 법률상 무효이기 때문에 본인의 재산 상태가 사실상으로도 악화된 바가 없다면 현실적인 손해가 없음은 물론이고 실해가 발생할 위험도 없는 것이므로 본인에게 재산상의 손해를 가한 것이라고 볼 수 없다.
> 나. 조합장이 조합으로부터 공무원에게 뇌물로 전달하여 달라고 금원을 교부받고도, 이를 뇌물로 전달하지 않고 개인적으로 소비한 경우에는 횡령죄가 성립한다.
> 다. 회사의 대표이사가 대표권을 남용하여 회사 명의의 약속어음을 발행한 사실을 상대방이 알았거나 알 수 있었을 때에 해당하여 약속어음 발행이 무효가 되고 그 어음이 실제로 유통되지도 않았다면, 특별한 사정이 없는 한 배임미수죄가 성립한다.
> 라. 학교법인 이사장이, 학교법인이 설치·운영하는 대학 산학협력단이 용도를 특정하여 교부받은 보조금 중 3억 원을 대학 교비계좌로 송금하여 교직원 급여 등으로 사용하였다면, 업무상횡령죄가 성립한다.
> 마. 피해자의 대출업무 담당자가 서류를 위조하여 피해자의 근저당권설정등기를 말소하였더라도 피해자 명의 근저당권의 효력에는 영향이 없고 피해자가 불법행위책임을 부담할 여지도 없으므로, 피해자에게 재산상 손해가 발생하였다고 볼 수 없다.

① 0개 ② 1개 ③ 2개
④ 3개 ⑤ 4개

해설 ★★

가. (○), 다. (○) [1] 재산상 손해의 유무는 본인의 전 재산 상태와의 관계에서 법률적 판단에 의하지 않고 경제적 관점에서 파악하여야 한다는 입장을 택하여, 법률적 판단에 의하여 배임행위가 무효라 하더라도 경제적 관점에서 파악하여 배임행위로 인하여 본인에게 현실적인 손해를 가하였거나 재산상 실해 발생의 위험을 초래한 경우에는 재산상의 손해를 가한 때에 해당된다고 보았다. 다만 재산상 실해 발생의 위험은 경제적 관점에서 재산상 손해가 발생한 것과 사실상 같다고 평가될 정도에 이르렀다고 볼 수 있을 만큼 구체적·현실적인 위험이 야기된 경우를 의미하고 단지 막연한 가능성이 있다는 정도로는 부족하므로, 배임행위가 법률상 무효이기 때문에 본인의 재산 상태가 사실상으로도 악화된 바가 없다면 현실적인 손해가 없음은 물론이고 실해가 발생할 위험도 없는 것이므로 본인에게 재산상의 손해를 가한 것이라고 볼 수 없다. [2] 주식회사의 대표이사가 대표권을 남용하는 등 그 임무에 위배하여 회사 명의로 의무를 부담하는 행위를 하더라도 일단 회사의 행위로서 유효하고, 다만 상대방이 대표이사의 진의를 알았거나 알 수 있었을 때에는 회사에 대하여 무효가 된다. 따라서 상대방이 대표권남용 사실을 알았거나 알 수 있었던 경우 그 의무부담행

위는 원칙적으로 회사에 대하여 효력이 없고, 경제적 관점에서 보아도 이러한 사실만으로는 회사에 현실적인 손해가 발생하였다거나 실해 발생의 위험이 초래되었다고 평가하기 어려우므로, 달리 그 의무부담행위로 인하여 실제로 채무의 이행이 이루어졌다거나 회사가 민법상 불법행위책임을 부담하게 되었다는 등의 사정이 없는 이상 배임죄의 기수에 이른 것은 아니다. 그러나 이 경우에도 대표이사로서는 배임의 범의로 임무위배행위를 함으로써 실행에 착수한 것이므로 배임죄의 미수범이 된다. 그리고 상대방이 대표권남용 사실을 알지 못하였다는 등의 사정이 있어 그 의무부담행위가 회사에 대하여 유효한 경우에는 회사의 채무가 발생하고 회사는 그 채무를 이행할 의무를 부담하므로, 이러한 채무의 발생은 그 자체로 현실적인 손해 또는 재산상 실해 발생의 위험이라고 할 것이어서 그 채무가 현실적으로 이행되기 전이라도 배임죄의 기수에 이르렀다고 보아야 한다. 주식회사의 대표이사가 대표권을 남용하는 등 그 임무에 위배하여 약속어음 발행을 한 행위가 배임죄에 해당하는지도 원칙적으로 위에서 살펴본 의무부담행위와 마찬가지로 보아야 한다. 다만 약속어음 발행의 경우 어음법상 발행인은 종전의 소지인에 대한 인적 관계로 인한 항변으로써 소지인에게 대항하지 못하므로, 어음발행이 무효라 하더라도 그 어음이 실제로 제3자에게 유통되었다면 회사로서는 어음채무를 부담할 위험이 구체적·현실적으로 발생하였다고 보아야 하고, 따라서 그 어음채무가 실제로 이행되기 전이라도 배임죄의 기수범이 된다. 그러나 약속어음 발행이 무효일 뿐만 아니라 그 어음이 유통되지도 않았다면 회사는 어음발행의 상대방에게 어음채무를 부담하지 않기 때문에 특별한 사정이 없는 한 회사에 현실적으로 손해가 발생하였다거나 실해 발생의 위험이 발생하였다고도 볼 수 없으므로, 이때에는 배임죄의 기수범이 아니라 배임미수죄로 처벌하여야 한다(대판 2017.07.20. 2014도1104(전합)).
나. (X) 민법 제746조에 불법의 원인으로 인하여 재산을 급여하거나 노무를 제공한 때에는 그 이익의 반환을 청구하지 못한다고 규정한 뜻은 급여를 한 사람은 그 원인행위가 법률상 무효임을 내세워 상대방에게 부당이득반환청구를 할 수 없고, 또 급여한 물건의 소유권이 자기에게 있다고 하여 소유권에 기한 반환청구도 할 수 없어서 결국 급여한 물건의 소유권은 급여를 받은 상대방에게 귀속된다는 것이므로 조합장이 조합으로부터 공무원에게 뇌물로 전달하여 달라고 금원을 교부받은 것은 불법원인으로 인하여 지급 받은 것으로서 이를 뇌물로 전달하지 않고 타에 소비하였다고 해서 타인의 물을 보관 중 횡령하였다고 볼 수는 없다(대판 1988.09.20. 86도628).
라. (O) 학교법인 이사장인 피고인이, 학교법인이 설치·운영하는 대학 산학협력단이 용도를 특정하여 교부받은 보조금 중 3억 원을 대학 교비계좌로 송금하여 교직원 급여 등으로 사용한 사안에서, 위 행위는 국고보조금으로 교부된 산학협력단 자금을 지정된 용도 외의 용도에 사용한 것으로서 업무상횡령죄에 해당한다(대판 2011.10.13. 2009도13751).
마. (X) 甲 조합의 대출업무 등 담당자인 피고인이 甲 조합에 처와 모친 소유의 토지를 담보로 제공하고 그들 명의로 대출을 받은 다음 위임장 등을 위조하여 담보로 제공된 위 토지에 설정된 근저당권설정등기를 말소하였다고 하여 특정경제범죄 가중처벌 등에 관한 법률 위반(배임)으로 기소된 경우, 등기 말소로 甲 조합에 손해가 발생하였다(대판 2014.06.12. 2014도2578).

정답 ③

문 84

배임의 죄에 관한 다음 설명 중 가장 옳지 않은 것은? [2018년 2번]

① 부동산 매매계약에서 중도금이 지급되는 등 계약이 본격적으로 이행되는 단계에 이른 때에는 계약이 취소되거나 해제되지 않는 한 매도인은 매수인에게 부동산의 소유권을 이전해 줄 의무에서 벗어날 수 없다. 따라서 이러한 단계에 이른 때에 매도인은 매수인에 대하여 매수인의 재산보전에 협력하여 재산적 이익을 보호·관리할 신임관계에 있게 된다. 그때부터 매도인은 배임죄에서 말하는 '타인의 사무를 처리하는 자'에 해당한다.
② 배임죄의 주체로서 '타인의 사무를 처리하는 자'란 타인과의 대내관계에서 신의성실의 원칙에 비추어 그 사무를 처리할 신임관계가 존재한다고 인정되는 자를 의미하고, 반드시 제3자에 대한 대

외관계에서 그 사무에 관한 대리권이 존재할 것을 요하지 않는다.
③ 낙찰계의 계주가 계원들로부터 계불입금을 징수하지 아니하였다면 그러한 상태에서 부담하는 계금지급의무는 단순한 채권관계상의 의무에 불과하여 타인의 사무에 속하지 아니하나, 이는 계주가 계원들과의 약정을 위반하여 계불입금을 징수하지 않은 경우에는 달리 보아야 한다.
④ 업무상배임죄에 있어서 타인의 사무를 처리하는 자란 고유의 권한으로서 그 처리를 하는 자에 한하지 않고 그 자의 보조기관으로서 직접 또는 간접으로 그 처리에 관한 사무를 담당하는 자도 포함한다.
⑤ 서면에 의하지 아니한 증여계약이 행하여진 경우 증여자가 구두의 증여계약에 따라 수증자에 대하여 증여 목적물의 소유권을 이전하여 줄 의무를 부담한다고 하더라도 그 증여자는 수증자의 사무를 처리하는 자의 지위에 있다고 할 수 없다.

해설 ★★

① (O) 부동산 매매계약에서 중도금이 지급되는 등 계약이 본격적으로 이행되는 단계에 이른 때에는 계약이 취소되거나 해제되지 않는 한 매도인은 매수인에게 부동산의 소유권을 이전해 줄 의무에서 벗어날 수 없다. 따라서 이러한 단계에 이른 때에 매도인은 매수인에 대하여 매수인의 재산보전에 협력하여 재산적 이익을 보호·관리할 신임관계에 있게 된다. 그때부터 매도인은 배임죄에서 말하는 '타인의 사무를 처리하는 자'에 해당한다고 보아야 한다(대판 2018.05.17. 2017도4027(전합)).

② (O) 배임죄의 주체로서 타인의 사무를 처리하는 자라 함은 타인과의 대내관계에 있어서 신의성실의 원칙에 비추어 그 사무를 처리할 신임관계가 존재한다고 인정되는 자를 의미하고 반드시 제3자에 대한 대외관계에서 그 사무에 관한 권한이 존재할 것을 요하지 않으며, 또 그 사무가 포괄적 위탁사무일 것을 요하는 것도 아니고, 사무처리의 근거, 즉 신임관계의 발생근거는 법령의 규정, 법률행위, 관습 또는 사무관리에 의하여도 발생할 수 있으므로, 법적인 권한이 소멸된 후에 사무를 처리하거나 그 사무처리자가 그 직에서 해임된 후 사무인계 전에 사무를 처리한 경우도 배임죄에 있어서의 사무를 처리하는 경우에 해당한다(대판 1999.06.22. 99도1095).

③ (X) 계주가 계원들로부터 계불입금을 징수하지 아니하였다면 그러한 상태에서 부담하는 계금지급의무는 위와 같은 신임관계에 이르지 아니한 단순한 채권관계상의 의무에 불과하여 타인의 사무에 속하지 아니하고, 이는 계주가 계원들과의 약정을 위반하여 계불입금을 징수하지 아니한 경우라 하여 달리 볼 수 없다(대판 2009.08.20. 2009도3143).

④ (O) 타인의 사무를 처리하는 자라 함은 타인과의 대내 관계에 있어서 신의성실의 원칙에 비추어 그 사무를 처리할 신임관계가 존재한다고 인정되는 자를 의미하고, 반드시 제3자에 대한 대외관계에서 그 사무에 관한 권한이 존재할 것을 요하지 않으며, 고유의 권한으로써 그 사무를 처리하는 자 뿐만 아니라 보조기관으로서 직접 또는 간접으로 그 사무를 담당하는 자도 이에 포함될 수 있다고 할 것이다(대판 2008.05.29. 2008도1925).

⑤ (O) 서면에 의하지 아니한 증여계약이 행하여진 경우 당사자는 그 증여가 이행되기 전까지는 언제든지 이를 해제할 수 있으므로 증여자가 구두의 증여계약에 따라 수증자에 대하여 증여 목적물의 소유권을 이전하여 줄 의무를 부담한다고 하더라도 그 증여자는 수증자의 사무를 처리하는 자의 지위에 있다고 할 수 없다(대판 2005.12.09. 2005도5962).

정답 ③

문 85

배임죄에 관한 다음 설명 중 가장 옳지 않은 것은?(다툼이 있는 경우 판례에 따르고 전원합의체 판결의 경우 다수의견에 의함) [2017년 33번]

① A가 주택조합 정산위원회 위원장의 직에서 해임됨으로써 법적인 권한이 소멸된 후라고 할지라도 후임 위원장 B에게 그 업무를 인계하기 전에는 그 사무를 신의칙에 따라 처리할 사실상의 신임관계가 존속한다고 보아야 할 것이므로 A는 배임죄에서 '타인의 사무'를 처리하는 자에 해당한다.
② 토지거래허가구역 내의 토지를 매도하였으나 토지거래허가를 받은 바 없다면 매도인에게 매수인에 대한 소유권이전등기에 협력할 의무가 생겼다고 볼 수 없으므로, 매도인은 배임죄에서 '타인의 사무'를 처리하는 자에 해당하지 않는다.
③ 배임죄에 있어서의 '타인의 사무'라고 하기 위하여는 그 타인의 재산보호가 신임관계의 전형적·본질적 내용이 되어야 하고, 그것이 단순한 부수적 사무에 불과할 경우에는 '타인의 사무'라고 할 수 없다.
④ 낙찰계의 계주가 계원들로부터 월불입금을 징수하여 지정된 곗날에 지정된 계원에게 계금을 지급할 의무는 배임죄에 있어서의 '타인의 사무'에 해당한다.
⑤ 매도인이 매수인으로부터 중도금을 수령한 이후에 매매목적물인 '동산'을 제3자에게 양도하였다면 이러한 매도인의 행위는 배임죄로 처벌된다.

:: 해설   ★★

① (○) 주택조합 정산위원회 위원장이 해임되고 후임 위원장이 선출되었는데도 업무 인계를 거부하고 있던 중 정산위원회를 상대로 제기된 소송의 소장부본 및 변론기일소환장을 송달받고도 그 제소사실을 정산위원회에 알려주지도 않고 스스로 응소하지도 않아 의제자백에 의한 패소확정판결을 받게 한 경우, 업무상배임죄의 성립을 인정한다(대판 1999.06.22. 99도1095).
② (○) 국토이용관리법 제21조의2 소정의 규제지역 내 토지의 매매에 대하여 같은 법 소정의 토지거래허가를 받은 바 없다면 그 매매계약은 채권적 효력도 없는 것이어서 매도인에게 그 매수인에 대한 소유권이전등기에 협력할 의무가 생겼다고 볼 수 없고 따라서 그 매도인은 배임죄의 주체인 타인의 사무를 처리하는 자에 해당하지 아니하며, 매도인이 토지거래허가를 받도록 협력할 의무가 있다 하더라도 이는 아직 타인의 사무로 볼 수 없다(대판 1995.01.20. 94도697).
③ (○) 배임죄에 있어서 '타인의 사무를 처리하는 자'라 함은 타인과의 내부적인 관계에서 신의성실의 원칙에 비추어 타인의 사무를 처리할 신임관계에 있게 되어 그 관계에 기하여 타인의 재산적 이익 등을 보호·관리하는 것이 신임관계의 전형적·본질적 내용이 되는 지위에 있는 사람을 말한다. 그러나 그 사무의 처리가 오로지 타인의 이익을 보호·관리하는 것만을 내용으로 하여야 할 필요는 없고, 자신의 이익을 도모하는 성질도 아울러 가진다고 하더라도 타인을 위한 사무로서의 성질이 부수적·주변적인 의미를 넘어서 중요한 내용을 이루는 경우에는 여기서 말하는 '타인의 사무를 처리하는 자'에 해당한다. 따라서 위임 등 계약에 기하여 위임인 등으로부터 맡겨진 사무를 처리하는 것이 약정된 보수 등을 얻기 위한 것이라고 하더라도, 또는 매매 등 계약에 기하여 일정한 단계에 이르러 타인에게 소유권등기를 이전하는 것이 대금 등을 얻고 자신의 거래를 완성하기 위한 것이라고 하더라도, 그 사무를 처리하는 이는 상대방과의 신임관계에서 그의 재산적 이익을 보호·관리하여야 할 지위에 있다고 할 것이다(대판 2012.05.10. 2010도3532).
④ (○) 계주는 계원들과의 약정에 따라 지정된 곗날에 계원으로부터 월불입금을 징수하여 지정된 계원에게 이를 지급할 임무가 있고, 계주의 이러한 임무는 계주 자신의 사무임과 동시에 타인인 계원들의 사무를 처리하

는 것도 되는 것이므로, 계주가 계원들로부터 월불입금을 모두 징수하였음에도 불구하고 그 임무에 위배하여 정당한 사유 없이 이를 지정된 계원에게 지급하지 아니하였다면 다른 특별한 사정이 없는 한 그 지정된 계원에 대한 관계에 있어서 배임죄를 구성한다(대판 1994.03.08. 93도2221).

⑤ (X) 매매의 목적물이 동산일 경우, 매도인은 매수인에게 계약에 정한 바에 따라 그 목적물인 동산을 인도함으로써 계약의 이행을 완료하게 되고 그때 매수인은 매매목적물에 대한 권리를 취득하게 되는 것이므로, 매도인에게 자기의 사무인 동산인도채무 외에 별도로 매수인의 재산의 보호 내지 관리 행위에 협력할 의무가 있다고 할 수 없다. 동산매매계약에서의 매도인은 매수인에 대하여 그의 사무를 처리하는 지위에 있지 아니하므로, 매도인이 목적물을 매수인에게 인도하지 아니하고 이를 타에 처분하였다 하더라도 형법상 배임죄가 성립하는 것은 아니다(대판 2011.01.20. 2008도10479(전합)).

정답 ⑤

문 86

다음 중 배임죄가 성립하는 것은 모두 몇 개인가?(다툼이 있는 경우 판례에 의함) [2017년 27번]

> 가. 타인에 대한 채무의 담보로 제3채무자에 대한 채권에 대하여 권리질권을 설정하고, 질권설정자가 제3채무자에게 질권설정의 사실을 통지하거나 제3채무자가 이를 승낙한 상태에서, 질권설정자가 질권자의 동의 없이 제3채무자에게서 질권의 목적인 채권의 변제를 받은 경우
> 나. 상표권양도약정을 체결한 자가 그 상표권이전등록의무의 이행을 거부하고 그 상표를 계속 사용하는 경우
> 다. 보험계약모집인이 회사로부터 자기가 모집한 보험계약을 해약토록 하라는 지시를 받고 이를 이행하지 않는 사이 보험사고가 발생하여 보험금을 지급토록 한 경우
> 라. 기업의 영업비밀을 사외로 유출하지 않을 것을 서약한 회사의 직원이 경제적인 대가를 얻기 위하여 경쟁업체에 영업비밀을 유출하는 경우

① 없음　　② 1개　　③ 2개
④ 3개　　⑤ 4개

:: 해설　　★★★

가. (성립 X) 타인에 대한 채무의 담보로 제3채무자에 대한 채권에 대하여 권리질권을 설정한 경우 질권설정자는 질권자의 동의 없이 질권의 목적된 권리를 소멸하게 하거나 질권자의 이익을 해하는 변경을 할 수 없다(민법 제352조). 또한 질권설정자가 제3채무자에게 질권설정의 사실을 통지하거나 제3채무자가 이를 승낙한 때에는 제3채무자가 질권자의 동의 없이 질권의 목적인 채무를 변제하더라도 이로써 질권자에게 대항할 수 없고, 질권자는 여전히 제3채무자에 대하여 직접 채무의 변제를 청구하거나 변제할 금액의 공탁을 청구할 수 있다(민법 제353조 제2항, 제3항). 그러므로 이러한 경우 질권설정자가 질권의 목적인 채권의 변제를 받았다고 하여 질권자에 대한 관계에서 타인의 사무를 처리하는 자로서 임무에 위배하는 행위를 하여 질권자에게 손해를 가하거나 손해 발생의 위험을 초래하였다고 할 수 없고, 배임죄가 성립하지도 않는다(대판 2016.04.29. 2015도5665).

나. (성립 X) 상표권양도약정을 체결한 피고인은 양수인에 대하여 그 상표권에 관하여 양수인 명의로 이전등록하도록 협력할 의무가 있고 그 점에서 양수인의 사무를 처리하는 자의 지위를 가진다 할 것이지만, <u>피고인이 그 상표권이전등록의무의 이행을 거부하고 양수인과 동종생산업체를 설립하여 그 제품에 위 상표를 부착하여 사용하였다 하더라도 이는 상표권이전등록을 이행하여 자기의 양도행위를 완성하여야 하는 자기의 채무의 불이행에 불과한 것이고 그것이 양수인의 사무를 처리하는 자의 임무위배행위에 해당하여 배임죄를 구성하는 것이라고 할 수는 없다</u>(대판 1984.05.29. 83도2930).

다. (성립 X) <u>업무상 배임죄는 타인에 대한 신뢰관계에서 일정한 임무에 따라 사무처리를 할 법적의무가 있는 자가 당해사정하에서 당연히 할 것이 법적으로 기대되는 행위를 하지 않는 때에 성립하는 것이므로 보험계약모집인이 보험회사로부터 자기가 모집하여 체결시킨 보험계약이 위험성이 크니 해약토록 하라는 지시를 받고 이를 이행하지 아니하는 사이 보험사고가 발생하여 보험회사가 그 계약에 따른 보험금을 지급하게 되었다 하더라도 위 보험모집인에게 보험계약자들을 설득하여 보험계약을 해약시켜야 할 법적 의무가 있다 할 수 없어 동인이 이를 이행하지 아니한 것이 업무상 임무에 위배된다고 할 수 없다</u>(대판 1986.08.19. 85도2144).

라. (성립 O) 배임죄에 있어서 '그 임무에 위배하는 행위'의 의미 및 <u>회사의 영업비밀을 유출하지 않을 것을 서약한 직원이 대가를 얻기 위하여 경쟁업체에 영업비밀을 유출한 행위가 업무상배임죄를 구성한다</u>(대판 2006.10.27. 2004도6876).

정답 ②

문 87

배임죄에 관한 다음 설명 중 가장 옳지 않은 것은?(다툼이 있는 경우 판례에 따르고 전원합의체 판결의 경우 다수의견에 의함) [2016년 32번]

① 배임죄는 타인의 사무를 처리하는 자가 그 임무에 위배하는 행위로써 재산상 이익을 취득하거나 제3자로 하여금 이를 취득하게 하여 본인에게 손해를 가함으로써 성립하는 범죄로서, 여기에서 '재산상의 손해를 가한 때'에는 현실적인 손해를 가한 경우뿐만 아니라 재산상 실해 발생의 위험을 초래한 경우도 포함된다.

② 재산상 손해가 발생하였다고 평가될 수 있는 재산상 실해 발생의 위험이란 본인에게 손해가 발생할 막연한 위험이 있는 것만으로는 부족하고 경제적인 관점에서 보아 본인에게 손해가 발생한 것과 같은 정도로 구체적인 위험이 있는 경우를 의미한다.

③ 재산상 손해의 유무에 대한 판단은 본인의 전 재산 상태와의 관계에서 법률적 판단에 의하지 아니하고 경제적 관점에서 파악하여야 하므로, 법률적 판단에 의하여 당해 배임행위가 무효라 하더라도 경제적 관점에서 파악하여 배임행위로 인하여 본인에게 현실적인 손해를 가하였거나 재산상 실해 발생의 위험을 초래한 경우에는 재산상의 손해를 가한 때에 해당되어 배임죄를 구성한다.

④ 이미 타인의 채무에 대하여 보증을 하였는데, 피보증인이 변제자력이 없어 결국 보증인이 보증채무를 이행하게 될 우려가 있고, 보증인이 피보증인에게 신규로 자금을 제공하거나 피보증인이 신규로 자금을 차용하는 데 담보를 제공하면서 그 신규자금이 이미 보증을 한 채무의 변제에 사용되도록 한 경우라면, 보증인으로서는 기보증채무와 별도로 새로 손해를 발생시킬 위험을 초래한 것이라고 볼 수 있다.

⑤ 채권 담보를 위한 대물변제예약 사안에서 채무자가 대물로 변제하기로 한 부동산을 제3자에게 처분하였다고 하더라도 형법상 배임죄가 성립하는 것은 아니다.

해설   ★★★

① (○) 배임죄는 타인의 사무를 처리하는 자가 그 임무에 위배하는 행위로써 재산상 이익을 취득하거나 제3자로 하여금 이를 취득하게 하여 본인에게 손해를 가함으로써 성립하는바, 이 경우 그 '임무에 위배하는 행위'라 함은 사무의 내용, 성질 등 구체적 상황에 비추어 법률의 규정, 계약의 내용 혹은 신의칙상 당연히 할 것으로 기대되는 행위를 하지 않거나 당연히 하지 않아야 할 것으로 기대되는 행위를 함으로써 본인과 사이의 신임관계를 저버리는 일체의 행위를 포함하고, '재산상의 손해를 가한 때'라 함은 현실적인 손해를 가한 경우뿐만 아니라 재산상 실해 발생의 위험을 초래한 경우도 포함된다(대판 2010.10.28. 2009도1149).

② (○) 업무상배임죄는 업무상 타인의 사무를 처리하는 자가 임무에 위배하는 행위를 하고 그러한 임무위배행위로 인하여 재산상의 이익을 취득하거나 제3자로 하여금 이를 취득하게 하여 본인에게 재산상의 손해를 가한 때 성립하는데, 여기서 재산상의 손해에는 현실적인 손해가 발생한 경우뿐만 아니라 재산상 실해 발생의 위험을 초래한 경우도 포함되고, 재산상 손해의 유무에 대한 판단은 법률적 판단에 의하지 않고 경제적 관점에서 파악하여야 한다. 그런데 재산상 손해가 발생하였다고 평가될 수 있는 재산상 실해 발생의 위험이란 본인에게 손해가 발생할 막연한 위험이 있는 것만으로는 부족하고 경제적인 관점에서 보아 본인에게 손해가 발생한 것과 같은 정도로 구체적인 위험이 있는 경우를 의미한다. 따라서 재산상 실해 발생의 위험은 구체적·현실적인 위험이 야기된 정도에 이르러야 하고 단지 막연한 가능성이 있다는 정도로는 부족하다(대판 2015.09.10. 2015도6745).

③ (○) 배임죄에 있어 재산상의 손해를 가한 때라 함은 현실적인 손해를 가한 경우뿐만 아니라 재산상 실해 발생의 위험을 초래한 경우도 포함되고, 재산상 손해의 유무에 대한 판단은 본인의 전체재산 상태와의 관계에서 법률적 판단에 의하지 아니하고 경제적 관점에서 파악하여야 하며, 따라서 법률적 판단에 의하여 당해 배임행위가 무효라 하더라도 경제적 관점에서 파악하여 배임행위로 인하여 본인에게 현실적인 손해를 가하였거나 재산상 실해 발생의 위험을 초래한 경우에는 재산상의 손해를 가한 때에 해당되어 배임죄를 구성하는 것이라고 볼 것이다(대판 1992.05.26. 91도2963).

④ (X) 이미 타인의 채무에 대하여 보증을 하였는데, 피보증인이 변제자력이 없어 결국 보증인이 그 보증채무를 이행하게 될 우려가 있고, 보증인이 피보증인에게 신규로 자금을 제공하거나 피보증인이 신규로 자금을 차용하는 데 담보를 제공하면서 그 신규자금이 이미 보증을 한 채무의 변제에 사용되도록 한 경우라면, 보증인으로서는 기보증채무와 별도로 새로 손해를 발생시킬 위험을 초래한 것이라고 볼 수 없다. 대규모기업집단에 속한 A 회사가 종합금융회사의 지급보증 아래 할인받은 어음을 결제하지 못하여 종합금융회사가 현실적·구체적으로 어음금을 대위변제하여야 할 상황에서, 종합금융회사와의 어음거래약정에 기한 채무에 관하여 연대보증을 하고 있던 A 회사와 같은 그룹내 계열사인 B 회사와 C 회사가 A 회사의 어음을 매입하거나 전면보증을 하는 방법으로 A 회사를 지원하여 B 회사와 C 회사가 보증한 기존의 채무를 변제하도록 한 것은 자신의 보증채무를 감소시킨 것으로서, 기왕의 보증행위로 인한 손해와는 별도의 새로운 손해를 발생시킬 위험을 가져온 것으로 볼 수 없다(대판 2009.07.23. 2007도541).

⑤ (○) (1) 채무자가 채권자에 대하여 소비대차 등으로 인한 채무를 부담하고 이를 담보하기 위하여 장래에 부동산의 소유권을 이전하기로 하는 내용의 대물변제예약에서, 약정의 내용에 좇은 이행을 하여야 할 채무는 특별한 사정이 없는 한 '자기의 사무'에 해당하는 것이 원칙이다. (2) 채무자가 대물변제예약에 따라 부동산에 관한 소유권을 이전해 줄 의무는 예약 당시에 확정적으로 발생하는 것이 아니라 채무자가 차용금을 제때에 반환하지 못하여 채권자가 예약완결권을 행사한 후에야 비로소 문제가 되고, 채무자는 예약완결권 행사 이후라도 얼마든지 금전채무를 변제하여 당해 부동산에 관한 소유권이전등기절차를 이행할 의무를 소멸시키고 의무에서 벗어날 수 있다. 한편 채권자는 당해 부동산을 특정물 자체보다는 담보물로서 가치를 평가하고 이로써 기존의 금전채권을 변제받는 데 주된 관심이 있으므로, 채무자의 채무불이행으로 인하여 대물변제예약에 따른 소유권등기를 이전받는 것이 불가능하게 되는 상황이 초래되어도 채권자는 채무자로부터 금전적 손해배상을 받음으로써 대물변제예약을 통해 달성하고자 한 목적을 사실상 이룰 수 있다. 이러한 점에서 대물변제예약의 궁극적 목적은 차용금반환채무의 이행 확보에 있고, 채무자가 대물변제예약에 따라

부동산에 관한 소유권이전등기절차를 이행할 의무는 궁극적 목적을 달성하기 위해 채무자에게 요구되는 부수적 내용이어서 이를 가지고 배임죄에서 말하는 신임관계에 기초하여 채권자의 재산을 보호 또는 관리하여야 하는 '타인의 사무'에 해당한다고 볼 수는 없다. (3) 그러므로 채권 담보를 위한 대물변제예약 사안에서 채무자가 대물로 변제하기로 한 부동산을 제3자에게 처분하였다고 하더라도 형법상 배임죄가 성립하는 것은 아니다(대판 2014.08.21. 2014도3363(전합)).

정답 ④

문 88

배임수재죄, 배임증재죄에 관한 다음 설명 중 가장 옳지 않은 것은?(다툼이 있는 경우 판례에 의함) [2017년 28번]

① 거래상대방의 대향적 행위의 존재를 필요로 하는 유형의 배임죄에서 거래상대방이 양수대금 등 거래에 따른 계약상 의무를 이행하고 배임행위의 실행행위자가 이를 이행받은 것을 두고 부정한 청탁에 대한 대가로 수수하였다고 쉽게 단정하여서는 아니 된다.
② 배임수재죄와 배임증재죄는 필요적 공범의 관계에 있으므로, 증재자가 자신에게 정당한 업무에 속하는 청탁을 하여 배임증재죄에 해당하지 아니하면, 수재자도 배임수재죄에 해당하지 아니한다.
③ 수재자가 증재자로부터 받은 재물을 그대로 가지고 있다가 증재자에게 반환하였다면 증재자로부터 이를 몰수하거나 그 가액을 추징하여야 한다.
④ 임무위배행위나 본인에게 손해를 가하는 행위는 배임수재죄의 구성요건이 아니다.
⑤ 배임수재죄의 주체인 타인의 사무를 처리하는 자라 함은 타인과의 대내관계에 있어서 신의성실의 원칙에 비추어 그 사무를 처리할 신임관계가 존재한다고 인정되는 자를 의미하고, 반드시 제3자에 대한 대외관계에서 그 사무에 관한 권한이 존재할 것을 요하지 않는다.

해설 ★

① (O) 거래상대방의 대향적 행위의 존재를 필요로 하는 유형의 배임죄에서 그 거래상대방이 양수대금 등 그 해당 거래에 따른 계약상 의무를 이행하고 배임행위의 실행행위자가 이를 이행받은 것을 두고 부정한 청탁에 대한 대가로 수수하였다고 쉽게 단정하여서는 아니 된다(대판 2016.10.13. 2014도17211).
② (X) 형법 제357조 제1항의 배임수재죄와 같은 조 제2항의 배임증재죄는 통상 필요적 공범의 관계에 있기는 하나, 이것은 반드시 수재자와 증재자가 같이 처벌받아야 하는 것을 의미하는 것은 아니고, 증재자에게는 정당한 업무에 속하는 청탁이라도 수재자에게는 부정한 청탁이 될 수도 있다(대판 2011.10.27. 2010도7624).
③ (O) 형법(2016. 5. 29. 법률 제14178호로 개정되기 전의 것)은 제357조 제1항에서 배임수재죄를, 제2항에서 배임증재죄를 규정하고, 이어 제3항에서 "범인이 취득한 제1항의 재물은 몰수한다. 그 재물을 몰수하기 불능하거나 재산상의 이익을 취득한 때에는 그 가액을 추징한다."라고 규정하고 있다. 배임수재죄와 배임증재죄는 이른바 대향범으로서 위 제3항에서 필요적 몰수 또는 추징을 규정한 것은 범행에 제공된 재물과 재산상 이익을 박탈하여 부정한 이익을 보유하지 못하게 하기 위한 것이므로, 제3항에서 몰수의 대상으로 규정한 '범인이 취득한 제1항의 재물'은 배임수재죄의 범인이 취득한 목적물이자 배임증재죄의 범인이 공여한

목적물을 가리키는 것이지 배임수재죄의 목적물만을 한정하여 가리키는 것이 아니다. 그러므로 수재자가 증재자로부터 받은 재물을 그대로 가지고 있다가 증재자에게 반환하였다면 증재자로부터 이를 몰수하거나 그 가액을 추징하여야 한다(대판 2017.04.07. 2016도18104).

④ (○) 임무에 관하여 부정한 청탁을 받고 재물 또는 재산상 이익을 취득하면 배임수재죄는 성립되고, 어떠한 임무위배행위를 하거나 본인에게 손해를 가하는 것을 요건으로 하지 아니하나, 재물 또는 이익을 공여하는 사람과 취득하는 사람 사이에 부정한 청탁이 개재되지 않는 한 성립하지 않는다. 여기서 '부정한 청탁'이란 반드시 업무상 배임의 내용이 되는 정도에 이를 필요는 없고, 사회상규 또는 신의성실의 원칙에 반하는 것을 내용으로 하면 족하며, 이를 판단할 때에는 청탁의 내용 및 이에 관련한 대가의 액수, 형식, 보호법익인 거래의 청렴성 등을 종합적으로 고찰하여야 하며, 청탁이 반드시 명시적일 필요는 없다. 그리고 부정한 청탁을 받고 나서 사후에 재물 또는 재산상의 이익을 취득하였다고 하더라도 재물 또는 재산상의 이익이 청탁의 대가인 이상 배임수재죄가 성립되며, 또한 부정한 청탁의 결과로 상대방이 얻은 재물 또는 재산상 이익의 일부를 상대방으로부터 청탁의 대가로 취득한 경우에도 마찬가지이다(대판 2013.11.14. 2011도11174).

⑤ (○) 배임수재죄의 주체로서 '타인의 사무를 처리하는 자'라 함은 타인과의 대내관계에 있어서 신의성실의 원칙에 비추어 그 사무를 처리할 신임관계가 존재한다고 인정되는 자를 의미하고, 반드시 제3자에 대한 대외관계에서 그 사무에 관한 권한이 존재할 것을 요하지 않으며, 또 그 사무가 포괄적 위탁사무일 것을 요하는 것도 아니고, 사무처리의 근거, 즉 신임관계의 발생근거는 법령의 규정, 법률행위, 관습 또는 사무관리에 의하여도 발생할 수 있다(대판 2016.08.30. 2013도658).

정답 ②

문 89

배임수증재죄에 관한 다음 설명 중 옳지 않은 것은 모두 몇 개인가?(다툼이 있는 경우 판례에 의함)
[2016년 40번]

> ㉮ 타인의 사무를 처리하는 사람이 그 임무에 관하여 부정한 청탁을 받았다 하더라도 자신이 아니라 다른 사람으로 하여금 재물 또는 재산상의 이익을 취득하게 한 경우에는 형법 제357조 제1항의 배임수재죄가 성립하지 아니한다. 다만 평소 부정한 청탁을 받은 사람이 그 다른 사람의 생활비 등을 부담하고 있었다거나 혹은 그 다른 사람에 대하여 채무를 부담하고 있었다는 등의 사정이 있어, 사회통념상 그 다른 사람이 재물 또는 재산상 이익을 받은 것을 부정한 청탁을 받은 사람이 직접 받은 것과 동일하게 평가할 수 있는 관계가 있는 경우에는 위 죄가 성립할 수 있다.
> ㉯ 임무에 관하여 부정한 청탁을 받고 재물 또는 재산상 이익을 취득하면 배임수재죄는 성립되고, 어떠한 임무 위배 행위를 하거나 본인에게 손해를 가하는 것을 요건으로 하나, 재물 또는 이익을 공여하는 사람과 취득하는 사람 사이에 부정한 청탁이 개재되지 않는 한 성립하지 않는다.
> ㉰ 형법 제357조 제1항에 정한 배임수재죄는 원칙적으로 타인의 사무를 처리하는 자라야 그 범죄의 주체가 될 수 있고, 그러한 신분을 가지지 아니한 자는 신분 있는 자의 범행에 가공한 경우에 한하여 그 주체가 될 수 있다.

㉰ 타인의 사무를 처리하는 자가 그 신임관계에 기한 사무의 범위에 속한 것으로서 장래에 담당할 것이 합리적으로 기대되는 임무에 관하여 부정한 청탁을 받고 재물 또는 재산상 이익을 취득한 후 그 청탁에 관한 임무를 현실적으로 담당하게 되었다면 이로써 타인의 사무를 처리하는 자의 청렴성은 훼손되는 것이어서 배임수재죄의 성립을 인정할 수 있다.

㉲ 배임수재죄에 있어 '임무에 관하여'라 함은 타인의 사무를 처리하는 자가 위탁받은 사무를 말하는 것이나 이는 그 위탁관계로 인한 본래의 사무뿐만 아니라 그와 밀접한 관계가 있는 범위 내의 사무도 포함되고, 나아가 고유의 권한으로서 그 처리를 하는 자에 한하지 않으나, 그 자의 보조기관으로서 직접 또는 간접으로 그 처리에 관한 사무를 담당하는 자는 포함되지 않는다.

㉳ 공동의 사기 범행으로 인하여 얻은 돈을 공범자끼리 수수한 행위가 공동정범들 사이의 그 범행에 의하여 취득한 돈이나 재산상 이익의 내부적인 분배행위에 해당한다 하더라도 그 돈의 수수행위는 따로 배임수증재죄를 구성한다.

① 1개 ② 2개 ③ 3개
④ 4개 ⑤ 5개

해설 ★★★

㉮ (X) 지문과 같은 취지의 판례(대판 2006.12.22. 2004도2581 등)들은 2016. 5. 29. 형법 개정으로 폐기되었으므로 제3자로 하여금 재물 또는 재산상의 이익을 취득하게 한 경우에도 배임수재죄가 성립한다고 해야 한다.

> 형법 제357조(배임수증재) ① 타인의 사무를 처리하는 자가 그 임무에 관하여 부정한 청탁을 받고 재물 또는 재산상의 이익을 취득하거나 제3자로 하여금 이를 취득하게 한 때에는 5년 이하의 징역 또는 1천만 원 이하의 벌금에 처한다.

㉯ (X) 임무에 관하여 부정한 청탁을 받고 재물 또는 재산상 이익을 취득하면 배임수재죄는 성립되고, 어떠한 임무위배행위를 하거나 본인에게 손해를 가하는 것을 요건으로 하지 아니하나, 재물 또는 이익을 공여하는 사람과 취득하는 사람 사이에 부정한 청탁이 개재되지 않는 한 성립하지 않는다. 여기서 '부정한 청탁'이란 반드시 업무상 배임의 내용이 되는 정도에 이를 필요는 없고, 사회상규 또는 신의성실의 원칙에 반하는 것을 내용으로 하면 족하며, 이를 판단할 때에는 청탁의 내용 및 이에 관련한 대가의 액수, 형식, 보호법익인 거래의 청렴성 등을 종합적으로 고찰하여야 하며, 청탁이 반드시 명시적일 필요는 없다. 그리고 부정한 청탁을 받고 나서 사후에 재물 또는 재산상의 이익을 취득하였다고 하더라도 재물 또는 재산상의 이익이 청탁의 대가인 이상 배임수재죄가 성립되며, 또한 부정한 청탁의 결과로 상대방이 얻은 재물 또는 재산상 이익의 일부를 상대방으로부터 청탁의 대가로 취득한 경우에도 마찬가지이다(대판 2013.11.14. 2011도11174).

㉰ (○) 배임수재죄는 타인의 사무를 처리하는 자가 그 임무에 관하여 부정한 청탁을 받고 재물 또는 재산상의 이익을 취득한 경우에 성립하는 범죄로서 원칙적으로 타인의 사무를 처리하는 자라야 그 범죄의 주체가 될 수 있고, 그러한 신분을 가지지 아니한 자는 신분 있는 자의 범행에 가공한 경우에 한하여 그 주체가 될 수 있으며, 배임수재죄는 타인의 사무를 처리하는 지위를 가진 자에게 부정한 청탁을 행하여야 성립하는 것으로 형법 제357조 제1항에 규정되어 있고, 타인의 사무를 처리하는 자의 지위를 취득하기 전에 부정한 청탁을 받은 행위를 처벌하는 별도의 구성요건이 존재하지 않는 이상, 타인의 사무처리자의 지위를 취득하기 전에 부정한 청탁을 받은 경우에 배임수재죄로는 처벌할 수 없다고 보는 것이 죄형법정주의의 원칙에 부합한다고 할 것이다(대판 2010.07.22. 2009도12878).

㉣ (○) 타인의 사무를 처리하는 자가 그 신임관계에 기한 사무의 범위에 속한 것으로서 장래에 담당할 것이 합리적으로 기대되는 임무에 관하여 부정한 청탁을 받고 재물 또는 재산상 이익을 취득한 후 그 청탁에 관한 임무를 현실적으로 담당하게 되었다면 이로써 타인의 사무를 처리하는 자의 청렴성은 훼손되는 것이어서 배임수재죄의 성립을 인정할 수 있다(대판 2013.10.11. 2012도13719).

㉤ (X) 배임수재죄의 주체로서 '타인의 사무를 처리하는 자'라 함은 타인과의 대내 관계에 있어서 신의성실의 원칙에 비추어 그 사무를 처리할 신임관계가 존재한다고 인정되는 자를 의미하고, 반드시 제3자에 대한 대외관계에서 그 사무에 관한 권한이 존재할 것을 요하지 않으며, 또 그 사무가 포괄적 위탁사무일 것을 요하는 것도 아니고, 사무처리의 근거, 즉 신임관계의 발생근거는 법령의 규정, 법률행위, 관습 또는 사무관리에 의하여도 발생할 수 있으며, 배임수재죄에 있어 '임무에 관하여'라 함은 타인의 사무를 처리하는 자가 위탁받은 사무를 말하는 것이나 이는 그 위탁관계로 인한 본래의 사무뿐만 아니라 그와 밀접한 관계가 있는 범위 내의 사무도 포함되고, 나아가 고유의 권한으로서 그 처리를 하는 자에 한하지 않고 그 자의 보조기관으로서 직접 또는 간접으로 그 처리에 관한 사무를 담당하는 자도 포함된다(대판 2006.03.24. 2005도6433).

㉥ (X) [1] 공동의 사기 범행으로 인하여 얻은 돈을 공범자끼리 수수한 행위가 공동정범들 사이의 범행에 의하여 취득한 돈이나 재산상 이익의 내부적인 분배행위에 지나지 않는다면 돈의 수수행위가 따로 배임수증재죄를 구성한다고 볼 수는 없다. [2] 공사 발주처의 입찰 업무를 처리하는 자가 공사업자와 공모하여 부정한 방법으로 낙찰하한가를 알아낸 다음 공사업자에게 알려주어 발주처가 공사업자를 낙찰자로 선정하도록 하여 공사계약의 체결에 이르게 하고 공사업자에게서 돈을 수수한 경우에, 돈의 성격을 타인의 업무에 관한 부정한 청탁의 대가로 볼 것인지, 아니면 공동의 사기 범행에 따라 편취한 것으로 볼 것인지는 돈을 공여하고 수수한 당사자들의 의사, 공사계약 자체의 내용 및 성격, 계약금액과 수수된 금액 사이의 비율, 수수된 돈 자체의 액수, 계약이행을 통해 공사업자가 취득할 수 있는 적정한 이익, 공사업자가 발주처에서 공사대금 등을 지급받은 시기와 공범인 입찰 업무를 처리하는 자에게 돈을 교부한 시간적 간격, 공사업자가 공범에게 교부한 돈이 발주처에서 지급받은 바로 그 돈인지 여부, 수수한 장소 및 방법 등을 종합적으로 고려하여 객관적으로 평가하여 판단해야 한다(대판 2016.05.24. 2015도18795).

정답 ④

제8절 | 장물의 죄

문 15

장물죄에 관한 다음 설명 중 가장 옳지 않은 것은?[2023년 9번]

① 장물인 현금 또는 수표를 금융기관에 예금의 형태로 보관하였다가 이를 반환받기 위하여 동일한 액수의 현금 또는 수표를 인출한 경우에 예금계약의 성질상 그 인출된 현금 또는 수표는 당초의 현금 또는 수표와 물리적인 동일성은 상실되었지만 액수에 의하여 표시되는 금전적 가치에는 아무런 변동이 없으므로, 장물로서의 성질은 그대로 유지된다.
② 장물취득죄에서 '취득'이라고 함은 점유를 이전받음으로써 그 장물에 대하여 사실상의 처분권을 획득하는 것을 의미하는 것이므로, 단순히 보수를 받고 본범을 위하여 장물을 일시 사용하거나 그와 같이 사용할 목적으로 장물을 건네받은 것만으로는 장물을 취득한 것으로 볼 수 없다.
③ 피고인이 공동 피고인들에게 횡령할 것을 교사하고 그 횡령한 물건을 취득한 경우 이와 같은 피고인의 행위는 횡령교사만을 인정할 수 있고, 장물취득죄는 경합범으로 성립하지 않는다.
④ 장물이라 함은 재산죄인 범죄행위에 의하여 영득된 물건을 말하는 것으로서 절도, 강도, 사기, 공갈, 횡령 등 영득죄에 의하여 취득된 물건이어야 한다.

⑤ 장물취득죄는 취득 당시 장물인 정을 알면서 재물을 취득하여야 성립하는 것이므로 피고인이 재물을 인도받은 후에 비로소 장물이 아닌가 하는 의구심을 가졌다고 하여 그 재물수수행위가 장물취득죄를 구성한다고 할 수 없고, 장물인 정을 모르고 장물을 보관하였다가 그 후에 장물인 정을 알게 된 경우 그 정을 알고서도 이를 계속하여 보관하는 행위는 장물죄를 구성하는 것이나 이 경우에도 점유할 권한이 있는 때에는 이를 계속하여 보관하더라도 장물보관죄가 성립한다고 할 수 없다.

> **MGI Point 장물죄** ★★
>
> - 장물인 현금 또는 수표를 금융기관에 예금의 형태로 보관하였다가 동일한 액수의 현금 또는 수표를 인출한 경우 ⇨ 물리적 동일성은 상실 BUT 장물로서의 성질은 유지
> - 단순히 보수를 받고 본범을 위하여 장물을 일시 사용하거나 그와 같이 사용할 목적으로 장물을 건네받은 것 ⇨ 장물 '취득'죄×
> - 횡령 교사 후 그 횡령한 물건을 취득한 경우 ⇨ 횡령교사죄와 장물취득죄 실체적 경합범
> - 장물의 개념 ⇨ 절도·강도·사기·공갈·횡령 등 영득죄에 의하여 취득된 물건(재산죄에 의하여 영득)
> - 장물인 정을 모르고 장물을 보관하였다가 그 후에 장물인 정을 알게 된 경우 ⇨ 점유할 권한이 있는 때에는 계속하여 보관하더라도 장물보관죄 성립×

① (○) 장물인 현금 또는 수표를 금융기관에 예금의 형태로 보관하였다가 이를 반환받기 위하여 동일한 액수의 현금 또는 수표를 인출한 경우에 예금계약의 성질상 그 인출된 현금 또는 수표는 당초의 현금 또는 수표와 물리적인 동일성은 상실되었지만 액수에 의하여 표시되는 금전적 가치에는 아무런 변동이 없으므로, 장물로서의 성질은 그대로 유지된다(대법원 2004. 4. 16. 2004도353).

② (○) 장물취득죄에서 '취득'이라고 함은 점유를 이전받음으로써 그 장물에 대하여 사실상의 처분권을 획득하는 것을 의미하는 것이므로, 단순히 보수를 받고 본범을 위하여 장물을 일시 사용하거나 그와 같이 사용할 목적으로 장물을 건네받은 것만으로는 장물을 취득한 것으로 볼 수 없다(대법원 2003. 5. 13. 2003도1366).

③ (X) 횡령 교사를 한 후 그 횡령한 물건을 취득한 때에는 횡령교사죄와 장물취득죄의 경합범이 성립된다(대법원 1969. 6. 24. 69도692).

④ (○) '장물'이라 함은 재산죄인 범죄행위에 의하여 영득된 물건을 말하는 것으로서 절도·강도·사기·공갈·횡령 등 영득죄에 의하여 취득된 물건이어야 한다. 여기에서의 범죄행위는 절도죄 등 본범의 구성요건에 해당하는 위법한 행위일 것을 요한다. 그리고 본범의 행위에 관한 법적 평가는 그 행위에 대하여 우리 형법이 적용되지 아니하는 경우에도 우리 형법을 기준으로 하여야 하고 또한 이로써 충분하므로, 본범의 행위가 우리 형법에 비추어 절도죄 등의 구성요건에 해당하는 위법한 행위라고 인정되는 이상 이에 의하여 영득된 재물은 장물에 해당한다(대법원 2011. 4. 28. 2010도15350).

⑤ (○) 장물취득죄는 취득 당시 장물인 정을 알면서 재물을 취득하여야 성립하는 것이므로 피고인이 재물을 인도받은 후에 비로소 장물이 아닌가 하는 의구심을 가졌다고 하여 그 재물수수행위가 장물취득죄를 구성한다고 할 수 없고, 장물인 정을 모르고 장물을 보관하였다가 그 후에 장물인 정을 알게 된 경우 그 정을 알고서도 이를 계속하여 보관하는 행위는 장물죄를 구성하는 것이나 이 경우에도 점유할 권한이 있는 때에는 이를 계속하여 보관하더라도 장물보관죄가 성립한다고 할 수 없다(대법원 2006. 10. 13. 2004도6084).

정답 ③

문 90

장물에 관한 죄에 관한 다음 설명 중 옳은 것을 모두 고른 것은? [2022년 5번]

> ㄱ. 장물인 정을 모르고 보관하던 중 장물임을 알게 되었고, 이를 반환하는 것이 불가능하지 않음에도 장물을 반환하지 않고 계속 보관하였다면 장물보관죄에 해당한다.
> ㄴ. 甲이 권한 없이 인터넷뱅킹으로 타인의 예금계좌에서 자신의 예금계좌로 돈을 이체한 후 그 중 일부를 인출하여 그 정을 아는 乙에게 교부한 경우 乙에게 장물취득죄가 성립한다.
> ㄷ. 절도 범인으로부터 장물보관 의뢰를 받은 자가 그 정을 알면서 이를 인도받아 보관하고 있다가 임의 처분하였다면 장물보관죄와 횡령죄의 실체적 경합범에 해당한다.
> ㄹ. 금은방을 운영하는 자가 귀금속류를 매수함에 있어 매도자의 신원확인절차를 거쳤다고 하여도 장물인지의 여부를 의심할 만한 특별한 사정이 있거나 매수물품의 성질과 종류 및 매도자의 신원 등에 좀 더 세심한 주의를 기울였다면 그 물건이 장물임을 알 수 있었음에도 불구하고 이를 게을리하여 장물인 정을 모르고 매수하여 취득한 경우에는 업무상과실장물취득죄가 성립한다.
> ㅁ. 甲이 지입회사와 지입계약을 체결하고 지입회사 명의로 등록된 차량에 대하여 운행관리권을 위임받아 보관하던 중 지입회사의 승낙 없이 보관 중인 차량을 그 정을 아는 乙에게 처분하였더라도 횡령죄가 성립하지 아니하고, 乙에게도 장물취득죄가 성립하지 아니한다.

① ㄱ, ㅁ   ② ㄱ, ㄴ   ③ ㄴ, ㄷ
④ ㄱ, ㄹ   ⑤ ㄱ, ㄴ, ㄹ

MGI Point 장물에 관한 죄 ★★

- 장물인 점을 보관 중 앎, 반환이 불가능하지 않음에도 계속 보관 ⇨ 장물보관죄
- 甲이 컴퓨터등사용사기죄에 의하여 취득한 예금의 일부를 인출하여 乙에게 교부한 경우 ⇨ 乙은 장물취득죄 불성립
- 장물보관 의뢰를 받은 자가 정을 알면서 임의처분 ⇨ 횡령죄 불성립
- 금은방 운영자가 주의의무 위반하여 장물을 매수, 취득한 경우 ⇨ 업무상과실장물취득죄
- 지입차주가 보관 중인 차량을 사실상 처분한 경우 ⇨ 횡령죄 성립

ㄱ. (O) 장물인 정을 모르고 보관하던 중 장물인 정을 알게 되었고, 위 장물을 반환하는 것이 불가능하지 않음에도 불구하고 계속 보관함으로써 피해자의 정당한 반환청구권 행사를 어렵게 하여 위법한 재산상태를 유지시킨 경우에는 장물보관죄에 해당한다(대판 1987.10.13. 87도1633).

ㄴ. (X) 甲이 권한 없이 인터넷뱅킹으로 타인의 예금계좌에서 자신의 예금계좌로 돈을 이체한 후 그 중 일부를 인출하여 그 정을 아는 乙에게 교부한 경우, 甲이 컴퓨터등사용사기죄에 의하여 취득한 예금채권은 재물이 아니라 재산상 이익이므로, 그가 자신의 예금계좌에서 돈을 인출하였더라도 장물을 금융기관에 예치하였다가 인출한 것으로 볼 수 없다는 이유로 乙의 장물취득죄의 성립을 부정한 사례(대판 2004.04.16. 2004도353).

ㄷ. (X) 절도 범인으로부터 장물보관 의뢰를 받은 자가 그 정을 알면서 이를 인도받아 보관하고 있다가 임의 처분하였다 하여도 장물보관죄가 성립하는 때에는 이미 그 소유자의 소유물 추구권을 침해하였으므로 그 후의 횡령행위는 불가벌적 사후행위에 불과하여 별도로 횡령죄가 성립하지 않는다(대판 2004.04.09. 2003도8219).

ㄹ. (O) 금은방을 운영하는 자가 귀금속류를 매수함에 있어 매도자의 신원확인절차를 거쳤다고 하여도 장물인지의 여부를 의심할 만한 특별한 사정이 있거나, 매수물품의 성질과 종류 및 매도자의 신원 등에 좀 더 세심한 주의를 기울였다면 그 물건이 장물임을 알 수 있었음에도 불구하고 이를 게을리하여 장물인 정을 모르고 매수하여 취득한 경우에는 업

무상과실장물취득죄가 성립한다고 할 것이고, 물건이 장물인지의 여부를 의심할 만한 특별한 사정이 있는지 여부나 그 물건이 장물임을 알 수 있었는지 여부는 매도자의 인적사항과 신분, 물건의 성질과 종류 및 가격, 매도자와 그 물건의 객관적 관련성, 매도자의 언동 등 일체의 사정을 참작하여 판단하여야 한다(대판 2003.04.25. 2003도348).

ㅁ. (X) 소유권의 취득에 등록이 필요한 타인 소유의 차량을 인도받아 보관하고 있는 사람이 이를 사실상 처분하면 횡령죄가 성립하며, 보관 위임자나 보관자가 차량의 등록명의자일 필요는 없다. 그리고 이와 같은 법리는 지입회사에 소유권이 있는 차량에 대하여 지입회사에서 운행관리권을 위임받은 지입차주가 지입회사의 승낙 없이 보관 중인 차량을 사실상 처분하거나 지입차주에게서 차량 보관을 위임받은 사람이 지입차주의 승낙 없이 보관 중인 차량을 사실상 처분한 경우에도 마찬가지로 적용된다(대판 2015.06.25. 2015도1944(전합)).

정답 ④

문 91

다음 설명 중 옳지 않은 것은 모두 몇 개인가?(다툼이 있는 경우 판례에 의함) [2017년 23번]

가. 전당포주가 물품을 전당잡고자 할 때는 전당물주의 주소, 성명, 직업, 연령과 그 물품의 출처, 특징 및 전당잡히려는 동기, 그 신분에 상응한 소지인지의 여부 등을 알아보아야 할 업무상의 주의의무가 있다 할 것이고 이를 게을리 하여 장물인 정을 모르고 전당잡은 경우에는 비록 주민등록증을 확인하였다 하여도 그 사실만으로는 업무상 과실장물취득의 죄책을 면할 수 없다.

나. '장물'이라 함은 재산죄인 범죄행위에 의하여 영득된 물건을 말하는 것으로서 절도·강도·사기·공갈·횡령 등 영득죄에 의하여 취득된 물건이어야 한다. 여기에서의 범죄행위는 절도죄 등 본범의 구성요건에 해당하는 위법한 행위일 것을 요한다. 그리고 본범의 행위에 관한 법적 평가는 그 행위에 대하여 우리 형법이 적용되지 아니하는 경우에도 우리 형법을 기준으로 하여야 하고 또한 이로써 충분하므로, 본범의 행위가 우리 형법에 비추어 절도죄 등의 구성요건에 해당하는 위법한 행위라고 인정되는 이상 이에 의하여 영득된 재물은 장물에 해당한다.

다. 사기 범행에 이용되리라는 사정을 알고서도 피고인 자신의 명의로 새마을금고 예금계좌를 개설하여 갑에게 이를 양도함으로써 갑이 을을 속여 을로 하여금 1,000만 원을 위 계좌로 송금하게 한 이른바 보이스피싱 사기 범행을 방조한 피고인이 위 계좌로 송금된 돈 중 140만 원을 인출하였다면, 이는 예금명의자로서 은행에 예금반환을 청구한 결과일 뿐 본범으로부터 위 돈에 대한 점유를 이전받아 사실상 처분권을 획득한 것은 아니므로, 피고인의 위와 같은 인출행위를 장물취득죄로 벌할 수는 없다.

라. 장물인 귀금속의 매도를 부탁받은 피고인이 그 귀금속이 장물임을 알면서도 매매를 중개하고 매수인에게 이를 전달하려다가 매수인을 만나기도 전에 체포되었다 하더라도, 위 귀금속의 매매를 중개함으로써 장물알선죄가 성립한다.

마. 형법 제48조 제1항 제1호의 "범죄행위에 제공한 물건"은 가령 살인행위에 사용한 칼 등 범죄의 실행행위 자체에 사용한 물건에만 한정되는 것이 아니며, 실행행위의 착수 전의 행위 또는 실행행위의 종료 후의 행위에 사용한 물건이더라도 그것이 범죄행위의 수행에 실질적으로 기여하였다고 인정되는 한 위 법조 소정의 제공한 물건에 포함된다. 따라서 대형할인매장에서 수회 상품을 절취하여 자신의 승용차에 싣고 간 경우, 위 승용차는 형법 제48조 제1항 제1호에 정한 범죄행위에 제공한 물건으로 보아 몰수할 수 있다.

① 없음 ② 1개 ③ 2개
④ 3개 ⑤ 4개

해설

가. (○) 전당포주가 물품을 전당잡고자 할 때는 전당물주의 주소, 성명, 직업, 연령과 그 물품의 출처, 특징 및 전당잡히려는 동기, 그 신분에 상응한 소지인지의 여부 등을 알아보아야 할 업무상의 주의의무가 있다 할 것이고 이를 게을리 하여 장물인 정을 모르고 전당잡은 경우에는 비록 주민등록증을 확인하였다 하여도 그 사실만으로는 업무상 과실장물취득의 죄책을 면할 수 없다(대판 1985.02.26. 84도2732).

나. (○) '장물'이라 함은 재산죄인 범죄행위에 의하여 영득된 물건을 말하는 것으로서 절도·강도·사기·공갈·횡령 등 영득죄에 의하여 취득된 물건이어야 한다. 여기에서의 범죄행위는 절도죄 등 본범의 구성요건에 해당하는 위법한 행위일 것을 요한다. 그리고 본범의 행위에 관한 법적 평가는 그 행위에 대하여 우리 형법이 적용되지 아니하는 경우에도 우리 형법을 기준으로 하여야 하고 또한 이로써 충분하므로, 본범의 행위가 우리 형법에 비추어 절도죄 등의 구성요건에 해당하는 위법한 행위라고 인정되는 이상 이에 의하여 영득된 재물은 장물에 해당한다(대판 2011.04.28. 2010도15350).

다. (○) 사기 범행에 이용되리라는 사정을 알고서도 자신의 명의로 새마을금고 예금계좌를 개설하여 甲에게 이를 양도함으로써 甲이 乙을 속여 乙로 하여금 1,000만 원을 위 계좌로 송금하게 한 사기 범행을 방조한 피고인이 위 계좌로 송금된 돈 중 140만 원을 인출하여 甲이 편취한 장물을 취득하였다는 공소사실에 대하여, 甲이 사기 범행으로 취득한 것은 재산상 이익이어서 장물에 해당하지 않는다는 원심판단은 적절하지 아니하지만, 피고인의 위와 같은 인출행위를 장물취득죄로 벌할 수는 없다(대판 2010.12.09. 2010도6256).

라. (○) 장물인 귀금속의 매도를 부탁받은 피고인이 그 귀금속이 장물임을 알면서도 매매를 중개하고 매수인에게 이를 전달하려다가 매수인을 만나기도 전에 체포되었다 하더라도, 위 귀금속의 매매를 중개함으로써 장물알선죄가 성립한다(대판 2009.04.23. 2009도1203).

마. (○) [1] 형법 제48조 제1항 제1호의 "범죄행위에 제공한 물건"은, 가령 살인행위에 사용한 칼 등 범죄의 실행행위 자체에 사용한 물건에만 한정되는 것이 아니며, 실행행위의 착수 전의 행위 또는 실행행위의 종료 후의 행위에 사용한 물건이더라도 그것이 범죄행위의 수행에 실질적으로 기여하였다고 인정되는 한 위 법조 소정의 제공한 물건에 포함된다. [2] 대형할인매장에서 수회 상품을 절취하여 자신의 승용차에 싣고 간 경우, 위 승용차는 형법 제48조 제1항 제1호에 정한 범죄행위에 제공한 물건으로 보아 몰수할 수 있다(대판 2006.09.14. 2006도4075).

정답 ①

문 92

장물죄에 관한 다음 설명 중 가장 옳지 않은 것은?(다툼이 있는 경우 판례에 의함) [2017년 11번]

① A가 권한 없이 인터넷뱅킹으로 타인의 예금계좌에서 자신의 예금계좌로 돈을 이체하는 방법으로 컴퓨터등사용사기죄의 범행을 저지른 다음 자신의 현금카드를 사용하여 현금자동지급기에서 현금을 인출하여 그 정을 아는 B에게 교부한 경우, B에게 장물취득죄가 성립하지 아니한다.

② 장물인 정을 모르고 보관하였다가 그 후에 장물인 정을 알고서도 계속하여 보관하는 행위는 장물취득죄가 아닌 장물보관죄를 구성하고, 이 경우에도 점유할 권한이 있는 때에는 이를 계속하여 보관하더라도 장물보관죄가 성립한다고 할 수 없다.

③ 사기 범행에 이용되리라는 사정을 알고서도 자신(C)의 명의로 은행 예금계좌를 개설하여 A에게 양도함으로써 A가 B를 속여 B로 하여금 현금을 위 계좌로 송금하게 한 사기 범행을 방조한 C가 위 계좌로 송금된 돈 중 일부를 인출한 행위는 장물취득죄에 해당한다.

④ 절도 범인으로부터 장물보관 의뢰를 받은 자가 그 정을 알면서 이를 인도받아 보관하고 있다가 임의 처분하였다 하여도 장물보관죄만 성립하고, 횡령죄는 성립하지 않는다.

⑤ 장물인 자기앞수표를 금융기관에 예치하였다가 현금으로 인출하여도 장물성을 상실하지는 않는다.

:: 해설

① (O) 甲이 권한 없이 인터넷뱅킹으로 타인의 예금계좌에서 자신의 예금계좌로 돈을 이체한 후 그 중 일부를 인출하여 그 정을 아는 乙에게 교부한 경우, 甲이 컴퓨터등사용사기죄에 의하여 취득한 예금채권은 재물이 아니라 재산상 이익이므로, 그가 자신의 예금계좌에서 돈을 인출하였더라도 장물을 금융기관에 예치하였다가 인출한 것으로 볼 수 없다는 이유로 乙의 장물취득죄의 성립을 부정한다(대판 2004.04.16. 2004도353).

② (O) 장물인 정을 모르고 장물을 보관하였다가 그 후에 장물인 정을 알게 된 경우 그 정을 알고서도 이를 계속하여 보관하는 행위는 장물죄를 구성하는 것이나 이 경우에도 점유할 권한이 있는 때에는 이를 계속하여 보관하더라도 장물보관죄가 성립한다고 할 수 없다(대판 2006.10.13. 2004도6084).

③ (X) 사기 범행에 이용되리라는 사정을 알고서도 자신의 명의로 은행 예금계좌를 개설하여 甲에게 이를 양도함으로써 甲이 乙을 속여 乙로 하여금 현금을 위 계좌로 송금하게 한 사기 범행을 방조한 피고인이 위 계좌로 송금된 돈 중 일부를 인출하여 甲이 편취한 장물을 취득하였다는 공소사실에 대하여, 위 '장물취득' 부분을 무죄로 선고한 원심판단은 정당하다. 장물취득죄에서 '취득'이라 함은 장물의 점유를 이전받음으로써 그 장물에 대하여 사실상 처분권을 획득하는 것을 의미하는데, 이 사건의 경우 본범의 사기행위는 피고인이 예금계좌를 개설하여 본범에게 양도한 방조행위가 가공되어 본범에게 편취금이 귀속되는 과정 없이 피고인이 피해자로부터 피고인의 예금계좌로 돈을 송금받아 취득함으로써 종료되는 것이고, 그 후 피고인이 자신의 예금계좌에서 위 돈을 인출하였다 하더라도 이는 예금명의자로서 은행에 예금반환을 청구한 결과일 뿐 본범으로부터 위 돈에 대한 점유를 이전받아 사실상 처분권을 획득한 것은 아니므로, 피고인의 위와 같은 인출행위를 장물취득죄로 벌할 수는 없다(대판 2010.12.09. 2010도6256).

④ (O) 절도 범인으로부터 장물보관 의뢰를 받은 자가 그 정을 알면서 이를 인도받아 보관하고 있다가 임의 처분하였다 하여도 장물보관죄가 성립하는 때에는 이미 그 소유자의 소유물 추구권을 침해하였으므로 그 후의 횡령행위는 불가벌적 사후행위에 불과하여 별도로 횡령죄가 성립하지 않는다(대판 2004.04.09. 2003도8219).

⑤ (O) 장물인 현금을 금융기관에 예금의 형태로 보관하였다가 이를 반환받기 위하여 동일한 액수의 현금을 인출한 경우에 예금계약의 성질상 인출된 현금은 당초의 현금과 물리적인 동일성은 상실되었지만 액수에 의하여 표시되는 금전적 가치에는 아무런 변동이 없으므로 장물로서의 성질은 그대로 유지된다고 봄이 상당하고, 자기앞수표도 그 액면금을 즉시 지급받을 수 있는 등 현금에 대신하는 기능을 가지고 거래상 현금과 동일하게 취급되고 있는 점에서 금전의 경우와 동일하게 보아야 한다(대판 2004.03.12. 2004도134).

정답 ③

문 93

장물죄에 관한 다음 설명 중 가장 옳지 않은 것은?(다툼이 있는 경우 판례에 의함) [2016년 4번]

① 장물취득죄에서 '취득'이라고 함은 점유를 이전받음으로써 그 장물에 대하여 사실상의 처분권을 획득하는 것을 의미하는 것이므로, 단순히 보수를 받고 본범을 위하여 장물을 일시 사용하거나 그와 같이 사용할 목적으로 장물을 건네받은 것만으로는 장물을 취득한 것으로 볼 수 없다.

② 장물취득죄에 있어서 장물의 인식은 확정적 인식임을 요하지 않으며 장물일지도 모른다는 의심을 가지는 정도의 미필적 인식으로서도 충분하다.

③ 장물죄에 있어서 본범의 행위에 관한 법적 평가는 그 행위에 대하여 우리 형법이 적용되지 아니하는 경우에도 우리 형법을 기준으로 하여야 하고 또한 이로써 충분하므로, 본범의 행위가 우리 형법에 비추어 절도죄 등의 구성요건에 해당하는 위법한 행위라고 인정되는 이상 이에 의하여 영득된 재물은 장물에 해당한다.

④ 장물인 귀금속의 매도를 부탁받은 피고인이 그 귀금속이 장물임을 알면서도 매매를 중개하고 매수인에게 이를 전달하려다가 매수인을 만나기도 전에 체포되었다 하더라도, 위 귀금속의 매매를 중개함으로써 장물알선죄가 성립한다.

⑤ 장물취득죄는 취득 당시 장물인 정을 알면서 재물을 취득하여야 성립하는 것이므로 피고인이 재물을 인도받은 후에 비로소 장물이 아닌가 하는 의구심을 가졌다고 하여 장물취득죄를 구성한다고 할 수 없으나, 장물인 정을 모르고 보관하였다가 그 후에 장물인 정을 알게 된 경우 그 정을 알고서도 계속 보관하는 행위는 장물보관죄를 구성한다. 이 경우 보관자가 점유할 권한이 있는지 여부는 장물보관죄의 성부에 영향을 미치지 못한다.

해설 ★★

① (○) 장물취득죄에서 '취득'이라고 함은 점유를 이전받음으로써 그 장물에 대하여 사실상의 처분권을 획득하는 것을 의미하는 것이므로, 단순히 보수를 받고 본범을 위하여 장물을 일시 사용하거나 그와 같이 사용할 목적으로 장물을 건네받은 것만으로는 장물을 취득한 것으로 볼 수 없다(대판 2003.05.13. 2003도1366).

② (○) 장물죄에 있어서 장물의 인식은 확정적 인식임을 요하지 않으며 장물일지도 모른다는 의심을 가지는 정도의 미필적 인식으로서도 충분하다(대판 2011.05.13. 2009도3552).

③ (○) '장물'이라 함은 재산죄인 범죄행위에 의하여 영득된 물건을 말하는 것으로서 절도·강도·사기·공갈·횡령 등 영득죄에 의하여 취득된 물건이어야 한다. 여기에서의 범죄행위는 절도죄 등 본범의 구성요건에 해당하는 위법한 행위일 것을 요한다. 그리고 본범의 행위에 관한 법적 평가는 그 행위에 대하여 우리 형법이 적용되지 아니하는 경우에도 우리 형법을 기준으로 하여야 하고 또한 이로써 충분하므로, 본범의 행위가 우리 형법에 비추어 절도죄 등의 구성요건에 해당하는 위법한 행위라고 인정되는 이상 이에 의하여 영득된 재물은 장물에 해당한다(대판 2011.04.28. 2010도15350).

④ (○) 장물인 귀금속의 매도를 부탁받은 피고인이 그 귀금속이 장물임을 알면서도 매매를 중개하고 매수인에게 이를 전달하려다가 매수인을 만나기도 전에 체포되었다 하더라도, 위 귀금속의 매매를 중개함으로써 장물알선죄가 성립한다(대판 2009.04.23. 2009도1203).

⑤ (X) 장물취득죄는 취득 당시 장물인 정을 알면서 재물을 취득하여야 성립하는 것이므로 피고인이 재물을 인도받은 후에 비로소 장물이 아닌가 하는 의구심을 가졌다고 하여 그 재물수수행위가 장물취득죄를 구성한다고 할 수 없고, 장물인 정을 모르고 장물을 보관하였다가 그 후에 장물인 정을 알게 된 경우 그 정을 알고서도 이를 계속하여 보관하는 행위는 장물죄를 구성하는 것이나 이 경우에도 점유할 권한이 있는 때에는 이를 계속하여 보관하더라도 장물보관죄가 성립하지 않는다(대판 2006.10.13. 2004도6084).

정답 ⑤

제❾절 | 손괴의 죄

문 94

다음 설명 중 옳지 않은 것은 모두 몇 개인가? [2021년 31번]

> ㄱ. 피고인이 담당 공무원을 기망하여 납부의무가 있는 농지보전부담금을 면제받은 경우에는 사기죄가 성립한다.
> ㄴ. 주점의 종업원에게 신체에 위해를 가할 듯한 태도를 보여 이에 겁을 먹은 위 종업원으로부터 주류를 제공받은 경우에 있어 위 종업원은 주류에 대한 처분권이 없어 공갈죄의 피해자에 해당하지 않는다.
> ㄷ. 채무자가 채권양도담보계약에 따라 부담하는 '담보 목적 채권의 담보가치를 유지·보전할 의무'를 이행하는 것은 채무자 자신의 사무에 해당할 뿐이고, 채무자가 통상의 계약에서의 이익대립관계를 넘어서 채권자와의 신임관계에 기초하여 채권자의 사무를 맡아 처리한다고 볼 수 없으므로, 이 경우 채무자는 채권자에 대한 관계에서 '타인의 사무를 처리하는 자'에 해당한다고 할 수 없다.
> ㄹ. 장물취득죄에서 '취득'이라고 함은 점유를 이전받음으로써 그 장물에 대하여 사실상의 처분권을 획득하는 것을 의미하는 것이므로, 단순히 보수를 받고 본범을 위하여 장물을 일시 사용하거나 그와 같이 사용할 목적으로 장물을 건네받은 것만으로는 장물을 취득한 것으로 볼 수 없다.
> ㅁ. 형법 제370조의 경계침범죄는 단순히 계표를 손괴하는 것만으로는 부족하고 계표를 손괴, 이동 또는 제거하거나 기타 방법으로 토지의 경계를 인식불능하게 함으로써 비로소 성립되며 계표의 손괴, 이동 또는 제거 등은 토지의 경계를 인식불능케 하는 방법의 예시에 불과하여 이와 같은 행위의 결과로서 토지의 경계가 인식불능케 됨을 필요로 하고 동죄에 대하여는 미수죄에 관한 규정이 없으므로 계표의 손괴 등의 행위가 있더라도 토지경계의 인식불능의 결과가 발생하지 않은 한 본죄가 성립될 수 없다.

① 없음　② 1개　③ 2개
④ 3개　⑤ 4개

MGI Point　사기죄, 공갈죄, 배임죄, 장물취득죄, 경계침범죄　★★

- 침해행정 영역에서 일반 국민이 담당 공무원을 기망하여 권력작용에 의한 재산권 제한을 면하는 경우 ⇨ 사기죄 ×
- 주점의 종업원에게 신체에 위해를 가할 듯한 태도를 보여 이에 겁을 먹은 위 종업원으로부터 주류를 제공받은 경우에 있어 위 종업원은 주류에 대한 사실상의 처분권자이므로 공갈죄의 피해자에 해당 ○
- 채무자가 채권양도담보계약에 따라 부담하는 '담보 목적 채권의 담보가치를 유지·보전할 의무'를 이행하는 것은 채무자 자신의 사무에 해당 ⇨ 채무자는 채권자에 대한 관계에서 '타인의 사무를 처리하는 자'에 해당 ×
- 장물취득죄에서 '취득'이라고 함은 점유를 이전받음으로써 그 장물에 대하여 사실상의 처분권을 획득하는 것을 의미 ⇨ 단순히 보수를 받고 본범을 위하여 장물을 일시 사용하거나 그와 같이 사용할 목적으로 장물을 건네받은 것만으로는 장물을 취득한 것으로 볼 수 ×
- 형법 §370의 경계침범죄는 단순히 계표를 손괴하는 것만으로는 부족하고 계표를 손괴, 이동 또는 제거하거나 기타 방법으로 토지의 경계를 인식불능하게 함으로써 비로소 성립, 미수죄에 관한 규정 無 ⇨ 계표의 손괴 등의 행위가 있더라도 토지경계의 인식불능의 결과가 발생하지 않은 한 본죄 성립 ×

ㄱ. (X) 기망행위에 의하여 국가적 또는 공공적 법익을 침해하는 경우라도 그와 동시에 형법상 사기죄의 보호법익인 재산권을 침해하는 것과 동일하게 평가할 수 있는 때에는 행정법규에서 사기죄의 특별관계에 해당하는 처벌규정을 별도로 두고 있지 않는 한 사기죄가 성립할 수 있다. 그런데 중앙행정기관의 장, 지방자치단체의 장 등 법률에 따라 금전적 부담의 부과권한을 부여받은 자(이하 '부과권자'라 한다)가 재화 또는 용역의 제공과 관계없이 특정 공익사업과 관련하여 권력작용으로 부담금을 부과하는 것은 일반 국민의 재산권을 제한하는 침해행정에 속한다. 이러한 침해행정 영역에서 일반 국민이 담당 공무원을 기망하여 권력작용에 의한 재산권 제한을 면하는 경우에는 부과권자의 직접적인 권력작용을 사기죄의 보호법익인 재산권과 동일하게 평가할 수 없는 것이므로, 행정법규에서 그러한 행위에 대한 처벌규정을 두어 처벌함은 별론으로 하고, 사기죄는 성립할 수 없다(대판 2019.12.24. 2019도2003).

ㄴ. (X) 주점의 종업원에게 신체에 위해를 가할 듯한 태도를 보여 이에 겁을 먹은 위 종업원으로부터 주류를 제공받은 경우에 있어 위 종업원은 주류에 대한 사실상의 처분권자이므로 공갈죄의 피해자에 해당된다고 보아 공갈죄가 성립한다고 한 원심의 판단을 수긍한 사례(대판 2005.09.29. 2005도4738).

ㄷ. (○) 금전채권채무 관계에서 채권자가 채무자의 급부이행에 대한 신뢰를 바탕으로 금전을 대여하고 채무자의 성실한 급부이행에 의해 채권의 만족이라는 이익을 얻게 된다 하더라도, 채권자가 채무자에 대한 신임을 기초로 그의 재산을 보호 또는 관리하는 임무를 부여하였다고 할 수 없고, 금전채무의 이행은 어디까지나 채무자가 자신의 급부의무의 이행으로서 행하는 것이므로 이를 두고 채권자의 사무를 맡아 처리하는 것으로 볼 수 없다. 따라서 금전채권채무의 경우 채무자는 채권자에 대한 관계에서 '타인의 사무를 처리하는 자'에 해당한다고 할 수 없다(대판 2011.04.28. 2011도3247 참조). 채무자가 기존 금전채무를 담보하기 위하여 다른 금전채권을 채권자에게 양도하는 경우에도 마찬가지이다. 채권양도담보계약에 따라 채무자가 부담하는 '담보 목적 채권의 담보가치를 유지·보전할 의무' 등은 담보목적을 달성하기 위한 것에 불과하며, 채권양도담보계약의 체결에도 불구하고 당사자 관계의 전형적·본질적 내용은 여전히 피담보채권인 금전채권의 실현에 있다(대판 2020.02.20. 2019도9756(전합) 참조). 따라서 채무자가 채권양도담보계약에 따라 부담하는 '담보 목적 채권의 담보가치를 유지·보전할 의무'를 이행하는 것은 채무자 자신의 사무에 해당할 뿐이고, 채무자가 통상의 계약에서의 이익대립관계를 넘어서 채권자와의 신임관계에 기초하여 채권자의 사무를 맡아 처리한다고 볼 수 없으므로, 이 경우 채무자는 채권자에 대한 관계에서 '타인의 사무를 처리하는 자'에 해당한다고 할 수 없다(대판 2021.07.15. 2015도5184).

ㄹ. (○) 장물취득죄에서 '취득'이라고 함은 점유를 이전받음으로써 그 장물에 대하여 사실상의 처분권을 획득하는 것을 의미하는 것이므로, 단순히 보수를 받고 본범을 위하여 장물을 일시 사용하거나 그와 같이 사용할 목적으로 장물을 건네받은 것만으로는 장물을 취득한 것으로 볼 수 없다(대판 2003.05.13. 2003도1366).

ㅁ. (○) 형법 제370조의 경계침범죄는 단순히 계표를 손괴하는 것만으로는 부족하고 계표를 손괴, 이동 또는 제거하거나 기타 방법으로 토지의 경계를 인식불능하게 함으로써 비로소 성립되며 계표의 손괴, 이동 또는 제거 등은 토지의 경계를 인식불능케 하는 방법의 예시에 불과하여 이와 같은 행위의 결과로서 토지의 경계가 인식불능케 됨을 필요로 하고 동죄에 대하여는 미수죄에 관한 규정이 없으므로 계표의 손괴 등의 행위가 있더라도 토지경계의 인식불능의 결과가 발생하지 않은 한 본죄가 성립될 수 없다(대판 1991.09.10. 91도856).

정답 ③

문 95

다음 사례 중 재물손괴죄 또는 재물은닉죄에 해당하는 것은 모두 몇 개인가? [2018년 38번]

> ㉠ 경락받은 농수산물 저온저장 공장건물 중 공냉식 저온창고를 수냉식으로 개조함에 있어 그 공장에 시설된 피해자 소유의 자재에 관하여 피해자에게 철거를 최고하는 등 적법한 조치를 취함이 없이 이를 일방적으로 철거하게 한 경우
> ㉡ 재건축사업으로 철거예정이고 그 입주자들이 모두 이사하여 아무도 거주하지 않은 채 비어 있는 아파트를 포클레인 등을 이용하여 무단으로 철거한 경우
> ㉢ 해고노동자 등이 복직을 요구하는 집회를 개최하던 중 회사 건물 외벽과 1층 벽면 등에 계란 30여 개를 투척한 경우
> ㉣ 타인 소유의 광고용 간판을 백색페인트로 도색하여 광고문안을 지워버린 경우
> ㉤ 甲 소유였다가 약정에 따라 乙 명의로 이전되었으나 권리관계에 다툼이 생긴 토지상에서 甲이 버스공용터미널을 운영하고 있는데, 乙이 甲의 영업을 방해하기 위하여 철조망을 설치하려 하자 甲이 위 철조망을 가까운 곳에 마땅한 장소가 없어 터미널로부터 약 200 내지 300m 가량 떨어진 甲 소유의 다른 토지 위에 옮겨 놓은 경우

① 1개 ② 2개 ③ 3개
④ 4개 ⑤ 5개

해설

㉠ (O) 피고인이 경락받은 농수산물 저온저장 공장건물 중 공냉식 저온창고를 수냉식으로 개조함에 있어 그 공장에 시설된 피해자 소유의 자재에 관하여 피해자에게 철거를 최고하는 등 적법한 조치를 취함이 없이 이를 일방적으로 철거하게 하여 손괴하였다면 이는 재물손괴의 범의가 없었다고 할 수 없고 이것이 사회상규상 당연히 허용되는 것이라고 할 수도 없다(대판 1990.05.22. 90도700).

㉡ (O) 물건이 그 본래의 사용목적에 공할 수 있거나, 다른 용도로라도 사용이 가능한 상태에 있다면, 재산적 이용가치 내지 효용이 있는 것으로서 재물손괴죄의 객체가 될 수 있다. 기록에 의하면, 피해자들의 이 사건 각 아파트는 이 사건 당시 재건축사업으로 그 철거가 예정되어 있었고 소유자나 세입자들이 모두 타처로 이사하여 거주하지 않은 채 비워져 있던 상태였음을 알 수 있으나, 위 각 아파트 자체의 객관적 성상이 그 본래의 사용목적인 주거용으로 사용될 수 없는 상태로 되어 있었다는 점을 인정할 자료가 없고, 더욱이 피해자들이 반포주공2단지 주택재건축정비사업조합(이하 '이 사건 조합'이라 한다)에로의 신탁등기 및 명도를 거부하는 방법으로 계속 그 소유권을 행사하고 있는 상황에서, 위와 같은 사정만으로는 위 각 아파트가 재물로서의 이용가치나 효용이 없는 물건으로 되었다고 할 수 없으므로, 위 각 아파트는 재물손괴죄의 객체가 된다(대판 2007.09.20. 2007도5207).

㉢ (X) 해고노동자 등이 복직을 요구하는 집회를 개최하던 중 래커 스프레이를 이용하여 회사 건물 외벽과 1층 벽면 등에 낙서한 행위는 건물의 효용을 해한 것으로 볼 수 있으나, 이와 별도로 계란 30여 개를 건물에 투척한 행위는 건물의 효용을 해하는 정도의 것에 해당하지 않는다(대판 2007.06.28. 2007도2590).

㉣ (O) 타인 소유의 광고용 간판을 백색페인트로 도색하여 광고문안을 지워버린 행위는 재물손괴죄를 구성한다(대판 1991.10.22. 91도2090).

㉢ (X) 갑 소유였다가 약정에 따라 을 명의로 이전되었으나 권리관계에 다툼이 생긴 토지상에서 갑이 버스공용터미널을 운영하고 있는 데 을이 갑의 영업을 방해하기 위하여 철조망을 설치하려 하자 갑이 위 철조망을 가까운 곳에 마땅한 장소가 없어 터미널로부터 약 200 내지 300미터 가량 떨어진 갑 소유의 다른 토지 위에 옮겨 놓았다면 갑의 행위에는 재물의 소재를 불명하게 함으로써 그 발견을 곤란 또는 불가능하게 하여 그 효능을 해하게 하는 재물은닉의 범의가 있다고 할 수 없다(대판 1990.09.25. 90도1591).

정답 ③

문 96

손괴죄에 관한 다음 설명 중 가장 옳지 않은 것은?(다툼이 있는 경우 판례에 의함) [2017년 37번]

① 이미 작성되어 있던 장부의 기재를 새로운 장부로 이기하는 과정에서 누계 등을 잘못 기재하여 그 부분을 찢어버리고 계속하여 종전 장부의 기재내용을 모두 이기한 경우 특별한 사정이 없는 한 찢어버린 용지는 재물손괴죄의 객체가 되지 아니한다.
② 재물손괴죄의 객체인 "전자기록 등 특수매체기록"은 기록으로서의 성질상 어느 정도의 영속성이 있어야 하므로 전송중이거나 처리중인 자료는 여기에 해당하지 않는다.
③ 타인 소유의 재물이라면 비록 자신의 점유하에 있다고 하더라도 이를 손괴할 경우 재물손괴죄에 해당한다.
④ 자동문을 자동으로 작동하지 않고 수동으로만 개폐가 가능하게 하여 자동잠금장치로서 역할을 할 수 없도록 한 경우는 일시적으로 자동문의 역할을 할 수 없게 한 것에 불과하여 재물손괴죄가 성립하지 아니한다.
⑤ 허위의 내용이 기재된 확인서를 소유자의 의사에 반하여 작성명의인이 손괴한 경우 문서손괴죄가 성립한다.

해설 ★★

① (○) 손괴죄의 객체인 문서란 거기에 표시된 내용이 적어도 법률상 또는 사회생활상 중요한 사항에 관한 것이어야 하는 바, 이미 작성되어 있던 장부의 기재를 새로운 장부로 이기하는 과정에서 누계 등을 잘못 기재하다가 그 부분을 찢어버리고 계속하여 종전장부의 기재내용을 모두 이기하였다면 그 당시 새로운 경리장부는 아직 작성중에 있어서 손괴죄의 객체가 되는 문서로서의 경리장부가 아니라 할 것이고, 또 그 찢어버린 부분이 진실된 증빙내용을 기재한 것이었다는 등의 특별한 사정이 없는 한 그 이기과정에서 잘못 기재되어 찢어버린 부분 그 자체가 손괴죄의 객체가 되는 재산적 이용가치 내지 효용이 있는 재물이라고도 볼 수 없다(대판 1989.10.24. 88도1296).
② (○) "전자기록등 특수매체 기록"은 기록으로서의 성질상 영속성이 있어야 하므로 전송중이거나 처리중인 자료는 이에 해당하지 아니한다.
③ (○) 문서손괴죄의 객체는 타인소유의 문서이며 피고인 자신의 점유 하에 있는 문서라 할지라도 타인소유인 이상 이를 손괴하는 행위는 문서손괴죄에 해당한다(대판 1984.12.26. 84도2290).

④ (X) 재물손괴죄는 타인의 재물, 문서 또는 전자기록 등 특수매체기록을 손괴 또는 은닉 기타 방법으로 그 효용을 해한 경우에 성립한다(형법 제366조). 여기에서 손괴 또는 은닉 기타 방법으로 그 효용을 해하는 경우에는 물질적인 파괴행위로 물건 등을 본래의 목적에 사용할 수 없는 상태로 만드는 경우뿐만 아니라 일시적으로 물건 등의 구체적 역할을 할 수 없는 상태로 만들어 효용을 떨어뜨리는 경우도 포함된다. 따라서 자동문을 자동으로 작동하지 않고 수동으로만 개폐가 가능하게 하여 자동잠금장치로서 역할을 할 수 없도록 한 경우에도 재물손괴죄가 성립한다(대판 2016.11.25. 2016도9219).

⑤ (○) 확인서가 소유자의 의사에 반하여 손괴된 것이라면 그 확인서가 피고인 명의로 작성된 것이고 또 그것이 진실에 반하는 허위내용을 기재한 것이라 하더라도 피고인은 문서손괴의 죄책을 면할 수 없다(대판 1982.12.28. 82도1807).

정답 ④

제⑩절 ㅣ 권리행사를 방해하는 죄

문 28

권리행사방해죄에 관한 다음 설명 중 가장 옳지 않은 것은?[2023년 32번]

① 형법 제323조의 권리행사방해죄는 물건 또는 전자기록 등 특수매체기록을 취거, 은닉 또는 손괴하여 타인의 권리행사를 방해함으로써 성립한다. 여기서 '은닉'이란 타인의 점유 또는 권리의 목적이 된 자기 물건 등의 소재를 발견하기 불가능하게 하거나 또는 현저히 곤란한 상태에 두는 것을 말하고, 그로 인하여 권리행사가 방해될 우려가 있는 상태에 이르면 권리행사방해죄가 성립하고 현실로 권리행사가 방해되었을 것까지 필요로 하는 것은 아니다.

② 형법 제323조의 권리행사방해죄는 타인의 점유 또는 권리의 목적이 된 '자기의 물건'을 취거, 은닉 또는 손괴하여 타인의 권리행사를 방해함으로써 성립하는 것이므로, 그 취거, 은닉 또는 손괴한 물건이 '자기의 물건'이 아니라면 권리행사방해죄가 성립할 수 없다.

③ 채권자가 동산 양도담보 목적물에 관한 반환청구권을 양도하는 방법으로 제3자에게 처분하여 그 목적물의 소유권을 취득하게 한 다음 그 제3자로 하여금 그 목적물을 취거하게 한 경우, 사안에 따라 권리행사방해죄를 구성할 여지가 있음은 별론으로 하고, 절도죄를 구성할 여지는 없다.

④ 권리행사방해죄에 있어서의 타인의 점유라 함은 권원으로 인한 점유 즉 정당한 원인에 기하여 그 물건을 점유하는 권리있는 점유를 의미하는 것으로서 본권을 갖지 아니한 절도범인의 점유는 여기에 해당하지 아니하나, 반드시 본권에 의한 점유일 것을 요하지는 않으므로, 동시이행항변권 등에 기한 점유와 같은 적법한 점유도 여기에 해당한다.

⑤ 점유의 개시 당시에는 적법한 사유에 기하였으나, 그 후에 그 점유물을 소유자에게 인도해야 할 사정이 발생하였음에도 불구하고 점유자가 임의로 이를 인도하지 아니하고 계속 이를 무단 점유하고 있다면, 그 점유자는 더 이상 권리행사방해죄에서의 '타인의 물건을 점유하고 있는 자'라 할 수 없다.

MGI Point 권리행사방해죄 ★★

- 권리행사방해죄가 성립요건 ⇨ 현실로 권리행사가 방해되었을 것까지 필요×
- 형법 제323조의 권리행사방해죄의 객체 ⇨ 자기의 물건
- 채권자가 동산 양도담보 목적물에 관한 반환청구권을 양도하는 방법으로 제3자에게 처분하여 그 목적물의 소유권을 취득하게 한 다음 그 제3자로 하여금 그 목적물을 취거하게 한 경우 ⇨ 절도죄×
- 권리행사방해죄에 있어서의 침해의 대상인 타인의 점유 ⇨ 본권에 의한 점유 뿐만 아니라 동시이행항변권 등에 기한 점유와 같은 적법한 점유도 포함
- 점유의 개시 당시에는 적법한 사유에 기하였으나, 그 후에 권원을 상실하여 이를 무단 점유하고 있는 자 ⇨ 권리행사방해죄에서의 타인의 물건을 점유하고 있는 자○

① (○) 형법 제323조의 권리행사방해죄는 타인의 점유 또는 권리의 목적이 된 자기의 물건 또는 전자기록 등 특수매체기록을 취거, 은닉 또는 손괴하여 타인의 권리행사를 방해함으로써 성립한다. 여기서 '은닉'이란 타인의 점유 또는 권리의 목적이 된 자기 물건 등의 소재를 발견하기 불가능하게 하거나 또는 현저히 곤란한 상태에 두는 것을 말하고, 그로 인하여 권리행사가 방해될 우려가 있는 상태에 이르면 권리행사방해죄가 성립하고 현실로 권리행사가 방해되었을 것까지 필요로 하는 것은 아니다(대법원 2017. 5. 17. 2017도2230).

② (○) 형법 제323조의 권리행사방해죄는 타인의 점유 또는 권리의 목적이 된 '자기의 물건'을 취거, 은닉 또는 손괴하여 타인의 권리행사를 방해함으로써 성립하는 것이므로, 그 취거, 은닉 또는 손괴한 물건이 '자기의 물건'이 아니라면 권리행사방해죄가 성립할 여지가 없다(대법원 2010. 2. 25. 2009도5064).

③ (○) 양도담보권자인 채권자가 제3자에게 담보목적물인 동산을 매각한 경우, 제3자는 채권자와 채무자 사이의 정산절차 종결 여부와 관계없이 양도담보 목적물을 인도받음으로써 소유권을 취득하게 되고, 양도담보의 설정자가 담보목적물을 점유하고 있는 경우에는 그 목적물의 인도는 채권자로부터 목적물반환청구권을 양도받는 방법으로도 가능하다. 채권자가 양도담보 목적물을 위와 같은 방법으로 제3자에게 처분하여 그 목적물의 소유권을 취득하게 한 다음 그 제3자로 하여금 그 목적물을 취거하게 한 경우, 그 제3자로서는 자기의 소유물을 취거한 것에 불과하므로, 채권자의 이 같은 행위는 절도죄를 구성하지 않는다(대법원 2008. 11. 27. 2006도4263).

④ (○) 형법 제323조의 권리행사방해죄에 있어서의 타인의 점유라 함은 권원으로 인한 점유 즉 정당한 원인에 기하여 그 물건을 점유하는 권리있는 점유를 의미하는 것으로서 본권을 갖지 아니한 절도범인의 점유는 여기에 해당하지 아니하나, 반드시 본권에 의한 점유만에 한하지 아니하고 동시이행항변권 등에 기한 점유와 같은 적법한 점유도 여기에 해당한다고 할 것이고, 한편, 쌍무계약이 무효로 되어 각 당사자가 서로 취득한 것을 반환하여야 할 경우, 어느 일방의 당사자에게만 먼저 그 반환의무의 이행이 강제된다면 공평과 신의칙에 위배되는 결과가 되므로 각 당사자의 반환의무는 동시이행 관계에 있다고 보아 민법 제536조를 준용함이 옳다고 해석되고, 이러한 법리는 경매절차가 무효로 된 경우에도 마찬가지라고 할 것이므로, 무효인 경매절차에서 경매목적물을 경락받아 이를 점유하고 있는 낙찰자의 점유는 적법한 점유로서 그 점유자는 권리행사방해죄에 있어서의 타인의 물건을 점유하고 있는 자라고 할 것이다(대법원 2003. 11. 28. 2003도4257).

⑤ (X) 일단 적법한 원유에 기하여 물건을 점유한 이상 그 후에 그 점유물을 소유자에게 명도하여야 할 사정이 발생하였다 할지라도 점유자가 임의로 명도를 하지 아니하고 계속 점유하고 있다면 그 점유자는 권리행사방해죄에 있어서의 타인의 물건을 점유하고 있는 자이다(대법원 1977. 9. 13. 77도1672).

정답 ⑤

문 29

강제집행면탈죄에 관한 다음 설명 중 가장 옳지 않은 것은?[2023년 12번]

① 甲이 A와 공모하여, A의 B에 대한 채무를 면탈하기 위하여 A 소유의 부동산에 대하여 甲 앞으로 근저당권설정등기를 하였다고 하더라도, A의 B에 대한 채무가 존재하지 아니한다는 판결이 확정된 경우에는 강제집행면탈죄가 성립하지 않는다.
② 허위양도한 부동산의 시가액보다 그 부동산에 의하여 담보된 채무액이 더 많은 경우에도 강제집행면탈죄가 성립할 수 있다.
③ '보전처분 단계에서의 가압류채권자의 지위' 자체는 원칙적으로 민사집행법상 강제집행 또는 보전처분의 대상이 될 수 없어 강제집행면탈죄의 객체에 해당한다고 볼 수 없다.
④ 甲이 타인에게 채무를 부담하고 있는 양 가장하는 방편으로 甲 소유의 부동산들에 관하여 소유권이전청구권보전을 위한 가등기를 경료하여 준 경우, 그와 같이 가등기를 경료한 사실만으로도 甲이 강제집행을 면탈할 목적으로 허위채무를 부담하여 채권자를 해한 것이라고 할 수 있다.
⑤ 진의에 의하여 재산을 양도하였다면 설령 그것이 강제집행을 면탈할 목적으로 이루어진 것으로서 채권자의 불이익을 초래하는 결과가 되었다고 하더라도 강제집행면탈죄의 허위양도 또는 은닉에는 해당하지 아니한다.

> **MGI Point 강제집행면탈죄** ★★
>
> - 채권이 부존재하는 경우 ⇨ 강제집행면탈죄 성립×
> - 허위양도한 부동산의 시가액보다 그 부동산에 의하여 담보된 채무액이 더 많은 경우 ⇨ 채권자를 해할 위험○ ⇨ 강제집행면탈죄 성립
> - 보전처분 단계에서의 가압류채권자의 지위 ⇨ 강제집행면탈죄의 객체×
> - 채무자가 허위의 소유권이전청구권보전을 위한 가등기를 경료해준 경우 ⇨ 채권자를 해할 위험성× ⇨ 강제집행면탈죄 성립×
> - 진의에 의한 재상양의 경우 ⇨ 강제집행면탈죄 성립×

① (○) 형법 제327조의 강제집행면탈죄는 채권자의 권리보호를 그 주된 보호법익으로 하고 있는 것이므로 강제집행의 기본이 되는 채권자의 권리 즉 채권의 존재는 강제집행면탈죄의 성립요건이라 할 것이며 따라서 그 채권의 존재가 인정되지 않을 때에는 강제집행면탈죄는 성립하지 않는다(대법원 1988. 4. 12. 88도48).
② (○) 강제집행면탈죄는 이른바 위태범으로서 강제집행을 당할 구체적인 위험이 있는 상태에서 재산을 은닉, 손괴, 허위양도 또는 허위의 채무를 부담하면 바로 성립하는 것이고, 반드시 채권자를 해하는 결과가 야기되거나 이로 인하여 행위자가 어떤 이득을 취하여야 범죄가 성립하는 것은 아니며, 허위양도한 부동산의 시가액보다 그 부동산에 의하여 담보된 채무액이 더 많다고 하여 그 허위양도로 인하여 채권자를 해할 위험이 없다고 할 수 없다(대법원 1999. 2. 12. 98도2474).
③ (○) 강제집행면탈죄의 객체는 채무자의 재산 중에서 채권자가 민사집행법상 강제집행 또는 보전처분의 대상으로 삼을 수 있는 것만을 의미하므로, '보전처분 단계에서의 가압류채권자의 지위' 자체는 원칙적으로 민사집행법상 강제집행 또는 보전처분의 대상이 될 수 없어 강제집행면탈죄의 객체에 해당한다고 볼 수 없고, 이는 가압류채무자가 가압류해방금을 공탁한 경우에도 마찬가지이다(대법원 2008. 9. 11. 2006도8721).
④ (X) 피고인이 타인에게 채무를 부담하고 있는 양 가장하는 방편으로 피고인 소유의 부동산들에 관하여 소유권이전청구권보전을 위한 가등기를 경료하여 주었다 하더라도 그와 같은 가등기는 원래 순위보전의 효력밖에 없는 것이므로 그와 같이 각 가등기를 경료한 사실만으로는 피고인이 강제집행을 면탈할 목적으로 허위채무를 부담하여 채권자를 해한 것이라고 할 수 없다(대법원 1987. 8. 18. 87도1260).

⑤ (○) 강제집행면탈죄에 있어서 은닉이라 함은 강제집행을 면탈할 목적으로 강제집행을 실시하는 자로 하여금 채무자의 재산을 발견하는 것을 불능 또는 곤란하게 만드는 것을 말하는 것으로서 진의에 의하여 재산을 양도하였다면 설령 그것이 강제집행을 면탈할 목적으로 이루어진 것으로서 채권자의 불이익을 초래하는 결과가 되었다고 하더라도 강제집행면탈죄의 허위양도 또는 은닉에는 해당하지 아니한다 할 것이다(대법원 2000. 9. 8. 2000도1447).

정답 ④

문 97

강제집행면탈죄에 관한 다음 설명 중 옳지 않은 것은 모두 몇 개인가? [2021년 14번]

> 가. 산업재해보상보험법 제52조의 휴업급여를 받을 권리는 강제집행면탈죄의 객체에 해당하지 않는다.
> 나. 채권자의 채권이 토지 소유자로서 그 지상 건물의 소유자에 대하여 가지는 건물철거 및 토지인도청구권인 경우라면, 채무자인 건물 소유자가 제3자에게 허위의 금전채무를 부담하면서 이를 피담보채무로 하여 건물에 관하여 근저당권설정등기를 경료하였다는 것만으로는 건물 소유자에게 강제집행면탈죄가 성립한다고 할 수 없다.
> 다. 이혼을 요구하는 처로부터 재산분할청구권에 근거한 가압류 등 강제집행을 받을 우려가 있는 상태에서 남편이 이를 면탈할 목적으로 허위의 채무를 부담하고 소유권이전청구권보전가등기를 경료한 경우, 강제집행면탈죄가 성립한다.
> 라. 가압류채권자의 지위에 있었던 채무자가 가압류집행해제를 신청함으로써 그 지위를 상실하였다고 하더라도, 강제집행면탈죄가 성립한다고 볼 수 없다.
> 마. 甲이 자신을 상대로 사실혼관계해소 청구소송을 제기한 乙에 대한 채무를 면탈하려고 甲 명의 아파트를 담보로 대출을 받아 그 중 대부분을 타인 명의 계좌로 입금하여 은닉하였다고 하더라도, 乙의 채권액을 훨씬 상회하는 다른 재산이 甲에게 있었던 이상 강제집행면탈죄는 성립하지 않는다고 봄이 상당하다.
> 바. 채권자들에 의한 복수의 강제집행이 예상되는 경우 재산을 은닉 또는 허위양도함으로써 채권자들을 해하였다면 채권자별로 각각 강제집행면탈죄가 성립하고, 상호 상상적 경합범의 관계에 있다.
> 사. 타인의 재물을 보관하는 자가 보관하고 있는 재물을 영득할 의사로 은닉하였다면 횡령죄를 구성하는 것이고, 채권자들의 강제집행을 면탈하는 결과를 가져온다 하여 이와 별도로 강제집행면탈죄를 구성하는 것은 아니다.

① 없음　　　　　② 1개　　　　　③ 2개
④ 3개　　　　　⑤ 4개

| MGI Point | **강제집행면탈죄** | ★★★ |

- 산업재해보상보험법상 휴업급여를 받을 권리 ⇨ 강제집행면탈죄의 객체 ×
- 채권자의 채권이 토지 소유자로서 그 지상 건물의 소유자에 대하여 가지는 건물철거 및 토지인도청구권이고, 채무자인 건물 소유자가 제3자에게 허위의 금전채무를 부담하면서 이를 피담보채무로 하여 건물에 관하여 근저당권설정등기를 경료한 경우 ⇨ 이러한 사유만으로 건물 소유자에게 강제집행면탈죄 성립 ×
- 이혼을 요구하는 처로부터 재산분할청구권에 근거한 가압류 등 강제집행을 받을 우려가 있는 상태에서 남편이 이를 면탈할 목적으로 허위의 채무를 부담하고 소유권이전청구권보전가등기를 경료한 경우 ⇨ 강제집행면탈죄 성립 ○
- 보전처분 단계에서의 가압류채권자의 지위 ⇨ 강제집행면탈죄의 객체 ×
- 채권이 존재하는 경우에도 채무자에게 채권자의 집행을 확보하기에 충분한 다른 재산이 있었다면, 채권자를 해하였거나 해할 우려가 있다고 단정할 수 ×
- 채권자들에 의한 복수의 강제집행이 예상되는 경우 재산을 은닉 또는 허위양도 함으로써 채권자들을 해하였다면 채권자별로 각각 강제집행면탈죄가 성립하고, 상호 상상적 경합범의 관계
- 타인의 재물을 보관하는 자가 보관하고 있는 재물을 영득할 의사로 은닉 ⇨ 횡령죄 구성 ○, 강제집행면탈죄 구성 ×

가. (○) 원심은, 산업재해보상보험법 제52조의 휴업급여를 받을 권리는 같은 법 제88조 제2항에 의하여 압류가 금지되는 채권으로서 강제집행면탈죄의 객체에 해당하지 않으므로, 피고인이 장차 지급될 휴업급여 수령계좌를 기존의 압류된 예금계좌에서 압류가 되지 않은 다른 예금계좌로 변경하여 휴업급여를 수령한 행위는 죄가 되지 않는다고 판단하여, 제1심판결을 파기하고 피고인에 대하여 무죄를 선고하였다. 앞서 본 법리와 기록에 비추어 살펴보면, 원심의 위와 같은 판단은 정당하고 거기에 상고이유 주장과 같이 논리와 경험의 법칙을 위반하여 자유심증주의의 한계를 벗어나거나 강제집행면탈죄에 관한 법리를 오해한 위법이 없다(대판 2017.08.18. 2017도6229).

나. (○) 채권자의 채권이 금전채권이 아니라 토지 소유자로서 그 지상 건물의 소유자에 대하여 가지는 건물철거 및 토지인도청구권인 경우라면, 채무자인 건물 소유자가 제3자에게 허위의 금전채무를 부담하면서 이를 피담보채무로 하여 건물에 관하여 근저당권설정등기를 경료하였다는 것만으로는 직접적으로 토지 소유자의 건물철거 및 토지인도청구권에 기한 강제집행을 불능케 하는 사유에 해당한다고 할 수 없으므로 건물 소유자에게 강제집행면탈죄가 성립한다고 할 수 없고, 이는 건물 소유자가 토지 임차인으로서 임대인인 토지 소유자에 대하여 민법 제643조의 건물매수청구권을 행사함으로써 건물 소유자와 토지 소유자 사이에 건물에 관한 매매관계가 성립하여 토지 소유자가 건물 소유자에 대하여 건물에 관한 소유권이전등기 및 명도청구권을 가지게 된 후에 건물 소유자가 제3자에게 허위의 금전채무를 부담하면서 이를 피담보채무로 하여 건물에 관하여 근저당권설정등기를 경료한 경우에도 마찬가지이다(대판 2008.06.12. 2008도2279).

다. (○) 이혼을 요구하는 처로부터 재산분할청구권에 근거한 가압류 등 강제집행을 받을 우려가 있는 상태에서 남편이 이를 면탈할 목적으로 허위의 채무를 부담하고 소유권이전청구권보전가등기를 경료한 경우, 강제집행면탈죄가 성립한다(대판 2008.06.26. 2008도3184).

라. (○) [1] 강제집행면탈죄의 객체는 채무자의 재산 중에서 채권자가 민사집행법상 강제집행 또는 보전처분의 대상으로 삼을 수 있는 것만을 의미하므로, '보전처분 단계에서의 가압류채권자의 지위' 자체는 원칙적으로 민사집행법상 강제집행 또는 보전처분의 대상이 될 수 없어 강제집행면탈죄의 객체에 해당한다고 볼 수 없고, 이는 가압류채무자가 가압류해방금을 공탁한 경우에도 마찬가지이다. [2] 채무자가 가압류채권자의 지위에 있으면서 가압류집행해제를 신청함으로써 그 지위를 상실하는 행위는 형법 제327조에서 정한 '은닉, 손괴, 허위양도 또는 허위채무부담' 등 강제집행면탈행위의 어느 유형에도 포함되지 않는 것이므로, 이러한 행위를 처벌대상으로 삼을 수 없다(대판 2008.09.11. 2006도8721).

마. (○) [1] 형법 제327조의 강제집행면탈죄는 채권자의 정당한 권리행사 보호 외에 강제집행의 기능보호도 법익으로 하는 것이나, 현행 형법상 강제집행면탈죄가 개인적 법익에 관한 재산범의 일종으로 규정되어 있는 점과 채권자를 해하는 것을 구성요건으로 규정하고 있는 점 등에 비추어 보면 주된 법익은 채권자의 권

리보호에 있다고 해석하는 것이 타당하므로, 강제집행의 기본이 되는 채권자의 권리, 즉 채권의 존재는 강제집행면탈죄의 성립요건으로서 채권의 존재가 인정되지 않을 때에는 강제집행면탈죄는 성립하지 않는다. 그리고 채권이 존재하는 경우에도 채무자의 재산은닉 등 행위 시를 기준으로 채무자에게 채권자의 집행을 확보하기에 충분한 다른 재산이 있었다면 채권자를 해하였거나 해할 우려가 있다고 쉽사리 단정할 것이 아니다. [2] 피고인이 자신을 상대로 사실혼관계해소 청구소송을 제기한 甲에 대한 채무를 면탈하려고 피고인 명의 아파트를 담보로 10억 원을 대출받아 그 중 8억 원을 타인 명의 계좌로 입금하여 은닉하였다고 하여 강제집행면탈죄로 기소된 사안에서, 피고인의 재산은닉 행위 당시 甲의 재산분할청구권은 존재하였다고 보기 어렵고, 가사사건 제1심판결에 근거하여 위자료 4,000만 원의 채권이 존재한다는 사실이 증명되었다고 볼 여지가 있었을 뿐이므로, 피고인에게 위자료채권액을 훨씬 상회하는 다른 재산이 있었던 이상 강제집행면탈죄는 성립하지 않는다고 보아야 하는데도, 이와 달리 피고인에게 유죄를 인정한 원심판단에 강제집행면탈죄의 성립요건인 채권의 존재 및 강제집행면탈 행위에 관한 법리오해의 위법이 있다(대판 2011.09.08. 2011도5165).

바. (○) 채권자들에 의한 복수의 강제집행이 예상되는 경우 재산을 은닉 또는 허위양도함으로써 채권자들을 해하였다면 채권자별로 각각 강제집행면탈죄가 성립하고, 상호 상상적 경합범의 관계에 있다(대판 2011.12.08. 2010도4129).

사. (○) 횡령죄의 구성요건으로서의 횡령행위란 불법영득의 의사, 즉 타인의 재물을 보관하는 자가 자기 또는 제3자의 이익을 꾀할 목적으로 위탁의 취지에 반하여 권한 없이 그 재물을 자기의 소유인 것처럼 사실상 또는 법률상 처분하려는 의사를 실현하는 행위를 말하고, 강제집행면탈죄에 있어서 은닉이라 함은 강제집행을 면탈할 목적으로 강제집행을 실시하는 자로 하여금 채무자의 재산을 발견하는 것을 불능 또는 곤란하게 만드는 것을 말하는 것으로서 진의에 의하여 재산을 양도하였다면 설령 그것이 강제집행을 면탈할 목적으로 이루어진 것으로서 채권자의 불이익을 초래하는 결과가 되었다고 하더라도 강제집행면탈죄의 허위양도 또는 은닉에는 해당하지 아니한다 할 것이며, 이와 같은 양죄의 구성요건 및 강제집행면탈죄에 있어 은닉의 개념에 비추어 보면 타인의 재물을 보관하는 자가 보관하고 있는 재물을 영득할 의사로 은닉하였다면 이는 횡령죄를 구성하는 것이고 채권자들의 강제집행을 면탈하는 결과를 가져온다 하여 이와 별도로 강제집행면탈죄를 구성하는 것은 아니다(대판 2000.09.08. 2000도1447).

정답 ①

문 98

권리행사방해에 관한 다음 설명 중 옳지 않은 것은 모두 몇 개인가? [2020년 25번]

> 가. 형법 제323조의 권리행사방해죄는 타인의 점유 또는 권리의 목적이 된 자기의 물건 또는 전자기록 등 특수매체기록을 취거, 은닉 또는 손괴하여 타인의 권리행사를 방해함으로써 성립한다. 여기서 '은닉'이란 타인의 점유 또는 권리의 목적이 된 자기 물건 등의 소재를 발견하기 불가능하게 하거나 또는 현저히 곤란한 상태에 두는 것을 말하고, 그로 인하여 권리행사가 방해될 우려가 있는 상태에 이르면 권리행사방해죄가 성립하고 현실로 권리행사가 방해되었을 것까지 필요로 하는 것은 아니다.
> 나. A가 처음부터 자동차대여사업자등록만 하고 실제로 영업할 의사가 없이 렌트카 회사인 B 주식회사를 설립한 다음 C 주식회사 등의 명의로 저당권등록이 되어 있는 다수의 차량들을 사들여 B 회사 소유의 영업용 차량으로 등록하였다. 이후 A는 지입차주들로 하여금 차량을 관리·처분하도록 하여 C 회사 등의 임의경매가 차량 소재파악 불가 등의 사유로 취소되도록 하고, 결국 자동차대여사업자등록 취소처분을 받아 차량등록을 직권말소시켜 저당권 등도 소멸되게 하였다. A에게는 C 회사 등에 대한 권리행사방해죄가 성립한다.
> 다. A가 차량을 구입하면서 B로부터 차량 매수대금을 차용하고 담보로 차량에 B 명의의 저당권을 설정해 주었다. A는 그 후 대부업자 C로부터 돈을 차용하면서 차량을 C에게 담보로 제공하여 이른바 '대포차'로 유통되게 하였다. A에게는 B에 대한 권리행사방해죄가 성립한다.
> 라. A는 강제경매를 통하여 아들인 B 명의로 오피스텔 건물 501호를 매수하였는데, 위 501호에 대해서는 C가 유치권을 행사하고 있었다. A는 열쇠수리공을 불러 501호의 잠금장치를 변경하여 C가 더 이상 유치권 행사를 할 수 없도록 점유를 침탈하였다. A에게는 C에 대한 권리행사방해죄가 성립한다.
> 마. A 렌트카회사의 공동대표이사 중 1인인 B가 회사 보유 차량을 자신의 개인적인 채무담보 명목으로 C에게 넘겨주었다. 다른 공동대표이사인 D가 C에게 차량반환을 요구하였으나 C가 담보제공 약정을 이유로 반환을 거절하자, D는 위 차량을 C 몰래 회수하였다. 회수 당시 위 차량에 대해서는 아직 A 회사 명의로 신규등록은 마쳐지지 않았으나 임시운행허가번호판이 부착된 상태였다. D에게는 C에 대한 권리행사방해죄가 성립한다.

① 1개   ② 2개   ③ 3개
④ 4개   ⑤ 없음

MGI Point **권리행사방해** ★★

- 형법 제323조의 권리행사방해죄 ⇨ 권리행사가 방해될 우려가 있는 상태에 이르면 기수
- A가 처음부터 자동차대여사업자등록만 하고 실제로 영업할 의사가 없이 렌트카 회사인 B 주식회사를 설립한 다음 C 주식회사 등의 명의로 저당권등록이 되어 있는 다수의 차량들을 사들여 B 회사 소유의 영업용 차량으로 등록한 후 차량등록을 직권말소시켜 저당권 등도 소멸되게 한 경우 ⇨ 권리행사방해죄
- A가 차량을 구입하면서 B로부터 차량 매수대금을 차용하고 담보로 차량에 B 명의의 저당권을 설정해 준 후 대부업자 C로부터 돈을 차용하면서 차량을 C에게 담보로 제공하여 '대포차'로 유통되게 한 경우 ⇨ B에 대한 권리행사방해죄
- A가 강제경매를 통하여 아들 B 명의로 C가 유치권을 행사하고 있는 오피스텔 건물 501호를 매수한 후 열쇠수리공을 불러 501호의 잠금장치를 변경하여 C가 더 이상 유치권 행사를 할 수 없도록 한 경우 ⇨ 권리행사방해죄 ×
- A 렌트카회사의 공동대표이사 중 1인인 B가 회사 보유 차량을 자신의 개인적인 채무담보 명목으로 C에게 넘겨주었는데, 다른 공동대표이사인 D가 C에게 차량반환을 요구하였으나 C가 담보제공 약정을 이유로 반환을 거절하자, D가 위 차량을 C 몰래 회수한 경우(위 차량에 대해 아직 A 회사 명의로 신규등록은 마치지 않았으나 임시운행허가번호판이 부착된 상태) ⇨ 권리행사방해죄 ×

가. (○) 형법 제323조의 권리행사방해죄는 타인의 점유 또는 권리의 목적이 된 자기의 물건 또는 전자기록 등 특수매체기록을 취거, 은닉 또는 손괴하여 타인의 권리행사를 방해함으로써 성립한다. 여기서 '은닉'이란 타인의 점유 또는 권리의 목적이 된 자기 물건 등의 소재를 발견하기 불가능하게 하거나 또는 현저히 곤란한 상태에 두는 것을 말하고, 그로 인하여 권리행사가 방해될 우려가 있는 상태에 이르면 권리행사방해죄가 성립하고 현실로 권리행사가 방해되었을 것까지 필요로 하는 것은 아니다(대판 2017.05.17. 2017도2230).

나. (○) 피고인들이 공모하여 렌트카 회사인 甲 주식회사를 설립한 다음 乙 주식회사 등의 명의로 저당권등록이 되어 있는 다수의 차량들을 사들여 甲 회사 소유의 영업용 차량으로 등록한 후 자동차대여사업자등록 취소처분을 받아 차량등록을 직권말소시켜 저당권 등이 소멸되게 함으로써 乙 회사 등의 저당권의 목적인 차량들을 은닉하는 방법으로 권리행사를 방해하였다는 내용으로 기소된 사안에서, 피고인들은 처음부터 자동차대여사업자에 대한 등록취소 및 자동차등록 직권말소절차의 허점을 이용하여 권리행사를 방해할 목적으로 범행을 모의한 다음 렌트카 사업자등록만 하였을 뿐 실제로는 영업을 하지 아니함에도 차량 구입자들 또는 지입차주들로 하여금 차량을 관리·처분하도록 함으로써 차량들의 소재를 파악할 수 없게 하였고, 나아가 자동차대여사업자등록이 취소되어 차량들에 대한 저당권등록마저 직권말소되도록 하였으므로, 이러한 행위는 그 자체로 저당권자인 乙 회사 등으로 하여금 자동차등록원부에 기초하여 저당권의 목적이 된 자동차의 소재를 파악하는 것을 현저하게 곤란하게 하거나 불가능하게 하는 행위에 해당함에도, 이와 달리 피고인들이 차량들을 은닉하였다고 단정할 수 없다는 이유로 무죄로 판단한 원심판결에 권리행사방해죄에 관한 법리오해의 잘못이 있다고 한 사례(대판 2017.05.17. 2017도2230).

다. (○) 피고인이 차량을 구입하면서 피해자로부터 차량 매수대금을 차용하고 담보로 차량에 피해자 명의의 저당권을 설정해 주었는데, 그 후 대부업자로부터 돈을 차용하면서 차량을 대부업자에게 담보로 제공하여 이른바 '대포차'로 유통되게 한 사안에서, 피고인이 피해자의 권리의 목적이 된 피고인의 물건을 은닉하여 권리행사를 방해하였다고 본 원심판단이 정당하다고 한 사례(대판 2016.11.10. 2016도13734).

라. (×) 피고인이, 갑 주식회사가 유치권을 행사 중인 건물을 강제경매를 통하여 자신의 아들 을 명의로 매수한 후 그 잠금장치를 변경하여 점유를 침탈함으로써 갑 회사의 유치권 행사를 방해하였다는 내용으로 기소된 사안에서, 부동산경매절차에서 부동산을 매수하려는 사람이 타인과의 명의신탁약정 아래 타인 명의로 매각허가결정을 받아 자신의 부담으로 매수대금을 완납한 때에는 경매목적 부동산의 소유권은 매수대금의 부담 여부와는 관계없이 그 명의인이 취득하게 되므로, 피고인이 위 건물에 대한 갑 회사의 점유를 침탈하였더라도 피고인의 물건에 대한 타인의 권리행사를 방해한 것으로 볼 수 없다(대판 2019.12.27. 2019도14623).

마. (X) (회사명 생략)렌트카(주)의 공동대표이사 중 1인인 공소외인은 피해자에 대한 개인적인 채무의 담보명목으로 위 회사가 보유 중이던 이 사건 승용차를 피해자에게 넘겨 주었다. 피해자는 위 승용차를 약 4개월 동안 위 회사에서 수시로 연락 가능한 피해자의 사무실 등지에서 운행해 오면서 위 회사 직원의 승용차 반환요구를 공소외인에 대한 채권 및 위 담보제공 약정을 이유로 거절해 왔다. 그러자 위 회사 공동대표이사 중 1인인 피고인은 피해자의 공소외인에 대한 채권의 존부 및 위 담보제공 약정의 효력에 관하여 피해자와 직접 접촉하여 관련 사실 및 증빙자료를 확인하는 등의 절차를 밟지 않은 채 피해자 사무실 부근에 주차되어 있는 이 사건 승용차를 몰래 회수하도록 하였다는 것이다.…다만, 자동차소유권의 득실변경은 등록을 하여야 그 효력이 생기고(자동차관리법 제6조), 권리행사방해죄의 객체는 자기의 소유물에 한한다(대법원 2003. 5. 30. 선고 2000도5767 판결, 2005. 11. 10. 선고 2005도6604 판결 등 참조). 그런데 기록에 의하면, 이 사건 승용차는 (회사명 생략)렌트카(주)가 구입하여 보유 중이나 이 사건 공소사실 기재 일시까지도 아직 위 회사나 피고인 명의로 신규등록 절차를 마치지 않은 미등록 상태였던 사실을 알 수 있다. 따라서 이 사건 승용차는 이 사건 공소사실 기재 범행 당시 (회사명 생략)렌트카(주) 혹은 피고인의 소유물이라고 할 수 없어 이를 전제로 하는 권리행사방해죄는 성립되지 아니한다(대판 2006.03.23. 2005도4455).

 ②

문 99

권리행사를 방해하는 죄에 관한 다음 설명 중 가장 옳지 않은 것은? [2019년 20번]

① 권리행사방해죄에서 '은닉'이란 타인의 점유 또는 권리의 목적이 된 자기 물건 등의 소재를 발견하기 불가능하게 하거나 또는 현저히 곤란한 상태에 두는 것을 말하고, 그로 인하여 권리행사가 방해될 우려가 있는 상태에 이르면 권리행사방해죄가 성립하고 현실로 권리행사가 방해되었을 것까지 필요로 하는 것은 아니다.

② 의료법에 의하여 적법하게 개설되지 아니한 의료기관에서 요양급여가 행하여진 경우, 해당 의료기관은 요양급여비용 전부를 청구할 수 없고, 해당 의료기관의 채권자로서도 위 요양급여비용 채권을 대상으로 하여 강제집행 또는 보전처분의 방법으로 채권의 만족을 얻을 수 없는 것이므로, 결국 위와 같은 채권은 강제집행면탈죄의 객체가 되지 아니한다.

③ 물건의 소유자가 아닌 사람은 형법 제33조 본문에 따라 소유자의 권리행사방해 범행에 가담한 경우에 한하여 그의 공범이 될 수 있을 뿐이나, 권리행사방해죄의 공범으로 기소된 물건의 소유자에게 고의가 없는 등으로 범죄가 성립하지 않는다면 공동정범이 성립할 여지가 없다.

④ 무효인 경매절차에서 경매목적물을 낙찰받아 이를 점유하고 있는 낙찰자의 점유는 적법한 점유로서 그 점유자는 권리행사방해죄에 있어서의 타인의 물건을 점유하고 있는 자라고 할 것이다.

⑤ 국세징수법에 의한 체납처분을 면탈할 목적으로 재산을 은닉하는 등의 행위, 민사집행법 제3편의 적용 대상인 '담보권 실행 등을 위한 경매'를 면탈할 목적으로 재산을 은닉하는 등의 행위, 의사의 진술에 갈음하는 판결의 집행을 면탈할 목적으로 재산을 은닉하는 등의 행위는 강제집행면탈죄의 규율대상에 포함되지 않는다.

MGI Point 권리행사를 방해하는 죄 ★★

- 권리행사방해죄에서 '은닉'의 의미
  - 타인의 점유 또는 권리의 목적이 된 자기 물건 등의 소재를 발견하기 불가능하게 하거나 또는 현저히 곤란한 상태에 두는 것
  - 그로 인해 권리행사가 방해될 우려가 있는 상태에 이르면 권리행사방해죄 성립 (현실로 권리행사가 방해 不要)
  - 승용차를 구입하면서 피해자로부터 차량 매수대금을 차용하고 위 차량에 피해자 명의의 저당권을 설정해 주었음에도, 대부업자로부터 400만 원을 차용하면서 위 차량을 대부업자에게 담보로 제공하여 이른바 '대포차'로 유통되게 한 경우 피고인이 피해자의 권리의 목적이 된 피고인의 물건을 은닉하여 권리행사를 방해 함
- 의료법에 의하여 적법하게 개설되지 아니한 의료기관에서 요양급여가 행하여진 경우 ⇨ 요양급여비용 채권은 강제집행면탈죄의 객체 ×
- 권리행사방해죄의 공범으로 기소된 물건의 소유자에게 고의가 없는 등으로 범죄가 성립하지 않는다면 공동정범이 성립할 여지 ×
- 무효인 경매절차에 의해 부동산을 낙찰받은 자의 점유는 동시이행항변권에 기한 점유 ⇨ 권리행사방해죄의 보호대상인 점유 ○
- 강제집행면탈죄의 강제집행
  - 국세징수법상 체납처분 ×
  - 광의의 강제집행인 의사의 진술에 갈음하는 판결의 강제집행 ○
  - 담보권실행을 위한 경매 ×
  - 민사집행법의 적용대상인 강제집행 또는 가압류 가처분 집행 ○

① (○) 형법 제323조의 권리행사방해죄는 타인의 점유 또는 권리의 목적이 된 자기의 물건 또는 전자기록 등 특수매체기록을 취거, 은닉 또는 손괴하여 타인의 권리행사를 방해함으로써 성립한다. 여기서 '은닉'이란 타인의 점유 또는 권리의 목적이 된 자기 물건 등의 소재를 발견하기 불가능하게 하거나 또는 현저히 곤란한 상태에 두는 것을 말하고, 그로 인하여 권리행사가 방해될 우려가 있는 상태에 이르면 권리행사방해죄가 성립하고 현실로 권리행사가 방해되었을 것까지 필요로 하는 것은 아니다(대판 2016.11.10. 2016도13734).

사실관계 피고인이 2011. 5. 9.경 체어맨 승용차 1대를 구입하면서 피해자로부터 차량 매수대금 2,000만 원을 차용하고 그 담보로 위 차량에 피해자 명의의 저당권을 설정해 주었음에도, 2011. 12.경 대부업자로부터 400만 원을 차용하면서 위 차량을 대부업자에게 담보로 제공하여 이른바 '대포차'로 유통되게 한 사실에 대해, 피고인이 피해자의 권리의 목적이 된 피고인의 물건을 은닉하여 권리행사를 방해하였다고 판단한 사례

② (○) 형법 제327조는 "강제집행을 면할 목적으로 재산을 은닉, 손괴, 허위양도 또는 허위의 채무를 부담하여 채권자를 해한 자"를 처벌한다고 규정하고 있다. 강제집행면탈죄는 강제집행이 임박한 채권자의 권리를 보호하기 위한 것이므로, 강제집행면탈죄의 객체는 채무자의 재산 중에서 채권자가 민사집행법상 강제집행 또는 보전처분의 대상으로 삼을 수 있는 것이어야 한다.…의료법에 의하여 적법하게 개설되지 아니한 의료기관에서 요양급여가 행하여졌다면 해당 의료기관은 국민건강보험법상 요양급여비용을 청구할 수 있는 요양기관에 해당되지 아니하여 해당 요양급여비용 전부를 청구할 수 없고, 해당 의료기관의 채권자로서도 위 요양급여비용 채권을 대상으로 하여 강제집행 또는 보전처분의 방법으로 채권의 만족을 얻을 수 없는 것이므로, 결국 위와 같은 채권은 강제집행면탈죄의 객체가 되지 아니한다(대판 2017.04.26. 2016도19982).

③ (○) 형법 제323조의 권리행사방해죄는 타인의 점유 또는 권리의 목적이 된 자기의 물건을 취거, 은닉 또는 손괴하여 타인의 권리행사를 방해함으로써 성립하므로 그 취거, 은닉 또는 손괴한 물건이 자기의 물건이 아니라면 권리행사방해죄가 성립할 수 없다. 물건의 소유자가 아닌 사람은 형법 제33조 본문에 따라 소유자의 권리행사방해 범행에 가담한 경우에 한하여 그의 공범이 될 수 있을 뿐이다. 그러나 권리행사방해죄의 공범으로 기소된 물건의 소유자에게 고의가 없는 등으로 범죄가 성립하지 않는다면 공동정범이 성립할 여지가 없다(대판 2017.05.30. 2017도4578).

④ (○) 형법 제323조의 권리행사방해죄에 있어서의 타인의 점유라 함은 권원으로 인한 점유 즉 정당한 원인에 기하여 그 물건을 점유하는 권리있는 점유를 의미하는 것으로서 본권을 갖지 아니한 절도범인의 점유는 여기에 해당하지 아니하나, 반드시 본권에 의한 점유만에 한하지 아니하고 동시이행항변권 등에 기한 점유와 같은 적법한 점유도 여기에 해당한다고 할 것이고, 한편, 쌍무계약이 무효로 되어 각 당사자가 서로 취득한

것을 반환하여야 할 경우, 어느 일방의 당사자에게만 먼저 그 반환의무의 이행이 강제된다면 공평과 신의칙에 위배되는 결과가 되므로 각 당사자의 반환의무는 동시이행 관계에 있다고 보아 민법 제536조를 준용함이 옳다고 해석되고, 이러한 법리는 경매절차가 무효로 된 경우에도 마찬가지라고 할 것이므로, 무효인 경매절차에서 경매목적물을 경락받아 이를 점유하고 있는 낙찰자의 점유는 적법한 점유로서 그 점유자는 권리행사방해죄에 있어서의 타인의 물건을 점유하고 있는 자라고 할 것이다(대판 2003.11.28. 2003도4257).

⑤ (X) 형법 제327조의 강제집행면탈죄가 적용되는 강제집행은 민사집행법의 적용대상인 강제집행 또는 가압류·가처분 등의 집행을 가리키는 것이므로, 국세징수법에 의한 체납처분을 면탈할 목적으로 재산을 은닉하는 등의 행위는 위 죄의 규율대상에 포함되지 않는다(대판 2012.04.26. 2010도5693). 형법 제327조의 강제집행면탈죄가 적용되는 강제집행은 민사집행법 제2편의 적용 대상인 '강제집행' 또는 가압류·가처분 등의 집행을 가리키는 것이고, 민사집행법 제3편의 적용 대상인 '담보권 실행 등을 위한 경매'를 면탈할 목적으로 재산을 은닉하는 등의 행위는 위 죄의 규율 대상에 포함되지 않는다(대판 2015.03.26. 2014도14909). 강제집행면탈죄는 국가의 강제집행권이 발동될 단계에 있는 채권자의 권리를 보호하기 위한 범죄로서, 여기서의 강제집행에는 광의의 강제집행인 의사의 진술에 갈음하는 판결의 강제집행도 포함되고, 강제집행면탈죄의 성립요건으로서의 채권자의 권리와 행위의 객체인 재산은 국가의 강제집행권이 발동될 수 있으면 충분하다(대판 2015.09.15. 2015도9883).

정답 ⑤

문 100

형법 제323조의 권리행사방해죄에 관한 다음 설명 중 가장 옳지 않은 것은?(다툼이 있는 경우 판례에 의함) [2017년 35번]

① 취거, 은닉 또는 손괴한 물건이 자기 소유의 물건이 아니라면 권리행사방해죄가 성립할 여지가 없다.
② 무효인 부동산경매절차에서 목적부동산을 매수하여 점유하고 있는 사람은 권리행사방해죄에서 타인의 물건을 점유하고 있는 자이다.
③ 본권을 갖지 아니하는 절도범인의 점유는 권리행사방해죄에 있어서 타인의 점유에 해당하지 아니한다.
④ 물건에 대하여 점유를 수반하지 아니하는 채권은 권리행사방해죄의 구성요건 중 타인의 권리에 포함되지 아니한다.
⑤ 권리행사방해죄에서 은닉이란 타인의 점유 또는 권리의 목적이 된 자기 물건 등의 소재를 발견하기 불가능하게 하거나 또는 현저히 곤란한 상태에 두는 것을 말하고, 그로 인하여 권리행사가 방해될 우려가 있는 상태에 이르면 권리행사방해죄가 성립하며 현실로 권리행사가 방해되었을 것까지 필요로 하는 것은 아니다.

해설

① (○) 형법 제323조의 권리행사방해죄는 타인의 점유 또는 권리의 목적이 된 '자기의 물건'을 취거, 은닉 또는 손괴하여 타인의 권리행사를 방해함으로써 성립하는 것이므로, 그 취거, 은닉 또는 손괴한 물건이 '자기의 물건'이 아니라면 권리행사방해죄가 성립할 여지가 없다(대판 2010.02.25. 2009도5064).

② (○) 형법 제323조의 권리행사방해죄에 있어서의 타인의 점유라 함은 권원으로 인한 점유 즉 정당한 원인에 기하여 그 물건을 점유하는 권리있는 점유를 의미하는 것으로서 본권을 갖지 아니한 절도범인의 점유는 여기에 해당하지 아니하나, 반드시 본권에 의한 점유만에 한하지 아니하고 동시이행항변권 등에 기한 점유와 같은 적법한 점유도 여기에 해당한다고 할 것이고, 한편, 쌍무계약이 무효로 되어 각 당사자가 서로 취득한 것을 반환하여야 할 경우, 어느 일방의 당사자에게만 먼저 그 반환의무의 이행이 강제된다면 공평과 신의칙에 위배되는 결과가 되므로 각 당사자의 반환의무는 동시이행 관계에 있다고 보아 민법 제536조를 준용함이 옳다고 해석되고, 이러한 법리는 경매절차가 무효로 된 경우에도 마찬가지라고 할 것이므로, 무효인 경매절차에서 경매목적물을 경락받아 이를 점유하고 있는 낙찰자의 점유는 적법한 점유로서 그 점유자는 권리행사방해죄에 있어서의 타인의 물건을 점유하고 있는 자라고 할 것이다(대판 2003.11.28. 2003도4257).

③ (○) 권리행사방해죄에서의 보호대상인 '타인의 점유'는 반드시 점유할 권원에 기한 점유만을 의미하는 것은 아니고, 일단 적법한 권원에 기하여 점유를 개시하였으나 사후에 점유권원을 상실한 경우의 점유, 점유권원의 존부가 외관상 명백하지 아니하여 법정절차를 통하여 권원의 존부가 밝혀질 때까지의 점유, 권원에 기하여 점유를 개시한 것은 아니나 동시이행항변권 등으로 대항할 수 있는 점유 등과 같이 법정절차를 통한 분쟁해결 시까지 잠정적으로 보호할 가치있는 점유는 모두 포함된다고 볼 것이며, 다만 절도범인의 점유와 같이 점유할 권리가 없는 자의 점유임이 외관상 명백한 경우는 포함되지 아니한다(대판 2010.10.14. 2008도6578).

④ (X) 권리행사방해죄의 구성요건 중 타인의 '권리'란 반드시 제한물권만을 의미하는 것이 아니라 물건에 대하여 점유를 수반하지 아니하는 채권도 이에 포함된다(대판 1991.04.26. 90도1958).

⑤ (○) 형법 제323조의 권리행사방해죄는 타인의 점유 또는 권리의 목적이 된 자기의 물건 또는 전자기록 등 특수매체기록을 취거, 은닉 또는 손괴하여 타인의 권리행사를 방해함으로써 성립한다. 여기서 '은닉'이란 타인의 점유 또는 권리의 목적이 된 자기 물건 등의 소재를 발견하기 불가능하게 하거나 또는 현저히 곤란한 상태에 두는 것을 말하고, 그로 인하여 권리행사가 방해될 우려가 있는 상태에 이르면 권리행사방해죄가 성립하고 현실로 권리행사가 방해되었을 것까지 필요로 하는 것은 아니다(대판 2017.05.17. 2017도2230).

정답 ④

문 101

다음 설명 중 옳지 않은 것은 모두 몇 개인가? [2020년 3번]

> 가. 형법 제327조에 규정된 강제집행면탈죄에서 재산의 '은닉'이란 강제집행을 실시하는 자에 대하여 재산의 발견을 불능 또는 곤란케 하는 것을 말하는 것으로서, 재산의 소재를 불명케 하는 경우는 물론 그 소유관계를 불명하게 하는 경우도 포함하므로, 채무자가 제3자 명의로 되어 있던 사업자등록을 또 다른 제3자 명의로 변경하였다면 사업장 내 유체동산에 관한 소유관계를 종전보다 더 불명하게 하여 채권자에게 손해를 입게 할 위험성을 야기하였다고 보아야 하므로 강제집행면탈의 은닉에 해당한다.
>
> 나. 형법 제327조의 강제집행면탈죄가 적용되는 강제집행은 민사집행법 제2편의 적용 대상인 '강제집행' 또는 가압류·가처분 등의 집행을 가리키는 것이고, 민사집행법 제3편의 적용 대상인 '담보권 실행 등을 위한 경매'를 면탈할 목적으로 재산을 은닉하는 등의 행위는 위 죄

의 규율 대상에 포함되지 않는다.
다. 강제집행면탈죄의 객체는 채무자의 재산 중에서 채권자가 민사집행법상 강제집행 또는 보전처분의 대상으로 삼을 수 있는 것이어야 한다. 한편 의료법 제33조 제2항, 구 의료법 제87조 제1항 제2호는 의료기관 개설자의 자격을 의사 등으로 한정한 다음 의료기관의 개설자격이 없는 자가 의료기관을 개설하는 것을 엄격히 금지하고 있고, 이를 위반한 경우 형사처벌하도록 정함으로써 의료의 적정을 기하여 국민의 건강을 보호·증진하는 데 기여하도록 하고 있다. 또한 국민건강보험법 제42조 제1항은 요양급여는 '의료법에 따라 개설된 의료기관'에서 행하도록 정하고 있다. 따라서 의료법에 의하여 적법하게 개설되지 아니한 의료기관에서 요양급여가 행하여졌다면 해당 의료기관은 국민건강보험법상 요양급여비용을 청구할 수 있는 요양기관에 해당되지 아니하여 해당 요양급여비용 전부를 청구할 수 없고, 해당 의료기관의 채권자로서도 위 요양급여비용 채권을 대상으로 하여 강제집행 또는 보전처분의 방법으로 채권의 만족을 얻을 수 없는 것이므로, 결국 위와 같은 채권은 강제집행면탈죄의 객체가 되지 아니한다.
라. 압류금지채권의 목적물이 채무자의 예금계좌에 입금된 경우에는 그 예금채권에 대하여 더 이상 압류금지의 효력이 미치지 아니하므로 그 예금은 압류금지채권에 해당하지 않지만, 압류금지채권의 목적물이 채무자의 예금계좌에 입금되기 전까지는 여전히 강제집행 또는 보전처분의 대상이 될 수 없으므로, 압류금지채권의 목적물을 수령하는 데 사용하던 기존 예금계좌가 채권자에 의해 압류된 채무자가 압류되지 않은 다른 예금계좌를 통하여 그 목적물을 수령하더라도 강제집행이 임박한 채권자의 권리를 침해할 위험이 있는 행위라고 볼 수 없어 강제집행면탈죄가 성립하지 않는다.
마. 강제집행면탈죄는 국가의 강제집행권이 발동될 단계에 있는 채권자의 권리를 보호하기 위한 범죄로서, 여기서의 강제집행에는 광의의 강제집행인 의사의 진술에 갈음하는 판결의 강제집행도 포함되고, 강제집행면탈죄의 성립요건으로서의 채권자의 권리와 행위의 객체인 재산은 국가의 강제집행권이 발동될 수 있으면 충분하다.

① 1개 ② 2개 ③ 3개
④ 4개 ⑤ 없음

MGI Point 강제집행면탈죄 ★★

- 강제집행면탈죄의 객체는 채무자의 재산 중에서 채권자가 민사집행법상 강제집행 또는 보전처분의 대상으로 삼을 수 있는 것이어야 ○
- 강제집행면탈죄 ×
  - 채무자가 제3자 명의로 되어 있던 사업자등록을 또 다른 제3자 명의로 변경한 경우
  - 담보권 실행 등을 위한 경매를 면탈할 목적으로 재산을 은닉하는 등의 행위
- 압류금지채권의 목적물
  - 채무자의 예금계좌에 입금되기 전 강제집행면탈죄 객체 ×
  - 채무자의 예금계좌에 입금된 경우 강제집행면탈죄 객체 ○
  - 압류금지채권의 목적물을 수령하는 데 사용하던 기존 예금계좌가 채권자에 의해 압류된 채무자가 압류되지 않은 다른 예금계좌를 통하여 그 목적물을 수령한 경우 강제집행이 임박한 채권자의 권리를 침해할 위험이 있는 행위라고 볼 수 없어 강제집행면탈죄 ×

가. (X) 형법 제327조에 규정된 강제집행면탈죄에서 재산의 '은닉'이란 강제집행을 실시하는 자에 대하여 재산의 발견을 불능 또는 곤란케 하는 것을 말하는 것으로서, 재산의 소재를 불명케 하는 경우는 물론 그 소유관계를 불명하게 하는 경우도 포함하나, 채무자가 제3자 명의로 되어 있던 사업자등록을 또 다른 제3자 명의로 변경하였다는 사정만으로는 그 변경이 채권자의 입장에서 볼 때 사업장 내 유체동산에 관한 소유관계를 종전보다 더 불명하게 하여 채권자에게 손해를 입게 할 위험성을 야기한다고 단정할 수 없다(대판 2014.06.12. 2012도2732).

나. (O) 형법 제327조의 강제집행면탈죄가 적용되는 강제집행은 민사집행법 제2편의 적용 대상인 '강제집행' 또는 가압류·가처분 등의 집행을 가리키는 것이고, 민사집행법 제3편의 적용 대상인 '담보권 실행 등을 위한 경매'를 면탈할 목적으로 재산을 은닉하는 등의 행위는 위 죄의 규율 대상에 포함되지 않는다(대판 2015.03.26. 2014도14909).

다. (O) 형법 제327조는 "강제집행을 면할 목적으로 재산을 은닉, 손괴, 허위양도 또는 허위의 채무를 부담하여 채권자를 해한 자"를 처벌한다고 규정하고 있다. 강제집행면탈죄는 강제집행이 임박한 채권자의 권리를 보호하기 위한 것이므로, 강제집행면탈죄의 객체는 채무자의 재산 중에서 채권자가 민사집행법상 강제집행 또는 보전처분의 대상으로 삼을 수 있는 것이어야 한다. 한편 의료법 제33조 제2항, 제87조 제1항 제2호는 의료기관 개설자의 자격을 의사 등으로 한정한 다음 의료기관의 개설자격이 없는 자가 의료기관을 개설하는 것을 엄격히 금지하고 있고, 이를 위반한 경우 형사처벌하도록 정함으로써 의료의 적정을 기하여 국민의 건강을 보호·증진하는 데 기여하도록 하고 있다. 또한 국민건강보험법 제42조 제1항은 요양급여는 '의료법에 따라 개설된 의료기관'에서 행하도록 정하고 있다. 따라서 의료법에 의하여 적법하게 개설되지 아니한 의료기관에서 요양급여가 행하여졌다면 해당 의료기관은 국민건강보험법상 요양급여비용을 청구할 수 있는 요양기관에 해당되지 아니하여 해당 요양급여비용 전부를 청구할 수 없고, 해당 의료기관의 채권자로서도 위 요양급여비용 채권을 대상으로 하여 강제집행 또는 보전처분의 방법으로 채권의 만족을 얻을 수 없는 것이므로, 결국 위와 같은 채권은 강제집행면탈죄의 객체가 되지 아니한다(대판 2017.04.26. 2016도19982).

라. (O) 압류금지채권의 목적물이 채무자의 예금계좌에 입금된 경우에는 그 예금채권에 대하여 더 이상 압류금지의 효력이 미치지 아니하므로 그 예금은 압류금지채권에 해당하지 않지만, 압류금지채권의 목적물이 채무자의 예금계좌에 입금되기 전까지는 여전히 강제집행 또는 보전처분의 대상이 될 수 없으므로, 압류금지채권의 목적물을 수령하는 데 사용하던 기존 예금계좌가 채권자에 의해 압류된 채무자가 압류되지 않은 다른 예금계좌를 통하여 그 목적물을 수령하더라도 강제집행이 임박한 채권자의 권리를 침해할 위험이 있는 행위라고 볼 수 없어 강제집행면탈죄가 성립하지 않는다(대판 2017.08.18. 2017도6229).

마. (O) 강제집행면탈죄는 국가의 강제집행권이 발동될 단계에 있는 채권자의 권리를 보호하기 위한 범죄로서, 여기서의 강제집행에는 광의의 강제집행인 의사의 진술에 갈음하는 판결의 강제집행도 포함되고, 강제집행면탈죄의 성립요건으로서의 채권자의 권리와 행위의 객체인 재산은 국가의 강제집행권이 발동될 수 있으면 충분하다(대판 2015.09.15. 2015도9883).

정답 ①

문 102

강제집행면탈죄에 관한 다음 설명 중 옳지 않은 것은 모두 몇 개인가?(다툼이 있는 경우 판례에 의함) [2016년 13번]

㉮ 장래의 권리는 채무자와 제3채무자 사이에 채무자의 장래청구권이 충분하게 표시되었거나 결정된 법률관계가 존재한다 하더라도 민사집행법상 강제집행 또는 보전처분의 대상으로 삼을 수 없어 강제집행면탈죄의 객체인 '재산'에 해당하지 않는다.

㉯ 민사집행법 제3편의 적용 대상인 '담보권 실행 등을 위한 경매'를 면탈할 목적으로 재산을 은닉하는 등의 행위는 형법 제327조의 강제집행면탈죄의 규율 대상에 포함된다.
㉰ 국세징수법에 의한 체납처분을 면탈할 목적으로 재산을 은닉하는 등의 행위는 형법 제327조의 강제집행면탈죄의 규율 대상에 포함된다.
㉱ 강제집행면탈죄는 국가의 강제집행권이 발동될 단계에 있는 채권자의 권리를 보호하기 위한 범죄로서, 여기서의 강제집행에는 광의의 강제집행인 의사의 진술에 갈음하는 판결의 강제집행도 포함되고, 강제집행면탈죄의 성립요건으로서의 채권자의 권리와 행위의 객체인 재산은 국가의 강제집행권이 발동될 수 있으면 충분하다.
㉲ '보전처분 단계에서의 가압류채권자의 지위' 자체는 원칙적으로 강제집행면탈죄의 객체에 해당하고, 이는 가압류채무자가 가압류해방금을 공탁한 경우에도 마찬가지이다. 나아가 채무자가 가압류채권자의 지위에 있으면서 가압류집행해제를 신청함으로써 그 지위를 상실하는 행위는 강제집행면탈행위에 포함된다.
㉳ 타인의 재물을 보관하는 자가 보관하고 있는 재물을 영득할 의사로 은닉하였다면 이는 횡령죄를 구성하는 것이고 채권자들의 강제집행을 면탈하는 결과를 가져온다 하여 이와 별도로 강제집행면탈죄를 구성하는 것은 아니다.

① 1개 ② 2개 ③ 3개
④ 4개 ⑤ 5개

해설 ★★

㉮ (X) 강제집행면탈죄의 객체인 재산은 채무자의 재산 중에서 채권자가 민사집행법상 강제집행 또는 보전처분의 대상으로 삼을 수 있는 것을 의미하는데, 장래의 권리라도 채무자와 제3채무자 사이에 채무자의 장래청구권이 충분하게 표시되었거나 결정된 법률관계가 존재한다면 재산에 해당하는 것으로 보아야 한다(대판 2011.07.28. 2011도6115).

㉯ (X) 형법 제327조의 강제집행면탈죄가 적용되는 강제집행은 민사집행법 제2편의 적용 대상인 '강제집행' 또는 가압류·가처분 등의 집행을 가리키는 것이고, 민사집행법 제3편의 적용 대상인 '담보권 실행 등을 위한 경매를 면탈할 목적으로 재산을 은닉하는 등의 행위는 위 죄의 규율 대상에 포함되지 않는다(대판 2015.03.26. 2014도14909).

㉰ (X) 강제집행면탈죄가 적용되는 강제집행은 민사집행법의 적용대상인 강제집행 또는 가압류·가처분 등의 집행을 가리키는 것이므로, 국세징수법에 의한 체납처분을 면탈할 목적으로 재산을 은닉하는 등의 행위는 위 죄의 규율대상에 포함되지 않는다(대판 2012.04.26. 2010도5693).

㉱ (○) 강제집행면탈죄는 국가의 강제집행권이 발동될 단계에 있는 채권자의 권리를 보호하기 위한 범죄로서, 여기서의 강제집행에는 광의의 강제집행인 의사의 진술에 갈음하는 판결의 강제집행도 포함되고, 강제집행면탈죄의 성립요건으로서의 채권자의 권리와 행위의 객체인 재산은 국가의 강제집행권이 발동될 수 있으면 충분하다(대판 2015.09.15. 2015도9883).

㉲ (X) [1] 강제집행면탈죄의 객체는 채무자의 재산 중에서 채권자가 민사집행법상 강제집행 또는 보전처분의 대상으로 삼을 수 있는 것만을 의미하므로, '보전처분 단계에서의 가압류채권자의 지위' 자체는 원칙적으로 민사집행법상 강제집행 또는 보전처분의 대상이 될 수 없어 강제집행면탈죄의 객체에 해당한다고 볼 수 없고, 이는 가압류채무자가 가압류해방금을 공탁한 경우에도 마찬가지이다. [2] 채무자가 가압류채권자의 지위에 있으면서 가압류집행해제를 신청함으로써 그 지위를 상실하는 행위는 형법 제327조에서 정한 '은닉, 손괴, 허위양도 또는 허위채무부담' 등 강제집행면탈행위의 어느 유형에도 포함되지 않는 것이므로, 이러한 행위를 처벌대상으로 삼을 수 없다(대판 2008.09.11. 2006도8721).

㉾ (○) 타인의 재물을 보관하는 자가 보관하고 있는 재물을 영득할 의사로 은닉하였다면 이는 횡령죄를 구성하는 것이고 채권자들의 강제집행을 면탈하는 결과를 가져온다 하여 이와 별도로 강제집행면탈죄를 구성하는 것은 아니다(대판 2000.09.08. 2000도1447).

정답 ④

문 30

다음 설명 중 옳은 것은 모두 몇 개인가?[2023년 29번]

> ㄱ. 형사사건으로 외국 법원에 기소되었다가 무죄판결을 받은 사람은, 설령 그가 무죄판결을 받기까지 상당 기간 미결구금되었더라도 이를 유죄판결에 의하여 형이 실제로 집행된 것으로 볼 수는 없으므로, '외국에서 형의 전부 또는 일부가 집행된 사람'에 해당한다고 볼 수 없고, 그 미결구금 기간은 형법 제7조에 의한 산입의 대상이 될 수 없다.
> ㄴ. 사형은 인간의 생명을 박탈하는 냉엄한 궁극의 형벌로서 사법제도가 상정할 수 있는 극히 예외적인 형벌이라는 점을 감안할 때, 사형의 선고는 범행에 대한 책임의 정도와 형벌의 목적에 비추어 누구라도 그것이 정당하다고 인정할 수 있는 특별한 사정이 있는 경우에만 허용되어야 한다. 따라서 형법 제51조가 규정한 사항을 중심으로 양형의 조건이 되는 모든 사항을 철저히 심리하여야 하고, 그러한 심리를 거쳐 사형의 선고가 정당화될 수 있는 사정이 있음이 밝혀진 경우에 한하여 비로소 사형을 선고할 수 있다.
> ㄷ. 포도주 원액이 부패하여 포도주 원료로서의 효용가치는 상실되었으나, 그 산도가 1.8도 내지 6.2도에 이르고 있어 식초의 제조등 다른 용도에 사용할 수 있는 경우에는 재물손괴죄의 객체가 될 수 있다.
> ㄹ. 소매치기가 피해자의 주머니에 손을 넣어 금품을 절취하려 한 경우 비록 그 주머니속에 금품이 들어있지 않았다 하더라도 위 소위는 절도라는 결과 발생의 위험성을 충분히 내포하고 있으므로 이는 절도미수에 해당한다.
> ㅁ. 형법 제114조 소정 범죄단체조직죄는 범죄를 목적으로 하는 단체를 조직함으로써 성립하는 것이고 그 후 목적한 범죄의 실행행위를 하였는가 여부는 위 죄의 성립에 영향이 없다.

① 1개   ② 2개   ③ 3개   ④ 4개   ⑤ 5개

MGI Point 각론 종합문제 ★★

- 외국에서 이루어진 미결구금기간 ⇨ 형법 제7조에 의한 산입의 대상×
- 포도주 원액이 부패하여 포도주 원료로서의 효용가치는 상실되었지만 식초의 제조 등 다른 용도로 사용 가능한 경우 ⇨ 재물손괴죄의 객체○
- 소매치기가 피해자의 주머니에 손을 넣어 금품을 절취하려 한 경우 ⇨ 절도의 실행의 착수○
- 형법 제114조 소정 범죄단체조직죄의 성립 ⇨ 목적한 범죄의 실행의 착수는 죄의 성립과 무관

ㄱ. (○) 형사사건으로 외국 법원에 기소되었다가 무죄판결을 받은 사람은, 설령 그가 무죄판결을 받기까지 상당 기간 미결구금되었더라도 이를 유죄판결에 의하여 형이 실제로 집행된 것으로 볼 수는 없으므로, '외국

에서 형의 전부 또는 일부가 집행된 사람'에 해당한다고 볼 수 없고, 그 미결구금 기간은 형법 제7조에 의한 산입의 대상이 될 수 없다(대법원 2017. 8. 24. 2017도5977 전원합의체).

ㄴ. (○) 사형은 인간의 생명을 박탈하는 냉엄한 궁극의 형벌로서 사법제도가 상정할 수 있는 극히 예외적인 형벌이라는 점을 감안할 때, 사형의 선고는 범행에 대한 책임의 정도와 형벌의 목적에 비추어 볼 때 누구라도 그것이 정당하다고 인정할 수 있는 특별한 사정이 있는 경우에만 허용되고, 형법 제51조가 규정한 사항을 중심으로 양형의 조건이 되는 모든 사정에 대한 철저히 심리를 거쳐 사형의 선고가 정당화될 수 있음이 밝혀진 경우에 한하여 비로소 사형을 선고할 수 있다(대법원 2017. 4. 28. 2017도2188).

ㄷ. (○) 포도주 원액이 부패하여 포도주 원료로서의 효용가치는 상실되었으나, 그 산도가 1.8도 내지 6.2도에 이르고 있어 식초의 제조등 다른 용도에 사용할 수 있는 경우에는 재물손괴죄의 객체가 될 수 있다(대법원 1979. 7. 24. 78도2138).

ㄹ. (○) 소매치기가 피해자의 주머니에 손을 넣어 금품을 절취하려 한 경우 비록 위 주머니속에 금품이 들어있지 않았다 하더라도 위 소위는 절도라는 결과 발생의 위험성을 충분히 내포하고 있으므로 이는 절도미수에 해당한다(대법원 1986. 11. 25. 86도2090,86감도231).

ㅁ. (○) 형법 제114조 소정 범죄단체조직죄는 범죄를 목적으로 하는 단체를 조직함으로써 성립하는 것이고 그 후 목적한 범죄의 실행행위를 하였는가 여부는 위 죄의 성립에 영향이 없다(대법원 1975. 9. 23. 75도2321).

정답 ⑤

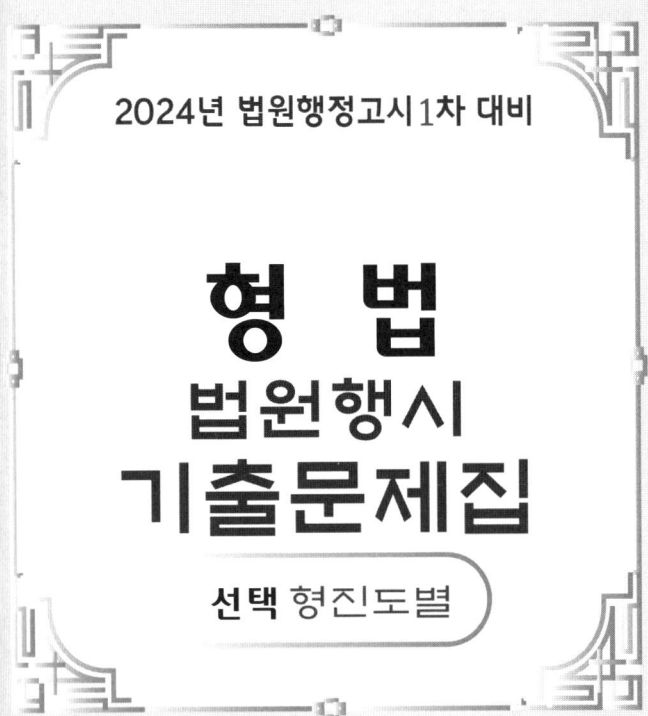

제2편 사회적 법익에 대한 죄

제1장 | 공공의 안전과 평온에 대한 죄
제2장 | 공공의 신용에 대한 죄
제3장 | 공중의 건강에 대한 죄
제4장 | 사회의 도덕에 대한 죄

제1장 공공의 안전과 평온에 대한 죄

제❶절 ┃ 공안을 해하는 죄

제❷절 ┃ 폭발물에 관한 죄

제❸절 ┃ 방화와 실화의 죄

문 1

다음 설명 중 가장 옳지 않은 것은? [2019년 22번]

① 피고인이 피해자의 재물을 강취한 후 피해자를 살해할 목적으로 현주건조물에 방화하여 사망에 이르게 한 경우 피고인의 위 행위는 강도살인죄와 현주건조물방화치사죄에 모두 해당하고 그 두 죄는 상상적 경합범관계에 있다.
② 방화죄는 화력이 매개물을 떠나 스스로 연소할 수 있는 상태에 이르렀을 때에 기수가 되고 반드시 목적물의 중요부분이 소실하여 그 본래의 효용을 상실한 때라야만 기수가 되는 것은 아니다.
③ 유가증권을 교부받은 자가 비록 권한이 없더라도 그 유가증권의 동일성을 해하지 않는 한도에서 진실에 합치되도록 유가증권에 변경을 가하는 것과 이미 타인에 의하여 위조된 유가증권의 기재사항을 변경하는 것은 유가증권변조죄에 해당하지 않는다.
④ 甲이 위조된 통화를 상점 주인 乙에게 제시하여 이를 믿은 乙로부터 물품을 구입하였다면 이러한 甲의 행위는 위조통화행사죄와 별도로 사기죄를 구성한다.
⑤ 채무자 甲이 채권자 乙의 가압류집행을 면탈할 목적으로 제3채무자 丙에 대한 채권을 丁에게 허위양도한 경우, 가압류 결정 정본이 丙에게 송달된 날짜와 甲이 채권을 丁에게 양도한 날짜가 동일하고 시간상 채권양도가 가압류결정 정본이 丙에게 송달되기 전에 이루어졌다면 강제집행면탈죄가 성립한다.

MGI Point 방화죄 ★★

- 재물 강취 후 살해할 목적으로 현주건조물에 방화하여 사망에 이르게 한 경우 ⇨ 강도살인죄와 현주건조물방화치사죄의 상상적 경합
- 방화죄의 기수시기 : 매개물을 떠나 목적물인 건조물에 스스로 연소할 수 있는 상태
- 허위의 유가증권을 객관적 진실에 합치하게 변경한 경우라도 권한 없는 자의 변경행위는 유가증권변조죄 ○
   cf. 유가증권변조죄에서 변조는 진정하게 성립된 유가증권을 전제
   ⇨ 위조된 약속어음의 기재사항을 권한 없이 변경 : 유가증권변조죄 ✕
- 위조통화를 행사하여 재물을 불법영득 ⇨ 위조통화행사죄와 사기죄 실체적 경합
- 채무자가 채권자의 가압류집행을 면탈할 목적으로 제3채무자에 대한 채권을 허위양도한 경우
  - 채권양수인과 동일 채권에 대하여 가압류명령을 집행한 자 사이의 우열은 확정일자 있는 채권양도통지와 가압류결정 정본의 제3채무자에 대한 도달의 선후(확정일자 있는 승낙의 경우에는 그 일시와 가압류결정 정본의 도달의 선후)에 의하여 그 우열을 결정
  - 가압류결정 정본이 제3채무자에게 송달된 날짜와 피고인이 채권을 양도한 날짜가 동일한 경우 가압류결정 정본이 제3채무자에게 송달되기 전에 채권을 허위로 양도하였다면 강제집행면탈죄 ○

① (○) 피고인들이 피해자들의 재물을 강취한 후 그들을 살해할 목적으로 현주건조물에 방화하여 사망에 이르게 한 경우, 피고인들의 행위는 강도살인죄와 현주건조물방화치사죄에 모두 해당하고 그 두 죄는 상상적 경합 범관계에 있다(대판 1998.12.08. 98도3416).

② (○) 방화죄는 화력이 매개물을 떠나 스스로 연소할 수 있는 상태에 이르렀을 때에 기수가 되고 반드시 목적물의 중요부분이 소실하여 그 본래의 효용을 상실한 때라야만 기수가 되는 것이 아니라고 할 것이다(대판 1970.03.24. 70도330).

③ (×) 유가증권의 변조에 있어서 변조라 함은 진정으로 성립된 유가증권의 내용에 권한 없는 자가 그 유가증권의 동일성을 해하지 않는 한도에서 변경을 가하는 것을 말하고 설사 진실에 합치하도록 변경한 것이라 하더라도 권한없이 변경한 경우에는 변조로 되는 것이고 정을 모르는 제3자를 통하여 간접정범의 형태로도 범할 수 있는 것이다(대판 1984.11.27. 84도1862).

> **비교판례** 유가증권변조죄에 있어서 변조라 함은 진정으로 성립된 유가증권의 내용에 권한 없는 자가 그 유가증권의 동일성을 해하지 않는 한도에서 변경을 가하는 것을 말하므로, 이미 타인에 의하여 위조된 약속어음의 기재사항을 권한 없이 변경하였다고 하더라도 유가증권변조죄는 성립하지 아니한다(대판 2006.01.26. 2005도4764).

④ (○) 통화위조죄에 관한 규정은 공공의 거래상의 신용 및 안전을 보호하는 공공적인 법익을 보호함을 목적으로 하고 있고, 사기죄는 개인의 재산법익에 대한 죄이어서 양 죄는 그 보호법익을 달리하고 있으므로 위조통화를 행사하여 재물을 불법영득한 때에는 위조통화행사죄와 사기죄의 양 죄가 성립된다(대판 1979.07.10. 79도840). ▸ 다수설은 행위의 동일성이 인정되므로 상상적 경합이라고 하나 판례는 실체적 경합이라고 함을 유의해야 한다.

⑤ (○) [1] 채권양수인과 동일 채권에 대하여 가압류명령을 집행한 자 사이의 우열은 확정일자 있는 채권양도통지와 가압류결정 정본의 제3채무자(채권양도의 경우는 채무자, 이하 같다)에 대한 도달의 선후(확정일자 있는 승낙의 경우에는 그 일시와 가압류결정 정본의 도달의 선후)에 의하여 그 우열을 결정하여야 할 것이고, 채권양도통지, 가압류 또는 압류명령 등이 제3채무자에 동시에 송달되어 그들 상호간에 우열이 없는 경우에도 그 채권양수인, 가압류 또는 압류채권자는 모두 제3채무자에 대하여 완전한 대항력을 갖추었다고 할 것이므로, 그 전액에 대하여 채권양수금, 압류전부금 또는 추심금의 이행청구를 하고 적법하게 이를 변제받을 수 있고, 제3채무자로서는 이들 중 누구에게라도 그 채무 전액을 변제하면 다른 채권자에 대한 관계에서도 유효하게 면책되는 것이다. [2] 채무자인 피고인이 채권자 甲의 가압류집행을 면탈할 목적으로 제3채무자 乙에 대한 채권을 丙에게 허위양도한 경우, 가압류결정 정본이 제3채무자에게 송달된 날짜와 피고인이 채권을 양도한 날짜가 동일하므로 가압류결정 정본이 乙에게 송달되기 전에 채권을 허위로 양도하였다면 강제집행면탈죄가 성립한다(대판 2012.06.28. 2012도3999).

정답 ③

문 2

다음 설명 중 옳지 않은 것은 모두 몇 개인가?(다툼이 있는 경우 판례에 의함) [2016년 17번]

> ㉮ 형법상 방화죄의 객체인 건조물은 토지에 정착되고 벽 또는 기둥과 지붕 또는 천장으로 구성되어 사람이 내부에 기거하거나 출입할 수 있는 공작물을 말하고, 반드시 사람의 주거용이어야 하는 것은 아니라도 사람이 사실상 기거·취침에 사용할 수 있는 정도는 되어야 한다.
>
> ㉯ 피해자의 사체 위에 옷가지 등을 올려놓고 불을 붙인 천조각을 던져서 그 불길이 방안을 태우면서 천장에까지 옮겨 붙었다면 도중에 진화되었다 하더라도 일단 천장에 옮겨 붙은 때에 이미 현주건조물방화죄 기수에 이른 것이다.
>
> ㉰ 피고인이 방화의 의사로 뿌린 휘발유가 인화성이 강한 상태로 주택 주변과 피해자의 몸에 적지 않게 살포되어 있는 사정을 알면서도 라이터를 켜 불꽃을 일으킴으로써 피해자의 몸에 불

이 붙은 경우, 비록 외부적 사정에 의하여 불이 방화 목적물인 주택 자체에 옮겨 붙지는 아니하였다 하더라도 현주건조물방화죄의 실행의 착수가 있었다고 봄이 상당하다.
㉣ 피고인들이 피해자들의 재물을 강취한 후 그들을 살해할 목적으로 현주건조물에 방화하여 사망에 이르게 한 경우, 피고인들의 행위는 강도살인죄와 현주건조물방화치사죄에 모두 해당하고 그 두 죄는 상상적 경합범관계에 있다.
㉤ 방화 후 불길이 치솟는 것을 보고 겁이 나서 스스로 불을 끈 경우는 중지미수에 해당하는 것으로 볼 수 있다.

① 1개 ② 2개 ③ 3개
④ 4개 ⑤ 없음

해설 ★★

㉮ (○) 형법상 방화죄의 객체인 건조물은 토지에 정착되고 벽 또는 기둥과 지붕 또는 천장으로 구성되어 사람이 내부에 기거하거나 출입할 수 있는 공작물을 말하고, 반드시 사람의 주거용이어야 하는 것은 아니라도 사람이 사실상 기거·취침에 사용할 수 있는 정도는 되어야 한다. 이 사건 폐가는 지붕과 문짝, 창문이 없고 담장과 일부 벽체가 붕괴된 철거 대상 건물로서 사실상 기거·취침에 사용할 수 없는 상태의 것이므로 형법 제166조의 건조물이 아닌 형법 제167조의 물건에 해당하고, 피고인이 이 사건 폐가의 내부와 외부에 쓰레기를 모아놓고 태워 그 불길이 이 사건 폐가 주변 수목 4~5그루를 태우고 폐가의 벽을 일부 그을리게 하는 정도만으로는 방화죄의 기수에 이르렀다고 보기 어려우며, 일반물건방화죄에 관하여는 미수범의 처벌 규정이 없으므로 무죄이다(대판 2013.12.12. 2013도3950).
㉯ (○) 피해자의 사체 위에 옷가지 등을 올려놓고 불을 붙인 천조각을 던져서 그 불길이 방안을 태우면서 천정에까지 옮겨 붙었다면 도중에 진화되었다고 하더라도 일단 천정에 옮겨 붙은 때에 이미 현주건조물방화죄의 기수에 이른 것이다(대판 2007.03.16. 2006도9164).
㉰ (○) 피고인이 방화의 의사로 뿌린 휘발유가 인화성이 강한 상태로 주택주변과 피해자의 몸에 적지 않게 살포되어 있는 사정을 알면서도 라이터를 켜 불꽃을 일으킴으로써 피해자의 몸에 불이 붙은 경우, 비록 외부적 사정에 의하여 불이 방화 목적물인 주택 자체에 옮겨 붙지는 아니하였다 하더라도 현존건조물방화죄의 실행의 착수가 있었다고 봄이 상당하다(대판 2002.03.26. 2001도6641).
㉱ (○) 피고인들이 피해자들의 재물을 강취한 후 그들을 살해할 목적으로 현주건조물에 방화하여 사망에 이르게 한 경우, 피고인들의 행위는 강도살인죄와 현주건조물방화치사죄에 모두 해당하고 그 두 죄는 상상적 경합범관계에 있다(대판 1998.12.08. 98도3416).
㉲ (X) 피고인이 장롱 안에 있는 옷가지에 불을 놓아 건물을 소훼하려 하였으나 불길이 치솟는 것을 보고 겁이 나서 물을 부어 불을 끈 것이라면, 위와 같은 경우 치솟는 불길에 놀라거나 자신의 신체안전에 대한 위해 또는 범행 발각시의 처벌 등에 두려움을 느끼는 것은 일반 사회통념상 범죄를 완수함에 장애가 되는 사정에 해당한다고 보아야 할 것이므로, 이를 자의에 의한 중지미수라고는 볼 수 없다(대판 1997.06.13. 97도957).

정답 ①

제❹절 ┃ 일수와 수리에 관한 죄

제❺절 ┃ 교통방해의 죄

문 3

교통방해죄에 관한 다음 설명 중 가장 옳지 않은 것은? [2022년 6번]

① 신고 범위를 현저히 벗어나거나 집회 및 시위에 관한 법률 제12조에 따른 조건을 중대하게 위반함으로써 교통방해를 유발한 집회에 참가한 경우 참가 당시 이미 다른 참가자들에 의해 교통의 흐름이 차단된 상태였다고 하더라도 교통방해를 유발한 다른 참가자들과 암묵적·순차적으로 공모하여 교통방해의 위법상태를 지속시켰다고 평가할 수 있다면 일반교통방해죄가 성립한다.
② 형법 제187조에서 정한 '파괴'란 교통기관으로서의 기능·용법의 전부나 일부를 불가능하게 할 정도의 파손에 이르지 아니하는 단순한 손괴도 포함된다.
③ 일반교통방해죄는 이른바 추상적 위험범으로서 교통이 불가능하거나 또는 현저히 곤란한 상태가 발생하면 바로 기수가 되고 교통방해의 결과가 현실적으로 발생하여야 하는 것은 아니다.
④ 공로에 출입할 수 있는 다른 도로가 있는 상태에서 토지 소유자로부터 일시적인 사용승낙을 받아 통행하거나 토지 소유자가 개인적으로 사용하면서 부수적으로 타인의 통행을 묵인한 장소에 불과한 도로는 형법 제185조에서 말하는 육로에 해당하지 않는다.
⑤ 교통방해 행위가 피해자의 사상이라는 결과를 발생하게 한 유일하거나 직접적인 원인이 된 경우만이 아니라, 그 행위와 결과 사이에 피해자나 제3자의 과실 등 다른 사실이 개재된 때에도 그와 같은 사실이 통상 예견될 수 있는 것이라면 상당인과관계를 인정할 수 있다.

MGI Point 교통방해죄 ★★

- 다른 참가자들에 의해 교통의 흐름이 차단된 상태에서 참여한 다른 참가자들 ⇨ 위법상태 지속시켰다고 평가할 수 있으면 일반교통방해죄 성립 可
- 형법 제187조의 파괴 ⇨ 단순한 손괴는 포함 ×
- 일반교통방해죄 ⇨ 추상적 위험범, 교통방해 결과 현실적으로 발생 不要
- 토지 소유자로부터 일시적 사용승낙 받아 통행하는 장소, 토지소유자가 부수적으로 통행을 묵인한 장소 ⇨ 형법 제185조상의 육로 ×
- 교통방해 행위와 결과 사이에 예견가능한 제3자의 과실 등이 기재된 경우 ⇨ 상당인과관계 인정

---

① (○) ③ (○) 일반교통방해죄는 이른바 추상적 위험범으로서 교통이 불가능하거나 또는 현저히 곤란한 상태가 발생하면 바로 기수가 되고 교통방해의 결과가 현실적으로 발생하여야 하는 것은 아니다. 또한 일반교통방해죄에서 교통방해 행위는 계속범의 성질을 가지는 것이어서 교통방해의 상태가 계속되는 한 가벌적인 위법상태는 계속 존재한다. 따라서 신고 범위를 현저히 벗어나거나 집시법 제12조에 따른 조건을 중대하게 위반함으로써 교통방해를 유발한 집회에 참가한 경우 참가 당시 이미 다른 참가자들에 의해 교통의 흐름이 차단된 상태였다고 하더라도 교통방해를 유발한 다른 참가자들과 암묵적·순차적으로 공모하여 교통방해의 위법상태를 지속시켰다고 평가할 수 있다면 일반교통방해죄가 성립한다(대판 2018.02.28. 2017도16846).

② (X) 형법이 제187조를 교통방해의 죄 중 하나로서 그 법정형을 높게 정하는 한편 미수, 예비·음모까지도 처벌 대상으로 삼고 있는 사정에 덧붙여 '파괴' 외에 다른 구성요건 행위인 전복, 매몰, 추락 행위가 일반적으로 상당한 정도의 손괴를 수반할 것이 당연히 예상되는 사정 등을 고려해 볼 때, 형법 제187조에서 정한 '파

괴'란 다른 구성요건 행위인 전복, 매몰, 추락 등과 같은 수준으로 인정할 수 있을 만큼 교통기관으로서의 기능·용법의 전부나 일부를 불가능하게 할 정도의 파손을 의미하고, 그 정도에 이르지 아니하는 단순한 손괴는 포함되지 않는다(대판 2009.04.23. 2008도11921).
④ (○) 공로에 출입할 수 있는 다른 도로가 있는 상태에서 토지 소유자로부터 일시적인 사용승낙을 받아 통행하거나 토지 소유자가 개인적으로 사용하면서 부수적으로 타인의 통행을 묵인한 장소에 불과한 도로는 형법 제185조에서 말하는 육로에 해당하지 않는다(대판 2017.04.07. 2016도12563).
⑤ (○) 형법 제188조에 규정된 교통방해에 의한 치사상죄는 결과적 가중범이므로, 위 죄가 성립하려면 교통방해 행위와 사상(死傷)의 결과 사이에 상당인과관계가 있어야 하고 행위 시에 결과의 발생을 예견할 수 있어야 한다. 그리고 교통방해 행위가 피해자의 사상이라는 결과를 발생하게 한 유일하거나 직접적인 원인이 된 경우만이 아니라, 그 행위와 결과 사이에 피해자나 제3자의 과실 등 다른 사실이 개재된 때에도 그와 같은 사실이 통상 예견될 수 있는 것이라면 상당인과관계를 인정할 수 있다(대판 2014.07.24. 2014도6206).

정답 ②

문 4

교통방해의 죄에 관한 다음 설명 중 가장 옳은 것은? [2019년 16번]

① 집회 및 시위에 관한 법률에 따른 신고 없이 이루어진 집회에 참석한 참가자들이 차로 위를 행진하는 등으로 도로 교통을 방해함으로써 통행을 불가능하게 하거나 현저하게 곤란하게 하는 경우에 일반교통방해죄가 성립하고, 이때 실제로 참가자가 교통방해를 유발하는 직접적인 행위를 하였는지 여부, 참가자의 참가 경위나 관여 정도 등을 불문하고 공모공동정범의 죄책을 물을 수 있다.
② 교통방해를 유발한 집회에 참가한 경우 참가 당시 이미 다른 참가자들에 의해 교통의 흐름이 차단된 상태였다고 하더라도 교통방해를 유발한 다른 참가자들과 암묵적·순차적으로 공모하여 교통방해의 위법상태를 지속시켰다고 평가할 수 있다면 일반교통방해죄가 성립한다.
③ 공로에 출입할 수 있는 다른 도로가 있는 상태에서 토지 소유자로부터 일시적인 사용승낙을 받아 통행하거나 토지 소유자가 개인적으로 사용하면서 부수적으로 타인의 통행을 묵인한 장소도 일반교통방해죄의 객체인 육로에 해당한다.
④ 교통방해치사상죄가 성립하려면 교통방해 행위와 사상의 결과 사이에 상당인과관계가 있어야 하고 행위 시에 결과의 발생을 예견할 수 있어야 하는데, 그 행위와 결과 사이에 피해자나 제3자의 과실 등 다른 사실이 개재된 경우에는 그와 같은 사실이 통상 예견될 수 있는 경우라고 하더라도 상당인과관계를 인정할 수 없다.
⑤ 형법 제187조의 선박파괴죄에서 정한 파괴란 본죄가 공공위험죄인 본질에 비추어 불특정 다수인의 생명·신체에 위험을 생기게 할 정도의 손괴임을 요한다.

> **MGI Point** **교통방해죄** ★★
>
> - 위법한 집회 및 시위가 일반교통방해죄해당하는 경우 참가자의 죄책 ⇨ 실제로 참가자가 집회·시위에 가담하여 교통방해를 유발하는 직접적인 행위를 하였거나, 참가자의 참가 경위나 관여 정도 등에 비추어 참가자에게 공모공동정범의 죄책을 물을 수 있는 경우라야 일반교통방해죄가 성립
> - 이미 다른 참가자들에 의해 교통이 차단된 상태라도 다른 참가자들과 암묵적·순차적으로 공모하여 위법상태를 지속 ⇨ 추상적 위험범으로서 일반교통방해죄 성립(계속범) ○
> - 공로에 출입할 수 있는 다른 도로가 있는 상태에서 토지 소유자로부터 일시적인 사용승낙을 받아 통행하거나 토지 소유자가 개인적으로 사용하면서 부수적으로 타인의 통행을 묵인한 장소에 불과한 도로는 일반교통방해죄에서 말하는 육로 ×
> - 피해자 또는 제3자의 과실이 개입된 경우 인과관계 판단기준 : 객관적 예견가능성 기준 ⇨ 통상 예견할 수 있는 것이라면 행위와 결과 사이에 인과관계 인정 ⇨ 피고인이 고속도로 2차로를 따라 자동차를 운전하다가 1차로를 진행하던 甲의 차량 앞에 급하게 끼어든 후 곧바로 정차하여, 甲의 차량 및 이를 뒤따르던 차량 두 대는 연이어 급제동하여 정차하였으나, 그 뒤를 따라오던 乙의 차량이 앞의 차량들을 연쇄적으로 추돌케 하여 乙을 사망에 이르게 하고 나머지 차량 운전자 등 피해자들에게 상해를 입힌 사안 ⇨ 교통방해치사상, 폭처법(흉기등협박), 도로교통법위반
> - 형법 제187조의 선박파괴죄에서 정한 "파괴"의 의미 ⇨ 기차, 전차, 자동차, 선박 또는 항공기 등의 교통기관으로서의 용법의 전부 또는 일부를 불가능하게 할 정도의 파손을 의미
>   cf. 경미한 손괴는 포함 ×, 불특정 다수인의 생명·신체에 위험을 생기게 할 정도의 손괴 의미 ×

① (X), ② (○) 집회 및 시위에 관한 법률(이하 '집시법'이라 한다)에 따라 적법한 신고를 마친 집회 또는 시위라고 하더라도 당초에 신고한 범위를 현저히 벗어나거나 집시법 제12조에 따른 조건을 중대하게 위반하여 도로 교통을 방해함으로써 통행을 불가능하게 하거나 현저하게 곤란하게 하는 경우에는 형법 제185조의 일반교통방해죄가 성립한다. 그러나 이때에도 참가자 모두에게 당연히 일반교통방해죄가 성립하는 것은 아니고, 실제로 참가자가 위와 같이 신고 범위를 현저하게 벗어나거나 조건을 중대하게 위반하는 데 가담하여 교통방해를 유발하는 직접적인 행위를 하였거나, 참가자의 참가 경위나 관여 정도 등에 비추어 그 참가자에게 공모공동정범의 죄책을 물을 수 있는 경우라야 일반교통방해죄가 성립한다(대판 2018.01.24. 2017도11408). 일반교통방해죄는 이른바 추상적 위험범으로서 교통이 불가능하거나 또는 현저히 곤란한 상태가 발생하면 바로 기수가 되고 교통방해의 결과가 현실적으로 발생하여야 하는 것은 아니다. 또한 일반교통방해죄에서 교통방해 행위는 계속범의 성질을 가지는 것이어서 교통방해의 상태가 계속되는 한 가벌적인 위법상태는 계속 존재한다. 따라서 신고 범위를 현저히 벗어나거나 집회 및 시위에 관한 법률 제12조에 따른 조건을 중대하게 위반함으로써 교통방해를 유발한 집회에 참가한 경우, 참가 당시 이미 다른 참가자들에 의해 교통의 흐름이 차단된 상태였더라도 교통방해를 유발한 다른 참가자들과 암묵적·순차적으로 공모하여 교통방해의 위법상태를 지속시켰다고 평가할 수 있다면 일반교통방해죄가 성립한다(대판 2018.01.24. 2017도11408).

③ (X) 형법 제185조의 일반교통방해죄는 일반 공중의 교통안전을 보호하는 범죄로서 육로 등을 손괴하거나 장애물로 막는 등의 방법으로 교통을 방해하여 통행을 불가능하게 하거나 현저하게 곤란하게 하는 일체의 행위를 처벌하는 것을 목적으로 한다. 여기에서 '육로'란 일반 공중의 왕래에 제공된 장소, 즉 특정인에 한하지 않고 불특정 다수인 또는 차마가 자유롭게 통행할 수 있는 공공성을 지닌 장소를 말한다. 통행로를 이용하는 사람이 적은 경우에도 위 규정에서 말하는 육로에 해당할 수 있으나, 공로에 출입할 수 있는 다른 도로가 있는 상태에서 토지 소유자로부터 일시적인 사용승낙을 받아 통행하거나 토지 소유자가 개인적으로 사용하면서 부수적으로 타인의 통행을 묵인한 장소에 불과한 도로는 위 규정에서 말하는 육로에 해당하지 않는다(대판 2017.04.07. 2016도12563).

④ (X) [1] 형법 제188조에 규정된 교통방해에 의한 치사상죄는 결과적 가중범이므로, 위 죄가 성립하려면 교통방해 행위와 사상(死傷)의 결과 사이에 상당인과관계가 있어야 하고 행위 시에 결과의 발생을 예견할 수 있어야 한다. 그리고 교통방해 행위가 피해자의 사상이라는 결과를 발생하게 한 유일하거나 직접적인 원인이 된 경우만이 아니라, 그 행위와 결과 사이에 피해자나 제3자의 과실 등 다른 사실이 개재된 때에도 그와 같은 사실이 통상 예견될 수 있는 것이라면 상당인과관계를 인정할 수 있다. [2] 피고인이 고속도로 2차로를

따라 자동차를 운전하다가 1차로를 진행하던 甲의 차량 앞에 급하게 끼어든 후 곧바로 정차하여, 甲의 차량 및 이를 뒤따르던 차량 두 대는 연이어 급제동하여 정차하였으나, 그 뒤를 따라오던 乙의 차량이 앞의 차량들을 연쇄적으로 추돌케 하여 乙을 사망에 이르게 하고 나머지 차량 운전자 등 피해자들에게 상해를 입힌 사안에서, 편도 2차로의 고속도로 1차로 한가운데에 정차한 피고인은 현장의 교통상황이나 일반인의 운전 습관·행태 등에 비추어 고속도로를 주행하는 다른 차량 운전자들이 제한속도 준수나 안전거리 확보 등의 주의의무를 완전하게 다하지 않을 수도 있다는 점을 알았거나 충분히 알 수 있었으므로, 피고인의 정차 행위와 사상의 결과 발생 사이에 상당인과관계가 있고, 사상의 결과 발생에 대한 예견가능성도 인정된다는 이유로, 피고인에게 일반교통방해치사상죄를 인정한 원심판단이 정당하다고 한 사례(대판 2014.07.24. 2014도6206). ▶ 교통방해치사상, 폭력행위등처벌에관한법률위반(흉기등협박), 도로교통법위반

⑤ (X) 형법 제189조 제2항, 제187조 소정의 업무상과실자동차파괴등죄는 교통방해죄의 한 태양으로서 공중교통안전을 그 보호법익으로 하는 공공위험죄에 속한다(대판 1983.09.27. 82도671). 형법 제187조에 정한 "파괴"의 뜻은 기차, 전차, 자동차, 선박 또는 항공기 등의 교통기관으로서의 용법의 전부 또는 일부를 불가능하게 할 정도의 파손을 의미하는 것이고 경미한 손괴를 포함하지 않는다고 해석함이 상당하다(대판 1970.10.23. 70도1611).

정답 ②

문 5

다음 설명 중 가장 옳지 않은 것은?(다툼이 있는 경우 판례에 의함) [2016년 31번]

① 피고인이 고속도로 2차로를 따라 자동차를 운전하다가 1차로를 진행하던 甲의 차량 앞에 급하게 끼어든 후 곧바로 정차하여, 甲의 차량 및 이를 뒤따르던 차량 두 대는 연이어 급제동하여 정차하였으나, 그 뒤를 따라오던 乙의 차량이 앞의 차량들을 연쇄적으로 추돌케 하여 乙을 사망에 이르게 하였다면, 일반교통방해치사죄가 성립할 수 있다.
② 도로가 농가의 영농을 위한 경운기나 리어카 등의 통행을 위한 농로로 개설되었다 하더라도 그 도로가 사실상 일반 공중의 왕래에 공용되는 도로로 된 이상 다른 차량도 통행할 수 있는 것이므로 이러한 차량의 통행을 방해한다면 이는 일반교통방해죄에 해당한다.
③ 공항 여객터미널 버스정류장 앞 도로 중 공항리무진 버스 외의 다른 차의 주차가 금지된 구역에서 밴 차량을 40분간 불법주차하고 호객행위를 한 것만으로는 일반교통방해죄가 성립하지 않는다.
④ 건설 당시의 부실제작 및 부실시공행위 등에 의하여 나중에 트러스가 붕괴된 것을 일반교통방해에서의 손괴라고 볼 수는 없으므로, 이로 인해 교량이 붕괴되어 교통이 방해되었다 하더라도, 교량 건설회사의 트러스 제작 책임자나 교량공사 현장감독에게 업무상과실일반교통방해죄가 성립한다고 볼 수 없다.
⑤ 서울 중구 소공동의 왕복 4차로의 도로 중 편도 3개 차로 쪽에 차량 2, 3대와 간이테이블 수십개를 이용하여 길가쪽 2개 차로를 차지하는 포장마차를 설치하고 영업행위를 한 것은, 비록 행위가 교통량이 상대적으로 적은 야간에 이루어졌다 하더라도 일반교통방해죄를 구성한다.

해설 ★★

① (○) 피고인이 고속도로 2차로를 따라 자동차를 운전하다가 1차로를 진행하던 갑의 차량 앞에 급하게 끼어든 후 곧바로 정차하여, 갑의 차량 및 이를 뒤따르던 차량 두 대는 연이어 급제동하여 정차하였으나, 그 뒤를 따라오던 을의 차량이 앞의 차량들을 연쇄적으로 추돌케 하여 을을 사망에 이르게 하고 나머지 차량 운전자 등 피해자들에게 상해를 입힌 경우, 편도 2차로의 고속도로 1차로 한가운데에 정차한 피고인은 현장의 교통상황이나 일반인의 운전 습관·행태 등에 비추어 고속도로를 주행하는 다른 차량 운전자들이 제한속도 준수나 안전거리 확보 등의 주의의무를 완전하게 다하지 않을 수도 있다는 점을 알았거나 충분히 알 수 있었으므로, 피고인의 정차 행위와 사상의 결과 발생 사이에 상당인과관계가 있고, 사상의 결과 발생에 대한 예견가능성도 인정되므로 일반교통방해치사상죄가 성립한다(대판 2014.07.24. 2014도6206).

② (○) 도로가 농가의 영농을 위한 경운기나 리어카 등의 통행을 위한 농로로 개설되었다 하더라도 그 도로가 사실상 일반 공중의 왕래에 공용되는 도로로 된 이상 경운기나 리어카 등만 통행할 수 있는 것이 아니고 다른 차량도 통행할 수 있는 것이므로 이러한 차량의 통행을 방해한다면 이는 일반교통방해죄에 해당한다(대판 1995.09.15. 95도1475).

③ (○) 공항 여객터미널 버스정류장 앞 도로 중 공항리무진 버스 외의 다른 차의 주차가 금지된 구역에서 밴 차량을 40분간 불법주차하고 호객행위를 한 것은 다른 차량들의 통행을 불가능하거나 현저히 곤란하게 한 것으로 볼 수 없어 형법 제185조 일반교통방해죄가 성립하지 않는다(대판 2009.07.09. 2009도4266).

④ (X) 구 형법 제189조 제2항, 제185조에서 업무상과실일반교통방해의 한 행위태양으로 규정한 '손괴'라고 함은 물리적으로 파괴하여 그 효용을 상실하게 하는 것을 말하므로, 이 사건 성수대교의 건설 당시의 부실제작 및 부실시공행위 등에 의하여 트러스가 붕괴되는 것도 위 '손괴'의 개념에 포함된다(대판 1997.11.28. 97도1740).

⑤ (○) 서울 중구 소공동의 왕복 4차로의 도로 중 편도 3개 차로 쪽에 차량 2, 3대와 간이테이블 수십개를 이용하여 길가쪽 2개 차로를 차지하는 포장마차를 설치하고 영업행위를 한 것은, 비록 행위가 교통량이 상대적으로 적은 야간에 이루어졌다 하더라도 형법 제185조의 일반교통방해죄를 구성한다(대판 2007.12.14. 2006도4662).

정답 ④

제2장 공공의 신용에 대한 죄

제**❶**절 ┃ 통화에 관한 죄

제**❷**절 ┃ 유가증권·인지와 우표에 관한 죄

문 6

다음 설명 중 가장 옳지 않은 것은?(다툼이 있는 경우 판례에 의함) [2017년 38번]

① 유가증권위조죄에 있어 모용되는 명의인은 반드시 실재할 필요가 없으므로 허무인 명의로 유가증권을 작성한 경우에도 유가증권위조죄가 성립할 수 있다.
② 백지어음에 대하여 취득자가 발행자와의 합의에 의하여 정하여진 보충권의 한도를 넘어 보충권을 남용하여 행사한 경우에는 유가증권위조죄가 성립한다.
③ 명의인을 기망하여 문서를 작성케 하는 경우는 서명·날인이 정당히 성립된 경우에도 기망자는 명의인을 이용하여 서명·날인자의 의사에 반하는 문서를 작성케 하는 것이므로 사문서위조죄가 성립한다.
④ 은행을 통하여 지급이 이루어지는 약속어음의 발행인이 그 발행을 위하여 은행에 신고된 것이 아닌 발행인의 다른 인장을 날인하였더라도 허위유가증권작성죄는 성립하지 아니한다.
⑤ 위조유가증권행사죄는 위조사문서행사죄와 달리 위조유가증권임을 알고 있는 자에게 교부하였더라도 위조유가증권행사죄가 성립하므로, 위조유가증권의 교부자와 피교부자가 유가증권위조를 공모한 공범관계에 있다고 하여도 위조유가증권행사죄는 성립한다.

해설   ★★

① (○) 약속어음과 같이 유통성을 가진 유가증권의 위조는 일반거래의 신용을 해하게 될 위험성이 매우 크다는 점에서 적어도 행사할 목적으로 외형상 일반인으로 하여금 진정하게 작성된 유가증권이라고 오신케 할 수 있을 정도로 작성된 것이라면 그 발행명의인이 가령 실재하지 않은 사자 또는 허무인이라 하더라도 그 위조죄가 성립된다고 해석함이 상당하다(대판 2011.07.14. 2010도1025).
② (○) 백지어음에 대하여 취득자가 발행자와의 합의에 의하여 정하여진 보충권의 한도를 넘어 보충을 한 경우에는 발행인의 서명날인 있는 기존의 약속 어음용지를 이용하여 새로운 약속어음을 발행하는 것에 해당하므로 위와 같은 보충권의 남용행위는 유가증권위조죄를 구성하는 것이나, 그 보충권의 한도자체가 처음부터 일정한 금액 등으로 특정되어 있지 아니하고 그 행사방법에 대하여도 특별한 정함이 없어서 다툼이 있는 경우에는 결과적으로 보충권의 행사가 그 범위를 일탈하게 되었다 하더라도 그 점만 가지고 바로 백지보충권의 남용 또는 그에 대한 범의가 있다고 단정할 수는 없다 할 것이고 그 보충권일탈의 정도, 보충권행사의 원인 및 경위 등에 관한 심리를 통하여 신중히 이를 인정하여야 한다(대판 1989.12.12. 89도1264).
③ (○) 명의인을 기망하여 문서를 작성케 하는 경우는 서명, 날인이 정당히 성립된 경우에도 기망자는 명의인을 이용하여 서명 날인자의 의사에 반하는 문서를 작성케 하는 것이므로 사문서위조죄가 성립한다(대판 2000.06.13. 2000도778).
④ (○) 은행을 통하여 지급이 이루어지는 약속어음의 발행인이 그 발행을 위하여 은행에 신고된 것이 아닌 발

행인의 다른 인장을 날인하였다 하더라도 그것이 발행인의 인장인 이상 그 어음의 효력에는 아무런 영향이 없으므로 허위유가증권작성죄가 성립하지 아니한다(대판 2000.05.30. 2000도883).

⑤ (X) 위조유가증권행사죄의 처벌목적은 유가증권의 유통질서를 보호하는 데 있는 만큼 단순히 문서의 신용성을 보호하고자 하는 위조공·사문서행사죄의 경우와는 달리 교부자가 진정 또는 진실한 유가증권인 것처럼 위조유가증권을 행사하였을 때뿐만 아니라 위조유가증권임을 알고 있는 자에게 교부하였더라도 피교부자가 이를 유통시킬 것임을 인식하고 교부하였다면, 그 교부행위 그 자체가 유가증권의 유통질서를 해할 우려가 있어 처벌의 이유와 필요성이 충분히 있으므로 위조유가증권행사죄가 성립한다고 보아야 할 것이지만, 위조유가증권의 교부자와 피교부자가 서로 유가증권위조를 공모하였거나 위조유가증권을 타에 행사하여 그 이익을 나누어 가질 것을 공모한 공범의 관계에 있다면, 그들 사이의 위조유가증권 교부행위는 그들 이외의 자에게 행사함으로써 범죄를 실현하기 위한 전단계의 행위에 불과한 것으로서 위조유가증권은 아직 범인들의 수중에 있다고 볼 것이지 행사되었다고 볼 수는 없다(대판 2010.12.09. 2010도12553).

정답 ⑤

제❸절 ❘ 문서에 관한 죄

문 31

다음 설명 중 가장 옳지 않은 것은?(다툼이 있는 경우 판례에 의하고, 전원합의체 판결의 경우 다수의견에 의함. 이하 같음) [2023년 1번]

① 인감증명서 발급업무를 담당하는 공무원이 발급을 신청한 본인이 직접 출두한 바 없음에도 불구하고 본인이 직접 신청하여 발급받은 것처럼 인감증명서에 기재하였다면, 이는 공문서위조죄가 아닌 허위공문서작성죄를 구성한다.
② 공문서를 작성하는 과정에서 법령 등을 잘못 적용하거나 적용하여야 할 법령 등을 적용하지 아니한 잘못이 있더라도 그 적용의 전제가 된 사실관계에 관하여 거짓된 기재가 없다면 허위공문서작성죄가 성립할 수 없고, 이는 그와 같은 잘못이 공무원의 고의에 기한 것이라도 달리 볼 수 없다.
③ 문서명의인이 이미 사망하였는데도 문서명의인이 생존하고 있다는 점이 문서의 중요한 내용을 이루거나 그 점을 전제로 문서가 작성되었다고 하더라도, 그러한 내용의 문서에 관하여 사망한 명의자의 승낙이 추정된다면 사문서위조죄가 성립하지 않는다.
④ 주식회사의 지배인이 직접 주식회사 명의 문서를 작성하는 행위는 위조나 자격모용사문서작성에 해당하지 않는 것이 원칙이고, 이는 그 문서의 내용이 진실에 반하는 허위이거나 권한을 남용하여 자기 또는 제3자의 이익을 도모할 목적으로 작성된 경우에도 마찬가지이다.
⑤ 이사회를 개최함에 있어 공소외 이사들이 그 참석 및 의결권의 행사에 관한 권한을 甲에게 위임하였다면, 그 이사들이 실제로 이사회에 참석하지도 않았는데 마치 참석하여 의결권을 행사한 것처럼 甲이 이사회 회의록에 기재하였다 하더라도 甲에게 사문서위조 및 동행사죄가 성립하지 않는다.

MGI Point 문서에 관한 죄 ★★

- 인감증명서 담당 공무원이 본인이 직접 출두한 바 없음에도 불구하고 본인이 직접 신청하여 발급받은 것처럼 인감증명서에 기재한 경우 ⇨ 허위공문서작성죄
- 공문서를 작성하는 과정에서 법령 등을 잘못 적용하거나 적용하여야 할 법령 등을 적용하지 아니한 잘못이 있더라도 그 적용의 전제가 된 사실관계에 관하여 거짓된 기재가 없는 경우 ⇨ 허위공문서작성죄×
- 이미 사망한 문서명의인이 생존하고 있다는 점이 문서의 중요한 내용을 이루거나 그 점을 전제로 문서가 작성된 경우 ⇨ 사문서위조죄
- 주식회사 지배인이 권한을 남용하여 주식회사 명의의 문서를 작성한 경우 ⇨ 사문서위조, 자격모용사문서작성죄×
- 참석 및 의결권의 행사에 관한 권한을 위임받은 수임인이 위임인들이 불참석하였음에도 불구하고 참석하여 의결권을 행사한 것처럼 이사회 회의록에 기재한 경우 ⇨ 사문서위조×

① (○) 인감증명서 발급업무를 담당하는 공무원이 발급을 신청한 본인이 직접 출두한 바 없음에도 불구하고 본인이 직접 신청하여 발급받은 것처럼 인감증명서에 기재하였다면, 이는 공문서위조죄가 아닌 허위공문서작성죄를 구성한다(대법원 1997. 7. 11. 97도1082).

② (○) 허위공문서작성죄는 공문서에 진실에 반하는 기재를 하는 때에 성립하는 범죄이므로, 공문서를 작성하는 과정에서 법령 등을 잘못 적용하거나 적용하여야 할 법령 등을 적용하지 아니한 잘못이 있더라도 그 적용의 전제가 된 사실관계에 관하여 거짓된 기재가 없다면 허위공문서작성죄가 성립할 수 없고, 이는 그와 같은 잘못이 공무원의 고의에 기한 것이라도 달리 볼 수 없다. 공문서 작성 과정에서 법령 등을 잘못 적용하였다고 하여 반드시 진실에 반하는 기재를 하여 공문서를 작성하게 되는 것은 아니므로, 공문서 작성 과정에서 법령 등의 적용에 잘못이 있다는 것과 기재된 공문서 내용이 허위인지 여부는 구별되어야 한다(대법원 2021. 9. 16. 2019도18394).

③ (X) 문서위조죄는 문서의 진정에 대한 공공의 신용을 보호법익으로 하는 것이므로 행사할 목적으로 작성된 사문서가 일반인으로 하여금 당해 명의인의 권한 내에서 작성된 문서라고 믿게 할 수 있는 정도의 형식과 외관을 갖추고 있으면 사문서위조죄가 성립하고, 위와 같은 요건을 구비한 이상 명의인이 문서의 작성일자 전에 이미 사망하였더라도 그러한 문서 역시 공공의 신용을 해할 위험성이 있으므로 사문서위조죄가 성립한다. 위와 같이 사망한 사람 명의의 사문서에 대하여도 문서에 대한 공공의 신용을 보호할 필요가 있다는 점을 고려하면, 문서명의인이 이미 사망하였는데도 문서명의인이 생존하고 있다는 점이 문서의 중요한 내용을 이루거나 그 점을 전제로 문서가 작성되었다면 이미 문서에 관한 공공의 신용을 해할 위험이 발생하였다 할 것이므로, 그러한 내용의 문서에 관하여 사망한 명의자의 승낙이 추정된다는 이유로 사문서위조죄의 성립을 부정할 수는 없다(대법원 2011. 9. 29. 2011도6223).

④ (○) 원래 주식회사의 지배인은 회사의 영업에 관하여 재판상 또는 재판 외의 모든 행위를 할 권한이 있으므로, 지배인이 직접 주식회사 명의 문서를 작성하는 행위는 위조나 자격모용사문서작성에 해당하지 않는 것이 원칙이고, 이는 문서의 내용이 진실에 반하는 허위이거나 권한을 남용하여 자기 또는 제3자의 이익을 도모할 목적으로 작성된 경우에도 마찬가지이다. 그러나 회사 내부규정 등에 의하여 각 지배인이 회사를 대리할 수 있는 행위의 종류, 내용, 상대방 등을 한정하여 권한을 제한한 경우에 제한된 권한 범위를 벗어나서 회사 명의의 문서를 작성하였다면, 이는 자기 권한 범위 내에서 권한 행사의 절차와 방식 등을 어긴 경우와 달리 문서위조죄에 해당한다(대법원 2012. 9. 27. 2012도7467).

⑤ (○) 이사회를 개최함에 있어 공소외 이사들이 그 참석 및 의결권의 행사에 관한 권한을 피고인에게 위임하였다면 그 이사들이 실제로 이사회에 참석하지도 않았는데 마치 참석하여 의결권을 행사한 것처럼 피고인이 이사회 회의록에 기재하였다 하더라도 이는 이른바 사문서의 무형위조에 해당할 따름이어서 처벌대상이 되지 아니한다(대법원 1985. 10. 22. 85도1732).

정답 ③

문 32

문서부정행사죄에 관한 다음 설명 중 옳지 않은 것은 모두 몇 개인가?[2023년 10번]

> ㄱ. 장애인사용자동차표지를 사용할 권한이 없는 사람이 장애인사용자동차에 대한 지원을 받을 것으로 합리적으로 기대되는 상황이 아니라 하더라도, 이를 자동차에 비치하여 마치 장애인이 사용하는 자동차인 것처럼 외부적으로 표시한 경우에는 공문서인 장애인사용자동차표지를 부정행사한 것으로 보아야 할 것이다.
> ㄴ. 인감증명서를 그 명의자 아닌 자가 그 명의자의 의사에 반하여 함부로 행사하더라도 문서 본래의 취지에 따른 용도에 합치된다면 공문서등 부정행사죄는 성립되지 않는다.
> ㄷ. 甲이 기왕에 습득한 타인의 주민등록증을 甲 가족의 것이라고 제시하면서 그 주민등록증상의 명의로 이동전화 가입신청을 한 경우에는 공문서부정행사죄가 성립하지 않는다.
> ㄹ. 경찰관으로부터 신분확인을 위하여 신분증명서의 제시를 요구받고 다른 사람의 운전면허증을 제시한 경우에는 공문서부정행사죄가 성립한다.
> ㅁ. 甲이 주민등록 담당공무원에게 행방불명된 A인 것처럼 허위신고하여 甲의 사진과 지문이 찍힌 A명의의 주민등록증을 발급받은 후, 이를 검문경찰관에게 제시한 경우에는 공문서부정행사죄를 구성한다.

① 1개   ② 2개   ③ 3개   ④ 4개   ⑤ 5개

MGI Point 공문서부정행사죄 ★★★

- 장애인사용자동차표지를 사용할 권한이 없는 사람이 단순히 이를 자동차에 비치한 경우 ⇨ 장애인사용자동차표지를 본래의 용도에 따라 사용한 것× ⇨ 공문서부정행사죄×
- 인감증명서를 그 명의자의 의사에 반하여 함부로 행사한 경우 ⇨ 공문서부정행사죄×
- 타인의 주민등록증을 피고인 가족의 것이라고 제시하면서 그 주민등록증상의 명의 또는 가명으로 이동전화 가입신청을 한 경우 ⇨ 공문서부정행사죄×
- 신분증명서의 제시를 요구받고 다른 사람의 운전면허증을 제시한 경우 ⇨ 공문서부정행사죄○
- 명의를 모용하여 발급받은 주민등록증을 신분확인용으로 제시한 경우 ⇨ 공문서부정행사죄○

ㄱ. (X) 장애인복지법과 장애인등편의법의 규정과 관련 법리에 따르면, 장애인사용자동차표지는 장애인이 이용하는 자동차에 대한 조세감면 등 필요한 지원의 편의를 위하여 장애인이 사용하는 자동차를 대상으로 발급되는 것이고, 장애인전용주차구역 주차표지가 있는 장애인사용자동차표지는 보행상 장애가 있는 사람이 이용하는 자동차에 대한 지원의 편의를 위하여 발급되는 것이다. 따라서 장애인사용자동차표지를 사용할 권한이 없는 사람이 장애인전용주차구역에 주차하는 등 장애인사용자동차에 대한 지원을 받을 것으로 합리적으로 기대되는 상황이 아니라면 단순히 이를 자동차에 비치하였더라도 장애인사용자동차표지를 본래의 용도에 따라 사용했다고 볼 수 없어 공문서부정행사죄가 성립하지 않는다(대법원 2022. 9. 29. 선고 2021도14514).

ㄴ. (O) 문서등 부정행사죄는 그 사용권한자와 용도가 특정되어 작성된 공문서 또는 공도화를 사용권한없는 자가 그 사용권한있는 것처럼 가장하여 부정한 목적으로 행사하거나 또는 그 권한있는 자라도 그 정당한 용법에 반하여 부정하게 행사하는 경우에만 성립하므로, 인감증명서와 같이 사용권한자가 특정되어 있지도 않고 그 용도도 다양한 공문서는 그 명의자 아닌 자가 그 명의자의 의사에 반하여 함부로 행사하더라도 문서 본래의 취지에 따른 용도에 합치된다면 공문서등 부정행사죄는 성립되지 않는다(대법원 1983. 6. 28. 82도1985).

ㄷ. (○) 피고인이 기왕에 습득한 타인의 주민등록증을 피고인 가족의 것이라고 제시하면서 그 주민등록증상의 명의 또는 가명으로 이동전화 가입신청을 한 경우, 타인의 주민등록증을 본래의 사용용도인 신분확인용으로 사용한 것이라고 볼 수 없어 공문서부정행사죄가 성립하지 않는다고 한 사례(대법원 2003. 2. 26. 2002도4935).

ㄹ. (○) 제3자로부터 신분확인을 위하여 신분증명서의 제시를 요구받고 다른 사람의 운전면허증을 제시한 행위는 그 사용목적에 따른 행사로서 공문서부정행사죄에 해당한다고 보는 것이 옳다(대법원 2001. 4. 19. 2000도1985 전원합의체).

ㅁ. (○) 공문서부정행사죄는 그 사용권한자와 용도가 특정되어 작성된 공문서 또는 공도화를 사용권한 없는 자가 그 사용권한 있는 것처럼 가장하여 부정한 목적으로 행사한 때 또는 형식상 그 사용권한이 있는 자라도 그 정당한 용법에 반하여 부정하게 행사한 때에 성립한다고 해석할 것인바, 피고인이 공소외 (갑)인 양 허위신고하여 피고인의 사진과 지문이 찍힌 공소외(갑)명의의 주민등록증을 발급받은 이상 주민등록증의 발행목적상 피고인에게 위 주민등록증에 부착된 사진의 인물이 공소외 (갑)의 신원 상황을 가진 사람이라는 허위사실을 증명하는 용도로 이를 사용할 수 있는 권한이 없다는 사실을 인식하고 있었다고도 할 것이므로 이를 검문경찰관에게 제시하여 이러한 허위사실을 증명하는 용도로 사용한 것은 공문서 부정행사죄를 구성한다(대법원 1982. 9. 28. 82도1297).

정답 ①

문 33

공정증서원본부실기재죄에 관한 다음 설명 중 옳은 것은 모두 몇 개인가? [2023년 28번]

ㄱ. 공정증서의 원본이 아닌 등본·사본·초본은 공정증서원본부실기재죄의 대상이 되지 아니하나, 원본과 동일한 효력을 갖는 정본은 공정증서원본부실기재죄의 대상이 된다.

ㄴ. 공정증서원본부실기재죄의 대상이 되는 등록증은 일정한 권리관계나 신분관계를 공부에 기록한 것을 말하며, 자동차등록증, 선박등록증이나 사업자등록증이 이에 해당한다.

ㄷ. '부실의 사실기재'는 당사자의 허위신고에 의하여 이루어져야 하므로, 법원의 촉탁에 의하여 등기를 마친 경우에는 그 전제절차에 허위적 요소가 있더라도 공정증서원본부실기재죄가 성립하지 않는다.

ㄹ. 어떤 부동산에 관하여 피상속인에게 실체상의 권리가 없었음에도 불구하고, 재산상속인이 상속을 원인으로 한 소유권이전등기를 마친 경우, 실체관계에 부합하지 않는 등기절차를 밟은 것에 해당하여 공정증서원본부실기재죄가 성립한다.

① 없음 ② 1개 ③ 2개 ④ 3개 ⑤ 4개

MGI Point 공정증서원본부실기재죄 ★★

- 공정증서의 원본이 아닌 등본·사본·초본·정본 ⇨ 공정증서원본부실기재죄의 대상 ×
- 자동차등록증, 선박등록증이나 사업자등록증 ⇨ 공정증서원본부실기재죄의 대상이 되는 등록증 ×
- 법원의 촉탁에 의하여 등기를 마친 경우 ⇨ 공정증서원본부실기재죄 성립 ×
- 피상속인에게 실체상의 권리가 없었음에도 불구하고, 재산상속인이 상속을 원인으로 한 소유권이전등기를 마친 경우 ⇨ 공정증서원본부실기재죄 성립 ×

ㄱ. (X) 형법 제229조, 제228조 제1항의 규정과 형벌법규는 문언에 따라 엄격하게 해석하여야 하고 피고인에게 불리한 방향으로 지나치게 확장해석하거나 유추해석하여서는 아니되는 원칙에 비추어 볼 때, 위 각 조항에서 규정한 '공정증서원본'에는 공정증서의 정본이 포함된다고 볼 수 없으므로 불실의 사실이 기재된 공정증서의 정본을 그 정을 모르는 법원 직원에게 교부한 행위는 형법 제229조의 불실기재공정증서원본행사죄에 해당하지 아니한다(대법원 2002. 3. 26. 2001도6503).

ㄴ. (X) 사업자등록증은 단순한 사업사실의 등록을 증명하는 증서에 불과하고 그에 의하여 사업을 할 수 있는 자격이나 요건을 갖추었음을 인정하는 것은 아니라고 할 것이어서 형법 제228조 제1항에 정한 '등록증'에 해당하지 않는다고 한 원심의 판단을 수긍한 사례(대법원 2005. 7. 15. 2003도6934).

ㄷ. (O) 공정증서원본불실기재죄에 있어서의 불실의 기재는 당사자의 허위신고에 의하여 이루어져야 하므로 법원의 촉탁에 의하여 이루어진 경우에는 가령 그 전제절차에 허위적 요소가 있다 하더라도 그것은 법원의 촉탁에 의하여 이루어진 것이지 당사자의 허위신고에 의하여 이루어진 것이 아니므로 공정증서원본불실기재죄를 구성하지 않는다(대법원 1983. 12. 27. 83도2442).

ㄹ. (X) 재산상속인은 피상속인의 사망으로 인하여 상속개시된 때로부터 피상속인의 재산에 관한 포괄적 권리의무를 승계하게 되므로 어떤 부동산에 관하여 피상속인에게 실체상의 권리가 없었다 하더라도 재산상속인이 상속을 원인으로 한 소유권이전등기를 경료한 경우에는 그 등기는 당시의 등기부상의 권리관계를 나타내는 것에 불과하므로 그와 같은 등기절차를 밟았다 하여 공정증서원본불실기재나 동행사죄가 성립할 수 없다(대법원 1987. 4. 14. 85도2661).

정답 ②

문 7

다음 설명 중 옳지 않은 것은 모두 몇 개인가? [2022년 27번]

ㄱ. 금융위원회의 설치 등에 관한 법률 제29조, 제69조 제1항에서 정한 금융감독원 집행간부인 금융감독원장 명의의 문서를 위조, 행사한 행위는 사문서위조죄, 위조사문서행사죄에 해당한다.

ㄴ. 타인의 토지소유권을 편취할 목적으로 하는 사기소송은 목적 토지에 대한 소유권이전등기 절차 이행에 관한 승소의 확정판결을 받으면 이때 불법한 이익을 취득한 사기죄가 성립하고, 여기서 판결이 확정된 날이라 함은 그 판결에 대하여 확정적으로 다툴 수 없게 된 때를 의미한다.

ㄷ. 이른바 보이스피싱 범죄의 범인이 피해자를 기망하여 피해자의 자금을 사기이용계좌로 송금·이체받으면 사기죄는 기수에 이르고, 그 후 범인이 사기이용계좌에서 현금을 인출한다면 이는 새로운 법익을 침해하는 것이어서 별도의 횡령죄를 구성한다.

ㄹ. 배임수증재죄의 제3자에는 다른 특별한 사정이 없는 한 사무처리를 위임한 타인은 포함되지 않는다.

ㅁ. 가압류 후에 목적물의 소유권을 취득한 제3취득자가 다른 사람에 대한 허위의 채무에 기하여 근저당권설정등기 등을 경료하더라도 이로써 가압류채권자의 법률상 지위에 어떤 영향을 미치지 않으므로, 강제집행면탈죄에 해당하지 아니한다.

① 1개 ② 2개 ③ 3개 ④ 4개 ⑤ 5개

> **MGI Point** 형법상 범죄 종합 ★★
>
> - 금융감독원 집행간부인 금융감독원장 명의의 문서를 위조, 행사한 행위 ⇨ 공문서 위조·행사죄
> - 소송사기의 기수시기인 승소의 확정판결을 받은 때의 의미 ⇨ 형식적 확정력 발생한 것을 의미함
> - 보이스피싱 범인이 사기이용계좌에서 현금을 인출 ⇨ 횡령죄 ×
> - 배임수증재죄의 제3자 ⇨ 사무처리를 위임한 타인은 포함 ×
> - 가압류 후에 소유권 취득한 제3자가 허위 채무 부담, 근저당권설정등기 경료 ⇨ 강제집행면탈죄 ×

ㄱ. (×) 금융위원회법 제29조, 제69조 제1항에서 정한 금융감독원 집행간부인 금융감독원장 명의의 문서를 위조, 행사한 행위는 사문서위조죄, 위조사문서행사죄에 해당하는 것이 아니라 공문서위조죄, 위조공문서행사죄에 해당한다(대판 2021.03.11. 2020도14666).

ㄴ. (×) 타인의 토지소유권을 편취할 목적으로 하는 사기소송은 목적 토지에 대한 소유권이전등기 절차이행에 관한 승소의 확정판결을 받으면 이때 불법한 이익을 취득한 사기죄가 성립된다 할 것이고(대판 1980.04.22. 80도533 참고), 여기서 판결이 확정된 날이라 함은 그 판결이 형식적으로 확정된 때를 의미한다(대판 2021.05.07. 2020도18408).

ㄷ. (×) 전기통신금융사기(이른바 보이스피싱 범죄)의 범인이 피해자를 기망하여 피해자의 돈을 사기이용계좌로 송금·이체받았다면 이로써 편취행위는 기수에 이른다. 따라서 범인이 피해자의 돈을 보유하게 되었더라도 이로 인하여 피해자와 사이에 어떠한 위탁 또는 신임관계가 존재한다고 할 수 없는 이상 피해자의 돈을 보관하는 지위에 있다고 볼 수 없으며, 나아가 그 후에 범인이 사기이용계좌에서 현금을 인출하였더라도 이는 이미 성립한 사기범행의 실행행위에 지나지 아니하여 새로운 법익을 침해한다고 보기도 어려우므로, 위와 같은 인출행위는 사기의 피해자에 대하여 따로 횡령죄를 구성하지 아니한다(대판 2017.05.31. 2017도3045).

ㄹ. (○) 배임수재죄의 구성요건을 '타인의 사무를 처리하는 자가 그 임무에 관하여 부정한 청탁을 받고 재물 또는 재산상의 이익을 취득하거나 제3자로 하여금 이를 취득하게 한 때'라고 규정함으로써 제3자로 하여금 재물이나 재산상 이익을 취득하게 하는 행위를 구성요건에 추가하였다. 그 입법 취지는 부패행위를 방지하고 'UN 부패방지협약' 등 국제적 기준에 부합하도록 하려는 것이다. 개정 형법 제357조의 보호법익 및 체계적 위치, 개정 경위, 법문의 문언 등을 종합하여 볼 때, 개정 형법이 적용되는 경우에도 '제3자'에는 다른 특별한 사정이 없는 한 사무처리를 위임한 타인은 포함되지 않는다고 봄이 타당하다(대판 2021.09.30. 2019도17102).

ㅁ. (○) 가압류에는 처분금지적 효력이 있으므로 가압류 후에 목적물의 소유권을 취득한 제3취득자 또는 그 제3취득자에 대한 채권자는 그 소유권 또는 채권으로써 가압류권자에게 대항할 수 없다. 따라서 가압류 후에 목적물의 소유권을 취득한 제3취득자가 다른 사람에 대한 허위의 채무에 기하여 근저당권설정등기 등을 경료하더라도 이로써 가압류채권자의 법률상 지위에 어떤 영향을 미치지 않으므로, 강제집행면탈죄에 해당하지 아니한다(대판 2008.05.29. 2008도2476).

정답 ③

문 8

다음 설명 중 가장 옳지 않은 것은? [2022년 23번]

① 문서위조 및 동행사죄의 보호법익은 문서에 대한 공공의 신용이므로 '문서가 원본인지 여부'가 중요한 거래에 있어서 문서의 사본을 진정한 원본인 것처럼 행사할 목적으로 다른 조작을 가함이 없이 문서의 원본을 그대로 컬러복사기로 복사한 후 위와 같이 복사한 문서의 사본을 원본인 것처럼 행사한 행위는 사문서위조죄 및 동행사죄에 해당한다.

② 사문서위조죄는 그 명의자가 진정으로 작성한 문서로 볼 수 있을 정도의 형식과 외관을 갖추어 일반인이 명의자의 진정한 사문서로 오신하기에 충분한 정도이면 성립한다.

③ 복사문서는 현재 판례에 의해 사문서위조죄에서의 문서로 인정되고 있다.
④ 문서위조는 작성권한이 없는 자가 타인의 명의로 문서를 작성함을 말하는 것이므로 작성명의인이 없는 문서는 문서위조죄의 객체가 될 수 없음은 물론이나, 일반인이 명의자에 의하여 작성된 문서라고 오신할 만한 형식과 외관을 갖춘 이상 작성명의인이 있는 문서라고 보아야 한다.
⑤ 문서위조죄는 명의인이 실재하지 않는 허무인이거나 또는 문서의 작성일자 전에 이미 사망하였다고 하더라도 그러한 문서 역시 공공의 신용을 해할 위험성이 있으므로 공문서와 사문서를 가리지 아니하고 문서위조죄가 성립하고, 이는 법률적, 사회적으로 자연인과 같이 활동하는 법인 또는 단체에 대해서도 마찬가지이다.

MGI Point 문서위조죄 ★★

- 문서가 원본인지 여부'가 중요한 거래에서 컬러복사기로 복사한 문서를 원본인 것처럼 행사 ⇨ 사문서위조죄 및 동행사죄에 해당
- 사문서위조죄 ⇨ 진정으로 작성한 문서로 볼 수 있을 정도의 형식과 외관, 일반인이 명의자의 진정한 사문서로 오신하기에 충분한 정도면 성립
- 복사문서와 사문서위조죄 ⇨ 형법에서 규율하고 있음
- 일반인이 명의자에 의하여 작성된 문서라고 오신할 만한 형식과 외관을 갖춘 문서 ⇨ 작성명의인이 있는 문서
- 명의인이 허무인이거나 문서의 작성일자 전에 이미 사망 ⇨ 문서위조죄 성립 可, 공·사문서 불문, 자연인·법인 불문

① (○) 문서위조 및 동행사죄의 보호법익은 문서에 대한 공공의 신용이므로 '문서가 원본인지 여부'가 중요한 거래에서 문서의 사본을 진정한 원본인 것처럼 행사할 목적으로 다른 조작을 가함이 없이 문서의 원본을 그대로 컬러복사기로 복사한 후 복사한 문서의 사본을 원본인 것처럼 행사한 행위는 사문서위조죄 및 동행사죄에 해당한다(대판 2016.07.14. 2016도2081).
② (○) 사문서위조죄는 그 명의자가 진정으로 작성한 문서로 볼 수 있을 정도의 형식과 외관을 갖추어 일반인이 명의자의 진정한 사문서로 오신하기에 충분한 정도이면 성립하는 것이고, 반드시 그 작성명의자의 서명이나 날인이 있어야 하는 것은 아니나, 일반인이 명의자의 진정한 사문서로 오신하기에 충분한 정도인지 여부는 그 문서의 형식과 외관은 물론 그 문서의 작성경위, 종류, 내용 및 일반거래에 있어서 그 문서가 가지는 기능 등 여러 가지 사정을 종합적으로 고려하여 판단하여야 한다(대판 2009.07.23. 2008도10195).
③ (X) 형법 제237조의2에서 규정하고 있다.

> 형법 제237조의2(복사문서등) 이 장의 죄에 있어서 전자복사기, 모사전송기 기타 이와 유사한 기기를 사용하여 복사한 문서 또는 도화의 사본도 문서 또는 도화로 본다.

④ (○) 문서위조는 작성권한이 없는 자가 타인의 명의로 문서를 작성함을 말하는 것이므로 작성명의인이 없는 문서는 문서위조죄의 객체가 될 수 없음은 물론이나, 일반인이 명의자에 의하여 작성된 문서라고 오신할만한 형식과 외관을 갖춘 이상 작성명의인이 있는 문서라고 보아야 할 것이다(대판 1984.10.23. 84도1729).
⑤ (○) 문서위조죄는 문서의 진정에 대한 공공의 신용을 그 보호법익으로 하는 것이므로 행사할 목적으로 작성된 문서가 일반인으로 하여금 당해 명의인의 권한 내에서 작성된 문서라고 믿게 할 수 있는 정도의 형식과 외관을 갖추고 있으면 문서위조죄가 성립하는 것이고, 위와 같은 요건을 구비한 이상 그 명의인이 실재하지 않는 허무인이거나 또는 문서의 작성일자 전에 이미 사망하였다고 하더라도 그러한 문서 역시 공공의 신용을 해할 위험성이 있으므로 공문서와 사문서를 가리지 아니하고 문서위조죄가 성립한다고 봄이 상당하며 이러한 법리는 법률적, 사회적으로 자연인과 같이 활동하는 법인 또는 단체에도 그대로 적용된다고 할 것이다(대판 2005.03.25. 2003도4943).

정답 ③

문 9
다음 설명 중 옳은 것은 모두 몇 개인가? [2022년 17번]

ㄱ. 전자기록에 관한 시스템에 '허위'의 정보를 입력한다는 것은 입력된 내용과 진실이 부합하지 아니하여 그 전자기록에 대한 공공의 신용을 위태롭게 하는 경우를 말한다.

ㄴ. 형법 제232조의2에서 말하는 '사무처리를 그르치게 할 목적'이란 위작 또는 변작된 전자기록이 사용됨으로써 전자적 방식에 의한 정보의 생성·처리·저장·출력을 목적으로 구축·설치한 시스템을 운영하는 주체인 개인 또는 법인의 사무처리를 잘못되게 하는 것을 말한다.

ㄷ. 시스템의 설치·운영 주체로부터 각자의 직무 범위에서 개개의 단위정보의 입력 권한을 부여받은 사람이 단지 그 권한을 남용하여 허위의 정보를 입력함으로써 시스템 설치·운영 주체의 의사에 반하는 전자기록을 생성하는 경우는 형법 제227조의2에서 말하는 전자기록의 '위작'에 포함된다고 볼 수는 없다.

ㄹ. 형법 제232조의2에서 정한 '위작'의 포섭 범위에 권한 있는 사람이 그 권한을 남용하여 허위의 정보를 입력함으로써 시스템 설치·운영 주체의 의사에 반하는 전자기록을 생성하는 행위를 포함하는 것으로 보는 것이라면, 그 해석은 '위작'이란 낱말이 가지는 문언의 가능한 의미를 벗어나 피고인에게 불리한 유추해석 또는 확장해석을 한 것이라고 볼 수 있다.

ㅁ. 사전자기록 등 특수매체기록 작성 등에 관하여 권한 있는 사람이 단지 그 권한을 남용하여 허위의 정보를 입력함으로써 시스템 설치·운영 주체의 의사에 반하는 전자기록을 생성하는 행위를 '위작'의 범위에서 제외하여 해석하는 것은 입법자의 의사에 부합할 뿐만 아니라 과학기술의 발전과 시대적·사회적 변화에도 맞는 법 해석으로 볼 수 있다.

ㅂ. 사전자기록등위작죄가 성립하기 위해서는 '위작' 이외에도 '사무처리를 그르치게 할 목적'과 '권리·의무 또는 사실증명에 관한 타인의 전자기록 등 특수매체기록'이란 구성요건을 충족해야 한다.

① 1개　② 2개　③ 3개　④ 4개　⑤ 5개

아니하여 그 전자기록에 대한 공공의 신용을 위태롭게 하는 경우를 말한다. 형법 제232조의2에서 말하는 '사무처리를 그르치게 할 목적'이란 위작 또는 변작된 전자기록이 사용됨으로써 전자적 방식에 의한 정보의 생성·처리·저장·출력을 목적으로 구축·설치한 시스템을 운영하는 주체인 개인 또는 법인의 사무처리를 잘못되게 하는 것을 말한다(대판 2020.08.27. 2019도11294(전합)).

ㄷ. (X) 시스템을 설치·운영하는 주체와의 관계에서 전자기록의 생성에 관여할 권한이 없는 사람이 전자기록을 작출하거나 전자기록의 생성에 필요한 단위 정보의 입력을 하는 경우는 물론 시스템의 설치·운영 주체로부터 각자의 직무 범위에서 개개의 단위정보의 입력 권한을 부여받은 사람이 그 권한을 남용하여 허위의 정보를 입력함으로써 시스템 설치·운영 주체의 의사에 반하는 전자기록을 생성하는 경우도 형법 제227조의2에서 말하는 전자기록의 '위작'에 포함된다(대판 2005.06.09. 2004도6132).

ㄹ. (X) 형법에서의 '위작'의 개념은 형법이 그에 관한 정의를 하지 않고 있고, 해당 문언의 사전적 의미만으로는 범죄구성요건으로서의 적절한 의미 해석을 바로 도출해 내기 어려우므로, 결국은 유사한 다른 범죄구성요건과의 관계에서 체계적으로 해석할 수밖에 없다. 따라서 형법 제232조의2에서 정한 '위작'의 포섭 범위에 권한 있는 사람이 그 권한을 남용하여 허위의 정보를 입력함으로써 시스템 설치·운영 주체의 의사에 반하는 전자기록을 생성하는 행위를 포함하는 것으로 보더라도, 이러한 해석이 '위작'이란 낱말이 가지는 문언의 가능한 의미를 벗어났다거나, 피고인에게 불리한 유추해석 또는 확장해석을 한 것이라고 볼 수 없다(대판 2020.08.27. 2019도11294(전합)).

ㅁ. (X) 1995. 12. 29. 법률 제5057호로 공포되어 1996. 7. 1.부터 시행된 개정 형법의 입법 취지와 보호법익을 고려하면, 컴퓨터 등 전산망 시스템을 이용하는 과정에 필연적으로 수반되는 사전자기록 등 특수매체기록 작성 등에 관하여 권한 있는 사람이 그 권한을 남용하여 허위의 정보를 입력함으로써 시스템 설치·운영 주체의 의사에 반하는 전자기록을 생성하는 행위를 '위작'의 범위에서 제외하여 축소해석하는 것은 입법자의 의사에 반할 뿐만 아니라 과학기술의 발전과 시대적·사회적 변화에도 맞지 않는 법 해석으로서 받아들일 수 없다(대판 2020.08.27. 2019도11294(전합)).

ㅂ. (O) 사전자기록등위작죄가 성립하기 위해서는 '위작' 이외에도 '사무처리를 그르치게 할 목적'과 '권리·의무 또는 사실 증명에 관한 타인의 전자기록 등 특수매체기록'이란 구성요건을 충족해야 한다(대판 2020.08.27. 2019도11294(전합)).

정답 ③

문 10

형법 제20장(문서에 관한 죄)에 관한 다음 설명 중 옳은 것은 모두 몇 개인가? [2021년 22번]

가. 피고인이 인터넷을 통하여 열람·출력한 등기사항전부증명서 하단의 열람 일시 부분을 수정 테이프로 지우고 복사한 행위는 등기사항전부증명서가 나타내는 권리·사실관계와 다른 새로운 증명력을 가진 문서를 만든 것에 해당하고 그로 인하여 공공적 신용을 해할 위험성도 발생한 경우에 해당하므로 공문서변조죄가 성립한다.

나. 금융위원회의 설치 등에 관한 법률 제29조, 제69조 제1항에서 정한 금융감독원 집행간부인 금융감독원장 명의의 문서를 위조, 행사한 행위는 사문서위조죄, 위조사문서행사죄에 해당한다.

다. 피고인이 음주운전으로 단속되자 동생 甲의 이름을 대며 조사를 받다가 휴대용정보단말기

(PDA)에 표시된 음주운전단속결과통보 중 운전자 甲의 서명란에 甲의 이름 대신 의미를 알 수 없는 부호를 기재한 행위는 甲의 서명을 위조한 것에 해당한다.
라. 사전자기록위작죄에서 정한 '위작'이란 전자기록의 생성에 관여할 권한이 없는 사람이 전자기록을 작성하거나 전자기록의 생성에 필요한 단위정보를 입력하는 경우만을 의미한다고 해석하여야 한다.
마. 중국인인 피고인이 콘도미니엄 입주민들의 모임인 甲 시설운영위원회의 대표로 선출된 후 甲 위원회가 대표성을 갖춘 단체라는 외양을 작출할 목적으로, 주민센터에서 가져온 행정용 봉투의 좌측 상단에 미리 제작해 둔 甲 위원회 한자 직인과 한글 직인을 날인한 다음 주민센터에서 발급받은 피고인의 인감증명서 중앙에 있는 '용도'란 부분에 이를 오려 붙이는 방법으로 인감증명서 1매를 작성하고, 이를 휴대전화로 촬영한 사진 파일을 甲 위원회에 가입한 입주민들이 참여하는 메신저 단체대화방에 게재한 경우, 피고인이 만든 문서는 공문서에 해당하지 않고, 이를 사진촬영한 파일을 단체대화방에 게재한 행위 역시 위조공문서행사죄에 해당하지 않는다.

① 1개　　　　　② 2개　　　　　③ 3개
④ 4개　　　　　⑤ 5개

MGI Point　문서에 관한 죄　★★★

- 피고인이 등기사항전부증명서의 열람 일시를 삭제하여 복사한 행위 ⇨ 공문서 변조죄 성립 ○
- 금융위원회법 제29조, 제69조 제1항에서 정한 금융감독원 집행간부인 금융감독원장 명의의 문서를 위조, 행사한 행위 ⇨ 공문서위조죄, 위조공문서행사죄에 해당 ○ (사문서위조죄, 위조사문서행사죄에 해당 ×)
- 피고인이 음주운전으로 단속되자 동생 공소외인의 이름을 대며 조사를 받다가 휴대용정보단말기(PDA)에 표시된 음주운전단속결과통보 중 운전자 공소외인의 서명란에 공소외인의 이름 대신 의미를 알 수 없는 부호를 기재한 행위 ⇨ 공소외인의 서명을 위조한 것에 해당 ○
- 형법 §227의2에서 말하는 전자기록의 '위작'
  ⇨ 전자기록 생성에 관여할 권한이 없는 사람이 전자기록을 작출하거나 전자기록의 생성에 필요한 단위정보의 입력하는 행위 ○
  ⇨ 권한을 부여받은 사람이 그 권한을 남용하여 허위의 정보를 입력함으로써 시스템 설치·운영 주체의 의사에 반하는 전자기록을 생성하는 행위 ○
- 중국인인 피고인이 콘도미니엄 입주민들의 모임인 갑 시설운영위원회의 대표로 선출된 후 갑 위원회가 대표성을 갖춘 단체라는 외양을 작출할 목적으로, 주민센터에서 가져온 행정용 봉투의 좌측 상단에 미리 제작해 둔 갑 위원회 한자 직인과 한글 직인을 날인한 다음 주민센터에서 발급받은 피고인의 인감증명서 중앙에 있는 '용도'란 부분에 이를 오려 붙이는 방법으로 인감증명서 1매를 작성하고, 이를 휴대전화로 촬영한 사진 파일을 갑 위원회에 가입한 입주민들이 참여하는 메신저 단체대화방에 게재한 경우 ⇨ 피고인이 만든 문서는 공문서로서의 외관과 형식을 갖추었다고 인정하기 어렵고, 이를 사진촬영한 파일을 단체대화방에 게재한 행위는 위조공문서행사죄에 해당 ×

가. (○) 피고인이 인터넷을 통하여 열람·출력한 등기사항전부증명서 하단의 열람 일시 부분을 수정 테이프로 지우고 복사해 두었다가 이를 타인에게 교부하여 공문서변조 및 변조공문서행사로 기소된 사안에서, 등기사항전부증명서의 열람 일시는 등기부상 권리관계의 기준 일시를 나타내는 역할을 하는 것으로서 권리관계나 사실관계의 증명에서 중요한 부분에 해당하고, 열람 일시의 기재가 있어 그 일시를 기준으로 한 부동산의 권리관계를 증명하는 등기사항전부증명서와 열람 일시의 기재가 없어 부동산의 권리관계를 증명하는 기준 시점이

표시되지 않은 등기사항전부증명서 사이에는 증명하는 사실이나 증명력에 분명한 차이가 있는 점, 법률가나 관련 분야의 전문가가 아닌 평균인 수준의 사리분별력을 갖는 일반인의 관점에서 볼 때 그 등기사항전부증명서가 조금만 주의를 기울여 살펴보기만 해도 그 열람 일시가 삭제된 것임을 쉽게 알아볼 수 있을 정도로 공문서로서의 형식과 외관을 갖추지 못했다고 보기 어려운 점을 종합하면, 피고인이 등기사항전부증명서의 열람 일시를 삭제하여 복사한 행위는 등기사항전부증명서가 나타내는 권리·사실관계와 다른 새로운 증명력을 가진 문서를 만든 것에 해당하고 그로 인하여 공공적 신용을 해할 위험성도 발생하였다는 이유로, 이와 달리 본 원심판결에 공문서변조에 관한 법리오해의 잘못이 있다고 한 사례(대판 2021.02.25 2018도19043).

나. (X) 금융위원회의 설치 등에 관한 법률(이하 '금융위원회법'이라고 한다) 제69조는 금융위원회 위원 또는 증권선물위원회 위원으로서 공무원이 아닌 사람과 금융감독원의 집행간부 및 직원은 형법이나 그 밖의 법률에 따른 벌칙을 적용할 때에는 공무원으로 보고(제1항), 제1항에 따라 공무원으로 보는 직원의 범위는 대통령령으로 정한다(제2항)고 규정하고 있다. 금융위원회법 제29조는 금융감독원의 집행간부로서 금융감독원에 원장 1명, 부원장 4명 이내, 부원장보 9명 이내와 감사 1명을 둔다(제1항)고 규정하고 있다. 금융위원회의 설치 등에 관한 법률 시행령(이하 '금융위원회법 시행령'이라고 한다) 제23조는 금융위원회법 제69조 제2항에 따라 실(국에 두는 실을 포함한다)·국장급 부서의 장(제1호), 지원 또는 출장소(사무소를 포함한다)의 장(제2호), 금융기관에 대한 검사·경영지도 또는 경영관리업무를 수행하는 직원(제3호), 금융 관계 법령에 의하여 증권시장·파생상품시장의 불공정거래조사업무를 수행하는 직원(제4호), 기타 실·국 외에 두는 부서의 장(제5호)을 형법이나 그 밖의 법률에 따른 벌칙을 적용할 때 공무원으로 보는 금융감독원의 직원이라고 규정하고 있다. 위 규정은 금융위원회법 제37조에서 정한 업무에 종사하는 금융감독원장 등 금융감독원의 집행간부 및 실·국장급 부서의 장 등 금융위원회법 시행령에서 정한 직원에게 공무원과 동일한 책임을 부담시킴과 동시에 그들을 공무원과 동일하게 보호해 주기 위한 필요에서 모든 벌칙의 적용에 있어서 공무원으로 본다고 해석함이 타당하다. 따라서 금융위원회법 제69조 제1항에서 말하는 벌칙에는 금융감독원장 등 금융감독원의 집행간부 및 위 직원들이 지위를 남용하여 범법행위를 한 경우에 적용할 벌칙만이 아니라, 제3자가 금융감독원장 등 금융감독원의 집행간부 및 위 직원들에 대하여 범법행위를 한 경우에 적용할 벌칙과 같이 피해자인 금융감독원장 등 금융감독원의 집행간부 및 위 직원들을 보호하기 위한 벌칙도 포함되는 것으로 풀이하여야 한다. 그렇다면 금융위원회법 제29조, 제69조 제1항에서 정한 금융감독원 집행간부인 금융감독원장 명의의 문서를 위조, 행사한 행위는 사문서위조죄, 위조사문서행사죄에 해당하는 것이 아니라 공문서위조죄, 위조공문서행사죄에 해당한다(대판 2021.03.11. 2020도14666).

다. (○) 사서명(私署名) 등 위조죄가 성립하려면 서명 등이 일반인으로 하여금 특정인의 진정한 서명 등으로 오신하게 할 정도에 이르러야 하고, 일반인이 특정인의 진정한 서명 등으로 오신하기에 충분한 정도인지 여부는 서명 등의 형식과 외관, 작성 경위뿐만 아니라 서명 등이 기재된 문서에 서명 등을 할 필요성, 문서의 작성 경위, 종류, 내용 그리고 일반거래에서 문서가 가지는 기능 등도 함께 고려하여 판단하여야 한다(대판 2005.12.23. 2005도4478 참조). 원심은 이 사건 공소사실 중 사서명위조와 위조사서명행사 부분에 대하여, 피고인이 음주운전으로 단속되자 동생 공소외인의 이름을 대며 조사를 받다가 휴대용정보단말기(PDA)에 표시된 음주운전단속결과통보 중 운전자 공소외인의 서명란에 공소외인의 이름 대신 의미를 알 수 없는 부호를 기재한 행위는 공소외인의 서명을 위조한 것에 해당한다고 판단하여, 이를 유죄로 판단한 제1심판결을 그대로 유지하였다. 원심판결 이유를 관련 법리와 적법하게 채택된 증거에 비추어 살펴보면, 원심판결에 논리와 경험의 법칙에 반하여 자유심증주의의 한계를 벗어나거나 사서명위조와 위조사서명행사죄의 성립에 관한 법리를 오해한 잘못이 없다(대판 2020.12.30 2020도14045).

라. (X) 형법 제227조의2의 공전자기록등위작죄는 사무처리를 그르치게 할 목적으로 공무원 또는 공무소의 전자기록 등 특수매체기록을 위작 또는 변작한 경우에 성립한다. 대법원은, 형법 제227조의2에서 위작의 객체로 규정한 전자기록은 그 자체로는 물적 실체를 가진 것이 아니어서 별도의 표시·출력장치를 통하지 아니하고는 보거나 읽을 수 없고, 그 생성 과정에 여러 사람의 의사나 행위가 개재됨은 물론 추가 입력한 정보가 프로그램에 의하여 자동으로 기존의 정보와 결합하여 새로운 전자기록을 작출하는 경우도 적지 않으며, 그 이용 과정을

보아도 그 자체로서 객관적·고정적 의미를 가지면서 독립적으로 쓰이는 것이 아니라 개인 또는 법인이 전자적 방식에 의한 정보의 생성·처리·저장·출력을 목적으로 구축하여 설치·운영하는 시스템에서 쓰임으로써 예정된 증명적 기능을 수행하는 것이므로, 위와 같은 시스템을 설치·운영하는 주체와의 관계에서 전자기록의 생성에 관여할 권한이 없는 사람이 전자기록을 작출하거나 전자기록의 생성에 필요한 단위정보의 입력을 하는 경우는 물론 시스템의 설치·운영 주체로부터 각자의 직무 범위에서 개개의 단위정보의 입력 권한을 부여받은 사람이 그 권한을 남용하여 허위의 정보를 입력함으로써 시스템 설치·운영 주체의 의사에 반하는 전자기록을 생성하는 경우도 형법 제227조의2에서 말하는 전자기록의 '위작'에 포함된다고 판시하였다(대법원 2005. 6. 9. 선고 2004도6132 판결). 위 법리는 형법 제232조의2의 사전자기록등위작죄에서 행위의 태양으로 규정한 '위작'에 대해서도 마찬가지로 적용된다(대법원 2016. 11. 10. 선고 2016도6299 판결). 이와 같은 위작에 관한 대법원의 법리는 타당하므로 이 사건에서도 적용할 수 있다(대판 2020.08.27. 2019도11294).

마. (○) 중국인인 피고인이 콘도미니엄 입주민들의 모임인 갑 시설운영위원회의 대표로 선출된 후 갑 위원회가 대표성을 갖춘 단체라는 외양을 작출할 목적으로, 주민센터에서 가져온 행정용 봉투의 좌측 상단에 미리 제작해 둔 갑 위원회 한자 직인과 한글 직인을 날인한 다음 주민센터에서 발급받은 피고인의 인감증명서 중앙에 있는 '용도'란 부분에 이를 오려 붙이는 방법으로 인감증명서 1매를 작성하고, 이를 휴대전화로 촬영한 사진 파일을 갑 위원회에 가입한 입주민들이 참여하는 메신저 단체대화방에 게재한 경우, 피고인이 만든 문서가 공문서로서의 외관과 형식을 갖추었다고 인정하기 어렵고, 이를 사진촬영한 파일을 단체대화방에 게재한 행위가 위조공문서행사죄에 해당할 수도 없다(대판 2020.12.24. 2019도8443).

정답 ③

문 11

문서에 관한 죄에 대한 다음 설명 중 옳지 않은 것은 모두 몇 개인가? [2020년 26번]

가. 문서위조 및 동행사죄의 보호법익은 문서에 대한 공공의 신용이므로 '문서가 원본인지 여부'가 중요한 거래에 있어서 문서의 사본을 진정한 원본인 것처럼 행사할 목적으로 다른 조작을 가함이 없이 문서의 원본을 그대로 컬러복사기로 복사한 후 위와 같이 복사한 문서의 사본을 원본인 것처럼 행사한 행위는 사문서위조죄 및 동행사죄에 해당한다.

나. 부동산의 거래당사자가 거래가액을 시장 등에게 거짓으로 신고하여 신고필증을 받은 뒤 이를 기초로 사실과 다른 내용의 거래가액이 부동산등기부에 등재되도록 하였다면, '공인중개사의 업무 및 부동산 거래신고에 관한 법률'에 따른 과태료의 제재를 받게 됨은 별론으로 하고, 형법상의 공전자기록등불실기재죄 및 불실기재공전자기록등행사죄가 성립하지는 아니한다.

다. 형법 제233조의 허위진단서작성죄에서 허위진단서 작성에 해당하는 허위의 기재는 사실에 관한 것이건 판단에 관한 것이건 불문하므로, 현재의 진단명과 증상에 관한 기재뿐만 아니라 현재까지의 진찰 결과로서 발생 가능한 합병증과 향후 치료에 대한 소견을 기재한 경우에도 그로써 환자의 건강상태를 나타내고 있는 이상 허위진단서 작성의 대상이 될 수 있다.

라. 이사가 이사회 회의록에 서명 대신 서명거부사유를 기재하고 그에 대한 서명을 하면, 특별한 사정이 없는 한 그 내용은 이사회 회의록의 일부가 되고, 이사회 회의록의 작성권한자인 이사장이라 하더라도 임의로 이를 삭제한 경우에는 이사회 회의록 내용에 변경을 가하여 새로운 증명력을 가져오게 되므로 사문서변조에 해당한다.

마. 자동차 등의 운전자가 운전 중에 도로교통법 제92조 제2항에 따라 경찰공무원으로부터 운전면허증의 제시를 요구받은 경우 운전면허증의 특정된 용법에 따른 행사는 도로교통법 관

계 법령에 따라 발급된 운전면허증 자체를 제시하는 것이라고 보아야 한다. 이 경우 자동차 등의 운전자가 경찰공무원에게 다른 사람의 운전면허증 자체가 아니라 이를 촬영한 이미지 파일을 휴대전화 화면 등을 통하여 보여주는 행위는 운전면허증의 특정된 용법에 따른 행사라고 볼 수 없는 것이어서 그로 인하여 경찰공무원이 그릇된 신용을 형성할 위험이 있다고 할 수 없으므로, 이러한 행위는 결국 공문서부정행사죄를 구성하지 아니한다.

① 1개 ② 2개 ③ 3개
④ 4개 ⑤ 없음

MGI Point 문서에 관한 죄 ★★

- '문서가 원본인지 여부'가 중요한 거래에서 문서의 사본을 진정한 원본인 것처럼 행사할 목적으로 다른 조작을 가함이 없이 문서의 원본을 그대로 컬러복사기로 복사한 후 복사한 문서의 사본을 원본인 것처럼 행사한 행위 ⇨ 사문서위조죄 및 동행사죄에 해당
- 공정증서원본 등의 부실기재죄 성립요건인 '부실의 사실' ⇨ 권리의무관계에 중요한 의미를 갖는 사항이 객관적인 진실에 반하는 것
  - 부동산등기부에 기재되는 거래가액은 당해 부동산의 권리의무관계에 중요한 의미를 갖는 사항에 해당한다고 볼 수 X
  - 부동산의 거래당사자가 거래가액을 시장 등에게 거짓으로 신고하여 신고필증을 받은 뒤 이를 기초로 사실과 다른 내용의 거래가액이 부동산등기부에 등재되도록 한 경우 ⇨ 형법상의 공전자기록등불실기재죄 및 불실기재공전자기록등행사죄 성립 X
- 허위진단서 작성에 해당하는 허위의 기재 ⇨ 사실에 관한 것이건 판단에 관한 것이건 불문
  - 현재의 진단명과 증상에 관한 기재뿐만 아니라 현재까지의 진찰 결과로서 발생 가능한 합병증과 향후 치료에 대한 소견을 기재한 경우 ⇨ 허위진단서 작성의 대상이 될 수 ○
- 이사가 이사회 회의록에 서명 대신 서명거부사유를 기재하고 그에 대한 서명을 한 경우 ⇨ 서명을 하지 않은 경우와 동일하다고 볼 수 X
  - 이사회 회의록의 작성권한자인 이사장이라 하더라도 임의로 이를 삭제한 경우 ⇨ 이사회 회의록 내용에 변경을 가하여 새로운 증명력을 가져오므로 사문서변조죄 성립 ○
- 운전면허증의 특정된 용법에 따른 행사 ⇨ 도로교통법 관계 법령에 따라 발급된 운전면허증 자체를 제시하는 것
  - 다른 사람의 운전면허증 자체가 아니라 이를 촬영한 이미지파일을 휴대전화 화면 등을 통하여 보여주는 행위 ⇨ 운전면허증의 특정된 용법에 따른 행사라고 볼 수 X
  - 경찰공무원이 그릇된 신용을 형성할 위험이 있다고 할 수 없음 ⇨ 공문서부정행사죄 성립 X

가. (○) 문서위조 및 동행사죄의 보호법익은 문서에 대한 공공의 신용이므로 '문서가 원본인지 여부'가 중요한 거래에서 문서의 사본을 진정한 원본인 것처럼 행사할 목적으로 다른 조작을 가함이 없이 문서의 원본을 그대로 컬러복사기로 복사한 후 복사한 문서의 사본을 원본인 것처럼 행사한 행위는 사문서위조죄 및 동행사죄에 해당한다(대판 2016.07.14. 2016도2081).

나. (○) 형법 제228조 제1항이 규정하는 공정증서원본불실기재죄나 공전자기록등불실기재죄는 특별한 신빙성이 인정되는 권리의무에 관한 공문서에 대한 공공의 신용을 보장함을 보호법익으로 하는 범죄로서 공무원에 대하여 진실에 반하는 허위신고를 하여 공정증서원본 또는 이와 동일한 전자기록 등 특수매체기록에 그 증명하는 사항에 관하여 실체관계에 부합하지 아니하는 '부실(不實)의 사실'을 기재 또는 기록하게 함으로써 성립하므로, 여기서 '부실의 사실'이란 권리의무관계에 중요한 의미를 갖는 사항이 객관적인 진실에 반하는 것을 말한다. … 부동산등기부에 기재되는 거래가액은 당해 부동산의 권리의무관계에 중요한 의미를 갖는 사항에 해당한다고 볼 수 없다. 따라서 부동산의 거래당사자가 거래가액을 시장 등에게 거짓으로 신고하여 신고필증을 받은 뒤 이를 기초로 사실과 다른 내용의 거래가액이 부동산등기부에 등재되도록 하였다면, '공인중개사의 업무 및 부동산 거래신고에 관한 법률'에 따른 과태료의 제재를 받게 됨은 별론으로 하고, 형법상의 공전자기록등불실기재죄 및 불실기재공전자기록등행사죄가 성립하지는 아니한다(대판 2013.01.24. 2012도12363).

다. (○) 허위진단서 작성에 해당하는 허위의 기재는 사실에 관한 것이건 판단에 관한 것이건 불문하므로, 현재의 진단명과 증상에 관한 기재뿐만 아니라 현재까지의 진찰 결과로서 발생 가능한 합병증과 향후 치료에 대한 소견을 기재한 경우에도 그로써 환자의 건강상태를 나타내고 있는 이상 허위진단서 작성의 대상이 될 수 있다(대판 2017.11.09. 2014도15129).

라. (○) 이사회 회의록에 관한 이사의 서명권한에는 서명거부사유를 기재하고 그에 대해 서명할 권한이 포함된다. 이사가 이사회 회의록에 서명함에 있어 이사장이나 다른 이사들의 동의를 받을 필요가 없는 이상 서명거부사유를 기재하고 그에 대한 서명을 함에 있어서도 이사장 등의 동의가 필요 없다고 보아야 한다. 따라서 이사가 이사회 회의록에 서명 대신 서명거부사유를 기재하고 그에 대한 서명을 하면, 특별한 사정이 없는 한 그 내용은 이사회 회의록의 일부가 되고, 이사회 회의록의 작성권한자인 이사장이라 하더라도 임의로 이를 삭제한 경우에는 이사회 회의록 내용에 변경을 가하여 새로운 증명력을 가져오게 되므로 사문서변조에 해당한다(대판 2018.09.13. 2016도20954).

마. (○) 자동차 등의 운전자가 운전 중에 도로교통법 제92조 제2항에 따라 경찰공무원으로부터 운전면허증의 제시를 요구받은 경우 운전면허증의 특정된 용법에 따른 행사는 도로교통법 관계 법령에 따라 발급된 운전면허증 자체를 제시하는 것이라고 보아야 한다. 이 경우 자동차 등의 운전자가 경찰공무원에게 다른 사람의 운전면허증 자체가 아니라 이를 촬영한 이미지파일을 휴대전화 화면 등을 통하여 보여주는 행위는 운전면허증의 특정된 용법에 따른 행사라고 볼 수 없는 것이어서 그로 인하여 경찰공무원이 그릇된 신용을 형성할 위험이 있다고 할 수 없으므로, 이러한 행위는 결국 공문서부정행사죄를 구성하지 아니한다(대판 2019.12.12. 2018도2560).

정답 ⑤

문 12

문서에 관한 죄에 대한 다음 설명 중 가장 옳지 않은 것은? [2019년 11번]

① 甲이 위조한 공문서의 이미지 파일을 위조된 사실을 알지 못하는 乙에게 이메일로 송부하여 프린터로 출력하게 하였다면, 이러한 甲의 행위는 위조공문서행사죄에 해당한다.

② 실제로는 채권·채무관계가 존재하지 아니함에도 공증인에게 허위신고를 하여 가장된 금전채권에 대하여 집행력이 있는 공정증서원본을 작성하고 이를 비치하게 한 것이라면 공정증서원본부실기재죄 및 부실기재공정증서원본행사죄가 성립한다.

③ 사문서에 작성명의자의 인장이 날인되지 않고 주민등록번호가 기재되지 않았다고 하더라도, 일반인으로 하여금 그 작성명의자가 진정하게 작성한 사문서로 믿기에 충분할 정도의 형식과 외관을 갖추었으면 사문서위조죄 및 동행사죄의 객체가 되는 사문서라고 보아야 한다.

④ 어떤 문서에 권한 없는 자가 타인의 서명을 기재하는 경우에, 일단 서명이 완성된 이상 문서가 완성되지 아니한 경우에도 사서명위조죄는 성립할 수 있다.

⑤ A회사의 대표이사 甲이 B회사의 대표이사 乙로부터 포괄적 위임을 받아 두 회사의 대표이사 업무를 처리하면서 두 회사 명의로 허위 내용의 영수증과 세금계산서를 작성하였다면, A회사 명의부분은 대표이사의 자격으로, B회사 명의부분은 대표이사 乙의 포괄적 위임 또는 승낙을 받아 작성 한 것이므로 사문서위조 및 위조사문서행사죄가 성립하지 않는다.

> **MGI Point** 문서에 관한 죄 ★★★
>
> - 위조문서의 행사
>   - 위조사실 알고 있는 공범자에게 행사 ⇨ 행사죄 성립 × / 위조사실 알지 못하는 자를 도구로 이용 ⇨ 행사죄 성립 ○
>   - 위조된 이미지 파일을 이메일로 송부받은 후 프린터로 출력 ⇨ 위조문서 행사에 해당
> - 공증인에게 허위신고를 하여 가장된 금전채권에 대하여 집행력이 있는 공정증서 원본을 작성하고 이를 비치하게 한 것
>   ⇨ 공정증서원본 불실기재죄 및 불실기재 공정증서원본 행사죄 ○
> - 일반인으로 하여금 진정하게 작성된 사문서로 믿기에 충분할 정도의 형식과 외관을 갖춘 경우 ⇨ 사문서위조죄 및 동행사죄의 객체로서의 사문서에 해당(인장 압날이 없거나 주민번호가 기재되지 않은 경우에도 가능)
> - 완성되지 않은 문서에 권한 없는 자가 타인의 서명 등을 기재 ⇨ 문서 완성과 상관없이 서명 등 위조죄 ○
> - A회사의 대표이사 甲이 B회사의 대표이사 乙로부터 포괄적 위임을 받아 두 회사의 대표이사 업무를 처리하면서 두 회사 명의로 허위 내용의 영수증과 세금계산서를 작성한 사안
>   - B 회사명의 부분은 乙의 개별적·구체적 위임 또는 승낙 없는 행위로서 사문서위조 및 위조사문서행사죄 ○
>   - A 회사명의 부분은 이미 퇴직한 종전의 대표이사를 승낙 없이 대표이사로 표시하였더라도 이에 해당 ×

① (○) 피고인이 위조·변조한 공문서의 이미지 파일을 甲 등에게 이메일로 송부하여 프린터로 출력하게 함으로써 '행사'하였다는 내용으로 기소되었는데, 甲 등은 출력 당시 위 파일이 위조된 것임을 알지 못한 사안에서, 피고인의 행위가 위조·변조공문서행사죄를 구성한다고 보아야 한다(대판 2012.02.23. 2011도14441).

② (○) 실제로는 채권·채무관계가 존재하지 아니함에도 공증인에게 허위신고를 하여 가장된 금전채권에 대하여 집행력이 있는 공정증서 원본을 작성하고 이를 비치하게 한 것이라면 공정증서원본 불실기재죄 및 불실기재 공정증서원본 행사죄의 죄책을 면할 수 없다 할 것이다(대판 2003.07.25. 2002도638).

③ (○) 사문서의 작성명의자의 인장이 압날되지 아니하고 주민등록번호가 기재되지 않았더라도, 일반인으로 하여금 그 작성명의자가 진정하게 작성한 사문서로 믿기에 충분할 정도의 형식과 외관을 갖추었으면 사문서위조죄 및 동행사죄의 객체가 되는 사문서라고 보아야 한다(대판 1989.08.08. 88도2209).

④ (○) 완성되지 않은 문서에 권한 없는 자가 타인의 서명 등을 기재한 경우, 문서 완성과 상관없이 서명 등 위조죄가 성립한다(대판 2011.03.10. 2011도503).

> **사실관계** 피고인이 타인 행세를 하며 피의자로서 조사를 받은 다음 경찰관에 의하여 작성된 피의자신문조서의 말미에 타인의 서명 및 무인을 하고, 타인의 이름이 기재된 수사과정확인서에 무인을 한 사안에서, 피고인에게 사서명 등 위조죄 및 위조사서명 등 행사죄의 유죄를 인정한 원심판단을 수긍한 사례

⑤ (X) A회사의 대표이사 甲이 B회사의 대표이사 乙로부터 포괄적 위임을 받아 두 회사의 대표이사 업무를 처리하면서 두 회사 명의로 허위 내용의 영수증과 세금계산서를 작성한 사안에서, B 회사명의 부분은 乙의 개별적·구체적 위임 또는 승낙 없는 행위로서 사문서위조 및 위조사문서행사죄가 성립하지만, A 회사명의 부분은 이미 퇴직한 종전의 대표이사를 승낙 없이 대표이사로 표시하였더라도 이에 해당하지 않는다(대판 2008.11.27. 2006도2016).

 ⑤

문 13

문서 및 통화에 관한 죄에 관련된 다음 설명 중 가장 옳은 것은?(다툼이 있는 경우 판례에 의함)
[2016년 33번]

① 부동산의 거래당사자가 거래가액을 시장 등에게 거짓으로 신고하여 신고필증을 받은 뒤 이를 기초로 사실과 다른 내용의 거래가액이 부동산등기부에 등재되도록 하였다면, 형법상의 공전자기록등불실기재죄 및 불실기재공전자기록등행사죄가 성립한다.

② 위조된 외국의 화폐, 지폐 또는 은행권이 강제통용력을 가지지 않고, 국내에서 사실상 거래 대가의 지급수단이 되고 있지 않는다 하더라도, 그 화폐 등을 행사하는 경우 형법 제207조 제4항에서 정한 위조통화행사죄를 구성하고, 형법 제234조에서 정한 위조사문서행사죄 또는 위조사도화행사죄로 의율할 수 없다.

③ 피고인이 부동산에 관하여 가장매매를 원인으로 소유권이전등기를 경료하였다면, 등기의무자와 등기권리자(피고인) 사이에는 소유권이전등기를 경료시킬 의사가 있었다고 하더라도 공정증서원본불실기재죄 및 동행사죄가 성립하고, 등기의무자 명의의 소유권이전등기가 원인이 무효인 등기로서 피고인이 그 점을 알고 있었다고 할 것이므로, 특별한 사정이 없는 한 바로 피고인이 등기부에 불실의 사실을 기재하게 하였다고 볼 것이다.

④ 약속어음과 같이 유통성을 가진 유가증권의 위조는 일반거래의 신용을 해하게 될 위험성이 매우 크다는 점에서 적어도 행사할 목적으로 외형상 일반인으로 하여금 진정하게 작성된 유가증권이라고 오신케 할 수 있을 정도로 작성된 것이라면 그 발행명의인이 가령 실재하지 않는 사자 또는 허무인이라 하더라도 그 위조죄가 성립된다. 그러나 사자 명의로 된 약속어음을 작성함에 있어 사망자의 처로부터 사망자의 인장을 교부받아 약속어음의 발행일자를 그 명의자의 생존 중의 일자로 소급하여 작성한 때에는 발행명의인의 승낙이 있었다고 볼 수 있다.

⑤ 발행인과 수취인 사이에 통정허위표시로서 무효인 어음발행행위를 공증인에게는 마치 진정한 어음발행행위가 있는 것처럼 허위로 신고함으로써 공증인으로 하여금 그 어음발행행위에 대하여 집행력 있는 어음공정증서원본을 작성케 하고 이를 비치하게 하였다면, 이러한 행위는 공정증서원본불실기재 및 불실기재공정증서원본행사죄에 해당한다.

해설 ★★

① (X) 부동산등기법이 2005. 12. 29. 법률 제7764호로 개정되면서 매매를 원인으로 하는 소유권이전등기를 신청하는 경우에는 등기신청서에 거래신고필증에 기재된 거래가액을 기재하고, 신청서에 기재된 거래가액을 부동산등기부 갑구의 권리자 및 기타사항란에 기재하도록 하였는데, 이는 부동산거래 시 거래당사자나 중개업자가 실제 거래가액을 시장, 군수 또는 구청장에게 신고하여 신고필증을 받도록 의무화하면서 거짓 신고 등을 한 경우에는 과태료를 부과하기로 하여 2005. 7. 29. 법률 제7638호로 전부 개정된 '공인중개사의 업무 및 부동산 거래신고에 관한 법률'과 아울러 부동산 종합대책의 일환으로 실시된 것으로서, 그 개정 취지는 부동산거래의 투명성을 확보하기 위한 데에 있을 뿐이므로, 부동산등기부에 기재되는 거래가액은 당해 부동산의 권리의무관계에 중요한 의미를 갖는 사항에 해당한다고 볼 수 없다. 따라서 부동산의 거래당사자

가 거래가액을 시장 등에게 거짓으로 신고하여 신고필증을 받은 뒤 이를 기초로 사실과 다른 내용의 거래가액이 부동산등기부에 등재되도록 하였다면, '공인중개사의 업무 및 부동산 거래신고에 관한 법률'에 따른 과태료의 제재를 받게 됨은 별론으로 하고, 형법상의 공전자기록등불실기재죄 및 불실기재공전자기록등행사죄가 성립하지는 아니한다(대판 2013.01.24. 2012도12363).

② (X) 형법상 통화에 관한 죄는 문서에 관한 죄에 대하여 특별관계에 있으므로 통화에 관한 죄가 성립하는 때에는 문서에 관한 죄는 별도로 성립하지 않는다. 그러나 위조된 외국의 화폐, 지폐 또는 은행권이 강제통용력을 가지지 않는 경우에는 형법 제207조 제3항에서 정한 '외국에서 통용하는 외국의 화폐 등'에 해당하지 않고, 나아가 그 화폐 등이 국내에서 사실상 거래 대가의 지급수단이 되고 있지 않는 경우에는 형법 제207조 제2항에서 정한 '내국에서 유통하는 외국의 화폐 등'에도 해당하지 않으므로, 그 화폐 등을 행사하더라도 형법 제207조 제4항에서 정한 위조통화행사죄를 구성하지 않는다고 할 것이고, 따라서 이러한 경우에는 형법 제234조에서 정한 위조사문서행사죄 또는 위조사도화행사죄로 의율할 수 있다고 보아야 한다(대판 2013.12.12. 2012도2249).

③ (X) 부동산을 관리보존하는 방법으로 이를 타에 신탁하는 의사로서 그 소유권이전등기를 한 경우에는 그 원인을 매매로 가장하였다 하더라도 이는 공정증서원본불실기재죄에 해당하지 아니하고, 피고인이 부동산에 관하여 가장매매를 원인으로 소유권이전등기를 경료하였더라도, 그 당사자 사이에는 소유권이전등기를 경료시킬 의사는 있었다고 할 것이므로 공정증서원본불실기재죄 및 동행사죄는 성립하지 않고, 또한 등기의무자와 등기권리자(피고인) 간의 소유권이전등기신청의 합의에 따라 소유권이전등기가 된 이상, 등기의무자 명의의 소유권이전등기가 원인이 무효인 등기로서 피고인이 그 점을 알고 있었다고 하더라도, 특별한 사정이 없는 한 바로 피고인이 등기부에 불실의 사실을 기재하게 하였다고 볼 것은 아니다(대판 2011.07.14. 2010도1025).

④ (X) 약속어음과 같이 유통성을 가진 유가증권의 위조는 일반거래의 신용을 해하게 될 위험성이 매우 크다는 점에서 적어도 행사할 목적으로 외형상 일반인으로 하여금 진정하게 작성된 유가증권이라고 오신케 할 수 있을 정도로 작성된 것이라면 그 발행명의인이 가령 실재하지 않은 사자 또는 허무인이라 하더라도 그 위조죄가 성립된다고 해석함이 상당하다. 그리고 사자 명의로 된 약속어음을 작성함에 있어 사망자의 처로부터 사망자의 인장을 교부받아 생존 당시 작성한 것처럼 약속어음의 발행일자를 그 명의자의 생존 중의 일자로 소급하여 작성한 때에는 발행명의인의 승낙이 있었다고 볼 수 없다(대판 2011.07.14. 2010도1025).

⑤ (O) 형법 제228조 제1항의 공정증서원본불실기재죄는 공무원에 대하여 진실에 반하는 허위신고를 하여 공정증서원본 또는 이와 동일한 전자기록 등 특수매체기록에 실체관계에 부합하지 않는 불실의 사실을 기재 또는 기록하게 함으로써 성립한다. 그런데 발행인과 수취인이 통모하여 진정한 어음채무 부담이나 어음채권 취득에 관한 의사 없이 단지 발행인의 채권자에게서 채권 추심이나 강제집행을 받는 것을 회피하기 위하여 형식적으로만 약속어음의 발행을 가장한 경우 이러한 어음발행행위는 통정허위표시로서 무효이므로, 이와 같이 발행인과 수취인 사이에 통정허위표시로서 무효인 어음발행행위를 공증인에게는 마치 진정한 어음발행행위가 있는 것처럼 허위로 신고함으로써 공증인으로 하여금 어음발행행위에 대하여 집행력 있는 어음공정증서원본을 작성케 하고 이를 비치하게 하였다면, 이러한 행위는 공정증서원본불실기재 및 불실기재공정증서원본행사죄에 해당한다(대판 2012.04.26. 2009도5786).

정답 ⑤

문 14

다음 설명 중 가장 옳지 않은 것은?(다툼이 있는 경우 판례에 의함) [2016년 38번]

① 허위의 사실을 적시하였더라도 그 허위의 사실이 특정인의 사회적 가치 내지 평가를 침해할 수 있는 내용이 아니라면 명예훼손죄는 성립하지 않고, 사회 평균인의 입장에서 허위의 사실을 적시한 발언을 들었을 경우와 비교하여 오히려 진실한 사실을 듣는 경우에 피해자의 사회적 가치 내지 평가가 더 크게 침해될 것으로 예상되거나, 양자 사이에 별다른 차이가 없을 것이라고 보는 것이 합리적인 경우라면, 허위사실 적시에 의한 명예훼손죄로 처벌할 수는 없다.

② A가 입주자대표 등이 모인 아파트 자치회의에서 피고인이 자신에게 허위의 사실을 말하였는데, 피고인에게 그와 같은 말을 한 적이 있는지 그리고 그에 관한 증거가 있는지 해명을 요구하였고, 피고인이 이에 대한 대답을 하는 과정에서 A의 명예를 훼손하는 사실을 발설하게 된 경우 피고인에게 명예훼손의 고의가 있음을 인정할 수 없다.

③ 피고인이 실제로 현장확인을 하지 않고 동료 청원경찰인 B에게 원상복구 여부에 대한 현장확인을 부탁한 다음, B가 작성한 출장복명서가 진실한 것인지를 제대로 알지도 못하면서 자신이 직접 현장확인을 하여 보니 원상복구가 완료되었다는 내용의 출장복명서에 자신의 서명을 함으로써 출장복명서를 완성하여 그 정을 모르는 담당공무원에게 제출하였다면 이는 허위공문서작성죄 및 허위작성공문서행사죄에 해당한다.

④ 참고인이 타인의 형사사건 등에 관하여 제3자와 대화를 하면서 허위로 진술하고 위와 같은 허위 진술이 담긴 대화 내용을 녹음한 녹음파일 또는 이를 녹취한 녹취록을 만들어 수사기관 등에 제출하는 것은, 참고인이 타인의 형사사건 등에 관하여 수사기관에 허위의 진술을 하거나 이와 다를 바 없는 것으로서 허위의 사실확인서나 진술서를 작성하여 수사기관 등에 제출하는 것과는 달리, 증거위조죄를 구성한다.

⑤ 허위진단서작성죄에 있어서 진단서라 함은 의사가 진찰의 결과에 관한 판단을 표시하여 사람의 건강상태를 증명하기 위하여 작성하는 문서를 말하는 것이고, 비록 그 문서의 명칭과 관계없이 그 내용이 의사가 진찰한 결과 알게 된 병명이나 상처의 부위, 정도 또는 치료기간 등의 건강상태를 증명하기 위하여 작성된 것이라면 진단서에 해당되는 것이므로, 의사인 피고인이 환자의 인적사항, 병명, 입원기간 및 그러한 입원사실을 확인하는 내용이 기재된 '입퇴원 확인서'를 허위로 작성하여 환자에게 교부하였다면 허위진단서작성죄가 성립한다.

해설

① (○) 형사재판에서 공소가 제기된 범죄의 구성요건을 이루는 사실은 그것이 주관적 요건이든 객관적 요건이든 입증책임이 검사에게 있으므로, 형법 제307조 제2항의 허위사실 적시에 의한 명예훼손죄로 기소된 사건에서 사람의 사회적 평가를 떨어뜨리는 사실이 적시되었다는 점, 적시된 사실이 객관적으로 진실에 부합하지 아니하여 허위일 뿐만 아니라 적시된 사실이 허위라는 것을 피고인이 인식하고서 이를 적시하였다는 점은 모두 검사가 입증하여야 하고, 이 경우 적시된 사실이 허위의 사실인지 여부를 판단할 때에는 적시된 사실의 내용 전체의 취지를 살펴보아야 하고, 중요한 부분이 객관적 사실과 합치되는 경우에는 세부에 있어서 진실과 약간 차이가 나거나 다소 과장된 표현이 있다고 하더라도 이를 허위의 사실이라고 볼 수 없다. 그리

고 비록 허위의 사실을 적시하였더라도 허위의 사실이 특정인의 사회적 가치 내지 평가를 침해할 수 있는 내용이 아니라면 형법 제307조의 명예훼손죄는 성립하지 않고, 사회 평균인의 입장에서 허위의 사실을 적시한 발언을 들었을 경우와 비교하여 오히려 진실한 사실을 듣는 경우에 피해자의 사회적 가치 내지 평가가 더 크게 침해될 것으로 예상되거나, 양자 사이에 별다른 차이가 없을 것이라고 보는 것이 합리적인 경우라면, 형법 제307조 제2항의 허위사실 적시에 의한 명예훼손죄로 처벌할 수는 없다(대판 2014.09.04. 2012도13718).

② (○) 허위사실적시 명예훼손이든, 사실적시 명예훼손이든 명예훼손죄가 성립하기 위해서는 주관적 요소로서 타인의 명예를 훼손한다고 하는 고의를 가지고 사람의 사회적 평가를 저하시키는 데 충분한 구체적 사실을 적시하는 행위를 할 것이 요구되는바, 명예훼손 사실을 발설한 것이 정말이냐는 질문에 대답하는 과정에서 타인의 명예를 훼손하는 사실을 발설하게 된 것이라면, 그 발설내용과 동기에 비추어 명예훼손의 범의를 인정할 수 없다(대판 2010.10.28. 2010도2877).

③ (○) 허위공문서작성죄에서 허위라 함은 표시된 내용과 진실이 부합하지 아니하여 그 문서에 대한 공공의 신용을 위태롭게 하는 경우를 말하는 것이고, 허위공문서작성죄는 허위공문서를 작성함에 있어 그 내용이 허위라는 사실을 인식하면 성립한다 할 것이다. 원심이 인정한 사실관계와 같이 피고인 2가 실제로 현장확인을 하지 않고 동료 청원경찰인 피고인 1에게 원상복구 여부에 대한 현장확인을 부탁한 다음, 피고인 1이 작성한 출장복명서가 진실한 것인지를 제대로 알지도 못하면서 자신이 직접 현장확인을 하여 보니 원상복구가 완료되었다는 내용의 출장복명서에 자신의 서명을 함으로써 출장복명서를 완성하여 그 정을 모르는 담당공무원에게 제출하였다면 이는 허위공문서작성죄 및 허위작성공문서행사죄에 해당한다고 할 것이다(대판 2013.10.24. 2013도5752).

④ (○) 참고인이 타인의 형사사건 등에 관하여 제3자와 대화를 하면서 허위로 진술하고 그 진술이 담긴 대화내용을 녹음한 녹음파일 또는 이를 녹취한 녹취록을 만들어 수사기관 등에 제출하는 행위가 증거위조죄를 구성한다(대판 2013.12.26. 2013도8085).

⑤ (X) 의사인 피고인이 환자의 인적사항, 병명, 입원기간 및 그러한 입원사실을 확인하는 내용이 기재된 '입퇴원 확인서'를 허위로 작성하였다고 하여 허위진단서작성으로 기소된 경우, 위 '입퇴원 확인서'는 문언의 제목, 내용 등에 비추어 의사의 전문적 지식에 의한 진찰이 없더라도 확인 가능한 환자들의 입원 여부 및 입원기간의 증명이 주된 목적인 서류로서 환자의 건강상태를 증명하기 위한 서류라고 볼 수 없어 허위진단서작성죄에서 규율하는 진단서로 보기 어려우므로 허위진단서작성죄가 성립하지 않는다(대판 2013.12.12. 2012도3173).

정답 ⑤

문 15

다음 설명 중 가장 옳지 않은 것은?(다툼이 있는 경우 판례에 의함) [2017년 36번]

① 소유권보존등기나 소유권이전등기에 절차상 하자가 있거나 등기원인이 실제와 다르다 하더라도 등기 경료 당시를 기준으로 실체적 권리관계에 부합하는 유효한 등기인 경우 공정증서원본불실기재 및 동행사죄가 성립되지 않는다.
② 어떤 부동산에 관하여 피상속인에게 실체상의 권리가 없었음에도 피상속인 명의의 소유권이전등기가 경료되어 있었고, 이에 따라 재산상속인이 상속을 원인으로 한 소유권이전등기를 경료한 경우, 재산상속인에게 공정증서원본불실기재 및 동행사죄가 성립한다.
③ 주주총회의 소집절차 등에 관한 하자가 주주총회결의의 취소사유에 불과하고 그 취소 전에 주주총회결의에 따른 감사변경등기를 한 것은 공정증서원본불실기재죄를 구성하지 않는다.
④ 자동차운전면허대장은 공정증서원본불실기재죄에서의 공정증서원본이라고 볼 수 없다.
⑤ 민사조정법상의 조정절차에서 작성되는 조정조서는 공정증서원본불실기재죄에서의 공정증서원본이라고 볼 수 없다.

:: 해설   ★★

① (○) 소유권보존등기나 소유권이전등기에 절차상 하자가 있거나 등기원인이 실제와 다르다 하더라도 그 등기가 실체적 권리관계에 부합하게 하기 위한 것이거나 실체적 권리관계에 부합하는 유효한 등기인 경우에는 공정증서원본불실기재 및 동행사죄가 성립되지 않는다고 할 것이나, 이는 등기 경료 당시를 기준으로 그 등기가 실체권리관계에 부합하여 유효한 경우에 한정되는 것이고, 등기 경료 당시에는 실체권리관계에 부합하지 아니한 등기인 경우에는 사후에 이해관계인들의 동의 또는 추인 등의 사정으로 실체권리관계에 부합하게 된다 하더라도 공정증서원본불실기재 및 동행사죄의 성립에는 아무런 영향이 없다(대판 2001.11.09. 2001도3959).

② (X) 재산상속인은 피상속인의 사망으로 인하여 상속 개시된 때로부터 피상속인의 재산에 관한 포괄적 권리의무를 승계하게 되므로 어떤 부동산에 관하여 피상속인에게 실체상의 권리가 없었다 하더라도 재산상속인이 상속을 원인으로 한 소유권이전등기를 경료한 경우에는 그 등기는 당시의 등기부상의 권리관계를 나타내는 것에 불과하므로 그와 같은 등기절차를 밟았다 하여 공정증서원본불실기재나 동행사죄가 성립할 수 없다(대판 1987.04.14. 85도2661).

③ (○) 주주총회의 소집절차 등에 관한 하자가 주주총회결의의 취소사유에 불과하여 그 취소 전에 주주총회의 결의에 따른 감사변경등기를 한 것이 공정증서원본불실기재죄를 구성하지 않는다(대판 2009.02.12. 2008도10248).

④ (○) 도로교통법 시행령 제94조와 같은 법 시행규칙 제38조, 제77조, 제78조, 제80조, 제98조 등의 규정 취지를 종합하여 보면, 자동차운전면허대장은 운전면허 행정사무집행의 편의를 위하여 범칙자, 교통사고유발자의 인적사항·면허번호 등을 기재하거나 운전면허증의 교부 및 재교부 등에 관한 사항을 기재하는 것에 불과하며, 그에 대한 기재를 통해 당해 운전면허 취득자에게 어떠한 권리의무를 부여하거나 변동 또는 상실시키는 효력을 발생하게 하는 것으로 볼 수는 없고, 따라서 자동차운전면허대장은 사실증명에 관한 것에 불과하므로 형법 제228조 제1항에서 말하는 공정증서원본이라고 볼 수 없다(대판 2010.06.10. 2010도1125).

⑤ (○) 형법 제228조 제1항이 규정하는 공정증서원본 불실기재죄는 공무원에 대하여 진실에 반하는 허위신고를 하여 공정증서원본에 그 증명하는 사항에 관하여 실체관계에 부합하지 아니하는 불실의 사실을 기재하게 함으로써 성립하는 범죄로서, 위 죄의 객체인 공정증서원본은 그 성질상 허위신고에 의해 불실한 사실이 그대로 기재될 수 있는 공문서이어야 한다고 할 것인바, 민사조정법상 조정신청에 의한 조정제도는 원칙적으로 조정신청인의 신청 취지에 구애됨이 없이 조정담당판사 등이 제반 사정을 고려하여 당사자들에게 상호 양보하여 합의하도록 권유·주선함으로써 화해에 이르게 하는 제도인 점에 비추어, 그 조정절차에서 작성되는 조정조서는 그 성질상 허위신고에 의해 불실한 사실이 그대로 기재될 수 있는 공문서로 볼 수 없어 공정증서원본에 해당하는 것으로 볼 수 없다(대판 2010.06.10. 2010도3232).

정답 ②

문 16

공정증서원본불실기재죄(또는 공전자기록등불실기재죄)에 관한 다음 설명 중 가장 옳지 않은 것은? (다툼이 있는 경우 판례에 의함) [2017년 18번]

① 부동산의 거래당사자가 거래가액을 시장 등에게 거짓으로 신고하여 신고필증을 받은 뒤 이를 기초로 사실과 다른 내용의 거래가액이 부동산등기부에 등재되도록 한 경우, 공전자기록등불실기재죄가 성립하지 않는다.

② 발행인과 수취인이 통모하여 진정한 어음채무 부담이나 어음채권 취득에 관한 의사 없이 단지 발행인의 채권자에게서 채권 추심이나 강제집행을 받는 것을 회피하기 위하여 약속어음을 발행한

후, 공증인에게는 마치 진정한 어음발행행위가 있는 것처럼 허위로 신고하여 어음공정증서원본을 작성하게 한 경우, 공정증서원본불실기재죄가 성립한다.
③ 토지거래 허가구역 안의 토지에 관하여 실제로는 매매계약을 체결하고서도 처음부터 토지거래허가를 잠탈하려는 목적으로 등기원인을 '증여'로 하여 소유권이전등기를 경료한 경우, 공전자기록등불실기재죄가 성립한다.
④ 유상증자 등기의 신청시 발행주식 총수 및 자본의 총액이 증가한 사실이 허위임을 알면서 증자등기를 신청하여 상업등기부원본에 그 기재를 하게 한 경우, 공전자기록등불실기재죄가 성립한다.
⑤ 부동산에 관한 종중 명의의 등기에 있어서 허위의 종중 대표자 기재는 공전자기록등불실기재죄의 대상이 되는 '불실의 기재'에 해당하지 않는다.

해설

① (○) 부동산등기부에 기재되는 거래가액은 당해 부동산의 권리의무관계에 중요한 의미를 갖는 사항에 해당한다고 볼 수 없다. 따라서 부동산의 거래당사자가 거래가액을 시장 등에게 거짓으로 신고하여 신고필증을 받은 뒤 이를 기초로 사실과 다른 내용의 거래가액이 부동산등기부에 등재되도록 하였다면, '공인중개사의 업무 및 부동산 거래신고에 관한 법률'에 따른 과태료의 제재를 받게 됨은 별론으로 하고, 형법상의 공전자기록등불실기재죄 및 불실기재공전자기록등행사죄가 성립하지는 아니한다(대판 2013.01.24. 2012도12363).

② (○) 발행인과 수취인이 통모하여 진정한 어음채무 부담이나 어음채권 취득에 관한 의사 없이 단지 발행인의 채권자에게서 채권 추심이나 강제집행을 받는 것을 회피하기 위하여 형식적으로만 약속어음의 발행을 가장한 경우 이러한 어음발행행위는 통정허위표시로서 무효이므로, 이와 같이 발행인과 수취인 사이에 통정허위표시로서 무효인 어음발행행위를 공증인에게는 마치 진정한 어음발행행위가 있는 것처럼 허위로 신고함으로써 공증인으로 하여금 어음발행행위에 대하여 집행력 있는 어음공정증서원본을 작성케 하고 이를 비치하게 하였다면, 이러한 행위는 공정증서원본불실기재 및 불실기재공정증서원본행사죄에 해당한다고 보아야 한다(대판 2012.04.26. 2009도5786).

③ (○) 토지거래 허가구역 안의 토지에 관하여 실제로는 매매계약을 체결하고서도 처음부터 토지거래허가를 잠탈하려는 목적으로 등기원인을 '증여'로 하여 소유권이전등기를 경료한 경우, 비록 매도인과 매수인 사이에 실제의 원인과 달리 '증여'를 원인으로 한 소유권이전등기를 경료할 의사의 합치가 있더라도, 허위신고를 하여 공정증서원본에 불실의 사실을 기재하게 한 때에 해당한다(대판 2007.11.30. 2005도9922).

④ (○) 공정증서원본불실기재죄는 공무원에 대하여 허위신고를 하여 공정증서원본에 진실에 반하는 사실을 기재하게 함으로써 성립하는 것이므로, 유상증자 등기의 신청시 발행주식 총수 및 자본의 총액이 증가한 사실이 허위임을 알면서 증자등기를 신청하여 상업등기부원본에 그 기재를 하게 한 경우, 등기신청서류로 제출된 주금납입금보관증명서가 위조된 것임을 몰랐다고 하더라도 공정증서원본불실기재죄가 성립한다(대판 2006.10.26. 2006도5147).

⑤ (X) 비록 종중 소유의 부동산은 종중 총회의 결의를 얻어야 유효하게 처분할 수 있다 하더라도 거래 상대방으로서는 부동산등기부상에 표시된 종중 대표자를 신뢰하고 거래하는 것이 일반적이라는 점 등에 비추어 보면, 종중 대표자의 기재는 당해 부동산의 처분권한과 관련된 중요한 부분의 기재로서 이에 대한 공공의 신용을 보호할 필요가 있으므로 이를 허위로 등재한 경우에는 공정증서원본불실기재죄의 대상이 되는 불실의 기재에 해당한다(대판 2006.01.13. 2005도4790).

정답 ⑤

제❹절 ┃ 인장에 관한 죄

문 17

형법에 관한 다음 설명 중 옳은 것은 모두 몇 개인가? [2016년 6번]

> ㉮ 사형, 무기 또는 장기 4년 이상의 징역에 해당하는 범죄를 목적으로 하는 단체 또는 집단을 조직하거나 이에 가입 또는 구성원으로 활동한 사람은 그 목적한 죄에 정한 형으로 처벌한다. 다만 형을 감경할 수 있다.
> ㉯ 간통죄는 헌법재판소의 위헌 결정으로 형법에서 삭제되었다.
> ㉰ 형법은 미성년자 약취나 유인, 인신매매 등의 경우에는 대한민국 영역 밖에서 죄를 범한 외국인에게도 적용하는 이른바 세계주의 규정을 두고 있다.
> ㉱ 행사할 목적으로 타인의 서명을 위조하거나 위조된 서명을 행사하는 사서명위조, 위조사서명행사죄의 경우에는 법정형으로 징역형만 있다.
> ㉲ 변호사, 변리사, 공인회계사는 모두 업무상비밀누설죄의 주체가 될 수 있다.

① 1개 ② 2개 ③ 3개
④ 4개 ⑤ 5개

해설 ★★

㉮ (○) 사형, 무기 또는 장기 4년 이상의 징역에 해당하는 범죄를 목적으로 하는 단체 또는 집단을 조직하거나 이에 가입 또는 그 구성원으로 활동한 사람은 그 목적한 죄에 정한 형으로 처벌한다. 다만, 형을 감경할 수 있다(형법 제114조).

㉯ (○) 간통죄를 규정한 형법 제241조는 국민의 성적 자기결정권 및 사생활의 비밀과 자유를 침해하는 것으로 위헌판결(헌재 2015.02.26. 2009헌바17)을 받아 2016.1.6.에 형법에서 삭제되었다.

㉰ (○) 2013. 4. 5. 개정 형법은 제296조의2에서 "제287조부터 제292조까지 및 제294조는 대한민국 영역 밖에서 죄를 범한 외국인에게도 적용한다"고 규정하여 명시적으로 세계주의를 도입하였다.

㉱ (○) 행사할 목적으로 타인의 인장, 서명, 기명 또는 기호를 위조 또는 부정사용한 자는 3년 이하의 징역에 처한다(형법 제239조 제1항). 위조 또는 부정사용한 타인의 인장, 서명, 기명 또는 기호를 행사한 때에도 전항의 형과 같다(동조 제2항).

㉲ (○) 의사, 한의사, 치과의사, 약제사, 약종상, 조산사, 변호사, 변리사, 공인회계사, 공증인, 대서업자나 그 직무상 보조자 또는 차등의 직에 있던 자가 그 직무처리중 지득한 타인의 비밀을 누설한 때에는 3년 이하의 징역이나 금고, 10년 이하의 자격정지 또는 700만 원 이하의 벌금에 처한다(형법 제317조 제1항).

정답 ⑤

제3장 공중의 건강에 대한 죄

제❶절 ┃ 음용수에 관한 죄

제❷절 ┃ 아편에 관한 죄

제4장 사회의 도덕에 대한 죄

제❶절 ┃ 성풍속에 관한 죄

문 18

성풍속에 관한 죄에 대한 다음 설명 중 가장 옳지 않은 것은? [2019 24번]

① 표현물의 음란 여부를 판단함에 있어서는 표현물 제작자의 주관적 의도가 아니라 그 사회의 평균인의 입장에서 그 시대의 건전한 사회통념에 따라 객관적이고 규범적으로 평가하여야 한다.
② '음란'이란 개념은 일정한 가치판단에 기초하여 정립할 수 있는 규범적인 개념이므로, '음란'이라는 개념을 정립하는 것은 물론 구체적인 표현물의 음란성 여부도 종국적으로는 법원이 이를 판단하여야 한다.
③ 컴퓨터 프로그램파일은 형법 제243조의 문서, 도화, 필름 기타 물건에 해당하지 않으므로 음란한 영상화면을 수록한 컴퓨터 프로그램파일을 판매한 행위는 형법 제243조의 음화판매죄에 해당하지 않는다.
④ 음란물이 그에 관한 논의의 형성·발전을 위해 문학적·예술적·사상적·과학적·의학적·교육적 표현 등과 결합되는 경우가 있고, 이 경우 음란 표현의 해악이 그와 결합된 위와 같은 표현 등을 통해 상당한 방법으로 해소되거나 다양한 의견과 사상의 경쟁메커니즘에 의해 해소될 수 있는 정도라는 등의 특별한 사정이 있다면, 더 이상 음란물에 해당한다고 볼 수 없다.
⑤ 신체의 노출행위가 일반 보통인의 성욕을 자극하여 성적 흥분을 유발하고 정상적인 성적 수치심을 해하는 것이 아니라 단순히 다른 사람에게 부끄러운 느낌이나 불쾌감을 주는 정도에 불과하다고 인정되는 경우에는 형법 제245조의 음란행위에 해당한다고 할 수 없다.

MGI Point 성풍속에 관한 죄 ★★

- 표현물의 음란성 여부
  - 판단 기준 ⇨ 그 사회 평균인 입장·그 시대 건전한 사회통념에 따라 객관적·규범적으로 평가
  - 판단 주체 ⇨ 법원 (당해 사건을 담당하는 법관)
- 음란한 영상화면을 수록한 컴퓨터 프로그램파일을 통신망을 통하여 전송하는 방법으로 판매한 행위 ⇨ 음화반포죄 ×
- 음란물
  - 그 자체로는 하등의 문학적·예술적·사상적·과학적·의학적·교육적 가치 ×
  - 음란 표현의 해악이 문학적·예술적·사상적·과학적·의학적·교육적 표현 등과 결합되어 해소되거나 해소될 수 있는 정도라는 등의 특별한 사정
    ⇨ 형법 제20조의 '사회상규에 위배되지 아니하는 행위'에 해당 (but 여전히 음란물 ○)
- 신체의 노출행위가 단순히 다른 사람에게 부끄러운 느낌이나 불쾌감을 주는 정도에 불과
  ⇨ 형법 제245조의 음란행위에 해당 × (경범죄처벌법 제1조 제41호에 해당 ○)

① (○) 정보통신망 이용촉진 및 정보보호 등에 관한 법률 제44조의7 제1항 제1호에서 규정하고 있는 '음란'이란 사회통념상 일반 보통인의 성욕을 자극하여 성적 흥분을 유발하고 정상적인 성적 수치심을 해하여 성적 도의관념에 반하는 것을 말한다. 이는 표현물을 전체적으로 관찰·평가해 볼 때 단순히 저속하다거나 문란한 느낌을 준다는 정도를 넘어서 존중·보호되어야 할 인격을 갖춘 존재인 사람의 존엄성과 가치를 심각하게 훼손·왜곡하였다고 평가할 수 있을 정도로 노골적인 방법에 의하여 성적 부위나 행위를 적나라하게 표현 또는 묘사한 것으로서, 사회통념에 비추어 전적으로 또는 지배적으로 성적 흥미에만 호소하고 하등의 문학적·예술적·사상적·과학적·의학적·교육적 가치를 지니지 아니하는 것을 뜻한다. 표현물의 음란 여부를 판단함에 있어서는 표현물 제작자의 주관적 의도가 아니라 그 사회의 평균인의 입장에서 그 시대의 건전한 사회통념에 따라 객관적이고 규범적으로 평가하여야 한다(대판 2019.01.10. 2016도8783).

② (○) 형법 제243조 소정의 "음란"이라는 개념 자체가 사회와 시대적 변화에 따라 변동하는 상대적이고도 유동적인 것이고, 그 시대에 있어서 사회의 풍속, 윤리, 종교 등과도 밀접한 관계를 가지는 추상적인 것이므로 결국 구체적인 판단에 있어서는 사회통념상 일반 보통인의 정서를 그 판단의 규준으로 삼을 수밖에 없다고 할지라도, 이는 법관이 일정한 가치판단에 의하여 내릴 수 있는 규범적인 개념이라 할 것이어서 그 최종적인 판단의 주체는 어디까지나 당해 사건을 담당하는 법관이라 할 것이니, 음란성을 판단함에 있어 법관이 자신의 정서가 아닌 일반 보통인의 정서를 규준으로 하여 이를 판단하면 족한 것이지 법관이 일일이 일반 보통인을 상대로 과연 당해 문서나 도화 등이 그들의 성욕을 자극하여 성적 흥분을 유발하거나 정상적인 성적 수치심을 해하여 성적 도의관념에 반하는 것인지의 여부를 묻는 절차를 거쳐야만 되는 것은 아니라고 할 것이다(대판 1995.02.10. 94도2266).

③ (○) 형법 제243조는 음란한 문서, 도화, 필름 기타 물건을 반포, 판매 또는 임대하거나 공연히 전시 또는 상영한 자에 대한 처벌 규정으로서 컴퓨터 프로그램파일은 위 규정에서 규정하고 있는 문서, 도화, 필름 기타 물건에 해당한다고 할 수 없으므로, 음란한 영상화면을 수록한 컴퓨터 프로그램파일을 컴퓨터 통신망을 통하여 전송하는 방법으로 판매한 행위에 대하여 전기통신기본법 제48조의2의 규정을 적용할 수 있음은 별론으로 하고, 형법 제243조의 규정을 적용할 수 없다(대판 1999.02.24. 98도3140).

④ (X) 음란물이 그 자체로는 하등의 문학적·예술적·사상적·과학적·의학적·교육적 가치를 지니지 아니하더라도, 음란성에 관한 논의의 특수한 성격 때문에, 그에 관한 논의의 형성·발전을 위해 문학적·예술적·사상적·과학적·의학적·교육적 표현 등과 결합되는 경우가 있다. 이러한 경우 음란 표현의 해악이 이와 결합된 위와 같은 표현 등을 통해 상당한 방법으로 해소되거나 다양한 의견과 사상의 경쟁메커니즘에 의해 해소될 수 있는 정도라는 등의 특별한 사정이 있다면, 이러한 결합 표현물에 의한 표현행위는 공중도덕이나 사회윤리를 훼손하는 것이 아니어서, 법질서 전체의 정신이나 그 배후에 놓여 있는 사회윤리 내지 사회통념에 비추어 용인될 수 있는 행위로서 형법 제20조에 정하여진 '사회상규에 위배되지 아니하는 행위'에 해당된다.

사실관계 방송통신심의위원회(이하'위원회'라고 한다) 심의위원인 피고인이 자신의 인터넷 블로그에 위원회에서 음란정보로 의결한'남성의 발기된 성기 사진'을 게시함으로써 정보통신망을 통하여 음란한 화상 또는 영상인 사진을 공공연하게 전시하였다고 하여 정보통신망 이용촉진 및 정보보호 등에 관한 법률 위반(음란물유포)으로 기소된 사안에서, 피고인의 게시물은 다른 블로그의 화면 다섯 개를 갈무리하여 옮겨온 남성의 발기된 성기 사진 8장(이하'사진들'이라 한다)과 벌거벗은 남성의 뒷모습 사진 1장을 전체 게시면의 절반을 조금 넘는 부분에 걸쳐 게시하고, 이어서 정보통신에 관한 심의규정 제8조 제1호를 소개한 후 피고인의 의견을 덧붙이고 있으므로 사진들과 음란물에 관한 논의의 형성·발전을 위한 학술적, 사상적 표현 등이 결합된 결합 표현물로서, 사진들은 오로지 남성의 발기된 성기와 음모만을 뚜렷하게 강조하여 여러 맥락 속에서 직접적으로 보여줌으로써 성적인 각성과 흥분이 존재한다는 암시나 공개장소에서 발기된 성기의 노출이라는 성적 일탈의 의미를 나타내고, 나아가 여성의 시각을 배제한 남성중심적인 성관념의 발로에 따른 편향된 관점을 전달하고 있어 음란물에 해당하나, 사진들의 음란성으로 인한 해악은 이에 결합된 학술적, 사상적 표현들과 비판 및 논증에 의해 해소되었고, 결합 표현물인 게시물을 통한 사진들의 게시는 목적의 정당성, 수단이나 방법의 상당성, 보호법익과 침해법익 간의 법익균형성이 인정되어 법질서 전체의 정신이나 그 배후에 놓여 있는 사회윤리 내지 사회통념에 비추어 용인될 수 있는 행위에 해당하므로, 원심이 게시물의 전체적 맥락에서 사진들을 음란물로 단정할 수 없다고 본 것에는 같은 법 제74조 제1항 제2호 및 제44조의7 제1항 제1호가 규정하는 '음란'에 관한 법리오해의 잘못이 있으나, 공소사실을 무죄로 판단한 것은 결론적으로 정당하다고 한 사례.

⑤ (○) 경범죄처벌법 제1조 제41호가 '여러 사람의 눈에 뜨이는 곳에서 함부로 알몸을 지나치게 내놓거나 속까지 들여다 보이는 옷을 입거나 또는 가려야 할 곳을 내어 놓아 다른 사람에게 부끄러운 느낌이나 불쾌감을 준 사람'을 처벌하도록 규정하고 있는 점 등에 비추어 볼 때, 신체의 노출행위가 있었다고 하더라도 그 일시와 장소, 노출 부위, 노출 방법·정도, 노출 동기·경위 등 구체적 사정에 비추어, 그것이 일반 보통인의 성욕을 자극하여 성적 흥분을 유발하고 정상적인 성적 수치심을 해하는 것이 아니라 단순히 다른 사람에게 부끄러운 느낌이나 불쾌감을 주는 정도에 불과하다고 인정되는 경우 그와 같은 행위는 경범죄처벌법 제1조 제41호에 해당할지언정, 형법 제245조의 음란행위에 해당한다고 할 수 없다(대판 2004.03.12. 2003도6514).

정답 ④

문 19

다음 설명 중 가장 옳지 않은 것은? [2018년 12번]

① 음화제조 내지 판매죄의 고의는 음화에 해당하는 그림이 존재한다는 것과 이를 제조나 판매하고 있다는 것을 인식하고 있으면 되고, 그 이상 더 나아가 그 그림이 음란한 것인가 아닌가를 인식할 필요는 없다.
② 음란한 부호 등이 전시된 웹페이지에 대하여 링크행위를 하여 불특정 다수인이 별다른 제한 없이 음란한 부호 등에 바로 접할 수 있는 상태가 실제 조성되었다면 음란한 부호 등의 전시행위로 인한 구 전기통신기본법위반죄의 방조범이 성립한다.
③ 공연음란죄에서 공연성은 불특정 또는 다수인이 음란행위를 인식할 수 있는 가능성만 있으면 충분하고, 현실적으로 불특정 또는 다수인이 음란행위를 인식할 필요는 없다.
④ 음행의 상습이 없는 남자를 영리의 목적으로 매개하여 간음하게 한 경우에도 음행매개죄가 성립할 수 있다.
⑤ 문학성 내지 예술성과 음란성은 차원을 달리하는 관념이므로 어느 문학작품이나 예술작품에 문학성 내지 예술성이 있다고 하여 그 작품의 음란성이 당연히 부정될 수 없고, 다만 그 음란성이 완화되어 결국은 형법이 처벌대상으로 삼을 수 없게 되는 경우가 있을 수 있다.

해설 ★★

① (○) 음화의 제조 내지 판매죄의 범의성립에 있어서 그러한 그림이 존재한다는 것과 이를 제조나 판매하고 있다는 것을 인식하고 있으면 되고, 그 이상 더 나아가서 그 그림이 음란한 것인가 아닌가를 인식할 필요는 없다 할 것이다(대판 1970.10.30. 70도1879).
② (X) 음란한 부호 등으로 링크를 해 놓는 행위자의 의사의 내용, 등 모든 사정을 종합하여 볼 때, 링크를 포함한 일련의 행위 및 범의가 다른 웹사이트 등을 단순히 소개·연결할 뿐이거나 또는 다른 웹사이트 운영자의 실행행위를 방조하는 정도를 넘어, 이미 음란한 부호 등이 불특정·다수인에 의하여 인식될 수 있는 상태에 놓여 있는 다른 웹사이트를 링크의 수법으로 사실상 지배·이용함으로써 그 실질에 있어서 음란한 부호 등을 직접 전시하는 것과 다를 바 없다고 평가되고, 이에 따라 불특정·다수인이 이러한 링크를 이용하여 별다른 제한 없이 음란한 부호 등에 바로 접할 수 있는 상태가 실제로 조성되었다면, 그러한 행위는 전체로 보아 음란한 부호 등을 공연히 전시한다는 구성요건을 충족한다고 봄이 상당하며, 이러한 해석은 구 전기통신기본법 제48조의2 규정의 입법 취지에 부합하는 것이라고 보아야 한다(대판 2003.07.08. 2001도1335). ▶즉 방조범이 아니라 정범에 해당한다.

③ (○) 공연음란죄에 있어서의 "공연성"은 불특정 또는 다수인이 인식할 수 있는 상태를 의미하는 것으로, 이는 현실적으로 인식하는 경우는 물론 인식가능성이 있는 상태를 의미한다 할 것이다(광주지법 2008.11.27. 2008고합400). ▶ 음란행위를 인식할 가능성이 있으면 성립하는 것이지 인식할 필요는 없다.

④ (○) 형법 제242조 참조.

> 형법 제242조(음행매개) 영리의 목적으로 사람을 매개하여 간음하게 한 자는 3년 이하의 징역 또는 1천500만원 이하의 벌금에 처한다.

⑤ (○) 형법 제243조 및 제244조에서 말하는 '음란'이라 함은 정상적인 성적 수치심과 선량한 성적 도의관념을 현저히 침해하기에 적합한 것을 가리킨다 할 것이고, 이를 판단함에 있어서는 그 시대의 건전한 사회통념에 따라 객관적으로 판단하되 그 사회의 평균인의 입장에서 문서 전체를 대상으로 하여 규범적으로 평가하여야 할 것이며, 문학성 내지 예술성과 음란성은 차원을 달리하는 관념이므로 어느 문학작품이나 예술작품에 문학성 내지 예술성이 있다고 하여 그 작품의 음란성이 당연히 부정되는 것은 아니라 할 것이고, 다만 그 작품의 문학적·예술적 가치, 주제와 성적 표현의 관련성 정도 등에 따라서는 그 음란성이 완화되어 결국은 형법이 처벌대상으로 삼을 수 없게 되는 경우가 있을 수 있을 뿐이다(대판 2000.10.27. 98도679).

 ②

문 20

다음 설명 중 가장 옳지 않은 것은?(다툼이 있는 경우 판례에 의함) [2016년 22번]

① 요구르트 제품의 홍보를 위하여 전라의 여성 누드모델들이 일반 관람객과 다수의 기자 등이 있는 자리에서, 알몸에 밀가루를 바르고 무대에 나와 분무기로 요구르트를 몸에 뿌려 밀가루를 벗겨내는 방법으로 알몸을 완전히 드러낸 채 음부 및 유방 등이 노출된 상태에서 무대를 돌며 관람객들을 향하여 요구르트를 던진 행위가 공연음란죄에 해당한다.

② 말다툼을 한 후 항의의 표시로 엉덩이를 노출시킨 행위는 공연음란죄에서의 음란한 행위에 해당한다고 보기 어렵다.

③ 고속도로에서 승용차를 손괴하거나 타인에게 상해를 가하는 등의 행패를 부리던 자가 이를 제지하려는 경찰관에 대항하여 공중 앞에서 알몸이 되어 성기를 노출한 경우, 공연음란죄에서의 음란한 행위에 해당한다고 보기 어렵다.

④ 연극공연행위의 음란성의 유무는 그 공연행위 자체로서 객관적으로 판단해야 할 것이고, 그 행위자의 주관적인 의사에 따라 좌우되는 것은 아니다.

⑤ 공연윤리위원회의 심의를 마친 영화의 장면으로써 제작한 포스타 등의 광고물이라 하더라도 건전한 성풍속이나 성도덕관념에 반하는 것이라면 음화에 해당할 수 있다.

:: 해설

① (○) 형법 제245조 소정의 '음란한 행위'라 함은 일반 보통인의 성욕을 자극하여 성적 흥분을 유발하고 정상적인 성적 수치심을 해하여 성적 도의관념에 반하는 행위를 가리키는 것이고, 그 행위가 반드시 성행위를 묘사하거나 성적인 의도를 표출할 것을 요하는 것은 아니다. 요구르트 제품의 홍보를 위하여 전라의 여성 누드모델들이 일반 관람객과 기자 등 수십명이 있는 자리에서, 알몸에 밀가루를 바르고 무대에 나와 분무기로 요구르트를

몸에 뿌려 밀가루를 벗겨내는 방법으로 알몸을 완전히 드러낸 채 음부 및 유방 등이 노출된 상태에서 무대를 돌며 관람객들을 향하여 요구르트를 던진 행위가 공연음란죄에 해당한다(대판 2006.01.13. 2005도1264).

② (○) [1] 경범죄처벌법 제1조 제41호가 '여러 사람의 눈에 뜨이는 곳에서 함부로 알몸을 지나치게 내놓거나 속까지 들여다 보이는 옷을 입거나 또는 가려야 할 곳을 내어 놓아 다른 사람에게 부끄러운 느낌이나 불쾌감을 준 사람'을 처벌하도록 규정하고 있는 점 등에 비추어 볼 때, 신체의 노출행위가 있었다고 하더라도 그 일시와 장소, 노출 부위, 노출 방법·정도, 노출 동기·경위 등 구체적 사정에 비추어, 그것이 일반 보통인의 성욕을 자극하여 성적 흥분을 유발하고 정상적인 성적 수치심을 해하는 것이 아니라 단순히 다른 사람에게 부끄러운 느낌이나 불쾌감을 주는 정도에 불과하다고 인정되는 경우 그와 같은 행위는 경범죄처벌법 제1조 제41호에 해당할지언정, 형법 제245조의 음란행위에 해당한다고 할 수 없다. [2] 말다툼을 한 후 항의의 표시로 엉덩이를 노출시킨 행위는 음란한 행위에 해당하지 않는다(대판 2004.03.12. 2003도6514).

③ (X) [1] 형법 제245조 소정의 '음란한 행위'라 함은 일반 보통인의 성욕을 자극하여 성적 흥분을 유발하고 정상적인 성적 수치심을 해하여 성적 도의관념에 반하는 것을 가리킨다고 할 것이고, 위 죄는 주관적으로 성욕의 흥분 또는 만족 등의 성적인 목적이 있어야 성립하는 것은 아니지만 그 행위의 음란성에 대한 의미의 인식이 있으면 족하다. [2] 고속도로에서 승용차를 손괴하거나 타인에게 상해를 가하는 등의 행패를 부리던 자가 이를 제지하려는 경찰관에 대항하여 공중 앞에서 알몸이 되어 성기를 노출한 경우, 음란한 행위에 해당하고 그 인식도 있었다(대판 2000.12.22. 2000도4372).

④ (○) 연극공연행위의 음란성의 유무는 그 공연행위 자체로서 객관적으로 판단해야 할 것이고, 그 행위자의 주관적인 의사에 따라 좌우되는 것은 아니다(대판 1996.06.11. 96도980).

⑤ (○) 공연윤리위원회의 심의를 마친 영화작품이라 하더라도 이것을 영화관에서 상영하는 것이 아니고 관람객을 유치하기 위하여 영화장면의 일부를 포스타나 스틸사진 등으로 제작하였고, 제작된 포스타 등 도화가 그 영화의 예술적 측면이 아닌 선정적 측면을 특히 강조하여 그 표현이 과도하게 성감을 자극시키고 일반인의 정상적인 성적 정서를 해치는 것이어서 건전한 성풍속이나 성도덕 관념에 반하는 것이라면 그 포스타 등 광고물은 음화에 해당한다(대판 1990.10.16. 90도1485).

정답 ③

제❷절 | 도박과 복표에 관한 죄

문 34

형법 제23장 도박과 복표에 관한 죄에 관한 다음 설명 중 옳지 않은 것은 모두 몇 개인가?[2023년 38번]

ㄱ. 국가 정책적 견지에서 도박죄의 보호법익보다 좀 더 높은 국가이익을 위하여 예외적으로 내국인의 출입을 허용하는 폐광지역 개발 지원에 관한 특별법 등에 따라 카지노에 출입하는 것은 법령에 의한 행위로 위법성이 조각되는 것처럼, 도박죄를 처벌하지 않는 외국 카지노에서의 도박이라는 사정만으로 그 위법성이 조각된다고 할 수 있다.

ㄴ. 사기죄는 편취의 의사로 기망행위를 개시한 때에 실행에 착수한 것으로 보아야 하므로, 사기도박에서도 사기적인 방법으로 도금을 편취하려고 하는 자가 상대방에게 도박에 참가할 것을 권유하는 등 기망행위를 개시한 때에 실행의 착수가 있는 것으로 보아야 하나, 그 후에 사기도박을 숨기기 위하여 정상적인 도박을 하였다면 이미 사기죄의 실행행위는 종료한 것으로 보아야 한다.

ㄷ. 형법 제247조의 도박장소 등 개설죄는 영리의 목적으로 스스로 주재자가 되어 그 지배하에 도박장소를 개설함으로써 성립하는 것으로서 도박죄와는 별개의 독립된 범죄이고, '영리의 목적'이란 도박개장의 대가로 불법한 재산상의 이익을 얻으려는 의사를 의미하는 것으로, 반

드시 도박개장의 직접적 대가이어야 하고 도박개장을 통하여 간접적으로 얻게 될 이익을 위한 경우에는 영리의 목적을 인정할 수 없다.
ㄹ. 피고인 등이 피해자들을 유인하여 사기도박을 하여 도금을 편취한 행위는 사회관념상 1개의 행위로 평가함이 상당하므로, 피해자들에 대한 각 사기죄는 상상적 경합의 관계에 있다고 보아야 할 것이다.
ㅁ. 상습도박죄에 있어서의 상습성이라 함은 반복하여 도박행위를 하는 습벽으로서 행위자의 속성을 말하는데, 이러한 습벽의 유무를 판단함에 있어서는 도박의 전과나 도박횟수 등이 중요한 판단자료가 되기 때문에 도박전과가 없는 경우에는 도박의 습벽이 인정된다는 이유로 상습성을 인정할 수 없다.

① 없음 ② 1개 ③ 2개 ④ 3개 ⑤ 4개

MGI Point 도박과 복표에 관한 죄 ★★

- 도박죄를 처벌하지 않는 외국 카지노에서의 도박을 한 경우 ⇨ 위법성 조각 ×
- 사기도박의 실행에 착수한 후 얼마간 정상적인 도박을 한 경우 ⇨ 도박죄 ×(사기죄만 성립)
- 도박개장죄에서 영리의 목적 ⇨ 도박개장을 통하여 간접적으로 얻게 될 이익을 위한 경우에도 인정
- 피해자들을 유인하여 사기도박을 하여 도금을 편취한 행위 ⇨ 사기죄의 상상적 경합
- 상습도박죄와 도박 전과 ⇨ 없다고 하더라도 인정 可

ㄱ. (×) 형법 제3조는 "본법은 대한민국 영역 외에서 죄를 범한 내국인에게 적용한다."라고 하여 형법의 적용 범위에 관한 속인주의를 규정하고 있고, 또한 국가 정책적 견지에서 도박죄의 보호법익보다 좀 더 높은 국가이익을 위하여 예외적으로 내국인의 출입을 허용하는 폐광지역 개발 지원에 관한 특별법 등에 따라 카지노에 출입하는 것은 법령에 의한 행위로 위법성이 조각된다고 할 것이나, 도박죄를 처벌하지 않는 외국 카지노에서의 도박이라는 사정만으로 그 위법성이 조각된다고 할 수 없으므로, 원심의 판단에 상고이유로 주장하는 바와 같이 도박죄의 위법성 조각에 관한 법리를 오해하는 등의 위법이 없다(대법원 2017. 4. 13. 2017도953).

ㄴ. (×) 사기죄는 편취의 의사로 기망행위를 개시한 때에 실행에 착수한 것으로 보아야 하므로, 사기도박에서도 사기적인 방법으로 도금을 편취하려고 하는 자가 상대방에게 도박에 참가할 것을 권유하는 등 기망행위를 개시한 때에 실행의 착수가 있는 것으로 보아야 한다. 피고인 등이 사기도박에 필요한 준비를 갖추고 그러한 의도로 피해자들에게 도박에 참가하도록 권유한 때 또는 늦어도 그 정을 알지 못하는 피해자들이 도박에 참가한 때에는 이미 사기죄의 실행에 착수하였다고 할 것이므로, 피고인 등이 그 후에 사기도박을 숨기기 위하여 얼마간 정상적인 도박을 하였더라도 이는 사기죄의 실행행위에 포함되는 것이어서 피고인에 대하여는 피해자들에 대한 사기죄만이 성립하고 도박죄는 따로 성립하지 아니함에도, 이와 달리 피해자들에 대한 사기죄 외에 도박죄가 별도로 성립하는 것으로 판단하고 이를 유죄로 인정한 원심판결에 사기도박에 있어서의 실행의 착수시기 등에 관한 법리오해의 위법이 있다고 한 사례(대법원 2011. 1. 13. 2010도9330).

ㄷ. (×) 형법 제247조의 도박개장죄는 영리의 목적으로 스스로 주재자가 되어 그 지배하에 도박장소를 개설함으로써 성립하는 것으로 도박죄와는 별개의 독립된 범죄이다. '도박'이란 참여한 당사자가 재물을 걸고 우연한 승부에 의하여 재물의 득실을 다투는 것을 의미하며, '영리의 목적'이란 도박개장의 대가로 불법한 재산상의 이익을 얻으려는 의사를 의미하고, 반드시 도박개장의 직접적 대가가 아니라 도박개장을 통하여 간접적으로 얻게 될 이익을 위한 경우에도 영리의 목적이 인정되며, 또한 현실적으로 그 이익을 얻었을 것을 요하지는 않는다(대법원 2008. 10. 23. 2008도3970).

ㄹ. (○) 피고인 등이 피해자들을 유인하여 사기도박으로 도금을 편취한 행위는 사회관념상 1개의 행위로 평가하는 것이 타당하므로, 피해자들에 대한 각 사기죄는 상상적 경합의 관계에 있다고 보아야 함에도, 위 각 죄가 실체적 경합의 관계에 있는 것으로 보고 경합범 가중을 한 원심판결에 사기죄의 죄수에 관한 법리오해의 위법이 있다고 한 사례(대법원 2011. 1. 13. 2010도9330).

ㅁ. (×) 상습도박죄에 있어서의 상습성이라 함은 반복하여 도박행위를 하는 습벽으로서 행위자의 속성을 말하

는데, 이러한 습벽의 유무를 판단함에 있어서는 도박의 전과나 도박횟수 등이 중요한 판단자료가 되나, 도박전과가 없다 하더라도 도박의 성질과 방법, 도금의 규모, 도박에 가담하게 된 태양 등의 제반 사정을 참작하여 도박의 습벽이 인정되는 경우에는 상습성을 인정할 수 있다(대법원 2017. 4. 13. 2017도953).

정답 ⑤

문 21

다음 설명 중 옳은 것은 모두 몇 개인가? [2018년 39번]

> 가. 가맹점을 모집하여 인터넷 도박게임이 가능하도록 시설 등을 설치하고 도박게임 프로그램을 가동하던 중 문제가 발생하여 더 이상의 영업으로 나아가지 못하였다면 도박개장죄가 기수에 이르렀다고 볼 수 없다.
> 나. 도박자금을 빌려주고 변제받지 못하자 '자동차구입대금을 빌려주었으나 변제하지 않고 자동차도 구입하지 않았다'라고 고소하였다면 금전의 용도에 대하여 허위신고한 것에 불과하여 무고죄가 성립하지 않는다.
> 다. 광고복권을 광고주들에게 발행하여 광고주들로 하여금 제품판매 시 판촉 등의 목적으로 무료로 배부하게 하였다면, 광고주들에게 영업 판촉, 광고효과를 가져오고 소비자들은 낙첨에 따른 아무런 손실을 입지 않으므로, 이를 복표에 해당한다고 볼 수 없다.
> 라. 인터넷 고스톱게임 사이트를 유료화하는 과정에서 사이트를 홍보하기 위해 고스톱대회를 개최하면서 참가비를 받고 입상자들에게 상금을 지급하였는데, 개최결과 이득을 보지 못하고 오히려 손해를 보았다면 도박개장죄에 해당하지 않는다.
> 마. 무허가 카지노영업을 하여 관광진흥법위반죄를 저지를 경우 관광진흥법위반죄의 법정형이 도박개장죄보다 높은 점, 규제대상과 취지 등을 고려하면, 관광진흥법위반죄만 성립하고 도박개장죄는 별도로 성립하지 않는다.

① 0개   ② 1개   ③ 2개
④ 3개   ⑤ 4개

해설 ★★

가. (X) 형법 제247조의 도박개장죄는 영리의 목적으로 도박을 개장하면 기수에 이르고, 현실로 도박이 행하여졌음은 묻지 않는다. 따라서 영리의 목적으로 속칭 포커나 바둑이, 고스톱 등의 인터넷 도박게임 사이트를 개설하여 운영하는 경우, 현실적으로 게임이용자들로부터 돈을 받고 게임머니를 제공하고 게임이용자들이 위 도박게임 사이트에 접속하여 도박을 하여, 위 게임으로 획득한 게임머니를 현금으로 환전해 주는 방법 등으로 게임이용자들과 게임회사 사이에 있어서 재물이 오고갈 수 있는 상태에 있으면, 게임이용자가 위 도박게임 사이트에 접속하여 실제 게임을 하였는지 여부와 관계없이 도박개장죄는 '기수'에 이른다(대판 2009.12.10. 2008도5282).

나. (X) 무고죄는 타인으로 하여금 형사처분 또는 징계처분을 받게 할 목적으로 공무소 또는 공무원에 대하여 허위의 사실을 신고하는 때에 성립하는 것으로, 여기에서 허위사실의 신고라 함은 신고사실이 객관적 사실에 반한다는 것을 확정적이거나 미필적으로 인식하고 신고하는 것을 말하는 것이므로, 신고사실의 일부에 허위의 사실이 포함되어 있다고 하더라도 그 허위부분이 범죄의 성부에 영향을 미치는 중요한 부분이 아니고, 단지 신고한 사실을 과장한 것에 불과한 경우에는 무고죄에 해당하지 아니하지만, 그 일부 허위인 사실이 국가의 심판작용을 그르치거나 부당하게 처벌을 받지 아니할 개인의 법적 안정성을 침해할 우려가 있을 정도로 고소사실 전체의 성질을 변경시키는 때에는 무고죄가 성립될 수 있다. 도박자금으로 대여한 금전의 용도에 대하여 허위로 신고한 것이 무고죄의 허위신고에 해당한다(대판 2004.01.16. 2003도7178).

다. (X) 형법은 각칙 제23장에서 '도박과 복표에 관한 죄'라는 제목 아래 도박죄와 함께 복표발매죄 등을 규정하고 있는바, 복표도 우연에 의하여 승패가 결정된다는 의미에서 도박에 유사한 측면이 있으므로, 건전한 국민의 근로관념과 사회의 미풍양속을 보호하려는 데에 그 발매 등의 행위를 제한하고 처벌할 이유가 있는 것이고, 여기에다가 사행행위등규제및처벌특례법 제2조 제1항 제1호 (가)목의 규정 취지를 종합하여 보면, 형법 제248조가 규정하는 복표의 개념요소는 ① 특정한 표찰일 것, ② 그 표찰을 발매하여 다수인으로부터 금품을 모을 것, ③ 추첨 등의 우연한 방법에 의하여 그 다수인 중 일부 당첨자에게 재산상의 이익을 주고 다른 참가자에게 손실을 줄 것의 세 가지로 파악할 수 있으며, 이 점에서 경제상의 거래에 부수하는 특수한 이익의 급여 내지 가격할인에 불과한 경품권이나 사은권 등과는 그 성질이 다른 것이지만, 어떠한 표찰이 형법 제248조 소정의 복표에 해당하는지 여부는 그 표찰 자체가 갖는 성질에 의하여 결정되어야 하고, 그 기본적인 성질이 위와 같은 개념요소를 갖추고 있다면, 거기에 광고 등 다른 기능이 일부 가미되어 있는 관계로 당첨되지 않은 참가자의 손실을 그 광고주 등 다른 사업주들이 대신 부담한다고 하더라도, 특별한 사정이 없는 한 복표로서의 성질을 상실하지는 않는다. 이른바 '광고복권'은 통상의 경우 이를 홍보 및 판촉의 수단으로 사용하는 사업자들이 당첨되지 않은 참가자들의 손실을 대신 부담하여 주는 것일 뿐, 그 자체로는 추첨 등의 우연한 방법에 의하여 일부 당첨자에게 재산상의 이익을 주고 다른 참가자에게 손실을 주는 복표로서의 성질을 갖추고 있다고 보아 형법 제248조 소정의 복표에 해당한다(대판 2003.12.26. 2003도5433).

라. (X) 형법 제247조의 도박개장죄는 영리의 목적으로 스스로 주재자가 되어 그 지배하에 도박장소를 개설함으로써 성립하는 것으로서 도박죄와는 별개의 독립된 범죄이고, '도박'이라 함은 참여한 당사자가 재물을 걸고 우연한 승부에 의하여 재물의 득실을 다투는 것을 의미하며, '영리의 목적'이란 도박개장의 대가로 불법한 재산상의 이익을 얻으려는 의사를 의미하는 것으로, 반드시 도박개장의 직접적 대가가 아니라 도박개장을 통하여 간접적으로 얻게 될 이익을 위한 경우에도 영리의 목적이 인정되고, 또한 현실적으로 그 이익을 얻었을 것을 요하지는 않는다. ▶ 인터넷 고스톱게임 사이트를 유료화하는 과정에서 사이트를 홍보하기 위하여 고스톱대회를 개최하면서 참가자들로부터 참가비를 받고 입상자들에게 상금을 지급한 행위에 대하여 도박개장죄를 인정한 사례(대판 2002.04.12. 2001도5802).

마. (X) 무허가 카지노영업으로 인한 관광진흥법위반죄와 도박개장죄는 상상적 경합범 관계에 있다(대판 2009.12.10. 2009도11151).

정답 ①

제❸절 ┃ 신앙에 관한 죄

문 22

다음 설명 중 옳지 않은 것은 모두 몇 개인가? [2022년 39번]

ㄱ. 법률상 그 분묘를 수호, 봉사하며 관리하고 처분할 권한이 있는 자 또는 그로부터 정당하게 승낙을 얻은 자가 사체에 대한 종교적, 관습적 양속에 따른 존숭의 예를 갖추어 이를 발굴하는 경우에는 그 행위의 위법성은 조각된다.
ㄴ. 형법 제163조(변사체 검시 방해)의 변사자에는 부자연한 사망으로서 그 사인이 분명하지 않은 자뿐만 아니라 범죄로 인하여 사망한 것이 명백한 자의 사체도 포함된다.
ㄷ. 형법 제158조에 규정된 예배방해죄는 예배중이거나 예배와 시간적으로 밀접불가분의 관계에 있는 준비단계에서 이를 방해하는 경우에만 성립한다.
ㄹ. 분묘발굴죄의 객체인 분묘는 사람의 사체, 유골, 유발 등을 매장하여 제사나 예배 또는 기념의 대상으로 하는 장소를 말하는 것이고, 사체나 유골이 토화되었을 때에도 분묘인 것이며 그 사자가 누구인지 불명하다고 할지라도 현재 제사 숭경하고 종교적 예의의 대상으로 되어 있고 이를 수호, 봉사하는 자가 있으면 여기에 해당한다.
ㅁ. 예배방해죄(형법 제158조)의 미수범은 처벌된다.

① 1개   ② 2개   ③ 3개   ④ 4개   ⑤ 5개

| MGI Point | **신앙에 관한 죄** ★★

- 정당하게 승낙을 얻은 자가 존숭의 예를 갖추어 분묘를 발굴 한 경우 ⇨ 위법성 조각
- 범죄로 인하여 사망한 것이 명백한 자의 사체 ⇨ 변사체검시방해죄의 객체 ×
- 예배방해죄 ⇨ 예배중이거나 예배와 시간적으로 밀접불가분의 관계에 있는 준비단계에서 이를 방해하는 경우에만 성립
- 분묘발굴죄의 객체인 분묘 ⇨ 사체나 유골이 토괴화, 사자가 누구인지 불명하더라도 현재 종교적 예의 대상으로 되어 있고 수호봉사하는 자가 있으면 足
- 예배방해죄의 미수범 ⇨ 처벌 ×

ㄱ. (O) 분묘발굴죄는 그 분묘에 대하여 아무런 권한 없는 자나 또는 권한이 있는 자라도 사체에 대한 종교적 양속에 반하여 함부로 이를 발굴하는 경우만을 처벌대상으로 삼는 취지라고 보아야 할 것이므로, 법률상 그 분묘를 수호, 봉사하며 관리하고 처분할 권한이 있는 자 또는 그로부터 정당하게 승낙을 얻은 자가 사체에 대한 종교적, 관습적 양속에 따른 존숭의 예를 갖추어 이를 발굴하는 경우에는 그 행위의 위법성은 조각된다고 할 것이다(대판 2007.12.13. 2007도8131).

ㄴ. (X) 형법 제163조의 변사자라 함은 부자연한 사망으로서 그 사인이 분명하지 않은 자를 의미하고 그 사인이 명백한 경우는 변사자라 할 수 없으므로, 범죄로 인하여 사망한 것이 명백한 자의 사체는 같은 법조 소정의 변사체검시방해죄의 객체가 될 수 없다(대판 2003.06.27. 2003도1331).

ㄷ. (O) 형법 제158조에 규정된 예배방해죄는 공중의 종교생활의 평온과 종교감정을 그 보호법익으로 하는 것이므로, 예배중이거나 예배와 시간적으로 밀접불가분의 관계에 있는 준비단계에서 이를 방해하는 경우에만 성립한다(대판 2008.02.01. 2007도5296).

ㄹ. (O) 분묘발굴죄의 객체인 분묘는 사람의 사체, 유골, 유발 등을 매장하여 제사나 예배 또는 기념의 대상으로 하는 장소를 말하는 것이고, 사체나 유골이 토괴화하였을 때에도 분묘인 것이며, 그 사자가 누구인지 불명하다고 할지라도 현재 제사 숭경하고 종교적 예의 대상으로 되어 있고 이를 수호봉사하는 자가 있으면 여기에 해당한다고 할 것이다(대판 1990.02.13. 89도2061).

ㅁ. (X) 신앙에 관한 죄 중에서 제160조(분묘의 발굴), 제161조(시체 등의 유기 등) 죄의 미수범만이 처벌 받는다.

정답 ②

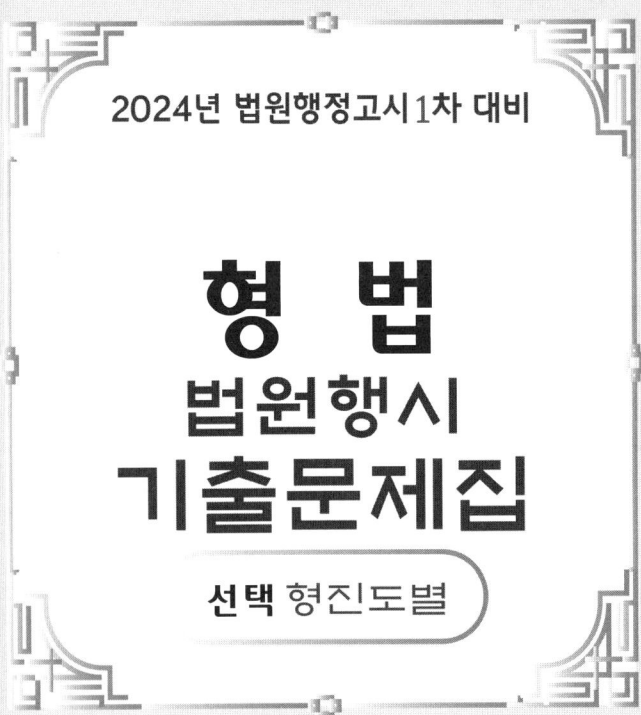

제3편 국가적 법익에 대한 죄

제1장 l 국가의 존립과 권위에 대한 죄
제2장 l 국가의 기능에 대한 죄

제1장 국가의 존립과 권위에 대한 죄

제❶절 ▮ 내란의 죄

문 1

다음 설명 중 옳은 것은 모두 몇 개인가? [2020년 27번]

> 가. 내란선동죄는 내란이 실행되는 것을 목표로 선동함으로써 성립하는 독립한 범죄이고, 선동으로 말미암아 피선동자들에게 반드시 범죄의 결의가 발생할 것을 요건으로 하지 않는다.
>
> 나. 형법상 내란죄의 구성요건인 폭동의 내용으로서의 폭행 또는 협박은 일체의 유형력의 행사나 외포심을 생기게 하는 해악의 고지를 의미하는 최광의의 폭행·협박을 말하는 것으로서, 이를 준비하거나 보조하는 행위를 전체적으로 파악한 개념이며, 그 정도가 한 지방의 평온을 해할 정도의 위력이 있음을 요한다.
>
> 다. 내란선동죄의 선동행위는 선동자에 의하여 일방적으로 행해지고, 그 이후 선동에 따른 범죄의 결의 여부 및 그 내용은 선동자의 지배영역을 벗어나 피선동자에 의하여 결정될 수 있으며, 내란선동을 처벌하는 근거가 선동행위 자체의 위험성과 불법성에 있다는 점 등을 전제하면, 내란선동에 있어 시기와 장소, 대상과 방식, 역할분담 등 내란 실행행위의 주요 내용이 선동 단계에서 구체적으로 제시되어야 하는 것은 아니고, 또 선동에 따라 피선동자가 내란의 실행행위로 나아갈 개연성이 있다고 인정되어야만 내란선동의 위험성이 있는 것으로 볼 수도 없다.
>
> 라. 내란음모가 성립하였다고 하기 위해서, 공격의 대상과 목표가 설정되어 있고, 그 밖의 실행계획에 있어서 주요 사항의 윤곽을 공통적으로 인식할 정도의 합의가 있을 것까지를 요하는 것은 아니다.
>
> 마. 내란음모죄의 음모는 실행의 착수 이전에 2인 이상의 자 사이에 성립한 범죄실행의 합의로서, 합의 자체는 행위로 표출되지 않은 합의 당사자들 사이의 의사표시에 불과한 만큼 실행행위로서의 정형이 없고, 따라서 합의의 모습 및 구체성의 정도도 매우 다양하게 나타날 수밖에 없다. 그런데 어떤 범죄를 실행하기로 막연하게 합의한 경우나 특정한 범죄와 관련하여 단순히 의견을 교환한 경우까지 모두 범죄실행의 합의가 있는 것으로 보아 음모죄가 성립한다고 한다면 음모죄의 성립범위가 과도하게 확대되어 국민의 기본권인 사상과 표현의 자유가 위축되거나 그 본질이 침해되는 등 죄형법정주의 원칙이 형해화될 우려가 있으므로, 음모죄의 성립범위도 이러한 확대해석의 위험성을 고려하여 엄격하게 제한하여야 한다.

① 1개 ② 2개 ③ 3개
④ 4개 ⑤ 없음

> **MGI Point** 내란선동죄 및 내란음모죄의 성립요건 ★★★
>
> - 내란선동죄의 성립요건
>   - 내란이 실행되는 것을 목표로 선동함으로써 성립하는 독립한 범죄 ⇨ 피선동자들에게 반드시 범죄의 결의가 발생할 것을 요건으로 하지 ×
>   - 내란죄의 구성요건인 폭동의 내용으로서 폭행 또는 협박은 최광의의 폭행·협박 ⇨ 한 지방의 평온을 해할 정도의 위력이 있음을 要
>   - 내란선동죄 처벌근거는 선동행위 자체의 위험성 및 불법성 ⇨ 내란 실행행위의 주요 내용이 선동 단계에서 구체적으로 제시되거나 선동에 따라 피선동자가 내란의 실행행위로 나아갈 개연성이 요구되지 ×
> - 내란음모죄의 성립요건
>   - 개별 범죄행위에 관한 세부적인 합의 不要 BUT 공격의 대상과 목표가 설정되어 있고, 그 밖의 실행계획에 있어서 주요사항의 윤곽을 공통적으로 인식할 정도의 합의가 要
>   - 음모는 합의 당사자들 사이의 의사표시에 불과, 실행행위 정형성 × ⇨ 확대해석의 위험성을 고려하여 엄격하게 제한하여야 함(죄형법정주의 원칙 형해화 우려)

가. (○) 내란선동죄는 내란이 실행되는 것을 목표로 선동함으로써 성립하는 독립한 범죄이고, 선동으로 말미암아 피선동자들에게 반드시 범죄의 결의가 발생할 것을 요건으로 하지 않는다(대판 2015.01.22. 2014도10978(전합)).

나. (○) 형법상 내란죄의 구성요건인 폭동의 내용으로서의 폭행 또는 협박은 일체의 유형력의 행사나 외포심을 생기게 하는 해악의 고지를 의미하는 최광의의 폭행·협박을 말하는 것으로서, 이를 준비하거나 보조하는 행위를 전체적으로 파악한 개념이며, 그 정도가 한 지방의 평온을 해할 정도의 위력이 있음을 요한다(대판 2015.01.22. 2014도10978(전합)).

다. (○) 선동행위는 선동자에 의하여 일방적으로 행해지고, 그 이후 선동에 따른 범죄의 결의 여부 및 그 내용은 선동자의 지배영역을 벗어나 피선동자에 의하여 결정될 수 있으며, 내란선동을 처벌하는 근거가 선동행위 자체의 위험성과 불법성에 있다는 점 등을 전제하면, 내란선동에 있어 시기와 장소, 대상과 방식, 역할분담 등 내란 실행행위의 주요 내용이 선동 단계에서 구체적으로 제시되어야 하는 것은 아니고, 또 선동에 따라 피선동자가 내란의 실행행위로 나아갈 개연성이 있다고 인정되어야만 내란선동의 위험성이 있는 것으로 볼 수도 없다(대판 2015.01.22. 2014도10978(전합)).

라. (X) 2인 이상의 자 사이에 어떠한 폭동행위에 대한 합의가 있는 경우에도 공격의 대상과 목표가 설정되어 있지 않고, 시기와 실행방법이 어떠한지를 알 수 없으면 그것이 '내란'에 관한 음모인지를 알 수 없다. 따라서 내란음모가 성립하였다고 하기 위해서는 개별 범죄행위에 관한 세부적인 합의가 있을 필요는 없으나, 공격의 대상과 목표가 설정되어 있고, 그 밖의 실행계획에 있어서 주요 사항의 윤곽을 공통적으로 인식할 정도의 합의가 있어야 한다(대판 2015.01.22. 2014도10978(전합)).

마. (○) 음모는 실행의 착수 이전에 2인 이상의 자 사이에 성립한 범죄실행의 합의로서, 합의 자체는 행위로 표출되지 않은 합의 당사자들 사이의 의사표시에 불과한 만큼 실행행위로서의 정형이 없고, 따라서 합의의 모습 및 구체성의 정도도 매우 다양하게 나타날 수밖에 없다. 그런데 어떤 범죄를 실행하기로 막연하게 합의한 경우나 특정한 범죄와 관련하여 단순히 의견을 교환한 경우까지 모두 범죄실행의 합의가 있는 것으로 보아 음모죄가 성립한다고 한다면 음모죄의 성립범위가 과도하게 확대되어 국민의 기본권인 사상과 표현의 자유가 위축되거나 그 본질이 침해되는 등 죄형법정주의 원칙이 형해화될 우려가 있으므로, 음모죄의 성립범위도 이러한 확대해석의 위험성을 고려하여 엄격하게 제한하여야 한다(대판 2015.01.22. 2014도10978(전합)).

정답 ④

문 2

내란의 죄에 관한 다음 설명 중 가장 옳지 않은 것은?(다툼이 있는 경우 판례에 의함) [2016년 29번]

① 내란의 실행과정에서 폭동행위에 수반하여 개별적으로 발생한 살인행위는 내란행위의 한 구성요소를 이루는 것이므로 내란행위에 흡수되어 내란목적살인의 별죄를 구성하지 아니하나, 특정인 또는 일정한 범위 내의 한정된 집단에 대한 살해가 내란의 와중에 폭동에 수반하여 일어난 것이 아니라 그것 자체가 의도적으로 실행된 경우에는 이러한 살인행위는 내란에 흡수될 수 없고 내란목적살인의 별죄를 구성한다.

② 내란죄는 국토를 참절하거나 국헌을 문란할 목적으로 폭동한 행위로서, 다수인이 결합하여 위와 같은 목적으로 한 지방의 평온을 해할 정도의 폭행·협박행위를 하면 기수가 되고, 그 목적의 달성 여부는 이와 무관한 것으로 해석되므로, 다수인이 한 지방의 평온을 해할 정도의 폭동을 하였을 때 이미 내란의 구성요건은 완전히 충족된다고 할 것이어서 상태범으로 봄이 상당하다.

③ 범죄는 '어느 행위로 인하여 처벌되지 아니하는 자'를 이용하여서도 이를 실행할 수 있으므로, 내란죄의 경우에도 '국헌문란의 목적'을 가진 자가 그러한 목적이 없는 자를 이용하여 이를 실행할 수 있다.

④ 내란선동죄는 내란이 실행되는 것을 목표로 선동함으로써 성립하는 독립한 범죄이고, 선동으로 말미암아 피선동자들에게 범죄의 결의가 발생할 것을 요건으로 하며, 선동에 따라 피선동자가 내란으로 나아갈 실질적인 위험성이 인정되는 경우에 한하여 범죄가 성립한다.

⑤ 내란음모가 성립하였다고 하기 위해서는 개별 범죄행위에 관한 세부적인 합의가 있을 필요는 없으나, 공격의 대상과 목표가 설정되어 있고, 그 밖의 실행계획에 있어서 주요 사항의 윤곽을 공통적으로 인식할 정도의 합의가 있어야 한다.

해설

① (○) 내란의 실행과정에서 폭동행위에 수반하여 개별적으로 발생한 살인행위는 내란행위의 한 구성요소를 이루는 것이므로 내란행위에 흡수되어 내란목적살인의 별죄를 구성하지 아니하나, 특정인 또는 일정한 범위 내의 한정된 집단에 대한 살해가 내란의 와중에 폭동에 수반하여 일어난 것이 아니라 그것 자체가 의도적으로 실행된 경우에는 이러한 살인행위는 내란에 흡수될 수 없고 내란목적살인의 별죄를 구성한다(대판 1997.04.17. 96도3376(전합)).

② (○) 내란죄는 국토를 참절하거나 국헌을 문란할 목적으로 폭동한 행위로서, 다수인이 결합하여 위와 같은 목적으로 한 지방의 평온을 해할 정도의 폭행·협박행위를 하면 기수가 되고, 그 목적의 달성 여부는 이와 무관한 것으로 해석되므로, 다수인이 한 지방의 평온을 해할 정도의 폭동을 하였을 때 이미 내란의 구성요건은 완전히 충족된다고 할 것이어서 상태범으로 봄이 상당하다(대판 1997.04.17. 96도3376(전합)).

③ (○) 범죄는 '어느 행위로 인하여 처벌되지 아니하는 자'를 이용하여서도 이를 실행할 수 있으므로, 내란죄의 경우에도 '국헌문란의 목적'을 가진 자가 그러한 목적이 없는 자를 이용하여 이를 실행할 수 있다(대판 1997.04.17. 96도3376(전합)).

④ (X) 내란선동죄는 내란이 실행되는 것을 목표로 선동함으로써 성립하는 독립한 범죄이고, 선동으로 말미암아 피선동자들에게 반드시 범죄의 결의가 발생할 것을 요건으로 하지 않는다. 즉 내란선동은 주로 내란행위의 외부적 준비행위에도 이르지 않은 단계에서 이루어지지만, 다수인의 심리상태에 영향을 주는 방법으로 내란의 실행욕구를 유발 또는 증대시킴으로써 집단적인 내란의 결의와 실행으로 이어지게 할 수 있는 파급력이 큰 행위이다. 따라서 내란을 목표로 선동하는 행위는 그 자체로 내란예비·음모에 준하는 불법성이 있다고 보아 내란예비·음모와 동일한 법정형으로 처벌되는 것이다(대판 2015.01.22. 2014도10978).

⑤ (○) 2인 이상의 자 사이에 어떠한 폭동행위에 대한 합의가 있는 경우에도 공격의 대상과 목표가 설정되어 있지 않고, 시기와 실행방법이 어떠한지를 알 수 없으면 그것이 '내란'에 관한 음모인지를 알 수 없다. 따라서 내란음모가 성립하였다고 하기 위해서는 개별 범죄행위에 관한 세부적인 합의가 있을 필요는 없으나, 공격의 대상과 목표가 설정되어 있고, 그 밖의 실행계획에 있어서 주요 사항의 윤곽을 공통적으로 인식할 정도의 합의가 있어야 한다(대판 2015.01.22. 2014도10978).

정답 ④

제❷절 ┃ 외환의 죄

제❸절 ┃ 국기에 관한 죄

제❹절 ┃ 국교에 관한 죄

문 3

다음 설명 중 옳지 않은 것은 모두 몇 개인가? [2018년 33번]

> 가. 국기모독죄는 대한민국을 모욕할 목적을 필요로 하는 목적범이다.
> 나. 외국사절의 숙소 앞에서 시위를 벌이다가 숙소에서 나오던 외국사절을 태운 승용차를 발견하고 5m가 되지 않는 거리에서 승용차를 향하여 계란을 던져 운전석 유리부분과 본네트부분에 맞혔다고 하더라도, 외국사절폭행죄에 해당하지 않는다.
> 다. 외국언론에 이미 보도된 바 있는 우리나라의 외교정책이나 활동에 관련된 사항들에 관하여 정부가 이른바 보도지침의 형식으로 국내언론기관의 보도 여부 등을 통제하고 있다는 사실을 알리는 것은, 외교상의 기밀을 누설한 경우에 해당하지 않는다.
> 라. 제3자로부터 북한의 지령을 전달받고 그로부터 금품 등을 수수하고 그에게 이미 지득한 남한의 정세 등에 관한 문건을 전달하여 북한에 제공하였다면, 형법 제98조 제1항에 정한 적국을 위하여 간첩하는 행위에 해당한다.
> 마. 내란이나 내란목적살인을 예비, 음모, 선동, 선전한 자가 내란이나 내란목적살인에 이르기 전에 자수한 때에는 그 형을 감경 또는 면제한다.

① 0개 ② 1개 ③ 2개
④ 3개 ⑤ 4개

해설 ★★

가. (○) 형법 제105조 참조.

> 형법 제105조(국기, 국장의 모독) 대한민국을 모욕할 목적으로 국기 또는 국장을 손상, 제거 또는 오욕한 자는 5년 이하의 징역이나 금고, 10년 이하의 자격정지 또는 700만원 이하의 벌금에 처한다.

나. (X) 형법 제108조 제1항에서 말하는 외국사절에 대한 폭행죄에 있어서의 폭행이라 함은 외국사절의 신체에 대한 위법한 일체의 유형력의 행사를 의미한다. 여기서의 유형력의 행사는 외국사절의 신체에 대하여 가해지면 충분하며 반드시 신체에 직접적으로 접촉할 필요는 없다(대판 2003.07.11. 2003도1800).

다. (○) 외국언론에 이미 보도된 바 있는 우리나라의 외교정책이나 활동에 관련된 사항들에 관하여 정부가 이른바 보도지침의 형식으로 국내언론기관의 보도 여부 등을 통제하고 있다는 사실을 알리는 것이 외교상의 기밀을 누설한 경우에 해당하지 않는다(대판 1995.12.05. 94도2379).

라. (X) 형법 제98조 제1항에서 간첩이라 함은 적국에 제보하기 위하여 은밀한 방법으로 우리나라의 군사상은 물론 정치, 경제, 사회, 문화, 사상 등 기밀에 속한 사항 또는 도서, 물건을 탐지·수집하는 것을 말하고, 간첩행위는 기밀에 속한 사항 또는 도서, 물건을 탐지·수집한 때에 기수가 되므로 간첩이 이미 탐지·수집하여 지득하고 있는 사항을 타인에게 보고·누설하는 행위는 간첩의 사후행위로서 위 조항에 의하여 처단의 대상이 되는 간첩행위 자체라고 할 수 없다(대판 2011.01.20. 2008재도11(전합)).

마. (X) 형법 제90조, 제87조, 제88조 참조.

> 형법 제90조(예비, 음모, 선동, 선전) ① 제87조 또는 제88조의 죄를 범할 목적으로 예비 또는 음모한 자는 3년 이상의 유기징역이나 유기금고에 처한다. 단, 그 목적한 죄의 실행에 이르기 전에 자수한 때에는 그 형을 감경 또는 면제한다.
> ② 제87조 또는 제88조의 죄를 범할 것을 선동 또는 선전한 자도 전항의 형과 같다.
> 형법 제87조(내란) 국토를 참절하거나 국헌을 문란할 목적으로 폭동한 자는 다음의 구별에 의하여 처단한다.
> 1. 수괴는 사형, 무기징역 또는 무기금고에 처한다.
> 2. 모의에 참여하거나 지휘하거나 기타 중요한 임무에 종사한 자는 사형, 무기 또는 5년 이상의 징역이나 금고에 처한다. 살상, 파괴 또는 약탈의 행위를 실행한 자도 같다.
> 3. 부화수행하거나 단순히 폭동에만 관여한 자는 5년 이하의 징역 또는 금고에 처한다.
> 형법 제88조(내란목적의 살인) 국토를 참절하거나 국헌을 문란할 목적으로 사람을 살해한 자는 사형, 무기징역 또는 무기금고에 처한다.

정답 ④

제2장 국가의 기능에 대한 죄

제❶절 ┃ 공무원의 직무에 관한 죄

문 35

직무유기죄에 관한 다음 설명 중 가장 옳지 않은 것은? [2023년 2번]

① 직무유기죄는 공무원이 법령·내규 등에 의한 추상적 충근의무를 태만히 하는 일체의 경우에 성립하는 것이 아니라, 직무의 의식적인 포기 등과 같이 국가의 기능을 저해하고 국민에게 피해를 야기시킬 구체적 위험성이 있고 불법과 책임비난의 정도가 높은 법익침해의 경우에 한하여 성립한다.
② 병가중인 자의 경우 구체적인 작위의무 내지 국가기능의 저해에 대한 구체적인 위험성이 있다고 할 수 없어 직무유기죄의 주체로 될 수는 없으나, 다른 직무유기죄의 정범과 공범관계가 성립하는 데에는 지장이 없다.
③ 형법 제122조 후단 소정의 직무유기죄는 소위 부진정 부작위범으로서 그 작위의무를 수행하지 아니하여 구성요건에 해당하는 사실이 있었고 그 후에도 계속하여 그 작위의무를 수행하지 아니하는 위법한 부작위 상태가 계속하는한 가벌적 위법상태는 계속 존재하고 있다.
④ 무단이탈로 인한 직무유기죄 성립 여부는 결근 사유와 기간, 담당하는 직무의 내용과 적시 수행 필요성, 결근으로 직무수행이 불가능한지, 결근 기간에 국가기능의 저해에 대한 구체적인 위험이 발생하였는지 등을 종합적으로 고려하여 신중하게 판단해야 한다.
⑤ 통고처분이나 고발을 할 권한이 없는 세무공무원이 그 권한자에게 범칙사건조사 결과에 따른 통고처분이나 고발조치를 건의하는 등의 조치를 취하지 않았다면, 이는 자신의 직무를 저버린 행위로서 국가의 기능을 저해하며 국민에게 피해를 야기시킬 가능성이 있어 직무유기죄에 해당한다.

MGI Point 직무유기죄 ★★

- 직무유기죄의 성립 ➪ 직장의 무단이탈이나 직무의 의식적인 포기 등과 같이 국가의 기능을 저해하고 국민에게 피해를 야기시킬 구체적 위험성이 있고 불법과 책임비난의 정도가 높은 법익침해의 경우
- 병가중인 자 ➪ 직무유기죄의 주체× BUT 직무유기죄의 정범과 공범은 可
- 직무유기죄 ➪ 계속범(즉시범×)
- 무단이탈로 인한 직무유기죄 성립 여부 ➪ 결근 기간에 국가기능의 저해에 대한 구체적인 위험이 발생하였는지 등을 종합적으로 고려하여 신중하게 판단하여야
- 공무원이 태만, 분망, 착각 등으로 인하여 직무를 성실히 수행하지 아니한 경우 ➪ 직무유기죄 성립×

---

① (○) 직무유기죄는 공무원이 법령·내규 등에 의한 추상적 충근의무를 태만히 하는 일체의 경우에 성립하는 것이 아니라, 직장의 무단이탈이나 직무의 의식적인 포기 등과 같이 국가의 기능을 저해하고 국민에게 피해를 야기시킬 구체적 위험성이 있고 불법과 책임비난의 정도가 높은 법익침해의 경우에 한하여 성립하는 것이므로, 어떠한 형태로든 직무집행의 의사로 자신의 직무를 수행한 경우에는 그 직무집행의 내용이 위법한 것으로 평가된다는 점만으로 직무유기죄의 성립을 인정할 것은 아니고, 공무원이 태만·분망·착각 등으로 인하여 직무를 성실히 수행하지 아니한 경우나 형식적으로 또는 소홀히 직무를 수행하였기 때문에 성실한 직무수행을 못한 것에 불과한 경우에도 직무유기죄는 성립하지 아니한다(대법원 2012. 8. 30. 2010도13694).

② (○) 노동조합의 승인 없이 또는 지시에 반하여 일부 조합원의 집단에 의하여 이루어진 쟁의행위가 그 경위와 목적, 태양 등에 비추어 정당행위에 해당하지 아니하고, 그 쟁의행위에 참가한 일부 조합원이 병가 중이어서 직무유기죄의 주체로 될 수는 없다 하더라도 직무유기죄의 주체가 되는 다른 조합원들과의 공범관계가 인정된다는 이유로, 그 쟁의행위에 참가한 조합원들 모두 직무유기죄로 처단되어야 한다고 본 사례(이 사건은 병가중인 철도공무원들이 그렇지 아니한 철도공무원들과 함께 전국철도노동조합의 일부 조합원들로 구성된 임의단체인 전국기관차협의회가 주도한 파업에 참가한 사례임)(대법원 1997. 4. 22. 95도748).

③ (○) 직무유기죄는 그 직무를 수행하여야 하는 작위의무의 존재와 그에 대한 위반을 전제로 하고 있는바, 그 작위의무를 수행하지 아니함으로써 구성요건에 해당하는 사실이 있었고 그 후에도 계속하여 그 작위의무를 수행하지 아니하는 위법한 부작위상태가 계속되는 한 가벌적 위법상태는 계속 존재하고 있다고 할 것이며 형법 제122조 후단은 이를 전체적으로 보아 1죄로 처벌하는 취지로 해석되므로 이를 즉시범이라고 할 수 없다(대법원 1997. 8. 29. 97도675).

④ (○) 무단이탈로 인한 직무유기죄 성립 여부는 결근 사유와 기간, 담당하는 직무의 내용과 적시 수행 필요성, 결근으로 직무수행이 불가능한지, 결근 기간에 국가기능의 저해에 대한 구체적인 위험이 발생하였는지 등을 종합적으로 고려하여 신중하게 판단해야 한다. 특히 근무기간을 정하여 임용된 공무원의 경우에는 근무기간 안에 특정 직무를 마쳐야 하는 특별한 사정이 있는지 등을 고려할 필요가 있다(대법원 2022. 6. 30. 2021도8361).

⑤ (X) 형법 제122조 소정의 공무원이 정당한 이유 없이 직무를 유기한 때라 함은 직무에 관한 의식적인 방임 내지는 포기 등 정당한 사유 없이 직무를 수행하지 아니한 경우를 의미하는 것이므로 공무원이 태만, 분망, 착각 등으로 인하여 직무를 성실히 수행하지 아니한 경우나 형식적으로 또는 소홀히 직무를 수행하였기 때문에 성실한 직무수행을 못한 것에 불과한 경우에는 직무유기죄는 성립하지 않는다(대법원 1997. 4. 11. 96도2753).

문 36

뇌물죄에 관한 다음 설명 중 옳은 것은 모두 몇 개인가? [2023년 7번]

ㄱ. 뇌물은 공무원의 직무에 관하여 공여되거나 수수된 것으로 족하고, 개개의 직무행위와 대가적 관계에 있을 필요가 없으며, 그 직무행위가 특정된 것일 필요도 없다.

ㄴ. 국가공무원이 지방자치단체의 업무에 관하여 별도의 위촉절차 등을 거쳐 그 고유의 직무와 관련이 없는 다른 직무를 수행하게 된 경우에는, 그 위촉이 종료된 후 종전에 위촉받아 수행한 직무에 관하여 금품을 수수하더라도 이는 사후수뢰죄에 해당할 수 있음은 별론으로 하고 일반 수뢰죄로 처벌할 수 없다.

ㄷ. 수의계약을 체결하는 공무원이 해당 공사업자와 적정한 금액 이상으로 계약금액을 부풀려서 계약하고 부풀린 금액을 자신이 되돌려 받기로 사전에 약정한 다음 그에 따라 수수한 돈은 성격상 뇌물이 아니고 횡령금에 해당한다.

ㄹ. 공무원 甲이 시의 도시과 구획정리계 측량기술원으로 근무하면서 다년간 환지측량업무에 종사하게 된 결과 얻은 지식과 경험을 기초로 체비지에 관한 공개경쟁 입찰에서 입찰예정가격이 대략 어느 정도 될 것이라고 추측한 내용을 乙에게 알려준 경우, 甲이 그 대가로 乙로부터 이익을 받기로 약속하였다고 하더라도 그 이익을 뇌물죄에서 말하는 직무에 관련된 대가라고 보기 어렵다.

ㅁ. 경찰공무원이 슬롯머신 영업에 5천만 원을 투자하여 매월 3백만 원을 배당받기로 약속한 후 35회에 걸쳐 1억 5백만 원을 교부받은 경우, 1억 5백만 원은 그 자체가 뇌물이 되는데, 다만 실제의 뇌물의 액수는 5천만 원을 투자함으로써 얻을 수 있는 통상적인 이익을 초과한 금액이라고 보아야 한다.

① 1개 ② 2개 ③ 3개 ④ 4개 ⑤ 5개

MGI Point 뇌물죄 ★★

- 뇌물의 개념 ⇨ 개개의 직무행위와 대가적 관계에 있을 필요×, 그 직무행위가 특정된 것일 필요×
- 공무원이 별도의 위촉절차 등을 거쳐 다른 직무를 수행하였지만 그 위촉 종료 후에 금품을 수수한 경우 ⇨ 일반 수뢰죄×
- 수의계약을 체결하는 공무원이 계약금액을 부풀려서 계약하고 부풀린 금액을 자신이 되돌려 받기로 사전에 약정한 경우 ⇨ 횡령죄
- 공무원이 다년간 환지측량업무에 종사하게 된 결과 얻은 지식과 경험을 기초로 추측한 입찰예정가격을 알려주고 대가를 받은 경우 ⇨ 직무관련성× ⇨ 수뢰죄×
- 경찰공무원이 5천만 원을 투자하여 매월 3백만 원을 배당받기로 약속한 후 35회에 걸쳐 1억 5백만 원을 교부받은 경우 뇌물의 액수 ⇨ 5천만 원 투자시 통상적 이익을 초과하는 금액

ㄱ. (O) 뇌물죄는 직무집행의 공정과 이에 대한 사회의 신뢰에 기하여 직무행위의 불가매수성을 그 직접의 보호법익으로 하고 있고, 뇌물성을 인정하는 데에는 특별히 의무위반행위의 유무나 청탁의 유무 등을 고려할 필요가 없는 것이므로, 뇌물은 대통령의 직무에 관하여 공여되거나 수수된 것으로 족하고 개개의 직무행위와 대가적 관계에 있을 필요가 없으며, 그 직무행위가 특정된 것일 필요도 없다(대법원 1997. 4. 17. 96도3377 전원합의체).

ㄴ. (O) 국가공무원이 지방자치단체의 업무에 관하여 전문가로서 위원 위촉을 받아 한시적으로 직무를 수행하는 경우와 같이 공무원이 그 고유의 직무와 관련이 없는 일에 관하여 별도의 위촉절차 등을 거쳐 다른 직무를 수행하게 된 경우에는 그 위촉이 종료되면 그 위원 등으로서 새로 보유하였던 공무원 지위는 소멸한다고 보아야 하므로, 그 이후에 종전에 위촉받아 수행한 직무에 관하여 금품을 수수하더라도 이는 사후수뢰죄에 해당할 수 있음은 별론으로 하고 일반 수뢰죄로 처벌할 수는 없다(대법원 2013. 11. 28. 2013도10011).

ㄷ. (O) 수의계약을 체결하는 공무원이 해당 공사업자와 적정한 금액 이상으로 계약금액을 부풀려서 계약하고 부풀린 금액을 자신이 되돌려 받기로 사전에 약정한 다음 그에 따라 수수한 돈은 성격상 뇌물이 아니고 횡령금에 해당한다고 한 사례(대법원 2007. 10. 12. 2005도7112).

ㄹ. (O) 피고인 (갑)이 시의 도시과 구획정리계 측량기술원으로 근무하면서 다년간 환지측량업무에 종사하게 된 결과 얻은 지식과 경험을 기초로 체비지에 관한 공개경쟁 입찰에서 입찰예정가격이 대략 어느정도 될 것이라고 추측한 내용을 피고인 (을)에게 알려준 행위는 그의 직무행위 내지는 직무와 밀접하게 관련된 행위라고 볼 수 없는 것이고, 따라서 피고인 (갑)이 그 대가로 피고인 (을)로 부터 받기로 약속한 이익도 뇌물죄에서 말하는 직무에 관련된 대가라고 보기 어렵다(대법원 1983. 3. 22. 82도1922).

ㅁ. (O) 경찰공무원이 슬롯머신 영업에 5천만 원을 투자하여 매월 3백만 원을 배당받기로 약속한 후 35회에 걸쳐 1억 5백만 원을 교부받은 경우, 5천만 원을 투자함으로써 바로 이익을 얻었다고는 볼 수 없고 매월 3백만 원을 지급받기로 하는 약속, 즉 뇌물의 수수를 약속한 것에 불과하고 현실적으로 매월 3백만 원씩을 지급받은 것이 뇌물을 수수한 것이라고 보아야 하므로 1억 5백만원은 그 자체가 뇌물이 되는데, 다만 실제의 뇌물의 액수는 5천만 원을 투자함으로써 얻을 수 있는 통상적인 이익을 초과한 금액이라고 보아야 하며, 여기서 통상적인 이익이라 함은 다른 특별한 사정이 없는 한 그 경찰공무원의 직무와 관계없이 투자하였더라면 얻을 수 있었을 이익을 말하는데, 구체적으로는 위 투자의 형태가 실질에 있어서는 금원을 대여하고 그에 대하여 이자를 받은 것과 다를 바 없으므로 슬롯머신 업소 경영자와 같은 사람에게 5천만 원을 직무와 관

계없이 대여하였더라면 받았을 이자 상당이 통상적인 이익이 되며 그 이율은 양 당사자의 자금사정과 신용도 및 해당 업계의 금리체계에 따라 심리판단해야 하며, 그 경찰공무원이 다른 방법으로 그 돈을 투자하였더라면 어느 정도의 이익을 얻을 수 있었을 것인지는 원칙적으로 고려할 필요가 없다(대법원 1995. 6. 30. 94도993).

정답 ⑤

문 37

직권남용권리행사방해죄에 관한 다음 설명 중 가장 옳지 않은 것은? [2023년 8번]

① 공무원이 자신의 직무권한에 속하는 사항에 관하여 실무 담당자로 하여금 그 직무집행을 보조하는 사실행위를 하도록 하더라도 원칙적으로 의무 없는 일을 하게 한 때에 해당한다고 할 수 없다.
② 형법 제123조는 "공무원이 직권을 남용하여 사람으로 하여금 의무없는 일을 하게 하거나 사람의 권리행사를 방해한 때에는 5년 이하의 징역, 10년 이하의 자격정지 또는 1천만 원 이하의 벌금에 처한다"라고 규정하고 있는데, 여기서 말하는 '권리'는 공법상의 권리인지 사법상의 권리인지를 묻지 않는다.
③ 치안본부장인 甲이 국립과학수사연구소 A과장에게 고문치사자의 사인에 관하여 기자간담회에 참고할 메모를 작성하도록 요구하고 A과장으로 하여금 내심의 의사에 반하여 두번이나 고쳐 작성하도록 한 경우에도 직권남용죄는 성립하지 않는다.
④ 공무원이 직무관련자에게 제3자와 계약을 체결하도록 요구하여 계약 체결을 하게 한 행위가 제3자뇌물수수죄의 구성요건과 직권남용권리행사방해죄의 구성요건에 모두 해당하는 경우에는 제3자뇌물수수죄와 직권남용권리행사방해죄가 각각 성립하고, 위 두 죄는 형법 제40조의 상상적 경합관계에 있다.
⑤ 공무원의 직권남용행위가 있었다면 현실적으로 권리행사의 방해라는 결과가 발생하지 아니하였더라도 직권남용권리행사방해죄는 기수에 이른 것이다.

MGI Point 직권남용권리행사방해죄 ★★

- 공무원이 실무 담당자로 하여금 그 직무집행을 보조하는 사실행위를 하게한 경우 ⇨ 직권남용권리행사방해죄 ×
- 직권남용권리행사방해죄에서 말하는 '권리' ⇨ 공법상의 권리, 사법상의 권리 불문
- 치안본부장이 국립과학수사연구소 법의학1과장에게 고문치사자의 사인에 관하여 기자간담회에 참고할 메모를 작성하도록 요구한 경우 ⇨ 치안본부장의 일반적 권한 내 행위 × ⇨ 직권남용권리행사방해죄 ×
- 공무원이 직무관련자에게 제3자와 계약을 체결하도록 요구하여 계약 체결을 하게 한 행위 ⇨ 제3자뇌물수수죄와 직권남용권리행사방해죄 상상적 경합
- 공무원의 직권남용행위가 있었지만 현실적으로 권리행사의 방해라는 결과가 발생하지 아니한 경우 ⇨ 직권남용권리행사방해죄 기수 ×

---

① (○) 직권남용죄에서 말하는 '사람으로 하여금 의무 없는 일을 하게 한 때'란 공무원이 직권을 남용하여 다른 사람으로 하여금 법령상 의무 없는 일을 하게 한 때를 의미한다. 따라서 공무원이 자신의 직무권한에 속하는 사항에 관하여 실무 담당자로 하여금 그 직무집행을 보조하는 사실행위를 하도록 하더라도 이는 공무원 자신의 직무집행으로 귀결될 뿐이므로 원칙적으로 의무 없는 일을 하게 한 때에 해당한다고 할 수 없다(대법원 2021. 3. 11. 2020도12583).

② (○) 형법 제123조의 직권남용권리행사방해죄에서 말하는 '권리'는 법률에 명기된 권리에 한하지 않고 법령상 보호되어야 할 이익이면 족한 것으로서, 공법상의 권리인지 사법상의 권리인지를 묻지 않는다고 봄이 상당하다(대법원 2010. 1. 28. 2008도7312).

③ (○) 치안본부장이 국립과학수사연구소 법의학1과장에게 고문치사자의 사인에 관하여 기자간담회에 참고할 메모를 작성하도록 요구한 경우에 있어서 위 과장의 메모작성행위가 국립과학수사연구소의 행정업무에 관한 행정상 보고의무라고 할 수 없고 치안본부장이 위 과장에게 메모를 작성토록 한 행위가 그 일반적 권한에 속하는 사항이라고도 볼 수 없으며 또 위 과장이 그 요청에 따라 작성해 준 메모는 정식 부검소견서가 아니어서 동인이 위 메모를 작성하여 줄 법률상 의무가 있는 것도 아닐 뿐만 아니라, 그와 같은 메모를 작성하여 준 것도 단순한 심리적 의무감 또는 스스로의 의사에 기한 것으로 볼 수 있을 뿐이어서 법률상 의무에 기인한 것이라고 인정할 수도 없으므로, 치안본부장이 동인에게 메모의 작성을 요구하고 이를 동인이 내심의 의사에 반하여 두번이나 고쳐 작성하도록 하였다 하여도 이를 의무 없는 일을 하게 한 것이라고 볼 수 없어 직권남용죄는 성립되지 아니한다(대법원 1991. 12. 27. 90도2800).

④ (○) 공무원이 직무관련자에게 제3자와 계약을 체결하도록 요구하여 계약 체결을 하게 한 행위가 제3자뇌물수수죄의 구성요건과 직권남용권리행사방해죄의 구성요건에 모두 해당하는 경우에는, 제3자뇌물수수죄와 직권남용권리행사방해죄가 각각 성립하되, 이는 사회 관념상 하나의 행위가 수 개의 죄에 해당하는 경우이므로 두 죄는 형법 제40조의 상상적 경합관계에 있다(대법원 2017. 3. 15. 2016도19659).

⑤ (X) 형법 제123조가 규정하는 직권남용권리행사방해죄에서 권리행사를 방해한다 함은 법령상 행사할 수 있는 권리의 정당한 행사를 방해하는 것을 말한다고 할 것이므로 이에 해당하려면 구체화된 권리의 현실적인 행사가 방해된 경우라야 할 것이고, 또한 공무원의 직권남용행위가 있었다 할지라도 현실적으로 권리행사의 방해라는 결과가 발생하지 아니하였다면 본죄의 기수를 인정할 수 없다(대법원 2006. 2. 9. 2003도4599).

정답 ⑤

문 38

공무집행방해죄에 관한 다음 설명 중 가장 옳지 않은 것은?[2023년 23번]

① 甲이 차량을 일단 정차한 다음 경찰관의 운전면허증 제시요구에 불응하고 다시 출발하는 과정에서, 경찰관이 잡고 있던 운전석 쪽의 열린 유리창 윗부분을 놓지 않은 채 10 내지 15m 가량을 걸어서 따라가다가 차량속도가 빨라지자 더 이상 따라가지 못하고 손을 놓아버린 경우, 이러한 사실만으로는 甲의 행위가 공무집행방해죄에 있어서의 폭행에 해당한다고 할 수 없다.

② 경찰관 A, B가 甲에 대하여 접수된 피해신고를 받고 함께 출동하여 신고 처리 및 수사 업무를 집행 하던 중, 甲이 같은 장소에서 A, B에게 욕설을 하면서 먼저 경찰관 A를 폭행하고 곧이어 이를 제지하는 경찰관 B를 폭행한 경우, 경찰관 A와 경찰관 B에 대한 공무집행방해죄는 형법 제40조에 정한 상상적 경합의 관계에 있다.

③ 공무집행방해죄는 공무원의 적법한 공무집행이 전제로 되는데, 현행범 체포의 적법성은 체포 당시의 구체적 상황을 기초로 객관적으로 판단하여야 하고, 사후에 범인으로 인정되었는지에 의할 것은 아니다.

④ 방송국 프로듀서와 촬영감독이 수용 중인 피의자를 접견하면서 촬영하기 위하여, 피의자의 지인인 것처럼 접견을 허가 받은 후, 반입이 금지되어 있는 명함지갑 모양의 녹음·녹화 장비를 교정시설 내로 반입한 행위는 위계에 의한 공무집행방해죄를 구성한다.

⑤ 가처분신청 시 당사자가 허위의 주장을 하거나 허위의 증거를 제출하였다 하더라도 그것만으로 바로 위계에 의한 공무집행방해죄가 성립한다고 볼 수 없다.

> **MGI Point** 공무집행방해죄 ★★
>
> - 정차된 상태에서 경찰관이 운전석 쪽의 열린 유리창 윗부분을 잡고 있는 상황에서 운전면허증 제시요구에 불응하고 다시 출발한 경우 ⇨ 공무집행방해죄×
> - 같은 장소에서 동일한 직무를 수행하는 수 명의 공무원을 폭행 한 경우 ⇨ 공무집행방해죄 상상적 경합
> - 현행범 체포의 적법성의 판단기준 및 시기 ⇨ 체포 당시의 구체적 상황을 기초로 객관적으로 판단하여야
> - 외부인이 반입이 금지되어 있는 녹음·녹화 장비를 교정시설 내로 반입한 행위 ⇨ 위계에 의한 공무집행방해죄×
> - 가처분신청 시 당사자가 허위의 주장을 하거나 허위의 증거를 제출한 경우 ⇨ 위계에 의한 공무집행방해죄×

① (○) 차량을 일단 정차한 다음 경찰관의 운전면허증 제시요구에 불응하고 다시 출발하는 과정에서 경찰관이 잡고 있던 운전석 쪽의 열린 유리창 윗부분을 놓지 않은 채 어느 정도 진행하다가 차량속도가 빨라지자 더 이상 따라가지 못하고 손을 놓아버렸다면 이러한 사실만으로는 피고인의 행위가 공무집행방해죄에 있어서의 폭행에 해당한다고 할 수 없다고 본 원심판결을 수긍한 사례(대법원 1996. 4. 26. 96도281).

② (○) 동일한 공무를 집행하는 여럿의 공무원에 대하여 폭행·협박 행위를 한 경우에는 공무를 집행하는 공무원의 수에 따라 여럿의 공무집행방해죄가 성립하고, 위와 같은 폭행·협박 행위가 동일한 장소에서 동일한 기회에 이루어진 것으로서 사회관념상 1개의 행위로 평가되는 경우에는 여럿의 공무집행방해죄는 상상적 경합의 관계에 있다(대법원 2009. 6. 25. 2009도3505).

③ (○) 공무집행방해죄는 공무원의 적법한 공무집행이 전제로 되는데, 추상적인 권한에 속하는 공무원의 어떠한 공무집행이 적법한지 여부는 행위 당시의 구체적 상황에 기하여 객관적·합리적으로 판단하여야 하고 사후적으로 순수한 객관적 기준에서 판단할 것은 아니다. 마찬가지로 현행범 체포의 적법성은 체포 당시의 구체적 상황을 기초로 객관적으로 판단하여야 하고, 사후에 범인으로 인정되었는지에 의할 것은 아니다(대법원 2013. 8. 23. 2011도4763).

④ (X) 녹음·녹화 등을 할 수 있는 전자장비가 교정시설의 안전 또는 질서를 해칠 우려가 있는 금지물품에 해당하여 반입을 금지할 필요가 있다면 교도관은 교정시설 등의 출입자와 반출·반입 물품을 검사·단속해야 할 일반적인 직무상 권한과 의무가 있다. 수용자가 아닌 사람이 위와 같은 금지물품을 교정시설 내로 반입하였다면 교도관의 검사·단속을 피하여 단순히 금지규정을 위반하는 행위를 한 것일 뿐 이로써 위계에 의한 공무집행방해죄가 성립한다고 할 수는 없다(대법원 2022. 3. 31. 2018도15213).

⑤ (○) 법원은 당사자의 허위 주장 및 증거 제출에도 불구하고 진실을 밝혀야 하는 것이 그 직무이므로, 가처분신청 시 당사자가 허위의 주장을 하거나 허위의 증거를 제출하였다 하더라도 그것만으로 법원의 구체적이고 현실적인 어떤 직무집행이 방해되었다고 볼 수 없으므로 이로써 바로 위계에 의한 공무집행방해죄가 성립한다고 볼 수 없다(대법원 2012. 4. 26. 2011도17125).

정답 ④

문 4

뇌물죄에 관한 다음 설명 중 가장 옳지 않은 것은? [2022년 37번]

① 수뢰후부정처사죄를 정한 형법 제131조 제1항은 공무원 또는 중재인이 형법 제129조(수뢰, 사전수뢰) 및 제130조(제3자뇌물제공)의 죄를 범하여 부정한 행위를 하는 것을 구성요건으로 하고 있고, 여기에서 '형법 제129조 및 제130조의 죄를 범하여'란 반드시 뇌물수수 등의 행위가 완료된 이후에 부정한 행위가 이루어져야 함을 의미하는 것은 아니고, 결합범 또는 결과적 가중범

등에서의 기본행위와 마찬가지로 뇌물수수 등의 행위를 하는 중에 부정한 행위를 한 경우도 포함하는 것으로 보아야 하므로, 단일하고도 계속된 범의 아래 일정 기간 반복하여 일련의 뇌물수수 행위와 부정한 행위가 행하여졌고 그 뇌물수수 행위와 부정한 행위 사이에 인과관계가 인정되며 피해법익도 동일하다면, 최후의 부정한 행위 이후에 저질러진 뇌물수수 행위도 최후의 부정한 행위 이전의 뇌물수수 행위 및 부정한 행위와 함께 수뢰후부정처사죄의 포괄일죄로 처벌함이 타당하다.

② 금품이 정치자금의 명목으로 수수되었고 또한 당시 시행되던 구 정치자금에 관한 법률에 정한 절차를 밟았다 할지라도, 정치인의 정치활동 전반에 대한 지원의 성격을 갖는 것이 아니라 공무원으로서의 정치인의 특정한 구체적 직무행위와 관련하여 제공자에게 유리한 행위를 기대하거나 혹은 그에 대한 사례로서 이루어짐으로써 정치인인 공무원의 직무행위에 대한 대가로서의 실체를 가진다면 뇌물성이 인정된다.

③ 공무원이 수수·요구 또는 약속한 금품에 그 직무행위에 대한 대가로서의 성질과 직무 외의 행위에 대한 사례로서의 성질이 불가분적으로 결합되어 있는 경우에는, 그 수수·요구 또는 약속한 금품 전부가 불가분적으로 직무행위에 대한 대가로서의 성질을 가진다.

④ 여러 사람이 공동으로 뇌물을 수수한 경우 그 가액을 추징하려면 실제로 분배받은 금품만을 개별적으로 추징하여야 하므로, 뇌물을 수수한 자가 공동수수자가 아닌 교사범 또는 종범에게 뇌물 중 일부를 사례금 등의 명목으로 교부하였다면 그가 분배받은 금액에서 교사범 또는 종범에게 사례금으로 지급한 금액을 제외한 나머지를 추징하여야 한다.

⑤ 뇌물죄에서 뇌물의 내용인 이익은 금전, 물품 기타의 재산적 이익과 사람의 수요, 욕망을 충족시키기에 충분한 일체의 유형·무형의 이익을 포함하므로, 성적 욕구의 충족을 위한 성교행위도 뇌물에 해당한다.

MGI Point 공무원의 직무에 관한 죄 ★★

- 뇌물수수 행위와 부정한 행위 사이에 인과관계가 인정되며 피해법익도 동일하다면, 최후의 부정한 행위 이후에 저질러진 뇌물수수 행위도 수뢰후부정처사죄의 포괄일죄에 포함됨
- 정치자금의 뇌물성 ⇨ 정치인의 특정한 구체적 직무행위와 관련하여 그에 대한 사례로 교부된 경우에는 뇌물성 인정됨
- 직무행위에 대한 대가로서의 성질과 직무 외의 행위에 대한 사례로서의 성질이 불가분적으로 결합된 금품 ⇨ 그 전부가 직무행위에 대한 대가로서의 성질 有
- 공동수수자가 아닌 교사범 또는 종범에게 뇌물 중 일부를 사례금 등의 명목으로 교부 ⇨ 수뢰액 전부를 뇌물수수자에게서 추징
- 성적 욕구의 충족을 위한 성교행위 ⇨ 뇌물 ○

---

① (○) 수뢰후부정처사죄를 정한 형법 제131조 제1항은 공무원 또는 중재인이 형법 제129조(수뢰, 사전수뢰) 및 제130조(제3자뇌물제공)의 죄를 범하여 부정한 행위를 하는 것을 구성요건으로 하고 있다. 여기에서 '형법 제129조 및 제130조의 죄를 범하여'란 반드시 뇌물수수 등의 행위가 완료된 이후에 부정한 행위가 이루어져야 함을 의미하는 것은 아니고, 결합범 또는 결과적 가중범 등에서의 기본행위와 마찬가지로 뇌물수수 등의 행위를 하는 중에 부정한 행위를 한 경우도 포함하는 것으로 보아야 한다. 따라서 단일하고도 계속된 범의 아래 일정 기간 반복하여 일련의 뇌물수수 행위와 부정한 행위가 행하여졌고 그 뇌물수수 행위와 부정한 행위 사이에 인과관계가 인정되며 피해법익도 동일하다면, 최후의 부정한 행위 이후에 저질러진 뇌물수수 행위도 최후의 부정한 행위 이전의 뇌물수수 행위 및 부정한 행위와 함께 수뢰후부정처사죄의 포괄일죄로 처벌함이 타당하다(대판 2021.02.04. 2020도12103).

② (○) 정치자금의 기부행위는 정치활동에 대한 재정적 지원행위이고, 뇌물은 공무원의 직무행위에 대한 위법한 대가로서 양자는 별개의 개념이므로, 금품이 정치자금의 명목으로 수수되었고 또한 당시 시행되던 구 정치자금에 관한 법률에 정한 절차를 밟았다 할지라도, …중략… 정치인의 정치활동 전반에 대한 지원의 성격을 갖는 것이 아니라 공무원으로서의 정치인의 특정한 구체적 직무행위와 관련하여 제공자에게 유리한 행위를 기대하거나 혹은 그에 대한 사례로서 이루어짐으로써 정치인인 공무원의 직무행위에 대한 대가로서의 실체를 가진다면 뇌물성이 인정된다(대판 2008.06.12. 2006도8568).

③ (○) 공무원이 수수·요구 또는 약속한 금품에 그 직무행위에 대한 대가로서의 성질과 직무 외의 행위에 대한 사례로서의 성질이 불가분적으로 결합되어 있는 경우에는, 그 수수·요구 또는 약속한 금품 전부가 불가분적으로 직무행위에 대한 대가로서의 성질을 가진다(대판 2012.01.12. 2011도12642).

④ (X) 여러 사람이 공동으로 뇌물을 수수한 경우 그 가액을 추징하려면 실제로 분배받은 금품만을 개별적으로 추징하여야 하고 수수금액을 개별적으로 알 수 없을 때에는 평등하게 추징하여야 하며 공동정범뿐 아니라 교사범 또는 종범도 뇌물의 공동수수자에 해당할 수 있으나, 공동정범이 아닌 교사범 또는 종범의 경우에는 정범과의 관계, 범행 가담 경위 및 정도, 뇌물 분배에 관한 사전약정의 존재 여부, 뇌물공여자의 의사, 종범 또는 교사범이 취득한 금품이 전체 뇌물수수액에서 차지하는 비중 등을 고려하여 공동수수자에 해당하는지를 판단하여야 한다. 그리고 뇌물을 수수한 자가 공동수수자가 아닌 교사범 또는 종범에게 뇌물 중 일부를 사례금 등의 명목으로 교부하였다면 이는 뇌물을 수수하는 데 따르는 부수적 비용의 지출 또는 뇌물의 소비행위에 지나지 아니하므로, 뇌물수수자에게서 수뢰액 전부를 추징하여야 한다(대판 2011.11.24. 2011도9585).

⑤ (○) 뇌물죄에서 뇌물의 내용인 이익이라 함은 금전, 물품 기타의 재산적 이익뿐만 아니라 사람의 수요·욕망을 충족시키기에 족한 일체의 유형·무형의 이익을 포함하며, 제공된 것이 성적 욕구의 충족이라고 하여 달리 볼 것이 아니다(대판 2014.01.29. 2013도13937).

정답 ④

문 5

형법 제132조의 알선수뢰죄, 특정범죄가중처벌 등에 관한 법률(이하 '특정범죄가중법'이라 한다) 제3조의 알선수재죄에 관한 다음 설명 중 가장 옳지 않은 것은? [2022년 28번]

① 형법 제132조의 알선수뢰죄는 주체를 공무원으로 한정하고 있고, 행위 태양으로 '그 지위를 이용하여' 알선한다는 명목으로 금품 등을 수수, 요구 또는 약속할 것을 요구하고 있다. 여기서 '그 지위를 이용하여'라 함은 친구, 친족관계 등 사적인 관계를 이용하는 경우에는 이에 해당한다고 할 수 없으나, 다른 공무원이 취급하는 사무의 처리에 관하여 법률상이거나 사실상으로 영향을 줄 수 있는 관계에 있는 공무원이 그 지위를 이용하는 경우에는 이에 해당한다.

② 특정범죄가중법 제3조는 그 행위주체를 공무원이 아닌 경우로 제한하고 있지 아니하므로, 공무원이 그 지위를 이용하여 다른 공무원의 직무에 속한 사항의 알선에 관하여 뇌물을 수수, 요구 또는 약속한 경우로서 위 법률 제2조에 의하여 가중처벌될 경우 외에는 위 법률 제3조가 적용된다.

③ 특정범죄가중법 제3조의 알선수재죄에서 '알선'이란 공무원의 직무에 속하는 일정한 사항에 관하여 당사자의 의사를 공무원 측에 전달하거나 편의를 도모하는 행위 또는 공무원의 직무에 관하여 부탁을 하거나 영향력을 행사하여 당사자가 원하는 방향으로 결정이 이루어지도록 돕는 등의 행위를 의미한다.

④ 공무원의 직무에 속한 사항에 관한 알선 명목으로 금품 등을 수수한 경우, 그 공무원의 직무는 정당한 직무행위인 경우도 포함되지만 알선의 상대방인 공무원이나 직무 내용이 구체적으로 특정될 필요가 있고, 알선의 명목으로 금품을 받았다면 실제로 어떤 구체적인 알선행위를 하였는지와 상관없이 범죄는 성립한다.

⑤ 알선할 사항이 공무원의 직무에 속하는 사항이고, 금품 수수의 명목이 그 사항의 알선에 관련된 것임이 어느 정도 구체적으로 나타나야 하며, 단지 금품 등을 공여하는 자가 금품 등을 수수하는 자와 좋은 관계를 유지함으로써 공무원의 직무에 속한 사항과 관련하여 어떤 도움을 받을 수 있다거나 손해를 입을 염려가 없다는 정도의 막연한 기대감 속에 금품 등을 교부하고, 금품 등을 수수하는 자 역시 이를 짐작하면서 수수하였다는 정도의 사정만으로 알선수재죄가 성립한다고 볼 수 없다.

MGI Point 알선수뢰죄, 특경법상 알선수재죄 ★★

- 친구, 가족관계 등 사적인 관계를 이용하는 경우 ⇨ 알선수뢰죄에서 공무원이 그 지위를 이용하여에 해당 ×
- 특정범죄가중처벌 등에 관한 법률 제3조의 주체 ⇨ 공무원도 포함
- 특경법상 알선수재죄에서 알선 ⇨ 공무원의 직무에 속하는 일정한 사항에 관하여 당사자의 의사를 공무원 측에 전달, 공무원의 직무에 관하여 부탁·영향력을 행사하여 원하는 방향으로 결정이 이루어지도록 돕는 등의 행위를 의미
- 특경법상 알선수재죄에서 알선 ⇨ 알선의 상대방인 공무원이나 그 직무내용이 구체적으로 특정되어 있을 필요 ×
- 막연한 기대감 속에 금품 등을 교부 ⇨ 알선수재죄 불성립

① (O) 형법 제132조 소정의 알선수뢰죄에 있어서 "공무원이 그 지위를 이용하여"라고 함은 친구, 친족관계 등 사적인 관계를 이용하는 경우이거나 단순히 공무원으로서의 신분이 있다는 것만을 이용하는 경우에는 여기에 해당한다고 볼 수 없으나, 다른 공무원이 취급하는 업무처리에 법률상 또는 사실상으로 영향을 줄 수 있는 공무원이 그 지위를 이용하는 경우에는 여기에 해당하고 그 사이에 반드시 상하관계, 협동관계, 감독권한 등의 특수한 관계에 있거나 같은 부서에 근무할 것을 요하는 것은 아니다(대판 1994.10.21. 94도852).

② (O) 특정범죄가중처벌등에관한 법률 제3조는 그 행위의 주체를 공무원이 아닌 경우로 제한하고 있지 아니하므로, 공무원이 그 직위를 이용하여 다른 공무원의 직무에 속한 사항의 알선에 관하여 뇌물을 수수, 요구 또는 약속한 경우로서 위 법률 제2조에 의하여 가중처벌될 경우 이외에는 마찬가지로 위 법률 제3조가 적용된다(대판 1983.03.08. 82도2873).

③ (O) ④ (X) 알선수재죄는 '공무원의 직무에 속한 사항을 알선한다는 명목'으로 '금품 등을 수수'함으로써 성립하는 범죄이다. 여기에서 '알선'이라 함은 공무원의 직무에 속하는 일정한 사항에 관하여 당사자의 의사를 공무원 측에 전달하거나 편의를 도모하는 행위 또는 공무원의 직무에 관하여 부탁을 하거나 영향력을 행사하여 당사자가 원하는 방향으로 결정이 이루어지도록 돕는 등의 행위를 의미한다. 이 경우 공무원의 직무는 정당한 직무행위인 경우도 포함되고 알선의 상대방인 공무원이나 그 직무내용이 구체적으로 특정되어 있을 필요도 없다. 또한 위와 같은 알선의 명목으로 금품을 받았다면 실제로 어떤 구체적인 알선행위를 하였는지와 상관없이 범죄는 성립한다(대판 2017.01.12. 2016도15470).

⑤ (O) 특정범죄가중처벌등에관한법률 제3조 소정의 알선수재죄가 성립하기 위하여는 알선할 사항이 공무원의 직무에 속하는 사항이고, 금품 등 수수의 명목이 그 사항의 알선에 관련된 것임이 어느 정도 구체적으로 나타나야 하고, 단지 금품 등을 공여하는 자가 금품 등을 수수하는 자와 좋은 관계를 유지함으로써 그로부터 공무원의 직무에 속한 사항과 관련하여 어떤 도움을 받을 수 있다거나 손해를 입을 염려가 없다는 정도의 막연한 기대감 속에 금품 등을 교부하고, 금품 등을 수수하는 자 역시 공여자가 그러한 기대감을 가지고 금품 등을 교부하는 것이라고 짐작하면서 이를 수수하였다는 정도의 사정만으로는 알선수재죄가 성립한다고 볼 수 없다(대판 2005.07.29. 2004도1656).

정답 ④

문 6

다음 설명 중 가장 옳지 않은 것은? [2022년 16번]

① 형법 제144조 제2항의 특수공무집행방해치상죄는 단체 또는 다중의 위력을 보이거나 위험한 물건을 휴대하여 직무를 집행하는 공무원에 대하여 폭행 또는 협박하여 공무원을 상해에 이르게 함으로써 성립하는 범죄이고, 여기에서의 폭행은 유형력을 행사하는 것을 말한다.
② 공무집행방해죄에 있어서의 폭행이라 함은 공무원에 대한 직접적인 유형력의 행사는 포함되나, 간접적인 유형력의 행사는 포함되지 않는다.
③ 형법 제144조 제2항의 특수공무집행방해치상죄는 결과적 가중범이므로 행위자가 그 결과를 의도할 필요는 없고, 그 결과의 발생을 예견할 수 있으면 족하다.
④ 도주죄의 범인이 도주행위를 하여 기수에 이른 이후에 범인의 도피를 도와주는 행위는 범인도피죄에 해당할 수 있을 뿐 도주원조죄에는 해당하지 않는다.
⑤ 수용설비 또는 기구를 손괴하거나 사람에게 폭행 또는 협박을 가하거나 2인 이상이 합동하여 제145조 제1항(도주)의 죄를 범한 때에는 특수도주죄가 성립하고, 특수도주죄의 미수범은 처벌된다.

> **MGI Point** **(특수)공무집행방해죄, 도주죄** ★★
> - 특수공무집행방해치상죄에서의 폭행 ⇨ 유형력의 행사
> - 공무집행방해죄에서의 폭행 ⇨ 직접·간접적 유형력의 행사
> - 특수공무집행방해치상죄 ⇨ 결과적가중범, 결과 발생의 예견가능성만 있으면 足
> - 도주죄가 기수에 이른 후에 범인의 도피를 도와주는 행위 ⇨ 범인도피죄에 해당(도주원조죄 ×)
> - 특수도주죄의 미수 ⇨ 처벌됨

① (○) 형법 제144조 제2항의 특수공무집행방해치상죄는 단체 또는 다중의 위력을 보이거나 위험한 물건을 휴대하여 직무를 집행하는 공무원에 대하여 폭행 또는 협박하여 공무원을 상해에 이르게 함으로써 성립하는 범죄이고, 여기에서의 폭행은 유형력을 행사하는 것을 말한다(대판 2010.12.23. 2010도7412).
② (X) 공무집행방해죄에 있어서의 폭행이라 함은 공무원에 대한 직접적인 유형력의 행사뿐 아니라 간접적인 유형력의 행사도 포함하는 것이다(대판 1998.05.12. 98도662).
③ (○) 형법 제144조 제2항 소정의 특수공무집행방해치상죄는 결과적가중범이므로 행위자가 그 결과를 의도할 필요는 없고, 그 결과의 발생을 예견할 수 있으면 족한 것이다(대판 1980.05.27. 80도796).
④ (○) 도주죄는 즉시범으로서 범인이 간수자의 실력적 지배를 이탈한 상태에 이르렀을 때에 기수가 되어 도주행위가 종료하는 것이고, 도주원조죄는 도주죄에 있어서의 범인의 도주행위를 야기시키거나 이를 용이하게 하는 등 그와 공범관계에 있는 행위를 독립한 구성요건으로 하는 범죄이므로, 도주죄의 범인이 도주행위를 하여 기수에 이른 이후에 범인의 도피를 도와 주는 행위는 범인도피죄에 해당할 수 있을 뿐 도주원조죄에는 해당하지 아니한다(대판 1991.10.11. 91도1656).
⑤ (○) 형법 제146조, 제149조 참조.

> 형법 제146조(특수도주) 수용설비 또는 기구를 손괴하거나 사람에게 폭행 또는 협박을 가하거나 2인 이상이 합동하여 전조 제1항의 죄를 범한 자는 7년 이하의 징역에 처한다.
> 형법 제149조(미수범) 전4조의 미수범은 처벌한다.

정답 ②

문 7

뇌물수수죄와 제3자뇌물수수죄에 관한 다음 설명 중 가장 옳지 않은 것은? [2022년 8번]

① 신분관계가 없는 사람이 신분관계로 인하여 성립될 범죄에 가공한 경우에는 신분관계가 있는 사람과 공범이 성립한다.
② 지방공무원법은 공무원은 노동운동이나 그 밖에 공무 외의 일을 위한 집단행위를 하지 못하도록 규정하고, 이를 위반한 경우 처벌하는 규정을 두고 있다. 법이 그 주체를 지방공무원으로 제한하고 있고, 위 법조항에 의하여 행위자의 인격적 요소가 일정한 의미를 가지므로, 지방공무원의 신분을 가지지 아니하는 사람은 지방공무원의 범행에 가공하더라도 형법 제33조 본문에 의해서 공범으로 처벌받을 수 없다.
③ 형법은 제130조에서 제129조 제1항 뇌물수수죄와는 별도로 공무원이 그 직무에 관하여 뇌물공여자로 하여금 제3자에게 뇌물을 공여하게 한 경우에는 부정한 청탁을 받고 그와 같은 행위를 한 때에 뇌물수수죄와 법정형이 동일한 제3자뇌물수수죄로 처벌하고 있다.
④ 형법 제133조 제1항, 제129조 제1항에서 정한 뇌물공여죄의 고의는 '공무원에게 그 직무에 관하여 뇌물을 공여한다'는 사실에 대한 인식과 의사를 말하고, 미필적 고의로도 충분하다.
⑤ 공무원이 아닌 사람이 공무원과 공동가공의 의사와 이를 기초로 한 기능적 행위지배를 통하여 공무원의 직무에 관하여 뇌물을 수수하는 범죄를 실행하였다면 공무원이 직접 뇌물을 받은 것과 동일하게 평가할 수 있으므로 공무원과 비공무원에게 형법 제129조 제1항에서 정한 뇌물수수죄의 공동정범이 성립한다.

MGI Point (제3자)뇌물수수죄 ★★★

- 비신분자가 신분자의 범죄에 가공 ⇨ 신분자와 공범 성립
- 지방공무원이 아닌 자 ⇨ 노동운동이나 그 밖에 공무 외의 일을 위한 집단행위를 한 지방공무원과 공범 성립 가
- 형법은 뇌물수수죄와 동일한 법정형으로 별도의 구성요건은 제3자뇌물수수죄를 규정하고 있음
- 뇌물공여죄의 고의 ⇨ '공무원에게 그 직무에 관하여 뇌물을 공여한다'는 사실에 대한 인식과 의사, 미필적 고의로도 충분
- 비공무원이 뇌물을 수수한 것이 공무원이 직접 뇌물을 받은 것과 동일하게 평가할 수 있는 경우 ⇨ 뇌물수수죄의 공동정범 성립

① (O) ② (X) 형법 제33조 본문은 "신분관계로 인하여 성립될 범죄에 가공한 행위는 신분관계가 없는 자에게도 전 3조의 규정을 적용한다."고 규정하고 있으므로, 비신분자라 하더라도 신분범의 공범으로 처벌될 수 있다. 그리고 구 지방공무원법 제58조 제1항 본문이 그 주체를 지방공무원으로 제한하고 있기는 하지만, 위 법조항에 의하여 금지되는 '노동운동이나 그 밖에 공무 외의 일을 위한 집단행위'의 태양이 행위자의 신체를 수단으로 하여야 한다거나 행위자의 인격적 요소가 중요한 의미를 가지는 것은 아니므로, 위 행위를 처벌하는 같은 법 제82조가 지방공무원이 스스로 위 행위를 한 경우만을 처벌하려는 것으로 볼 수는 없다. 따라서 지방공무원의 신분을 가지지 아니하는 사람도 구 지방공무원법 제58조 제1항을 위반하여 같은 법 제82조에 따라 처벌되는 지방공무원의 범행에 가공한다면 형법 제33조 본문에 의해서 공범으로 처벌받을 수 있다(대판 2012.06.14. 2010도14409).

③ (○) 형법은 제130조에서 제129조 제1항 뇌물수수죄와는 별도로 공무원이 그 직무에 관하여 뇌물공여자로 하여금 제3자에게 뇌물을 공여하게 한 경우에는 부정한 청탁을 받고 그와 같은 행위를 한 때에 뇌물수수죄와 법정형이 동일한 제3자뇌물수수죄로 처벌하고 있다(대판 2019.08.29. 2018도2738(전합)).

④ (○) 형법 제133조 제1항, 제129조 제1항에서 정한 뇌물공여죄의 고의는 '공무원에게 그 직무에 관하여 뇌물을 공여한다'는 사실에 대한 인식과 의사를 말하고, 미필적 고의로도 충분하다. 공여자가 공무원의 요구에 따라 비공무원에게 뇌물을 공여한 경우 공무원과 비공무원 사이의 관계가 형법 제129조 제1항 뇌물수수죄의 공동정범에 해당하고 공여자가 이러한 사실을 인식하였다면 공여자에게 형법 제133조 제1항, 제129조 제1항에서 정한 뇌물공여죄의 고의가 인정된다(대판 2019.08.29. 2018도2738(전합)).

⑤ (○) 비공무원이 공무원과 공동가공의 의사와 이를 기초로 한 기능적 행위지배를 통하여 공무원의 직무에 관하여 뇌물을 수수하는 범죄를 실행하였다면 공무원이 직접 뇌물을 받은 것과 동일하게 평가할 수 있으므로 공무원과 비공무원에게 형법 제129조 제1항에서 정한 뇌물수수죄의 공동정범이 성립한다(대판 2019.08. 29.2018도2738(전합)).

정답 ②

문 8

다음 설명 중 가장 옳은 것은? [2021년 26번]

① 횡령 범행으로 취득한 돈을 공범자끼리 수수한 행위가 공동정범들 사이의 범행에 의하여 취득한 돈을 공모에 따라 내부적으로 분배한 것이라면 그 돈의 수수행위에 관하여는 뇌물죄가 성립한다.
② 뇌물의 수수 등을 할 당시 이미 공무원의 지위를 떠난 경우라도 형법 제129조 제1항의 수뢰죄로 처벌할 수 있다.
③ 공무원과 공동정범 관계에 있는 비공무원은 제3자뇌물수수죄에서 말하는 제3자가 될 수 없고, 공무원과 공동정범 관계에 있는 비공무원이 뇌물을 받은 경우에는 공무원과 함께 뇌물수수죄의 공동정범이 성립하고 제3자뇌물수수죄는 성립하지 않는다.
④ 한국환경공단은 환경부장관의 위탁을 받아 건설폐기물 인계·인수에 관한 내용 등의 전산처리를 위한 전자정보처리프로그램인 올바로시스템을 구축·운영하고 있으므로, 그 업무를 수행하는 한국환경공단 임직원은 공전자기록의 작성권한자인 공무원에 해당하고, 한국환경공단은 공무소에 해당한다.
⑤ 공무원이 부정한 청탁을 받고 제3자에게 뇌물을 제공하게 하고 제3자가 그러한 공무원의 범죄행위를 알면서 방조하였더라도 제3자에게 제3자뇌물수수방조죄가 성립할 수 없다.

MGI Point   **공무원의 직무에 관한 죄**   ★★

- 횡령 범행으로 취득한 돈을 공범자끼리 수수한 행위가 공동정범들 사이의 범행에 의하여 취득한 돈을 공모에 따라 내부적으로 분배한 것에 지나지 않는다면 별도로 그 돈의 수수행위에 관하여 뇌물죄가 성립하는 것 ×
- 뇌물의 수수 등을 할 당시 이미 공무원의 지위를 떠난 경우
  ⇨ §129① 수뢰죄로는 처벌 불가, 사후수뢰죄의 요건에 해당할 경우에 한하여 그 죄로 처벌 가
- 공무원과 공동정범 관계에 있는 비공무원이 뇌물을 받은 경우 ⇨ 뇌물수수죄의 공동정범 성립 ○ (제3자뇌물수수죄 성립 ×)
- 한국환경공단은 환경부장관의 위탁을 받아 건설폐기물 인계·인수에 관한 내용 등의 전산처리를 위한 전자정보처리업무를 수행하는 한국환경공단 임직원은 공전자기록의 작성권한인 공무원에 해당 ×, 한국환경공단은 공무소에 해당 ×
- 공무원 또는 중재인이 부정한 청탁을 받고 제3자에게 뇌물을 제공하게 하고 제3자가 그러한 공무원 또는 중재인의 범죄행위를 알면서 방조한 경우 ⇨ 제3자뇌물수수방조죄 인정 가

① (X) 횡령 범행으로 취득한 돈을 공범자끼리 수수한 행위가 공동정범들 사이의 범행에 의하여 취득한 돈을 공모에 따라 내부적으로 분배한 것에 지나지 않는다면 별도로 그 돈의 수수행위에 관하여 뇌물죄가 성립하는 것은 아니다. 그와 같이 수수한 돈의 성격을 뇌물로 볼 것인지 횡령금의 분배로 볼 것인지 여부는 돈을 공여하고 수수한 당사자들의 의사, 수수된 돈의 액수, 횡령 범행과 수수행위의 시간적 간격, 수수한 돈이 횡령한 그 돈인지 여부, 수수한 장소와 방법 등을 종합적으로 고려하여 객관적으로 평가하여 판단하여야 한다(대판 2019.11.28. 2019도11766).

② (X) 뇌물죄에서 직무란 공무원이 그 지위에 수반하여 공무로서 처리하는 일체의 직무를 말하며, 과거에 담당하였거나 또는 장래 담당할 직무 및 사무분장에 따라 현실적으로 담당하지 않는 직무라고 하더라도 법령상 일반적인 직무권한에 속하는 직무 등 공무원이 그 직위에 따라 공무로 담당할 일체의 직무를 말한다. 다만 형법은 공무원이었던 자가 재직 중에 청탁을 받고 직무상 부정한 행위를 한 후 뇌물을 수수, 요구 또는 약속을 한 때에는 제131조 제3항에서 사후수뢰죄로 처벌하도록 규정하고 있으므로, 뇌물의 수수 등을 할 당시 이미 공무원의 지위를 떠난 경우에는 제129조 제1항의 수뢰죄로는 처벌할 수 없고 사후수뢰죄의 요건에 해당할 경우에 한하여 그 죄로 처벌할 수 있을 뿐이다(대판 2013.11.28. 2013도10011).

③ (O) 제3자뇌물수수죄에서 뇌물을 받는 제3자가 뇌물임을 인식할 것을 요건으로 하지 않는다. 그러나 공무원이 뇌물공여자로 하여금 공무원과 뇌물수수의 공동정범 관계에 있는 비공무원에게 뇌물을 공여하게 한 경우에는 공동정범의 성질상 공무원 자신에게 뇌물을 공여하게 한 것으로 볼 수 있다. 공무원과 공동정범 관계에 있는 비공무원은 제3자뇌물수수죄에서 말하는 제3자가 될 수 없고, 공무원과 공동정범 관계에 있는 비공무원이 뇌물을 받은 경우에는 공무원과 함께 뇌물수수죄의 공동정범이 성립하고 제3자뇌물수수죄는 성립하지 않는다(대판 2019.08.29. 2018도2738(전합)).

④ (X) 관련 법령을 법리에 비추어 살펴보면, 한국환경공단이 환경부장관의 위탁을 받아 건설폐기물 인계·인수에 관한 내용 등의 전산처리를 위한 전자정보처리프로그램인 올바로시스템을 구축·운영하고 있더라도, 그 업무를 수행하는 한국환경공단 임직원을 공전자기록의 작성권한자인 공무원으로 보거나 한국환경공단을 공무소로 볼 수는 없다. 그리고 한국환경공단법 등이 한국환경공단 임직원을 형법 제129조 내지 제132조의 적용에 있어 공무원으로 본다고 규정한다고 하여 그들 또는 그들이 직무를 행하는 한국환경공단을 형법 제227조의2에 정한 공무원 또는 공무소에 해당한다고 보는 것은 형벌법규를 피고인에게 불리하게 확장해석하거나 유추해석하는 것이어서 죄형법정주의 원칙에 반한다. 이는 한국환경공단 또는 그 임직원이 환경부장관으로부터 위탁받은 업무와 관련하여 직무상 작성한 문서를 공문서로 볼 수 없는 것과 마찬가지이다(대판 2020.03.12. 2016도19170).

⑤ (X) 제3자뇌물수수죄에서 제3자란 행위자와 공동정범 이외의 사람을 말하고, 교사자나 방조자도 포함될 수 있다. 그러므로 공무원 또는 중재인이 부정한 청탁을 받고 제3자에게 뇌물을 제공하게 하고 제3자가 그러한 공무원 또는 중재인의 범죄행위를 알면서 방조한 경우에는 그에 대한 별도의 처벌규정이 없더라도 방조범에 관한 형법총칙의 규정이 적용되어 제3자뇌물수수방조죄가 인정될 수 있다(대판 2017.03.15. 2016도19659).

정답 ③

문 9

다음 설명 중 옳지 않은 것을 모두 고른 것은? [2020년 32번]

가. 형법 제122조에서 정하는 직무유기죄에서 '직무를 유기한 때'란 공무원이 법령, 내규 등에 의한 추상적 성실의무를 태만히 하는 일체의 경우에 성립하는 것이 아니라 직장의 무단이탈, 직무의 의식적인 포기 등과 같이 국가의 기능을 저해하고 국민에게 피해를 야기시킬 가능성이 있는 경우를 가리킨다.

나. 공무원 또는 중재인이 부정한 청탁을 받고 제3자에게 뇌물을 제공하게 하고 제3자가 그러한 공무원 또는 중재인의 범죄행위를 알면서 방조한 경우에는 그에 대한 별도의 처벌규정이 없는 한 제3자뇌물수수방조죄가 인정될 수 없다.

다. 어떠한 형태로든 직무집행의 의사로 자신의 직무를 수행한 경우에는 그 직무집행의 내용이 위법한 것으로 평가된다는 점만으로 직무유기죄의 성립을 인정할 것은 아니고, 공무원이 태만·분망·착각 등으로 인하여 직무를 성실히 수행하지 아니한 경우나 형식적으로 또는 소홀히 직무를 수행하였기 때문에 성실한 직무수행을 못한 것에 불과한 경우에도 직무유기죄는 성립하지 아니한다.

라. 직무유기죄는 그 직무를 수행하여야 하는 작위의무의 존재와 그에 대한 위반을 전제로 하고 있는바, 그 작위의무를 수행하지 아니함으로써 구성요건에 해당하는 사실이 있었고 그 후에도 계속하여 그 작위의무를 수행하지 아니하는 위법한 부작위상태가 계속되는 한 가벌적 위법상태는 계속 존재하고 있다고 할 것이며 형법 제122조 후단은 이를 전체적으로 보아 일죄로 처벌하는 취지로 해석되므로 이를 즉시범이라고 할 수 없다.

마. 공무원이 직무관련자에게 제3자와 계약을 체결하도록 요구하여 계약 체결을 하게 한 행위가 제3자뇌물수수죄의 구성요건과 직권남용권리행사방해죄의 구성요건에 모두 해당하는 경우에는, 제3자뇌물수수죄와 직권남용권리행사방해죄가 각각 성립하고, 실체적 경합범의 관계에 있다.

① 가, 나, 다
② 나, 라, 마
③ 나, 마
④ 나, 다, 마
⑤ 가, 나, 마

MGI Point 직무유기죄 등 ★★

- 직무유기죄에서 '직무를 유기한 때'
  - 공무원이 법령, 내규 등에 의한 추상적 성실의무를 태만히 하는 일체의 경우를 의미하는 것은 ×
  - 직장의 무단이탈, 직무의 의식적인 포기 등과 같이 국가의 기능을 저해하고 국민에게 피해를 야기시킬 가능성이 있는 경우 ○
- 공무원이 부정한 청탁을 받고 제3자에게 뇌물을 제공하게 하고 제3자가 그러한 공무원의 범죄행위를 알면서 방조한 경우 ⇨ 제3자뇌물수수방조죄 可
- 직무집행의 의사로 자신의 직무를 수행한 경우 ⇨ 직무집행의 내용이 위법한 것으로 평가된다는 점만으로 직무유기죄 성립 ×
- 직무유기죄의 성격 : 즉시범 ×
- 공무원이 직무관련자에게 제3자와 계약을 체결하도록 요구하여 계약 체결을 하게 한 행위 ⇨ 제3자뇌물수수죄와 직권남용권리행사방해죄 상상적 경합범 可

가. (○), 다. (○) 형법 제122조에서 정하는 직무유기죄에서 '직무를 유기한 때'란 공무원이 법령, 내규 등에 의한 추상적 성실의무를 태만히 하는 일체의 경우에 성립하는 것이 아니라 직장의 무단이탈, 직무의 의식적인 포기 등과 같이 국가의 기능을 저해하고 국민에게 피해를 야기시킬 가능성이 있는 경우를 가리킨다. 그리하여 일단 직무집행의 의사로 자신의 직무를 수행한 경우에는 직무집행의 내용이 위법한 것으로 평가된다는 점만으로 직무유기죄의 성립을 인정할 것은 아니고, 공무원이 태만·분망 또는 착각 등으로 인하여 직무를 성실히 수행하지 아니한 경우나 형식적으로 또는 소홀히 직무를 수행한 탓으로 적절한 직무수행에 이르지 못한 것에 불과한 경우에도 직무유기죄는 성립하지 아니한다(대판 2014.04.10. 2013도229).

나. (×) 제3자뇌물수수죄에서 제3자란 행위자와 공동정범 이외의 사람을 말하고, 교사자나 방조자도 포함될 수 있다. 그러므로 공무원 또는 중재인이 부정한 청탁을 받고 제3자에게 뇌물을 제공하게 하고 제3자가 그러한

공무원 또는 중재인의 범죄행위를 알면서 방조한 경우에는 그에 대한 별도의 처벌규정이 없더라도 방조범에 관한 형법총칙의 규정이 적용되어 제3자뇌물수수방조죄가 인정될 수 있다(대판 2017.03.15. 2016도19659).

라. (○) 직무유기죄는 그 직무를 수행하여야 하는 작위의무의 존재와 그에 대한 위반을 전제로 하고 있는바, 그 작위의무를 수행하지 아니함으로써 구성요건에 해당하는 사실이 있었고 그 후에도 계속하여 그 작위의무를 수행하지 아니하는 위법한 부작위상태가 계속되는 한 가벌적 위법상태는 계속 존재하고 있다고 할 것이며 형법 제122조 후단은 이를 전체적으로 보아 1죄로 처벌하는 취지로 해석되므로 이를 즉시범이라고 할 수 없다(대판 1997.08.29. 97도675).

마. (X) 공무원이 직무관련자에게 제3자와 계약을 체결하도록 요구하여 계약 체결을 하게 한 행위가 제3자뇌물수수죄의 구성요건과 직권남용권리행사방해죄의 구성요건에 모두 해당하는 경우에는, 제3자뇌물수수죄와 직권남용권리행사방해죄가 각각 성립하되, 이는 사회 관념상 하나의 행위가 수 개의 죄에 해당하는 경우이므로 두 죄는 형법 제40조의 상상적 경합관계에 있다(대판 2017.03.15. 2016도19659).

 ③

문 10

다음 설명 중 옳지 않은 것은 모두 몇 개인가? [2020년 29번]

> 가. 공무집행방해죄는 공무원의 적법한 공무집행이 전제로 되는데, 추상적인 권한에 속하는 공무원의 어떠한 공무집행이 적법한지 여부는 행위 당시의 구체적 상황에 기하여 객관적·합리적으로 판단하여야 하고 사후적으로 순수한 객관적 기준에서 판단할 것은 아니다. 마찬가지로 현행범 체포의 적법성은 체포 당시의 구체적 상황을 기초로 객관적으로 판단하여야 하고, 사후에 범인으로 인정되었는지에 의할 것은 아니다.
> 나. 판례는 피고인이 甲 시청 옆 도로의 보도에서 철야농성을 위해 천막을 설치하던 중 이를 제지하는 甲 시청 소속 공무원들에게 폭행을 가한 사안에서, 도로관리권에 근거한 공무집행을 하는 공무원에 대하여 폭행을 가한 피고인의 행위는 공무집행방해죄를 구성한다고 한다.
> 다. 피의자 등이 수사기관에 대하여 허위사실을 진술하거나 피의사실 인정에 필요한 증거를 감추고 허위의 증거를 제출하였더라도, 수사기관이 충분한 수사를 하지 않은 채 이와 같은 허위의 진술과 증거만으로 증거의 수집·조사를 마쳤다면, 이는 수사기관의 불충분한 수사에 의한 것으로서 피의자 등의 위계에 의하여 수사가 방해되었다고 볼 수 없어 위계에 의한 공무집행방해죄가 성립된다고 할 수 없다.
> 라. 피의자 등이 적극적으로 허위의 증거를 조작하여 제출하고 그 증거 조작의 결과 수사기관이 그 진위에 관하여 나름대로 충실한 수사를 하더라도 제출된 증거가 허위임을 발견하지 못할 정도에 이르렀다면, 이는 위계에 의하여 수사기관의 수사행위를 적극적으로 방해한 것으로서 위계공무집행방해죄가 성립된다.
> 마. 공무집행방해죄는 공무원의 직무집행이 적법한 경우에 한하여 성립하므로, 위법한 직무행위를 하는 공무원에 대항하여 폭행을 가하였다고 하더라도 공무집행방해죄를 구성하지 아니한다.

① 1개　　　　　　② 2개　　　　　　③ 3개
④ 4개　　　　　　⑤ 없음

> **MGI Point** 공무집행방해, 위계에 의한 공무집행방해 ★★
>
> - 공무집행방해죄 ⇨ 공무원의 적법한 공무집행을 전제로 함
>   - 위법한 직무행위를 하는 공무원에 대항하여 폭행을 가하였다고 하더라도 공무집행방해죄 ×
>   - 적법한 공무집행 ⇨ 행위가 공무원의 추상적 직무 권한에 속할 뿐 아니라 구체적으로도 그 권한 내에 있어야
>   - 공무집행이 적법한지 여부는 행위 당시의 구체적 상황에 기하여 객관적 합리적으로 판단 ⇨ 사후적 판단 ×
>   - 시청 옆 일반국도인 도로의 보도에서 철야농성을 위해 천막을 설치하던 중 이를 제지하는 시청 소속 공무원들에게 폭행을 가한 경우 ⇨ 도로관리권에 근거한 공무집행을 하는 공무원에 대하여 폭행 등을 가한 피고인의 행위는 공무집행방해죄 ○
> - 위계에 의한 공무집행방해죄 ⇨ 피의자가 수사기관에 대하여 진실만을 진술하여야 할 의무 ×
>   - 허위사실을 진술하거나 증거를 감추고 허위의 증거를 제출하였더라도, 수사기관이 충분한 수사를 하지 않은 채 이와 같은 허위의 진술과 증거만으로 증거의 수집·조사를 마친 경우 ⇨ 위계에 의한 수사방해 ×
>   - 적극적으로 허위의 증거를 조작하여 제출하고 그 증거 조작의 결과 수사기관이 그 진위에 관하여 나름대로 충실한 수사를 하더라도 제출된 증거가 허위임을 발견하지 못할 정도에 이른 경우 ⇨ 위계에 의한 수사방해 ○

가. (○) 공무집행방해죄는 공무원의 적법한 공무집행이 전제로 된다 할 것이고, 그 공무집행이 적법하기 위하여는 그 행위가 당해 공무원의 추상적 직무 권한에 속할 뿐 아니라 구체적으로도 그 권한 내에 있어야 하며 또한 직무행위로서의 중요한 방식을 갖추어야 한다고 할 것이며, 추상적인 권한에 속하는 공무원의 어떠한 공무집행이 적법한지 여부는 행위 당시의 구체적 상황에 기하여 객관적 합리적으로 판단하여야 하고 사후적으로 순수한 객관적 기준에서 판단할 것은 아니라고 할 것이다(대판 1991.05.10. 91도453).

나. (○) 피고인이 甲 시청 옆 일반국도인 도로의 보도에서 철야농성을 위해 천막을 설치하던 중 이를 제지하는 甲 시청 소속 공무원들에게 폭행을 가한 사안에서, 정당한 사유 없이 보도에 천막을 설치하여 교통에 지장을 끼치는 등 도로법 제45조에 규정된 금지행위를 하는 데 대하여 도로 관리청 소속 공무원이 도로 관리의 목적으로 이를 제지하고 시설물의 설치를 완성하지 못하도록 막는 등의 행위는 도로의 본래 목적을 달성하도록 하기 위한 합리적 상당성이 있는 조치로서 포괄적인 도로관리권의 행사 범주에 속하므로, 도로관리권에 근거한 공무집행을 하는 공무원에 대하여 폭행 등을 가한 피고인의 행위는 공무집행방해죄를 구성한다고 한 사례(대판 2014.02.13. 2011도10625).

다. (○), 라. (○) 수사기관이 범죄사건을 수사함에 있어서는 피의자 등의 진술 여하에 불구하고 피의자를 확정하고 그 피의사실을 인정할 만한 객관적인 모든 증거를 수집·조사할 권한과 의무가 있다. 한편 피의자는 진술거부권 및 자기에게 유리한 진술을 할 권리와 유리한 증거를 제출할 권리를 가질 뿐이고, 수사기관에 대하여 진실만을 진술하여야 할 의무가 있는 것은 아니다. 따라서 피의자 등이 수사기관에 대하여 허위사실을 진술하거나 피의사실 인정에 필요한 증거를 감추고 허위의 증거를 제출하였더라도, 수사기관이 충분한 수사를 하지 않은 채 이와 같은 허위의 진술과 증거만으로 증거의 수집·조사를 마쳤다면, 이는 수사기관의 불충분한 수사에 의한 것으로서 피의자 등의 위계에 의하여 수사가 방해되었다고 볼 수 없어 위계에 의한 공무집행방해죄가 성립된다고 할 수 없다. 그러나 피의자 등이 적극적으로 허위의 증거를 조작하여 제출하고 그 증거 조작의 결과 수사기관이 그 진위에 관하여 나름대로 충실한 수사를 하더라도 제출된 증거가 허위임을 발견하지 못할 정도에 이르렀다면, 이는 위계에 의하여 수사기관의 수사행위를 적극적으로 방해한 것으로서 위계공무집행방해죄가 성립된다(대판 2019.03.14. 2018도18646).

마. (○) 공무집행방해죄는 공무원의 직무집행이 적법한 경우에 한하여 성립하므로, 위법한 직무행위를 하는 공무원에 대항하여 폭행을 가하였다고 하더라도 공무집행방해죄를 구성하지 아니한다(대판 2019.01.10. 2016도19464).

정답 ⑤

문 11

직권남용권리행사방해죄에 관한 다음 설명 중 옳지 않은 것은 모두 몇 개인가? [2020년 24번]

> 가. 공무원이 한 행위가 직권남용에 해당한다고 하여 그러한 이유만으로 상대방이 한 일이 '의무 없는 일'에 해당한다고 인정할 수는 없다. '의무 없는 일'에 해당하는지는 직권을 남용하였는지와 별도로 상대방이 그러한 일을 할 법령상 의무가 있는지를 살펴 개별적으로 판단하여야 한다. 직권남용 행위의 상대방이 일반 사인인 경우 특별한 사정이 없는 한 직권에 대응하여 따라야 할 의무가 없으므로 그에게 어떠한 행위를 하게 하였다면 '의무 없는 일을 하게 한 때'에 해당할 수 있다.
> 나. '직권남용'이란 공무원이 일반적 직무권한에 속하는 사항에 관하여 그 권한을 위법·부당하게 행사하는 것을 뜻한다. 어떠한 직무가 공무원의 일반적 직무권한에 속하는 사항이라고 하기 위해서는 그에 관한 법령상 근거가 필요하고, 명문의 규정 없이 법령과 제도를 종합적, 실질적으로 살펴보아 그것이 해당 공무원의 직무권한에 속한다고 해석된다는 이유만으로 직권남용죄에서 말하는 일반적 직무권한에 포함된다고 보아서는 아니 된다.
> 다. 직권남용권리행사방해죄는 공무원에게 직권이 존재하는 것을 전제로 하는 범죄이고, 직권은 국가의 권력 작용에 의해 부여되거나 박탈되는 것이므로, 공무원이 공직에서 퇴임하면 해당 직무에서 벗어나고 그 퇴임이 대외적으로도 공표된다. 공무원인 피고인이 퇴임한 이후에는 위와 같은 직권이 존재하지 않으므로, 퇴임 후의 범행에 관하여는 공범으로서 책임을 지지 않는다고 보아야 하고, 퇴임 후에도 실질적 영향력을 행사하는 등으로 퇴임 전 공모한 범행에 관한 기능적 행위지배가 계속되었다고 인정할 만한 사정이 있다고 달리 볼 것은 아니다.
> 라. 공무원인 행위자가 상대방에게 어떠한 이익 등의 제공을 요구한 경우 발생 가능한 것으로 생각할 수 있는 정도의 구체적인 해악의 고지로 인정될 수 없다면 직권남용이나 뇌물 요구 등이 될 수는 있어도 협박을 요건으로 하는 강요죄가 성립하기는 어렵다.
> 마. 직권남용권리행사방해죄는 단순히 공무원이 직권을 남용하는 행위를 하였다는 것만으로 곧바로 성립하는 것이 아니다. 직권을 남용하여 현실적으로 다른 사람이 법령상 의무 없는 일을 하게 하였거나 다른 사람의 구체적인 권리행사를 방해하는 결과가 발생하여야 하고, 그 결과의 발생은 직권남용 행위로 인한 것이어야 한다.

① 1개　　② 2개　　③ 3개
④ 4개　　⑤ 없음

> **MGI Point** 직권남용권리행사방해죄 ★★
>
> - 직권남용 행위의 상대방이 일반 사인인 경우 ⇨ 특별한 사정이 없는 한 직권에 대응하여 따라야 할 의무가 없으므로 그에게 어떠한 행위를 하게 하였다면 '의무 없는 일을 하게 한 때'에 해당 可
> - 직권남용죄에서 직무가 공무원의 일반적 직무권한에 속하는 사항이라고 하기 위해서는 그에 관한 법령상 근거가 필요하고, 명문의 규정도 필요 ×
> - 직권남용권리행사방해죄에서 공무원인 피고인이 퇴임한 이후 ⇨ 퇴임 전 공모한 범행에 관한 기능적 행위지배가 계속되었다고 인정할 만한 특별한 사정이 없는 한, 퇴임 후의 범행에 관하여는 공범으로서 책임 ×
> - 공무원이 상대방에게 어떠한 이익 등의 제공을 요구한 경우 발생 가능한 것으로 생각할 수 있는 정도의 구체적인 해악의 고지로 인정될 수 없는 경우 ⇨ 직권남용이나 뇌물요구 可, 강요죄 ×
> - 직권남용권리행사방해죄 ⇨ 직권을 남용하는 행위 + 현실적으로 다른 사람이 법령상 의무 없는 일을 하게 하였거나 다른 사람의 구체적인 권리행사를 방해하는 결과가 발생하여야 + 그 결과의 발생은 직권남용 행위로 인한 것이어야

가. (○) 공무원이 한 행위가 직권남용에 해당한다고 하여 그러한 이유만으로 상대방이 한 일이 '의무 없는 일'에 해당한다고 인정할 수는 없다. '의무 없는 일'에 해당하는지는 직권을 남용하였는지와 별도로 상대방이 그러한 일을 할 법령상 의무가 있는지를 살펴 개별적으로 판단하여야 한다. 직권남용 행위의 상대방이 일반 사인인 경우 특별한 사정이 없는 한 직권에 대응하여 따라야 할 의무가 없으므로 그에게 어떠한 행위를 하게 하였다면 '의무 없는 일을 하게 한 때'에 해당할 수 있다(대판 2020.02.13. 2019도5186).

나. (×) 형법 제123조의 직권남용권리행사방해죄에서 '직권의 남용'이란 공무원이 '일반적 권한'에 속하는 사항을 불법하게 행사하는 것, 즉 형식적, 외형적으로는 직무집행으로 보이나 실질은 정당한 권한 외의 행위를 하는 경우를 의미하고, 남용에 해당하는지는 구체적인 공무원의 직무행위가 그 목적 및 그것이 행하여진 상황에서 볼 때의 필요성·상당성 여부, 직권행사가 허용되는 법령상 요건을 충족했는지 등 제반 요소를 고려하여 결정하여야 한다. 그리고 어떠한 직무가 공무원의 일반적 권한에 속하는 사항이라고 하기 위해서는 그에 관한 법령상의 근거가 필요하지만, 명문이 없는 경우라도 법·제도를 종합적, 실질적으로 관찰해서 그것이 해당 공무원의 직무권한에 속한다고 해석되고, 남용된 경우 상대방으로 하여금 사실상 의무 없는 일을 행하게 하거나 권리를 방해하기에 충분한 것이라고 인정되는 경우에는 직권남용죄에서 말하는 '일반적 권한'에 포함된다고 보아야 한다(대판 2011.07.28. 2011도1739).

다. (×) 직권남용권리행사방해죄는 공무원에게 직권이 존재하는 것을 전제로 하는 범죄이고, 직권은 국가의 권력 작용에 의해 부여되거나 박탈되는 것이므로, 공무원이 공직에서 퇴임하면 해당 직무에서 벗어나고 그 퇴임이 대외적으로도 공표된다. 공무원인 피고인이 퇴임한 이후에는 위와 같은 직권이 존재하지 않으므로, 퇴임 후에도 실질적 영향력을 행사하는 등으로 퇴임 전 공모한 범행에 관한 기능적 행위지배가 계속되었다고 인정할 만한 특별한 사정이 없는 한, 퇴임 후의 범행에 관하여는 공범으로서 책임을 지지 않는다고 보아야 한다(대판 2020.02.13. 2019도5186).

라. (○) 행위자가 직업이나 지위에 기초하여 상대방에게 어떠한 이익 등의 제공을 요구하였을 때 그 요구 행위가 강요죄의 수단으로서 해악의 고지에 해당하는지 여부는 행위자의 지위뿐만 아니라 그 언동의 내용과 경위, 요구 당시의 상황, 행위자와 상대방의 성행·경력·상호관계 등에 비추어 볼 때 상대방으로 하여금 그 요구에 불응하면 어떠한 해악에 이를 것이라는 인식을 갖게 하였다고 볼 수 있는지, 행위자와 상대방이 행위자의 지위에서 상대방에게 줄 수 있는 해악을 인식하거나 합리적으로 예상할 수 있었는지 등을 종합하여 판단해야 한다. 공무원인 행위자가 상대방에게 어떠한 이익 등의 제공을 요구한 경우 위와 같은 해악의 고지로 인정될 수 없다면 직권남용권리행사방해나 뇌물 요구 등이 될 수는 있어도 협박을 요건으로 하는 강요죄가 성립하기는 어렵다(대법원 2019. 8. 29. 선고 2018도13792 전원합의체 판결 등 참조) (대법원 2020.02.06. 2018도8808).

마. (○) 직권남용권리행사방해죄는 단순히 공무원이 직권을 남용하는 행위를 하였다는 것만으로 곧바로 성립하는 것이 아니다. 직권을 남용하여 현실적으로 다른 사람이 법령상 의무 없는 일을 하게 하였거나 다른 사람의 구체적인 권리행사를 방해하는 결과가 발생하여야 하고, 그 결과의 발생은 직권남용 행위로 인한 것이어야 한다(대판 2020.01.30. 2018도2236(전합)).

정답 ②

문 12

다음 설명 중 옳지 않은 것은 모두 몇 개인가? [2020년 19번]

가. 임명권자에 의하여 임용되어 공무에 종사하여 온 사람이 나중에 임용결격자이었음이 밝혀져 당초의 임용행위가 무효인 경우에는 형법 제129조 뇌물죄에서 규정한 '공무원'에 해당하지 않으므로 그가 직무에 관하여 뇌물을 수수하였다고 하더라도 수뢰죄로 처벌할 수 없다.

나. 형법은 제130조에서 제129조 제1항 뇌물수수죄와는 별도로 공무원이 그 직무에 관하여 뇌물공여자로 하여금 제3자에게 뇌물을 공여하게 한 경우에는 부정한 청탁을 받고 그와 같은 행위를 한 때에 뇌물수수죄와 법정형이 동일한 제3자뇌물수수죄로 처벌하고 있다. 제3자뇌물수수죄에서 뇌물을 받는 제3자가 뇌물임을 인식할 것을 요건으로 하지 않는다.

다. 금품이나 이익 전부에 관하여 뇌물수수죄의 공동정범이 성립한 이후에 뇌물이 실제로 공동정범인 공무원 또는 비공무원 중 누구에게 귀속되었는지는 이미 성립한 뇌물수수죄에 영향을 미치지 않는다. 공무원과 비공무원이 사전에 뇌물을 비공무원에게 귀속시키기로 모의하였거나 뇌물의 성질상 비공무원이 사용하거나 소비할 것이라고 하더라도 이러한 사정은 뇌물수수죄의 공동정범이 성립한 이후 뇌물의 처리에 관한 것에 불과하므로 뇌물수수죄가 성립하는 데 영향이 없다.

라. 뇌물수수자가 뇌물공여자에 대한 내부관계에서 물건에 대한 실질적인 사용·처분권한을 취득하였으나 뇌물수수 사실을 은닉하거나 뇌물공여자가 계속 그 물건에 대한 비용 등을 부담하기 위하여 소유권 이전의 형식적 요건을 유보하는 경우에는 뇌물수수자와 뇌물공여자 사이에서는 소유권을 이전받은 경우와 다르지 않으므로 그 물건을 뇌물로 수수하고 공여하였다고 보아야 한다. 뇌물수수자가 교부받은 물건을 뇌물공여자에게 반환할 것이 아니므로 뇌물수수자에게 영득의 의사도 인정되고, 뇌물공여자가 교부한 물건을 뇌물수수자로부터 반환받을 것이 아니므로 뇌물공여자에게 고의도 인정된다.

마. 횡령 범행으로 취득한 돈을 공범자끼리 수수한 행위가 공동정범들 사이의 범행에 의하여 취득한 돈을 공모에 따라 내부적으로 분배한 것에 지나지 않는다면 별도로 그 돈의 수수행위에 관하여 뇌물죄가 성립하는 것은 아니다. 그와 같이 수수한 돈의 성격을 뇌물로 볼 것인지 횡령금의 분배로 볼 것인지 여부는 돈을 공여하고 수수한 당사자들의 의사, 수수된 돈의 액수, 횡령 범행과 수수행위의 시간적 간격, 수수한 돈이 횡령한 그 돈인지 여부, 수수한 장소와 방법 등을 종합적으로 고려하여 객관적으로 평가하여 판단하여야 한다.

① 1개　　② 2개　　③ 3개
④ 4개　　⑤ 5개

> MGI Point **수뢰죄 · 제3자뇌물수수죄**　★★
>
> - 임명권자에 의하여 임용되어 공무에 종사하여 온 사람이 나중에 임용결격자이었음이 밝혀져 당초의 임용행위가 무효인 경우 ⇨ 뇌물죄에서 규정한 '공무원'에 해당
> - 제3자뇌물수수죄에서 뇌물을 받는 제3자 ⇨ 뇌물임을 인식할 것 불요
> - 금품이나 이익 전부에 관하여 뇌물수수죄의 공동정범이 성립한 이후에 뇌물이 실제로 공동정범인 공무원 또는 비공무원 중 누구에게 귀속되었는지는 뇌물수수죄에 영향 無
> - 뇌물수수자가 뇌물공여자에 대한 내부관계에서 물건에 대한 실질적인 사용·처분권한을 취득하였으나 소유권 이전을 유보하는 경우 ⇨ 그 물건을 뇌물로 수수하고 공여한 것임
> - 횡령 범행으로 취득한 돈을 공범자끼리 수수한 행위가 공동정범들 사이의 범행에 의하여 취득한 돈을 공모에 따라 내부적으로 분배한 것에 지나지 않는 경우 ⇨ 그 돈의 수수행위에 관하여 별도로 뇌물죄 성립 可 ×

가. (X) 형법이 뇌물죄에 관하여 규정하고 있는 것은 공무원의 직무집행의 공정과 그에 대한 사회의 신뢰 및 직무행위의 불가매수성을 보호하기 위한 것이다. 법령에 기한 임명권자에 의하여 임용되어 공무에 종사하여 온 사람이 나중에 그가 임용결격자이었음이 밝혀져 당초의 임용행위가 무효라고 하더라도, 그가 임용행위라는 외관을 갖추어 실제로 공무를 수행한 이상 공무 수행의 공정과 그에 대한 사회의 신뢰 및 직무행위의 불가매수성은 여전히 보호되어야 한다. 따라서 이러한 사람은 형법 제129조에서 규정한 공무원으로 봄이 타당하고, 그가 그 직무에 관하여 뇌물을 수수한 때에는 수뢰죄로 처벌할 수 있다(대판 2014.03.27. 2013도11357).

나. (O) [1] 형법은 제130조에서 제129조 제1항 뇌물수수죄와는 별도로 공무원이 그 직무에 관하여 뇌물공여자로 하여금 제3자에게 뇌물을 공여하게 한 경우에는 부정한 청탁을 받고 그와 같은 행위를 한 때에 뇌물수수죄와 법정형이 동일한 제3자뇌물수수죄로 처벌하고 있다. 제3자뇌물수수죄에서 뇌물을 받는 제3자가 뇌물임을 인식할 것을 요건으로 하지 않는다. 다. (O) 금품이나 이익 전부에 관하여 뇌물수수죄의 공동정범이 성립한 이후에 뇌물이 실제로 공동정범인 공무원 또는 비공무원 중 누구에게 귀속되었는지는 이미 성립한 뇌물수수죄에 영향을 미치지 않는다. 공무원과 비공무원이 사전에 뇌물을 비공무원에게 귀속시키기로 모의하였거나 뇌물의 성질상 비공무원이 사용하거나 소비할 것이라고 하더라도 이러한 사정은 뇌물수수죄의 공동정범이 성립한 이후 뇌물의 처리에 관한 것에 불과하므로 뇌물수수죄가 성립하는 데 영향이 없다. 라. (O) [2] 뇌물수수자가 뇌물공여자에 대한 내부관계에서 물건에 대한 실질적인 사용·처분권한을 취득하였으나 뇌물수수 사실을 은닉하거나 뇌물공여자가 계속 그 물건에 대한 비용 등을 부담하기 위하여 소유권 이전의 형식적 요건을 유보하는 경우에는 뇌물수수자와 뇌물공여자 사이에서는 소유권을 이전받은 경우와 다르지 않으므로 그 물건을 뇌물로 수수하고 공여하였다고 보아야 한다. 뇌물수수자가 교부받은 물건을 뇌물공여자에게 반환할 것이 아니므로 뇌물수수자에게 영득의 의사도 인정되고, 뇌물공여자가 교부한 물건을 뇌물수수자로부터 반환받을 것이 아니므로 뇌물공여자에게 고의도 인정된다(대판 2019.08.29. 2018도2738(전합)).

마. (O) 횡령 범행으로 취득한 돈을 공범자끼리 수수한 행위가 공동정범들 사이의 범행에 의하여 취득한 돈을 공모에 따라 내부적으로 분배한 것에 지나지 않는다면 별도로 그 돈의 수수행위에 관하여 뇌물죄가 성립하는 것은 아니다. 그와 같이 수수한 돈의 성격을 뇌물로 볼 것인지 횡령금의 분배로 볼 것인지 여부는 돈을 공여하고 수수한 당사자들의 의사, 수수된 돈의 액수, 횡령 범행과 수수 행위의 시간적 간격, 수수한 돈이 횡령한 그 돈인지 여부, 수수한 장소와 방법 등을 종합적으로 고려하여 객관적으로 평가하여 판단하여야 한다(대판 2019.11.28. 2018도20832).

정답 ①

문 13

공무원의 직무에 관한 죄에 대한 다음 설명 중 가장 옳은 것은? [2019년 19번]

① 병가 중인 공무원의 경우 구체적인 작위의무 내지 국가기능의 저해에 대한 구체적인 위험성이 있다고 할 수 없어 직무유기죄의 주체로 될 수 없고, 따라서 직무유기죄의 주체가 되는 다른 공무원들과의 공범관계가 인정된다고 하더라도 직무유기죄로 처벌할 수는 없다.
② 하나의 행위가 부작위범인 직무유기죄와 작위범인 허위공문서작성·행사죄의 구성요건을 동시에 충족하는 경우 공소제기권자는 작위범인 허위공문서작성·행사죄로만 공소를 제기하여야 한다.
③ 구청 공무원이 타인의 부탁을 받고 차적 조회 시스템을 이용하여 범죄 현장 부근에서 경찰의 잠복근무에 이용되고 있던 경찰청 소속 차량의 소유관계에 관한 정보를 알아내 타인에게 알려준 경우, 위 차량의 소유관계에 관한 정보는 공무상 비밀누설죄에 있어서 '법령에 의한 직무상 비밀'에 해당한다.
④ 교육기관 등의 장이 징계의결을 집행하지 못할 법률상·사실상의 장애가 없는데도 징계의결서를 통보받은 날로부터 법정 시한이 지나도록 그 집행을 유보하는 모든 경우에 직무유기죄가 성립한다.
⑤ 직무유기죄에 있어서 직무를 유기한 때라 함은 공무원이 법령, 내규 등에 의한 추상적 충근의무를 태만히 하는 일체의 경우를 이르는 것이 아니고, 직장의 무단이탈, 직무의 의식적인 포기 등과 같이 그것이 국가의 기능을 저해하며 국민에게 피해를 야기시킬 가능성이 있는 경우를 말한다.

> **MGI Point** 공무원의 직무에 관한 죄 ★★
>
> ■ 병가 중인 공무원 ⇨ 직무유기죄의 주체 × ∴ 직무유기죄의 주체가 되는 다른 공무원들과의 공범관계가 인정될 경우 직무유기죄의 공범으로 처벌 ○
> ■ 하나의 행위가 부작위범인 직무유기죄와 작위범인 허위공문서작성·행사죄의 구성요건을 동시에 충족
>   ⇨ 재량에 의하여 부작위범인 직무유기죄로만 공소제기 可
> ■ 구청 공무원이 범죄 현장 부근에 있던 경찰청 소속 차량의 소유관계에 관한 정보를 알아내 타인에게 알려준 경우, 위 차량의 소유관계에 관한 정보 ⇨ 공무상 기밀누설죄에 있어서 '법령에 의한 직무상 비밀'에 해당 ×
> ■ 법률상·사실상의 장애가 없는데도 징계의결을 집행하지 않고 법정시한이 지나도록 집행을 유보한 행위
>   • 위와 같은 모든 유보행위가 직무유기에 해당 하는 것은 ×
>   • 그러한 유보가 직무에 관한 의식적인 방임이나 포기에 해당한다고 볼 수 있는 경우에 한하여 직무유기죄 ○

① (X) [2] 직무유기죄는 구체적으로 그 직무를 수행하여야 할 작위의무가 있는데도 불구하고 이러한 직무를 버린다는 인식하에 그 작위의무를 수행하지 아니함으로써 성립하는 것이고, 또 그 직무를 유기한 때라 함은 공무원이 법령, 내규 등에 의한 추상적인 충근의무를 태만히 하는 일체의 경우를 이르는 것이 아니고, 직장의 무단이탈, 직무의 의식적인 포기 등과 같이 그것이 국가의 기능을 저해하며 국민에게 피해를 야기시킬 가능성이 있는 경우를 말하는 것이므로, 병가중인 자의 경우 구체적인 작위의무 내지 국가기능의 저해에 대한 구체적인 위험성이 있다고 할 수 없어 직무유기죄의 주체로 될 수는 없다. [3] 노동조합의 승인 없이 또는 지시에 반하여 일부 조합원의 집단에 의하여 이루어진 쟁의행위가 그 경위와 목적, 태양 등에 비추어 정당행위에 해당하지 아니하고, 그 쟁의행위에 참가한 일부 조합원이 병가 중이어서 직무유기죄의 주체로 될 수는 없다 하더라도 직무유기죄의 주체가 되는 다른 조합원들과의 공범관계가 인정된다는 이유로, 그 쟁의행위에 참가한 조합원들 모두 직무유기죄로 처단되어야 한다고 본 사례(이 사건은 병가중인 철도공무원들이 그렇지 아니한 철도공무원들과 함께 전국철도노동조합의 일부 조합원들로 구성된 임의단체인 전국기관차협의회가 주도한 파업에 참가한 사례임) [판결이유 중] 신분이 없는 자라 하더라도 신분이 있는 자의 행위에 가공하

는 경우 본죄의 공동정범이 성립하는 것이고, 이 사건 기록상 병가중인 피고인들과 나머지 피고인들 사이에 직무유기의 공범관계가 인정되는 터이므로 병가중인 피고인들도 어차피 직무유기죄의 공동정범으로 처벌받아야 할 것이다(대판 1997.04.22. 95도748).

② (X) 하나의 행위가 부작위범인 직무유기죄와 작위범인 허위공문서작성·행사죄의 구성요건을 동시에 충족하는 경우, 공소제기권자는 재량에 의하여 작위범인 허위공문서작성·행사죄로 공소를 제기하지 않고 부작위범인 직무유기죄로만 공소를 제기할 수 있다(대판 2008.02.14. 2005도4202).

③ (X) [1] 형법 제127조는 공무원 또는 공무원이었던 자가 법령에 의한 직무상 비밀을 누설하는 것을 구성요건으로 하고, 같은 조에서 '법령에 의한 직무상 비밀'이란 반드시 법령에 의하여 비밀로 규정되었거나 비밀로 분류 명시된 사항에 한하지 아니하고, 정치, 군사, 외교, 경제, 사회적 필요에 따라 비밀로 된 사항은 물론 정부나 공무소 또는 국민이 객관적, 일반적인 입장에서 외부에 알려지지 않는 것에 상당한 이익이 있는 사항도 포함하나, 실질적으로 그것을 비밀로서 보호할 가치가 있다고 인정할 수 있는 것이어야 하고, 본죄는 비밀 그 자체를 보호하는 것이 아니라 공무원의 비밀엄수의무의 침해에 의하여 위험하게 되는 이익, 즉 비밀 누설에 의하여 위협받는 국가의 기능을 보호하기 위한 것이다. [2] 구청에서 체납차량 영치 및 공매 등의 업무를 담당하던 공무원인 피고인이 甲의 부탁을 받고 차적 조회 시스템을 이용하여 乙의 유사휘발유 제조 현장 부근에서 경찰의 잠복근무에 이용되고 있던 경찰청 소속 차량의 소유관계에 관한 정보를 알아내 甲에게 알려줌으로써 공무상비밀을 누설하였다는 내용으로 기소된 사안에서, 누구든지 열람이 가능한 부동산등기 사항과 달리...자동차 소유자의 성명까지 기재된 신청서를 제출하여야 자동차등록원부의 열람이나 등본 또는 초본을 발급받을 수 있게 규정하여 자동차 소유자에 관한 정보가 공개되지 아니한 측면을 고려하더라도, 재산의 소유 주체에 관한 정보에 불과한 자동차 소유자에 관한 정보를 정부나 공무소 또는 국민이 객관적, 일반적인 입장에서 외부에 알려지지 않는 것에 상당한 이익이 있는 사항으로서 실질적으로 비밀로 보호할 가치가 있다거나, 그 누설에 의하여 국가의 기능이 위협받는다고 볼 수 없고, 경찰청 소속 차량으로 잠복수사에 이용되는 경우 소속이 외부에 드러나지 말아야 할 사실상의 필요성이 있다는 사정만으로 달리 볼 것이 아니어서, 피고인이 甲에게 제공한 차량 소유관계에 관한 정보가 형법 제127조에서 정한 '법령에 의한 직무상 비밀'에 해당한다고 볼 수 없는데도, 이와 달리 보아 유죄를 인정한 원심판결에 법리오해의 위법이 있다고 한 사례(대판 2012.03.15. 2010도14734).

④ (X), ⑤ (O) 형법 제122조에서 정하는 직무유기죄에서 '직무를 유기한 때'란 공무원이 법령, 내규 등에 의한 추상적 성실의무를 태만히 하는 일체의 경우에 성립하는 것이 아니라 직장의 무단이탈, 직무의 의식적인 포기 등과 같이 국가의 기능을 저해하고 국민에게 피해를 야기시킬 가능성이 있는 경우를 가리킨다. 그리하여 일단 직무집행의 의사로 자신의 직무를 수행한 경우에는 직무집행의 내용이 위법한 것으로 평가된다는 점만으로 직무유기죄의 성립을 인정할 것은 아니고, 공무원이 태만·분망 또는 착각 등으로 인하여 직무를 성실히 수행하지 아니한 경우나 형식적으로 또는 소홀히 직무를 수행한 탓으로 적절한 직무수행에 이르지 못한 것에 불과한 경우에도 직무유기죄는 성립하지 아니한다. 따라서 교육기관·교육행정기관·지방자치단체 또는 교육연구기관의 장이 징계의결을 집행하지 못할 법률상·사실상의 장애가 없는데도 징계의결서를 통보받은 날로부터 법정 시한이 지나도록 집행을 유보하는 모든 경우에 직무유기죄가 성립하는 것은 아니고, 그러한 유보가 직무에 관한 의식적인 방임이나 포기에 해당한다고 볼 수 있는 경우에 한하여 직무유기죄가 성립한다고 보아야 한다(대판 2014.04.10. 2013도229).

정답 ⑤

문 14

뇌물죄에 관한 다음 설명 중 가장 옳지 않은 것은? [2019년 38번]

① 공무원이 장래에 담당할 직무에 대한 대가로 이익을 수수한 경우에도 뇌물수수죄가 성립할 수 있지만, 그 이익을 수수할 당시 장래에 담당할 직무에 속하는 사항이 그 수수한 이익과 관련된 것임을 확인할 수 없을 정도로 막연하고 추상적이거나, 장차 그 수수한 이익과 관련지을 만한 직무권한을 행사할지 여부 자체를 알 수 없다면, 그 이익이 장래에 담당할 직무에 관하여 수수되었다거나 그 대가로 수수되었다고 단정하기 어렵다.

② 정치자금의 명목으로 금품을 주고받았고 정치자금법에 정한 절차를 밟았다고 할지라도, 정치인의 정치활동 전반에 대한 지원의 성격을 갖는 것이 아니라 공무원인 정치인의 특정한 구체적 직무행위와 관련하여 금품 제공자에게 유리한 행위를 기대하거나 또는 그에 대한 사례로서 금품을 제공함으로써 정치인인 공무원의 직무행위에 대한 대가로서의 실체를 가진다면 뇌물성이 인정된다.

③ 피고인이 먼저 뇌물을 요구하여 증뢰자가 제공하는 돈을 받았다고 하더라도 수령한 액수가 당초 예상한 것보다 너무 많은 액수여서 후에 이를 전부 반환한 경우에는, 받은 돈 전부에 대한 영득의 의사가 인정되지 않으므로 뇌물을 수수하였다고 할 수 없다.

④ 뇌물을 수수한 자가 공동수수자가 아닌 교사범 또는 종범에게 뇌물 중의 일부를 사례금 등의 명목으로 교부하였다면 이는 뇌물을 수수하는 데에 따르는 부수적 비용의 지출 또는 뇌물의 소비행위에 지나지 아니하므로, 뇌물수수자로부터 그 수뢰액 전부를 추징하여야 한다.

⑤ 공무원이 직무관련자에게 제3자와 계약을 체결하도록 요구하여 계약 체결을 하게 한 행위가 제3자뇌물수수죄의 구성요건과 직권남용권리행사방해죄의 구성요건에 모두 해당하는 경우에는, 제3자뇌물수수죄와 직권남용권리행사방해죄가 각각 성립하되, 이는 사회 관념상 하나의 행위가 수개의 죄에 해당하는 경우이므로 두 죄는 형법 제40조의 상상적 경합관계에 있다.

MGI Point 수뢰죄 ★★★

- 공무원이 장래에 담당할 직무에 대한 대가로 이익을 수수 ⇨ 뇌물수수죄 성립 可
  cf. 그 이익을 수수할 당시 장래에 담당할 직무에 속하는 사항이 그 수수한 이익과 관련된 것임을 확인할 수 없을 정도로 막연하고 추상적이거나, 장차 그 수수한 이익과 관련지을 만한 직무권한을 행사할지 자체를 알 수 없다면, 그 이익이 장래에 담당할 직무에 관하여 수수되었다거나 그 대가로 수수되었다고 단정하기 어려움
- 정치자금의 명목 ⇨ 특정한 구체적 직무행위에 대한 대가로서의 실체를 가지면 뇌물성 ○
- 영득의사로 뇌물수령 후 액수가 예상보다 너무 고액이어서 후에 이를 반환한 경우 ⇨ 수뢰죄 ○
- 공동수수자가 아닌 교사범 또는 종범에게 뇌물 중 일부를 사례금 등의 명목으로 교부한 경우, 뇌물수수자에게 추징하여야 할 금액 ⇨ 수뢰액 전부
- 공무원이 직무관련자에게 제3자와 계약을 체결하도록 요구하여 계약 체결을 하게 한 행위가 제3자뇌물수수죄의 구성요건과 직권남용권리행사방해죄의 구성요건에 모두 해당하는 경우 죄수 ⇨ 제3자뇌물수수죄와 직권남용권리행사방해죄가 각각 성립하고 두 죄는 상상적 경합범 관계

---

① (○) 형법 제129조 제1항의 뇌물수수죄가 성립하려면 공무원이 그 직무에 관하여 뇌물을 수수하여야 한다. 따라서 공무원이 이익을 수수한 행위가 공무원의 직무와 관련이 없다면 뇌물수수죄는 성립하지 않는다. 공무원이 장래에 담당할 직무에 대한 대가로 이익을 수수한 경우에도 뇌물수수죄가 성립할 수 있지만, 그 이익을 수수할 당시 장래에 담당할 직무에 속하는 사항이 그 수수한 이익과 관련된 것임을 확인할 수 없을 정도로 막연하고 추상적이거나, 장차 그 수수한 이익과 관련지을 만한 직무권한을 행사할지 자체를 알 수 없다면, 그 이익이 장래에 담당할 직무에 관하여 수수되었다거나 그 대가로 수수되었다고 단정하기 어렵다(대판 2017.12.22. 2017도12346).

② (○) 정치자금의 기부행위는 정치활동에 대한 재정적 지원행위이고, 뇌물은 공무원의 직무행위에 대한 위법한 대가로서, 양자는 별개의 개념이다. 정치자금의 명목으로 금품을 주고받았고 정치자금법에 정한 절차를 밟았다고 할지라도, 정치인의 정치활동 전반에 대한 지원의 성격을 갖는 것이 아니라 공무원인 정치인의 특정한 구체적 직무행위와 관련하여 금품 제공자에게 유리한 행위를 기대하거나 또는 그에 대한 사례로서 금품을 제공함으로써 정치인인 공무원의 직무행위에 대한 대가로서의 실체를 가진다면 뇌물성이 인정된다. 이 때 금품 제공의 뇌물성을 판단할 때 상대방의 지위와 직무권한, 금품 제공자와 상대방의 종래 교제상황, 금품 제공자가 평소 기부를 하였는지와 기부의 시기·상대방·금액·빈도, 제공한 금품의 액수, 금품 제공의 동기와 경위 등을 종합적으로 고려하여야 한다(대판 2017.03.22. 2016도21536).

③ (X) 뇌물을 수수한다는 것은 영득의 의사로 금품을 수수하는 것을 말하므로, 뇌물인지 모르고 이를 수수하였다가 뇌물임을 알고 즉시 반환하거나, 증뢰자가 일방적으로 뇌물을 두고 가므로 후일 기회를 보아 반환할 의사로 어쩔 수 없이 일시 보관하다가 반환하는 등 그 영득의 의사가 없었다고 인정되는 경우라면 뇌물을 수수하였다고 할 수 없겠지만, 피고인이 먼저 뇌물을 요구하여 증뢰자가 제공하는 돈을 받았다면 피고인에게는 받은 돈 전부에 대한 영득의 의사가 인정된다고 하지 않을 수 없고, 이처럼 영득의 의사로 뇌물을 수령한 이상 그 액수가 피고인이 예상한 것보다 너무 많은 액수여서 후에 이를 반환하였다고 하더라도 뇌물죄의 성립에는 영향이 없다(대판 2007.03.29. 2006도9182).

④ (○) 여러 사람이 공동으로 뇌물을 수수한 경우 그 가액을 추징하려면 실제로 분배받은 금품만을 개별적으로 추징하여야 하고 수수금액을 개별적으로 알 수 없을 때에는 평등하게 추징하여야 하며 공동정범뿐 아니라 교사범 또는 종범도 뇌물의 공동수수자에 해당할 수 있으나, 공동정범이 아닌 교사범 또는 종범의 경우에는 정범과의 관계, 범행 가담 경위 및 정도, 뇌물 분배에 관한 사전약정의 존재 여부, 뇌물공여자의 의사, 종범 또는 교사범이 취득한 금품이 전체 뇌물수수액에서 차지하는 비중 등을 고려하여 공동수수자에 해당하는지를 판단하여야 한다. 그리고 뇌물을 수수한 자가 공동수수자가 아닌 교사범 또는 종범에게 뇌물 중 일부를 사례금 등의 명목으로 교부하였다면 이는 뇌물을 수수하는 데 따르는 부수적 비용의 지출 또는 뇌물의 소비행위에 지나지 아니하므로, 뇌물수수자에게서 수뢰액 전부를 추징하여야 한다(대판 2011.11.24. 2011도9585).

⑤ (○) 공무원이 직무관련자에게 제3자와 계약을 체결하도록 요구하여 계약 체결을 하게 한 행위가 제3자뇌물수수죄의 구성요건과 직권남용권리행사방해죄의 구성요건에 모두 해당하는 경우에는, 제3자뇌물수수죄와 직권남용권리행사방해죄가 각각 성립하되, 이는 사회 관념상 하나의 행위가 수 개의 죄에 해당하는 경우이므로 두 죄는 형법 제40조의 상상적 경합관계에 있다(대판 2017.03.15. 2016도19659).

정답 ③

문 15

공무상비밀누설죄 또는 뇌물죄에 관한 다음 설명 중 가장 옳지 않은 것은? [2018년 15번]

① 형법 제127조는 공무원 또는 공무원이었던 자가 법령에 의한 직무상 비밀을 누설하는 것을 구성요건으로 한다. 여기에서 '법령에 의한 직무상 비밀'이란 반드시 법령에서 비밀로 규정되었거나 비밀로 분류 명시된 사항에 한정되지 않는다.

② 2인 이상 서로 대향된 행위의 존재를 필요로 하는 대향범에 대하여는 공범에 관한 형법총칙 규정이 적용될 수 없는데, 형법 제127조는 공무원 또는 공무원이었던 자가 법령에 의한 직무상 비밀을 누설하는 행위만을 처벌하고 있을 뿐 직무상 비밀을 누설받은 상대방을 처벌하는 규정이 없는 점에 비추어, 직무상 비밀을 누설받은 자에 대하여는 공범에 관한 형법총칙 규정이 적용될 수 없다.

③ 형법 제132조에서 말하는 '다른 공무원의 직무에 속한 사항의 알선에 관하여 뇌물을 수수한다'라고 함은, 다른 공무원의 직무에 속한 사항을 알선한다는 명목으로 뇌물을 수수하는 행위로서 반드시 알선의 상대방인 다른 공무원이나 그 직무의 내용을 구체적으로 특정할 필요까지는 없다.
④ 법령에 기한 임명권자에 의하여 임용되어 공무에 종사하여 온 사람이 나중에 그가 임용결격자이었음이 밝혀져 당초의 임용행위가 무효라면, 그가 임용행위라는 외관을 갖추어 실제로 공무를 수행하였더라도, 이러한 사람은 형법 제129조에서 규정한 공무원으로 볼 수 없으므로, 그가 그 직무에 관하여 뇌물을 수수하였더라도 수뢰죄로 처벌할 수 없다.
⑤ 뇌물약속죄에 있어서 뇌물의 목적물인 이익은 약속 당시에 현존할 필요는 없고 약속 당시에 예기할 수 있는 것이라도 무방하며, 뇌물의 목적물이 이익인 경우에는 그 가액이 확정되어 있지 않아도 뇌물약속죄가 성립하는 데는 영향이 없다.

해설 ★★

① (○) 형법 제127조는 공무원 또는 공무원이었던 자가 법령에 의한 직무상 비밀을 누설하는 것을 구성요건으로 하고, 같은 조에서 '법령에 의한 직무상 비밀'이란 반드시 법령에 의하여 비밀로 규정되었거나 비밀로 분류 명시된 사항에 한하지 아니하고, 정치, 군사, 외교, 경제, 사회적 필요에 따라 비밀로 된 사항은 물론 정부나 공무소 또는 국민이 객관적, 일반적인 입장에서 외부에 알려지지 않는 것에 상당한 이익이 있는 사항도 포함하나, 실질적으로 그것을 비밀로서 보호할 가치가 있다고 인정할 수 있는 것이어야 하고, 본죄는 비밀 그 자체를 보호하는 것이 아니라 공무원의 비밀엄수의무의 침해에 의하여 위험하게 되는 이익, 즉 비밀 누설에 의하여 위협받는 국가의 기능을 보호하기 위한 것이다(대판 2012.03.15. 2010도14734).

② (○) 2인 이상 서로 대향된 행위의 존재를 필요로 하는 대향범에 대하여는 공범에 관한 형법총칙 규정이 적용될 수 없는데, 형법 제127조는 공무원 또는 공무원이었던 자가 법령에 의한 직무상 비밀을 누설하는 행위만을 처벌고 있을 뿐 직무상 비밀을 누설받은 상대방을 처벌하는 규정이 없는 점에 비추어, 직무상 비밀을 누설받은 자에 대하여는 공범에 관한 형법총칙 규정이 적용될 수 없다고 보는 것이 타당하다(대판 2011.04.28. 2009도3642).

③ (○) 법 제132조에서 말하는 '다른 공무원의 직무에 속한 사항의 알선에 관하여 뇌물을 수수한다'라고 함은, 다른 공무원의 직무에 속한 사항을 알선한다는 명목으로 뇌물을 수수하는 행위로서 반드시 알선의 상대방인 다른 공무원이나 그 직무의 내용을 구체적으로 특정할 필요까지는 없다(대판 2017.12.22. 2017도12346).

④ (X) 법령에 기한 임명권자에 의하여 임용되어 공무에 종사하여 온 사람이 나중에 그가 임용결격자이었음이 밝혀져 당초의 임용행위가 무효라고 하더라도, 그가 임용행위라는 외관을 갖추어 실제로 공무를 수행한 이상 공무 수행의 공정과 그에 대한 사회의 신뢰 및 직무행위의 불가매수성은 여전히 보호되어야 한다. 따라서 이러한 사람은 형법 제129조에서 규정한 공무원으로 봄이 타당하고, 그가 그 직무에 관하여 뇌물을 수수한 때에는 수뢰죄로 처벌할 수 있다(대판 2014.03.27. 2013도11357).

⑤ (○) 뇌물약속죄에 있어서 뇌물의 목적물인 이익은 약속 당시에 현존할 필요는 없고 약속 당시에 예기할 수 있는 것이라도 무방하며, 뇌물의 목적물이 이익인 경우에는 그 가액이 확정되어 있지 않아도 뇌물약속죄가 성립하는 데는 영향이 없다(대판 2001.09.18. 2000도5438).

정답 ④

문 16

다음 설명 중 가장 옳지 않은 것은?(다툼이 있는 경우 판례에 의함) [2017년 22번]

① 지방자치단체를 당사자로 하는 계약의 이행완료에 관한 검사는 지방자치단체의 장 또는 계약담당자의 직무권한에 속하는 사항으로서 이를 전문기관에 위임하여 수행하게 한다고 하여 그 직무 소관이 달라지는 것은 아니고 다만 이때에는 전문기관으로부터 검사결과를 문서로 통보받아 확인하는 방법으로 그 직무를 집행하게 되는 것이므로, 지방자치단체의 장 또는 계약담당자가 그 검사를 위임받아 수행한 전문기관으로부터 검사결과를 검사조서로 작성·보고받고 이를 확인하여 승인하는 의미로 검사조서에 결재하였다면 그와 같이 결재된 검사조서는 공무원이 그 직무권한 내에서 작성한 문서로서 허위공문서작성죄의 객체인 공문서에 해당한다.

② 형법(2016. 5. 29. 법률 제14178호로 개정되기 전의 것)은 제357조 제1항에서 배임수재죄를, 제2항에서 배임증재죄를 규정하고, 이어 제3항에서 "범인이 취득한 제1항의 재물은 몰수한다. 그 재물을 몰수하기 불능하거나 재산상의 이익을 취득한 때에는 그 가액을 추징한다."라고 규정하고 있다. 위 제3항에서 몰수의 대상으로 규정한 '범인이 취득한 제1항의 재물'은 배임수재죄의 범인이 취득한 목적물이자 배임증재죄의 범인이 공여한 목적물을 가리키는 것이지 배임수재죄의 목적물만을 한정하여 가리키는 것이 아니다.

③ 공무원이 뇌물을 받는 데에 필요한 경비를 지출한 경우 그 경비는 뇌물수수의 부수적 비용에 불과하여 뇌물의 가액과 추징액에서 공제할 항목에 해당하지 않는다. 뇌물을 받는 주체가 아닌 자가 수고비로 받은 부분이나 뇌물을 받기 위하여 형식적으로 체결된 용역계약에 따른 비용으로 사용된 부분은 뇌물수수의 부수적 비용에 지나지 않는다. 뇌물을 받는다는 것은 영득의 의사로 금품을 받는 것을 말하므로, 뇌물인지 모르고 받았다가 뇌물임을 알고 즉시 반환하거나 또는 증뢰자가 일방적으로 뇌물을 두고 가므로 나중에 기회를 보아 반환할 의사로 어쩔 수 없이 일시 보관하다가 반환하는 등 영득의 의사가 없었다고 인정되는 경우라면 뇌물을 받았다고 할 수 없다. 그러나 피고인이 먼저 뇌물을 요구하여 증뢰자로부터 돈을 받았다면 피고인에게는 받은 돈 전부에 대한 영득의 의사가 인정된다.

④ 제3자뇌물수수죄에서 제3자란 행위자와 공동정범, 교사자, 방조자 이외의 사람을 말한다. 그러므로 공무원 또는 중재인이 부정한 청탁을 받고 제3자에게 뇌물을 제공하게 하고 제3자가 그러한 공무원 또는 중재인의 범죄행위를 알면서 방조한 경우라 하더라도 별도의 처벌규정이 없는 한 제3자뇌물수수방조죄로 처벌할 수는 없다.

⑤ 공무원이 직무관련자에게 제3자와 계약을 체결하도록 요구하여 계약 체결을 하게한 행위가 제3자뇌물수수죄의 구성요건과 직권남용권리행사방해죄의 구성요건에 모두 해당하는 경우에는, 제3자뇌물수수죄와 직권남용권리행사방해죄가 각각 성립하되, 이는 사회 관념상 하나의 행위가 수 개의 죄에 해당하는 경우이므로 두 죄는 형법 제40조의 상상적 경합관계에 있다.

해설

① (○) 지방자치단체를 당사자로 하는 계약의 이행완료에 관한 검사는 지방자치단체의 장 또는 계약담당자의 직무권한에 속하는 사항으로서 이를 전문기관에 위임하여 수행하게 한다고 하여 그 직무 소관이 달라지는 것은 아니고 다만 이때에는 전문기관으로부터 검사결과를 문서로 통보받아 확인하는 방법으로 그 직무를 집행하게 되는 것이므로, 지방자치단체의 장 또는 계약담당자가 그 검사를 위임받아 수행한 전문기관으로부터 검사결과를 검사조서로 작성·

보고받고 이를 확인하여 승인하는 의미로 검사조서에 결재하였다면 그와 같이 결재된 검사조서는 공무원이 그 직무권한 내에서 작성한 문서로서 허위공문서작성죄의 객체인 공문서에 해당한다(대판 2010.04.29. 2010도875).

② (○) 형법(2016. 5. 29. 법률 제14178호로 개정되기 전의 것)은 제357조 제1항에서 배임수재죄를, 제2항에서 배임증재죄를 규정하고, 이어 제3항에서 "범인이 취득한 제1항의 재물은 몰수한다. 그 재물을 몰수하기 불능하거나 재산상의 이익을 취득한 때에는 그 가액을 추징한다."라고 규정하고 있다. 배임수재죄와 배임증재죄는 이른바 대향범으로서 위 제3항에서 필요적 몰수 또는 추징을 규정한 것은 범행에 제공된 재물과 재산상 이익을 박탈하여 부정한 이익을 보유하지 못하게 하기 위한 것이므로, 제3항에서 몰수의 대상으로 규정한 '범인이 취득한 제1항의 재물'은 배임수재죄의 범인이 취득한 목적물이자 배임증재죄의 범인이 공여한 목적물을 가리키는 것이지 배임수재죄의 목적물만을 한정하여 가리키는 것이 아니다(대판 2017.04.07. 2016도18104).

③ (○) 공무원이 뇌물을 받는 데에 필요한 경비를 지출한 경우 그 경비는 뇌물수수의 부수적 비용에 불과하여 뇌물의 가액과 추징액에서 공제할 항목에 해당하지 않는다. 뇌물을 받는 주체가 아닌 자가 수고비로 받은 부분이나 뇌물을 받기 위하여 형식적으로 체결된 용역계약에 따른 비용으로 사용된 부분은 뇌물수수의 부수적 비용에 지나지 않는다. 뇌물을 받는다는 것은 영득의 의사로 금품을 받는 것을 말하므로, 뇌물인지 모르고 받았다가 뇌물임을 알고 즉시 반환하거나 또는 증뢰자가 일방적으로 뇌물을 두고 가므로 나중에 기회를 보아 반환할 의사로 어쩔 수 없이 일시 보관하다가 반환하는 등 영득의 의사가 없었다고 인정되는 경우라면 뇌물을 받았다고 할 수 없다. 그러나 피고인이 먼저 뇌물을 요구하여 증뢰자로부터 돈을 받았다면 피고인에게는 받은 돈 전부에 대한 영득의 의사가 인정된다(대판 2017.03.22. 2016도21536).

④ (X) 제3자뇌물수수죄에서 제3자란 행위자와 공동정범 이외의 사람을 말하고, 교사자나 방조자도 포함될 수 있다. 그러므로 공무원 또는 중재인이 부정한 청탁을 받고 제3자에게 뇌물을 제공하게 하고 제3자가 그러한 공무원 또는 중재인의 범죄행위를 알면서 방조한 경우에는 그에 대한 별도의 처벌규정이 없더라도 방조범에 관한 형법총칙의 규정이 적용되어 제3자뇌물수수방조죄가 인정될 수 있다(대판 2017.03.15. 2016도19659).

⑤ (○) 공무원이 직무관련자에게 제3자와 계약을 체결하도록 요구하여 계약 체결을 하게 한 행위가 제3자뇌물수수죄의 구성요건과 직권남용권리행사방해죄의 구성요건에 모두 해당하는 경우에는, 제3자뇌물수수죄와 직권남용권리행사방해죄가 각각 성립하되, 이는 사회 관념상 하나의 행위가 수 개의 죄에 해당하는 경우이므로 두 죄는 형법 제40조의 상상적 경합관계에 있다(대판 2017.03.15. 2016도19659).

정답 ④

문 17

다음 설명 중 가장 옳지 않은 것은?(다툼이 있는 경우 판례에 의함) [2017년 20번]

① 자동차를 뇌물로 받은 경우 자동차등록원부에 그 소유자로 등록되지 않았다고 하더라도 자동차의 사실상 소유자로서 자동차에 대한 실질적인 사용 및 처분권한이 있다면 자동차 자체를 뇌물로 취득하였다고 보아야 한다.
② 알선뇌물수수죄에서 '그 지위를 이용하여'라 함은 친구, 친족관계 등 사적인 관계를 이용하는 경우에는 이에 해당한다고 할 수 없으나, 다른 공무원이 취급하는 사무의 처리에 법률상이거나 사실상으로 영향을 줄 수 있는 관계에 있는 공무원이 그 지위를 이용하는 경우에는 이에 해당하고, 그 사이에 상하관계, 협동관계, 감독권한 등의 특수한 관계가 있음을 요하지 않는다.
③ 알선뇌물요구죄가 성립하기 위하여는 뇌물을 요구할 당시 반드시 상대방에게 알선에 의하여 해결을 도모하여야 할 현안이 존재하여야 할 필요는 없다.

④ 알선뇌물요구죄는 반드시 알선상대방인 다른 공무원이나 그 직무의 내용이 구체적으로 특정될 필요가 없으므로, 상대방으로 하여금 뇌물을 요구하는 자에게 잘 보이면 그로부터 어떤 도움을 받을 수 있다거나 손해를 입을 염려가 없다는 정도의 막연한 기대감을 갖게 하며 뇌물을 요구하였다면 알선뇌물요구죄가 성립한다.
⑤ 공무원이 그 지위를 이용하여 다른 공무원의 정당한 직무에 속한 사항의 알선에 관하여 뇌물을 약속한 경우에도 알선뇌물약속죄가 성립한다.

해설 ★★

① (○) 자동차를 뇌물로 제공한 경우 자동차등록원부에 뇌물수수자가 그 소유자로 등록되지 않았다고 하더라도 자동차의 사실상 소유자로서 자동차에 대한 실질적인 사용 및 처분권한이 있다면 자동차 자체를 뇌물로 취득한 것으로 보아야 한다(대판 2006.04.27. 2006도735).
② (○) 알선수뢰죄는 공무원이 그 지위를 이용하여 다른 공무원의 직무에 속한 사항의 알선에 관하여 뇌물을 수수, 요구 또는 약속하는 것을 그 성립요건으로 하고 있고, 여기서 '공무원이 그 지위를 이용하여'라 함은 친구, 친족관계 등 사적인 관계를 이용하는 경우에는 이에 해당한다고 할 수 없으나, 다른 공무원이 취급하는 사무의 처리에 법률상이거나 사실상으로 영향을 줄 수 있는 관계에 있는 공무원이 그 지위를 이용하는 경우에는 이에 해당하고, 그 사이에 상하관계, 협동관계, 감독권한 등의 특수한 관계가 있음을 요하지 않는다(대판 2005.11.10. 2004도42).
③ (○) 알선행위는 장래의 것이라도 무방하므로 알선뇌물수수죄가 성립하기 위하여는 뇌물을 수수할 당시 반드시 상대방에게 알선에 의하여 해결을 도모하여야 할 현안이 존재하여야 할 필요가 없다(대판 2013.04.11. 2012도16277).
④ (X) 알선뇌물요구죄가 성립하려면 알선할 사항이 다른 공무원의 직무에 속하는 사항으로서 뇌물요구의 명목이 그 사항의 알선에 관련된 것임이 어느 정도 구체적으로 나타나야 한다. 단지 상대방으로 하여금 뇌물을 요구하는 자에게 잘 보이면 그로부터 어떤 도움을 받을 수 있다거나 손해를 입을 염려가 없다는 정도의 막연한 기대감을 갖게 하는 정도에 불과하고, 뇌물을 요구하는 자 역시 상대방이 그러한 기대감을 가질 것이라고 짐작하면서 뇌물을 요구하였다는 정도의 사정만으로는 알선뇌물요구죄가 성립한다고 볼 수 없다(대판 2009.07.23. 2009도3924).
⑤ (○) 형법 제132조의 알선수뢰죄는 당해직무를 처리하는 다른 공무원과 직접, 간접의 연관관계를 가지고 법률상이거나 사실상이거나를 막론하고 어떤 영향력을 미칠 수 있는 지위에 있는 공무원이 그 지위를 이용하여 다른공무원의 직무에 속한 사항의 알선에 관하여 뇌물을 수수, 요구, 약속한 때에 성립한다(대판 1988.01.19. 86도1138).

정답 ④

문 18

다음 설명 중 옳지 않은 것은 모두 몇 개인가?(다툼이 있는 경우 판례에 의함) [2016년 39번]

㉮ 법령에 기한 임명권자에 의하여 임용되어 공무에 종사하여 온 사람이 나중에 그가 임용결격자이었음이 밝혀져 당초의 임용행위가 무효라고 하더라도 수뢰죄에서 규정한 공무원으로 봄이 타당하고, 그가 그 직무에 관하여 뇌물을 수수한 때에는 수뢰죄로 처벌할 수 있다.
㉯ 국가공무원이 지방자치단체의 업무에 관하여 전문가로서 위원 위촉을 받아 한시적으로 직무를 수행하는 경우와 같이 공무원이 그 고유의 직무와 관련이 없는 일에 관하여 별도의 위촉절차

등을 거쳐 다른 직무를 수행하게 된 경우에는 그 위촉이 종료되면 그 위원 등으로서 새로 보유하였던 공무원 지위는 소멸한다고 보아야 하므로, 그 이후에 종전에 위촉받아 수행한 직무에 관하여 금품을 수수하더라도 일반 수뢰죄로 처벌할 수 없다.

㈐ 뇌물죄에서 금품의 무상대여를 통하여 위법한 재산상 이익을 취득한 경우 변제기나 지연손해금에 관한 약정이 가장되어 무효라고 볼 만한 사정이 없는 한 금품수수일로부터 약정된 변제기까지 금품을 무이자로 차용하여 얻은 금융이익의 수액을 산정한 뒤 이를 추징하여야 한다. 다만 그와 같이 약정된 변제기가 없는 경우에는 판결 선고일 전에 실제로 차용금을 변제하였다거나 대여자의 변제 요구에 의하여 변제기가 도래하였다는 등의 특별한 사정이 없는 한, 금품을 무이자로 차용하여 얻은 금융이익의 수액을 특정할 수 없어 추징할 수 없다.

㈑ 여러 사람이 공동으로 뇌물을 수수한 경우 그 가액을 추징하려면 실제로 분배받은 금품만을 개별적으로 추징하여야 하고 수수금품을 개별적으로 알 수 없을 때에는 평등하게 추징하여야 하며 공동정범과 달리 교사범 또는 종범은 뇌물의 공동수수자에 해당할 수 없다.

㈒ 뇌물을 수수한 자가 공동수수자가 아닌 교사범 또는 종범에게 뇌물 중 일부를 사례금 등의 명목으로 교부하였다면 이는 뇌물을 수수하는 데 따르는 부수적 비용의 지출 또는 뇌물의 소비행위에 지나지 아니하므로, 뇌물수수자에게서 수뢰액 전부를 추징하여야 한다.

㈓ 배임수재자가 배임증재자에게서 그가 무상으로 빌려준 물건을 인도받아 사용하고 있던 중에 공무원이 된 경우, 그 사실을 알게 된 배임증재자가 배임수재자에게 앞으로 물건은 공무원의 직무에 관하여 빌려주는 것이라고 하면서 뇌물공여의 뜻을 밝히고 물건을 계속하여 배임수재자가 사용할 수 있는 상태로 두더라도, 처음에 배임증재로 무상 대여할 당시에 정한 사용기간을 추가로 연장해 주는 등 새로운 이익을 제공한 것으로 평가할 만한 사정이 없다면 뇌물공여죄가 성립하지 않는다.

① 1개 ② 2개 ③ 3개
④ 4개 ⑤ 5개

해설 ★★

㈎ (○) 형법이 뇌물죄에 관하여 규정하고 있는 것은 공무원의 직무집행의 공정과 그에 대한 사회의 신뢰 및 직무행위의 불가매수성을 보호하기 위한 것이다. 법령에 기한 임명권자에 의하여 임용되어 공무에 종사하여 온 사람이 나중에 그가 임용결격자이었음이 밝혀져 당초의 임용행위가 무효라고 하더라도, 그가 임용행위라는 외관을 갖추어 실제로 공무를 수행한 이상 공무 수행의 공정과 그에 대한 사회의 신뢰 및 직무행위의 불가매수성은 여전히 보호되어야 한다. 따라서 이러한 사람은 형법 제129조에서 규정한 공무원으로 봄이 타당하고, 그가 그 직무에 관하여 뇌물을 수수한 때에는 수뢰죄로 처벌할 수 있다(대판 2014.03.27. 2013도11357).

㈏ (○) 국가공무원이 지방자치단체의 업무에 관하여 전문가로서 위원 위촉을 받아 한시적으로 직무를 수행하는 경우와 같이 공무원이 그 고유의 직무와 관련이 없는 일에 관하여 별도의 위촉절차 등을 거쳐 다른 직무를 수행하게 된 경우에는 그 위촉이 종료되면 그 위원 등으로서 새로 보유하였던 공무원 지위는 소멸한다고 보아야 하므로, 그 이후에 종전에 위촉받아 수행한 직무에 관하여 금품을 수수하더라도 이는 사후수뢰죄에 해당할 수 있음은 별론으로 하고 일반 수뢰죄로 처벌할 수는 없다(대판 2013.11.28. 2013도10011).

㈐ (X) 형법 제134조의 규정에 의한 필요적 몰수 또는 추징은 같은 법 제129조 내지 133조를 위반한 자에게 제공되거나 공여될 금품 기타 재산상 이익을 박탈하여 그들로 하여금 부정한 이익을 보유하지 못하게 함에 그 목적이 있다. 금품의 무상대여를 통하여 위법한 재산상 이익을 취득한 경우 범인이 받은 부정한 이익은

그로 인한 금융이익 상당액이라 할 것이므로 추징의 대상이 되는 것은 무상으로 대여받은 금품 그 자체가 아니라 위 금융이익 상당액이라고 봄이 상당하다. 한편 여기에서 추징의 대상이 되는 금융이익 상당액은 객관적으로 산정되어야 할 것인데, 범인이 금융기관으로부터 대출받는 등 통상적인 방법으로 자금을 차용하였을 경우 부담하게 될 대출이율을 기준으로 하거나 그 대출이율을 알 수 없는 경우에는 금품을 제공받은 피고인의 지위에 따라 민법 또는 상법에서 규정하고 있는 법정이율을 기준으로 하여, 변제기나 지연손해금에 관한 약정이 가장되어 무효라고 볼 만한 사정이 없는 한 금품수수일로부터 약정된 변제기까지 금품을 무이자로 차용하여 얻은 금융이익의 수액을 산정한 뒤 이를 추징하여야 한다. 나아가 그와 같이 약정된 변제기가 없는 경우에는, 판결 선고일 전에 실제로 차용금을 변제하였다거나 대여자의 변제 요구에 의하여 변제기가 도래하였다는 등의 특별한 사정이 없는 한, 금품수수일로부터 판결 선고시까지 금품을 무이자로 차용하여 얻은 금융이익의 수액을 산정한 뒤 이를 추징하여야 할 것이다(대판 2014.05.16. 2014도1547).

㉣ (X), ㉤ (○) 여러 사람이 공동으로 뇌물을 수수한 경우 그 가액을 추징하려면 실제로 분배받은 금품만을 개별적으로 추징하여야 하고 수수금품을 개별적으로 알 수 없을 때에는 평등하게 추징하여야 하며 공동정범뿐 아니라 교사범 또는 종범도 뇌물의 공동수수자에 해당할 수 있으나, 공동정범이 아닌 교사범 또는 종범의 경우에는 정범과의 관계, 범행 가담 경위 및 정도, 뇌물 분배에 관한 사전약정의 존재 여부, 뇌물공여자의 의사, 종범 또는 교사범이 취득한 금품이 전체 뇌물수수액에서 차지하는 비중 등을 고려하여 공동수수자에 해당하는지를 판단하여야 한다. 그리고 뇌물을 수수한 자가 공동수수자가 아닌 교사범 또는 종범에게 뇌물 중 일부를 사례금 등의 명목으로 교부하였다면 이는 뇌물을 수수하는 데 따르는 부수적 비용의 지출 또는 뇌물의 소비행위에 지나지 아니하므로, 뇌물수수자에게서 수뢰액 전부를 추징하여야 한다(대판 2011.11.24. 2011도9585).

㉥ (○) 배임수재자가 배임증재자에게서 그가 무상으로 빌려준 물건을 인도받아 사용하고 있던 중에 공무원이 된 경우, 그 사실을 알게 된 배임증재자가 배임수재자에게 앞으로 물건은 공무원의 직무에 관하여 빌려주는 것이라고 하면서 뇌물공여의 뜻을 밝히고 물건을 계속하여 배임수재자가 사용할 수 있는 상태로 두더라도, 처음에 배임증재로 무상 대여할 당시에 정한 사용기간을 추가로 연장해 주는 등 새로운 이익을 제공한 것으로 평가할 만한 사정이 없다면, 이는 종전에 이미 제공한 이익을 나중에 와서 뇌물로 하겠다는 것에 불과할 뿐 새롭게 뇌물로 제공되는 이익이 없어 뇌물공여죄가 성립하지 않는다(대판 2015.10.15. 2015도6232).

정답 ②

제❷절 ▎ 공무방해에 관한 죄

문 19

형법 제137조의 위계에 의한 공무집행방해죄에 관한 다음 설명 중 옳지 않은 것은 모두 몇 개인가? [2022년 3번]

ㄱ. 위계에 의한 공무집행방해죄에 있어서 위계라 함은 행위자의 행위목적을 이루기 위하여 상대방에게 오인, 착각, 부지를 일으키게 하여 그 오인, 착각, 부지를 이용하는 것을 말하는 것으로 상대방이 이에 따라 그릇된 행위나 처분을 하여야만 이 죄가 성립하는 것이고, 만약 범죄행위가 구체적인 공무집행을 저지하거나 현실적으로 곤란하게 하는 데까지는 이르지 아니하고 미수에 그친 경우에는 위계에 의한 공무집행방해죄로 처벌할 수 없다.

ㄴ. 행정관청이 출원에 의한 인·허가처분을 함에 있어서는 그 출원사유가 사실과 부합하지 아니하는 경우가 있음을 전제로 하여 인·허가할 것인지의 여부를 심사, 결정하는 것이므로 행정관청이 사실을 충분히 확인하지 아니한 채 출원자가 제출한 허위의 출원사유나 허위의 소명자료를 가볍

게 믿고 인가 또는 허가를 하였다면 이는 행정관청의 불충분한 심사에 기인한 것으로서 출원자의 위계가 결과 발생의 주된 원인이었다고 할 수 없어 위계에 의한 공무집행방해죄를 구성하지 않는다고 할 것이지만, 출원자가 행정관청에 허위의 출원사유를 주장하면서 이에 부합하는 허위의 소명자료를 첨부하여 제출한 경우 허가관청이 관계 법령이 정한 바에 따라 인·허가요건의 존부 여부에 관하여 나름대로 충분히 심사를 하였으나 출원사유 및 소명자료가 허위임을 발견하지 못하여 인·허가처분을 하게 되었다면 이는 허가관청의 불충분한 심사가 그의 원인이 된 것이 아니라 출원인의 위계행위가 원인이 된 것이어서 위계에 의한 공무집행방해죄가 성립된다.
ㄷ. 행정청에 대한 일방적 통고로 효과가 완성되는 '신고'의 경우 신고인이 신고서에 허위사실을 기재하거나 허위의 소명자료를 제출하는 것만으로도 담당 공무원의 구체적이고 현실적인 직무집행이 방해받았다고 볼 수 있으므로 특별한 사정이 없는 한 허위 신고가 위계에 의한 공무집행방해죄를 구성한다.
ㄹ. 담당 공무원들 모두의 공모 또는 양해 아래 부정한 행위가 이루어졌다면 이로 말미암아 오인 등을 일으킨 상대방이 있다고 할 수 없으므로, 그러한 행위는 위계에 의한 공무집행방해죄에서의 위계에 해당한다고 볼 수 없다.
ㅁ. 위계에 의한 공무집행방해죄에서 공무원의 직무집행이란 법령의 위임에 따른 공무원의 적법한 직무집행인 이상 공권력의 행사를 내용으로 하는 권력적 작용뿐만 아니라 사경제주체로서의 활동을 비롯한 비권력적 작용도 포함된다.

① 없음   ② 1개   ③ 2개   ④ 3개   ⑤ 4개

MGI Point 위계에 의한 공무집행방해   ★★

- 위계에 의한 공무집행방해의 성립 ⇨ 구체적인 직무집행을 저지하거나 현실적으로 곤란하게 만들 것 要
- 출원에 의한 인·허가처분에서 행정관청이 불충분한 심사 ⇨ 위계에 의한 공·집·방 불성립
- 출원에 의한 인·허가처분에서 행정관청이 충분한 심사하였으나 허위 발견 못한 경우 ⇨ 위계에 의한 공집방 성립
- 행정청에 대한 일방적 통고로 효과가 완성되는 '신고' ⇨ 특별한 사정이 없는 한 허위 신고가 위계에 의한 공무집행방해죄 구성 ×
- 담당 공무원들 모두의 공모 또는 양해 아래 이루어진 부정한 행위 ⇨ 위계에 의한 공·집·방 불성립
- 위계에 의한 공무집행방해죄에서 직무집행 ⇨ 사경제주체로서의 활동을 비롯한 비권력적 작용도 포함

ㄱ. (○) 위계에 의한 공무집행방해죄에 있어서 '위계'라 함은 행위자의 행위목적을 이루기 위하여 상대방에게 오인, 착각, 부지를 일으키게 하여 그 오인, 착각, 부지를 이용하는 것으로서, 상대방이 이에 따라 그릇된 행위나 처분을 하여야만 위 죄가 성립한다. 만약, 그러한 행위가 구체적인 직무집행을 저지하거나 현실적으로 곤란하게 하는 데까지는 이르지 않은 경우에는 위계에 의한 공무집행방해죄로 처벌할 수 없다(대판 2009.04.23. 2007도1554).

ㄴ. (○) 행정관청이 출원에 의한 인·허가처분을 함에 있어서는 그 출원사유가 사실과 부합하지 아니하는 경우가 있음을 전제로 하여 인·허가할 것인지의 여부를 심사, 결정하는 것이므로 행정관청이 사실을 충분히 확인하지 아니한 채 출원자가 제출한 허위의 출원사유나 허위의 소명자료를 가볍게 믿고 인가 또는 허가를 하였다면 이는 행정관청의 불충분한 심사에 기인한 것으로서 출원자의 위계가 결과 발생의 주된 원인이었다고 할 수 없어 위계에 의한 공무집행방해죄를 구성하지 않는다고 할 것이지만, 출원자가 행정관청에 허위의 출원사유를 주장하면서 이에 부합하는 허위의 소명자료를 첨부하여 제출한 경우 허가관청이 관계 법령이 정한 바에 따라 인·허가요건의 존

부 여부에 관하여 나름대로 충분히 심사를 하였으나 출원사유 및 소명자료가 허위임을 발견하지 못하여 인·허가 처분을 하게 되었다면 이는 허가관청의 불충분한 심사가 그의 원인이 된 것이 아니라 출원인의 위계행위가 원인이 된 것이어서 위계에 의한 공무집행방해죄가 성립된다(대판 2002.09.04. 2002도2064).

ㄷ. (X) 위계에 의한 공무집행방해죄는 상대방의 오인, 착각, 부지를 일으키고 이를 이용하는 위계에 의하여 상대방이 그릇된 행위나 처분을 하게 함으로써 공무원의 구체적이고 현실적인 직무집행을 방해하는 경우에 성립한다. 따라서 행정청에 대한 일방적 통고로 효과가 완성되는 '신고'의 경우에는 신고인이 신고서에 허위사실을 기재하거나 허위의 소명자료를 제출하였더라도, 그것만으로는 담당 공무원의 구체적이고 현실적인 직무집행이 방해받았다고 볼 수 없어 특별한 사정이 없는 한 허위 신고가 위계에 의한 공무집행방해죄를 구성한다고 볼 수 없다(대판 2016.01.28. 2015도17297).

ㄹ. (○) 위계에 의한 공무집행방해죄에서 '위계'라 함은 행위자의 행위목적을 이루기 위하여 상대방인 담당 공무원에게 오인 등을 일으키게 하여 그 오인 등을 이용하는 것을 말한다. 따라서 담당 공무원들 모두의 공모 또는 양해 아래 부정한 행위가 이루어졌다면 이로 말미암아 오인 등을 일으킨 상대방이 있다고 할 수 없으므로, 그러한 행위는 위계에 의한 공무집행방해죄에서의 위계에 해당한다고 볼 수 없다(대판 2015.02.26. 2013도13217).

ㅁ. (○) 위계에 의한 공무집행방해죄는 행위목적을 이루기 위하여 상대방에게 오인, 착각, 부지를 일으키게 하여 이를 이용함으로써 법령에 의하여 위임된 공무원의 적법한 직무에 관하여 그릇된 행위나 처분을 하게 하는 경우에 성립하고, 여기에서 공무원의 직무집행이란 법령의 위임에 따른 공무원의 적법한 직무집행인 이상 공권력의 행사를 내용으로 하는 권력적 작용뿐만 아니라 사경제주체로서의 활동을 비롯한 비권력적 작용도 포함되는 것으로 봄이 상당하다(대판 2003.12.26. 2001도6349).

정답 ②

문 20

공무집행방해죄에 관한 다음 설명 중 가장 옳지 않은 것은? [2021년 33번]

① 피고인이 甲과 주차문제로 언쟁을 벌이던 중, 112 신고를 받고 출동한 경찰관 乙이 甲을 때리려는 피고인을 제지하자 자신만 제지를 당한 데 화가 나서 손으로 乙의 가슴을 밀치고, 피고인을 현행범으로 체포하며 순찰차 뒷좌석에 태우려고 하는 乙의 정강이 부분을 양발로 걷어차는 등 폭행한 것은 경찰관의 112 신고처리에 관한 직무집행을 방해한 것에 해당한다.

② 경찰관의 현행범인 체포경위 및 그에 관한 현행범인체포서와 범죄사실의 기재에 다소 차이가 있더라도, 그것이 논리와 경험칙상 장소적·시간적 동일성이 인정되는 범위 내라면 그 체포행위가 공무집행방해죄의 요건인 적법한 공무집행에 해당한다.

③ 경찰관 甲이 도로를 순찰하던 중 벌금 미납으로 지명수배된 피고인과 조우하게 되어 벌금 미납 사실을 고지하고 벌금납부를 유도하였으나 피고인이 이를 거부하자 벌금 미납으로 인한 노역장 유치의 집행을 위하여 구인하려 하였는데, 피고인이 이에 저항하여 甲을 폭행함으로써 벌금수배자 검거를 위한 경찰관의 공무집행을 방해한 경우 甲이 피고인을 구인하는 과정에서 형집행장이 발부되어 있는 사실은 고지하지 않았다면 甲의 직무집행은 위법하므로, 공무집행방해죄는 성립하지 않는다.

④ 현행범인으로서의 요건을 갖추고 있었다고 인정되지 않는 상황에서 경찰관들이 동행을 거부하는 자를 체포하거나 강제로 연행하려고 하였다면, 이는 적법한 공무집행이라고 볼 수 없으므로 강제연행을 거부하는 자를 도와 경찰관들에 대하여 폭행을 하는 등의 방법으로 그 연행을 방해하였다고 하더라도, 공무집행방해죄는 성립되지 않는다.

⑤ 특정 정당 소속 지방의회의원인 피고인들 등이 지방의회 의장 선거를 앞두고 '甲을 의장으로 추대'하기로 서면합의하고 그 이행을 확보하기 위해 투표용지에 가상의 구획을 설정하고 각 의원별로 기표할 위치를 미리 정하기로 구두합의하는 방법으로 선거를 사실상 기명·공개투표로 치르기로 공모한 다음 그 정을 모르는 임시의장 乙이 선거를 진행할 때 사전공모에 따라 투표하여 단독 출마한 甲이 의장에 당선되도록 하였다면, 위계에 의한 공무집행방해죄가 성립한다.

MGI Point 공무집행방해죄 ★★

- 피고인이 甲과 주차문제로 언쟁을 벌이던 중, 112 신고를 받고 출동한 경찰관 乙이 甲을 때리려는 피고인을 제지하자 자신만 제지를 당한 데 화가 나서 손으로 乙의 가슴을 밀치고, 피고인을 현행범으로 체포하며 순찰차 뒷좌석에 태우려고 하는 乙의 정강이 부분을 양발로 걷어차는 등 폭행 ⇨ 경찰관의 112 신고처리에 관한 직무집행을 방해한 경우에 해당
- 경찰관의 현행범인 체포경위 및 그에 관한 현행범인체포서와 범죄사실의 기재에 다소 차이가 있더라도, 그것이 논리와 경험칙상 장소적·시간적 동일성이 인정되는 범위 내라면 그 체포행위가 공무집행방해죄의 요건인 적법한 공무집행에 해당
- 경찰관이 피고인을 구인하는 과정에서 형집행장이 발부되어 있는 사실은 고지하지 않았다면 그 직무집행은 위법하므로, 피고인이 이에 저항하여 경찰관을 폭행하였더라도 공무집행방해죄는 불성립
- 위법한 공무집행으로서의 강제연행을 거부하는 자를 도와 경찰관들에 대하여 폭행을 하는 등의 방법으로 그 연행을 방해하였다고 하더라도, 공무집행방해죄 불성립
- 특정 정당 소속 지방의회의원인 피고인들 등이 지방의회 의장 선거를 앞두고 '甲을 의장으로 추대'하기로 서면합의하고 그 이행을 확보하기 위해 투표용지에 가상의 구획을 설정하고 각 의원별로 기표할 위치를 미리 정하기로 구두합의하는 방법으로 선거를 사실상 기명·공개투표로 치르기로 공모한 다음 그 정을 모르는 임시의장 乙이 선거를 진행할 때 사전공모에 따라 투표하여 단독 출마한 甲이 의장에 당선되도록 하여 위계로써 乙의 무기명투표 관리에 관한 직무집행을 방해하였다는 내용으로 기소된 사안 ⇨ '지방의회 임시의장의 무기명투표 관리에 관한 직무집행을 방해'하였다고 평가할 사정에 관한 검사의 증명이 없거나 부족하여 위계에 의한 공무집행방해죄 불성립

① (○) 피고인이 甲과 주차문제로 언쟁을 벌이던 중, 112 신고를 받고 출동한 경찰관 乙이 甲을 때리려는 피고인을 제지하자 자신만 제지를 당한 데 화가 나서 손으로 乙의 가슴을 1회 밀치고, 계속하여 욕설을 하면서 피고인을 현행범으로 체포하며 순찰차 뒷좌석에 태우려고 하는 乙의 정강이 부분을 양발로 2회 걷어차는 등 폭행함으로써 경찰관의 112 신고처리에 관한 직무집행을 방해하였다는 내용으로 기소된 사안에서, 제반 사정을 종합하면 피고인이 손으로 乙의 가슴을 밀칠 당시 乙은 112 신고처리에 관한 직무 내지 순찰근무를 수행하고 있었고, 이와 같이 공무를 집행하고 있는 乙의 가슴을 밀치는 행위는 공무원에 대한 유형력의 행사로서 공무집행방해죄에서 정한 폭행에 해당하며, 피고인이 체포될 당시 도망 또는 증거인멸의 염려가 없었다고 할 수 없어 체포의 필요성이 인정되고, 공소사실에 관한 증인들의 법정진술의 신빙성을 인정한 제1심의 판단을 뒤집을 만한 특별한 사정이 없다는 등의 이유로, 이와 달리 보아 공소사실을 무죄라고 판단한 원심판결에 공무집행방해죄의 폭행이나 직무집행, 현행범 체포의 요건 등에 관한 법리오해 또는 제1심 증인이 한 진술의 신빙성을 판단할 때 공판중심주의와 직접심리주의 원칙을 위반한 잘못이 있다고 한 사례(대판 2018.03.29. 2017도21537).

② (○) 경찰관의 현행범인 체포경위 및 그에 관한 현행범인체포서와 범죄사실의 기재에 다소 차이가 있더라도, 그것이 논리와 경험칙상 장소적·시간적 동일성이 인정되는 범위 내라면 그 체포행위가 공무집행방해죄의 요건인 적법한 공무집행에 해당한다고 한 사례(대판 2008.10.09. 2008도3640).

③ (○) 경찰관 甲이 도로를 순찰하던 중 벌금 미납으로 지명수배된 피고인과 조우하게 되어 벌금 미납 사실을 고지하고 벌금납부를 유도하였으나 피고인이 이를 거부하자 벌금 미납으로 인한 노역장 유치의 집행을 위하여 구인하려 하였는데, 피고인이 이에 저항하여 甲의 가슴을 양손으로 수차례 밀침으로써 벌금수배자 검거를 위한 경찰관의 공무집행을 방해하였다는 내용으로 기소된 사안에서, 피고인에 대하여 확정된 벌금형의 집행을 위하여 형집행장이 이미 발부되어 있었으나, 甲이 피고인을 구인하는 과정에서 형집행장이 발부되어 있는 사실은 고지하지 않았던 사정에 비추어 甲의 위와 같은 직무집행은 위법하다고 보아 공소사실을 무죄로 판단한 원심판결이 정당하다고 한 사례(대판 2017.09.26. 2017도9458).

④ (○) 현행범인으로서의 요건을 갖추고 있었다고 인정되지 않는 상황에서 경찰관들이 동행을 거부하는 자를 체포하거나 강제로 연행하려고 하였다면, 이는 적법한 공무집행이라고 볼 수 없으므로 강제연행을 거부하는 자를 도와 경찰관들에 대하여 폭행을 하는 등의 방법으로 그 연행을 방해하였다고 하더라도, 공무집행방해죄는 성립되지 않는다(대판 1991.09.24. 91도1314).

⑤ (X) [1] 위계에 의한 공무집행방해죄에서 위계란 행위자의 행위목적을 이루기 위하여 상대방에게 오인, 착각, 부지를 일으키게 하여 그 오인, 착각, 부지를 이용하는 것을 말하는 것으로 상대방이 이에 따라 그릇된 행위나 처분을 하여야만 이 죄가 성립하는 것이고, 만약 범죄행위가 구체적인 공무집행을 저지하거나 현실적으로 곤란하게 하는 데까지는 이르지 아니하고 미수에 그친 경우에는 위계에 의한 공무집행방해죄로 처벌할 수 없다. [2] 특정 정당 소속 지방의회의원인 피고인들 등이 지방의회 의장 선거를 앞두고 '甲을 의장으로 추대'하기로 서면합의하고 그 이행을 확보하기 위해 투표용지에 가상의 구획을 설정하고 각 의원별로 기표할 위치를 미리 정하기로 구두합의하는 방법으로 선거를 사실상 기명·공개투표로 치르기로 공모한 다음 그 정을 모르는 임시의장 乙이 선거를 진행할 때 사전공모에 따라 투표하여 단독 출마한 甲이 의장에 당선되도록 하여 위계로써 乙의 무기명투표 관리에 관한 직무집행을 방해하였다는 내용으로 기소된 사안에서, 지방자치법은 제48조 제1항에서 지방의회 의장을 무기명투표로 선거하여야 한다고 규정하나 그 위반행위를 처벌하는 별도 규정을 두고 있지 않으므로, 피고인들 등의 행위가 비밀선거 원칙(무기명투표 원칙)에 위배되는 면이 있음을 근거로 곧 乙의 직무집행을 방해한 것으로 평가할 수 없는 점, 지방의회의원들이 사전에 서로 합의한 방식대로 투표행위를 한 것만으로는 무기명투표 원칙에 반하는 전형적인 행위, 즉 투표 과정이나 투표 이후의 단계에서 타인의 투표 내용을 알려는 행위라거나 자신의 투표 내용을 공개하는 것 또는 타인에게 투표의 공개를 요구하는 행위로 평가하기 어려우므로, 위와 같은 서면합의와 구두합의의 실행 자체가 곧바로 '지방의회 의장 선거 과정에서 무기명투표 원칙이 구현되도록 할 임시의장의 직무집행'을 방해하였다고 보기 어려운 점, 위와 같은 합의 수준에서 더 나아가 피고인들 등 사이에 합의에 반하는 투표가 이루어졌는지를 확인할 감표 위원을 누구로 정할 것인지, 투표용지 확인은 언제, 어떤 방법으로 하고, 합의에 반하는 투표를 한 의원에 대해 어떠한 제재를 가할 것인지에 관하여 논의가 이루어졌음을 증명할 증거가 없는 점 등 제반 사정을 종합하면, 피고인들 등이 '지방의회 임시의장의 무기명투표 관리에 관한 직무집행을 방해'하였다고 평가할 사정에 관한 검사의 증명이 없거나 부족하다는 등의 이유로, 이와 달리 보아 피고인들에게 유죄를 인정한 원심판결에 위계에 의한 공무집행방해죄의 성립에서 위계의 실행행위와 공무집행방해의 결과 및 그 고의에 관한 법리 등을 오해한 잘못이 있다고 한 사례(대판 2021.04.29. 2018도18582).

정답 ⑤

문 21

다음 설명 중 가장 옳지 않은 것은? [2018년 19번]

① 형사사건을 조사하던 경찰관이 스스로의 판단에 따라 자신이 보관하던 진술서를 임의로 피고인에게 넘겨준 것이라면, 위 진술서의 보관책임자인 경찰관은 장차 이를 공무소에서 사용하지 아니하고 폐기할 의도하에 처분한 것이라고 보아야 할 것이므로, 위 진술서는 더 이상 공무소에서 사용하거나 보관하는 문서가 아닌 것이 되어 공용서류로서의 성질을 상실하였다고 보아야 한다.

② 등기신청인이 제출한 허위의 소명자료 등에 대하여 등기관이 나름대로 충분히 심사를 하였음에도 이를 발견하지 못하여 등기가 마쳐지게 되었다면 위계에 의한 공무집행방해죄가 성립할 수 있다.

③ 압류물을 집행관의 승인 없이 임의로 그 관할구역 밖으로 옮긴 경우에는 압류집행의 효용을 해하게 된다고 할 것이므로 공무상비밀표시무효죄가 성립한다.

④ 형법 제140조의2에서 정하는 부동산강제집행효용침해죄의 입법취지와 체제 및 내용과 구조를 살펴보면, 부동산강제집행효용침해죄의 객체인 강제집행으로 명도 또는 인도된 부동산에는 강제집행으로 퇴거집행된 부동산은 포함되지 아니한다고 해석된다.
⑤ 직무를 집행하는 공무원에 대하여 위험한 물건을 휴대하여 고의로 상해를 가한 경우에는 특수공무집행방해치상죄만 성립할 뿐, 이와는 별도로 특수상해죄(형법 제258조의2)를 구성하지 않는다.

해설 ★★

① (○) 형법 제141조 제1항에 규정한 공용서류무효죄는 공문서나 사문서를 묻지 아니하고 공무소에서 사용 중이거나 사용할 목적으로 보관하는 서류 기타 물건을 그 객체로 하므로, 형사사건을 조사하던 경찰관이 스스로의 판단에 따라 자신이 보관하던 진술서를 임의로 피고인에게 넘겨준 것이라면, 위 진술서의 보관책임자인 경찰관은 장차 이를 공무소에서 사용하지 아니하고 폐기할 의도하에 처분한 것이라고 보아야 할 것이므로, 위 진술서는 더 이상 공무소에서 사용하거나 보관하는 문서가 아닌 것이 되어 공용서류로서의 성질을 상실하였다고 보아야 한다(대판 1999.02.24. 98도4350).

② (○) 위계에 의한 공무집행방해죄는 상대방의 오인, 착각, 부지를 일으키고 이를 이용하는 위계에 의하여 상대방이 그릇된 행위나 처분을 하게 함으로써 공무원의 구체적이고 현실적인 직무집행을 방해하는 경우에 성립한다. 따라서 행정청에 대한 일방적 통고로 효과가 완성되는 '신고'의 경우에는 신고인이 신고서에 허위사실을 기재하거나 허위의 소명자료를 제출하였더라도, 그것만으로는 담당 공무원의 구체적이고 현실적인 직무집행이 방해받았다고 볼 수 없어 특별한 사정이 없는 한 허위 신고가 위계에 의한 공무집행방해죄를 구성한다고 볼 수 없다. 그러나 행정관청이 출원에 의한 인허가처분 여부를 심사하거나 신청을 받아 일정한 자격요건 등을 갖춘 때에 한하여 그에 대한 수용 여부를 결정하는 등의 업무를 하는 경우에는 위 '신고'의 경우와 달리, 출원자나 신청인이 제출한 허위의 소명자료 등에 대하여 담당 공무원이 나름대로 충분히 심사를 하였으나 이를 발견하지 못하여 인허가처분을 하게 되거나 신청을 수리하게 되었다면, 출원자나 신청인의 위계행위가 원인이 되어 행정관청이 그릇된 행위나 처분에 이르게 된 것이어서 위계에 의한 공무집행방해죄가 성립한다(대판 2016.01.28. 2015도17297).

③ (○) 압류물을 집달관의 승인 없이 임의로 그 관할구역 밖으로 옮긴 경우에는 압류집행의 효용을 해하게 된다고 할 것이므로 공무상비밀표시무효죄가 성립한다(대판 1992.05.26. 91도894).

④ (X) 형법 제140조의2 부동산강제집행효용침해죄의 입법취지와 체제 및 내용과 구조를 살펴보면, 부동산강제집행효용침해죄의 객체인 강제집행으로 명도 또는 인도된 부동산에는 강제집행으로 퇴거집행된 부동산을 포함한다고 해석된다(대판 2003.05.13. 2001도3212).

⑤ (○) 기본범죄를 통하여 고의로 중한 결과를 발생하게 한 경우에 가중 처벌하는 부진정결과적가중범에서, 고의로 중한 결과를 발생하게 한 행위가 별도의 구성요건에 해당하고 그 고의범에 대하여 결과적가중범에 정한 형보다 더 무겁게 처벌하는 규정이 있는 경우에는 그 고의범과 결과적가중범이 상상적 경합관계에 있지만, 위와 같이 고의범에 대하여 더 무겁게 처벌하는 규정이 없는 경우에는 결과적가중범이 고의범에 대하여 특별관계에 있으므로 결과적가중범만 성립하고 이와 법조경합의 관계에 있는 고의범에 대하여는 별도로 죄를 구성하지 않는다. 직무를 집행하는 공무원에 대하여 위험한 물건을 휴대하여 고의로 상해를 가한 경우에는 특수공무집행방해치상죄만 성립할 뿐, 이와는 별도로 폭력행위 등 처벌에 관한 법률 위반(집단·흉기 등 상해)죄를 구성하지 않는다(대판 2008.11.27. 2008도7311). 이러한 판례의 취지를 고려할 때 특수상해죄보다 특수공무집행방해치상죄의 법정형이 더 중하므로, 결국 특수공무집행방해치상죄만 성립한다고 해야 한다.

정답 ④

문 22

공무상표시무효죄에 관한 다음 설명 중 가장 옳지 않은 것은? (다툼이 있는 경우 판례에 의함)
[2017년 24번]

① 甲은 자신의 실용신안권을 침해한 乙에 대하여 침해제품의 생산을 금지하고 보관중인 침해제품의 점유를 풀고, 집행관은 이를 보관하며 그 명령의 취지를 공시하도록 하는 내용의 가처분결정을 받았고, 이에 따라 집행관이 위 부작위명령을 고시하였을 뿐 乙이 보관중인 침해제품을 자신의 점유로 옮기는 등 구체적인 집행행위를 하지 아니한 경우, 乙이 위 부작위명령을 위반한 것만으로 공무상 표시의 효용을 해하는 행위에 해당하지 아니한다.
② 공무원이 그 직무에 관하여 실시한 봉인 등의 표시가 유효함에도 법률상 효력이 없다고 믿은 경우 그와 같이 믿은 데에 정당한 이유가 없는 이상 그와 같이 믿었다는 사정만으로는 공무상표시무효죄의 죄책을 면할 수 없다.
③ 출입금지가처분은 그 성질상 가처분채권자의 의사에 반하여 건조물 등에 출입하는 것을 금지하는 것이므로 비록 가처분결정에 그러한 취지가 명시되어 있지 않다고 하더라도 가처분채권자의 승낙을 얻어 그 건조물 등에 출입하는 경우에는 출입금지가처분 표시의 효용을 해한 것이라고 할 수 없다.
④ 공무원이 그 직권을 남용하여 위법하게 실시한 봉인 또는 압류 기타 강제처분의 표시임이 명백하여 법률상 당연무효 또는 부존재라고 볼 수 있는 경우에는 그 봉인 등의 표시는 공무상표시무효죄의 객체가 되지 아니하여 이를 손상 또는 은닉하거나 기타 방법으로 그 효용을 해한다 하더라도 공무상표시무효죄가 성립하지 아니한다 할 것이지만, 공무원이 실시한 봉인 등의 표시에 절차상 또는 실체상의 하자가 있다고 하더라도 객관적·일반적으로 그것이 공무원이 그 직무에 관하여 실시한 봉인 등으로 인정할 수 있는 상태에 있다면 적법한 절차에 의하여 취소되지 아니하는 한 공무상표시무효죄의 객체로 된다.
⑤ 온천수사용금지가처분결정이 있기 전부터 온천이용허가권자인 가처분채무자로부터 이를 양수하고 임대차계약의 형식을 빌어 온천수를 이용하여 온 사람이 위 금지명령을 위반하여 계속 온천수를 사용한 경우, 그 사람의 위반행위는 공무상표시무효죄를 구성한다.

:: 해설 ★★

① (○) 형법 제140조 제1항의 공무상 표시무효죄는 공무원이 그 직무에 관하여 봉인, 동산의 압류, 부동산의 점유 등과 같은 구체적인 강제처분을 실시하였다는 표시를 손상 또는 은닉하거나 기타 방법으로 그 효용을 해함으로써 성립하는 범죄이다. 따라서 집행관이 법원으로부터 피신청인에 대하여 부작위를 명하는 가처분이 발령되었음을 고시하는 데 그치고 나아가 봉인 또는 물건을 자기의 점유로 옮기는 등의 구체적인 집행행위를 하지 아니하였다면, 단순히 피신청인이 위 가처분의 부작위명령을 위반하였다는 것만으로는 공무상 표시의 효용을 해하는 행위에 해당하지 않는다(대판 2008.12.24. 2006도1819).
② (○) 공무원이 그 직무에 관하여 실시한 봉인 등의 표시를 손상 또는 은닉 기타의 방법으로 그 효용을 해함에 있어서 그 봉인 등의 표시가 법률상 효력이 없다고 믿은 것은 법규의 해석을 잘못하여 행위의 위법성을 인식하지 못한 것이라고 할 것이므로 그와 같이 믿은 데에 정당한 이유가 없는 이상, 그와 같이 믿었다는 사정만으로는 공무상표시무효죄의 죄책을 면할 수 없다(대판 2000.04.21. 99도5563).
③ (○) 출입금지가처분은 그 성질상 가처분 채권자의 의사에 반하여 건조물 등에 출입하는 것을 금지하는 것이므로 비록 가처분결정이나 그 결정의 집행으로서 집행관이 실시한 고시에 그러한 취지가 명시되어 있지

않다고 하더라도 가처분 채권자의 승낙을 얻어 그 건조물 등에 출입하는 경우에는 출입금지가처분 표시의 효용을 해한 것이라고 할 수 없다(대판 2006.10.13. 2006도4740).
④ (○) 공무원이 그 직권을 남용하여 위법하게 실시한 봉인 또는 압류 기타 강제처분의 표시임이 명백하여 법률상 당연무효 또는 부존재라고 볼 수 있는 경우에는 그 봉인 등의 표시는 공무상표시무효죄의 객체가 되지 아니하여 이를 손상 또는 은닉하거나 기타 방법으로 그 효용을 해한다 하더라도 공무상표시무효죄가 성립하지 아니한다 할 것이지만, 공무원이 실시한 봉인 등의 표시에 절차상 또는 실체상의 하자가 있다고 하더라도 객관적·일반적으로 그것이 공무원이 그 직무에 관하여 실시한 봉인 등으로 인정할 수 있는 상태에 있다면 적법한 절차에 의하여 취소되지 아니하는 한 공무상표시무효죄의 객체로 된다(대판 2007.03.15. 2007도312).
⑤ (X) 온천수 사용금지 가처분결정이 있기 전부터 온천이용허가권자인 가처분 채무자로부터 이를 양수하고 임대차계약의 형식을 빌어 온천수를 이용하여 온 제3자가 위 금지명령을 위반하여 계속 온천수를 사용한 경우, 위 제3자가 위 가처분 사건 당사자 사이의 권리관계 내용을 잘 알고 있었다거나 그가 실질적으로는 가처분 채무자와 같은 당사자 위치에 있었다는 등의 사정이 있다 하여도 위 위반행위가 공무상표시무효죄를 구성하지 않는다(대판 2007.11.16. 2007도5539).

 ⑤

문 23

다음 중 공무집행방해죄가 성립하지 않는 것을 모두 고른 것은?(다툼이 있는 경우 판례에 의함)
[2017년 26번]

> 가. 피고인이 차량을 일단 정차한 다음 경찰관의 운전면허증 제시요구에 불응하고 다시 출발하는 과정에서 경찰관이 잡고 있던 운전석 쪽의 열린 유리창 윗부분을 놓지 않은 채 어느 정도 진행하다가 차량속도가 빨라지자 더 이상 따라가지 못하고 손을 놓아버린 경우
> 나. 현행범인으로서의 요건을 갖추고 있었다고 인정되지 않는 상황에서 경찰관들이 동행을 거부하는 자를 체포하거나 강제로 연행하려고 하자 피고인이 강제연행을 거부하는 자를 도와 경찰관들에 대하여 폭행을 하는 등의 방법으로 그 연행을 방해한 경우
> 다. 경찰관이 벌금형에 따르는 노역장 유치의 집행을 위하여 형집행장을 소지하지 아니한 채 피고인을 구인할 목적으로 그의 주거지를 방문하여 임의동행의 형식으로 데리고 가다가, 피고인이 동행을 거부하며 다른 곳으로 가려는 것을 제지하면서 체포·구인하려고 하자 피고인이 이를 거부하면서 경찰관을 폭행한 경우
> 라. 검문 중이던 경찰관들이 자전거를 이용한 날치기 사건 범인과 흡사한 인상착의의 피고인이 자전거를 타고 다가오는 것을 발견하고 정지를 요구하였으나 멈추지 않아 앞을 가로막고 검문에 협조해 달라고 하였음에도 불응하고 그대로 전진하자, 따라가서 재차 앞을 막고 검문에 응하라고 요구하였는데, 이에 피고인이 경찰관들의 멱살을 잡아 밀치는 등 항의하면서 폭행한 경우
> 마. 폭력행위 등 전과 12범인 피고인이 자신이 운영하는 술집에서 떠들며 놀다가 주민의 신고를 받고 출동한 경찰로부터 조용히 하라는 주의를 받은 것에 앙심을 품고 새벽 4시에 파출소에 뒤쫓아가 "우리 집에 무슨 감정이 있느냐, 이 순사새끼들 죽고 싶으냐"는 등의 폭언을 한 경우

① 가, 라   ② 가, 나, 다   ③ 가, 나, 라
④ 나, 다   ⑤ 나, 다, 마

:: 해설 ★★

가. (성립 X) 차량을 일단 정차한 다음 경찰관의 운전면허증 제시요구에 불응하고 다시 출발하는 과정에서 경찰관이 잡고 있던 운전석 쪽의 열린 유리창 윗부분을 놓지 않은 채 어느 정도 진행하다가 차량속도가 빨라지자 더 이상 따라가지 못하고 손을 놓아버렸다면 이러한 사실만으로는 피고인의 행위가 공무집행방해죄에 있어서의 폭행에 해당한다고 할 수 없다(대판 1996.04.26. 96도281).

나. (성립 X) 현행범인으로서의 요건을 갖추고 있었다고 인정되지 않는 상황에서 경찰관들이 동행을 거부하는 자를 체포하거나 강제로 연행하려고 하였다면, 이는 적법한 공무집행이라고 볼 수 없으므로 강제연행을 거부하는 자를 도와 경찰관들에 대하여 폭행을 하는 등의 방법으로 그 연행을 방해하였다고 하더라도, 공무집행방해죄는 성립되지 않는다(대판 1991.09.24. 91도1314).

다. (성립 X) 경찰관이 벌금형에 따르는 노역장 유치의 집행을 위하여 형집행장을 소지하지 아니한 채 피고인을 구인할 목적으로 그의 주거지를 방문하여 임의동행의 형식으로 데리고 가다가, 피고인이 동행을 거부하며 다른 곳으로 가려는 것을 제지하면서 체포·구인하려고 하자 피고인이 이를 거부하면서 경찰관을 폭행한 사안에서, 위와 같이 피고인을 체포·구인하려고 한 것은 노역장 유치의 집행에 관한 법규정에 반하는 것으로서 적법한 공무집행행위라고 할 수 없으며, 또한 그 경우에 형집행장의 제시 없이 구인할 수 있는 '급속을 요하는 경우'(형사소송법 제85조 제3항)에 해당한다고 할 수 없고, 이는 피고인이 벌금미납자로 지명수배되었다고 하더라도 달리 볼 것이 아니라는 이유로, 위 공무집행방해의 공소사실에 대하여 무죄를 선고한다(대판 2010.10.14. 2010도8591).

라. (성립 O) 검문 중이던 경찰관들이, 자전거를 이용한 날치기 사건 범인과 흡사한 인상착의의 피고인이 자전거를 타고 다가오는 것을 발견하고 정지를 요구하였으나 멈추지 않아, 앞을 가로막고 검문에 협조해 달라고 하였음에도 불응하고 그대로 전진하자, 따라가서 재차 앞을 막고 검문에 응하라고 요구하였는데, 이에 피고인이 경찰관들의 멱살을 잡아 밀치는 등 항의하여 공무집행방해 등으로 기소된 사안에서, 경찰관들의 행위는 적법한 불심검문에 해당한다고 보아야 하는데도, 이와 달리 보아 피고인에게 무죄를 선고한 원심판결에 법리오해의 위법이 있다(대판 2012.09.13. 2010도6203).

마. (성립 O) 폭력행위 등 전과 12범인 피고인이 그 경영의 술집에서 떠들며 놀다가 주민의 신고를 받고 출동한 경찰로부터 조용히 하라는 주의를 받은 것 뿐인데 그후 새벽 4시의 이른 시각에 파출소에까지 뒤쫓아가서 "우리 집에 무슨 감정이 있느냐, 이 순사새끼들 죽고 싶으냐"는 등의 폭언을 하였다면, 이는 단순한 불만의 표시나 감정적인 욕설에 그친다고 볼수 없고, 경찰이 계속하여 단속하는 경우에 생명, 신체에 어떤 위해가 가해지리라는 것을 통보함으로써 공포심을 품게 하려는데 그 목적이 있었다고 할 것이고, 또 이는 객관적으로 보아 상대방으로 하여금 공포심을 느끼게 하기에 족하다고 할 것이다(대판 1989.12.26. 89도1204).

정답 ②

문 24

공무방해에 관한 죄에 대한 다음 설명 중 가장 옳은 것은? [2019년 25번]

① 형법상 공무원이라 함은 법령의 근거에 기하여 국가 또는 지방자치단체 및 이에 준하는 공법인의 사무에 종사하는 자로서 그 노무의 내용이 단순한 기계적 육체적인 것에 한정되어 있지 않은 자를 말하므로, 국민권익위원회 운영지원과 소속 기간제근로자로서 국민권익위원회의 청사 안전관리 및 민원인 안내를 담당하는 자는 공무집행방해죄에서의 공무원에 해당한다.

② 등기관은 그 등기신청이 실체법상의 권리관계와 일치하는지 여부를 심사할 실질적인 심사권한은 없으므로, 등기신청인이 허위의 소명자료 등을 제출하였다고 하더라도 등기관의 구체적이고 현실적인 직무집행이 방해받았다고 볼 수 없어 위계에 의한 공무집행방해죄가 성립할 수 없다.

③ 공무집행방해죄에서 공무원의 직무집행이란 법령의 위임에 따른 공무원의 적법한 직무집행으로서 공권력의 행사를 내용으로 하는 권력적 작용을 의미하고 사경제주체로서의 활동을 비롯한 비권력적 작용은 포함되지 않는다.
④ 특허권을 침해하였다는 소명이 있음을 이유로 가처분집행이 행하여졌으나 후일 그 본안소송에서 위 특허가 무효라는 취지의 대법원 판결이 선고되어 그 피보전권리의 부존재가 확정된 경우에는 공무상표시무효죄가 성립하지 않는다.
⑤ 공무집행방해죄에 있어서 '직무를 집행하는'이라 함은 공무원이 직무수행에 직접 필요한 행위를 현실적으로 행하고 있는 때만을 가리키는 것이 아니라 공무원이 직무수행을 위하여 근무 중인 상태에 있는 때를 포괄한다.

MGI Point 공무방해에 관한 죄 ★★

- 국민권익위원회 운영지원과소속 기간제근로자 ⇨ 형법상 공무집행방해죄에서의 공무원에 해당 ×
- 허위의 소명자료를 제출하여 등기공무원이 충분히 심사를 하였음에도 이에 기하여 등기가 마쳐진 경우
  ⇨ 위계에 의한 공무집행방해죄 ○
- 공무집행방해죄에서의 공무원의 직무집행 ⇨ 권력적 작용, 비권력적 작용 포함 ○
- 공무상표시무효죄
  - 공무원이 실시한 봉인 등의 표시에 절차상 또는 실체상의 하자 有 but 공무원이 그 직무에 관하여 실시한 봉인 등으로 인정할 수 있는 상태 ○ ⇨ 적법한 절차에 의하여 취소되지 아니하는 한 공무상표시무효죄의 객체 ○
  - 피고인이 특허권을 침해하였다는 소명이 있다는 이유로 가처분집행 but 후일 그 본안소송에서 위 특허가 무효라는 취지의 대법원 판결 선고 ⇨ 피고인에 대한 공무상표시무효죄가 성립함에 아무런 영향 ×
- 공무집행방해죄에서 「직무를 집행하는」의 의미 : 공무원이 직무수행을 위하여 근무 중인 상태를 포괄

① (X) 형법상 공무원이라 함은 법령의 근거에 기하여 국가 또는 지방자치단체 및 이에 준하는 공법인의 사무에 종사하는 자로서 그 노무의 내용이 단순한 기계적 육체적인 것에 한정되어 있지 않은 자를 말한다(대판 2011.01.27. 2010도14484). 기록에 의하면, ① 공소외인은 2014. 1. 2. 국민권익위원회 위원장과 계약기간을 2014. 1. 1.부터 2014. 12. 31.까지, 근무장소를 국민권익위원회 운영지원과로 각 정하여 청사 안전관리 및 민원인 안내 등을 담당하고 이에 대한 보수를 지급받는 것을 목적으로 근로계약을 체결한 사실, ② 공소외인은 위 근로계약에 근거하여 기간제근로자로서 청사 안전관리 및 민원인 안내의 사무를 담당한 사실, ③ 공소외인은 공무원으로 임용된 적은 없고 공무원연금이 아니라 국민연금에 가입되어 있는 사실을 알 수 있다. 그리고 ④ 국민권익위원회 훈령으로 '무기계약근로자 및 기간제근로자 관리운용 규정'이 있으나 이는 국민권익위원회 내부규정으로 그 내용도 채용, 근로조건 및 퇴직 등 인사에 관한 일반적인 사항을 정하는 것에 불과한 것으로 보이고, ⑤ 달리 공소외인이 법령의 근거에 기하여 위 사무에 종사한 것이라고 볼 만한 자료가 없다. 이러한 사정을 앞서 본 법리에 비추어 살펴보면, 국민권익위원회 위원장과 근로계약을 체결한 기간제근로자로서 청사 안전관리 및 민원인 안내 등의 사무를 담당한 것에 불과한 공소외인은 법령의 근거에 기하여 국가 등의 사무에 종사하는 형법상 공무원이라고 보기 어렵다(대판 2015.05.29. 2015도3430).

② (X) [1] 위계에 의한 공무집행방해죄는 상대방의 오인, 착각, 부지를 일으키고 이를 이용하는 위계에 의하여 상대방이 그릇된 행위나 처분을 하게 함으로써 공무원의 구체적이고 현실적인 직무집행을 방해하는 경우에 성립한다. 따라서 행정청에 대한 일방적 통고로 효과가 완성되는 '신고'의 경우에는 신고인이 신고서에 허위사실을 기재하거나 허위의 소명자료를 제출하였더라도, 그것만으로는 담당 공무원의 구체적이고 현실적인 직무집행이 방해받았다고 볼 수 없어 특별한 사정이 없는 한 허위 신고가 위계에 의한 공무집행방해죄를 구성한다고 볼 수 없다. 그러나 행정관청이 출원에 의한 인허가처분 여부를 심사하거나 신청을 받아 일정한 자격요건 등을 갖춘 때에 한하여 그에 대한 수용 여부를 결정하는 등의 업무를 하는 경우에는 위 '신고'의 경우와 달리, 출원자나 신청인이 제출한 허위의 소명자료 등에 대하여 담당 공무원이 나름대로 충분히 심사를 하였으나 이를 발견하지 못하여 인허가처분을 하게 되거나 신청을 수리하게 되었다면, 출원자나 신청인의 위

계행위가 원인이 되어 행정관청이 그릇된 행위나 처분에 이르게 된 것이어서 위계에 의한 공무집행방해죄가 성립한다. [2] 등기신청은 단순한 '신고'가 아니라 신청에 따른 등기관의 심사 및 처분을 예정하고 있으므로, 등기신청인이 제출한 허위의 소명자료 등에 대하여 등기관이 나름대로 충분히 심사를 하였음에도 이를 발견하지 못하여 등기가 마쳐지게 되었다면 위계에 의한 공무집행방해죄가 성립할 수 있다. 등기관이 등기신청에 대하여 부동산등기법상 등기신청에 필요한 서면이 제출되었는지 및 제출된 서면이 형식적으로 진정한 것인지를 심사할 권한은 갖고 있으나 등기신청이 실체법상의 권리관계와 일치하는지를 심사할 실질적인 심사권한은 없다고 하여 달리 보아야 하는 것은 아니다(대판 2016.01.28. 2015도17297).

③ (X) 위계에 의한 공무집행방해죄에 있어서 공무원의 직무집행이란 법령의 위임에 따른 공무원의 적법한 직무집행인 이상 공권력의 행사를 내용으로 하는 권력적 작용뿐만 아니라 사경제주체로서의 활동을 비롯한 비권력적 작용도 포함되는 것으로 봄이 상당하다(대판 2003.12.26. 2001도6349).

④ (X) 공무원이 그 직권을 남용하여 위법하게 실시한 봉인 또는 압류 기타 강제처분의 표시임이 명백하여 법률상 당연무효 또는 부존재라고 볼 수 있는 경우에는 그 봉인 등의 표시는 공무상표시무효죄의 객체가 되지 아니하여 이를 손상 또는 은닉하거나 기타 방법으로 그 효용을 해한다 하더라도 공무상표시무효죄가 성립하지 아니한다 할 것이지만, 공무원이 실시한 봉인 등의 표시에 절차상 또는 실체상의 하자가 있다고 하더라도 객관적·일반적으로 그것이 공무원이 그 직무에 관하여 실시한 봉인 등으로 인정할 수 있는 상태에 있다면 적법한 절차에 의하여 취소되지 아니하는 한 공무상표시무효죄의 객체가 된다고 할 것이다(대판 2001.01.16. 2000도1757). 이러한 법리에 따라 원심판결 및 원심이 인용한 제1심판결의 채용증거를 기록에 비추어 살펴보면, 원심이 피고인에 대한 이 사건 판시 공무상표시무효의 범행을 유죄로 인정한 것은 정당하고, 상고이유의 주장과 같이 이 사건 가처분집행은 피고인이 이 사건 특허권을 침해하였다는 소명이 있다는 이유로 행하여졌으나 후일 그 본안소송에서 위 특허가 무효라는 취지의 대법원 판결이 선고되어 그 피보전권리의 부존재가 확정되었다 하더라도 피고인에 대한 이 사건 판시 공무상표시무효죄가 성립함에는 아무런 영향이 없다(대판 2007.03.15. 2007도312).

⑤ (○) 형법 제136조 제1항에 규정된 공무집행방해죄에서 '직무를 집행하는'이라 함은 공무원이 직무수행에 직접 필요한 행위를 현실적으로 행하고 있는 때만을 가리키는 것이 아니라 공무원이 직무수행을 위하여 근무중인 상태에 있는 때를 포괄하며, 직무의 성질에 따라서는 그 직무수행의 과정을 개별적으로 분리하여 부분적으로 각각의 개시와 종료를 논하는 것이 부적절하고 여러 종류의 행위를 포괄하여 일련의 직무수행으로 파악함이 상당한 경우가 있으며, 나아가 현실적으로 구체적인 업무를 처리하고 있지는 않다 하더라도 자기 자리에 앉아 있는 것만으로도 업무의 집행으로 볼 수 있을 때에는 역시 직무집행 중에 있는 것으로 보아야 하고, 직무 자체의 성질이 부단히 대기하고 있을 것을 필요로 하는 것일 때에는 대기 자체를 곧 직무행위로 보아야 할 경우도 있다(대판 2002.04.12. 2000도3485).

 ⑤

문 25

다음 중 위계에 의한 공무집행방해죄가 성립하는 것은 모두 몇 개인가?(다툼이 있는 경우 판례에 의함) [2017년 32번]

> 가. 법원에 가처분신청을 하면서 허위의 증거를 제출한 경우
> 나. 음주운전을 하다가 교통사고를 야기한 후 그 형사처벌을 면하기 위하여 타인의 혈액을 자신의 혈액인 것처럼 교통사고 조사 경찰관에게 제출하여 감정하도록 한 경우
> 다. 교도관과 재소자가 상호 공모하여 재소자가 교도관으로부터 담배를 교부받아 이를 흡연한 경우

라. 변호사가 접견을 핑계로 수용자를 위하여 휴대전화와 증권거래용 단말기를 구치소 내로 몰래 반입하여 이용하게 한 경우
마. A가 마치 B인 것처럼 시험감독자를 속이고 운전면허시험에 대리로 응시한 경우

① 1개　　② 2개　　③ 3개
④ 4개　　⑤ 5개

해설　★★

가. (성립 X) 법원은 당사자의 허위 주장 및 증거 제출에도 불구하고 진실을 밝혀야 하는 것이 그 직무이므로, 가처분신청 시 당사자가 허위의 주장을 하거나 허위의 증거를 제출하였다 하더라도 그것만으로 법원의 구체적이고 현실적인 어떤 직무집행이 방해되었다고 볼 수 없으므로 이로써 바로 위계에 의한 공무집행방해죄가 성립한다고 볼 수 없다(대판 2012.04.26. 2011도17125).

나. (성립 O) 음주운전을 하다가 교통사고를 야기한 후 그 형사처벌을 면하기 위하여 타인의 혈액을 자신의 혈액인 것처럼 교통사고 조사 경찰관에게 제출하여 감정하도록 한 행위는, 단순히 피의자가 수사기관에 대하여 허위사실을 진술하거나 자신에게 불리한 증거를 은닉하는 데 그친 것이 아니라 수사기관의 착오를 이용하여 적극적으로 피의사실에 관한 증거를 조작한 것으로서 위계에 의한 공무집행방해죄가 성립한다(대판 2003.07.25. 2003도1609).

다. (성립 X) 법령에서 교도소 수용자에게는 흡연하거나 담배를 소지·수수·교환하거나 허가 없이 전화 등의 방법으로 다른 사람과 연락하는 등의 규율위반행위를 하여서는 아니될 금지의무가 부과되어 있고, 교도관은 수용자의 규율위반행위를 감시, 단속, 적발하여 상관에게 보고하고 징벌에 회부되도록 하여야 할 일반적인 직무상 권한과 의무가 있다고 할 것인바, 구체적이고 현실적으로 감시, 단속업무를 수행하는 교도관에 대하여 위계를 사용하여 그 업무집행을 못하게 한다면 이에 대하여 위계에 의한 공무집행방해죄가 성립한다고 할 것이지만, 수용자가 교도관의 감시, 단속을 피하여 규율위반행위를 하는 것만으로는 단순히 금지규정에 위반되는 행위를 한 것에 지나지 아니할 뿐 이로써 위계에 의한 공무집행방해죄가 성립한다고는 할 수 없고, 수용자가 아닌 자가 교도관의 검사 또는 감시를 피하여 금지물품을 교도소 내로 반입되도록 하였다고 하더라도 교도관에게 교도소 등의 출입자와 반출·입 물품을 단속, 검사하거나 수용자의 거실 또는 신체 등을 검사하여 금지물품 등을 회수하여야 할 권한과 의무가 있는 이상, 그러한 수용자 아닌 자의 행위를 위계에 의한 공무집행방해죄에 해당하는 것으로는 볼 수 없으며, 교도관이 수용자의 규율위반행위를 알면서도 이를 방치하거나 도와주었더라도, 이를 다른 교도관 등에 대한 관계에서 위계에 의한 공무집행방해죄가 성립하는 것으로 볼 수는 없다(대판 2003.11.13. 2001도7045).

라. (성립 O) 변호사가 접견을 핑계로 수용자를 위하여 휴대전화와 증권거래용 단말기를 구치소 내로 몰래 반입하여 이용하게 한 행위가 위계에 의한 공무집행방해죄에 해당한다(대판 2005.08.25. 2005도1731).

마. (성립 O) 피고인이 마치 그의 형인 양 시험감독자를 속이고 원동기장치 자전거운전면허시험에 대리로 응시하였다면 피고인의 소위는 위계에 의한 공무집행방해죄가 성립한다(대판 1986.09.09. 86도1245).

정답 ③

문 26

다음 설명 중 옳은 것은 모두 몇 개인가?(다툼이 있는 경우 판례에 의함) [2016년 16번]

> ㉮ 등기신청인이 제출한 허위의 소명자료 등에 대하여 등기관이 나름대로 충분히 심사를 하였음에도 이를 발견하지 못하여 등기가 마쳐지게 되었다 하더라도 위계에 의한 공무집행방해죄는 성립하지 않는다.
> ㉯ 행정관청이 사실을 충분히 확인하지 아니한 채 출원자가 제출한 허위의 출원사유나 허위의 소명자료를 가볍게 믿고 인가 또는 허가를 하였다면 이는 행정관청의 불충분한 심사에 기인한 것이어서 위계에 의한 공무집행방해죄를 구성하지 않는다.
> ㉰ 가처분신청시 당사자가 법원에 허위의 주장을 하거나 허위의 증거를 제출하였다 하더라도 이로써 바로 위계에 의한 공무집행방해죄가 성립한다고 볼 수 없다.
> ㉱ 화물자동차 운송주선사업자인 피고인이 관할 행정청에 주기적으로 허가기준에 관한 사항을 신고하는 과정에서 허위 서류를 제출하는 부정한 방법으로 허가를 받아왔다면, 위계에 의한 공무집행방해죄가 성립한다.
> ㉲ 신청인이 허위의 자료를 첨부하여 비자발급 신청을 하였고, 이에 대하여 외국 주재 한국영사관 업무담당자가 충분히 심사하였으나 신청사유 및 소명자료가 허위인 것을 발견하지 못하여 이를 수리한 경우, 신청인에게 위계에 의한 공무집행방해죄가 성립한다.

① 1개 ② 2개 ③ 3개
④ 4개 ⑤ 5개

해설 ★★

㉮ (X) 등기신청은 단순한 '신고'가 아니라 신청에 따른 등기관의 심사 및 처분을 예정하고 있으므로, 등기신청인이 제출한 허위의 소명자료 등에 대하여 등기관이 나름대로 충분히 심사를 하였음에도 이를 발견하지 못하여 등기가 마쳐지게 되었다면 위계에 의한 공무집행방해죄가 성립할 수 있다. 등기관이 등기신청에 대하여 부동산등기법상 등기신청에 필요한 서면이 제출되었는지 및 제출된 서면이 형식적으로 진정한 것인지를 심사할 권한은 갖고 있으나 등기신청이 실체법상의 권리관계와 일치하는지를 심사할 실질적인 심사권한은 없다고 하여 달리 보아야 하는 것은 아니다(대판 2016.01.28. 2015도17297).

㉯ (○) 행정관청이 출원에 의한 인·허가처분을 함에 있어서는 그 출원사유가 사실과 부합하지 아니하는 경우가 있음을 전제로 하여 인·허가할 것인지 여부를 심사·결정하는 것이므로, 행정관청이 사실을 충분히 확인하지 아니한 채 출원자가 제출한 허위의 출원시유나 허위의 소명자료를 가볍게 믿고 인가 또는 허가를 하였다면, 이는 행정관청의 불충분한 심사에 기인한 것으로서 출원자의 위계에 의한 것이었다고 할 수 없어 위계에 의한 공무집행방해죄를 구성하지 않는다(대판 1997.02.28. 96도2825).

㉰ (○) 법원은 당사자의 허위 주장 및 증거 제출에도 불구하고 진실을 밝혀야 하는 것이 그 직무이므로, 가처분신청 시 당사자가 허위의 주장을 하거나 허위의 증거를 제출하였다 하더라도 그것만으로 법원의 구체적이고 현실적인 어떤 직무집행이 방해되었다고 볼 수 없으므로 이로써 바로 위계에 의한 공무집행방해죄가 성립한다고 볼 수 없다(대판 2012.04.26. 2011도17125).

㉱ (X) 화물자동차 운송주선사업자인 피고인이 관할 행정청에 주기적으로 허가기준에 관한 사항을 신고하는 과정에서 가장납입에 의하여 발급받은 허위의 예금잔액증명서를 제출하는 부정한 방법으로 허가를 받아 위계로써 공무원의 직무집행을 방해하였다는 내용으로 기소된 사안에서, 제반 사정에 비추어 위 신고는 행정청의 단순한 접수나 형식적 심사를 거친 수리 외에 신고에 대응한 어떠한 적극적·실질적 행정작용에 나아갈 것이 예

정되어 있다고 볼 수 없을 뿐 아니라, 행정청이 신고내용의 진실성이나 첨부자료의 취지를 제대로 따져보지 않아 추가 조사를 통한 적정한 관리감독권의 행사에 나아가지 않았더라도 이를 신고인의 위계에 의한 방해의 결과로 볼 수 없어 위계에 의한 공무집행방해죄가 성립한다고 볼 수 없다(대판 2011.08.25. 2010도7033).

㈃ (○) 외국 주재 한국영사관의 비자발급 업무와 같이, 상대방에게서 신청을 받아 일정한 자격요건 등을 갖춘 경우에 한하여 그에 대한 수용 여부를 결정하는 업무는 신청서에 기재된 사유가 사실과 부합하지 않을 수 있는 것을 전제로 그 자격요건 등을 심사·판단하는 것이므로, 업무담당자가 사실을 충분히 확인하지 아니한 채 신청인이 제출한 허위의 신청사유나 허위의 소명자료를 가볍게 믿고 이를 수용하였다면, 이는 업무담당자의 불충분한 심사에 기인한 것이어서 위계에 의한 공무집행방해죄를 구성하지 아니하지만, 신청인이 업무담당자에게 허위의 주장을 하면서 이에 부합하는 허위의 소명자료를 첨부하여 제출한 경우 수리 여부를 결정하는 업무담당자가 관계 규정에서 정한 바에 따라 요건의 존부에 관하여 나름대로 충분히 심사를 하였으나 신청사유 및 소명자료가 허위인 것을 발견하지 못하여 신청을 수리하게 될 정도에 이르렀다면, 이는 업무담당자의 불충분한 심사가 아니라 신청인의 위계행위에 의한 것이어서 위계에 의한 공무집행방해죄를 구성한다(대판 2011.04.28. 2010도14696).

정답 ③

제❸절 │ 도주와 범인은닉의 죄

문 16

범인은닉·도피죄 및 위증죄 등에 관한 다음 설명 중 옳지 않은 것은 모두 몇 개인가? [2023년 37번]

ㄱ. 범인은닉죄라 함은 죄를 범한 자임을 인식하면서 장소를 제공하여 체포를 면하게 하는 것만으로 성립한다 할 것이고, 죄를 범한 자에게 장소를 제공한 후 동인에게 일정 기간 동안 경찰에 출두하지 말라고 권유하는 언동을 하여야만 범인은닉죄가 성립하는 것이 아니며, 또 그 권유에 따르지 않을 경우 강제력을 행사하여야만 한다거나, 죄를 범한 자가 은닉자의 말에 복종하는 관계에 있어야만 범인은닉죄가 성립하는 것은 더욱 아니다.

ㄴ. 甲이 乙이 기소중지자임을 알고도 乙의 부탁으로 다른 사람의 명의로 대신 임대차계약을 체결해 준 것만으로 甲이 乙을 은닉 내지 도피시키려는 의사가 있었다고 보기 어려우므로 甲에게는 범인도피죄를 인정할 수 없다.

ㄷ. 피고인들이 부정수표단속법 피의자 A가 공소외 B에 대하여 지는 또 다른 노임채무를 인수키로 하는 지불각서를 작성하여 주고 위 B가 A를 수사당국에 인계하는 것을 포기하기로 하는 합의가 이루어져 위 A가 수사당국에 인계되지 않은 경우이면 피고인들에 대하여 범인도피죄의 성립을 인정할 수 있다.

ㄹ. 범인이 자신을 위하여 타인으로 하여금 허위의 자백을 하게 하여 범인도피죄를 범하게 하는 행위는 방어권의 남용으로 범인도피교사죄에 해당하지만, 그 타인이 형법 제151조 제2항에 의하여 처벌을 받지 아니하는 친족 또는 동거의 가족에 해당할 경우 범인도피교사죄가 성립하지 않는다.

ㅁ. 재판장이 선서할 증인에 대하여 선서 전에 위증의 벌을 경고하지 않았다는 등의 사유는 그 증인신문절차에서 증인 자신이 위증의 벌을 경고하는 내용의 선서서를 낭독하고 기명날인 또는 서명한 이상 위증의 벌을 몰랐다고 할 수 없을 것이므로 증인 보호에 사실상 장애가 초래되었다고 볼 수 없고, 따라서 위증죄의 성립에 지장이 없다.

① 없음   ② 1개   ③ 2개   ④ 3개   ⑤ 4개

> **MGI Point** 범인은닉·도피죄 및 위증죄 ★★
> - 범인이 기소중지자임을 알고도 범인의 부탁으로 다른 사람의 명의로 대신 임대차계약을 체결해 준 경우 ⇨ 범인도피죄 성립
> - 부정수표단속법 피의자와 합의가 이루어져 수사당국에 인계되지 않은 경우 ⇨ 범인도피죄 성립 ×
> - 범인이 자신을 위하여 친족으로 하여금 허위의 자백을 하게 하여 범인도피죄를 범하게 하는 행위 ⇨ 범인도피교사죄
> - 재판장이 선서할 증인에 대하여 선서 전에 위증의 벌을 경고하지 않은 경우에 위증죄의 성부 ⇨ 위증죄 성립 可

ㄱ. (○) 범인은닉죄라 함은 죄를 범한 자임을 인식하면서 장소를 제공하여 체포를 면하게 하는 것만으로 성립한다 할 것이고, 죄를 범한 자에게 장소를 제공한 후 동인에게 일정 기간 동안 경찰에 출두하지 말라고 권유하는 언동을 하여야만 범인은닉죄가 성립하는 것이 아니며, 또 그 권유에 따르지 않을 경우 강제력을 행사하여야만 한다거나, 죄를 범한 자가 은닉자의 말에 복종하는 관계에 있어야만 범인은닉죄가 성립하는 것은 더욱 아니다(대법원 2002. 10. 11. 2002도3332).

ㄴ. (X) 범인이 기소중지자임을 알고도 범인의 부탁으로 다른 사람의 명의로 대신 임대차계약을 체결해 준 경우, 비록 임대차계약서가 공시되는 것은 아니라 하더라도 수사기관이 탐문수사나 신고를 받아 범인을 발견하고 체포하는 것을 곤란하게 하여 범인도피죄에 해당한다고 한 사례(대법원 2004. 3. 26. 2003도8226).

ㄷ. (X) 피고인들이 부정수표단속법 피의자 (갑)이 공소외 (을)에 대하여 지는 또 다른 노임채무를 인수키로 하는 지불각서를 작성하여 주고 위 (을)이 (갑)을 수사당국에 인계하는 것을 포기하기로 하는 합의가 이루어져 위 (갑)이 수사당국에 인계되지 않은 경우이면 피고인들에 대하여 범인도피죄의 성립을 인정할 수 없다(대법원 1984. 2. 14. 83도2209).

ㄹ. (X) 범인이 자신을 위하여 타인으로 하여금 허위의 자백을 하게 하여 범인도피죄를 범하게 하는 행위는 방어권의 남용으로 범인도피교사죄에 해당하는바, 이 경우 그 타인이 형법 제151조 제2항에 의하여 처벌을 받지 아니하는 친족, 호주 또는 동거 가족에 해당한다 하여 달리 볼 것은 아니다(대법원 2006. 12. 7. 2005도3707).

ㅁ. (○) 재판장이 선서할 증인에 대하여 선서 전에 위증의 벌을 경고하지 않았다는 등의 사유는 그 증인신문절차에서 증인 자신이 위증의 벌을 경고하는 내용의 선서서를 낭독하고 기명날인 또는 서명한 이상 위증의 벌을 몰랐다고 할 수 없을 것이므로 증인 보호에 사실상 장애가 초래되었다고 볼 수 없고, 따라서 위증죄의 성립에 지장이 없다고 보아야 한다(대법원 2010. 1. 21. 2008도942 전원합의체).

정답 ④

문 27

다음 설명 중 가장 옳지 않은 것은? [2020년 22번]

① 부동산 등기신청은 단순한 '신고'가 아니라 신청에 따른 등기관의 심사 및 처분을 예정하고 있으므로, 등기신청인이 제출한 허위의 소명자료 등에 대하여 등기관이 나름대로 충분히 심사를 하였음에도 이를 발견하지 못하여 등기가 마쳐지게 되었다면 위계에 의한 공무집행방해죄가 성립할 수 있다.

② 집행관이 유체동산을 가압류하면서 이를 채무자에게 보관하도록 한 경우 그 가압류의 효력은 압류된 물건의 처분행위를 금지하는 효력이 있으므로, 채무자가 가압류된 유체동산을 제3자에게 양도하고 그 점유를 이전한 경우, 이는 가압류집행이 금지하는 처분행위로서, 특별한 사정이 없는 한 가압류표시 자체의 효력을 사실상으로 감쇄 또는 멸각시키는 행위에 해당한다. 이는 채무자와 양수인이 가압류된 유체동산을 원래 있던 장소에 그대로 두었더라도 마찬가지이다.

③ 공범 중 1인이 그 범행에 관한 수사절차에서 참고인 또는 피의자로 조사받으면서 자기의 범행을 구성하는 사실관계에 관하여 허위로 진술하고 허위 자료를 제출하는 것은 자신의 범행에 대한 방

어권 행사의 범위를 벗어난 것으로 볼 수 없다. 그러나 이러한 행위가 다른 공범을 도피하게 하는 결과가 된다면 범인도피죄로 처벌할 수 있다.

④ 수사지휘서의 기재 내용과 이에 관계된 수사상황은 해당 사건에 대한 종국적인 결정을 하기 전까지는 외부에 누설되어서는 안 될 수사기관 내부의 비밀에 해당한다.

⑤ 형법 제152조 제1항과 같은 조 제2항은 위증을 한 범인이 형사사건의 피고인 등을 '모해할 목적'을 가지고 있었는가 아니면 그러한 목적이 없었는가 하는 범인의 특수한 상태의 차이에 따라 범인에게 과할 형의 경중을 구별하고 있으므로, 이는 형법 제33조 단서 소정의 "신분관계로 인하여 형의 경중이 있는 경우"에 해당한다.

MGI Point 종합문제 ★★

- 등기신청인이 제출한 허위의 소명자료 등에 대하여 등기관이 나름대로 충분히 심사를 하였음에도 이를 발견하지 못하여 등기가 마쳐진 경우 ⇨ 위계에 의한 공무집행방해죄 ○
- 집행관이 유체동산을 가압류하면서 이를 채무자에게 보관하도록 한 경우 채무자가 가압류된 유체동산을 제3자에게 양도 ⇨ 채무자가 그 점유를 이전하였는지 불문하고 공무상표시무효죄 ○
- 공범 중 1인이 자기의 범행을 구성하는 사실관계에 관하여 허위로 진술하고 허위 자료를 제출하는 것이 다른 공범을 도피하게 하는 결과가 된 경우 ⇨ 범인도피죄 ×
- 수사지휘서의 기재 내용과 이에 관계된 수사상황 ⇨ 수사기관 내부의 비밀 ○
- 모해목적위증죄에서 목적 ⇨ 형법 제33조 단서 소정의 "신분관계로 인하여 형의 경중이 있는 경우"에 해당 ○

① (○) 등기신청은 단순한 '신고'가 아니라 신청에 따른 등기관의 심사 및 처분을 예정하고 있으므로, 등기신청인이 제출한 허위의 소명자료 등에 대하여 등기관이 나름대로 충분히 심사를 하였음에도 이를 발견하지 못하여 등기가 마쳐지게 되었다면 위계에 의한 공무집행방해죄가 성립할 수 있다. 등기관이 등기신청에 대하여 부동산등기법상 등기신청에 필요한 서면이 제출되었는지 및 제출된 서면이 형식적으로 진정한 것인지를 심사할 권한은 갖고 있으나 등기신청이 실체법상의 권리관계와 일치하는지를 심사할 실질적인 심사권한은 없다고 하여 달리 보아야 하는 것은 아니다(대판 2016.01.28. 2015도17297).

② (○) 집행관이 유체동산을 가압류하면서 이를 채무자에게 보관하도록 한 경우 그 가압류의 효력은 압류된 물건의 처분행위를 금지하는 효력이 있으므로, 채무자가 가압류된 유체동산을 제3자에게 양도하고 그 점유를 이전한 경우, 이는 가압류집행이 금지하는 처분행위로서, 특별한 사정이 없는 한 가압류표시 자체의 효력을 사실상으로 감쇄 또는 멸각시키는 행위에 해당한다. 이는 채무자와 양수인이 가압류된 유체동산을 원래 있던 장소에 그대로 두었더라도 마찬가지이다(대판 2018.07.11. 2015도5403).

③ (X) 공범 중 1인이 그 범행에 관한 수사절차에서 참고인 또는 피의자로 조사받으면서 자기의 범행을 구성하는 사실관계에 관하여 허위로 진술하고 허위 자료를 제출하는 것은 자신의 범행에 대한 방어권 행사의 범위를 벗어난 것으로 볼 수 없다. 이러한 행위가 다른 공범을 도피하게 하는 결과가 된다고 하더라도 범인도피죄로 처벌할 수 없다. 이때 공범이 이러한 행위를 교사하였더라도 범죄가 될 수 없는 행위를 교사한 것에 불과하여 범인도피교사죄가 성립하지 않는다(대판 2018.08.01. 2015도20396).

④ (○) 검사가 수사의 대상, 방법 등에 관하여 사법경찰관리에게 지휘한 내용을 기재한 수사지휘서는 당시까지 진행된 수사의 내용뿐만 아니라 향후 수사의 진행방향까지 가늠할 수 있게 하는 수사기관의 내부문서이다. 수사기관이 특정 사건에 대하여 내사 또는 수사를 진행하고 있는 상태에서 수사지휘서의 내용이 외부에 알려질 경우 피내사자나 피의자 등이 증거자료를 인멸하거나 수사기관에서 파악하고 있는 내용에 맞추어 증거를 준비하는 등 수사기관의 증거 수집 등 범죄수사 기능에 장애가 생길 위험이 있다. 또한 수사지휘서의 내용이 누설된 경로에 따라서는 사건관계인과의 유착 의혹 등으로 수사의 공정성과 신뢰성이 훼손됨으로써 수

사의 궁극적인 목적인 적정한 형벌권 실현에 지장이 생길 우려도 있다. 그러므로 수사지휘서의 기재 내용과 이에 관계된 수사상황은 해당 사건에 대한 종국적인 결정을 하기 전까지는 외부에 누설되어서는 안 될 수사기관 내부의 비밀에 해당한다(대판 2018.02.13. 2014도11441).

⑤ (○) 형법 제152조 제1항과 제2항은 위증을 한 범인이 형사사건의 피고인 등을 '모해할 목적'을 가지고 있었는가 아니면 그러한 목적이 없었는가 하는 범인의 특수한 상태의 차이에 따라 범인에게 과할 형의 경중을 구별하고 있으므로, 이는 바로 형법 제33조 단서 소정의 "신분관계로 인하여 형의 경중이 있는 경우"에 해당한다고 봄이 상당하다(대판 1994.12.23. 93도1002).

정답 ③

문 28

도주와 범인은닉의 죄에 관한 다음 설명 중 가장 옳지 않은 것은? [2019년 31번]

① 도주죄의 범인이 도주행위를 하여 기수에 이르른 이후에 범인의 도피를 도와주는 행위는 범인도피죄에 해당할 수 있을 뿐 도주원조죄에는 해당하지 아니한다.
② 형법 제151조 제2항은 친족 또는 동거의 가족이 본인을 위하여 범인도피죄 등을 범한 때에는 처벌하지 아니한다고 규정 하고 있는바, 사실혼관계에 있는 자는 민법 소정의 친족이라 할 수 없어 위 조항에서 말하는 친족에 해당하지 않는다.
③ 변호인이 의뢰인의 요청에 따른 변론행위라는 명목으로 수사기관이나 법원에 대하여 적극적으로 허위의 진술을 하거나 피고인 또는 피의자로 하여금 허위진술을 하도록 하는 것은 허용되지 않으므로, 변호인이 진범을 은폐하는 허위자백을 적극적으로 유지하게 한 경우 범인도피방조죄의 죄책을 질 수 있다.
④ 범인도피죄에 있어서 도피의 수단과 방법에는 아무런 제한이 없으므로, 그 자체로는 도피시키는 것을 직접적인 목적을 하였다고 보기 어려운 어떤 행위의 결과 간접적으로 범인이 안심하고 도피할 수 있게 한 경우에도 도피하게 하는 행위에 포함된다.
⑤ 범인 스스로 도피하는 행위는 처벌되지 아니하는 것이므로, 범인이 도피를 위하여 타인에게 도움을 요청하는 행위 역시 도피행위의 범주에 속하는 한 처벌되지 아니하는 것이며, 범인의 요청에 응하여 범인을 도운 타인의 행위가 범인도피죄에 해당한다고 하더라도 이를 방어권의 남용으로 볼 수 없는 한 마찬가지이다.

MGI Point 도주와 범인은닉의 죄 ★★

- 도주죄의 범인이 도주행위를 하여 기수에 이른 이후에 범인의 도피를 도와주는 행위는 범인도피죄에 해당할 수 있을 뿐 도주원조죄에는 해당 ×
- 형법 제151조 제2항에 의하여 처벌을 받지 아니하는 친족 ⇨ 사실혼 배우자는 해당 ×
- 변호인이 진범을 은폐하는 허위자백을 적극적으로 유지하게 한 경우 ⇨ 범인도피방조죄 ○
- 간접적으로 범인이 안심하고 도피할 수 있게 한 경우 ⇨ 범인도피죄 ×
- 범인의 요청에 응하여 범인을 도운 타인의 행위가 범인도피죄에 해당한다고 하더라도, 그 요청이 도피행위의 범주에 속하는 한 범인도피교사죄 ×

---

① (○) 도주죄는 즉시범으로서 범인이 간수자의 실력적 지배를 이탈한 상태에 이르렀을 때에 기수가 되어 도주행위가 종료하는 것이고, 도주원조죄는 도주죄에 있어서의 범인의 도주행위를 야기시키거나 이를 용이하

게 하는 등 그와 공범관계에 있는 행위를 독립한 구성요건으로 하는 범죄이므로, 도주죄의 범인이 도주행위를 하여 기수에 이른 이후에 범인의 도피를 도와 주는 행위는 범인도피죄에 해당할 수 있을 뿐 도주원조죄에는 해당하지 아니한다(대판 1991.10.11. 91도1656).

② (O) 형법 제151조 제2항 및 제155조 제4항은 친족, 호주 또는 동거의 가족이 본인을 위하여 범인도피죄, 증거인멸죄 등을 범한 때에는 처벌하지 아니한다고 규정하고 있는바, 사실혼관계에 있는 자는 민법 소정의 친족이라 할 수 없어 위 조항에서 말하는 친족에 해당하지 않는다(대판 2003.12.12. 2003도4533).

③ (O) 甲이 수사기관 및 법원에 출석하여 乙 등의 사기 범행을 자신이 저질렀다는 취지로 허위자백하였는데, 그 후 甲의 사기 피고사건 변호인으로 선임된 피고인이 甲과 공모하여 진범 乙 등을 은폐하는 허위자백을 유지하게 함으로써 범인을 도피하게 하였다는 내용으로 기소된 사안에서, 피고인이 변호인으로서 단순히 甲의 이익을 위한 적절한 변론과 그에 필요한 활동을 하는 데 그치지 아니하고, 甲과 乙 사이에 부정한 거래가 진행 중이며 甲 피고사건의 수임과 변론이 거래의 향배와 불가결한 관련이 있을 것임을 분명히 인식하고도 乙에게서 甲 피고사건을 수임하고, 그들의 합의가 성사되도록 도왔으며, 스스로 합의금의 일부를 예치하는 방안까지 용인하고 합의서를 작성하는 등으로 甲과 乙의 거래관계에 깊숙이 관여한 행위를 정당한 변론권의 범위 내에 속한다고 평가할 수 없고, 나아가 변호인의 비밀유지의무는 변호인이 업무상 알게 된 비밀을 다른 곳에 누설하지 않을 소극적 의무를 말하는 것일 뿐 진범을 은폐하는 허위자백을 적극적으로 유지하게 한 행위가 변호인의 비밀유지의무에 의하여 정당화될 수 없다고 하면서, 한편으로 피고인의 행위는 정범인 甲에게 결의를 강화하게 한 방조행위로 평가될 수 있다는 이유로 범인도피방조죄를 인정한 원심판단은 정당하다(대판 2012.08.30. 2012도6027).

④ (X) 형법 제151조의 범인도피죄에서 '도피하게 하는 행위'는 은닉 이외의 방법으로 범인에 대한 수사, 재판 및 형의 집행 등 형사사법 작용을 곤란 또는 불가능하게 하는 일체의 행위로서 그 수단과 방법에는 아무런 제한이 없다. 또한 위 죄는 위험범으로서, 현실적으로 형사사법 작용을 방해하는 결과를 초래할 필요는 없으나 적어도 함께 규정되어 있는 은닉행위에 비견될 정도로 수사기관의 발견·체포를 곤란하게 하는 행위, 즉 직접 범인을 도피시키는 행위 또는 도피를 직접적으로 용이하게 하는 행위에 이르러야 성립하므로, 그 자체로는 도피시키는 것을 직접적인 목적으로 하였다고 보기 어려운 어떤 행위를 한 결과 간접적으로 범인이 안심하고 도피할 수 있게 한 경우는 여기에 포함되지 않는다(대판 2011.04.28. 2009도3642).

⑤ (O) 범인 스스로 도피하는 행위는 처벌되지 아니하는 것이므로, 범인이 도피를 위하여 타인에게 도움을 요청하는 행위 역시 도피행위의 범주에 속하는 한 처벌되지 아니하는 것이며, 범인의 요청에 응하여 범인을 도운 타인의 행위가 범인도피죄에 해당한다고 하더라도 마찬가지이다. 다만 범인이 타인으로 하여금 허위의 자백을 하게 하는 등으로 범인도피죄를 범하게 하는 경우와 같이 그것이 방어권의 남용으로 볼 수 있을 때에는 범인도피교사죄에 해당할 수 있다(대판 2014.04.10. 2013도12079).

정답 ④

제❹절 ┃ 위증과 증거인멸의 죄

문 29

다음 설명 중 가장 옳지 않은 것은? [2022년 7번]

① 위증죄는 법률에 의하여 선서한 증인이 자기의 기억에 반하는 사실을 진술함으로써 성립하므로, 증인의 진술이 경험한 사실에 대한 법률적 평가이거나 단순한 의견에 지나지 아니하는 경우에는 위증죄에서 말하는 '허위의 진술'이라고 할 수 없다.

② 위증죄에서 증인의 증언이 기억에 반하는 허위 진술인지 여부를 가릴 때에는 그 증언의 단편적인 구절에 구애될 것이 아니라 당해 신문 절차에서 한 증언 전체를 일체로 파악하여야 한다.

③ 민사소송절차에서 재판장이 증인에게 증언거부권을 고지하지 않은 경우 절차위반의 위법이 있다고 할 수 있으므로, 적법한 선서절차를 마친 후 허위진술을 한 증인에 대해서도 달리 특별한 사정이 없는 한 위증죄가 성립하지 않는다고 보아야 한다.
④ 피고인이 자기의 형사사건에 관하여 허위의 진술을 하는 행위는 피고인의 방어권을 인정하는 취지에서 처벌의 대상이 되지 않으나, 법률에 의하여 선서한 증인이 타인의 형사사건에 관하여 위증을 하면 형법 제152조 제1항의 위증죄가 성립되므로 자기의 형사사건에 관하여 타인을 교사하여 위증죄를 범하게 하는 것은 이러한 방어권을 남용하는 것이어서 교사범의 죄책을 부담한다.
⑤ 위증죄는 법률에 의하여 선서한 증인이 자기의 기억에 반하는 사실을 진술함으로써 성립하는 것이므로, 그 진술이 객관적 사실과 부합하지 않는다고 하더라도 증인의 기억에 반하는지 여부를 가려보기 전에는 위증이라고 단정할 수는 없다.

MGI Point 위증죄 ★★

- 경험한 사실에 대한 법률적 평가이거나 단순한 의견 ⇨ 위증죄에서 허위의 공술 ✕
- 허위진술의 판단 ⇨ 증언의 단편적인 구절에 구애될 것이 아니고 증언 전체를 일체로 파악하여 판단
- 민사소송절차에서 증언거부권 고지받지 않은 상태에서 선서 후 허위진술 ⇨ 위증죄 성립
- 자기의 형사사건에 관하여 타인을 교사 ⇨ 위증죄의 교사범
- 선서한 증인의 진술이 객관적 진실에 부합하지 않는다는 사정만으로 위증이라고 단정 ✕

① (○) 증인의 진술이 경험한 사실에 대한 법률적 평가이거나 단순한 의견에 지나지 아니하는 경우에는 위증죄에서 말하는 허위의 공술이라고 할 수 없다(대판 1996.02.09. 95도1797).
② (○) 증인의 증언이 기억에 반하는 허위진술인지 여부는 그 증언의 단편적인 구절에 구애될 것이 아니라 당해 신문절차에 있어서의 증언 전체를 일체로 파악하여 판단하여야 할 것이고, 증언의 전체적 취지가 객관적 사실과 일치되고 그것이 기억에 반하는 공술이 아니라면 사소한 부분에 관하여 기억과 불일치하더라도 그것이 신문취지의 몰이해 또는 착오에 의한 것이라면 위증이 될 수 없다(대판 2007.10.26. 2007도5076).
③ (✕) 민사소송절차에 증인으로 출석한 피고인이, 민사소송법 제314조에 따라 증언거부권이 있는데도 재판장으로부터 증언거부권을 고지받지 않은 상태에서 허위의 증언을 한 사안에서, 민사소송법이 정하는 절차에 따라 증인으로서 적법하게 선서를 마치고도 허위진술을 한 피고인의 행위는 위증죄에 해당하고 기록상 달리 특별한 사정이 보이지 아니하는데도, 법적 근거가 없는 증언거부권의 고지절차가 없었다는 이유로 무죄를 인정한 원심판단에 민사소송절차의 증언거부권 고지에 관한 법리오해의 위법이 있다고 한 사례(대판 2011.07.28. 2009도14928).
④ (○) 피고인이 자기의 형사사건에 관하여 허위의 진술을 하는 행위는 피고인의 형사소송에 있어서의 방어권을 인정하는 취지에서 처벌의 대상이 되지 않으나, 법률에 의하여 선서한 증인이 타인의 형사사건에 관하여 위증을 하면 형법 제152조 제1항의 위증죄가 성립되므로 자기의 형사사건에 관하여 타인을 교사하여 위증죄를 범하게 하는 것은 이러한 방어권을 남용하는 것이라고 할 것이어서 교사범의 죄책을 부담케 함이 상당하다(대판 2004.01.27. 2003도5114).
⑤ (○) 위증죄는 법률에 의하여 선서한 증인이 자기의 기억에 반하는 사실을 진술함으로써 성립하는 것이므로 그 진술이 객관적 사실과 부합하지 않는다고 하여 그 증언이 곧바로 위증이라고 단정할 수는 없다(대판 1996.08.23. 95도192).

정답 ③

문 30

증거인멸 등에 관한 다음 설명 중 옳지 않은 것은 모두 몇 개인가? [2020년 21번]

> 가. 피고인이 자기의 이익을 위하여 그 증거가 될 자료를 인멸하였다면, 그 행위가 동시에 다른 공범자의 형사사건이나 징계사건에 관한 증거를 인멸한 결과가 된다고 하더라도 이는 증거은닉죄에 해당하지 않는다.
> 나. 피고인이 자기의 이익을 위하여 제3자와 공동하여 증거가 될 자료를 은닉하는 행위를 하였다면 증거은닉죄에 해당하지 않는다.
> 다. 피고인이 타인을 교사하여 자기의 형사 사건에 관한 증거를 인멸하게 하였다면 증거인멸교사죄가 성립한다.
> 라. 참고인이 타인의 형사사건과 관련하여 수사기관에서 조사를 받기에 앞서서 허위의 내용을 담은 진술서를 작성하여 수사기관에 제출한 경우 증거위조죄를 구성한다.
> 마. 참고인이 타인의 형사사건과 관련하여 수사기관에서 조사를 받으면서 허위로 진술하여 그 정을 모르는 담당 공무원으로 하여금 허위의 내용이 담긴 참고인진술조서를 작성토록 한 경우 증거위조죄의 간접정범이 성립한다.

① 1개   ② 2개   ③ 3개
④ 4개   ⑤ 없음

MGI Point 증거인멸 등 죄 ★★

- 피고인이 자기의 이익을 위하여 증거를 인멸 ⇨ 그 행위가 동시에 다른 공범자의 형사사건이나 징계사건에 관한 증거를 인멸한 결과가 되어도 증거은닉죄 ×
- 피고인이 자기의 이익을 위하여 제3자와 공동하여 증거가 될 자료를 은닉 ⇨ 증거은닉죄 ×
- 피고인이 타인을 교사하여 자기의 형사 사건에 관한 증거를 인멸 ⇨ 증거인멸교사죄 ○
- 참고인이 타인의 형사사건과 관련하여 수사기관에서 조사를 받기에 앞서서 허위의 내용을 담은 진술서를 작성하여 수사기관에 제출한 경우 ⇨ 증거위조죄 ×
- 참고인이 타인의 형사사건과 관련하여 수사기관에서 조사를 받으면서 허위로 진술하여 그 정을 모르는 담당 공무원으로 하여금 허위의 내용이 담긴 참고인진술조서를 작성토록 한 경우 ⇨ 증거위조죄의 간접정범 ×

가. (○) 증거인멸죄는 타인의 형사사건 또는 징계사건에 관한 증거를 인멸하는 경우에 성립하는 것으로서, 피고인 자신이 직접 형사처분이나 징계처분을 받게 될 것을 두려워한 나머지 자기의 이익을 위하여 그 증거가 될 자료를 인멸하였다면, 그 행위가 동시에 다른 공범자의 형사사건이나 징계사건에 관한 증거를 인멸한 결과가 된다고 하더라도 이를 증거인멸죄로 다스릴 수 없고, 이러한 법리는 그 행위가 피고인의 공범자가 아닌 자의 형사사건이나 징계사건에 관한 증거를 인멸한 결과가 된다고 하더라도 마찬가지이다(대판 1995.09.29. 94도2608).

나. (○) 증거은닉죄는 타인의 형사사건이나 징계사건에 관한 증거를 은닉할 때 성립하고, 범인 자신이 한 증거은닉행위는 형사소송에 있어서 피고인의 방어권을 인정하는 취지와 상충하여 처벌의 대상이 되지 아니하므로 범인이 증거은닉을 위하여 타인에게 도움을 요청하는 행위 역시 원칙적으로 처벌되지 아니한다. 따라서 피고인 자신이 직접 형사처분을 받게 될 것을 두려워한 나머지 자기의 이익을 위하여 그 증거가 될 자료를 은닉하였다면 증거은닉죄에 해당하지 않고, 제3자와 공동하여 그러한 행위를 하였다고 하더라도 마찬가지이다(대법원 2013. 11. 28. 선고 2011도5329 판결, 대법원 2014. 4. 10. 선고 2013도12079 판결 등 참조)(대판 2018.10.25. 2015도1000).

다. (○) 본법 제155조 제1항의 증거인멸죄는 국가형벌권의 행사를 저해하는 일체의 행위를 처벌의 대상으로 하고 있으나 범인 자신이 한 증거인멸의 행위는 피고인의 형사소송에 있어서의 방어권을 인정하는 취지와 상충하므로 처벌의 대상이 되지 아니한다. 그러나 타인이 타인의 형사사건에 관한 증거를 그 이익을 위하여 인멸하는 행위를 하면 본법 제155조 제1항의 증거인멸죄가 성립되므로 자기의 형사사건에 관한 증거를 인멸하기 위하여 타인을 교사하여 죄를 범하게 한 자에 대하여도 교사범의 죄책을 부담게 함이 상당할 것이다(대판 1965.12.10. 65도826(전합)).

라. (×) 마. (×) 타인의 형사사건 등에 관한 증거를 위조한다 함은 증거 자체를 위조함을 말하는 것이고, 참고인이 수사기관에서 허위의 진술을 하는 것은 여기에 포함되지 않는다. 한편 참고인이 타인의 형사사건 등에서 직접 진술 또는 증언하는 것을 대신하거나 그 진술 등에 앞서서 허위의 사실확인서나 진술서를 작성하여 수사기관 등에 제출하거나 또는 제3자에게 교부하여 제3자가 이를 제출한 것은 존재하지 않는 문서를 이전부터 존재하고 있는 것처럼 작출하는 등의 방법으로 새로운 증거를 창조한 것이 아닐뿐더러, 참고인이 수사기관에서 허위의 진술을 하는 것과 차이가 없으므로, 증거위조죄를 구성하지 않는다고 할 것이다(대판 2011.07.28. 2010도2244). 따라서 증거위조죄의 간접정범도 성립할 수 없다.

정답 ②

문 31

위증죄에 관한 다음 설명 중 가장 옳지 않은 것은? [2020년 17번]

① 형법 제152조 제2항의 모해위증죄에 있어서 모해할 목적은 허위의 진술을 함으로써 피고인에게 불리하게 될 것이라는 인식이 있으면 충분하고 그 결과의 발생을 희망할 필요까지는 없다.
② 증언의 내용인 사실의 전체적 취지가 객관적 사실에 일치하고 그것이 기억에 반하는 공술이 아니라면 그 사실을 구성하는 일부 사소한 부분에 다른 점이 있어도 그 진술의 취지가 기억에 일치하는 것이라면 그것만으로는 위증죄의 성립이 인정될 수 없다.
③ 모해위증의 죄를 범한 자가 그 공술한 사건의 재판 또는 징계처분이 확정되기 전에 자백 또는 자수한 때에는 그 형을 감경 또는 면제한다.
④ 친족 또는 동거의 가족이 본인을 위하여 모해위증의 죄를 범한 때에는 처벌하지 아니한다.
⑤ 피고인이 甲을 모해할 목적으로 乙에게 위증을 교사하였으나, 정범인 乙에게 모해의 목적이 없더라도 피고인을 모해위증교사죄로 처단할 수 있다.

| MGI Point | 위증죄 | ★★ |

- 모해위증죄에 있어서 모해할 목적 ⇨ 허위의 진술을 함으로써 피고인에게 불리하게 될 것이라는 인식이 있으면 충분하고 그 결과의 발생을 희망할 필요까지는 不要
- 증언의 내용인 사실을 구성하는 일부 사소한 부분에 다른 점이 있는 경우 ⇨ 그 진술의 취지가 기억에 일치하는 것이라면 위증죄 ×
- 모해위증의 죄를 범한 자가 그 공술한 사건의 재판 또는 징계처분이 확정되기 전에 자백 또는 자수한 때 ⇨ 형의 필수적 감면
- 친족 또는 동거가족이 본인을 위하여 모해위증의 죄를 범한 때 ⇨ 친족간 특례 적용 ×
- 모해목적으로 위증을 교사하였으나, 정범에게 모해의 목적이 없는 경우 ⇨ 교사자를 모해위증교사죄로 처단 可

① (○) 형법 제152조 제2항의 모해위증죄에 있어서 '모해할 목적'이란 피고인·피의자 또는 징계혐의자를 불리하게 할 목적을 말하고, 허위진술의 대상이 되는 사실에는 공소 범죄사실을 직접, 간접적으로 뒷받침하는 사실은 물론 이와 밀접한 관련이 있는 것으로서 만일 그것이 사실로 받아들여진다면 피고인이 불리한 상황에 처

하게 되는 사실도 포함된다. 그리고 이러한 모해의 목적은 허위의 진술을 함으로써 피고인에게 불리하게 될 것이라는 인식이 있으면 충분하고 그 결과의 발생까지 희망할 필요는 없다(대판 2007.12.27. 2006도3575).

② (O) 증언이 증인의 기억에 반하는 것인지의 여부가 불분명한 경우에 증언이 객관적 사실과 부합되면 특단의 사정이 없는 한 기억에 반하는 진술을 하였다고 단정할 수 없고, 또한 증언의 전체적 취지가 객관적 사실과 일치하고 그것이 기억에 반하는 공술이 아니라면 극히 사소한 부분에 관하여 기억과 불일치하는 점이 있다 하더라도 그것이 신문취지의 몰이해 또는 착오로 인한 진술이라고 인정된다면 위증죄는 성립될 수 없다(대판 1982.09.14. 81도105).

③ (O) 형법 제152조, 제153조 참조.

> 형법 제152조(위증, 모해위증) ① 법률에 의하여 선서한 증인이 허위의 진술을 한 때에는 5년 이하의 징역 또는 1천만원 이하의 벌금에 처한다.
> ② 형사사건 또는 징계사건에 관하여 피고인, 피의자 또는 징계혐의자를 모해할 목적으로 전항의 죄를 범한 때에는 10년 이하의 징역에 처한다.
> 제153조(자백, 자수) 전조의 죄를 범한 자가 그 공술한 사건의 재판 또는 징계처분이 확정되기 전에 자백 또는 자수한 때에는 그 형을 감경 또는 면제한다.

④ (X) 형법 제155조 참조.

> 제155조(증거인멸 등과 친족간의 특례) ① 타인의 형사사건 또는 징계사건에 관한 증거를 인멸, 은닉, 위조 또는 변조하거나 위조 또는 변조한 증거를 사용한 자는 5년 이하의 징역 또는 700만원 이하의 벌금에 처한다.
> ② 타인의 형사사건 또는 징계사건에 관한 증인을 은닉 또는 도피하게 한 자도 제1항의 형과 같다.
> ③ 피고인, 피의자 또는 징계혐의자를 모해할 목적으로 전2항의 죄를 범한 자는 10년 이하의 징역에 처한다.
> ④ 친족 또는 동거의 가족이 본인을 위하여 본조의 죄를 범한 때에는 처벌하지 아니한다.

▶ 형법 제155조 제4항에서 증거인멸죄인 경우 친족간의 특례를 규정하고 있을 뿐이고 모해위증죄인 경우 친족간의 특례 규정이 없으므로 친족 또는 동거의 가족이 본인을 위하여 모해위증의 죄를 범할 경우에도 처벌된다.

⑤ (O) 피고인이 갑을 모해할 목적으로 을에게 위증을 교사한 이상, 가사 정범인 을에게 모해의 목적이 없었다고 하더라도, 형법 제33조 단서의 규정에 의하여 피고인을 모해위증교사죄로 처단할 수 있다. 형법 제33조 소정의 이른바 신분관계라 함은 남녀의 성별, 내 외국인의 구별, 친족관계, 공무원인 자격과 같은 관계뿐만 아니라 널리 일정한 범죄행위에 관련된 범인의 인적관계인 특수한 지위 또는 상태를 지칭하는 것인 바, 형법 제152조 제1항은 '법률에 의하여 선서한 증인이 허위의 공술을 한 때에는 5년 이하의 징역 또는 2만 5천원 이하의 벌금에 처한다'고 규정하고, 같은 법조 제2항은 '형사사건 또는 징계사건에 관하여 피고인, 피의자 또는 징계혐의자를 모해할 목적으로 전항의 죄를 범한 때에는 10년 이하의 징역에 처한다'고 규정함으로써 위증을 한 범인이 형사사건의 피고인 등을 '모해할 목적'을 가지고 있었는가 아니면 그러한 목적이 없었는가 하는 범인의 특수 한 상태의 차이에 따라 범인에게 과할 형의 경중을 구별하고 있으므로, 이는 바로 형법 제33조 단서 소정의 "신분관계로 인하여 형의 경중이 있는 경우"에 해당한다고 봄이 상당하다(대판 1994.12.23. 93도1002).

정답 ④

문 32

위증과 증거인멸의 죄에 관한 다음 설명 중 가장 옳은 것은? [2019년 27번]

① 증인신문절차에서 법률에 규정된 증인 보호를 위한 규정이 지켜진 것으로 인정되지 않은 경우에는 증인이 허위의 진술을 하였다고 하더라도 위증죄의 구성요건인 "법률에 의하여 선서한 증인"에 해당하지 아니한다고 보아 이를 위증죄로 처벌할 수 없는 것이 원칙이고, 당해 사건에서 증인보호에 사실상 장애가 초래되었다고 볼 수 없는 경우에도 마찬가지이다.
② 하나의 소송사건에서 동일한 선서 하에 이루어진 법원의 감정명령에 따라 감정인이 동일한 감정명령사항에 대하여 수차례에 걸쳐 허위의 감정보고서를 제출하는 경우에는 각 감정보고서 제출행위시마다 각기 허위감정죄가 성립한다 할것이나, 이는 단일한 범의 하에 계속하여 허위의 감정을 한 것으로서 포괄하여 1개의 허위감정죄를 구성하는 것이다.
③ 참고인이 수사기관에서 허위의 진술을 하는 것은 증거위조에 해당하지 않으나, 참고인이 허위의 사실확인서나 진술서를 작성하여 수사기관 등에 제출하거나 또는 제3자에게 교부하여 제3자가 이를 제출한 것은 증거위조죄를 구성한다.
④ 형법 제155조 제1항의 증거위조죄에서 위조란 문서에 관한 죄에 있어서의 위조 개념과 같으므로 증거가 문서의 형식을 갖는 경우 증거위조죄에 있어서의 증거에 해당하는지 여부는 그 작성권한의 유무나 내용의 진실성에 따라 달라질 수 있다.
⑤ 형의 필요적 감면사유인 형법 제153조의 자백이란 그가 공술한 사건을 다루는 법원에 대한 고백이나 그 사건을 다루는 재판부에 증인으로 다시 출두하여 전에 그가 한 증언이 진실과 상위된 것이었음을 고백하는 것을 뜻하나, 위증 사건의 피고인 또는 피의자로서 법원이나 수사기관에서의 신문에 의한 고백은 위 자백의 개념에 포함되지 않는다.

MGI Point 위증과 증거인멸 ★★★

- 증언거부권을 고지 받지 못함으로 인하여 그 증언거부권을 행사하는데 사실상 장애가 초래되었다고 볼 수 있는 경우
  ⇨ 위증죄 ×
- 하나의 소송사건·동일한 선서 하에서 수차례 허위감정보고서 제출 ⇨ 각 감정보고서 제출행위시마다 각기 허위감정죄 성립 but 포괄하여 1개의 허위감정죄 구성 ○
- 증거위조죄에서의 '위조'의 의미
  - 증거자체의 위조를 의미
    ⅰ) 참고인의 허위진술은 증거위조 ×, ⅱ) 참고인이 허위의 진술서를 작성·제출한 것도 증거위조 ×
  - 새로운 증거의 창조를 의미 (≠문서에 관한 죄에 있어서의 위조 개념)
    ⅰ) 존재하지 아니한 증거를 이전부터 존재하고 있는 것처럼 작출 하는 행위도 증거위조에 해당 ○
    ⅱ) 증거가 문서의 형식을 갖는 경우 증거위조죄에 있어서의 증거에 해당하는지 여부가 그 작성권한의 유무나 내용의 진실성에 좌우되는 것 ×
- 위증사건의 피고인 또는 피의자가 법원이나 수사기관의 심문에 의해 고백하는 것도 위증죄의 필요적 감경·면제사유인 '재판확정 전의 자백'에 해당 ○

---

① (X) [1] 위증죄의 의의 및 보호법익, 형사소송법에 규정된 증인신문절차의 내용, 증언거부권의 취지 등을 종합적으로 살펴보면, 증인신문절차에서 법률에 규정된 증인 보호를 위한 규정이 지켜진 것으로 인정되지 않은 경우에는 증인이 허위의 진술을 하였다고 하더라도 위증죄의 구성요건인 "법률에 의하여 선서한 증인"에 해당

하지 아니한다고 보아 이를 위증죄로 처벌할 수 없는 것이 원칙이다. 다만, 법률에 규정된 증인 보호 절차라 하더라도 개별 보호절차 규정들의 내용과 취지가 같지 아니하고, 당해 신문 과정에서 지키지 못한 절차 규정과 그 경위 및 위반의 정도 등 제반 사정이 개별 사건마다 각기 상이하므로, 이러한 사정을 전체적·종합적으로 고려하여 볼 때, 당해 사건에서 증인 보호에 사실상 장애가 초래되었다고 볼 수 없는 경우에까지 예외 없이 위증죄의 성립을 부정할 것은 아니라고 할 것이다. [2] 증언거부권 제도는 증인에게 증언의무의 이행을 거절할 수 있는 권리를 부여한 것이고, 형사소송법상 증언거부권의 고지 제도는 증인에게 그러한 권리의 존재를 확인시켜 침묵할 것인지 아니면 진술할 것인지에 관하여 심사숙고할 기회를 충분히 부여함으로써 침묵할 수 있는 권리를 보장하기 위한 것임을 감안할 때, 재판장이 신문 전에 증인에게 증언거부권을 고지하지 않은 경우에도 당해 사건에서 증언 당시 증인이 처한 구체적인 상황, 증언거부사유의 내용, 증인이 증언거부사유 또는 증언거부권의 존재를 이미 알고 있었는지 여부, 증언거부권을 고지 받았더라도 허위진술을 하였을 것이라고 볼 만한 정황이 있는지 등을 전체적·종합적으로 고려하여 증인이 침묵하지 아니하고 진술한 것이 자신의 진정한 의사에 의한 것인지 여부를 기준으로 위증죄의 성립 여부를 판단하여야 한다. 그러므로 헌법 제12조 제2항에 정한 불이익 진술의 강요금지 원칙을 구체화한 자기부죄거부특권에 관한 것이거나 기타 증언거부사유가 있음에도 증인이 증언거부권을 고지받지 못함으로 인하여 그 증언거부권을 행사하는 데 사실상 장애가 초래되었다고 볼 수 있는 경우에는 위증죄의 성립을 부정하여야 할 것이다(대판 2010.01.21. 2008도942(전합)).

② (○) 하나의 소송사건에서 동일한 선서 하에 이루어진 법원의 감정명령에 따라 감정인이 동일한 감정명령사항에 대하여 수차례에 걸쳐 허위의 감정보고서를 제출하는 경우에는 각 감정보고서 제출행위시마다 각기 허위감정죄가 성립한다 할 것이나, 이는 단일한 범의 하에 계속하여 허위의 감정을 한 것으로서 포괄하여 1개의 허위감정죄를 구성한다(대판 2000.11.28. 2000도1089).

③ (X) 타인의 형사사건 등에 관한 증거를 위조한다 함은 증거 자체를 위조함을 말하는 것이고, 참고인이 수사기관에서 허위의 진술을 하는 것은 여기에 포함되지 않는다. 한편 참고인이 타인의 형사사건 등에서 직접 진술 또는 증언하는 것을 대신하거나 그 진술 등에 앞서서 허위의 사실확인서나 진술서를 작성하여 수사기관 등에 제출하거나 또는 제3자에게 교부하여 제3자가 이를 제출한 것은 존재하지 않는 문서를 이전부터 존재하고 있는 것처럼 작출하는 등의 방법으로 새로운 증거를 창조한 것이 아닐뿐더러, 참고인이 수사기관에서 허위의 진술을 하는 것과 차이가 없으므로, 증거위조죄를 구성하지 않는다고 할 것이다(대판 2011.07.28. 2010도2244).

④ (X) 타인의 형사사건 또는 징계사건에 관한 증거를 위조한 경우에 성립하는 형법 제155조 제1항의 증거위조죄에서 '증거'라 함은 타인의 형사사건 또는 징계사건에 관하여 수사기관이나 법원 또는 징계기관이 국가의 형벌권 또는 징계권의 유무를 확인하는 데 관계있다고 인정되는 일체의 자료를 의미하고, 타인에게 유리한 것이건 불리한 것이건 가리지 아니하며 또 증거가치의 유무 및 정도를 불문하는 것이고, 여기서의 '위조'란 문서에 관한 죄에 있어서의 위조 개념과는 달리 새로운 증거의 창조를 의미하는 것이므로 존재하지 아니한 증거를 이전부터 존재하고 있는 것처럼 작출하는 행위도 증거위조에 해당하며, 증거가 문서의 형식을 갖는 경우 증거위조죄에 있어서의 증거에 해당하는지 여부가 그 작성권한의 유무나 내용의 진실성에 좌우되는 것은 아니다(대판 2010.10.15. 2010도2244).

⑤ (X) 형법 제153조 소정의 위증죄를 범한 자가 자백, 자수를 한 경우의 형의 감면규정은 재판 확정전의 자백을 형의 필요적 감경 또는 면제사유로 한다는 것이며, 또 위 자백의 절차에 관하여는 아무런 제한이 없으므로 그가 공술한 사건을 다루는 기관에 대한 자발적인 고백은 물론, 위증사건의 피고인 또는 피의자로서 법원이나 수사기관의 심문에 의한 고백도 위 자백의 개념에 포함된다(대판 1973.11.27. 73도1639).

정답 ②

문 33

위증죄에 관한 다음 설명 중 옳지 않은 것은 모두 몇 개인가?(다툼이 있는 경우 판례에 의함) [2017년 3번]

> 가. 하나의 사건에 관하여 한 번 선서한 증인이 같은 기일에 여러 가지 사실에 관하여 기억에 반하는 허위의 진술을 한 경우 이는 하나의 범죄의사에 의하여 계속하여 허위의 진술을 한 것으로서 포괄하여 1개의 위증죄를 구성하는 것이고 각 진술마다 수 개의 위증죄를 구성하는 것이 아니다.
> 나. 위증죄와 형사소송법의 취지, 정신과 기능을 고려하여 볼 때, 형법 제152조 제1항에서 정한 '법률에 의하여 선서한 증인'이라 함은 '법률에 근거하여 법률이 정한 절차에 따라 유효한 선서를 한 증인'이라는 의미이고, 그 증인신문은 법률이 정한 절차 조항을 준수하여 적법하게 이루어진 경우여야 한다고 볼 것이다. 그러나 증인신문절차에서 법률에 규정된 증인 보호를 위한 규정이 지켜진 것으로 인정되지 않는 경우라 하더라도, 당해 사건에서 증인 보호에 사실상 장애가 초래되었다고 볼 수 없는 경우에까지 예외 없이 위증죄의 성립을 부정할 것은 아니라고 할 것이다.
> 다. 피고인이 갑을 모해할 목적으로 을에게 위증을 교사한 이상, 가사 정범인 을에게 모해의 목적이 없었다고 하더라도, 형법 제33조 단서의 규정에 의하여 피고인을 모해위증교사죄로 처단할 수 있다.
> 라. 증언당시 판사의 신문취지를 오해 내지 착각하고 진술한 것이라면 위증의 고의가 있었다고 보기 어렵다.
> 마. 위증죄에 있어서의 위증은 법률에 의하여 적법하게 선서한 증인이 자신의 기억에 반하는 사실을 진술함으로써 성립되고 설사 그 증언이 객관적 사실과 합치한다고 하더라도 기억에 반하는 진술을 한 때에는 위증죄의 성립에 영향이 없으나 그 증언이 당해 사건의 요증사항도 아니고 재판의 결과에 영향을 미치지도 않는 내용이라면 위증죄가 성립하지 아니한다.

① 없음
② 1개
③ 2개
④ 3개
⑤ 4개

:: 해설

가. (○) 하나의 사건에 관하여 한 번 선서한 증인이 같은 기일에 여러 가지 사실에 관하여 기억에 반하는 허위의 진술을 한 경우 이는 하나의 범죄의사에 의하여 계속하여 허위의 진술을 한 것으로서 포괄하여 1개의 위증죄를 구성하는 것이고 각 진술마다 수 개의 위증죄를 구성하는 것이 아니다(대판 2007.03.15. 2006도9463).

나. (○) 위증죄와 형사소송법의 취지, 정신과 기능을 고려하여 볼 때, 형법 제152조 제1항에서 정한 '법률에 의하여 선서한 증인'이라 함은 '법률에 근거하여 법률이 정한 절차에 따라 유효한 선서를 한 증인'이라는 의미이고, 그 증인신문은 법률이 정한 절차 조항을 준수하여 적법하게 이루어진 경우여야 한다고 볼 것이다. 증인신문절차에서 법률에 규정된 증인 보호를 위한 규정이 지켜진 것으로 인정되지 않은 경우에는 증인이 허위의 진술을 하였다고 하더라도 위증죄의 구성요건인 "법률에 의하여 선서한 증인"에 해당하지 아니한다고 보아 이를 위증죄로 처벌할 수 없는 것이 원칙이다. 다만, 법률에 규정된 증인 보호 절차라 하더라도 개별 보호절차 규정들의 내용과 취지가 같지 아니하고, 당해 신문 과정에서 지키지 못한 절차 규정과 그 경위 및 위반의 정도 등 제반 사정이 개별 사건마다 각기 상이하므로, 이러한 사정을 전체적·종합적으로 고려하여 볼 때, 당해 사건에서 증인 보호에 사실상 장애가 초래되었다고 볼 수 없는 경우에까지 예외 없이 위증죄의 성립을 부정할 것은 아니라고 할 것이다(대판 2010.01.21. 2008도942).

다. (O) 피고인이 갑을 모해할 목적으로 을에게 위증을 교사한 이상, 가사 정범인 을에게 모해의 목적이 없었다고 하더라도, 형법 제33조 단서의 규정에 의하여 피고인을 모해위증교사죄로 처단할 수 있다(대판 1994.12.23. 93도1002).
라. (O) 증언당시 판사의 신문취지를 오해 내지 착각하고 진술한 것이라면 위증의 고의가 있었다고 보기 어렵다(대판 1986.07.08. 86도1050).
마. (X) 위증죄는 법률에 의하여 선서한 증인이 허위의 공술을 한 때에 성립하는 것으로서, 그 공술의 내용이 당해 사건의 요증사실에 관한 것인지의 여부나 판결에 영향을 미친 것인지의 여부는 위증죄의 성립과 아무런 관계가 없다(대판 1990.02.23. 89도1212).

정답 ②

문 34

다음 설명 중 가장 옳은 것은?(다툼이 있는 경우 판례에 의함) [2016년 15번]

① 피고인 자신이 직접 형사처분이나 징계처분을 받게 될 것을 두려워한 나머지 자기의 이익을 위하여 그 증거가 될 자료를 인멸하였더라도, 그 행위가 동시에 다른 공범자의 형사사건이나 징계사건에 관한 증거를 인멸한 결과가 된다면 증거인멸죄가 성립한다.
② 증거인멸죄에 있어서 타인의 형사사건 또는 징계사건이란 인멸행위 시에 아직 수사 또는 징계절차가 개시되기 전이라도 장차 형사 또는 징계사건이 될 수 있는 것까지를 포함한다.
③ 증거인멸죄에서 '증거'라 함은 타인의 형사사건 또는 징계사건에 관하여 수사기관이나 법원 또는 징계기관이 국가의 형벌권 또는 징계권의 유무를 확인하는 데 관계있다고 인정되는 일체의 자료를 의미하지만, 그렇다고 해서 타인에게 유리한 것인지 불리한 것인지 여부, 증거가치의 유무 및 정도까지 불문하는 것은 아니다.
④ 타인의 형사사건과 관련하여 수사기관이나 법원에 제출하거나 현출되게 할 의도로 법률행위 당시에는 존재하지 아니하였던 처분문서를 사후에 그 작성일을 소급하여 작성하였다고 하더라도, 그 작성자에게 해당 문서의 작성권한이 있고, 또 그와 같은 법률행위가 당시에 존재하였으며, 그 내용까지 진실하다면 증거위조죄는 성립하지 않는다.
⑤ 공용서류은닉죄에서의 '공무소에서 사용하는 서류'란 공무소에서 사용 또는 보관 중인 서류이면 족하지만, 이를 은닉하는 방법으로 그 효용을 해한다는 계획적인 의도나 적극적인 희망이 있어야 한다.

::해설   ★

① (X) 증거인멸죄는 타인의 형사사건 또는 징계사건에 관한 증거를 인멸하는 경우에 성립하는 것으로서, 피고인 자신이 직접 형사처분이나 징계처분을 받게 될 것을 두려워한 나머지 자기의 이익을 위하여 그 증거가 될 자료를 인멸하였다면, 그 행위가 동시에 다른 공범자의 형사사건이나 징계사건에 관한 증거를 인멸한 결과가 된다고 하더라도 이를 증거인멸죄로 다스릴 수 없다(대판 2013.11.28. 2011도5329).
② (O) 증거인멸죄에 있어서 타인의 형사사건 또는 징계사건이란 인멸행위 시에 아직 수사 또는 징계절차가 개시되기 전이라도 장차 형사 또는 징계사건이 될 수 있는 것까지를 포함한다(대판 2013.11.28. 2011도5329).
③ (X) 증거인멸죄에서 '증거'라 함은 타인의 형사사건 또는 징계사건에 관하여 수사기관이나 법원 또는 징계기관이 국가의 형벌권 또는 징계권의 유무를 확인하는 데 관계있다고 인정되는 일체의 자료를 의미하고, 타인에게 유리한 것이건 불리한 것이건 가리지 아니하며 또 증거가치의 유무 및 정도를 불문한다(대판 2013.11.28. 2011도5329).

④ (X) 타인의 형사사건과 관련하여 수사기관이나 법원에 제출하거나 현출되게 할 의도로 법률행위 당시에는 존재하지 아니하였던 처분문서, 즉 그 외형 및 내용상 법률행위가 그 문서 자체에 의하여 이루어진 것과 같은 외관을 가지는 문서를 사후에 그 작성일을 소급하여 작성하는 것은, 가사 그 작성자에게 해당 문서의 작성권한이 있고, 또 그와 같은 법률행위가 당시에 존재하였다거나 그 법률행위의 내용이 위 문서에 기재된 것과 큰 차이가 없다 하여도 증거위조죄의 구성요건을 충족시키는 것이라고 보아야 하고, 비록 그 내용이 진실하다 하여도 국가의 형사사법기능에 대한 위험이 있다는 점은 부인할 수 없다(대판 2007.06.28. 2002도3600).

⑤ (X) 형법 제141조 제1항의 '공무소에서 사용하는 서류'란 공무소에서 사용 또는 보관 중인 서류이면 족하고, 그 범의란 피고인에게 공무소에서 사용하는 서류라는 사실과 이를 은닉하는 방법으로 그 효용을 해한다는 사실의 인식이 있음으로써 충분하며 반드시 그에 관한 계획적인 의도나 적극적인 희망이 있어야 하는 것은 아니다(대판 2013.11.28. 2011도5329).

정답 ②

제❺절 ▎무고의 죄

문 40

증거인멸죄 및 무고죄 등에 관한 다음 설명 중 가장 옳은 것은?[2023년 27번]

① 증거인멸죄는 피고인 자신이 직접 형사처분이나 징계처분을 받게 될 것을 두려워한 나머지 자기의 이익을 위하여 그 증거가 될 자료를 인멸한 경우에는 성립하지 않지만 그 행위가 동시에 다른 공범자의 형사사건이나 징계사건에 관한 증거를 인멸한 결과가 될 경우에는 성립한다.
② 증거인멸죄에서 '증거'라 함은 타인의 형사사건 또는 징계사건에 관하여 수사기관이나 법원 또는 징계기관이 국가의 형벌권 또는 징계권의 유무를 확인하는 데 관계있다고 인정되는 일체의 자료를 의미하고, 타인에게 유리한 것이건 불리한 것이건 가리지 아니하며 또 증거가치의 유무 및 정도를 불문한다.
③ 공동피고인중 1인이 타범죄로 조사를 받는 과정에서 사법경찰관 및 검사의 심문에 따라 다른 공동피고인의 범죄사실을 진술한 경우에 위 진술내용이 허위라면 이는 무고에 해당한다.
④ 고소인이 A에게 대여하였다가 이미 변제받은 금원에 관하여 A가 이를 수개월간 변제치 않고 있었던 점을 들어 위 금원을 착복하였다는 표현으로 고소장에 기재한 경우 이것이 A로부터 아직 변제받지 못한 나머지 금원에 관한 고소내용의 정황을 과장한 것이거나 또는 주관적 법률평가를 잘못하였음에 지나지 아니한 것이라 하더라도 이는 허위의 사실을 들어 고소한 것이다.
⑤ 강간을 당하여 상해를 입었다는 고소내용은 하나의 강간행위에 대한 고소사실이나, 이를 분리하여 강간에 관한 고소사실과 상해에 관한 고소사실의 두 가지 고소내용이라고 볼 수 있고, 피고인이 공소외 A로부터 강간을 당한 것이 사실인 이상 이를 고소함에 있어서 강간으로 입은 것이 아닌 상해사실을 포함시킨 경우에는 고소내용의 정황을 단순히 과장한 것이 아니므로 따로이 무고죄를 구성한다.

> **MGI Point** 증거인멸죄, 무고죄 ★★
>
> ■ 증거인멸 행위가 동시에 다른 공범자의 형사사건이나 징계사건에 관한 증거를 인멸한 결과가 될 경우 ⇨ 증거인멸죄 성립×
> ■ 증거인멸죄에서 증거 ⇨ 타인에게 유리한 것이건 불리한 것이건 가리지 아니하며 또 증거가치의 유무 및 정도를 불문
> ■ 사법경찰관 및 검사의 심문에 따라 다른 공동피고인의 범죄사실을 진술한 경우 ⇨ 무고죄×(∵ 자발성×)
> ■ 금원에 관한 고소내용의 정황을 과장한 것이거나 또는 주관적 법률평가를 잘못하였음에 지나지 아니한 경우 ⇨ 무고죄×
> ■ 고소함에 있어서 강간으로 입은 것이 아닌 상해사실을 포함시킨 경우 ⇨ 무고죄×

① (X) 증거인멸죄는 타인의 형사사건 또는 징계사건에 관한 증거를 인멸하는 경우에 성립하는 것으로서, 피고인 자신이 직접 형사처분이나 징계처분을 받게 될 것을 두려워한 나머지 자기의 이익을 위하여 그 증거가 될 자료를 인멸하였다면, 그 행위가 동시에 다른 공범자의 형사사건이나 징계사건에 관한 증거를 인멸한 결과가 된다고 하더라도 이를 증거인멸죄로 다스릴 수 없고, 이러한 법리는 그 행위가 피고인의 공범자가 아닌 자의 형사사건이나 징계사건에 관한 증거를 인멸한 결과가 된다고 하더라도 마찬가지이다(대법원 1995. 9. 29. 94도2608).

② (○) 증거인멸죄에서 '증거'라 함은 타인의 형사사건 또는 징계사건에 관하여 수사기관이나 법원 또는 징계기관이 국가의 형벌권 또는 징계권의 유무를 확인하는 데 관계있다고 인정되는 일체의 자료를 의미하고, 타인에게 유리한 것이건 불리한 것이건 가리지 아니하며 또 증거가치의 유무 및 정도를 불문한다(대법원 2013. 11. 28. 2011도5329).

③ (X) 무고죄는 당국의 추문을 받음이 없이 자진하여 타인으로 하여금 형사처분등을 받게 할 목적으로 공무소 또는 공무원에 대하여 허위의 사실을 신고한 경우에 성립되는 것이므로 공동피고인중 1인이 타범죄로 조사를 받는 과정에서 사법경찰관 및 검사의 심문에 따라 다른 공동피고인의 범죄사실을 진술한 경우라면 가사 위 진술내용이 허위라 하더라도 이를 무고라고는 할 수 없다(대법원 1985. 7. 26. 85모14 결정).

④ (X) 고소인이 갑에게 대여하였다가 이미 변제받은 금원에관하여 갑이 이를 수개월간 변제치 않고 있었던 점을 들어 위 금원을 착복하였다는 표현으로 고소장에 기재하였다 하여도 이것이 갑으로 부터 아직 변제받지 못한 나머지 금원에 관한 고소내용의 정황을 과장한 것이거나 또는 주관적 법률평가를 잘못하였음에 지나지 아니한 것이라면 특별의 사정이없는한 이로써 허위의 사실을 들어 고소하였다고 단정할 수는 없다(대법원 1987. 6. 9. 87도1029).

⑤ (X) 강간을 당하여 상해를 입었다는 고소내용은 하나의 강간행위에 대한 고소사실이고, 이를 분리하여 강간에 관한 고소사실과 상해에 관한 고소사실의 두 가지 고소내용이라고 볼 수는 없으므로, 피고인이 공소외 (갑)으로 부터 강간을 당한 것이 사실인 이상 이를 고소함에 있어서 강간으로 입은 것이 아닌 상해사실을 포함시켰다 하더라도 이는 고소내용의 정황을 과장한 것에 지나지 아니하여 따로이 무고죄를 구성하지 아니한다(대법원 1983. 1. 18. 82도2170).

 ②

문 35

무고죄에 관한 다음 설명 중 가장 옳지 않은 것은? [2022년 9번]

① 허무인에 대한 무고는 공무원에게 무익한 수고를 끼치는 일은 있어도 심판 자체를 그르치게 할 염려는 없으며, 또한 피무고자를 해할 수도 없으므로 피무고자는 실재인임을 요한다.

② 스스로 본인을 무고하는 자기무고는 무고죄의 구성요건에 해당하지 아니하나 피무고자의 교사·방조하에 제3자가 피무고자에 대한 허위의 사실을 신고한 경우 제3자의 행위는 무고죄의 구성요건에 해당하여 무고죄를 구성하므로, 제3자를 교사·방조한 피무고자는 교사·방조범으로서의 죄책을 부담한다.

③ 피고인이 甲, 乙에 대하여 무고한 고소사건의 처리 결과를 심리해 보고, 이들에 대하여 불기소결정 등이 내려져 그 재판이 확정된 적이 없으며 피고인이 甲, 乙에 대해 허위의 사실을 고소하였음을 법원에 자백하였다면 형법 제157조, 제153조에 따라 형의 필요적 감면조치를 하여야 한다.
④ 무고에 있어서 피무고자의 승낙이 있었다고 하더라도 무고죄의 성립에는 영향을 미치지 못한다.
⑤ 무고죄에 있어서 형의 필요적 감면사유에 해당하는 자백이란 자신의 범죄사실, 즉 타인으로 하여금 형사처분 또는 징계처분을 받게 할 목적으로 공무소 또는 공무원에 대하여 허위의 사실을 신고하였음을 자인하는 것을 말하므로, 단순히 그 신고한 내용이 객관적 사실에 반한다고 인정하는 것도 자백에 해당한다.

MGI Point 무고죄 ★★

- 무고죄가 성립하기 위해서는 피무고자는 실재인이어야 함
- 자기무고 ⇨ 무고죄의 구성 ×, 자기무고의 교사 ⇨ 무고죄 구성 ○
- 무고한 고소사건이 불기소결정, 법원에 대하여 무고한 사실 자백 ⇨ 필요적 감면조치 하여야 함
- 피무고자의 승낙 ⇨ 무고죄 성립에 영향 ×
- 무고죄에서 필요적 감면사유인 자백 ⇨ 단순히 그 신고한 내용이 객관적 사실에 반한다고 인정하는 것은 포함 ×

---

① (○) 무고죄는 부수적으로 피무고자의 법적 안정성도 보호하는 점(대판 2005.09.30. 2005도2712 참고), 피무고자는 특정되어야 한다는 점(대판 2006.06.09. 2006도417 참고)에 비추어 보았을 때 옳은 설명이다.
② (○) 형법 제156조의 무고죄는 국가의 형사사법권 또는 징계권의 적정한 행사를 주된 보호법익으로 하는 죄이나, 스스로 본인을 무고하는 자기무고는 무고죄의 구성요건에 해당하지 아니하여 무고죄를 구성하지 않는다. 그러나 피무고자의 교사·방조 하에 제3자가 피무고자에 대한 허위의 사실을 신고한 경우에는 제3자의 행위는 무고죄의 구성요건에 해당하여 무고죄를 구성하므로, 제3자를 교사·방조한 피무고자도 교사·방조범으로서의 죄책을 부담한다(대판 2008.10.23. 2008도4852).
③ (○) 형법 제157조, 제153조는 무고죄를 범한 자가 그 신고한 사건의 재판 또는 징계처분이 확정되기 전에 자백 또는 자수한 때에는 형을 감경 또는 면제한다고 하여 이러한 재판확정 전의 자백을 필요적 감경 또는 면제사유로 정하고 있다. 위와 같은 자백의 절차에 관해서는 아무런 법령상의 제한이 없으므로 그가 신고한 사건을 다루는 기관에 대한 고백이나 그 사건을 다루는 재판부에 증인으로 다시 출석하여 전에 그가 한 신고가 허위의 사실이었음을 고백하는 것은 물론 무고 사건의 피고인 또는 피의자로서 법원이나 수사기관에서의 신문에 의한 고백 또한 자백의 개념에 포함된다. 형법 제153조에서 정한 '재판이 확정되기 전'에는 피고인의 고소 사건 수사결과 피고인의 무고 혐의가 밝혀져 피고인에 대한 공소가 제기되고 피고소인에 대해서는 불기소결정이 내려져 재판절차가 개시되지 않은 경우도 포함된다(대판 2021.01.14. 2020도13077).
④ (○) 무고죄는 국가의 형사사법권 또는 징계권의 적정한 행사를 주된 보호법익으로 하고 다만, 개인의 부당하게 처벌 또는 징계받지 아니할 이익을 부수적으로 보호하는 죄이므로, 설사 무고에 있어서 피무고자의 승낙이 있었다고 하더라도 무고죄의 성립에는 영향을 미치지 못한다 할 것이고, 무고죄에 있어서 형사처분 또는 징계처분을 받게 할 목적은 허위신고를 함에 있어서 다른 사람이 그로 인하여 형사 또는 징계처분을 받게 될 것이라는 인식이 있으면 족한 것이고 그 결과발생을 희망하는 것까지를 요하는 것은 아니므로, 고소인이 고소장을 수사기관에 제출한 이상 그러한 인식은 있었다고 보아야 한다(대판 2005.09.30. 2005도2712).
⑤ (×) 무고죄에 있어서 형의 필요적 감면사유에 해당하는 자백이란 자신의 범죄사실, 즉 타인으로 하여금 형사처분 또는 징계처분을 받게 할 목적으로 공무소 또는 공무원에 대하여 허위의 사실을 신고하였음을 자인하는 것을 말하고, 단순히 그 신고한 내용이 객관적 사실에 반한다고 인정함에 지나지 아니하는 것은 이에 해당하지 아니한다(대판 1995.09.05. 94도755).

정답 ⑤

문 36

무고죄에 관한 다음 설명 중 가장 옳지 않은 것은?(다툼이 있는 경우 판례에 의함) [2016년 19번]

① 신고한 사실이 객관적 진실에 반하는 허위사실이라는 점에 관하여는 적극적인 증명이 없더라도 신고사실의 진실성을 인정할 수 없다면 무고죄의 성립을 인정할 수 있다.
② 형법 제156조는 타인으로 하여금 형사처분 또는 징계처분을 받게 할 목적으로 공무소 또는 공무원에 대하여 허위의 사실을 신고한 자를 처벌하도록 정하고 있고, 여기서 '징계처분'이란 공법상의 감독관계에서 질서유지를 위하여 과하는 신분적 제재를 말한다.
③ 무고죄에 있어서 형사처분 또는 징계처분을 받게 할 목적은 허위신고를 함에 있어서 다른 사람이 그로 인하여 형사 또는 징계처분을 받게 될 것이라는 인식이 있으면 족한 것이고 그 결과발생을 희망하는 것을 요하는 것은 아닌바, 피고인이 고소장을 수사기관에 제출한 이상 그러한 인식은 있었다 할 것이니 피고인이 고소를 한 목적이 피고소인들을 처벌받도록 하는 데에 있지 아니하고 단지 회사 장부상의 비리를 밝혀 정당한 정산을 구하는 데에 있다 하여 무고의 범의가 없다 할 수 없다.
④ 무고죄는 국가의 형사사법권 또는 징계권의 적정한 행사를 주된 보호법익으로 하고 다만 개인의 부당하게 처벌 또는 징계받지 아니할 이익을 부수적으로 보호하는 죄이므로, 설사 무고에 있어서 피무고자의 승낙이 있었다고 하더라도 무고죄의 성립에는 영향을 미치지 못한다.
⑤ 1통의 고발장에 의하여 수개의 혐의사실을 들어 고발한 경우, 그 중 일부 사실이 진실이라 하더라도 다른 사실이 허위이면 그 허위사실 부분은 독립하여 무고죄를 구성한다.

∷ 해설 ★★

① (X) 무고죄는 타인으로 하여금 형사처분이나 징계처분을 받게 할 목적으로 신고한 사실이 객관적 진실에 반하는 허위사실인 경우에 성립되는 범죄이므로 신고한 사실이 객관적 진실에 반하는 허위사실이라는 점에 관하여는 적극적인 증명이 있어야 하며, 신고사실의 진실성을 인정할 수 없다는 점만으로 곧 그 신고사실이 객관적 진실에 반하는 허위사실이라고 단정하여 무고죄의 성립을 인정할 수는 없고, 이는 수표금액의 지급 또는 거래정지처분을 면할 목적으로 금융기관에 거짓 신고를 하는 경우에 성립하는 부정수표 단속법 제4조 위반죄에서도 마찬가지이다(대판 2014.02.13. 2011도15767).
② (○) 형법 제156조는 타인으로 하여금 형사처분 또는 징계처분을 받게 할 목적으로 공무소 또는 공무원에 대하여 허위의 사실을 신고한 자를 처벌하도록 정하고 있다. 여기서 '징계처분'이란 공법상의 감독관계에서 질서유지를 위하여 과하는 신분적 제재를 말한다(대판 2014.07.24. 2014도6377).
③ (○) 무고죄에 있어서 형사처분 또는 징계처분을 받게 할 목적은 허위신고를 함에 있어서 다른 사람이 그로 인하여 형사 또는 징계처분을 받게 될 것이라는 인식이 있으면 족한 것이고 그 결과발생을 희망하는 것을 요하는 것은 아닌바, 피고인이 고소장을 수사기관에 제출한 이상 그러한 인식은 있었다 할 것이니 피고인이 고소를 한 목적이 피고소인들을 처벌받도록 하는 데에 있지 아니하고 단지 회사 장부상의 비리를 밝혀 정당한 정산을 구하는 데에 있다 하여 무고의 범의가 없다 할 수 없다(대판 1991.05.10. 90도2601).
④ (○) 무고죄는 국가의 형사사법권 또는 징계권의 적정한 행사를 주된 보호법익으로 하고 다만, 개인의 부당하게 처벌 또는 징계받지 아니할 이익을 부수적으로 보호하는 죄이므로, 설사 무고에 있어서 피무고자의 승낙이 있었다고 하더라도 무고죄의 성립에는 영향을 미치지 못한다 할 것이다(대판 2005.09.30. 2005도2712).

⑤ (○) 1통의 고소, 고발장에 의하여 수개의 혐의사실을 들어 무고로 고소, 고발한 경우 그중 일부사실은 진실이나 다른 사실은 허위인 때에는 그 허위사실부분만이 독립하여 무고죄를 구성하는 것이고, 위증죄는 진술 내용이 당해 사건의 요증사항이 아니거나 재판의 결과에 영향을 미친 바 없더라도 선서한 증인이 그 기억에 반하여 허위의 진술을 한 경우에는 성립되어 그 죄책을 면할 수 없으므로, 위증으로 고소, 고발한 사실 중 위증한 당해사건의 요증사항이 아니고 재판결과에 영향을 미친 바 없는 사실만이 허위라고 인정되더라도 무고죄의 성립에는 영향이 없다(대판 1989.09.26. 88도1533).

정답 ①

MEMO

MEMO